GRUNDRISSE DES RECHTS

Friedhelm Hufen · Verwaltungsprozessrecht

Verwaltungsprozessrecht

von

Dr. Friedhelm Hufen
o. Professor an der Universität Mainz

12., neubearbeitete Auflage 2021

Zitiervorschlag: *Hufen* VwProzR § ... Rn. ...

www.beck.de

ISBN Print 978 3 406 77353 2
ISBN E-Book 978 3 406 77354 9

© 2021 Verlag C.H.Beck oHG
Wilhelmstraße 9, 80801 München
Druck und Bindung: Druckerei C.H.Beck Nördlingen
(Adresse wie Verlag)

Satz: Thomas Schäfer, www.schaefer-buchsatz.de
Umschlaggestaltung: Druckerei C.H.Beck Nördlingen

CO_2 neutral

chbeck.de/nachhaltig

Gedruckt auf säurefreiem, alterungsbeständigem Papier
(hergestellt aus chlorfrei gebleichtem Zellstoff)

Vorwort zur 12. Auflage

Wie in der Vorauflage galt es auch bei der 12. Auflage nur wenige eher redaktionelle Gesetzesänderungen (§§ 50, 55a, 55c, 106, 120 VwGO) zu berücksichtigen. Umso deutlicher blieben die schon in der Vorauflage genannten Probleme der Migrationsgesellschaft, der Klimakrise und der Europäisierung des Verwaltungsprozessrechts, die zu einer immer schmerzlicheren Trennung des Verwaltungsprozessrechts in ein unionsrechtlich geprägtes „Umweltprozessrecht" einerseits und „normales Verwaltungsprozessrecht" führte. Nach wie vor standen die Probleme „Richterin mit Kopftuch", „Richter auf Zeit", „Abschiebeverbote", „Fahrverbote für Dieselfahrzeuge" und „heimliche Normenkontrolle durch die Feststellungsklage" auf dem Merkzettel des Autors für die 12. Auflage. Wie in allen anderen Bereichen waren es dann aber die **Corona-Krise**, die zu deren Bewältigung ergriffenen Maßnahmen sowie der Rechtsschutz dagegen, die für ein Lehrbuch, das sich nicht in abstrakten und zeitübergreifenden Ausführungen erschöpfen will, im Mittelpunkt stehen. Diesen ist ein eigenes Kapitel (§ 3 VI, Verwaltungsprozessrecht im Zeichen der „Corona-19-Pandemie") gewidmet, doch handelt es sich auch um ein Querschnittsproblem, z. B. im Hinblick auf die Fristen, die Wiedereinsetzung in den vorigen Stand, den Verzicht auf die mündliche Verhandlung und der überragenden Bedeutung des vorläufigen Rechtsschutzes. Man kann sich leicht ausmalen, dass diese Probleme auch in den juristischen Prüfungen eine große Rolle spielen werden. Das heißt freilich nicht, dass die „Klassiker", wie der Nachbarschutz im Baurecht, das Rechtsschutzbedürfnis, der Rechtsschutz gegen Nebenbestimmungen und die Klageart bei Konkurrentenklagen vernachlässigt werden dürften. Auf sie wird nach wie vor im vorliegenden Lehrbuch besonderes Gewicht gelegt. Kernaussage des Lehrbuchs ist nach wie vor, dass das Verwaltungsprozessrecht ein festes Gerüst für das Studium des Verwaltungsrechts darstellt, ohne dass die Probleme des materiellen Rechts kaum zu verstehen sind. Zumal für die öffentlich-rechtliche Klausur bilden die Gliederungspunkte Rechtsweg – Zulässigkeit – Begründetheit den Bauplan für die juristische Falllösung. Ob in einer eigenen Lehrveranstaltung oder in Verbindung mit dem allgemeinen Verwaltungsrecht dargeboten, bildet das Verwaltungsprozessrecht also nach wie vor das Fundament für das Studium des Verwaltungsrechts und weit darüber hinaus. Trotz der Betonung der Eigenständigkeit der Materie bleibt es bei der festen Verbindung zum allgemeinen Verwaltungsrecht. Es sollte daher selbstverständlich sein, dass die Leser beim Durcharbeiten des Buchs ein Lehrbuch des Allgemeinen Verwaltungsrechts in Griffweite halten (Leserinnen sind wie bei allen Verwendungen des generischen Maskulinums in der Folge selbstverständlich mitgemeint).

Die Neuauflage setzt Straffung und Aktualisierung vor allem im Anmerkungsapparat fort. Umso dankbarer bin ich wieder für Hinweise und Anregungen aus dem Kreis der Leser. Ein besonderer Dank gilt wieder meiner Sekretärin, *Gabriele Zerban*, die die zahlreichen Einschübe zuverlässig geschrieben und eingeordnet hat.

Mainz, im Februar 2021 *Friedhelm Hufen*

Inhaltsverzeichnis

Abkürzungsverzeichnis XVII
Literaturverzeichnis XXIII

1. Teil. Grundlagen

§ 1 Einführung 1
    I. Begriff und Bedeutung des Verwaltungsprozessrechts 1
    II. Der verfassungsrechtliche Rahmen 3
    III. Die dogmatischen Grundlagen im Allgemeinen Verwaltungsrecht 12
    IV. Widerspruchsverfahren und Verwaltungsprozess im System staatlicher Kontrollen 18
    V. Formlose Rechtsbehelfe 19
    VI. Verwaltungsverfahren und Verwaltungsprozess als Entscheidungsablauf 21

§ 2 Zur Geschichte der Verwaltungsgerichtsbarkeit 24
    I. Die ältere Kameral- und die Administrativjustiz 24
    II. *„Die Verwaltungsrechtspflege hört auf"* als Forderung der Paulskirchenverfassung von 1849 26
    III. Die Entwicklung bis 1919 27
    IV. Verwaltungsrechtsschutz in der Weimarer Zeit 30
    V. Die Verwaltungsgerichtsbarkeit unter der NS-Diktatur 31
    VI. Die Verwaltungsgerichtsbarkeit nach dem 2. Weltkrieg 32
    VII. Die Entwicklung seit dem Inkrafttreten der VwGO 34

§ 3 Gegenwartsprobleme und Reformbemühungen 37
    I. Allgemeines 37
    II. Beschleunigung, Qualitätssicherung, Komplexität 37
    III. Technisierung und Digitalisierung in der Verwaltungsgerichtsbarkeit 41
    IV. Konfliktlösung durch Mediation und Partizipation 42
    V. Chancen und Herausforderungen durch die europäische Einigung 46
    VI. Verwaltungsprozessrecht im Zeichen der Corona-Pandemie 52

§ 4 Aufbau der Verwaltungsgerichtsbarkeit und Gerichtsverfassung   53
    I. Verfassungsrechtlicher Rahmen: Unabhängigkeit der Gerichte und der Richter 53
    II. Der äußere Aufbau der Verwaltungsgerichtsbarkeit 57
    III. Der innere Aufbau der Verwaltungsgerichtsbarkeit 59

	IV. Die dienstrechtliche Stellung der Verwaltungsrichter	63
	V. Der Vertreter des öffentlichen Interesses	66

2. Teil. Das Widerspruchsverfahren

§ 5 Das Widerspruchsverfahren zwischen Verwaltungsverfahren und Verwaltungsprozess 67

    I. Historische Aspekte, Funktionen und aktuelle Probleme des Widerspruchsverfahrens 67
    II. Verfassungsrechtlicher Rahmen 73
    III. Systematischer Standort 74
    IV. Anwendbares Recht 75

§ 6 Sachentscheidungsvoraussetzungen im Widerspruchsverfahren .. 77

    I. Streitigkeit, für die der Verwaltungsrechtsweg eröffnet wäre (§ 40 I 1 VwGO analog) 77
    II. Beteiligtenbezogene Zulässigkeitsvoraussetzungen 78
    III. Statthaftigkeit des Widerspruchs 80
    IV. Widerspruchsbefugnis 84
    V. Ordnungsgemäße Erhebung des Widerspruchs und Einhaltung der Widerspruchsfrist 85
    VI. Rechtsschutzbedürfnis, Verzicht und Verwirkung 92
    VII. Widerspruchsbehörde 94

§ 7 Begründetheit des Widerspruchs 98

    I. Allgemeines 98
    II. Maßgeblicher Zeitpunkt der Beurteilung, Prüfungsmaßstab 100
    III. Grenzen des Prüfungsumfangs 103
    IV. Besonderheiten beim „beamtenrechtlichen Widerspruch" .. 106

§ 8 Der Ablauf des Widerspruchsverfahrens 107

    I. Die Erhebung des Widerspruchs und ihre Wirkungen 107
    II. Das Abhilfeverfahren 108
    III. Das Verfahren bei der Widerspruchsbehörde 110
    IV. Die Heilung von Form- und Verfahrensfehlern während des Widerspruchsverfahrens 116
    V. Folgen des fehlerhaften Widerspruchsverfahrens 121

§ 9 Der Widerspruchsbescheid 121

    I. Form 121
    II. Der Inhalt der Entscheidung 124
    III. Die „Verböserung" des VA im Widerspruchsbescheid – reformatio in peius 128
    IV. Nebenentscheidungen 132
    V. Die Bekanntgabe des Widerspruchsbescheids durch Zustellung 133

3. Teil. Sachentscheidungsvoraussetzungen und Zulässigkeit der Klage

§ 10 Übersicht und allgemeine Hinweise – Streitgegenstand 135

    I. Sachentscheidungsvoraussetzungen, Zulässigkeit und Aufbau des Gutachtens 135
    II. Begriff und Bedeutung des Streitgegenstands 139

§ 11 Verwaltungsrechtsweg und zuständiges Gericht 141

    I. Zugang zur deutschen Gerichtsbarkeit 141
    II. Die Eröffnung des Verwaltungsrechtswegs 142
    III. Zuständiges Verwaltungsgericht 179

§ 12 Die Beteiligten und die auf sie bezogenen Zulässigkeitsvoraussetzungen 183

    I. Die Beteiligten des Verwaltungsprozesses (§ 63 VwGO) 183
    II. Die Beteiligtenfähigkeit (§ 61 VwGO) 190
    III. Prozessfähigkeit (§ 62 VwGO) und ordnungsgemäße Vertretung vor Gericht (§ 67 VwGO) 194
    IV. Prozessführungsbefugnis 196

§ 13 Die Klagearten – Statthaftigkeit der Klage 200

    I. Die Überwindung des Enumerationsprinzips 200
    II. Übersicht über die Klagearten 202
    III. Objektive Klagehäufung (§ 44 VwGO) 204

§ 14 Die Anfechtungsklage (§ 42 I 1. Alt. VwGO) 206

    I. Statthaftigkeit 206
    II. Klagebefugnis 233
    III. Sonstige besondere Zulässigkeitsvoraussetzungen 277

§ 15 Die Verpflichtungsklage 281

    I. Statthaftigkeit 281
    II. Klagebefugnis 288
    III. Sonstige besondere Zulässigkeitsvoraussetzungen 291

§ 16 Die Unterlassungsklage – allgemeine Abwehrklage 295

    I. Allgemeines – Statthaftigkeit 295
    II. Klagebefugnis 300
    III. Sonstige besondere Zulässigkeitsvoraussetzungen 301

§ 17 Die allgemeine Leistungsklage 305

    I. Die positive Leistungsklage im System der Klagearten – Statthaftigkeit 305
    II. Klagebefugnis 308
    III. Sonstige besondere Zulässigkeitsvoraussetzungen 308

Inhaltsverzeichnis

§ 18 Feststellungsklagen 310

    I. Feststellungsklagen im System der Klagearten 310
    II. Die allgemeine Feststellungsklage (§ 43 I 1. Alt. VwGO) 311
    III. Die vorbeugende Feststellungsklage 321
    IV. Die Klage auf Feststellung der Nichtigkeit eines VA (§ 43 I 2. Alt. VwGO) 323
    V. Die Fortsetzungsfeststellungsklage (§ 113 I 4 VwGO) 327
    VI. Zwischenfeststellungsklage (§ 173 VwGO i. V. m. § 256 II ZPO) und sonstige Feststellungsklagen 338

§ 19 Die Normenkontrolle (§ 47 VwGO) 339

    I. Allgemeines 339
    II. Rechtsweg und zuständiges Gericht 341
    III. Beteiligte, Beteiligtenfähigkeit 343
    IV. Statthaftigkeit 344
    V. Antragsbefugnis 350
    VI. Rechtsschutzbedürfnis 358
    VII. Sonstige Zulässigkeitsvoraussetzungen 360

§ 20 Die Normerlassklage 362

    I. Allgemeines 362
    II. Rechtsweg und zuständiges Gericht 364
    III. Statthafte Klageart 365
    IV. Klagebefugnis 367
    V. Sonstige Zulässigkeitsvoraussetzungen 367

§ 21 Verwaltungsgerichtliche Organklagen. Insbesondere: Der Kommunalverfassungsstreit 368

    I. Allgemeines 368
    II. Besondere Probleme des Rechtswegs 370
    III. Beteiligte 371
    IV. Klageart 373
    V. Klagebefugnis 376
    VI. Sonstige Zulässigkeitsvoraussetzungen 379

§ 22 Weitere Klagearten 381

    I. Allgemeines 381
    II. Prozessuale Gestaltungsklagen 381

§ 23 Weitere allgemeine Zulässigkeitsvoraussetzungen 383

    I. Allgemeines 383
    II. Ordnungsgemäße Klageerhebung, Form und Inhalt der Klage 383
    III. Fehlen anderweitiger Rechtshängigkeit 386
    IV. Keine rechtskräftige Entscheidung in der gleichen Sache 386
    V. Kein Klageverzicht 386

VI. Das allgemeine Rechtsschutzbedürfnis 387
VII. Kein isolierter Rechtsschutz in Bezug auf Verfahrenshandlungen (§ 44a VwGO) 393

4. Teil. Die Begründetheit der Klage

§ 24 Allgemeines zur Begründetheitsprüfung 397
    I. Stellenwert und innere Struktur der Begründetheitsprüfung   397
    II. Das Verhältnis zum materiellen Öffentlichen Recht 399
    III. Maßgeblicher Zeitpunkt für die Beurteilung der Sach- und Rechtslage 399
    IV. Zu berücksichtigende Sach- und Rechtsaspekte. Insbesondere: Das „Nachschieben von Gründen" 405

§ 25 Begründetheit der Anfechtungsklage 408
    I. Passivlegitimation 408
    II. Rechtswidrigkeit des angefochtenen VA 409
    III. Rechtsverletzung und Aufhebungsanspruch 438

§ 26 Begründetheit der Verpflichtungsklage 443
    I. Passivlegitimation 443
    II. Rechtswidrigkeit der Ablehnung oder des Unterlassens des VA 443
    III. Rechtsverletzung 448
    IV. Spruchreife 448

§ 27 Begründetheit der Unterlassungsklage 453
    I. Passivlegitimation 453
    II. Die Anspruchsgrundlagen der Störungsabwehr 453
    III. Anspruchsvoraussetzungen im Einzelnen 455
    IV. Vorbeugende Unterlassungsklage gegen VA oder Rechtsnorm 458

§ 28 Begründetheit der allgemeinen Leistungsklage 459
    I. Allgemeines 459
    II. Anspruchsgrundlagen 460
    III. Rechtsverletzung, Spruchreife 467

§ 29 Begründetheit der Feststellungsklagen 469
    I. Die allgemeine Feststellungsklage 469
    II. Vorbeugende Feststellungsklage 471
    III. Nichtigkeitsfeststellungsklage (§ 43 I 2. Alt. VwGO) 472
    IV. Fortsetzungsfeststellungsklage (§ 113 I 4 VwGO) 473
    V. Zwischenfeststellungsklage 474

§ 30 Begründetheit des Normenkontrollantrags 475
    I. Passivlegitimation 475

II. Rechtswidrigkeit 477
III. Insbesondere: Begründetheit der Normenkontrolle gegen einen Bebauungsplan 481
IV. Spruchreife 485

5. Teil. Der vorläufige Rechtsschutz im Verwaltungsprozess

§ 31 Bedeutung und System des vorläufigen Rechtsschutzes 487

I. Verfassungsrechtlicher Rahmen 487
II. Zur Entwicklung des vorläufigen Rechtsschutzes 490
III. Die beiden Wege des vorläufigen Rechtsschutzes (§ 80 und § 123 VwGO) 491

§ 32 Der vorläufige Rechtsschutz gegen belastende Verwaltungsakte nach §§ 80/80a VwGO 494

I. Die Regel: Aufschiebende Wirkung von Widerspruch und Anfechtungsklage (§ 80 I VwGO) 494
II. Gesetzliche Ausnahmen vom Grundsatz der aufschiebenden Wirkung 498
III. Die Anordnung der sofortigen Vollziehung (§ 80 II 1 Nr. 4/ § 80a I Nr. 1 VwGO) 501
IV. Die Aussetzung der Vollziehung (§ 80 IV VwGO) 504
V. Die Anordnung und die Wiederherstellung der aufschiebenden Wirkung durch das Gericht (§§ 80 V/80a I Nr. 2 VwGO) 506
VI. Die gerichtliche Anordnung des sofortigen Vollzugs 515
VII. Die Änderung oder Aufhebung von Gerichtsbeschlüssen über die aufschiebende Wirkung und die sofortige Vollziehbarkeit 516

§ 33 Die einstweilige Anordnung nach § 123 VwGO 518

I. Allgemeines 518
II. Sachentscheidungsvoraussetzungen 519
III. Begründetheit des Antrags 523
IV. Das Verfahren vor Gericht und die eigentliche Entscheidung 526
V. Rechtsmittel 528

§ 34 Vorläufiger Rechtsschutz im Normenkontrollverfahren (§ 47 VI VwGO) 529

I. Allgemeines 529
II. Sachentscheidungsvoraussetzungen 530
III. Begründetheit 532
IV. Verfahren und Entscheidung 532

6. Teil. Das Verfahren im ersten Rechtszug

§ 35 Verfahrensgrundsätze 534
    I. Allgemeines 534
    II. Rechtliches Gehör (Art. 103 I GG) 534
    III. Verfahrensgleichheit – Neutralität und Unbefangenheit 540
    IV. Untersuchungsgrundsatz 543
    V. Verfügungsgrundsatz 545
    VI. Amtsbetrieb, Konzentrationsmaxime 546
    VII. Mündlichkeit, Unmittelbarkeit 547
    VIII. Öffentlichkeit 548

§ 36 Das Verfahren bis zur mündlichen Verhandlung 550
    I. Die Klageerhebung und ihre Wirkungen 550
    II. Das Verfahren vor der mündlichen Verhandlung 552
    III. Die Widerklage (§ 89 VwGO) 562
    IV. Verbindung und Trennung von Verfahren (§ 93 VwGO) 563
    V. Aussetzung, Unterbrechung und Ruhen des Verfahrens 564
    VI. Änderungen, die den Streitgegenstand oder die Parteien betreffen 565
    VII. Der Gerichtsvergleich (§ 106 VwGO) 570

§ 37 Die mündliche Verhandlung 573
    I. Auswirkungen der Grundsätze der Mündlichkeit und der Unmittelbarkeit 573
    II. Die Vorbereitung der mündlichen Verhandlung 574
    III. Die Durchführung der mündlichen Verhandlung 576
    IV. Beratung, Beweiswürdigung und Entscheidungsbildung 580

§ 38 Das Urteil und seine Wirkungen 581
    I. Allgemeines 581
    II. Arten des Urteils 581
    III. Form und Inhalt des Urteils 583
    IV. Verkündung und Zustellung des Urteils 587
    V. Berichtigung und Ergänzung 588
    VI. Die allgemeine Wirkung rechtskräftiger Urteile 589
    VII. Besonderheiten bei den einzelnen Klagearten 590

§ 39 Sonstige Entscheidungsformen des Gerichts 599
    I. Beschlüsse (§ 122 VwGO) 600
    II. Der Gerichtsbescheid (§ 84 VwGO) 601

7. Teil. Rechtsmittel im Verwaltungsprozess – Berufung, Revision und Beschwerde; Anhörungsrüge; Wiederaufnahme des Verfahrens

§ 40 Die Berufung 603

    I. Allgemeines 603
    II. Sachentscheidungsvoraussetzungen, Zulassungsverfahren ... 604
    III. Begründetheit 610
    IV. Berufungsverfahren 610
    V. Entscheidung im Berufungsverfahren 612

§ 41 Die Revision 615

    I. Allgemeines 615
    II. Zulässigkeit 615
    III. Begründetheit 619
    IV. Verfahren 620
    V. Entscheidung im Revisionsverfahren 621

§ 42 Die Beschwerde (§ 146 VwGO) und die Anhörungsrüge (§ 152a VwGO) 622

    I. Allgemeines 622
    II. Zulässigkeit der Beschwerde 623
    III. Begründetheit 624
    IV. Verfahren 624
    V. Entscheidung im Beschwerdeverfahren 625
    VI. Die Anhörungsrüge 626

§ 43 Die Wiederaufnahme des Verfahrens (§ 153 VwGO) 628

    I. Allgemeines 628
    II. Zulässigkeit 629
    III. Begründetheit 629
    IV. Entscheidung 630

Stichwortverzeichnis 631

Übersichten und Prüfungsschemata

1. Ablaufschema Verwaltungsverfahren – Widerspruchsverfahren – Verwaltungsprozess 23
2. Widerspruchsverfahren der Bundesländer 70
3. Im Widerspruchsverfahren anwendbare Rechtsvorschriften 13
4. Sicherung der Selbstverwaltungsgarantie 95
5. Zulässigkeit des Widerspruchs 97
6. Begründetheit des Widerspruchs 106
7. Übersicht über die Klagearten 202
8. Abgrenzung VA und Rechtsnorm 208
9. Sachentscheidungsvoraussetzungen der Anfechtungsklage 280
10. Sachentscheidungsvoraussetzungen der Verpflichtungsklage 294
11. Sachentscheidungsvoraussetzungen der Unterlassungsklage 304
12. Sachentscheidungsvoraussetzungen der allgemeinen Leistungsklage 309
13. Sachentscheidungsvoraussetzungen der allgemeinen Feststellungsklage 321
14. Sachentscheidungsvoraussetzungen der Fortsetzungsfeststellungsklage 337
15. Normenkontrolle in den Bundesländern 349
16. Sachentscheidungsvoraussetzungen der Normenkontrolle 362
17. Sachentscheidungsvoraussetzungen der Normerlassklage 368
18. Sachentscheidungsvoraussetzungen der verwaltungsgerichtlichen Organklage 380
19. Begründetheit der Anfechtungsklage 442
20. Begründetheit der Verpflichtungsklage 452
21. Begründetheit der Unterlassungsklage 459
22. Begründetheit des Normenkontrollantrags 486
23. Zulässigkeit und Begründetheit eines Antrags nach § 80 V VwGO 514
24. Zulässigkeit und Begründetheit des Antrags auf einstweilige Anordnung (§ 123 VwGO) 529
25. Zulässigkeit und Begründetheit der Berufung 614

26. Zulässigkeit und Begründetheit der Revision 622
27. Beschwerde 628

Abkürzungsverzeichnis

a. A.	anderer Ansicht
a. a. O.	am angegebenen Ort
ABl.	Amtsblatt
Abs.	Absatz
AcP	Archiv für die civilistische Praxis
Ad Legendum	Ausbildungszeitschrift aus dem Juridicum Münster
AEG	Allgemeines Eisenbahngesetz
a. F.	alte(r) Fassung
AG	Aktiengesellschaft, Ausführungsgesetz
AGG	Allgemeines Gleichstellungsgesetz
ALR	Allgemeines Landrecht (1794)
Anm.	Anmerkung
AöR	Archiv des öffentlichen Rechts
AO	Abgabenordnung
Art.	Artikel
Ast.	Antragsteller
AsylVfG	Asylverfahrensgesetz
AtomG	Atomgesetz
AtVfV	Atomrechtliche Verfahrensverordnung
AufenthG	Aufenthaltsgesetz
Aufl.	Auflage
Bad.-Württ.	Baden-Württemberg, baden-württembergisch
BAG	Bundesarbeitsgericht
BauGB	Baugesetzbuch
BauGBMaßnG	Maßnahmengesetz zum Baugesetzbuch
BauNVO	Baunutzungsverordnung
BauR	Baurecht
Bay.	Bayern, bayerisch
BayObLG	(ehem.) Bayerisches Oberstes Landesgericht
BayVBl.	Bayerische Verwaltungsblätter
BayVerf.	Verfassung des Freistaates Bayern
BB	Betriebs-Berater
Bd.	Band
BDSG	Bundesdatenschutzgesetz
BeamtStG	Beamtenstatusgesetz
Beck-Rs	Beck Rechtssache (Entscheidungssammlung)
Bf.	Beschwerdeführer
BFH	Bundesfinanzhof

Abkürzungsverzeichnis

BGB	Bürgerliches Gesetzbuch
BGBl.	Bundesgesetzblatt
BGH	Bundesgerichtshof
BGHZ	Entscheidungen des Bundesgerichtshofs in Zivilsachen
BHO	Bundeshaushaltsordnung
BImSchG	Bundes-Immissionsschutzgesetz
BNotO	Bundesnotarordnung
BRAO	Bundesrechtsanwaltsordnung
Bbg.	Brandenburg, brandenburgisch
BRat-Drs.	Drucksache des Deutschen Bundesrats
Brem.	Bremen, bremisch
BRRG	Beamtenrechtsrahmengesetz
BSG	Bundessozialgericht
BSHG	Bundessozialhilfegesetz (früheres – jetzt: SGB XII)
BT-Drs.	Drucksache des Deutschen Bundestages
BVerfG	Bundesverfassungsgericht
BVerfGE	Entscheidungen des Bundesverfassungsgerichts
BVerfGG	Gesetz über das Bundesverfassungsgericht
DB	Der Betrieb
ders., dies.	derselbe, dieselbe
DJT	Deutscher Juristentag
DÖD	Der Öffentliche Dienst
DÖV	Die Öffentliche Verwaltung
DRiG	Deutsches Richtergesetz
DRiZ	Deutsche Richterzeitung
DtZ	Deutsch-Deutsche Rechts-Zeitschrift
DV	Die Verwaltung
DVBl.	Deutsches Verwaltungsblatt
EAG Bau	Europarechtsanpassungsgesetz Bau
EDV	Elektronische Datenverarbeitung
EGGVG	Einführungsgesetz zum Gerichtsverfassungsgesetz
EGMR	Europäischer Gerichtshof für Menschenrechte
EMRK	Europäische Menschenrechtskonvention
ESVGH	Entscheidungssammlung des Hessischen und des Baden-Württembergischen Verwaltungsgerichtshofs
EU	Europäische Union
EuG	Europäisches Gericht
EuGH	Europäischer Gerichtshof
EuGrCh	Europäische Grundrechts-Charta
EuGRZ	Europäische Grundrechtszeitschrift
EuR	Europarecht (Zeitschrift)
EuZW	Europäische Zeitschrift für Wirtschaftsrecht

FFH	Fauna-Flora-Habitat
FGO	Finanzgerichtsordnung
Fn.	Fußnote
FS	Festschrift (für)
FStrG	Bundesfernstraßengesetz
G 10	Gesetz zur Beschränkung des Brief-, Post- und Fernmeldegeheimnisses (Artikel 10-Gesetz)
GastG	Gaststättengesetz
GbR	Gesellschaft des bürgerlichen Rechts
GenBeschlG	Genehmigungsbeschleunigungsgesetz
GenTG	Gentechnikgesetz
GewArch.	Gewerbearchiv
GewO	Gewerbeordnung
GG	Grundgesetz
GmbH	Gesellschaft mit beschränkter Haftung
GMBl.	Gemeinsames Ministerialblatt
GO	Gemeindeordnung
GSOGB	Gemeinsamer Senat der Obersten Gerichtshöfe des Bundes
GVBl.	Gesetz- und Verordnungsblatt
GVG	Gerichtsverfassungsgesetz
GVP	Geschäftsverteilungsplan
Hamb.	Hamburg, hamburgisch
HandwO	Handwerksordnung
HdbGR	Handbuch der Grundrechte
Hdb. (HdbStR)	Handbuch des Staatsrechts
Hess.	Hessen, hessisch
Hg.	Herausgeber
HGB	Handelsgesetzbuch
h. L.	herrschende Lehre
HRG	Hochschulrahmengesetz
i. d. F.	in der Fassung
IFG	Informationsfreiheitsgesetz
IfSG	Infektionsschutzgesetz
JA	Juristische Arbeitsblätter
JKomG	Justizkommunikationsgesetz
JöR	Jahrbuch des öffentlichen Rechts der Gegenwart
JP	Juristische Person
JR	Juristische Rundschau
Jura	Juristische Ausbildung (Zeitschrift)
JuS	Juristische Schulung (Zeitschrift)

JuSchG	Jugendschutzgesetz
JZ	Juristenzeitung
KrW-/AbfG	Kreislaufwirtschafts- und Abfallgesetz
KDVG	Kriegsdienstverweigerungsgesetz
KHG	Krankenhausfinanzierungsgesetz
KritJ	Kritische Justiz
LBauO	Landesbauordnung
LFGB	Lebensmittel- und Futtermittelgesetzbuch
Lit.	Literatur
LKRZ	Zeitschrift für Landes- und Kommunalrecht Hessen, Rheinland-Pfalz, Saarland
LKV	Landes- und Kommunalverwaltung (Zeitschrift)
Ls.	Leitsatz
LuftVG	Luftverkehrsgesetz
MediationsG	Gesetz zur Förderung der Mediation und anderer Verfahren der außergerichtlichen Konfliktbeilegung
Meckl.-Vorp. (M.-V.)	Mecklenburg-Vorpommern
MDR	Monatsschrift für Deutsches Recht
m. w. N.	mit weiteren Nachweisen
Nds.	Niedersachsen, niedersächsisch
NdsVBl.	Niedersächsische Verwaltungsblätter
NJW	Neue Juristische Wochenschrift
NRW/NW	Nordrhein-Westfalen, Nordrhein-westfälisch
NuR	Natur und Recht (Zeitschrift)
NVwZ	Neue Zeitschrift für Verwaltungsrecht
NVwZ-RR	NVwZ-Rechtsprechungs-Report Verwaltungsrecht
NWVBl.	Nordrhein-Westfälische Verwaltungsblätter
OLG	Oberlandesgericht
OVG	Oberverwaltungsgericht
ÖR	Öffentliches Recht
OVGE	Entscheidungssammlung des (jeweils angegebenen) OVG
OWiG	Gesetz über Ordnungswidrigkeiten
PKH	Prozesskostenhilfe
PostG	Postgesetz
Preuß	Preußen, preußisch
ProdSG	Produktsicherheitsgesetz
RdE	Recht der Energiewirtschaft (Zeitschrift)

RelKEG	Gesetz über die religiöse Kindererziehung
RdJB	Recht der Jugend und des Bildungswesens (Zeitschrift)
RGBl.	Reichsgesetzblatt
Rhl.-Pf.	Rheinland-Pfalz, rheinland-pfälzisch
r. i. p.	reformatio in peius
RmBereinVpG	Rechtsmittelbereinigungsgesetz
Rn./Rd.-Nr.	Randnummer
Rspr.	Rechtsprechung
RuStAG	Reichs- und Staatsangehörigkeitsgesetz
Saarl.	Saarland, saarländisch
Sachs., sächs.	Sachsen, sächsisch
Sachs.-Anh.	Sachsen-Anhalt, sachsen-anhaltinisch
Sart.	Sartorius Band I, Verfassungs- und Verwaltungsgesetze der Bundesrepublik Deutschland
Schl.-Holst.	Schleswig-Holstein, schleswig-holsteinisch
SGB	Sozialgesetzbuch
SGb	Die Sozialgerichtsbarkeit (Zeitschrift)
SGG	Sozialgerichtsgesetz
Sp.	Spalte
st. Rspr.	ständige Rechtsprechung
StGB	Strafgesetzbuch
StVG	Straßenverkehrsgesetz
StVO	Straßenverkehrsordnung
StVZO	Straßenverkehrs-Zulassungs-Ordnung
Thür.	Thüringen, thüringer
ThürVBl.	Thüringer Verwaltungsblätter
TKG	Telekommunikationsgesetz
TÜV	Technischer Überwachungsverein
TVG	Tarifvertragsgesetz
UIG	Umweltinformationsgesetz
UPR	Umwelt- und Planungsrecht (Zeitschrift)
UmwRG	Umweltrechtsbehelfsgesetz
UVPG	Umweltverträglichkeitsprüfungsgesetz
VA	Verwaltungsakt
VBlBW	Verwaltungsblätter für Baden-Württemberg
VereinsG	Vereinsgesetz
VerfGH	Verfassungsgerichtshof
VerfR	Verfassungsrecht
VerKPBG	Verkehrswegeplanungsbeschleunigungsgesetz
VersG	Versammlungsgesetz

VerwArch.	Verwaltungsarchiv
VG	Verwaltungsgericht
VGH	Verwaltungsgerichtshof
VIG	Verbraucherinformationsgesetz
VÖI	Vertreter des Öffentlichen Interesses
VR	Verwaltungsrundschau
VVDStRL	Veröffentlichungen der Vereinigung der Deutschen Staatsrechtslehrer
VwGO	Verwaltungsgerichtsordnung
VwProzR	Verwaltungsprozessrecht
VwVfG	Verwaltungsverfahrensgesetz
VwVG	Verwaltungs-Vollstreckungsgesetz
VwZG	Verwaltungszustellungsgesetz
WaffG	Waffengesetz
Wf.	Widerspruchsführer
WPflG	Wehrpflichtgesetz
WRV	Weimarer Reichsverfassung
WuV	Wirtschaft und Verwaltung (Zeitschrift)
WissR	Wissenschaftsrecht – Wissenschaftsverwaltung – Wissenschaftsförderung (Zeitschrift)
ZBR	Zeitschrift für Beamtenrecht
ZG	Zeitschrift für Gesetzgebung
ZLR	Zeitschrift für das gesamte Lebensmittelrecht
ZPO	Zivilprozessordnung
ZRP	Zeitschrift für Rechtspolitik
ZVS	(früher) Zentrale Zulassungsstelle für die Vergabe von Studienplätzen
ZZP	Zeitschrift für Zivilprozess

Literaturverzeichnis

I. Lehrbücher, Handbücher und Grundrisse des Verwaltungsprozessrechts

Detterbeck, Steffen, Allgemeines Verwaltungsrecht mit Verwaltungsprozessrecht, 18. Aufl. 2020 (zit. Detterbeck, AVwR)
Detterbeck, Steffen, Öffentliches Recht, Ein Basislehrbuch, 1. Aufl 2018
Erbguth, Wilfried/Guckelberger, Annette, Allgemeines Verwaltungsrecht mit Verwaltungsprozess- und Staatshaftungsrecht, 10. Aufl. 2020 (zit. *Erbguth/Guckelberger*, AVwR)
Gersdorf, Hubertus, Verwaltungsprozessrecht, 6. Aufl. 2020 (zit.: *Gersdorf* VwProzR).
Hufen, Friedhelm/Siegel, Thorsten, Fehler im Verwaltungsverfahren, 6. Aufl. 2018
Kintz, Roland, Öffentliches Recht im Assessorexamen, 11. Aufl. 2021
Kramer, Urs, Allgemeines Verwaltungsrecht und Verwaltungsprozessrecht mit Staatshaftungsrecht, 4. Aufl. 2021
Lorenz, Dieter, Verwaltungsprozessrecht, 2000 (zit.: Lorenz, VwProzR)
Mann, Thomas/Wahrendorf, Volker, Verwaltungsprozessrecht, 5. Aufl. 2021
Martini, Mario, Verwaltungsprozessrecht u. Allg.VerwR., Systematische Darstellung in Grafik-Text-Kombination, 6.Aufl. 2017
Maurer, Hartmut/Waldhoff,Christian, Allgemeines Verwaltungsrecht, 20. Aufl. 2020 (zit.: Maurer/*Waldhoff*, AVwR)
Peine, Franz-Joseph/Siegel, Thorsten, Allgemeines Verwaltungsrecht, 13. Aufl. 2020
Pietzner, Rainer/Ronellenfitsch, Michael, Das Assessorexamen im Öffentlichen Recht: Widerspruchsverfahren und Verwaltungsprozess, 14. Aufl. 2019
Quaas, Michael/Zuck, Rüdiger/Funke-Kaiser,Michael, Prozesse in Verwaltungssachen, 3. Aufl. 2018
Rengeling, Hans-Werner/Middeke, Andreas/Gellermann, Martin, Handbuch des Rechtsschutzes in der Europäischen Union, 3. Aufl. 2014
Schenke, Wolf-Rüdiger, Verwaltungsprozessrecht, 16. Aufl. 2019
Schmidt, Rolf, Verwaltungsprozessrecht, 19. Aufl. 2020
Schmitt Glaeser, Walter/Horn, Hans-Detlef, Verwaltungsprozessrecht, 15. Aufl. 2000
Seidel, Achim/Reimer, Ekkehardt, Allgemeines Verwaltungsrecht mit Bezügen zum Verwaltungsprozessrecht, 3. Aufl. 2019
Uerpmann-Witzack, Robert, Examens-Repetitorium Allgemeines Verwaltungsrecht mit Verwaltungsprozessrecht, 5. Aufl. 2018
Würtenberger, Thomas/Heckmann, Dirk, Verwaltungsprozessrecht, 4. Aufl. 2018

II. Kommentare zur Verwaltungsgerichtsordnung und zum Verwaltungsverfahrensgesetz

Bader, Johann/Funke-Kaiser, Michael/Stulfauth, Thomas/v.Albedyll, Jörg., Verwaltungsgerichtsordnung, Kommentar, 7. Aufl. 2018
Eyermann, Erich, Verwaltungsgerichtsordnung, Kommentar, 15. Aufl. 2019
Fehling, Michael/Kastner, Bertold/Störmer, Rainer, Verwaltungsrecht. VwVfG/VwGO, Nebengesetze, 5. Aufl. 2020
Gärditz, Klaus Ferdinand, Verwaltungsgerichtsordnung (VwGO) mit Nebengesetzen, Kommentar, 2. Aufl. 2018
Kopp, Ferdinand O./Schenke, Wolf-Rüdiger/Schenke, Ralf-Peter, Verwaltungsgerichtsordnung, 26. Aufl. 2020 (zit.: Kopp/Schenke, VwGO)
Kopp, Ferdinand O./Ramsauer, Ulrich, Verwaltungsverfahrensgesetz (zit.: Kopp/Ramsauer, VwVfG), 21. Aufl. 2020
Posser, Herbert/Wolff, Heinrich A., Verwaltungsgerichtsordnung: VwGO, Kommentar, 2. Aufl. 2014
Redeker, Konrad/von Oertzen, Hans-Joachim, Verwaltungsgerichtsordnung, 16. Aufl. 2014
Schoch, Friedrich/Schneider, Jens-Peter, Verwaltungsrecht. VwGO und VwVfG, Kommentar 2020 (zit.: Schoch/Schneider, VwR oder VwGO)
Sodan, Helge/Ziekow, Jan, Verwaltungsgerichtsordnung, 5. Aufl. 2018
Wolff, Heinrich/ Decker, Andreas, Verwaltungsgerichtsordnung (VwGO), Verwaltungsverfahrensgesetz (VwVfG), Studienkommentar, 4. Aufl. 2021
Wysk, Verwaltungsgerichtsordnung, 3. Aufl. 2020.

III. Fallsammlungen und Anleitungen zur Falllösung

Brüning, Christoph/Suerbaum, Joachim, Examensfälle zum Öffentlichen Recht, 2. Aufl. 2019
Ernst, Christian/Kämmerer, Jörn Axel, Fälle zum Allgemeinen Verwaltungsrecht, 3. Aufl. 2016
Groscurth, Stephan, Examenskurs VwGO für Studenten und Referendare, 2. Aufl. 2020
Sauer, Heiko, Examinatorium Allgemeines Verwaltungsrecht und Verwaltungsprozessrecht, 2.Aufl. 2020
Schoch, Friedrich, Übungen im Öffentlichen Recht II: Verwaltungsrecht und Verwaltungsprozessrecht, 2. Aufl. 2012 (zit.: Schoch, Übungen)
Schwerdtfeger, Gunther/Schwerdtfeger, Angela, Öffentliches Recht in der Fallbearbeitung, 15. Aufl. 2018
Winkler, Markus, Klausurtraining Besonderes Verwaltungsrecht, 2. Aufl 2017
Würtenberger, Thomas, Prüfe Dein Wissen, Verwaltungsgerichtsbarkeit, 3. Aufl. 2007 (zit.: Würtenberger, PdW).

# 1. Teil. Grundlagen

§ 1 Einführung

I. Begriff und Bedeutung des Verwaltungsprozessrechts

1. Zum Begriff

Verwaltungsprozessrecht ist das Verfahrensrecht für diejenigen 1 Rechtsstreitigkeiten, die einem besonderen Rechtsweg zugeordnet sind, dem Verwaltungsrechtsweg (§ 40 I 1 VwGO). Der Begriff enthält mit „**Verwaltung**" und „**Prozessrecht**" zwei Elemente, die ihrerseits näherer Bestimmung bedürfen.

Verwaltungsprozessrecht setzt den Begriff der **Verwaltung** voraus, wie ihn das allgemeine Verwaltungsrecht definiert (vgl. *Maurer/ Waldhoff*, AVwR, § 1). Dessen wirklich maßgeblicher Bezugspunkt aber ist nicht die „Verwaltung", sondern die **öffentlich-rechtliche Streitigkeit** nichtverfassungsrechtlicher Art, soweit diese nicht einem anderen Rechtsweg zugeordnet ist (§ 40 I 1 VwGO). Der Begriff des Verwaltungsprozessrechts erschließt sich also nicht durch den Begriff der „Verwaltung", sondern durch die öffentlich-rechtliche Streitigkeit. Im Normalfall ist auch nur **ein** Beteiligter des Verwaltungsprozesses ein Träger öffentlicher Verwaltung, während auf der anderen Seite ein Privater – sei es ein Bürger, sei es eine Juristische Person des Privatrechts – sein Recht sucht.

Ähnlich verhält es sich mit dem Begriff des **Prozessrechts**. „Pro- 2 zess" (vom lateinischen *procedere*) meint im wörtlichen Sinne nichts anderes als „vorwärtsschreiten, vonstatten gehen", also im heutigen Sprachgebrauch: Das Vorgehen der Verwaltung. Das führt aber zu einem Missverständnis: Im Verwaltungsprozessrecht geht es nicht um das Verfahrensrecht der Verwaltung, sondern um das Verfahrensrecht der Verwaltungs**gerichte.**

Verwaltungsverfahrensrecht und Verwaltungsprozessrecht regeln gemeinsam den öffentlich-rechtlichen Entscheidungsprozess vom Antrag des Bürgers bis zum bestandskräftigen Urteil. Aus diesem typischen Entscheidungsablauf greift das Verwaltungsprozessrecht nur einen Teil heraus, nämlich Voraussetzungen, Ablauf und Ergebnis des

Rechtsstreits als Folge einer streitigen Entscheidung, eines erlassenen oder unterlassenen Verwaltungsaktes, eines umstrittenen Rechtsverhältnisses usw. Abzugrenzen ist das Verwaltungsprozessrecht damit – bei fließenden Übergängen – vom vorgeschalteten **Verwaltungsverfahrensrecht** (als dem Recht des Entscheidungsprozesses der Verwaltung selbst). Aus letzterem umgreift es aber wiederum einen wichtigen Teil, nämlich das Recht des **Widerspruchsverfahrens,** das in der deutschen Tradition zunächst als „Vorverfahren" und Prozessvoraussetzung betrachtet und in seinen wesentlichen Punkten in der VwGO geregelt wurde, bevor seine eigentliche Bedeutung als zweite Stufe des **Verwaltungsverfahrens** in den Vordergrund trat.

Verwaltungs**prozess**recht ist aber nicht reines **Verfahrensrecht.** Es regelt vielmehr zugleich einen Teil des inneren und äußeren Aufbaus der beteiligten Institutionen und der Verwaltungsgerichtsbarkeit und ist insofern besonderer Teil des **Gerichtsverfassungsrechts.** Dagegen hat sich das Verwaltungsprozessrecht gegenüber dem **Zivilprozessrecht** heute fast völlig verselbständigt – auch wenn es aus diesem wichtige Institutionen übernommen hat, und die ZPO gem. § 173 VwGO bis heute subsidiär im Verwaltungsprozess anwendbar ist (*Nolte*, Die Eigenart des verwaltungsgerichtlichen Rechtsschutzes, 2013).

2. Bedeutung im Studium

Während in anderen Rechtsgebieten das materielle Recht und das jeweilige Prozessrecht selbst bis ins Examen hinein oft als getrennte Materien behandelt werden, sind das Verwaltungsprozessrecht und das materielle Verwaltungsrecht bis in die Klausurlösung hinein eng verzahnt. Gleichwohl bildet das Verwaltungsprozessrecht eine eigenständige Materie, die – unter Einbeziehung des materiellen Rechts – zunächst auch als solche erlernt und beherrscht werden sollte.

Die vielleicht wichtigste Bedeutung des Verwaltungsprozessrechts für die Ausbildung liegt darin, dass es mit den Merkmalen
- **Rechtsweg und zuständiges Gericht,**
- **Zulässigkeit des Rechtsbehelfs,**
- **Begründetheit**

zugleich den Rahmen für die rechtliche Prüfung der Fälle insgesamt bietet.

So gesehen ist das Verwaltungsprozessrecht alles andere als „nur" das Verfahrensrecht der Verwaltungsgerichtsbarkeit. Es bindet vielmehr alle materiellrechtlichen Probleme ein, denn – anders als im Zivilrecht – geht es im Öffentlichen Recht und auch in der Klausur höchst selten um die „Rechtslage" im objektiven Sinne, also um das Vorliegen eines Anspruchs, das Bestehen eines Rechtsverhältnisses usw. Gefragt ist vielmehr zumeist nach der konkreten Erfolgsaussicht eines Rechtsbehelfs, nach Zulässigkeit und Begründetheit einer Klage oder nach einer zu erwartenden Gerichtsentscheidung. Alle diese Fragen verbinden Verfahren **und** inhaltliche Voraussetzungen. Daher bildet das Verwaltungsprozessrecht zugleich einen äußeren Rahmen für die Zuordnung nahezu aller materiellrechtlichen Probleme des Verwaltungsrechts zum konkreten Fall.

Zusammen mit dem Allgemeinen Verwaltungsrecht ist das Verwaltungsprozessrecht daher das **Herzstück des Verwaltungsrechts**, auf das sich nahezu alle Teile des Öffentlichen Rechts im Übrigen beziehen. Das gilt selbst für das Verfassungsrecht, soweit nicht auf beiden Seiten Träger des Verfassungslebens beteiligt sind (§ 40 I 1 VwGO).

Das Verwaltungsprozessrecht ist im Ergebnis also weder nur „Verwaltungsrecht" noch nur „Prozessrecht". Es ist das gerichtliche Verfahrensrecht öffentlicher Rechtsstreitigkeiten im umfassenden Sinne und zugleich der **Modus zur Umsetzung von Verfassungs- und Verwaltungsrecht in konkrete Entscheidungen.** Noch so qualifizierte Kenntnisse des materiellen öffentlichen Rechts (Verfassungs- und Verwaltungsrecht) nützen nichts, wenn sie nicht auf das Verwaltungsprozessrecht bezogen und mit dessen Hilfe geklärt und realisiert werden können.

II. Der verfassungsrechtliche Rahmen

Wer die heutige Bedeutung des Verwaltungsprozessrechts richtig erkennen will, muss mit der **Verfassung** beginnen. Zwar ist die Geschichte der Verwaltungsgerichtsbarkeit älter als die des Grundgesetzes, und die dogmatischen Grundlagen des Verwaltungsrechts haben sich in weiten Teilen noch im 19. Jahrhundert entfaltet, doch standen die Entwicklungen von Verfassungsrecht und Verwaltungsprozessrecht nie unverbunden nebeneinander. So gehörte das Bestreben, die Kontrolle der Verwaltung unabhängigen Richtern anzuvertrauen, schon im 19. Jahrhundert zu den Kernforderungen der Freiheitsbewegung, und eine gerichtliche Kontrolle der Verwaltung wurde als Grundvoraussetzung des Rechtsstaats und der Wahrung der Grundrechte erkannt. Heute bilden die Grundrechte und die Leitprinzipien der Verfassung – abgesehen vom EU-Recht – nicht nur die obersten Prüfungsmaßstäbe für die Verwaltungsgerichtsbarkeit; Einrichtung und Ausgestaltung der Verwaltungsgerichtsbarkeit selbst haben immer wieder aus dem Verfassungsrecht kraftvolle Impulse erhalten. Umgekehrt hängt die reale Geltungskraft der Verfassung in vieler Hinsicht von einer wirksamen Verwaltungsgerichtsbarkeit ab.

1. Rechtsstaat (Art. 20/28 GG)

5   Der Rechtsschutz des Bürgers gegen den Staat als **„Schlussstein im Gewölbe des Rechtsstaats"** (*R. Thoma*, Recht-Staat-Wirtschaft, Bd. 3 [1951], 9*)* ist ohne eine unabhängige Verwaltungsgerichtsbarkeit heute nicht mehr vorstellbar. Zusammen mit der Verfassungsgerichtsbarkeit sichern die Verwaltungsgerichte die Gesetzesbindung der Verwaltung und den Primat des Rechts. Verwaltungsgerichtsbarkeit ist daher eine im Rechtsstaat unabdingbare Form der **Begrenzung staatlicher Macht** (allg. zum Rechtsstaatsprinzip *Voßkuhle/Kaufhold*, JuS 2010, 116; *Trentmann*, JuS 2017, 979). Sie ist heute aber nicht mehr ausschließlich auf die Kontrollperspektive beschränkt; von den Gerichten gehen vielmehr auch wesentliche Impulse für eine Tätigkeit der Gesetzgebung aus. Daher ist die **Gewaltenteilung** heute auch in Bezug auf die Verwaltungsgerichtsbarkeit nicht mehr im Sinne simpler Trennung zu verstehen, sondern eher im Sinne einer gegenseitigen Kontrolle, Beeinflussung und Balancierung der an der Bildung und Durchsetzung staatlicher Entscheidungen beteiligten Kräfte.

6   Die Verwaltungsgerichtsbarkeit ist in Art. 95 I GG institutionell garantiert; für sie gelten alle im Rechtsstaatsprinzip enthaltenen oder aus ihm abzuleitenden Gewährleistungen wie die **Rechtsweggarantie** gegen Verletzungen durch die öffentliche Gewalt (Art. 19 IV GG), die **Unabhängigkeit der Richter** (Art. 92, Art. 97 GG), das **Gebot des gesetzlichen Richters** (Art. 101 GG), das **rechtliche Gehör** (Art. 103 GG) – Grundsätze, die zusammen mit dem Gebot der **Verfahrensgleichheit** (Art. 3 GG) auch das verwaltungsgerichtliche Verfahren bestimmen.

7   a) Als „modernes" **Gewaltenteilungsproblem** zwischen Exekutive und Rechtsprechung wird seit einiger Zeit das Spannungsverhältnis von Effizienz und Rechtsschutz diskutiert. Dabei wird die Verwaltungsgerichtsbarkeit oft pauschal als zu kompliziert, zeitraubend, der Verwaltung nicht den genügenden Planungs- und Entscheidungsspielraum belassend kritisiert. Bei dieser Argumentation wird zumeist übersehen, dass die Gründe für die Komplexität

und die Dauer der Entscheidungsprozesse weniger im Verwaltungsprozess als vielmehr in der Kompliziertheit und Verdichtung der Lebensverhältnisse und der Rechtsetzung zu suchen sind. Großprojekte schaffen eine Vielzahl von Betroffenen mit abwägungserheblichen öffentlichen und privaten Belangen. Umweltbelastungen werden genauer registriert, Bürgerbeteiligung und Bürgerinformation werden durchgesetzt, mittelbare Auswirkungen staatlicher Entscheidungen auf andere Bereiche exakter verfolgt. Vor diesem Hintergrund kann „effiziente Verwaltung" nicht „möglichst rasche Verwirklichung" heißen, sondern sie muss die oft widerstreitenden öffentlichen und privaten Belange aufeinander beziehen und nach dem Prinzip des schonenden Ausgleichs einander zuordnen.

b) Teil des Rechtsstaatsgebots sind die **Verfassungsmäßigkeit des Gesetzes** (Art. 20 III und Art. 1 III GG) und die **Gesetzmäßigkeit der Verwaltung**. Daneben wirkt das Rechtsstaatsprinzip vor allem in den aus ihm abgeleiteten Grundsätzen der **Bestimmtheit**, der **Verhältnismäßigkeit** und des **Vertrauensschutzes**. 8

c) Der Grundsatz der **Verhältnismäßigkeit** bestimmt auch das Verfahren des Verwaltungsgerichts selbst – z. B. im Hinblick auf die Angemessenheit der eigenen Sachaufklärung. Inhaltlich ist die Verhältnismäßigkeit ein wichtiger Maßstab der Verwaltungskontrolle, der heute weit über seine Herkunft aus dem Polizeirecht in allen Bereichen der Verwaltungstätigkeit als Instrument der „Feinabstimmung" und Kontrolle dessen wirkt, wie weit die Verwaltung im Einzelfall öffentliche Belange gegenüber Individualinteressen durchsetzen darf (allg. *Hufen*, StaatsRII. Grundrechte, § 9, Rn. 14). 9

d) Das gleichfalls aus dem Rechtsstaat abgeleitete Gebot des **Vertrauensschutzes** hat nicht nur in bestimmten Fallgruppen (z. B. im Schul- und Prüfungsrecht) besondere Bedeutung. Es bildet auch den verfassungsrechtlichen Hintergrund aller Rückwirkungsfälle, des Widerrufs und der Rücknahme begünstigender Verwaltungsakte sowie der Zusage und Zusicherung (Näheres bei *Hufen*, StaatsR II Grundrechte, § 9, Rn. 24). 10

2. Demokratieprinzip (Art. 20 I und II GG)

Demokratie ist zeitlich und rechtlich gebundene und begrenzte Herrschaft. Das Demokratieprinzip des GG erfordert eine ununterbrochene Legitimationskette vom Volk zu den mit staatlichen Aufgaben betrauten Organen und Amtswaltern. Die Kontrolle durch die Verwaltungsgerichtsbarkeit ist deshalb ein wichtiges Instrument der Sicherung der Legitimität der Staatsgewalt (BVerfGE 83, 37, 51; zuletzt 146, 1, 40). 11

Verwaltungsgerichte sichern aber nicht nur die Bindung der Verwaltung an das demokratische Gesetz und – als weiteres wichtiges Element des Demokratieprinzips – den Minderheitenschutz (BVerfGE 2, 1, 13; 70, 324, 363); sie tragen auch dazu bei, dass sich ein demokratischer Volkswille im offenen Prozess der Meinungsbildung und Auseinandersetzung in der Öffentlichkeit herausbilden kann – so z. B. im Versammlungsrecht oder auch bei der Durchsetzung von Chancengleichheit und Offenheit im Wahlkampf.

3. Bundesstaat

12 Bis auf das Bundesverwaltungsgericht sind alle Verwaltungsgerichte Gerichte der Länder. Es gibt also nicht nur einen Grundsatz der Landesexekutive (Art. 83, 84 GG), sondern auch einen **Grundsatz der Landesjudikative**. So darf der Bund nur die im Grundgesetz vorgesehenen Bundesgerichte errichten (Art. 92 GG) und nicht etwa die Bundesverwaltung einer eigenen „bundesfreundlicheren" Verwaltungsgerichtsbarkeit unterstellen. Dieser Gerichtsaufbau sichert zugleich die Eigenständigkeit der Landesverwaltungen und die der Landesebene zuzurechnende Selbstverwaltung der Gemeinden.

Der notwendige Grad an **Einheitlichkeit** wird neben der Gesetzgebung durch die Rechtsprechung von *BVerfG* und *BVerwG* gesichert: Deren Rechtsprechung kann man also auch als eine Vorkehrung für das Prinzip der **Bundestreue** und das Funktionieren des kooperativen Föderalismus sehen.

4. Sozialstaat

13 Die Verwaltungsgerichte kontrollieren nicht nur die Eingriffsverwaltung, sie sind auch zur Kontrolle der **Leistungsverwaltung** berufen. Das gilt nicht nur für die heute zur Kompetenz der Sozialgerichte zählenden Bereiche des Sozialrechts im engeren Sinne, sondern praktisch für die gesamte Verwaltungstätigkeit und deren Verfahren. Dadurch sichert die Verwaltungsgerichtsbarkeit nicht zuletzt die Einhaltung des sozialstaatlich und durch die **Menschenwürdegarantie** (Art. 1 I GG) gebotenen sozialen Existenzminimums (vgl. schon BVerfGE 1, 97, 104; 137, 34, 72; *Hufen*, JuS 2010, 1, 10). Umso weniger dürfen die Kosten des Verwaltungsprozesses selbst das Existenzminimum einer bedürftigen Person (BVerfGE 78, 104, 117) und die **prozessuale Chancengleichheit** gefährden. Hierin zeigt sich die schon in der Formulierung von Art. 28 GG angelegte Verbindung von Sozialstaats- und Rechtsstaatsprinzip.

14 Die Vielfalt sozialstaatlicher Handlungsformen, das Ineinandergreifen von hoheitlichen Entscheidungen, Planungen, Leistungen und Verteilung im mo-

§ 1 Einführung

dernen Sozialstaat stellt die Verwaltungsgerichtsbarkeit vor zahlreiche Probleme. So geht es in weiten Bereichen nicht mehr um die Kontrolle hoheitlicher Eingriffe und die Sicherung der Freiheitssphäre des Individuums **vor** staatlichen Eingriffen – diese Freiheit ist vielmehr ihrerseits in hohem Maße **von** staatlichen Leistungen, dem Zugang zu öffentlichen Einrichtungen und der Erfüllung von staatlichen Schutzpflichten abhängig. Das gilt umso mehr, wenn Anzeichen für eine Überforderung des Sozialstaats in Folge des demographischen Wandels und der Kosten der sozialen Sicherungssysteme erkennbar werden. Zudem greift der Sozialstaat nicht mehr lediglich „von außen" oder „von oben" in die gesellschaftliche Güterverteilung ein; er ist über das sozialstaatliche Transfersystem, über Daseinsvorsorge und Umweltvorsorge längst in diese Verteilungskonflikte einbezogen (*Schmidt-Aßmann*, Die Bedeutung des Sozialstaatsprinzips für das Verwaltungsrecht, FS Mußgnug [2005], 33).

5. Selbstverwaltung

Das Grundgesetz gewährleistet die Selbstverwaltung von Kirchen, Hochschulen, Rundfunkanstalten, Gemeinden und anderen Rechtsträgern (Art. 4, 5 III, 9 I, 28 II, 140 GG i. V. m. 137 f. WRV). Keine dieser Gewährleistungen wäre in der Praxis durchsetzbar, wenn sie nicht durch die Verwaltungsgerichtsbarkeit gesichert würde. Umgekehrt müssen die Gerichte vielfach die Rechtsbindung von Selbstverwaltungsträgern gegenüber dem Bürger sicherstellen. Überzogene Einschränkungen der Selbstverwaltungsspielräume gehen allerdings selten von den Gerichten, umso mehr aber von einer perfektionistischen Gesetzgebung, unzureichenden Mitteln und der immer weitergehenden Einschränkung von Ermessensspielräumen aus. 15

6. Grundrechte

Es ist ein weitverbreitetes Missverständnis, dass Grundrechte als unmittelbar geltende Rechte (Art. 1 III GG) vor allem durch die Verfassungsgerichtsbarkeit gesichert werden. Dabei wird vergessen, dass die Grundrechte nahezu ohne Bedeutung wären, wenn sie nicht in der alltäglichen Verwaltungspraxis beachtet und durch Widerspruchsverfahren und Verwaltungsprozess gesichert würden. So ist die Verwaltungsgerichtsbarkeit heute die wohl wichtigste Instanz zur Durchsetzung von Grundrechten; umgekehrt werden heute besonders wichtige Fallgruppen von den jeweils einschlägigen Grundrechten bestimmt: Man denke nur an Art. 5 I 1 GG im **Rundfunkrecht**, Art. 6 und 7 GG im **Schulrecht**, Art. 3 und 12 GG im **Prüfungsrecht**, Art. 12 GG im **Gewerberecht**, Art. 14 GG im **Baurecht**, Art. 2 II GG im **Immissionsschutzrecht**, Art. 8 GG im **Versamm-** 16

lungsrecht sowie Art. 33 II und V GG im **Beamtenrecht** und natürlich Art. 16a GG im **Asylverfahren**. Auch abgesehen davon wird nur derjenige die heutige Struktur verwaltungsprozessualer Falllösung begreifen, der sich den verfassungsrechtlichen Hintergrund verdeutlicht: So führen z. B. das Fehlen oder die Unwirksamkeit einer Eingriffsgrundlage zur Aufhebung des belastenden Verwaltungsakts, weil der Einzelne einen Anspruch aus Art. 2 I GG darauf hat, dass in seine Freiheit nur durch einen der verfassungsmäßigen Ordnung, also dem formellen *und* materiellen Recht entsprechenden, staatlichen Akt eingegriffen wird (BVerfGE 6, 32, 38 – Elfes). Umgekehrt ist die Verpflichtungsklage begründet, wenn der Einzelne die Voraussetzungen eines präventiven Verbots mit Erlaubnisvorbehalt erfüllt, weil – abgesehen von Spezialgrundrechten – die allgemeine Handlungsfreiheit (Art. 2 I GG) ihm das Recht zur entsprechenden Tätigkeit einräumt, sobald er die Präventionsschranke überwunden hat (BVerfGE 20, 151, 159; 80, 137, 161; näher dazu unten, § 26, Rn. 8).

17 Insgesamt realisiert sich der Schutz der Grundrechte heute also zu einem großen Teil im Verwaltungsprozess. Dies hat mit einer Vernachlässigung des Gesetzesrechts oder mit einem überzogenen und voreiligen „Durchgriff auf das Verfassungsrecht" nichts zu tun. Zwar darf man nicht vorschnell auf die Grundrechte zurückgreifen, wenn eine konkrete und ihrerseits verfassungskonforme gesetzliche Regelung einschlägig ist. Strikt abzulehnen sind aber alle Versuche, die unmittelbare Geltung von Grundrechten im Verwaltungsprozess vom Vorliegen einer gesetzlichen Konkretisierung abhängig zu machen (in diesem Sinne wohl *R. Wahl*, DVBl. 1996, 641 ff.; krit. dazu *Hufen*, StaatsR II § 6, Rn. 22). Grundrechte sind nach Art. 1 III GG als unmittelbar geltende subjektive Rechte unabhängig von den Rechtssätzen des einfachen Rechts im Verwaltungsprozess zu beachten. Praktisch bedeutsam wird das vor allem für die Klagebefugnis (dazu unten, § 14, Rn. 83 ff.).

7. Rechtliches Gehör (Art. 103 I GG) und Rechtsschutz gegen die öffentliche Gewalt (Art. 19 IV GG)

18 Wesentliches Element des Rechtsstaats und zugleich Individualgrundrecht ist Art. 19 IV GG, der besagt, dass der Rechtsweg offensteht, wenn jemand durch die **öffentliche Gewalt** in seinen Rechten verletzt wird. Dieses Recht wird unterschieden von der **allgemeinen Rechtsschutzgarantie,** die aus dem Rechtsstaatsprinzip abgeleitet wird, sowie Art. 103 I GG, der das **rechtliche Gehör im Gerichtsverfahren** selbst sichert. Alle drei Gewährleistungen stehen aber in engem Zusammenhang und sind auch mit den übrigen im Grundgesetz enthaltenen Rechtsschutzgewährleistungen eng verknüpft.

§ 1 Einführung

Deutlich ist aber, dass das Grundgesetz dem Rechtsschutz gegen Maßnahmen **öffentlicher** Gewalt besonderes Gewicht beimisst. Das heißt nach überwiegender Auffassung zwar nicht, dass damit die Verwaltungsgerichtsbarkeit **als solche** institutionell gewährleistet ist. Art. 19 IV GG schreibt keinen bestimmten Rechtsweg vor (BVerfGE 31, 364, 368). Der Rechtsschutz gegen die öffentliche Gewalt muss aber möglichst lückenlos, umfassend und effektiv sein (BVerfGE 8, 274, 326; 107, 395, 402), und die Verwaltungsgerichtsbarkeit ist zumindest im Hinblick auf ihre oberste Instanz in Art. 95 GG ausdrücklich erwähnt.

19

Normen wie Art. 14 III, Art. 19 IV 2 und Art. 34 GG begründen **keinen prinzipiellen Vorrang der ordentlichen Gerichtsbarkeit.** Sie sind Ausdruck des historischen Misstrauens gegenüber der Administrativjustiz als lediglich verwaltungsinterner Kontrolle, das gegenüber der heutigen Verwaltungsgerichtsbarkeit nicht angebracht ist. Der Zusammenhang von Enteignungsentschädigung und Staatshaftung einerseits und verwaltungsrechtlichen Fragen andererseits legt es vielmehr nahe, durch Verfassungsänderung das gesamte Enteignungs- und Amtshaftungsrecht auf die Verwaltungsgerichte zu übertragen.

20

Für die **Verwaltungsgerichtsbarkeit selbst** sind folgende Aspekte der Rechtsschutzgarantie des Art. 19 IV GG zu beachten:

21

- Art. 19 IV GG ist zwar selbst ein Grundrecht, setzt aber als eigentliches Schutzgut ein subjektives Recht (Grundrecht oder einfaches Recht) voraus. Die Rechtsverletzung selbst ist dabei nicht Voraussetzung des Zugangs zum Gericht (Zulässigkeit), sondern Frage der Begründetheit; Art. 19 IV GG ist so zu interpretieren, dass die **Möglichkeit einer Rechtsverletzung** (etwa im Sinne von § 42 VwGO) ausreicht, um die Klage zulässig zu machen.
- Schon die Formulierung: „Wird jemand in *seinen* Rechten verletzt", zeigt, dass das Grundgesetz hier **keine objektive Rechtmäßigkeitskontrolle** intendiert, sondern den gerichtlichen Individualrechtsschutz meint. Objektive rechtsstaatliche Bindung an Gesetz und Recht (Art. 20 III GG) und subjektives Recht hängen aber eng zusammen, so dass Elemente objektiver Kontrolle im Verwaltungsprozess, wie etwa die Begründetheitsprüfung der Normenkontrolle, keineswegs Fremdkörper im System sind.
- Art. 19 IV GG stellt den verfassungsrechtlichen **Vorrang der gerichtlichen Kontrolle** vor der reinen Selbstkontrolle der Verwaltung klar. Damit ist auch der historische Streit um die Kontrolle der Verwaltung durch eine unabhängige Gerichtsbarkeit entschie-

den. Weder ein noch so effizientes Widerspruchsverfahren noch Schlichtung und Mediation können den Rechtsschutz durch die Verwaltungsgerichte ersetzen.
- Art. 19 IV GG und Art. 103 GG gewährleisten den Rechtsweg nur **im Rahmen der jeweils geltenden Prozessordnung** (BVerfGE 10, 264, 267 – st. Rspr.). Der Zugang zu den Verwaltungsgerichten darf aber durch einfaches Recht nicht unzumutbar erschwert oder sogar gänzlich verschlossen werden (BVerfGE 49, 329, 341; 80, 244, 250). Der Rechtsschutz gilt also keineswegs nur „nach Maßgabe der Klagearten der VwGO" (so aber BVerwGE 100, 262 – Mietspiegel). Umgekehrt muss vielmehr gegen jede Form des Eingreifens der Verwaltung in individuelle Rechte und zur Durchsetzung individueller Ansprüche eine Klageart zur Verfügung stehen.
- Art. 19 IV GG gewährleistet zwar **nicht den Rechtsschutz durch mehrere Instanzen** (BVerfGE 4, 74, 95; 104, 220, 231). Dies ist aber keine Aussage für eine beliebige „Kürzungsreserve" im Bereich der Verwaltungsgerichtsbarkeit. Berufung und Revision erweisen sich vielmehr in vielen Fällen als rechtsstaatlich unabdingbare Instanzen der Kontrolle und der Wahrung von Rechtseinheit. Eröffnet das Prozessrecht eine weitere Instanz, so muss innerhalb dieser ferner die Effektivität des Rechtsschutzes im Sinne von Art. 19 IV GG voll gewährleistet sein (BVerfGE 96, 27, 38).
- Nicht mehr haltbar ist das alte Dogma, Art. 19 IV GG beziehe sich nicht auf die Kontrolle der Tätigkeit der **Rechtsprechung** und des **Gesetzgebers** (zur Rechtsprechung: BVerfGE 15, 275, 280; zur Gesetzgebung: BVerfGE 24, 33, 49). So führen entscheidungserhebliche Verletzungen von Art. 19 IV und 103 III GG durch die Gerichte zum Erfolg von Berufung und Revision, und das BVerfG hat klargestellt, dass für jede entscheidungserhebliche Verletzung des rechtlichen Gehörs durch Gerichte eine fachgerichtliche Abhilfemöglichkeit bestehen muss (BVerfGE [Plenum] 107, 395, 401). Dies hat zur Einführung eines eigenen Rechtsbehelfs, der sogenannten **Anhörungsrüge** geführt (dazu unten, § 42, Rn. 10). Grundrechtsverstöße durch den **Normgeber** können im Verwaltungsprozess mittelbar durch die Feststellungsklage (dazu unten § 18, Rn. 8) und durch die konkrete Normenkontrolle nach Art. 100 GG geahndet werden.
- Art. 19 IV GG ist auch eine Schranke für eine nur effizienzorientierte Ausdehnung von **Ermessens- und Beurteilungsspielräumen** der Verwaltung. Unter seiner Geltung besteht kein Raum für

„gerichtsfreie Hoheitsakte" und der gerichtlichen Kontrolle nicht zugängliche Vorbehaltsbereiche der Exekutive. Auch den immer wieder vorgetragenen Versuchen einer Erweiterung gerichtsfreier Abwägungs- und Einschätzungsprärogativen der Verwaltung setzen Art. 19 IV GG und die Grundrechte eindeutige Schranken (BVerfGE 84, 34, 50 ff.).
– Nach dem Wortlaut von Art. 19 IV GG fällt **privatrechtliches Tätigwerden** der Verwaltung nicht unter die Rechtsschutzgarantie, sondern nur unter den allgemeinen Justizgewährleistungsanspruch. Werden aber **öffentliche** Aufgaben in Privatrechtsform erfüllt, so wird jedenfalls die Frage des **Zugangs** zu entsprechenden Einrichtungen oder Mitteln von Art. 19 IV GG erfasst. Das ist der verfassungsrechtliche Hintergrund der sogenannten „Zweistufentheorie" (dazu unten, § 11, Rn. 32). Insgesamt muss der Rechtsschutz über alle Rechtsgebiete hinweg kohärent und konsistent sein (*Schmidt-Aßmann*, DV 44 [2011], 105).
– Art. 19 IV GG gebietet zwar nicht die Wahl derjenigen Entscheidungsform der Verwaltung, die den größtmöglichen Rechtsschutz bietet (BVerfGE 70, 35, 56), schließt es aber aus, dass eine bestimmte Rechtsform gewählt wird, um den **Rechtsschutz bewusst zu verkürzen**. So darf der Rechtsschutz gegen eine Rechtsverordnung nicht unter Hinweis auf eine mögliche Verfassungsbeschwerde abgeschnitten werden (BVerfG, Kammer, NVwZ 1998, 169).

Effizienter Rechtsschutz im Sinne von Art. 19 IV GG heißt **rechtzeitiger** Rechtsschutz. Dieses Grundrecht schützt also vor vollendeten Tatsachen und führt dazu, dass – bei prinzipieller Gleichrangigkeit der Verfahren nach §§ 80 und 123 VwGO – jedenfalls **eine** Form des vorläufigen Rechtsschutzes gewährleistet sein muss (BVerfGE 35, 382, 402 u. unten, § 31, Rn. 1).

Wichtig ist auch die **Chancengleichheit im Verfahren** – zumeist etwas martialisch mit „Waffengleichheit" bezeichnet. Sie besagt z. B., dass auch in eilbedürftigen Verfahren keiner der Beteiligten übergangen werden darf, wenn die Parteien in gleicher Weise informiert, beraten und angehört werden (*BVerfG, Kammer*, NJW 2018 3634; zuletzt etwa BVerfG, NJW 2020, 2021).

Auch der EuGH sieht im Rechtsschutz innerhalb angemessener Frist ein europäisches Prozessgrundrecht (EuGH, EuGRZ 1999, 38; *Rademacher*, JuS 2018, 337). Ergänzt und überlagert wird die Interpretation von Art. 19 IV GG und Art. 103 I GG auch durch die Rechtsprechung des EGMR zu Art. 6 I EMRK. Dieser hat mehrfach die überlange Verfahrensdauer deutscher Gerichte (einschließlich des BVerfG!) beanstandet (vgl. etwa EGMR, NJW 1997, 2809; zuletzt EGMR, NJW 2010, 3355; allg. *Grabenwarter/Pabel*, EMRK, § 24, Rn. 81; *Steger*, Überlange Verfahrensdauer bei öffentlich-rechtlichen Streitigkeiten vor deutschen und europäischen Gerichten [2008]).

Literatur zu § 1 II: *Papier*, Rechtsschutzgarantie gegen die öffentliche Gewalt, HdbStR VII, 3. Aufl., § 177; *Brohm*, Verwaltungsgerichtsbarkeit im modernen Sozialstaat, DÖV 1982, S. 1; *Schmidt-Aßmann*, Kohärenz und Konsistenz des Verwaltungsrechtsschutzes (2015); *Schulze-Fielitz*, Art. 19 IV, in: Dreier, GG, 2. Aufl. (2004); *Bickenbach*, Grundfälle zu Art. 19 IV GG, JuS 2007, 813 u. 910; *Hufen*, StaatsR II. Grundrechte, § 44; *Rademacher*, Rechtsschutzgarantien des Unionsrechts, JuS 2018, 337.

III. Die dogmatischen Grundlagen im Allgemeinen Verwaltungsrecht

31   Das Verwaltungsprozessrecht und das Allgemeine Verwaltungsrecht hängen eng zusammen. Zwar zeigt schon ein Blick auf die VwGO die enge Anlehnung an das Modell des Zivilprozesses. Für ein vertieftes Verständnis verwaltungsprozessualer Probleme kommt es heute aber weit mehr auf die Kenntnis der **verwaltungs**rechtlichen Dogmatik an. Deshalb lohnt es sich, beim Studium des Verwaltungsprozesses stets ein Lehrbuch des Allgemeinen Verwaltungsrechts „parallel zu lesen" – und umgekehrt. Auch hier ist auf die Grundlagen der Dogmatik des Allgemeinen Verwaltungsrechts hinzuweisen, die den Verwaltungsprozess bis heute prägen und die man verstehen muss, will man nicht bei unverstandenem und unverbundenem Formelwissen steckenbleiben.

32   Diese Grundlagen sind vor dem Hintergrund der konstitutionellen Monarchie des Kaiserreichs im Wesentlichen von *Otto Mayer* entwickelt worden (Deutsches Verwaltungsrecht, 2 Bde., 1. Aufl. 1895/1896, 3. Aufl., 1924). Ihr gleichsam „archimedischer Punkt" ist der **Begriff des Verwaltungsaktes** als „*ein der Verwaltung zugehöriger obrigkeitlicher Ausspruch, der dem Unterthanen gegenüber im Einzelfall bestimmt, was für Ihn rechtens sein soll*" (Deutsches Verwaltungsrecht, Bd. I, 1. Aufl., 1895, S. 95; näher dazu *Maurer/ Waldhoff*, AVwR, § 9, Rn. 2). Wenn sich die moderne Verwaltungsgerichtsbarkeit heute auch längst von ihrer ursprünglichen Fixierung auf den Verwaltungsakt gelöst hat, so zeigt sich doch, dass man die einzelnen Elemente jener Definition nur leicht ergänzen und auf heutige Verhältnisse übertragen muss, um die auch den Verwaltungsprozess prägenden Grundelemente freizulegen.

1. Trennung von Öffentlichem Recht und Privatrecht

Als *Otto Mayer* von einem „*obrigkeitlichen Ausspruch*" ausging, meinte er den Bereich des Staatshandelns, in dem der Staat dem Bürger in hoheitlicher, d. h. in einer durch ein grundsätzliches Verhältnis der Über- und Unterordnung gekennzeichneten Weise, gegenübertrat. Die Trennung von Öffentlichem Recht und Privatrecht, von Überordnung und Gleichordnung, bestimmt nach diesem Verständnis weit mehr als nur die Frage des Rechtswegs, wo das Problem zumeist abgehandelt wird. Von dieser Unterscheidung hängen auch nach heutiger Sicht neben dem Rechtsweg die Dichte gerichtlicher Kontrolle, die Ausgestaltung des Verfahrens und die Reichweite materiell-rechtlicher Bindungen der Verwaltung ab. Auch die nicht auf die „Subordination" abstellenden Definitionen des Öffentlichen Rechts betonen dessen Stellenwert als **Sonderrecht des Staates**, das aus dem bürgerlichen, durch Privatautonomie und Gleichberechtigung gekennzeichneten Recht herausgehoben ist. Nur dieses Recht stattet den Träger öffentlicher Gewalt mit den Möglichkeiten einseitiger Regelung und mit spezifisch öffentlich-rechtlichen Zwangsmitteln aus, um deren Rechtmäßigkeit es im Verwaltungsverfahren und Verwaltungsprozess geht. Rechtsstaatlich und demokratisch hinnehmbar ist dieses Sonderrecht des Staates nur durch die parlamentarische Legitimation und die strikte Gesetzesbindung.

33

2. Konzentration auf den Einzelfall

Aus der Summe des geltenden Öffentlichen Rechts konkretisiert die Verwaltung nach Otto *Mayer* gegenüber *dem Einzelnen*, was für einen bestimmten Fall rechtens sein soll. Zwar können Staat und öffentlich-rechtliche Körperschaften dem Bürger auch in abstrakt-genereller Weise (durch Rechtsnormen) gegenübertreten. Für die verwaltungsrechtliche Dogmatik ist dies jedoch eher atypisch, weil selbst untergesetzliche Normen im Normalfall noch der Konkretisierung durch den VA bedürfen. Einzelne Gebote und Verbote, Erlaubnisse und Begünstigungen sind die alltäglichen Erscheinungsformen der Rechtsbeziehungen zwischen Staat und Bürger. Mit dem Verwaltungsakt wird die notwendige Rechtsklarheit geschaffen, er hat sich auch als erstaunlich flexibel erwiesen, um die sich wandelnden Probleme zwischen Eingriffs- und Leistungsverwaltung, zwischen Geboten, Verboten, Planung und Gestaltung zu lösen.

34

3. Innenbereich und Außenbereich

35 In *Otto Mayers* Formulierung „*dem Unterthanen gegenüber*" kommt ferner die dogmatische Trennung zweier Rechtssphären zum Ausdruck, die auf beiden Seiten je einer Rechtspersönlichkeit zugeordnet sind. Auf der einen Seite steht der als einheitliche, in sich geschlossene (impermeable) Rechtsperson definierte Staat oder eine andere Körperschaft des Öffentlichen Rechts; auf der anderen Seite der Bürger als natürliche Person und Objekt der vom Staat ihm „gegenüber" getroffenen Regelung. Den Hintergrund bilden hierbei sowohl die liberale Trennung von Staat und Gesellschaft als auch die die aus dem Zivilrecht stammende Definition des Rechtsverhältnisses als Rechtsbeziehung zwischen zwei mit je eigener Rechtssphäre ausgestatteten Personen. Besonders wichtig für das Öffentliche Recht ist dabei die Vorstellung der **Einheit des Staates** und seiner Verwaltung.

Der nach außen „impermeable" Staat verfügt über einen „Innenbereich", in dem keine Rechtsverhältnisse und Rechtsbeziehungen, sondern allenfalls internes Ordnungsrecht, Weisung, Verwaltungsvorschrift oder Geschäftsordnung gelten können. Sind diese Formen internen Rechts heute auch keinesfalls beliebig, sondern rechtsförmlich geregelt, so sind sie gleichwohl auch nach heute vorherrschender Beurteilung reines „Binnenrecht" der Verwaltung, auf das der Bürger sich allenfalls indirekt, reflexartig, berufen kann. Konsequenterweise werden für Streitigkeiten der „Innenbereiche" des Beamtenrechts oder des Kommunalverfassungsrechts Anfechtungs- und Verpflichtungsklagen bis heute für nicht statthaft gehalten. Der „Insichprozess" war umstrittener Fremdkörper im gesamten System. Nur wenn der in diesem Bereich tätige Einzelne über einen eigenen „Rechtskreis" verfügt, so trägt er damit sozusagen eine „Insel" seiner eigenen Rechtssphäre in den staatlichen Bereich hinein. Offene Fragen wirft vor einem solchen Hintergrund auch der „Organstreit" auf (dazu unten, § 21).

4. Objektives Recht – Subjektives Recht

36 Nach Otto *Mayer* ist der Verwaltungsakt die Regelung dessen, was „*für den Einzelnen rechtens*" ist. Da das Öffentliche Recht in den hierarchisch gestuften Bau der Rechtsordnung eingebunden ist, ist es eine rein dogmatische Aufgabe, die Rechtmäßigkeit als Übereinstimmung mit der jeweils höherrangigen Rechtsquelle festzustellen. Das **objektive Recht** gilt unabhängig vom Einzelnen und wird als Summe aller geltenden Rechtsnormen begriffen. Die Rechtmäßigkeit der Lösung im Einzelfall ist aus dem objektiven Recht ableitbar. Sie wird durch Regelung, Urteil oder andere Formen der Konkretisierung umgesetzt.

Die objektive Rechtmäßigkeitskontrolle allein ist aber für den Verwaltungsprozess nicht maßgeblich. Spiegelbild der objektiven Ordnung auf der Ebene des einzelnen Rechtssubjekts ist vielmehr das **subjektive Recht**, also das **dem Einzelnen** kraft gesetzgeberischer Entscheidung oder Einzelfallregelung zukommende Recht, dessen Einhaltung er im Verwaltungsprozess durchsetzen kann (instruktiv dazu *Schmidt,* Die Subjektivierung des Verwaltungsrechts, 2006; *Voßkuhle/Kaiser,* Grundwissen – öffentliches Recht: Das subjektiv-öffentliche Recht, JuS 2009, 16 ff.). Diese Befugnis zur Durchsetzung bezieht sich also nicht auf die objektive Rechtsordnung, sondern nur auf die daraus ableitbare Position, die dem Einzelnen zugeordnet ist. Verfahrensmäßig betrachtet, drückt sich das subjektive Recht in der **Befugnis** aus, ein Recht oder dessen Verletzung gegenüber dem Staat geltend zu machen. Beschwerdebefugnis, Klagebefugnis, Antragsbefugnis sind die auf das subjektive Recht abstellenden Voraussetzungen einer rechtlichen Inhaltskontrolle. 37

5. Vorrang des materiellen Rechts – dienende Funktion des Verfahrens

Lässt sich objektiv anhand eines festgefügten Normsystems feststellen, was *rechtens ist,* so wird zugleich deutlich, dass die Behörde über dieses rechtmäßige Ergebnis im Grunde nicht selbst entscheidet, sondern durch schlichte Zuordnung eines Sachverhalts zu einer rechtlichen Grundlage feststellt, was im Recht bereits vorentschieden *ist.* Dogmatisches Ideal für dieses Denken ist die **„einzig richtige Entscheidung".** Der Verwaltungsprozess kontrolliert nur, ob die Verwaltung das im Grunde bereits feststehende Ergebnis auch erreicht hat. Folgerichtig wird dem Verwaltungsverfahren nur eine **dienende Funktion** zugemessen (Dazu *Burgi,* DVBl. 2011, 1317; allg. auch *71. Deutscher Juristentag 2016,* Beschlüsse, 17). 38

Dieses Denken „vom Ergebnis her" ist zu Recht als „schillernd" (*Schmidt-Aßmann/Schenk,* in: Schoch/Schneider, VwR, VwGO, Einl., Rn. 212) und nur der deutschen Tradition eigene Form der Verwaltungsdogmatik gekennzeichnet worden, die sich strikt von der dem angelsächsischen Rechtskreis eigenen Betonung des Verfahrens (due process) unterscheidet. Die Wurzeln dieses Denkens reichen bis zur Philosophie des deutschen Idealismus und bis zur Auseinanderentwicklung von Common Law und kontinentaler Rechtstradition. Zwar schien mit der Entwicklung der modernen Verwaltungsverfahrensgesetze und der Herausbildung neuer Entscheidungsformen der Verwaltung die Bedeutung des Verfahrens auch in Deutschland erheblich gestiegen zu sein; die Konsequenzen der Ergebnisorientierung des Verwaltungsprozesses zeigen sich aber bis heute in der starken Ergebnisorientierung der verwaltungsprozessualen Kontrolle (allgem. dazu *F. W. Scharpf,* Die politischen Kosten des Rechtsstaats, 1970). Ohne sie sind letztlich auch die deutliche Abwertung des Verfahrensgedankens im Zuge der „Beschleunigungsgesetzgebung" 39

(1996/97) und die Rechtsprechung zur Unbeachtlichkeit von Verfahrensfehlern (dazu unten § 25, Rn. 9) nicht zu erklären. Auf den Verfahrensgedanken setzt – im immer, erkennbarer werdenden Gegensatz zum deutschen Gesetzgeber – auch das europäische Unionsrecht (dazu unten, § 3, Rn. 16; § 14, Rn. 90).

6. Wandel und moderne Herausforderungen

40 Keine der hier nur skizzierten Grundannahmen des hinter dem Verwaltungsprozess stehenden Allgemeinen Verwaltungsrechts gilt heute uneingeschränkt. Die Handlungsformen und Rechtsbeziehungen zwischen Staat und Bürger sind heute selten so strikt nach *Öffentlichem Recht und Privatrecht* zu trennen, wie dies in der Definition des Rechtswegs und des Verwaltungsakts vorausgesetzt wird. Staat und Gemeinden bedienen sich auch zur Erfüllung *öffentlicher* Aufgaben heute in vielfältiger Weise *privatrechtlicher* Organisations- und Entscheidungsformen; sie beziehen private Träger in die Erfüllung öffentlicher Aufgaben ein oder bilden Rechtsformen eines „dritten Sektors" zwischen Staat und Gesellschaft heraus. Umgekehrt führt der deutliche Wandel des in der Rechtsprechung des *BVerfG* zur sogenannten „Drittwirkung" von Grundrechten (exemplarisch BVerfGE 148, 267, 297–Stadionverbot) zwar nicht dazu, dass privatrechtliche Streitigkeiten nunmehr vor der Verwaltungsgerichtsbarkeit ausgetragen werden. Gleichwohl reicht die gesteigerte Wirkung der Grundrechte in vielfältiger Weise in die Grundlagen des Verwaltungsrechts und das Verwaltungsprozessrecht hinein.

Auch die seit längerem viel diskutierte allgemeine Regeltreue, also die Einheit von Gesetzen, Richtlinien und freiwilligen Codices (**compliance**) spielt für ein modernes Verständnis von Verwaltungskontrolle eine zunehmende Rolle (*Klindt/Pelz/Täusinger*, NJW 2010, 2385).

41 Auch im Kernbereich des Öffentlichen Rechts können Rechtsbeziehungen oft nicht mehr als *punktuelle Regelungen* zwischen einem öffentlichen Subjekt und einem privaten Objekt begriffen werden, sondern sie bestehen aus einer Vielzahl von miteinander verbundenen Regelungen, Informationen, Belastungen und Ausgleichsmaßnahmen. Der Staat tritt dem Bürger nicht mehr lediglich als regelnde Institution, sondern als Partner der Kooperation und des Vertrags gegenüber. An die Stelle von Geboten und Verboten treten Konfliktbewältigung, neuartige Informations- und Kontrollformen; nicht selten tritt der Staat auch als eine Art von Moderator zwischen konfligierenden

privaten und öffentlichen Interessen auf. Das stellt naturgemäß sowohl die organisatorische Einheit staatlicher Verwaltungsträger als auch die vorausgesetzte Einheit des „öffentlichen Interesses" in Frage. Folglich kommt es auch nicht mehr allein auf das gefundene Ergebnis, sondern auf die Präsenz und das Gewicht im zum Ergebnis führenden Verfahren an. Die „einzig richtige Entscheidung" erweist sich umso mehr als „fromme Lüge" (Hans *Meyer*, NVwZ 1986, 513, 521), je mehr unterschiedliche und auch auf der „öffentlichen Seite" oft konfligierende Belange (z. B. Wirtschaftsförderung, Naturschutz, Energieversorgung, Denkmalschutz usw.) in Einklang zu bringen sind. Umso mehr tritt – zusätzlich befördert durch das Europarecht – der Eigenwert des Verwaltungsverfahrens wieder deutlicher hervor (*Gurlit/Fehling*, VVDSTRL 70 (2011), 227, 278; *Hufen/Siegel*, Fehler im VwVf, 6. Aufl. 2018, Rn. 22, 961, 982 u. unten, § 25, Rn. 7 u.9).

Das alles schlägt sich naturgemäß auch im Verwaltungsprozess nieder. Verwaltungsprivatisierung, „Informalisierung" und Selbstregulierung lassen die starren Grenzen zwischen Öffentlichem Recht und Privatrecht und damit schon die Abgrenzung der Rechtswege problematisch werden. Es bezieht die verwaltungsgerichtliche Kontrolle nicht selten schon in den Entscheidungsprozess selbst ein und legt den Schwerpunkt der materiellen Probleme auf komplizierte Zuordnungs- und Abwägungsentscheidungen. Die Entwicklung zwingt zur Anerkennung und prozessualen Bewältigung neuer Kooperations- und Ausgleichsformen („konsensuales Verwaltungshandeln", „Mediation", dazu § 3, Rn. 10). Das lockert das festgefügte System der Klagearten auf, weil es die auf punktuelle Regelungen konzentrierte Anfechtungs- und Verpflichtungsklage eher zurückdrängt und Leistungs- und Feststellungsklagen an Bedeutung gewinnen lässt, die gegenüber den genannten neuartigen Handlungsformen flexibler sind. 42

Vorläufig schwer einzuschätzen sind die Konsequenzen, die sich für das Verwaltungsprozessrecht aus dem „Neuen Verwaltungsrecht" ergeben. Dieses begreift das Verwaltungsrecht weniger im traditionellen Sinne als Ausführung gesetzlicher Entscheidungen als vielmehr im Sinne eines umfassenden Informations- und Steuerungsprozesses (exemplarisch *Hoffmann-Riem/Schmidt-Aßmann/Voßkuhle*, Grundlagen des Verwaltungsrechts, 2. Aufl. [2012] Bd. 2). Folgerichtig wird auch die Verwaltungsgerichtsbarkeit nicht lediglich als ex post-Kontrolle des Verwaltungshandelns, sondern als Element umfassender Steuerungs- und Kontrollverfahren begriffen. Die Auswirkungen können in einem notwendigerweise auf Grundzüge beschränkten Lehrbuch nicht vertieft dargestellt werden (grundlegend zu den verwaltungsprozessualen Aspekten *Schoch*, ebenda III, § 50).

Literatur zu § 1 III: *Otto Mayer*, Deutsches Verwaltungsrecht, 2 Bde., 1. Aufl. 1895/1896, 3. Aufl. 1924; *H. H. Rupp*, Grundfragen der heutigen Verwaltungsrechtslehre: Verwaltungsnorm und Verwaltungsrechtsverhältnis, 2. Aufl. 1992; *Scharpf*, Die politischen Kosten des Rechtsstaats (1970); *Bachof/Brohm*, Die Dogmatik des Verwaltungsrechts vor den Gegenwartsaufgaben der Verwaltung, VVDStRL 30 (1972), 193, 245 ff.; *Hufen/Siegel*, Fehler im VwVf, 6. Aufl. 2018; *Schmidt-Aßmann*, Das Allgemeine Verwaltungsrecht als Ordnungsidee 2. Aufl. (2004); *Schoch*, Gerichtliche Verwaltungskontrollen in: *Hoffmann-Riem/Schmidt-Aßmann/Voßkuhle*, Grundlagen des Verwaltungsrechts III, 2. Aufl. 2012, § 50; *Gurlit/Fehling*, Eigenwert des Verfahrens im Verwaltungsrecht, VVDStRL 70 (2011), 227, 278; *Burgi*, Die dienende Funktion des Verwaltungsverfahrens: Zweckbestimmung und Fehlerfolgenrecht in der Reform, DVBl. 2011, 1317; *M. Fischer*, Die verwaltungsprozessuale Klage im Kraftfeld zwischen materiellem Recht und Prozessrecht (2011), 9 ff.; *Gärditz*, Entwicklungen und Entwicklungsperspektiven des Verwaltungsprozessrechts zwischen konstitutioneller Beharrung und unionsrechtlicher Dynamisierung, DV 46 (2013), S. 257.

IV. Widerspruchsverfahren und Verwaltungsprozess im System staatlicher Kontrollen

43 Widerspruchsverfahren und Verwaltungsprozess sind besonders wichtige, aber keineswegs die einzigen Formen der Kontrolle staatlichen Handelns. Es trägt daher zu ihrem Verständnis bei, wenn man sich ihren Stellenwert im System staatlicher Kontrollen verdeutlicht.

Abstrakt gesehen ist der Kontrollbegriff weniger eindeutig, als es der Sprachgebrauch vermuten lässt. Vom lateinischen „contra rotula" bzw. vom französischen „contre rôle" stammend, bezeichnet der Begriff die „Gegen(schrift)rolle" und damit die Trennung von Entscheidungs- und Kontrollträger.

Im Einzelnen lassen sich unterscheiden:
- Nach dem **Zeitpunkt**: Mitlaufende und nachträgliche Kontrolle;
- nach dem **ausübenden Organ**: Parlamentarische, gerichtliche, politische, Öffentlichkeits-Kontrolle;
- nach dem **Kontrollobjekt**: Kontrolle der Regierung, des Gesetzgebers, der Verwaltung;
- nach dem **Standort des kontrollierenden Organs**: Interne, externe Kontrolle;

- nach dem „**Initiator**": Bürgerkontrolle, Kontrolle durch die Opposition usw.;
- nach dem **Maßstab**: Rechtskontrolle, Finanzkontrolle, Zweckmäßigkeitskontrolle;
- nach der **Art** der Kontrolle: Förmlich, nichtförmlich; objektiv, subjektiv
- und schließlich nach der zur Verfügung stehenden **Sanktion**: Information, Beanstandung, Aufhebung, Umgestaltung, Ersatzvornahme usw.

Vor diesem Hintergrund wird deutlich, dass die **Verwaltungsgerichtsbarkeit** nur einen vergleichsweise kleinen Ausschnitt im Gesamtsystem öffentlicher Kontrollen ausmacht. Sie ist in der Regel förmliche, nachträgliche, außeninitiierte und auch mit hohem „Sanktionspotential" versehene Rechtskontrolle zur Durchsetzung subjektiver Rechte. Ebenso aber wird deutlich, dass auch hier das „neue Steuerungsmodell im Verwaltungsrecht" Kontrollinstrumente, Verfahren und Konzepte weit über die traditionellen Formen hinaus öffnet und moderne Formen der Risikokommunikation, Dezentralisierung, Flexibilisierung, Budgetierung und Ökonomisierung einbeziehen muss. Auch sind neue Formen der Entformalisierung und der Kooperation (z. B. durch Zielvereinbarungen) zu beachten und stellen ihrerseits neue Anforderungen an die spezifisch verwaltungsgerichtliche Kontrolle.

44

Literatur zu § 1 IV: *Brunner*, Kontrolle in Deutschland. Eine Untersuchung zur Verfassungsordnung in beiden Teilen Deutschlands (1972); *Krebs*, Kontrolle in staatlichen Entscheidungsprozessen (1984); *Schmidt-Aßmann/Hoffmann-Riem*, Verwaltungskontrolle (2001); *Kahl*, Begriff, Funktionen und Konzepte von Kontrolle, in: *Hoffmann-Riem/Schmidt-Aßmann/Voßkuhle*, Grundlagen des Verwaltungsrechts III, 2. Aufl. (2012), § 47; *Kempny*, Verwaltungskontrolle (2017). *Klindt/Pelz/Täusinger*, Compliance im Spiegel der Rechtsprechung, NJW 2010, 2385.

V. Formlose Rechtsbehelfe

Widerspruchsverfahren und Verwaltungsprozess sind **förmliche Verfahren** und als solche nur ein Teil im System staatlicher Kontrollen. In der Praxis oft viel wichtiger sind die unterschiedlichen Arten formloser Kontrollen und – wenn vom Bürger in Gang gesetzt – **formloser Rechtsbehelfe**. Verfassungsrechtlicher Hintergrund ist ne-

45

ben dem Rechtsstaatsprinzip vor allem das **Petitionsrecht** (Art. 17 GG), das das subjektive Recht des Bürgers gewährleistet, seine Anliegen auch außerhalb förmlicher Verwaltungs- und Rechtsmittelverfahren zur Kenntnis zu bringen. Wenn dies spöttisch mit Attributen wie „formlos, fristlos, fruchtlos" usw. belegt wird, so wird dies weder der praktischen Bedeutung noch der verfassungsrechtlichen Lage gerecht. Auch sind formlose Rechtsbehelfe ein häufiger Prüfungsgegenstand. Sie seien daher hier kurz zusammengefasst.

Zu unterscheiden sind:
1. Die **Gegenvorstellung.** Diese richtet sich an dieselbe Dienststelle, die eine Entscheidung erlassen oder verweigert hat. Der Form nach handelt es sich um den Anstoß zur Selbstkontrolle der Behörde. Da sich die Behörde nicht selbst „beaufsichtigen" kann, wäre es verfehlt, hier von einer Aufsichtsbeschwerde zu sprechen.
2. Die Aufsichtsbeschwerde richtet sich an eine der Ausgangsbehörde übergeordnete Stelle und bezweckt eine Korrektur der Entscheidung im Wege der Aufsicht – und dies in der Regel aufgrund der Weisungsbefugnis der Aufsichtsbehörde. Maßstab kann die Kontrolle auf fachliche Richtigkeit **(Fachaufsicht)** und auf Rechtmäßigkeit sein **(Rechtsaufsicht)**. Ein Unterfall der Aufsichtsbeschwerde – und zugleich der praktisch wohl häufigste Fall – ist die **Dienstaufsichtsbeschwerde,** die sich auf das persönliche Verhalten eines Beamten oder sonstigen öffentlichen Bediensteten bezieht und sich an denjenigen richtet, der dem Beamten gegenüber weisungsbefugt ist.
3. Der Begriff der **Petition** (Art. 17 GG) wird oft zu Unrecht allein mit der parlamentarischen Petition, also der Beschwerde an die Volksvertretung, gleichgesetzt. Dem Wortlaut von Art. 17 GG und der historischen Entwicklung nach kann sich die Petition aber an **jede** zuständige Stelle richten. Eine oft unterschätzte Rolle spielt in diesem Zusammenhang das System von **Bürgerbeauftragten,** die – ursprünglich am Vorbild des skandinavischen „**Ombudsmann**" ausgerichtet – heute auf Verwaltungsebene die Arbeit der Petitionsausschüsse ergänzen und den Bürgern bei vielfältigen kleineren und größeren Problemen mit der Verwaltung helfen. Eine Art spezialisierte Kontrollinstanz stellen die **Datenschutzbeauftragten des Bundes und der Länder** sowie die heute in fast jeder Behörde vorhandenen **Gleichstellungsbeauftragten** dar. Das Petitionsrecht kann heute vielfach auch „online" wahrgenommen werden (dazu *Guckelberger,* DÖV 2008, 85 ff.).

Wichtig: Aufsichtsmaßnahmen als solche können gerichtlich nicht erzwungen werden. Der Streit um formlose Rechtsbehelfe eröffnet also keine „zweite Rechtsschutzschiene" (BVerwG, NVwZ 2017, 1459) und verpflichtet auch nicht zu einer eigenen Sachaufklärung durch den Adressaten der Petition (VerfGH B.-W., NVwZ 2018, 824). Dagegen muss es für den Bürger eine Möglichkeit geben, den Anspruch auf eine sachliche Prüfung und Bescheidung der **Petition selbst** auch gerichtlich durchzusetzen (umstr.).

Literatur zu § 1 V: *Ch. Langenfeld,* Das Petitionsrecht, HdbStR II, 3. Aufl., (2005) § 39; *Hufen,* StaatsR II, Grundrechte, § 43); *Guckelberger,* Neue Erscheinungen des Petitionsrechts: E-Petitionen und öffentliche Petitionen, DÖV 2008, 85 ff.; *Bauer,* Demokratisch inspirierte Petitionsrechtsmodernisierungen, FS. Würtenberger 2013, 639 ff.)

VI. Verwaltungsverfahren und Verwaltungsprozess als Entscheidungsablauf

Die Falllösung im Öffentlichen Recht und die dazu gehörenden „Prüfungsschemata" sind zumeist auf die „Richterperspektive" bezogen. Das entspricht der **ergebnisorientierten Sichtweise,** die im Nachhinein nach der Rechtswidrigkeit einer Verwaltungsentscheidung und nach subjektiver Rechtsverletzung fragt und durchweg die Bedeutung des zu dieser Entscheidung führenden Verfahrens vernachlässigt. Schon für die Studenten wird das „Prüfungsschema" dieser Falllösung gleichzeitig zum Wahrnehmungsraster, in das die rechtlichen und tatsächlichen Probleme des Falles eingeordnet werden, ohne dass der **tatsächliche Ablauf** des Entscheidungsprozesses beachtet wird.

Dieser Ablauf lässt sich wie in Übersicht 1 (S. 23) dargestellt verdeutlichen.

Einige Grundannahmen und -probleme des Verwaltungsprozesses kann man sich anhand des Ablaufschemas gleichsam bildhaft vor Augen führen. Das gilt etwa im Hinblick auf:
– Die einzelnen **Entscheidungsstufen** vom Antrag bis zum Urteil;
– das **Ineinandergreifen** der Rechtsgrundlagen des **VwVfG,** der **VwGO** und der **Verwaltungsvollstreckungsgesetze** und damit von Bundes- und Landesrecht;
– die grundsätzliche **Wirksamkeit eines VA** ab Bekanntgabe bis zur Aufhebung oder Änderung (§ 43 VwVfG);

- den Eintritt der **Bestandskraft** wegen Fristablaufs oder mit der letztinstanzlichen Entscheidung;
- den **maßgeblichen Zeitpunkt** für die Beurteilung der Rechts- und Sachlage (dazu unten, § 24, Rn. 7 ff.).

52 Um Missverständnissen vorzubeugen: Nicht jedes Verwaltungsverfahren mündet in einen Verwaltungsprozess oder auch nur in ein Widerspruchsverfahren. Die weitaus überwiegende Zahl von Verwaltungsakten wird nicht angefochten, bzw. wird antragsgemäß erteilt. Auch kann das Verfahren *im Einzelfall* ganz anders verlaufen, was nicht nur für das formlose (§ 10 VwVfG) Verwaltungsverfahren, sondern auch für Widerspruchsverfahren und Verwaltungsprozess gilt. Für einzelne Verfahrensarten sehen die Gesetze selbst Abweichungen, Verkürzungen oder auch besondere Verfahrensstufen vor. Neben dem dargestellten „Hauptstrang" des Entscheidungsprozesses schiebt sich heute in vielen Fällen der vorläufige Rechtsschutz, der bei Teilentscheidungen und mehrstufigen Entscheidungsprozessen oft auch auf eine Art mitlaufende verwaltungsprozessuale Kontrolle hinausläuft.

Literatur zu § 1 VI: *Schwarze,* Der funktionale Zusammenhang von Verwaltungsverfahrensrecht und verwaltungsgerichtlichem Rechtsschutz, 1974; *Ehlers,* Das VwVfG im Spiegel der Rechtsprechung, DV 31 (1998), 53; *Gurlit/Fehling,* Eigenwert des Verfahrens im Verwaltungsrecht, VVDStRL 70 (2011), 227, 278; *Hufen/Siegel,* Fehler im VwVf, 6. Aufl. 2018, Rn. 78 ff.; *Ule/Laubinger,* VwVfR, S. 205 ff.; *H. Jochum,* Verwaltungsverfahrensrecht und Verwaltungsprozessrecht (2004).

§ 1 Einführung 23

Übersicht 1: Ablaufschema Verwaltungsverfahren – Widerspruchsverfahren – Verwaltungsprozess

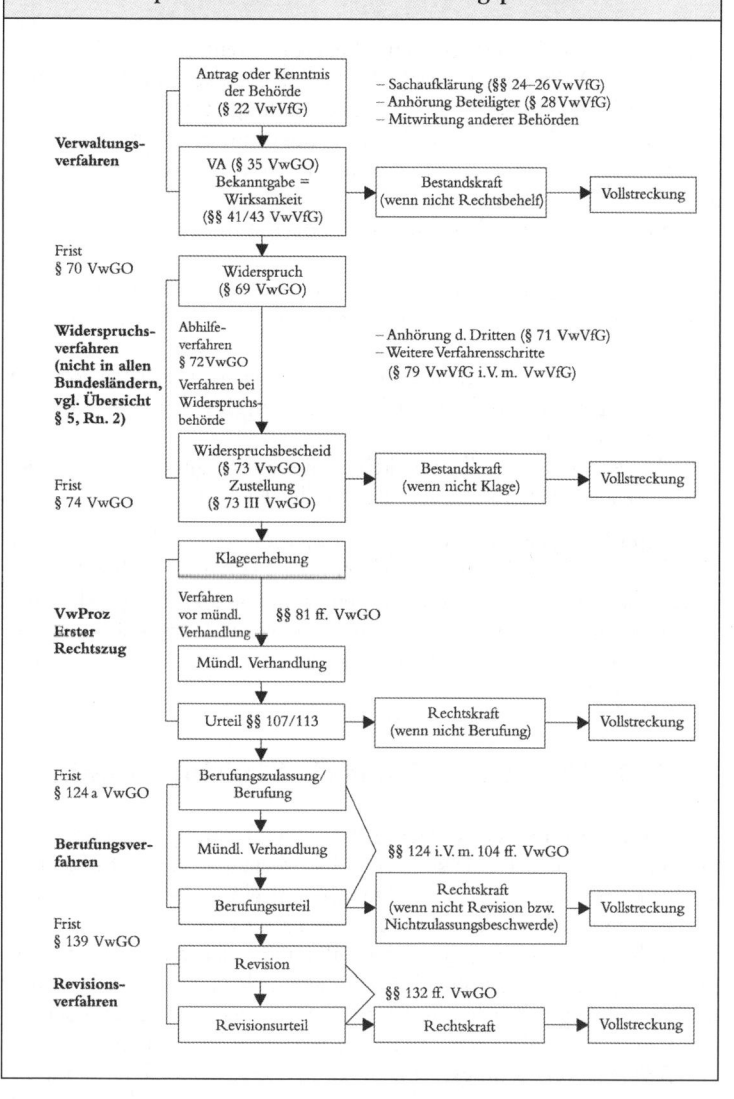

Verwaltungsverfahren

- Antrag oder Kenntnis der Behörde (§ 22 VwVfG)
  - Sachaufklärung (§§ 24–26 VwVfG)
  - Anhörung Beteiligter (§ 28 VwVfG)
  - Mitwirkung anderer Behörden
- VA (§ 35 VwGO) Bekanntgabe = Wirksamkeit (§§ 41/43 VwVfG) → Bestandskraft (wenn nicht Rechtsbehelf) → Vollstreckung

Frist § 70 VwGO

- Widerspruch (§ 69 VwGO)

Widerspruchsverfahren (nicht in allen Bundesländern, vgl. Übersicht § 5, Rn. 2)

- Abhilfeverfahren § 72 VwGO
- Verfahren bei Widerspruchsbehörde
  - Anhörung d. Dritten (§ 71 VwVfG)
  - Weitere Verfahrensschritte (§ 79 VwVfG i.V. m. VwVfG)

Frist § 74 VwGO

- Widerspruchsbescheid (§ 73 VwGO) Zustellung (§ 73 III VwGO) → Bestandskraft (wenn nicht Klage) → Vollstreckung

- Klageerhebung

VwProz Erster Rechtszug

- Verfahren vor mündl. Verhandlung §§ 81 ff. VwGO
- Mündl. Verhandlung
- Urteil §§ 107/113 → Rechtskraft (wenn nicht Berufung) → Vollstreckung

Frist § 124 a VwGO

- Berufungszulassung/Berufung

Berufungsverfahren

- Mündl. Verhandlung
- Berufungsurteil §§ 124 i.V. m. 104 ff. VwGO → Rechtskraft (wenn nicht Revision bzw. Nichtzulassungsbeschwerde) → Vollstreckung

Frist § 139 VwGO

- Revision

Revisionsverfahren

- Revisionsurteil §§ 132 ff. VwGO → Rechtskraft → Vollstreckung

§ 2 Zur Geschichte der Verwaltungsgerichtsbarkeit

1   Schon infolge der territorialen Gliederung Deutschlands ist die Geschichte der Verwaltungsgerichtsbarkeit in Deutschland höchst vielfältig, und die unterschiedlichen Entwicklungsstränge wurden teilweise erst in der jüngsten Epoche zusammengeführt. Trotz der Vielfalt waren es aber immer wieder die gleichen **Grundfragen**, die diese Geschichte bestimmten:
– Unterliegt hoheitliches Handeln **überhaupt** gerichtlicher **Kontrolle**?
– Soll diese – falls überhaupt möglich – durch die **ordentliche** Gerichtsbarkeit oder durch eine **besondere** Gerichtsbarkeit ausgeübt werden?
– Soll **jede** Form staatlichen Handelns überprüft werden können, oder gibt es justizfreie Bereiche, Handlungsformen und Entscheidungsspielräume?
– Geht es um Kontrolle **objektiver** Rechtmäßigkeit oder um den Schutz eigener (**subjektiver**) Rechte des Klägers?

In ihrer heutigen Gestalt ist die Verwaltungsgerichtsbarkeit ein historischer Kompromiss, der die genannten Fragen weitgehend beantwortet hat, und zwar zugunsten einer unabhängigen gerichtlichen Kontrolle öffentlicher Gewalt durch eine eigene Gerichtsbarkeit und in der Regel abhängig von der möglichen Verletzung subjektiver Rechte.

I. Die ältere Kameral- und die Administrativjustiz

2   Noch zu Beginn der Neuzeit gab es eine Trennung von Herrschaft und Gerichtsbarkeit ebenso wenig wie diejenige von Öffentlichem Recht und Privatrecht. Das Richteramt war ein Teil – oft sogar wichtigstes Kennzeichen – der Landesherrschaft, es wurde entweder vom Landesherrn selbst ausgeübt oder auf Landgerichte und Justizkollegien delegiert, die sowohl Gerichts- als auch vielfach die Vorläufer der Verwaltungsbehörden im heutigen Sinne waren. Mit gewisser Berechtigung ist daher vom „**älteren Justizstaat**" gesprochen worden (*W. Jellinek*, Verwaltungsrecht, 3. Aufl., 1931, S. 77). Die damit gemeinte ursprüngliche „Administrativjustiz" wurde auch „Kameral-

justiz" genannt. Diesen Begriff bezog sie durchaus wörtlich von der „Kammer" (von camera = Gewölbe), ein Ausdruck, der zunächst die Finanzverwaltung, später die Verwaltung schlechthin (Kameralistik = frühe Verwaltungswissenschaft) bezeichnete. Die ersten „Kameralgerichte" waren zugleich Behörden.

Mit der Einrichtung der Kameraljustiz war gerade nicht das Recht des Bürgers gewährleistet, den Landesherrn selbst zu verklagen. Für Streitigkeiten der Landesherren und Stände untereinander, teilweise aber durchaus auch für Klagen der in wohlerworbenen Privatrechten verletzten Untertanen, stand zwar zunächst der Rechtsschutz vor den **Reichsgerichten** (höchste Instanz: Reichskammergericht und Reichshofrat) und vor den **Landgerichten** zur Verfügung. Mit dem Erstarken der größeren deutschen Territorien zu Staaten im heutigen Sinne versuchten die Landesherren aber mehr und mehr sich der Gerichtsbarkeit zu entziehen und die Verwaltungskontrolle auf die ihnen unterstehende Administrativjustiz zu beschränken. Das entsprach dem Streben des Absolutismus nach vom Gesetz ungebundener Herrschaft und der Souveränitätslehre, die die eigentliche Ausübung der dem Landesherrn zustehenden Herrschaftsbefugnisse (imperium) vom „privaten" Verfügungsbereich (dominium) strikt trennte und das „imperium" der Gerichtsbarkeit entzog („ius de non appellando"). Die dem Fürsten selbst zustehende originäre Herrschaftsgewalt blieb damit den Richtern verschlossen. Wurden Untertanen in ihren Rechten durch die Hoheitsgewalt verletzt, so blieb ihnen nur der in der Regel vor den Gerichten einzuklagende Entschädigungsanspruch („dulde und liquidiere").

Der sog. „aufgeklärte Absolutismus" verpflichtete den Landesherrn auf das Gemeinwohl und die formale Vernunft sowie auf die öffentliche Wohlfahrt. Maßgeblich wurde die Funktion der „guten Policey", und das lieferte auch die Begründung für die Befreiung der Herrschaft von der allgemeinen gerichtlichen Kontrolle. Da der Fürst für das umfassende Wohl der Untertanen sorgte, konnten Maßnahmen der „Politia" die Untertanen auch nicht verletzen: „The king can do no wrong". Umso weniger durfte sich der Richter zum Herrn über die Verwaltung als Hüterin des Gemeinwohls machen.

Maßgeblich für die Kontrolle der wachsenden Verwaltung blieb damit die **Administrativjustiz** des Landesherrn selbst, die in vielfältigen Formen und Bezeichnungen (und auch mit unterschiedlichen Kompetenzen) die Gesetzmäßigkeit der Verwaltung und den Gebrauch der Hoheitsbefugnisse gegenüber den wohlerworbenen Rechten der Bürger überwachte, aber definitionsgemäß Teil der Verwaltung blieb. Diese Administrativjustiz verdrängte im hoheitlichen Bereich nach und nach letzte Formen der eigentlichen Justizkontrolle. Sie wurde als Eigenkontrolle der Verwaltung von Kammern, Direktorien und – nach französischem Modell (Conseil d'État) – auch von Präfekturräten, Staatsräten usw. wahrgenommen (dazu *Hennig*, LKRZ 2008, 401). Ein echter Rechtsschutz im heutigen Sinne gegen hoheitliche Maßnahmen des Staates fand dagegen noch in der Mitte des 19. Jh. nicht statt.

II. *„Die Verwaltungsrechtspflege hört auf"* als Forderung der Paulskirchenverfassung von 1849

5   Bis zur Mitte des 19. Jahrhunderts wurde die Forderung nach einer wirksamen Kontrolle der hoheitlichen Verwaltung durch eine **unabhängige Gerichtsbarkeit** und nach der Trennung von Justiz und Verwaltung immer lauter.

Vor diesem Hintergrund ist Art. X § 182 der Paulskirchenverfassung von 1849 zu sehen, der eine Unterstellung der Verwaltung unter die Kontrolle durch die (ordentlichen) Gerichte forderte: *„Die Verwaltungsrechtspflege hört auf; über alle Rechtsverletzungen entscheiden die Gerichte"*. Dieser Satz darf gerade **nicht** als Absage an die gerichtliche Kontrolle der Verwaltung **überhaupt** interpretiert werden. Er enthält nur die Absage an die ältere (verwaltungsinterne) Administrativjustiz. Insofern war die Revolution von 1848/49 in der Tat Ursprung der modernen Verwaltungsgerichtsbarkeit (*Sydow*, VerwArch. 92 [2001], 389). Kontrolle durch die Gerichte hieß nach dem Verständnis von 1849 Kontrolle durch die **ordentliche Gerichtsbarkeit,** die zudem über die Forderung nach Geschworenengerichten und Laienbeteiligung Elemente der Bürgerbeteiligung eröffnete (*A. Laufs*, Recht und Gericht im Werk der Paulskirche [1978], 7, 39 ff.; *Kühne*, Die Reichsverfassung der Paulskirche [2. Aufl. 1998], 345 ff.). Ebenso selbstverständlich war die Forderung, dass die Gerichte fortan keine eigentlichen Verwaltungsaufgaben mehr wahrnehmen sollten – eine Forderung, die übrigens noch heute im (oft überlesenen) § 39 VwGO zum Ausdruck kommt.

III. Die Entwicklung bis 1919

1. Eigenständige Verwaltungsgerichtsbarkeit statt Kontrolle durch die ordentliche Gerichtsbarkeit

Die Forderung nach einer Kontrolle der Verwaltung durch unabhängige Richter verstummte nach dem Scheitern der Paulskirchenverfassung nicht. Besonders die *„Negativforderung"* aus § 182, die Absage an die Administrativjustiz, einte die Reformer, und nur wenige Konservative, wie etwa Friedrich Julius *Stahl* (1802–1861), sahen in einer unabhängigen Verwaltungsgerichtsbarkeit die Gefahr der Auflösung des Staates und seiner Verwaltung.

Keine Einigkeit gab es aber über die *„Positivforderung"* der Paulskirchenverfassung, die auf die Unterstellung der Verwaltung unter die *ordentliche* Gerichtsbarkeit zielte. Als Kompromiss bot sich die Einrichtung eigener Verwaltungsgerichte an, die nicht als Geschworenengerichte konzipiert waren, die aber – anders als die ältere Administrativjustiz – aus der Verwaltung ausgegliedert, gerichtsförmig organisiert und mit unabhängigen Richtern besetzt sein sollten.

Für die beiden „Richtungen" stehen die Namen von Otto *Bähr* (1817–1895) und Rudolf *von Gneist* (1816–1895). Während Otto *Bähr* in seiner Schrift „Der Rechtsstaat" (1864) den Staat gleichsam als oberste der genossenschaftlichen Organisationen der Gesellschaft sah und schon von diesem Ausgangspunkt her für einen Schutz der individuellen Rechtssphäre durch die ordentliche Gerichtsbarkeit stritt, stand für Rudolf *von Gneist* – ganz dem Credo des Liberalismus entsprechend – die strikte Trennung von Staat und Gesellschaft im Vordergrund. Als „bürgerliche Gerichte" waren für ihn die ordentlichen Gerichte zur Kontrolle der Verwaltung, zur Verwirklichung des Gemeinwohls und zur Anwendung des Öffentlichen Rechts nicht geeignet. Auch ging es *Gneist* weniger um den Schutz subjektiver Rechte und Interessen (für ihn ein typisches Merkmal der gesellschaftlichen Sphäre), sondern um *objektive Rechtskontrolle* am Maßstab des Öffentlichen Rechts. Mit diesen in seiner Schrift *„Der Rechtsstaat und die Verwaltungsgerichte in Deutschland"* (1872) entwickelten und u.a. auf dem 12. Deutschen Juristentag (vgl. Verhandlungen des 12. DJT, Bd. 3 [1875], 220) vorgetragenen Erwägungen setzte sich *Gneist* jedenfalls im Hinblick auf die Eigenständigkeit der Verwaltungsgerichte durch. Die Konsequenz war eine eigenständige Verwaltungsgerichtsbarkeit, die verhinderte, dass sich der Staat für sein hoheitliches Tätigwerden wie der Bürger vor dem ordentlichen Gericht zu verantworten hatte – eine Vorstellung, die nicht nur den Konservativen befremdlich war.

2. Verwaltungsgerichtsbarkeit nur auf der Mittelinstanz

9   Auch nach der Reichsgründung (1871) war die Entwicklung der Verwaltungsgerichtsbarkeit alles andere als einheitlich. In den wichtigsten Einzelstaaten kam es aber zur Ausbildung einer besonderen Verwaltungsgerichtsbarkeit durch **Oberverwaltungsgerichte** und **Verwaltungsgerichtshöfe**, während es auf der unteren Ebene bei der Eigenkontrolle der Verwaltung durch mehr oder weniger verselbständigte Einspruchsverfahren blieb. Bereits 1863 hatte **Baden** einen ersten Verwaltungsgerichtshof als von der Verwaltung getrenntes echtes Gericht gegründet. **Preußen** (1872) mit seinem OVG, **Hessen-Darmstadt** (1875), **Württemberg** (1876) und **Bayern** (1879) mit ihren VGH folgten.

Diese Gerichtshöfe waren von erheblicher Bedeutung für die Entwicklung des Verwaltungsrechts. Sie setzten nicht nur die Geltung der allgemeinen prozessualen Grundsätze auch für das Verwaltungsstreitverfahren durch, sondern trugen auch zur Verwirklichung der Gesetzesbindung der Verwaltung bei. Die vielleicht wichtigste Leistung war die **Begrenzung polizeilicher Befugnisse** auf den engeren Bereich der eigentlichen Gefahrenabwehr (insbesondere im berühmten *Kreuzberg-Urteil des Preußischen OVG* vom 14.6.1882 [Entscheidungen Band 9, 353 ff.]) und die dogmatische Ausformung und Durchsetzung des Verhältnismäßigkeitsprinzips. Auch moderne Forderungen wie rechtliches Gehör und Begründungsgebot finden sich bereits in dieser Rechtsprechung.

10 Die bald nach der Reichsgründung gleichfalls vorgetragene Forderung nach einem übergeordneten **Reichsverwaltungsgericht** oder gar nach der Vereinigung höchstrichterlicher Kontrolle auf der Ebene des Reichsgerichts vermochte sich – vorwiegend aus Kompetenzgründen – nicht durchzusetzen.

11 Keine Verwaltungsgerichte im heutigen Sinne gab es zunächst auf der **unteren Verwaltungsebene**. Die hier tätigen Kammern, Beiräte und Ausschüsse waren zwar organisatorisch und oft auch personell in die Verwaltung eingebunden, doch bestand (im Gegensatz zur älteren Administrativjustiz) zum Teil Weisungsunabhängigkeit in Rechtsfragen, wurden Laienmitglieder einbezogen, konnte – sogar mehr als bei den eigentlichen Verwaltungsgerichten – Einfluss auf Ermessensentscheidungen genommen werden.

3. Einschränkungen der gerichtlichen Kontrolle

Die eigentliche Verwaltungsgerichtsbarkeit war zunächst auf die Mittelinstanz beschränkt. Sie war aber auch im Übrigen keinesfalls umfassend.

Eine **erste** wichtige Einschränkung bildete das in fast allen Einzelstaaten geltende strikte **Enumerationsprinzip**. Damit ist die Beschränkung des Verwaltungsrechtsschutzes auf bestimmte Entscheidungsformen, vor allem auf den **belastenden Verwaltungsakt**, gemeint. Dieser war nicht (wie heute) nur von Bedeutung für die Bestimmung der statthaften Klageart, sondern für die Eröffnung des Verwaltungsrechtswegs insgesamt. Das Enumerationsprinzip hat endgültig erst unter der Geltung des Art. 19 IV GG und durch die Generalklausel des § 40 I 1 VwGO seine Bedeutung verloren.

Die **zweite** Einschränkung war die Abhängigkeit von der **Verletzung eines subjektiven Rechts**. Entschieden wurde damit die Frage, ob die Verwaltungsgerichtsbarkeit eine objektive Kontrollinstanz sein sollte, wie dies in den fortschrittlicheren Formen der Administrativjustiz und im Konzept Rudolf *von Gneists* durchaus mitumgriffen war, oder ob sie nur durch die behauptete oder gar schlüssig vorgetragene Verletzung subjektiver Rechte ausgelöst werden konnte, wie dies dem zivilrechtlichen Anspruchssystem, aber auch dem Konzept Otto *Bährs* entsprach.

Diese beiden Konzeptionen sind (vereinfachend) mit „norddeutscher" (preußischer) und „süddeutscher" Lösung bezeichnet worden. Richtig daran ist, dass sich im preußischen Bereich der Gedanke der Administrativjustiz und der objektiven Rechtmäßigkeitskontrolle länger hielt als in den süddeutschen Ländern, die von Anfang an auf den Schutz der Individualrechte und das Vorliegen einer gerade den Kläger schützenden Rechtsnorm setzten (zu den Grundlagen *Scharl*, Die Schutznormtheorie [2018]). Heute so zentrale Normen wie § 42 II VwGO, die Notwendigkeit der Rechtsverletzung für die Begründetheit der Klage (§ 113 VwGO) und der Ausschluß der Popularklage sind ein Zeichen der „süddeutschen" Lösung. Interessanterweise gelangen aber derzeit unter dem Einfluß des Europarechts wieder Elemente einer an der objektiven Rechtskontrolle orientierten Verwaltungsgerichtsbarkeit zurück in das deutsche Verwaltungsprozessrecht (dazu unten, § 14, Rn. 80).

Als politisch und dogmatisch noch schwieriger erwies sich das Problem der **Ermessenskontrolle**. Dabei war das Ermessen der Verwaltung nicht nur ein dogmatisches Konstrukt, sondern es kennzeichnete einen fortbestehenden Vorbehaltsbereich der Exekutive gegenüber gesetzlicher Bindung und gerichtlicher Kontrolle. Heute wird das Ergebnis des historischen Kompromisses, wie er in § 40 VwVfG und §§ 113 V, 114 VwGO niedergelegt ist, nur noch als Problem der Begründetheit gesehen. Es betraf ursprünglich aber auch den *Zugang* zur Gerichtsbarkeit insgesamt.

16 Selbstverständlich war im 19. Jahrhundert aber auch, dass neben dem Innenbereich der Verwaltung das **„Besondere Gewaltverhältnis"** keiner gerichtlichen Kontrolle unterlag. In diesem fand – der Vorstellung des konstitutionellen Staates entsprechend – ein Ausgreifen des Staates in die bürgerliche Freiheitssphäre nicht statt; der Einzelne befand sich vielmehr in Schule, Wehrdienst, Beamtenverhältnis im staatlichen Bereich, innerhalb dessen Rechtsverhältnisse ebenso wenig denkbar waren wie die Verletzung subjektiver Rechte – eine Vorstellung, die erst unter dem Einfluss der Grundrechtsinterpretation des BVerfG überwunden wurde (dazu *Hufen*, StaatsR II § 9, Rn. 3).

IV. Verwaltungsrechtsschutz in der Weimarer Zeit

17 Art. 107 WRV lautete: *„Im Reiche und in den Ländern müssen nach Maßgabe der Gesetze Verwaltungsgerichte zum Schutze der einzelnen gegen Anordnungen und Verfügungen der Verwaltungsbehörden bestehen".* Aus der Sicht von 1919 war dies aber weiterhin nur eine programmatische Aussage.

Ähnlich wie schon im 19. Jahrhundert forderten auch in der Weimarer Zeit namhafte Rechtslehrer und Praktiker die Durchsetzung des Verfassungsauftrags zur Einrichtung einer Verwaltungsgerichtsbarkeit auf *allen* Ebenen und legten konkrete Vorschläge vor. Besonders *Bill Drews*, der Präsident des Preußischen OVG, und *Walter Jellinek* als Vertreter der Staatsrechtswissenschaft sind hier zu nennen. Auch weiterhin blieb aber die Diskrepanz zwischen rechtsstaatlich motivierten Forderungen und gesichertem Bestand offenkundig. So kam es weder zur Gründung des Reichsverwaltungsgerichts noch zum Ausbau der Verwaltungsgerichtsbarkeit in erster Instanz. Nur in Hamburg existierten schon ab 1921 VG und OVG als echte Gerichte; letzteres organisatorisch und personell eng mit dem Hanseatischen OLG verbunden. Offenkundig waren auch die Defizite im Zusammenhang mit dem Enumerationsprinzip und die damit verbundene enge Begrenzung auf den belastenden Verwaltungsakt als Voraussetzung der Anfechtungsklage. Bei fortbestehenden großen Unterschieden zwischen den Ländern blieb die Verwaltungsgerichtsbarkeit während der gesamten Weimarer Zeit vielgestaltig, spezialisiert und begrenzt (*Grawert*, FS Menger, S. 53). Sie kontrastierte damit in auffälliger Weise mit dem geradezu explosionsartigen Wachstum der Verwaltungsaufgaben und der Verwaltung selbst, stand aber auch in keinem Verhältnis zu den Fortschritten, die gerade in dieser Zeit im Hinblick auf das materielle Verwaltungsrecht und auch im Hinblick auf die Grundlagen des Verwaltungsprozessrechts zu verzeichnen sind. Von einem flächendeckenden Verwaltungsrechtsschutz und damit von einer Erfüllung des Auftrags aus Art. 107 WRV konnte jedenfalls nicht die Rede sein.

Die Gründe hierfür lagen in der unterschiedlichen Tradition und dem Beharrungsvermögen der vorhandenen Rechtsschutzsysteme und der auffälligen Rechtszersplitterung. Sie lagen aber auch in einer vor allem effizienzorientierten Verwaltung der Nachkriegs- und Inflationszeit und in der befürchteten Bremswirkung der Verwaltungsgerichte gegenüber dem demokratisch legitimierten Gestaltungswillen des Gesetzgebers. Gegen Ende der Weimarer Republik fehlten dann sowohl der Konsens als auch die Kraft zur Errichtung einer wirklich eigenständigen durchgängigen Verwaltungsgerichtsbarkeit.

V. Die Verwaltungsgerichtsbarkeit unter der NS-Diktatur

Gelegentlich ist die Auffassung vertreten worden, die Verwaltungsgerichtsbarkeit – soweit vorhanden – habe zu denjenigen Instanzen gehört, die im Verlauf der nationalsozialistischen Diktatur eine relativ unbehelligte, teilweise sogar den Interessen der Verwaltung widersprechende Kontrolle habe ausüben können. Richtig daran ist, dass die bestehende Verwaltungsgerichtsbarkeit formal fortbestand und auch in ihrer Rechtsprechung kaum angetastet wurde. Am 3.4.1941 kam es sogar durch Führererlass zur Errichtung des Reichsverwaltungsgerichts, also – vordergründig – zur Erfüllung eines lange gehegten und immer wieder gescheiterten Reformwunsches.

Dennoch kann kein Zweifel daran bestehen, dass eine unabhängige Verwaltungsgerichtsbarkeit, die ohne Gewaltentrennung und den Grundrechten als Abwehrrechten gegenüber dem Staat nicht denkbar wäre, der nationalsozialistischen Ideologie mit deren Überhöhung der Volksgemeinschaft und dem Führerprinzip zutiefst zuwider war. Besonders der Grundgedanke des Liberalismus und die subjektiven öffentlichen Rechts wurden als „jüdische Ideen" bezeichnet; der Gedanke einer „völkisch" definierten Verwaltungsgerichtsbarkeit zur besseren Durchsetzung der Gesetze und des Führerwillens dagegengesetzt. Im Rahmen der bestehenden Gerichte blieben die Richter zwar vergleichsweise integer; sie hielten sich – ihrer positivistischen Tradition entsprechend – aber auch an das Gesetz gewordene Unrecht der nationalsozialistischen Tyrannei. Daneben wurden ihnen zahlreiche Kompetenzen, vor allem im Sicherheits- und Polizeirecht und in allen politisch brisanten Bereichen, entzogen; der Individualrechtsschutz gegenüber besonders kennzeichnenden Strukturen des NS- Staates (Konzentrationslager, Gestapo-Herrschaft) fand nicht statt. Mit Kriegsbeginn war die Anrufung der Verwaltungsgerichte für den Einzelnen kaum noch möglich. Auch die Errichtung des Reichsverwaltungsgerichts 1941 war nur eine Farce. Die ordentlichen Richter waren ersetzbar, die ehrenamtlichen Mitglieder durchweg NSDAP-Funktionäre. Der Preis – das Preußische OVG und der VGH Wien gingen zusammen mit anderen Dienststellen im Reichsverwaltungsgericht auf – war angesichts der beachtlichen rechtsstaatlichen Tradition gerade dieser beiden Gerichtshöfe überdies hoch. Hinzu kam, dass gerade in der nationalsozialistischen Zeit die bestehenden Zulässigkeitsbarrieren wie Enumerationsprinzip, beschränkte Ermessenskontrolle und Klagebefugnis drastisch gehandhabt wurden und zur Einschränkung des Individualrechtsschutzes beitrugen.

Literatur zu § 2 I–V: *Willoweit*, in: Jeserich/Pohl/von Unruh, Verwaltungsgeschichte I, Kap. I, §§ 5 I, III, 69 f., 114 ff.; *Stolleis*, in: Jeserich/Pohl/von Unruh, Verwaltungsgeschichte II, Kap. I, §§ 3 I, 71; *ders.*, Geschichte des öff. Rechts in Deutschland, 1. Bd. 1988; 2. Bd. 1992; 3. Bd. 1999; *Sydow*, Die Revolution von 1848/49: Ursprung der modernen Verwaltungsgerichtsbarkeit, VerwArch. 92 (2001), 389; *Ule*, Rudolph v. Gneists Bedeutung für die Einführung der Verwaltungsgerichtsbarkeit in Preußen, VerwArch. 87 (1996), 535; *Rüfner*, in: Jeserich/Pohl/von Unruh, Verwaltungsgeschichte III, Kap. XIV, 909 ff.; *Grawert*, Verwaltungsrechtsschutz in der Weimarer Republik, FS Menger, 1985, 35 ff.; *Stump*, Preußische Verwaltungsgerichtsbarkeit. 1875–1914. Verfassung – Verfahren – Zuständigkeit, 1980; *Kohl*, Das Reichsverwaltungsgericht (1991); *Collin*, Neuere Forschungen zur Geschichte des Verwaltungsrechtsschutzes in Deutschland im 19. und 20. Jahrhundert, in: Jahrbuch für europäische Verwaltungsgeschichte 2002, 355 ff.; *Stolleis*, Die Verwaltungsgerichtsbarkeit im Nationalsozialismus, FS Menger, 57 ff.; *Hennig*, Die Anfänge der linksrheinischen Verwaltungsgerichtsbarkeit, LKRZ 2008, 401; *Ramm/Saar*, Nationalsozialismus und Recht 2014; *Pagenkopf*, 150 Jahre Verwaltungsgerichtsbarkeit in Deutschland (2016); *Würtenberger/Heckmann*, VwProzR, Rn. 42 ff..

VI. Die Verwaltungsgerichtsbarkeit nach dem 2. Weltkrieg

20 Die Wende zur voll ausgebauten Verwaltungsgerichtsbarkeit im heutigen Sinne kam erst nach 1945. Nach vorübergehender Schließung aller Verwaltungsgerichte und der Aufhebung aller Führererlasse und der meisten Rechtsquellen des nationalsozialistischen Regimes durch den Alliierten Kontrollrat setzte sich nach Kriegsende

§ 2 Zur Geschichte der Verwaltungsgerichtsbarkeit

rasch der Wille der Alliierten zur Errichtung einer unabhängigen Verwaltungsgerichtsbarkeit durch.

Schon vor Erlass des Gesetzes Nr. 36 des Kontrollrats vom 10.10.1946 war es zur Errichtung von Verwaltungsgerichten in der amerikanischen Zone und in Berlin gekommen. Auch in den ersten Landesverfassungen war teilweise eine unabhängige Verwaltungsgerichtsbarkeit vorgesehen. Wegweisend war die Entwicklung in der amerikanischen Zone, in der auf landesgesetzlicher Grundlage eine zweistufige Verwaltungsgerichtsbarkeit eingeführt und das Enumerationsprinzip überwunden wurde. Aber auch in der britischen und französischen Zone wurden auf der Basis von Militärverordnungen Verwaltungsgerichte und Oberverwaltungsgerichte bzw. Verwaltungsgerichtshöfe (wieder) errichtet.

Mit dem Inkrafttreten des **Grundgesetzes** 1949 wurde der alte Streit um die Unabhängigkeit der Verwaltungsgerichtsbarkeit bzw. die Eigenkontrolle der Verwaltung endgültig entschieden: Wie die anderen Gerichtsbarkeiten wurde die Verwaltungsgerichtsbarkeit unabhängigen Richtern (Art. 97, 99 GG) anvertraut, und das Grundrecht auf Rechtsschutz gegen die öffentliche Gewalt (Art. 19 IV GG) schloss fortan jede Begrenzung auf eine verwaltungsinterne Kontrolle und auch das Enumerationsprinzip aus.

Das Grundgesetz brachte für die Verwaltungsgerichtsbarkeit (zunächst nicht ganz unumstritten) auch die **konkurrierende Gesetzgebungszuständigkeit des Bundes nach Art. 74 Nr. 1 („gerichtliches Verfahren")**. Da diese Kompetenz im vollen Sinne aber erst 1960 mit Erlass der VwGO genutzt wurde, galten die Verwaltungsgerichtsgesetze der Länder bis dahin fort. Solche Landesgesetze wurden zwischen 1951 und 1958 sogar noch erlassen (so in Rheinland-Pfalz, Berlin, dem Saarland und zuletzt in Baden-Württemberg). Auf Bundesebene trat zunächst nur das *Gesetz über das Bundesverwaltungsgericht vom 23.9.1952* in Kraft (BGBl. I, 625).

Wesentlich stockender gingen die Arbeiten an der VwGO voran: Nachdem bereits 1952 ein erster Regierungsentwurf vorlag, dauerte es bis zur Verabschiedung Ende 1959 und zum Inkrafttreten am 1.4.1960 (BGBl. I, 17 und 44) immerhin weitere 8 Jahre. Mit der VwGO waren damit erstmals das Recht der Verwaltungsgerichtsbarkeit und das verwaltungsinterne Vorverfahren (Widerspruchsverfahren) auf eine einheitliche Basis gestellt. Bis auf einige Unterschiede (vor allem in der Besetzung der verwaltungsgerichtlichen Mittelinstanz und beim Normenkontrollverfahren) wurde der erst in der Nachkriegszeit erreichte Grad der Einheitlichkeit im Hinblick auf den dreistufigen Gerichtsaufbau, den subjektiven Rechtsschutz und die Absage an das Enumerationsprinzip auch Gesetz. Nicht erreicht wurde dagegen die Einbeziehung der Sozialgerichte und Finanzgerichte.

23   Ganz anders verlief die Entwicklung in der **vormaligen DDR.** Nachdem es in der Sowjetischen Besatzungszone zunächst zu einer Wiederherstellung der Verwaltungsgerichtsbarkeit (in Thüringen sogar mit Generalklausel) gekommen war und die erste DDR-Verfassung von 1949 noch eine Verwaltungsgerichtsbarkeit vorsah, fiel diese mit der Beseitigung der Länder bereits 1952 fort. In der Folge galt die Verwaltungsgerichtsbarkeit als Relikt der bürgerlichen Rechtsordnung und war der Staats- und Parteiführung als Hindernis für die „sozialistische Gesetzlichkeit" ein Dorn im Auge. In der DDR-Verfassung von 1968 war sie daher nicht mehr vorgesehen. Reformansätze in anderen vormals sozialistischen Staaten wurden bis zur „Wende" 1989 nicht aufgegriffen.

Literatur zu § 2 VI: *Menger,* System des verwaltungsgerichtlichen Rechtsschutzes (1954); *Ule,* Die geschichtliche Entwicklung des verwaltungsgerichtlichen Rechtsschutzes in der Nachkriegszeit, FS Menger (1985), 81 ff.; *Schmidt-Aßmann/Schenk,* in: Schoch/Schneider, VwRO, Einleitung, Rn. 82 ff.; *von Unruh,* in: Jeserich/Pohl/von Unruh, Deutsche Verwaltungsgeschichte V, Kap. XXV, 1178 ff.

VII. Die Entwicklung seit dem Inkrafttreten der VwGO

24   Zwischen 1960 und der Gegenwart ist die VwGO häufig geändert worden; allerdings oft nur bedingt durch Änderungen in anderen Verfahrensgesetzen oder im materiellen Recht. Zwei Aspekte seien hervorgehoben: Die schrittweise **Erweiterung der Normenkontrolle** und das **Inkrafttreten der Verwaltungsverfahrensgesetze 1976/1977.**

25   Ein Querschnittsproblem wurde mit Inkrafttreten des VwVfG noch deutlicher: Das **Verhältnis von Verwaltungsverfahren und Verwaltungsprozess.** Die Verwaltungsverfahrensgesetze des Bundes und der Länder brachten – ersten Bedenken zum Trotz – eine wirksame Kodifikation des Verwaltungsverfahrens, ließen aber an den „Schnittstellen" von Verwaltungsverfahren und Verwaltungsprozess viele Probleme offen. Das galt nicht nur für das Widerspruchsverfahren, das zwar als eigenständiges Verwaltungsverfahren anerkannt wurde, in seinen Schwerpunkten aber als bloßes Vorverfahren wie ein Fremdkörper in der VwGO geregelt blieb. Problematisch blieben auch die **Folgen von Verfahrensfehlern,** die in §§ 45, 46 VwVfG nur rudimentär geregelt wurden.

§ 2 Zur Geschichte der Verwaltungsgerichtsbarkeit

Immerhin hatte das VwVfG das Verwaltungsverfahren vom reinen Richterrecht und vom im Grunde „internen Recht der Verwaltung" zum außenwirksamen Recht mit subjektiven Verfahrensrechten wie Recht auf Anhörung, Beteiligung der Betroffenen, Akteneinsicht, Abwehr von befangenen Amtsträger usw. befördert. Wenig später betonte das BVerfG die Schutzfunktion der **Grundrechte als Verfahrensgarantien** (BVerfGE 53, 30 – Mülheim-Kärlich und BVerfGE 52, 380, 389 – Schweigender Prüfling). Deshalb schien es zunächst so, als habe der Gesetzgeber sich entschieden, entsprechend dem vor allem angelsächsischen Modell des „fair-trial" (dazu *Scharpf*, Die politischen Kosten des Rechtsstaates [1970]) gerade bei komplexen Abwägungsentscheidungen und Entscheidungen mit Ermessens- und Beurteilungsspielraum die rechtsstaatliche Kontrolle von dem inhaltlichen Ergebnis und der Fiktion der „einzig richtigen Entscheidung" mehr auf das korrekte Verfahren zu lenken (dazu *Hill*, Das fehlerhafte Verfahren [1986], 207 ff.; *Hufen/Siegel*, Fehler im Verwaltungsverfahren, 6. Aufl. 2018, Rn. 49 ff.; *H. Jochum*, Verwaltungsverfahrensrecht und Verwaltungsprozessrecht [2004]).

Schon im VwVfG von 1977 waren aber mit den großzügigen Regelungen der **Heilung** und der **Unbeachtlichkeit** von Verfahrensfehlern (§§ 45, 46 VwVfG) Mechanismen angelegt, die die Bedeutung des Verfahrensrechts von vornherein stark reduzierten. Insbesondere die Rechtsprechung des BVerwG war der Heilung von Verfahrensfehlern gegenüber sehr großzügig und betonte im Zusammenhang mit § 46 VwVfG, dass der Einzelne sich nur dann auf Verfahrensfehler berufen kann, wenn er zugleich die Verletzung von materiellem Recht geltend macht (dazu unten § 8, Rn. 25 ff. und § 25, Rn. 7 ff.). Im Zeichen von technischen Großverfahren, den Planungsbedürfnissen nach der deutschen Wiedervereinigung und einer zunehmenden Kritik an zu komplizierten Genehmigungs- und Kontrollverfahren hießen die maßgeblichen Stichworte nach 1990 dann vollends nicht mehr „*Gerechtigkeit durch Verfahren*" sondern „*Beschleunigung*" und „*Planerhaltung*".

Insbesondere durch das **Gesetz zur Beschleunigung von Genehmigungsverfahren** vom 12.9.1996 (BGBl. I, S. 1354) und das **6. Gesetz zur Änderung der VwGO und anderer Gesetze** vom 1.11.1996 (BGBl I, S. 1629) hatte der Gesetzgeber unter dem Druck dieser Entwicklungen zahlreiche Änderungen und vor allem Einschränkungen eingeführt, wie z. B. die Verschärfung der **Voraussetzungen der Antragsbefugnis** bei der Normenkontrolle (§ 47 II VwGO), die Ermöglichung der **Heilung von Verfahrensfehlern noch wäh-**

rend des **Verwaltungsprozesses** (§ 45 II VwVfG), die **Unbeachtlichkeit** von Verfahrensfehlern auch bei Ermessensentscheidungen (§ 46 VwVfG), die Möglichkeit des **Nachschiebens von Ermessenserwägungen** auch noch während des Verwaltungsprozesses (§ 114 S. 2 VwGO), die **fingierte Klagerücknahme** bei Nichtbetreiben des Prozesses (§§ 92 II/126 II VwGO) und vor allem die (später allerdings wieder teilweise korrigierte) **Beschränkung der Berufung** und anderer Rechtsmittel. Diese „Beschleunigungsgesetzgebung" sollte zugleich eine „Entlastungsgesetzgebung" für die damals in der Tat überlastete Verwaltungsgerichtsbarkeit sein. Schon seit 1993 galt als Regel die **Übertragung des Rechtsstreits auf den Einzelrichter**, also die Abkehr vom Kammerprinzip (§ 6 VwGO) und die Erweiterung der sachlichen Zuständigkeit des OVG in § 48 VwGO. Praktisch besonders wichtig waren auch die Einschränkungen im **Asylverfahrensgesetz vom 27.7.1993** sowie das **Entfallen der aufschiebenden Wirkung** baurechtlicher Nachbarwidersprüche und -klagen durch § 212a BauGB. In denselben Zusammenhang gehören auch die Vorschriften zur formellen und materiellen **Präklusion**. Sie bedeutet – kurz gefasst –, dass derjenige, der seine Rechte nicht rechtzeitig im Verfahren geltend macht, vom weiteren Verlauf des Verfahrens oder im Verwaltungsprozess ausgeschlossen wird (formelle Präklusion) oder sogar Einwendungen im gesamten nachfolgenden Verfahren inhaltlich nicht mehr geltend machen kann (materielle Präklusion), (vgl. z. B. § 73 IV 3 VwVfG und für Verbände § 2 III UmwRG–mehr dazu unten, § 25, Rn. 44).

Die formelle Präklusion hat der Gesetzgeber im **Gesetz zur Erleichterung von Planungsvorhaben für die Innenentwicklung der Städte** auch für die Normenkontrolle eingeführt, das am 1.1.2007 in Kraft getreten ist und mit § 47 IIa VwGO den Normenkontrollantrag gegen Bauhauungspläne unzulässig macht, wenn der Antragsteller seine Rechte nicht bereits im Verfahren der Planaufstellung geltend gemacht hat (dazu unten, § 19, Rn. 38).

Ein großer Teil dieser Änderungen war in der Literatur auf erhebliche Kritik gestoßen. Dadurch und auf Grund deutlicher „Hinweise" des BVerfG mussten insbesondere die strengen Hürden der Berufung und der Beschwerde teilweise wieder korrigiert werden. Dies geschah durch das **Gesetz zur Bereinigung des Rechts im Verwaltungsprozess vom 20.12.2001** (BGBl. I, 3989). Mit der sogenannten **Anhörungsrüge** musste mit § 152a VwGO sogar ein eigenständiger Rechtsbehelf gegen die Verletzung des rechtlichen Gehörs im Gerichtsverfahren eingeführt werden (dazu *Guckelberger*, NVwZ 2005, 11 und unten § 43, Rn. 10). Die Regelungen zur sog. „materiellen Präklusion", insbesondere § 2 III UmwRG iVm § 73 IV 3 VwVfG, wurden durch den EuGH (Entscheidung vom 15.10.2015 = NVwZ 2015, 1665) inzwischen für weitgehend unionsrechtswidrig erklärt (dazu unten, § 25, Rn. 44).

Literatur zu § 2 VII: *Schenke,* „Reform ohne Ende" – Das 6. Gesetz zur Änderung der Verwaltungsgerichtsordnung und andere Gesetze (6. VwGOÄndG), NJW 1997, 81 ff.; *Meissner,* Bilanz zur Rechtsmittelreform, FG BVerwG (2003), 625; *Schmidt-Aßmann/Schenk,* in: Schoch/Schneider, VwR, Einleitung, Rn. 91 ff.).

§ 3 Gegenwartsprobleme und Reformbemühungen

I. Allgemeines

Im Gegensatz zu den vergangenen Jahrzehnten ist die Diskussion um eine **Reform der Verwaltungsgerichtsbarkeit** derzeit eher in ruhiges Fahrwasser gekommen. Angesichts der derzeit wieder voll auf die Verwaltungsgerichtsbarkeit durchschlagenden Menge von Asylverfahren und Verfahren gegen die Abschiebung, aber auch der Diskussion um die Fahrverbote für Dieselkraftfahrzeuge in Innenstädten und erst recht angesichts Hunderter Verfahren gegen die Maßnahmen zur Bekämpfung der Corona-Pandemie redet niemand mehr von einer Krise der Verwaltungsgerichtsbarkeit oder gar einer möglichen Schließung ganzer Verwaltungsgerichte.

Auch Befürchtungen, die Verwaltungsgerichtsbarkeit könne durch ausufernde Kompetenzen der ordentlichen Gerichtsbarkeit in Frage gestellt werden (*Kahl*, Droht die Entmachtung der Verwaltungsgerichte durch die Zivilgerichte? 2017), haben sich nicht bewahrheitet. Gleichwohl sind die Probleme der „**Ökonomisierung**" und „**Rationalisierung**" und der Inanspruchnahme der Verwaltungsgerichtsbarkeit für umweltpolitische Konflikte bei weitem noch nicht bewältigt. Erfasst wird die Verwaltungsgerichtsbarkeit auch von modernen Formen der **Technisierung und der Digitalisierung**. Gefordert wird ferner vermehrt die Konfliktlösung durch moderne Formen der Streitschlichtung, insbesondere die **Mediation**. Stets neue Probleme wirft auch immer wieder die **Europäisierung** des Verwaltungsprozessrechts auf. Schon die Stichworte zeigen, dass das Verwaltungsprozessrecht kein verstaubtes Verfahrensrecht ist, sondern in vorderster Front der Modernisierung der Rechtswissenschaft steht.

II. Beschleunigung, Qualitätssicherung, Komplexität

1. Die quantitative Belastung

Dem aus Art. 19 IV GG und Art. 6 I EMRK gebotenen Ziel des Verwaltungsrechtsschutzes in **angemessener Zeit** war die Verwaltungsgerichtsbarkeit in den vergangenen Jahren große Schritte näher gekommen. Nach 2015 haben die gestiegenen Asylzahlen und die dadurch beeinflussten Verfahren die Verwaltungsgerichtsbarkeit erneut mit voller Wucht erreicht. Zwischenzeitlich gingen diese Zahlen zwar zurück (2019 166.000 Asylanträge), stellen aber immer noch einen großen Anteil der Verfahren dar. Neuerdings kommen die Folgen der „Corona-Pandemie dazu". Die zunehmende Belastung hat zur– im Hinblick auf die richterliche Unabhängigkeit und die Trennung von Gerichtsbarkeit und Verwaltung problematischen – Lösung durch Einsatz von Lebenszeitbeamten als **„Verwaltungsrichter auf Zeit"** geführt (ausführlich dazu unten, § 4, Rn. 30a). Ob zur Bekämpfung einer überlangen Verfahrensdauer allein der seit 2011 geltende **Entschädigungsanspruch wegen überlanger Verfahren** (§ 198 I GVG) Abhilfe schaffen kann, ist zweifelhaft, zumal das Gesetz keine Anhaltspunkte für die Definition der überlangen Dauer des Verfahrens enthält (dazu *W.-R. Schenke*, NVwZ 2012, 257; *Guckelberger*, DÖV 2012, 289; *Zuck*, NVwZ 2012, 265).

3 Ein besonderes Problem stellen immer noch die sogenannten „Massenverfahren" dar. Insbesondere beim Bau und der Erweiterung von Großvorhaben der Infrastruktur sind nicht selten Tausende von Einzelklagen zu bewältigen.

4 Die Bewältigung „gleichförmiger Eingaben" soll durch Sonderbestimmungen in §§ 17–19 VwVfG (anwendbar ab 50 Personen) und den „Musterprozess" (ab 20 Klägern), also das „Vorziehen" eines Prozesses bei Aussetzung der anderen Verfahren (§ 93a VwGO) und gemeinsamer Bevollmächtigung (§ 67a VwGO), erleichtert werden (s. § 12, Rn. 17 und § 36, Rn. 23). Werden im Einzelfall gleiche Bekanntgaben an mehr als 50 Personen erforderlich, dann kann das Gericht nach § 56a VwGO die Bekanntgabe durch öffentliche Bekanntmachung anordnen.

2. Das Dauerthema: „Große Strukturreform" – Zusammenlegung der Gerichtsbarkeiten des öffentlichen Rechts

5 Eher still geworden ist es in den vergangenen Jahren auch um die Zusammenlegung der Verwaltungsgerichtsbarkeit, Sozialgerichtsbarkeit und Finanzgerichtsbarkeit (dazu grundlegend *Heister-Neumann*, ZRP 2005, 12; *Meyer*, NJW Editorial, Heft 37 (2011); *Wittreck*, DVBl. 2005, 211; *von Heimburg*, FS Scholz [2007], 483; *Hufen*, DV 42 (2009), 405).

In der Tat handelt es sich bei der Aufspaltung der deutschen Verwaltungsgerichtsbarkeit um einen im europäischen Vergleich – auch jenseits vordergründiger Einsparargumente – kaum noch zu rechtfertigenden Sonderweg. So hat insbesondere die allein historisch begründete Trennung von Sozialgerichtsbarkeit und allgemeiner Verwaltungsgerichtsbarkeit zu einer auch inhaltlichen Spaltung der Rechtsgebiete geführt, die beiden Seiten nicht gut bekommen ist (*Hufen*, DV 42 [2009], 405; anders: *Scholz*, FS Hufen [2015], 241, 246 ff.). Dagegen scheint die Vermutung nicht mehr gerechtfertigt, die Sozialgerichte seien schon wegen der größeren Nähe zu den „sozial Schwachen" weiterhin erforderlich (*Schnitzler*, NJW 2019, 9, anders bereits *Steiner*, FS R. Jaeger, [2011], 595 ff.).

Literatur: *Meyer*, Vom Schlussstein zum Schlusslicht? Plädoyer für eine einheitliche Verwaltungsgerichtsbarkeit, NJW Editorial, Heft 37 2011; *Meyer-Ladewig*, Aktualität einer Vereinheitlichung des Prozessrechts, NVwZ 2007, 1262; *Hufen*, Ist das Nebeneinander von Sozialgerichtsbarkeit und Verwaltungsgerichtsbarkeit funktional und materiell begründbar?, DV 42 (2009), 405; *Gärditz*, Die Rechtswegspaltung in öffentlich-rechtlichen Streitigkeiten nicht verfassungsrechtlicher Art, DV 43 (2010), 309; *B.J. Scholz*, Das allgemeine Gesetz und die Spezialisierung der Justiz, FS Hufen (2015), 242; *Durner*, Reformbedarf in der Verwaltungsgerichtsordnung, NVwZ 2015, 841; *Kahl*, Droht die Entmachtung der Verwaltungsgerichte durch die Zivilgerichte? (2017); *Schnitzler*, Die Besonderheiten des Sozialverfahrensrechts, NJW 2019, 9.

3. Effizienz, Ökonomisierung und Qualitätssicherung

Ging es beim Schlagwort „mehr Effizienz" in der Verwaltungsgerichtsbarkeit lange Zeit um eine Verbesserung des Rechtsschutzes für den Bürger durch die Beschleunigung der Verfahren, so wurde mehr und mehr erkennbar, dass auch der wachsende **Kostendruck** eine große Rolle spielte. Zu Recht gewarnt wurde deshalb vor einer Tendenz zur **Ökonomisierung.**

Auch die Verwaltungsgerichtsbarkeit ist anscheinend einem immer stärkeren Druck zur Wirtschaftlichkeit ausgesetzt und schon war von der Übertragung „des neuen Steuerungsmodells" auf die Gerichtsbarkeit die Rede (*B. Kramer*, NJW 2001, 3449). Bei aller Notwendigkeit der Effizienz und Rationalisierung der Gerichtsbarkeit sind doch rechtsstaatliche Bedenken angebracht, wenn der Richter mit ständigem Blick auf seine „Steuerungsaufgabe" oder das eigene „Budget" entscheidet. Auch sind verwaltungsgerichtliche Urteile etwas anderes als „Produkte" der Verwaltung. Die Beteiligten sind nicht einfach „Kunden" der Gerichtsbarkeit (zu den Grenzen derartiger Tendenzen auch *Groß*, DV 34 [2001], 342 ff.; *Papier*, NJW 2001, 1089; *Rossen-Stadtfeld*, NVwZ 2001, 361).

7 Freilich gibt es auch positive Seiten dieser Entwicklung: So sind auch die Verwaltungsgerichte von dem Bestreben zur Formulierung und Durchsetzung bestimmter **Qualitätsstandards** und zur **Qualitätssicherung** erfasst worden. Der Präsidenten und die Präsidentinnen des Bundesverwaltungsgerichts und der Oberverwaltungsgerichte haben 2005 Standards für die verwaltungsrichterliche Arbeit formuliert, deren wichtigste Stichworte kurze Verfahrenslaufzeiten, praxistaugliche Entscheidungen, Transparenz, Fairness, klare Sprache und zeitliche Kalkulierbarkeit sind. Auch geht es um das Auftreten und die Neutralität der Gerichte, die Kommunikation mit den Verfahrensbeteiligten, um Bürgernähe und Zukunftsorientierung.

4. Probleme der technischen, sozialen und politischen Komplexität

8 Bezeichnenderweise stand bisher die quantitative Seite der Belastung der Verwaltungsgerichtsbarkeit im Vordergrund. Weniger diskutiert, in Ursachen und Auswirkungen aber noch gravierender, scheint demgegenüber das Problem der **qualitativen Belastung**. Gemeint ist damit, dass Verwaltungsgerichte in ihrer umfassenden Entscheidungskompetenz und unter dem nach wie vor nahezu unbestrittenen Diktat des Untersuchungsgrundsatzes über hochkomplexe technische, wirtschaftliche, politische und soziale Sachverhalte entscheiden, aus denen sich der Gesetzgeber nicht selten durch Generalklauseln und die Eröffnung von Abwägungs- und Ermessensspielräumen zurückgezogen hat.

Verwaltungsgerichte erörtern und entscheiden z. B. darüber, ob Anlagen dem *Stand der Technik* entsprechen (vgl. insbes. §§ 5 I 1 Nr. 2, 22 I 1 Nr. 2 BImSchG, § 7 II Nr. 3 AtomG, § 11 I Nr. 4 GenTG). Sie kontrollieren technische Risikoprognosen im Bereich der Futtermittelherstellung ebenso wie in der Gentechnologie und entscheiden über die zulässige Belastung mit Stickoxyden in den Innenstädten – und dies anhand von Einzelfällen, während die technischen Probleme längst in der Kumulation und Vernetzung fall- und grenzüberschreitender Immissionen bestehen. Nicht zuletzt der Streit um Fahrverbote für Dieselfahrzeuge in besonders belasteten Städten (dazu exemplarisch *BVerwG*, NVwZ 2018, 883; *Giesberts*, NVwZ 2018, 1276) belegt die Gefahr eines Missbrauchs der Verwaltungsgerichtsbarkeit zur Durchsetzung einseitiger politischer Ziele durch kaum legitimierte und auch für die Folgen nicht verantwortliche Umweltverbände zu Lasten zahlloser KfZ-Besitzer.

Erinnert sei auch daran, dass sich im Asylrecht die Maßstäbe politischer Verfolgung im Zeitalter ethnisch und religiös bedingter Konflikte und Bürgerkriege mit herkömmlichen Beurteilungsmethoden und Vergleichen kaum noch zuverlässig ermitteln lassen. Buchstäblich um Leben und Tod geht es, wenn ein Verwaltungsgericht im Hinblick auf die Platzierung auf der Warteliste für eine Organtransplantation angerufen wird (*VG München*, NJW 2014, 3467 – krit. *Höfling/Lang*, NJW 2014, 3398), oder wenn das *BVerwG* zu entscheiden hatte, ob sterbenskranke Patienten einen Anspruch auf Herausgabe eines tödlich wirkenden Medikaments zur Verkürzung ihres Leidens gegen das Bundesinstitut für Arzneimittel- und Medizinprodukte hat (bejaht mit Urteil vom 02.03.2017, NJW 2017, 2215). Daraufhin wurde dem Gericht vorgeworfen, es missachte die Gewaltenteilung und mache den Staat zum „Handlanger einer Selbsttötung". Die skandalöse Weisung des zuständigen Bundesministers an die nachgeordnete Behörde, das Urteil eines obersten Bundesgerichts nicht zu befolgen, belegt nicht nur die ethische Brisanz des Falles, sondern auch eine ernsthafte Krise der Stellung der Gerichtsbarkeit gegenüber der Politik (dazu *Hufen*, NJW 2018, 1524; *Degenhardt*, NJW Aktuell Heft 14/2018, 7.

Literatur zu § 3 I und II: *Ipsen/Murswiek/Schlink*, Die Bewältigung der wissenschaftlichen und technischen Entwicklung durch das Verwaltungsrecht, VVDStRL 48 (1990); *Schulze-Fielitz/Schütz*, Justiz und Justizverwaltung zwischen Ökonomisierungsdruck und Unabhängigkeit (2002); *von Bargen*, Gute Rechtsprechung – ein Plädoyer für eine engagierte Qualitätsdiskussion in den Gerichten, NJW 2006, 2534; *Guckelberger*, Der neue staatshaftungsrechtliche Entschädigungsanspruch bei überlangen Gerichtsverfahren. DÖV 2012, 289 ff.; *Erbguth* (Hrsg.), Verwaltungsrechtsschutz in der Krise: Vom Rechtsschutz zum Schutz der Verwaltung (2010); *W.-R. Schenke*, Die Klage auf Feststellung der unangemessenen Dauer eines gerichtlichen Verfahrens, NJW 2015, 433; *Steiner*, Zum Stand des verwaltungsrechtlichen Rechtsschutzes in Deutschland. FS Schenke (2011), 1277; *Steinbeiß-Winkelmann*, Verwaltungsgerichtsbarkeit zwischen Überlasten, Zuständigkeitsverlusten und Funktionswandel, NVwZ 2016, 713.

III. Technisierung und Digitalisierung in der Verwaltungsgerichtsbarkeit

Verwaltungsgerichte treffen nicht nur Entscheidungen über hochkomplexe technische Fragen, sie sind auch selbst in hohem Maße dem Wandel durch **Technisierung und Digitalisierung** ausgesetzt. So wie die neuen Kommunikationsformen Internet und E-Mail den Alltag der Menschen bestimmen, so haben sie auch Einzug in die Justiz gehalten. Für die Verwaltungsgerichtsbarkeit hat der Gesetzgeber bereits durch das **Justizkommunikationsgesetz** vom 22.3.2005 (BGBl. I, 837) reagiert und in § 55a VwGO die Übermittlung elektronischer Dokumente an die Verwaltungsgerichtsbarkeit geregelt.

Probleme der Fälschungssicherheit wurden durch die **elektronische Signatur** zu lösen versucht (Einzelheiten dazu § 23, Rn. 3). Auch gibt das Gesetz die Möglichkeit zum **voll automatisierten VA** (§ 35a VwGO – dazu *Berger*, NVwZ 2018, 1260; skeptisch *Stegmüller*, NVwZ 2018, 353) und zur **elektronische Aktenführung** (§ 55b VwGO – Einzelheiten dazu § 36, Rn. 21). Seit 2013 besteht auch die Möglichkeit der Verhandlung im Wege der Bild- und Tonübertragung **(Videokonferenz)** gemäß § 102a VwGO auch im Verwaltungsprozessrecht. Diese stellt in der Sache eine Modifizierung des Mündlichkeitsgrundsatzes (§ 101 VwGO) und der Unmittelbarkeit der Beweisaufnahme (§ 96 VwGO) dar und hat im Zeichen der Corona-Pandemie ungeahnte Aktualität erfahren (dazu *Karge*, NVwZ 2020, 926 u.unten, § 35 Rn. 27). Neben diesen eher formalen Aspekten schlagen auch die negativen Seiten der Digitalisierung auf die Verwaltungsgerichtsbarkeit durch. Insbesondere muss diese die Rechte des Einzelnen auch gegenüber der reinen Zahlenlogik und verallgemeinernden Algorithmen wahren (dazu nachdrücklich *Martini/Nink*, NVwZ 2017, 681; *Prell*, NVwZ 2018, 1255).

Literatur zu § 3 III: *Berger,* Der automatisierte Verwaltungsakt, NVwZ 2018, 1260. *Bernhardt,* Die deutsche Justiz im digitalen Zeitalter, NJW 2015, 2775; *Sensburg,* Videokonferenztechnik, DRiZ 2013, 126; *Karge,* Die mündliche Verhandlung in der Pandemie, NVwZ 2020, 926; *Ramsauer/Frische,* Das E-Government-Gesetz, NVwZ 2013, 1505; *Prell,* Das E-Government-Gesetz des Bundes, NVwZ 2013, 1514; *ders.,* E-Government: Paradigmenwechsel in Verwaltung und Verwaltungsrecht? NVwZ 2018, 1255; *Berlit,* Elektronische Verwaltungsakten und verwaltungsgerichtliche Kontrolle, NVwZ 2015, 197; *Martini/Nink,* Wenn Maschinen entscheiden. Persönlichkeitsschutz im voll automatisiertem Verwaltungsverfahren, NVwZ 2017, 681; *Stegmüller,* Vollautomatische Verwaltungsakte – eine kritische Sicht auf die neuen § 24 I 3 und 35a VwVfG, NVwZ 2018, 353; *Müller,* eJustice – Der elektronische Rechtsverkehr tritt aus der Nische, JuS 2018, 1193.

IV. Konfliktlösung durch Mediation und Partizipation

1. Allgemeines

10   Mediation (lat.: Vermittlung) bedeutet im heutigen Sprachgebrauch die **Konfliktlösung durch gegenseitiges Nachgeben** („in der Mitte treffen"). Sie setzt im öffentlichen Recht in der Regel die rechtzeitige **Partizipation** (Teilnahme) der Konfliktparteien und betroffener Dritter voraus. Beide Begriffe stehen gegenwärtig für vielfältige Versuche, langwierige gerichtliche Auseinandersetzungen schon im Vorfeld

oder wenigstens während des Prozesses zu schlichten. In Deutschland trat 2012 das *Gesetz zur Förderung der Mediation und anderer Verfahren der außergerichtlichen Konfliktbeilegung* in Kraft (BGBl I, 157). Es definiert die Mediation (§ 1 I MediationsG) als ein *vertrauliches und strukturiertes Verfahren, bei dem Parteien mit Hilfe eines oder mehrerer Mediatoren freiwillig und eigenverantwortlich eine einvernehmliche Beilegung eines Konflikts anstreben.* Gemäß § 1 II MediationsG ist der Mediator eine unabhängige und neutrale Person ohne Entscheidungsbefugnis, die die Parteien durch die Mediation führt. Verfahren und Aufgaben des Mediators sind in § 2 MediationsG geregelt. § 5 regelt die Aus- und Fortbildung des Mediators. Da das Gesetz erkennbar auf den Zivilprozess zugeschnitten ist, bleibt abzuwarten, ob die Neuregelung den Bedürfnissen der Mediation im Verwaltungsprozess gerecht werden kann (skeptisch *Guckelberger*, NVwZ 2011, 390). Immerhin erklären § 173 VwGO n. F. sowohl § 278 V als auch § 278a ZPO i. d. F. des MediationsG für im Verwaltungsprozess anwendbar. Danach kann das Gericht die Parteien für die Güteverhandlung sowie für weitere Güteversuche vor einen hierfür bestimmten und nicht entscheidungsbefugten Richter (Güterichter) verweisen. Dieser kann alle Methoden der Konfliktbeilegung einschließlich der Mediation einsetzen. Das Gericht kann aber nach § 278a ZPO i. V. mit § 173 VwGO den Parteien auch eine Mediation oder ein anderes Verfahren der *außergerichtlichen Konfliktbeilegung* vorschlagen. Entscheiden sich die Parteien einer Mediation oder eines anderen Verfahrens der außergerichtlichen Konfliktbeilegung, ordnet das Gericht das Ruhen des Verfahrens an. Es bleibt also nach wie vor bei der Unterscheidung von vorgerichtlicher und gerichtlicher Mediation.

2. Vorgerichtliche und gerichtliche Mediation

Ursprüngliches Ziel der Mediation war die Verhinderung einer gerichtlichen Auseinandersetzung. Mehr und mehr wird aber deutlich, dass sich Mediation auch während oder parallel zu einem Verwaltungsprozess zur Konfliktlösung anbietet. Insofern wird zwischen vorgerichtlicher und gerichtlicher bzw. „richterlicher" Mediation unterschieden. Die Nähe zum seit langem bekannten Vergleich (öffentlich-rechtlicher Vertrag nach § 55 VwVfG) oder Gerichtsvergleich (§ 106 VwGO – dazu unten, § 36, Rn. 37 ff.) liegt auf der Hand. Vorgerichtliche Mediation soll einen Verwaltungsprozess nicht abschließen, sondern verhindern, gerichtliche Mediation den bereits eingelei-

11

teten Prozess beilegen. Beide Formen können als besondere Elemente der Streitkultur gesehen werden. Der Begriffsklarheit willen sollte man allerdings bei normalen Verhandlungen, auch bei Beteiligung von Anwälten, nicht von „Mediation" sprechen. Entscheidend sind vielmehr ein Element der Förmlichkeit und die Beteiligung eines neutralen Dritten als **Mediator**. Dieser kann durchaus auch ein – dann freilich zur Neutralität verpflichteter – Anwalt sein.

3. Besonderheiten der gerichtlichen Mediation

12   Alle Formen der **innerhalb** des Prozesses stattfindenden Mediation – ob in einem Gerichtsvergleich endend oder nicht – sind **funktional Rechtsprechung**. Der Richter wird nach dem MediationsG gemäß § 173 VwGO i. V. m.§ 278 V ZPO vom Gerichtsmediator zum Güterichter (so zu Recht *Ortloff*, NVwZ 2012, 1057). Davon zu unterscheiden ist aber die gerichtlich nur angeregte parallele oder externe Mediation. Nach der auch im Verwaltungsprozess anwendbaren Vorschrift des § 278 V 2 ZPO kann der Richter den Parteien eine außergerichtliche Streitschlichtung vorschlagen. Da es im Verwaltungsprozess um öffentlich-rechtliche Streitigkeiten geht und immer ein Träger öffentlicher Gewalt beteiligt ist, handelt es sich hier nicht etwa um privatrechtliche Verhandlungen sondern funktional um Verwaltungstätigkeit, die auf Abschluss eines öffentlich-rechtlichen Vertrages i. S. von § 54 VwVfG gerichtet ist. Deshalb wäre es auch sinnvoll, diese Form der Mediation im VwVfG zu regeln – soweit nicht ohnehin die Regeln des öffentlich-rechtlichen Vertrages anwendbar sind.

4. Verfahren

13   Da der Vorteil der Mediation gerade in Flexibilität, Vertraulichkeit, dem Einsatz besonderer Kommunikations- und Verhandlungstechniken sowie der Möglichkeit zu Einzelgesprächen besteht, kann es keine starren Verfahrensregeln geben (zur Vertraulichkeit *Groth/von Bugnoff,* NJW 2001, 338). Auf die Förmlichkeit kommt es dann erst wieder bei der Fixierung der Ergebnisse an (*von Bargen,* DVBl. 2004, 468).

Immerhin lassen sich einige typische Einzelelemente bzw. „Verfahrens"-Abschnitte unterscheiden:
– Die Einigung auf das einzuhaltende Verfahren,
– die Vorabklärung möglicher weiterer Betroffener und deren Einbeziehung,

- die Herausarbeitung des Sachverhalts und der besonderen Probleme des Falles,
- die Offenlegung der beiderseitigen Ziele und Interessen,
- die Herausarbeitung der Konfliktfelder und der beiderseitigen „Unverzichtbarkeiten",
- die Erarbeitung von Lösungsoptionen und Alternativen,
- die Protokollierung und vertragsmäßige Fixierung des Ergebnisses.

5. Ergebnisse

Als Ergebnis der Mediation steht entweder ein formeller Gerichtsvergleich (§ 106 VwGO) oder ein öffentlich-rechtlicher Vertrag i. S. v. § 55 VwVfG. Das kennzeichnet zugleich Stärke und Schwäche der Mediation, denn es kommt den Parteien vor allem auf Fixierung der Ergebnisse und Verlässlichkeit an. Rechtskraft im förmlichen Sinne ist nur durch den Gerichtsvergleich zu erzielen (*Schäfer*, NVwZ 2006, 39). Alle anderen Formen der Mediation sind letztlich von der Bereitschaft abhängig, das Ergebnis ohne gerichtliche Entscheidung wechselseitig zu akzeptieren. Das setzt zumindest Klarheit der Ergebnisse voraus. Es sollen nicht sogleich wieder Streitigkeiten über deren Auslegung auftreten. Elemente der **Mediation** und der **Partizipation** werden miteinander verknüpft, wenn die Ergebnisse der Mediation mit der fachplanerischen Abwägung z. B. eines umstrittenen Planungsvorhabens verbunden werden (dazu *Mehler*, NVwZ 2012, 1288). Deshalb will der 2013 in Kraft getretene § 25 III VwVfG die frühe Öffentlichkeitsbeteiligung erleichtern (dazu *Hertel/Munding*, NJW 2013, 2150).

14

6. Probleme

Auch die typischen Probleme der Mediation, die derzeit einer allseitigen Verbreitung im Wege stehen, seien nicht verschwiegen: Da es letztlich um den Abschluss eines öffentlich-rechtlichen Vertrages geht, gelten die Regeln über den öffentlich-rechtlichen Vertrag (§ 54 VwVfG). Insbesondere der öffentlich-rechtlich tätige Mediator kann immer nur im Rahmen seiner Bindung an Gesetz und Recht handeln (Art. 20 III GG/§ 54 I 1 VwVfG). Die im Zivilrecht übliche „Paketbildung" kann es also nur in Schranken geben, denn es gilt das allgemeine Kopplungsverbot (*Schenke*, FS von Zezschwitz [2004], 130). Selbstverständlich kann es auch **keine Mediation zu Lasten Dritter** geben (vgl. § 58 I VwVfG). Das Problem der gerichtlichen Mediation

15

besteht darin, dass die Parteien sich bei deren Einsetzen schon zur gerichtlichen Austragung eines Konfliktes entschieden haben. Macht der Richter einen Vorschlag der Mediation, so werden sie auf einen privatautonomen Weg zurückverwiesen, der zuvor gerade nicht zum Erfolg geführt hat. Stehen sich Betreiber und „Verhinderer" eines Projekts wie eines Großflughafens oder einer Autobahnbrücke gegenüber, dann gibt es – abgesehen von „ausgehandelten" Auflagen, Schallschutzmaßnahmen usw. – wenige Möglichkeiten einer Mediation, und die Gerichte müssen letztlich entscheiden (*Schäfer*, NVwZ 2006, 39; *Pünder*, DV 38 [2005], 1 ff.). Gerade die oft als Beispiel für notwendige Mediation „gehandelten" Großvorhaben eignen sich also zumeist nicht für dieses Verfahren.

Als **Beispiele** für gelungene Mediation nennt *Ortloff* (NVwZ 2006, 148) die Ermäßigung einer Straßenreinigungsgebühr, die Abmilderung der Folgen einer beamtenrechtlichen Umsetzung oder die Reduzierung einer Strahlenquelle. Auch im Schulrecht kommt Mediation als Ersatz für eine Ordnungsstrafe und andere schulische Konflikte in Betracht (*Simsa*, RdJB 1999, 140).

Literatur zu § 3 IV: *Haft/Gräfin Schlieffen*, Handbuch Mediation, 3. Aufl. (2016); *Klowait/Gläßer*, Mediationsgesetz, 2. Aufl. (2018); *Ortloff*, Vom Gerichtsmediator zum Güterichter im Verwaltungsprozess, NVwZ 2012, 1057; *Ahrens*, Mediationsgesetz und Güterichter – neue gesetzliche Regelung der gerichtlichen und außergerichtlichen Mediation, NJW 2012, 2465; *Guckelberger*, Einheitliches Mediationsgesetz auch für verwaltungsrechtliche Konflikte?, NVwZ 2011, 390; *Mehler*, Verknüpfung des Ergebnisses einer Mediation mit der fachplanerischen Abwägung, NVwZ 2012, 1288; *Hertl/Munding*, Die frühe Öffentlichkeitsbeteiligung und andere Neuerungen durch das Planfeststellungsvereinheitlichungsgesetz, NJW 2013, 2150; *Greger/Unberath/Steffek*, MediationsG. Recht der alternativen Konfliktlösung, Kommentar, 2016; *Würtenberger*, Akzeptanzmanagement in Verwaltungs- und Mediationsverfahren, FS Lindacher 2017, 445.

V. Chancen und Herausforderungen durch die europäische Einigung

16   Immer mehr ist in den vergangenen Jahrzehnten deutlich geworden, dass kaum ein Gebiet des materiellen Verwaltungsrechts und des Verwaltungsprozessrechts vom Europäischen Unionsrecht unberührt bleibt. Nationaler Verwaltungsrechtsschutz, Rechtsschutz durch den EuGH und das Gericht der Europäischen Union und zunehmend auch Rechtsschutz durch den EGMR bilden heute drei

nicht mehr strikt trennbare Ebenen des Rechtsschutzsystems, die sich – dies freilich mit Abstufungen – immer mehr einander annähern und schon heute große Überschneidungen aufweisen. Schon ist von einem „Europäischen Kontrollverbund" oder auch vom „Mehrebenensystem des Rechtsschutzes" die Rede (*Gärditz*, JuS 2009, 385 ff.; *Schladebach*, Rechtsanwendungsgleichheit in Mehrebenensystemen, NVwZ 2018, 1241).

Festzuhalten ist zunächst, dass der Verwaltungsrechtsweg für das wachsende **Eigenverwaltungsrecht der Europäischen Union** (dazu *Kment*, JuS 2011, 211) nicht eröffnet ist (dazu unten, § 11, Rn. 3). Für diesen Bereich dürften ein eigenes Verwaltungsverfahrensrecht (*Guckelberger*, NVwZ 2013, 601; *Skouris*, DVBl. 2016, 201; *Abromeit*, Der ReNEUAL-Musterentwurf für ein europäisches Verwaltungsverfahrensrecht, DÖV 2016, 345; *J.-P.Schneider/Rennert/Marsch*, Musterentwurf für ein EU-Verwaltungsverfahrensrecht. [2016]) und die Entwicklung prozessualer Grundsätze unabdingbar sein. Da auch das Europarecht aber von nationalen Behörden vollzogen wird, kommt es zu einer komplexen Gemengelage, die große Anforderungen an die Gerichtsbarkeit stellt. So führt der Geltungsvorrang des Europarechts dazu, dass deutsche Gerichte europäisches Recht und auf diesem beruhendes deutsches Recht nicht einfach verwerfen dürfen, sondern im Zweifel verpflichtet sind, ein Vorabentscheidungsverfahren nach Art. 267 AEUV herbeizuführen (dazu unten, § 25, Rn. 17). Zwar ist das „europäische Verwaltungsrecht" erst im Werden; es ist aber gleichzeitig bereits Gegenwart (*Ruffert*, DÖV 2007, 761). Bei dessen Entwicklung kommt dem EuGH längst nicht mehr ein Monopol zu: Die nationalen Verwaltungsgerichte sind ebenso und mit zunehmendem Anteil daran beteiligt. Ihre Bedeutung sowohl bei der Umsetzung des Unionsrechts als auch bei der Kontrolle von dessen Anwendung kann also nicht genug betont werden (*Ehlers/Schoch*, Rechtsschutz, S. 134 ff.; *Götz*, DVBl. 2002, 1). Ebenso wie das Verwaltungsrecht einschl. des Verwaltungsverfahrensrechts wird auch das Verwaltungsprozessrecht durch diese Entwicklung angereichert und überlagert (*Hufen/Siegel*, Fehler im Verwaltungsverfahren, 6. Aufl. 2018, Rn. 23), und der Grundsatz der institutionellen und verfahrensmäßigen Autonomie der Mitgliedstaaten wird relativiert *(Hofmann*, EuR 2016, 188). Das betrifft nicht nur Einzelprobleme, sondern dogmatische und historische Grundlagen, so dass das deutsche Verwaltungsrechts immer noch bestimmende „Denken vom Ergebnis her", die Bedeutung der Informationsrechte und die Beteiligung von Umweltverbänden und Vereinen sowie der durch den EuGH mehr und mehr durchgesetzte Übergang von der Schutznormtheorie (dazu unten, § 14, Rn. 72) zur französisch geprägten Verbands- und Interessentenklage (*Schlacke*, DVBl 2015, 929; *Gärditz*, DV 46 [2013], 257). Das gilt zwar zunächst nur für Regelungsbereiche, die europarechtlich geprägt sind, was aber – denkt man nur an das Ausländerrecht, das gesamte Umweltrecht, das Medienrecht, das Lebensmittelrecht usw. – für immer mehr Materien zutrifft (dazu *Ziekow*, NVwZ 2010, 793). Die von vielen bereits erwartete Erklärung der Unionsrechtswidrigkeit des deutschen subjektiven Rechtsschutzsystems ist in der Entscheidung des *EuGH* vom 15.10.2015 (NVwZ 2015, 1665 – dazu *Keller/Rövekamp*, NVwZ 2015, 1672) zwar ausgeblieben. Gleichwohl streng gilt der Vorrang des Unionsrechts aber im Umweltrecht und insbesondere bei der europarechtskonformen Auslegung des UmwRG (BVerwG, NVwZ 2016, 308; *Berkemann*, DVBL 2016, 205).

17 Als spezifisch **verwaltungsprozessuale** Probleme seien erwähnt (Einzelheiten bei *O. Dörr*, in: Sodan/ Ziekow, VwGO, vor § 1, Rn. 228 ff.) :
– Die Kompetenzabgrenzung der europäischen und der nationalen Gerichtsbarkeit,
– die Frage der Klagebefugnis bei möglicher Verletzung des Unionsrechts (dazu § 14, Rn. 80 ff.),
– die prozessuale Bewältigung des europäischen Informationsverbundes und des Faktors Information (*J.-P. Schneider*, NVwZ 2012, 65),
– die wachsende Bedeutung von Verfahrensrechten, insbesondere Beteiligungs- und Anhörungsrechten,
– die Mobilisierung des Bürgers und von Verbänden für die Wahrnehmung öffentlicher Interessen und deren Folgen für die Klagebefugnis und Verbandsklage im Zeichen der „Aarhus-Konvention" (dazu § 14, Rn. 93),
– der Rechtsschutz gegen Maßnahmen der EU „mit Verordnungscharakter", also unmittelbar geltendes europäisches Sekundärrecht (der Begriff umfasst nach EuGH, EuR 2014, 86 nicht Akte mit Gesetzgebungscharakter; Rechtsschutz muss hier durch die nationalen Gerichte gewährt werden),
– der Grundsatz unionsrechtskonformer Interpretation,

§ 3 Gegenwartsprobleme und Reformbemühungen 49

- die Verwerfungskompetenz oder gar Verwerfungspflicht der Verwaltungsgerichte im Hinblick auf unionsrechtswidriges nationales Recht (dazu unten, § 25, Rn. 17,
- die Vorlagepflicht der Verwaltungsgerichte zum EuGH (Art. 267 AEUV) bei Zweifeln über die Auslegung von Unionsrecht,
- Heilung, Unbeachtlichkeit (dazu § 25, Rn. 7) und Präklusion (dazu § 25, Rn. 44) bei Verstößen gegen europarechtlich bedingte Verfahrensvorschriften (z. B. bei der Umweltverträglichkeitsprüfung),
- der Stellenwert des vorläufigen Rechtsschutzes gegenüber der wirksamen Durchsetzung des Unionsrechts (dazu § 31, Rn. 5).

Materiellrechtlich sind folgende Stichworte von Bedeutung: 18
- Die eingeschränkte Geltung nationaler Grundrechte gegenüber europarechtlich geprägten Entscheidungen und die Entwicklung von den nationalen Standards entsprechenden (BVerfGE 73, 339 – „Solange II") „europäischen Grundrechten" und allgemeinen Rechtsgrundsätzen,
- die unmittelbare Anwendbarkeit von EU-Richtlinien, sofern diese bestimmte Voraussetzungen erfüllen,
- die Durchsetzung des in Art. 41 EuGrCh niedergelegten Rechts auf eine gute Verwaltung (dazu *Goerlich,* DÖV 2006, 313),
- die europarechtliche Prägung unbestimmter Rechtsbegriffe (z. B. BVerwG, NVwZ 1992, 781 – Irreführung des Verbrauchers),
- die Einfuhr EU-konformer, aber nationalem Recht widersprechender Produkte und die daraus folgende „Umkehrdiskriminierung" deutscher Anbieter,
- die Umsetzung europäischen Umwelt- und Naturschutzrechts,
- die Rückforderung unionsrechtswidriger Beihilfen und die Bedeutung des Vertrauensschutzes (§ 48 II–IV VwVfG) sowie die Bestandskraft nationaler Verwaltungsakte (*Weiß,* DÖV 2008, 477 – dazu § 25, Rn. 18).

Im Hintergrund stehen die Fragen unverzichtbarer Grundrechtsgarantien auch gegenüber dem Unionsrecht (BVerfGE 73, 339 – Solange II) und der parlamentarischen Legitimation des Unionsrechts, wie sie das BVerfG im „Maastricht-Urteil" (BVerfGE 89, 155) hervorgehoben hat. Auch das „Lissabon-Urteil" des BVerfG (NJW 2009, 2267) verbietet den Verzicht auf rechtsstaatliche Kernaussagen, die im deutschen Verwaltungsprozessrecht konkretisiert sind.

Erste Ausprägung einer echten, d. h. dem Bürger gegen Entscheidungen der europäischen Verwaltung zur Verfügung stehenden euro- 19

päischen Verwaltungsgerichtsbarkeit ist das **Gericht der Europäischen Union** (früher: Gericht Erster Instanz) **(EuG)**. Neben der Entlastung des EuGH hat es erklärtermaßen den Rechtsschutz des EU-Bürgers zur Aufgabe. Es ist kein eigenständiges Organ der Union, sondern trotz eigener Verfahrensordnung dem EuGH angegliedert. Das Gericht hat so viele Mitglieder wie es Mitgliedsstaaten gibt und entscheidet im Normalfall in Kammern zu je 5 Richtern, und zwar in folgenden Fällen:
– Nichtigkeits- und Untätigkeitsklagen natürlicher und juristischer Personen gegen ein Unionsorgan im Bereich der EU (Art. 265 i. V. m. Art. 340 II und III AEUV),
– Schadensersatzklagen, die im Zusammenhang mit dem Gegenstand der genannten Klagen stehen (Art. 268 i. V. m. 340 II und III AEUV).

Gegen die Entscheidungen des EuG können Rechtsmittel beim EuGH eingelegt werden (Näheres b. *M. Pechstein*, EU-Prozessrecht, 4. Aufl., 2011; *Mächtle*, Die Gerichtsbarkeit der Europäischen Union, JuS 2014, 508; *O. Dörr*, in: Sodan Ziekow, VwGO, vor § 1, Rn. 14 ff).

Das Zusammenwirken von EuGH, EuG und nationalen Gerichten zeigt, dass nicht nur das nationale Recht immer stärker vom Europarecht beeinflusst wird. Beobachtbar ist auch, dass die nationalen Rechtsordnungen sich über das Europarecht in wichtigen Punkten einander annähern (dazu *Sommermann*, DÖV 2002, 133). Zu beachten sind auch Anzeichen, dass die Rechtsprechung des EuGH ihrerseits durchaus Elemente des deutschen Verwaltungsprozessrechts auf nimmt (Beispiele bei *Dünchheim*, Verwaltungsprozessrecht unter europäischem Einfluss [2003], 147 ff.). Gleichwohl gibt es auch bedenkliche Seiten der Entwicklung: Insbesondere die Abkehr von der deutschen Schutznormtheorie, (Klagebefugnis nur dann, wenn eine Norm zumindest auch im Schutz der Rechte des Klägers bezweckt), würde die Fundamente des Rechtsschutzsystems verändern und die Verwaltungsgerichtsbarkeit noch weit mehr als bisher in die Rolle einer objektiven Politikkontrolle versetzen und damit politisieren. Auch zeigt sich immer mehr, dass es inzwischen nicht mehr ein einheitliches Verwaltungsprozessrecht, sondern im Grunde genommen zwei völlig unterschiedliche Rechtsschutzsysteme gibt: Das „normale" Verwaltungsprozessrecht einerseits und das europäisch geprägte Verwaltungsprozessrecht andererseits, das vor allem im Bereich von Umweltrecht und Verbraucherschutz gilt. Eine Rechts-

§ 3 Gegenwartsprobleme und Reformbemühungen 51

bereinigung und die Rückführung der Regeln des UmwRG in die VwGO sind dringend erforderlich.

Zumindest ebenso interessant ist die Rolle des **Europäischen Gerichtshofs für Menschenrechte (EGMR)**. Dieser stellt nicht nur immer deutlichere Anforderungen an die Ausgestaltung des nationalen Rechtschutzsystems und die Verfahrensdauer im Hinblick auf Art. 6 EMRK (dazu etwa EGMR, NVwZ 2008, 289 – Schadensersatz im Prüfungsrecht; EGMR, NVwZ 2010, 177 – Sektenwarnung), betont aber auch die Notwendigkeit eines Rechtsschutzbedürfnisses (EGMR, NVwZ 2019, 977). Deutlich ist auch der Einfluss auf das materielle Recht. Nicht umsonst hat sich das BVerfG mehrfach veranlaßt gesehen, zum Verhältnis dieser und der nationalen Rechtsprechung Stellung zu beziehen (BVerfGE 111, 307, 315 – Görgülü; aus jüngerer Zeit s. auch BAG, NJW 2016, 1034).

20

Literatur zu § 3 V: *Classen,* Die Europäisierung der Verwaltungsgerichtsbarkeit (1996); *ders.,* Der EuGH und die Herausbildung eines europäischen Verwaltungsrechts. In: Schenke/Suerbaum, Verwaltungsgerichtsbarkeit in der Europäischen Union (2016), 11; *O. Dörr/Lenz,* Europäischer Verwaltungsrechtsschutz. 2 Aufl. 2019; *Guckelberger,* Deutsches Verwaltungsprozessrecht unter unionsrechtlichem Anpassungsdruck (2017); *Rengeling/Middeke/Gellermann,* Handbuch des Rechtsschutzes in der Europäischen Union, 3. Aufl. (2014); *Schmidt-Aßmann/Schenk,* Die Europäisierung des Verwaltungsrechtsschutzes, in: Schoch/Schneider, VwR, Einleitung, Rn. 100 ff.; *Britz,* Die Bedeutung der EMRK für nationale Verwaltungsgerichte und Behörden, NVwZ 2004, 173; *v. Danwitz,* Kooperation der Gerichtsbarkeiten in Europa, ZRP 2010, 143; *Ziekow,* Europa und der deutsche Verwaltungsprozess – Schlaglichter auf eine unendliche Geschichte, NVwZ 2010, 793; *Kahl,* Die Europäisierung des Verwaltungsrechts als Herausforderung an Systembildung und Kodifikationsidee, DV 2010, Beiheft 10, 39 ff.; *Mager,* Entwicklungslinien des europäischen Verwaltungsrechts, DV Beiheft 10, 2010, 11 ff.; *Shirvani,* Verfahrensgrundrechte in mehrstufigen, das EU-Recht vollziehenden Verwaltungsverfahren, DVBl. 2011, 674; *Fehling,* Europäisches Verwaltungsverfahrens- und Verwaltungsprozessrecht, in: Terhechte (Hg.), Verwaltungsrecht der europäischen Union (2011), 399 ff.; *Ehlers/Schoch,* Rechtsschutz, S. 134 ff.; *Würtenberger/Heckmann,* VwProzR., Rn. 75 ff.; *Lorenz,* VwProzR, § 4; *Hufen/Siegel,* Fehler im VwVf., 6. Aufl. (2018), Rn. 22 ff.; *M. Pechstein,* EU-Prozessrecht, 4. Aufl., 2011; *Skouris,* Der Musterentwurf eines EU-Verwaltungsverfahrensgesetzes aus der Sicht des Europäischen Gerichtshofs, DVBl 2016, 201; *Leible/Terhechte* (Hg.), Europäisches Rechtsschutz- und Verfahrensrecht (2014); *Siegel,* Die Präklusion im europäisierten Verwaltungsrecht, NVwZ 2016, 337; *Guckelberger,* Gibt es bald ein unionsrechtliches Verwaltungsverfahrensgesetz? NVwZ 2013, 601; *Gärditz,* Entwicklungen und Entwicklungsperspektiven des Verwaltungsprozessrechts zwischen konstitutioneller Beharrung und unionsrechtlicher Dynamisierung, DV 46 (2013), 257; *ders.*, Funktionswandel der Verwaltungsgerichtsbarkeit unter dem Einfluss des Unionsrechts? NJW, Beilage 2/2016, NJW, S. 41; *Hofmann*, Der Abschied von der (ohnehin meist falsch verstandenen) Verfahrensautonomie der Mitgliedstaaten? EuR 2016, 188; *Ludwigs*, Die Verfahrensautonomie der Mitgliedstaaten. Euphemismus oder Identitätsfaktor? NVwZ 2018, 1417; *Mächtle*, Individualrechtsschutz in der Europäischen Union, JuS 2015, 28; *Schlacke*, (Auf-)brüche des öffentlichen Rechts: Von der Verletztenklage zur Interessentenklage, DVBl. 2015, 929; *Berkemann*, Querelle d'Allemand. Deutschland verliert die dritte Runde im Umweltverbandsrecht vor dem EuGH, DVBL 2016, 205.

VI. Verwaltungsprozessrecht im Zeichen der Corona-Pandemie

21 Wie fast alle Rechtsgebiete sind auch Lehre und Praxis des Verwaltungsprozessrechts unmittelbar und massiv von den Folgen der Corona- oder auch Covid-19-Pandemie beeinflusst. Alle präventiven Maßnahmen des Bundesministers für Gesundheit, der Landesregierungen und der zuständigen Behörden sind hoheitlicher Natur. Der Verwaltungsrechtsweg ist folglich eröffnet. Solche Maßnahmen reichten von Maskenpflicht. Versammlungsverboten und Abstandsgeboten bis zum teilweisen oder völligen „Lockdown" mit Schließung von Restaurants, Hotels, Konzerten und anderen Kultureinrichtungen, Schul- und Hochschulschließungen. Umstritten war anfangs, ob solche Maßnahmen allein auf den Rechtsgrundlagen des Infektionsschutzgesetzes fußen konnten. Daneben stellt sich schon wegen der Schwere der Eingriffe und der vielfach bestehenden mangelnden Differenziertheit die Frage der Verhältnismäßigkeit im besonderen Maße. Die Regelungen führen zu Hunderten von Verfahren, die sich zumeist im vorläufigen Rechtsschutz konzentrieren (dazu unten § 31 Rn. 6). In den Bundesländern, die die Normenkontrolle nach § 47 VwGO für untergesetzliches Landesrecht zulassen, können sich Bürger unmittelbar gegen die nach § 28/32 IfSG ergangenen Rechtsverordnungen der Landesregierungen wehren (außer Rheinland-Pfalz und Stadtstaaten Hamburg und Bremen). In den übrigen Ländern tritt die „heimliche Normenkontrolle" (dazu unten, § 18, Rn. 8) auf den Plan und es kann vorläufiger Rechtsschutz gegen das Bestehen oder Nichtbestehen bestimmter Pflichten oder Rechte beantragt werden. Das führt naturgemäß zu einer großen Belastung der VG und, wobei im vorläufigen Rechtsschutz die Vereinheitlichungsfunktion

des *BVerfG* inkonsistente Ergebnisse nicht im eigentlichen gebotenen Maße verhindert. Obwohl nach einer Übergangsphase die organisatorische und technische Absicherung der Gerichte durch Schutzmaßnahmen ermöglicht wurde, erlangen Videokonferenzen eine ungeahnte Aktualität. Auf diese Probleme wird hier in den Abschnitten über die mündliche Verhandlung und den vorläufigen Rechtsschutz eingegangen.

Literatur: *Kopp/Schenke*, VwGO 26. Aufl. 2020. Anhang Covid-19 S. 2087ff.; *Siegel*, Verwaltungsrecht im Krisenmodus, NVwZ 2020, 577; *Bülow/Schiebel*, Verwaltungsgerichtlicher Rechtsschutz in der Corona-Krise, DRiZ 2020, 176; *Kersten/Rixen*, Der Verfassungsstaat in der Corona-Krise, 2020.

§ 4 Aufbau der Verwaltungsgerichtsbarkeit und Gerichtsverfassung

I. Verfassungsrechtlicher Rahmen: Unabhängigkeit der Gerichte und der Richter

Der **Aufbau der Verwaltungsgerichtsbarkeit** und die **Gerichts-** 1
verfassung sind letztlich durch die Rechtsschutzgarantie des Art. 19 IV GG und dadurch bestimmt, dass der Zugang zu den staatlichen Gerichten nicht in unzumutbarer Weise erschwert werden darf (BVerfGE 40, 272, 274; 57, 9, 21). Nach der Rechtsprechung des BVerfG erfordert dieser Grundsatz zwar keinen mehrstufigen Aufbau der Verwaltungsgerichtsbarkeit (BVerfGE 11, 232, 233; 65, 76, 90), doch gilt das Verbot einer unzumutbaren Erschwerung auch innerhalb eines vorhandenen Instanzenweges. Außerdem muss jede Verletzung des rechtlichen Gehörs durch das Gericht selbst mit einem Rechtsmittel gerügt werden können (§ 152a VwGO – zurückgehend auf BVerfGE [Plenum] 107, 395, 401).

1. Institutionelle Gewährleistung des BVerwG und der Verwaltungsgerichtsbarkeit

Art. 95 GG setzt die Existenz der Verwaltungsgerichtsbarkeit vo- 2
raus und schreibt die Errichtung des BVerwG vor. Auch die Bildung eines Gemeinsamen Senats der obersten Gerichtshöfe des Bundes zur Wahrung der Einheitlichkeit der Rechtsprechung ist durch Art. 95 III

GG vorgeschrieben. Die grundsätzliche Gleichwertigkeit der verschiedenen Rechtswege hat auch organisatorische Konsequenzen. Ebenso sind die Unabhängigkeit der Gerichte und der Richter, die Effektivität des Rechtsschutzes und der verfassungsrechtliche Gleichheitssatz auch organisatorisch zu gewährleisten. Als rechtsprechende Gewalt i. S. v. Art. 92 GG ist aber nicht nur das BVerwG, sondern **die Verwaltungsgerichtsbarkeit insgesamt** den Richtern anvertraut und damit institutionell gewährleistet. Als Ausdruck des Gewaltenteilungsprinzips setzt Art. 92 GG voraus, dass in den Ländern eine Verwaltungsgerichtsbarkeit existiert. An die Stelle einer unabhängigen Verwaltungsgerichtsbarkeit kann grundsätzlich nicht die Kontrolle der Verwaltung durch Kontrollkommissionen oder Ähnliches treten. Art. 10 II 2 GG (Beschränkung des Post- und Fernmeldegeheimnisses) enthält insoweit die einzige verfassungsrechtlich sanktionierte Ausnahme (BVerfGE 30, 1 ff.).

2. Institutioneller Gesetzesvorbehalt für die Gerichtsorganisation

3   Die grundlegenden Entscheidungen über die Organisation der Verwaltungsgerichtsbarkeit sind aus rechtsstaatlichen Gründen dem Gesetzgeber vorbehalten. Dieser institutionelle (oder organisatorische) Gesetzesvorbehalt würde selbst dann gelten, wenn er in § 3 VwGO nicht ausdrücklich kodifiziert wäre. Nach Art. 74 I Nr. 1 GG hat der Bund die Gesetzgebungskompetenz auch für die Verwaltungsgerichtsbarkeit.

3. Institutionelle Eigenständigkeit

4   Die aus Art. 19 IV GG folgende Verpflichtung betrifft nicht nur die Errichtung der Verwaltungsgerichtsbarkeit, sondern auch die verfassungsrechtliche Pflicht der Länder, die errichteten Verwaltungsgerichte in der Weise auszustatten und arbeitsfähig zu erhalten, dass der Rechtsschutz des Einzelnen nicht unzumutbar erschwert oder in zeitliche Entfernung gerückt wird. Dagegen ist die Verpflichtung zur Einrichtung einer **mehrstufigen** oder **mehrgliedrigen** Verwaltungsgerichtsbarkeit nicht im GG selbst, sondern nur in § 2 VwGO enthalten.

4. Richterliche Unabhängigkeit

5   Die **Unabhängigkeit der Richter** (Art. 97 GG) gilt uneingeschränkt auch für die Verwaltungsrichter. Sie ist auch in Art. 6

EMRK gewährleistet. Hauptamtlich und planmäßig endgültig angestellte Richter können gegen ihren Willen nur unter den in Art. 97 II GG formulierten Voraussetzungen entlassen, ihres Amtes enthoben oder versetzt werden.

Die Unabhängigkeit der Richter besteht in **sachlicher** Hinsicht, schließt insofern Weisungen sämtlicher staatlichen Stellen aus und bedeutet auch einen gewissen Schutz gegenüber privater und gesellschaftlicher Einflussnahme. In **persönlicher** Hinsicht sind die Richter gegenüber anderen öffentlichen Ämtern herausgehoben und in ihrer Unabhängigkeit verfassungsrechtlich abgesichert (BVerfGE 26, 186, [201]).

Während der Grundsatz der richterlichen Unabhängigkeit heute völlig unbestritten und in Art. 97 GG verfassungsrechtlich gewährleistet ist, bestehen gerade in der Verwaltungsgerichtsbarkeit **indirekte Gefahren für diese Unabhängigkeit**. Diese rühren daher, dass die Richter staatliche Entscheidungen zu kontrollieren und ggf. zu korrigieren befugt sind, was zuweilen immer noch als Durchsetzung des Partikularinteresses gegenüber dem Gemeinwohl und als Illoyalität gegenüber dem Staat missdeutet wird. Umso wichtiger ist es, dass der Richter nicht nur organisatorisch von der staatlichen Verwaltung getrennt ist, sondern auch jene innerliche Unabhängigkeit erreichen und bewahren kann, die ihn zur echten Kontrolle staatlicher Gewalt befähigt. Das gilt auch und in besonderem Maße für die als „Richter auf Zeit" eingesetzten Verwaltungsbeamten (§ 18 VwGO), die nach ihrer Richterzeit in die normale Beamtenlaufbahn zurückkehren (dazu § 4, Rn. 30a). Auch die kompetenzrechtliche Zuordnung der Verwaltungsgerichtsbarkeit zum Innenministerium des jeweiligen Landes ist grundsätzlich problematisch, und alle Gerichte sollten vom Justizressort („Rechtsprechungsministerium") aus verwaltet werden. **Beurteilung, Qualitätssicherung, Evaluation** und **Dienstaufsicht über Richter** (vgl. § 38 VwGO) sind durch § 26 DRiG und die verfassungsrechtlich gewährleistete richterliche Unabhängigkeit (Art. 97 GG) begrenzt und dürfen auch keinen mittelbaren Druck auf den jeweiligen Richter ausüben (BGH, NJW 2015, 1250): Dasselbe gilt für die Umsetzung eines Richters wegen persönlicher Spannungen im Spruchkörper (BVerfG, Kammer, NVwZ 2017, 51).

Der Verwaltungsrichter darf aber seine eigene verfassungsrechtlich gesicherte Unabhängigkeit und das Vertrauen der Öffentlichkeit in diese Unabhängigkeit auch nicht selbst gefährden. So darf er sich z. B. nicht durch ehrenamtliche Aktivitäten oder Nebentätigkeiten mit den Trägern öffentlicher Verwaltung verbinden, die zu kontrollieren er berufen ist. Das Vertrauen der Öffentlichkeit in die richterliche Unabhängigkeit ist ferner gefährdet, wenn gerade Verwaltungsrichter unter Inanspruchnahme eines „Amtsbonus" zu hochpolitischen Fragen oder z. B. zu Vorhaben, die selbst Gegenstand eines Verwaltungsrechtsstreits werden können, in der Öffentlichkeit Stellung nehmen.

5. Der Grundsatz des gesetzlichen Richters

7 Besonders wichtig für den inneren und äußeren Aufbau der Verwaltungsgerichtsbarkeit ist auch der Grundsatz des **gesetzlichen Richters** (Art. 101 I 2 GG). Aufgrund der gesetzlich festgelegten Zuständigkeit der Verwaltungsgerichte, intern aufgrund des Geschäftsverteilungsplans, muss stets **vor** dem Prozess feststehen, welcher Spruchkörper und welcher Richter im Einzelfall zu entscheiden haben (BVerfGE 17, 294, 299; 95, 322, 327; zum individuellen Anspruch auf den gesetzlichen Richter: BVerfGE 18, 441, 447). Weder die Geschäftsstelle noch gar die staatliche Aufsichtsbehörde dürfen irgendeinen Einfluss auf die Verteilung bestimmter Fälle auf die Spruchkörper der Verwaltungsgerichtsbarkeit nehmen. Auch die Person des streitentscheidenden Einzelrichters (§ 6 VwGO) muss kammerintern vorausbestimmt sein (BVerfGE 95, 322, 327). Ohne gesetzlich vorgesehenen Grund darf der Vorsitzende nicht anstelle der *Kammer* entscheiden (BVerfG, Kammer, NVwZ 2018, 321). Während des gesetzlichen Mutterschutzes darf eine Richterin nicht an der mündlichen Verhandlung teilnehmen (BGH, NJW 2017, 745). Dagegen verstößt der zeitweilige Vorsitz in zwei Spruchkörpern nicht gegen Art. 101 I 2 GG (BVerfG, Kammer, NJW 2012, 2334 – BGH-Senate). Der Geschäftsverteilungsplan muss die anfallenden Streitsachen nach allgemeinen, sachlich-objektiven und vorher bestimmten Gesichtspunkten ordnen (BVerfGE 95, 267). Außerdem muss er die Zuweisung der Richter zu den verschiedenen Spruchkörpern sowie Vertretungsfälle regeln. Eine Änderung des jährlich zu beschließenden Geschäftsverteilungsplans darf nur nach den strengen Regeln des § 21e III GVG und im GVP selbst vorgenommen werden (BVerfG, Kammer, NJW 2018, 1155). Eine Umverteilung bereits anhängiger Verfahren oder die Schaffung eines neuen Dezernats für einen neuen Richter ist aber zulässig, wenn sie nach abstrakten vorab bestimmten und schriftlich fixierten Merkmalen erfolgt (BVerwG, NVwZ 2018, 82; BVerwG; NJW 2020, 3333). Praktisch immer wichtiger wird bei europarechtlichen Zweifelsfragen die **Vorlagepflicht nach Art. 267 AEUV**. Ein Verstoß dagegen ist nach ständiger Rechtsprechung zugleich eine Verletzung des Grundrechts auf den gesetzlichen Richter (BVerfGE 73, 339, 366; 82, 159, 194; BVerfG, Kammer, NJW 2018, 606 – unten, § 25, Rn. 17).

Literatur zu § 4 I: *Papier,* Die richterliche Unabhängigkeit und ihre Schranken, NJW 2001, 1089; *Säcker,* Richterliche Unabhängigkeit – der Kern der Gewaltenteilung, NJW 2018, 2375; *Würtenberger/Heckmann*, VwProzR, Rn. 133; *Redeker*, 50 Jahre BVerwG, NVwZ 2003, 641; umfassend die Beiträge in *Schmidt-Aßmann/Sellner/Hirsch u. a.* (Hrsg.), FG 50 Jahre BVerwG (2003); *Otto*, Grundfälle zu den Justizgrundrechten. Art. 101 I 2 GG, JuS 2012, 21 ff.; *L. F. Müller*, Richterliche Unabhängigkeit und Unparteilichkeit nach Art. 6 EMRK, 2015; *Wittreck*, Empfehlen sich Regelungen zur Sicherung der Unabhängigkeit der Justiz bei der Besetzung von Richterpositionen? Gutachten G zum 73. DJT 2020/2022.

II. Der äußere Aufbau der Verwaltungsgerichtsbarkeit

Der Aufbau der Verwaltungsgerichtsbarkeit wird durch § 2 VwGO bestimmt, der zugleich die Bezeichnung der Gerichte festlegt. Demnach ist die Verwaltungsgerichtsbarkeit grundsätzlich **dreistufig.** Klargestellt ist auch, dass VG und OVG Gerichte der Länder sind und dass jedes Land Verwaltungsgerichte und je ein OVG haben muss.

1. Verwaltungsgerichte

Regelmäßig erste Instanz sind die Verwaltungsgerichte, die in den Ländern durch Gesetz (§ 3 VwGO) errichtet und ggf. aufgehoben werden. Sie entscheiden – soweit gesetzlich nichts anderes bestimmt ist – im ersten Rechtszug über alle Streitigkeiten, für die der Verwaltungsrechtsweg offensteht (§ 45 VwGO; Einzelheiten zu den Standorten s. in den Gerichtsorganisationsgesetzen der Länder).

2. Oberverwaltungsgerichte/Verwaltungsgerichtshöfe

Die verwaltungsgerichtliche „Mittelinstanz" bilden die **Oberverwaltungsgerichte.** Sie sind wie die Verwaltungsgerichte Gerichte der Länder. In jedem Land darf nur ein Oberverwaltungsgericht bestehen. Nach § 184 VwGO können die Länder bestimmen, dass das Oberverwaltungsgericht die bisherige Bezeichnung „**Verwaltungsgerichtshof**" weiterführt. Das ist in Baden-Württemberg, Bayern und Hessen der Fall. Die Oberverwaltungsgerichte sind Berufungsgerichte für Entscheidungen der VGe. Sie sind aber auch vermehrt erstinstanzlich zuständig (vgl. § 48 VwGO).

Übersicht über Verwaltungsgerichtshöfe und Oberverwaltungsgerichte:

– VGH Baden-Württemberg, Mannheim;
– Bayerischer VGH, München;

- OVG Berlin/Brandenburg, Berlin;
- OVG der Freien Hansestadt Bremen;
- Hamburgisches OVG;
- Hessischer VGH, Kassel;
- OVG Mecklenburg-Vorpommern, Greifswald;
- OVG Niedersachsen, Lüneburg;
- OVG für das Land Nordrhein-Westfalen, Münster;
- OVG Rheinland-Pfalz, Koblenz;
- OVG des Saarlandes, Saarlouis;
- Sächsisches OVG, Bautzen;
- OVG des Landes Sachsen-Anhalt, Magdeburg;
- Schleswig-Holsteinisches OVG, Schleswig;
- Thüringer OVG, Weimar.

11 Wegen des Grundsatzes der Landesexekutive (Art. 83 GG) und der bei allen Vereinheitlichungstendenzen bestehenden Unterschiede im Landesverwaltungsrecht kann die Bedeutung der Oberverwaltungsgerichte und Verwaltungsgerichtshöfe für die Fortentwicklung des Verwaltungsrechts und für die alltägliche Praxis der Verwaltung nicht überschätzt werden. Ihre Rechtsprechung stellt (vor allem im Schul- und Hochschulrecht, Kommunalrecht, Polizei- und Sicherheitsrecht, Bauordnungsrecht, nicht zuletzt aber bei der Bewältigung der Rechtsfragen im Zusammenhang mit der Corona-Pandemie) neben der Gesetzgebung und den Rechtsverordnungen der Landesregierungen vielfach die wichtigste normative Entscheidungsgrundlage der Landesverwaltungen dar.

3. Das Bundesverwaltungsgericht

12 Oberstes Verwaltungsgericht der Bundesrepublik ist das **Bundesverwaltungsgericht**. Es wurde aufgrund des Gesetzes über das BVerwG vom 23.9.1952 (BGBl. 1952, Teil I, 625) errichtet und steht gleichrangig neben dem BGH, dem BFH, dem BAG und dem BSG als Oberster Gerichtshof im Sinne von Art. 95 I GG. Sein gesetzlicher Sitz ist seit 1997 Leipzig, wo es im Gebäude des früheren Reichsgerichts eine repräsentative Heimstatt gefunden hat.

Soweit das BVerwG **Revisionsgericht** ist, ist es reine Rechtsinstanz, prüft also keine Tatsachenfeststellungen. Auch Fragen des Landesrechts sind vom ihm grundsätzlich nicht zu entscheiden. **Erstinstanzliche Zuständigkeiten** bestehen in bestimmten Ausnahmefällen nach § 50 VwGO, vor allem bei öffentlich-rechtlichen Streitigkeiten nichtverfassungsrechtlicher Art zwischen dem Bund und den Ländern und zwischen verschiedenen Ländern, sowie bei Klagen gegen bestimmte Maßnahmen der Verkehrsinfrastruktur (dazu u., § 11, Rn. 80), gegen Vereinsverbote, bei Klagen gegen den Bund auf dem Gebiet diplomatischer und konsularischer Angelegenheiten sowie in Fragen des Bundesnachrichtendienstes.diese Verfahren machen aber nur einen geringen Teil der Eingänge aus. Die Disziplinar- und Wehrdienstsenate des BVerwG entscheiden als Berufungsgericht. Nach Eingliederung des Bundesdisziplinarhofes in das BVerwG ist dieses auch oberste Instanz der Bundesdisziplinargerichtsbarkeit. Zur Herstellung einer einheitlichen Beurteilungsgrundlage für die Asylbehörden wurde vorgeschlagen, das *BVerwG* auch über relevante Tatsachen wie die Sicherheit von politischer Verfolgung in bestimmten Ländern entscheiden zu lassen (*Berlit/Dörig*, NVwZ 2017, 1481; zust. *Haneke*, FAZ 08.11.2017, 10). Angesichts der Belastung der Verwaltungsgerichte mit solchen Tatsachenermittlungen und der Uneinheitlichkeit der Rechtsprechung ist dieser Vorschlag erwägenswert.

In seiner Geschichte hat sich das BVerwG als äußerst wirksam bei der Herstellung und Erhaltung der Einheitlichkeit des Verwaltungsrechts erwiesen. Überdies gehen zahlreiche richterrechtliche Grundsätze und später kodifizierte Regeln des Verwaltungsrechts auf seine Rechtsprechung zurück.

Literatur zu § 4 II: *P. Schwarz*, Das Bundesverwaltungsgericht (2000); *Schmidt-Aßmann/Sellner/Hirsch u. a.* (Hrsg.), FG 50 Jahre BVerwG (2003); *Berlit/Dörig*, Asylverfahren verbessern durch eine Tatsachenbewertungskompetenz des BVerwG im Rahmen länderbezogener Leitentscheidungen, NVwZ 2017, 1481.

III. Der innere Aufbau der Verwaltungsgerichtsbarkeit

Beim inneren Aufbau der Verwaltungsgerichtsbarkeit sind – wie bei allen Gerichten – Fragen der Besetzung und der Aufteilung der Spruchkörper einerseits sowie Vorschriften über das Präsidium und die „innere Gerichtsverfassung" andererseits zu unterscheiden. Für die erste Frage (Besetzung und Aufteilung der Spruchkörper) enthält die VwGO besondere Bestimmungen, während sie im Hinblick auf die Aufgaben des Präsidiums, die Geschäftsverteilung usw. auf den Zweiten Titel des GVG verweist (vgl. § 4 VwGO). 13

1. Aufbau und Besetzung der Spruchkörper

14 Gerichte der Verwaltungsgerichtsbarkeit sind grundsätzlich Kollegialgerichte, sie entscheiden in **Kammern** bzw. **Senaten**. Während früher der Einzelrichter im Verwaltungsprozess die strikt begrenzte Ausnahme war, soll seit 1993 nach § 6 I VwGO der Rechtsstreit „in der Regel" dem **Einzelrichter** zur Entscheidung übertragen werden, wenn die Sache keine besonderen Schwierigkeiten und keine grundsätzliche Bedeutung aufweist.

15 Die Spruchkörper der **Verwaltungsgerichte** heißen **Kammern** (§ 5 II VwGO). Sie entscheiden i. d. R. in der Besetzung von drei Berufsrichtern und zwei ehrenamtlichen Richtern, soweit nicht der Einzelrichter entscheidet. Die Berufsrichter können also durch die ehrenamtlichen Richter nicht überstimmt werden. Die ehrenamtlichen Richter wirken bei Beschlüssen außerhalb der mündlichen Verhandlungen und bei Gerichtsbescheiden (§ 84 VwGO) nicht mit.

16 Einen etwas größeren Spielraum haben die Länder im Hinblick auf Aufbau und Besetzung der **Oberverwaltungsgerichte** bzw. **Verwaltungsgerichtshöfe**. Ihre Spruchkörper heißen grundsätzlich **Senate**. Diese bestehen aus dem Präsidenten, aus Vorsitzenden Richtern und weiteren Richtern in der erforderlichen Anzahl (§ 9 I VwGO). Nach § 9 III VwGO entscheiden die Senate in der Besetzung von drei (Berufs-)Richtern, jedoch kann die Landesgesetzgebung vorsehen, dass zwei weitere Richter hinzutreten, die auch ehrenamtliche Richter sein können. Bei den in § 48 I VwGO genannten erstinstanzlichen Entscheidungen über bestimmte Großvorhaben entscheiden die Senate des OVG grundsätzlich in der Besetzung von 5 Richtern. Hier können die Länder durch Gesetz vorsehen, dass zwei ehrenamtliche Richter hinzutreten (Übersicht bei *Stelkens/Panzer*, in: Schoch/Schneider, VwRGO § 9, Rn. 9 ff.).

17 Das **Bundesverwaltungsgericht** besteht nach § 10 VwGO aus dem Präsidenten, aus den Vorsitzenden Richtern und weiteren Richtern in erforderlicher Anzahl. Seine Senate entscheiden in der Besetzung von 5 Richtern, bei Beschlüssen außerhalb der mündlichen Verhandlung in der Besetzung von 3 Richtern. Eine Mitwirkung von ehrenamtlichen Richtern ist im Hinblick auf die überwiegend revisionsrichterliche Tätigkeit des BVerwG nicht vorgesehen.

18 Mit zunehmender Diversifizierung der Rechtsmaterie und Spezialisierung der Senate besteht die Notwendigkeit, die Einheitlichkeit der Rechtsprechung der Berufungs- und Revisionssenate zu sichern. Diese Aufgabe erfüllen gem.

§ 11 VwGO der **Große Senat beim BVerwG** und gem. § 12 VwGO die **Großen Senate bei den Oberverwaltungsgerichten und Verwaltungsgerichtshöfen**, soweit diese über (nicht revisibles) Landesrecht endgültig entscheiden. Der **Große Senat beim BVerwG** darf nicht verwechselt werden mit dem **Gemeinsamen Senat der obersten Gerichtshöfe des Bundes** (GSOBG). Entscheidet letzterer über divergierende Rechtsauffassungen der Obersten Bundesgerichte, so ist der Große Senat beim BVerwG befugt, bei Divergenzen in einzelnen Rechtsfragen zwischen Gerichten der Verwaltungsgerichtsbarkeit (und nur bei diesen) zu entscheiden, wenn nach Auffassung eines erkennenden Senats die Fortbildung des Rechts oder die Sicherung einer einheitlichen Rechtsprechung dies erfordern.

Nach § 11 III VwGO ist eine Vorlage nur dann zulässig, wenn der Senat, von dessen Entscheidung abgewichen werden soll, auf Anfrage des erkennenden Senats erklärt hat, dass er an seiner Rechtsauffassung festhält **und** dieser Senat noch aufgrund des Geschäftsverteilungsplanes mit der betreffenden Sache befasst ist. Andernfalls kann der nunmehr zuständige Senat selbständig entscheiden (Grundsatz fortbestehender **und** noch entscheidungserheblicher Divergenz).

§ 11 VwGO gilt für die **Großen Senate der OVG/VGH** entsprechend, wobei eine Befassung des Großen Senats nur insoweit in Frage kommt, als es um die endgültige Entscheidung über nichtrevisibles Landesrecht geht. Entscheidet ein Senat in einer der Revision durch das BVerwG zugänglichen Frage anders als ein anderer Senat des gleichen OVG, kann also der Große Senat nicht angerufen werden.

Im Falle der Divergenz ist die Vorlage an den Großen Senat **zwingend**. Dieser ist dann gesetzlicher Richter i. S. v. Art. 101 I 2 GG. Im Falle des § 11 IV VwGO ist die Vorlage zwar fakultativ, doch dürfte auch hier das Ermessen des vorlegenden Senats gebunden sein, wenn die Voraussetzungen (Erforderlichkeit zur Fortbildung des Rechts oder zur Sicherung einer einheitlichen Rechtsprechung) erfüllt sind.

2. Innere Gerichtsverfassung: Richterliche Selbstverwaltung und Geschäftsverteilung

Die Bedeutung der **richterlichen Selbstverwaltung** und der **Geschäftsverteilung** wird oft verkannt. Insbesondere wird übersehen, dass die Verantwortlichkeit für die interne Geschäftsverteilung ihrerseits in Art. 101 GG begründet ist. Deshalb hat der Gesetzgeber die Unabhängigkeit der Richter und der Gerichte durch Änderungen in Bezug auf das Präsidium und dessen Wahl gestärkt (BGBl. I 1999, 2598). Dagegen schließt bereits das Demokratieprinzip eine völlige „Abkopplung" der richterlichen Selbstverwaltung von der parlamentarischen Verantwortlichkeit aus (*Sennekamp*, NVwZ 2010, 213). Das gewählte Präsidium eines jeden Verwaltungsgerichts stellt ein wichtiges Gegengewicht zum Präsidenten als Leiter der „Verwaltungsbehörde Gericht" dar. Dem Präsidium obliegen nach § 21e GVG die Entscheidungen über die Besetzung der Spruchkörper, die Regelung der Vertretung und die Geschäftsverteilung. Das schließt eine gewisse Flexibilität in der Änderung der Geschäftsverteilung aber nicht aus. Wichtig ist nur, dass die entscheidende Stelle richterliche Unabhängigkeit genießt und der gesetzliche Richter jedenfalls abstrakt aus der allgemeinen Norm erkennbar ist (BVerfG, Kammer, NJW 2009, 907). Das gilt selbst für die Übertragung mehrerer anhängiger Verfahren auf andere Spruchkörper durch Präsidiumsbeschluss (BGH, NJW 2009, 1351).

Innerhalb der Kammern und Senate verteilt der Vorsitzende die Geschäfte auf die Mitglieder. Auch seine Entscheidung muss dem **Grundsatz des gesetzlichen Richters** gerecht werden und damit grundsätzlich zu Beginn des Geschäftsjahres feststehen (oben, Rn. 7).

24 Der **Geschäftsverteilungsplan** hat dem Bürger gegenüber keine Außenwirkung, ist also insoweit weder VA noch Rechtsnorm. In Betracht kommt aber eine Incidenter-Kontrolle, wenn es um eine Verletzung des Gebots des gesetzlichen Richters geht (BVerwG, NVwZ 2015, 1695). Sehr umstritten ist die Statthaftigkeit der Normenkontrolle über den GVP nach § 47 VwGO (dazu unten, § 19, Rn. 14). Weder Verwaltungsakt noch Rechtsnorm ist die Entscheidung über die Verteilung der Geschäfte auf die Mitglieder **innerhalb der Kammern und Senate** (§ 21g GVG). Auch insofern kommt aber ausnahmsweise Rechtsschutz im Wege der Leistungs- bzw. Feststellungsklage wegen Verletzung der richterlichen Unabhängigkeit oder der Fürsorgepflicht in Betracht.

3. Die Geschäftsstelle

25 Nach § 13 VwGO wird bei jedem Gericht eine Geschäftsstelle eingerichtet und mit der erforderlichen Anzahl von Urkundsbeamten besetzt. Neben eher routinemäßigen Hilfsfunktionen wie Akten- und Registerführung, Ladungen, Zustellungen und Beurkundungen sind den Urkundsbeamten auch eine Reihe selbständiger Geschäfte übertragen, wie z. B. die Festsetzung gerichtlicher Kosten und der notwendigen Aufwendungen der Beteiligten (§ 164 VwGO), die Entschädigung von Zeugen und Sachverständigen sowie die Vergütung des Rechtsanwalts in Fällen der Prozesskostenhilfe (§ 166 VwGO i. V. m. den entsprechenden Vorschriften der ZPO). Insofern ist der Urkundsbeamte selbständig und nicht weisungsgebunden.

Literatur zu § 4 III: *Schnellenbach*, Das Spruchkörperprinzip in der Verwaltungsgerichtsbarkeit, FS Menger (1985), 341 ff.; *Kramer*, Die Selbstverwaltung der dritten Gewalt, NJW 2009, 3079; *Sennekamp*, Alle Staatsgewalt geht vom Volke aus! Demokratieprinzip und Selbstverwaltung in der Justiz, NVwZ 2010, 213; *Wittreck*, Empfehlen sich Regelungen zur Sicherung der Unabhängigkeit der Justiz bei der Besetzung von Richterpositionen? Gutachten G zum 73. DJT 2020/2022.

IV. Die dienstrechtliche Stellung der Verwaltungsrichter

1. Allgemeines

Die Rechtsstellung der Verwaltungsrichter wird primär durch den **Grundsatz richterlicher Unabhängigkeit** bestimmt (oben, Rn. 5). Diese bildet auch den Hintergrund dienstrechtlicher und gerichtsverfassungsrechtlicher Regelungen. Im Grundsatz sind die Richter der Verwaltungsgerichtsbarkeit **hauptamtlich** und **auf Lebenszeit** ernannt (§ 15 I VwGO). **Richter im Nebenamt** (§ 16 VwGO), **Richter auf Probe** oder **kraft Auftrags** (§ 17 VwGO) sowie **Richter auf Zeit** (§ 18 VwGO) sind die Ausnahme; sie können in Kammer oder Senat nicht den Vorsitz führen und können erst nach einem Jahr streitentscheidender Einzelrichter werden (§ 6 I 2 VwGO). Auch **ehrenamtliche Richter** sind Richter im vollen Sinne des Verfassungsrechts und der VwGO. Für sie gelten allerdings besondere Bestimmungen (§§ 19 ff. VwGO). 26

Ungeachtet ihrer Rechtsstellung wirken alle Verwaltungsrichter gleichberechtigt und unabhängig an den Entscheidungen der Gerichte mit und haben an der verfassungsrechtlichen Stellung der Richter teil. Die berufsmäßigen Richter müssen die Befähigung zum Richteramt im Sinne des DRiG besitzen, das auch die Ernennungsvoraussetzungen regelt. Neben dem Schutz vor Versetzung, Abordnung, Entlassung usw. (Art. 97 II GG) soll auch die altehrwürdige Bestimmung des § 197 GVG über die Reihenfolge der Stimmabgabe die innere Unabhängigkeit der Richter sichern. Umgekehrt ist die Abänderung einer Einzelrichterentscheidung durch einen Kammervorsitzenden ein besonders schwerer Eingriff in die richterliche Unabhängigkeit (BVerfG, Kammer, NJW 1996, 2149). 27

2. Richter auf Lebenszeit

Grundsätzlich sind die Verwaltungsrichter Richter auf Lebenszeit (§ 15 I VwGO) und in Vollbeschäftigung. Eine Teilzeitbeschäftigung kommt nur auf freiwilliger Basis in Betracht. Unzulässig ist insbeson- 28 dere die zeitweilige Kürzung der Arbeitszeit bis zur Bereitstellung einer höherwertigen Planstelle. Für ihre persönliche Rechtsstellung gilt das DRiG, und die VwGO enthält insofern keine Besonderheiten.

3. Richter im Nebenamt

29 Bei Verwaltungsgerichten und Oberverwaltungsgerichten können auf Lebenszeit ernannte Richter anderer Gerichte und **ordentliche Professoren des Rechts** für eine bestimmte Zeit von mindestens zwei Jahren, längstens jedoch für die Dauer ihres Hauptamtes, zu Richtern im Nebenamt ernannt werden (§ 16 VwGO). Praktisch bedeutsam ist hierbei nur die nebenamtliche Tätigkeit von Universitätsprofessoren im Bereich der Oberverwaltungsgerichte und Verwaltungsgerichtshöfe. Diese stellt eine wichtige Form des „Wissenschaftstransfers" in die berufliche Praxis dar und sichert umgekehrt, dass die Hochschullehrer Erfahrungen aus dieser Praxis an ihre Studenten und den wissenschaftlichen Nachwuchs weitergeben können (dazu *Reinhardt*, FS P. Krause [2006], 361 ff.; *Schmidt-Jortzig*, FS Menger (1985), 359;).

4. Richter auf Probe und Richter kraft Auftrags

30 Bei den Verwaltungsgerichten (nicht also bei OVG und BVerwG) können Richter auf Probe und Richter kraft Auftrags verwendet werden. **Richter auf Probe** sind zumeist jüngere Verwaltungsrichter am Beginn ihrer Berufslaufbahn, deren Probezeit zur Beurteilung ihrer Eignung als Lebenszeitrichter dient und die später als Richter auf Lebenszeit oder als Staatsanwalt verwendet werden sollen (§ 12 DRiG). Der einzige Unterschied zum **Richter kraft Auftrags** besteht darin, dass dieser bereits Beamter auf Lebenszeit oder auf Zeit ist und später als Richter auf Lebenszeit verwendet werden soll (§ 14 DRiG). Auch können Richter auf Probe im ersten Jahr nach der Ernennung nicht Einzelrichter sein (§ 6 I 2 VwGO).

5. Richter auf Zeit

30a Bezeichnenderweise durch das Asylverfahrensbeschleunigungsgesetz (BGBl. I 2015, 1722) eingeführt wurde in § 18 VwGO die Möglichkeit, Beamte auf Lebenszeit mit der Befähigung zum Richteramt für mindestens 2 Jahre als Richter auf Zeit einzusetzen. Gegen diese „Notlösung" wurden gravierende Bedenken im Hinblick auf die Gewaltenteilung und die richterliche Unabhängigkeit (Art. 20 II und Art. 92/97 GG) geltend gemacht (*Maierhöfer*, NVwZ 2015, 1655; *Ruthig*, in Kopp/Schenke, VwGO § 18, Rn. 2; a. A. *Kronisch*, DVBl

2016, 490). Probleme bestehen auch im Hinblick auf Art. 6 EMRK, demzufolge Richter gerade nicht Angehörige des öffentlichen Dienstes oder des Militärs und vom Staat abhängig sein dürfen (EGMR, NVwZ 2006, 1269 – Öcalan/Türkei). Diesen Bedenken ist das *BVerfG* jedoch – außer im Hinblick auf die für verfassungswidrig erklärten Möglichkeit der Verlängerung der Zweijahresfrist – nicht gefolgt (BVerfGE 148, 69; zu Recht krit das diss. vote der Richterin *Hermanns* (BVerfGE 148, 133 ff.); *Klatt*, NVwZ 2019, 374).

6. Ehrenamtliche Richter

Besonderen Regelungsaufwand treibt die VwGO im Hinblick auf die „Laienrichter". Diese sind in der mündlichen Verhandlung und in der Entscheidungsfindung des Gerichts voll **gleichberechtigte** und **unabhängige Richter** (§ 19 VwGO), ohne den Richterberuf auszuüben. Hier wurden durch das Gesetz zur Vereinfachung und Vereinheitlichung der Verfahrensvorschriften zur Wahl und Berufung ehrenamtlicher Richter vom 21.12.2004 (BGBl. I, 3599) zahlreiche Änderungen vorgenommen. Auf der Ebene der OVGe/VGHe sind ehrenamtliche Richter auf Grund der Ermächtigungsnorm des § 9 III 1 VwGO in mehreren Ländern nicht mehr vorgesehen (Übersicht bei *Stelkens/Panzer*, in: Schoch/Schneider, VwR, § 9 Rn. 11). 31

Da Wahl, Ernennung, Vertretung und Ausschluss von Laienrichtern voll unter dem Gebot des gesetzlichen Richters stehen, müssen die entsprechenden gesetzlichen Bestimmungen streng und detailliert sein. Gleichwohl sollen nur gravierende Fehler im Wahlverfahren (§ 29 VwGO) und bei der Erstellung der Vorschlagslisten zur Nichtigkeit der Wahl und damit zur Fehlerhaftigkeit der Besetzung der Richterbank führen (BVerwG, NJW 1988, 219; BVerfG, Kammer, NVwZ 1996, 160; ähnl. BGH, NJW 2004, 3784; BAG, NJW 2011, 956 – verspätete Vereidigung). Aus grundrechtlicher Sicht interessant ist das Problem, ob eine muslimische Laienrichterin während der mündlichen Verhandlung ein religiöses Kopftuch tragen darf (dazu LG Dortmund, NJW 2007, 3013; *Groh*, NVwZ 2006, 1023). Ehrenamtliche Richter müssen der deutschen Sprache mächtig sein und unterliegen ebenso wie die hauptamtlichen der Treuepflicht zur freiheitlich demokratischen Grundordnung. Begründete Zweifel bestehen daran, wenn ein ehrenamtlicher Richter das Gedankengut einer rechtsextremistischen Skinhead-Band fördert (BVerfG, Kammer, NJW 2008, 2568). 32

Literatur zu § 4 IV: *Reinhardt*, Der Hochschullehrer als Richter, FS P. Krause [2006], 361 ff.; *Schiffmann*, Die Bedeutung der ehrenamtlichen Richter bei Gerichten der allgemeinen Verwaltungsgerichtsbarkeit (1974); *Schmidt-Jortzig*, „Ordentliche Professoren des Rechts" als Richter an den Verwaltungsgerichten, FS Menger (1985), 359; *Klenke,* Zur Wahl der ehrenamtlichen Richterinnen und Richter in der Verwaltungsgerichtsbarkeit, NVwZ 1998, 473; *U. Kramer,* Abschied von den ehrenamtlichen Richtern in der Verwaltungsgerichtsbarkeit? NVwZ 2005, 537; *Klatt,* Der Personalmangel rechtfertigt nicht jedes Mittel. Zur Rechtsprechung des BVerfG zum Richter auf Zeit, NVwZ 2019, 374.

V. Der Vertreter des öffentlichen Interesses

33   Nach § 36 VwGO kann bei dem Oberverwaltungsgericht und bei dem Verwaltungsgericht nach Maßgabe einer Rechtsverordnung der Landesregierung ein **Vertreter des öffentlichen Interesses** bestimmt werden. Diesem kann allgemein oder für bestimmte Fälle die Vertretung des Landes oder von Landesbehörden – nicht aber von Kommunen und anderen Selbstverwaltungsträgern – übertragen werden. Davon machen derzeit nur noch Bayern, Rheinland-Pfalz und Thüringen Gebrauch. Vertreter des öffentlichen Interesses ist auch der beim BMI eingerichtete und weisungsabhängige **Vertreter des Bundesinteresses beim BVerwG** (VBI – „Nachfolger" des früheren Oberbundesanwalts, § 35 VwGO). Der Vertreter des öffentlichen Interesses ist nach § 63 Nr. 4 VwGO Beteiligter am Verwaltungsprozess, wenn er von seiner Beteiligungsbefugnis Gebrauch macht.

Literatur zu § 4 V: *Würtenberger/Heckmann,* VwProzR, Rn. 165; *Schnapauff,* Vom Bundesanwalt zum Vertreter des Bundesinteresses beim Bundesverwaltungsgericht, FG BVerwG (2003), 185 ff.; *Steinbeiß/Winkelmann,* in: Schoch/Schneider, VwR, § 36 Rn. 5 ff.; *Schumann,* Der Sympathieschwund für Vertreter öffentlicher Interessen im deutschen Prozessrecht, FS. Prütting (2018) 541.

2. Teil. Das Widerspruchsverfahren

§ 5 Das Widerspruchsverfahren zwischen Verwaltungsverfahren und Verwaltungsprozess

I. Historische Aspekte, Funktionen und aktuelle Probleme des Widerspruchsverfahrens

1. Zur historischen Herkunft

Das heutige Widerspruchsverfahren hat unterschiedliche Wurzeln. 1
Zu erinnern ist an die dem absolutistischen Staat eigene Tendenz, die Verwaltungstätigkeit selbst zu kontrollieren, anstatt diese Kontrolle einer unabhängigen Justiz zu übertragen. Bis in die Weimarer Zeit gab es Bestrebungen, anstelle einer unteren Ebene der Verwaltungsgerichtsbarkeit besondere Beschwerdeverfahren und Spruchbehörden mit gerichtsähnlicher Besetzung und Beschlussverfahren einzurichten. Nach dem 2. Weltkrieg entstanden auf Landesebene unterschiedliche Verfahren des Einspruchs an die entscheidende Behörde selbst und der Verwaltungsbeschwerde an die nächsthöhere Behörde. Schon diese hatten aber nicht mehr die Funktion, den Verwaltungsprozess auf der unteren Ebene zu ersetzen; sie wurden diesem vielmehr vorgeschaltet, waren also „Vorverfahren" im heute noch gebräuchlichen Sinne. Erst § 77 VwGO fasste alle länderspezifischen Vorverfahren zum Widerspruchsverfahren zusammen, das zugleich in seinen wesentlichen Voraussetzungen und einigen Verfahrensgrundsätzen in der VwGO verankert wurde. Geblieben ist damit die eigentümliche Verklammerung eines Verfahrens der Selbstkontrolle der Verwaltung mit dem Verwaltungsprozess. Geblieben ist aber auch das historische Misstrauen gegen das Widerspruchsverfahren als dem Verwaltungsprozess gegenüber rechtsstaatlich allenfalls zweitrangige Form der Kontrolle.

2. Funktionen des Widerspruchsverfahrens

Funktionen und Bedeutung des Widerspruchsverfahrens haben 2
sich im Laufe der Geschichte erheblich gewandelt. Gleichwohl wurden und werden als Aufgaben dieses Verfahrens betont:

- der **Rechtsschutz** des Bürgers,
- die **Selbstkontrolle** der Verwaltung,
- die **Entlastung** der Gerichte.

Dabei ist *erstens* zu betonen, dass das Widerspruchsverfahren keinen Ersatz für die richterliche Kontrolle, sondern eine **zusätzliche Möglichkeit des Rechtsschutzes** – auch und gerade bei Ermessensentscheidungen – bietet. Zum *zweiten* löst der Widerspruchsführer ein Verfahren der **internen Kontrolle** aus und gibt der Verwaltung Gelegenheit zum „Überdenken" der getroffenen Entscheidung. Die „**Entlastungsfunktion**" hinsichtlich der Verwaltungsgerichte ist unabhängig von den jeweiligen Zahlen im Hinblick auf die Ermessenskontrolle und die ortsnahe Aufarbeitung komplexer Sachverhalte auch weiterhin von Bedeutung.

3. Das Widerspruchsverfahren als Massenverfahren

3   Die VwGO enthält für das Widerspruchsverfahren keine den §§ 17–19 VwVfG entsprechenden Vorschriften, und auch §§ 56a, 65 III, 67a, 93a VwGO sind erkennbar auf den Verwaltungsprozess zugeschnitten. Sie sind überdies so detailliert, dass eine – auch nur analoge – Anwendung auf das Widerspruchsverfahren Probleme aufwirft. Es ist daher davon auszugehen, dass die Vorschriften über das „Massenverfahren" der VwVfGe auch auf das Widerspruchsverfahren anwendbar sind (so auch *Kopp/Schenke*, VwGO, vor § 68, Rn. 18; aA. *Allesch*, Die Anwendbarkeit der VwVfGe auf das Widerspruchsverf. nach der VwGO (1984).

4. Bestrebungen zur Abschaffung des Widerspruchsverfahrens

4   Weniger mit dem historischen Misstrauen als mit einem kaum durchdachten modischen Trend dürfte es zusammenhängen, dass das Widerspruchsverfahren nach 2006 in mehreren Bundesländern abgeschafft oder eingeschränkt wurde. Als Gründe werden zumeist nur das Bestreben nach einem „schlanken Staat", Kostenersparnis, Entbürokratisierung, teilweise auch allen Ernstes die Befreiung der Bürger von einer lästigen Zulassungsschranke zum Gericht angeführt (*Rüssel*, NVwZ 2006, 523). Bemerkenswert ist dabei, dass die Beseitigung einer gegenüber dem Verwaltungsprozess sogar einfacheren, kostengünstigeren und erweiterten (Zweckmäßigkeitsprüfung) Rechtsschutzmöglichkeit als Rechtsschutzverbessung „verkauft"

§ 5 Zwischen Verwaltungsverfahren und Verwaltungsprozeß 69

wird, während gleichzeitig der Einführung besonderer Mediationsverfahren das Wort geredet wird, als ob das Widerspruchsverfahren nicht die klassische und bewährte Form der Mediation wäre oder jedenfalls sein könnte.

Unabhängig davon können die Gründe der Abschaffungsbefürworter nicht überzeugen:

Zweifelhaft ist bereits, ob die den Ländern eingeräumte **Regelungskompetenz** ausreicht, um das Widerspruchsverfahren als Ganzes abzuschaffen (bejahend BayVerfGH, NVwZ 2009, 716 und BVerwG, DVBl. 2012, 49). Auch muss weiterhin ein Widerspruchsverfahren stattfinden, wenn dies ein Bundesgesetz anordnet (z. B. § 6 II UIG, § 54 II 1 BeamtStG, § 126 II BBG) oder wenn das Widerspruchsverfahren europarechtlich vorgeschrieben ist (z. B. im Anwendungsbereich der Richtlinien 2003/4/EG über den Zugang zu Umweltinformationen).

– Die ersten Modellversuche haben belegt, dass der Wegfall des Widerspruchsverfahrens keineswegs zu **Kostenersparnissen** führt, er verschiebt die Kosten vielmehr nur von der Verwaltung auf die Verwaltungsgerichte und die Bürger. Die Kosten für nicht im Widerspruchsverfahren „entdeckte" Fehler und Unzweckmäßigkeiten sind dabei nicht einmal eingerechnet.

– Das Widerspruchsverfahren ist bei richtiger Handhabung aus der Sicht des Bürgers keineswegs nur Hindernis auf dem Weg zur Verwaltungsgerichtsbarkeit, sondern Chance, dass die Verwaltung ihre Entscheidung **nochmals überdenkt** und ggf. **korrigiert.**

– Das Widerspruchsverfahren ist die einzige Möglichkeit zur **Kontrolle der** immer wichtiger werdenden **Ermessens- und Beurteilungsentscheidungen** der Verwaltung. Würde es wegfallen, müssten schon aus Gründen des Art. 19 IV GG solche Spielräume der Verwaltung drastisch eingeschränkt und die materielle Gerichtskontrolle erheblich erweitert werden.

– Trotz der seit 1996 geltenden Möglichkeit der **Heilung von Verfahrensfehlern im Verwaltungsprozess** kommt in diesem die Heilung oft zu spät. Die verfassungsrechtlich gebotene „reale Fehlerheilung" ist ohne Widerspruchsverfahren praktisch kaum möglich.

– Die traditionellen Gründe für das Widerspruchsverfahren bestehen – wie die erfolgreiche Tätigkeit der Stadt- und Kreisrechtsausschüsse in Rheinland-Pfalz und dem Saarland zeigt – uneingeschränkt weiter. Das gilt zumindest dann, wenn die Chancen des Widerspruchsverfahrens durch die Verwaltung besser wahrgenommen werden als bisher.

– Mediationsverfahren und Widerspruchsverfahren sind kein Gegensatz. Es sollte vielmehr darüber nachgedacht werden, wie das Widerspruchsverfahren durch moderne Ansätze der Mediation attraktiv ausgestaltet werden kann (*Biermann*, DÖV 2008, 395; *Schönenbroicher*, NVwZ 2009, 1144; *Fröhlich*, LKRZ 2010, 445; *Vetter*, Mediation und Vorverfahren [2004]).

– Im Zuge des sogenannten „e-government" werden immer mehr Verwaltungsakte nicht durch Beamte, sondern letztlich durch Algorithmen entschieden. Hier ist das Widerspruchsverfahren die erste und einzige Instanz einer persönlichen Entscheidung und damit unentbehrlich.

Insgesamt kann vor einer Abschaffung des Widerspruchsverfahrens nur gewarnt werden und die Bundesländer, in denen übereilt bereits ein solcher Schritt unternommen wurde, sollten die Entscheidung überdenken. „Reform statt Abschaffung" lautet die einzige verfassungskonforme und sinnvolle Lösung (ähnl. *Moench*, FS Battis [2014] 449).

Übersicht 2: Widerspruchsverfahren der Bundesländer Abschaffung des Widerspruchsverfahrens, § 68 I VwGO			
(ausf. Übersicht bei *Dolde/Porsch* in: Schoch/Schneider, VwR, § 68 VwGO, Rn. 14 f			
Land	Abschaffung	Landesspezifische Regelung
Baden-Württemberg	grds. nein	Abschaffung des Widerspruchsverfahrens gemäß § 15 AGVwGO grundsätzlich in den Fällen, in denen das Regierungspräsidium oder der Landesbeauftragte für den Datenschutz Ausgangsbehörde ist sowie in Angelegenheiten des LandesdisziplinarG, außer wenn das Bundesrecht die Durchführung eines Vorverfahrens vorschreibt. Weitere Regelungen in Spezialgesetzen, z. B. bei Hochschulzulassung.
Bayern	grds. ja	Art. 15 II AGVwGO: Grds. vollständige Abschaffung des Widerspruchsverfahrens; fakultatives Widerspruchsverfahren in den in Art. 15 I Nr. 1–6 AGVwGO aufgezählten Fällen (u. a. im Kommunalabgaben- und im Schulrecht).
Berlin	grds. nein	Nur punktuelle Abschaffung (§ 42 DisziplinarG, § 93 I LBG Berlin, § 4 II AGVwGO für Bereich des Ausländerrechts u. größten Teil des Hochschulrechts).

Land	Abschaffung	Landesspezifische Regelung
Brandenburg	nein	Bis auf punktuelle Ausnahmen (z. B. im KomWahlR) keine Abschaffung geplant
Bremen	grds. nein, aber zahlr. Ausnahmen	Kein W.-Verf. in wichtigen Gebieten (z. B. GewerbeR, VersammlungsR, NatSchutzR) in einigen Rechtsgebieten Widerspruchsverfahren auch gegen Verwaltungsakte der obersten Landesbehörden, § 8 I AGVwGO.
Hamburg	grds. nein	Keine generelle Abschaffung. Ausschluss in Einzelfällen in § 6 II AGVwGO (insb. Verwaltungsakte der Bürgerschaft und Beschlüsse des Senats).
Hessen	grds. ja	Abschaffung in allen Fällen der Anlage zu § 16a AGVwGO (u. a. Gewerberecht, Wasserrecht – komplizierter Katalog einzelner Maßnahmen). Kein Vorverfahren, wenn Reg.Präs. Ausgangsbehörde ist.
Mecklenburg-Vorpommern	grds. nein	Einführung eines fakultativen Widerspruchsverfahrens § 13a AGGerStrG; vollständige Abschaffung nur in wenigen Teilbereichen (§ 13b AGGerStrG - z. B. StaatsangR, FeiertagsR, WaffenR)
Niedersachsen	grds. ja	Grundsätzliche Abschaffung in § 8a I, II, IV AGVwGO; Ausnahmen: Auflistung in § 8a III AGVwGO – u. a. Schul- u. PrüfungsR, BauR, ImmissionsschutzR) – ihrerseits mit „Ausnahmen von der Ausnahme". Behörden können teilw. selbst entscheiden.

Land	Abschaffung	Landesspezifische Regelung
Nordrhein-Westfalen	grds. ja	Weitgehende Abschaffung, Erhalt des Widerspruchsverfahrens nur in einzelnen Teilbereichen, § 110 JustG (u. a. im Schul- und Prüfungsrecht u. b Drittwidersprüchen). „Ausn. v.d.Ausn."i. Bauaufsichts- und Baugenehmigungsverf. (§ 110 III 2 Nr. 7 JustG)
Rheinland-Pfalz	Nein	Keine Änderung der bestehenden Regelung geplant. Ausnahmen in SpezialG (z. B. § 51 KWG; § 69 VIII HochSchG)
Saarland	nein	Derzeit keine Änderung geplant (Ausn. i. § 48 V KWG)
Sachsen	nein	Bisher keine Änderung im SächsJG (Ausn. i. § 25 III KWG).
Sachsen-Anhalt	nein	Abschaffung nur in Fällen der Identität von Ausgangs- und Widerspruchsbehörde (mit Ausnahmen im Beamten-, Schul- und Prüfungsrecht (§ 8a AGVwGO).
Schleswig-Holstein	nein	Derzeit keine Abschaffung geplant.
Thüringen	nein	Widerspruchsverfahren entfällt bei VAen der Polizei (§ 8a ThürAgVwGO) und des Landesverwaltungsamtes (mit Ausnahmen § 9 AGVwGO; zahlr. weitere Ausn. in Spezialgesetzen.

Literatur zu § 5 I: *O. Mayer,* Deutsches Verwaltungsrecht I, 3. Aufl. (1924), S. 122 ff.; *Vetter,* Mediation und Vorverfahren. Ein Beitrag zur Reform des verwaltungsgerichtlichen Vorverfahrens (2004); *Härtel,* Rettungsanker für das Widerspruchsverfahren? VerwArch. 98 (2007), 54 ff.; *Breuer,* Verwaltungsrechtsschutz und Widerspruchsverfahren, FS Steiner (2009), 93 ff.; *Schönenbroicher,* Leitziele und Kernpunkte der Reformen des Widerspruchsverfahrens, NVwZ 2009, 1144; *Steinbeiß-Winkelmann,* Abschaffung des Widerspruchsverfahrens als Fortschritt?, NVwZ 2009, 668; *dies./Ott,* Das Widerspruchsverfahren als Voraussetzung des Gerichtszugangs in VwGO, FGO und SGG, NVwZ 2011, 914; *Hanschel,* Das Widerspruchsverfahren als föderales Experimentierfeld, FS Schenke (2011), 777; *Moench,* Das Widerspruchsverfahren – Ein Plädoyer für die Beibehaltung, FS Battis (2014), S. 449;

Beckermann, Widerspruchsverfahren nach Belieben der Behörde? Das neue niedersächsische Behördenoptionsmodell als Vorbild? NVwZ 2017, 1431.

II. Verfassungsrechtlicher Rahmen

1. Widerspruchsverfahren und Art. 19 IV GG

Aus historischen Gründen ist es verständlich, dass das Widerspruchsverfahren mit dem Rechtsschutz gegen öffentliche Gewalt (Art. 19 IV GG) kaum in Verbindung gebracht wurde. Die Widerspruchsbehörde ist eben selbst „öffentliche Gewalt" im Sinne dieser Verfassungsnorm. Das BVerfG hat die Legitimität des Widerspruchsverfahrens als Zugangsvoraussetzung zum Verwaltungsprozess stets bejaht (z. B. BVerfGE 40, 256), aber auch betont, dass das Verfahren zügig und ohne Verzögerung durchzuführen sei. Dass das Vorverfahren den Verwaltungsprozess nur entlasten, nicht aber ersetzen könne, war dem BVerfG ohnehin selbstverständlich (z. B. BVerfGE 10, 302, 308).

6

2. Gewaltenteilung, Selbstverwaltung

Für das Widerspruchsverfahren als Kontrolle der Exekutive durch die Exekutive stellen sich auch bei einer Zweckmäßigkeitsprüfung **keine Fragen der Gewaltenteilung**. Verfassungsrechtliche Grenzen ergeben sich aber aus den verschiedenen **Selbstverwaltungsgarantien** der Verfassung (Art. 5 III, 28 II GG), weil eine über die bloße Rechtsaufsicht hinausgehende Kontrolle durch staatliche Widerspruchsbehörden ein Eingriff in die Autonomie der Hochschulen und Kommunen wäre. Deshalb ist in Selbstverwaltungsangelegenheiten entweder der Selbstverwaltungsträger selbst Widerspruchsbehörde (§ 73 I 2 Nr. 3 VwGO), oder die staatliche Widerspruchsbehörde ist auf eine Rechtmäßigkeitskontrolle beschränkt (vgl. dazu die Übersicht über die Widerspruchsbehörden unten, § 6 Rn. 44). Beide Verfahren lassen sich auch in der Weise kombinieren, dass die Zweckmäßigkeitsprüfung durch die Selbstverwaltungsbehörde der rechtlichen Prüfung durch die staatliche Widerspruchsbehörde vorausgeht oder dass die Prüfung auf einen besonderen **Ausschuss** innerhalb der Selbstverwaltungskörperschaft verlagert wird (vgl. § 6 AGVwGO Rhl.-Pf.).

7

3. Gesetzgebungskompetenz

8   Probleme bereitet seit Bestehen der VwGO die Gesetzgebungskompetenz für das Widerspruchsverfahren. Nach Art. 74 I Nr. 1 GG hat der Bund diese nur für das gerichtliche Verfahren, während die Länder nach Art. 84 I GG bei der Ausführung auch von Bundesgesetzen die Einrichtung der Behörden und das Verwaltungsverfahren regeln. Deshalb ließ sich das Widerspruchsverfahren nur unter der Voraussetzung in die VwGO einbeziehen, dass es vorwiegend als Prozessvoraussetzung – eben als „Vorverfahren zum Verwaltungsprozess" – definiert wurde.

III. Systematischer Standort

1. Allgemeines

9   Die Frage nach dem systematischen Standort des Widerspruchsverfahrens lässt sich heute weder aus der historischen Verbindung von Verwaltungsprozess und Verwaltungsverfahren noch allein aus den geschilderten kompetenzrechtlichen Erwägungen beantworten. So lässt sich das Widerspruchsverfahren selbst bei einer verengten prozessualen Sichtweise nicht mehr als bloßes „Vorverfahren" zum Verwaltungsprozess begreifen.

2. Zusammenhang von Widerspruchsverfahren und Verwaltungsprozess

10 Wie Verwaltungsverfahren und Verwaltungsprozess stehen auch Widerspruchsverfahren und Verwaltungsprozess in einem engen funktionalen Zusammenhang. Sie teilen nicht nur wichtige Zulässigkeitsvoraussetzungen und rechtliche Maßstäbe, sondern dienen auch gemeinsam dem Ziel einer Rechtmäßigkeitskontrolle der Verwaltung und der Befriedung öffentlich-rechtlicher Konflikte. Sie sind überdies zwei Stufen ein und desselben Entscheidungsablaufs, der vom Verwaltungsverfahren über Widerspruchsverfahren und Verwaltungsprozess bis zum Vollzug geht (dazu Übersicht 1, § 1, nach Rn. 52). Deshalb wäre es auch verfehlt, den Zusammenhang zwischen beiden Bereichen zu leugnen oder das Widerspruchsverfahren vollends vom Verwaltungsprozess zu trennen. Nach wie vor vereinigen sich in ihm vielmehr Elemente des prozessualen „Vorverfahrens" und der zweiten Stufe des Verwaltungsverfahrens.

3. Das Widerspruchsverfahren als Verwaltungsverfahren

Dem äußeren Ablauf nach ist das Widerspruchsverfahren eindeutig **Verwaltungsverfahren**. Es wird auf Antrag des Bürgers eingeleitet, es läuft in Sachaufklärung, Anhörung, Beratung usw. ab wie das Verwaltungsverfahren, ist i. d. R. auf eine umfassende Recht- **und** Zweckmäßigkeitskontrolle ausgerichtet und endet nicht mit einem Urteil, sondern i. d. R. mit einem Widerspruchs- oder Abhilfebescheid, also einem Verwaltungsakt. Folgerichtig gelten auch die verfassungsrechtlichen Garantien für das gerichtliche Verfahren (gesetzlicher Richter, Öffentlichkeit usw.) nicht (s. auch *Detterbeck*, AVwR, Rn. 1359).

IV. Anwendbares Recht

Für die Bestimmung der für das Widerspruchsverfahren jeweils anwendbaren Rechtsnormen gilt: Die **Grundregel** ist **§ 79 VwVfG**, der klarstellt, dass für Rechtsbehelfe gegen Verwaltungsakte, also auch den Widerspruch, die VwGO gilt, soweit durch Gesetz – jetzt auch Landesgesetz – nicht etwas anderes bestimmt ist. Im Übrigen aber gelten die Vorschriften des VwVfG. Das kann indessen nur heißen, dass die das Widerspruchsverfahren **selbst** betreffenden Regeln der VwGO und der Ausführungsgesetze der Länder den VwVfG-Bestimmungen vorgehen. Diese sind als speziell das Widerspruchsverfahren betreffende Normen unmittelbar anwendbar und verdrängen alle sonstigen Verfahrensvorschriften. Nur § 68 VwGO ist dabei eine im eigentlichen Sinne verwaltungs**prozessuale** Regelung. Alle anderen Bestimmungen in §§ 69–73 VwGO sind **verfahrens**rechtlicher Natur und gehörten eigentlich in die VwVfGe des Bundes und der Länder.

Im Übrigen kommen Normen der VwGO für eine Anwendung im Bereich des Widerspruchsverfahrens kaum in Betracht, weil sie größtenteils „prozessspezifisch" sind. Es gibt aber eine Reihe von VwGO-Vorschriften, die wegen bestehender Lücken im Verfahrensrecht und exakt paralleler Probleme analog anzuwenden sind. Die bekanntesten Beispiele hierfür sind die Widerspruchsbefugnis (§ 42 II VwGO analog), die Rechtsverletzung (§ 113 I u. V VwGO analog) und § 40 I 1 VwGO hinsichtlich des Rechtswegs. Die Beispiele zeigen aber auch, wie problematisch die undifferenzierte analoge Anwendung prozessualer Vorschriften auf das Widerspruchsverfahren ist. So ist insbesondere die Zweckmäßigkeitskontrolle im auf Klagebefugnis und Rechtsverletzung orientierten Prüfungsmaßstab der VwGO schwer unterzubringen.

Als „**Faustregel**" lässt sich also festhalten: Es gelten
- die Vorschriften der §§ 68–73 VwGO und der Ausführungsgesetze der Länder (AGVwGO),
- die Vorschriften der VwVfGe,
- unter den Voraussetzungen der analogen Anwendbarkeit: Sonstige Vorschriften der VwGO analog.

13

Übersicht 3: Im Widerspruchsverfahren anwendbare Rechtsvorschriften

Rechtsnatur des Streitgegenstandes, Eröffnung der öffentlichrechtlichen Kontrolle insgesamt	§ 40 I 1 VwGO (analog)
Statthaftigkeit des Widerspruchs – Widerspruchsverfahren als Prozessvoraussetzung	Spezialvorschriften und § 68 VwGO
zuständige Behörde	„Einlegungsbehörde" – § 70 VwGO
	„Abhilfebehörde" § 72 VwGO
Widerspruchsbehörde	§ 73 VwGO, subsidiär Landesrecht
Verfahrensgrundsätze	§§ 9 u. 10 VwVfG, soweit gesetzlich nicht geregelt, richterrechtlich abgeleitet aus Art. 3, 19 IV, Art. 20, 103 GG, Grundrechtsschutz durch Verfahren
Beteiligte	§§ 11 ff. VwVfG
ausgeschlossene Personen, Besorgnis der Befangenheit	§§ 20, 21 VwVfG
Antrag/Beginn des Verfahrens	§ 69 VwGO (verdrängt § 22 VwVfG)
Form des Widerspruchs	§ 70 VwGO
Frist	§ 70 VwGO
Amtssprache	§ 23 VwVfG
Sachaufklärung	§§ 24–26 VwVfG
Beratung, Auskunft	§ 25 VwVfG
Anhörung	§ 71 VwGO (verdrängt § 28 VwVfG, ist aber als „Mussvorschrift" zu sehen)

Akteneinsicht und Geheimhaltung	§§ 29/30 VwVfG
Durchführung des Verfahrens, Fristen, Termine	§ 31 VwVfG
Begründetheit	§ 68 VwGO, § 113 VwGO analog, zusätzlich Zweckmäßigkeitsprüfung, Besonderheiten bei Selbstverwaltungsangelegenheiten
Widerspruchsbescheid (Verfahrensergebnis)	§ 73 VwGO
Bekanntgabe	§ 73 III VwGO
Begründung	§ 73 III VwGO (ergänzend: § 39 VwVfG. Ausnahmen in § 39 und §§ 1/2 VwVfG gelten nicht)

Literatur zu § 5 II–IV: *Allesch,* Die Anwendbarkeit der Verwaltungsverfahrensgesetze auf das Widerspruchsverfahren nach der VwGO (1984); *Oerder,* Das Widerspruchsverfahren der Verwaltungsgerichtsordnung: Einordnung zwischen Verwaltungsverfahrens- und Verwaltungsprozessrecht (1989); *Pietzner/Ronellenfitsch,* Assessorexamen, §§ 27 ff.; *Schmitt Glaeser/Horn,* VwProzR, Rn. 175 ff., 193 f.; *Schenke,* VwProzR, Rn. 1060 ff.; *Geis,* in: Sodan/Ziekow, VwGO, §§ 68 ff.; *Geis/Hinterseh,* Grundfälle zum Widerspruchsverfahren, JuS 2001, 1074, 1176; JuS 2002, 34; *Ehlers/Schoch,* Rechtsschutz, S. 485 ff.

§ 6 Sachentscheidungsvoraussetzungen im Widerspruchsverfahren

Als Rechtsbehelf ist der Widerspruch erfolgreich, wenn er **zulässig** und **begründet** ist. Darauf baut das „Prüfungsschema" (s. Übersicht 5, unten, Rn. 46) auf, das dem Gutachten zum Widerspruchsverfahren zu Grunde zu legen ist. 1

I. Streitigkeit, für die der Verwaltungsrechtsweg eröffnet wäre (§ 40 I 1 VwGO analog)

In allen Prüfungsschemata zum Widerspruchsverfahren steht die „Zulässigkeit" des Verwaltungsrechtswegs obenan – zumeist gefolgt von dem lapidaren Hinweis, dass diese Frage nach § 40 I 1 VwGO zu klären sei. Selten wird aber gesagt, warum der Verwaltungsrechtsweg für die Zulässigkeit des Widerspruchs eröffnet sein muss oder 2 besser: Eröffnet sein **müsste**, wenn es über den gleichen Streitgegenstand zu einem Rechtsstreit käme. Dies ist der Fall, weil § 68 VwGO das Widerspruchsverfahren nicht nur vorschreibt, sondern als bundesrechtliche Regelung auch mit der Eröffnung des Verwaltungsrechtswegs verknüpft. Demgegenüber hat § 79 VwVfG nur deklaratorische Bedeutung. Er stellt nur klar, dass für förmliche Rechtsbehelfe gegen Verwaltungsakte die VwGO usw. gilt. Der Widerspruch ist also nur zulässig, wenn der nachfolgende Prozess eine **öffentlich-rechtliche Streitigkeit nichtverfassungsrechtlicher Art wäre**, soweit diese nicht durch Bundesgesetz einem anderen Gericht ausdrücklich zugewiesen ist.

Wichtig: Im Widerspruchsverfahren ist § 40 I 1 VwGO – da er sich nur auf die Klage bezieht – nur **analog** anzuwenden. Da § 17a GVG hier nicht gilt, ist das Vorliegen einer öffentlich-rechtlichen Streitigkeit echte **Zulässigkeitsvoraussetzung**, d.h. der Widerspruch ist mangels Verweisungsmöglichkeit als unzulässig zurückzuweisen, wenn der Rechtsweg nicht eröffnet ist. Wann dies der Fall ist, wird bei den Zulässigkeitsvoraussetzungen der Klage (unten, § 11) behandelt.

II. Beteiligtenbezogene Zulässigkeitsvoraussetzungen

1. Beteiligungsfähigkeit

3   Für die rechtliche Fähigkeit, am Widerspruchsverfahren beteiligt zu sein **(Beteiligungsfähigkeit)**, gilt § 11 VwVfG. Diese Bestimmung ist § 61 VwGO nachgebildet (Einzelheiten deshalb auch unten, § 12 Rn. 18ff.). Beteiligungsfähig sind zunächst **natürliche und juristische Personen** (JP). Juristische Personen i. S. v. § 11 VwVfG können solche des Privatrechts oder des Öffentlichen Rechts sein. Ihnen gleichgestellt sind Einrichtungen und Vereinigungen, die zwar nicht JP sind, denen aber durch Gesetz oder gewohnheitsrechtlich die Fähigkeit zuerkannt ist, im eigenen Namen ihre Rechte geltend zu machen. Die wichtigsten Beispiele hierfür sind die OHG, die KG – letztere nur bis zur Eröffnung eines Insolvenzverfahrens (BVerwG, NJW 2011, 3671) und – nach einem Grundsatzurteil des BGH (BGHZ 146, 341) – auch die BGB-Gesellschaft sowie politische Parteien, Gewerkschaften und (sonstige) Tarifvertragsparteien (*Kopp/Ramsauer*, VwVfG, § 11, Rn. 6).

Vereinigungen i. S. v. § 11 Nr. 2 VwVfG sind sonstige Personen- 4
mehrheiten, die weder JP noch diesen gleichgestellt sind, denen aber
ein Recht zustehen kann, um das es im Widerspruchsverfahren geht.

Beispiele: Der nicht rechtsfähige Verein, soweit er Träger eines Rechts sein kann (z. B. die Religionsgemeinschaft beim Streit um eine religiös motivierte Sammlung); die organisatorisch verbundenen Veranstalter einer Demonstration (nicht also die Teilnehmer einer Spontanveranstaltung); Fakultäten und Fachbereiche einer Hochschule. Ausländische Vereine sind beteiligungsfähig, wenn sie ein Mindestmaß an Organisation und Rechtsstatus als Vereinigung aufweisen und durch eine natürliche Person vertreten werden (BVerwG, NVwZ 2004, 887).

Anders als im Verwaltungsprozess (§ 61 VwGO) sind im Wider- 5
spruchsverfahren **Behörden** immer beteiligungsfähig, auch wenn das
Landesrecht dies nicht ausdrücklich regelt. Der Begriff der Behörde
richtet sich nach § 1 IV VwVfG. Wichtig ist, dass die Behörde –
auch wenn sie selbst Beteiligte im Widerspruchsverfahren ist – immer
für ihren Rechtsträger handelt.

Literatur zu § 6 II 1: *Siegel,* Die Verfahrensbeteiligung von Behörden und anderen Trägern öffentlicher Belange (2000); *Jauernig,* Zur Rechts- und Parteifähigkeit der Gesellschaft bürgerlichen Rechts, NJW 2001, 2231.

2. Handlungsfähigkeit

Für die Handlungsfähigkeit im Widerspruchsverfahren gilt § 12 6
VwVfG. Dabei geht es um die **Fähigkeit, das Verfahren selbst oder
durch einen Bevollmächtigten zu führen.** Fähig zur Vornahme von
Verfahrenshandlungen sind demnach

- **natürliche Personen,** die nach Bürgerlichem Recht geschäftsfähig sind (§§ 2, 104 ff. BGB),
- **natürliche Personen,** die in der Geschäftsfähigkeit beschränkt sind, soweit sie für den Gegenstand des Verfahrens durch Vorschriften des Bürgerlichen Rechts als geschäftsfähig oder durch Vorschriften des öffentlichen Rechts als handlungsfähig anerkannt sind. **Beispiel:** Minderjährige über 14 Jahre in einem Rechtsstreit über die Teilnahme am Religionsunterricht; minderjährige Redakteure einer Schülerzeitung im Streit um deren Inhalt,
- **Juristische Personen** und **Vereinigungen** (§ 11 Nr. 2 VwVfG). Für diese handelt der gesetzliche Vertreter oder ein besonderer Beauftragter. Wer gesetzlicher Vertreter ist, ergibt sich aus dem maßgeblichen Verfahrens- bzw. materiellen Recht. Besonders wichtig sind auch die Kompetenzregeln der Gemeindeordnungen,
- beteiligungsfähige **Behörden.** Diese handeln durch ihre Leiter, deren Vertreter oder Beauftragte.

7 Nicht oder nur beschränkt (verfahrens-)handlungsfähige natürliche Personen (Betreute) handeln durch den **gesetzlichen Vertreter**. Ist ein solcher nicht vorhanden, so muss die Behörde ggf. durch das Familiengericht bzw. das Betreuungsgericht Sorge für die Bestellung eines besonderen Vertreters tragen (§ 16 VwVfG i. V. m. § 57 ZPO).

8 Ein beliebtes **Klausurproblem** ist die Einlegung des Widerspruchs durch einen hierzu nicht bevollmächtigten Vertreter (z. B. des Bürgermeisters ohne Mitwirkung des Gemeinderats, soweit diese nach Landesrecht erforderlich ist). Handelt dieser nicht in Vollzug eines Gemeinderatsbeschlusses oder kraft einer besonderen gesetzlichen Ermächtigung (so grundsätzlich geregelt in § 47 I GemO Rh.-Pf.), so hängt die Wirksamkeit der Handlung – da in der Regel weder laufende Angelegenheit noch unaufschiebbares Geschäft – von der nachträglichen Genehmigung des zuständigen Organs ab (§ 177 I BGB analog).

Literatur zu § 6 II 2: *Laubinger,* Prozessfähigkeit und Handlungsfähigkeit, FS Ule (1987), 161; *Habermehl,* Die Vertretung der Kommune, DÖV 1987, 144 ff.; *Laubinger/Repkewitz,* Der Betreute im Verwaltungsverfahren und Verwaltungsprozess, VerwArch. 85 (1994), 86 ff.

3. Ordnungsgemäße Vollmacht

9 Im Widerspruchsverfahren besteht **kein Anwaltszwang**. Beteiligte können sich aber nach § 14 VwVfG in jeder Phase des Verfahrens durch einen **Bevollmächtigten** vertreten lassen, der dann ermächtigt ist, alle Verfahrenshandlungen mit Wirkung für den Vertretenen vorzunehmen. In diesem Fall ist eine ordnungsgemäße Vollmacht Zulässigkeitsvoraussetzung des Widerspruchs.

III. Statthaftigkeit des Widerspruchs

1. Allgemeines

10 Das Widerspruchsverfahren ist **nur** für bestimmte öffentlich-rechtliche Streitigkeiten vorgesehen, und zwar – soweit gesetzlich nicht anders bestimmt – **vor Erhebung der Anfechtungs- oder der Verpflichtungsklage (§ 68 I und II VwGO)**. Nach der VwGO richtet sich die Statthaftigkeit des Widerspruchs also nicht unmittelbar nach dem Streitgegenstand, sondern nach der **anschließend statthaften Klageart**.

2. Anfechtungswiderspruch (§ 68 I VwGO)

Der Widerspruch ist vor Erhebung der Anfechtungsklage statthaft. 11
Voraussetzung ist folglich das Vorliegen eines Verwaltungsakts nach
§ 35 VwVfG. Ob dieser den Antragsteller (möglicherweise) belastet,
ist erst bei der Widerspruchsbefugnis bzw. bei der Begründetheit zu
prüfen. Nicht statthaft ist demnach i. d. R. der Widerspruch gegen
„Nichtregelungen" (Realakte), gegen Entscheidungen, die nicht Einzelentscheidungen sind (Rechtsnormen) und gegen Entscheidungen
ohne Außenwirkung (also z. B. organinterne Entscheidungen, Verwaltungsvorschriften oder behördeninterne Weisungen).

Der VA muss **bekanntgegeben** und damit rechtlich existent sein 12
(§ 41 VwVfG). Unstatthaft ist damit ein „vorbeugender Widerspruch" gegen einen noch nicht ergangenen VA (BVerwGE 25, 20,
21). Das ist richtig, denn ein „vorbeugender Verhütungswiderspruch"
würde nur zu einer Vermischung der Instanzen, zur vorzeitigen Einbeziehung der Widerspruchsbehörde in das Verwaltungsverfahren
und zur Umgehung des Widerspruchsverfahrens als **nachträglicher**
Kontrolle führen.

Ist der VA bereits **erledigt** oder **zurückgenommen,** so kommt eine 13
Fortführung des Widerspruchsverfahrens bis zu einem „**Fortsetzungsfeststellungswiderspruchsbescheid**" nicht in Betracht. Das
Verfahren ist dann vielmehr einzustellen (BVerwGE 81, 226, 228 f.;
Geis/Hinterseh, JuS 2001, 1077; *Detterbeck,* AVwR, Rn. 1361; a. A.
Kopp/Schenke, VwGO, vor § 68 Rn. 2; ausf. unten § 8, Rn. 24).

Statthaft ist nach richtiger Ansicht der Widerspruch auch gegen 14
den **nichtigen** oder den **nicht wirksam bekanntgegebenen VA.** Dieser ist zwar nicht wirksam; der Fehler wird sich aber oft erst im (zulässig eingeleiteten) Widerspruchsverfahren herausstellen. Unabhängig von dem auch durch den nichtigen VA erzeugten „Rechtsschein"
ist dem Betroffenen daher nicht zuzumuten, sogleich eine Klage auf
Feststellung der Nichtigkeit zu erheben, und auch die Widerspruchsbehörde muss die Möglichkeit zur Korrektur des mit einem besonders schweren Mangel behafteten VA haben. Das geschieht nicht
durch „Aufhebung", sondern durch **Feststellung der Nichtigkeit.**
Fehlen kann allerdings das **Rechtsschutzbedürfnis,** solange der Betroffene nicht den Antrag nach § 44 V VwVfG auf Feststellung der
Nichtigkeit bei der Behörde selbst gestellt hat (a. A. *Geis,* in: Sodan/
Ziekow, VwGO, § 68, Rn. 86; *Schenke,* VwProzR, Rn. 576).

3. „Verpflichtungswiderspruch"

15 Statthaft ist der Widerspruch auch, wenn die Ausgangsbehörde einen begünstigenden VA abgelehnt hat (§ 68 II VwGO). Die Bezeichnung „Verpflichtungswiderspruch" ist nur insofern richtig, als die nachfolgende Klage eine Verpflichtungsklage wäre. Die Widerspruchsbehörde verpflichtet aber – von Ausnahmen im Bereich der Selbstverwaltung abgesehen – die Ausgangsbehörde in der Regel nicht, den beantragten VA zu erlassen, sondern erlässt diesen ganz oder teilweise selbst (dazu unten, § 9, Rn. 10).

Nicht statthaft ist der Widerspruch, wenn die Behörde trotz Antrags untätig geblieben ist, also die Verpflichtungsklage ohne Vorverfahren zulässig wäre (§ 75 VwGO). Der Widerspruch findet also nur vor der „Weigerungsgegenklage" statt. Einen „Untätigkeitswiderspruch" gibt es nicht. Der Betroffene kann und muss dann vielmehr unmittelbar Verpflichtungsklage erheben.

4. Statthaftigkeit in sonstigen gesetzlich angeordneten Fällen

16 Abweichend von § 68 VwGO ist der Widerspruch auch statthaft, wenn er in einem anderen Gesetz vorgesehen ist. Die für Studierende und Referendare einzig bedeutsamen Beispiele hierfür sind § 54 II BeamtStG und § 126 II BBG (Widerspruch vor allen Klagen aus dem Beamtenverhältnis einschließlich der Leistungs- und Feststellungsklagen und auch dann, wenn die Aufnahme in den öffentlichen Dienst erst angestrebt wird – VGH Kassel, LKRZ 2013, 437). **Wichtig:** Auch in diesem Fall darf die nachfolgende Klageart nicht einfach offenbleiben, weil sich weitere Zulässigkeitsvoraussetzungen und die Struktur der Begründetheitsprüfung danach richten.

5. Spezialgesetzliche Ausnahmen

17 Nach § 68 I 2 VwGO bedarf es einer Nachprüfung im Widerspruchsverfahren nicht, wenn ein Gesetz (des Bundes oder eines Landes) dies bestimmt. Weggefallen ist die frühere Einschränkung landesrechtlicher Ausnahmen für „besondere Fälle". In diesen Fällen ist der Widerspruch unzulässig.

Ein wichtiges **Beispiel** bildet § 70 VwVfG (Entscheidungen in förmlichen Verwaltungsverfahren), auf den § 74 I 2 VwVfG für Planfeststellungsbeschlüsse verweist. Der Grund liegt in der ohnehin größeren Förmlichkeit dieser Verfahren und darin, dass Planfeststellungsverfahren ohnehin zumeist von staatlichen Mittelbehörden durchgeführt werden. Der Wegfall des Widerspruchsverfahrens bei der Plangenehmigung ist in § 74 VI 3 VwVfG geregelt. Hinzuweisen ist ferner noch auf § 25 IV JuSchG (kein Widerspruchsverfahren gegen Entscheidungen der Bundesprüfstelle) sowie Maßnahmen nach dem Asylverfahrensgesetz (§ 11). Weitere Fälle, in denen das Widerspruchsverfahren ausgeschlossen wird, finden sich in den Ausführungsgesetzen der Länder (s. a. Übersicht oben, § 5, Rn. 5; *Schenke,* VwProzR, Rn. 656; *Dolde/Porsch,* in: Schoch/Schneider, VwRO, VwGO, § 68, Rn. 14a f.).

6. Ausnahmen in § 68 VwGO

Eines Vorverfahrens bedarf es nach § 68 I 2 Nr. 1 VwGO nicht, 18 wenn der VA von einer **obersten Bundesbehörde** oder von einer **obersten Landesbehörde** erlassen worden ist, außer wenn ein Gesetz die Nachprüfung vorschreibt. Wenn ohnehin eine oberste Bundes- oder Landesbehörde entschieden hat, besteht im behördlichen Instanzenzug keine weitere Kontrollstufe mehr.

„Ausnahmen von der Ausnahme" bilden wieder § 54 II BeamtStG, § 126 II BBG. In **beamtenrechtlichen Angelegenheiten** (einschließlich bei Streitigkeiten über die Aufnahme in den öffentlichen Dienst) ist stets ein Widerspruchsverfahren erforderlich (vgl. als weitere Ausnahmen auch § 55 PBefG, § 9 IV 2 IFG, § 6 II UIG, § 4 IV VIG).

§ 68 I 2 Nr. 2 VwGO schließt das Widerspruchsverfahren gegen 19 den Abhilfebescheid oder den Widerspruchsbescheid aus, wenn dieser **„erstmalig eine Beschwer enthält"**. Damit ist klargestellt, dass es kein doppeltes Widerspruchsverfahren gibt.

Beispiele: Die Widerspruchsbehörde ändert den Ausgangsbescheid zulasten des Widerspruchsführers selbst („reformatio in peius" – dazu § 9, Rn. 15). Verschärft die Widerspruchsbehörde ein Verbot oder belastet sie den Ast. selbst, so wäre es ein übertriebener Formalismus, wenn dieser erneut ein Widerspruchsverfahren durchlaufen müsste, bevor er Anfechtungs-, ggf. auch Verpflichtungsklage erheben kann (so auch BVerwGE 40, 25, 27). Das gilt auch für die (seltene) Rücknahme eines begünstigenden Widerspruchsbescheids durch die Widerspruchsbehörde (BVerwG, NVwZ 2009, 924 – Aufhebung einer Zusicherung).
Eine zunächst abgelehnte Baugenehmigung wird auf Widerspruch des Ast. erteilt. Hier ist der Nachbar erstmals beschwert und kann die Baugenehmigung sogleich vor dem VG anfechten. Das gilt auch für den Erwerber des Grundstücks, wenn der Vorbesitzer zum jeweiligen Streitgegenstand bereits erfolglos ein Widerspruchsverfahren durchgeführt hat (BVerwG, NVwZ 2006, 1072).

IV. Widerspruchsbefugnis

20 Das Widerspruchsverfahren ist kein objektives Beanstandungsverfahren, sondern auf die Verteidigung **subjektiver Rechte** gerichtet. Der Widerspruchsführer muss grundsätzlich (aus eigenem Recht) befugt sein, Widerspruch zu erheben. Es gibt also **keinen „Popularwiderspruch"**.
Widerspruchsbefugt ist, wer im Sinne von § 42 II VwGO geltend machen kann, durch die Maßnahme oder deren Unterlassung in seinen Rechten verletzt zu sein. Es muss sich also um ein **Recht** (im Unterschied zum bloßen Rechtsreflex, wirtschaftlichen Interesse, Erwerbschance usw.) handeln, und dieses Recht muss **dem Widerspruchsführer zustehen** können (Schutznorm, Grundrecht usw.). Insofern ist die Widerspruchsbefugnis weder durch den Begriff „Beschwerter" in § 70 VwGO noch durch den Prüfungsmaßstab des § 68 VwGO erweitert, denn „beschwert" im Sinne von § 70 heißt: „**in einem (eigenen) Recht beschwert**". Auch für die **Möglichkeit der Rechtsverletzung** gilt zunächst nichts anderes als bei der Klagebefugnis (unten, § 14, Rn. 61 ff.).

21 Widerspruchsbefugt ist stets der **Adressat eines belastenden VA**. Die „Adressatentheorie" gilt also auch hinsichtlich der Widerspruchsbefugnis (dazu unten, § 14, Rn. 75). Probleme ergeben sich nur beim VA mit (belastender) Drittwirkung, bei dem der Widerspruchsführer geltend machen muss, gerade durch den den Adressaten begünstigenden VA verletzt zu sein. Beim **Verpflichtungswiderspruch** muss der Widerspruchsführer ein ihm zustehendes Recht geltend machen, das durch die Ablehnung des VA möglicherweise verletzt ist. Auszuschließen ist das aber nur, wenn das als verletzt behauptete Recht offensichtlich und eindeutig nach keiner Betrachtungsweise besteht oder dem Widerspruchsführer zustehen kann (so für die Klagebefugnis BVerwGE 44, 1, 3).

22 **Wichtig:** Während bei der Klage aber nur die Möglichkeit der **Rechtsverletzung** durch einen damit als rechtswidrig behaupteten VA zur Klagebefugnis führt, reicht es für das Widerspruchsverfahren aus, dass der Betroffene geltend macht, der sein Recht beeinträchtigende VA sei nicht **zweckmäßig**. Nur insoweit hat der erweiterte Prüfungsmaßstab des § 68 VwGO (Rechtmäßigkeit **und** Zweckmäßigkeit) Auswirkungen auf die Frage der Widerspruchsbefugnis. Das kann schon begrifflich nur bei Ermessensentscheidungen eine Rolle

spielen. Daher ist zusätzlich zu § 42 II VwGO auch derjenige widerspruchsbefugt, der Tatsachen vorträgt, aus denen sich ergibt, dass die Behörde in ein ihm zustehendes **subjektives Recht** eingreift und dabei **möglicherweise unzweckmäßig** gehandelt hat.

Literatur zu § 6 IV: *Kopp/Schenke,* VwGO, § 69, Rn. 6; *Pietzner/Ronellenfitsch,* Assessorexamen, § 35; *Würtenberger/Heckmann,* VwProzR, Rn. 423; *Ehlers/Schoch,* Rechtsschutz S. 487 ff.; *Schoch,* Das Widerspruchsverfahren nach §§ 68 ff. VwGO, Jura 2003, 752.

V. Ordnungsgemäße Erhebung des Widerspruchs und Einhaltung der Widerspruchsfrist

1. Form und notwendiger Inhalt

Nach § 70 VwGO ist der Widerspruch (innerhalb eines Monats) schriftlich oder zur Niederschrift bei der Behörde zu erheben, die den VA erlassen hat. 23

a) Im Hinblick auf die **Form** bedeutet dies zum einen, dass der Widerspruch – im Gegensatz zum Antrag nach § 22 VwVfG – nicht mündlich, fernmündlich oder gar nur konkludent erhoben werden kann, und zwar auch dann nicht, wenn über die „Einlegung" später ein schriftlicher Vermerk gefertigt wurde (BVerwGE 26, 201, 202; 50, 248, 253; OVG Weimar, NVwZ-RR 2002, 408; VGH Mannheim, NVwZ-RR 2002, 407 – Antrag auf Anordnung der aufschiebenden Wirkung reicht nicht). „Schriftliche Erhebung" bedeutet ferner, dass das Schriftstück dem Aussteller zuverlässig zugeordnet werden kann und dass erkennbar wird, dass es mit seinem Willen in den Rechtsverkehr gelangt ist. Dafür reicht in der Regel die Unterschrift. Der Widerspruch muss also nicht vom Widerspruchsführer selbst erstellt worden sein, und selbst die eigenhändige Unterschrift kann nach der insofern großzügigen Rechtsprechung des BVerwG (vgl. etwa BVerwGE 30, 274, 276) entbehrlich sein, wenn sich aus dem Schriftstück in Verbindung mit den möglicherweise beigefügten Anlagen hinreichend sicher ergibt, dass es von dem Widersprechenden herrührt und mit dessen Willen in den Verkehr gebracht wurde.

Der Schriftform wird auch durch die **telegrafische** oder **fernschriftliche** Erhebung des Widerspruchs genügt, obwohl bei diesen Formen weder die Eigenhändigkeit der Unterschrift vorliegt, noch Verwechslungsgefahr und Missbräuche völlig ausgeschlossen werden können.

In der Praxis sind diese Probleme auch heute nicht unwichtig, haben aber durch die großzügige Zulassung des Widerspruchs per Telefax und e-Mail an

Bedeutung verloren (zur Zulässigkeit BFH, NJW 1982, 2520; BVerwGE 77, 38 ff.). Wegen der fehlenden Individualisierbarkeit war die Einlegung per Computerfax oder e-mail lange (vgl. aber GSOGB, NJW 2000, 2340) umstritten. Das Problem dürfte durch § 3a I und II VwVfG zumindest auf Gesetzesebene gelöst sein. Demnach kann der Widerspruch auch auf elektronischem Wege (also z. B. durch e-mail oder über eine Internet-Plattform) eingelegt werden. Voraussetzung ist aber, dass die Behörde den elektronischen Zugang eröffnet hat und der Widerspruch mit einer Signatur versehen ist (OVG Münster, DVBl. 2010, 724; *Kintz*, Der elektronische Widerspruch, NVwZ 2004, 1429; allg. *Britz*, in: Grundlagen d. VwR II, 2. Aufl.2012, § 26 Rn. 48; *Schulz*, Die Fortentwicklung der Schriftformäquivalente im Verwaltungsverfahrensrecht, DÖV 2013, 882; *Hufen/Siegel*, Fehler im VwVf. 6. Aufl. [2018], Rn. 191 f.).

24 b) **Nicht erforderlich** für die Zulässigkeit ist die **Bezeichnung als Widerspruch**. Zulässig ist also auch der mit „Einspruch", „Beschwerde", „Antrag auf Rücknahme" (dazu BVerwG, NJW 2002, 1137) o. dgl. bezeichnete Widerspruch. Wie beim verfahrenseinleitenden Antrag gem. § 22 VwVfG muss aber auch der Widerspruch mindestens seinen Zweck, also die förmliche Aufforderung zur Nachprüfung und ggf. Beseitigung oder Änderung einer bestimmten oder nach den Umständen bestimmbaren Behördenentscheidung, erkennen lassen.

25 c) Wegen des wachsenden Anteils von Ausländern als Beteiligte in Verwaltungs- und Widerspruchsverfahren stellt sich immer häufiger die Frage, wie bei einem in einer Fremdsprache abgefassten Widerspruch zu verfahren ist. Grundsätzlich gilt § 23 VwVfG (**Deutsch als Amtssprache**). Wird der Widerspruch in einer fremden Sprache eingelegt, so soll die Behörde unverzüglich die Vorlage einer Übersetzung verlangen. Auch im Übrigen sind § 23 I und II VwVfG im Widerspruchsverfahren anwendbar (*Allesch*, Anwendbarkeit, S. 119 f.).

Problematisch ist wegen § 70 VwGO die Anwendbarkeit von § 23 III und IV VwVfG, die die Fristwahrung betreffen. So richtig es ist, dass § 23 IV VwVfG die insoweit abschließende Fristbestimmung des § 70 VwGO im Hinblick auf die Rechtssicherheit nicht verdrängen kann, so wichtig ist schon im Hinblick auf Art. 19 IV GG, Art. 6 EMRK und die auch im Widerspruchsverfahren geltende Beratungspflicht nach § 25 VwVfG, dass die Behörde den betroffenen Ausländer rechtzeitig auf die Folgen eines nicht in deutscher Sprache eingelegten Widerspruchs hinweist und die in § 23 III und IV VwVfG angeordneten Vorkehrungen trifft, um ein Scheitern des Widerspruchs wegen einer fehlenden Übersetzung zu vermeiden (zur Wiedereinsetzung in den vorigen Stand s. unten, Rn. 33).

d) Der Widerspruch ist bei der Behörde einzulegen, die den VA **er-** 26
lassen hat. Die Frist wird aber auch durch Einlegung bei der Widerspruchsbehörde gewahrt (§ 70 VwGO).

e) Anders als bei § 17a GVG besteht im Widerspruchsverfahren 27
keine Verweisungspflicht an die zuständige Behörde. Der bei der falschen Behörde eingelegte Widerspruch ist also unzulässig. Das Problem fällt allerdings deshalb weniger ins Gewicht, weil der Widerspruchsführer die Ausgangsbehörde in der Regel kennt und die Angabe der richtigen Behörde notwendiger Bestandteil der Rechtsbehelfsbelehrung ist. Unabhängig davon hat aber die Widerspruchsbehörde die Pflicht (§ 25 VwVfG), den Widerspruchsführer zu beraten und ihn ggf. an die zuständige Behörde zu verweisen.

2. Widerspruchsfrist

Der Widerspruch ist nach § 70 VwGO **innerhalb eines Monats** 28
nach der Bekanntgabe einzulegen (nicht „innerhalb von 4 Wochen", wie gelegentlich in Klausuren zu lesen ist). **Vor** allen Fristfragen ist daher in der Klausur zu prüfen, wann der VA oder seine Ablehnung bekanntgegeben worden ist.

a) Für die **Berechnung der Widerspruchsfrist** kommen die „verwaltungsprozessuale Lösung" (§ 57 VwGO) oder die „verwaltungsverfahrensrechtliche Lösung" (§ 31 VwVfG) in Betracht.

Für die Anwendung des § 57 VwGO spricht, obwohl § 70 II VwGO nicht ausdrücklich auf diese Vorschrift verweist, die Vermutung, der Bundesgesetzgeber habe in der VwGO alle Rechtsmittelfristen des Vorverfahrens und des Verwaltungsprozesses abschließend regeln wollen, § 31 VwVfG werde also durch § 79 VwVfG grundsätzlich ausgeschlossen (so *Kopp/Schenke,* VwGO, § 70, Rn. 8; § 57, Rn. 1 ff.; *Pietzner/Ronellenfitsch,* Assessorexamen, § 33, Rn. 1127 ff.; *Schenke,* VwProzR, Rn. 672 f.). Nach dieser Auffassung ist § 31 VwVfG nur für die nicht in der VwGO geregelten gesetzlichen und die von der Behörde selbst gesetzten Fristen anwendbar – auch soweit es sich um besondere gesetzliche Widerspruchsfristen handelt (z.B. § 33 I 1 WPflG).

Dagegen spricht, dass die gesetzliche Anordnung der Fristdauer (§ 70 VwGO) sehr wohl trennbar von der Frage der **Berechnung** der Frist ist und § 31 I VwVfG auch im Übrigen sowohl für gesetzliche als auch für behördlich angeordnete Fristen gilt. Für das Widerspruchsverfahren als Verwaltungsverfahren gelten die §§ 68 ff. VwGO als Ausnahmebestimmungen. Der Gesetzgeber hat aber gerade in § 70 VwGO zur Berechnung der Fristen nichts ausgesagt, während die VwGO auch im übrigen Fristen (z.B. richterliche) enthält oder ermöglicht, die gerade nicht im Widerspruchsverfahren anwendbar sind. Auch ist es inkonsequent, § 31 VwVfG als insgesamt auf die Bedürfnisse der Verwaltung weit besser zugeschnittene Vorschrift auf alle gesetzlichen und behördlichen Fristen, einschließlich der außerhalb VwGO genannten Widerspruchsfristen anzuwenden, auf den Hauptfall der Frist nach § 70 VwGO dagegen nicht. Die Gründe für eine unmittelbare Anwendbarkeit des § 31 VwVfG überwiegen also.

Dieser – durchaus klausurrelevante – Streit hat für die Praxis geringe Konsequenzen. Wichtigste Folge ist, dass § 31 III VwVfG für das Ende der Frist an einem Sonntag, gesetzlichen Feiertag (letzterer nicht am Ort des Widerspruchsführers, sondern der Behörde (!) – OVG Frankfurt/Oder, NJW 2004, 3795) oder Sonnabend unmittelbar zur Anwendung kommt, der „Umweg" über § 187 BGB also insofern entbehrlich ist (wie hier: *Stelkens/Bonk/Sachs,* VwVfG, § 31, Rn. 60; *Schmitt Glaeser/Horn,* VwProzR, Rn. 197; *Geis/Hinterseh,* JuS 2001, 1176).

29 b) Die Frist beginnt mit der **Bekanntgabe des VA oder dessen Ablehnung an den Beschwerten** (§ 41 VwVfG). Die Wirksamkeit der Bekanntgabe nach den jeweiligen Vorschriften ist also Voraussetzung des Fristbeginns.

Einen wichtigen (und äußerst klausurrelevanten) Sonderfall bildet die Widerspruchsfrist für die Anfechtung eines **Verkehrszeichens** (nach h. L. Allgemeinverfügung im Sinne von § 35 S. 2 VwVfG – dazu unten, § 14 Rn. 34). Hier hatte das BVerwG (BVerwGE 102, 316) bereits 1997 festgestellt, dass die Wirksamkeit eines ordnungsgemäß aufgestellten oder angebrachten Verkehrszeichens nicht von der subjektiven Kenntnisnahme des davon betroffenen Verkehrsteilnehmers abhängt. Zwischenzeitlich hat das BVerwG mehrfach entschieden, dass die Frist für die Anfechtung eines Verkehrszeichens für einen Verkehrsteilnehmer zu laufen beginnt, wenn er zum ersten Mal auf das Verkehrszeichen trifft, die Frist aber nicht erneut ausgelöst wird, wenn er sich dem Verkehrszeichen später ein weiteres Mal gegenüber sieht (BVerwG, NJW 2011, 246). Jedenfalls kommt es nicht auf die tatsächliche Wahrnehmung, sondern auf ordnungsgemäße Aufstellung und Sichtbarkeit an.

Ein nicht bekanntgegebener oder nur zufällig zur Kenntnis gelangter VA kann auch keine Frist (auch nicht die Jahresfrist des § 58 II 1 VwGO) in Gang setzen. Der „verspätete" Widerspruch des Nachbarn, dem die Baugenehmigung zwar nicht bekanntgegeben wurde, der aber von ihr Kenntnis hatte oder hätte haben müssen, ist also **nicht** nach §§ 70/74 VwGO verfristet, sondern allenfalls unzulässig wegen Verwirkung (unten, Rn. 39). Wird der Widerspruch schon vor Bekanntgabe des VA eingelegt, ist er unzulässig; dies aber nicht etwa wegen Fristablaufs, sondern schon deshalb, weil der Widerspruch mangels VA (noch) unstatthaft ist (oben, Rn. 12).

30 c) Besonders wichtig für den Lauf der Widerspruchsfrist ist die **Rechtsbehelfsbelehrung**. (Diese muss den zulässigen Rechtsbehelf, die Verwaltungsbehörde oder das Gericht, den Sitz und die einzuhaltende Frist enthalten. Nicht erforderlich ist die Belehrung über den Beginn der einzuhaltenden Frist (BVerwG, NJW 2016, 2353;

BVerwG, NVwZ 2019, 885). § 70 II VwGO verweist auf § 58 VwGO. Ist demnach eine Rechtsbehelfsbelehrung unterblieben oder unrichtig erteilt, so gilt nicht die Monatsfrist des § 70 VwGO, sondern die Jahresfrist des § 58 II VwGO.

d) Wird der Widerspruch nicht innerhalb der gesetzlichen Frist eingelegt, dann wird der VA bzw. seine Ablehnung **bestandskräftig.** Auf die nach § 43 VwVfG ohnehin bestehende Wirksamkeit oder auf die Rechtswidrigkeit hat dies keinen Einfluss. Bestandskraft heißt – aus der Sicht des Betroffenen – **Unanfechtbarkeit,** d. h. der Beschwerte kann nicht mehr die Aufhebung des VA verlangen. Den damit möglichen Fortbestand einer rechtswidrigen Regelung nimmt die Rechtsordnung wegen der Rechtssicherheit und aus Gründen des Vertrauensschutzes für einen Begünstigten in Kauf. Das heißt aber nicht, dass der VA nach Eintritt der Bestandskraft der Disposition der Behörde vollkommen entzogen wäre. Sie kann zum einen auch den bestandskräftigen VA ggf. widerrufen oder zurücknehmen (§§ 48/49 VwVfG). Auch kann sie den Ast. neu bescheiden und damit die Rechtsmittelfristen erneut in Gang setzen.

e) Sehr umstritten und praktisch bedeutsam ist allerdings, ob der verspätete Widerspruch und die nachfolgende Klage auch dann unzulässig sind, wenn die Widerspruchsbehörde – statt den Widerspruch als unzulässig zurückzuweisen – zur Sache entscheidet oder sich im nachfolgenden Verwaltungsprozess **sachlich auf die Klage „einlässt".** Nach st. Rspr. ist die Klage dann „wieder" zulässig (BVerwGE 66, 39, 41; zuletzt BVerwG, NVwZ 2019, 885).

Dem widerspricht ein Teil der Literatur und hält neben dem Widerspruch auch die nachfolgende Klage für unzulässig. Die Behörde könne nicht über die gesetzlich angeordneten Fristen verfügen (*Ehlers,* Jura 2004, 30, 34; *Kopp/Schenke,* VwGO, § 70, Rn. 9; *Schenke,* VwProzR, Rn. 664, 680 ff; *U. Meier,* Die Entbehrlichkeit des Widerspruchsverfahrens [1992], S. 93 ff.). Diese Bedenken greifen zumindest dann durch, wenn mit dem Ablauf der Frist eine gefestigte Rechtsposition eines Dritten (z. B. des Begünstigten der Ausgangsentscheidung oder eines Drittbetroffenen einer abgelehnten Begünstigung) entstanden ist. Hier kann die Behörde nicht mehr frei disponieren, weil der Dritte, ggf. auch die in ihrer Selbstverwaltung betroffene Körperschaft, mit der unanfechtbaren Entscheidung eine schutzwürdige Position erlangt hat, auf deren Bestand er/sie sich verlassen kann. In diesen Fällen bleibt es bei der Unzulässigkeit des Widerspruchs, und auch die nachfolgende Klage ist unzulässig, weil das vorgeschriebene Vorverfahren nicht ordnungsgemäß durchgeführt wurde (BVerwG, NVwZ 1983, 295) – nicht etwa wegen Nichteinhaltens der **Klage**frist (§ 74 VwGO).

Kein Anlass zu dieser Strenge besteht aber, wenn es keine schützenswerte Rechtsposition eines Dritten gibt. Dann kann es der Behörde nicht verwehrt sein, sich auf den Widerspruch und die Klage einzulassen, um so z. B. zu einer verwaltungsgerichtlichen Klärung einer offenen Frage zu gelangen. Dann ist die Widerspruchsbehörde in der Tat „Herrin des Verfahrens", und es wäre ein übertriebener Formalismus, wenn sie zwar an die Unanfechtbarkeit des VA gebunden wäre, die Ausgangsbehörde den gleichen VA aber nach § 48 VwVfG zurücknehmen bzw. die beantragte Genehmigung auf einen neuen Antrag hin erteilen könnte (so BVerwGE 15, 306, 310; 64, 325, 330; indirekt bestätigt durch BVerfG, Kammer, NVwZ 2016, 238, 241). Bleibt die Versäumung der Widerspruchsfrist unbeachtet, dann dürfen sich die Ausgangs- und die Widerspruchsbehörde auch im nachfolgenden Verwaltungsprozess nicht darauf berufen, der Widerspruch sei bereits unzulässig gewesen.

3. Die Wiedereinsetzung in den vorigen Stand

33 a) **Allgemeines.** Die Wiedereinsetzung in den vorigen Stand bei Fristversäumnis im Widerspruchsverfahren richtet sich nicht nach § 32 VwVfG, sondern nach § 60 VwGO, auf den § 70 II VwGO ausdrücklich verweist.

Mit dem Gebot zur Wiedereinsetzung in den vorigen Stand bei unverschuldeter oder sonst dem Widerspruchsführer nicht zuzurechnender Fristversäumnis folgt die VwGO jenem Kompromiss aus Rechtsschutz einerseits und Rechtssicherheit andererseits, der das ganze Verfahrensrecht durchzieht. Dabei hat die Rechtsprechung des BVerfG zu Art. 19 IV und 103 GG dazu geführt, dass das rechtliche Gehör in den Vordergrund gerückt ist (vgl. etwa die Entscheidungen BVerfGE 25, 158, 166; 41, 332, 335; OVG Lüneburg, NJW 2019, 1240).

34 b) **Voraussetzungen.** Die Wiedereinsetzung setzt voraus, dass die Frist **ohne Verschulden** nicht eingehalten wurde. Fälle sind z. B.: Längerfristige Abwesenheit vom Wohnort (BVerfG, Kammer, NJW 2013, 592), unverschuldete Verzögerung der Weiterleitung an ein zuständiges Gericht (OVG Bremen, NJW 2010, 3674), Krankheit, fehlende Beherrschung der deutschen Sprache, Hilflosigkeit, unverschuldete Nichtkenntnis eines durch Niederlegung zugestellten Bescheids, nicht zu vertretende Hindernisse bei der Beförderung eines Widerspruchs, Fehler eines ansonsten zuverlässigen Kurierdienstes (OVG Lüneburg, NJW 2019, 1240), Überschreiten der gewöhnlichen Postlaufzeit, falsche Auskunft über Telefax-Nr. oder anhaltende Nichterreichbarkeit des Anschlusses (s. auch *Roth*, NJW 2008, 785; BVerfG, Kammer, NJW 2008, 429).

§ 6 Sachentscheidungsvoraussetzungen im Widerspruchsverfahren 91

Einen wichtigen gesetzlichen Grund der unverschuldeten Fristversäumung enthält § 45 III VwVfG: Danach gilt die Versäumung der Rechtsbehelfsfrist als nicht verschuldet, wenn einem VA die erforderliche Begründung fehlt oder die erforderliche Anhörung eines Beteiligten vor Erlass des VA unterblieben ist und dadurch die rechtzeitige Anfechtung des VA versäumt wurde (dazu BVerfG, Kammer, NVwZ 2001, 1392). An die Darlegung hinsichtlich der hier formulierten Kausalität sind keine strengen Anforderungen zu stellen.

Umgekehrt besteht **kein Wiedereinsetzungsgrund,** wenn der Betroffene mit der Entscheidung rechnen konnte, wenn er selbst nicht die erforderliche und zumutbare Sorgfalt aufgebracht hat (Beispiel: Fehlende Überwachung des eigenen Postfachs – BVerwG, NJW 1994, 1672), oder wenn er eine Verzögerung hingenommen hat, ohne für eine hinreichende Beschleunigung des Rechtsbehelfs zu sorgen.

Nach dem allgemeinen Grundsatz des § 85 ZPO (anwendbar gemäß § 173 VwGO), ist **Vertreterverschulden** (z. B. Anwaltsverschulden) dem Betroffenen zuzurechnen (BVerwG, NJW 1991, 2096); ein Wiedereinsetzungsantrag hat dann nur Erfolg, wenn der Anwalt durch Auswahl des Personals und organisatorische Vorkehrungen alles Erforderliche und Zumutbare getan hat, um eine Überschreitung von Fristen zu vermeiden. Arbeitsüberlastung des Anwalts reicht jedenfalls nicht (VGH München, NJW 1998, 1507; OVG Münster, NJW 2011, 3465 – Übertragung der alleinigen Verantwortung auf Angestellte; sogar Aufenthalt des Anwalts in einer Reha-Klinik (VGH München, NJW 2015, 1261); zu den Grenzen der Anforderungen aber BVerfGE 60, 253 – Asylverfahren; BVerwG, NJW 2015, 1976 – Unfall der Tochter der Sekretärin eines Einzelanwalts; OVG Berlin-Brandenburg, NVwZ 2016, 403 – fehlerhafte Kuvertierung durch eine Mitarbeiterin).

c) **Antrag.** Notwendige Voraussetzung für die Wiedereinsetzung 35 ist ein (seinerseits formgemäßer und binnen 2 Wochen nach Wegfall des Hindernisses zu stellender) **Antrag.** Die Tatsachen zur Begründung des Antrags sind bei der Antragstellung oder im Verfahren über den Antrag glaubhaft zu machen. Die versäumte Rechtshandlung ist innerhalb der Antragsfrist nachzuholen.

d) **Rechtsschutz.** Schwierige Fragen wirft der Rechtsschutz im 36 Falle getroffener und unterlassener Wiedereinsetzungsentscheidungen auf:

Gewährt die Widerspruchsbehörde Wiedereinsetzung, so kann der durch den ursprünglichen VA Begünstigte gegen den Widerspruchsbescheid (ohne Widerspruchsverfahren – vgl. § 68 I 2 VwGO) Anfechtungsklage erheben. Das Gericht entscheidet dann im Rahmen der Begründetheitsprüfung zur

Klage, ob der VA bereits bestandskräftig war, weil die Wiedereinsetzung zu Unrecht gewährt wurde. Die Wiedereinsetzung selbst ist nicht gesondert angreifbar (§ 44a VwGO).

Stellt sich erst im Prozess heraus, dass die **Wiedereinsetzung zu Unrecht** gewährt wurde, so wird teilweise angenommen, die Klage sei in jedem Fall unzulässig, weil der VA schon unanfechtbar geworden sei. Der Wf. könne dann die Wiedereinsetzung nur im Wege der Verpflichtungsklage erstreiten (*Redeker/von Oertzen*, VwGO, § 70, Rn. 7). Vorzugswürdig ist aber die Gegenauffassung, nach der das Gericht der Hauptsache selbst über die Wiedereinsetzung entscheiden kann (BVerwGE 21, 43, 50; BVerwG, NVwZ 1989, 648, 649). Kommt danach das Gericht zu dem Ergebnis, dass Wiedereinsetzung durch die Widerspruchsbehörde zu Unrecht gewährt wurde, dann ist die Rechtslage die gleiche wie beim „Sich-Einlassen" auf den verfristeten Widerspruch: Hat die Widerspruchsbehörde trotzdem zur Sache entschieden, dann darf die Klage nicht wegen des nun nicht mehr durchführbaren Widerspruchsverfahrens als unzulässig abgewiesen werden. War durch den Fristablauf aber bereits eine schützenswerte Rechtsposition eines Dritten entstanden, so ist der nach falscher Wiedereinsetzungs-Entscheidung ergangene Widerspruchsbescheid rechtswidrig, die Klage gegen ihn also begründet (BVerwG, DVBl. 1982, 1097; ohne Berücksichtigung der Nachbarposition dagegen VGH Mannheim, NVwZ-RR 2002, 6).

Literatur zu § 6 VI 3: *U. Meier,* Die Entbehrlichkeit des Widerspruchsverfahrens (1992); *Geis,* in: Sodan/Ziekow, VwGO, § 70, Rn. 40 ff.; *Geis/Hinterseh,* Grundfälle zum Widerspruchsverfahren, JuS 2001, 1074, 1176, JuS 2002, 34; *Schoch,* Entbehrlichkeit des Vorverfahrens nach der VwGO kraft Richterrechts, FS Schenke (2011), 1207.

VI. Rechtsschutzbedürfnis, Verzicht und Verwirkung

37 Ungeschriebene Zulässigkeitsvoraussetzungen sind im Widerspruchsverfahren nur mit größter Zurückhaltung anzunehmen. Wie für jeden Rechtsbehelf gilt aber der Grundsatz, dass der Rechtsschutz nicht anderweitig leichter erreichbar, verwirkt oder durch wirksamen Verzicht bzw. Rücknahme hinfällig geworden sein darf.

1. Rechtsschutzbedürfnis („Widerspruchsinteresse")

38 Dem Widerspruchsführer fehlt das Rechtsschutzbedürfnis, wenn es einen **leichteren Weg zum Erfolg** gibt.

Beispiel: Der Wf. kann sein Ziel durch Antrag der Feststellung der Nichtigkeit nach § 44 V VwVfG erreichen; er bedarf einer beantragten Genehmigung nicht, weil sein Vorhaben erlaubnisfrei ist.

2. Missbrauch, Verwirkung

Ein Unterfall des fehlenden Rechtsschutzbedürfnisses liegt im Falle 39
eines **erkennbaren Missbrauchs** vor.

Das in der Praxis wichtigste Problem in diesem Zusammenhang stellt der „**verwirkte Nachbarwiderspruch**" bei fehlender oder fehlerhafter Bekanntgabe dar. Aus dem im „nachbarlichen Gemeinschaftsverhältnis" bestehenden Grundsatz von Treu und Glauben hat das BVerwG abgeleitet (BVerwGE 44, 294, 298; 77, 85, 89; jetzt auch VerfGH NRW, NVwZ-RR 2020, 377), dass selbst in den Fällen, in denen mangels Bekanntgabe die Frist des § 70 VwGO und auch die verlängerte Frist des § 58 II VwGO nicht gilt, der Nachbar sich von dem Zeitpunkt ab, von dem er von der erteilten Baugenehmigung „zuverlässige Kenntnis erlangt" hat, in aller Regel so behandeln lassen muss, als sei ihm die Baugenehmigung wirksam bekanntgegeben worden. Dieser ursprünglich für die unmittelbare Grenznachbarschaft entwickelte Grundsatz wurde inzwischen auch für weitere Drittwidersprüche angewandt. Er soll vor allem gelten, wenn sich dem Nachbarn – beispielsweise durch Aufnahme der Bauarbeiten – das mögliche Vorliegen einer Baugenehmigung aufdrängen bzw. auf sich beziehen (BVerwG, NVwZ 2009, 191) musste. In diesem Fall darf er sich auf die fehlende Bekanntgabe ihm gegenüber nicht berufen; sein Widerspruch kann – unabhängig von den Fristen – verwirkt sein (Einzelheiten bei *Pietzner/Ronellenfitsch*, Assessorexamen, § 33, Rn. 1137 f.; *Schenke*, VwProzR, Rn. 676; *Schmitt Glaeser/Horn*, VwProzR, Rn. 189 und 199). Unabhängig vom Nachbarverhältnis muss die Behörde z. B. durch ein Begleitschreiben klären, dass sich die Rechtsbehelfsbelehrung auch gegen einen Dritten richtet. Das gilt nur dann nicht, wenn nach den Umständen eindeutig ist, dass die Rechtsmittelbelehrung sich auch an den Dritten richtete (BVerwG, NVwZ 2009, 191).

Die zweite Fallgruppe des Missbrauchs betrifft das **venire contra factum proprium**, d. h. das treuwidrige Verhalten gegen eigenes vorangegangenes Tun. Unzulässig ist z. B. der Widerspruch gegen eine Baugenehmigung, wenn exakt das genehmigte Vorhaben Motiv des Verkaufs eines baureifen Grundstücks war oder der Nachbar dem Vorhaben zugestimmt hat.

3. Verzicht und Rücknahme

Unzulässig ist der Widerspruch nach wirksamem, d. h. vor allem 40
eindeutigem und vorbehaltlosem **Rechtsbehelfsverzicht** und auch
nach **Rücknahme** des Widerspruchs nach Ablauf der Frist
(BVerwGE 26, 50, 51).

Zu beachten ist aber, dass der **Verzicht** nicht durch Druck, durch das Angebot unzulässiger „Gegenleistungen" (Koppelungsverbot!) oder Täuschung erwirkt worden sein darf. Im Übrigen kommt es auf das Motiv für den Verzicht nicht an. Zulässig ist es – außer in Fällen der Ausnutzung einer Notsituation wirtschaftlicher und persönlicher Abhängigkeit o. ä. – auch, wenn der an sich Widerspruchsberechtigte sich durch Zahlung einer Abfindung zum Verzicht auf den Rechtsbehelf hat bewegen lassen (zur Wirksamkeit eines entsprechenden Vertrags BGHZ 79, 131).

Die **Rücknahme** des Widerspruchs ist nur bis zum Erlass des Widerspruchsbescheids möglich (BVerwGE 44, 64, 66; a. A. *Allesch*, NVwZ 2000, 1227). Sie bedarf der gleichen Form wie der Rechtsbehelf, also der Schriftform nach § 70 VwGO. Nach der wirksamen Rücknahme kann der Widerspruchsführer zwar erneut Widerspruch einlegen – dies aber nur innerhalb der Monatsfrist des § 70 VwGO.

4. Keine ungeschriebenen weiteren Zulässigkeitsvoraussetzungen

41   Weitere Zulässigkeitsvoraussetzungen dürfen nicht gestellt werden. Insbesondere hängt die Zulässigkeit des Widerspruchs nicht von der Leistung eines **Kostenvorschusses** ab (so ausdrückl. Art. 14 I 4 BayKostenG).

VII. Widerspruchsbehörde

42   Voraussetzung für die Zulässigkeit des Widerspruchs ist nach § 70 VwGO nur die **Einlegung bei der Ausgangsbehörde**, wobei die Frist auch durch Einlegung bei der Widerspruchsbehörde gewahrt wird. Die Zuständigkeit der Widerspruchsbehörde darf also eigentlich nicht unter „Zulässigkeit des Widerspruchs" geprüft werden.

Gleichwohl wird die Nennung der Widerspruchsbehörde in der Regel in der Klausur erwartet, weil deren Zuständigkeit **Sachentscheidungsvoraussetzung** ist. Entscheidet die unzuständige Behörde über den Widerspruch, so ist der Widerspruchsbescheid (formell) rechtswidrig, eine gegen ihn gerichtete Klage ist – außer in Fällen des § 46 VwVfG (anwendbar bei örtlicher Unzuständigkeit) – begründet (zusätzliche Beschwer im Sinne von § 79 II VwGO).

Für die Bestimmung der zuständigen Widerspruchsbehörde kann die VwGO als Bundesgesetz wegen Art. 84 GG nur einen allgemeinen Rahmen setzen; sie muss den Ländern die Möglichkeit eigenständiger Regelung lassen. Deshalb sind genaue Kenntnisse des Verwaltungsaufbaus im „Prüfungsland" auch für dieses wichtige Problem unabdingbar (Übersichtsskizze z. B. bei *Maurer/Waldhoff*, AVwR,

§ 22, Rn. 17; zu Besonderheiten in einzelnen Bundesländern s. auch oben, § 5, Rn. 5).

Ausgangspunkt ist § 73 I VwGO, wonach die **nächsthöhere Behörde** in der Regel den Widerspruchsbescheid erlässt. Ist die nächsthöhere Behörde eine oberste Bundes- oder oberste Landesbehörde, so erlässt die Ausgangsbehörde in der Regel selbst den Widerspruchsbescheid. Gegen Maßnahmen oberster Bundes- oder Landesbehörden selbst ist der Widerspruch bereits nach § 68 I Nr. 1 VwGO unstatthaft (Ausnahmen s. o., Rn. 18). 43

Bei Selbstverwaltungsangelegenheiten führt Art. 28 II GG i. V. m. entsprechenden Bestimmungen der Landesverfassungen dazu, dass entweder die Selbstverwaltungsbehörde (z. B. eine kreisfreie Stadt) selbst Widerspruchsbehörde ist oder dass die staatliche Widerspruchsbehörde bei der Entscheidung auf die Rechtmäßigkeitskontrolle beschränkt ist. Dann muss die Zweckmäßigkeit im Rahmen des Abhilfeverfahrens nach § 72 VwGO durch die Selbstverwaltungsbehörde geprüft werden (dazu nachfolgende Übersicht). 44

Übersicht 4: Sicherung der Selbstverwaltungsgarantie	
Land	Landesspezifische Regelung
Baden-Württemberg	Widerspruchsbehörde auf Prüfung der Rechtmäßigkeit beschränkt (§ 17 I 2 AGVwGO).
Bayern	Soweit das Vorverfahren nicht nach Art. 15 II, I AGVwGO entfällt, erlässt in Selbstverwaltungsangelegenheiten die Rechtsaufsichtsbehörde den Widerspruchsbescheid und ist dabei auf die Prüfung der Rechtmäßigkeit beschränkt, Art. 119 Nr. 1 GO, Art. 105 Nr. 1 LKrO
Berlin	Problem stellt sich nicht, da gem. § 1 AZG iVm § 3 II BzVwG staatliche und gemeindliche Tätigkeiten nicht getrennt sind.
Brandenburg	Keine von § 73 I Nr. 3 VwGO abweichende Sonderregelung vorhanden. Widerspruchsbehörde in Selbstverwaltungsangelegenheiten ist demnach die Selbstverwaltungsbehörde selbst.
Bremen	Gem. § 9 II AGVwGO ist Widerspruchsbehörde der Senat (Stadt Bremen) bzw. Magistrat (Stadt Bremerhaven) und handelt dabei als kommunale Behörde. Damit ist die Sicherung der Selbstverwaltungsgarantie gewährleistet.

Land	Landesspezifische Regelung
Hamburg	Problem stellt sich nicht, da Hamburg zugleich Staat und Gemeinde ist (Art. 4 I HmbVerf). Vgl. auch § 7 I AGVwGO, wonach im Übrigen die Erlassbehörde immer auch Widerspruchsbehörde ist.
Hessen	Keine von § 73 I Nr. 3 VwGO abweichende Sonderregelung vorhanden. Widerspruchsbehörde in Selbstverwaltungsangelegenheiten ist demnach die Selbstverwaltungsbehörde selbst.
Mecklenburg-Vorpommern	Keine von § 73 I Nr. 3 VwGO abweichende Sonderregelung vorhanden. Widerspruchsbehörde in Selbstverwaltungsangelegenheiten ist demnach die Selbstverwaltungsbehörde selbst.
Niedersachsen	Keine von § 73 I Nr. 3 VwGO abweichende Sonderregelung vorhanden. Widerspruchsbehörde in Selbstverwaltungsangelegenheiten ist demnach die Selbstverwaltungsbehörde selbst.
Nordrhein-Westfalen	Soweit noch Widerspruchsverfahren stattfindet, ist gem. § 111 JustizG die Ausgangsbehörde auch für die Entscheidung über den Widerspruch zuständig.
Rheinland-Pfalz	Kein Problem bei Kreisrechtsausschuss/Stadtrechtsausschuss bei Prüfung von VA der Landkreise und kreisfreien Städte (Identität der Träger). Kreisrechtsausschuss ist bei Widersprüchen gegen Verwaltungsakte kreisangehöriger Gemeinden im Bereich der Selbstverwaltung auf Prüfung der Rechtmäßigkeit beschränkt, § 6 II AGVwGO.
Saarland	Soweit Widerspruchsbehörde und Ausgangsbehörde nicht identisch sind, ist die Widerspruchsbehörde in kommunalen Selbstverwaltungsangelegenheiten auf die Überprüfung der Rechtmäßigkeit des Verwaltungsaktes beschränkt (§ 8 II AGVwGO).
Sachsen	Landratsamt als Widerspruchsbehörde in Selbstverwaltungsangelegenheiten auf Prüfung der Rechtmäßigkeit beschränkt (§ 27 I SächsJG).
Sachsen-Anhalt	In den Fällen, in denen in Selbstverwaltungsangelegenheiten keine Abschaffung des Widerspruchsverfahrens erfolgt ist (vgl. § 8a I AGVwGO), ist die Ausgangsbehörde gleichzeitig Widerspruchsbehörde i. S. d. § 73 I Nr. 3 VwGO.

Land	Landesspezifische Regelung
Schleswig-Holstein	Keine von § 73 I Nr. 3 VwGO abweichende Sonderregelung vorhanden. Widerspruchsbehörde in Selbstverwaltungsangelegenheiten ist demnach die Selbstverwaltungsbehörde selbst.
Thüringen	Widerspruchsbehörde ist in Selbstverwaltungsangelegenheiten auf Prüfung der Rechtmäßigkeit beschränkt, § 124 Nr. 1 ThürKO.

Nach § 73 II VwGO bleiben Vorschriften, nach denen im Vorverfahren **Ausschüsse** oder **Beiräte** an die Stelle der Widerspruchsbehörde treten, unberührt. Diese können (abweichend von § 73 I 2 Nr. 1 VwGO) auch bei der Ausgangsbehörde gebildet werden. Auf Landesebene haben insbesondere Rheinland-Pfalz (§ 6 I AGVwGO) sowie das Saarland (§ 1 I AGVwGO) von dieser Möglichkeit Gebrauch gemacht und weisungsunabhängige Kreis- und Stadtrechtsausschüsse eingerichtet, die mit großem Erfolg arbeiten. In Hessen ist nach § 7 hess. AGVwGO der Widerspruchsführer vor Entscheidungen des Kreisausschusses, des Gemeindevorstandes, des Bürgermeisters und des Landrats als Behörde der Landesverwaltung durch einen Ausschuss oder durch den Vorsitzenden des Ausschusses mündlich zu hören.

Auch die Kreisrechtsausschüsse sind aber auf die Kontrolle der Rechtmäßigkeit beschränkt, wenn es um Selbstverwaltungsangelegenheiten kreisangehöriger Gemeinden geht (vgl. § 6 II AGVwGO Rh.-Pf.; allgemein *Hinterseh,* Ausschüsse gemäß § 73 II VwGO (2002); *Rühle/Stumm,* Handbuch für Rechtsausschüsse [1999]).

Übersicht 5: Zulässigkeit des Widerspruchs*

1. Streitigkeit, für die der Verwaltungsrechtsweg eröffnet wäre (§ 40 I 1 VwGO analog)
2. Beteiligtenbezogene Zulässigkeitsvoraussetzungen
    a) Beteiligtenfähigkeit (§ 79 VwVfG i. V. m. § 11 VwVfG)
    b) *Handlungsfähigkeit (§ 79 VwVfG i. V. m. § 12 VwVfG)*
    c) *falls Bevollmächtigter: Ordnungsgemäße Vollmacht (§ 79 VwVfG i. V. m. § 14 VwVfG)*

* kursive Gliederungspunkte: nur bei besonderem Anlaß prüfen

3. Statthaftigkeit
   a) spezialgesetzliche Anordnung (insbesondere § 54 II Beamt-StG, § 126 II BBG)
   b) nachfolgende Klage wäre Anfechtungs- oder Verpflichtungsklage (§ 68 I und II VwGO)
   c) *spezialgesetzliche Ausnahmen (§ 68 I 2 1. Alt. VwGO)*
   d) *Ausnahmen nach § 68 I 2 2. Alt. VwGO*
4. Widerspruchsbefugnis (§ 42 II VwGO analog)
5. Formgerechte Einlegung bei der richtigen Behörde (§ 70 VwGO)
6. Frist (§ 70 VwGO)
7. Allgemeines Rechtsschutzbedürfnis, kein Verzicht, keine Verwirkung
8. Widerspruchsbehörde (keine Zulässigkeits-, aber Sachentscheidungsvoraussetzung – § 73 VwGO)

§ 7 Begründetheit des Widerspruchs

1. Allgemeines

1 Zur Begründetheit des Widerspruchs enthält die VwGO nur dürre Hinweise. So hilft nach § 72 VwGO die (Ausgangs-)Behörde dem Widerspruch ab, wenn sie diesen „für begründet hält". § 73 VwGO bestimmt nur, dass im Falle der Nichtabhilfe ein Widerspruchsbescheid ergeht. Zum Prüfungsmaßstab sagt § 68 VwGO, dass vor Erhebung der Klage **Rechtmäßigkeit und Zweckmäßigkeit** nachzuprüfen sind. Obwohl das Widerspruchsverfahren Verwaltungsverfahren ist, bleibt also nichts anderes übrig, als sich mit einer analogen Anwendung von § 113 VwGO zu behelfen. Entsprechend richten sich die „Prüfungsschemata" für die Begründetheit des Widerspruchs an der Anfechtungs- und Verpflichtungsklage aus, wobei die Zweckmäßigkeitsprüfung zusätzlich erwähnt wird (vgl. etwa *Pietzner/Ronellenfitsch*, Assessorexamen, § 38, Rn. 1186 ff.).

2 Obwohl es auch bei der Widerspruchsentscheidung vornehmlich auf Rechtswidrigkeit und Rechtsverletzung ankommt, dürfen bei der Anwendung solcher Schemata die folgenden Unterschiede zur Begründetheitsprüfung im Verwaltungsprozess nicht übersehen werden:

§ 7 Begründetheit des Widerspruchs

- **Prüfungsmaßstab** sind i. d. R. Rechtmäßigkeit **und** Zweckmäßigkeit. Es kommt also nicht nur auf die Rechtskontrolle der Verwaltung, sondern auch darauf an, ob die Entscheidung sachlich richtig ist. Beide Aspekte dürfen nicht verwechselt werden, auch wenn sie in der Verwaltungsentscheidung selbst gleichgewichtig und gleichzeitig zu prüfen sind.
- Im Widerspruchsverfahren stehen sich der Widerspruchsführer und die Verwaltung gegenüber. Nur in diesem Sinne ist das Widerspruchsverfahren „kontradiktorisch". Da es **keinen Kläger und keinen Beklagten** gibt, spielen auch der „richtige Beklagte" und die Passivlegitimation keine Rolle. Auch Ausgangsbehörde und Widerspruchsbehörde sind nicht „Gegner", sie wirken vielmehr in aufeinanderfolgenden Verfahrensabschnitten an der rechtmäßigen und sachgerechten **einheitlichen** Entscheidung der Verwaltung zusammen. Die für das Verhältnis von Verwaltung und Verwaltungsgerichtsbarkeit entwickelten Regeln zum Nachschieben von Gründen, zur Umdeutung, zum maßgeblichen Zeitpunkt der Sach- und Rechtslage, zur Spruchreife usw. sind daher auf das Widerspruchsverfahren nicht oder nur bedingt anwendbar.
- Im Widerspruchsverfahren kontrolliert die Verwaltung sich selbst. Einschränkungen des Prüfungsumfangs können sich daher **nicht** aus dem Gewaltenteilungsgrundsatz ergeben, der den verfassungsrechtlichen Hintergrund von Normen wie §§ 113 V und 114 VwGO darstellt.
- Die Widerspruchsbehörde ist als Verwaltungsbehörde **Herrin des Verfahrens,** der aufgrund des Devolutiveffekts sogar die alleinige Sachherrschaft über den Verfahrensgegenstand zusteht. Im Verfahren und in der Beurteilung der Zweck- und Rechtmäßigkeit hat sie – ungeachtet besonderer gesetzlicher Bestimmungen – grundsätzlich die **umfassende Kontrollkompetenz.** Auch in diesem Sinne ist sie also nicht eine Art „vorgezogenes Verwaltungsgericht". Besonderheiten gelten allerdings für das Verfahren der Kreis- und Stadtrechtsausschüsse (dazu § 8, Rn. 19).
- Einschränkungen des Prüfungsumfangs ergeben sich im Widerspruchsverfahren insbesondere bei der Kontrolle von **Selbstverwaltungsentscheidungen** (dazu § 6, Rn. 44).
- Einschränkungen des Prüfungsumfangs können sich ferner – wie im Verwaltungsprozess – dann ergeben, wenn der Behörde ein **Beurteilungsspielraum** zukommt. Das ist vor allem bei Prüfungsentscheidungen der Fall (dazu Rn. 11 ff.).

II. Maßgeblicher Zeitpunkt der Beurteilung, Prüfungsmaßstab

1. Maßgeblicher Zeitpunkt für die Beurteilung der Sach- und Rechtslage

3   Beim Widerspruchsverfahren ist der maßgebliche Zeitpunkt für die Beurteilung der Sach- und Rechtslage grundsätzlich der **Moment der Bekanntgabe des Widerspruchsbescheids** selbst. Änderungen der tatsächlichen oder rechtlichen Grundlagen eines VA, die zwischen dessen Erlass und dem Widerspruchsbescheid (bzw. der Abhilfeentscheidung) eintreten, sind deshalb von der Widerspruchsbehörde grundsätzlich zu berücksichtigen (vgl. BVerwGE 2, 55, 62; 49, 197, 198). Dies folgt schon daraus, dass der VA seine für den Verwaltungsprozess maßgebliche Gestalt erst mit dem Widerspruchsbescheid erhält (§ 79 I Nr. 1 VwGO; *Pietzner/Ronellenfitsch*, Assessorexamen, § 38, Rn. 1209 ff.; teilw. a. A. *Schenke*, FS Würtenberger [2013], 1185).

Sehr umstritten ist, ob im Falle des baurechtlichen **Nachbarwiderspruchs** eine Ausnahme von dieser Regel zu machen ist. So hat das BVerwG mehrfach entschieden, dass im Widerspruchsverfahren gegen eine dem Bauherrn erteilte Baugenehmigung Rechtsänderungen, die zwischen dem Wirksamwerden der Baugenehmigung und der Widerspruchsentscheidung wegen der damit bereits eingeräumten Rechtsposition nicht berücksichtigt werden dürfen (BVerwG, NJW 1970, 263 f.; NJW 1979, 995 f.; mit and. Begr. auch *Schenke*, VwProzR, Rn. 684; anders dagegen BVerwG, NVwZ 2002, 730 – Ermessensreduzierung auf Null bei Rücknahme einer Baugenehmigung während eines Widerspruchsverfahrens).

Die zitierte Auffassung ist **abzulehnen**: Auch der Widerspruchsführer macht Rechte geltend, deren Voraussetzungen sich noch zwischen Verwaltungsakt und Widerspruchsbescheid ändern können. Im Übrigen ist die „Risikoverteilung" bei Drittwidersprüchen und Drittklagen insgesamt davon gekennzeichnet, dass ein Begünstigter die ihm eingeräumte Rechtsposition in vollem Umfang erst mit der Unanfechtbarkeit der Entscheidung erlangt (vgl. § 50 VwVfG, § 80a VwGO). Auch beim Nachbarwiderspruch gilt also der Grundsatz der maßgeblichen Sach- und Rechtslage im **Zeitpunkt des Widerspruchsbescheids**.

2. Prüfungsmaßstab Rechtmäßigkeit

4   Der Widerspruch ist begründet, soweit der angefochtene Verwaltungsakt oder die Ablehnung des beantragten Verwaltungsaktes

rechtswidrig ist und der Widerspruchsführer dadurch in seinen Rechten verletzt wird. Insoweit gelten die gleichen Maßstäbe wie bei der Anfechtungs- bzw. Verpflichtungsklage (§ 113 VwGO).

Es ergeben sich aber auch **Unterschiede** aus der besonderen Struktur des Widerspruchsverfahrens und der Stellung der Widerspruchsbehörde:
– Beruht die Rechtswidrigkeit darauf, dass die sachlich oder örtlich **unzuständige Behörde** entschieden hat, so tritt zwar der Widerspruchsbescheid der (zuständigen) Widerspruchsbehörde insoweit an die Stelle der Ausgangsentscheidung. Zu bedenken ist aber, dass es in diesem Fall keine Ausgangsentscheidung der **zuständigen** Behörde gibt. Ist der Widerspruch in vollem Umfang erfolgreich, wird dies den Widerspruchsführer nicht stören. Wird er aber (aus anderen Gründen) abgelehnt, so verliert der Widerspruchsführer faktisch eine Verwaltungsinstanz und die an sich örtlich oder sachlich zuständige Ausgangsbehörde bleibt vom Verfahren ausgeschlossen.
– Beruht die Rechtswidrigkeit auf einem **Verfahrensfehler** im Sinne von § 45 VwVfG, so kann dieser schon im Widerspruchsverfahren geheilt worden sein. Der Fehler ist dann im Zeitpunkt des Widerspruchsbescheids unbeachtlich, der Widerspruch also unbegründet. Wird der Fehler aber erst im nachfolgenden Verwaltungsprozess geheilt, dann kann der Widerspruch durchaus noch begründet gewesen sein, auch wenn die Klage dann unbegründet ist.
– Ist der Fehler nach § 46 VwVfG **unbeachtlich**, so schließt dies den Aufhebungsanspruch aus. Auch hier ist der Widerspruch also unbegründet, – dies aber nicht etwa, weil der Verwaltungsakt rechtmäßig wäre, sondern weil der Fehler die Entscheidung nicht beeinflusst hat oder die Behörde bei gebundenem Verwaltungshandeln die gleiche Entscheidung sogleich wieder treffen müsste. § 46 VwVfG bedeutet also keine Einschränkung des Prüfungsumfangs, versagt aber dem Widerspruchsführer den Aufhebungsanspruch.

Anders als das Verwaltungsgericht hat die **Widerspruchsbehörde** 5
keine volle Verwerfungskompetenz hinsichtlich **untergesetzlicher Rechtsnormen**. So darf die Satzung einer Selbstverwaltungskörperschaft nur dann verworfen (nicht angewandt) werden, wenn die Widerspruchsbehörde mit dieser identisch ist (also z. B. der Stadtrechtsausschuss in Rheinland-Pfalz), oder wenn es sich um Rechtsverordnungen untergeordneter Behörden handelt (also z. B. Sicherheitsverordnungen der Gemeinden im übertragenen Wirkungskreis oder der Kreisverwaltungen/Landratsämter, wenn die mittlere Landesbehörde Widerspruchsbehörde ist). Nur insofern findet im Widerspruchsverfahren eine incidenter-Prüfung statt. Bei Bebauungsplänen gilt sogar, dass weder die Gemeinde selbst noch die Rechtsaufsichtsbehörde zur Feststellung der Unwirksamkeit eines rechtmäßigen Be-

bauungsplans befugt ist. Beide dürfen sich auch nicht einfach über den geltenden Bebauungsplan hinwegsetzen. Hier bleibt – wie in den übrigen Fällen des Zweifels an der Rechtmäßigkeit untergesetzlicher Normen – nur die Möglichkeit eines **Normenkontrollantrags nach § 47 VwGO**. Da die Widerspruchsbehörde den Bebauungsplan insofern selbst anwendet, ist sie antragsfähig und antragsbefugt. Handelt es sich um eine von der Widerspruchsbehörde selbst erlassene Norm, so kann und muss sie diese zunächst selbst aufheben. Für das Normenkontrollverfahren fehlt dann das Rechtsschutzbedürfnis (BVerwG, DVBl 1989, 662).

3. Rechtsverletzung

6   Ist der VA rechtswidrig, so ist auch beim Widerspruch weiterhin zu prüfen, ob der Widerspruchsführer **"dadurch" in seinen Rechten verletzt** ist. Auch das Widerspruchsverfahren ist kein objektives Beanstandungsverfahren, sondern ein dem subjektiven Rechtsschutz dienendes Rechtsbehelfsverfahren.

Der **Adressat** des belastenden rechtswidrigen VA ist stets in seinen Rechten verletzt (Adressatentheorie – dazu unten, § 14, Rn. 75). Probleme stellen sich insofern nur beim VA mit Drittwirkung. Dann muss festgestellt werden, dass der (objektiv rechtswidrige) VA den Dritten als Widerspruchsführer konkret in seinem subjektiven Recht verletzt.

Beispiel: Auch die (objektiv rechtswidrige) Baugenehmigung darf auf Widerspruch des Nachbarn nur aufgehoben werden, wenn gerade gegen eine nachbarschützende Norm oder ein Grundrecht des Nachbarn verstoßen wurde.

Liegt keine Verletzung in einem subjektiven Recht vor, so kann der Widerspruch trotz objektiv bestehender Rechtswidrigkeit des VA unbegründet sein und muss dann zurückgewiesen werden (vgl. BVerwGE 65, 313, 318 – immissionsrechtliche Genehmigung).

Beispiel: Widerspruch eines Nachbarn gegen eine Baugenehmigung wegen Verstoßes gegen Naturschutzrecht – anders aber möglicherweise bei Widerspruch durch anerkannten Naturschutzverband (dazu unten, § 25, Rn. 49).

4. Prüfungsmaßstab Zweckmäßigkeit

7   Der theoretisch wichtigste Unterschied zur Begründetheitsprüfung bei der Verwaltungsklage besteht darin, dass die Widerspruchsbehörde neben der Rechtmäßigkeit in der Regel auch die Zweckmäßig-

keit überprüft, Ermessensentscheidungen also nicht nur auf Ermessensfehler, sondern auch auf Unzweckmäßigkeit, Unwirtschaftlichkeit, sachnähere Alternativen usw. kontrolliert.

Auf die Prüfung der Zweckmäßigkeit (oder Zweckwidrigkeit) kommt es nicht mehr nicht mehr an, wenn bereits Rechtswidrigkeit und Rechtsverletzung bejaht wurden. Unzweckmäßige Entscheidungen sind zumeist auch ungeeignet, d. h. unverhältnismäßig. Eine Aufhebung wegen Unzweckmäßigkeit dürfte daher nur selten vorkommen.

Zu beachten ist aber, dass der erweiterte Prüfungsmaßstab der Zweckmäßigkeitskontrolle **nicht** der Notwendigkeit der Geltendmachung eines subjektiven Rechts enthebt. Ist der Widerspruchführer aufgrund der Entscheidung nicht in **seinem** subjektiven Recht betroffen, so kann er auch keinen Schutz gegen eine zweckwidrige Entscheidung verlangen. Auch die Zweckmäßigkeitsprüfung eröffnet also **keinen Popularwiderspruch**.

Inhaltlich bedeutet Zweckmäßigkeitsprüfung **volle Ermessenskontrolle**. Sie kommt daher bei Selbstverwaltungsentscheidungen nicht in Betracht. Unterlässt bei festgestellter Rechtmäßigkeit die Widerspruchsbehörde die Prüfung der Zweckmäßigkeit, so kann dies für die Gesamtentscheidung auf einen Ermessensfehler hinauslaufen.

Letztlich ist die Zweckmäßigkeitsprüfung in § 68 VwGO also weniger Prüfungsmaßstab als **Entscheidungsregel**. Sie weist die inhaltliche Letztentscheidungskompetenz der Widerspruchsbehörde zu, muss dabei aber Selbstverwaltungsbereiche ausnehmen, weil insofern die Definitionskompetenz über die Handlungsziele der Verwaltung beim Träger der Selbstverwaltung liegt.

III. Grenzen des Prüfungsumfangs

Grundsätzlich gilt die umfassende Kontrollkompetenz für das Widerspruchsverfahren sowohl hinsichtlich des **Prüfungsmaßstabs** (Rechts- **und** Zweckmäßigkeit) als auch hinsichtlich des **Prüfungsumfangs** (Reichweite **und** Intensität der Kontrolle). Es ergeben sich aber auch Schranken dieser Kontrolle, die teilweise andere Gründe haben als die vergleichbare Einschränkung **richterlicher** Kontrollbefugnisse.

1. Selbstverwaltungsentscheidungen

Ist die Selbstverwaltungsbehörde selbst Widerspruchsbehörde (§ 73 I 2 Nr. 3 VwGO), so stellen sich für den Prüfungsumfang keine Probleme. Hier ist die Selbstverwaltungskörperschaft in vollem Umfang zur Kontrolle der Rechtmäßigkeit **und** Zweckmäßigkeit ihrer Entscheidungen befugt.

Anders verhält es sich, wenn die Widerspruchsbehörde nicht dem Selbstverwaltungsträger, sondern einer anderen Körperschaft, also dem Staat oder einem Landkreis, zugeordnet ist. Hier müssen die Landesgesetze vorsehen, dass die Widerspruchsbehörde auf die Rechtmäßigkeitskontrolle beschränkt ist, während die Prüfung der Zweckmäßigkeit im Abhilfeverfahren durch den Selbstverwaltungsträger als Ausgangsbehörde vorgenommen wird (dazu Übersicht, § 6, Rn. 44).

10 Ein besonders „klausurträchtiges" Problem betrifft die Kontrolle der Entscheidung der Gemeinde über die Erteilung ihres **Einvernehmens** gemäß § 36 BauGB (allg. dazu *Schoch*, NVwZ 2012, 777). Hat die mit der Gemeinde nicht identische Baubehörde ohne vorliegendes Einvernehmen die Baugenehmigung erteilt, so ist der hiergegen eingelegte Widerspruch der Gemeinde schon deshalb begründet (BVerwG, NVwZ 2008, 1347). Hält die Widerspruchsbehörde die Verweigerung für rechtswidrig, so kann sie – ebenso wie die untere Bauaufsichtsbehörde – im Widerspruchsverfahren das Einvernehmen ersetzen (§ 36 II 3 BauGB). Dann muss die Gemeinde ggf. gegen die Baugenehmigung bzw. gegen den Widerspruchsbescheid klagen.

Dem **Bürger** gegenüber handelt es sich bei einer solchen Baugenehmigung um einen mehrstufigen Verwaltungsakt. Er kann hier nicht die Gemeinde auf Erteilung des Einvernehmens verklagen oder „Verpflichtungswiderspruch" erheben; ihm bleiben nur Widerspruch und Verpflichtungsklage gegen den Träger der Baubehörde auf Erteilung der Baugenehmigung. Wurde das Einvernehmen rechtswidrig verweigert, so ersetzen der Widerspruchsbescheid und das Verpflichtungsurteil auch gegenüber der (beizuladenden) Gemeinde das Einvernehmen (BVerwG, NVwZ-RR 2003, 719; teilweise a. A. *Bickenbach*, BauR 2004, 432; *Hellermann*, Jura 2002, 589). Ist die Gemeinde selbst Trägerin der Baugenehmigungsbehörde, dann darf sie die Ablehnung eines Bauantrags nicht mit der Versagung ihres eigenen Einvernehmens begründen. Auch kann sie nicht gegen die von der Widerspruchsbehörde verfügte Verpflichtung zur Erteilung der Baugenehmigung allein mit der Begründung klagen, ihr Einvernehmen sei verletzt (BVerwG, NVwZ 2005, 83).

2. Entscheidungen mit Beurteilungsspielraum

11 Bei Entscheidungen mit Beurteilungsspielraum ist der eingeschränkte Prüfungsumfang (außer im Hochschulbereich) nicht in der verfassungsrechtlichen Autonomie des Trägers der Ausgangsentscheidung begründet. Hier kommt es darauf an, ob die Widerspruchsbehörde in der Lage ist, die Situation der Ausgangsentscheidung in vollem Umfang zu kontrollieren.

Anders als das Verwaltungsgericht ist die Widerspruchsbehörde grundsätzlich befugt, auch Entscheidungen mit Beurteilungsspielraum (z. B. Eignungsprognosen, künstlerische und wissenschaftliche Bewertungen durch eine Prüfungskommission, ein Sachverständigengremium o. ä. – ausf. zum Problem *Maurer/Waldhoff*, AVwR, § 7, Rn. 31 ff.) voll zu kontrollieren. Geht es dagegen um ein besonderes Prüfungs- oder Beurteilungs**verfahren**, an dem der Träger der Widerspruchsentscheidung nicht beteiligt war, dann gelten für die Widerspruchsbehörde ähnliche Schranken wie für das Verwaltungsgericht, und sie darf die eigene Wertung nicht an die Stelle derjenigen der Prüfungsbehörde setzen. Der eigentliche Grund dieser Einschränkung ist die Chancengleichheit, die beeinträchtigt würde, wenn im Nachhinein die Prüfungsleistungen einer Einzelperson herausgegriffen und – losgelöst von der Prüfungssituation – durch die Widerspruchsbehörde inhaltlich abweichend bewertet würden. In diesen Fällen ist die Rechtskontrolle auf die Verletzung des Verfahrens, objektiv unwahre Sachverhalte und auf die Verletzung anerkannter Bewertungsmaßstäbe beschränkt (exempl.: BVerwGE 57, 130, 145; 70, 4, 10; BVerwG, NJW 2018, 2142).

3. Abwägungsentscheidungen

Das Problem eingeschränkter Überprüfbarkeit stellt sich nicht nur bei Entscheidungen mit Beurteilungsspielraum, sondern auch bei sogenannten „Abwägungsentscheidungen". Diese sind nicht auf das Planfeststellungsverfahren und die Bauleitplanung beschränkt; der Begriff hat sich vielmehr für solche Entscheidungen eingebürgert, die in besonderem Maße der Interessenzuordnung und Konfliktbewältigung dienen und insofern unterschiedliche Belange in einem besonderen Abwägungsverfahren einbeziehen (Einzelheiten hierzu bei *Hufen/Siegel*, Fehler im Verwaltungsverfahren, 6. Aufl. [2018], Rn. 65 f.). Der Entscheidungsstruktur nach geht es hierbei zwar nicht um Entscheidungen mit Beurteilungsspielraum. Die Widerspruchsbehörde ist bei der Abwägungskontrolle grundsätzlich zur vollen Überprüfung befugt. Sie darf hierbei aber keinen einzelnen Belang (z. B. des Widerspruchsführers) herausgreifen und dadurch das komplexe Gefüge der Abwägungsentscheidung nachträglich verändern.

12

4. Folgen des eingeschränkten Prüfungsumfangs

Kann die Widerspruchsbehörde dem Widerspruch aus den geschilderten Gründen nicht stattgeben, so hebt sie die ablehnende Entscheidung auf und weist die Ausgangsbehörde an, die Entscheidung in rechtmäßiger Weise zu wiederholen.

13

In diesen Fällen ergeht allerdings **kein „Bescheidungswiderspruchsbescheid"**. Das Bescheidungsurteil ist ein typisches aus der Gewaltenteilung zwischen Verwaltungsgerichtsbarkeit und Verwaltung entstandenes Instrument **gerichtlicher** Kontrolle. Eine Widerspruchsbehörde kann eine Prüfungsentscheidung aufheben und anordnen, dass und wie die Prüfung oder der Prüfungsteil zu wiederholen ist (dazu unten, § 9, Rn. 12).

IV. Besonderheiten beim „beamtenrechtlichen Widerspruch"

14 In Fällen des § 54 BeamtStG, § 126 II BBG, also beim „beamtenrechtlichen Widerspruch", kann es zu einem „Leistungs- bzw. Feststellungswiderspruchsbescheid" kommen (BVerwG, NVwZ 2014, 892 – dienstliche Anordnung einer ärztlichen Untersuchung). Für Gegenstände, bei denen eine entsprechende Klage Leistungs- bzw. Unterlassungsklage wäre, ist ein solcher Widerspruch begründet, wenn der Betroffene einen Anspruch auf die Leistung oder Unterlassung hat. Beim „Feststellungswiderspruch" ist zu überprüfen, ob das umstrittene Rechtsverhältnis besteht bzw. nicht besteht (§ 43 VwGO analog).

15

Übersicht 6: Begründetheit des Widerspruchs

A) Anfechtungswiderspruch: (vgl. auch Übersicht 16 nach § 25)
1. Rechtswidrigkeit des angegriffenen VA
    a) Benennung der Eingriffsgrundlage,
    b) Zuständigkeit der Ausgangsbehörde,
    c) Verfahren,
    d) Anwendung der Eingriffsgrundlage,
    e) Verstoß gegen sonstiges Recht.
2. Rechtsverletzung (§ 113 I VwGO analog)
3. *Zweckwidrigkeit (nur prüfen, wenn Entscheidung nicht ohnehin rechtswidrig; klarstellen, dass zumindest Betroffenheit in eigenem Recht vorliegt)*

B) Verpflichtungswiderspruch (vgl. auch Übersicht 17 nach § 26)
1. Rechtswidrigkeit der Versagung des VA
2. Rechtsverletzung durch Versagung (§ 113 V VwGO analog)
3. *Zweckwidrigkeit*
4. *Ggf. Beurteilungsspielraum bei Prüfungs- und ähnlichen Entscheidungen)*

Literatur zu § 7: *Pietzner/Ronellenfitsch,* Assessorexamen, §§ 38 ff.; *Schenke,* VProzR, Rn. 683 ff.; *Ehlers/Schoch,* Rechtsschutz im Öffentlichen Recht, § 20; *Geis/Hinterseh,* Grundfälle zum Widerspruchsverfahren, JuS 2001, 1074, 1176; JuS 2002, 34; *Schoch,* Das Widerspruchsverfahren nach §§ 68 ff. VwGO, Jura 2003, 752; *W.-R. Schenke,* Die maßgebliche Sach- und Rechtslage bei einer Entscheidung der Widerspruchsbehörde, FS Würtenberger (2013), 1185.

§ 8 Der Ablauf des Widerspruchsverfahrens

Der Ablauf des Widerspruchsverfahrens entspricht im Wesentlichen demjenigen des Verwaltungsverfahrens. Es wird nicht durch Klage, sondern durch einen **Antrag** eingeleitet (§ 69 VwGO); es umfasst verschiedene vorbereitende Abschnitte (Sachaufklärung, Anhörung, eigentliche Entscheidung usw.); außer bei Verfahren im Ausschuss kennt es keine mündliche Verhandlung und es endet wiederum mit einem VA, dem Widerspruchsbescheid. Eine Besonderheit dieses Verfahrens ist die in der Regel zweistufige Ausgestaltung von Abhilfe- und eigentlichem Widerspruchsverfahren.

I. Die Erhebung des Widerspruchs und ihre Wirkungen

Das Widerspruchsverfahren beginnt mit der **Erhebung des Widerspruchs** (§ 69 VwGO), d. h. mit dem Eingang des Widerspruchs bei der in § 70 VwGO genannten Behörde. Der ordnungsgemäß eingelegte Widerspruch hat folgende Wirkungen:
- **Fristwahrung, Hemmung der Bestandskraft,**
- **Devolutiveffekt** (nur nach Ablehnung der Abhilfe durch Ausgangsbehörde),
- **Suspensiveffekt** – aufschiebende Wirkung (§ 80 I 1 VwGO).

1. Fristwahrung

Die Einlegung des Widerspruchs hat **fristwahrende Wirkung**. Das gilt nach § 70 VwGO auch dann, wenn der Widerspruch bei der Widerspruchsbehörde eingelegt wird. Das Eintreten der Bestandskraft (Unanfechtbarkeit) wird damit aufgehalten (gehemmt).

2. Devolutiveffekt

Der Devolutiveffekt bedeutet, dass die Entscheidungskompetenz auf die **nächsthöhere Behörde** übergeht. Das ist beim Widerspruchsverfahren nicht schon mit der Einlegung bei der Ausgangsbehörde und nicht einmal bei der (möglichen) Einlegung bei der Widerspruchsbehörde (§ 70 I 2 VwGO), sondern erst mit der Weiterleitung des Widerspruchs an die Widerspruchsbehörde nach (negativem) Abschluss des Abhilfeverfahrens der Fall.

Auch im Übrigen ist der Devolutiveffekt nicht abschließend, d. h. die Ausgangsbehörde darf dem Widerspruch auch dann noch abhelfen (selbstverständlich aber nicht den Widerspruch zurückweisen), wenn die Widerspruchsbehörde bereits mit der Angelegenheit befasst ist (OVG Lüneburg, NVwZ-RR 2003, 326; *Pache/Knauff,* DÖV 2004, 656 f.).

3. Suspensiveffekt

5 Nach § 80 I 1 VwGO hat der Widerspruch aufschiebende Wirkung (**Suspensiveffekt**), d. h.: der VA darf nicht vollzogen und muss nicht beachtet werden. Die Wirksamkeit i. S. v. § 43 VwVfG bleibt bestehen (umstr.). Die aufschiebende Wirkung tritt erst mit der Einlegung des Widerspruchs ein. Sie besteht also nicht „automatisch" bis zur Unanfechtbarkeit. Der Suspensiveffekt gilt aber nur beim Widerspruch gegen einen belastenden VA, nicht beim „Verpflichtungswiderspruch" und auch nicht beim Widerspruch gegen beamtenrechtliche Maßnahmen, die nicht VA sind, z. B. Umsetzungen. (Näheres unten, § 32, Rn. 2 ff.).

II. Das Abhilfeverfahren

1. Allgemeines

6 Hält die (Ausgangs-)Behörde den Widerspruch für begründet, so hilft sie ihm ab und entscheidet über die Kosten (§ 72 VwGO). Diese Vorschrift ist Ausdruck der angestrebten Selbstkontrolle der Behörde im Widerspruchsverfahren. Diese muss nach pflichtgemäßem Ermessen entscheiden, ob sie abhilft oder den VA nach § 48 VwVfG zurücknimmt. Kostenerwägungen dürfen dabei keine Rolle spielen (BVerwG, NJW 2009, 2968). Besondere Bedeutung hat die Abhilfe in Selbstverwaltungsangelegenheiten, wenn die Behörde – wie dies das Landesrecht nach § 73 I 2 Nr. 3 VwGO bestimmen kann – nicht selbst Widerspruchsbehörde ist (dazu oben, Übersicht 4). Dann ist das Abhilfeverfahren der einzige Ort einer erneuten Zweckmäßigkeitsprüfung.

2. Pflicht zur Durchführung

7 Das Abhilfeverfahren ist **obligatorisch**, und zwar auch dann, wenn der Wf. den Widerspruch – was nach § 70 VwGO möglich ist – bei der Widerspruchsbehörde eingelegt hat. Entscheidet die Wider-

spruchsbehörde gleichwohl ohne Abhilfeverfahren, so ist dies ein wesentlicher Verfahrensmangel im Sinne von § 79 II 2 VwGO. Das gilt erst recht, wenn die Widerspruchsbehörde in Selbstverwaltungsangelegenheiten auf die Rechtmäßigkeitskontrolle beschränkt ist. Sind Abhilfebehörde und Widerspruchsbehörde identisch, findet ein Abhilfeverfahren selbstverständlich nicht statt (*Geis*, in: Sodan/Ziekow, VwGO, § 72, Rn. 3).

3. Ablauf

Das Abhilfeverfahren ist **kein eigenes Verwaltungsverfahren,** sondern unselbständiger Teil des Widerspruchverfahrens. Die Behörde greift hierbei auf die Ergebnisse des Ausgangsverfahrens zurück. Gleichwohl gelten auch für diesen Verfahrensabschnitt die Verpflichtung zur Anhörung (§ 71 VwGO, ergänzend auch § 28 VwVfG), Sachaufklärung, Beratung und Akteneinsicht. Dies gilt insbesondere dann, wenn die Abhilfebehörde den VA zu Lasten eines Dritten abändern oder aufheben will, oder wenn es um völlig neue Tatsachen oder rechtliche Gesichtspunkte sowie um Zweckmäßigkeitserwägungen geht, auf die die nachfolgende Widerspruchsbehörde keinen Zugriff hat.

Umstritten ist es, ob im Abhilfeverfahren derselbe Bedienstete entscheiden darf wie im Ausgangsverfahren. Hier droht zwar kein unmittelbarer Verstoß gegen §§ 20/21 VwVfG. Der Kontrollzweck des Abhilfeverfahrens kann aber nur erreicht werden, wenn die Abhilfeentscheidung durch einen anderen Bediensteten getroffen wird.

4. Entscheidung im Abhilfeverfahren

Hält die Behörde den Widerspruch für ganz oder teilweise begründet, so hilft sie ihm ab. Eine „reformatio in peius" ist ihr aber verwehrt (*Geis*, in: Sodan/Ziekow, § 72, Rn. 23). Im Umkehrschluss aus § 73 VwGO ist die Abhilfeentscheidung kein Widerspruchsbescheid; sie ist vielmehr Aufhebung oder Abänderung des ursprünglichen Bescheids. In diesem Fall muss die Ausgangsbehörde zugleich über die Kosten entscheiden. Anders als bei Rücknahme und Widerruf (§§ 48/ 49 VwVfG) hat die Behörde bei der Abhilfeentscheidung **kein Entschließungsermessen.** Sie muss abhelfen, wenn sie den Widerspruch für begründet hält. Dabei ist sie nicht an die Einschränkungen der §§ 48/49 VwVfG gebunden, wenn sie einen begünstigenden VA auf den Widerspruch eines Dritten hin aufhebt (§ 50 VwVfG).

Erweist sich der VA bei der Überprüfung im Abhilfeverfahren als nichtig, so hat die Behörde dies nach § 44 V VwVfG festzustellen. Hilft die Behörde einem Widerspruch nur **teilweise** ab, so ergeht zwar insofern ein Abhilfebescheid; gleichwohl ist die Behörde verpflichtet, die Angelegenheit der Widerspruchsbehörde zur Entscheidung über den abgelehnten Teil vorzulegen. Über diesen abgelehnten Teil muss dann ein Widerspruchsbescheid ergehen (BVerwGE 70, 4).

10 Hilft die Behörde dem Widerspruch **nicht** ab, so leitet sie ihn weiter an die Widerspruchsbehörde. Die entsprechende Mitteilung an den Widerspruchsführer ist nur Verfahrenshandlung, nicht etwa eigenständiger VA (BVerwG, DVBl. 2012, 49).

Literatur zu § 8 II: *Kintz,* ÖffR. im Ass.Examen, Rn. 756; *Köstering/Günther,* Das Widerspruchsverfahren, 13; *Schmitt Glaeser/Horn,* Rn. 199–203; *Oerder,* Widerspruchsverfahren, 137; *Schoch,* Jura 2003, 752, 756; *Geis,* in: Sodan/Ziekow VwGO, § 72; *Oberrath/Hahn,* Die Abhilfeentscheidung im Widerspruchsverfahren, JA 1995, 886; *Pache/Knauff,* Zum Verhältnis von Ausgangs- und Widerspruchsbehörde nach den Regelungen der VwGO, DÖV 2004, 676.

III. Das Verfahren bei der Widerspruchsbehörde

1. Allgemeine Verfahrensgrundsätze

11 Wie jedes Verwaltungsverfahren ist auch das Widerspruchsverfahren von **allgemeinen Verfahrensgrundsätzen** beherrscht, bei deren Formulierung und Interpretation die besondere Stellung des Widerspruchsverfahrens zwischen Verwaltungsverfahren und Verwaltungsprozess zu beachten ist. Einerseits ist das Widerspruchsverfahren nicht Verwaltungsprozess; es wäre also verfehlt, unvermittelt und in vollem Umfang Grundsätze wie Öffentlichkeit, Mündlichkeit, Offizialmaxime usw. anzuwenden. Andererseits ist es förmlicher Rechtsbehelf, so dass der Grundsatz der Nichtförmlichkeit im Sinne von § 10 VwVfG allenfalls eingeschränkt gilt. Das heißt aber nicht, dass nicht auch das Widerspruchsverfahren **einfach** und **zweckmäßig** durchzuführen wäre. Auch für das Widerspruchsverfahren schließt § 10 VwVfG eine der **Verhältnismäßigkeit** widersprechende komplizierte und aufwendige Verfahrensgestaltung aus. Sind neben Antragsteller und Behörde mehrere Beteiligte vorhanden, so muss auch die Widerspruchsbehörde den Grundsatz der verfahrensmäßigen **Chancengleichheit** und der Offenheit gegenüber den Beteiligten beachten.

Sie darf sich insbesondere nicht ausschließlich die Argumentation einer Seite zueigen machen, ist also an die **Pluralität** der eingebrachten Belange und Gesichtspunkte gebunden. Das heißt auch, dass sie sich in eine gewisse **Neutralität** und **Distanz** gegenüber der Ausgangsbehörde begeben muss, wenn sie der rechtsstaatlichen Kontrollfunktion des Widerspruchsverfahrens wirklich gerecht werden will. Gerade deshalb ist der im Ausgangsverfahren mit der Angelegenheit befasste Beamte im Widerspruchsverfahren als *befangen* anzusehen (a. A. *Pietzner/Ronellenfitsch*, Assessorexamen, § 37, Rn. 1179).

2. Beteiligte

Beteiligte sind nach § 79 i. V. m. § 13 VwVfG **Antragsteller** und **Antragsgegner,** d. h. im Widerspruchsverfahren: Widerspruchsführer und Ausgangsbehörde. Letztere ist selbst beteiligungsfähig nach § 11 VwVfG. Antragsgegner ist also nicht etwa der „Dritte" beim Widerspruch über den VA mit Drittwirkung (so aber *Kopp/Ramsauer*, VwVfG, § 13, Rn. 20), denn auch das Widerspruchsverfahren wird nie zwischen zwei Bürgern geführt. Der Begünstigte des mit dem Widerspruch angefochtenen VA sowie der unmittelbar von der Aufhebung einer negativen Entscheidung betroffene Nachbar sind aber **notwendig Beteiligte** im Sinne von § 13 II 2 VwVfG, wenn die Widerspruchsbehörde sie mit einer stattgebenden Entscheidung erstmalig belastet. Auch die Widerspruchsbehörde selbst ist Beteiligte, obgleich sie in § 13 VwVfG nicht ausdrücklich erwähnt ist.

Die Behörde **kann** nach § 13 VwVfG weitere Dritte beteiligen, deren rechtliche Interessen durch den Ausgang des Widerspruchsverfahrens berührt werden können. Wie beim Verwaltungsverfahren kann diese **fakultative Beteiligung** des Dritten sich aus verfassungsrechtlichen Gründen zur Beteiligungs**pflicht** verdichten, wenn im Widerspruchsverfahren über Grundrechte des Dritten mitentschieden wird, ohne dass er als potentieller Adressat nach § 13 I VwVfG ohnehin beteiligt ist (umstr. – näher dazu: *Hufen/Siegel*, Fehler im VwVf., 6. Aufl. [2018], Rn. 280).

3. Vertretung durch Bevollmächtigten

Nach § 79 i. V. m. § 14 VwVfG kann ein Beteiligter sich durch einen Bevollmächtigten vertreten lassen. In diesem Fall soll sich die Behörde statt an den Widerspruchsführer an den Bevollmächtigten wenden (§ 14 III 1 VwVfG). Für das Widerspruchsverfahren ist die

Bekanntgabe an den Bevollmächtigten zwar im Gegensatz zu § 67 III 3 VwGO nicht zwingend vorgeschrieben, doch sind kaum Gründe denkbar, von der Sollvorschrift des § 14 VwVfG abzuweichen. Das gilt besonders, wenn der Betroffene selbst mit der Sache bisher nicht befasst war oder abwesend ist.

4. Vertretung im „Massenverfahren"

14   Nach wie vor ungelöst sind die Probleme des Widerspruchsverfahrens als „Massenverfahren". Es besteht lediglich Einigkeit darüber, dass auch § 67a VwGO nur für den Verwaltungsprozess gilt, dass also grundsätzlich für das Widerspruchsverfahren die Vorschriften der §§ 17–19 VwVfG anwendbar sind. Schon aus rechtsstaatlichen Gründen ist es aber dem Vertreter nach § 17 VwVfG verwehrt, für einen bis jetzt nicht Beteiligten Widerspruch einzulegen und diesen damit in ein ungewünschtes Verfahren hineinzuziehen. Wegen der größeren Förmlichkeit des Widerspruchsverfahrens und des Prinzips des rechtlichen Gehörs kommt auch eine eigenmächtige Rücknahme des Widerspruchs oder ein Vergleichsvertrag mit Wirkung für einzelne Beteiligte nicht in Betracht.

5. Sachaufklärung

15   Für die Sachaufklärung im Widerspruchsverfahren gelten §§ 24 ff. VwVfG, wobei die Widerspruchsbehörde sowohl zur Kontrolle der Ermittlungen der Ausgangsbehörde als auch zur Erhebung eigener Informationen verpflichtet ist, wenn dies nach Maßgabe des Einzelfalles erforderlich ist. Einen Fehler in der Sachaufklärung stellt es grundsätzlich dar, wenn die Widerspruchsbehörde bei umstrittener Tatsachenlage Algorithmen und Informationen oder gar den ganzen Datensatz der Ausgangsbehörde ungeprüft übernimmt.

6. Anhörung

16   Systematische und praktische Schwierigkeiten bereitet § 71 VwGO, nach dem derjenige im Widerspruchsverfahren gehört werden **soll,** für den die Aufhebung oder Änderung eines VA im Widerspruchsverfahren erstmalig mit einer Beschwer verbunden ist. Obwohl § 71 VwGO als Spezialvorschrift § 28 VwVfG verdrängt, besteht heute Einigkeit darin, dass der Grundsatz des rechtlichen Gehörs wie bei § 28 VwVfG **verlangt,** vor der belastenden Abänderung oder Aufhebung eines VA im Abhilfe- und im Widerspruchsverfah-

ren den hiervon Betroffenen zu hören. Das gilt insbesondere für den Nachbarn im Baurecht. § 71 VwGO ist also bei Vorliegen seiner Voraussetzungen als „Muss-Vorschrift" zu lesen (wie hier *Redeker/von Oertzen,* VwGO, § 71, Rn. 2; *Kopp/Schenke,* VwGO, § 71, Rn. 1). Nur in ganz besonders gelagerten Fällen mögen Gründe, wie in § 28 II VwVfG genannt, zu einer Ausnahme von § 71 VwGO berechtigen.

Geklärt ist durch § 71 VwGO auch, dass der von einer „Verböserung" betroffene Widerspruchsführer zuvor selbst angehört werden soll (BVerwG, NVwZ 1999, 1218). Gleiches gilt, wenn die Widerspruchsbehörde den Widerspruch aus einem dem Widerspruchsführer bisher nicht bekannten und/oder nicht mit ihm erörterten Grund zurückweisen will.

7. Beratung, Akteneinsicht

Die Widerspruchsbehörde hat dem Betroffenen gegenüber **Informations- und Beratungspflichten,** für die die entsprechenden Vorschriften des VwVfG (also insbes. § 25) gelten. Für das **Akteneinsichtsrecht** und dessen Schranken sind §§ 29/30 VwVfG (nicht etwa § 100 VwGO) anwendbar. Zur Beratungspflicht gehört auch, dass die Widerspruchsbehörde den Widerspruchsführer und andere Beteiligte nicht über Risiken und Kosten des Verfahrens im Unklaren lassen darf (Einzelheiten bei *Hufen/Siegel,* Fehler im Verwaltungsverfahren, 6. Aufl. (2018), Rn. 324 ff.).

17

8. Mitwirkung anderer Behörden

Nicht in §§ 68 ff. VwGO geregelt ist die **Mitwirkung anderer Behörden.** Die Pflicht zu deren Beteiligung und ggf. Zustimmung ergibt sich aber aus den gleichen Bestimmungen, die auch im Ausgangsverfahren anwendbar sind. Wichtigste Fälle sind das Einvernehmen der Gemeinde nach § 36 BauGB, die Zustimmung der obersten Landesstraßenbaubehörde nach § 9 II FStrG, die notwendige Beteiligung von Naturschutz- und Denkmalschutzbehörden sowie die Zustimmung des Straßenbaulastträgers vor „straßenrelevanten" Entscheidungen.

18

9. Besonderheiten beim Widerspruchsverfahren im Ausschuss oder im Beirat

Als Widerspruchsbehörde können nach § 73 II 1 VwGO auch Ausschüsse und Beiräte fungieren. Diese sind – ungeachtet von Sondervorschriften – für

19

alle in ihrem Bereich anfallenden Widerspruchsverfahren zuständig. Neben den Widerspruchsausschüssen in *Hamburg* (vgl. § 7 II AGVwGO) sind vor allem die **Stadt- und Kreisrechtsausschüsse** in *Rheinland-Pfalz* und dem *Saarland* zu nennen. Diese werden bei den Kreisen und kreisfreien Städten gebildet, die Kreisrechtsausschüsse sind aber in Bezug auf kreisangehörige Gemeinden gleichwohl in Selbstverwaltungsangelegenheiten auf die Prüfung der Rechtmäßigkeit beschränkt (§ 6 II AGVwGO Rh.-Pf.). Unter (zumindest nominellem) Vorsitz des Oberbürgermeisters bzw. Landrats entscheiden sie i. d. R. **aufgrund mündlicher und öffentlicher Verhandlung** (vgl. § 16 I AGVwGO Rh.-Pf.), wobei die Mitglieder weisungsfrei sind. Die Entscheidungen dieser Ausschüsse sind gleichwohl Verwaltungsakte der Stadt bzw. des Landkreises. Die fehlende, rechtsstaatlich aber unabdingbare Weisungskompetenz der parlamentarisch verantwortlichen Regierung wird durch das Institut der sogenannten **Aufsichts- oder Beanstandungsklage der Aufsichts- und Dienstleistungsdirektion** (früher: Bezirksregierung) (vgl. § 17 AGVwGO Rh.-Pf. – im Saarland: des zuständigen Ministers) ersetzt (ausf. dazu *Kintz*, LKRZ 2009, 5; *Guckelberger/Heimpel*, LKRZ 2012, 6 ff.). Dagegen ist (nach richtiger Auffassung) die Klage der Stadt oder des Landkreises gegen den eigenen Stadt- oder Kreisrechtsausschuss, wenn dieser als Widerspruchsbehörde einem Widerspruch stattgegeben hat, mangels Außenwirkung unstatthaft (dazu OVG Saarlouis, NVwZ 1990, 174).

Derartige Widerspruchsausschüsse stellen ein interessantes und für die anderen Bundesländer erwägenswertes Modell dar, dessen Vorteile (Öffentlichkeit, Befriedungsfunktion durch mündliche Verhandlung, Überwinden der „Betriebsblindheit" spezialisierter Widerspruchsbehörden) auf der Hand liegen. Es trägt erwiesenermaßen zur Entlastung der Verwaltungsgerichtsbarkeit bei.

Nicht an die Stelle der Widerspruchsbehörde treten die in *Hessen* bei den Städten mit 30 000 und mehr Einwohnern und bei den Landraten als Behörden der Landesverwaltung gebildeten besonderen Ausschüsse (§ 6 II AGVwGO), die vor Durchführung des eigentlichen Widerspruchsverfahrens lediglich eine Anhörung und Gelegenheit zur gütlichen Einigung bieten sollen.

10. Rücknahme und Erledigung des Widerspruchs

20 Im Widerspruchsverfahren können beide Seiten die Erledigung des Widerspruchs bewirken: Die Ausgangsbehörde dadurch, dass sie den VA aufhebt, bzw. die beantragte Genehmigung erteilt; der Widerspruchsführer durch Rücknahme des Widerspruchs oder Einwilligung in einen Vergleich. Daneben kann sich der Widerspruch aus tatsächlichen oder sonstigen Gründen **erledigen.**

21 a) Hebt die Ausgangsbehörde den VA auf oder erlässt sie den beantragten VA während des noch anhängigen Widerspruchsverfahrens, so ist dies kein Widerspruchsbescheid im Sinne von § 73 VwGO,

sondern eine Abhilfeentscheidung. Dem steht der (ohnehin nur eingeschränkt geltende) Devolutiveffekt nicht entgegen. In der Praxis geschieht dies nicht selten auf einen entsprechenden Hinweis der Widerspruchsbehörde, wenn diese einen förmlichen Widerspruchsbescheid vermeiden will.

Gegen den expliziten Wortlaut und den Sinn von § 73 VwGO handelt die Widerspruchsbehörde aber dann, wenn sie – über die geschilderte „informelle Abhilfe" hinaus – statt eines Widerspruchsbescheids eine förmliche Aufsichtsverfügung über den Streitgegenstand an die Ausgangsbehörde erlässt. Anders als der Widerspruchsbescheid ist diese für den Dritten nicht anfechtbar und überlässt im Übrigen der Ausgangsbehörde das volle Prozessrisiko. Auch wenn hier nach richtiger Ansicht (*Pietzner/Ronellenfitsch*, Assessorexamen, § 42, Rn. 1274) kein erneutes Widerspruchsverfahren erforderlich ist, widerspricht ein solcher Vorgang der klaren Intention des Gesetzgebers und der in § 73 VwGO enthaltenen eindeutigen Trennung der Verantwortung zwischen Ausgangsbehörde und Widerspruchsbehörde. Auch eine schlichte Rücknahme nach § 48 VwVfG kommt für die Widerspruchsbehörde nicht in Frage.

b) Der Widerspruchsführer kann in jeder Lage des Widerspruchsverfahrens auch ohne Zustimmung eines evtl. beteiligten Dritten und des Antragsgegners den Widerspruch **zurücknehmen** und damit den Widerspruchsbescheid vermeiden (BVerwGE 44, 64, 66). Das gilt freilich nur bis zur Bekanntgabe des Widerspruchsbescheids.

Die **Rücknahme** des Widerspruchs bedeutet als solche keinen Widerspruchsverzicht (wofür vieles spräche). Innerhalb der Frist des § 70 VwGO bleibt vielmehr ein erneuter Widerspruch zulässig. § 58 II VwGO kommt hierbei nicht zur Anwendung, wenn bereits einmal wirksam Widerspruch eingelegt wurde (zum Problem *Würtenberger*, PdW, 143 f.).

c) Das Widerspruchsverfahren kann auch durch **Vergleich** beendet werden. Auf diesen sind aber nicht (auch nicht analog) die Regeln über den Prozessvergleich, sondern die allgemeinen Vorschriften zum öffentlich-rechtlichen (Vergleichs-)Vertrag anwendbar (§ 79 i. V. m. § 55 VwVfG). Dem Wesen des Vergleichs entspricht es, dass die Behörde im Wege des gegenseitigen Nachgebens auch ohne endgültige Klärung der Recht- und Zweckmäßigkeit entscheidet. Sind Rechte Dritter betroffen, so ist der Vergleich aber nach § 58 VwVfG bis zu deren Zustimmung schwebend unwirksam. Ein Vergleichsvertrag, den beide Seiten in Kenntnis der Rechtswidrigkeit abschließen, ist nach § 59 II Nr. 2 VwVfG nichtig.

d) Als sonstige Gründe für die Erledigung des Widerspruchsverfahrens kommen vor allem **Zeitablauf**, tatsächliches **Unmöglichwer-**

den, **Wegfall des Entscheidungsgegenstands, Tod des Widerspruchsführers**, nach h. L. aber **nicht Vollstreckung und freiwillige Befolgung** in Betracht (dazu unten, § 18, Rn. 40).

Nach der Erledigung des Widerspruchs kann nach der Rechtsprechung des BVerwG ein Widerspruchsbescheid nicht mehr ergehen, und das Verfahren ist einzustellen (BVerwGE 26, 161, 167; BVerwG, NJW 1967, 1245; BVerwG, DÖV 1989, 641 ff.). Auch wenn der Widerspruchsführer ein Interesse an rechtzeitiger Klärung hat, bleibt ihm nach dieser Auffassung nur die Fortsetzungsfeststellungsklage. Ein „Fortsetzungsfeststellungswiderspruchsbescheid" existiert nicht (a. A. *Dreier*, NVwZ 1987, 474; *Kopp/Schenke*, VwGO, § 72, Rn. 6; *Schoch,* Jura 2003, 752, 756). Ist die Erledigung umstritten, kann der Widerspruchsführer keine Klage auf Feststellung der Nichterledigung, sondern nur Anfechtungs- oder Verpflichtungsklage erheben (OVG Koblenz, NVwZ – RR 2020, 903).

Literatur zu § 8 III: *Hinterseh,* Ausschüsse gemäß § 73 II VwGO (2002); *Huxholl,* Die Erledigung eines VAs im Widerspruchsverfahren (1995); *Schildheuer,* Die Rücknahme des Widerspruchs nach Erlass des Widerspruchsbescheids, NVwZ 1997, 637; *Engelbrecht,* Die Hauptsacheerledigung im Widerspruchsverfahren, JuS 1997, 550; *Westermeier,* Die Erledigung der Hauptsache im deutschen Verfahrensrecht (2005), 369; *Exner/Richter-Hopprich,* Die Erledigung im Widerspruchsverfahren, JuS 2015, 521.

IV. Die Heilung von Form- und Verfahrensfehlern während des Widerspruchsverfahrens

1. Allgemeines

25 Verstöße gegen Form- und Verfahrensvorschriften machen den Verwaltungsakt oder die Ablehnung des Verwaltungsaktes grundsätzlich **rechtswidrig**. Wird der Bürger durch den verfahrensfehlerhaften VA in seinen Rechten verletzt, so kann er die Aufhebung im Widerspruchsverfahren und im Verwaltungsprozess verlangen, soweit der Fehler nicht unbeachtlich i. S. von § 46 VwVfG ist oder bereits zuvor nach § 45 VwVfG geheilt wurde. Ist der Fehler nach § 46 VwVfG unbeachtlich, so besteht weder im Widerspruchsverfahren noch im nachfolgenden Prozess ein Aufhebungsanspruch. Für erst im Widerspruchsverfahren selbst entstandene Fehler ist § 79 II VwGO zu beachten. Solche Fehler gelten als „zusätzliche Beschwer" i. S. von § 79 II VwGO, „sofern der Widerspruchsbescheid auf dieser

Verletzung beruht". Wegen der Unsicherheiten in der Auslegung von § 46 VwVfG und § 79 II VwGO muss es aber in jedem Fall möglich sein, auch den an sich unbeachtlichen Fehler gem. § 45 VwVfG im Widerspruchsverfahren wirksam zu heilen.

Seit der „Beschleunigungsgesetzgebung" von 1996 ist die Heilung von Verfahrensfehlern **bis zur letzten Tatsacheninstanz** eines verwaltungsgerichtlichen Verfahrens möglich (§ 45 II VwVfG). Das hat nach Ansicht der meisten Beobachter zu einer erheblichen Schwächung des Widerspruchsverfahrens geführt und die Tendenz verstärkt, dass sich Behörden um die Einhaltung von Verfahrensvorschriften nicht wirklich kümmern müssen, da sie etwaige Fehler im Prozess immer noch beheben können (*Geis,* in: Sodan/Ziekow, VwGO, § 68, Rn. 21; *Guckelberger,* JuS 2011, 577). 26

Das macht die wirksame Heilung im Widerspruchsverfahren aber keineswegs entbehrlich: Diese ist umso wirksamer, je früher der Fehler ausgeglichen wird. Während des Verwaltungsprozesses kommt die Verfahrenshandlung gerade bei komplexen oder personenbezogenen Entscheidungen oft zu spät. Unabhängig davon gelten die nachfolgenden Anforderungen an eine wirksame Fehlerheilung umso mehr, wenn diese erst im Verwaltungsprozess stattfindet. Für das Widerspruchsverfahren ist zu fragen,
– welche **Arten** von Verfahrensfehlern,
– vor welcher **Behörde,**
– durch welche **Verfahrenshandlung**
geheilt werden können.

Im verwaltungsprozessualen Gutachten sind die damit zusammenhängenden Fragen erst beim Gliederungspunkt „Rechtswidrigkeit des Verwaltungsaktes", also bei **der Begründetheit der Klage,** zu prüfen. Ist der Fehler des Verwaltungsverfahrens geheilt, so darf der VA seinetwegen nicht aufgehoben werden, die Klage ist trotz der ursprünglich bestehenden Rechtswidrigkeit des VA unbegründet.

Durch § 45 VwVfG erhält die Verwaltung Gelegenheit, Verfahrensunrecht des Ausgangsverfahrens zu kompensieren; der Bürger hat den Vorteil der Nachholung bei der höheren Instanz; er hat aber auch hinzunehmen, dass er durch diese ihn begünstigende Verfahrenshandlung seinen Anspruch auf Aufhebung der rechtswidrig zustande gekommenen Entscheidung verliert. Da die in § 45 VwVfG genannten Verfahrenshandlungen aber zumindest teilweise subjektive Rechte vermitteln, die zur verfassungsmäßigen Ordnung im Sinne von Art. 2 I GG gehören, setzt eine verfassungskonforme Auslegung 27 von § 45 VwVfG als obersten Grundsatz voraus: Durch die Heilung des Verfahrensfehlers ist der Betroffene so zu stellen, wie er gestanden haben würde, wenn der Fehler nicht geschehen wäre (**Grundsatz realer Fehlerheilung**). Insbesondere muss die nachgeholte Handlung noch wirksam werden und ihre Funktion für den Entscheidungsprozess der Behörde uneingeschränkt erfüllen können (VGH Kassel, NVwZ-RR 2012, 163; ausf. *Hufen/Siegel*, Fehler im VwVf., Rn. 939 ff.).

2. Arten von Verfahrenshandlungen – „heilbare Verfahrensfehler"

28 Die „heilbaren Verfahrensfehler" finden sich in § 45 VwVfG. Nachgeholt, verbessert oder ergänzt werden können danach:

- Der für den Erlass des VA erforderliche **Antrag** (Nr. 1),
- die Mitwirkung eines **befangenen** Amtsträgers (OVG Magdeburg, NVwZ-RR 2018, 677),
- die erforderliche **Begründung** (Nr. 2),
- die erforderliche **Anhörung** eines Beteiligten (Nr. 3),
- der **Beschluss eines Ausschusses**, dessen Mitwirkung für den Erlass eines VA erforderlich gewesen wäre (Nr. 4),
- die erforderliche **Mitwirkung einer anderen Behörde** (Nr. 5).

29 Rechtlich und praktisch am wichtigsten ist hierbei der Fall der Nachholung einer im Ausgangsverfahren unterbliebenen **Anhörung**. Zu beachten ist aber:

- § 45 VwVfG erfasst **nicht** Verfahrenshandlungen, die gesetzlich (einschl. durch unmittelbar geltendes Europarecht) zwingend **vor** Erlass eines VA vorgeschrieben sind und bei denen die Nachholung den Schutzzweck der Verfahrensnorm unterlaufen würde. **Beispiele:** BVerwGE 17, 279, 281 – Anhörung der Hauptfürsorgestelle vor Entlassung eines schwerbeschädigten Beamten; BVerwGE 34, 133, 138; BVerwG, NJW 1983, 2516 und NVwZ 1997, 80 – Mitwirkung des Personalrats; zu den europäischen Bezügen *Sydow*, JuS 2005, 97.
- § 45 VwVfG ist ferner bei solchen Verfahrensgestaltungen nicht anwendbar, bei denen der Betroffene nicht rückwirkend so gestellt werden kann, wie er bei ordnungsgemäßem Ausgangsverfahren gestanden hätte. **Beispiel:** Verfahrensfehler bei einer abgeschlossenen Prüfung oder fehlende persönliche Anhörung vor Anordnung einer Betreuung (BVerfG, Kammer, NJW 2016, 2559).
- Das gleiche gilt, wenn es im Verfahren auf die Gleichzeitigkeit der eingebrachten Belange ankommt, z. B. bei bestimmten **Abwägungsentscheidungen**. Ist hier der Abwägungsvorgang als solcher beendet, so kommt eine Heilung in der Regel nicht in Betracht, weil der mit der Verfahrenshandlung geltend gemachte Belang buchstäblich „zu spät" in den Abwägungs-

vorgang eingeführt wird und nicht mehr sein volles Gewicht entfalten kann (umstr. – zu weiteren unheilbaren Verfahrensfehlern s. *Hufen/Siegel*, Fehler im VwVf., 6. Aufl. [2018], Rn. 982).

3. Zeitpunkt der Heilung

In der Folge geht es nur um die Fälle der Heilung von Verfahrensfehlern **vor dem Verwaltungsprozess**, also i. d. R. während des Widerspruchsverfahrens, die nach dem Grundsatz realer – also möglichst früher – Fehlerheilung nach wie vor die Regel darstellen sollte. Die Probleme der Heilung während des Verwaltungsprozesses sind im Abschnitt über die Folgen von Verfahrensfehlern im Prozess zu behandeln (unten, § 25, Rn. 7 ff.).

Ist ein verfahrensfehlerhafter VA **schon vollzogen** oder durch Zeitablauf oder anders **erledigt**, so ist für eine etwaige Fortsetzungsfeststellungsklage von der Rechtswidrigkeit auszugehen. In diesem Verwaltungsprozess besteht keine Möglichkeit zur „Heilung" des Verfahrensfehlers, und das Gericht muss die Rechtswidrigkeit des VA feststellen.

4. Behörde

Für die Wirksamkeit der Heilung ist es keineswegs unerheblich, **bei welcher Behörde** diese erfolgt. Im **Abhilfeverfahren** ist grundsätzlich die Ausgangsbehörde zur Nachholung der fehlenden oder unzureichenden Verfahrenshandlung zuständig, nach Einlegung des Widerspruchs die **Widerspruchsbehörde**. Bei dieser kommt eine Heilung in Frage, soweit die Widerspruchsbehörde zur **vollen Überprüfung der Recht- und Zweckmäßigkeit befugt ist.** Das ist bei Ermessensentscheidungen im Selbstverwaltungsbereich nur dann der Fall, wenn Widerspruchsbehörde und Ausgangsbehörde identisch sind. Andernfalls muss die Widerspruchsbehörde bei Feststellung eines Verfahrensfehlers das Verfahren aussetzen und das Widerspruchsverfahren erneut der Ausgangsbehörde vorlegen und auf den Verfahrensfehler hinweisen (ähnl. BVerwG, NJW 1983, 577 und 2044). Das gilt auch dann, wenn der Fehler erst während des Verwaltungsprozesses geheilt werden soll (unten, § 25, Rn. 7).

5. Anforderungen an die nachzuholende Verfahrenshandlung

Der Grundsatz „realer Fehlerheilung" muss auch die Frage bestimmen, welcher **Art** die nachzuholende Verfahrenshandlung sein muss.

Hierzu gilt grundsätzlich: Die nachgeholte Handlung muss **mindestens** diejenigen Anforderungen erfüllen, die an die entsprechende Verfahrenshandlung im Ausgangsverfahren zu stellen wären, und sie muss **zusätzlich** die Nachteile ausgleichen, die der Betroffene dadurch erlitten hat, dass er nicht vor, sondern erst nach Abschluss der Entscheidungsbildung im Ausgangsverfahren ordnungsgemäß angehört worden ist (VGH Kassel, NVwZ – RR 2012, 163).

Es wird vertreten, schon in dem ordnungsgemäß durchgeführten Widerspruchsverfahren **als solchem** liege die Nachholung einer im Ausgangsverfahren unterlassenen Anhörung (so wohl BVerwGE 66, 111 ff.; 54, 276, 280; BVerwG, NJW 1987, 143; w. N. bei *Hill*, Das fehlerhafte Verfahren, 99 f.). Diese Auffassung ist **abzulehnen**. Sie läuft auf eine das Verfahrensunrecht des Ausgangsverfahrens nicht wirksam ausgleichende „Heilungsautomatik" im Widerspruchsverfahren hinaus und übersieht, dass neben dem – ohnehin erforderlichen – ordnungsgemäßen Widerspruchsverfahren die Behörde durch den Verfahrensfehler zu einem „Mehr" verpflichtet ist. So hieß es nicht umsonst in § 45 VwVfG a. F. nicht „Heilung **durch** das Vorverfahren", sondern: „Heilung **bis zum** Abschluss des Vorverfahrens". Richtig ist dagegen, dass der Betroffene nur **Gelegenheit** zur Wahrnehmung des rechtlichen Gehörs erhalten muss. Nimmt er diese Gelegenheit nicht wahr, so hängt die wirksame Heilung hiervon nicht ab. Hierauf muss er aber besonders hingewiesen werden.

6. Folgen wirksamer Heilung

33 Durch die wirksame Heilung wird der (ursprünglich rechtswidrige) VA ex nunc – also nicht etwa rückwirkend – rechtmäßig. Das heißt, er ist **fortan** so zu behandeln, als ob der Fehler von vornherein nicht geschehen wäre. Der Aufhebungsanspruch ist ausgeschlossen; auch die Rücknehmbarkeit (§ 48 VwVfG) entfällt (vgl. OVG Münster, DÖV 1988, 90). Hat der Widerspruch nur deshalb keinen Erfolg, weil die Verletzung einer Verfahrens- oder Formvorschrift nach § 45 VwVfG unbeachtlich ist, so sind dem Widerspruchsführer trotzdem die zur zweckentsprechenden Rechtsverfolgung oder Rechtsverteidigung notwendigen Aufwendungen zu erstatten (§ 80 VwVfG).

Literatur zu § 8 IV: *Hufen/Siegel*, Fehler im VwVf., 6. Aufl. (2018), Rn. 948 ff.; *Martin*, Heilung von Verfahrensfehlern im Verwaltungsverfahren (2004); *Durner*, Die behördliche Befugnis zur Nachbesserung fehlerhafter Verwaltungsakte, VerwArch. 97 (2006), 345 ff.; *W.-R. Schenke*, Die Heilung von Verfahrensfehlern gemäß § 45 VwVfG, VerwArch 97 (2006), 592; *Beaucamp*, Heilung und Unbeachtlichkeit von formellen Fehlern im Verwaltungsverfahren, JA 2007, 117; *Guckelberger*, Anhörungsfehler bei Verwaltungsakten, JuS 2011, 577; *Jarass*, Verfahrensfehler – Verfahrensverstöße im Genehmigungsverfahren: Folgen, Rechtsschutz, Präklusion, FS Battis 2014, 467.

V. Folgen des fehlerhaften Widerspruchsverfahrens

Kommt es im Widerspruchsverfahren selbst zu einem Verfahrensfehler, so richten sich die Folgen nach § 79 II VwGO. In diesem ist klargestellt, dass der Widerspruchsbescheid selbst Gegenstand der Anfechtungsklage sein kann, wenn er erstmalig eine Beschwer enthält. Richtiger Beklagter ist dann der Träger der Widerspruchsbehörde (§ 78 II VwGO). Als „zusätzliche selbständige Beschwer" gilt auch die Verletzung einer wesentlichen Verfahrensvorschrift, „sofern der Widerspruchsbescheid auf dieser Verletzung beruht" (§ 79 II VwGO ist insofern Spezialvorschrift zu § 46 VwVfG!). Fehler in diesem Sinne sind z. B. die Entscheidung durch die unzuständige Widerspruchsbehörde, das fehlende Abhilfeverfahren, eine mangelhafte Sachaufklärung, die Unterlassung der gebotenen Anhörung und auch die Entscheidung über einen verfristeten Widerspruch, auf den die Widerspruchsbehörde sich eingelassen hat, obwohl mit der Unanfechtbarkeit ein Dritter oder die Gemeinde bereits eine gefestigte Rechtsposition erlangt hat.

34

§ 9 Der Widerspruchsbescheid

I. Form

1. Der Widerspruchsbescheid als Verwaltungsakt

Hilft die Ausgangsbehörde dem Widerspruch nicht ab, so ergeht ein **Widerspruchsbescheid** (§ 73 I VwGO). Hierbei handelt es sich der Form nach um einen VA. Dieser ist **zustellungs-** und damit **formbedürftig** (§ 73 III VwGO). Wird mit ihm der VA der Ausgangsbehörde aufgehoben, so ist der Widerspruchsbescheid **rechtsgestaltend** und – aus der Sicht des Widerspruchsführers – **begünstigend**. Für einen Dritten kann er entsprechend **belastend** sein. Zugleich gibt der Widerspruchsbescheid dem „Ausgangs-VA" seine für die Anfechtungsklage maßgebliche Gestalt (§ 79 I VwGO).

1

2. Äußere Gestaltung

Für den Widerspruchsbescheid ist eine bestimmte Form nicht vorgeschrieben. § 73 III VwGO sagt lediglich: „*Der Widerspruchsbe-*

2

scheid ist zu begründen, mit einer Rechtsmittelbelehrung zu versehen und zuzustellen". Aus dem Zustellungserfordernis folgt zugleich zwingend die **Schriftform**. Im Übrigen gelten die allgemeinen Formvorschriften zum VA (§ 79 VwGO i. V. m. § 37 II–V VwVfG), d. h. der Widerspruchsbescheid muss die erlassende Behörde erkennen lassen und die Unterschrift oder die Namenswiedergabe des Behördenleiters, seines Vertreters oder seines Beauftragten enthalten. Völlig ungeklärt ist bis jetzt, ob die Erleichterung für mit Hilfe automatischer Einrichtungen erlassene Verwaltungsakte (§ 37 V VwVfG) auch für Widerspruchsbescheide gelten. Das ist durch § 73 VwGO zwar nicht ausdrücklich ausgeschlossen, dürfte aber wegen der Kontrollfunktion und der größeren Formstrenge des Widerspruchsverfahrens nicht in Betracht kommen (zur **Zustellung** in elektronischer Form s. § 5 V VwZG).

In der Praxis sind sowohl die am Vorbild des Urteils orientierte Form mit regelrechtem Tenor, Sachverhalt und Begründung als auch die Briefform mit Anrede und Höflichkeitsformel gebräuchlich.

Tenorierungsvorschläge:
Sehr geehrter Herr ...,
auf Ihren Widerspruch gegen die oben genannte Entscheidung des ... – AZ.
... – ergeht folgender
Widerspruchsbescheid
1. Entscheidung in der Sache
*(**Bei Stattgabe:** Auf Ihren Widerspruch hebe ich die Verfügung des ... vom auf.*
Bei Ablehnung: *Ihren Widerspruch vom ... gegen die Entscheidung des ... weise ich als unzulässig/unbegründet zurück.*
2. Entscheidung nach § 80 IV VwGO (soweit erforderlich)
Die Vollziehung des Bescheids vom ... wird ausgesetzt.
oder
Der Antrag auf Aussetzung der Vollziehung des Bescheids vom ... wird abgelehnt.
3. Kostenentscheidung
Die Kosten des Verfahrens trägt der Widerspruchsführer/der Widerspruchsgegner.
4. Entscheidung über die Notwendigkeit der Hinzuziehung eines Bevollmächtigten.
Die Hinzuziehung eines Rechtsanwalts war notwendig/nicht notwendig.
Nach dem Tenor folgen unter der Überschrift „Gründe" der **Sachverhalt** (I.) und die **rechtliche Würdigung** (II.) – jeweils ohne Teilüberschrift. Am Schluss steht die **Rechtsbehelfsbelehrung**.

Findet das Widerspruchsverfahren vor einem Rechtsausschuss statt (Rheinland-Pfalz und Saarland), so ist ein beschlussähnlicher Widerspruchsbescheid erforderlich, z. B.:

Widerspruchsbescheid
In dem Widerspruchsverfahren ... (Widerspruchsführer) gegen (Widerspruchsgegner)
hat der Stadtrechtsausschuss ... auf Grund der mündlichen Erörterung vom ..., an der teilgenommen haben ... entschieden/beschlossen:
1. Der Widerspruch wird zurückgewiesen.
2. Der Widerspruchsführer trägt die Kosten des Verfahrens.

Weitere Nebenentscheidungen wie oben.

(Einzelheiten bei *Brühl*, Sachbericht, Gutachten und Bescheid im Widerspruchsverfahren, JuS 1994, 56, 153, 330, 420; *Rühle/Stumm*, Handbuch für Rechtsausschüsse (1999); *Pietzner/Ronellenfitsch*, Assessorexamen, § 41, Rn. 1235; *Kintz*, ÖffR. im Ass.Examen, Rn. 667 ff.

3. Begründung

Die Begründungspflicht des § 73 III VwGO hat mehrere Funktionen. Sie ermöglicht den **Beteiligten**, zu erkennen, von welchen tatsächlichen und rechtlichen Voraussetzungen die Behörde ausgegangen ist und wie es um die Chancen von Rechtsmitteln gegen die Entscheidung bestellt ist. Die **Behörde** wird verpflichtet, selbst über die Entscheidung und die für sie maßgeblichen Gesichtspunkte Rechenschaft abzulegen, die Begründung trägt damit zur Selbstkontrolle der Verwaltung und zu einer gewissen Stetigkeit der Verwaltungspraxis bei. Die Begründung versetzt schließlich das **Gericht** in die Lage, den VA anhand der maßgeblichen Erwägungen der Widerspruchsbehörde zu überprüfen und dieses „letzte Wort der Verwaltung" zum Gegenstand der eigenen Überprüfung zu machen.

Wichtig: Als Sondervorschrift verdrängt § 73 III VwGO auch sämtliche Einschränkungen, die § 39 VwVfG für die Begründungspflicht bei Verwaltungsakten vorsieht. Auch der Widerspruchsbescheid zu einem nur mündlich ergangenen VA, der begünstigende Widerspruchsbescheid, der von einer beiderseits bekannten Sach- und Rechtslage ausgehende oder automatisierte Widerspruchsbescheid und der Widerspruchsbescheid zu einer Allgemeinverfügung sind also zu begründen. Die Begründungspflicht gilt auch hinsichtlich der in § 2 III Nr. 2 VwVfG als Ausnahme genannten Prüfungs- und Eignungsentscheidungen.

4 Inhaltlich muss die Begründung erkennen lassen, von welchen tatsächlichen und rechtlichen Voraussetzungen und Überlegungen die Behörde bei ihrer Entscheidung ausging; sie darf sich nicht in formelhaften allgemeinen Darlegungen erschöpfen. Die Behörde muss insbesondere auf die in der Widerspruchsbegründung enthaltenen Argumente eingehen und im Falle von Verfahrensfehlern im Ausgangsverfahren klarstellen, dass sie die ursprünglich übersehenen Aspekte oder die Ergebnisse einer zunächst unterlassenen Anhörung in die Entscheidungsfindung einbezogen hat. Bei Ermessensentscheidungen und Entscheidungen mit Beurteilungsspielraum muss sie die wesentlichen Gründe für die Ausübung des Ermessens bzw. der Beurteilung herausstellen (VGH Kassel, LKRZ 2014, 75 – Bewerberauswahl im Beamtenrecht). Im Übrigen hängt die Ausführlichkeit der Begründung vom Einzelfall ab. Eine Bezugnahme auf Gründe der Ausgangsentscheidung ist insofern zulässig, als die Widerspruchsbehörde hier besonders zu erkennen gibt, dass sie sich die Gründe zu eigen macht. Unzulässig ist aber eine pauschale Übernahme, eine formelhafte Wiederholung des Textes oder gar die vollständige Kopierung des Datensatzes des Ausgangsbescheids.

5 Die fehlende oder den oben genannten Mindestanforderungen nicht entsprechende Begründung ist ein **Verfahrensfehler**, der den Widerspruchsbescheid formell rechtswidrig macht und eine zusätzliche selbständige Beschwer im Sinne von § 79 II VwGO darstellt. Eine **völlig** fehlende Begründung kann auch noch während des nachfolgenden Prozesses nach Maßgabe des § 45 II VwVfG nachgeholt werden. Eine „inhaltlich falsche" Begründung verstößt nicht gegen § 73 III VwGO, kann aber auf einen inhaltlichen Fehler des Widerspruchsbescheids hindeuten. Fehlende oder fehlerhafte **Ermessenserwägungen** können nach § 114 S. 2 VwGO auch noch – in bestimmten Grenzen – im Verwaltungsprozess nachgeholt bzw. korrigiert werden (dazu unten, § 25, Rn. 26; allg. zur Begründung *Hufen/Siegel*, Fehler im VwVf., 6. Aufl. (2018), Rn. 492 ff.).

II. Der Inhalt der Entscheidung

1. Auswirkungen von Devolutiveffekt und Wechsel der Sachherrschaft

6 Anders als das Verwaltungsgericht im Urteil ist die Widerspruchsbehörde in ihrer Entscheidung nicht auf bestimmte Inhalte festgelegt. Im Rahmen ihrer Zuständigkeit und Sachherrschaft im Widerspruchsverfahren kann sie den VA aufheben, ändern, ergänzen oder auch unverändert bestehen lassen. Nach Auffassung eines Teils der

Rspr. und Literatur kann sie ihn sogar zu Lasten des Widerspruchsführers „verbösern" (dazu Rn. 15 ff.).

2. Entscheidung bei unzulässigem Widerspruch

Ist der Widerspruch unzulässig, so ist er zurückzuweisen. Nach der Rspr. des BVerwG kann die Widerspruchsbehörde allerdings bei verfristet oder formwidrig eingelegtem Widerspruch gleichwohl zur Sache entscheiden, es sei denn, ein Dritter hätte durch die Unanfechtbarkeit bereits eine gefestigte Rechtsposition erlangt oder eine Selbstverwaltungskörperschaft wäre in ihren Rechten berührt (oben, § 6, Rn. 32). 7

3. Die Entscheidung bei unbegründetem Widerspruch

Hält die Widerspruchsbehörde den Widerspruch für zulässig, aber unbegründet, so weist sie ihn gleichfalls zurück. Das ist der Fall, wenn der VA rechtmäßig **und** zweckmäßig ist. **Wichtig:** Als unbegründet zurückzuweisen ist auch ein Widerspruch gegen einen (objektiv) rechtswidrigen, den Widerspruchsführer aber nicht in seinem Recht verletzenden VA. 8

4. Die Aufhebung des belastenden VA

Ist der belastende VA (einschließlich der VA mit belastender Drittwirkung) rechtswidrig und der Widerspruchsführer in einem seiner Rechte verletzt, so hebt die Widerspruchsbehörde den VA ganz oder teilweise auf (§ 113 I 1 VwGO analog). Hier hat der Widerspruchsbescheid rechtsgestaltende Wirkung. Eine Zurückverweisung zur Ausgangsbehörde zwecks Rücknahme oder Widerruf kommt (außer bei Selbstverwaltungsentscheidungen) nicht in Betracht. Ist der VA nichtig, so stellt dies die Behörde im Widerspruchsbescheid fest (a. A. *Schenke*, VwProzR, Rn. 686: „Aufhebung" des nichtigen VA). 9

5. Entscheidung beim „Verpflichtungswiderspruch"

Hat die Ausgangsbehörde einen Antrag auf einen begünstigenden VA zu Unrecht zurückgewiesen, dann ist die Bezeichnung „Verpflichtungswiderspruch" zumindest teilweise missverständlich. Aus der Sachherrschaft der Behörde und dem Devolutiveffekt sowie dem Grundsatz der Einheit der Verwaltung folgt hier nämlich, dass die Widerspruchsbehörde grundsätzlich nicht – wie das VG – die Aus- 10 gangsbehörde „verpflichtet", den beantragten VA zu erlassen. Sie kann und muss ggf. den VA vielmehr selbst erlassen. Diese Konsequenz ergibt sich zwar nicht unmittelbar aus § 73 VwGO, sehr wohl aber aus dem Grundsatz effektiven Rechtsschutzes und der Verfahrensbeschleunigung (in Rh.-Pf. zu schließen aus § 16 VII AGVwGO – keine Verpflichtung der Ausgangsbehörde, sondern Zustellung „auch" an Aufsichtsbehörde). In diesem Fall ist die Aufhebung des versagenden Bescheids der Ausgangsbehörde entbehrlich, aber aus Gründen der Rechtsklarheit möglich (zu den Ausnahmen bei Entscheidungen im Selbstverwaltungsbereich und mit Beurteilungsspielraum s. Rn. 6 und 12).

6. Teilweise Zurückweisung oder teilweise Stattgabe

11 Die Widerspruchsbehörde kann einem Widerspruch auch **teilweise** stattgeben bzw. den Widerspruch **teilweise** zurückweisen. Diese Möglichkeit folgt aus der Sachherrschaft der Behörde und aus dem in § 113 I VwGO zum Ausdruck kommenden Gedanken möglicher Teilaufhebung („**soweit** der Verwaltungsakt rechtswidrig ist"). Dies muss dann im „**Tenor**" deutlich zum Ausdruck kommen: „*Der Bescheid des ... vom ... wird insoweit abgeändert/aufgehoben. Im Übrigen wird der Widerspruch zurückgewiesen.*"

7. „Bescheidung" im Widerspruchsverfahren

12 Wie betont, muss die Widerspruchsbehörde beim „Verpflichtungswiderspruch" die beantragte Entscheidung grundsätzlich selbst treffen, soweit ihr dies rechtlich und tatsächlich möglich ist. Einschränkungen ergeben sich aber im Selbstverwaltungsbereich. Hier kann die mit der Ausgangsbehörde nicht identische Widerspruchsbehörde bei Ermessensentscheidungen den beantragten VA nicht selbst erlassen, sondern muss insoweit den ablehnenden Bescheid aufheben und die Ausgangsbehörde (z. B. die Gemeinde) analog § 113 V VwGO verpflichten, den Widerspruchsführer unter Beachtung der Rechtsauffassung der Widerspruchsbehörde erneut zu bescheiden (*Würtenberger/Heckmann,*, VwProzR, Rn. 427). Auch bei Prüfungen und vergleichbaren Entscheidungen mit **Beurteilungsspielraum** kann die Widerspruchsbehörde in aller Regel ihre eigene Wertung nicht an die Stelle derjenigen der Prüfungsbehörde setzen und z. B. eine Prüfung bei festgestelltem Verfahrensfehler einfach für bestanden erklären (dazu BVerwGE 57, 130; BVerwG, NJW 1988, 2632; BVerwG,

NVwZ 1997, 502) oder diese auch nur zum Erlass eines bestimmten Bescheids verpflichten – jedenfalls so lange der Ausgangsbehörde noch ein Bewertungsspielraum verbleibt.

8. Umdeutung

Unter den Voraussetzungen von § 47 VwVfG kann die Widerspruchsbehörde einen fehlerhaften VA in einen anderen umdeuten, wenn er auf das **gleiche Ziel** gerichtet ist, von der erlassenden Behörde in der geschehenen **Verfahrens**weise und **Form rechtmäßig** hätte erlassen werden können und wenn die Voraussetzungen für den VA, in den umgedeutet werden soll, erfüllt sind (allg. zur Umdeutung eines verfahrensfehlerhaften VA *Hufen/Siegel*, Fehler im VwVf. 6. Aufl. [2018], Rn. 826 ff.). 13

Beispiel: Die Widerspruchsbehörde kann eine rechtswidrige Rücknahme in eine Abhilfeentscheidung (VGH München, BayVBl. 1983, 212) oder eine Vollstreckungsmaßnahme in eine Maßnahme des unmittelbaren (polizeilichen) Zwangs (OVG Greifswald, NVwZ 1996, 448) umdeuten.

Zu beachten sind hierbei allerdings die Ausnahmebestimmungen von § 47 II und III VwVfG. Insbesondere darf die Widerspruchsbehörde eine rechtlich gebundene Entscheidung nicht in eine Ermessensentscheidung umdeuten, weil dem Betroffenen hiermit gleichsam rückwirkend die Zweckmäßigkeitskontrolle bei der Ausgangsbehörde abgeschnitten wäre.

9. Folgenbeseitigung

Ist der angefochtene Verwaltungsakt im Zeitpunkt der Widerspruchsentscheidung schon ganz oder teilweise vollzogen und hat der Widerspruchsführer einen entsprechenden Antrag gestellt, dann muss die Widerspruchsbehörde auch entscheiden, ob und wie die Vollziehung rückgängig zu machen ist. Die Rechtslage ist hier insoweit dieselbe wie bei § 113 I 2 VwGO (*Schenke*, VwProzR, Rn. 686a). Lehnt die Widerspruchsbehörde nur die Folgenbeseitigung ab, so kann der Widerspruchsführer insofern nicht einfach zum Antrag nach § 113 I 2 VwGO übergehen; er muss vielmehr je nach Rechtsnatur der beantragten Maßnahme Verpflichtungs- oder Leistungsklage erheben. 14

III. Die „Verböserung" des VA im Widerspruchsbescheid – reformatio in peius

1. Begriff und Abgrenzung

15 Das Problem der „reformatio in peius" („Verböserung") bezeichnet im Widerspruchsverfahren die Abänderung zu Lasten des Widerspruchsführers.

Beispiele:
– A. erhebt Widerspruch gegen einen Gebührenbescheid. Die Widerspruchsbehörde erhöht die zu zahlende Summe.
– Ein Prüfungsamt entdeckt bei der Neubeurteilung einer Examensklausur einen weiteren Fehler und verschlechtert die Examensnote.
– C. will die Erhöhung einer Subvention erreichen; die Behörde kürzt den durch die Ausgangsbehörde zugebilligten Betrag.
– D. erhebt Widerspruch gegen eine Auflage zur Baugenehmigung; die Widerspruchsbehörde verschärft die Auflage.

In der Sache geht es also nur um Fälle einer **zusätzlichen Beschwer** des Widerspruchsführers selbst im Hinblick auf den Gegenstand des Widerspruchsverfahrens.

Keine reformatio in peius in diesem Sinne sind folgende Fälle:

– Die erstmalige Belastung eines Dritten durch den Widerspruchsbescheid,
– die Aufhebung eines begünstigenden VA oder die belastende Auflage auf Widerspruch eines Dritten,
– die teilweise Zurückweisung des Widerspruchs,
– der (teilweise) Austausch einer Begründung oder die (zulässige) Umdeutung in einen anderen, nicht zusätzlich belastenden VA,
– der Erlass eines anderen (zusätzlichen) VA im äußeren Zusammenhang mit dem Widerspruchsverfahren (**Beispiel:** zusätzliche Abrissverfügung nach Widerspruch gegen Versagung der Baugenehmigung, zusätzliche Zwangsgeldandrohung).

2. Der Streit um die Zulässigkeit

16 Die umstrittene Zulässigkeit der „reformatio in peius" gehört zumindest in den Ländern mit Widerspruchsverfahren nach wie vor zu den besonders wichtigen Examensthemen.
Nach Auffassung der Befürworter sprechen für die Zulässigkeit:
– Die reformatio in peius sei gewohnheitsrechtlich und richterrechtlich anerkannt;
– die volle Sachherrschaft und die Selbstkontrolle der Verwaltung umfasse grundsätzlich auch die Möglichkeit zur Entscheidung „in beide Richtun-

gen"; anderes hätte der Gesetzgeber ausdrücklich ausschließen müssen – dies sei aber in §§ 68 ff. VwGO (im Gegensatz zu anderen Verfahrensordnungen) nicht geschehen;
- die Gesetzesbindung der Verwaltung (Art. 20 GG) erfordere ggf. die reformatio in peius;
- §§ 48/49 VwVfG ermöglichten die belastende Aufhebung oder Änderung des VA selbst **nach** seiner Bestandskraft; gleiches müsse erst recht **vor** deren Eintritt gelten;
- § 79 II 1 VwGO zeige, dass der Gesetzgeber von der Möglichkeit einer zusätzlichen selbständigen Beschwer zu Lasten des Widerspruchsführers ausgehe;
- der Widerspruchsführer habe mit dem Widerspruch die Hinderung des Eintritts der Bestandskraft schließlich selbst bewirkt.

In diesem Sinn etwa: *Detterbeck,* AVwR, Rn 1373; *Kopp/Schenke,* VwGO, § 68, Rn. 10 ff; *Schenke,* VwProzR, Rn. 691; *Schmitt Glaeser/Horn,* VwProzR, Rn. 219 ff.; *Schoch,* Übungen, 126; *Kintz,* ÖffR. im Ass.Examen, Rn. 352 ff.

Kritiker der „Verböserung" halten dagegen: 17

- Auch der VA enthalte – unabhängig von der Bestandskraft – bereits eine wirksame Regelung (§ 43 VwVfG), die einen Vertrauenstatbestand schaffe und nur kraft besonderer gesetzlicher Ermächtigung zurücknehmbar sei;
- die r. i. p. sei eine zusätzliche Belastung einer verfahrensrechtlichen Stellung, für die der Gesetzgeber eine besondere Rechtsgrundlage habe schaffen müssen. Diese sei aber (anders als z. B. bei §§ 48/49 VwVfG, § 367 II AO und § 411 IV StPO) in §§ 68/73 VwGO nicht enthalten;
- es verstoße gegen das rechtliche Gehör, wenn der Betroffene die Überprüfung eines ihn belastenden VA nur erreichen könne, wenn er gleichzeitig das Risiko hinnehme, sich selbst durch den Rechtsbehelf zu schädigen;
- die r. i. p. verstoße gegen den Grundsatz: „ne ultra petita", weil sie zu Lasten des Betroffenen über dessen Antrag hinausgehe (vgl. § 88 VwGO).

So etwa: *Menger/Erichsen,* VerwArch. 57 (1966), 280; *Renck,* Reformatio in peius im Widerspruchsverfahren?, BayVBl. 1974, 639, 641; *Ule/Laubinger,* VwVfR, § 46, Rn. 5; wohl auch *Kahl,* FS Schenke (2011), 901.

Insgesamt **überwiegen die Bedenken gegen die reformatio in peius.** Der Adressat eines belastenden oder nur teilweise begünstigenden VA erwartet von dem Rechtsbehelf möglichst eine Verbesserung, aber jedenfalls nicht die Verschlechterung seiner Position. Auf dieses Risiko wird er weder durch das Gesetz noch durch die „Normalfassung" der Rechtsbehelfsbelehrung hingewiesen. Ein Rechtsstaat, der an die Einlegung von Rechtsbehelfen negative Folgen knüpft, macht dem Bürger gegenüber nicht nur einen verheerenden Eindruck, er verstößt auch gegen den Grundsatz des Vertrauensschutz im weiteren

Sinne und setzt sich dem Verdacht aus, es gehe um die „Bestrafung" eines den VA nicht einfach hinnehmenden Adressaten. Besonders zynisch ist deshalb das Argument, der rechtsschutzsuchende Bürger habe das Risiko und die fehlende Bestandskraft schließlich selbst herbeigeführt (BVerwGE 14, 175, 179; 67, 129, 134).

Insgesamt ist es zu begrüßen, dass die Rechtsprechung die reformatio in peius zwar als solche immer noch bejaht, aber sowohl im Hinblick auf die Notwendigkeit einer besonderen Rechtsgrundlage, die Kompetenz der Widerspruchsbehörde, das Verfahren und Zumutbarkeit letztlich den Anwendungsbereich stark eingeschränkt hat. Auch aus europarechtlicher Sicht bestehen erhebliche Bedenken (*Gärditz*, JuS 2009, 385, 393; *Lindner*, DVBl. 2009, 224). Umgekehrt hindert das Unionsrecht selbst dann nicht ein nationales Verbot der r.i.p., wenn dies der Durchsetzung des Europarechts dient (EuGH, NVwZ 2009, 168).

3. Rechtsgrundlagen der reformatio in peius

18   Einigkeit besteht darin, dass sich die Rechtsgrundlage für die „Verbösserung" nicht allein aus §§ 68 ff. VwGO ergibt (BVerwGE 51, 310, 313; 65, 313, 319). Notwendig ist vielmehr eine **materiellrechtliche Grundlage**, also z. B. die Widerrufbarkeit oder Rücknehmbarkeit nach §§ 48, 49 VwVfG bzw. entsprechender Spezialnormen. Auch die Eingriffsgrundlage des belastenden Ausgangs-VA kommt in Betracht – insbesondere dann, wenn es sich um eine zwingende Vorschrift handelt. In einer möglicherweise bahnbrechenden Entscheidung hat das OVG Koblenz (NVwZ-RR 2004, 723) festgestellt, dass den Stadt- und Kreisrechtsausschüssen in Rh.-Pf. nicht nur die Kompetenz, sondern auch die Rechtsgrundlage für die r. i. p. fehlt. Ohne besondere gesetzliche Grundlage ist die r.i.p. also unzulässig (*Guckelberger/Heimpel*, LKRZ 2009, 246).

4. Zuständigkeit der Widerspruchsbehörde

19   Die Widerspruchsbehörde muss nicht nur für den Widerspruchsbescheid als solchen, sondern auch und gerade für den „verbösernden" Teil der Entscheidung zuständig sein. Das ist sie nur dann, wenn sie mit der Ausgangsbehörde identisch oder gegenüber dieser mindestens im vollen Umfang weisungsbefugt ist. Deshalb kommt die r. i. p. für die Widerspruchsbehörde in Selbstverwaltungsangelegenheiten nicht in Betracht (BVerwG, NVwZ 1987, 215).

5. Verfahren

Hält man eine r. i. p. grundsätzlich für zulässig, so ist zu beachten, dass die Widerspruchsbehörde den Betroffenen vor der Entscheidung **anzuhören** und ihm ggf. Gelegenheit zu geben hat, den Widerspruch zurückzunehmen – und dies unabhängig vom Vorliegen neuer Tatsachen. Das „*soll*" in § 71 VwGO ist dabei als „*muss der Betroffene ... gehört werden*" zu lesen (anders VGH Mannheim, NVwZ-RR 2002, 3).

20

6. Zumutbarkeit

Besondere Anforderungen an die r. i. p. stellt auch der Grundsatz der Verhältnismäßigkeit, insbesondere die Zumutbarkeit. Dabei ist zu beachten, dass der Widerspruchsführer in der Regel mit einer Verböserung nicht rechnet. Für ihn darf also in keinem Fall eine unerträgliche Belastung entstehen (BVerwGE 67, 129, 134). Konkret sind die für den Widerspruchsführer entstehenden Folgen mit dem öffentlichen Interesse an dem uneingeschränkten Vollzug der Eingriffsgrundlage abzuwägen.

21

7. Folgen der r. i. p. im Verwaltungsprozess

Auch im nachfolgenden Verwaltungsprozess wirft die r. i. p. erhebliche Fragen auf. Diese betreffen zum einen den **Klagegegenstand,** denn der Widerspruchsführer ist im Maße der Verböserung zusätzlich beschwert und kann seine Klage auf diesen Teil beschränken (§ 79 II VwGO).

22

Auch die Frage des **Klagegegners** im Falle der r. i. p. ist nur bei Identität von Ausgangs- und Widerspruchsbehörde unproblematisch. Hat die „verbösernde" Widerspruchsbehörde die Ausgangsbehörde lediglich angewiesen, dann ist deren Träger richtiger Klagegegner. Hat aber die Widerspruchsbehörde den Betroffenen insoweit selbst belastet, so kann nur der Träger der Widerspruchsbehörde richtiger Beklagter und passivlegitimiert sein, da andernfalls die Ausgangsbehörde in einen von ihr selbst nicht verursachten Rechtsstreit verwickelt würde.

Die Entbehrlichkeit des Widerspruchsverfahrens gegen den **„verbösernden Teil" des Widerspruchsbescheids** ergibt sich aus § 68 I 2 Ziff. 2 VwGO. Der insoweit belastete Widerspruchsführer ist nach den Grundsätzen der Adressatentheorie in jedem Fall hinsichtlich der „Verböserung" klagebefugt. (Zu den prozessualen Problemen der r. i. p. *Juhnke,* BayVBl. 1991, 136; *Scheerbarth,* Die verwaltungsbehördliche reformatio in peius und ihre prozessuale Problematik [1996]).

Literatur zu § 9 III: *Scheerbarth,* Die verwaltungsbehördliche reformatio in peius und ihre prozessuale Problematik (1996); *Kingreen,* Zur Zulässigkeit der reformatio in peius im Prüfungsrecht, DÖV 2003, 1 ff.; *Martin Schröder*, Reformatio in peius durch Rechtsausschüsse, NVwZ 2005, 1029; *Kahl*, Verwaltungsprozessuale Probleme der reformatio in peius, FS Schenke (2011), 901; *Kahl/Hilbert*, Die reformatio in peius, Jura 2011, 660; *Lindner*, Die „reformatio in peius" im Lichte des europäischen Gemeinschaftsrechts, DVBl 2009, 224; *Detterbeck*, AVwR m. VwProzR, Rn. 1373 ff.

IV. Nebenentscheidungen

1. Die Kostenentscheidung

23 Nach § 73 III 3 VwGO bestimmt der Widerspruchsbescheid auch, wer die Kosten trägt. Entsprechendes gilt nach § 72 VwGO für die (begünstigende) Abhilfeentscheidung. Beide Bestimmungen betreffen die **Kostenlast,** also die Frage, wer die Kosten dem Grunde nach zu tragen hat. Zu unterscheiden davon ist die Entscheidung über die **Festsetzung der Kosten** selbst, die im Widerspruchsverfahren nach § 80 III VwVfG gleichfalls durch die Widerspruchsbehörde zu treffen ist.

24 Inhaltlich gilt Folgendes: Bei **erfolgreichem Widerspruch** hat der Rechtsträger der Ausgangsbehörde dem Widerspruchsführer die zur zweckentsprechenden Rechtsverfolgung oder Rechtsverteidigung notwendigen Aufwendungen zu erstatten. Umgekehrt hat der erfolglose Widerspruchsführer der Ausgangsbehörde (nicht der Widerspruchsbehörde!) die zur zweckentsprechenden Rechtsverfolgung oder Rechtsverteidigung notwendigen Aufwendungen zu erstatten. Mit dem Erfolg des Widerspruchs wählt das Gesetz dabei bewusst einen **formellen Maßstab:** Auf den Grund der Rechtswidrigkeit des VA oder auf Zulässigkeit und Begründetheit des Widerspruchs kommt es nicht mehr an.

25 Ist der Widerspruch **erfolglos,** richten sich die Kosten nach dem einschlägigen Verwaltungskosten- oder Ausführungsgesetz. Bei teilweisem Erfolg sind in analoger Anwendung von § 155 I VwGO die Kosten gegeneinander aufzuheben oder verhältnismäßig zu teilen. Hat sich die Sache erledigt, so ist der Zeitpunkt der Erledigung maßgeblich (*Sieweke*, NVwZ 2015, 858). Eine Ausnahme besteht, wenn der Widerspruch nur deshalb keinen Erfolg hatte, weil die Verletzung einer Verfahrens- oder Formvorschrift nach § 45 VwVfG unbeachtlich ist. Dann sind dem Widerspruchsführer die Kosten zu erstatten. Das muss auch für Anwendungsfälle des § 46 VwVfG gelten (wie hier: *Schmitt Glaeser/Horn*, VwProzR, Rn. 229).

2. Rechtsbehelfsbelehrung

Eine ordnungsgemäße Rechtsbehelfsbelehrung ist nicht Voraussetzung der Rechtmäßigkeit oder gar der Wirksamkeit des Widerspruchsbescheids, obwohl sie in § 73 VwGO ausdrücklich erwähnt wird. Die Bedeutung liegt – abgesehen von der notwendigen Information des Adressaten – darin, dass nur bei richtiger und vollständiger Rechtsbehelfsbelehrung die Klagefrist (§ 74 i. V. m. § 58 I VwGO) in Gang gesetzt wird. Andernfalls gilt die Jahresfrist nach § 58 II VwGO. Beim VA mit Drittwirkung wirkt die Rechtsbehelfsbelehrung gegenüber dem Dritten (nur) dann, wenn diesem der Widerspruchsbescheid bekanntgegeben wurde (BVerwG, NJW 2010, 1686). 26

Literatur zu § 9 IV: *Leber,* Rechtsbehelfsbelehrung, Streitgegenstand und Klagebegehren, NVwZ 1996, 668; *Pleiner,* Richtige und vollständige Rechtsbehelfsbelehrung eines Verwaltungsaktes – unzureichend bei Drittbekanntgabe? NVwZ 2014, 776; *Hain,* Begründetheit und Kostenentscheidung im Widerspruchsverfahren, DVBl. 1999, 1544; *Sieweke,* Die Kostentragung bei Erledigung des Widerspruchs, NVwZ 2015, 858.

V. Die Bekanntgabe des Widerspruchsbescheids durch Zustellung

Nach § 73 III VwGO ist der Widerspruchsbescheid **zuzustellen**. Andere Formen der Bekanntgabe reichen also nicht aus. Auch bei einer mündlichen Eröffnung wird der Widerspruchsbescheid erst mit der Zustellung wirksam und die Frist des § 74 VwGO beginnt zu laufen. Wird der Widerspruchsbescheid als elektronisches Dokument, (auch z. B. als e-Mail) übermittelt, so ist gemäß § 3a II 2 VwVfG eine qualifizierte elektronische Signatur erforderlich. 27

Das gilt auch beim „erstmalig beschwerten Dritten" (*M. Winkler,* BayVBl. 2000, 235). Die Zustellung richtet sich gemäß § 73 III 2 VwGO auch bei Landesbehörden nicht nach Landesrecht, sondern nach dem (Bundes-)VwZG (dazu *Kopp/Schenke,* VwGO, § 73, Rn. 22a).

Zuzustellen ist der Widerspruchsbescheid an die **Beteiligten** des Widerspruchsverfahrens, aber auch an alle rechtlich davon Betroffenen, auf die die Behörde die Geltungskraft des VA erstrecken und die Frist des § 74 VwGO in Gang setzen will. Sie kann nach § 5 V VwZG unter bestimmten Voraussetzungen auch in elektronischer

Form erfolgen. Hinsichtlich der Einzelheiten der Zustellung muss auf das VwZG verwiesen werden.

28 Mit der Zustellung des Widerspruchsbescheids (nicht erst mit der Bestandskraft des VA – OVG Münster, NVwZ-RR 2005, 450) endet das Widerspruchsverfahren. In diesem Zeitpunkt wird der VA in der Gestalt, die ihm der Widerspruchsbescheid gegeben hat, wirksam. Damit sind die Beteiligten bis zur Aufhebung oder Änderung des VA durch das Gericht rechtlich gebunden. Die Ausgangsbehörde ist zur isolierten Rücknahme des Widerspruchsbescheids nicht befugt (BVerwG, NVwZ 2002, 1252; *Uhle,* NVwZ 2003, 811). Praktisch bedeutsam ist – neben dem Beginn der Frist des § 74 VwGO – auch, dass mit dem Widerspruchsbescheid die Sachentscheidungskompetenz der Widerspruchsbehörde endet (zu Berichtigungen und Ergänzungen des Bescheids s. aber § 42 VwVfG). Nach Zustellung des Widerspruchsbescheids ist wieder die Ausgangsbehörde zur Rücknahme und zum Widerruf des VA berechtigt, auch wenn der VA durch den Widerspruchsbescheid bestätigt wurde. Weist die Widerspruchsbehörde mit dem Widerspruchsbescheid die Ausgangsbehörde aber zu einer bestimmten Entscheidung an, so ist die Ausgangsbehörde an diese Anweisung gebunden.

Literatur zu § 9 V: *M. Winkler,* Der Beginn der Klagefrist für den durch einen Widerspruchsbescheid erstmalig beschwerten Dritten, BayVBl. 2000, 235; *Wunsch,* Zustellungsreformgesetz – Vereinfachung und Vereinheitlichung des Zustellwesens, JuS 2003, 276; *Uhle,* Die Bindungswirkung des Widerspruchsbescheides, NVwZ 2003, 811.

3. Teil. Sachentscheidungsvoraussetzungen und Zulässigkeit der Klage

§ 10 Übersicht und allgemeine Hinweise – Streitgegenstand

I. Sachentscheidungsvoraussetzungen, Zulässigkeit und Aufbau des Gutachtens

Die Klage vor dem Verwaltungsgericht bezieht sich auf einen bestimmten **Streitgegenstand**; sie ist erfolgreich, wenn sie **zulässig** und **begründet** ist. Damit steht bereits das Grundschema des Gutachtens im Verwaltungsprozess und der Falllösung im Öffentlichen Recht fest. Zu beachten ist allerdings, dass § 17a GVG zwar noch von einem „unzulässigen Rechtsweg" spricht; dies aber nicht zur Unzulässigkeit der Klage, sondern zur (obligatorischen) Verweisung nach § 17a II GVG führt. Dasselbe gilt für das unzuständige Verwaltungsgericht nach § 83 VwGO. **Die Klage darf nicht mehr als unzulässig abgewiesen werden – auch wenn kein Verweisungsantrag gestellt wurde** (*Ipsen*, AVwR, Rn. 1165; *Mann/Wahrendorf*, VwProzR, Rn. 279; a. A. *Detterbeck*, AVwR, Rn 1319; und – für den Ausnahmefall der verfassungsrechtlichen Streitigkeit zutreffend – *Bethge/v. Coelln*, JuS 2002, 365). 1

Das Grundschema der Prüfung ist also zu ergänzen:
I. Eröffnung des Verwaltungsrechtswegs – zuständiges Gericht
II. Zulässigkeit der Klage
III. Begründetheit

Diese „Dreiteilung" des Aufbaus lässt sich aber vermeiden, wenn man statt der Zulässigkeit der Klage die **Sachentscheidungsvoraussetzungen** prüft, denn solche sind Rechtsweg und zuständiges Gericht nach wie vor: Das Gericht des „falschen" Rechtswegs darf – abgesehen von § 17a II GVG – nicht zur Sache entscheiden.

Das Grundschema lautet dann:
I. Sachentscheidungsvoraussetzungen
II. Begründetheit

Das entspricht dem vertrauten „zweigliedrigen Aufbau". In der Prüfungspraxis scheint es ohnehin zu einer „friedlichen Koexistenz" von „zweigliedrigem" und „dreigliedrigem" Aufbau gekommen zu sein.

2 Für Klausuren hat die (selbstverständlich noch weiter aufzufächernde) Gliederung die wichtige Funktion des **„roten Fadens"**, um Sachverhalt und rechtliche Probleme richtig einzuordnen. Die Gliederung verleiht auch der Problemlösung die innere Stringenz und entscheidet über den Erfolg einer Klausur. Deshalb sollte schon äußerlich auch eine klare Gliederung Verständnis für die Struktur und die Problemschwerpunkte eines Falles zu erkennen geben.

Derartige Aufbauschemata bergen aber bekanntlich auch Gefahren, weil sie zum gedankenlosen „Abklappern" und zur falschen Problemgewichtung verleiten. So paradox es klingt: **Ein solches Schema darf nie schematisch angewandt werden, es will vielmehr verstanden sein** (*Rosenkranz*, JuS 2016, 294; *Bull*, JuS 2000, 778). Es gilt in Anlehnung an den Satz *Karl Rahners* zu theologischen Dogmen: *„Schemata sind wie Laternen. Wenn es dunkel ist, können sie Dir einen Weg weisen, aber nur Betrunkene halten sich an ihnen fest."* Die Gliederung folgt zwar durchaus einer in jedem Fall vorliegenden inneren Gesetzmäßigkeit; es gibt aber auch Abweichungen, und jeder Fall verlangt eine unterschiedliche Gewichtung. Rechtlich zwingend ist die angebotene Reihenfolge ohnehin nicht (BVerwGE 49, 221, 223). Fehlerhaft ist es aber in jedem Fall, vor Prüfung der Zulässigkeit mit der Begründetheit zu beginnen oder erstere einfach offenzulassen (*Laubinger*, FS Hufen [2015], 608).

1. Sachentscheidungsvoraussetzungen und Zulässigkeit

3 Erste Voraussetzung des Erfolgs einer Klage ist, dass das Gericht überhaupt entscheiden **darf**. Auch bei einer unzulässigen Klage kann es zu einem Prozess kommen, weshalb wir nicht von *Prozess*voraussetzungen, sondern von *Sachentscheidungs*voraussetzungen sprechen. Der Begriff „Zulässigkeit" bezieht sich dagegen nicht auf die Entscheidung des Gerichts, sondern auf den Rechtsbehelf. Es gibt also keine „unzulässigen Entscheidungen" und im Grunde auch keinen „unzulässigen Rechtsweg". Gleichwohl umfasst der Gliederungspunkt „Zulässigkeit der Klage" die wichtigsten Sachentscheidungsvoraussetzungen. Der Unterschied sollte aber deutlich sein. Wie die Zuständigkeit der Widerspruchsbehörde nicht Zulässigkeitsvoraus-

setzung des Widerspruchs, aber sehr wohl Sachentscheidungsvoraussetzung für den Widerspruchsbescheid ist, so sind nach § 17a GVG und § 83 VwGO die Eröffnung des Verwaltungsrechtswegs und die Zuständigkeit des Gerichts nach wie vor zwar Voraussetzung für eine Sachentscheidung des Gerichts, aber nicht Zulässigkeitsvoraussetzung der Klage.

Die Sachentscheidungsvoraussetzungen müssen spätestens im Zeitpunkt der letzten mündlichen Verhandlung vorliegen. Es gibt insofern also kein Ermessen oder eine volle Sachherrschaft über das „Ob" einer materiellen Prüfung. Ist die Klage im Zeitpunkt der mündlichen Verhandlung zulässig, dann **muss** das Gericht entscheiden; ist sie unzulässig, dann **darf** das Gericht sich **nicht** auf eine Sachentscheidung einlassen.

2. Die innere Struktur der Sachurteilsvoraussetzungen

Die meisten Elemente der Zulässigkeitsprüfung folgen einer logischen Struktur, die zwar nicht abschließend und schon gar nicht für das Gericht verpflichtend ist, in der Klausur aber für die meisten Fälle eine brauchbare Merkliste darstellt.

Kristallisationspunkte sind:
– Gerichtsbarkeit – Rechtsweg – Gericht,
– die Beteiligten (Rechtsfähigkeit, Prozessfähigkeit),
– die Klageart („Statthaftigkeit"), je nach Streitgegenstand,
– die Befugnis, gerade in Bezug auf den Streitgegenstand eine mögliche Rechtsverletzung geltend zu machen (Klagebefugnis/Antragsbefugnis),
– Form und Frist der Klage,
– ggf. das Widerspruchsverfahren,
– das allgemeine Rechtsschutzbedürfnis.

Die logische Stringenz des Prüfungsaufbaus liegt darin, dass über die jeweils nachfolgende Voraussetzung i. d. R. erst entschieden werden kann, wenn der vorherige Gliederungspunkt geklärt ist. So lässt sich über das zuständige Gericht und die Klageart erst befinden, wenn feststeht, dass der Verwaltungsrechtsweg eröffnet ist. Klagebefugnis, Widerspruchsverfahren und Frist hängen von der Klageart ab. Auch über die Klagebefugnis lässt sich nicht entscheiden, bevor feststeht, ob der Kl. überhaupt fähig ist, Träger eines im Verwaltungsprozess streitigen Rechts zu sein (Beteiligtenfähigkeit). Hier gibt es also logisch zwingende Stufen der Prüfung. Andere Voraussetzungen wie das allgemeine Rechtsschutzbedürfnis, die ordnungsgemäße Klageerhebung usw. sind in ihrem „Standort" aber nicht zwingend.

3. „Allgemeine" und „besondere" Sachentscheidungsvoraussetzungen – zur Bedeutung der Klageart

5   Als „allgemein" werden die Sachentscheidungsvoraussetzungen bezeichnet, die **für alle Klagearten** gelten, während „besondere" Voraussetzungen folgerichtig nur für **einzelne Klagearten** anwendbar sein sollen. Gleichwohl kann nicht empfohlen werden, die Zulässigkeitsvoraussetzung grundsätzlich in diesem Sinne zu trennen (so auch *Schenke,* VwProzR, Rn. 64). Zum einen führt dies dazu, dass die „besonderen" Voraussetzungen unschön zwischen zwei Gruppen allgemeiner Voraussetzungen stehen. Zum anderen haben sich allgemeine und besondere Voraussetzungen (sieht man einmal vom besonderen Fall der Feststellungsklage und vom Widerspruchsverfahren und den Fristen bei Anfechtungs- und Verpflichtungsklage ab) weitgehend angeglichen.

Aufbaumäßig verfehlt ist es in jedem Fall, schon an der Spitze oder vor dem Gliederungspunkt „Statthaftigkeit" die jeweilige Klageart einzuführen und z. B. sogleich mit der *„Zulässigkeit der Anfechtungsklage"* zu beginnen. Ein solches Vorgehen kommt nur in Betracht, wenn laut Sachverhalt der Kläger gerade diese Klageart gewählt hat. In allen übrigen Fällen kann der Bearbeiter die Klageart noch nicht kennen, bevor er zum Gliederungspunkt „statthafte Klageart" vorgedrungen ist.

Literatur zu § 10 I: *Kopp/Schenke,* VwGO, Vorb § 40, Rn. 17; *Pietzner/Ronellenfitsch,* Assessorexamen, §§ 4 ff.; *Schenke,* VwProzR, Rn. 58/65; *Ehlers,* in: Schoch/Schneider, VwRO, Vor § 40 VwGO, Rn. 7 ff.; *Fischer,* Zulässigkeit der Klage und Zulässigkeit des Rechtswegs, Jura 2003, 748; *Leifer,* Die Eröffnung des Verwaltungsrechtswegs als Problem des Klausuraufbaus, JuS 2004, 956; *v. Coelln,* Die Eröffnung des Verwaltungsrechtswegs, Ad Legendum 2014, 59; *Laubinger,* „… jedenfalls ist die Klage unbegründet". Zur Prüfungsreihenfolge von Zulässigkeit und Begründetheit, FS Hufen (2015), 608; *Schaks/Friedrich,* Verwaltungsaktbezogener Rechtsschutz: Die Zulässigkeitsprüfung, JuS 2018, 860.

II. Begriff und Bedeutung des Streitgegenstands

1. Die Identität des Rechtsstreits

Der Streit der Gelehrten über den **Streitgegenstand im Verwal-** 6
tungsprozess mag auf den ersten Blick als unnötige und überdies hochabstrakte Komplikation erscheinen. Die Frage, was exakt Gegenstand des Prozesses ist, hat aber auch für die Falllösung größte Bedeutung, denn nach ihm entscheidet sich Inhalt und Reichweite des Rechtsstreits.

So bestimmt der Streitgegenstand unter anderem:

– Die Zugehörigkeit einer Streitigkeit zum Öffentlichen Recht und damit den Verwaltungsrechtsweg (§ 40 VwGO),
– die sachliche und örtliche Zuständigkeit des Gerichts (§§ 45 ff. VwGO),
– die Klageart (§§ 42, 43 VwGO),
– Klagehäufung (§ 44 VwGO) und Klageänderung (§ 91 VwGO),
– die Notwendigkeit der Beiladung (§ 65 VwGO),
– den Umfang der Rechtshängigkeit (§§ 82, 90 VwGO),
– die Reichweite der Rechtskraft und damit die Bindungswirkung der Entscheidung des Gerichts (§ 121 VwGO).

Es empfiehlt sich also dringend, auch im Gutachten den Streitgegenstand genau zu erfassen und im Einleitungssatz zu bezeichnen. Maßgeblich ist insofern der – ggf. mit Hilfe des Gerichts sachdienlich formulierte (§ 86 III VwGO) – Antrag des Klägers (§ 88 VwGO).

2. Der Begriff des Streitgegenstands

Im Zivilprozessrecht zählt die Bestimmung des Streitgegenstands 7
bekanntlich zu den meistdiskutierten und schwierigsten Themen (vgl. etwa *Rosenberg/Schwab/Gottwald*, ZivilprozessR, 18. Aufl. 2018. § 92). Auch im Verwaltungsprozess sind grundsätzlich drei unterschiedliche Bezugspunkte denkbar:

– Die umstrittene Handlung selbst, also z. B. der angegriffene oder angestrebte VA,
– der prozessuale Anspruch des Klägers, also der Aufhebungsanspruch, Verpflichtungsanspruch usw.,
– die rechtliche Behauptung des Klägers, der VA oder seine Ablehnung sei rechtswidrig und verletze ihn in seinen Rechten.

In den meisten Fällen ist dieser Streit akademischer Natur und führt zu keinen Unterschieden, da es letztlich auf den umstrittenen

VA, die tatsächliche Handlung oder das Rechtsverhältnis ankommt. Schlüssel für eine richtige Erfassung des Begriffs ist § 121 VwGO, denn hier wird deutlich, dass der Streitgegenstand über die **Bindungswirkung des Urteils** entscheidet, d. h. er bestimmt, worüber exakt das Gericht mit bindender Wirkung für Behörden und andere Gerichte entschieden hat.

8 Deshalb ist ein gegenüber dem Zivilprozessrecht eigenständiger **öffentlichrechtlicher Begriff des Streitgegenstands** zu entwickeln, der auch die wesentlichen **Gründe** des Klagebegehrens einbezieht (grundlegend *Schmid*, in: Sodan/Ziekow, VwGO, § 88 Rn. 7 ff.). Der auf das Rechtsverhältnis oder die angefochtene oder erstrebte Handlung bezogene Begriff ist zu eng, denn über die Existenz oder Nichtexistenz eines VA wird als solches weder gestritten noch entschieden. Diese bestimmt sich vielmehr bereits nach §§ 41/43 VwVfG.

> **Beispiele:** Ficht der Eigentümer zweier betroffener Grundstücke denselben Planfeststellungsbeschluss an, so geht es nicht allein um diesen, sondern um zwei unterschiedliche Sachverhalte mit jeweils unterschiedlichen Begründungen, also **zwei** Streitgegenstände (VGH München, NVwZ 1996, 490). Auch die Ansprüche auf Planergänzung nach § 74 II VwVfG und auf nachträgliche Schutzauflagen nach § 75 II und III VwVfG betreffen unterschiedliche Streitgegenstände (BVerwG, NVwZ-RR 2004, 551).

Auch der „Anspruch" selbst fasst das „Entschiedene" zu eng, denn der Aufhebungsanspruch sagt nichts über Rechtswidrigkeit und Rechtsverletzung, setzt beide vielmehr voraus. Theoretisch könnte also über Rechtswidrigkeit und Rechtsverletzung nach der Entscheidung des Gerichts erneut gestritten werden, weil beide an der Rechtskraft des Urteils nicht teilnehmen.

9 Deshalb ist die **„Lehre vom zweigliedrigen Streitgegenstand"** vorzuziehen. Danach bestimmt sich der Streitgegenstand der Anfechtungs- oder Verpflichtungsklage
  1. nach der **Rechtsbehauptung des Klägers, der VA, dessen Ablehnung oder Unterlassung sei rechtswidrig und verletze ihn in seinen Rechten,**
  2. nach den **die Klage tragenden Elemente des Lebenssachverhalts.**

> (vgl. *Eyermann*, VwGO, § 121, Rn. 23; *Menger*, System des verwaltungsgerichtlichen Rechtsschutzes (1954), 158; *Schmitt Glaeser/Horn*, VwProzR, Rn. 113; a. A. *Lorenz*, VwProzR, § 35, Rn. 34). Diese Auffassung wird durchweg auch von der Rechtsprechung geteilt (vgl. BVerwGE 29, 210; 40, 101, 104).

Rechtswidrigkeit und Rechtsverletzung sind bei dieser Definition also miterfasst. Ergeht allerdings ein neuer VA, dann mag er aus den gleichen Gründen rechtswidrig und aufzuheben sein – die Rechtskraft des vorangegangenen Urteils erstreckt sich aber nicht auf diese erneute Entscheidung (so zu Recht *Schmitt Glaeser/Horn*, VwProzR, Rn. 115). Aufhebungs- oder Verpflichtungsanspruch sind nur **Ergebnis**, nicht **Gegenstand** der Klage.

Literatur zu § 10 II: *Detterbeck*, Streitgegenstand und Entscheidungswirkungen im öffentlichen Recht (1995); *Jacobi*, Spruchreife und Streitgegenstand im Verwaltungsprozess (2001); *Kaniess*, Der Streitgegenstandsbegriff in der VwGO (2012); *Schenke*, VwProzR, Rn. 601 ff.; *Schmitt Glaeser/Horn*, VwProzR, Rn. 113.

§ 11 Verwaltungsrechtsweg und zuständiges Gericht

I. Zugang zur deutschen Gerichtsbarkeit

Die „Unterwerfung unter die Deutsche Gerichtsbarkeit" fehlt in keinem Gliederungsschema, ist aber **nur** zu erwähnen, wenn der Fall Anhaltspunkte für einen Ausschluss der Deutschen Gerichtsbarkeit bietet. Das ist – anders als im Zivilprozess mit seinen zahlreichen internationalen Verflechtungen – im Verwaltungsprozessrecht selten der Fall. Auch verbietet Art. 19 IV GG bis auf wenige eng begrenzte und besonders begründete Ausnahmefälle dem Staat grundsätzlich ein „der Rechtsweg ist ausgeschlossen". 1

Eine erste Fallgruppe bilden Streitigkeiten, an denen die **diplomatischen Missionen** und **konsularischen Vertretungen** (§ 173 VwGO i. V. m. §§ 18/19 GVG) beteiligt sind, die aufgrund völkerrechtlicher Exterritorialität von der Deutschen Gerichtsbarkeit befreit sind. Für die Verwaltungsgerichtsbarkeit spielt dies ohnehin keine Rolle, da sie sich nur auf **deutsche** Behörden erstreckt. 2

Zunehmende Bedeutung erlangt die Beschränkung deutscher Gerichtsbarkeit aufgrund **europarechtlicher** Bindungen. Behörden der EU unterliegen ausschließlich der Gerichtsbarkeit des EuGH und des EuG; eine Einschränkung der deutschen Gerichtsbarkeit, die letztlich auf Art. 23 GG beruht (BVerfGE 129, 124). **Nicht** ausgeschlossen ist dagegen der Rechtsschutz gegen Maßnahmen deutscher Behörden, die Europarecht oder Beschlüsse von Organen der EU ausführen (BVerfGE 37, 271). Diese haben dann allerdings den Vor- 3 rang des europäischen Unionsrechts zu beachten (dazu unten, § 25, Rn. 17 ff.).

II. Die Eröffnung des Verwaltungsrechtswegs

1. Die Bedeutung der Generalklausel (§ 40 I 1 VwGO)

4   Die Generalklausel des § 40 I 1 VwGO zur Eröffnung des Verwaltungsrechtswegs gehört zu den **Schlüsselnormen** des Verwaltungsprozessrechts:
– Sie stellt zunächst klar, dass der Verwaltungsrechtsweg in **allen** öffentlich-rechtlichen Streitigkeiten nichtverfassungsrechtlicher Art „gegeben" ist, soweit nicht eine andere Gerichtsbarkeit gesetzlich bestimmt ist. Der verfassungsrechtliche Hintergrund besteht in Art. 19 IV GG, im Prinzip des gesetzlichen Richters und im Rechtsstaatsprinzip. § 40 I 1 VwGO verwirklicht das Prinzip des lückenlosen Individualrechtsschutzes gegen die hoheitliche Gewalt (vgl. BVerfGE 4, 331, 343). Die in ihm verankerte **Absage an das Enumerationsprinzip** bedeutet, dass der Rechtsschutz nicht von der Form staatlichen Handelns (insbesondere nicht vom Vorliegen eines VA) abhängt und dass **jede** hoheitliche Tätigkeit erfasst ist (dazu unten, § 13 Rn. 2 f., 30, 1).
– § 40 I 1 VwGO grenzt als Sondervorschrift zu § 13 GVG die grundsätzlich für alle Rechtsstreitigkeiten eröffnete ordentliche Gerichtsbarkeit von der Verwaltungsgerichtsbarkeit ab. § 40 VwGO ist also nicht „Gegenstück" zu § 13 GVG; vielmehr eine **Sondervorschrift,** die die in Art. 95 I GG vorausgesetzte Eigenständigkeit der Verwaltungsgerichtsbarkeit verwirklicht.
– § 40 I 1 VwGO enthält durch den Ausschluss verfassungsrechtlicher Streitigkeiten auch eine **Abgrenzung zur Verfassungsgerichtsbarkeit;** dies freilich nicht im Hinblick auf den Rechtsschutz des Bürgers gegen den Staat, sondern für Streitigkeiten zwischen den Staatsorganen untereinander.

7   Der verfassungsrechtliche Hintergrund der Generalklausel des § 40 I 1 VwGO wirkt sich auch auf die Frage aus, ob bei bestimmten staatlichen Maßnahmen der Rechtsweg grundsätzlich ausgeschlossen sein kann. Nach dem (verdienten) Ende des „Besonderen Gewaltverhältnisses" werden hier noch drei Fallgruppen genannt:
– „Justizfreie Hoheitsakte",
– Ergebnisse parlamentarischer Untersuchungsausschüsse,

– Feststellungen des Bundesrechnungshofs,
– Gnadenentscheidungen.

„Justizfreie Hoheitsakte" hatten in der konstitutionellen Monarchie des 19. Jahrhunderts die wichtige Funktion, die dem Staat zustehenden Bereiche originärer, vom Gesetzesvorbehalt nicht erfasster und damit auch rechtlich nicht gebundener Staatsgewalt zu bezeichnen. Gemeint waren hier vor allem die „staatsleitenden Akte" der Regierungsgewalt sowie Akte der Selbstorganisation der Regierung (lesenswert *Laband*, Staatsrecht III, 3. Aufl., 1913, 383). In der demokratischen und rechtsstaatlichen Ordnung der Gegenwart ist für solche vorkonstitutionellen Relikte ebenso wenig Platz wie für das „Besondere Gewaltverhältnis". Sieht man sich die immer wieder erwähnten Beispiele von „Akten der politischen Führung", von der Wahl des Bundeskanzlers bis hin zur Ausfertigung der Gesetze durch den Bundespräsidenten an, so wird zudem deutlich, dass die Konstruktion des „justizfreien Hoheitsaktes" entbehrlich geworden ist, weil sich solche Entscheidungen entweder auf verfassungsrechtliche Streitigkeiten beziehen oder ohnehin keine Außenwirkung gegenüber dem Bürger entfalten (wie hier: *Schenke*, VwProzR, Rn. 92 f.).

Anders verhält es sich bei **Ergebnissen von parlamentarischen Untersuchungsausschüssen**, die zwar den Bürger betreffen können, aber nach Art. 44 IV 1 GG von gerichtlicher Kontrolle freigestellt sind. Das ist im Hinblick auf das Untersuchungsrecht des Parlaments zwar hinzunehmen, kann aber z. B. bei der Verletzung von Persönlichkeitsrechten durch in der Öffentlichkeit ausgetragene „Skandal-Enquêten" auch problematisch sein. Deshalb ist der Rechtsschutz gegen **einzelne Maßnahmen,** wie z. B. bestimmte Untersuchungen, Aktenversendungen usw., vor der Verwaltungsgerichtsbarkeit nicht ausgeschlossen (BayVerfGH, NVwZ 1995, 681; *Glauben*, DVBl. 2006, 1263; diff. SaarlVerfGH, NVwZ 2020, 1751; a. A. *Peters*, NVwZ 2012, 1574.). Durch dessen verfassungsrechtliche Unabhängigkeit (Art. 114 GG) bedingt ist der Ausschluss des Verwaltungsrechtswegs gegen Feststellungen des **Bundesrechnungshofs** (BVerwG, NVwZ 2020, 387).

Unmittelbar betroffen ist der Bürger auch bei der dritten Fallgruppe, den **Gnadenakten und Ehrungen**. Hier ist der Ausschluss des Rechtsschutzes, an dem auch gegenwärtig festgehalten wird, umso schwieriger zu begründen. Dieser Problemkreis kann für die Verwaltungsgerichtsbarkeit allerdings nicht relevant werden, soweit es sich um den **gnadenweisen Erlass von Strafen** handelt. Diese wichtigsten Formen der Begnadigung durch den Bundespräsidenten (Art. 60 II GG) oder die Ministerpräsidenten der Länder fallen als Justizverwaltungsakte schon nach § 23 EGGVG aus dem Bereich der Verwaltungsgerichtsbarkeit heraus. Für die Verwaltungsgerichtsbarkeit kommen also nur Gnadenentscheidungen im Bereich des Beamtenrechts oder vergleichbarer öffentlicher Berufsgerichtsbarkeiten sowie Streitigkeiten um Verleihung und Entzug von Ehrungen und Orden in Betracht.

Unabhängig hiervon können die immer noch gegen eine gerichtliche Kontrolle solcher Entscheidungen vorgebrachten Gründe nicht überzeugen. Der in der Regel nicht näher belegte Rückgriff auf die Rechtsphilosophie („Gnade vor Recht") verkennt den klaren historischen Hintergrund dieses Grundsatzes im (kirchlichen) Gnadenrecht des Mittelalters und im monarchischen Gnadenrecht des Absolutismus. Im Verfassungsstaat gibt es aber grundsätzlich keine verfassungsrechtlich ungebundene Staatsgewalt „über dem Recht". Ehrungen und Gnadenentscheidungen sind also zumindest auf die Einhaltung gesetzlicher Voraussetzungen und des Diskriminierungsverbots überprüfbar. Erst recht unterliegt der **Widerruf** einer Gnadenentscheidung oder Ehrung der gerichtlichen Kontrolle (BVerfGE 30, 108, 110; BVerfG, Kammer, NJW 2013, 2414; VG Karlsruhe, NVwZ-RR 2001, 691 – NATO-Medaille). Der notwendige Entscheidungsspielraum bei der Verleihung ist eine Frage der Kontrolldichte (Beurteilungsspielraum), keine Frage der Eröffnung des Rechtswegs.

2. Die gesetzliche Bestimmung des Verwaltungsrechtswegs („aufdrängende Verweisung")

9   Bis jetzt gibt es nur wenige gesetzliche Bestimmungen, die als „aufdrängende Verweisungen" den Verwaltungsrechtsweg bezeichnen und damit weitere Argumente erübrigen. Sie verdienen – auch im Hinblick auf das Prinzip des gesetzlichen Richters (Art. 101 I 2 GG) – in jedem Fall den Vorzug vor ungeklärter oder nur richterrechtlich bestimmter Zuordnung. Auch in der Klausur sind sie vor der Frage zu behandeln, ob es sich um eine öffentlich rechtliche Streitigkeit i. S. von § 40 I 1 VwGO handelt, denn der Gesetzgeber kann (in den Grenzen von Art. 14 III und Art. 34 GG) selbst bestimmen, welcher Rechtsweg eröffnet ist.

10 **Wichtig: Landesrecht** kann nach § 40 I 2 VwGO i. V. m. Art. 31 GG nur „abdrängende Verweisungen" an andere Gerichtsbarkeiten enthalten – und dies auch nur bei landesrechtlichen Streitigkeiten. Ansonsten haben Landesnormen – auch Verfassungsbestimmungen (z. B. Art. 83 V BayVerf. hinsichtlich Verwaltungsstreitigkeiten zwischen Gemeinden und Staat) – **nur deklaratorische Bedeutung.** Unabhängig davon kann der Landesgesetzgeber aber im Rahmen seiner Gesetzgebungskompetenz bestimmen, dass ein Rechtsverhältnis öffentlich-rechtlich im Sinne von § 40 I 2 VwGO ist.

11 Von der Möglichkeit einer positiven („aufdrängenden") Verweisung hat der Bundesgesetzgeber bis jetzt nur sparsam Gebrauch gemacht.

Die wichtigsten Fälle sind:
- § 6 I UIG: Klagen auf Umweltinformation,
- § 9 IV IFG: Klagen auf allgemeine Behördeninformation,
- § 54 BeamtStG, § 126 BBG: Klagen aus dem Beamtenverhältnis,
- § 40 II VwGO (Umkehrschluss): Streitigkeiten aus ÖR-Vertrag.

Dabei gilt der Rechtsweg auch für **beamtenrechtliche Streitigkeiten**, die in unmittelbarem Zusammenhang mit dem Dienstverhältnis stehen – z. B. bei einem Rechtsstreit über die Dienstwohnung eines Beamten (AG Grevenbroich, NJW 1990, 1305) und für die Rückforderung von an Erben des Beamten gezahlten Bezügen und Beihilfen (BVerwG, NVwZ 1991, 168).

Am schwierigsten ist die Abgrenzung bei Ansprüchen aus **öffentlich-rechtlichem Vertrag** (§ 40 II VwGO). Das gilt nicht nur für die Frage, ob auch bereits Schadensersatzansprüche wegen **culpa in contrahendo** unter die Ausnahme des § 40 II VwGO fallen (dazu unten, Rn. 72), sondern auch schon für die Frage, ob es sich überhaupt um einen privatrechtlichen oder einen öffentlich-rechtlichen Vertrag handelt. Da § 54 VwVfG hier auf den Inhalt des Vertrags verweist, lässt sich das Problem wiederum nur über die Theorien bzw. über die richterrechtliche Falltypik lösen (BVerwGE 42, 331, 332; BGHZ 56, 365, 367 – Folgekostenverträge).

Für Streitigkeiten über das Bestehen und die Höhe eines Ausgleichsanspruchs im Rahmen des Art. 14 I 2 GG sowie über den Ausgleich von Vermögensnachteilen wegen Rücknahme rechtswidriger Verwaltungsakte bleibt es beim Verwaltungsrechtsweg aus § 40 I VwGO. Sondervorschriften bleiben unberührt und wirken dann als aufdrängende Verweisungen.

Wegen Art. 14 III GG bleibt es für Vermögensnachteile wegen des **Widerrufs eines rechtmäßigen VA** nach § 49 VI 3 VwVfG dagegen beim ordentlichen Rechtsweg.

Einige Gesetze beschränken sich auf die Zuordnung einer bestimmten Materie zum Öffentlichen Recht. Streitigkeiten gehören dann nach der Generalklausel des § 40 I 1 VwGO vor die Verwaltungsgerichte. Das gilt z. B. für die Abgrenzung von öffentlich-rechtlicher und privatrechtlicher Sondernutzung (vgl. § 8 I FStrG und die entsprechenden Vorschriften der Länder), für die Verkehrssicherungspflicht im Straßenrecht und für das gemeindliche Vorkaufsrecht im Bauplanungsrecht (§§ 24 ff. BauGB). 12

3. Öffentlich-rechtliche Streitigkeit

Mit dem Begriff der **öffentlich-rechtlichen Streitigkeit** zieht 13 § 40 I 1 VwGO ein Grundlagenproblem der Rechtswissenschaft und zugleich den Gegenstand eines gesamten Rechtsgebiets in den ersten Schritt der Prüfung der Sachentscheidungsvoraussetzungen hinein, ohne die Trennungslinie selbst jedoch exakt ziehen zu können. Im

Verwaltungsprozess ist diese Unterscheidung immer zu treffen, obwohl die nicht dem öffentlichen Recht zugehörige Klage nicht unzulässig ist (§ 17a GVG). Das Gericht muss aber von Amts wegen das Vorliegen dieser Voraussetzung prüfen, wobei es nur auf die „wahre Natur" des im Klagevorbringen behaupteten prozessualen Anspruchs, nicht aber auf die Rechtsansicht der Beteiligten ankommt (BVerwGE 41, 129; 42, 110).

14 Die zum Begriff des Öffentlichen Rechts und zur Abgrenzung zum Privatrecht entwickelten **Abgrenzungstheorien** haben die Schwäche gemeinsam, dass sie das zu Definierende, also die öffentlich-rechtliche Streitigkeit, im Grunde nur mit Hilfe ebendieses Begriffs oder eines Synonyms bestimmen. So stellen sie auf das „spezifisch Hoheitliche", das „Besondere", „dem Staat als Zuordnungssubjekt Zuzurechnende" usw. ab und sind damit samt und sonders zirkelschlussverdächtig (krit. auch *Leisner*, JZ 2006, 869 ff.).

Das ist kein Zufall, denn seit dem Entstehen der Unterscheidung zwischen Öffentlichem Recht und Privatrecht zu Beginn der Neuzeit kam es darauf an, den Bereich, in dem der Landesherr wie jedes andere Rechtssubjekt für sich handelte und wirtschaftete (dominium), von dem Bereich zu trennen, in dem er kraft der spezifischen hoheitlichen Gewalt des absolutistischen Herrschers die „Staatskräfte als solche" (imperium/ius eminens) einsetzen konnte. Seit dem Absolutismus bot sich hier zur Definition des „spezifisch Öffentlichen" das Merkmal der **Unterwerfung**, also die Unterordnung des Einzelnen unter die Herrschaftsgewalt, an. Auch hierbei ging es aber gerade um die Bestimmung, **wo** die Herrschaftsgewalt galt, wann also der Einzelne dem ihm „als Staat" gegenüberstehenden Herrscher unterworfen war. Gleichwohl waren die Elemente der Unterwerfung und des **„Sonderrechts"** des Herrschers fortan maßgeblich für die Trennung von Öffentlichem Recht und Privatrecht. Folgerichtig formulierte *Art. 2 der Württembergischen Verfassung von 1818* als „öffentlich-rechtlich" alles das, *was der König nicht nur für seine Person erwirbt, sondern durch die Anwendung der Staatskräfte*. Otto *Mayer* (Deutsches Verwaltungsrecht, Bd. 1, 3. Aufl. [1924], 15) nahm diesen Gedanken auf und bestimmte als Öffentliches Recht dasjenige, an dem der Träger öffentlicher Gewalt *als solcher beteiligt* ist, und meinte damit das *„dem Verhältnisse zwischen dem verwaltenden Staate und seinen ihm dabei begegnenden Untertanen eigentümliche"* Recht. Ähnlich sah *Laband* (Staatsrecht III, 3. Aufl. [1913], 381) das Öffentliche Recht als dasjenige, was nicht zur Rechtssphäre der Individuen gehöre, sondern „*Ausfluss staatlicher Hoheitsrechte"* sei. Schon seit dem Absolutismus boten ferner – Vorbildern in der Antike folgend – das **„gemeine Wohl"** oder das **„spezifische Staatsinteresse"** Anhaltspunkte des „Öffentlichen".

Mit den Elementen der **Unterwerfung (Subordination)**, des von der bürgerlichen Rechtssphäre zu trennenden **Sonderrechts** des

Herrschers und des spezifischen **Staatsinteresses** sind damit im Grunde genommen bereits alle Merkmale bezeichnet, die sich auch in den bis heute vertretenen „Abgrenzungstheorien" wiederfinden, ohne den Begriff des „Öffentlichen" letztlich aber klar fassen zu können. Historisch und dogmatisch sind diese Theorien daher wenig ergiebig. In ihrer Formelhaftigkeit tragen sie auch wenig zur Lösung gerade schwieriger Grenzfälle bei. Sie bergen für Studenten überdies die Gefahr, dass in der Klausur durch längliche Wiedergabe viel Zeit verloren geht, ohne dass inhaltlich etwas gewonnen wird.

Die Kenntnis der Theorien ist gleichwohl unabdingbar und die wichtigsten „Kennworte" muss man verstehen. Sie seien deshalb in gebotener Kürze wiedergegeben:

a) Die **Interessentheorie** geht auf den Satz des römischen Juristen *Ulpian* (170–228 n. Chr.) zurück: *„publicum ius est quod ad statum rei Romanae spectat, privatum quod ad singulorum utilitatem"*. Er stellt auf den Gegensatz von öffentlichem (staatlichem) Interesse und Privatinteresse ab.

Dieser Theorie wurde zu Recht als Schwäche vorgeworfen, dass Individualinteresse und öffentliches Interesse sich nicht in der vorausgesetzten Weise auseinanderhalten lassen, dass also „private" Rechtsgeschäfte das öffentliche Interesse oft mehr tangieren als öffentliche – und umgekehrt.

Selbst diese älteste der angebotenen Theorien beweist in der Praxis aber unvermutete Lebenskraft. Zum einen arbeitet die Rechtsordnung auch heute noch vielfach mit Begriffen wie „privates" -und „öffentliches Interesse", „Privatnützigkeit" und „Gemeinnutz". Sie kennzeichnet damit nicht nur Abwägungskriterien, sondern markiert auch den Einflussbereich der Grundrechte und Entschädigungsregeln. Vor allem im Verwaltungsprivatrecht stellt der Gegensatz zwischen Erfüllung öffentlicher Aufgaben in Privatrechtsform einerseits und lediglich fiskalischer bzw. erwerbswirtschaftlicher Tätigkeiten andererseits eine für viele Rechtsfragen bedeutsame Unterscheidung dar (dazu Rn. 27 ff.).

Zum anderen muss man nur den Begriff des „Interesses" mit „Aufgabe" tauschen, dann tritt eine praktisch sehr bedeutsame und immer mehr angewandte **„Aufgabentheorie"** zutage, wie sie sich vor allem bei Rechtsstreitigkeiten um Abwehransprüche gegen Lärm und andere von öffentlichen Einrichtungen ausgehenden Immissionen, bei der Definition der „öffentlichen Einrichtung" und bei Klagen gegen Warnmitteilungen, Informationen usw. durch Behörden zeigt (zahlreiche Beispiele für eine solche „modifizierte Interessentheorie" in der Rechtsprechung bei *Bachof*, FG 25 Jahre BVerwG [1978], 1). Auch der Begriff der öffentlichen Aufgabe ist natürlich umstritten (krit. *Kopp/Schenke*, VwGO, § 40, Rn. 12). Er ist aber auch heute in vielfältiger Form gesetzlich definiert – so z. B. in den Zielbestimmungen der Umweltgesetze und in den Gemeindeordnungen.

Öffentliches Interesse und öffentliche Aufgabe bieten also – nicht allein, aber im Zusammenwirken mit anderen Elementen – unverändert aktuelle Bestimmungskriterien für das Öffentliche Recht.

16 b) Die **Subordinationstheorie**, gelegentlich auch **Subjektions (Unterwerfungs-)lehre** genannt, stellt auf die Über- und Unterordnung zwischen Hoheitsträger und Bürger ab, dem das Zivilrecht als durch prinzipielle Gleichordnung geprägt gegenübergestellt wird. Historischer Kern dieser Lehre ist das Souveränitätsdogma des absolutistischen Staates, das auf der Unterwerfung des Einzelnen unter die Herrschaft des Souveräns abhob (sub regnum). Zu denken ist aber auch an die friedensstiftende Rolle des staatlichen Gewaltmonopols: Der Einzelne ordnet sich dem Souverän (dem „defensor pacis") unter. Er begibt sich unter das staatliche Gesetz, um in Frieden leben zu können und wird damit Untertan der als originär begriffenen und legitimierten Staatsgewalt *(Thomas Hobbes)*. Das wichtigste Kennzeichen einer so definierten Staatsgewalt ist ihre Befugnis zur **Regelung mit einseitiger Verbindlichkeit,** das nach traditionellem Verständnis eine Über- und Unterordnung zwischen Staat und Individuum voraussetzt *(Forsthoff,* VwR, § 6, 113; aus der Rechtsprechung RGZ 167, 281, 284; übernommen durch BGHZ 14, 222, 227; 97, 312, 314).

In ihrer einseitig auf Unterordnung (oder gar Unterwerfung) gerichteten Form ist die *Subordinationstheorie* nicht nur deshalb problematisch, weil sie nicht das durchaus gleichgeordnete Verhältnis *zwischen* Körperschaften und Selbstverwaltungsorganen erklären kann *(Schenke,* VwProzR, Rn. 101); die Theorie ist auch als solche dem demokratischen Verfassungsstaat nicht mehr angemessen. Ihr insgesamt vordemokratischer und vorkonstitutioneller Kern macht es schwer erträglich, dass sie mehr oder weniger ungefragt von immer neuen Generationen von Juristen erlernt und angewandt wird. Als Teil des Volkes, des Souveräns, ist der Bürger dem Staat nicht von vornherein unterworfen; er formt und legitimiert die Staatsgewalt vielmehr im Rahmen demokratischer Willensbildung mit, bevor er durch ebendiese Entscheidungen rechtlich gebunden wird (so auch *Emmerich-Fritsche,* NVwZ 2006, 763). Anders als im hierarchisch gegliederten Staatsaufbau stehen auch die verschiedenen Körperschaften und Institutionen (Europäische Institutionen – Bund – Länder – Gemeinden – Universitäten usw.) nicht im hierarchischen Verhältnis von „Oben" und „Unten"; sie haben vielmehr Teil an der öffentlichen Gewalt, die sie innerhalb ihres Kompetenzbereichs ausüben.

Will man die zutreffenden Elemente der Subordinationstheorie also „retten", so gilt es an die Stelle der Subordination die (demokratisch legitimierte) **Verbindlichkeit** in den Vordergrund zu rücken. Eine solchermaßen „demokratisch gewendete" Subordinations- oder besser: „Verbindlichkeitslehre" könnte dann lauten: *Eine öffentlich-rechtliche Streitigkeit liegt vor, wenn es um Grund oder Reichweite einseitig verbindlicher Entscheidungen des Staates oder anderer Körperschaften geht, die diese kraft demokratischer Legitimation treffen und durchsetzen können.* Der Grund solcher Verbindlichkeit ist dabei nicht die Über- und Unterordnung, sondern die **demokratisch legitimierte verbindliche Entscheidung.**

c) Die am häufigsten als „herrschend" bezeichnete Theorie ist die (modifizierte) **Subjekttheorie,** die vermehrt auch als **Zuordnungs-** oder **Sonderrechtstheorie** bezeichnet wird. Ihr entscheidender Bezugspunkt ist das **„Zuordnungssubjekt"** des jeweils maßgeblichen Rechtssatzes. Öffentlich-rechtlich ist ein Rechtsverhältnis oder ein Rechtsstreit nach dieser Theorie dann, wenn er sich nach Rechtssätzen orientiert, die sich *ausschließlich* an den Staat oder einen sonstigen Träger hoheitlicher Gewalt wenden. Angesprochen ist also nicht der Staat als einfaches Rechtssubjekt, sondern der Staat gerade in seiner Eigenschaft als Hoheitsträger. Dem Privatrecht dagegen gehören diejenigen Rechtssätze an, die als „Jedermann-Recht" gelten.

17

In der **Literatur** wird diese modifizierte Subjekttheorie, die auf *Hans-Julius Wolff* zurückgeht, in der Tat am häufigsten genannt; s. etwa *Wolff/Bachof/Stober/Kluth,* VwR I, § 22 III 3; *Würtenberger/Heckmann,* VwProzR, Rn. 180. Die *Rechtsprechung* ist dagegen bisher jedenfalls nicht eindeutig. So favorisierte der BGH lange Zeit die Subordinationstheorie (BGHZ 53, 186), während das BVerwG der Subjekttheorie zuneigt (BVerwGE 69, 194). Seit einer Entscheidung des GSOGB (BGHZ 108, 284 ff.) „kombinieren" beide Gerichte die Theorien (vgl. BGHZ 121, 126, 128 und 367, 372; BVerwGE 89, 281, 282).

Historisch korrekt begreift diese Theorie das Öffentliche Recht als „**Sonderrecht**" des Staates, das diesem in seiner hoheitlichen Stellung zukommt. Gerade damit wird aber nicht nur die Brücke zur Subordinationstheorie geschlagen *(Maurer/Waldhoff,* AVwR, § 3, Rn. 13 ff.); es vollendet sich auch der Zirkelschluss: Öffentliches Recht ist, was speziell dem Staat als hoheitlich zukommt; gefragt ist aber gerade, was dem Staat als „hoheitlich" zukommt – eine Tautologie, die sich bis in die Musterlösung von Klausuren wiederfindet *(„Die Streitigkeit ist öffentlich-rechtlicher Natur, weil die sie entscheidenden Rechtsnormen öffentlich-rechtlich sind.").*

Was mit der Theorie gemeint ist, wird vielleicht an einer verblüffend einfachen „Faustregel" verständlich:
Privatrechtlich ist ein Rechtsverhältnis oder eine Handlung dann, wenn durch die streitentscheidende Norm auch Privatpersonen entsprechend berechtigt oder verpflichtet sein könnten.

Dem Öffentlichen Recht zugehörig ist eine Streitigkeit dann, wenn nur der Staat oder eine vergleichbare Körperschaft entsprechend berechtigt oder verpflichtet sein können.

Das ist natürlich weder eine Theorie noch eine Definition, aber sie hilft doch (zusammen mit anderen Stichworten) zur Begründung der öffentlich-rechtlichen Streitigkeit. Auch befindet man sich mit dieser Unterscheidung in bester Gesellschaft, denn schon für *Otto Mayer* (Deutsches Verwaltungsrecht, Bd. 1, 115) setzte das Handeln des Staates in Privatrechtsform voraus, *„dass die Verwaltung in Lebensverhältnisse eintritt, wie sie auch bei dem Einzelnen vorkommen, um alsdann bei diesem durch die Bestimmungen des Zivilrechts geregelt zu werden"*.

18 d) **„Kombinationsmodelle".** Angesichts einer schon aus historischen und denkgesetzlichen Gründen kaum möglichen alle Fälle abdeckenden Lösung des Abgrenzungsproblems empfehlen die meisten Autoren heute, die Bestimmung der öffentlich-rechtlichen Streitigkeit in Kombination der verschiedenen Theorien zu suchen und dabei auf die Merkmale des Einzelfalles zu achten (vgl. etwa *Schenke*, VwProzR, Rn. 107). Diese pragmatische Lösung sei auch hier empfohlen. **Öffentliche Aufgabenstellung** („modifizierte Interessentheorie"), **legitime Verbindlichkeit** („modifizierte Subordinationstheorie") und **Zuordnung zum Sonderrecht** des als solchen spezifisch berechtigten und verpflichteten hoheitlichen Entscheidungsträgers zusammen dürften in der Tat tragfähige Kriterien liefern – sie führen in der Regel auch zu übereinstimmenden Ergebnissen.

Richtig ist es sicherlich auch, auf **Indizien** zu achten, wie die Unterscheidung von Preis und Gebühr, den Zwang einer Benutzung oder Mitgliedschaft, die Regelung durch VA usw. (vgl. BVerwGE 38, 167; 60, 144 – für den Verwaltungsrechtsweg kommt es nicht auf den VA an, dieser kann aber als Indiz für das Vorliegen einer ÖR-Streitigkeit gelten).

19 Der gesamte Theorieaufwand kann aber nicht verdecken, dass die konkrete Bestimmung der öffentlich-rechtlichen Streitigkeit wegen der schwerwiegenden Folgen das jeweils anzuwendende Recht und den Rechtsweg nicht den Zufälligkeiten der Theoriebildung überlassen werden darf. Entscheiden kann und sollte vielmehr der **Gesetzgeber.** Für die gegenwärtige Praxis wird zudem deutlich, dass letztlich nicht Theorien die Unterscheidung bestimmen, sondern dass sich vielmehr ein ausgeprägtes **Fallrecht** herausgebildet hat, welches die Interpretation von § 40 I 1 VwGO beherrscht. Auch gibt es **typische Rechtsgebiete,** bei denen sich im Grunde ein ausführliches Eingehen auf die Theorien erübrigt (ähnl. *Krüger*, JuS 2013, 598).

e) **Typische Rechtsgebiete des Öffentlichen Rechts:** Kein vertieftes 20
Eingehen auf die Abgrenzungstheorien verlangen diejenigen Fälle, in
denen der Staat erkennbar die ihm zu Gebote stehenden Machtmittel
der klassischen **Eingriffsverwaltung** einsetzt. Das ist z. B. der Fall:
(1) Im **Polizei- und Sicherheitsrecht** und in den Gebieten, die sich
daraus entwickelt haben (Versammlungsrecht, Ausländerrecht,
Bauordnungsrecht, Gewerberecht, Straßenverkehrsrecht usw.). Das
gilt nicht nur für Abwehransprüche gegenüber dem Staat, sondern
auch für Ansprüche auf staatliches Tätigwerden (**Beispiel:** Anspruch
auf Einschreiten der Polizei, Anspruch auf Baugenehmigung, Klage
auf Aufenthaltserlaubnis usw.).

Niemals öffentlich-rechtlich ist aber eine Streitigkeit (privater) Nachbarn
untereinander – auch wenn es um die bauordnungsrechtliche Zulässigkeit eines nicht (mehr) genehmigungsbedürftigen Bauvorhabens geht (anders aber
Ortloff, NVwZ 1998, 932; krit. zu diesem zu Recht *Mampel*, NVwZ 1999,
385).

(2) Stets dem Öffentlichen Recht zugehörig ist das staatliche und 21
kommunale **Abgabenrecht,** also die Erhebung von Steuern, Gebühren und Beiträgen. Nur dem Staat, Kommunen und anderen Körperschaften und Anstalten des öffentlichen Rechts kommt es zu, kraft
legitimierter Verbindlichkeit den Bürger zu derartigen Abgaben zu
zwingen.

(3) Durchweg öffentlich-rechtlich sind auch die aus dem **Gewerbe-** 22
recht stammenden Bereiche wie das **Immissionsrecht** und andere
Sektoren des Umweltrechts sowie die eigenständigen Gebiete des
Bauplanungsrechts, Raumordnungsrechts und der Fachplanung (zu
dieser Fallgruppe *Detterbeck*, Rechtswegprobleme im Wirtschaftsverwaltungsrecht, FS Frotscher [2007], 399).

(4) Öffentlich-rechtlich sind alle Normen, die sich mit der **Organi-** 23
sation des Staates und seiner Verwaltung selbst befassen oder die die
innere Struktur öffentlich-rechtlicher Körperschaften betreffen, insbesondere die Kernbereiche des **Kommunalrechts** einschließlich der
Staatsaufsicht.

(5) Auch abgesehen von § 54 BeamtStG, § 126 BBG gehört das **Be-** 24
amtenrecht, also das Recht der Dienstverhältnisse der in einem besonderen öffentlichen Dienst- und Treueverhältnis zu einem Dienstherrn Stehenden, einschließlich Streitigkeiten über die Auswahl,
Ausbildungs- und Prüfungsordnungen zum Öffentlichen Recht (zu
Arbeitern und Angestellten s. aber Rn. 30).

25 (6) Außerdem sind große Bereiche der **Leistungsverwaltung**, in denen es um die verbindliche und gleichheitsgebundene Verteilung und Zuordnung staatlicher Leistungen und die Behebung von Not geht, öffentlich-rechtlich (**Sozialhilfe, Jugendhilfe**, aber auch **Schul- und Hochschulrecht** einschließlich des öffentlichen Prüfungs- und Berechtigungswesens). **Beachte:** Die Zuordnung zum Öffentlichen Recht heißt hier nicht, dass der Verwaltungsrechtsweg eröffnet wäre. Viele der Streitigkeiten sind vielmehr der Sozialgerichtsbarkeit zugeordnet (§ 51 SGG) – dazu unten, § 11, Rn. 67.

(7) Keine pauschalen Grenzziehungen bieten sich im Bereich des **Öffentlichen Sachenrechts** und des sonstigen Rechts der Daseinsvorsorge an. Zwar hat die zunehmende Bedeutung der Daseinsvorsorge für den Einzelnen dazu geführt, dass insbesondere Zugangsentscheidungen zum Öffentlichen Recht gehören. Auch hat sich das Öffentliche Sachenrecht gerade wegen seiner Bedeutung für das Gemeinwohl und für den Einzelnen aus seiner sachenrechtlichen Herkunft gelöst und besondere Erlaubnis- und Nutzungsrechte ausgeformt. Andererseits sind gerade in diesem Bereich auch zunehmende Privatisierungstendenzen und die Erfüllung von öffentlichen Aufgaben in Privatrechtsform feststellbar, so dass sich immer wieder neue schwierige Abgrenzungsprobleme und Anwendungsfelder der so genannten „Zweistufentheorie" (dazu Rn. 32 ff.) ergeben.

27 f) Typisch **privatrechtliche Tätigkeiten**. Der Staat und andere Hoheitsträger beteiligen sich wie jeder andere am privaten Rechts- und Wirtschaftsverkehr und treten dann in Privatrechtsform auf (zu den prozessualen Besonderheiten *Scholz*, Verwaltungszivilprozessrecht [2013]).

Am wichtigsten sind folgende Bereiche:
(1) Die **Vermögensverwaltung** (Fiskalverwaltung) des Staates. Aus der klassischen Unterscheidung von „imperium" (= hoheitliche Herrschaftsgewalt) und „dominium" (= Privatvermögen des Landesherrn) hat sich die Zuordnung der Verwaltung staatlicher und sonstiger öffentlicher „Domänen" in Formen des Privatrechts entwickelt und bis heute gehalten.

Beispiele: Verkauf von Holz aus dem Staatsforst, Staatsweingut oder -brauerei.

28 (2) Eng verwandt mit der Verwaltung des Staatsvermögens sind die **„fiskalischen Hilfsgeschäfte"**, d. h. Rechtsgeschäfte, die der Staat zur Erfüllung seiner Aufgaben abschließt. Diese und die Vergabe öffentli-

cher Aufträge sind nach h. L. grundsätzlich privatrechtlich (zur Auftragsvergabe s. Rn. 37). Das gilt auch dann, wenn beide Vertragspartner dem öffentlichen Bereich zugehören (BGH, NVwZ 2013, 96 – Zivilrechtsweg bei Streit um Grundstückskaufvertrag zwischen Bund und Land).

Beispiele: Mietvertrag über ein Behördengebäude, Kauf von Büromaterial, Auftrag an privaten Abschleppunternehmer, Ausschreibung zu Bau eines Regierungsgebäudes.

(3) Privatrechtlich handelt der Staat stets, wenn er sich wie jeder andere am **Wirtschaftsverkehr** beteiligt, also z. B. Anteile an einem Unternehmen erwirbt, selbst Unternehmen betreibt oder auch traditionelle Staatsunternehmen fortsetzt (sog. „gemischtwirtschaftliche Unternehmen"). Ungeachtet der (nach Öffentlichem Recht zu beurteilenden) haushaltsrechtlichen und kommunalrechtlichen Grenzen für ein auf gewinnorientiertes Handeln, sind die sich hieraus ergebenden Rechtsverhältnisse stets dem Privatrecht zuzuordnen. 29

Beispiele: Anteile an Flughafen, städtische Sparkasse (BVerwG, NJW 2006, 2568), Anteile des Bundes an Verkehrsunternehmen (soweit nicht bereits privatisiert; zur Deutschen Bahn vgl. Art. 87e III 2, 3 GG), nichtamtlicher Teil des Amtsblatts der Gemeinde – VGH Mannheim, DÖV 2002, 248.

(4) Zum Privatrecht zählen auch die nicht zum Beamtenrecht gehörenden Dienst- und Arbeitsverhältnisse der **Angestellten und Arbeiter im Öffentlichen Dienst** (außer bei öffentlich-rechtlich ausgestalteten Rechtsverhältnissen der Aus- und Weiterbildung – BAG, NJW 2000, 2524). 30

(5) **Nicht** einheitlich zu beurteilen ist der Bereich, in dem Staat oder Gemeinden sich privater Rechtsformen bedienen, um öffentliche Aufgaben zu erfüllen **(Verwaltungsprivatrecht im eigentlichen Sinne).** Hier gilt in jedem Fall, dass der **Zugang** zur staatlichen Leistung öffentlich-rechtlich ist. 31

g) Fallgruppen aus der Rechtsprechungspraxis (1) Zugang zu öffentlichen Einrichtungen – „Zweistufentheorie": Erfüllen Staat oder Gemeinden ihre Aufgaben durch entsprechend gewidmete öffentliche Sachen, d. h. insbesondere durch Einrichtungen und Anstalten wie z. B. Schulen, Stadthallen, Friedhöfe usw., dann kann über den *Zugang* nicht privatrechtliche Dispositionsfreiheit herrschen, der **Zugangsanspruch** ist dann vielmehr im Kern öffentlichrechtli- 32 cher Natur. Spiegelbildlich gilt dasselbe für den **Ausschluss** von der Nutzung einer öffentlichen Sache.

Beispiele für öffentliche Einrichtungen: BVerwG, NVwZ 1987, 47 – Zulassung eines Veranstalters zu **öffentlichem Volksfest;** BVerwGE 31, 368 – Überlassung einer **städtischen Sporthalle** für Parteiveranstaltungen; BVerwG, NVwZ 2009, 1305 – Weihnachtsmarkt; BGH, DÖV 2000, 919 – **Städtisches Hallenbad** (auch wenn von privatwirtschaftlichen Unternehmen betrieben). Selbstverständlich immer öffentlich-rechtlich ist der gesetzlich ermöglichte zwangsweise Zugang zu einer öffentlichen Einrichtung, z. B. Anschluss- und Benutzungszwang zur städtischen Wasserversorgung; Behandlung eines Patienten in der geschlossenen Abteilung eines Landeskrankenhauses (dazu BGH, NJW 2008, 1444). Dagegen ist der Rechtsstreit um die Eröffnung eines Kontos bei einer öffentlichen Sparkasse zivilrechtlicher Natur (so hins. Rückforderung von öff. Subvention BVerwG, NJW 2006, 2568; für Zweistufentheorie dagegen *Goldhammer*, DÖV 2013, 416).

33 Gehört die Zugangsfrage zum öffentlichen Recht, dann kann die **Abwicklung** öffentlich-rechtlich, aber auch privatrechtlich ausgestaltet sein (Pachtvertrag, Dienstvertrag, Mietvertrag usw.). Auf dieser „zweiten Stufe" gilt dann ggf. die Zuordnung zum Zivilrecht. Auch die Regelungs**formen** können dann zivilrechtlicher Natur sein (Vertrag, AGB usw.).

Sind Zugangsentscheidung und privatrechtliche Abwicklung „kombiniert", liegt der erste und wichtigste Anwendungsfall der sogenannten **Zweistufentheorie** vor:
– Erste Stufe ist der **Zugang** zur öffentlichen Einrichtung,
– zweite Stufe ist das **Nutzungs-(Betriebs-)Verhältnis** = Privatrecht.

Die Zweistufentheorie ist heute allgemein anerkannt, obwohl sie auch Nachteile aufweist. So wird hier ein im Grunde einheitlicher Lebenssachverhalt in der Weise aufgespalten, dass nicht nur zwei Rechtswege, sondern auch zwei Rechtsgebiete in Betracht kommen. Auch ist nicht immer einzusehen, warum der Staat oder die Gemeinde beim Zugang öffentlich-rechtlichen Bindungen unterliegen sollen, sich auf der für den Einzelnen oft nicht minder bedeutsamen Ebene des Nutzungsverhältnisses ebendieser Bindungen aber entledigen können. Insgesamt aber ist es sachgerecht, wenigstens die **Grundentscheidung,** das „*Ob*" der Nutzung, dem Öffentlichen Recht zu unterwerfen und bei der **Abwicklung,** das „*Wie*"der Nutzung, die – in der Tat oft besser passenden – privatrechtlichen Formen einzusetzen.

Literatur dazu: *Zuleeg*, Die Zweistufenlehre. Ausgestaltung, Abwandlungen, Alternativen, in: FS Fröhler (1980), 275; *J. Ipsen/T. Koch*, Öffentliches und privates Recht. Abgrenzungsproblem bei der Benutzung öffentlicher Einrichtungen, JuS 1992, 809; *von Danwitz*, Die Benutzung öffentlicher Einrichtungen – Rechtsformenwahl und gerichtliche Kontrolle, JuS 1995, 1; *Peine/ Siegel*, AVwR, Rn. 879 ff.; *Schmitt Glaeser/Horn*, VwProzR, Rn. 46; *Würtenberger/Heckmann*, VwProzR, Rn. 198 ff.; *Goldhammer*, Zweistufentheorie, Kontrahierungszwang und das Problem der Sparkasse mit imagegefährdenden Kunden, DÖV 2013, 416.

(2) **Öffentliche Einrichtungen in privater Trägerschaft:** Immer häufiger kommt es vor, dass Staat und Gemeinden öffentliche Einrichtungen auf private Träger übertragen. (**Beispiele:** *Müllabfuhr durch privaten Unternehmer, Stadthallen-GmbH.*) Damit diese „Flucht ins Privatrecht" nicht die Rechte der Bürger auf Nutzung öffentlicher Einrichtungen schmälert, sind auch in diesem Fall Streitigkeiten zwischen Bürger und Gemeinde über den **Zugang** öffentlich-rechtlicher Natur (BVerwGE 32, 333; BVerwG, NJW 1990, 134; allg. *Kahl/Weisenberger*, Jura 2009, 194). In diesen Fällen kann der öffentlich-rechtliche Träger die Zulassung aber nicht einfach durch VA regeln. Er muss vielmehr seinen Einfluss gegenüber dem privaten Unternehmer geltend machen – z. B. durch ein bestimmtes Abstimmungsverhalten in der GmbH. Das bewirkt für die Klageart, dass eine Verpflichtungsklage nicht in Betracht kommt. Handelt es sich – ungeachtet der Überführung in Privatrechtsform – nach wie vor um eine öffentliche Einrichtung, so ist für die Klage der Verwaltungsrechtsweg eröffnet, die Klage ist als **Leistungsklage auf Einwirkung** auf den Privaten gegen die Gemeinde zu richten.

Wichtig: Die Zweistufentheorie ist **nicht** anwendbar, wenn es keine „zweite Stufe" gibt, also wenn Zugang **und** Nutzung öffentlich-rechtlich geregelt sind.

Beispiel: Versagung von Kitaplatz aus Kapazitätsgründen (VGH München, NJW 2013, 249); Zugang zum Hallenbad, dessen Nutzung durch Satzung oder Allgemeinverfügung geregelt ist. Das gleiche gilt selbstverständlich, wenn die Rechtsstreitigkeit sich nur um die Nutzung im Rahmen eines zivilrechtlich ausgestalteten Benutzungsverhältnisses dreht. **Gegenbeispiel:** Streit um Sperrung einer „Wasserrutsche" bei privatrechtlich betriebenem Gemeindeschwimmbad (VGH München, BayVBl. 1988, 726 – kein Verwaltungsrechtsweg).

Nicht zum Öffentlichen Recht und damit nicht vor das Verwaltungsgericht gehört der Streit, wenn die Klage sich unmittelbar gegen den **privaten Unternehmer als solchen** richtet (s. auch *Würtenberger/Heckmann*, VwProzR, Rn. 205). Öffentlich-rechtlich ist eine solche Streitigkeit nur, wenn der Unternehmer durch Gesetz oder aufgrund eines Gesetzes zu hoheitlichem Handeln ermächtigt ist, also als **Beliehener** tätig wird.

Beispiele: BVerwG, NVwZ 1991, 59 – Anspruch auf barrierefreien Zugang zur Deutschlandhalle gegen privatrechtlichen Betreiber; BVerwG, DÖV 1974, 496; OVG Münster, NJW 1998, 1578 – Aufnahme bzw. Entlassung bei einer Privatschule, die nicht staatlich anerkannte Ersatzschule ist; VGH Kassel, NJW 2016, 1338 – Streit über Bewertung einer juristischen Prüfungsarbeit an nichtstaatlicher Hochschule.

35 (3) **Subventionen:** Entwickelt wurde die Zweistufentheorie zunächst nicht für den Bereich öffentlicher Einrichtungen, sondern für die Vergabe von Aufbaudarlehen nach dem Lastenausgleichsgesetz, für die Förderung des Wohnungsbaus und Eingliederungshilfen für die Landwirtschaft, also für den Bereich der **Subventionen.** Da der Staat kein Geld verschenken darf, steht für die Vergabe derartiger Subventionen der **öffentliche Zweck** im Mittelpunkt, weshalb die eigentliche Vergabeentscheidung durch VA erfolgt. Die Umsetzung kann dann privatrechtlich (z. B. durch Darlehensvertrag) erfolgen, was auch für die Rückabwicklung gilt (BVerwG, NJW 2006, 536; ähnl. bereits BGHZ 40, 206, 210; *Ebeling/Tellenbröker*, JuS 2014, 217). Nur dann geht es um einen Anwendungsfall der Zweistufentheorie.

Beispiele aus der Rechtsprechung: BVerwGE 1, 308; BGHZ 40, 206, 210; OLG Naumburg, NVWZ 2001, 354; kritisch zur Zweistufentheorie allg. *Maurer/Waldhoff*, AVwR, § 17, Rn. 13 ff.; für den Bereich der Subventionen krit. auch *Peine/Siegel*, AVwR, Rn. 883 ff; *Würtenberger/Heckmann*, VwProzR Rn. 198 jeweils m. w. N.; *Schlarmann/Krappel*, Subvention, FS Battis 2014, 257.

Auf die öffentlich-rechtliche Stufe gehört auch die **Kehrseite des Subventionsverhältnisses,** nämlich der Streit um die Entziehung eines Darlehens z. B. wegen Zweckverfehlung, Nichterfüllung von Auflagen usw.

Beispiel: BGHZ 57, 130 – Rückzahlung einer Filmsubvention; ähnlich BVerwGE 7, 180; 13, 307; 41, 127.

Kein Fall der Zweistufentheorie liegt wiederum vor, wenn die „zweite Stufe" nicht privatrechtlich ausgestaltet ist, also z. B. bei einem verlorenen Zuschuss.

36 Öffentliche Zwecke verfolgen Staat und Gemeinden auch bei der **Vergabe von Grundstücken,** Wohnungen z. B. im Rahmen von sogenannten „Einhei-

§ 11 Verwaltungsrechtsweg und zuständiges Gericht 157

mischen-Programmen" oder der Förderung kinderreicher Familien. Auch wenn hier rechtlich nur Kaufverträge abgeschlossen werden und die Verteilung i. d. R. nicht über Verwaltungsakte erfolgt, geht es hier um die Verfolgung eines öffentlichen Zwecks mit „Subventionskern" und es ist deshalb richtiger, die Vergabeentscheidung dem Öffentlichen Recht zuzuordnen (so zu Recht OVG Münster, NJW 2001, 698; dazu *Hufen,* JuS 2001, 615). Schon jetzt allein öffentlich-rechtlich ist die Vergabe öffentlicher Konzessionen an Private – z. B. zur Stationierung eines Rettungswagens (VGH München, NVwZ – RR 2020, 256) oder zur Veranstaltung eines Weihnachtsmarktes (OVG Weimar, NVwZ-RR 2020, 1122).

Kein Anwendungsbereich der Zweistufentheorie ist nach der Rspr. 37 des BVerwG (NJW 2007, 2275) die **Vergabe öffentlicher Aufträge an Private.** Diese umfassen immerhin dreistellige Mrd.-Beträge und 20 % des gesamten Bruttoinlandprodukts (vgl. Antwort der BReg v. 30.08.2019, BT-Drs. 19/12870) und haben auch im Übrigen längst die Idylle der „fiskalischen Hilfsgeschäfte" hinter sich gelassen. Ähnlich wie bei direkten Subventionen verfolgen öffentliche Auftraggeber vielfach wirtschaftslenkende oder wirtschaftsfördernde Zielsetzungen. Üblich geworden (ob rechtlich unbedenklich oder nicht) ist auch die Überlagerung mit weiteren öffentlichen Zielen, z. B. der Anschaffung umweltfreundlicher Polizeifahrzeuge, der Förderung von Frauen und benachteiligter Bevölkerungsgruppen und der Durchsetzung von Mindestlöhnen (zulässig lt. EuGH, NVwZ 2016, 212), und Tarifvertragstreue (zulässig lt. BVerfG, NJW 2007, 51). Wegen der großen Bedeutung für den Wettbewerb fordert auch die EG-Vergaberichtlinie (dazu *O. Dörr,* JZ 2004, 703) Transparenz und Wettbewerbsneutralität. Diese Richtlinie hat Deutschland in der VergabeVO umgesetzt, dabei den Rechtsweg oberhalb bestimmter Schwellenwerte allerdings weiterhin nicht der Verwaltungsgerichtsbarkeit zugewiesen (§ 104 II 1 GWB: Vergabekammern als besondere behördliche Kontrollinstanzen; § 116 III GWB: OLG). Für den „unterschwelligen Bereich" schien es lange so, als tendiere die Rechtsprechung zur Verwaltungsgerichtsbarkeit und damit zur Zweistufentheorie (OVG Münster, NJW 2001, 698; OVG Koblenz, DVBl. 2005, 988; *Sodan,* in Sodan/Ziekow, § 40, Rn. 338; *Würtenberger/Heckmann,* VwProzR, Rn. 185 f.). Auch dem hat das BVerwG widersprochen (BVerwG, NJW 2007, 2275; zustimmend *Ennuschat/Ulrich,* NJW 2007, 2224) und die Anwendbarkeit der Zweistufentheorie ausdrücklich verneint, da das „Ob" der Auftragsvergabe und das „Wie" ihrer Abwicklung nicht trennbar seien.

Dieser Beschluss hat zu Recht erhebliche Kritik hervorgerufen, weil die Entscheidung kaum der erheblichen Steuerungsfunktion öffentlicher Aufträge gerecht wird und die Entwicklung eines modernen öffentlichen Vergaberechts damit letztlich blockiert (s. insbes. *Burgi,* NVwZ 2007, 737; *Schliesky,* FS Stober [2008], 523 ff.). Auch kommt es bei der Zweistufentheorie nicht auf die strikte Trennbarkeit von „Ob" und „Wie" an, denn die Unterscheidung zwischen Grundentscheidung und Abwicklung ist auch in anderen Fällen eine rein gedankliche Konstruktion.

Literatur: *Koenig/Haratsch,* Grundzüge des europäischen und des deutschen Vergaberechts, NJW 2003, 2637; *Grzeszick,* Vergaberecht zwischen Markt und Gemeinwohl, DÖV 2003, 649; *Hollands/Sauer,* Geteiltes oder einheitliches Vergaberecht? DÖV 2006, 55 ff.; *Regler,* Das Vergaberecht zwischen öffentlichem und privatem Recht (2007); *Burgi,* Von der Zweistufenlehre zur Dreiteilung des Rechtsschutzes im Vergaberecht, NVwZ 2007, 737; *Schliesky,* Die Verdrängung der Verwaltungsgerichtsbarkeit aus dem öffentlichen Wirtschaftsrecht, FS Stober (2008), 523; *Ebeling/Tellenbröker,* Subventionsrecht als Verwaltungsrecht, JuS 2014, 217.

38 **(4) Hausverbot für öffentliche Gebäude:** Schwierig ist die Abgrenzung von Öffentlichem und Privatem Recht, wenn es um die **Ausübung des Hausrechts** durch Hausverbot, Verweisung von öffentlichen Grundstücken usw. geht. Hier führt keine der Abgrenzungstheorien zu eindeutigen Ergebnissen, weil auch jeder Private derartige Maßnahmen zur Störungsabwehr ergreifen kann (§§ 906, 1004 BGB).

Eine im Vordringen befindliche Meinung stellt in diesen Fällen grundsätzlich auf den *öffentlichen Zweck* der entsprechenden Einrichtungen, nicht mehr auf den Zweck des Aufenthalts ab (OVG Münster, NVwZ-RR, 2019, 648; OVG Magdeburg, NVwZ–RR 2018, 134; *Würtenberger/Heckmann,* VwProzR, Rn. 197; *Jutzi,* LKRZ 2009, 16 ff.) und gelangt konsequent zum Verwaltungsrechtsweg. Es empfiehlt sich aber, die wichtigsten Beispielsfälle für die (wohl noch herrschende) „Zweck des Aufenthalts -Theorie" zu kennen.

Beispiele für öffentlich-rechtliche Rechtsverhältnisse: Vorsprache wegen Sozialhilfebescheid (OVG Münster, NVwZ-RR 1998, 595; LSG Rhld.-Pf., LKRZ 2009, 20); Jobcenter (OVG Münster, NJW 2011, 2379; OVG Hamburg, NJW 2014, 1196); Störung nach Anfrage über Stand des Baugesuchs; Hausverbot für Journalisten im Bundestag (VG Berlin, NJW 2002, 1063; dazu *Brüning,* DÖV 2003, 389); Verweisung eines Bürgers aus der öffentlichen Sitzung des Gemeinderats; Hausverbot für Theaterbesucher (VG Fft./ M., NJW 1998, 1424).

§ 11 Verwaltungsrechtsweg und zuständiges Gericht   159

Beispiele für privates Recht: Verweisung eines Werbezettelverteilers aus einer öffentlichen Garage; eines Hochzeitsfotografen aus dem Standesamt (BGHZ 33, 230); Hausverbot nach Verhandlungen über staatliche Forschungsaufträge (BVerwGE 35, 103, 106).

(5) **Abwehr von öffentlichen Immissionen:** Der Zweck der öffentlichen Einrichtung steht auch bei **Störungsabwehransprüchen** von Bürgern im Mittelpunkt. So können von einem im Eigentum des Staates stehenden Grundstück Belästigungen ausgehen, die wie in jedem anderen Nachbarverhältnis nach **privatem Recht** zu beurteilen sind. 39

Beispiele: Wurzeln oder Laubabfall von einem Behördengrundstück (anders OVG Münster, NJW 2000, 754 hins. Baum auf Parkplatz); Lärm durch fehlerhafte Heizung.

Anders verhält es sich aber, wenn die Störung gerade durch die Erfüllung des öffentlichen Zwecks (z. B. im Rahmen der Daseinsvorsorge) bewirkt wird oder in einem unmittelbaren funktionalen Zusammenhang mit diesem Zweck steht. Dann richtet sich der Anspruch auf Störungsbeseitigung nicht gegen den „Staat als Nachbarn" sondern gegen eine Maßnahme öffentlicher Daseinsvorsorge, ist also vor dem Verwaltungsgericht zu verfolgen.

Beispiele: Feuerwehrsirene (BVerwG, NJW 1988, 2396); störend helle Straßenleuchte (VGH München, NJW 1991, 2660); Kinderspielplatz (BVerwG, NJW 1973, 1710; BGH, NJW 1976, 570; VGH München, NVwZ 1989, 269); Lärm vom städtischen Bauhof (OVG Münster, NJW 1984, 1982); Gestank einer Kläranlage (BVerwG, DVBl. 1974, 239, 240); zum kirchlichen Glockengeläut s. unten, Rn. 47.

Wichtig: Hat der Träger öffentlicher Verwaltung eine öffentliche Einrichtung einem Dritten nur zur Nutzung überlassen, so kann der öffentlich-rechtliche Anspruch nur auf eine Einwirkung auf diesen Dritten gehen. Der Abwehranspruch gegen den jeweiligen Privaten selbst ist vor dem ordentlichen Gericht einzuklagen.

Beispiele: Klage gegen Tennisplatzlärm auf Schulanlage, die außerhalb des Schulbetriebs einem privaten Verein überlassen wird = Zivilrechtsweg (OLG Köln, NVwZ 1989, 290); Störung durch Haltestelle einer privaten Busgesellschaft im Rahmen eines öffentlichen Verkehrsverbundes (BGH, DÖV 1984, 634).

(6) **Informationen, Werturteile, Beleidigungen:** Immer häufiger werden vor dem Hintergrund der „Informationsgesellschaft" Klagen 40

auf oder gegen bestimmte Informationen, Widerrufsklagen gegen Warnungen und sonstige Mitteilungen bis hin zu Unterlassungsklagen gegen Beleidigungen durch Amtsträger erhoben. Auch diese Fallgruppe zeigt, dass der **öffentliche Zweck** und die jeweilige **Aufgabe** entscheidende Kriterien geworden sind. Gleichwohl sind die Abgrenzungsfälle schwierig.

Stets *öffentlich-rechtlicher Natur* sind **Informationsansprüche** gegen die Behörde, die diese im Rahmen ihrer Aufgaben erteilt, insbes. für die Erfüllung des presserechtlichen Informationsanspruchs (vgl. § 4 PresseG u. vergleichbare Regelungen) und Informationen – unabhängig von der aufdrängenden Verweisung – nach dem UIG sowie dem IFG und VIG. Das gilt auch für Werbung und Information über die Tätigkeit der Behörde selbst (so zu Recht BVerwGE 47, 247 – Journalisten-Werbefahrt) und die Veröffentlichung und Zusendung von Gerichtsentscheidungen an juristische Fachverlage (BVerwGE 104, 105).

Auch im *umgekehrten Fall* (**Abwehr- und Widerrufsklagen** gegen bestimmte Informationen, auch im Internet); lebensmittelrechtliche Warnmitteilungen und missbilligende Äußerungen ist der Verwaltungsrechtsweg gegeben, wenn eine Behörde im Rahmen der ihr obliegenden öffentlichen Aufgaben an die Öffentlichkeit tritt (*Di Fabio,* JuS 1997, 1, 2; *Röhl,* VerwArch. 86 (1995), 531, 569).

Beispiele: Klage gegen Internet-Warnung vor verschmutzter Gaststätte (dazu *Holzner,* NVwZ 2010, 489; *Wollenschläger,* VerwArch 2011, 20ff.); Warnung vor Jugendsekten (BVerwG, NJW 1989, 2272, 3269; BVerfGE 105, 175, 192) oder gesundheitsgefährdenden Lebensmitteln (BVerwGE 87, 37; BVerfGE 105, 253, 265); Informationsblatt einer Behörde über die Anliegen einer politischen Partei (OLG München, NJW-RR 1989, 1191); Klage eines Kammermitglieds gegen allgemeinpolitische Äußerung der Kammer (OVG Berlin-Brandenburg, NVwZ-RR 2015, 437) oder gegen Kritik einer Kammer am Mitglied (VGH Mannheim, DÖV 2000, 787); Beseitigung eines diskriminierenden städtischen Brunnens (VG Sigmaringen, NJW 2000, 91; a. A. insofern *Dietrich,* ZUM 2008, 282 – Vorrang des privatrechtlichen Abwehranspruchs nach §§ 22/23 KuG) – dies alles nicht zu verwechseln mit den entsprechenden Schadensersatzansprüchen, die nach Art. 34 GG/§ 40 II 1 VwGO vor den ordentlichen Gerichten geltend zu machen sind.

Auch der **Bürgermeister** erfüllt öffentliche Aufgaben, wenn er die Öffentlichkeit informiert, warnt oder eine Gemeinderatssitzung leitet (ausf. dazu unten, § 21, Rn. 5f.).

41 (7) Klagen gegen **wirtschaftliche Betätigung von Staat und Gemeinden:** Nehmen Staat oder Gemeinden am **allgemeinen Wirtschaftsverkehr** teil oder bieten sie Leistungen an, die auch private

Leistungsträger erbringen, so kommt im Allgemeinen der Zivilrechtsweg in Betracht (so etwa BGHZ 66, 229, 237; 67, 81, 86). Geht es um das „**Wie**" der wirtschaftlichen Betätigung und des Wettbewerbs und tritt der Staat wie jeder andere Wettbewerber im Markt auf, dann gibt es keinen Anlass, solche Streitigkeiten dem Öffentlichen Recht zuzuordnen. Das gilt auch, wenn es um die Ausnutzung einer marktbeherrschenden Stellung geht (*Ruthig*, in: Kopp/Schenke, VwGO, § 40, Rn. 30a; BGH, NJW 2003, 752 – KFZ-Schilder). Einen „Grenzfall" bilden Beeinflussungen des Wettbewerbs durch Subventionen oder öffentliche Aufträge (für Zivilrechtsweg: *Köhler/Steindorff*, NJW 1995, 1705).

Um **öffentlich-rechtliche Streitigkeiten und nicht um privates** 42 **Wettbewerbsrecht** handelt es sich aber dann, wenn es gerade darum geht, **ob** der Staat oder die Gemeinde sich wirtschaftlich betätigen dürfen. Hierbei geht es um die Anwendung von Normen, die speziell einem Träger öffentlicher Gewalt die Teilnahme am privaten Wettbewerb verbieten oder beschränken. Der wichtigste Fall hierfür betrifft das kommunalrechtliche Verbot der **wirtschaftlichen Betätigung der Gemeinden** (BGHZ 150, 343; BVerwGE 39, 329 – Bestattungswesen; BVerwG, NJW 1995, 2938 – Maklertätigkeit). Die frühere Gegenauffassung des BGH, NJW 1987, 60, 62, u. d. OLG Hamm, NJW 1998, 3504, führte nicht nur zum falschen Rechtsweg, sondern auch zu einer verfehlten ausschließlichen Betrachtung kommunaler Tätigkeit durch die Brille des privaten Wettbewerbsrechts und wurde zu Recht inzwischen korrigiert (BGH, NVwZ 2002, 1141; bestätigt in BGH, NVwZ 2003, 246; OVG Münster, NVwZ 2003, 1520; *Antweiler*, NVwZ 2003, 1466; *A. Faber*, DVBl. 2003, 761; *Wieland*, DV 2003, 225; allg. *Stamer*, Rechtsschutz gegen öffentliche Konkurrenzwirtschaft [2007]; *Jungkamp*, NVwZ 2010, 546; *Brüning*, NVwZ 2012, 671).

(8) **Weitere Fälle:** Die Zuordnung bestimmter Fallgruppen zum Öffentli- 43 chen Recht hängt nicht selten von *historischen Zufälligkeiten* ab.

So wurden Streitigkeiten auf dem Gebiet des **Postwesens** traditionell dem Öffentlichen Recht zugewiesen (vgl. GSOGB, BVerwGE 37, 369; BVerwG, NJW 1985, 2436 – Postanweisung). Hier ist durch die Privatisierung der früheren Bundespost eine grundlegende Änderung eingetreten (Art. 87 f II 1 GG und PostneuordnungsG v. 14.9.1994, BGBl. I, S. 2325; vgl. auch PostG und Telekommunikationsgesetz [TKG]). Die Rechtsbeziehungen zu den Kunden auf der anderen Seite sind privatrechtlicher Natur (Ausnahme: förmliche Zustellung nach § 33 I PostG).

Anders verlief die Entwicklung bei der **Eisenbahn.** Hier hatte sich schon früh die Auffassung durchgesetzt, dass das Verhältnis von Bahn und Fahrgast

privatrechtlich ausgestaltet sei (RGZ 161, 341). Keine Änderung ergab sich insofern durch die Privatisierung der Bahn. So sind die Rechtsstreitigkeiten um von der Bahn ausgehenden Lärm (BGH, NJW 1997, 744) und die Durchführung der „Castor-Transporte" privatrechtlicher Natur (VG Darmstadt, NJW 1998, 771 und LG Darmstadt, NJW 1998, 763). Das gilt nach einer neuen Entscheidung des BVerwG (NVwZ-RR 2019, 1029) auch für die Planungen von Eisenbahnstrecken durch die DB-Netz.

44 Die Veranstaltung von Rundfunksendungen durch öffentliche Rundfunkanstalten ist Wahrnehmung von Funktionen der öffentlichen Verwaltung, für die kein Preis, sondern ein Beitrag erhoben wird (gegen den ebenso der Verwaltungsrechtsweg eröffnet ist). Nach richtiger Auffassung gehören auch Streitigkeiten über Inhalte des Programms wie z. B. die Aufnahme oder Ablehnung von Sportveranstaltungen, die Absetzung von Sendungen usw. (BVerwG, DÖV 1977, 65) vor die Verwaltungsgerichte. Gleiches gilt für eine Klage auf Zulassung zur Werbung im ÖR-Rundfunk (VGH München, NVwZ 1987, 435). Die Klage auf Zulassung einer privaten Rundfunkanstalt als solcher ist ohnehin öffentlich-rechtlicher, ein Streit um deren Sendungen aber ebenso selbstverständlich privatrechtlicher Natur.

45 Trotz ihrer verfassungsrechtlich hervorgehobenen Position (Art. 21 GG) sind **politische Parteien** grundsätzlich private Organisationen. Der Streit um Aufnahme und Ausschluss sowie um den Ablauf interner Wahlen gehört also stets vor die Zivilgerichte (BGH, NJW 1984, 183; VGH Mannheim, NJW 1977, 72). Bei einem kommunalverfassungsrechtlichen Streit innerhalb einer Gemeinderatsfraktion geht es aber nicht um eine solche „Vereinsstreitigkeit"; die Fraktion ist hier vielmehr als Teil des Gemeinderats anzusehen, ein Streit um den Fraktionsausschluss ist also öffentlich-rechtlicher Natur (umstr., dazu unten, § 21 Rn. 5).

4. Kirchliche Angelegenheiten

46 Große Schwierigkeiten bereitet die Frage der Eröffnung des Verwaltungsrechtswegs in **kirchlichen Angelegenheiten**. Zu beachten ist zunächst, dass nach Art. 140 GG i. V. m. Art. 137 V 1 WRV die großen Religionsgesellschaften Körperschaften des Öffentlichen Rechts sind. Der Rechtsstreit um den Ausschluss einer körperschaftlich verfassten Religionsgemeinschaft ist also öffentlich-rechtlicher Natur (so mittelbar *BVerfG, Kammer*, NVwZ-RR 2019, 577). Wie für den Staat und die Gemeinden gilt aber auch für die Kirchen, dass nicht *jede* Handlung dem Öffentlichen Recht zuzuordnen ist, sondern dass sie wie Private auch am allgemeinen Rechtsverkehr teilnehmen können (dazu *Maurer*, FS Menger, 1985, 286). Rechtliche Streitigkeiten aus diesem Bereich gehören dann vor die Zivilgerichte (BVerwG, DVBl. 1986, 1202; OVG Münster, NVwZ 1996, 812 – kirchl. Kindergarten). Nehmen die Kirchen dagegen *öffentliche Aufgaben* wahr, so stehen sie auch insofern dem Staate gleich.

Beispiel: Unterlassungsklage gegen durch Jugendarbeit entstehenden Lärm von Kirchengrundstück – VGH München, DVBl. 2004, 839.

§ 11 Verwaltungsrechtsweg und zuständiges Gericht 163

Öffentlich-rechtliche Streitigkeiten **zwischen Staat und Kirche** bieten 47
gleichfalls keine Besonderheiten. Klagt etwa eine Kirchengemeinde gegen die
Baugenehmigung auf dem Nachbargrundstück, die Widmung oder Entwidmung einer Kirche (BVerwG, NVwZ 1997, 799 – St. Salvatorkirche) oder gegen die Einführung eines theologischen Studiengangs an einer staatlichen
Fachhochschule (BVerwG, NJW 1996, 3287), so steht sie einer anderen Körperschaft wie z. B. Gemeinde oder Universität gleich, die sich in einer öffentlichrechtlichen Angelegenheit mit dem Staat auseinandersetzt. Das gleiche gilt
erst recht beim Streit um die Anerkennung als öffentliche Körperschaft
(BVerwG, NJW 1997, 2396 – Zeugen Jehovas).

Der Verwaltungsrechtsweg ist ferner unproblematisch gegeben, sofern die
Kirche als Beliehene oder in einem ähnlichen Status öffentliche Aufgaben
wahrnimmt. Das gilt neben dem Kirchensteuerrecht z. B. im Friedhofsrecht
(vgl. BVerwGE 25, 364, 365).

Jede denkbare Lösung wird im Hinblick auf das **kirchliche Glockengeläut**
vertreten (schöner Übungsfall bei *Odendahl*, JuS 1998, 1032). Während für
nicht körperschaftliche Religionsgemeinschaften (einschließlich der Klage gegen den Ruf des islamischen Muezzin) unstreitig der Zivilrechtsweg eröffnet
ist, werden die als Körperschaften des öffentlichen Rechts verfassten Kirchen
im sakralen Bereich formal hoheitlich tätig (zu beiden ausf. *Troidl*, DVBl.
2012, 925). Deshalb hat das BVerwG, (NJW 1994, 956; NVwZ 1997, 390)
nach liturgischem (sakralem) und nicht-liturgischem Glockengeläut unterschieden. Gegen das Zeitschlagen muss sich der Bürger demnach an das Zivilgericht (OLG Karlsruhe, 3.8.2018, 4 U 17/18), gegen den Ruf zum Gottesdienst an das VG wenden. Auch eine „rein zivilrechtliche" Lösung wird
vertreten (*Lorenz,* JuS 1995, 462, 497; *ders.*, NJW 1996, 1855). Historisch
und methodisch richtig dürfte es dagegen sein, die Kirchenglocken als „res
sacrae", also öffentliche Sachen, grundsätzlich dem öffentlich-rechtlichen Bereich zuzuordnen, zumal auch das Zeitschlagen der Kirchenglocken letztlich
immer religiös begründet ist (*Hense*, Glockenläuten und Uhrenschlag [1998];
Laubinger, VerwArch. 83 [1992], 623 ff., 646). Dasselbe gilt für **kritische Äußerungen der Kirchen** gegen andere Religionsgemeinschaften (VGH München, NVwZ 1994, 787, BGH, NJW 2001, 3537).

Öffentlich-rechtliche Streitigkeiten sind aber auch viele **kircheninternen** 48
Angelegenheiten i. S. v. Art. 137 III WRV. Dennoch darf der Staat – auch
staatliche Gerichte – in diesen Bereich nicht eingreifen (BVerfG, Kammer,
NJW 1999, 350; BVerwG, NVwZ 1993, 672; OVG Koblenz, NJW 2004,
3731 – Wahl eines Gemeindevorstands; OVG Lüneburg, NJW 2010, 2679
– kirchliches Hausverbot). Virulent wird dieser Ausschluss des Rechtswegs
vor allem in Streitigkeiten um die Rechte von Pfarrern und Kirchenbeamten.

BVerwG und BVerfG verneinen bisher in Fragen mit unmittelbarem Bezug
zur kirchlichen Lehre grundsätzlich die Eröffnung des staatlichen Verwaltungsrechtswegs (BVerwGE 25, 226, 230; BVerwG, NJW 2002, 2112;
BVerwG, NVwZ 2016, 453; BVerfG [Vorprüfungsausschuss] NJW 1981,

1041; NVwZ 1985, 105; VGH Kassel, NJW 1999, 377; Übersicht bei *Maurer*, FS Menger, 296).

Seit längerem mehren sich aber die Stimmen, die in der Rspr. des BVerfG eine zu weitgehende Freistellung der Kirchen von gerichtlicher Kontrolle sehen (*Kästner*, Staatliche Justizhoheit und religiöse Freiheit [1991]; *Weber*, NVwZ 1989, 943; *ders.*, NJW 1989, 2217; *Steiner*, NVwZ 1989, 410). Richtig an dieser Kritik ist, dass zumindest die Entscheidung über das *Vorliegen* einer innerkirchlichen Angelegenheit im Sinne von Art. 137 III WRV und auch über die Schranken des für alle geltenden Gesetzes nicht allein durch die Kirchen autonom und ohne jede gerichtliche Kontrolle getroffen werden kann. Ob z. B. die Grundrechte eines kirchlichen Amtsträgers durch eine Entscheidung der Kirche verletzt sind, ist eine Frage der **Begründetheit** der dagegen gerichteten Klage. Es besteht aber kein Anlass, schon den Verwaltungsrechtsweg als solchen auszuschließen und damit die „Schrankenfrage" i. S. v. Art. 137 III WRV nicht zu stellen. Insoweit ist es durchaus Sache staatlicher Gerichte zu prüfen, ob z. B. die Entlassung eines Geistlichen gegen Grundprinzipien der Rechtsordnung wie Willkürverbot, gute Sitten und ordre public verstößt (bahnbrechend zunächst BGH, NJW 2000, 1555 u. NJW 2003, 2097; OVG Koblenz, NJW 2009, 1223; stark restriktiv dann aber wieder BVerfGE 111, 1; BVerfG, Kammer, NJW 2009, 1195; krit. *Weber*, NJW 2009, 1178; BVerwG, NVwZ 2014, 1101; dazu *Kirchberg*, NJW 2014, 2763; zu den Grundrechtsproblemen *Hufen*, StaatsR II, § 26 Rn. 13 f.). Jedenfalls die Frage der Mitgliedschaft zu einer Religionsgemeinschaft (so zu Recht VGH Kassel, NJW 2007, 457) und der Verstoß einer Maßnahme gegen das für alle geltende staatliche Gesetz i. S. v. Art. 137 III 1 WRV (OVG Münster, DVBl. 2012, 1585) müssen gerichtlich zu klären sein. Das gilt insbesondere, seitdem der EuGH erkennbar die Bindung auch der Kirchen an europäische Grundrechte und damit auch an das rechtliche Gehör einfordert (EuGH, NJW 2018, 1869 – Chefarzt in kath. Klinik). In gewissem Umfang entschärft wird das Problem für die Evangelische Kirche, die für diese Angelegenheiten eine eigene Verwaltungsgerichtsbarkeit eingerichtet hat und die sich an rechtsstaatlichen Prinzipien orientiert (BVerwG, NVwZ 2016, 453). Diesen gegenüber ist der Verwaltungsrechtsweg dann subsidiär (BVerwG, NVwZ-RR 2017, 399; BVerfG, Kammer, NVwZ – RR 2019, 577).

Literatur zu § 11 II 4 (kirchliche Streitigkeiten): *K. Hesse*, Der Rechtsschutz durch staatliche Gerichte im kirchlichen Bereich (1956); *Kästner*, Staatliche Justizhoheit und religiöse Freiheit (1991); *Nolte*, Durchbruch auf dem Weg zu einem gleichwertigen staatlichen Rechtsschutz in „Kirchensachen"?!, NJW 2000, 1844; *Steiner*, Zur Rechtsschutzsituation von Kirchenbediensteten im verwaltungsgerichtlichen Rechtsstreit, FS Richardi (2007), 979; *Ludger Müller*, Rechtsschutz in der Kirche (2011); zurückhaltend *Laubinger*, Der Rechtsschutz kirchlicher Bediensteter, FS Schenke (2011), 975; *Kirchberg*, Staatlicher Rechtsschutz in Kirchensachen, NVwZ 2013, 612; *ders.* Rechtsschutz Geistlicher vor staatlichen Gerichten. NJW 2014, 2763; *Arning*, Grundrechtsbindung der kirchlichen Gerichtsbarkeit (2017); *Ritter*, Katholische Verwaltungsgerichte ante portas!? NZA 2020, 616.

5. Der Ausschluss von Streitigkeiten verfassungsrechtlicher Art

Öffentlich-rechtlich sind grundsätzlich auch Verfassungsstreitigkeiten, z. B. zwischen Bundesorganen oder zwischen Bund und Ländern. Es war deshalb notwendig, verfassungsrechtliche Streitigkeiten in § 40 I 1 VwGO von der Verwaltungsgerichtsbarkeit auszunehmen. Solche Streitigkeiten gehören vor die **Verfassungsgerichte** des Bundes und der Länder. Wird gleichwohl Klage vor dem Verwaltungsgericht erhoben, so ist die Klage mangels Verweisungspflicht nach § 17a GVG **weiterhin unzulässig** (*Bethge*, JuS 2001, 1100).

Das heißt aber nicht, dass Verfassungsfragen vor den Verwaltungsgerichten keine Rolle spielen und insbesondere nicht, dass sich der Bürger vor dem Verwaltungsgericht nicht auf Grundrechte berufen darf. Im Gegenteil: Es ist ein besonders schwerer Anfängerfehler, wenn ein Grundrechtsstreit zwischen Staat und Bürger als „verfassungsrechtliche Streitigkeit" i. S. von § 40 I 1 VwGO behandelt wird.

Solche Fehler können vermieden werden, wenn die beiden Voraussetzungen der verfassungsrechtlichen Streitigkeit beachtet werden, nämlich:

– Es muss sich auf **beiden** Seiten um einen Streit zwischen **unmittelbar** am Verfassungsleben beteiligten Rechtsträgern handeln („**doppelte Verfassungsunmittelbarkeit**");
– **inhaltlich** muss der Kern der Streitigkeit im Verfassungsrecht liegen.

Ungenaue Formulierungen wie „Prägung durch das Verfassungsrecht" (BVerwGE 50, 124, 130) reichen also nicht aus; Streitbeteiligte **und** Streitstoff müssen im Kern verfassungsrechtlicher Natur sein (krit. *Bethge*, JuS 2001, 1100; *Schenke*, VwProzR, Rn. 128).

Der Streit zwischen einzelnen Bürgern und dem Staat ist in diesem Sinne **nie** verfassungsrechtlicher Natur – auch wenn der Bürger sich z. B. gegen die Auflösung des Bundestags oder die Einsetzung eines Parlamentarischen Untersuchungsausschuss wendet oder ein Gesetz erstreiten will (*Würtenberger/Heckmann*, VwProzR, Rn. 213 ff.; *Bethge*, JuS 2001, 1100). Als verfassungsrechtliche Streitigkeiten bleiben vielmehr nur solche zwischen Bund und Land über Verfassungsrechte, zwischen obersten Bundes- oder Landesorganen oder zwischen Mitgliedern von Organen und dem Organ selbst – stets vorausgesetzt, dass es um verfassungsrechtliche Kompetenzen und Rechte geht. Als „Faustregel" mag gelten, dass Streitigkeiten, die auch Gegenstand eines verfassungsrechtlichen Organstreits (Art. 93 I Nr. 1 GG), eines Bund/Länderstreits über Rechte und Pflichten des

Bundes und der Länder (Art. 93 I Nr. 3) oder entsprechender landesverfassungsrechtlicher Verfahren sein können, verfassungsrechtlich i. S. v. § 40 I 1 VwGO sind.

51 Dies sind z. B.:
- Streitigkeiten zwischen obersten Bundes- oder Landesorganen über verfassungsrechtliche Rechte,
- Streitigkeiten über den Status von Abgeordneten oder Kompetenzen des Parlamentspräsidenten bei der Sitzungsleitung (z. B. BVerfGE 60, 374, 379),
- Streitigkeiten über die Wahlprüfung nach Art. 41 I GG,
- Minister- oder Präsidentenanklagen,
- Streitigkeiten, in denen das Volk als Verfassungsorgan beteiligt ist, also z. B. Streit um die Gültigkeit einer VO zur Volksabstimmung (VGH Kassel, NVwZ 1991, 1098); über die Eintragung bei Volksbegehren (VGH München, NVwZ 1991, 386); Streit um die Zulässigkeit des Volksbegehrens an sich (OVG Münster, NJW 1974, 1671),
- Bund-Länderstreit wegen fehlerhafter Umsetzung von EG-Recht (BVerwG, NVwZ 2002, 1127) oder wegen der Asylpolitik.

52 **Nicht** verfassungsrechtliche Streitigkeiten sind dagegen:
- Streitigkeiten zwischen Bürger und Parlamentarischem Untersuchungsausschuss um dessen Untersuchungskompetenzen ihm gegenüber (OVG Münster, NVwZ 1990, 1083; DÖV 1998, 1022 – Enquête-Kommission „Sekten- und Psychogruppen"; OVG Koblenz, DVBl. 1986, 480; OVG Lüneburg, NVwZ 1986, 845),
- der Streit zwischen Parlamentspräsidenten und Fraktion über Umfang des Hausrechts (z. B. bei Telefonsperrung oder – aktuell – Anordnung zum Tragen einer Atemschutzmaske) – hier handelt der Parlamentspräsident nicht als Organ, sondern als Verwaltungsbehörde (BVerwG, DÖV 1987, 115),
- der Streit um die Abgeordnetendiäten und um die Anrechnung von Dienstbezügen auf die Abgeordnetenentschädigung (BVerwG, NJW 1985, 2344; BVerwG, NJW 1990, 462),
- der Streit um die Erstattung von Wahlkampfkosten (BVerfGE 27, 152), Parteienfinanzierung und Sanktionen des Bundestagspräsidenten wegen illegaler Parteispenden,
- die Klage eines Wahlbewerbers gegen die Öffentlichkeitsarbeit einer Landesregierung (BVerfG, Kammer, NVwZ 1988, 817),
- Streitigkeiten um Bericht des Landesrechnungshofs, (OVG Münster, NJW 1980, 137) oder eines Datenschutzbeauftragten mit dem Landtag (OVG Bautzen, NJW 1999, 2832),
- Streitigkeiten zwischen Bund und Ländern oder der Länder untereinander um verwaltungsrechtliche Fragen oder Vollzug einfachen Rechts (vgl. BVerfGE 42, 112 – numerus clausus; BVerwG, NVwZ 1995, 95 und 991 – Fehler bei BAFöG-Vollzug; BVerwG, NVwZ 1998, 609 – Streit um Kosten

der Bekämpfung der Schweinepest; *BVerwG*, NVwZ 2007, 1315 – Schadensersatzanspruch des Bundes gegen einen Land wegen fehlerhafter Verwaltung der Verteidigungslasten [Art. 104a V GG]).

Keine verfassungsrechtlichen Streitigkeiten sind selbstverständlich auch der Kommunal"verfassungs"streit oder das Normenkontrollverfahren nach § 47 VwGO (dazu unten, § 19, Rn. 5).

Literatur zu § 11 II 5: *Bethge*, Das Phantom der doppelten Verfassungsunmittelbarkeit, JuS 2001, 1100; *Kraayvanger*, Der Begriff der verfassungsrechtlichen Streitigkeit im Sinne des § 40 I 1 VwGO (2004); *Sodan*, Das Merkmal der Streitigkeit nicht verfassungsrechtlicher Art in § 40 Abs. 1 S. 1 VwGO. FS Schenke (2011), 1259; *Schenke*, Streitigkeiten verfassungsrechtlicher Art im Sinne des § 40 VwGO, AöR 131 (2006), 117 ff.; *Schmitt Glaeser/Horn*, VwProzR, Rn. 53 ff.; *Würtenberger/Heckmann*, VwProzR, Rn. 213; *Ehlers/Schneider*, in: Schoch/*Schneider*, VwGO, § 40, Rn. 136 ff.

6. Die gesetzliche Zuweisung öffentlich-rechtlicher Streitigkeiten an eine andere Gerichtsbarkeit

a) **Die „abdrängende Verweisung".** Öffentlich-rechtliche Streitigkeiten können durch Gesetz an eine andere Gerichtsbarkeit verwiesen sein („abdrängende Verweisung"). Dies können sowohl Gerichte der ordentlichen Gerichtsbarkeit als auch besondere Verwaltungsgerichtsbarkeiten (Finanzgerichtsbarkeit, Sozialgerichtsbarkeit, Berufsgerichte) sein. 53

Wichtig: Auch die Verweisung an eine andere Gerichtsbarkeit in diesem Sinne setzt die vorherige Feststellung der öffentlich-rechtlichen Streitigkeit voraus. Alle Fälle, in denen es sich erst gar nicht um eine öffentlich-rechtliche Streitigkeit handelt, gehören **nicht** hierher. Das heißt umgekehrt: Die gesetzlich einer anderen Gerichtsbarkeit zugewiesenen Streitigkeiten sind öffentlich-rechtliche Streitigkeiten mit allen Konsequenzen. Ihre Lösung erfolgt dann zwar nach der jeweiligen Verfahrensordnung (z. B. ZPO oder StPO); inhaltlich richtet sich der Prozess aber nach **Öffentlichem Recht**. Falsch ist also z. B. der Satz: „Es handelt sich um eine zivilrechtliche Streitigkeit nach § 40 II 1 VwGO". Die gesamte Vorschrift – einschließlich der gesetzlichen Ausnahmen – bezieht sich vielmehr nur auf **öffentlich-rechtliche Streitigkeiten**.

Für **diese** bildet der Verwaltungsrechtsweg die Regel. Für jede andere Gerichtsbarkeit verlangen das Prinzip des gesetzlichen Richters (Art. 101 I 2 GG) und auch § 40 I 1 VwGO selbst eine **ausdrückliche** 54 gesetzliche Zuweisung (BVerwGE 40, 112, 114). Solche gesetzlichen Zuweisungen beruhen zwar auf bestimmten Traditionen; neue Zuständigkeitsannahmen kraft Herkommen oder Tradition können aber nicht mehr entstehen. In Zweifelsfragen besteht bei öffentlich-rechtlichen Streitigkeiten eine Vermutung für den Verwaltungsrechtsweg.

55 Gleichwohl muss der Gesetzgeber bestehenden verfassungsrechtlichen Bindungen Rechnung tragen. Das gilt insbesondere im Hinblick auf Art. 14 III 4 und Art. 34 GG, die eine **verfassungsrechtliche Zuweisung an die ordentliche Gerichtsbarkeit** enthalten. Beide Verfassungsnormen bilden daher auch eine wichtige Leitlinie für das Verständnis des gesamten Systems der Rechtswegzuweisungen. Kommen Enteignung oder die schuldhafte Verletzung von Amtspflichten in Betracht, so entscheiden die ordentlichen Gerichte zumindest über die Höhe der Entschädigung. Das heißt aber auch, dass es für staatliche Entschädigungsleistungen unterhalb der „Enteignungsschwelle" beim Verwaltungsrechtsweg bleiben kann.

56 Zwei weitere Einschränkungen der Zivilgerichtsbarkeit hat die „Nassauskiesungs-Entscheidung" des BVerfG (BVerfGE 58, 300, 318) gebracht: Mit ihr ist geklärt, dass der Adressat einer hoheitlichen Maßnahme deren Rechtmäßigkeit in der Regel zuerst vor der sachlich zuständigen Verwaltungsgerichtsbarkeit klären muss, bevor der Streit um die Höhe der Entschädigung nach Art. 14 III 4 GG geführt werden kann. Zum anderen brachte die Rechtsprechung des BVerfG eine Reduzierung der Enteignungsfälle auf gezielte Eigentumsentziehungen, während Eingriffe im Rahmen der Sozialbindung unterhalb der Enteignungsschwelle verbleiben und damit der Verwaltungsgerichtsbarkeit zugewiesen werden können. Das ist in § 40 II 1 2. Halbs. VwGO auch gesetzlich klargestellt. Im Rahmen des Art. 14 I 2 GG finden die Verfahren einheitlich vor den Verwaltungsgerichten statt. Ein wichtiger Beispielsfall ist § 74 II 3 VwVfG (Entschädigungsanspruch bei Planfeststellungsverfahren „unterhalb der Enteignungsschwelle"). Für die ordentliche Gerichtsbarkeit bleiben damit nur noch Ansprüche wegen gezielter Eigentumsentziehung im Sinne von Art. 14 III GG und Streitigkeiten über die Entschädigung wegen Widerrufs eines (rechtmäßigen) begünstigenden VA, die der Gesetzgeber offenbar nach wie vor einer Enteignungsentschädigung gleichstellt (§ 49 VI 3 VwVfG). Das BVerwG wendet diese Regel auch für Entschädigungsansprüche als Folge von planfestgestellten Maßnahmen (§ 75 II 4 VwVfG) an (BVerwGE 51, 15, 29; 77, 295; überholt dagegen BGHZ 97, 114, 116 – ordentlicher Rechtsweg bei Streitigkeiten über Ausgleichszahlungen wegen schwerer und unerträglicher Eingriffe im Fachplanungsrecht).

57 **b) Ausdrückliche Zuweisung durch Bundesgesetz (§ 40 I 1 VwGO).** (1) Trotz der „Nassauskiesungs-Rechtsprechung" ist

§ 11 Verwaltungsrechtsweg und zuständiges Gericht

Art. 14 III 4 GG nach wie vor die praktisch wichtigste ausdrückliche Zuweisung an die ordentliche Gerichtsbarkeit. Ordentliche Gerichte entscheiden über die **Höhe der Entschädigung bei Enteignungen.** Die frühere undifferenzierte Rechtsprechung, wonach in diesen Fällen auch über die Enteignung dem Grunde nach zu befinden sei (vgl. etwa BVerwGE 39, 169), ist mit der Auffassung des BVerfG aber nicht mehr vereinbar. Auch werden Streitigkeiten über nicht gezielte Eingriffe nicht mehr von Art. 14 III GG, sondern allenfalls von § 40 II 1 VwGO erfasst. Auch der Streit um die „Schwere" eines Eingriffs oder um das „Sonderopfer" eines Bürgers hat für die Rechtswegfrage seine Bedeutung verloren.

Beispiel: Erlegt eine Denkmalschutzbehörde einem Eigentümer ein (möglicherweise entschädigungspflichtiges) Opfer auf, das aber nicht gezielte Enteignung ist, so entscheidet (inzwischen unzweifelhaft) über die Berechtigung dieser Maßnahme nach Denkmalschutzrecht das Verwaltungsgericht. Der Betroffene kann hier nicht nach dem traditionellen Grundsatz „dulde und liquidiere" sogleich auf Entschädigung vor dem Zivilgericht klagen. Nach der durch § 40 I 1, 2. Halbs. VwGO bestätigten Rechtsprechung des BVerwG gehören auch Ausgleichsansprüche nach § 75 II 4 VwVfG einheitlich vor die Verwaltungsgerichte (BVerwGE 77, 125).

(2) Grundsätzlich vor die ordentlichen Gerichte gehören nach Art. 34 GG/§ 40 II 1, 2. Halbs. VwGO Streitigkeiten über **Schadensersatz bei Amtspflichtverletzungen** i. S. v. § 839 BGB. Auch hier hat der Betroffene freilich kein „Wahlrecht", ob er gegen die hoheitliche Maßnahme vorgeht oder sogleich Schadensersatzansprüche geltend macht. Der Adressat einer belastenden Maßnahme muss diese nach § 839 III BGB zunächst vor dem Verwaltungsgericht anfechten, bevor Schadensersatzansprüche wegen Amtspflichtverletzung in Betracht kommen. 58

Beispiele: Der belastete Adressat eines rechtswidrigen Flurbereinigungsbescheids darf diesen nicht bestandskräftig werden lassen und sich auf die Schadensersatzklage vor dem Zivilgericht beschränken. Er muss den Bescheid vielmehr vor dem VG anfechten (BGH, NJW 1987, 491). Die Betreiber von Atomkraftwerken mussten sich vor der Verwaltungsgerichtsbarkeit gegen die Stilllegungsverfügung wehren. Andernfalls sind Klagen auf Schadensersatz vor der Zivilgerichtsbarkeit unbegründet (*LG Bonn*, BeckRS 2016, 10912).

(3) Unabhängig von Art. 14 III oder Art. 34 GG hat sich der Gesetzgeber in einigen weiteren Fällen für die Zuweisung von Schadensersatz- und Entschädigungsansprüchen zur ordentlichen Gerichtsbarkeit entschieden, so z. B. in § 68 I IfSG (Entschädigung für 59

Maßnahmen des Infektionsschutzes) und in § 21 VI BImSchG (Entschädigung für den Widerruf einer immissionsrechtlichen Genehmigung; eine Norm, die ihrerseits nichts anderes als ein Sonderfall des § 49 VI 3 VwVfG [Entschädigung wegen Widerrufs eines rechtmäßigen VA] ist).

60 (4) Bedeutsam sind §§ 217 ff. BauGB, die das Verfahren vor den **Kammern (Senaten) für Baulandsachen** der ordentlichen Gerichte betreffen. Bei § 217 BauGB handelt es sich nicht nur um ein nahezu groteskes Beispiel einer komplizierten und äußerst unübersichtlichen Bestimmung; die Vorschrift geht auch weit über das von Art. 14 III GG verfassungsrechtlich Geforderte hinaus, weil nicht nur Streitigkeiten über die Enteignung (§§ 85 ff. BauGB), die überlange Veränderungssperre (§ 18 BauGB) und ähnliche Fälle erfasst werden, sondern weil z. B. auch Umlegungsstreitigkeiten der Zivilgerichtsbarkeit zugewiesen werden, über die die Verwaltungsgerichte schon wegen des Zusammenhangs mit der Bauleitplanung entscheiden sollten.

61 (5) Eine praktisch besonders wichtige Rechtswegzuweisung enthält § 23 EGGVG im Hinblick auf die **Justizverwaltungsakte**. Das sind nach der Legaldefinition *Anordnungen, Verfügungen oder sonstige Maßnahmen der Justizbehörden zur Regelung einzelner Angelegenheiten auf den Gebieten des Bürgerlichen Rechts und der Strafrechtspflege*. Unmittelbar erfasst von § 23 EGGVG sind zunächst die *Justizverwaltungsakte i. e. S.* – also diejenigen Regelungen, die ein Gericht oder eine Staatsanwaltschaft als spezifisch justizmäßige Maßnahme auf dem Gebiet der Zivil- oder Strafrechtspflege trifft.

Beispiele: Presseerklärung der Staatsanwaltschaft in einem konkreten Strafverfahren (OLG Stuttgart, NJW 2001, 3797); Streit um Akteneinsicht im strafprozessualen Ermittlungsverfahren (OLG Celle, NJW 1990, 1802); Streit um die Rücknahme eines Strafantrags einer Universität (VGH Mannheim, NJW 1984, 75); Streit um Entfernung einer strafgerichtlichen Entscheidung von der Internetseite des entscheidenden Gerichts (VGH Mannheim, NVwZ-RR 2020, 383).

Justizverwaltungsakte sind auch Anordnungen, Verfügungen und sonstige Maßnahmen der **Behörden im Vollzug** der Jugendstrafe, des Jugendarrests und der Untersuchungshaft sowie derjenigen Freiheitsstrafen und Maßregeln der Besserung und Sicherung, die außerhalb des Justizvollzuges getroffen werden (§ 23 I 2 EGGVG). Für diese Justizverwaltungsakte erfolgt der Rechtsschutz innerhalb der jeweiligen Verfahrensordnungen.

62 Anders verhält es sich aber, wenn das Gericht oder die Staatsanwaltschaft nicht im Strafprozess oder einem konkreten Ermittlungsverfahren selbst tätig

werden. So bleibt es z. B. beim Verwaltungsrechtsweg für einen Streit über eine allgemeine **Presseerklärung der Staatsanwaltschaft** (BVerwG, NJW 1989, 412), beim Streit um die **Aufnahme in ein Zeugenschutzprogramm** (VG Gelsenkirchen, NJW 1999, 3730) oder die **Streichung aus einer Dolmetscherliste** der Justizverwaltung (BGH, NJW 2007, 3070), bei einer Klage auf Widerruf eines öffentlichen Gutachtens nach Abschluss eines Strafverfahrens (VGH München, BayVBl. 1987, 401), bei der **Veröffentlichung von Gerichtsentscheidungen** (BVerwG, NJW 1997, 2694) und beim Rechtsschutz gegen **Ehrverletzungen** durch einen verfahrensleitenden Richter oder einen Gerichtsbeschluss (OVG Münster, NJW 1988, 2636; VGH München, NJW 1995, 2940). **Nicht** Justizverwaltungsakte sind auch Entscheidungen anderer Behörden, die diese im Zusammenhang mit bestimmten Gerichtsverfahren treffen, so z. B. über die Vorlage von **Behördenakten des Verfassungsschutzes** (BVerwG, NJW 1987, 202) oder die **Aussagegenehmigung von Beamten** (BVerwG, NJW 1984, 2233).

§ 23 EGGVG erfasst aber nicht nur die Gerichte selbst, sondern auch diejenigen Behörden, die als **Hilfsorgane der Staatsanwaltschaft** bei der Aufklärung von Straftaten tätig werden, also vor allem die Polizei. Für „repressive" (genauer: auf eine konkrete Tat folgende) Tätigkeit gelten grundsätzlich die Verfahrensbestimmungen und Rechtsgrundlagen der jeweiligen **Prozessordnungen**. Der Verwaltungsrechtsweg ist also ausgeschlossen (BVerwGE 47, 255, 260). 63

Probleme im Hinblick auf Polizeihandlungen ergeben sich besonders deshalb, weil diese sowohl in der Gefahrenabwehr (präventiv) als auch in der Strafverfolgung (repressiv) tätig wird (§ 152 GVG; § 163 StPO). Das gleiche gilt, wenn die Polizei nach geschehener Straftat im „ersten Zugriff" Ermittlungsmaßnahmen durchführt, bevor die Staatsanwaltschaft eingeschaltet wird. Beide Tätigkeitsbereiche überlagern sich vielfach und lassen sich weder zeitlich noch rechtlich klar unterscheiden.

Für die Abgrenzung von repressiven (Strafverfolgungs-) und präventiven („Strafverhinderungs-")Maßnahmen soll es nach h. L. darauf ankommen, wo der **Schwerpunkt** der jeweiligen Maßnahme liegt (a. A. *Danne,* JuS 2018, 434; *Schenke,* VwProzR, Rn. 140; *ders.,* NJW 2011, 2838 – zwei Maßnahmen und entspr. Rechtswege). Dem scheint auch der BGH neuerdings zu folgen [BGH, NJW 2017, 3173 – Strafprozessuale und polizeiliche Maßnahmen bei Kontrolle von Rauschgifttransporten nebeneinander zulässig]; krit. dazu aber *Lenk,* NVwZ 2018, 38).

Beispiele: Eindeutig **repressiv** sind i. d. R. Durchsuchungen (§ 105 StPO), die Anordnung von Blutproben (§ 81a StPO) und die Aufnahme von Lichtbildern und Fingerabdrücken (§ 81b StPO), (BVerwGE 47, 255, 260). Solche Maßnahmen behalten auch nach Erledigung des Verfahrens ihren repressiven Charakter – § 127 II StPO (OLG Nürnberg, BayVBl. 1987, 411 – Durchsuchung eines Zeltlagers nach angeblicher Straftat). Rechtsweg und Rechtsgrundlagen sind jedenfalls für die Dauer eines Strafverfahrens strafprozessual bestimmt (OVG Münster, DÖV 1999, 522). Werden aber erkennungsdienstliche Unterlagen abstrakt erstellt, nach Ende eines Strafverfahrens für präventive Zwecke aufbewahrt oder personenbezogene Daten ohne Bezug zu einem konkreten Verfahren gespeichert (BVerwG, NJW 1990, 2768), dann wird die Polizei nicht repressiv, sondern allgemein **präventiv** tätig (BVerwGE 66, 192, 193). Der Streit um die Aufbewahrung, Auskunft oder Entfernung von Daten und Unterlagen ist vor dem Verwaltungsgericht auszutragen (BVerwGE 26, 169; 47, 255; 66, 192, 202; VGH Kassel, NJW 1993, 3011). Dasselbe gilt für erkennungsdienstliche Maßnahmen wie Fingerabdrücke und Lichtbilder im Rahmen der vorbeugenden Verbrechensbekämpfung (BVerwG, NJW 2006, 1225; dazu *Schenke*, JZ 2006, 707).

64 **Beachte:** Auch einzelne *präventive* Maßnahmen können durch Gesetz der ordentlichen Gerichtsbarkeit zugewiesen werden. Das ist durchweg für den sog. „Unterbindungsgewahrsam" zur Verhinderung von Straftaten (vgl. Art. 17, 19 BayPAG; §§ 32, 33 HessSOG; §§ 14, 15 Rhl.-Pf. POG) der Fall. Der Sache nach handelt es sich hierbei um eine nach § 40 I 2 VwGO zulässige Rechtswegzuweisung auf dem Gebiet des Landesrechts. In diesen Fällen hat das Amtsgericht über die Ingewahrsamnahme und Maßnahmen im Zusammenhang damit (z. B. Anordnung einer körperlichen Durchsuchung) zu entscheiden (VGI München, NJW 1989, 1757 – Anti-Papst-Demonstration; OVG Lüneburg, NVwZ 2004, 760 – Castor-Transport). Auch für nachträgliche Feststellungsklagen über die Rechtswidrigkeit solcher Maßnahmen bleibt das Amtsgericht zuständig.

Literatur: *Danne*, Doppelfunktionale Maßnahmen in der öffentlichrechtlichen Klausur, JuS 2018, 434; *Kugelmann*, Polizei- und Ordnungsrecht, 2. Aufl. (2012), 297 ff.; *Lenk*, Läutet der BGH das Ende der Schwerpunkttheorie ein? NVwZ 2018, 38; *Rieger*, Die Abgrenzung doppelfunktionaler Maßnahmen der Polizei (1994); *W. R. Schenke*, Rechtsschutz gegen doppelfunktionale Maßnahmen der Polizei, NJW 2011, 2838; *Würtenberger/Heckmann*, VwProzR, Rn. 222; *Ahlers*, Grenzbereich zwischen Gefahrenabwehr und Strafverfolgung (1998).

65 (6) Für die Anfechtung von **Bußgeldbescheiden** ist nach §§ 62 I 1 und 68 OWiG nicht das Verwaltungsgericht, sondern das Amtsgericht zuständig. Das ist wegen der offenkundigen Parallelen zum Strafprozess sachgerecht. Es gilt aber nach § 62 I OWiG nur für die *unmittelbar* im Bußgeldverfahren ergangenen Maßnahmen, nicht für Vorbereitungshandlungen der Behörden, nicht für die Normenkontrolle bußgeldbewehrter Gemeindesatzungen und auch nicht für

Feststellungsklagen über den Umfang bestimmter öffentlich-rechtlicher Verpflichtungen (vgl. BVerwG, NVwZ 1988, 430 – Klage eines Lebensmittelimporteurs wegen des Umfangs von Warenuntersuchungspflichten).

(7) Die bundesgesetzliche Zuweisung an eine andere Gerichtsbarkeit kann sich auch auf eine **besondere Verwaltungsgerichtsbarkeit** beziehen. Das gilt insbesondere für die **Finanzgerichte** nach § 32 FGO in öffentlich-rechtlichen Streitigkeiten über Abgabenangelegenheiten i. S. v. § 33 II FGO und die **Sozialgerichte** bei Streitigkeiten i. S. v. § 51 SGG. Weniger bekannte Fälle betreffen **Disziplinar- und Dienstgerichte** sowie **Berufsgerichtsbarkeiten**. (Zur Forderung nach deren Eingliederung in die allgemeine Verwaltungsgerichtsbarkeit *Quaas*, DVBl. 2016, 1228 einer- und *Kirchberg*, DVBl. 2017, 362, andererseits).

Wichtig: Der Rechtsweg zu den Sozialgerichten (§ 51 I SGG) ist nicht in allen „sozialen" Angelegenheiten eröffnet. Er gilt für die „klassischen" Zweige der **Sozialversicherung**, also Krankenversicherung, Arbeitslosenversicherung usw., erfasst dort aber auch die sogen. Leistungserbringer (Ärzte, Apotheker usw.; dazu BVerwG, NJW 1987, 725). Nach dem 7. Gesetz zur Änderung des SGG vom 9.12.2004 (BGBl. I, 3302) sind die Sozialgerichte seit dem 1.1.2005 auch für Angelegenheiten der **Sozialhilfe** und des Asylbewerberleistungsgesetzes zuständig (krit. dazu: *Geiger*, NJW 2004, 1850 u. *Decker*, NVwZ 2004, 826). Grundsätzlich vor die Sozialgerichtsbarkeit gehören auch Streitigkeiten über das **Kindergeld**.

66

67

Literatur: *Seer*, in: Tipke/Lang, Steuerrecht, 24. Aufl. (2020) §§ 22 ff.; *Meyer-Ladewig/Keller/Leitherer*, Sozialgerichtsgesetz, Kommentar, 13. Aufl. (2020), § 51 ff.;

c) **Verweisungen nach Landesrecht (§ 40 I 2 VwGO).** Öffentlich- 68 rechtliche Streitigkeiten auf dem Gebiet des **Landesrechts** können nach § 40 I 2 VwGO durch Landesgesetz auch einem anderen Gericht zugewiesen werden. Das gilt z. B. für die bereits genannte Zuweisung von Streitigkeiten im Zusammenhang mit dem Unterbindungsgewahrsam (s. oben, Rn. 64) und für Ansprüche auf Schadensausgleich wegen Inanspruchnahme als Nichtstörer (z. B. § 74 Rhl.- Pf. POG).

d) **Ansprüche aus Aufopferung für das gemeine Wohl (§ 40 II 1** 69 **1. Halbs. 1. Alt. VwGO).** § 40 II 1 1. Alt. VwGO bestimmt, dass vermögensrechtliche Ansprüche aus **Aufopferung für das gemeine Wohl** den ordentlichen Gerichten zugewiesen sind. Für den „klassischen Aufopferungsanspruch" gemäß der Einleitung zu Art. 74/75 ALR (definiert als Entschädigungsanspruch für Eingriffe in andere Rechtsgüter als das Eigentum, z. B. Gesundheit, Persönlichkeitsrecht usw.) ist damit eine notwendige Ergänzung zu Art. 14 III GG geschaffen.

Nach Auffassung des BGH soll die Vorschrift aber auch Entschädigungsansprüche aus „enteignungsgleichen" oder „enteignenden" Eingriffen erfassen, die nach der Rechtsprechung des BVerfG nicht mehr unter Art. 14 III GG fallen (BGHZ 90, 17, 26; 91, 20; BGH, NJW 1995, 964 – Entschäd. wegen Naturschutz; BGH, DVBl. 1996, 671 – Denkmalschutz; berechtigte Kritik bei *Lege*, NJW 1995, 2745). Dieser Versuch, den Aufopferungsgedanken für besonders schwere oder rechtswidrige Eingriffe in das Eigentum zu mobilisieren und damit die entsprechenden Entschädigungsansprüche für die Zivilgerichtsbarkeit zu „retten", überzeugt nach Inkrafttreten der jüngsten Änderung von § 40 II 1 VwGO weniger denn je. Nach dieser Vorschrift ist nunmehr eindeutig klargestellt, dass auch Streitigkeiten über das Bestehen und die Höhe eines Ausgleichsanspruchs im Rahmen des Art. 14 I 2 GG vor die Verwaltungsgerichtsbarkeit gehören. „Enteignungsgleiche" oder „enteignende" Eingriffe haben zwischen dieser Vorschrift und der ebenso eindeutigen Rechtsprechung des BVerfG keinen Platz mehr (*Hufen*, StaatsR II, § 38, Rn. 21 ff.; a. A. *Schenke*, VwProzR, Rn. 145).

70 **e) Vermögensrechtliche Ansprüche aus öffentlich-rechtlicher Verwahrung (§ 40 II 1 1. Halbs. 2. Alt. VwGO).** Klargestellt wird in § 40 II 1 VwGO auch, dass vermögensrechtliche Ansprüche aus öffentlich-rechtlicher **Verwahrung** wegen des Zusammenhangs zur Amtshaftung nach § 839 BGB der ordentlichen Gerichtsbarkeit zugeordnet sind. Öffentliche Verwahrung liegt vor, wenn die Verwaltung eine Sache in Erfüllung öffentlicher Aufgaben in Obhut nimmt. Bedient sie sich hierbei eines Privaten, so bleibt das Verwahrungsverhältnis gleichwohl öffentlich-rechtlich.

Beispiel: Sicherung eines „hochwassergefährdeten" Pkw auf Anordnung der Polizei. **Wichtig:** In allen „Abschleppfällen" wird kein Verwahrungsverhältnis begründet, wenn das störende Kfz. lediglich an einen anderen Platz gebracht wird („Versetzung" – VGH München, NVwZ 1990, 180; *Niethammer*, BayVBl. 1989, 449).

Die Bestimmung des § 40 II 1 VwGO erfasst nur **vermögensrechtliche** Ansprüche, also in der Regel Schadensersatz- und Entschädigungsansprüche des Bürgers gegen einen Hoheitsträger. Nicht erfasst sind nach richtiger Auffassung der Folgenbeseitigungsanspruch nach rechtswidriger Verwahrung und

(Kosten-)Ansprüche des Staates gegen den Bürger (*Würtenberger/Heckmann*, VwProzR, Rn. 236).

**f) Schadensersatzansprüche aus der Verletzung öffentlich-recht- 71
licher Pflichten (§ 40 II 1 1. Halbs. 3. Alt. VwGO).** Auch die Zuordnung von Schadensersatzansprüchen „aus der Verletzung **öffentlichrechtlicher Pflichten**" in § 40 II 1 VwGO lässt mehr Fragen offen als sie löst. Solche Ansprüche sind bei schuldhafter Amtspflichtverletzung ohnehin nach Art. 34 S. 3 GG dem ordentlichen Rechtsweg zugewiesen, und § 40 II 1 VwGO hat insoweit nur klarstellende Funktion. Erweiternd wirkt diese Bestimmung nur im Hinblick auf die „nur" rechtswidrigen Handlungen und die Fälle der Verletzung einer öffentlich-rechtlichen Gefährdungshaftung sowie bei bestimmten Benutzungsverhältnissen. Die störende Trennung der Rechtswege (das Verwaltungsgericht entscheidet über Umfang und Verletzung der Pflicht selbst, das Zivilgericht über den eigentlichen Schadensersatzanspruch) ist damit nicht aufgehoben.

**g) Die „Ausnahme von der Ausnahme": Pflichten aus öffent- 72
lich-rechtlichem Vertrag.** Als „aufdrängende Verweisung" und zugleich als Ausnahme von der Ausnahme stellt § 40 II 1 VwGO im Umkehrschluss klar, dass Schadensersatzansprüche aufgrund der Verletzung öffentlich-rechtliche Pflichten aus **ÖR-Vertrag** nicht dem ordentlichen Rechtsweg, sondern dem Verwaltungsrechtsweg zugewiesen werden. Damit gehören alle Ansprüche aus öffentlichrechtlichem Vertrag, also auch aus Vertragsverletzung und Schlechterfüllung, vor die Verwaltungsgerichte (*Kopp/Schenke*, VwGO, § 40, Rn. 71). Maßgeblich für die Definition des öffentlich-rechtlichen Vertrages in diesem Sinne ist § 54 VwVfG. Enthält ein Vertrag sowohl zivilrechtliche als auch öffentlich-rechtliche Elemente, so richtet sich der Rechtsschutz nicht nach dem Schwerpunkt des Vertragsverhältnisses (BGHZ 76, 16; OLG Schleswig, NJW 2004, 1052), sondern konkret nach dem streitigen Vertragsteil (allg. *Pietzner/Ronellenfitsch*, Assessorexamen, § 5, Rn. 156).

Nach wie vor umstritten ist die Zuordnung von Ansprüchen wegen Schadensersatzes bei der „Vertragsanbahnung" – **culpa in contrahendo** (§ 280 I 1 i. V. m. § 311 II BGB analog).

Beispiel: Schädigung eines Unternehmers vor Abschluss eines öffentlichrechtlichen Erschließungsvertrags mit einer Gemeinde.

Hier hält der BGH daran fest, dass für solche **Ansprüche aus c. i. c.** im öffentlich-rechtlichen Vertragsverhältnis der Zivilrechtsweg gegeben sei (BGH,

NJW 1986, 1109). Hierbei wird aber nicht nur das eindeutige Ziel des Gesetzgebers, sämtliche Rechtsfragen im Zusammenhang mit Abschluss und Abwicklung öffentlich-rechtlicher Verträge der Verwaltungsgerichtsbarkeit zuzuweisen, verkannt. Es wird auch übersehen, dass der Sachzusammenhang zu bereits eingeleiteten Verwaltungsverfahren größer ist als zum Amtshaftungsanspruch. Außerdem ist nicht § 40 II 1 1. Halbs. 3. Alt. VwGO die (restriktiv zu interpretierende) Ausnahme: Regel ist vielmehr, dass für alle öffentlich-rechtlichen Streitigkeiten die VGe zuständig sind, der gesamte § 40 II VwGO also die Ausnahme bildet (wie hier: OVG Weimar, NJW 2002, 386 m. Anm. *Hufen*, JuS 2002, 718; *Schoch*, FS Menger [1985] 320. Überraschenderweise ist aber das BVerwG (NJW 2002, 2894) auf die Linie des BGH eingeschwenkt, weil es eine Ähnlichkeit zu staatshaftungsrechtlichen Tatbeständen sieht. Dass dies auch bei Ansprüchen aus positiver Vertragsverletzung nicht entscheidend ist, wurde übersehen. Es bleibt also nur die Hoffnung auf eine sachgerechte Lösung durch den Gesetzgeber (krit. auch *Dötsch*, NJW 2003, 1430; *Haratsch*, ThürVBl. 2004, 101). Bei der **Geschäftsführung ohne Auftrag** soll es nicht auf die Rechtsnatur der vom Geschäftsführer ergriffenen Maßnahme sondern darauf ankommen, welchen Charakter das Geschäft gehabt hätte, wenn es vom Geschäftsherrn selbst ausgeführt worden wäre (BGH, NVwZ 2016, 871).

73 **h) Beamtenrechtliche Streitigkeiten.** Unberührt bleiben nach § 40 II 2 1. Alt. VwGO die von § 54 BeamtStG; § 126 BBG erfassten **beamtenrechtlichen Entschädigungsstreitigkeiten**. Für diese – wie für Streitigkeiten aus dem Richterverhältnis und wehrdienstliche Streitigkeiten – gilt einheitlich die Zuordnung zum Verwaltungsrechtsweg. Wegen des Vorbehalts des Art. 34 GG ist nur die Klage eines Beamten aus Amtspflichtverletzung eines Vorgesetzten vor dem ordentlichen Gericht zu erheben (BVerwGE 67, 222, 226; anders bei Streitigkeiten um einen Schadensersatz nach § 15 I 1 AGG, wenn der geltend gemachte Anspruch auf einem Verstoß gegen Art. 33 II GG beruht, OVG Koblenz, NVwZ 2007, 1099; s. auch *Leppin*, NVwZ 2007, 1241).

74 **i) Anspruch auf Ausgleich von Vermögensnachteilen wegen Rücknahme rechtswidriger Verwaltungsakte (§ 40 II 2 2. Alt. VwGO).** Nicht berührt werden von § 40 II 1 VwGO auch Ansprüche auf Ausgleich von Vermögensnachteilen wegen **Rücknahme** rechtswidriger Verwaltungsakte. Dieser Vorbehalt ist nach Wegfall des § 48 VI VwVfG a. F. nur noch auf inhaltsgleiche Spezialvorschriften gemünzt. Der Grund besteht darin, dass diese mit den Voraussetzungen der Rücknahme selbst in einem engen Zusammenhang zu sehen sind. Im „Normalfall" der Entschädigung wegen Rücknahme des begünstigenden VA folgt die Eröffnung des Verwaltungsrechtswegs aus § 40 I 1 VwGO.

Trotz des engen Zusammenhangs und der oft gleichen Voraussetzungen gilt für Vermögensnachteile wegen des **Widerrufs** eines rechtmäßigen VA nach § 49 VI 3 VwVfG der ordentliche Rechtsweg. Auch dies ist nur mit der (fließenden) Grenze zur Enteignung bei der Entziehung einer rechtmäßig gewährten Vergünstigung erklärbar, praktisch und rechtsdogmatisch aber höchst unbefriedigend.

Insgesamt können die abdrängenden Zuweisungen des § 40 II VwGO die negativen Folgen der anachronistischen Rechtswegspaltung im Bereich öffentlicher Ersatzleistungen nicht mildern. Der Verfassungsgeber sollte daher die Kraft zur Änderung der nur historisch erklärbaren Art. 14 III und 34 S. 3 GG aufbringen und auch die Folgen aller hoheitlichen Handlungen des Staates bei der Verwaltungsgerichtsbarkeit konzentrieren (so auch *Schoch*, FS Menger, 337). Nur so lassen sich die Rechtswegprobleme im Bereich öffentlich-rechtlicher Ersatzleistungen beseitigen.

7. Rechtswegverweisung und Rechtswegbestätigung durch die Gerichte

§ 17a GVG eröffnet dem Gericht hinsichtlich des zu ihm beschrittenen Rechtswegs sowohl die Möglichkeit der **positiven Entscheidung** (Bestätigung des Rechtswegs) als auch der **negativen Entscheidung** (Verweisung); (ausf. *Ehlers,* in: Schoch/Schneider, VwGO, § 41 [§ 17a GVG]; *Kintz*, ÖffR. im Ass.Examen, Rn. 148).

Hält das Gericht den Rechtsweg für „**zulässig**", so kann es dies vorab aussprechen; es **muss** entscheiden, wenn eine der Parteien die Zulässigkeit des Rechtswegs rügt (positive Entscheidung). Diese Entscheidung hat nach § 17a I GVG auch für andere Gerichte bindende Wirkung. Hält das Gericht den Rechtsweg für „**unzulässig**", so spricht es nach Anhörung der Parteien von Amts wegen aus, dass der Rechtsweg nicht eröffnet ist und verweist den Rechtsstreit **zugleich** an das zuständige Gericht des zulässigen Rechtswegs. Über weitere Fragen wie statthafte Klageart, Klagebefugnis und Rechtsschutzbedürfnis hat es dann nicht mehr zu befinden (BVerwG, NJW 2001, 1513). **Wichtig:** Keine Verweisung gibt es, wenn es sich inhaltlich um eine verfassungsrechtliche Streitigkeit handelt. Dann bleibt die Klage unzulässig und der Betroffene muss sich auch an die Verfassungsgerichtsbarkeit mit der Organklage bzw. einem Antrag im Bund-Länder-Streit wenden.
Tenorierungsvorschlag für einen Beschluss nach § 17a GVG:
1. *Der Verwaltungsrechtsweg ist nicht eröffnet.*
2. *Der Rechtsstreit wird an das Landgericht ... verwiesen.*
3. *Die Kostenentscheidung bleibt der Endentscheidung vorbehalten.*

Der **Beschluss** ist für das Gericht, an das der Rechtsstreit verwiesen worden ist, **hinsichtlich des Rechtsweges bindend** (§ 17a II 3 GVG). Nach richtiger Auffassung heißt dies, dass nach Unanfechtbarkeit des Beschlusses nicht nur die Rückverweisung an die gleiche Gerichtsbarkeit ausgeschlossen ist, sondern auch eine Weiterverweisung an eine andere Gerichtsbarkeit nicht in Betracht kommt. Das Gericht kann also nur innerhalb der gleichen Gerichtsbarkeit weiterverweisen. Die Verbindlichkeit gilt in allen Instanzen, kann also auch auf der Stufe der Berufung und der Revision nicht rückgängig gemacht werden (anders für die „grob fehlerhafte Verweisung" aber BVerwG, NVwZ 1993, 770. Allerdings kann das *BVerwG* den Beschluss über die Zulässigkeit des Verwaltungsrechtswegs korrigieren, wenn dieser sich über die bereits eingetretene Bindungswirkung der gegenteiligen Rechtswegbestimmung eines anderen Gerichts hinwegsetzt (BVerwG, NVwZ-RR 2020, 956).

Beispiel: Verweist ein Arbeitsgericht die Klage über eine Kindergeldsache fälschlicherweise an das VG in A., so darf dieses nicht an die eigentlich zuständige Sozialgerichtsbarkeit, wohl aber an das zuständige VG in B. weiterverweisen. Die Verweisung ist laut BVerwG, NVwZ 1995, 372, gemäß § 83 VwGO i. V. m. § 17a II 3 GVG bindend, so dass das VG entweder entscheiden oder weiterverweisen muss, nicht aber dem BVerwG vorlegen kann.

8. Rechtsweg kraft Sachzusammenhangs

76 Unabhängig vom Rechtsweg können die Verwaltungsgerichte im Rahmen ihrer gesetzlichen Zuständigkeit über Vorfragen mitentscheiden, auf die es für den ihnen zugewiesenen Fall ankommt.

Beispiel: Ist für die Klagebefugnis bei einer Nachbarklage die Eigentumslage entscheidend, so kann das VG selbständig klären, ob der Kläger Eigentümer geworden ist. Umgekehrt kann das Zivilgericht im Amtshaftungsprozess über die Rechtswidrigkeit eines VA befinden (BGHZ 127, 223), ein Strafgericht kann mitentscheiden, ob eine öffentlich-rechtliche Genehmigung „nur" rechtswidrig oder nichtig war. Besonders umstritten ist die Aufrechnung mit einer „rechtswegfremden" Forderung (dazu unten, § 36, Rn. 35).

Über diese Vorfragenkompetenz hinaus bestimmt § 17 II GVG, dass das Gericht des zulässigen Rechtswegs *„den Rechtsstreit unter allen in Betracht kommenden rechtlichen Gesichtspunkten"* entscheidet. Es geht also nicht nur um „Vorfragen". Vielmehr sind die Gerichte auch in der Lage, über verschiedene materiell-rechtliche Anspruchsgrundlagen zu entscheiden, wenn diese in einem inhaltlichen Zusammenhang stehen. Zu beachten ist – wiederum aus verfassungsrechtlichen Gründen – der Vorrang von Art. 14 III 4 und Art. 34 S. 3 GG. Kommt ein Enteignungs- oder Amtshaftungsanspruch in Betracht, so dreht sich der Sachzusammenhang in jedem Fall in Richtung ordentliche Gerichtsbarkeit.

Literatur zu § 11 II (Rechtsweg): *Menger,* Zum Stand der Meinungen über die Unterscheidung von öffentlichem und privatem Recht, FSf. H. J. Wolff (1973), 149ff.; *Becker,* Öffentliches und privates Recht, NVwZ 2019, 1385;

Krüger, Die Eröffnung des Verwaltungsrechtswegs, JuS 2013, 598; *Somek/ Krüper*, Kategoriale Unterscheidung von öffentlichem Recht und Privatrecht? VVDStrL 79 (2020)7 u. 43; *Drüen/Schlacke*, Verschränkungen öffentlichrechtlicher und privatrechtlicher Regime im Verwaltungsrecht, VVDStrL 79 (2020) 127, 168

III. Zuständiges Verwaltungsgericht

1. Allgemeines

Die Zuständigkeitsregeln in der Verwaltungsgerichtsbarkeit sind einfach, aber streng. Insbesondere kennt die VwGO **nur ausschließliche Zuständigkeiten**, d. h. es gibt keine Gerichtsstandsvereinbarung. Das Gericht hat in jeder Lage des Verfahrens seine Zuständigkeit von Amts wegen zu prüfen. Den verfassungsrechtlichen Hintergrund bildet das Gebot des **gesetzlichen Richters** (Art. 101 I 2 GG).

2. Sachliche Zuständigkeit

Die sachliche Zuständigkeit bezeichnet die Verteilung der Verfahren auf die Gerichte innerhalb eines Instanzenzugs – für die Verwaltungsgerichtsbarkeit also VG – OVG/VGH – BVerwG. Sie richtet sich nach dem Streitgegenstand.

a) **Grundregel** ist § 45 VwGO: Erstinstanzlich zuständig ist das **VG**, soweit nicht gesetzlich etwas anderes bestimmt ist. Die sachliche (instanzielle) Zuständigkeit der Verwaltungsgerichte richtet sich also **nicht** nach dem Streitwert. Das VG ist im Zweifel für die in §§ 46 – 50 VwGO nicht *ausdrücklich* genannten Vorhaben zuständig. Die genannten Ausnahmebestimmungen sind wegen Art. 101 I 2 GG restriktiv auszulegen.

b) Die Zuständigkeit der **OVG** bzw. **VGH** bestimmt sich nach §§ 46, 47 und nach § 48 VwGO.

Als **Rechtsmittelinstanz** entscheiden sie nach § 46 VwGO über Berufung und Beschwerde. Eine erstinstanzliche Zuständigkeit des OVG besteht seit jeher für Normenkontrollverfahren nach § 47 VwGO.

In der Praxis besonders wichtig ist die stark ausgeweitete **erstinstanzliche Zuständigkeit** nach § 48 VwGO. Demnach entscheidet das OVG erstinstanzlich über sämtliche Streitigkeiten in Bezug auf Kernenergieanlagen, Kraftwerke, Freileitungen, bestimmte Anlagen nach § 48 KrW-AbfallG, Flughäfen und Straßenbahnen. Seit 1993 sah sich der Gesetzgeber mehrmals veranlasst, im Anwendungsbereich von § 48 VwGO Klärungen und Erweiterungen vorzunehmen. So entscheidet das OVG nach § 48 II 1 VwGO auch über Genehmigungen, die anstelle einer Planfeststellung erteilt werden (also insbesondere über die Plangenehmigung nach § 74 VI VwVfG), sowie über sämtliche für das Vorhaben erforderlichen Genehmigungen und Erlaubnisse, auch soweit sie Nebeneinrichtungen betreffen, die mit ihm in einem räumlichen und betrieblichen Zusammenhang stehen. Dasselbe gilt für Planergänzungen und Erlaubnisse, die in unmittelbarem Zusammenhang mit den genannten Entscheidungen stehen. Ferner können die Länder durch Gesetz vorschreiben, dass über Streitigkeiten, die die Besitzeinweisung in diesen Fällen betreffen, gleichfalls das OVG im ersten Rechtszug entscheidet.

Die erstinstanzliche Zuständigkeit der OVG für die erwähnten Streitsachen dient auch der Verfahrensverkürzung. Das ist durchweg auch sachgerecht und verfassungsgemäß, da sie auf Planfeststellungsverfahren und ähnlich aufwendigen Verwaltungsverfahren beruhen, die eine zusätzliche Tatsacheninstanz entbehrlich machen. Im ersten Rechtszug entscheiden die OVGe auch über Klagen gegen ein auf einzelne Bundesländer beschränktes Vereinsverbot durch das jeweilige Landesministerium (§ 48 II VwGO – zur Abgrenzung *Scheidler*, NVwZ 2011, 1497).

80   c) Das **BVerwG** ist als **Rechtsmittelinstanz** nach § 49 VwGO zuständig für die Revision gegen Urteile der OVGe (§ 132 VwGO) oder Urteile der VGe nach § 134 und § 135 VwGO (Sprungrevision und Revision bei Ausschluss der Berufung). Als einzige Instanz entscheidet das BVerwG gemäß § 50 I Nr. 1 VwGO über öffentlich-rechtliche Streitigkeiten nichtverfassungsrechtlicher Art zwischen dem Bund und den Ländern und zwischen verschiedenen Ländern.

Beispiele: Streit um die Kosten der Beseitigung von Schutzbauten, Schadensersatzanspruch des Bundes gegen ein Land wegen fehlerhafter Verwaltung der Verteidigungslasten (*BVerwG,* NVwZ 2007, 1315); Streit um den Grenzverlauf zwischen Bundesländern oder den Feuerschutz auf einem Grenzfluss.

Praktisch bedeutsam ist auch die erstinstanzliche Zuständigkeit des BVerwG bei Klagen gegen Vereinsverbote des **Bundes**ministers des Innern nach Art. 9 II GG (§ 50 I Nr. 2 VwGO) und Maßnahmen gegen Ersatzorganisationen nach § 8 VereinsG. Eher problematisch ist die zuerst durch das „Verkehrswegeplanungsbeschleunigungsgesetz" von 1991 für Verkehrsvorhaben im Zusammenhang mit der deutschen Wiedervereinigung eingeführte und danach durch das „Infrastrukturplanungsbeschleunigungsgesetz" auf Vorhaben nach dem Allgemeinen Eisenbahngesetz, dem Bundesfernstraßengesetz, dem Bundeswasserstraßengesetz, dem Energieleitungsausbaugesetz, dem Bundesbedarfsplangesetz und dem Magnetschwebebahnplanungsgesetz – interessanterweise aber nicht die Planung von Großflughäfen – ausgedehnte alleinige erstinstanzliche Zuständigkeit des **BVerwG** gemäß § 50 I Nr. 6 VwGO. Diese Konzentration verstößt zwar nicht gegen Art. 19 IV GG (BVerfGE 92, 365, 410; BVerwG, NVwZ 2009, 302), ist aber schon deshalb unzweckmäßig, weil es in diesen Fällen so gut wie immer um komplexe Tatsachenprobleme dreht, die „vor Ort" durch die OVG/VGH wesentlich besser geprüft werden können (krit. wie hier *Wickel*, NVwZ 2001, 16; *Lecheler*, DVBl. 2007, 713; allg. *Otto*, NVwZ 2007, 379; *Paetow*, NVwZ 2007, 36). In jedem Fall bezieht sich die Zuständigkeit des BVerwG nur auf das jeweilige Vorhaben selbst (einschließlich der zum Verfahren gehörigen Umweltverträglichkeitsprüfung [UVP]), nicht aber auf im Zusammenhang mit dem Vorhaben stehende Informationsansprüche nach dem UIG (BVerwG, NVwZ 2007, 1095).

3. Örtliche Zuständigkeit

Die örtliche Zuständigkeit bestimmt, welches Gericht innerhalb derselben Instanz über den Streitgegenstand zu entscheiden hat. Sie ist in § 52 VwGO geregelt, der ein kompliziertes Regel-Ausnahme-System errichtet. Sie wird hier nicht in der Reihenfolge des Gesetzes, sondern in der Prüfungsreihenfolge im Gutachten aufgezählt (ähnl. *Schenke*, VwProzR, Rn. 442 f.; *Drechsler*, JuS 2020, 831). 81

a) Für Streitigkeiten über **unbewegliches Vermögen** oder ein **ortsgebundenes Recht** oder Rechtsverhältnis ist nach § 52 Nr. 1 VwGO der Ort entscheidend (**Beispiel:** Alle auf die Bebaubarkeit eines Grundstücks bezogenen Verwaltungsstreitigkeiten). Das gilt nach richtiger Auffassung auch für Emissionen, die von einem Grundstück ausgehen, nicht dagegen bei Streitigkeiten über eine Linienverkehrsgenehmigung (BVerwG, NVWZ-RR 2017, 713) oder um den Fahrplan einer am Ort haltenden Fernbuslinie (BVerwG, NVwZ 2017, 726) 82

b) Bei Klagen aus dem **Beamten-** oder einem vergleichbaren **Dienstverhältnis** richtet sich die Zuständigkeit des VG nach dem dienstlichen Wohnsitz, subsidiär nach dem Wohnsitz des Klägers (§ 52 Nr. 4 VwGO). 83

c) Für Anfechtungsklagen gegen **Bundesbehörden**, bundesunmittelbare Körperschaften, Anstalten oder Stiftungen des Öffentlichen Rechts usw. entscheidet sich die Zuständigkeit nach dem **Sitz** der Bundesbehörde (interessant: BVerwG, NJW 1997, 1022 – Zust. d. VG Berlin für alle gentechnischen Genehmigungen d. Robert Koch- 84

Instituts). In Asylsachen gilt jedoch das Gericht des obligatorischen Aufenthaltsortes nach dem AsylVfG (§ 52 Nr. 2 VwGO).

85 d) Bei allen **Anfechtungsklagen** – zusätzlich auch Fortsetzungsfeststellungsklagen – außer den grundstücksbezogenen nach Nr. 1 und Klagen aus dem Dienstverhältnis nach Nr. 4 – ist das VG örtlich zuständig, **in dessen Bezirk der VA erlassen** wurde. Bei „überlappenden" Zuständigkeiten entscheidet der Wohnsitz des Beschwerten (§ 52 Nr. 3 VwGO).

86 e) Für alle übrigen Klagen ist das VG örtlich zuständig, in dessen Bezirk der **Beklagte** (vgl. § 78 VwGO) seinen **Sitz** hat. Ist ausnahmsweise ein Bürger Beklagter, so ist dies der Wohnsitz oder Aufenthaltsort (§ 52 Nr. 5 VwGO).

Der exakte geographische Sitz der Verwaltungsgerichte ergibt sich aus den Gerichtsorganisationsgesetzen der Länder. Ist das an sich zuständige Gericht an der Ausübung der Gerichtsbarkeit rechtlich oder tatsächlich verhindert oder ist ungewiss, welches Gericht wegen der Grenzen verschiedener Gerichtsbezirke in Betracht kommt, bzw. haben sich verschiedene Gerichte für zuständig oder auch für unzuständig erklärt, entscheidet nach § 53 I VwGO das **nächsthöhere Gericht**, also das OVG/der VGH über die Zuständigkeit. Wenn eine örtliche Zuständigkeit nach § 52 VwGO nicht gegeben ist, bestimmt das BVerwG das zuständige Gericht (§ 53 II VwGO).

4. Verweisung bei Klage vor dem unzuständigen Verwaltungsgericht – Vorabentscheidung über die Zuständigkeit

87 Von der Bestimmung des zuständigen Gerichts bei Zweifeln über die Zuständigkeit (§ 53 VwGO) streng zu unterscheiden ist der Fall, dass die Klage beim objektiv unzuständigen Gericht erhoben wurde bzw. Zweifel an der Zuständigkeit entstehen. § 83 VwGO erklärt auch für diesen Fall die §§ 17–17b GVG für entsprechend anwendbar. Demnach ist eine vor dem unzuständigen VG erhobene Streitsache von Amts wegen an das zuständige Gericht zu verweisen (negative Entscheidung). Die Klage ist (wichtig für den Klausuraufbau!) **nicht mehr unzulässig**. Insbesondere ist die Klagefrist durch eine ordnungsgemäße Klageerhebung bei unzuständigem Gericht gewahrt. Das gilt auch, wenn bei diesem Anwaltszwang besteht (BVerwG, NVwZ 2020, 1189). Voraussetzung ist aber, dass die Klage wirklich bei dem angerufenen Gericht erhoben ist. Das ist bei einer „Bitte um Weiterleitung an das zuständige Gericht" nicht der Fall (OVG Münster, NJW 2009, 2615). Auch steht die Möglichkeit einer bestätigenden Entscheidung nach § 17a III GVG zur Verfügung. Entspre-

chende Beschlüsse des VG sind unanfechtbar (§ 83 S. 2 VwGO). Ihre Bindungswirkung tritt grundsätzlich auch bei einer sachlich unrichtigen Bestimmung des Gerichts ein (so schon zur früheren Rechtslage BVerwGE 70, 110, 112). Nach richtiger Auffassung hindert dies allerdings nicht daran, dass das Gericht, an das wegen örtlicher Unzuständigkeit verwiesen wurde, den Rechtsstreit wegen sachlicher Unzuständigkeit „weiterverweist".

Beispiel: Verweist das VG in A-Stadt einen Streit über eine wesentliche Änderung einer Bundesfernstraße an das örtlich (an sich) zuständige VG B-Stadt, so kann dieses wegen der gegebenen erstinstanzlichen Zuständigkeit nach § 48 VwGO gleichwohl an das nach § 48 I Ziff. 8 VwGO zuständige OVG weiterverweisen.

In besonderen Fällen entscheidet das nächsthöhere Gericht (§ 53 VwGO). Ist diese Entscheidung erfolgt, dann bleibt kein Raum für einen erneuten Antrag auf Bestimmung der Zuständigkeit (BVerwG, NVwZ-RR 2020, 1143).

Literatur zu § 11 III: *Drechsler*, Die örtliche Zuständigkeit des Verwaltungsgerichts (§ 52 VwGO), JuS 2020, 831; *Pietzner/Ronellenfitsch*, Assessorexamen, § 6; *Schenke*, VwProzR, Rn. 437 ff.; *Würtenberger/Heckmann*, VwProzR, § 12.

§ 12 Die Beteiligten und die auf sie bezogenen Zulässigkeitsvoraussetzungen

I. Die Beteiligten des Verwaltungsprozesses (§ 63 VwGO)

Als **Beteiligte** am Verfahren nennt § 63 VwGO
- den Kläger,
- den Beklagten,
- den Beigeladenen,
- den Vertreter des Bundesinteresses beim BVerwG oder Vertreter des öffentlichen Interesses, falls er von seiner Beteiligungsbefugnis Gebrauch macht.

Damit sind abschließend diejenigen Personen bezeichnet, die am Prozess mit eigenen Verfahrensrechten beteiligt sein können (Beteiligteneigenschaft). Anders als die ZPO kennt die VwGO also **keine „Parteien"**. Grund hierfür ist die Vorstellung, dass der Verwaltungsprozess nicht vom typischen Zweiparteienstreit ausgeht. Die Nennung der Beteiligten **als solche** gehört nicht zur Zulässigkeitsprüfung. In diesem Sinne ist auch § 63 VwGO nicht formuliert. Zulässigkeitsvoraussetzungen sind nur Beteiligten**fähigkeit** (§ 61 VwGO) und Prozess**fähigkeit** (§ 62 VwGO).

1. Kläger und Beklagter (§ 63 Nr. 1 und 2 VwGO)

2   Hauptbeteiligte sind zunächst **Kläger** und **Beklagter**. Die Hauptbeteiligten werden also ausschließlich durch die Klage bestimmt. Auf die Betroffenheit, Klagebefugnis oder den „eigentlich richtigen Beklagten" kommt es nicht an. Im Normenkontrollverfahren und in den Verfahren des vorläufigen Rechtsschutzes wird nicht von Kläger und Beklagten, sondern vom Antragsteller und Antragsgegner gesprochen.

In der weitaus größten Zahl der Fälle ist der Kläger ein Bürger, der Beklagte der Staat oder eine sonstige öffentliche Körperschaft, denn es liegt im Wesen des Öffentlichen Rechts, dass Behörden den Bürger zur Erreichung öffentlicher Ziele nicht „verklagen", sondern eine einseitige Regelung treffen können (§ 35 VwVfG). Klagen des Staates gegen einen Bürger sind aber durchaus denkbar, so z. B. die Klage auf Erfüllung eines öffentlich-rechtlichen Vertrages. Außer im Sonderfall der Beleihung mit öffentlichen Funktionen sind Klagen „Bürger gegen Bürger" grundsätzlich nicht öffentlich-rechtlich.

2. Beigeladene (§ 63 Nr. 3 VwGO)

3   Beiladung ist die **Beteiligung eines Dritten** an einem anhängigen Verfahren, wenn dessen rechtliche Interessen durch die Entscheidung berührt werden. Der Beigeladene (§ 63 Nr. 3 VwGO) wird auch bei notwendiger Beiladung nicht schon durch die Klage oder sein Betroffensein Beteiligter des Verwaltungsprozesses. Seine prozessuale Stellung erlangt er vielmehr erst mit der Zustellung eines besonderen Beschlusses (§ 65 IV 1 VwGO) bzw. mit der Verkündung des Beschlusses innerhalb der mündlichen Verhandlung. In der Sache geht es bei der Beiladung um eine Form der **gesetzlichen Nebenintervention**; sie ist im Verwaltungsprozess weit häufiger als im Zivilprozess, da im Öffentlichen Recht Prozesse mit Berührung der Rechte Dritter von der Ausnahme eher zur Regel geworden sind.

Die Beiladung verfolgt mehrere **Ziele:** 4
- Sie dient dem **Rechtsschutz** für den Beigeladenen, denn sie verhindert, dass ohne seine Beteiligung über seine Rechte entschieden wird und ermöglicht zugleich eine adäquate Mitwirkung im Verfahren. In grundrechtsrelevanten Verwaltungsprozessen dient sie dem Grundrechtsschutz durch Verfahren.
- Sie dient der **Prozessökonomie,** denn sie ermöglicht eine umfassende Klärung des Falles und die Erstreckung der Rechtskraft auf Dritte (§ 121 VwGO).
- Sie dient letztlich auch der **Rechtssicherheit,** denn sie verhindert widersprüchliche Entscheidungen zur gleichen Sache.

Die Beiladung kommt bei allen Verfahrensarten in Betracht. Das 5 gilt – wie der Gesetzgeber nach langem Streit klargestellt hat – **auch für die Normenkontrolle** (vgl. § 47 II 4 i. V. m. §§ 65 I, IV, 66 VwGO – Einzelheiten dazu unten, § 19, Rn. 10). Nach wie vor umstritten ist die Beiladung im Verfahren um die Zulassung eines Rechtsmittels (abl. BVerwG, NVwZ 2001, 202). Im Revisionsverfahren ist nur die notwendige, nicht aber die fakultative Beiladung möglich (§ 142 I VwGO).

Zulässig ist die Beiladung nach § 65 I VwGO nur, solange das Ver- 6 fahren noch nicht rechtskräftig abgeschlossen ist. Auch dies dient dem Rechtsschutz des Betroffenen: Dieser wird verkürzt, wenn der Betroffene zu spät beteiligt wird. Umgekehrt ist der Beiladungsbeschluss aufzuheben, wenn die rechtlichen Voraussetzungen nicht mehr vorliegen (VGH Kassel, NVwZ-RR 2005, 751).

Beigeladen werden können nach § 65 VwGO *andere, deren recht-* 7 *liche Interessen durch die Entscheidung berührt werden* (**einfache oder fakultative Beiladung** – dazu *Koehl,* JuS 2016, 133). Sind an einem streitigen Rechtsverhältnis Dritte *derart beteiligt, dass die Entscheidung auch ihnen gegenüber nur einheitlich ergehen kann* (§ 65 II VwGO), so handelt es sich um einen Fall **notwendiger Beiladung.** Das ist der Fall, wenn die Entscheidung des Gerichts nicht wirksam getroffen werden kann, ohne dass dadurch gleichzeitig unmittelbar und zwangsläufig Rechte eines Dritten gestaltet, bestätigt, festgestellt oder verändert werden (*Kopp/Schenke,* VwGO, § 65, Rn. 14). Keine notwendige Beiladung liegt bei der Normenkontrolle vor, obwohl hier alle Normadressaten eigentlich unmittelbar betroffen sind (§ 47 II VwGO verweist nur auf § 65 I und IV VwGO).

8   **Wichtig** ist in jedem Fall, dass der Dritte **unmittelbar** durch die zu erwartende Entscheidung in seinen Rechten berührt ist **und** deshalb die Entscheidung nur einheitlich ergehen kann.
Die wichtigsten Fälle **notwendiger Beiladung** sind:

- Beiladung des **Miteigentümers** der streitbefangenen Sache (dazu *Stuttmann*, NVwZ 2004, 805),
- Beiladung der **Gemeinde** beim Streit um eine Baugenehmigung in Fällen des notwendigen **Einvernehmens** nach § 36 BauGB (BVerwGE 42, 8, 11) oder eines incidenter zu prüfenden Bebauungsplanes (BVerwG, NVwZ 1994, 265),
- Beiladung des Begünstigten bzw. des Nachbarn bei Klagen gegen **Verwaltungsakte mit unmittelbarer Doppelwirkung**, insbesondere also gegen bau- oder immissionsrechtliche Genehmigungen bzw. deren Aufhebung (VGH Mannheim, NVwZ-RR 2001, 543),
- Beiladung des Grundstückseigentümers im Prozess um eine beantragte Maßnahme der Bauaufsicht gegen einen nicht mit diesem identischen Verantwortlichen (BVerwG, NJW 1993, 79),
- Beiladung des unmittelbaren **Mitbewerbers** oder des **Begünstigten** bei einer **Konkurrentenklage** auf oder gegen eine nur einmal zu gewährende Vergünstigung (BVerwG, DVBl. 1984, 91),
- Beiladung des von einer **Information** nach UIG, VIG oder IFG Betroffenen (zu deren Notwendigkeit BVerfG, Kammer, NVwZ 2009, 1556)
- Beiladung des direkt Gewählten im gerichtlichen **Wahlanfechtungsverfahren** (OVG Münster, DÖV 1991, 802 ff.), nicht aber sonstiger, von einer Wiederholungswahl „bedrohter" Ratsmitglieder (OVG Münster, NVwZ 1992, 282),
- Beiladung des **Trägers der Straßenbaulast** bei allen die Straße betreffenden Genehmigungen, wenn Genehmigungsbehörde und Träger der Straßenbaulast nicht identisch sind (z. B. Genehmigung nach § 9 FStrG – BVerwGE 54, 328, 331),
- Beiladung der **Bundesrepublik** beim Prozess um die Einbürgerung nach §§ 8, 9 StAG.

In allen diesen Fällen ist die Beiladung auch dann zwingend, wenn die Klage unzulässig ist, denn auch dann sprechen alle genannten Gründe (Rechtsschutz, Rechtssicherheit, Prozessökonomie) für eine allseits verbindliche Entscheidung.

9   Abgesehen von § 65 II VwGO **kann** das Gericht, solange das Verfahren noch nicht rechtskräftig abgeschlossen oder in höherer Instanz anhängig ist, andere, deren rechtliche Interessen durch die Entscheidung berührt werden, beiladen (**„einfache"** oder **fakultative Beiladung**). Voraussetzung ist aber auch hier, dass es sich um ein **eigenes** rechtliches Interesse – privatrechtlicher oder öffentlich-rechtlicher Natur – handelt. Die Berufung auf bloße Erwerbschancen, Rechtsre-

§ 12 Beteiligte und ihre Zulässigkeitsvoraussetzungen 187

flexe oder Rechte Dritter (auch auf Rechte eines anderen Beigeladenen) reicht also nicht (z. B.: keine Beiladung einer Darstellerin bei Klage des Unternehmers gegen „peep show"-Verbot – BVerwG, NJW 1996, 1423). Auch die aus Gründen der Prozessökonomie angestrebte Einbeziehung weiterer potentieller Kläger ist kein Grund zur Beiladung (*Roth*, NVwZ 2003, 691).

Die fakultative Beiladung kann **von Amts wegen** oder **auf Antrag** 10 erfolgen. Das „Ermessen" des Gerichts kann erheblich reduziert sein, wenn die Beiladung für das rechtliche Gehör oder den Grundrechtsschutz des Dritten besonders bedeutsam ist (z. B. bei der Ehefrau im Prozess um die Ausweisung des Ehemannes) oder bei Entscheidungen, die (abgesehen von Fällen der notwendigen Beiladung) für die Selbstverwaltung einer Gemeinde besonders wichtig sind. Hier tritt zwischen die notwendige Beiladung einerseits und die fakultative Beiladung andererseits eine **verfassungsrechtlich** (aus dem jeweiligen Grundrecht oder grundrechtsähnlichen Recht i. V. m. Art. 19 IV GG) **gebotene Beiladung.** Kommt die notwendige Beiladung von mehr als 50 Personen in Betracht, dann kann das Gericht nach § 65 III VwGO anordnen, dass nur solche Personen beigeladen werden, die dies innerhalb einer bestimmten Frist beantragen.

Nach § 65 IV VwGO ist der Beschluss über die Beiladung allen 11 Beteiligten rechtzeitig **zuzustellen** (zur Formulierung s. *Jacob*, JuS 2012, 218, 221). Die Beiladung selbst ist nach § 65 IV 3 VwGO unanfechtbar – ein Hauptbeteiligter kann sich also nicht durch eine Beschwerde gegen den erfolgreichen Beiladungsantrag wehren. Dagegen steht demjenigen, dessen Beiladung abgelehnt wurde, die Beschwerde (§ 146 VwGO) offen.

Als **Wirkungen** der Beiladung seien genannt: 12

Nach § 66 VwGO kann der Beigeladene (innerhalb der Anträge eines Beteiligten) **selbständig Angriffs- und Verteidigungsmittel** geltend machen und alle Verfahrenshandlungen wirksam vornehmen. „Innerhalb der Anträge" heißt, dass er z. B. keine Klageänderung oder -erweiterung vornehmen und die Klage nicht zurücknehmen kann. Abweichende Sachanträge kann er nur stellen, wenn eine notwendige Beiladung vorliegt.

Unabhängig davon erhält der Beigeladene schon nach § 63 VwGO die **umfassende Stellung eines Beteiligten am Verfahren.** Das rechtskräftige Urteil wirkt für ihn gleichermaßen bindend (§ 121 VwGO). Der Beigeladene kann auch Rechtsmittel einlegen, ihm gegenüber wirkt ein Prozessvergleich, ihm können anteilsmäßig die Kosten des Verfahrens auferlegt werden.

13 Hinsichtlich der Rechtsfolgen einer **unterbliebenen** Beiladung ist zu unterscheiden: Bei der fakultativen Beiladung hat deren Unterbleiben keine unmittelbaren Folgen. Das Urteil entfaltet gegenüber dem nicht Beigeladenen aber auch keine Rechtswirkung (BVerwGE 18, 124, 127).

14 Bei der **notwendigen Beiladung** kann eine unterbliebene Beteiligung zwar grundsätzlich Berufungs- bzw. Revisionsgrund sein (BVerwGE 16, 23, 25; 18, 124). In diesem Fall dürfte es aber schwierig nachzuweisen sein, dass die Entscheidung auf der fehlenden Beiladung beruht (§ 132 II Nr. 3 VwGO – vgl. BVerwG, NVwZ 1991, 470). „Entschärft" ist der Streit um die Folgen einer unterbliebenen notwendigen Beiladung durch § 142 I 2 VwGO. Danach kann eine notwendige Beiladung sogar noch im Revisionsverfahren vorgenommen werden. Das ist allerdings nicht unproblematisch, weil der „zu spät" Beigeladene zwar noch Verfahrensmängel rügen kann, ihm aber keine Tatsacheninstanz mehr verbleibt.

3. Vertreter des öffentlichen Interesses

15 Beteiligter ist nach § 63 Nr. 4 VwGO auch der Vertreter des Bundesinteresses beim BVerwG oder ein (sonstiger) Vertreter des öffentlichen Interesses, falls dieser von seiner Beteiligungsbefugnis Gebrauch macht (allg. zum Vertreter des öffentlichen Interesses s. oben, § 4, Rn. 33 ff.).

4. Streitgenossenschaft

16 Für die Streitgenossenschaft verweist § 64 VwGO auf §§ 59–63 ZPO. Streitgenossenschaft besteht dann, wenn mehrere Beteiligte hinsichtlich des Streitgegenstandes **in Rechtsgemeinschaft stehen** oder wenn sie aus demselben tatsächlichen und rechtlichen Grund berechtigt oder verpflichtet sind (§ 59 ZPO), oder wenn gleichartige und auf einem im Wesentlichen gleichartigen tatsächlichen und rechtlichen Grunde beruhende Ansprüche oder Verpflichtungen den Gegenstand des Rechtsstreits bilden (§ 60 ZPO). In der **Klausur** müssen Bearbeiter erkennen lassen, dass es sich hier – ebenso wie bei der Beiladung – **nicht** um eine Sachentscheidungsvoraussetzung handelt.

In der Sache geht es hier um mehrere Kläger (**Beispiel:** Klage mehrerer Betroffener gegen einen Planfeststellungsbeschluss).

Der Unterschied zum Beigeladenen besteht darin, dass Streitgenossen selbst Kläger oder Beklagte sind. Der Streitgenosse ist also immer selbst **Hauptbeteiligter;** der Beigeladene beteiligt sich an einem ursprünglich fremden Rechtsstreit. Im Verwaltungsprozess handelt es sich überwiegend um „aktive Streitgenossenschaft", d. h. um eine Mehrheit von **Klägern.** Daraus wird deutlich, dass auch bei der Klage jedes Streitgenossen die Zulässigkeitsvoraussetzungen gegeben sein müssen.

Wie bei der Beiladung kann auch die Streitgenossenschaft eine „notwendige" oder eine „fakultative" (einfache) sein. **Notwendig** ist sie nach § 62 ZPO dann, wenn das streitige Rechtsverhältnis allen Streitgenossen gegenüber nur einheitlich festgestellt werden kann, also bei einer einheitlichen Sachentscheidung wegen vollständiger Identität des Streitgegenstandes oder wenn alle Kläger oder Beklagten nur jeweils gemeinsam prozessführungs- oder sachbefugt sind. Die Entscheidung kann also nur einheitlich ergehen.

Beispiele: Klagen von Miteigentümern auf Baugenehmigung, Klagen der Mitglieder einer BGB-Gesellschaft oder einer Erbengemeinschaft, Klage der Eltern aus gemeinsamem Elternrecht im Schulrechtsstreit.

Die **einfache Streitgenossenschaft** ist die nur organisatorische Verbindung mehrerer Klagen (Prozessrechtsverhältnisse) zu einem Verfahren. Die Entscheidung kann einheitlich ergehen, muss es aber nicht.

Beispiele: Mehrere Anfechtungsklagen gegen eine Allgemeinverfügung oder einen Planfeststellungsbeschluss; Genehmigung mit mehreren Drittbetroffenen; Klagen von mehreren Vertretern eines abgelehnten Bürgerbegehrens (OVG Münster, NVwZ – RR 2017, 1027 – allerdings wohl eher ein Fall notwendiger Streitgenossenschaft).

Für „**Massenverfahren**" enthält § 67a VwGO eine Sonderregelung, die auch für Streitgenossen gilt. So kann das Gericht bei mehr als 20 im gleichen Interesse beteiligten Personen die Bestellung eines gemeinsamen Bevollmächtigten anordnen.

Literatur zu § 12 I: *Joeres,* Die Rechtsstellung des notwendig Beigeladenen im Verwaltungsstreitverfahren (1982); *Nottbusch,* Die Beiladung im VwProz (1995); *Stuttmann,* Der Miteigentümer im Verwaltungsprozess, NVwZ 2004, 805; *Guckelberger,* Die Beiladung im Verwaltungsprozess, JuS 2007, 436; *Koehl,* Aus der Praxis: Einfache Beiladung im Verwaltungsgerichtsprozess, JuS 2016, 133; *Schenke,* VwProzR, Rn. 464 ff.; *Würtenberger/Heckmann,* VwProzR, § 15) t.

II. Die Beteiligtenfähigkeit (§ 61 VwGO)

1. Grundsatz

18   Während § 63 VwGO nur allgemein die Beteiligungs**eigenschaft** betrifft, regelt § 61 VwGO die Beteiligungs**fähigkeit** und damit für die Klägerseite eine echte **Zulässigkeitsvoraussetzung**, die auch in der verwaltungsprozessualen Klausur **immer zu prüfen** ist. § 61 VwGO entspricht § 50 ZPO, geht aber teilweise über diesen hinaus. Beteiligungsfähigkeit ist die *Fähigkeit, als Träger eigener prozessualer Rechte und Pflichten am Verfahren beteiligt zu sein, also die „prozessuale Rechtsfähigkeit"*.

Wichtig: Begriffliche Schärfe schützt vor vermeidbaren Fehlern: So darf die Beteiligtenfähigkeit nicht mit der Möglichkeit der Rechtsverletzung (Klagebefugnis) und erst recht nicht mit der Frage verwechselt werden, ob das Recht dem Kläger wirklich zusteht bzw. verletzt ist.

Zum **Aufbau:** Da die Beteiligtenfähigkeit Voraussetzung weiterer klägerbezogener Zulässigkeitsvoraussetzungen ist, wird hier empfohlen, sie gleich zu Anfang nach Rechtsweg und Zuständigkeit des Gerichts zu prüfen.

Beteiligungsfähig nach § 61 VwGO sind:
- **Natürliche und Juristische Personen (Nr. 1),**
- **Vereinigungen, soweit ihnen ein Recht zustehen kann (Nr. 2),**
- **Behörden, sofern das Landesrecht dies bestimmt (Nr. 3).**

Liegt die Beteiligungsfähigkeit des Klägers nicht vor, so ist die Klage unzulässig, ohne dass es auf die Klageart oder ein möglicherweise verletztes Recht ankäme. Geht der Streit aber gerade um das Vorliegen oder Nichtvorliegen der Beteiligungsfähigkeit, dann ist der Kläger insoweit als beteiligungsfähig zu behandeln (BGH, NJW 1957, 989; NJW 1982, 2070). Gleiches gilt für den Rechtsstreit eines nach Art. 9 II GG aufgelösten Vereins (BVerwGE 1, 266; 13, 174) oder einer im Zuge der Gebietsreform aufgelösten Gemeinde (VGH Mannheim, NVwZ 2016, 1269). Zumeist nur ein theoretisches Problem stellt die Beteiligungsfähigkeit aufseiten **des Beklagten** dar, da hinter Handlungen von Behörden immer eine beteiligungsfähige Körperschaft (Staat, Gemeinde usw.) steht. Nur bei Klagen des Staates gegen Private und im Kommunalverfassungsstreit ist es denkbar, dass die Klage gegen eine Person oder Gruppierung ohne Beteiligungsfähigkeit gerichtet wird. Dann ist die Klage allerdings unzulässig.

Beispiel: Klage gegen organisatorisch nicht verfestigtes Bürgerbegehren – VGH Kassel, NVwZ 1997, 310; anders insoweit OVG Koblenz, NVwZ-RR 1995, 411.

2. Natürliche Personen

Ist der Kläger eine **natürliche Person,** so liegt nach § 61 Nr. 1 1. Alt. VwGO die Beteiligungsfähigkeit im Verwaltungsprozess stets vor, und diese Zulässigkeitsvoraussetzung ist allenfalls mit einem Satz zu erwähnen. *("Der Kläger ist als natürliche Person beteiligungsfähig").* Der **nasciturus** kann zwar in Bezug auf bestimmte bürgerliche Rechte Zuordnungssubjekt von Rechtsnormen sein *(Kopp/Schenke,* VwGO, § 61, Rn. 5; *Dolde,* FS Menger, 427), im Streit um mögliche zukünftige Gesundheitsschädigungen durch ein Kernkraftwerk ist er aber nicht beteiligungsfähig (BVerwG, NJW 1992, 1524; *Kahl,* Der Grundrechtsschutz zukünftig Lebender, EuRUP 2016, Sonderheft f. R. Schmidt, 300).

19

3. Juristische Personen

Beteiligungsfähig sind nach § 61 Nr. 1 2. Alt. VwGO auch **juristische Personen.** Auf den Unterschied von juristischer Person des Öffentlichen Rechts oder des Privatrechts kommt es bei der Beteiligungsfähigkeit im Verwaltungsprozess ebenso wenig an wie auf den Unterschied zwischen inländischer und ausländischer juristischer Person.

20

Wichtigste **Beispiele** für juristische Personen des **Öffentlichen Rechts** sind: Bund, Länder, Gemeinden und Gemeindeverbände, Landkreise, sonstige rechtsfähige Körperschaften wie Universität, Berufskammern und (soweit Körperschaft) Kirchen. Beteiligungsfähig sind ferner rechtsfähige Anstalten und Stiftungen. Als juristische Personen des **Privatrechts** beteiligungsfähig sind z. B. AG, GmbH, rechtsfähige Genossenschaft, eingetragener Verein usw.

Den juristischen Personen gleichgestellt sind – auch unabhängig von § 61 Nr. 2 VwGO – solche Einrichtungen und Vereinigungen, die zwar nicht voll rechtsfähig sind, denen aber herkömmlich oder durch Gesetz (vgl. § 3 PartG, § 161 II i. V. m. § 124 HGB) die Fähigkeit zuerkannt ist, im eigenen Namen zu klagen und verklagt zu werden. Dies sind vor allem politische Parteien, Gewerkschaften sowie OHG und KG, letztere allerdings nicht nach Eröffnung des Insolvenzverfahrens (BVerwG, NJW 2011, 3671). Wird die Beteiligungsfähigkeit nach § 61 Nr. 1 VwGO bejaht, darf Nr. 2 nicht mehr geprüft werden.

4. Vereinigungen, soweit ihnen ein Recht zustehen kann (§ 61 Nr. 2 VwGO)

21 Nicht auf die Rechtsfähigkeit, sondern auf die Zuordnung einzelner Rechte stellt § 61 Nr. 2 VwGO ab, der die Beteiligung von Vereinigungen vorsieht *„soweit ihnen ein Recht zustehen kann"*. Das ist eine Konsequenz daraus, dass die Zuordnung von öffentlichen Rechten und Pflichten nicht unbedingt von der Rechtsfähigkeit abhängt. Insoweit geht § 61 VwGO weiter als § 50 ZPO.

Wichtige **Beispiele** für § 61 Nr. 2 VwGO sind:
– Die als nicht rechtsfähiger Verein organisierte **Religionsgemeinschaft** im Streit um die Anwendbarkeit von Art. 4 GG,
– die nicht rechtsfähige **Studentenschaft, Fachschaft** usw. im Streit um ihre Kompetenzen in der Hochschulverfassung,
– der **Personalrat** im Streit um die Personalratswahl (BVerwGE 5, 302),
– der **Ortsverein einer politischen Partei** im Streit um die Nutzung einer Gemeindeeinrichtung (OVG Saarlouis, NVwZ-RR 1999, 218),
– eine auf Dauer organisierte **Bürgerinitiative** als Veranstalter einer Demonstration (nicht aber ein spontanes „Aktionskomitee" oder ein kommunalrechtliches Bürgerbegehren als solches – VGH Kassel, NVwZ 1997, 310),
– **Organe** oder **Teilorgane** einer Gemeinde im Organstreit (dazu unten, § 21 III),
– eine **GbR** im Streit um eine gerade die Gesellschaft betreffende Verpflichtung (klärend BGH, NJW 2001, 1056; s. auch BVerfG, Kammer, NJW 2002, 3533),
– ein **ausländischer Verein**, der ein Mindestmaß an Organisation aufweist, im Rechtsstreit um die Betätigung als Vereinigung (BVerwG, NVwZ 2004, 887).

5. Behörden nach Landesrecht (§ 61 Nr. 3 VwGO)

Behörden sind nicht juristische Personen, sondern unselbständiger 22
Teil ihres jeweiligen Trägers. Deshalb sind sie grundsätzlich nicht beteiligungsfähig und können auch keine eigenen Rechte und Pflichten haben.

Unabhängig davon enthält § 61 Nr. 3 VwGO als gesetzliche Ausnahme vom Rechtsträgerprinzip die Möglichkeit, nach Landesrecht Behörden die eigene Beteiligungsfähigkeit zuzuerkennen. Begründet ist dies ausschließlich in der Rücksichtnahme auf ältere landesrechtliche Bestimmungen.

Auf den Unterschied von Bundes- oder Landesbehörden kommt es hierbei nicht an; insbesondere ist die in einem Landesgesetz vorgesehene Beteiligungsfähigkeit einer Bundesbehörde kein Eingriff in die Organisationshoheit des Bundes, da die Stellung des Organs selbst unberührt bleibt (*Dolde*, FS Menger, 433).

Von der Möglichkeit des § 61 Nr. 3 VwGO haben *Brandenburg, Mecklenburg-Vorpommern und das Saarland* (für alle Behörden), *Niedersachsen, Sachsen-Anhalt und Schleswig-Holstein* (nur für landesunmittelbare Behörden) Gebrauch gemacht. *Rheinland-Pfalz* sieht die Beteiligtenfähigkeit **nur** für die Aufsichts- und Dienstleistungsdirektion bzw. eine andere obere Aufsichtsbehörde im Falle der Beanstandungsklage nach § 17 Rh.-Pf. AGVwGO vor (krit. zum „Behördenprinzip" *Desens*, NVwZ 2013, 471).

6. Beteiligungsrechte für Tiere und die Natur?

Umweltkatastrophen und andere Bedrohungen der Natur haben zur Forde- 23
rung nach einer eigenen Rechtssubjektivität für Tiere und Pflanzen geführt. Hintergrund ist die erwünschte Abkehr von der Anthropozentrik (Menschbezogenheit) der Rechtsordnung und die Zuwendung zum Tier und anderen Teilen der Natur als mit eigenen Rechten ausgestattete Subjekte (insbes. *K. Bosselmann*, Die Natur im Umweltrecht. Plädoyer für ein ökologisches Umweltrecht, NuR 1987, 1; *ders.*, Eigenrechte für die Natur, KritJ 1986, 1; allgem. auch *F. von Lersner*, Gibt es Eigenrechte der Natur?, NVwZ 1988, 168).

Dieser Versuch ist sicher gut gemeint, würde aber in der derzeit in der Tat „anthropozentrischen", d. h. auf den Menschen und seine Vereinigungen abgestellten, Rechtsordnung letztlich das Gegenteil vom angestrebten Ziel bewirken, weil es die Gegenposition der natürlichen und juristischen Personen nur umso deutlicher auf den Plan rufen und ggf. auch zu einer gegenseitigen Blockierung der Eigenrechte der Natur (Waldschutz gegen Wildschutz?) führen würde.

Daher ist daran festzuhalten, dass Rechtsfähigkeit und Beteiligtenstellung **nicht** Tieren oder der Natur als solcher zukommt. Auch vom Robbensterben bedrohte Seehunde können daher nicht gegen eine Erlaubnis zur Giftverklappung in der Nordsee klagen (VG Hamburg, NVwZ 1988, 1058).

Literatur zu § 12 II: *Dolde,* Die Beteiligungsfähigkeit im Verwaltungsprozess (§ 61 VwGO), FS Menger, 1985, 423; *Pache/Knauff,* Die BGB-Gesellschaft im Verwaltungsprozess, BayVBl 2003, 168; *Reffken,* Die Rechts-, Partei- und Grundbuchfähigkeit politischer Parteien, NVwZ 2009, 1131; *Czybulka* in: Sodan/Ziekow, VwGO, § 61.

III. Prozessfähigkeit (§ 62 VwGO) und ordnungsgemäße Vertretung vor Gericht (§ 67 VwGO)

1. Begriff der Prozessfähigkeit und gesetzliche Regelung

24 Die Prozessfähigkeit ist die „**prozessuale Handlungsfähigkeit**", d. h. *die Fähigkeit, wirksame Verfahrenshandlungen vornehmen zu können.* Sie entspricht der Geschäftsfähigkeit und ist – auf die Klägerseite bezogen – Zulässigkeitsvoraussetzung. Wer nicht selbst prozessfähig ist, kann den Prozess durch einen gesetzlichen Vertreter oder einen Bevollmächtigten führen. Auch juristische Personen müssen sich vor Gericht wirksam vertreten lassen. Steht aber die Prozessfähigkeit selbst im Streit, so ist ein Beteiligter in jedem Fall insoweit als prozessfähig anzusehen.

25 Liegt die Prozessfähigkeit des Klägers nicht vor, so ist die Klage **unzulässig**. Eine nachträgliche Genehmigung wirkt aber auf den Zeitpunkt der Prozesshandlung zurück. Die Prozessunfähigkeit oder die nicht ordnungsgemäße Vertretung auf Beklagtenseite lassen die Zulässigkeit der Klage unberührt, können aber die Wirksamkeit von Prozesshandlungen des Beklagten in Frage stellen. Nach § 62 I Nr. 1 VwGO sind die nach bürgerlichem Recht Geschäftsfähigen (§§ 2, 104 ff. BGB) auch im Verwaltungsprozess fähig zur Vornahme von Verfahrenshandlungen. Prozessfähig sind nach § 62 I Nr. 2 VwGO für bestimmte Fragen diejenigen in der Geschäftsfähigkeit Beschränkten, soweit sie durch Vorschriften des bürgerlichen oder öffentlichen Rechts für den Gegenstand des Verfahrens als geschäftsfähig anerkannt sind.

Beispiel: Ein Jugendlicher kann nach Art. 4 I GG, § 5 RelKEG einen Verwaltungsstreit über die Teilnahme am Religionsunterricht oder über ein öffentliches Ausbildungsverhältnis führen.
Im Übrigen handeln die gesetzlichen Vertreter, d. h. im Regelfall die beiden Eltern gemeinsam bzw. der Elternteil, dem das Sorgerecht zuerkannt ist. In Schulprozessen können Eltern daher sowohl für ein Kind als dessen Vertreter als auch ggf. aus eigenem (Eltern-)Recht auftreten.

Eine Regelung für den Fall rechtlicher Betreuung (§§ 1896ff. BGB) trifft § 62 II VwGO: Demnach ist ein Betreuter in einem Verfahren, in dem es um Fälle des § 1903 BGB (Einwilligungsvorbehalt bei Gefahr für die Person oder das Vermögen des Betreuten) geht, nur insoweit zur Vornahme von Verfahrenshandlungen fähig, als er nach den Vorschriften des BGB ohne Einwilligung des Betreuers handeln kann oder durch Vorschriften des ÖR als handlungsfähig anerkannt ist (Einzelheiten bei *Laubinger/Repkewitz*, VerwArch. 85 [1994], 86 ff.).

2. Vertretung von Vereinigungen und Behörden

Klagt eine Vereinigung, eine Körperschaft oder eine Behörde, soweit sie beteiligungsfähig ist, so handeln nach § 62 III VwGO ihre gesetzlichen Vertreter, Vorstände oder besonders Beauftragte. Wer gesetzlicher Vertreter ist, richtet sich nach der jeweiligen gesetzlichen Regelung (Gemeindeordnung, AktienG, BGB usw.). Die Vertretungsberechtigung bei einem nicht rechtsfähigen Verein muss nach außen leicht erkennbar sein (BVerwG, NVwZ 2016, 546). 26

Wichtigstes praktisches Problem ist die Vertretung der Gemeinden und vergleichbarer Körperschaften. Soweit nicht ausdrücklich gesetzlich ermächtigt (wie generell in § 47 I 1 GemO Rhl.-Pf.; im Ergebnis ebenso ThürVerfGH, Beck RS 2018, 1305 – Bürgermeister darf kommunale Verfassungsbeschwerde auch ohne Zustimmung des Gemeinderats erheben), handelt der **Bürgermeister** – da es sich bei einer Prozessführung vor dem VG i. d. R. nicht um eine Angelegenheit der laufenden Verwaltung handelt – aufgrund einer entsprechenden Vollmacht des Gemeinderats oder in Vollzug eines Gemeinderatsbeschlusses. Liegt weder das eine noch das andere vor, so sind seine Erklärungen schwebend unwirksam. Der Mangel kann aber durch Beschluss des Gemeinderats bzw. des entsprechenden Gremiums bei anderen Körperschaften geheilt werden.

3. Postulationsfähigkeit und Vertretung durch Rechtsanwalt

Grundsätzlich ist jeder Prozessfähige im Verwaltungsprozess auch „postulationsfähig", d. h. *fähig, Anträge zu stellen*. Ein Anwaltsbzw. Vertretungszwang existiert nach § 67 IV VwGO nur vor dem BVerwG und vor dem OVG/VGH. Unabhängig davon *kann* nach § 67 II VwGO jeder Beteiligte sich in jeder Lage des Verfahrens auch vor dem VG durch einen Rechtsanwalt oder einen Hochschullehrer vertreten lassen. § 67 II S. 2 VwGO regelt u. a. die (teilw. eingeschränkte) Vertretungsbefugnis von Beschäftigten, Familienangehörigen, Steuerberatern, berufsständische Vereinigungen, Gewerkschaften und Arbeitgebervereinigungen sowie Prozesshilfevereinigungen. Nach § 67 III 3 VwGO kann das Gericht durch 27 unanfechtbaren Beschluss Bevollmächtigten die weitere Vertretung untersagen, wenn sie nicht in der Lage sind, das Sach- und Streitverhältnis sachgerecht darzustellen. Nach wie vor ist in jedem Fall für die Vertretung die Vorlage einer wirksamen Vollmacht wesentliches Formerfordernis.

Literatur zu § 12 III: *Laubinger,* Prozessfähigkeit und Handlungsfähigkeit, FS Ule, 1987, 161 ff.; *v. Lewinski,* Rechtslehrer als Berater und Vertreter in Verwaltungs- und Gerichtsverfahren, FS Hartung (2008), 93; *Oda,* Die Prozessfähigkeit als Voraussetzung und Gegenstand des Verfahrens (1997); *W.-R. Schenke,* Probleme des Vertretungszwangs nach dem novellierten § 67 IV VwGO, NVwZ 2009, 801; *Würtenberger/Heckmann,* VwProzR, § 14 *Pietzner/Ronellenfitsch,* Assessorexamen, § 7 Rn. 230 ff.

IV. Prozessführungsbefugnis

1. Prozessführungsbefugnis auf Klägerseite

28   Die Prozessführungsbefugnis betrifft die Frage, **unter welchen Beteiligten der Rechtsstreit auszutragen ist.** Auf der Klägerseite sprechen wir von „aktiver", auf den Beklagtenseite von „passiver" Prozessführungsbefugnis.

Obwohl der Begriff sich in nahezu allen Gliederungsschemata findet, ist die Existenzberechtigung der **aktiven Prozessführungsbefugnis** umstritten (*Stamm,* ZZP 2019, 411). In der Klausur ist sie jedenfalls nur dann gesondert zu prüfen, wenn hierfür besonderer Anlass besteht. Auch ist sorgfältig darauf zu achten, dass die Prozessführungsbefugnis nicht mit Beteiligungsfähigkeit, Prozessfähigkeit, Klagebefugnis oder mit der Berechtigung in der Sache (Sach- oder Aktivlegitimation) verwechselt wird. Grundsätzlich ist derjenige, der vor dem VG **eigene** Rechte geltend macht, insoweit auch prozessführungsbefugt, ohne dass dies besonderer Erwähnung bedarf. Die Frage der Prozessführungsbefugnis kann sich **nur** stellen, wenn der Kläger im **eigenen** Namen (also nicht als Vertreter eines anderen) **fremde** Rechte geltend macht. Dann geht es in der Sache um eine **Prozessstandschaft,** die einer besonderen Befugnis bedarf. In diesen Fällen ist die Prozessführungsbefugnis Sachentscheidungsvoraussetzung. Man unterscheidet gewillkürte und gesetzliche Prozessstandschaft, wobei erstere im Verwaltungsprozess schon wegen § 42 II VwGO ausgeschlossen ist.

Als **Beispiele** gesetzlicher Prozessstandschaft sind zu nennen: Die Tätigkeit der **Insolvenzverwalter, Testamentsvollstrecker, Nachlassverwalter, Rechtsvorgänger** im anhängigen Prozess (BVerwG, NVwZ 2001, 1282 – Veräußerer eines Grundstücks); der **Erbe** im Streit um die Verletzung des postmortalen Persönlichkeitsrechts.

2. Prozessführungsbefugnis auf Seiten des Beklagten (§ 78 VwGO)

a) Zur Einordnung von § 78 VwGO. Sehr viel schwieriger ist die 29 exakte Einordnung der Prozessführungsbefugnis auf der Seite des Beklagten. Grundsätzlich gilt die Unterscheidung zwischen prozessualer (passiver) Prozessführungsbefugnis und der Passivlegitimation. Die **Prozessführungsbefugnis** („Beklagtenbefugnis") betrifft die *Befugnis zur Führung des Prozesses;* die **Passivlegitimation** betrifft die *materiellrechtliche Fähigkeit,* als inhaltlich legitimierte Behörde dem Sachbegehren stattzugeben. Beide Aspekte haben die gleichen Voraussetzungen und folgen dem Rechtsträgerprinzip (dazu unten). Sie sind aber strikt zu unterscheiden, weil die Prozessführungsbefugnis eine Sachentscheidungsvoraussetzung ist, die Passivlegitimation dagegen unstreitig zur Begründetheitsprüfung gehört.

Umstritten ist dagegen, *was* exakt § 78 VwGO regelt. Das BVerwG (NVwZ 2011, 1340) und ein Teil der Literatur sehen in dieser Bestimmung eine Regelung der Passivlegitimation, stellen die Frage nach dem „richtigen Beklagten" also erst bei der Begründetheit. Wenn überhaupt, so wird dies damit begründet, dass dem Kläger nicht die Bestimmung des richtigen Beklagten als Zulässigkeitsvoraussetzung auferlegt werden dürfe (*Eyermann/Happ,* VwGO, § 78, Rn. 1; *Würtenberger/Heckmann,* VwProzR, Rn. 683).

Diese Auffassung kann **nicht** überzeugen. Gegen sie sprechen schon der Wortlaut: *„Die Klage ist zu richten"* und der klare Zusammenhang, in dem § 78 VwGO unter den übrigen Zulässigkeitsvoraussetzungen der Anfechtungs- und Verpflichtungsklage steht. Zum anderen hätte der Bundesgesetzgeber in § 78 VwGO schon aus kompetenzrechtlichen Gründen (Art. 84 GG) nicht die Sachlegitimation der jeweiligen Behörden regeln können. Beträfe § 78 VwGO die Passivlegitimation, so wäre dies auch auf § 78 I Nr. 2 VwGO zu übertragen, es entstünde also eine eigene Sachlegitimation der Behörden. Behörden haben aber nach allgemeinen Grundsätzen des Verwaltungsrechts keine Rechte und Pflichten – diese kommen vielmehr nur dem jeweiligen Rechtsträger zu.

Es ist also daran festzuhalten, dass § 78 VwGO die „passive" Pro- 30 zessführungsbefugnis als Sachentscheidungsvoraussetzung und **nicht** die Passivlegitimation (Voraussetzung der Begründetheit) regelt (wie hier *Detterbeck,* AVwR, Rn. 1336f.; *Kopp/Schenke,* VwGO, § 78, Rn. 1; *Czybulka,* in: Sodan/Ziekow, VwGO, § 62, Rn. 10f.; *Lorenz,* VwProzR, § 21, Rn. 5). Richtet sich die Klage auch nach einem richterlichen Hinweis gegen die falsche Behörde oder den falschen Rechtsträger, so ist sie nicht nur unbegründet, sondern schon unzulässig. Ist der Beklagte nur falsch bezeichnet, der eigentlich gemeinte Rechtsträger aber erkennbar, so kann der Klageantrag entsprechend ausgelegt werden – dies sogar noch nach Ablauf der Rechtsmittelfrist (BVerwG, NVwZ 1983, 29).

Das hier geschilderte Problem ist für die Praxis nahezu unbedeutend, weil für die Klage die Bezeichnung der Behörde reicht (OVG Weimar, NJW 2009, 1553). Verbleibende Unklarheiten muss das Gericht durch einen Hinweis nach § 82 II oder § 86 III VwGO lösen. Wer nach einem solchen Hinweis darauf beharrt, die falsche Behörde zu verklagen, ist nicht schutzwürdig. Für die Klausur empfiehlt es sich in jedem Fall, zumindest dann auf den „falschen Beklagten" schon bei der Zulässigkeit hinzuweisen, wenn die Klage erkennbar gegen den falschen Rechtsträger oder die falsche Behörde gerichtet ist.

> **Beispiel:** Klage auf Wiederholung der Staatsprüfung gegen die Universität statt gegen das staatliche Prüfungsamt; Klage gegen die Gemeinde statt gegen den Staat als Träger der Polizei; Klage gegen den Bund statt gegen ein Land; Klage gegen einen privaten Vorhabenträger statt gegen Träger der Genehmigungsbehörde (VGH Mannheim, NVwZ – RR 2017, 866).

31 Obwohl § 78 VwGO unmittelbar nur für Anfechtungs- und Verpflichtungsklagen gilt, ist die Bestimmung nach richtiger Auffassung auch auf die übrigen Klagearten analog anzuwenden, weil das ihm zugrundeliegende Rechtsträgerprinzip auch bei anderen Klagebegehren gilt (*Ehlers*, FS Menger, 1985, 380, 392).

32 **b) Das Rechtsträgerprinzip.** In der Sache richten sich die Prozessführungsbefugnis und der „richtige Beklagte" nach dem Rechtsträger, dessen Behörde den angefochtenen VA erlassen oder den beantragten VA unterlassen hat. Für die Lösung von Fällen ist daher die Kenntnis des Aufbaus der Bundes- und Landesbehörden unabdingbar. § 78 VwGO ist Ausdruck des **Rechtsträgerprinzips,** das wiederum auf die traditionelle Vorstellung vom Staat als juristischer Person mit eigenen Organen und ihm zugehörigen Behörden beruht. Richtiger Beklagter ist grundsätzlich der Rechtsträger der handelnden Behörde; die Prozessführungsbefugnis der Behörde selbst (§ 78 I Nr. 2 VwGO) ist eine gesetzliche Ausnahme vom Rechtsträgerprinzip.

33 **c) Einzelfragen zum „richtigen Beklagten".** Ob unter „Zulässigkeit" oder erst unter „Begründetheit" geprüft: Die Anwendung von § 78 VwGO birgt zahlreiche Einzelprobleme:

(1) Hat die Behörde einer **Selbstverwaltungskörperschaft** (Gemeinde, Landkreis, Universität usw.) gehandelt, so ist die Klage stets gegen die Körperschaft zu richten, und zwar unabhängig davon, ob sie im eigenen oder übertragenen Wirkungskreis gehandelt hat. Gemeindebehörden sind **nie** Behörden des Staates. Teilweise anderes gilt, wenn die Behörde eine Doppelfunktion hat. Handeln Landrat bzw. Kreisverwaltung für die Selbstverwaltungskörperschaft Landkreis, so richtet sich die Klage gegen den Landkreis; werden sie als untere staatliche Verwaltungsbehörde tätig, so ist richtiger Beklagter der Staat, d. h. das jeweilige Land.

(2) Wird ein VA im Wege der **Ersatzvornahme** erlassen, so richtet sich die Klage nicht gegen die beaufsichtigte Körperschaft, z. B. die Gemeinde, sondern gegen den Rechtsträger der staatlichen Aufsichtsbehörde. Wird dagegen die Gemeinde selbst **auf Weisung** der Aufsichtsbehörde tätig, so ist sie der richtige Klagegegner (OVG Münster, NVwZ-RR 1990, 23). 34

(3) Richtiger Beklagter beim **mehrstufigen VA** ist stets der Rechtsträger derjenigen Behörde, die das „Endprodukt" dem Bürger gegenüber erlässt. 35

(4) Die Klage richtet sich **nie** gegen **einzelne Bedienstete** der Behörde, auch wenn die Handlung diesen persönlich zuzurechnen ist. So ist die Klage auf oder gegen bestimmte Unterrichtsinhalte nicht gegen den Lehrer, sondern gegen den Träger der Schulverwaltungsbehörde zu richten; die Unterlassungs- oder Widerrufsklage eines Bürgers gegen diskriminierende Äußerungen des Bürgermeisters oder eines Bediensteten nicht gegen diesen persönlich, sondern gegen die Gemeinde bzw. gegen den Dienstherrn (BVerwGE 59, 319, 325; BVerwG, DÖV 1988, 129). Nur im sogenannten Kommunalverfassungsstreit (oder in vergleichbaren Fällen) die sich „unter dem Dach" des gleichen Rechtsträgers abspielen, richtet sich die Klage gegen das jeweilige Organ (dazu unten, § 21, Rn. 8). 36

(5) Richtiger Beklagter beim sogenannten **Beliehenen** ist dieser selbst, nicht die ihn beauftragende Behörde (umstr., bejahend *Würtenberger/Heckmann*, VwProzR, Rn. 688; *Burgi*, FS Maurer (2001), 581; *Schmidt am Busch*, DÖV 2007, 540; anders OVG Bremen, NVwZ 2011, 1146; *Steiner*, NJW 1975, 1798; wohl auch *Stelkens*, NVwZ 2004, 304). 37

(6) Schwierigkeiten können auch bei **Maßnahmen der Polizei** entstehen. Hier ist in der Regel das Land als Rechtsträger der Polizei sowohl richtiger Klagegegner im Sinne von § 78 VwGO als auch passivlegitimiert. Handelt die Polizei aber in Amtshilfe auf Ersuchen einer anderen Behörde, so wird dieser auch im prozessualen Sinne das Handeln zugerechnet. Auch bei der Vollzugshilfe wird die Polizei zur zwangsweisen Durchsetzung eines VA für eine ersuchende Behörde tätig. Daher ist bezüglich der Zulässigkeit und der generellen Rechtmäßigkeit der Vollzugshilfe grundsätzlich die ersuchende Behörde richtige Beklagte und passivlegitimiert. Geht es dagegen um die **Art und Weise** des Vollzugs, dann ist die Klage gegen den Träger der Polizei zu richten. 38

39 (7) Bei der **Feststellungsklage** richtet sich die passive Prozessführungsbefugnis danach, zu welcher Behörde das Rechtsverhältnis besteht, bzw. bestehen würde. Das ist bei der Klage auf Feststellung des Nichtbestehens einer Genehmigungspflicht der Träger der potentiellen Genehmigungsbehörde (BVerwG, NJW 2018, 325).

40 (8) Richtiger Beklagter bei vorliegendem **Widerspruchsbescheid** ist grundsätzlich **nicht** der Träger der Widerspruchsbehörde, sondern derjenige der Ausgangsbehörde. Das ergibt sich mittelbar aus § 79 I Nr. 1 VwGO, wonach der ursprüngliche Verwaltungsakt Gegenstand der Klage ist. Als Ausnahme von diesem Grundsatz regelt § 78 II VwGO den Fall, dass der Widerspruchsbescheid erstmalig eine Beschwer enthält (also z. B. Fälle der Belastung des Nachbarn oder der reformatio in peius). Der Träger der Widerspruchsbehörde ist auch dann richtiger Beklagter, wenn sich die Klage als „isolierte Klage" ausdrücklich **nur** auf den Widerspruchsbescheid bezieht (*Schenke*, VwProzR, Rn. 551).

Literatur zu § 12 IV: *Desens*, Sinn und Unsinn des „Behördenprinzips". § 78 I Nr. 2 VwGO in der Rechtspraxis, NVwZ 2013, 471; *Ehlers*, Der Beklagte im Verwaltungsprozess, FS Menger (1985), 379; *Rozek*, Verwirrspiel um § 78 VwGO? – Richtiger Klagegegner, passive Prozessführungsbefugnis und Passivlegitimation, JuS 2007, 601; *Stamm*, Zur Frage der Existenzberechtigung der Prozessführungsbefugnis – Ihre Rückführung auf das materielle Recht, ZZP 2019, 411.

§ 13 Die Klagearten – Statthaftigkeit der Klage

I. Die Überwindung des Enumerationsprinzips

1 Die verwaltungsprozessuale Generalklausel (§ 40 I 1 VwGO) bewirkt, dass der Rechtsschutz gegen hoheitliche Handlungen oder Unterlassungen grundsätzlich **unabhängig von der Rechtsform** des Handelns gewährleistet ist. Diese Absage an das traditionelle Enumerationsprinzip entspricht dem verfassungsrechtlichen Gebot effektiven Rechtsschutzes (Art. 19 IV GG).

Daraus folgt, dass eine Klage wegen der Wahl einer unstatthaften Klageart nicht als unzulässig zurückgewiesen werden darf. Anders als zu Zeiten des Enumerationsprinzips hängt die Zulässigkeit nicht mehr davon ab, ob es in der Sache um einen Verwaltungsakt geht. Die Einordnung einer Handlung als VA wirkt also **nicht mehr rechtsschutzeröffnend**, sondern nur noch **klageartbestimmend** (*Maurer/Waldhoff*, AVwR, § 9, Rn. 39; *Brüning*, JuS 2004, 882). Wählt der Kläger die falsche Klageart, so hat das Gericht zunächst durch Auslegung und ggf. Umdeutung, zumindest aber durch einen konkreten Hinweis nach § 86 III VwGO auf die statthafte Klageart hinzuwirken (BVerfG, Kammer, NVwZ 2016, 238). In der Klausur bleibt es trotzdem beim Gliederungspunkt „statthafte Klageart" – dies schon deshalb, weil immer noch einzelne besondere Zulässigkeitsvoraussetzungen von der Klageart abhängen.

Unabhängig vom Streit um die Reichweite von Anfechtungs- und 2 Verpflichtungsklage und der verbleibenden Bedeutung der übrigen Klagearten verhindern Art. 19 IV GG und § 40 I 1 VwGO einen „numerus clausus" der Klagearten im Verwaltungsprozess. **Für jede hoheitliche Handlung, die in die Rechte eines Bürgers eingreift, muss eine statthafte Klageart zur Verfügung stehen.**

Ein bedenklicher Rückfall in die Zeiten des Enumerationsprinzips stellt 3 demgegenüber das „Mietspiegel-Urteil" des BVerwG (BVerwGE 100, 262) dar, das Rechtsschutz grundsätzlich nur *nach Maßgabe der in der VwGO enthaltenen Klagearten* gewähren will. Darin liegt eine verfassungsrechtlich nicht hinnehmbare Umkehrung des Rangs von Art. 19 IV GG und des einfachen Gesetzesrechts. Dieses kann immer nur die **Art und Weise** des Rechtsschutzes regeln, aber niemals bestimmen, dass – entgegen Art. 19 IV GG – Rechtsschutz nur gewährt wird, wenn eine Klageart zur Verfügung steht (krit. auch *P.-M. Huber,* JZ 1996, 893; *Brüning,* JuS 2004, 882 ff.).

Aus ähnlichen Gründen ist die Auffassung problematisch, die Normenkontrolle nach § 47 VwGO sei durch Art. 19 IV GG nicht geboten (dazu unten, § 19). Auch sind Leistungs- und Feststellungsklage (einschließlich Fortsetzungsfeststellungsklage) verfassungsrechtlich notwendig, wenn eine andere Klageart zur Klärung einer öffentlich-rechtlichen Streitigkeit nicht in Betracht kommt (zum lückenlosen Rechtsschutz BVerfGE 22, 106, 110; 58, 1, 40; 110, 77, 85).

Der Kreis der in der Folge zu behandelnden Klagearten ist dem- 4 nach **nicht abgeschlossen.** Zum einen kann der Gesetzgeber andere statthafte Klagearten vorsehen, so z. B. im Personalvertretungsrecht und beim Wahlprüfungsverfahren. Bei näherem Zusehen erweist sich die „Offenheit" des Systems der verwaltungsprozessualen Klagearten aber als weniger bedeutend, als es auf den ersten Blick erscheint. In den meisten Fällen lassen sich die als „besondere Klagearten" oder als Klage „sui generis" bezeichneten Klagen doch letztlich einem der wohlbekannten „Typen", also Gestaltungs-, Leistungs- oder Feststellungsklage zuordnen (*Sodan,* in: Sodan/Ziekow, VwGO, § 42, Rn. 12).

II. Übersicht über die Klagearten

1. Die „Standardklagen"

5   Die statthafte Klageart richtet sich nach der Art der Handlung, die der Kläger abwehren oder erreichen will (Übersicht über die Handlungsformen der Verwaltung bei *Maurer/Waldhoff*, AVwR, vor § 9). Die folgende Übersicht erleichtert das Verständnis des Systems:

Übersicht 7: Übersicht über die Klagearten		
	Abwehr	*Verpflichtung, Begünstigung, Leistung*
VA (§ 35 VwVfG)	**Anfechtungsklage** (auch Fortsetzungsfestst.klage, Klage auf Feststell. der Nichtigk.)	**Verpflichtungsklage** „Versagungsgegenklage" (auch Bescheidungskl.; Untätigkeitsklage)
Tatsächl. Verw.handeln im hoheitlichen Bereich (Realakt),	**Unterlassungsklage** (Leistungsklage auf Unterlassung, auch vorb. Unterl.klage)	**allgem. Leistungsklage**
Rechtsnorm	**Normenkontrolle**	„**Normerlassklage**"
streitiges Rechtsverhältnis	negative **Feststellungsklage**	positive **Feststellungsklage**

6   Die **Anfechtungsklage** zielt auf die Aufhebung des bis dahin wirksamen VA, also auf unmittelbare Rechtsgestaltung durch das Gericht. Durch **Leistungsklage** will der Kläger die Verurteilung des Beklagten zu einer „Leistung" erreichen. Dies kann ein aktives Tun oder auch ein Unterlassen sein. Die „Leistung" kann auch in einem Verwaltungsakt bestehen. Auch die **Verpflichtungsklage** ist – so gesehen – Leistungsklage (zur Verwechslungsgefahr sogleich).

7   Eine besondere Rolle spielt die **Feststellungsklage** nach § 43 VwGO. Auch sie hat in der Sache entweder abwehrenden Charakter (negative Feststellungsklage) oder will zumindest eine Besserstellung durch Klärung eines streitigen Rechtsverhältnisses erreichen (positive Feststellungsklage).

8   Bei der **Normenkontrolle** handelt es sich im Grunde um eine Sonderform der Feststellungsklage, weil das Gericht die Unwirksamkeit einer untergesetzlichen landesrechtlichen Norm feststellt.

Abgesehen vom Sonderfall prozessualer Gestaltungsklagen (dazu unten, § 22, Rn. 2 ff.) lassen sich alle übrigen Klagearten mehr oder minder in das hier umrissene System einordnen. Das gilt sowohl für die **Fortsetzungsfeststellungsklage** (im „Grundtyp" eine fortgesetzte Anfechtungsklage) als auch für die Klage auf **Feststellung der Nichtigkeit** eines VA; es gilt erst recht für die **Untätigkeitsklage,** die in der Regel nichts anderes ist als eine Verpflichtungsklage ohne Widerspruchsverfahren, und die **Bescheidungsklage,** die als eingeschränkte Verpflichtungsklage bezeichnet werden kann. Nur bei verschiedenen Fällen der verwaltungsprozessualen **Organklage,** insbesondere bei Kommunalverfassungsstreitigkeiten, kann sich die Ausdehnung des Anwendungsbereichs verwaltungsprozessualer Gestaltungsklagen als notwendig erweisen. Die Probleme lassen sich aber auch dort in fast allen Fällen durch Leistungs- oder Feststellungsklagen lösen (Einzelheiten unten, § 21, Rn. 9 ff.).

Im Zusammenhang mit den Klagearten und ihrer Gliederung gibt es Formulierungen, die zu Missverständnissen führen können:
- So ist es zwar richtig, dass die **Verpflichtungsklage** eine **Unterart der Leistungsklage** ist, weil der Kläger als „Leistung" einen VA begehrt. Man sollte es gleichwohl bei der Bezeichnung „Verpflichtungsklage" belassen, um Verwechslungen mit der eigentlichen (allgemeinen) Leistungsklage zu verhindern.
- Die **Einordnung** der **Unterlassungsklage** als **Leistungsklage** ist zwar dogmatisch richtig, weil Tun und Unterlassen im materiellen Recht und im Prozessrecht gleichgestellt werden (vgl. § 194 I BGB, § 77 ZPO). Trotzdem empfiehlt es sich, zur Kennzeichnung des Gewollten den Begriff der Unterlassungsklage zu benutzen.
- Besonders wichtig zur Vermeidung von Fehlern ist es, **Rechtsform** und **Klageart** einerseits und **mögliche Rechtsverletzung** andererseits auseinanderzuhalten. Erstere ist für die Statthaftigkeit der Klage, zweitere erst für die Klagebefugnis von Bedeutung.

2. Insbesondere: Gestaltungsklagen

Allgemeines Kennzeichen der **Gestaltungsklagen** ist es, dass sie auf unmittelbare Rechtsgestaltung, d. h. auf Begründung, Änderung oder Aufhebung eines Rechtsverhältnisses, gerichtet sind (*Rosenberg/Schwab/Gottwald*, Zivilprozessrecht, § 91; *Pietzner/Ronellenfitsch*, Assessorexamen § 9). Die Gestaltungsklage zielt im Gegensatz zur Leistungs- und Feststellungsklage darauf ab, dass die Wirkung des Urteils **unmittelbar** eintritt. Eine Vollstreckung ist daher weder möglich noch nötig. Gestaltungsurteile können also nur hinsichtlich der Kosten vollstreckt werden. Der „klassische" Fall der verwaltungsprozessualen Gestaltungsklage ist die **Anfechtungsklage**. Ist sie zulässig und begründet, so hebt das Gericht selbst den Verwaltungsakt auf und beseitigt damit dessen Wirksamkeit (§ 113 I 1 VwGO).

12 Gestaltungsklagen in diesem Sinne sind auch die „prozessualen Gestaltungsklagen", also die **Abänderungsklage, Vollstreckungsgegenklage** usw. (dazu § 22, Rn. 3 f.).
Anders als im Zivilprozess unterliegen die Gestaltungsklagen grundsätzlich auch keinem „numerus clausus". Obwohl die Anwendungsfälle im Verwaltungsprozess selten sind, bestehen keine grundsätzlichen Bedenken, eine allgemeine Gestaltungsklage für die unmittelbar wirkende Gestaltung öffentlichrechtlicher Rechtsverhältnisse – insbesondere die Aufhebung oder Abänderung von Entscheidungen ohne VA-Charakter – für statthaft zu halten (dazu unten, § 21, Rn. 14 u. § 22, Rn. 1).

Literatur zu § 13 I–II: *Grupp,* Zur allgemeinen Gestaltungsklage im Verwaltungsprozessrecht, in: Festschrift Lüke (1997) S. 207; *Brüning,* Die Konvergenz der Zulässigkeitsvoraussetzungen der verschiedenen verwaltungsgerichtlichen Klagearten, JuS 2004, 882; *Thorsten I. Schmidt,* Das System der verwaltungsgerichtlichen Klagearten, DÖV 2011, 169; *Pietzner/Ronellenfitsch,* Assessorexamen, §§ 8–11; *Würtenberger/Heckmann,* VwProzR, Rn. 316. ff

III. Objektive Klagehäufung (§ 44 VwGO)

1. Allgemeines

13 Nach § 44 VwGO können mehrere Klagebegehren vom Kläger in einer Klage zusammen verfolgt werden. Dies ist die **objektive Klagehäufung** (Klageverbindung), die sich also auf mehrere Klagen richtet. Die sogenannte „subjektive Klagehäufung" (mehrere Kläger) ist ein Fall der Streitgenossenschaft (§ 64 VwGO; dazu oben, § 12, Rn. 16).
Eine objektive Klagehäufung liegt nur bei **mehreren Klagebegehren** (also Streitgegenständen) vor, nicht aber, wenn ein Ziel aus mehreren rechtlichen Gesichtspunkten verfolgt wird. Die Klagebegehren können nebeneinander (kumulativ) oder eventual, also z. B. mit Haupt- und Hilfsantrag, verfolgt werden.

Auch die **Stufenklage** nach § 173 VwGO i. V. m. § 260 ZPO ist ein Fall der Klagehäufung. Bei ihr wird ein zweiter Antrag nur für den Fall gestellt, dass das Gericht dem zunächst gestellten Antrag stattgibt. Die nachträgliche Einbeziehung eines Klagebegehrens stellt zwar gleichfalls eine Klagehäufung dar, wird aber als (erweiterte) Klageänderung i. S. v. § 91 VwGO behandelt.

2. Voraussetzungen

Die **Zulässigkeit** der objektiven Klagehäufung (selbstverständlich nicht der Klagen als solcher) setzt voraus:
- dass die Klagebegehren sich gegen **denselben Beklagten** richten,
- im **rechtlichen oder tatsächlichen Zusammenhang** stehen
- und dass **dasselbe Gericht** zuständig ist.

Nicht erforderlich ist dieselbe Klageart. Auch gegen die Verbindung von Normenkontrollantrag und sonstigen Klagen bestehen keine grundsätzlichen Bedenken, doch dürfte die Klageverbindung in der Regel an unterschiedlichen Beklagten oder der Zuständigkeit unterschiedlicher Gerichte scheitern.

Klausurhinweis: So wie die Beiladung ist auch die objektive Klagehäufung **keine Zulässigkeitsvoraussetzung.** Das müssen Bearbeiter erkennen lassen. Es empfiehlt sich daher, die objektive Klagehäufung gesondert zwischen Zulässigkeits- und Begründetheitsprüfung zu behandeln.

3. Wirkung

Sind die Klagebegehren nach § 44 VwGO verbunden, so verhandelt und entscheidet das Gericht über sie gemeinsam. Unberührt bleibt die Möglichkeit des Gerichts zu einer Klagetrennung oder späteren Klageverbindung (§ 93 VwGO). Liegen die Voraussetzungen der Klagehäufung nicht mehr vor, so muss das Gericht die Verfahren trennen. Auch unabhängig von der Klagehäufung kann das Gericht über einzelne Ansprüche durch Teilurteil entscheiden.

Literatur zu § 13 III: *Assmann,* Das Verfahren der Stufenklage (1990); *Saenger,* Klagehäufung und alternative Klagebegründung, MDR 1994, 860; *Pietzner/Ronellenfitsch,* Assessorexamen, § 8 Rn. 4.

§ 14 Die Anfechtungsklage (§ 42 I 1. Alt. VwGO)

I. Statthaftigkeit

1. Die Aufhebung eines Verwaltungsaktes als Klageziel

1 Als Klage auf Aufhebung belastender staatlicher Einzelfallregelungen ist die Anfechtungsklage die „klassische" Klageart des Verwaltungsprozesses. Mit der Aufhebung des den Kläger belastenden VA zielt sie auf Rechts**gestaltung,** nämlich auf die Beseitigung der Wirksamkeit des VA im Sinne von § 43 VwVfG. Dabei kann sich der Aufhebungsantrag auch auf einen Teil des VA beschränken. Das folgt schon aus dem Wort „soweit" in § 113 I 1 VwGO.

2 Voraussetzung ist das **Vorliegen eines VA** i. S. v. § 35 VwVfG. Die bloße Vorstellung oder die Behauptung des Kl., die Behörde sei ihm gegenüber regelnd tätig geworden, reichen also nicht. Auch muss nach außen erkennbar sein, dass eine Behörde und nicht ein privater Geschäftsbesorger tätig geworden ist (BVerwG, NVwZ 2012, 506). Für die Bestimmung der statthaften Klageart kommt es allerdings nur darauf an, in welcher Form die Behörde objektiv erkennbar tätig geworden **ist,** nicht darauf, in welcher Form sie **hätte** tätig werden müssen. Wählt die Behörde die falsche Form, so ist dies eine Frage der Begründetheit, nicht der Statthaftigkeit der Klage.

> Beispiel: Erlässt die Behörde statt der an sich gebotenen Zusendung einer privatrechtlichen Rechnung einen VA, so ist hiergegen – unabhängig von der eigentlich richtigen Form – die Anfechtungsklage statthaft (BVerwGE 78, 3, 6; BVerwG, DÖV 1990, 521). Anders ist es im umgekehrten Fall: Regelt die Behörde einen Sachverhalt durch „innerdienstliche Weisung" oder gibt sie nur eine Auskunft, obwohl ein VA erforderlich wäre, so reicht dies **nicht** zur Statthaftigkeit der Anfechtungsklage. Auch ein „**Scheinverwaltungsakt**" führt nicht zur Statthaftigkeit der Anfechtungsklage. Erweckt die Behörde den Anschein, sie habe einen VA erlassen, so können die damit zusammenhängenden Rechtsfragen nur im Rahmen der Feststellungsklage geklärt werden.

3 Maßgeblich für das Vorliegen eines VA sind allein die in § 35 VwVfG kodifizierten traditionellen Begriffsmerkmale. Diese sind aber nicht schematisch „abzuprüfen", sondern nur dann vertieft zu behandeln, wenn Abgrenzungsprobleme entstehen. **Die Definition des VA ist damit eine der wichtigsten Schnittstellen zwischen dem Allgemeinen Verwaltungsrecht und dem Verwaltungspro-**

zessrecht. Im Hinblick auf Begriff und Arten des VA muss hier auf die Literatur zum Allgemeinen Verwaltungsrecht verwiesen werden (exemplarisch *Maurer/Waldhoff*, AVwR, §§ 9–12; *Erbguth/Guckelberger*, AVwR, § 12, Rn. 11; *Peine/Siegel*, AVwR., Rn. 271 ff.; *Jakel*, Der Verwaltungsakt i. S. d. § 42 I VwGO, JuS 2016, 410).

Für die Statthaftigkeit der Anfechtungsklage kommt es nach der Legaldefinition des § 35 VwVfG darauf an, dass es sich bei der angegriffenen Maßnahme handelt um

– eine **Regelung** (Gegenbegriff: tatsächliches Handeln),
– **hoheitliches** Handeln (Gegenbegriff: privatrechtliches Handeln),
– einen **Einzelfall** (Gegenbegriff: abstrakt-generelle Regelung = Norm),
– durch eine **Verwaltungsbehörde** (Gegenbegriff: Parlament, Rechtsprechung, Regierung im funktionellen Sinne),
– mit **Außenwirkung** (Gegenbegriff: Rein internes Verwaltungshandeln).

a) **Regelung.** Wichtig für das Merkmal der **Regelung** ist, ob sie 4 eine rechtsverbindliche Anordnung enthält, die auf die **Setzung einer Rechtsfolge** gerichtet ist. Diese besteht darin, dass Rechte und/oder Pflichten begründet, geändert, aufgehoben oder verbindlich festgestellt werden, oder dass nach § 35 S. 1 VwVfG der Rechtszustand einer Sache bestimmt wird („dinglicher VA" – zu dieser Definition *Maurer/Waldhoff*, AVwR, § 9, Rn. 32 und 57 f.).

Keine Regelungen sind tatsächliche Handlungen (Realakte), z. B. Auskünfte, Berichte, tatsächliche Leistungen oder auch tatsächliche Belastungen, Immissionen. Der Regelungscharakter fehlt auch solchen Handlungen, die ein konkretes Gebot oder Verbot lediglich vorbereiten oder als **unselbständige Handlungen** gekennzeichnet werden können (z. B. interne Maßnahmen zur Entscheidungsvorbereitung, Ladungen, einzelne Prüfungsleistungen, unselbständige Anordnungen im Verwaltungsverfahren, auch die Vollzugsanordnung nach § 80 II 1 Nr. 4 VwGO – BVerwG, DÖV 1995, 384). Dagegen sind **Teilgenehmigung** und **vorläufiger Verwaltungsakt** vollgültige Einzelfallregelungen und daher als solche mit der Anfechtungsklage angreifbar. Dasselbe gilt für **feststellende Verwaltungsakte**, auch wenn sich die Regelung hier streng genommen auf die Feststellung eines Rechtsverhältnisses beschränkt (umstr., z. B. im Hinblick auf die Eintragung in das Denkmalbuch – vgl. OVG Weimar, DÖV 2004, 491 – kein VA).

5 **b) Hoheitliches Handeln.** Das Merkmal „hoheitliches Handeln" ist zwar begriffsnotwendig für das Vorliegen eines VA und damit auch Voraussetzung für die Statthaftigkeit der Anfechtungsklage. In der Klausur spielt es aber an dieser Stelle i. d. R. keine Rolle, weil es bereits als Voraussetzung des Verwaltungsrechtswegs (öffentlich-rechtliche Streitigkeit) geprüft wurde.

6 **c) Einzelfall.** Im Hinblick auf das Begriffsmerkmal „Einzelfall" sind viele frühere Probleme durch die Definition der Allgemeinverfügung in § 35 S. 2 VwVfG und die Regelung zum Planfeststellungsbeschluss – beides unstreitig VAe – zwar abgemildert, doch ist die Anwendung der geläufigen Begriffspaare *konkret-individuell* bzw. *abstrakt-generell* nach wie vor von großer Bedeutung. Das Merkmal „individuell" geht dabei weit über den allgemeinen Sprachgebrauch hinaus und umfaßt auch den **bestimmten** oder nach allgemeinen Merkmalen **bestimmbaren** Personenkreis. Maßgeblich ist, dass der Adressatenkreis im Moment der Maßnahme feststeht und sich nicht in unbestimmter Weise noch erweitert. Folgendes Schema hat sich für die Abgrenzung von VA und Norm als hilfreich erwiesen:

Übersicht 8: Abgrenzung VA und Rechtsnorm		
	Konkret	Abstrakt
individuell (auf bestimmten oder bestimmbaren Pers.-kreis gerichtet)	VA	VA (**Beispiel:** Anweisung an Bürger, unter bestimmten Voraussetzungen stets wieder tätig zu werden)
generell (an unbest. Adressatenkreis gerichtet)	„adressatenloser" VA Allgemeinverfügung	Norm

Das Schema zeigt, dass die traditionellen Gruppen konkret-individuell einerseits und abstrakt-generell andererseits weitgehend unproblematisch sind. Im Hinblick auf die konkret-generelle Regelung hat § 35 S. 2 VwVfG dagegen zu einer weitgehenden Offenheit der Grenzen von VA und Rechtsnorm geführt. Diese Bestimmung ermöglicht der Behörde, über ein konkretes Problem in der Form einer **Allgemeinverfügung** (z. B. Betretungsverbot; Anordnung einer Maskenpflicht in bestimmten Bereichen) zu entscheiden. (Zu den Grenzen OVG Saarlouis, NVwZ 2011, 190 – kein allgemeines Glücksspielverbot durch Allgemeinverfügung). Auch der **Planfest-**

§ 14 Die Anfechtungsklage (§ 42 I 1. Alt. VwGO)

stellungsbeschluss betrifft ein konkretes Vorhaben, ist aber durch seinen offenen Adressatenkreis eher generell. Unzweifelhaft Verwaltungsakte sind Regelungen, die sich an ein Individuum oder einen bestimmbaren Adressatenkreis, dabei aber auf einen abstrakten Regelungsgegenstand richten. Derartige Fälle sind zwar durchaus denkbar (**Beispiel:** Individuelle Reinigungspflicht der Straße nach jeder Verunreinigung oder nach jedem zukünftigen Schneefall); aber in der Sache geht es um individuelle Entscheidungen, die für wiederholte tatsächliche Fälle oder bei der Wiederkehr bestimmter Ereignisse eine konkrete Verpflichtung aussprechen.

d) Behörde. Behörde im Sinne von § 35 VwVfG ist jede Stelle, die Aufgaben der öffentlichen Verwaltung wahrnimmt (§ 1 IV VwVfG). Behörde in diesem Sinne ist auch der **Beliehene**, soweit er hoheitliche Aufgaben wahrnimmt (so zu Recht *Schmidt am Busch*, DÖV 2007, 533). So ungenau auch dieser Behördenbegriff ist, so deutlich wird, dass der eigentliche Zweck der Unterscheidung die Abgrenzung gegenüber Gesetzgebung, Regierung und Rechtsprechung ist. Parlamente, Regierungen und Gerichte sind also nicht Behörden, wenn sie die ihnen eigenen Funktionen der Gesetzgebung, Staatsleitung und Rechtsprechung wahrnehmen. Das schließt aber nicht aus, dass Parlamentsverwaltung, Ministerien und Gerichte im Einzelfall Verwaltungsaufgaben wahrnehmen und insoweit als Behörden tätig werden.

7

Beispiel: Parlamentspräsident bei der Ausübung des Hausrechts (BerlVerfGH, NJW 1996, 2657; VG Berlin, NJW 2002, 1063) oder bei Entscheidungen über die Parteienfinanzierung (BVerwG, NJW 2000, 3728; NJW 2003, 1135); Minister bei der Ernennung eines Beamten; Gericht bei den sogenannten Justizverwaltungsakten).

e) Außenwirkung. Die schwierigsten Abgrenzungsprobleme stellen sich nach wie vor bei der „**unmittelbaren Rechtswirkung nach außen**". Historisch sollte dieses Merkmal den staatlichen Innenbereich von verwaltungsgerichtlicher Kontrolle freihalten. Diese Funktion hat es zwar heute teilweise verloren, dient aber immer noch der Ausklammerung rein verwaltungsinterner Entscheidungen. Für das Vorliegen der Außenwirkung ist zwar nicht mehr erforderlich, dass die „bürgerliche Rechtssphäre" i. e. S. durch die Maßnahme berührt wird; Außenwirkung können vielmehr auch staatliche Regelungen gegenüber Selbstverwaltungskörperschaften, rechtsfähigen Anstalten usw. haben. Entscheidendes Merkmal ist aber geblieben, dass eine

8

Maßnahme den „Innenbereich" des Staates oder der sonstigen Körperschaft verlässt und den Rechtskreis einer anderen natürlichen oder juristischen Person berührt.

2. Unabhängigkeit von Art und Form des VA

9 Grundsätzlich kommt die Anfechtungsklage gegen alle Arten von Verwaltungsakten in Betracht *(Barczak,* JuS 2018, 238). Es kommt also nicht darauf an, ob es sich um einen befehlenden, gestaltenden oder feststellenden VA, um eine Allgemeinverfügung oder einen Planfeststellungsbeschluss (oder dessen Abänderung – *Maus,* NVwZ 2012, 1277) handelt. (Zum Rechtsschutz gegen PFB ausf. *Steinberg/Wickel/Müller,* Fachplanung, 4. Aufl. 2012, § 6, Rn. 261). Auch die Klage gegen einen feststellenden VA ist Anfechtungsklage, nicht etwa Feststellungsklage. Selbst ein (für den Adressaten) begünstigender VA kann Gegenstand einer Anfechtungsklage sein, wenn er einen Dritten belastet (Verwaltungsakt mit Drittwirkung). Auch gegen den sogenannten „adressatenlosen" (dinglichen) Verwaltungsakt (§ 35 S. 2, 2. Alt. VwVfG) ist die Anfechtungsklage grundsätzlich statthaft.

3. Existierender VA als Voraussetzung der Statthaftigkeit

10 **a) Bekanntgabe.** Voraussetzung der Statthaftigkeit ist, dass der VA **rechtlich existent** ist. Das ist in der Regel der Fall mit der Bekanntgabe (§ 41 VwVfG) einschließlich neuer Formen des elektronischen oder auch „automatisierten" oder virtuellen" VA gem. § 35a VwVfG (dazu *Siegel,* VerwArch 105 [2014], 241; *Berger,* NVwZ 2018, 1260). Nicht statthaft ist dagegen die Anfechtungsklage gegen „Verwaltungsakte", die nicht bekanntgegeben, nichtig, bereits erledigt oder anderweitig aufgehoben, sind. Keine Voraussetzung für die Statthaftigkeit der Klage ist dagegen, dass der VA **gerade dem Kläger gegenüber** bekanntgegeben worden ist. Auch ein Dritter kann sich vielmehr grundsätzlich gegen einen Verwaltungsakt mit **ihn** belastender Wirkung richten.

„Rechtlich existent" ist auch der VA in Gestalt der **fingierten Genehmigung,** die – z. B. nach Ablauf einer bestimmten Frist – als erteilt gilt. So kann der Nachbar eine Baugenehmigung anfechten, wenn diese als erteilt gilt, soweit über den Bauantrag nicht innerhalb einer bestimmten Frist entschieden worden ist (vgl. § 42a I VwVfG, § 66 IV 5 LBauO Rhl.-Pfalz; OVG Saarlouis, NVwZ-RR 2006, 678; *Kluth,* JuS 2011, 1078; allg. auch *Bickenbach,* JA 2015, 481; *Borscheit,*

Rechtswirkungen von Genehmigungsfiktionen im Öffentlichen Recht [2016]). Zu unterscheiden von der fingierten Genehmigung sind Fälle der **Genehmigungsfreiheit.** Hier gibt es keinen anfechtbaren VA. Verstößt ein genehmigungsfreies Vorhaben gegen geltendes Recht, dann bleibt dem Nachbarn nur die Verpflichtungsklage auf bauaufsichtliches Einschreiten, (dazu BVerwG, NJW 1997, 2063; *Mehde/Hansen*, NVwZ 2010, 14; allg. zum Nachbarschutz in beiden Fallgruppen *Uechtritz*, NVwZ 1996, 640; *Seidel*, NVwZ 2004, 139). Den privaten Bauherrn selbst kann er aber nur vor dem ordentlichen Gericht verklagen.

b) Nichtiger VA. Unstatthaft ist im Grunde die Anfechtungsklage 11 gegen den nichtigen VA. Auch dieser ist (aus rechtlichen Gründen) ohne Rechtswirkung; der Anfechtungsklage fehlt damit der Gegenstand. Rechtsschutz gegen den gleichwohl bestehenden „Rechtsschein" bietet dann die Klage auf Feststellung der Nichtigkeit des VA (§ 43 I 2. Alt. VwGO).

Die Gegenauffassung (*Schenke*, VwProzR, Rn. 183; *ders.*, Rechtsschutz gegen nichtige Verwaltungsakte, JuS 2016, 97) vermag nicht zu erklären, wie etwas nicht Existierendes rechtsgestaltend (!) aufgehoben werden soll. Verkannt wird ferner § 43 II VwVfG, der den untrennbaren Zusammenhang von Aufhebung und Wirksamkeit klarstellt (wie hier: *Maurer*, AVwR, bis 18. Aufl., § 10, Rn. 37; *Sodan*, in: Sodan/Ziekow, § 42, Rn. 23). Aus naheliegenden Gründen weist die Rechtsprechung Anfechtungsklagen gegen nichtige Verwaltungsakte aber nicht als unzulässig ab, weil sich die Nichtigkeit zumeist erst im Verlauf des Prozesses herausstellt und der Kläger nicht mit dem Risiko einer unstatthaften Klage belastet werden soll (BVerwGE 35, 334, 335; *Kopp/ Schenke*, VwGO, § 43, Rn. 21). Unzutreffend ist es aber, von einem „Wahlrecht" oder davon zu sprechen, dass die Nichtigkeit eines VA „entweder durch Feststellungsklage oder durch Anfechtungsklage" geltend gemacht werden könne (vgl. BFH, NVwZ 1987, 359; BSG, NVwZ 1989, 902). Statthafte Klageart ist vielmehr bei von vornherein feststehender Nichtigkeit die Feststellungsklage; einen Anfechtungsantrag muss der Kläger also auf einen entsprechenden Hinweis des Vorsitzenden gem. § 86 III VwGO korrigieren (Einzelheiten unten, § 18, Rn. 27 ff.).

c) Erledigung. Ist der VA bereits **erledigt,** also aufgehoben, zu- 12 rückgenommen oder durch Zeitablauf gegenstandslos, dann ist die Anfechtungsklage gleichfalls mangels Gegenstandes unstatthaft. Das gleiche gilt hinsichtlich der Anfechtungsklage eines Dritten, wenn der begünstigte Adressat wirksam, d. h. im Rahmen seiner Verfügungsbefugnis, auf den VA **verzichtet** hat (BVerwG, NVwZ 1990,

464). Dies muss unter dem Stichwort „statthafte Klageart" in der Klausur ausgeführt werden. Im Prozess ist der Rechtsstreit für erledigt zu erklären. In Betracht kommt dann aber die **Fortsetzungsfeststellungsklage** (§ 113 I 4 VwGO – dazu unten, § 18, Rn. 36 ff.). Personenbezogene Verwaltungsakte sind mit dem Tod des Adressaten erledigt. In bestimmten Fällen wirken Verwaltungsakte aber auch gegen Erben oder sonstige Rechtsnachfolger und können dann vom Übergang der Rechtsstellung an auch vom Rechtsnachfolger angegriffen werden.

Beispiele: Beseitigungsanordnung und Nutzungsuntersagung zu einem Bauvorhaben; Leistungsbescheid wegen zu viel erhaltener Sozialhilfe – Wirkung auch gegen Erben (OVG Münster, DÖV 1989, 553).

4. Einzelfragen der Abgrenzung zur Verpflichtungsklage

13 a) **Grundsatz.** Anfechtungs- und Verpflichtungsklage schließen sich grundsätzlich gegenseitig aus. Sie stehen **nicht** im Verhältnis der Subsidiarität, sondern im Verhältnis der **Alternativität**. Maßgeblich ist stets das **Klageziel** aus der Sicht des jeweiligen Klägers. Mit der Anfechtungsklage will dieser i. d. R. eine im VA liegende Belastung beseitigen, die ihn im Vergleich zur Situation vor Erlass des VA schlechter stellt; er will also die **Rückkehr zum status quo ante.** Will der Kläger dagegen im Vergleich zur Ausgangssituation eine Begünstigung oder auch nur die Bestätigung einer ihn begünstigenden Rechtslage durch feststellenden VA erreichen, dann ist die Verpflichtungsklage die richtige Klageart. Hilfreich zur Abgrenzung ist die Legaldefinition des begünstigenden VA in § 48 I 2 VwVfG *(„ein VA, der ein Recht oder einen rechtlich erheblichen Vorteil begründet oder bestätigt hat")*. Auch nach Ablehnung eines solchen begünstigenden Verwaltungsakts ist deshalb nicht die Beseitigung der Ablehnung, sondern **die Begünstigung selbst** das eigentliche Klageziel (Versagungsgegenklage). Die Bezeichnung der Ablehnung als belastender VA ist missverständlich, denn letztlich steht nicht die Belastung, sondern die nicht erreichte Begünstigung im Mittelpunkt. Richtige Klageart ist also die Verpflichtungsklage.

14 b) **Teilweise Belastung.** Keine großen Schwierigkeiten bereitet die Einordnung von Klagen, die sich gegen belastende **Teilentscheidungen** (oder auch gegen **teilweise belastende** Entscheidungen) richten. Will der Kläger hier die Beseitigung eines belastenden Teils erreichen,

so ist die Anfechtungsklage statthafte Klageart; will er dagegen eine vollständige Begünstigung durchsetzen, so ist insofern Verpflichtungsklage zu erheben.

Beispiele: Anfechtungsklage bei einem zu hohen Erschließungskostenbescheid hinsichtlich des übermäßigen Teils; Verpflichtungsklage bei falsch berechneter Studienförderung hinsichtlich des abgelehnten Teilbetrags.

c) **Begünstigender VA mit belastender Drittwirkung.** Auf die Klägerperspektive kommt es auch beim „Dreiecksverhältnis" mehrerer Beteiligter an. Will ein Dritter die Aufhebung eines den Adressaten begünstigenden VA erreichen, weil dieser ihn belastet, so muss er **Anfechtungsklage** erheben. Das gilt auch, wenn die Erlaubnis nach einer bestimmten Zeit als erteilt gilt (**Genehmigungsfiktion** – § 42a VwVfG). Will er aber die Beeinträchtigung seiner eigenen Rechte durch eine Belastung des Nachbarn beheben, so kommt die **Verpflichtungsklage** in Betracht (*Kluth*, JuS 2011, 1078, 1082). Letzteres gilt auch, wenn keine Genehmigung erforderlich ist (**Genehmigungsfreiheit**). 15

Beispiele: Die Nachbarklage gegen eine (auch fiktiv erteilte) Baugenehmigung ist Anfechtungsklage. Die Klage auf eine Schallschutzauflage zu Lasten des Nachbarn ist Verpflichtungsklage (BVerwG, NVwZ 1988, 534).

Um eine Verpflichtungsklage auf einen begünstigenden VA geht es auch in den Fällen, in denen der Kläger in Konkurrenz zu einem Dritten einen begünstigenden VA erreichen will (**"positive Konkurrentenklage"**). Hier steht i. d. R. nicht die Beseitigung der Begünstigung des Konkurrenten im Mittelpunkt, sondern die eigene Ernennung, Erlaubnis usw. (unten, § 15, Rn. 6 f.). Die Anfechtungsklage ist nur dann einschlägig, wenn es dem Kläger ausschließlich – etwa aus Wettbewerbsgründen – um die Beseitigung der Begünstigung seines Konkurrenten geht (**"negative Konkurrentenklage"**). 16

d) **Anfechtung bei vorliegendem Widerspruchsbescheid – Anfechtung von Rücknahme und Widerruf.** Das Ziel des Klägers bestimmt auch die Klageart beim Vorliegen eines Widerspruchsbescheids. Bestätigt dieser den belastenden VA, so ist die Anfechtungsklage statthaft. Lehnt die Widerspruchsbehörde eine den Bauherrn belastende Schutzauflage ab, so muss der Nachbar diese durch Verpflichtungsklage erstreiten. 17

Dogmatisch schwierig einzuordnen ist der umgekehrte Fall: Hebt die Widerspruchsbehörde auf Widerspruch des Nachbarn eine Bau- 18 genehmigung auf, so ist für den „verhinderten Bauherrn" die Anfechtungsklage in Bezug auf den Widerspruchsbescheid statthaft. Ist diese erfolgreich, so lebt der aufgehobene VA wieder auf (exemplarisch *Schenke*, VwProzR, Rn. 239, 281a). Dasselbe gilt für den Rechtsschutz gegen die **Rücknahme** und den **Widerruf** eines begünstigenden VA. Schwierig zu begründen bleibt dabei die dogmatische Einordnung dieses „Wiederauflebens". Dieses kommt jedenfalls nur in Betracht, solange der die Begünstigung aufhebende Widerspruchsbescheid noch nicht unanfechtbar geworden ist. Hier ist der VA zwar aufgehoben und die „Wirksamkeit" damit beseitigt (§ 43 II VwVfG). Aus der Sicht des ursprünglich Begünstigten besteht aber bis zur Bestandskraft des Widerspruchsbescheids ein Schwebezustand, der durch die wirksame Anfechtung („Aufhebung der Aufhebung") noch korrigiert werden kann.

Der einfache Zugriff auf den drittbegünstigenden VA durch die Erhebung der Anfechtungsklage geht in der Regel auch der Notwendigkeit einer Klage auf Rücknahme, also auf „Verpflichtung zur Negation der Begünstigung" vor. So ist die **Klage eines Dritten auf Rücknahme** oder Widerruf einer Baugenehmigung jedenfalls bis zu deren Bestandskraft in Wirklichkeit eine Anfechtungsklage und nur als solche statthaft. Nach Eintreten der Bestandskraft ist eine Verpflichtungsklage des Dritten auf Widerruf oder Rücknahme der Begünstigung zwar statthaft, kommt aber nur aufgrund einer veränderten Sach- oder Rechtslage in Betracht, weil andernfalls die Frist unterlaufen würde, bzw. der Klageanspruch verwirkt wäre. Gleiches gilt für die Klage auf Widerruf einer Zusicherung (VGH München, BayVBl. 1984, 405). In beiden Fällen erreicht der Kläger sein Ziel nicht durch Verurteilung zur Leistung, sondern durch die Aufhebung der Begünstigung.

19 e) **Isolierte Anfechtungsklage.** Der Adressat eines eine Begünstigung ablehnenden oder nur teilweise einem Antrag stattgebenden VA hat im Normalfall **keine Wahl** zwischen Anfechtung der Ablehnung und Verpflichtung zur Begünstigung. Auch eine Klagehäufung von Anfechtungs- und Verpflichtungsklage kommt in der Regel nicht in Betracht. Statthaft ist in beiden Fällen vielmehr die Verpflichtungsklage – ggf. auf den nicht zugesprochenen Teil der Begünstigung (BVerwGE 37, 151).

20 Es gibt aber Fälle, in denen sich das Klageziel aus anerkennenswerten Gründen auf die **Beseitigung der Ablehnung** beschränkt, weil der Kläger von einer Begünstigung (noch) keinen Gebrauch machen will, aber die Wirkung der Ablehnung beseitigen muss, weil zwar die Ablehnung der Begünstigung nicht in materielle Bestandskraft erwächst, immerhin aber festgestellt wurde, dass – z. B. wegen fehlen-

der Bebaubarkeit – kein Anspruch auf die Begünstigung besteht. Hier ist die **isolierte Anfechtung** des ablehnenden Bescheids (ohne gleichzeitige Verpflichtungsklage auf Begünstigung) in Einzelfällen statthaft, soweit es sich bei der Ablehnung um einen VA handelt (*Würtenberger/Heckmann*, VwProzR, Rn. 391; für Unzulässigkeit – mit Ausnahmen – *Schenke*, VwProzR, Rn. 281 f.).

Aus Gründen begrifflicher Klarheit sollte die isolierte Anfechtungsklage auf Fälle der **Ablehnung eines begünstigenden VA** beschränkt werden. Richtet sich die Klage dagegen gegen den belastenden Teil eines begünstigenden VA oder auch den erstmals belastenden Widerspruchsbescheid, so handelt es sich nicht um eine „isolierte" Anfechtungsklage, sondern um eine (Teil-)Anfechtung. 21

5. Einzelfragen der Abgrenzung zur Unterlassungsklage

Erstes Definitionsmerkmal des VA ist die **Regelung**. Abgrenzungsprobleme ergeben sich dabei vor allem im Hinblick auf das rein tatsächliche hoheitliche Handeln der Behörde (Realakt). Um den Rechtsschutz unter der Geltung des Enumerationsprinzips zu sichern, wurde in der Vergangenheit der Regelungsbegriff – und damit der Anwendungsbereich der Anfechtungsklage – stark ausgeweitet. Dies trug aber zu dem Missverständnis bei, dass die Verwaltung im hoheitlichen Bereich nur regelt und nicht tatsächlich handelt. Durch moderne Handlungsformen der Verwaltung wie Information, Warnung, Auskunft usw. wurde die Bedeutung des tatsächlichen Verwaltungshandelns dann wieder stärker hervorgehoben. 22

Im Grenzbereich von Regelung und Nichtregelung sind vor allem folgende **Fallgruppen** von Bedeutung (Näheres b. *Peine/Siegel*, AVwR, Rn. 308 ff.)

a) Handeln der Polizei: Zwangsmaßnahmen der Polizei besitzen d. Rspr. d. BVerwG zufolge **nicht** rein tatsächlichen Charakter (dazu *Finger*, JuS 2005, 116; *Götz/Geis*, Allg. Polizei- und Ordnungsrecht. 17. Aufl. 2021, 211). In ihnen wird der Vollzug einer unmittelbar vorausgehenden polizeilichen Regelung bzw. ein „Duldungsbefehl" an den Adressaten gesehen. Geradezu sprichwörtliches Beispiel bei „vorhandenem Adressaten" ist der Knüppelschlag als Vollzug eines Platzverweises (BVerwGE 26, 161, 164 – Schwabinger Krawalle), die zwangsweise Vorführung zur Musterung (BVerwGE 82, 244) oder auch das Aufbrechen oder Abschleppen eines Pkw, von dem eine Gefahr ausgeht, bei nicht präsentem Adressaten (w. Nachw. bei *Kopp/Ramsauer*, VwVfG, § 35, Rn. 45). In Fällen der unmittelbaren Ausführung hängt die Annahme des VA nicht davon ab, dass die Polizei denjenigen, „den es angeht", bereits als Adressaten kennt. Die Konstruktion der „Duldungsverfügung" ist 23 nach einer im Vordringen befindliche Meinung entbehrlich. Für deren Vertreter (*Schenke*, VwProzR, Rn. 196; für Realakt auch *Schoch*, JuS 1995, 218; *Kugelmann*, DÖV 1997, 155) handelt es sich hier um tatsächliches Verwaltungshandeln (so zu einem Fall der Video-Überwachung öffentlicher Räume auch VG Karlsruhe, NVwZ 2002, 117). In der Tat spricht viel dafür, die betagte Konstruktion der „Duldungsverfügung" aufzugeben und das nicht regelnde Handeln der Polizei dem Realakt und damit der Leistungs- bzw. Unterlassungsklage zuzuordnen.

Dasselbe gilt für die sog. „**Gefährderansprache**", also die Warnung eines potentiellen Störers vor Konsequenzen seiner Handlung. Sie ist (noch) nicht selbst Regelung, sondern eine Unterform der Information. Statthaft ist hier nicht die Anfechtungsklage, sondern die Unterlassungs- bzw. die negative Feststellungsklage (*Hebeler*, NVwZ 2011, 1364; allg. dazu *Kißling*, DVBl. 2012, 1210; *Kingreen/Poscher*, Polizei- und Ordnungsrecht, 11. Aufl. (2020), § 20, Rn. 51). **Beispiel:** VGH Kassel, LKRZ 2012, 146 – Warnung vor rechtswidrigen Maßnahmen.

24 **b) Vorbereitende Maßnahmen: Keine** Regelungen sind solche Maßnahmen oder Bewertungen, die lediglich eine endgültige Verwaltungsentscheidung **vorbereiten,** und zwar auch dann, wenn sie dem Betroffenen informatorisch mitgeteilt werden.

Beispiele: Mittteilung über die Einleitung eines Eintragungsverfahrens nach dem KulturgutSchG (BVerwG, NJW 2012, 792); Bewertung einzelner Prüfungsleistungen (BVerwG, DVBl. 1994, 1356); Zeugnisnoten, soweit sie nicht eigenständige rechtliche Bedeutung haben (zu diesem Problem *Maurer/Waldhoff*, AVwR, § 9, Rn. 9); Ladung zur schriftlichen Prüfung (VGH München, BayVBl. 1989, 343 f.).

Hat die Bewertung oder Mitteilung aber bereits selbst regelnde Wirkung, dann ist sie nicht lediglich Vorbereitung, sondern **selbst VA.**

Beispiele: Die Prüfungs- oder Bewertungsentscheidung selbst (VGH Kassel, NVwZ 1989, 890); der Leistungsbescheid im Gegensatz zur bloßen Zahlungsaufforderung (BVerwGE 57, 26, 29); die Androhung von Zwangsmitteln als rechtl. Voraussetzung der Vollstreckung.

25 **c) Beurteilung, Gutachten:** Als schlichte Informationshandlungen ohne Regelungscharakter werden durchweg Sachverständigengutachten, fachliche und persönliche Beurteilungen usw. behandelt. Insbesondere muss man wissen, dass die **dienstliche Beurteilung** kein VA ist, obwohl von ihrem Inhalt das berufliche Fortkommen abhängen kann (BVerwGE 28, 191; anders hinsichtlich Änderung oder Aufhebung einer Beurteilung aber BVerwG, NVwZ-RR 2000, 441). Auch im Berufungsvorschlag einer Universität und dem **„Ruf" auf eine Professur** wird lediglich schlichtes Verwaltungshandeln und keine Regelung gesehen (OVG Münster, DÖV 1974, 498; BVerwG, NVwZ 1998, 971).

26 **d) Informationen, Beratung, Akteneinsicht:** Umstritten ist die Einordnung informatorischer Vorgänge wie die Erteilung von Auskünften, die Er-

möglichung von Akteneinsicht, die Ermöglichung des Zugangs zu einem historischen Archiv sowie die Beratung durch die Behörde. Solche Maßnahmen haben als schlichte Informationen in der Regel rein tatsächliche Bedeutung. Die Verwaltung informiert, tut oder ermöglicht etwas, regelt aber nicht.

Anders kann es sich verhalten, wenn der Auskunft, Information, Beratung usw. ein **formalisiertes Entscheidungsverfahren** vorausgeht. Bildhaft gesprochen: Schließt die Behörde nicht einfach den Aktenschrank oder das Archiv auf, sondern entscheidet sie über einen Antrag auf Zugang zur Information (wie bei Informationsansprüchen nach IFG, UIG und VIG; Auskunftsanspruch der Presse), so kann hierin ein VA liegen (*Mühlbauer*, DVBl. 2009, 354; *Ehlers/Vorbeck*, JA 2013, 1124; *Gurlit*, AfP 2020, 9). Ähnlich verhält es sich bei der Streichung oder Löschung einer Information.

Beispiele: Entscheidung über die Löschung von personenbezogenen Daten – VG Hannover, NVwZ 1987, 826; Umweltinformation nach UIG (BVerwG, NVwZ 2000, 436; VGH Kassel, NVwZ 2007, 348); Auskunft – BVerwGE 31, 301, oder die Bekanntgabe von Mitgliedern einer Kommission (OVG Münster, DVBl. 1999, 1053).

e) Hinweis, Zusage und Zweitbescheid. Nach dem objektiven Gehalt einer Erklärung ist zu entscheiden, ob die Behörde lediglich auf eine bestehende Regelung hinweisen oder ob sie selbst regeln wollte. Maßgeblich ist die verständige Würdigung auf Adressatenebene (OVG Schleswig, NJW 2000, 1059). Entsprechendes gilt für die Abgrenzung von Auskunft und Zusage. Auch hier ist der zu Tage getretene **behördliche Wille zur Selbstverpflichtung** entscheidend. Liegt diese vor, so handelt es sich – je nach Inhalt – um eine Zusage einer Leistung oder eine Zusicherung auf einen VA. Beide sind aus der Sicht eines potentiellen Drittbetroffenen anfechtbar (*Bäcker*, VerwArch 104 (2012), 558). Ebenso abzugrenzen sind der bloße Hinweis auf eine bestehende Rechtslage und die Regelung eines bestimmten Verhaltens durch Allgemeinverfügung (vgl. VGH Mannheim, NJW 1987, 1893 – Merkblatt für Straßenmusikanten). Auch Vorbescheid und vorläufiger Verwaltungsakt entfalten Bindungswirkung, sie sind also (für den Nachbarn belastende) Verwaltungsakte (*Maurer/Waldhoff*, AVwR, § 9, Rn. 64). 27

Kein VA und damit auch nicht Gegenstand einer Anfechtungsklage ist der bloße **Hinweis auf eine frühere Entscheidung.** Dieser wird gelegentlich als „wiederholende Verfügung" bezeichnet, dem der **Zweitbescheid** als echte Regelung gegenübergestellt wird. Das ist irreführend, wenn nicht falsch. Die Behörde verfügt eben nicht „wiederholend"; sie weist nur auf eine bereits früher getroffene Entscheidung hin. Ein solcher Hinweis ist nicht anfechtbar 28

(BVerwGE 13, 101), während der Zweitbescheid als neue Sachentscheidung ein anfechtbarer VA ist (BVerwGE 17, 256, 259).

29 **f) Warnmitteilungen und Berichte.** Keine Regelungen sind Informationen an die Öffentlichkeit wie z. B. **Warnmitteilungen** und **Berichte**.

Beispiele: Bericht des Luftfahrtbundesamtes (BVerwGE 14, 323); Bericht eines Parlamentarischen Untersuchungsausschusses (OVG Lüneburg, DVBl. 1986, 476); Produktwarnung (BVerwG, NJW 1991, 1766); das Hochladen ins Netz von Warnungen vor bestimmten Restaurants (z. B. „Pankower Ekelliste" krit. daszu *Holzner*, DVBl. 2012, 17 ff; *Wollenschläger*, VerwArch 2011, 20 ff.); die Aufnahme in den Verfassungsschutzbericht (BVerwG, NVwZ 2008, 1371). VA ist dagegen die Weisung an den Hersteller, selbst die Öffentlichkeit zu warnen oder ein Produkt zurückzurufen (§ 8 IV 3 ProdSG).

Literatur zu § 14 I 1–5: *O. Mayer*, Deutsches Verwaltungsrecht, Bd. I, 3. Aufl. (1924), 59 ff., 92 ff.; *Caspar*, Der fiktive Verwaltungsakt, AöR 125 (2000) 131; *Ehlers*, Die verwaltungsgerichtliche Anfechtungsklage, Jura 2004, 30, 176 ff.; *Blunk/Schroeder*, Rechtsschutz gegen Scheinverwaltungsakte, JuS 2005, 602; *Wollenschläger*, Staatliche Verbraucherinformationen als neues Instrument des Verbraucherschutzes, VerwArch 2011, 20 ff.; *Bäcker*, Bindendes, Allzubindendes. Zur Akzessorietät der öffentlich-rechtlichen Zusage. VerwArch 103 (2012), 558; *Ehlers/Vorbeck*, Der Anspruch auf Erteilung von Verwaltungsinformationen, JA 2013, 1124; *Siegel*, Der virtuelle Verwaltungsakt, VerwArch 105 (2014), 241; *Bickenbach*, Charakteristik, Unterarten und Unarten des Verwaltungsaktbegriffs, JA 2015, 481; *Barczak*, Typologie des Verwaltungsakts, JuS 2018, 238; *Jakel*, Der Verwaltungsakt i. S. d. § 42 I VwGO, JuS 2016, 410; *Maurer/Waldhoff*, AVwR, § 9, Rn. 8 ff.; *Peine/Siegel*, AVwR, Rn. 284 ff.

6. Einzelfragen der Abgrenzung von Anfechtungsklage und Normenkontrolle

30 Im Grenzbereich von Allgemeinverfügung und Norm, also Anfechtungsklage und Normenkontrolle, stellen sich nach wie vor Zuordnungsfragen, die sich anhand abstrakter Kriterien kaum lösen lassen (dazu Tabelle o., Rn. 6). Der weite Anwendungsbereich der Allgemeinverfügung hat diese praktisch zum universell einsetzbaren Mittel für Regelungen an Personenmehrheiten gemacht, denn nach „allgemeinen Merkmalen bestimmbar" ist ein Personenkreis so gut wie immer (§ 35 S. 2, 1. Var. VwVfG). Darüber hinaus ermöglicht § 35 S. 2, 2. Var. VwVfG **sachbezogene** Regelungen, bei denen es auf den Adressaten oder die Bestimmbarkeit des Adressatenkreises nicht mehr ankommt, weil es um die öffentlich-rechtliche Eigenschaft einer

§ 14 Die Anfechtungsklage (§ 42 I 1. Alt. VwGO)

Sache geht („**dinglicher VA**"). Schließlich können Behörden nach § 35 S. 2, 3. Var. VwVfG die **Benutzung** einer Sache durch die Allgemeinheit regeln. Für die statthafte Klageart kommt es allein auf die äußere Form der Maßnahme an.

a) An einen **bestimmbaren Personenkreis** richten sich und sind VAe: 31
- Die Auflösung einer Demonstration und ein Aufenthaltsverbot auf einem Platz (VGH Mannheim, DÖV 1997, 255),
- ein Merkblatt zur Regelung von Rechten und Pflichten von Straßenmusikanten (VGH Mannheim, NJW 1987, 1839),
- ein Planfeststellungsbeschluss,
- die Verkehrsregelung durch Polizisten,
- ein Verkaufsverbot für bestimmte gesundheitsgefährdende Waren (BVerwGE 12, 87 – „Endiviensalat-Fall"; krit. *Laubinger,* FS Rudolf [2001], 305 ff.).

b) Der Adressatenkreis ist dagegen nach h. L. **nicht mehr be-** 32 **stimmbar** bei der Allgemeinverbindlicherklärung eines Tarifvertrags nach § 5 I TVG (BVerwG, DÖV 1989, 449); bei einer Gebührenordnung und beim Bebauungsplan (§ 10 BauGB). Deshalb handelt es sich hier um Rechtsnormen.

c) Typische Beispiele für **sachbezogene Allgemeinverfügungen** 33 oder „**dingliche Verwaltungsakte**" sind:

- Die Widmung und Einziehung von Straßen und anderen öffentlichen Sachen (BVerwGE 47, 144 – Widmung; BVerwGE 32, 225 – Einziehung; VGH Kassel, DÖV 1989, 358; NJW 1995, 1170 – Schließung öff. Einrichtungen; vgl. auch BVerwG, NJW 1978, 2211 – Schließung einer Schule),
- die Benennung von Straßen und die Erteilung von Hausnummern (OVG Münster, DÖV 2008, 296; VGH München, NVwZ-RR 1988, 705),
- Benutzungsregelungen für öffentliche Einrichtungen (soweit sie nicht als Satzung ergehen).

d) Zum Sonderfall **Verkehrszeichen** hat die Rechtsprechung sich 34 nach langem Zögern zur Einordnung als (anfechtbare) Allgemeinverfügung durchgerungen (BVerwGE 27, 181, 183; 59, 221; 92, 32, 34; BVerwG, NJW 1995, 1977; NJW 1997, 1021; NJW 1999, 2056; NJW 2004, 698). Wenn hierzu auch immer noch Zweifel geäußert wurden (*Maurer,* AVwR, bis 18.Aufl., § 9, Rn. 34 ff.), ist die Frage in der Praxis insgesamt geklärt (*Maurer/Waldhoff,* AVwR § 9, Rn. 35 ff; ausf. *Kümper,* JuS 2017, 731 ff. und 833 ff. Das gleiche gilt für verkehrszeichenähnliche Regelungen wie Parkuhr (BVerwG, NVwZ 1988, 623), durchgezogene Mittellinie einer Straße, Sperrpfosten (VG Wiesbaden, LKRZ 2008, 336), Lichtzeichen einer Ampel, Anordnung eines verkehrsberuhigten Bereichs oder einer Busspur und für Sichtzeichen zur Begrenzung eines Fahrwassers auf Wasserstraßen (BVerwG, NVwZ 2007, 314). Besondere Probleme bereiten hier die Bekanntgabe und damit die Rechtsbehelfsfrist (dazu oben, § 6, Rn. 29).

7. Die Abgrenzung zu Fällen fehlender Außenwirkung

35 Die Abgrenzung von Regelung mit Außenwirkung einerseits und bloßem Binnenrecht der Verwaltung andererseits war zur Geltungszeit des Enumerationsprinzips wichtiger als heute, weil mit ihr *stets* die Frage des Rechtsschutzes als solchem verbunden war. Heute wird unter dem verfassungsrechtlichen Gebot des Art. 19 IV 1 GG auch in einzelnen Fällen fehlender unmittelbarer Außenwirkung teilweise mit Leistungs- und Feststellungsklagen „ausgeholfen"; die Probleme der Abgrenzung von Innen- und Außenbereich werden aber gleichwohl „mitgeschleppt", weil von ihnen die Einstufung als VA und damit weitere wichtige Zulässigkeitsvoraussetzungen (Widerspruchsverfahren, Frist usw.) abhängen. Es gibt aber auch heute noch Fälle, in denen der Rechtsschutz als solcher von der Abgrenzung Innen-/Außenbereich abhängt – dies vor allem dann, wenn es darum geht, ob innerbehördliche Maßnahmen überhaupt dem Bürger gegenüber wirken oder nicht.

36 **a) Verwaltungsvorschriften, interne Organisationsmaßnahmen.** Verwaltungsvorschriften, Organisationsmaßnahmen und Einzelweisungen innerhalb der Verwaltung wirken nach h. L. nicht nach außen – und zwar auch dann nicht, wenn sie dem Bürger gegenüber erhebliche faktische Konsequenzen haben (so etwa im Fall der strategischen Telefonüberwachung nach § 5 G 10 [BVerwG, NJW 2008, 2135]). In dieser Fallgruppe hat die Zuordnung zum Innenbereich die traditionelle Bedeutung eines Ausschlusses des Rechtsschutzes. Solche innerbehördlichen Maßnahmen können Einzelweisungen an Beamte sein, sie können eine ganze Behörde betreffen oder auch nahezu „gesetzesähnliche" Form annehmen wie allgemeine Verwaltungsvorschriften der Bundesregierung nach Art. 84 II GG, allgemeine Ermessensrichtlinien usw. Eine rechtliche Kontrolle kann hier allenfalls indirekt (z. B. über die Prüfung einer Verletzung des Gleichheitssatzes – *Voßkuhle/Kaufhold*, JuS 2016, 314) stattfinden. Auch wenn Teile der Lehre mit beachtlichen Argumenten seit langem eine rechtliche Kontrolle verlangen (so insbesondere *Ossenbühl*, Verwaltungsvorschriften und Grundgesetz [1968]; *Jarass*, JuS 1999, 105 ff.; lesenswert zur Bedeutung der internen Organisation und des Organisationsrechts *Schmidt–Aßmann*, Das allgemeine Verwaltungsrecht als Ordnungsidee, 2. Aufl. [2004], 239 ff.) hält die Rechtsprechung bis jetzt „eisern" an der feh-

§ 14 Die Anfechtungsklage (§ 42 I 1. Alt. VwGO) 221

lenden Außenwirkung von Verwaltungsvorschriften fest (zuletzt etwa BVerwG, NVwZ 2007, 708). Das ist nur dann hinnehmbar, wenn die Verwaltungsvorschrift nur eine hinreichend bestimmte und für den Bürger transparente gesetzliche Grundlage konkretisiert, und nicht „eigentliche Rechtsgrundlage" für das staatliche Handeln ist (BVerfGE 129, 1, 17 ff.).

Beispiele für rein innerbehördliche Maßnahmen:
- Einzelanweisungen an Beamten und Erlasse an nachgeordnete Behörden (BVerwGE 71, 342);
- Einführung der „neuen Rechtschreibung" im dienstlichen Schriftverkehr (BVerwG, NVwZ 2002, 610);
- Geschäftsverteilungsplan einer Behörde;
- Subventionsrichtlinie, Förderprogramm (BVerwG, DÖV 1979, 714; DVBl. 1998, 142);
- Besuchsregelung für Klinik (OVG Schleswig, NJW 2000, 3440). Das ist sehr problematisch, weil sich die Besuchsregelung letztlich nicht an die Mitarbeiter, sondern an die Besucher richtet, also eine Allgemeinverfügung über die Nutzung der öffentlichen Einrichtung darstellt.

b) Vorbereitende Planungen. Keine Außenwirkung kommt nach 37 h. L. auch planerischen Maßnahmen zu, die zwar durchaus schon interne Festlegungen bewirken können, dem Bürger oder Dritten gegenüber aber noch nicht verbindlich sind. Außenwirkung erreichen solche Maßnahmen der „verwaltungsinternen Infrastrukturverwaltung" erst mit nachfolgenden Planungsschritten, insbesondere mit Bebauungsplan und Planfeststellungsverfahren.

Beispiele sind:
- Die Entscheidung des Bundesministers für Verkehr über die **Linienführung** nach § 16 I FStrG (BVerwGE 48, 56, 60; 60, 342);
- die interne Entscheidung, ob ein Planfeststellungsverfahren durchzuführen sei (BVerwG, NVwZ 2002, 346);
- der Plan für kurzfristig zu ergreifende Maßnahmen (**Aktionsplan**) bei der Gefahr des Überschreitens von Immissionsgrenzwerten oder Alarmschwellen (z. B. bei Feinstaubbelastung gemäß § 47 II BImSchG oder Flughafenlärm – BVerwG, NVwZ 2020, 891). Statthafte Klageart ist in jedem Fall die Leistungsklage (VGH München, NVwZ 2007, 233; VG Stuttgart, NVwZ 2005, 972). In besonders gelagerten Fällen kann sogar ein Anspruch auf **planunabhängige Einzelmaßnahmen** bestehen (BVerwG NVwZ 2007, 1425). Die Klageart richtet sich dann nach deren Rechtsnatur.

Wichtig: Dem **Flächennutzungsplan**, der früher als typisches Beispiel einer nur intern wirkenden „Vorausplanung" galt, kommt nach neuerer Rspr. zumindest dann Außenwirkung zu, wenn er Wirkungen nach § 35 III 3 BauGB hat (BVerwG, NVwZ 2007, 1081 – dazu unten, § 19, Rn. 12).

38 **c) Vorbereitungs- und Mitwirkungshandlungen im Bereich sogenannter mehrstufiger Verwaltungsakte.** In die Kategorie reiner Vorabhandlungen ohne Außenwirkung fallen auch Mitwirkungshandlungen von Behörden im Rahmen der **Amtshilfe** und sogenannter **mehrstufiger Verwaltungsakte.** Hier entfaltet die Mitwirkung der anderen Behörde dem Bürger gegenüber (noch) keine eigene und unmittelbare Rechtswirkung. Sie ist insoweit nur verwaltungsinterne Erklärung gegenüber der über den zustimmungsbedürftigen VA entscheidenden Behörde (Einzelh. bei *Maurer/Waldhoff,* AVwR, § 9, Rn. 31). Der wichtigste Fall ist das Einvernehmen der Gemeinde nach § 36 BauGB. Dessen Erteilung oder Verweigerung hat dem Bürger gegenüber keine Außenwirkung. **Keine** reinen Vorbereitungshandlungen sind Maßnahmen, die bereits einen Eingriff in die persönliche Freiheitssphäre enthalten und deshalb auch nach § 44a VwGO isoliert angegriffen werden können. Entgegen der wohl h. L. ist das auch bei der medizinisch-psychologischen Untersuchung (im Volksmund: „Idiotentest") im Verfahren der Wiedererteilung einer entzogenen Fahrerlaubnis der Fall (so zu Recht *Brenner,* ZRP 2006, 223).

Sehr wohl Außenwirkung **der Gemeinde gegenüber** haben aber die Ersetzung des Einvernehmens oder die Erteilung einer Baugenehmigung bei nicht vorliegendem Einvernehmen (BVerwG, NVwZ 2008, 1347). Das gilt aber nur, wenn die Gemeinde nicht selbst untere Baugenehmigungsbehörde ist (BVerwG, NVwZ 2005, 83). Dasselbe gilt für die nur „fiktive" Baugenehmigung (OVG Saarlouis, NVwZ-RR 2006, 678) und für die Zulassung einer Abweichung vom Regionalplan durch die Nachbargemeinde (VGH Kassel, NVwZ 2010, 1165). Bei der gleichfalls häufig genannten Zustimmung der obersten Landesstraßenbaubehörde nach § 9 II FStrG handelt es sich entgegen der h. L. ebenso wie bei der Gewährung einer Ausnahme nach § 9 VIII FStrG um Regelungen mit Außenwirkung. Für letzteres ergibt sich das schon daraus, dass die Entscheidung mit Bedingungen und Auflagen versehen werden kann. Im Übrigen kann bei derartigen Mitwirkungsakten von Behörden nur die endgültige Entscheidung (z. B. Baugenehmigung), nicht aber der Mitwirkungsakt, Gegenstand der Anfechtungsklage sein.

39 **d) Genehmigung und Beanstandung von Satzungen usw.** Grundsätzlich *keine* Außenwirkung dem Bürger gegenüber haben auch **Genehmigungen** bzw. deren Versagung, z. B. für Satzungen und Rechtsverordnungen der Gemeinden insoweit nachvollziehbar auch BVerwGE 100, 262 – Mietspiegel). Ein Dritter kann sich also nicht gegen die Genehmigung einer Abgabensatzung wenden. Im Hinblick auf die Genehmigung für Flughafenentgelte hat das BVerwG, NVwZ 2020, 1278 aber, einem Urteil des EuGH folgend, unter Umgehung der Prüfung der Statthaftigkeit sogar die Klagebefugnis eines Fluggesellschaft bejaht, weil hier die Tarifgestaltung unmittelbar betroffen sei. Dagegen hat die Genehmigung eines Flächennutzungsplanes nur der planaufstellenden Gemeinde, nicht aber dem Bürger oder der Nachbargemeinde gegenüber Außenwirkung. Das gleiche gilt z. B. beim Verbot eines Arzneimittels (kein VA gegenüber Patienten – BVerwG, NJW 1993, 3002) oder der Genehmigung einer Pflegesatzvereinbarung nach § 18 KHG (BVerwG, NJW 2001, 909).

Die Besonderheit dieser Fallkonstellation besteht darin, dass Genehmigung, Genehmigungsversagung oder gar Verbot gegenüber dem unmittelbaren Adressaten („Genehmigungsnehmer") durchaus Verwaltungsakte sind. Hier wird also der Grundsatz der einheitlichen Rechtsform einer Maßnahme durchbrochen. Konsequenter wäre es deshalb, den VA-Charakter einer Genehmigung auch in diesen Fällen zu bejahen und Anfechtungsklagen ggf. an der fehlenden Klagebefugnis scheitern zu lassen (so auch *Schenke*, VwProzR, Rn. 209).

e) Aufsichtsmaßnahmen. Hinsichtlich der Außenwirkung von **Maßnahmen der Staatsaufsicht** sind verschiedene Problemkreise zu unterscheiden. 40

Unbestritten ist, dass z. B. Maßnahmen der Kommunalaufsicht **dem Bürger gegenüber** keine Außenwirkung entfalten (Ebenso zur Versicherungsaufsicht VG Frankfurt, NJW 2011, 2747). Anders kann es sich verhalten, wenn es gerade um die Erfüllung einer Schutzpflicht zugunsten des Bürgers geht (BVerwG, NVwZ 2018, 69; OVG Bautzen, NVwZ-RR 2019, 584).

Ganz anders verhält es sich gegenüber **von der Aufsicht betroffenen Körperschaften und Anstalten**, insbesondere Gemeinden. Hier beurteilt die h. L. die Außenwirkung danach, ob es sich um eine Maßnahme im **eigenen** oder im **übertragenen Wirkungskreis** (Auftragsangelegenheiten) handelt (*Geis*, Kommunalrecht, § 26). Unbestritten ist der VA-Charakter von Aufsichtsmaßnahmen, die den eigenen Wirkungskreis (Selbstverwaltungsbereich) betreffen. Einzelmaßnahmen der Rechtsaufsicht sind daher stets durch die Gemeinde anfechtbare Verwaltungsakte (BVerwGE 10, 145; 19, 121; 52, 315).

Bedenklich ist es aber, wenn Rechtsprechung und h. L. Aufsichtsmaßnahmen im **übertragenen Wirkungskreis** die Außenwirkung absprechen. So werden insbesondere **Fachaufsichtsmaßnahmen** gegenüber den Gemeinden im übertragenen Wirkungskreis allenfalls dann als Verwaltungsakte begriffen, wenn die Gemeinde in einer eigenen geschützten Rechtsstellung berührt wird (BVerwG, NVwZ 1995, 165, 910 – Weisung bezügl. verkehrsberuhigter Zone nach § 45 I 2 StVO ist VA, wenn städtebauliches Konzept betroffen – ausf. dazu *Franz*, JuS 2004, 937). Dabei wird teilweise übersehen, dass Selbstverwaltungskörperschaften auch im Bereich übertragener Aufgaben ohne „Planungsbezug" grundsätzlich **nie** integraler Teil des staatlichen „Innenbereichs" sind. Auf das „eigene Recht" und das etwaige Überschreiten der Weisungskompetenz kommt es insofern nicht an. Diese Fragen stellen sich erst bei der Klagebefugnis (*Knemeyer,* Bayerisches Kommunalrecht, 12. Aufl. [2008], Rn. 431; *B. J. Scholz,* Der Rechtsschutz der Gemeinden gegen fachaufsichtliche Weisungen (2002), 96 ff.; *Oldiges,* GS Burmeister [2005], 269, 286). In jedem Fall klagebefugt ist die Gemeinde gegen Beanstandungen des Landesbeauftragten für den Datenschutz (VGH Mannheim, DÖV 2020, 492).

41 **f) Pädagogische und organisatorische Maßnahmen in der Schule.** Die Relikte des „besonderen Gewaltverhältnisses" wurden in der Rechtsprechung zum Schulrecht nach und nach abgebaut. Werden Schüler und Eltern durch Maßnahmen in ihrer persönlichen Rechtsstellung betroffen, so liegt ihnen gegenüber Außenwirkung vor. Das gilt selbstverständlich für die „Grundentscheidungen", wie Aufnahme und Entlassung, aber auch Versetzung und Nichtversetzung, Schullaufbahn-Empfehlungen (dazu OVG Münster, NVwZ-RR 2008, 109; *Beaucamp,* NVwZ 2009, 280; *Wallrabenstein,* DVBl. 2010, 147), Zulassung zur Reifeprüfung und einschneidende Disziplinarmaßnahmen wie z. B. die Versetzung in eine Parallelklasse der gleichen Schule (VGH München, BayVBl. 1985, 631) oder Ausschluss von einer Klassenfahrt (OVG Magdeburg, NVwZ-RR 2019, 954). Einen anfechtbaren Verwaltungsakt stellt auch das Gesamtzeugnis dar (BVerwGE 41, 153). Einzelnoten und einzelne Klassenarbeiten sind nur dann VA, wenn ihnen nach der jeweiligen Prüfungsordnung eigenständige Rechtswirkung zukommt (BVerwG, NJW 2012, 2901; *Morgenroth,* NVwZ 2014, 32). Rein **interne organisatorische** und **pädagogische Maßnahmen** sind dagegen z. B. Anordnung über die Benutzung von Pausenhöfen, die Stundenplangestaltung, die Platzverteilung in einer Klasse, eine Einzelbeurteilung und kleinere Disziplinarmaßnahmen wie „Nachsitzen", „Strafarbeiten" usw.: Sie sind nicht VA. Einzelnen Examensleistungen kann – je nach Prüfungsordnung – aber durchaus Regelungscharakter mit Außenwirkung zukommen (BVerwG, NJW 2012, 2901). Dagegen hatte die sog. **Rechtschreibreform** keine Außenwirkung im Hinblick auf die Rechte der Eltern und Schüler (BVerfGE 98, 218, 244 ff.).

42 **g) Maßnahmen im Beamtenverhältnis.** Besonders auffällig ist der Wandel der Rechtsprechung bei **beamtenrechtlichen Klagen.** Hier war die Unterscheidung zwischen „Grundverhältnis" und „Betriebsverhältnis", also zwischen „eigenem Rechtskreis" und lediglich innerdienstlichem Weisungsverhältnis, wie sie *Ule* in den 1950er Jahren entwickelt hatte (VVDStRL 15 (1957), 151) lange Zeit zugleich konstitutiv für den Rechtsschutz überhaupt. Dieser hing also davon ab, ob der Beamte in seinem eigenen rechtlichen **Grundstatus** betroffen war. Inzwischen kommt es nur noch darauf an, ob eigene Rechte des Beamten berührt sind.

Beispiele: Das Grundverhältnis und damit die persönliche Rechtsstellung des Beamten berühren **Ernennung, Entlassung, Abordnung** *(Amt im statusrechtlichen Sinne),* **Versetzung** zu einer anderen Behörde bzw. deren Ableh-

§ 14 Die Anfechtungsklage (§ 42 I 1. Alt. VwGO) 225

nung *(Amt im abstrakt-funktionellen Sinne)* (BVerwGE 60, 144; *Peine/Siegel,* AVwR, Rn. 332 ff.) sowie die **Anordnung** einer **Teilzeitbeschäftigung** (BVerwG, NJW 2000, 2521). Auch die Anordnung, mit der der Vorgesetzte dem Beamten aufgibt, sich zur Klärung einer Krankheit oder eines Alkoholmissbrauchs einer medizinischen Untersuchung zu unterziehen, ist ein die persönliche Rechtssphäre des Beamten berührender VA (OVG Koblenz, NVwZ-RR 1990, 150; VGH Mannheim, NVwZ-RR 2006, 200; anders hins. ärztlicher Untersuchung zur Klärung der Dienstfähigkeit aber BVerwG, NVwZ 2012, 1483; BVerwG, BeckRS 2019, 6003 – das ist schon deshalb bedenklich, weil es bei der Untersuchung zu Eingriffen in die körperliche Integrität – z. B. durch Blutentnahme – kommen kann; unklar auch BVerwG, NVwZ 2014, 892). Die **Ernennung eines Konkurrenten** in Bezug auf eine Beförderungsstelle ist dem Mitbewerber gegenüber ein belastender VA (BVerwGE 80, 127 = NVwZ 1989, 158; zum Problem des Rechtsschutzbedürfnisses in diesem Fall s. § 23, Rn. 1. Kein VA ist dagegen die Mitteilung an einen Bewerber, dass er nicht zu einem Probevortrag eingeladen wird (BVerfG, Kammer, NVwZ 2014, 785).

Gegenbeispiele: Keine VAe sind solche Entscheidungen, die nicht das Amt im statusrechtlichen Sinne und auch nicht die persönliche Rechtssphäre des Beamten betreffen, z. B. die **Umsetzung,** also die dauerhafte Zuweisung eines anderen Aufgabenkreises bei derselben Behörde – *Amt im konkret-funktionellen Sinne* (BVerwGE 60, 144, 146; BVerwG, NVwZ 1997, 72; OVG Münster, NVwZ – RR 2020, 117; problematisch OVG Lüneburg, NVwZ 2000, 954 – erzwungene Fachänderung eines Theologieprofessors), und zwar unabhängig davon, ob der neue Aufgabenbereich vom Prestige der Stellung, der Vorgesetztenfunktion usw. dem alten entspricht (BVerwG, NJW 1991, 2980). Das gleiche gilt für reine **Organisationsmaßnahmen,** die ohne förmliche Umsetzung den Aufgabenkreis verändern (BVerwG, DVBl. 1981, 495). Entscheidend ist in diesen Fällen aber, ob dem Beamten überhaupt ein Tätigkeitsbereich verbleibt, der seinem Amt im statusrechtlichen Sinne entspricht (BVerwG, NVwZ 1992, 1096). Bei einer dienstlichen **Beurteilung** fehlt es schon am Merkmal der Regelung (BVerwGE 28, 181; 49, 351; anders aber hins. der Entscheidung über einen Änderungsantrag bzw. Aufhebung einer Beurteilung: BVerwGE 49, 351, 354 f.; BVerwG, NVwZ-RR 2000, 441). Keine Außenwirkung haben dienstliche Weisungen, die sich nur auf die **Art und Weise** der zu erledigenden Dienstaufgaben beziehen, auch wenn sie für den Betroffenen noch so ärgerlich sein mögen.

Beispiele: Ungültigerklärung einer Schulaufgabe durch den Schulleiter dem Lehrer gegenüber – VGH München, BayVBl. 1986, 729; Untersagung amtlicher fachlicher Stellungnahmen in einem laufenden Planfeststellungsverfahren – VGH München, BayVBl. 1992, 469; Entbindung von Amtsausübung in einzelnen Verfahren wegen Befangenheit – BVerwG, NVwZ 1994, 785).

Auch bei Maßnahmen ohne Außenwirkung „hilft" die Rechtsprechung aber teilweise mit der **allgemeinen Leistungs-** oder der **Feststellungsklage,** wenn z. B. mit der Umsetzung oder dem Aufgabenentzug eine **verdeckte Disziplinierung** oder eine **Diskriminierung** verbunden ist. Das wird in der Regel mit einem möglichen Verstoß gegen die beamtenrechtliche Fürsorgepflicht begründet und trägt der Erfahrung Rechnung, dass der Beamte sich gegen solche Maßnahmen wehren können muss, die z. B. aus Anlass einer negativ bewerteten Stellungnahme, wegen des Streits mit einem Vorgesetzten usw. ausgesprochen werden, ohne einen direkten Vorwurf zu enthalten (BVerwGE 60, 144, 148 ff.).

Literatur zu § 14 I 7: *Bachof,* Verwaltungsakt und innerdienstliche Weisung, FS Laforet (1952), 285; *Jarass,* Bindungswirkung von Verwaltungsvorschriften, JuS 1999, 105; *Franz,* Die Staatsaufsicht über die Kommunen, JuS 2004, 937; *B. J. Scholz,* Der Rechtsschutz der Gemeinden gegen fachaufsichtliche Weisungen (2002), 96 ff.; *Sydow,* Verwaltungsinterner Rechtsschutz (2007); *Morgenroth,* Bewertungen einzelner Prüfungsleistungen als Verwaltungsakte, NVwZ 2014, 32; *Sodan,* in: Sodan/Ziekow, VwGO, § 42, Rn. 103 ff.; *Voßkuhle/Kaufhold,* Grundwissen – Öffentliches Recht: Verwaltungsvorschriften, JuS 2016, 314; *Geis,* Kommunalrecht, 5.. Aufl. 2020, § 26).

8. Die Beschränkung der Anfechtungsklage auf einen Teil des VA

43 Der Kläger muss mit der Anfechtungsklage nicht immer den „ganzen VA" anfechten. Statthaft ist grundsätzlich auch die **teilweise Anfechtung** eines nur insofern rechtswidrigen oder den Kläger nur teilweise belastenden VA (dazu *Ehlers,* Jura 2004, 30). Die Zulässigkeit der Teilanfechtungsklage folgt aus § 113 I 1 VwGO, wonach das Gericht den VA und den etwaigen Widerspruchsbescheid aufhebt, **soweit** der Verwaltungsakt rechtswidrig und der Kläger dadurch in seinen Rechten verletzt ist. Kann demnach das Gericht den VA teilweise aufheben, muss es dem Kläger auch möglich sein, eine solche Teilaufhebung zu beantragen. Die Bedeutung der Teilanfechtungsklage hat sich auch durch das Vordringen der Allgemeinverfügung gesteigert, die vor allem in Gestalt der sachbezogenen Allgemeinverfügung aus einem ganzen Regelwerk von Einzelbestimmungen bestehen kann. Voraussetzung der Teilanfechtung ist, dass der VA **objektiv teilbar** ist, d. h. dass der verbleibende Teil noch einen eigenen Sinn behält und nicht in seinem Regelungsgehalt verändert würde, wenn das Gericht einen Teil aufhebt (BVerwGE 55, 136; 81, 185). Teilweise aufhebbar sind demnach zahlenmäßig, örtlich, zeitlich, gegenständlich oder personell abgrenzbare Entscheidungen.

Beispiele: Vermarktungsverbot für alle Produkte eines Einzelhändlers, wenn nur ein Teil verdorben ist; Räum- und Streupflicht für Gehweg und Teil der

Straße; überhöhter Teil eines Gebührenbescheids; Verpflichtung zum ärztlichen Notdienst für eine bestimmte Zeit.

Von der teilweisen Anfechtung eines VA **strikt zu trennen** ist die **Anfechtung von Teilgenehmigungen** und sonstigen Verwaltungsakten im gestuften Genehmigungsverfahren. Diese sind (ebenso wie der Vorbescheid und der vorläufige VA) eigenständige VAe, die als solche angefochten werden können. Gleiches gilt für die abschnittsweise Planfeststellung (z. B. einer Bundesfernstraße), die eine Kette aufeinander folgender Planfeststellungsbeschlüsse und damit anfechtbarer VAe ist. Hier hat das Gericht für jeden Abschnitt (neben der Zulässigkeit der Abschnittsbildung) zu prüfen, ob das Gesamtvorhaben den Voraussetzungen der Erforderlichkeit und den natur- und landschaftsbezogenen Belangen Rechnung trägt (BVerwG, NVwZ 1998, 508; BVerwG, NVwZ 1999, 528). 44

9. Die Begrenzung der Anfechtung auf den Widerspruchsbescheid (§ 79 I Nr. 2 und II VwGO)

Gleichfalls eine Teilanfechtung liegt vor, wenn sich der Kläger nach § 79 I Nr. 2 bzw. § 79 II VwGO auf die Anfechtung des Widerspruchsbescheids beschränkt. § 79 I Nr. 2 VwGO begrenzt die Anfechtungsklage gegen den Widerspruchsbescheid nicht auf den „Dritten", sondern stellt auf **jede** erstmalige Beschwer – auch die des Adressaten selbst – ab. 45

Für den **erstmals beschwerten Dritten** stellt hier die Statthaftigkeit schon deshalb kein Problem dar, weil ihm gegenüber nur der Widerspruchsbescheid ergangen ist. Für den **Adressaten** des ursprünglichen VA kommt es dagegen weiterhin auf die *„zusätzliche selbständige Beschwer"* (§ 79 II VwGO) an. Die Beschwer kann auch in einem **Verfahrensfehler** im Widerspruchsverfahren bestehen. Dieser kann aber nur geltend gemacht werden, wenn es i. S. von § 46 VwVfG auf den Fehler ankommen konnte, d. h. wenn die Widerspruchsbehörde einen Ermessens- oder Beurteilungsspielraum hatte (BVerwG, NVwZ 1999, 641). Klargestellt ist auch, dass nicht nur der Widerspruchsbescheid, sondern auch der **Abhilfebescheid** Gegenstand gesonderter Anfechtung durch den zuvor Begünstigten sein kann. Die Klage ist im Falle des § 79 I Nr. 2 und II VwGO gegen den Träger der Widerspruchsbehörde zu richten (§ 78 II VwGO). Kein selbständiger VA ist dagegen die Mitteilung der Ausgangsbehörde an den Antragsteller über die Nichtabhilfe und Weiterleitung an die Widerspruchsbehörde (BVerwG, DVBl. 2012, 49).

10. Die Anfechtung von Nebenbestimmungen

46 Die Anfechtung von Nebenbestimmungen des VA betrifft eines der brisantesten Klausurprobleme überhaupt. Nebenbestimmungen sind nach § 36 II VwVfG **Befristung, Bedingung** und **Widerrufsvorbehalt** als unselbständige Teile des VA sowie **Auflage** und **Auflagenvorbehalt,** die selbst VA sind. Für die Statthaftigkeit galt lange Zeit als „Faustregel", dass die als integraler Bestandteil des Haupt-VA begriffenen Befristungen, Bedingungen und Widerrufsvorbehalte grundsätzlich nicht anfechtbar sind (BVerwGE 29, 261, 265), während Auflage und Auflagenvorbehalt als selbständige Verwaltungsakte Gegenstand der Anfechtungsklage sein können. Diese einfache Regel hat sich aber nach und nach als zu undifferenziert erwiesen und ist daher heute **nicht** mehr Grundlage der Lösung des Problems. Mittlerweile hat das BVerwG das „Dickicht" mit einer beherzten Entscheidung vom 22.11.2000 durchschlagen (NVwZ 2001, 429; zust. dazu *Hufen*, JuS 2001, 927; *Brüning*, NVwZ 2002, 1081; krit. zur Begründung *Labrenz*, NVwZ 2007, 161; grunds. krit. *P. Reimer*, DV 45 (2012), 491): Gegen belastende Nebenbestimmungen eines VA ist grundsätzlich die Anfechtungsklage statthaft. Ob diese zur isolierten Aufhebung der Nebenbestimmung führen kann, ist eine Frage der **Begründetheit** und **nicht der Zulässigkeit.**

Nach wie vor aber kommt es auf folgende **Einzelfragen** an:
– Das eigentliche **Klageziel,**
– die Frage, ob es sich wirklich um eine Nebenbestimmung oder eine Inhaltsbestimmung des VA handelt (Problem der sogenannten **„modifizierenden Auflage"**),
– das Problem der **Teilanfechtung** und der **„Trennbarkeit"** bei unselbständigen Nebenbestimmungen (Bedingung, Befristung).

Die früher sehr umstrittene Anfechtbarkeit von Nebenbestimmungen bei Ermessensentscheidungen stellt dagegen kein Problem der Zulässigkeit mehr dar (ausführlich hierzu und zum folgenden *Hufen/Bickenbach,* JuS 2004, 867, 966; *Voßkuhle/Kaiser,* JuS 2012, 699).

47 a) **Klageziel.** Wie bei allen Fragen der Statthaftigkeit stellt sich auch bei den Nebenbestimmungen zunächst die Frage des **Klageziels.** Hat die Behörde einen begünstigenden VA (z. B. eine Baugenehmigung) erlassen, aber mit einer zusätzlichen belastenden Nebenbestimmung versehen, dann zielt der Kläger primär auf die Beseitigung der Belas-

§ 14 Die Anfechtungsklage (§ 42 I 1. Alt. VwGO)

tung – also die Anfechtung der Nebenbestimmung. Schon mit dieser erreicht er, was er letztlich mit seinem Antrag will. Es geht dann also nicht um eine Verpflichtungsklage auf den „VA ohne Nebenbestimmung", sondern um die Beseitigung der Nebenbestimmung.

Beispiel: Wird eine Gaststättengenehmigung nur befristet erteilt, dann erreicht der Kläger mit der Anfechtung der Befristung, was er will: Die uneingeschränkte Gaststättenerlaubnis.

b) Nebenbestimmung als Inhaltsänderung („modifizierende Auflage"). Weder die materiellen Rechtsgrundlagen noch § 36 VwVfG verpflichten die Behörde zu einer klaren Aussage darüber, **ob** sie einen VA mit bestimmtem Inhalt oder eine Nebenbestimmung erlässt. Hinter den Bezeichnungen „Bedingung" und „Auflage" verbergen sich deshalb in der Praxis nicht selten Bestimmungen, die im Grunde nicht Nebenbestimmungen sind, sondern den beantragten VA **modifizieren.**

Für diese Fälle hat zunächst *Weyreuther*, DVBl. 1969, 232, den Begriff der „modifizierenden Auflage" entwickelt. Dieser Begriff wurde teilweise von der Rechtsprechung (insbesondere BVerwG, NVwZ 1984, 366 – Pipeline) übernommen. Wählt die Behörde aber den Begriff einer Nebenbestimmung nur, um in Wirklichkeit dem Kläger ein „Minus" oder gar ein „Aliud" zu gewähren, so liegt hierin zwar eine Belastung im Vergleich zum ursprünglich beantragten VA, inhaltlich aber gerade **keine Nebenbestimmung,** sondern schlicht eine Teilablehnung des VA, bzw. eine völlige Ablehnung, verbunden mit einem „Gegenangebot". Dies hat Bedeutung für die Statthaftigkeit, denn nun geht es in der Sache nicht mehr um die Anfechtung einer „Nebenbestimmung", sondern um die Verpflichtung zur uneingeschränkten bzw. unveränderten Begünstigung – also um eine **Verpflichtungsklage.**

Beispiel für ein Minus: Die Behörde erteilt eine Baugenehmigung für einen Hotelneubau mit der „Auflage", das Haus mit 20 statt der beantragten 30 Zimmer zu bauen.

Beispiel für ein „Aliud": Baugenehmigung für ein Haus mit Flachdach statt mit Giebel.

In dieser Fallgruppe haben die Bezeichnung „modifizierende Auflage" und die Rechtsprechung des BVerwG zunächst zu großer Verwirrung geführt. Das lag zum einen daran, dass das BVerwG Auflagen, die durchaus echte Nebenbestimmungen waren, zu „modifizierenden Auflagen" erklärt hat (so z. B. im Fall BVerwG, DÖV 1974, 380 – Lärmschutzauflage bei Transportbetonanlage); es lag aber auch an der „Grundkonstruktion". Für die Fallgruppe, die gemeint war, stimmte zwar die Bezeichnung „Modifizierung", nicht aber die „modifizierende *Auflage*". Diese Bezeichnung ließ nicht erkennen, dass es sich in diesen Fällen von vornherein nicht um Auflagen oder Nebenbestimmungen handelte. Es ging vielmehr um eine **Modifikation des beantragten VA selbst** (krit. auch *Brenner*, JuS 1996, 285; *Ehlers*, DV 1998, 53, 60; *Schenke*, VwProzR, Rn. 290; *Peine/Siegel*, AVwR, Rn. 424). Dieser Einsicht folgt das BVerwG seit BVerwGE 69, 37 – Schweres Heizöl: Die Modifizierung des Genehmigungsinhalts wird nunmehr nicht mehr als „modifizierende Auflage", sondern als **„modifizierende Genehmigung"** (Aliud) behandelt, bei dem die Behörde das „so nicht" mit einem Angebot auf „aber so" verbindet. Statthafte Klageart ist also die Verpflichtungsklage auf ungeteilte bzw. unveränderte Genehmigung.

Für die Klausurbearbeitung ist es in diesem Falle also wichtig, klar zu entscheiden, ob es sich um eine Nebenbestimmung oder um eine veränderte Genehmigung handelt. Nur im ersten Fall kommt eine getrennte Anfechtung in Betracht. Im zweiten Fall ist die Verpflichtungsklage die statthafte Klageart.

49   c) **Sogenannte unselbständige Nebenbestimmungen (Bedingung, Befristung, Widerrufsvorbehalt).** Als Teile des VA galten unselbständige Nebenbestimmungen wie **Befristung** und **Bedingung** früher in der Rechtsprechung als nicht getrennt anfechtbar (BVerwGE 29, 261, 265; 35, 145, 154). Demgegenüber wurde in der *Literatur* schon immer darauf verwiesen, dass auch „unselbständige" belastende Nebenbestimmungen als belastende Teile des VA nach den Grundregeln der Teilanfechtung anfechtbar seien. Abgeleitet wurde auch dies zu Recht aus § 113 I 1 VwGO, der die Teilaufhebung, „**soweit** der VA rechtswidrig ist", vorsieht. Für eine selbständige Anfechtung des belastenden Teiles kommt es also nicht mehr auf die Trennung von Bedingung und Auflage, sondern ausschließlich darauf an, ob die belastende Nebenbestimmung vom „Haupt-VA" in der Weise trennbar ist, dass der VA als solcher noch bestehen bleiben kann, wenn die Nebenbestimmung aufgehoben wird (*Schenke*, VwProzR, Rn. 294; *Hufen/Bickenbach*, JuS 2004, 867, 872). Das ist nach BVerwG, NVwZ 2001, 429, nur dann nicht der Fall, wenn die isolierte Aufhebbarkeit offenkundig von vornherein ausscheidet.

Beispiele: Wird die Gaststättenerlaubnis mit einer **Befristung** erteilt, so ist die Anfechtungsklage gegen die Befristung durchaus sinnvoll und auch möglich, denn die Gaststättenerlaubnis bliebe unbefristet bestehen, was exakt dem Ziel des Klägers entspricht. Ebenso verhält es sich bei der **„auflösenden" Bedingung.** Wird eine Güterfernverkehrsgenehmigung unter der „auflösenden Bedingung" des Beibehaltens des Firmensitzes (BVerwGE 78, 114) erteilt, dann ist eine Klage auf ungeteilte Genehmigung unnötig, die auflösende Bedingung kann getrennt angefochten werden (OVG Münster, NVwZ 1993, 488).

Anders verhält es sich bei der **aufschiebenden** Bedingung. Erlässt die Behörde den VA mit der Maßgabe, dass dessen Wirksamkeit erst mit der Erfüllung der Bedingung eintreten soll, dann reicht die Anfechtungsklage nicht. Wird die Bedingung nämlich aufgehoben, wird der VA gerade nicht schon damit wirksam. Richtige Klage ist hier die Verpflichtungsklage (ausf. begründet bei *Hufen/Bickenbach*, JuS 2004, 867, 871; a. A. *Schenke*, VwProzR, Rn. 295; wie hier *Stern/Blanke*, Verwaltungsprozessrecht in der Klausur, Rn. 278).

d) Auflage und Auflagenvorbehalt. Nach heute nahezu unbestrittener Auffassung sind **Auflage** und **Auflagenvorbehalt** selbständige Verwaltungsakte, die nach § 36 VwVfG mit dem VA lediglich „verbunden", also nicht dessen Bestandteil sind. Ihre rechtliche Selbständigkeit verdanken sie gerade dem Umstand, dass die Wirksamkeit des VA nicht von ihnen abhängig ist, dass der getrennte Erlass und vor allem die getrennte Vollstreckung also möglich wären. 50

Beispiele: Die Behörde erteilt eine Fahrerlaubnis mit einer Auflage des Inhalts, dass die dauernde Alkoholabstinenz nachgewiesen werden muss (OVG Koblenz, NJW 1990, 1194); eine Gaststättenerlaubnis an eine Wirtin wird mit der Auflage verbunden, dass der (mehrfach straffällig gewordene) Ehemann die Gaststätte nicht betreten darf (VGH Kassel, NVwZ 1988, 1149).
Wichtig: Keine Nebenbestimmungen in diesem Sinne ist die „Auflage" nach § 15 I VersG. Sie ist selbständiger belastender VA, nicht etwa Nebenstimmung zur (nicht existierenden) „Demonstrationserlaubnis".

Abgesehen vom Problem der Abgrenzung zur „modifizierenden Auflage" – die nach dem zuvor Gesagten keine Auflage ist – besteht hier also der **Grundsatz der selbständigen Anfechtbarkeit.** Das gilt zumal dann, wenn der Kl. einen Anspruch auf den VA hat (gebundene Erlaubnis), der Behörde also kein Ermessensspielraum zukommt, und bei der **nachträglichen Auflage** (BVerwG, NVwZ 1988, 149), die ohnehin wie ein (Teil-)Widerruf wirkt und deshalb nur aufgrund eines besonderen Auflagenvorbehalts oder eines Gesetzes ergehen darf.

e) Ermessensentscheidungen. Die getrennte Anfechtbarkeit von Nebenbestimmungen wurde früher vor allem bei **Ermessensentscheidungen** als problematisch angesehen. Betont wurde der häufig bestehende innere Zusammenhang von Nebenbestimmung und Ermessensbetätigung. Die erfolgreiche Anfechtung einer Nebenbestimmung könne dazu führen, dass eine Genehmigung bestehen bleibe, die Behörde **so** gerade nicht wollte. 51

Schon wegen § 114 VwGO sind diese Probleme auch durch die neueren Entscheidungen des BVerwG keinesfalls ausgeräumt. Das Gericht betont aber zu Recht, dass es sich um Fragen der **Begründetheit** handelt (BVerwG, NVwZ 2001, 429). Erst dort ist zu klären, ob und inwieweit das Gericht die Entscheidung der Behörde korrigieren darf und ob nach einer Aufhebung der Nebenbestimmung der VA mit rechtmäßigem Inhalt fortbestehen würde (dazu unten, § 25, Rn. 27).

52 Im **Ergebnis** kommt es für die Statthaftigkeit einer Anfechtungsklage gegen eine Nebenbestimmung nur darauf an, ob es sich um eine vom Inhalt des Haupt-VA trennbare Nebenbestimmung handelt oder ob es um eine Inhaltsänderung des VA geht. Für die Klausur empfehlen sich zwei Prüfungsschritte:

– **Erster Prüfungsschritt:** Es ist zu klären, ob eine Inhaltsänderung des VA oder eine Nebenbestimmung vorliegt.
– **Zweiter Prüfungsschritt:** Geht es um eine Nebenbestimmung, dann ist wie bei jeder anderen Teilanfechtung zu klären, ob diese einen vom Haupt-VA trennbaren Inhalt hat. Dies ist bei einer Auflage stets der Fall, bei Bedingung, Befristung und Widerrufsvorbehalt gesondert zu prüfen.

Auf die früher erhebliche Frage, ob es sich bei dem Haupt-VA um eine Ermessensentscheidung handelt, kommt es für die Zulässigkeit nicht mehr an. Die Statthaftigkeit und damit die Zulässigkeit ist allenfalls dann in Frage gestellt, wenn eine isolierte Aufhebbarkeit offenkundig von vornherein ausscheidet (BVerwGE 160, 93 = NVwZ-RR 2019, 140; BVerwG, DÖV 2020, 495 = JuS 2020, 998 *(Hufen)*; OVG Lüneburg, 10.10.2019, NVwZ-RR 2020, 519.

Literatur zu § 14 I 10: *Weyreuther,* Modifizierende Auflagen, DVBl. 1984, 365; *Hufen/Bickenbach,* Der Rechtsschutz gegen Nebenbestimmungen zum Verwaltungsakt, JuS 2004, 867, 966; *Labrenz,* Die neuere Rechtsprechung des BVerwG zum Rechtsschutz gegen Nebenbestimmungen – falsch begründet, aber richtig, NVwZ 2007, 161; *Voßkuhle/Kaiser,* Grundwissen – Öffentliches Recht: Nebenbestimmungen, JuS 2012, 699.; *P. Reimer,* Wider den Begriff der „Nebenbestimmung", DV 45 (2012), 491; *Bumke,* Rechtsschutz bei Nebenbestimmungen eines Verwaltungsaktes, FS Battis (2014). S. 177; *Fricke,* Aus der Praxis: Rechtsbehelfe gegen Nebenbestimmungen, JuS 2020, 647; *Maurer/Waldhoff,* AVwR, § 12; *Peine/Siegel,* AVwR, Rn. 413 ff.; *Kintz,* ÖffR. im Ass.Examen, Rn. 203; *Ipsen,* AVwR, Rn. 548 ff.; *Erbguth/Guckelberger,* AVwR, § 18, Rn. 15 ff.

II. Klagebefugnis

1. Allgemeines

Soweit gesetzlich nichts anderes bestimmt ist, ist nach § 42 II VwGO die Klage nur zulässig, wenn der Kläger geltend macht, durch den VA oder seine Ablehnung oder Unterlassung in seinen Rechten verletzt zu sein (**Klagebefugnis**). Trotz dieser klaren gesetzlichen Bestimmung gehört die Klagebefugnis nach wie vor zu den schwierigsten Problemen des Verwaltungsprozessrechts. Sie soll die Verwaltungsgerichte von ungerechtfertigter Inanspruchnahme entlasten, belastet aber vielfach die Zulässigkeitsprüfung mit umfangreichen Erwägungen zur Definition subjektiver Rechte, die eher bei der Rechtsverletzung – also im Begründetheitsteil (§ 113 VwGO) – zu erörtern wären. Daher kann grundsätzliche Kritik an der Überbetonung der Klagebefugnis nicht verwundern (vgl. insbesondere *H. H. Rupp*, DVBl. 1982, 144 ff.). Gleichwohl kann das vorgeschlagene „Durchstarten zum Klagegrund" (*Gierth*, DÖV 1980, 893, 898) gerade für Klausuren ebenso wenig empfohlen werden wie ein kritikloses „Vorziehen" materiell-rechtlicher Erwägungen in den Zulässigkeitsteil (krit. *Laubinger*, „… jedenfalls ist die Klage unbegründet". Zur Prüfungsreihenfolge von Zulässigkeit und Begründetheit, FS Hufen (2015), 608). 53

a) Der **historische Hintergrund** der Klagebefugnis liegt in der Abkehr vom Verständnis der Verwaltungsgerichtsbarkeit im Sinne einer objektiven Rechtmäßigkeitskontrolle, wie er im „norddeutschen System" angelegt war. Wie oben (§ 2, Rn. 6 ff.) dargelegt, setzte sich gegen Ende des 19. Jahrhunderts die „süddeutsche Lösung" der **individuellen Verletztenklage** durch. Damit rückte das subjektive, also das dem Einzelnen zuzuordnende Recht, in den Mittelpunkt des Interesses. Nur auf ein vom Gesetz oder kraft eines Grundrechts ihm selbst unmittelbar zugeordnetes Recht soll sich der Kläger berufen können, nicht auf Rechte eines anderen oder einer Gruppe. Schon gar nicht soll sich der Bürger durch eine „Popularklage" zum Sachwalter der Gemeinwohlbelange (quivis ex populo) machen und damit das Verwaltungsgericht in den Konflikt unterschiedlicher Interpretationen des öffentlichen Interesses ziehen. Zugleich dient die Klagebefugnis der klaren Trennung von lediglich **politischen** und **wirtschaftlichen Interessen** einerseits und **Rechten** im vollen Sinne des Wortes andererseits. 54

Dieser historisch vorgezeichneten Grundlinie folgt auch Art. 19 IV 1 GG, der den Rechtsweg für jeden gewährleistet, der in **seinen Rechten** verletzt ist, und damit zugleich die drei Grundelemente der Klagebefugnis: **Recht, in-**

dividuelle **Zuordnung** des Rechts **zum Kläger** und **Möglichkeit der Rechtsverletzung**, in sich vereinigt.

55 b) Für die Anforderung der Geltendmachung eigener Rechte im Prozess hat sich in allen Prozessordnungen und Verfahren die Bezeichnung „**Befugnis**" durchgesetzt. Schon zur Vermeidung von unnötigen Fehlern und Verwechslungen sollten andere Begriffe wie „Berechtigung", „Aktivlegitimation" usw. vermieden werden.

Beispiele: Klage**befugnis** bei § 42 II VwGO; Antrags**befugnis** i. S. v. § 47 und § 123 VwGO; Beschwerde**befugnis** i. S. v. § 90 BVerfGG; Antrags**befugnis** im Organstreitverfahren nach § 64 I BVerfGG.

56 c) Die notwendige Abgrenzung von möglicherweise verletzten Rechten einerseits und lediglich faktisch interessiertem Bürger andererseits ist aber alles andere als einfach, wenn es nicht um direkte Adressaten eines VA geht. Schon der Wegfall des Enumerationsprinzips hatte den Rechtsschutz unabhängig vom belastenden VA und dessen Klärungswirkung gemacht und die prinzipielle Klagebefugnis auf eine Vielzahl Betroffener erweitert. Zusätzlich liegt es in der Struktur moderner „Großentscheidungen" vom Typus Planfeststellung, Anlagengenehmigung, Allgemeinverfügung, dass sie eine große „Streubreite" erzeugen, die von gravierenden individuellen Belastungen bis zu abstrakten und in einem modernen Industriestaat hinzunehmenden Behelligungen und Unannehmlichkeiten reicht. Im Geflecht vielfach vernetzter Rechte, Interessen, Risiken und Chancen kann auch der Gesetzgeber immer weniger abstrakt-generell festlegen, wer „Teil der Allgemeinheit" und wer „individuell betroffen", d. h. klagebefugt ist, und in welchen Fällen insbesondere der Umweltschutz zugleich zur Klage berechtigender Individualschutz sein soll. Die Frage ist besonders heikel, weil die zu Unrecht verneinte Klagebefugnis einen Revisionsgrund darstellt (BVerwG, NVwZ 2014, 1675).

Gerade Umweltbelastungen, die heute mit jeder nennenswerten Genehmigung oder jedem planfeststellungsbedürftigen Vorhaben verbunden sind, und die Probleme des Klimawandels und der Schadstoffbelastung in den Innenstädten haben dazu geführt, dass dieses enge Verständnis des Individualrechtschutzes durch die Forderung nach einer Klagebefugnis für Umweltverbände (dazu unten, Rn. 80 u. 93) oder gar nach einer „Klimaklage" für jedermann (dazu unten, Rn. 76) in Zweifel gezogen wurde. Auch die an die „norddeutsche Lösung" erinnernde Mobilisierung des Bürgers für objektive Rechtmäßigkeit und Gemeinwohlbelange erlangt neue Aktualität (*Masing*, Die Mobilisierung des Bürgers für die Durchsetzung des Rechts [1997]) und wird auch teilweise durch das Europarecht und die Aarhus-Konvention eingefordert (*Breuer*, DV 45 [2012], 171 u. oben, § 3, Rn. 16 ff.).

§ 14 Die Anfechtungsklage (§ 42 I 1. Alt. VwGO) 235

d) Bei der Klagebefugnis stellt sich ferner die Frage der **analogen** 57
Anwendung auf andere Klagearten. Die Ursachen sind aus historischer und praktischer Sicht leicht verstehbar. Unter der Geltung des Enumerationsprinzips waren es der klärende Verwaltungsakt einerseits und die gesetzliche Schutznormbestimmung andererseits, die allein das „Klagerecht" verliehen. Die Probleme „anderer Klagearten" und unbestimmter „Drittbetroffenheit" stellte sich damals nicht.
Für die Zulässigkeit der Klage und für die geschilderten Abgrenzungsfunktionen der Klagebefugnis kommt es aber heute **nicht mehr auf die Rechtsform** des staatlichen Handelns an. Auch Art. 19 IV 1 GG formuliert – insoweit offener und „moderner" – den Rechtsschutz dessen, der verletzt ist, ohne auf die Rechtsform der verletzenden Handlung einzugehen. Die geschilderten Abgrenzungsprobleme von Verletzten und nur mittelbar Belasteten, subjektiv Berechtigten und lediglich von Chancen und Rechtsreflexen Profitierenden sind aber auch bei Klagen gegen tatsächliches Verwaltungshandeln zu lösen. Schon deshalb ist die Anwendbarkeit der Klagebefugnis auf **Unterlassungs-** und **Leistungsklage** heute nahezu unbestritten (umfassende Nachw. bei *Kopp/Schenke*, VwGO § 42, Rn 62). Bei der **Normenkontrolle** hat der Gesetzgeber in § 47 II VwGO für eine äußerliche Gleichstellung von Antragsbefugnis und Klagebefugnis gesorgt, doch bleiben Besonderheiten der „Betroffenheit durch Rechtsnorm" zu beachten (dazu unten, § 19, Rn. 19). Einzig bei der **Feststellungsklage** ist die analoge Anwendbarkeit von § 42 II VwGO noch umstritten (dazu unten, § 18, Rn. 26).

e) Der **Aufbau der Prüfung** ist von den eingangs genannten drei 58
Elementen bestimmt. So ist zuerst zu fragen, ob der Kläger selbst unmittelbarer **Adressat** eines belastenden VA ist. Dann ist die Klagebefugnis ohne weiteres zu bejahen (dazu Rn. 60).
Alle weiteren Probleme stellen sich also nur bei der **Klage durch einen Dritten.** Dann ist zweckmäßigerweise nacheinander zu fragen, ob der Kläger geltend machen kann:

– Ein **Recht** im Unterschied zum bloßen Interesse, Situationsvorteil usw.,
– die **Zuordnung** des Rechts als subjektives Recht **zum Kläger** (im Unterschied zum Recht der Allgemeinheit oder eines Dritten),
– die **Möglichkeit der Verletzung** dieses Rechts durch die angegriffene Maßnahme.

f) Der Gesetzgeber kann die Klagebefugnis auch unmittelbar ver- 59
leihen bzw. über § 42 II VwGO hinaus vorsehen. Von der Möglich-

keit, „gesetzlich etwas anderes zu bestimmen" (§ 42 II VwGO), hat der Gesetzgeber aber nur zurückhaltend Gebrauch gemacht.

Beispiele: Aufsichts- oder Beanstandungsklage der Aufsichts- und Dienstleistungsdirektion gegen Widerspruchsbescheide nach § 17 Rhl.-Pf. AGVwGO; Klagebefugnis des Bundesbeauftragten für Asylangelegenheiten gem. § 6 AsylVfG sowie der Kammern nach § 12 HandwerksO; Verbandsklage nach § 64 BNatSchG und § 2 URG (dazu Rn. 93).

Literatur zu § 14 II 1: *Bühler,* Die subjektiv öffentlichen Rechte und ihr Schutz in der deutschen Verwaltungsrechtsprechung (1914); *Henke,* Das subjektive öffentliche Recht (1968); *Gierth,* Klagebefugnis und Popularklage, DÖV 1980, 893; *Rupp,* Kritische Bemerkungen zur Klagebefugnis im Verwaltungsprozess, DVBl. 1982, 144; *Bauer,* Geschichtliche Grundlagen der Lehre vom subjektiven öffentlichen Recht (1986); *Masing,* Die Mobilisierung des Bürgers für die Durchsetzung des Rechts (1997); *Voßkuhle/Kaiser,* Grundwissen Öffentliches Recht: Das subjektiv-öffentliche Recht, JuS 2009, 16; *Ramsauer,* Die Dogmatik der subjektiven öffentlichen Rechte, JuS 2012, 769; *Scharl,* Die Schutznormtheorie (2018); *Pietzner/Ronellenfitsch,* Assessorexamen, § 14; *Schenke,* VwProzR, Rn. 485 ff.; *Würtenberger/Heckmann,* VwProzR, Rn. 328.

2. Der Adressat des belastenden VA

60 Die oben genannten Merkmale der Klagebefugnis können unterstellt werden, wenn der Kläger unmittelbarer **Adressat** eines ihn **belastenden VA** ist. Ein solcher VA betrifft mindestens die allgemeine Handlungsfreiheit (Art. 2 I GG); diese steht dem Kläger als **Abwehrrecht gegen ungesetzlichen Zwang** (BVerfGE 6, 32, 36 – Elfes) zu, und in dem Verbot oder Gebot durch den belastenden VA liegt immer eine (zumindest mögliche) Rechtsverletzung.

Das ist der Hintergrund der sogenannten „**Adressatentheorie**", die sich nicht nur allgemein durchgesetzt hat, sondern die Verwaltungsgerichte auch von unangemessener Doppelprüfung entlastet (vgl. BVerwG, NJW 1988, 2752, 2753; krit. *Gurlit,* DV 28 (1995), 449 ff.; *Ipsen,* AVwR, Rn. 1055). Auch in der Klausur erübrigt sich dann ein weiteres Eingehen auf die Klagebefugnis.

Der **Adressat des belastenden VA** ist also **immer klagebefugt**. Das gilt sowohl für den Bürger als auch für Körperschaften, z. B. für Kommunen bei der Klage gegen Aufsichtsmaßnahmen. Bei letzteren darf allerdings nicht auf Art. 2 I GG als möglicherweise verletztes Recht abgestellt werden – im Vordergrund steht hier vielmehr die Selbstverwaltungsgarantie (Art. 28 II GG).

Auch die bestimmbaren Adressaten der personenbezogenen Allgemeinverfügung sind ohne weiteres klagebefugt, wenn sie wirklich zum Adressatenkreis zählen. Beim Planfeststellungsbeschluss kann die Behörde durch die Bekanntgabe an Dritte klarstellen, auf wen sie die Bindungswirkung erstrecken will, muss dann aber auch die Klagebefugnis als selbstverständliche Konsequenz hinnehmen. **Grundsätzlich nicht anwendbar** ist die Adressatentheorie dagegen bei „adressatenlosen" (dinglichen) **Verwaltungsakten,** die sich ohne konkreten Adressaten auf die Nutzung einer Sache beziehen (§ 35 S. 2, 2. Alt. VwVfG). Auf **Verkehrszeichen** mit Ge- oder Verbotscharakter hat das BVerwG (NJW 2004, 698; NJW 2016, 2353) die Adressatentheorie aber ohne weiteres angewandt und dabei nach ordnungsgemäßer Aufstellung eine bereits einmalige „Konfrontierung" für die Stellung des Adressaten ausreichen lassen.

Die Adressatentheorie ist **nur bei der Anfechtungsklage** einsetzbar. Der Adressat des eine Begünstigung ablehnenden Bescheides ist zwar auch „belastet"; für die Klagebefugnis muss er aber geltend machen, über die Ablehnung hinaus in einem weiteren Recht verletzt zu sein, denn es macht keinen Sinn, dem Urheber eines reinen Phantasieantrags nach dessen unweigerlicher Ablehnung ohne weiteres die Klagebefugnis einzuräumen (so auch *Schenke*, VwProzR, Rn. 512). Bei den übrigen Klagearten fehlt es schon am Adressaten, abgesehen von der Normenkontrolle gegen einen Bebauungsplan, bei der die Eigentümer im Planungsgebiet stets Adressaten sind (BVerwG, NVwZ 1998, 732).

Dagegen können allgemeine Bedenken gegen die Adressatentheorie nicht überzeugen. Es ist weder zu befürchten, dass schon die Form des VA ein verletztes Rechtsgut schafft, noch dass die Behörde durch zu viele „Adressaten" eine Vielzahl eigentlich nicht betroffener Dritter produziert. Die wirkliche Rechtsverletzung durch den VA ist erst in der Begründetheit zu prüfen.

3. Geschütztes Recht

Rechte können dem Kläger sowohl aufgrund gesetzlicher Bestimmungen als auch aus den Grundrechten zustehen. In diesen beiden Fällen empfiehlt es sich, Recht und subjektive Zuordnung (Schutznorm) gemeinsam zu prüfen (hierzu sogleich).

Oft scheitert die Klage aber nicht erst an der fehlenden Zuordnung eines Belangs zum Recht, sondern bereits daran, dass es sich beim geltend gemachten „Recht" nur um einen **Situationsvorteil,** ein **Inte-**

resse, eine (**Un-**) **Annehmlichkeit** oder eine **Chance** handelt. Die Abgrenzung von Recht und „Nicht-Recht" erschließt sich am ehesten von den jeweiligen Gegenbegriffen und -beispielen her:

62 a) **Keine** geschützten Rechte sind **bloße Annehmlichkeiten**, deren Beeinträchtigung durch einen VA droht, bzw. **Unannehmlichkeiten**, die durch den VA entstehen. Hierzu zählen z. B. die schöne Aussicht auf eine Landschaft, die Freude an einem Natur- oder Kulturdenkmal usw. Bloße Unannehmlichkeiten sind geringfügiger Lärm, ästhetisches Unbehagen, Ärger und Verdruss. Schon gar nicht kann sich derjenige auf irgendein „Recht" berufen, der in seiner Umgebung keine Kranken, Behinderte, Asylbewerber, Alte oder Kinder wünscht oder sich gegen die Aufführung eines vermeintlich blasphemischen Theaterstücks wehren will (VG Hamburg, NJW 2012, 2536). In die Kategorie der nicht geschützten „Annehmlichkeiten" gehören auch der Gebrauch eines bestimmten Produkts (BVerwG, NJW 1993, 3003), der „Schleichweg" auf dem Weg zur Arbeitsstelle oder das Vorhandensein eines Bahnhofs mit einer bestimmten Zugfrequenz in einer Gemeinde.

Beispiele für nicht anerkannte Belange: Freihaltung einer landschaftlich schönen Aussicht (VGH München, BayVBl. 1991, 369); als hässlich empfundene Lärmschutzwand (OVG Münster, NVwZ – RR 2019, 546); Absetzung einer TV-Sendung (VGH München, BayVBl. 1991, 689 – Scheibenwischer); Zugehörigkeit zu einer bestimmten Gemeinde im Zusammenhang mit einer Gebietsreform (OVG Koblenz, NVwZ 1983, 303); Ärger über Umbenennung einer Straße (OVG Münster, NJW 1988, 2695; OVG Saarlouis, NvWZ – RR 2019, 701; „Reinhaltung" eines Familiennamens (OVG Münster, NJW 1993, 2131), oder eines Berufsstandes (BVerwG, NJW 1993, 2066 – Rechtsanwaltskammer).

63 b) **Keine** Rechte i. S. v. § 42 II VwGO stellen ferner bloße **Erwerbschancen**, wirtschaftliche und politische **Interessen** dar, soweit sie sich nicht oder noch nicht zu echten Vermögenspositionen oder in die Abwägung einzubeziehenden Belangen verdichtet haben. So kann ein Einzelhändler im Innenstadtbereich nicht gegen die Baugenehmigung eines Supermarktes „auf der grünen Wiese" klagen; der Hotelier hat kein Recht auf einen ungeteilten Kundenstamm oder die staatliche Anerkennung seines Standorts als Heilbad (BVerwG, NVwZ 1993, 63); der Omnibusunternehmer hat kein Recht auf Beibehaltung einer bestimmten öffentlichen Straße (BVerfG, Kammer, NVwZ 2009, 1426).

64 c) **Kein** geschütztes Rechtsgut sind außerdem bloße **Situationsvorteile** geographischer oder infrastruktureller Art.

Beispiele: Vorteile für Anlieger durch Ausweisung eines Landschaftsschutzgebietes; Lage eines Betriebs im denkmalgeschützten Ortskern oder in der

§ 14 Die Anfechtungsklage (§ 42 I 1. Alt. VwGO)

Nähe einer durch Neueröffnung der Autobahn entlasteten Bundesstraße; Lage eines bestimmten Taxenstandes (OVG Koblenz, NJW 1986, 2845); anders aber: Beseitigung eines Bahnübergangs mit Verlust des zumutbaren Zugangs zum Bahnhof für Anwohner (BVerwG, NVwZ 2004, 990).

d) Gleichfalls noch in die Fallgruppe „**ideelle Interessen**" fallen solche Positionen, die das Ansehen einer Person, die Attraktivität einer Stadt oder den Ruf einer Vereinigung usw. betreffen, ohne dass sie durch das Persönlichkeitsrecht oder die Selbstverwaltungsgarantie geschützt sind. So kann sich der Lebensmitteleinzelhändler nicht gegen Probenahmen in seinem Geschäft wehren, weil dies dessen „Ruf" beeinträchtigt; eine Stadt darf eine Veranstaltung von Rechtsextremisten nicht allein wegen ihres guten Rufes als Fremdenverkehrsgemeinde verbieten usw. 65

e) Ficht jemand die Begünstigung eines Konkurrenten an („**negative Konkurrentenklage**"), so kommt es – unabhängig von Statthaftigkeit und Rechtsschutzinteresse – darauf an, ob er sich auf ein Recht i. S. v. § 42 II VwGO berufen kann oder ob es wieder nur um wirtschaftliche Chancen, Standortvorteile usw. geht, die auch im Wettbewerb grundsätzlich nicht geschützt sind. 66

Jede gewerbliche Erlaubnis und jede finanzielle Begünstigung, Subvention usw. beeinflussen in irgendeiner Weise die Markt- und Wettbewerbschancen von Konkurrenten, jede Beförderung beeinflusst zumindest mittelbar die Chancen anderer zum beruflichen Fortkommen im Öffentlichen Dienst, jede Zulassung zu einer öffentlichen Einrichtung vermindert die für Mitbewerber zur Verfügung stehende Kapazität. Die Abgrenzung von bloßen Chancen und Interessen einerseits und Rechten andererseits ist deshalb im Bereich der „**Konkurrentenklage**" besonders schwierig.

Auch Grundrechte schützen nicht vor der Verschlechterung einer Marktsituation durch private oder öffentliche Konkurrenz (BVerwGE 71, 183, 193; OVG Münster, NVwZ-RR 2003, 492 – Tierkörperbeseitigungsanstalt; OVG Hamburg, DÖV 2019, 799 – keine Klagebefugnis eines Taxiunternehmers gegen Fahrdienst Uber). Deshalb ist die ausschließlich auf die „Nichtbegünstigung" eines Dritten gerichtete Klage allenfalls bei einer Gefährdung der beruflichen Existenz zulässig (BVerwG, DÖV 2012, 621 – Versanderlaubnis an konkurrierenden Apotheker). Andererseits gibt es aus jüngerer Zeit mehrere Entscheidungen, die gerade in solchen Fällen aus Art. 19 IV GG und sogar aus Art. 12 GG die Notwendigkeit des Rechtsschutzes gegen den Konkurrenten begünstigende Entscheidungen ableiten (BVerfG, Kammer, NJW 2005, 273 – Rechtsschutz gegen Ermächtigung von Krankenhausärzten zur vertragsärztlichen Versorgung; BVerfG, Kammer, NVwZ 2004, 718; BVerwG, NVwZ 2009, 525, bestätigt durch BVerfG, Kammer, NVwZ 2009, 977 – Krankenhausbedarfsplan). Das betrifft vor allem Fälle, in denen es um die Zuteilung knapper Kontingente geht, und der Kläger sich die Chance zur eigenen Begünstigung offen halten will (*Rennert*, DVBl. 2009, 1333). Insofern lässt sich auch plastisch von einer „**Konkurrentenverdrängungsklage**" sprechen (*Schübel/Pfister*, JuS 2011, 420, 424). Unabhängig davon sind die berufliche Existenzgrundlage und die **Wettbewerbsfreiheit** Rechtsgüter, auf die sich der Einzelne berufen kann. Unmittelbare Eingriffe in den Wettbewerb (z. B. durch eine Subvention eines direkten Konkurrenten) können daher die durch Art. 2 I GG geschützte Wettbewerbsfreiheit tangieren. Insofern kann sich der Einzelne auch auf diese Rechte berufen, wenn z. B. eine Gemeinde gezielt in den Wettbewerb eingreift und/oder einen Gewerbetreibenden in den Ruin zu treiben droht (zur Klagebefugnis gegen das kommunalrechtliche wirtschaftliche Betätigungsverbot für Gemeinden s. unten, Rn. 78).

Beispiele für die Klagebefugnis in Konkurrenzsituationen: Klage gegen eine unmittelbar den Mitbewerber begünstigende Subvention durch den in seiner Existenz gefährdeten Unternehmer (BVerwGE 30, 191, 197 – Weinhandel); Klage des nicht begünstigten Konkurrenten wegen gezielter Wettbewerbsbeeinflussung (BVerwGE 60, 154, 160 – Pflegesatzfestsetzung); Klage eines Taxiunternehmers gegen eine Konzession außerhalb einer Vormerkliste (OVG Münster, NVwZ-RR 1991, 147); Klage eines Presseunternehmens gegen Subventionierung einer Konkurrenzzeitschrift (OVG Berlin, OVGE 13, 108, 118 – Kreditvergabe); Klage gegen Erlaubnis an Konkurrenten zum Medikamentenversand mit unzumutbaren Folgen für berufliche Existenz (BVerwG, DÖV 2012, 621); Klagebefugnis gegen Feststellung der Zulassungsfreiheit eines Arzneimittels für Inhaber der Zulassung eines konkurrierenden Arzneimittels (BVerwG, NVwZ 2020, 551).

Will der Kläger nicht gegen die Begünstigung eines Konkurrenten vorgehen, sondern selbst die entsprechende Begünstigung erreichen, sprechen wir von einer „**positiven Konkurrentenklage**". Sie gehört inhaltlich in den Zusammenhang der Verpflichtungsklage (unten, § 15, Rn. 7 u. 25).

Keine Klagebefugnis schon wegen fehlender Rechtsbeeinträchtigung besteht dagegen grundsätzlich dann, wenn sich der Kl. nur aus Sorge um Marktanteile gegen die Zulassung eines Konkurrenten zum Markt oder eine bestimmte den Konkurrenten begünstigende Erlaubnis wehrt, (zur Konkurrenz durch die wirtschaftliche Betätigung von Kommunen s. unten, Rn. 78).

Beispiele: BVerwG NJW 1989, 1175 – Klage eines Rechtsanwalts gegen Rechtsberatungserlaubnis an Dritten; BVerwG, NVwZ 2011, 613 – Frequenzverlagerung nach TKG; BVerwGE 65, 167, 174; OVG Koblenz, NVwZ 1993, 699; OVG Bautzen, NJW 1999, 2539 – Klagen gegen ladenschluss- oder feiertagsrechtliche Ausnahmegenehmigungen; VGH Kassel, NJW 1997, 1179 – Zulassung priv. Rundfunkveranstalter; OVG Münster, NVwZ-RR 2016, 627 – Zulassung eines Arzneimittels zugunsten eines anderen Unternehmens;

BVerwG, 28.11.2019, 7 C 8/18 – Bevorzugung kommunaler Abfallbeseitigung; VGH München, NVwZ – RR 2017, 371 – keine Klagebefugnis eines öffentlichen Entsorgungsträgers gegen Erlaubnis zu privater Altkleidersammlung.

Literatur zu § 14 II 3e (negative Konkurrentenklage): *P.-M. Huber*, Konkurrenzschutz im Verwaltungsrecht (1991); *Wallerath*, Ladenschluß und Konkurrentenschutz, NJW 2001, 781; *V. Schmitz*, Konkurrentenklage und Ladenschluss, NVwZ 2002, 873; *Böcker*, Das Verfahrensrecht wirtschaftsverwaltungsrechtlicher Verteilungsentscheidungen, DÖV 2003, 193; *Waechter*, Kontingentierung durch Planung, NVwZ 2006, 481.

f) Interessante Entwicklungen gab es in neuerer Zeit in der Rechtsprechung zur Klagebefugnis der nur **obligatorisch Berechtigten**, also der Mieter, Pächter usw. Diesen wurde traditionell die Klagebefugnis gegen das Grundstück erfassende Planfeststellungsbeschlüsse und Baugenehmigungen zugunsten des Nachbargrundstücks verweigert (BVerwG, NVwZ 1983, 672; NJW 1989, 2766 – Nachbarstreit; BVerwG, DÖV 1984, 37 – Pächter im Flurbereinigungsverfahren; VGH Mannheim, NJW 1995, 1308 – Begünstigter eines Schenkungsversprechens im Nachbarstreit; grundlegend dazu *A. Kühl*, Die Rechtsstellung der obligatorisch Berechtigten im öffentlichen Baurecht [1996]).

Der Grund: Ein Grundstück soll hinsichtlich der es betreffenden Belastungen **nur einmal repräsentiert** werden. Würde man die Klagebefugnis auf Mieter, Pächter usw. ausdehnen, dann wäre nicht nur der Kreis der Kläger noch schwieriger abgrenzbar, sondern es bestünde auch die Gefahr, dass die Verwaltungsgerichte in Streitigkeiten zwischen Eigentümern und Mietern hineingezogen würden. An dieser gefestigten Rechtsprechung änderte sich zunächst auch nichts durch die (ihrerseits nicht unumstrittene) Stärkung der Mieterposition i. S. eines eigentumsgleichen Rechts durch das BVerfG (BVerfGE 89, 1, 6 ff.). So hat das BVerwG (NJW 1994, 1233) im Hinblick auf den Abwehranspruch gegen eine Straßenplanung die Klagebefugnis des Mieters weiterhin verneint.

Eine Wende schien sich dann durch die Entscheidung des 4. Senats des BVerwG vom 1.9.1997 (NVwZ 1998, 504) anzubahnen, in der einem **Pächter** die Klagebefugnis gegen die Inanspruchnahme des gepachteten Grundstücks für ein Straßenbauvorhaben zugesprochen wurde (so auch BVerwG, NVwZ 2009, 1047 – Einbeziehung eines gepachteten Grundstücks in die Flurbereinigung). Dies wurde ausdrücklich als Aufgabe der bisherigen Rechtsprechung bezeichnet. Wenig später hat derselbe Senat dann aber klargestellt, dass jedenfalls hinsichtlich der Stellung von Pächtern im *Baunachbarstreit* alles beim Alten, d. h. der fehlenden Klagebefugnis von obligatorisch Berechtigten aus bauplanungsrechtlichen Vorschriften, bleibt (BVerwG, NVwZ 1998, 956).

Diese Rechtsprechung ist nicht nur wegen der offenkundigen Widersprüchlichkeit der beiden Urteile alles andere als überzeugend. Das BVerwG sollte sich zu der Erkenntnis durchringen, dass gerade langjährige Mieter und Pächter eine intensive Bindung an Grundstücke und Ladengeschäfte haben können, die – ungeachtet der umstrittenen Zuordnung zum Eigentum – ein subjektives Recht begründet. Das gilt nicht nur bei der planungsrechtlichen Inanspruchnahme von Grundstücken, sondern auch im Hinblick auf den Baunachbarschutz. Widersprüchen zwischen Eigentümer- und Mieterinteressen mag dann im Rahmen der Begründetheitsprüfung Rechnung getragen werden. Problematisch ist auch der umgekehrte Fall: Verneinung der Klagebefugnis eines Eigentümers, wenn dessen Mieter eine Baugenehmigung erteilt wird. Hier greift die Baugenehmigung durch die Behörde unmittelbar in das Eigentum ein, und der Kl. darf schon wegen dieses Grundrechtseingriffs nicht auf den zivilrechtlichen Ausgleichsanspruch gegenüber dem Mieter verwiesen werden (anders aber VGH München, NVwZ-RR 2006, 303).

Zu beachten ist ferner, dass der Mieter ggf. den Eigentümer aus dem Mietvertrag zwingen kann, auch im Klageweg unzumutbare Belastungen vom Grundstück fernzuhalten. Unberührt bleibt auch die Möglichkeit des Mieters, wegen einer möglichen Verletzung seiner Gesundheit (Art. 2 II 1 GG), seiner beruflichen Existenz oder aus eingerichtetem und ausgeübtem Gewerbebetrieb zu klagen.

68 Eine Ausnahme von der fehlenden Klagebefugnis des obligatorisch Berechtigten ist jedenfalls geboten, wenn sich diese Stellung schon „dinglich verfestigt" hat und z. B. eine **Anwartschaft** auf das Grundstück besteht. So kann der Erwerber eines Grundstücks bei vorliegender Auflassungsvormerkung und nach Inbesitznahme des Grundstücks gegen eine Baugenehmigung für ein Vorhaben auf dem Nachbargrundstück klagen (BVerwG, DÖV 1983, 344; anders bez. Nacherben BVerwG, NJW 1998, 770; NJW 2001, 2417). Gegen die Ausübung des gemeindlichen Vorkaufsrechts nach § 24 BauGB kann sich neben dem Verkäufer auch der Käufer eines Grundstücks wehren (VGH Kassel, NJW 1989, 1626). Andererseits endet die Klagebefugnis des bisherigen Eigentümers mit der Umschreibung eines Grundstücks im Grundbuch (OVG Greifswald, NVwZ–RR 2001, 541). Zivilrechtliche Ausgleichsansprüche zwischen Privaten erweitern die Klagebefugnis nicht (VGH München, NVwZ 2001, 339).

69 Ein ähnliches Problem betrifft die Klagebefugnis des **Miteigentümers** gegen das Grundstück betreffende Verwaltungsakte. Diese besteht zwar grundsätzlich, kann aber nicht isoliert und insbesondere nicht gegen Genehmigungen an andere Miteigentümer ausgeübt werden. Auch hier gilt der Grundsatz der einheitlichen Repräsentation des Grundstücks im öffentlich-rechtlichen Rechtsstreit (BVerfG, Kammer, NVwZ 2005, 801; BVerwG, NVwZ 1998, 954; krit. *Stuttmann,* NVwZ 2004, 805; zuletzt OVG Koblenz, NVwZ-RR

2019, 801). Streitigkeiten zwischen den Miteigentümern um die (genehmigungspflichtige) Nutzung sind ausschließlich zivilrechtlich auszutragen.

g) Sehr umstritten ist die Frage, ob als eigenständige Rechtsposition i. S. v. § 42 II VwGO ein **Recht auf fehlerfreie Ermessensausübung** oder gerechte Abwägung in Betracht kommt, das der Kläger unabhängig von anderen Rechtsgütern geltend machen kann. Betrachtet man die Fälle, die für ein solches Recht angeführt werden, so stellt sich schnell heraus, dass es nicht um einen Anspruch auf bestimmte Ermessensausübung geht, sondern um „dahinter stehende" Rechtsgüter. 70

Beispiele: Hinter dem Anspruch auf fehlerfreie Ermessensausübung bei der Änderung eines Straßennamens (VGH Mannheim, BWVwPr 1982, 206) stehen Anliegerstellung und Persönlichkeitsrecht; hinter dem Ermessensanspruch gegen unverhältnismäßige Verkehrsbeschränkungen (BVerwG, NJW 1999, 2056 – Geschwindigkeitsbegrenzung) steht die allgemeine Handlungsfreiheit (Art. 2 I GG); hinter dem „Abwägungsanspruch" (BVerwGE 48, 56, 66; 56, 110, 123) stehen Eigentum oder Gesundheit; hinter dem Anspruch auf sachgerechte Abwägung vor Schließung einer Schule (OVG Koblenz, NVwZ 1986, 1036) stehen Elternrecht, Gleichheitssatz und Vermeidung von unzumutbaren Gesundheitsgefährdungen auf dem geänderten Schulweg.

4. Eigenes Recht

Die Klagebefugnis setzt voraus, dass das geltend gemachte Recht **dem Kläger selbst** zustehen kann. Damit ist der eigentliche Zweck von § 42 II VwGO, die Verhinderung der Popularklage, umrissen. Macht der Kläger die Rechte der Allgemeinheit oder eines Anderen geltend, so handelt es sich hierbei allenfalls um Rechtsreflexe, nicht aber um (eigene) Rechte. 71

Beispiele: Keine Klage eines Bürgers gegen eine an seine Gemeinde gerichtete Aufsichtsverfügung oder im Hinblick auf sonstige Belange der Gemeinde (BVerwG, DVBl. 2011, 1021); keine Klage eines Vereinsmitglieds gegen eine den Verein als solche betreffende Verfügung (anders aber VGH Mannheim, NJW 1990, 61, zur Klage eines Vereinsmitglieds gegen das Vereinsverbot – hier sei zugleich das Recht des Kl. aus Art. 9 I GG betroffen).

Das Recht muss gerade dem Kl. zuzuordnen, also ein **subjektives Recht** sein.

Diese Subjektivierung kann geschehen:

– durch gesetzliche Zuordnung (**Schutznorm**),
– durch **Richterrecht** (z. B. das Gebot der Rücksichtnahme),
– durch **Grundrechte**, auch Grundrechte der EuGrCh und der Landesverfassungen.

72 **a) Gesetzliche Schutznormen.** Das Öffentliche Recht ist traditionell gemeinschaftsorientiert. Es schützt vor allem das **öffentliche Interesse** und stellt diesem das Recht des Einzelnen oder einer gesellschaftlichen Gruppe gegenüber. Selbst dort, wo Schranken individueller Freiheit errichtet werden, geschieht dies – aus der Sicht eines Dritten – zumeist nicht in seinem Interesse, sondern im öffentlichen Interesse an Sicherheit, Umweltschutz, Denkmalschutz usw. Dem Einzelnen kommt dieser Schutz vielfach nur als Teil der Allgemeinheit zugute; sein Interesse ist im „ideellen Gesamtinteresse" des Staates aufgehoben. Schutznormen zugunsten des Einzelnen sind eher die Ausnahme. Eine Schutznorm liegt dann – aber auch nur dann – vor, wenn der Gesetzgeber zumindest **auch** den Schutz des Klägers **bezweckt** hat.

Diesen geschichtlichen Hintergrund muss man sich verdeutlichen, wenn man den Stellenwert der Schutznormtheorie erkennen will (grundlegend dazu *Scharl*, Die Schutznormtheorie. Historische Entwicklung und Hintergründe [2018]). Wichtig ist, dass nur **öffentlich-rechtliche** Normen die Klagebefugnis gegen hoheitliche Entscheidungen vermitteln. So kann sich ein Bauherr z. B. nicht auf ein mit dem Nachbarn vereinbartes privates Bauverbot oder eine Grunddienstbarkeit berufen, denn die Baugenehmigung ergeht „**unbeschadet privater Rechte Dritter**" (vgl. § 70 Rhl.-Pf. LBauO).

Beispiele: BVerwG, NVwZ 1994, 682 – kein klagefähiges Recht aus Architektenvertrag und Urheberrecht gegen Gestaltung eines Autobahntunnels; BVerwG, NVwZ 1999, 413 – keine Klagebefugnis aus (privatem) Erbbaurecht; ausf. *Muckel/Ogorek,* ÖffBauR, 4. Aufl. (2020), § 10, Rn. 85 ff.

73 Im Hinblick auf öffentlich-rechtliche Normen stellte die **Schutznormtheorie** auf zwei wesentliche Elemente ab:

- Einen nach dem Gesetz klar **abgrenzbaren** Kreis von potentiellen Klägern (BVerwGE 52, 122, 129),
- den **Zweck der Norm,** der zumindest auch auf den Schutz des Klägers gerichtet sein musste (BVerwGE 7, 355; BVerwG, NJW 1984, 38).

Eine exakte Trennung im Sinne dieser Kriterien gelang aber selbst im „klassischen" Feld des baurechtlichen Nachbarschutzes immer weniger. Das lag nicht nur daran, dass der Gesetzgeber die ihm gestellte Aufgabe einer exakten Bezeichnung subjektiv nachbarschützender Rechte nicht erfüllt hat, sondern auch daran, dass die modernen Anlagengenehmigungen und Planfeststellungsverfahren des Umwelt-, Verkehrs-, Planungs- und Wirtschaftsrechts immer neue „Nachbarn" schufen. Durch die „Rundumwirkung" der Entscheidungen erwies sich das Kriterium der **Abgrenzbarkeit** des Klägerkreises als nicht

§ 14 Die Anfechtungsklage (§ 42 I 1. Alt. VwGO)

mehr handhabbar und die Rechtsprechung stellte mehr und mehr auf die Abgrenzung von Allgemein- und Individualrecht ab, wobei letzteres durchaus bei einem großen und zunächst unabsehbaren Kreis von Betroffenen gegeben sein kann (vgl. BVerwG, NVwZ 1987, 409). So wurde die Ausfüllung der Schutznormtheorie immer mehr eine Sache des Richterrechts. Zu beachten ist auch, dass die deutsche Schutznormtheorie immer mehr unter den Druck des **Europarechts** gerät (dazu Rn. 80).

Unabdingbar ist die Kenntnis der wichtigsten **Fallgruppen**:

(1) **Bauordnungsrechtliche Normen:** Beim Nachbarschutz im Baurecht ist zunächst zu berücksichtigen, dass sich hier der Schutzzweck primär auf ein Grundstück und nicht auf eine Person richtet. Man sollte also eher von „nachbar**grundstück**schützend" reden. Das sind generell: 74

- Nachbar- und umgebungsbezogene Verunstaltungsverbote,
- Vorschriften über Grenzabstände,
- Vorschriften über Brandschutz – jedenfalls, soweit sie ein Übergreifen eines Feuers auf das Nachbargrundstück verhindern sollen (OVG Koblenz, LKRZ 2013, 467; OVG Magdeburg, NVwZ – RR 2019, 552),
- spezifische baurechtliche Vorschriften zum Schutz vor Immissionen,
- teilweise nachbarschützend sind die Vorschriften über Grenzgaragen und die Nutzung von Freiflächen.

Die genannten Vorschriften sind aber nur dann nachbarschützend, wenn sie **gerade das Grundstück des Klägers** begünstigen. So kann sich ein Nachbar selbstverständlich nicht auf die Einhaltung des Abstands zu einem dritten Grundstück berufen.

Nicht nachbarschützend sind alle das Haus selbst, dessen Sicherheit, Benutzbarkeit und auch Gestaltung betreffenden Normen, z. B.

- Sicherheitsnormen für die Bewohner,
- Bestimmungen zur Grundfläche,
- Bestimmungen zur Geschoßhöhe und -flächenzahl (außer bei Verschattung),
- Bestimmungen zum Wärmeschutz.

Weitere Einzelheiten hierzu bei *Muckel/Ogorek,* Öff. BauR., 4. Aufl. (2020), § 10; *Voßkuhle/Kaufhold,* Grundwissen – Öffentliches Recht: Nachbarschutz im öffentlichen Baurecht, JuS 2018, 764.

(2) **Bauplanungsrechtliche Normen:** Sie dienen – so die traditionelle Auffassung – grundsätzlich der Bodenordnung und städteplanerischen Gestaltung im **öffentlichen Interesse**, sind also ursprünglich **nicht** nachbarschützend. Das gilt auch für die Vorschriften über Sanierung und Stadtentwicklung. Für die eigentliche Bauleitplanung 75

zeigt sich aber, dass einzelne Bestimmungen durchaus dem Schutz der privaten „Planbetroffenen" – und damit auch „Planbegünstigten" gelten können (ausf. *N. Wolf,* Drittschutz im Bauplanungsrecht [2012]):

So sind nach § 1 VII BauGB bei der Aufstellung der Bauleitpläne die öffentlichen **und privaten** Belange gegeneinander und untereinander gerecht abzuwägen. Private Belange gehen also in das Ergebnis des Plans ein. Trotzdem hat nicht jede planerische Festlegung i. S. von **§ 30 BauGB** nachbarschützende Wirkung. So kann sich der Einzelne z. B. **nicht** auf die Festlegung der Zahl der Vollgeschosse (BVerwG, NVwZ 1996, 170); das Erschließungsgebot in § 30 BauGB berufen (BVerwGE 50, 282). In einem viel diskutierten Urteil hat das *BVerwG* allerdings entschieden (BVerwG, NVwZ 2018, 1808 – JuS 2019, 511 [*Hufen*] – Wannsee), dass das festgelegte Maß der baulichen Nutzung nicht nur dann nachbarschützend ist, wenn ein entsprechender Wille des Plangebers besteht, sondern auch unabhängig von diesem, wenn ein wechselseitiges nachbarliches Austauschverhältnis im Bebauungsplan zum Ausdruck kommt (dazu *Faßbender,* NJW 2019, 2132; *Ramsauer,* JuS 2020, 385; skeptisch *Kiefer,* NVwZ 2019, 1340). Die Festsetzung von Baugebieten im Bebauungsplan ist allerdings immer Ergebnis einer planerischen Konfliktlösung (BVerwGE 94, 151); es besteht eine „rechtliche Schicksalsgemeinschaft", gegen deren einseitige Veränderung sich der Einzelne wehren kann. Das gilt insbesondere, wenn von einer planerischen Festlegung befreit werden soll, die selbst Ergebnis der Konfliktlösung in der Planung ist. Deshalb haben Baugrenzen und Baulinien nach der BauNVO (§ 23) auch regelmäßig nachbarschützende Wirkung zugunsten des an derselben Grundstücksseite liegenden Nachbarn (VGH Mannheim, NJW 1992, 1060).

– Zahlreiche **Inhaltsbestimmungen eines Bebauungsplanes** (§ 9 BauGB) beziehen sich sowohl auf öffentliche als auch auf private Belange. So kann – um nur ein Beispiel zu nennen – § 9 I Nr. 24 BauGB i. V. m. immissionsschutzrechtlichen Normen nachbarschützend für denjenigen sein, der von freizuhaltenden Schutzflächen und besonderen Anlagen und Vorkehrungen zum Schutz vor schädlichen Umwelteinwirkungen profitiert (BVerwG, NJW 1989, 467).

– Die durch § 30 BauGB i. V. m. der BauNVO bezweckte planerische Konfliktbewältigung zwischen den Grundstücken und deren Nutzung wird durch **Ausnahmen** und **Befreiungen** nach § 31 BauGB durchbrochen. Deshalb hat die Rechtsprechung Festlegungen des Bebauungsplans im Hinblick auf die Art der baulichen Nutzung nachbarschützende Wirkung zugesprochen (seit BVerwGE 94, 151).

– Von Anfang an war umstritten, ob **§ 34 BauGB** („Innenbereich") nachbarschützende Wirkung im Hinblick auf die Eigenart der Umgebung und das „sich-Einfügen" hat. Einem großen Teil der Literatur zuwider hat die Rechtsprechung zuerst zum BBauG 1960 (BVerwGE 32, 173, 175), dann auch für die seit 1976 geltende Fassung (BVerwG, NJW 1981, 1973) die nachbarschützende Wirkung von § 34 BauGB selbst immer verneint und mit dem Rücksichtnahmegebot „geholfen". Eine (fast) vollständige, im

Hinblick auf das Verhältnis von § 30 und § 34 II BauGB aber konsequente Wende brachte erst das „Garagenurteil" (BVerwGE 94, 151 = NJW 1994, 1546). Mit diesem wurde klargestellt, dass zumindest in Gebieten des Innenbereichs, die baugebietstypisch i. S. d. BauNVO sind, der gleiche Schutz gegen Veränderungen besteht wie im beplanten Bereich gem. § 30 BauGB. Die Folgen sind erheblich: Dem Einzelnen wird ein subjektiver Anspruch **unmittelbar aus § 34 II BauGB** und den entsprechenden Normen der BauNVO auf **Bewahrung des Gebietscharakters** eingeräumt. Er kann sich also gegen „gebietscharakterverändernde" Vorhaben (z. B. eine den Anwohnerbedarf übersteigende Zahl von Garagen oder Gewerbebetrieben im reinen Wohngebiet (BVerwG, NVwZ 2008, 427; NVwZ 2008, 768 – Dialysezentrum; zu den Grenzen *Schröder*, NJW 2009, 484) wehren. Für die Hilfskonstruktion des Rücksichtnahmegebots und die unmittelbare Berufung auf Art. 14 GG (vgl. BVerwGE 89, 78) bleibt **insoweit** kein Raum. Auch für den „allgemeinen" Innenbereich im Sinne von **§ 34 I BauGB** geht das BVerwG (NVwZ 1999, 879) mittlerweile davon aus, dass das Rücksichtnahmegebot „in § 34 I enthalten" sei. Damit kommt auch diesem Absatz ggf. nachbarschützende Wirkung zu. § 34 III BauGB dient dem Schutz der Innenstädte vor Verödung durch großflächige Einzelhandelsbetriebe auf der „grünen Wiese", nicht aber dem Schutz des Einzelhandels vor lästiger Konkurrenz (OVG Münster, NVwZ 2007, 735).

- Bei **§ 35 BauGB** handelt es sich i. d. R. nicht um eine nachbarschützende Vorschrift (ausgenommen § 35 III 1 Nr. 3 BauGB), da hier der öffentliche Belang der Verhinderung einer Zersiedlung im Mittelpunkt steht, es also gerade nicht um Nachbarn geben soll (BVerwG, NVwZ 2000, 552). Schon früh wurde aber anerkannt, dass die Träger der durch § 35 BauGB privilegierten Vorhaben zumindest dann einen Schutzanspruch aus dieser Vorschrift haben, wenn es darum geht, die ungestörte Ausübung einer nur im Außenbereich konfliktfrei möglichen Nutzung gegen eine herannahende Wohnbebauung zu verteidigen (BVerwGE 52, 122, 126 – Schweinemäster; ebenso BVerwG, NVwZ 2000, 552; *Muckel/Ogorek*, Öff.BauR., § 10, Rn. 49; *Würtenberger/Heckmann*, VwProzR, Rn. 338). Einen allgemeinen „Freihalteanspruch" oder ein Anspruch auf Bewahrung der Außenbereichsqualität will die Rechtsprechung gleichwohl nicht zubilligen (BVerwG, NVwZ 2000, 552).

- Grundsätzlich nicht nachbarschützend sind Normen zur **Erhaltung der städtebaulichen Eigenart** („Milieuschutz"). So vermitteln Erhaltungssatzungen nach § 172 BauGB kein subjektives Recht (OVG Greifswald, NVwZ-RR 2001, 719).

(3) Klarer sind die Grundlinien der Rechtsprechung im **Immissionsschutzrecht,** wenn es um die klägerschützende Wirkung von Normen geht, die der Bekämpfung oder Einschränkung von Lärm, Abgasen und vergleichbaren Belastungen und Gefahren dienen.

Schon im Begriff „Immissionsschutz" und im expliziten Nachbarbezug in Normen wie § 5 I 1 Nr. 1 und § 3 BImSchG (genehmigungspflichtige Anlagen) wird deutlich, dass diese nicht nur der Verhinderung von Belastungen der Umwelt, sondern auch dem Schutz des Nachbarn dienen. Die besondere Wirkung von Immissionen führt auch zu einer Erweiterung des Nachbarbegriffs: Für jeden, der im Einwirkungsbereich einer emittierenden Anlage liegt, gilt die Schutzwirkung bestimmter immissionsrechtlicher Normen (BVerwG, NVwZ 1997, 161 – KKW Krümmel u. StrahlenschutzVO).

Nachbarschützend sind aufgrund des spezifischen immissionsrechtlichen Nachbarbegriffs des § 3 I BImSchG § 5 I 1 Nr. 1 u. § 22 I 1 Nr. 1 BImSchG (BVerwGE 68, 58; 88, 210; BVerwG, NVwZ 1996, 1023 – Elektromagnetisches Feld; OVG Lüneburg, NVwZ 2007, 1210 – Biogasanlage; OVG Magedeburg, NVwZ – RR 2018, 683 – Sportplatz; beachte aber § 22 Ia BimSchG – keine Abwehr von Kinder"lärm"; dazu OVG Koblenz, NVwZ 2012, 1347), Normen des Planungsrechts, die den Schutz des Planbetroffenen bewirken (§ 74 II VwVfG; BVerwG, DVBl. 1975, 713), § 29b LuftVG hinsichtlich der Vermeidung von Fluglärm; § 69a I Nr. 3 GewO hinsichtlich des von einem Wochenmarkt ausgehenden Lärms (BVerwG, NVwZ 1987, 794). Umgekehrt kann sich der Inhaber einer immissionsschutzrechtlichen Genehmigung auch gegen heranrückende Wohnbebauung wehren (*Spiegels*, NVwZ 2003, 1091).

Auf einer völlig anderen Ebene spielt die derzeitige Diskussion um ein verwaltungsprozessual durchsetzbares **„Recht auf Klimaschutz"**. So hat sich die deutsche Rechtsprechung z. B. mit der Schadensersatzklage peruanischer Landwirte gegen die Bundesrepublik wegen Vernachlässigung des Klimaschutzes und der daraus folgenden Naturkatastrophen zu befassen (ausgehend vom klimaschützenden Europa- und Völkerrecht und mit einem Seitenblick auf erfolgreiche Klagen z. B. in den Niederlanden (LG Essen, NVwZ 2017, 734; *Chatzinerantis/Appel*, NJW 2019, 881). Auf europäischer und internationaler Ebene wird allgemein die Klagebefugnis gegen Umweltbelastungen postuliert – auch wenn in Deutschland erste Urteile dies verneinen (VG Berlin, NVwZ 2020, 1289 = JuS 2020, 478 *[Ruffert]*). Gefragt wird auch, ob die Schutzpflicht aus Art. 2 II GG oder entsprechender Europa- und internationalrechtlichen Normen durch Verfassungsbeschwerde oder auch Verwaltungsklage durchsetzbar ist (*Groß*, NVwZ 2020, 137; eher skeptisch *Bickenbach*, JZ 2020, 157).

Literatur: *Bickenbach*, Subjektiv-öffentliches Recht auf Klimaschutz? Die Erderwärmung vor Gericht, JZ 2020 157; *Buser*, Ein allgemeine Klimaleistungsklage vor dem VG Berlin. NVwz 2020, 1253 *Chatzinerantis/Appel*, Haftung für den Klimawandel, NJW 2019, 881; *Groß*, Die Ableitung von Klimaschutzmaßnahmen aus grundrechtlichen Schutzpflichten, NVwZ 2020, 137. *St. Meyer*, Grundrechtsschutz in Sachen Klimawandel? NJW 2020, 894; *Naciemento/Covi*, Klimaschützer vor Gericht. NJW aktuell 6 /2020.

Nachbarschützende Vorschriften bestehen für sonstige Anlagen, z. B. im **Atomrecht** (BVerwG, NJW 1981, 359, 361; NVwZ 1997, 161, einschl. Beförderung von Kernbrennstoffen gem. § 4 AtomG (BVerwG, NVwZ 2013, 1407), im **Abfallrecht** (zur Planfeststellung hinsichtlich einer Mülldeponie: OVG Koblenz, NJW 1977, 595), im sonstigen Planungsrecht öffentlicher Anlagen usw.

§ 14 Die Anfechtungsklage (§ 42 I 1. Alt. VwGO)

Nicht nachbarschützend sind dagegen alle Vorschriften, die den Zielen sparsamer Energieverwendung, der Abfallvermeidung, dem Hochwasser- und Wasserschutz (OVG Lüneburg, NVwZ 2007, 1210) oder der Entsorgung dienen (VGH Mannheim, DVBl. 1984, 880). **Nicht nachbarschützend sind auch allgemeine umweltschützende Bestimmungen**, z. B. § 5 I 1 Nr. 2–4 BImSchG und § 5 I 1 Nr. 1 BImSchG, soweit es um schädliche Umwelteinwirkungen und sonstige Gefahren für die Allgemeinheit – nicht für die Nachbarschaft – geht (OVG Münster, NVwZ 2003, 361 – Windenergieanlage).

(4) **Sonstige Bereiche des Umwelt- und des Naturschutzrechts:** Sehr zurückhaltend ist die Rechtsprechung mit der Zuerkennung subjektiver Rechte im sonstigen **Umwelt- und Naturschutzrecht** (dazu *Gärditz*, NVwZ 2014, 1). So haben die Nachbarn kein subjektives Recht auf Durchführung einer UVP (VGH Kassel, NVwZ -RR 2018, 639). Auch vermittelt § 6 II LuftVG Nachbarschutz nur hinsichtlich des Schutzes vor Fluglärm, nicht aber im Hinblick auf Abstand der Flugbewegungen und Absturzrisiko (OVG Hamburg, NVwZ 2007, 604), die Vogelschutzrichtlinie nur Schutz für die Vögel, nicht auch für Vogelliebhaber und Nachbarn eines Flughafens (BVerwG, NVwZ 2007, 1074), das **Wasserrecht** räumt nur demjenigen subjektive Rechte ein, dessen Position eigentumsähnlich verfestigt ist, während der allgemeine Grundwasserschutz, der Überschwemmungsschutz (OVG Hamburg, NVwZ-RR 2016, 686) und die Sicherung der Wasserversorgung rein öffentliche Belange sind (BVerwG, NVwZ 2018, 1233; BVerwG, NVwZ Beilage 2018, 19 – keine Klagebefugnis der Elbfischer gegen Elbvertiefung; ggf. aber Klagebefugnis gegen Erlaubnis zum Abbau von Kies und Sand auf Nachbargrundstück [OVG Magdeburg, NVwZ 2020, 103]). Eine **Baumschutzsatzung** schützt nur die Natur (OVG Lüneburg, NJW 1996, 3225); das **Tierschutzrecht** nur die Tiere (VGH Mannheim, NJW 1997, 1798). Auch der **Denkmalschutz** dient allein öffentlichen Belangen und vermittelt allenfalls Reflexwirkungen für Anwohner, Touristen usw. gegen Änderungen oder selbst den Abriss eines Denkmals (OVG Magdeburg, NVwZ-RR 2020, 1054). Selbst derjenige, der in einem Denkmal wohnt, ist durch denkmalschützende Vorschriften nicht gegen dessen Veränderung geschützt (so zuletzt noch OVG Koblenz, LKRZ 2008, 335). Anders kann es sich aber verhalten, wenn das Vorhaben die Denkmalwürdigkeit des eigenen Anwesens beeinträchtigt (so zu Recht BVerwG, NVwZ 2009, 1231; VGH Kassel, NVwZ-RR 2020, 676; *Hornmann*, NVwZ 2017 601; allg. dazu *Mast*, NVwZ 2012, 472).

77

(5) **Weitere Rechtsgebiete:** Eine bemerkenswerte Änderung hat sich in der Rechtsprechung zur Klagebefugnis eines betroffenen Konkurrenten bei **wirtschaftlicher Betätigung der Gemeinden** ergeben. Während hier die Verwaltungsgerichte früher stets ein subjektives Recht auf Schutz des Konkurrenten verneinten (BVerwGE 39, 329 [336]; zuletzt BVerwG, NJW 1995, 2938 – Kommunale Wohnungsvermittlung) und allenfalls bei Existenzgefährdung oder unzumutbarer Beeinträchtigung des Wettbewerbs die Klagebefugnis bejahten (BVerwGE 17, 306 [314]), führte wohl nicht zuletzt das „Abwandern" des Problems zur Zivilgerichtsbarkeit (dazu oben, § 11, Rn. 42) zu der Ände-

78

rung, dass die Frage des „Ob" einer wirtschaftlichen Betätigung der Gemeinde vor die Verwaltungsgerichtsbarkeit gehört (BGH, NVwZ 2002, 1141) und sich damit die Frage der Klagebefugnis neu stellte. Deren restriktive Interpretation war auch im Hinblick auf Art. 19 IV GG nicht mehr haltbar (BVerfG, Kammer, NVwZ 2004, 718 und NJW 2005, 237; Rhl.-Pf. VerfGH, DVBl. 2000, 997). Deshalb haben das OVG Münster (NVwZ 2003, 1520) und der VGH Mannheim (NVwZ-RR 2006, 715) der kommunalrechtlichen Verbotsnorm hinsichtlich wirtschaftlicher Betätigung drittschützende Wirkung beigemessen (anders OVG Lüneburg, NVwZ 2009, 258 – vertiefend zu diesem sehr examensrelevanten Problem *A. Faber,* DVBl. 2003, 761; *Antweiler,* NVwZ 2003, 1466; *Wieland,* DV 2003, 225 ff.; *Mann,* DVBl. 2009, 817; *Brüning,* NVwZ 2012, 671; *Lange,* NVwZ 2014, 616).

Nachbarschützend sind bestimmte Normen des **Gaststättenrechts,** so insbesondere § 4 I 1 Nr. 3 GastG in Verbindung mit den einschlägigen Normen des Immissionsrechts hinsichtlich des von einer Gaststätte oder einem Biergarten ausgehenden Lärms (VGH Kassel, NVwZ 1991, 278; BVerwGE 108, 260) sowie § 18 GastG im Hinblick auf die Sperrzeiten (BVerwGE 101, 157). **Nicht drittschützend** ist dagegen § 4 I 1 Nr. 1 GastG hinsichtlich der Zuverlässigkeit und der sonstigen persönlichen Eigenschaften des Gastwirts (BVerwG, NVwZ 1989, 258) oder eines Gewerbetreibenden (OVG Lüneburg, BeckRS 2018, 20516). Das gleiche gilt aus der Sicht des nicht öffnungsberechtigten Konkurrenten für das **Ladenschlussrecht** sowie für die Zulassung eines Arzneimittels (OVG Münster, NVwZ-RR 2016, 627).

Literatur zu § 14 II 3 (Schutznorm und Nachbarschutz): *Mampel,* Nachbarschutz im öffentlichen Baurecht (1994); *A. Faber,* Aktuelle Entwicklungen des Drittschutzes gegen die kommunale wirtschaftliche Betätigung, DVBl. 2003, 761; *Stamer,* Rechtsschutz gegen öffentliche Konkurrenzwirtschaft unter besonderer Berücksichtigung der dogmatischen Problematik (2007); *Kendziur,* Neue Wege für den Rechtsschutz Privater gegen die Wirtschaftstätigkeit der öffentlichen Hand (2009); *Mann,* Die drittschützende Wirkung der kommunalrechtlichen Subsidiaritätsregelungen, DVBl. 2009, 817; *Lange,* Öffentlicher Zweck, öffentliches Interesse und Daseinsvorsorge als Schlüsselbegriffe des kommunalen Wirtschaftsrechts, NVwZ 2014, 616; *Jungkamp,* Rechtsschutz privater Konkurrenz gegen die wirtschaftliche Betätigung der Gemeinden, NVwZ 2010, 546; *Schröer,* Öffentliches Baurecht – Die Grenzen des Gebietserhaltungsanspruchs, NJW 2009, 448; *Roller,* Drittschutz im Atom- und Immissionsschutzrecht, NVwZ 2010, 930; *Ramsauer,* Die Dogmatik der subjektiven öffentlichen Rechte. Entwicklung und Bedeutung der Schutznormlehre, JuS 2012, 769; *Gärditz,* Verwaltungsgerichtlicher Rechtsschutz im Umweltrecht, NVwZ 2014, 1; *Voßkuhle/Kaufhold,* Grundwissen – Öffentliches Recht: Nachbarschutz im öffentlichen Baurecht, JuS 2018, 764; *Scharl,* Die Schutznormtheorie. Historische Entwicklung und Hintergründe 2018; *Erbguth/Guckelberger,* AVwR § 9; *N.Wolf,* Drittschutz im Bauplanungsrecht (2012); *Faßbender,* Verbesserung des baurechtlichen Nachbarschutzes, NJW 2019, 2132; *Kiefer,* Enttäuschte Erwartungen: Die Wannsee-Entscheidung des

BVerwG, NVwZ 2019. 1340; *Ramsauer*, Nachbarschutz im Baurecht, JuS 2020, 385 *Muckel/Ogorek*, ÖffBauR, 43. Aufl. 2020 § 10; *Pietzner/Ronellenfitsch*, Assessorexamen, § 14, Rn. 6.

b) Klagebefugnis aus Gebot der Rücksichtnahme. Das Gebot der Rücksichtnahme wurde von der Rechtsprechung zu einer Zeit entwickelt, als Normen wie § 34 und § 35 BauGB noch nahezu jede nachbarschützende Wirkung abgesprochen wurde. Aus § 15 I 2 BauNVO, wo explizit von Belästigungen, Störungen und Unzumutbarkeit für die Umgebung die Rede ist, hatte die Rechtsprechung schon früh geschlossen, dass unzumutbare Belästigungen oder Störungen auf die Umgebung die Klagebefugnis begründen, wenn in **individualisierter** Weise auf schutzwürdige Interessen eines erkennbar abgegrenzten Kreises Dritter Rücksicht zu nehmen ist (BVerwGE 52, 122, 126; BVerwGE 67, 334, 338). Das kann sowohl im **beplanten Innenbereich** (§ 30 BauGB) als auch im **unbeplanten Innenbereich** (§ 34 I, II BauGB) der Fall sein. Im **Außenbereich** sah die Rechtsprechung das Rücksichtnahmegebot in § 35 III 1 Nr. 3 verankert, der schädliche Umwelteinwirkungen durch ein Vorhaben oder für ein Vorhaben betrifft. So kam es nicht ungefähr, dass eine der „Grundentscheidungen" zur Rücksichtnahme (BVerwGE 52, 122, 126 – Schweinemäster) den Schutz eines privilegierten Vorhabens gegen heranrückende Wohnbebauung betraf. 79

Weitere Beispiele: Lärmbelästigung von Getränkemarkt (BVerwG, DVBl. 1989, 371); Seniorenpflegeheim im Gewerbegebiet (BVerwG, NVwZ 2002, 1385); OVG Magedeburg, NVwZ – RR 2017, 284 – Tiefgarage mit unzureichenden Stellplatzzahl; BVerwG, NVwZ 2017, 563 – Friedhof in Gestalt eines „Ruheforstes".

Die Beispiele zeigen, dass es der schon früh als *„Irrgarten des Richterrechts"* bezeichneten (*Breuer*, DVBl. 1982, 1065) Figur des Rücksichtnahmegebots heute allenfalls noch als einer Art „Auffangtatbestands" bedarf. Die meisten Fälle sind heute durch die geschilderte subjektive Wendung in der Rechtsprechung zu §§ 30, 34 und 35 BauGB erfasst oder fallen unter immissionsschutzrechtliche Tatbestände, die ihrerseits nachbarschützende Wirkung entfalten. Auch die „Schweinemäster-Problematik" lässt sich heute ohne weitere Umstände durch die Einräumung einer klägerschützenden Wirkung des § 35 III 1 Nr. 3 BauGB lösen.

Literatur zu § 14 II 3 b: *Weyreuther,* Das bebauungsrechtliche Gebot der Rücksichtnahme und seine Bedeutung für den Nachbarschutz, Baurecht

1975, 1; *Breuer*, Das baurechtliche Gebot der Rücksichtnahme: ein Irrgarten des Richterrechts, DVBl. 1982, 1065; *Decker*, Die Grundzüge des (bauplanungsrechtlichen) Gebots der Rücksichtnahme, JA 2003, 246 ff.; *Voßkuhle/ Kaufhold*, Grundwissen – Öffentliches Recht: Das baurechtliche Rücksichtnahmegebot, JuS 2010, 497; *N. Wolf*, Drittschutz im Bauplanungsrecht, NVwZ 2013, 247; *Ramsauer*, Die Dogmatik der subjektiven öffentlichen Rechte, JuS 2012, 769, 775; *Muckel/Ogorek*, ÖffBauR, § 10.

80   c) **Klagebefugnis aus Europarecht.** Zu den besonders aktuellen Themen in der Literatur gehört der Einfluss des Unionsrechts auf die Interpretation der „deutschen Klagebefugnis" (Nachw. dazu oben, § 3, Rn 16). Richtig daran ist, dass Verordnungen und unter bestimmten Voraussetzungen auch Richtlinien der EU als unmittelbar geltendes Recht alle Behörden und Gerichte binden. Auch schaffen die **„Grundfreiheiten"** der Art. 45 ff. AEUV wie das Recht der Freizügigkeit und das Diskriminierungsverbot individuelle Rechtspositionen i. S. d. § 42 II VwGO.

In ständiger Rechtsprechung hat der EuGH ausgeführt, dass sich der einzelne Bürger auf europäische Normen (bzw. auf deren fehlende Umsetzung durch nationale Institutionen) berufen kann, wenn diese Normen **„inhaltlich unbedingt und hinreichend genau"** sind (EuGH, NJW 1963, 974; NJW 1982, 499; NVwZ 1990, 649; NVwZ 1994, 885; NJW 1997, 3365; *Kokott*, DV 31 [1998], 335). Allgemeine Zielsetzungen reichen demgegenüber nicht aus (EuGH, NVwZ 1994, 885). Dabei wird erkennbar, dass es - in „deutscher Terminologie" - um die Unmittelbarkeit und Bestimmtheit der Begünstigung geht, dass aber das eigentliche subjektive Element, der auf den Einzelnen gerichtete Schutzzweck, fehlt (zu den unterschiedlichen dogmatischen Grundlagen *Classen*, NJW 1995, 2457 ff.; *Schoch*, FG BVerwG [2003], 507). Die Definition scheint – ähnlich wie im französischen Recht und bei der Antragsbefugnis nach § 47 a. F. VwGO – auf eine allgemeine Interessen- oder „Schutzwirkungstheorie", ja auf die Mobilisierung individueller Klagen für öffentliche Belange wie den Umweltschutz und die **Einhaltung des objektiven Rechts** hinauszulaufen (grundlegend dazu *Masing*, Die Mobilisierung des Bürgers für die Durchsetzung des Rechts [1997]; *Wahl/Schütz*, in: Schoch/Schneider, VwGO, vor § 42 II, Rn. 114 ff.). Festzuhalten bleibt, dass das EU-Recht im weitergehenden Umfang als das deutsche Recht einklagbare individuelle Rechtspositionen vorsieht. Das gilt vor allem dann, wenn EU-Richtlinien dem Schutz der menschlichen Gesundheit oder einer auf den menschlichen Körper einwirkenden Umweltressource bzw. dem Verbraucherschutz dienen (EuGH, NVwZ 2008, 984 – Aktionsplan zur Luftreinhaltung; EuGH, NVwZ 2014, 49 – Altrip, Geltendmachung von Mängeln der UVP; EuGH, NVwZ 2014, 931 – FFH Richtlinie); *Breuer*, FS Sellner [2010], 493, 506). Die Beispiele aus dem Vergaberecht (vgl. EuGH, NJW 1997, 3365) und vor allem aus dem Umweltrecht (dazu *Schlacke*, DVBl. 2015, 929; *E. Hof-*

mann, DV 59 (2017), 247) zeigen, dass die deutsche Schutznormlehre zwar im Zeichen der europäischen Entwicklung nicht verabschiedet werden muss, der „Trend" aber gleichwohl in Richtung einer größeren Objektivierung geht (*Seibert*, Objektive Verwaltungskontrolle statt Individualrechtsschutz, NJW Beilage z. 71. DJT, S. 18). Dem hat der deutsche Gesetzgeber durch das Umwelt-Rechtsbehelfsgesetz (URG) Rechnung getragen (dazu *Ogorek*, NVwZ 2010, 401). Außerdem kommt es in der Praxis zu einer weitgehend reibungslosen Kooperation zwischen der deutschen Verwaltungsgerichtsbarkeit und dem *EuGH* (*D. Steiger*, VerwArch 107 [2016], 497). Nach einer Entscheidung des EuGH (NVwZ 2008, 984) hat der Bürger einen Anspruch auf Aufstellung eines Feinstaub Aktionsplanes. Das ist ein Beispiel dafür, wie das Unionsrecht sowohl die Dogmatik der Außenwirkung als auch die Schutznormtheorie des deutschen Verwaltungsprozessrechts überlagert (dazu *Calliess*, NVwZ 2006, 1; *Couzinet*, DVBl. 2008, 754; krit.*Breuer*, FS Sellner [2010], 493). Voraussetzung der Klagebefugnis aus europarechtlichen Vorschriften ist also ihre konkrete Anwendbarkeit und unmittelbare Wirkung, weniger das traditionelle deutsche subjektiv-öffentliche Recht (dazu *Ruffert*, DVBl. 1998, 69; eher einschränkend OVG Hamburg, NVwZ 2001, 1173 – „Mühlenberger Loch"; *Schoch*, NVwZ 1999, 457; *Götz*, DVBl. 2002, 1ff.). Bedeutsam ist auch der Einfluss des Europarechts auf die Bewertung von Verfahrensfehlern (dazu unten, Rn. 90).

d) Klagebefugnis aus Völkerrecht und EMRK? Internationales Recht (Völkerrecht) und **Europäisches Unionsrecht** sind im Hinblick auf die Klagebefugnis strikt zu unterscheiden. So kann die individuelle Klagebefugnis **nicht aus internationalen Normen** wie dem Welthandelsabkommen (GATT/WTO) abgeleitet werden, auch wenn die Vereinbarkeit von EU-Recht mit diesem in Frage steht (EuGH, EuZW 1996, 118 und EuZW 2001, 529 = JuS 2001, 1221; EuGH, DVBl. 2005, 571; dazu *Mögele*, FS R. Schmidt [2006], 129 – Bananenmarktordnung). Das ändert aber nichts daran, dass auch internationale Abkommen zumindest indirekt das nationale Verwaltungsprozessrecht beeinflussen. 81

Auch bei der EMRK handelt es sich im Ansatz um internationales Recht. Gleichwohl hat diese eine immer größere Bedeutung für das nationale Verwaltungsprozessrecht gewonnen. Sie muss nicht nur im Hinblick auf das rechtliche Gehör in Art. 6 EMRK, sondern auch inhaltlich beachtet werden. Das gilt zum einen auf europäischer Ebene, weil der EuGH die EMRK immer intensiver zur Durchsetzung des Vorrangs des Unionsrechts einsetzt (*Britz*, NVwZ 2004, 173; *Schmidt-Aßmann*, FS Schmitt Glaeser [2003], 317; DVBl. 2004, 17). Auf **nationaler Ebene** betont das BVerfG zwar nach wie vor, dass die EMRK als einfaches Gesetzesrecht gilt (BVerfGE 10, 271, 274). 82

Im Fall „Görgülü" (BVerfGE 111, 307, 315) hat das Gericht in einem Sorgerechtsfall aber die Bindung der deutschen Gerichte an Art. 8 EMRK bei der Interpretation des Art. 6 II GG hervorgehoben und verlangt, dass die deutschen Gerichte auch die EMRK bei der Interpretation des nationalen Rechts berücksichtigen müssen. Das läuft auf eine zumindest subsidiäre **Klagebefugnis aus den Menschenrechten der EMRK** hinaus. Zu nennen ist auch die **Aarhus-Konvention**, die zwar keine unmittelbaren subjektive Rechte des einzelnen Bürgers bewirkt (EuGH, NVwZ 2011, 673; EuGH, NVwZ 2012, 618; BVerwG, NVwZ 2020, 891 m. Besp *Kment*, NVwZ 2020, 894), aber objektivrechtlich eine größere Beteiligung von Bürgern und Umweltverbänden und damit auch eine erweiterte Klagebefugnis fordert (Breuer, DV 45 [2012], 171; *Klinger*, NVwZ 2013, 850).

Literatur zu § 14 II 3c und d (s. auch oben § 3, Rn 20): *Classen*, Die Europäisierung der Verwaltungsgerichtsbarkeit (1996); *O. Dörr/Lenz*, Europäischer Verwaltungsrechtsschutz, 2.Aufl: (2019); *Steinbeiß-Winkelmann*, Europäisierung des Verwaltungsrechtsschutzes, NJW 2010, 1233; *Ziekow*, Europa und der deutsche Verwaltungsprozess, NVwZ 2010, 193; *Frenz*, Subjektive Rechte aus Unionsrecht vor den nationalen Verwaltungsgerichten, VerwArch 101 (2011), 225; *Klinger*, Erweiterte Klagerechte im Umweltrecht? NVwZ 2013, 850; *Schlacke*, Zur fortschreitenden Europäisierung des „Umwelt(rechts)schutzes", NVwZ 2014, 11; *ders.*, (Auf)-brüche des öffentlichen Rechts: von der Verletztenklage zur Interessentenklage, DVBl 2015, 929; *Ludwigs*, Die Verfahrensautonomie der Mitgliedstaaten. Euphemismus oder Identitätsfaktor? NVwZ 2018, 1417; *Hufen/Siegel*, Fehler im VwVf., 6. Aufl. [2018], Rn. 844ff.; *Rengeling/Middeke/Gellermann*, Rechtsschutz in der Europäischen Union, 3. Aufl. (2014); *Schenke*, VwProzR, Rn. 531aff.

83 **d) Klagebefugnis aus Grundrechten.** Dass die Möglichkeit der Verletzung eines Grundrechts die Klagebefugnis verleiht, ist angesichts von Art. 1 III und 19 IV 1 GG selbstverständlich. Deshalb ist es auch verfehlt, die Klagebefugnis davon abhängig zu machen, ob und inwieweit der Gesetzgeber das jeweilige Grundrecht konkretisiert hat (ausf. dazu *Hufen*, StaatsR II, § 6, Rn. 17 und 22ff.). Auch hinter der Schutznormtheorie stehen letztlich Grundrechte. Selbst wenn in erster Linie der Gesetzgeber berufen ist, die subjektiven Rechte des Einzelnen zu konkretisieren, bestimmt er nicht *allein* über den Schutzgehalt der Grundrechte. Daher erlangen Grundrechte als Schutznormen sogar zunehmende Bedeutung zur Begründung der Klagebefugnis (ähnlich *Maurer/Waldhoff*, AVwR, § 8, Rn. 10ff.; *Ipsen*, AVwR, Rn. 1057).

§ 14 Die Anfechtungsklage (§ 42 I 1. Alt. VwGO)

Wichtig: Liegt eine gesetzliche Konkretisierung vor, so ist zuerst diese heranzuziehen und nur, wenn keine gesetzliche Schutznorm in Betracht kommt, die Klagebefugnis unmittelbar aus Grundrechten zu prüfen.
Ganz allgemein notwendig für das Vorliegen der Klagebefugnis aus einem Grundrecht ist:

– Dass der sachliche **Schutzbereich des Grundrechts** eröffnet ist, das Grundrecht also grundsätzlich einschlägig ist, **und**
– dass der Kläger als **Träger des Grundrechts** in Betracht kommt (personeller Schutzbereich).
– Die Frage des potentiellen **Eingriffs** und dessen Schwere und Erheblichkeit ist dagegen erst unter dem Stichwort „Möglichkeit der Rechtsverletzung" zu prüfen.

(1) Das erste hier zu nennende Grundrecht ist nach wie vor die **Eigentumsgarantie** (Art. 14 GG). Ist diese von einer staatlichen Maßnahme direkt und gezielt betroffen – insbesondere durch Entziehung des Eigentums (Enteignung) –, dann kommt die Klage gegen die eigentliche Enteignung oft zu spät, weil ein Planfeststellungsbeschluss bereits enteignungsrechtliche Vorwirkung entfaltet. Der von der Planung in Anspruch genommene Grundstückseigentümer hat dann Anspruch auf die gerichtliche Überprüfung des Planfeststellungsbeschlusses und erreicht zumindest bei Abwägungsentscheidungen sogar eine „Vollprüfung" des VA auf dessen Rechtmäßigkeit, d. h. er kann sich insofern auch auf die Verletzung solcher Normen berufen, die nicht *seinem* Schutz dienen (BVerwGE 67, 78; 74, 109; 134, 308). Insofern bestimmt Art. 14 GG auch die Anwendung der Schutznormtheorie, und die Wannsee-Entscheidung (BVerwG, NVwZ 2018, 1808), und die Klagebefugnis gegen das Maß baulicher Nutzung kann man als notwendigen Ausdruck des Eigentumsschutzes sehen (*Faßbender*, NJW 2019, 2132). In gleicher Weise geschützt ist der Berechtigte einer **Auflassungsvormerkung** als „Anwärter auf Eigentum" (BVerwG, NVwZ 2013, 803). Der Kläger macht in einem solchen Fall nicht „fremde" Positionen geltend, sondern **sein** Eigentum, und er hat Anspruch darauf, dass dieser Eingriff **in jeder Hinsicht** rechtmäßig ist. Während die Rechtsprechung diese Konstellation in der Regel auf Abwägungsentscheidungen beschränkt (BVerwG, NVwZ 1983, 93), besteht nach richtiger Auffassung die Möglichkeit der Rechtsverletzung durch andere Rechtsfehler auch bei allen übrigen Verwaltungsakten (*Kopp/Schenke*, VwGO, § 42, Rn. 122 f.).

An der grundsätzlichen Bedeutung von Art. 14 GG als Grundlage der Klagebefugnis hat sich weder durch die neuere Rechtsprechung des BVerfG zur Abgrenzung von Inhalt und Schranken bei Art. 14 GG noch durch die Zubilligung von Nachbarschutz unmittelbar aus gesetzlichen Bestimmungen wie § 30 oder § 34 II BauGB etwas geändert. Zwar ist es richtig, einen Fall dann einfachgesetzlich zu lösen, wenn der Gesetzgeber den Konflikt zwischen angegriffenem Vorhaben und Eigentum wirklich vorentschieden hat (BVerwGE 89, 69, 78). Das betrifft z. B. auch § 34 II BauGB in seinem neu interpretierten

Schutzgehalt zugunsten des Einzelnen. Gerade diese Bestimmung zeigt aber auch, dass der Gesetzgeber immer **typisieren** muss und den vielen Fällen atypischer Grundrechtseingriffe und **unverhältnismäßiger** Sozialbindung **im Einzelfall** nicht im Vorhinein gerecht werden kann. Dann besteht immer die Möglichkeit der Grundrechtsverletzung und der Eingriff ist schon dann verfassungswidrig, wenn das Gesetz insofern keine Entschädigungsregelung enthält (ausf. *Hufen*, StaatsR II, § 38, Rn. 42 ff.). Das kann zum Beispiel im Recht des Denkmalschutzes (BVerfGE 100, 226, dazu *Papier*, DVBl. 2000, 1398), im Umweltschutz und bei der Stellung des **Anliegers** im Straßen- und Wegerecht der Fall sein. Hier schützt Artikel 14 GG zwar nicht vor jeder Veränderung oder Erschwerung des Zugangs, gewährleistet aber jedenfalls irgendeinen einen Zugang zum Grundstück (VGH München, NVwZ – RR 2018, 758); verfassungsrechtlich unhaltbar: BVerwG, NVwZ 1999, 1341 – keine unmittelbare Berufung auf Art. 14 GG; ähnl. OVG Bremen, NVwZ-RR 2016, 409 – keine Klagebefugnis aus Art. 14 GG gegen Entwidmung einer Straße). Für die von atypischen Eingriffen Betroffenen muss es möglich sein, sich unmittelbar auf Art. 14 GG zu berufen (so auch *Maurer/Waldhoff*, AVwR, § 8 Rn. 120, *Schenke*, VwProzR, Rn. 517; *Sieckmann*, NVwZ 1997, 853; *Dreier*, DV 36 (2003), 195 ff.; *Ibler*, FS Schenke [2011], 837). Insofern bleibt kein Raum für eine Übertragung des absolutistischen Grundsatzes „dulde und liquidiere" in die Gegenwart (so aber BVerwG, NVwZ 2013, 649 – Verweisung des Eigentümers auf seine Rechte im Enteignungsverfahren).

– Die immer wieder zitierten Belege für die Ablehnung der Klagebefugnis unmittelbar aus Art. 14 GG betreffen bei näherem Hinsehen Fälle, in denen entweder der Konflikt wirklich nach einfachem Recht gelöst ist (BVerwGE 89, 69, 78; BVerwG, NVwZ 1995, 1200 – Abschussplan u. Waldeigentümer; BVerwG NVwZ 1996, 888 – § 34 I BauGB; BVerwG, NVwZ 1998, 735 – Abstandsfläche nach LBauO; BVerwG, NVwZ 1998, 842 – § 35 BauGB) oder in denen es ohnehin nur um durch Art. 14 GG nicht geschützte Positionen wie Erwerbschancen (so BVerwG, NVwZ 1993, 1184) oder das Grundwasser unter einem Grundstück (BVerwG, NVwZ 2012, 573) geht. Die Gegenauffassung übersieht insbesondere den Zusammenhang von Art. 1 III, Art. 14 und Art. 19 IV 1 GG.

Gelöst ist inzwischen die Frage der nur zum Zweck der Führung des Rechtsstreits erworbenen Eigentumsposition (**„Sperrgrundstück"**). Hier verneint das BVerwG (BVerwG, NVwZ 2001, 427) die Klagebefugnis bei rechtsmissbräuchlicher Begründung der Eigentümerstellung. Das soll aber nur dann der Fall sein, wenn hinreichende tatsächliche Umstände die Schlussfolgerung tragen, das Eigentum an dem Grundstück diene nur dazu, die Voraussetzung für eine andernfalls nicht mögliche faktische Verbandsklage zu schaffen (BVerwG, NVwZ 2009, 302; BVerwG, NVwZ 2012, 567; krit. *Kment*, NVwZ 2014, 1566). Es muss also schon bei der Klagebefugnis geprüft werden, ob „echtes" Eigentum erworben oder das Eigentum nur eine formale Hülle zur Beschaffung der Prozessvoraussetzungen war. Diese Auffassung wird aber zumindest indirekt durch die Entscheidung des BVerfG (BVerfG,

§ 14 Die Anfechtungsklage (§ 42 I 1. Alt. VwGO)

NVwZ 2014, 211 – Garzweiler) in Frage gestellt, wonach der Grund des Eigentumserwerbs grundsätzlich ohne Bedeutung sei und die formale Eigentümerstellung für die Klagebefugnis ausreicht.
Dem Grund- und Sacheigentum nahezu gleichgestellt ist das **Recht am eingerichteten und ausgeübten Gewerbebetrieb**, dessen Einbeziehung in den Schutzbereich des Art. 14 GG das BVerfG aber stets offengelassen hat (vgl. BVerfGE 51, 193, 221; zuletzt BVerfG Kammer, NJW 2010, 3501; Einzelheiten dazu bei *Hufen*, StaatsR II – Grundrechte, § 38, Rn. 14). Gleichwohl schützt Art. 14 GG nicht nur das Eigentum an Grund und Boden und das konkrete Sacheigentum, sondern auch die berufliche **Existenz** und den Gewerbebetrieb als solchen (BVerwGE 60, 154, 158; BVerwG, NVwZ 2016, 1735 – Elbfähre). Was exakt dazu zählt, ist allerdings vom Kreis (nicht geschützter) wirtschaftlicher Chancen, situationsbedingter Vorteile usw. schwierig abzugrenzen (z. B. OVG Lüneburg, NVwZ – RR 2020, 255 (Ls.) – keine Klagebefugnis eines Gewerbebetriebs gegen Nachtbetrieb von Windenergieanlage).

(2) Für die umweltrechtliche Nachbarklage ist die Bedeutung des **Grundrechts auf Leben und körperliche Unversehrtheit** (Art. 2 II 1 GG) in den vergangenen Jahrzehnten stark gewachsen. Der durch Lärm, Abgase, Rauch usw. in seiner Gesundheit gefährdete Bürger kann sich nach inzwischen gefestigter Rechtsprechung (seit BVerwGE 54, 211, 222; 56, 54, 78; BVerwG, NVwZ 1997, 161 – KKW Krümmel) nicht nur auf gesetzliche Schutznormen, wie diejenigen des BImSchG und der zu seiner Konkretisierung ergangenen Verordnungen, sondern grundsätzlich auch auf Art. 2 II 1 GG berufen (ausf. dazu *Hufen*, StaatsR II – Grundrechte, § 13, Rn. 18). Die praktische Bedeutung liegt nicht nur in der Heranziehung des Grundrechts selbst, sondern insbesondere darin, dass sich – im Unterschied zum Eigentum – auch der obligatorisch Berechtigte (also Mieter, Arbeitnehmer am Ort einer Gefahr) auf die Gesundheitsgefährdung berufen kann (BVerwG, NJW 1989, 2766). Probleme bestehen vor allem bei der Abgrenzung von hinzunehmenden Belästigungen einerseits und echten Gesundheitsgefährdungen andererseits („Erheblichkeitsschwelle"). Für das Verhältnis von Grundrechtsschutz und Gesetz gilt das gleiche wie bei Art. 14 GG: Soweit der Gesundheitsschutz durch das BImSchG und vergleichbare Gesetze hinreichend konkretisiert ist, sollte Art. 2 II 1 GG nur ergänzend erwähnt werden.

Beispiele für Klagebefugnis aus Art. 2 II 1 GG (teilw. iVm grundrechtskonkretisierenden Schutzgesetzen): BVerwG, NVwZ 2007, 712 – Abschiebungsverbot wegen individueller Erkrankung; BVerwG, NVwZ 2007, 695 und 3591 – Feinstaubpartikel; BVerwG, NVwZ 2013, 1407 – Klage gegen Castor-Transport; nicht aber Gefährdung durch Experiment mit „schwarzen Löchern" im CERN in Genf (BVerfG, Kammer, NVwZ 2010, 702); kein Anspruch aus Art 2 II GG auf kostenfreie öffentliche Toilette (OVG Münster, NJW 2018, 1991).

86 (3) Weitere Freiheitsrechte: Auch **weitere Grundrechte** kommen zur Begründung der Klagebefugnis in Betracht.

Beispiele: Klagebefugnis gegen Ausweisung oder Versagung der Aufenthaltserlaubnis eines Ehepartners aus Art. 6 GG (BVerwGE 42, 141; BVerwG, NVwZ 1997, 1116); Elternrecht in der Schule (BVerwG, NJW 1979, 176) oder gegen Inobhutnahme des Kindes (OVG Münster, NJW 2018, 1116); Klagebefugnis einer Religionsgemeinschaft (BVerwG, NVwZ 1998, 852 – Friedhof im Naturschutzgebiet); BVerwG, NVwZ 2001, 1396 – Einreiseverweigerung für Sektengründer; VG Berlin, NJW 1995, 2650 – Klagebefugnis für Künstler *Christo* unmittelbar aus Art. 5 III GG gegen ein Bauvorhaben während der Reichstagsverhüllung.

87 (4) Als **allgemeines Freiheitsrecht** schützt **Art. 2 I GG** sämtliche nicht durch spezielle Grundrechte erfassten Betätigungen. Für die Klagebefugnis besonders bedeutsam ist die **allgemeine Handlungsfreiheit** für Ausländer, soweit sie sich nicht auf spezifische Bürgerrechte berufen können, sowie für nicht speziell geschützte Tätigkeiten wie Tierhaltung, Rauchen, Teilnahme am Straßenverkehr, Betreten eines Platzes usw. Selbst der Klassiker „Reiten im Walde" (BVerfGE 80, 137, 154) hat seine verwaltungsprozessuale Entsprechung gefunden (BVerwG, NVwZ 2000, 1296). Nach allgemeiner Auffassung schützt Art. 2 I GG auch die Wettbewerbsfreiheit, z. B. gegen die Subventionierung eines Konkurrenten (BVerwGE 30, 191, 198). Eine weitere wichtige Fallgruppe stellt der Schutz der Mitglieder von öffentlich-rechtlichen Vereinigungen gegen die Überschreitung der Verbandskompetenz, z. B. durch Ausübung eines allgemein-politischen Mandats, dar (BVerwGE 64, 115, 117; BVerwG, NVwZ 2000, 318, ausf. dazu *Hufen,* StaatsR II – Grundrechte, § 14, Rn. 4 ff.).

88 (5) Auch der allgemeine **Gleichheitssatz (Art. 3 I GG)** und die besonderen Gleichheitssätze gewährleisten eigenständige subjektive Rechte. Sofern nicht bereits Schutznormen oder Freiheitsrechte die Klagebefugnis verleihen, kommt hier die Möglichkeit der Rechtsverletzung in Betracht, wenn eine Behörde zwei wesentlich gleiche Tatbestände ohne sachliche Begründung ungleich oder ungleiche Tatbestände gleichbehandelt (BVerfGE 1, 14, 52; 84, 133, 158). Die wichtigsten Anwendungsfälle sind die Klage gegen eine Begünstigung des Konkurrenten (wichtig hier auch Art. 3 III und 33 II GG), die

Verletzung der Chancengleichheit im Wahlkampf und die gleichheitswidrige Anwendung von Verwaltungsvorschriften. Besondere Bedeutung hat die Klagebefugnis aus Art. 3 GG auch im Kommunalverfassungsrecht (z. B. Gleichbehandlung der Fraktionen im Gemeinderat) und im Kommunalwahlrecht (BVerwG, NVwZ 2012, 969). Eine Gleichstellungsbeauftragte, zu deren Aufgaben die Einhaltung des Gleichheitssatzes in der öffentlichen Verwaltung gehört, kann sich allerdings selbst nicht auf Art. 3 GG berufen. Die Einführung einer Klagebefugnis für sie wäre Sache des Gesetzgebers (OVG Saarlouis, NVwZ 2004, 247).

(6) Die Klagebefugnis vermitteln grundsätzlich auch **Grundrechte der Landesverfassungen.** Das hat vor allem dann praktische Bedeutung, wenn diese über die entsprechenden Grundrechte des GG hinausgehen (BVerwGE 96, 345, 364). In Bayern gibt Art. 141 III 1 BV (Recht auf Naturgenuss) allerdings keinen Abwehranspruch gegen Maßnahmen mit natur*verändernder* Wirkung (BayVerfGH, BayVBl. 1985, 683) oder gar das Recht zur Nutzung privater Waldwege für Gruppenausritte (BayVerfGH, NVwZ 2005, 1419).

Literatur zu § 14 II 3: *Wahl*, Die doppelte Abhängigkeit des subjektiven öffentlichen Rechts, DVBl. 1996, 641; *Papier*, Die Weiterentwicklung der Rechtsprechung zur Eigentumsgarantie des Art. 14 GG, DVBl. 2000, 1398; *Dreier*, Grundrechtsdurchgriff contra Gesetzesbindung?, DV 36 (2003), 195; *Ibler*, Verwaltungsrechtsschutz des Baunachbarn unmittelbar aus Art. 14 GG versus „Anwendungsvorrang des einfachen Rechts", FS Schenke (2011), 837; *Kment*, Keine unzulässige Rechtsausübung bei Erwerb so genannter Sperrgrundstücke? NVwZ 2014, 1566.

e) **Verfahrensnormen:** Während früher das gesamte Verwaltungsverfahren dem öffentlichen Interesse zugeordnet wurde (in diesem Sinne noch BVerwGE 41, 58, 63), besteht heute Einigkeit darüber, dass Verfahrensbestimmungen zumindest dann die Klagebefugnis vermitteln, wenn ihr Schutzzweck sich gerade auf den Kläger bezieht (BVerwGE 87, 62, 69; *Hufen/Siegel,* Fehler im VwVf., 6. Aufl. [2018], Rn. 860; *Wahl*, in: Schoch/Schneider, VwGO, § 42 II Rn. 72 ff.; relativierend *Appel/Singer,* JuS 2007, 913).

Neben bestimmten allgemeinen Verfahrensgrundsätzen wie Chancengleichheit, Ausschluss befangener Amtsträger usw. sind die Rechte auf **Beteiligung von Betroffenen** am Verwaltungsverfahren (§ 13 II 2 VwVfG – neues Beispiel BVerwG, NVwZ 2020, 1366 – Beteiligung der Kirchen an VwVf über die Bewilligung von Sonntagsarbeit), auf **Akteneinsicht** (§ 29 VwVfG), **Anhörung** (§ 28 VwVfG) und **Begründung** (§ 39 VwVfG) klägerschützend. Auch die **Sachaufklärung** und die **Mitwirkung anderer Behörden** können zumindest dann klägerschützend sein, wenn sie sich auf bestimmte, dem Kläger zuzuordnende Aspekte und Belange beziehen (anders aber BVerwG, NVwZ 1999, 535 – kein Klägerschutz aus §§ 24/26 VwVfG). Dagegen kommt nach herrschender (aber nicht unproblematischer) Auffassung der Einhaltung der richtigen **Verfahrensart** keine klägerschützende Wirkung zu. Der Einzelne soll also z. B. eine Genehmigung nicht mit der Begründung anfechten können, es sei ein Planfeststellungsverfahren erforderlich gewesen (so zuletzt BVerwG, NVwZ 2014, 365; BVerwGE 44, 235, 239; BVerwG; NVwZ 1991, 369; zu Recht kritisch *v. Danwitz*, DVBl. 1993, 422; für die Zulässigkeit der Rüge der Vorenthaltung planerischer Abwägung aber BVerwG, NVwZ 2002, 346). Anders kann es sich aber verhalten, wenn eine Anlage ohne erforderliche Genehmigung in Betrieb geht und im Genehmigungsverfahren Belange des Kl. als Nachbar zu berücksichtigen gewesen wären (BVerwG, NVwZ 1993, 177).

Noch umstrittener und schwieriger zu beurteilen ist die **Möglichkeit der Rechtsverletzung** durch einen Verfahrensfehler. Diese liegt nach der Rspr. nur bei zugleich drohender Verletzung einer **materiellen Rechtsposition** vor (st. Rspr.: BVerwGE 61, 256; 88, 286; BVerwG, NVwZ 1999, 876; siehe auch *Appel/Singer*, JuS 2007, 913 ff.).

Diese Auffassung beruht sich zu Unrecht darauf, dass ein subjektives Recht nur bei einer materiellen Rechtsposition vorliege. Auch Verfahrenspositionen sind subjektive Rechte und dienen, wenn sie als solche dem Einzelnen zugeordnet sind, immer der Durchsetzung subjektiver Rechte (vgl. BVerfGE 53, 30, 66 – Mülheim-Kärlich). Zum anderen beruht der Befund, dem Kläger stehe kein materielles Recht zu, im Stadium der Zulässigkeitsprüfung oft auf bloßer Spekulation. Jedenfalls indiziert der Verfahrensfehler die Möglichkeit der Verletzung des „dahinter stehenden" materiellen Rechts, da nicht ausgeschlossen werden kann, dass dieses Recht bei ordnungsgemäßem Verfahren nicht oder weniger einschneidend berührt worden wäre. Auf die Selbständigkeit oder gar „Absolutheit" einer Verfahrensposition kommt es hierbei nicht an (so aber BVerwGE 81, 95, 106).

Liegt in dem Verfahrensfehler ein Verstoß gegen **europarechtlich bedingtes** Verfahrensrecht (z. B. bei der UVP-Richtlinie – EuGH, NVwZ 2004, 593; EuGH, NVwZ 2014, 49 – Altrip; VGH Mannheim, NVwZ – RR 2017, 268; dazu *Ekardt*, NVwZ 2014, 393; *Siegel*, NJW 2014, 973; – oder Umwelt-Informationsrecht – EuGH, NVwZ 1999, 1209; BVerwG, NJW 1997, 753; *Butt*, NVwZ 2003, 1071; allgemein EuGH, NVwZ 2008, 984 – Feinstaub; krit. *Breuer*, FS Sellner [2010], 493; *Appel*, NVwZ 2010, 473), so schließen schon das Europarecht und – diesem folgend – § 4 I UmwRG eine enge Definition der Klagebefugnis bei Verfahrensfehlern aus. Die früher abwehrende Rechtsprechung des BVerwG (vgl. noch BVerwGE 98, 339; 100, 238) ist insofern nicht mehr haltbar (siehe auch *Schmidt-Preuß*, NVwZ 2005, 489; *Bickenbach*, LKRZ 2009, 206; *Hufen/Siegel*, Fehler im VwVf. 6. Aufl. (2018), Rn. 854 ff; *Erbguth/Guckelberger*, AVwR § 15 Rn. 14).

Inzwischen verlangt auch der EGMR (NVwZ 2015, 1119) die Beteiligung von Nachbarn – und damit die entsprechende Klagebefugnis – unmittelbar aus Art. 8 EMRK.

Literatur zu § 14 II 4e: *v. Danwitz*, Zum Anspruch auf Durchführung des „richtigen" Verwaltungsverfahrens, DVBl. 1993, 422; *Appel/Singer*, Verfahrensvorschriften als subjektive Rechte, JuS 2007, 913; *Steidler*, Rechtsschutz Dritter bei fehlerhafter oder unterbliebener UVP, NVwZ 2005, 863; *Bickenbach*, Europäisierung des (Umwelt-)Verfahrensrechts oder der deutsche Don Quixote im Kampf gegen Windkraftanlagen, LKRZ 2009, 206; *Gründewald*, Subjektive Verfahrensrechte als Folge der Europäisierung des Bauplanungsrechts, NVwZ 2009, 1520; *Held*, Individualrechtsschutz bei fehlerhaftem Verwaltungsverfahren, NVwZ 2012, 461; *Ekardt*, Nach dem Altrip-Urteil: Von der Klagebefugnis zu Verfahrensfehlern, Abwägungsfehlern und Individualklage, NVwZ 2014, 393; *Ludwigs*, Verfassung im Allgemeinen Verwaltungsrecht – Bedeutungsverlust durch Europäisierung und Emanzipation? NVwZ 2015, 1327, 1334; *Schwarze*, Die Rechtsprechung des EuGH zur Relevanz von Fehlern im Verwaltungsverfahren, FS Würtenberger (2013), 1203; *Siegel*, Ausweitung und Eingrenzung der Klagerechte im Umweltrecht, NJW 2019, 973; *Voßkuhle/Schemmel*, Grundwissen – Öffentliches Recht: Die Europäisierung des Verwaltungsrechts, JuS 2019, 347; *Hufen/Siegel*, Fehler im VwVf. 6. Aufl. (2018), Rn. 854 ff.

f) **Klagebefugnis von Ausländern:** Adressatentheorie und Schutznormtheorie sind unterschiedslos auf ausländische Staatsangehörige anwendbar. Die Klagebefugnis eines Ausländers als Adressat eines belastenden VA folgt aus Art. 2 I GG, der grundsätzliche Rechtsschutzanspruch aus Art. 19 IV 1 GG (BVerfGE 35, 382, 401). Das heißt: Ausländische Betroffene können sich im Verwaltungsprozess auf einfache Schutznormen und Grundrechte berufen, soweit sie Träger dieser Rechte sind. Die Klagebefugnis endet auch nicht an der Staatsgrenze. Das gilt insbesondere für den im grenznahen Ausland wohnenden Nachbarn einer emittierenden Anlage. Für EU – Bürger folgt das ohnehin bereits aus dem Diskriminierungsverbot des Art. 18 AEUV.

Beispiel: BVerwGE 75, 285, 289 – Klagebefugnis eines Niederländers gegen ein grenznahes Atomkraftwerk; ähnl. BVerwG, NVwZ 2009, 452 – Umwidmung eines Militärflugplatzes; OVG Lüneburg, NVwZ 2011, 1073 – grenznahe Windenergieanlage).

Literatur: *Bothe,* Klagebefugnis eines Ausländers im Atomrecht, UPR 1987, 170 ff.; *K. Brandt,* Grenzüberschreitender Nachbarschutz im dt. Umweltrecht, DVBl. 1995, 779; *Kopp/Schenke,* VwGO, § 42, Rn. 90.

92 g) Die **Klagebefugnis des Rechtsnachfolgers:** Ist der VA gegenüber einem Rechtsvorgänger – z. B. dem früheren Eigentümer eines Grundstücks – ergangen und wirken Belastungen über den Eigentumsübergang hinaus, so stellt sich das Problem der Klagebefugnis für den Rechtsnachfolger. Hierfür fehlen in der VwGO spezifische Rechtsvorschriften. Da die Klagebefugnis auf eine Schutznorm oder Grundrechtsstellung abhebt, verbietet sich eine einfache Anwendung von § 265 II ZPO (kein Einfluss der Veräußerung auf den Prozess), weil der Eigentumsübergang hinsichtlich einer streitbefangenen Sache sehr wohl Einfluss auf die Klagebefugnis haben kann (OVG Greifswald, NVwZ-RR 2001, 541 – keine Klagebefugnis für Veräußerer nach Umschreibung des Grundstücks im Grundbuch). Beim Übergang nicht unmittelbar persönlicher Rechte, insbesondere dem Eigentumsübergang, gilt grundsätzlich, dass der Rechtsnachfolger in die Rechtsstellung des Vorgängers eintritt (VGH Mannheim, NVwZ 1998, 975). Er kann sich auf die Verletzung von Schutznormen wie auch des Eigentums berufen, muss aber umgekehrt alle bereits eingetretenen Beschränkungen wie Fristablauf, Präklusion, Verwirkung, Rechtskraft usw. gegen sich gelten lassen (BVerwG, NVwZ 1989, 967).

Bei Verwaltungsakten mit höchstpersönlichem Charakter kommt aber die Klagebefugnis eines Rechtsnachfolgers grundsätzlich **nicht** in Betracht, weil es insofern keinen Rechtsnachfolger gibt.

5. Die Klagebefugnis für Verbände – Verbandsklage

93 Von „Verbandsklage" sprechen wir, wenn eine Vereinigung einen Prozess nicht wegen der Verletzung eigener Rechte (Art. 9 GG) führt, sondern entweder für die Interessen ihrer Mitglieder (**egoistische Verbandsklage**) oder für Belange der Allgemeinheit wie Umweltschutz, Naturschutz, Denkmalschutz usw. (**altruistische Verbandsklage**) eintritt. Die Verbandsklage wird oft mit der Popularklage verwechselt – mit ihr hat sie gemeinsam, dass sie eine Durchbrechung des Systems der Verletztenklage der VwGO darstellt.

Die Einführung einer Verbandsklage gehörte wegen der von ihren Befürwortern vermuteten Vernachlässigung des Umweltschutzes seit langem zu den prominentesten rechtspolitischen Forderungen. Nachdem bereits die Mehrzahl der Bundesländer im Rahmen des ihnen zur Verfügung stehenden

Regelungsspielraums eine eigenständige Klagebefugnis eingeführt hatten, brachte zunächst das BNatSchG bundesweit die Verbandsklage gegen bestimmte den Schutz der Natur betreffende Befreiungen von Verboten und Geboten sowie gegen in Natur und Landschaft eingreifende Planfeststellungsbeschlüsse und Plangenehmigungen. Ein weiterer Schub ging – wie so oft – vom Europarecht aus. So hat der EuGH festgestellt, dass die Stärkung der Verbandsklage durch das Recht der Europäischen Union gefordert wird (EuGH, NVwZ 2011, 801 – Trianel; dazu *Porch*, NVwZ 2013, 1393). Auf Grund der EG-Richtlinie 2003/35/EG trat neben § 64 BNatSchG das **Umwelt-Rechtsbehelfsgesetz** (URG), das in § 2 die Rechtsbehelfe von Vereinigungen europarechtskonform regelt. Da hier nicht (mehr) von Verbänden die Rede ist, spricht man heute auch von der **Vereinsklage**. § 64 BNatSchG und § 2 URG enthalten auch besondere Frist- und Präklusionsvorschriften (zur Präklusion unten, § 25, Rn. 44) Wenig beachtet, aber praktisch wichtig ist § 13 I des Behindertengleichstellungsgesetzes (BGG), der Behindertenverbänden eine Klagebefugnis in Bezug auf nicht behindertengerechte Vorhaben vermittelt (dazu BVerwG, NVwZ 2006, 817; *Welti*, NVwZ 2012, 725). Seit langem gefordert wird die Verbandsklage auch für **Tierschutzvereine**. Dies war auf Bundesebene bisher nicht von Erfolg gekrönt. Ob die Länder insofern eine Gesetzgebungskompetenz haben, ist umstritten (*Caspar*, DÖV 2008, 145). Gleichwohl haben Tierschutzvereine in mehreren Bundesländern bereits das Recht zur Verbandsklage eingeräumt erhalten (dazu *Kloepfer/Kluge*, Die tierschutzrechtliche Verbandsklage [2017]).

Die in § 2 I URG genannten anerkannten Vereinigungen können, ohne eine Verletzung eigener Rechte geltend machen zu müssen, sowohl eine Verfahrensbeteiligung (§ 2 I Nr. 3 URG) als auch ein gesetzlich vorgesehenes Planfeststellungsverfahren durchsetzen (BVerwG, NVwZ 1998, 279; BVerwG, NVwZ 2007, 576; BVerwG, NVwZ 2014, 1008 – Teilabschnitt Bundesautobahn; BVerwG, NVwZ 2017, 1294). Im Verfahren selbst können sie Belange geltend machen, die dem Umweltschutz dienen (§ 2 I Nr. 1 URG; BVerwG, NVwZ 2014, 515). Der Begriff des „dem Umweltschutz dienen" ist dabei weit auszulegen. Er umfasst insbesondere auch das planerische Abwägungsgebot (z. B. in § 17 S. 2 FernStrG – BVerwG, NVwZ 2013, 642), nicht aber eine Zuständigkeitsvorschriften (BVerwG, NVwZ – RR 2020, 772).. Die genannten Vereinigungen können sich aber **nicht** auf Rechte Dritter oder andere als umwelt- oder naturschutzrechtliche Belange berufen (BVerwG, NVwZ 1998, 279; BVerwG, NVwZ 2015, 596 – keine Klagebefugnis von Umweltverbänden gegen Festlegung von Flugrouten) oder geltend machen, das Vorhaben sei nicht finanzierbar (BVerwG, NVwZ 2010, 380). Auch muss sich der Antrag substantiiert mit der angegriffenen Maßnahme, z. B. dem Planfeststellungsbeschluss, auseinandersetzen (BVerwG, NVwZ-RR 2017, 768).

Der Sinn der Vereinsklage und die Reichweite des Klagerechts im Einzelnen sind nach wie vor umstritten (*Hufen/Siegel*, Fehler im VwVf, 6. Aufl. [2018] Rn. 856). Einerseits zeigt der Streit um die Dieselfahrverbote, dass sie die Verantwortlichkeit der sachlich zuständigen **öffentlichen** Träger des Umwelt- und Naturschutzes eher verschleiert und in der Praxis zunehmend durch geltungssüchtige Funktionäre selbsternannter Umweltschutz- und Abmahnvereine missbraucht wird (anders BGH, NVwZ 2019 1380 – kein Missbrauch bei Finanzierung durch Abmahnungen). Beliebt ist auch ihr Einsatz als Instrument zu Erhöhung des „politischen Preises" oder zur grundsätzlichen Verhinderung wichtiger Projekte der öffentlichen Infrastruktur. Andererseits werden der Zugang zu umweltbedeutsamen Verwaltungsverfahren und die Verbandsklage durch das Europarecht und internationale Vorgaben (z. B. die Aarhus-Konvention) gefordert. Diese begründet zwar keine subjektiven Beteiligungsrechte, verpflichtet die Bundesrepublik aber völkerrechtlich, solche einzuräumen (*Calliess,* NVwZ Editorial Heft 23/2016; *M. Breuer,* DV 45 (2012), 171 ff; *Vosgerau,* FS Würtenberger 2013, 609 ff.; *Leidinger,* NVwZ 2011, 1345). Deshalb schafft § 2 URG in der nunmehr geltenden Fassung die Klagebefugnis von anerkannten inländischen oder ausländischen Vereinigungen, unabhängig davon, ob sie eine Verletzung in eigenen Rechten geltend machen können. Als problematisch erweisen sich aber andere Verfahrensnormen, insbesondere zur Heilung und Unbeachtlichkeit von Verfahrensfehlern und zur Präklusion (dazu unten, § 25, Rn. 44). Immerhin hat der EuGH (NVwZ 2015, 1665) die Unionsrechtswidrigkeit der Präklusionsregelung des § 2 III URG iVm § 73 IV 3 VwVfG im Hinblick auf die Rechte anerkannter Naturschutzverbände festgestellt (dazu *Siegel,* NVwZ 2016, 337).

Literatur zu § 14 II 5 (Verbandsklage). *Glaser,* Schwerpunktbereich – Grundstrukturen des Naturschutzrechts, JuS 2010, 209, 214; *Bunge,* Die Verbandsklage im Umweltrecht, JuS 2020, 740; *von Danwitz,* Aarhus-Konvention: Umweltinformation, Öffentlichkeitsbeteiligung, Zugang zu den Gerichten, NVwZ 2004, 273; *Ziekow,* Das Umwelt-Rechtsbehelfsgesetz im System des deutschen Rechtsschutzes, NVwZ 2007, 259; *Schlacke,* Überindividueller Rechtsschutz (2008); *dies.* Aktuelles zum Umwelt-Rechtsbehelfsgesetz, NVwZ 2019, 1392; *Leidinger,* Europäisiertes Verbandsklagerecht und deutscher Individualrechtsschutz, NVwZ 2011, 1345; *Berkemann,* Die unionsrechtliche Umweltverbandsklage des EuGH – Der deutsche Gesetzgeber ist belehrt „so nicht" und in Bedrängnis, DVBl. 2011, 1253; *M.Breuer,* Die Klagebefugnis von Umweltverbänden unter Anpassungsdruck des Völker- und Europarechts, DV 45 (2012), 171 ff.; *Frenz,* Individuelle Klagebefugnis zwischen Bürgerprotest und Umweltverbandsklagen, DVBl. 2012, 811; *Vosgerau,* Die Mobilisierung der Verbände zur Durchsetzung des Europarechts, FS Würtenberger 2013, 609 ff.; *Klinger,* Erweiterte Klagerechte im Umweltrecht? NVwZ 2013, 850; *Führ/Schenten/Schulze/Schütte,* Verbandsklage nach UmwRG – Empirische Befunde und rechtliche Bewertung, NVwZ 2014,

1041; *Porsch*, Verwaltungsgerichtlicher Rechtsschutz im Umweltrecht, NVwZ 2013, 1393; *Siegel*, Die Präklusion im europäisierten Verwaltungsrecht, NVwZ 2016, 337; *Schmidt/Schrader/Zschiesche*, Die Verbandsklage im Umwelt- und Naturschutzrecht (2014); *Ruthig*, Verbandsklagen als Rechtsproblem, FS Hufen (2015), 625; *Steinberg/Wickel/Müller*, Fachplanung, 4. Aufl. 2012, 451.

6. Die Klagebefugnis von Körperschaften des Öffentlichen Rechts – insbesondere von Gemeinden

a) **Allgemeines.** Körperschaften und andere Rechtsträger des Öffentlichen Rechts sind klagebefugt, soweit ihnen ein **Recht als eigenes zustehen und verletzt** sein kann. Schwierigkeiten bei der Anwendung dieses einfachen Grundsatzes entstehen zumeist aus Missverständnissen über die Einheit der öffentlichen Gewalt und die Reichweite sogenannter „Insich-Prozesse", aus einer zu restriktiven Zuordnung subjektiver Rechte oder aus der überholten Vorstellung, nur vom Staat getrennte „gesellschaftliche" Subjekte könnten Träger subjektiver Rechte sein. 94

Wie für alle Rechtssubjekte gilt allerdings, dass sich auch Körperschaften des Öffentlichen Rechts nur auf **Rechte** (im Gegensatz zu bloßen Chancen und Interessen), und zwar nur auf **eigene** Rechte, berufen können. Wie alle Verbände können sich Körperschaften des Öffentlichen Rechts daher **nicht** auf Rechte der Allgemeinheit und auch nicht auf Belange ihrer Mitglieder, Einwohner usw. berufen.

Beispiele:
- Eine **Gemeinde** kann gegen die Planung einer Fernstraße nur wegen der Verletzung ihres Rechts auf Selbstverwaltung (Art. 28 II GG) einschl. ihrer Planungshoheit (OVG Koblenz, NVwZ – RR 2017, 439 – Moscheebau in einem besonderen Wohngebiet), nicht aber wegen Gefährdung der Umwelt oder des Gemeinwohls (BVerwG, NVwZ 2016, 1734), einer Gesundheitsgefahr für die Einwohner durch Luftverschmutzung (BVerwG, NVwZ 2019, 1594 = JuS. 2020, 189 (*Hufen*), oder wegen der Beeinträchtigung von ortsansässigen Betrieben (BVerwG, NVwZ 1997, 907) klagen. Schon am „Recht" scheitert die Klage einer Gemeinde gegen Verkehrsbeschränkungen im Nachbarort, die den Verkehr auf die klagende Gemeinde verlagern (BVerwG, NVwZ 1983, 610), gegen die Besetzung einer Schulleiterstelle (VGH Mannheim, DÖV 2004, 1094); oder die Zuweisung eines Asylbewerbers (OVG Koblenz, NVwZ 2018, 91).
- Eine **Handwerkskammer** kann die Verletzung **ihrer** eigenen Rechte durch Maßnahmen der Gewerbeaufsicht und deren Aufhebung (OVG Koblenz, DÖV 1981, 845), nicht aber die Unzuverlässigkeit eines Gewerbetreibenden geltend machen (rein öffentlicher Belang – zum Problem BVerwG,

BayVBl. 1990, 285). Auch die Rechte der **Mitglieder** verleihen der Handwerkskammer selbst keine Klagebefugnis (instruktives Beispiel: keine Klage der Handwerkskammer gegen die Schließung eines Schlachthofs – VGH Kassel, NVwZ 1989, 779).
- Eine **Rundfunk- oder eine Landesmedienanstalt** kann sich gegen die Zulassung eines bundesweit empfangbaren Rundfunkprogramms wehren (BVerwG, NJW 1997, 3040), nicht aber die Rechte von Hörern geltend machen.
- Eine **Universität** kann sich nur gegen eine Verletzung der Wissenschaftsfreiheit (VGH Mannheim, FuL 2017, 996 – Straßenbahn über den Campus), nicht aber gegen eine mögliche Gesundheitsgefährdung der Studenten wehren.
- **Beliehene** wie etwa der TÜV können sich nur auf die Wahrung ihres gesetzlichen Auftrags, nicht aber auf die Aufrechterhaltung eines Monopols berufen (BVerfG, Kammer, NVwZ 2002, 1232).

Rechtssubjekt mit eigenen Rechten kann **auch der Staat selbst sein**, also z. B. ein Land im Rechtsstreit mit einem anderen Bundesland oder mit dem Bund (BVerwGE 165, 33 – Freihalten eines Sicherheitsabstands bei einem Bundesprojekt). Eine Berufung auf Grundrechte oder eine Selbstverwaltungsgarantie kommt hier aber von vornherein nicht in Frage. Soweit der Streit nichtverfassungsrechtlicher Art und die Klage statthaft ist, kann ein Land durch die Planung des Bundes oder die Planung eines Nachbarlandes, ja sogar durch die Ausübung des gemeindlichen Vorkaufsrechts (BVerwG, NVwZ 2000, 1044) verletzt und daher klagebefugt sein – dies allerdings nur, soweit es um eine Position des Landes selbst geht. Auf die fehlende Beteiligung eines Naturschutzverbandes kann sich das Land daher nicht berufen (BVerwG, NVwZ 1993, 890).

95 **b) Adressatentheorie.** Ist eine Körperschaft des Öffentlichen Rechts **Adressat** eines sie unmittelbar belastenden VA, dann spricht nichts gegen die Anwendung der „Adressatentheorie". Eine solchermaßen belastete Körperschaft ist immer klagebefugt. Die Begründung folgt hierbei aber nicht aus Art. 2 I GG, da weder das Persönlichkeitsrecht noch die allgemeine Handlungsfreiheit Gemeinden und andere Rechtsträger des Öffentlichen Rechts schützen. Entscheidend ist vielmehr, dass auch Körperschaften des Öffentlichen Rechts ein subjektives Recht darauf haben, dass in ihre Rechte nur auf gesetzlicher Grundlage eingegriffen werden darf. Für die Gemeinden fußt die Anwendung der „Adressatentheorie" also letztlich auf Art. 28 II GG.

96 **c) Schutznorm, Gebot der Rücksichtnahme.** Dient eine Norm (auch) dem Schutz eines öffentlichen Trägers, so verleiht sie ihm die Klagebefugnis. Spezifische Schutznormen zugunsten von Körper-

schaften sind selten. Hochschulen, Kirchen, Gemeinden usw. haben aber ebenso wie alle sonstigen Nachbarn teil an den Schutz vermittelnden Normen des Baurechts, Immissionsschutzrechts und am Rücksichtnahmegebot.

d) Grundrechte. Umstritten ist die Klagebefugnis aus der möglichen Verletzung von **Grundrechten** öffentlicher Körperschaften. Hier ist die Rechtsprechung des BVerfG besonders restriktiv (BVerfGE 61, 82, 103 ff.; 75, 192, 196), nach der sich Körperschaften des Öffentlichen Rechts nur in besonderen Ausnahmefällen auf Grundrechte berufen können. Trotz dieser Einschränkung gibt es wichtige **Fallgruppen** eines Grundrechtsschutzes für Körperschaften des Öffentlichen Rechts und vergleichbare Rechtsträger: 97

– Die **Religionsfreiheit** für die körperschaftlich verfassten Religionsgemeinschaften (BVerfGE 19, 129, 132; 21, 362, 373; VGH Kassel, NVwZ 1995, 505; eher problematisch aber BVerfGE 125, 39, 77; OVG Koblenz, LKRZ 2014, 470 – subjektives Recht der Kirchen auf Einhaltung des Ladenschlusses an Sonntagen),
– die **Rundfunkfreiheit** für öffentliche Rundfunkanstalten (BVerfGE 31, 314, 322; 74, 297, 317; 78, 101, 102), das gilt – im Hinblick auf die Vertraulichkeit der Information – auch bezüglich des Fernmeldegeheimnisses (Art. 10 GG – BVerfGE 107, 299, 312); nicht aber Landesmedienanstalt gegen Erlaubnis zu bundesweitem TV-Programm (BVerwG, 15.07. 2020, BeckRS 2020, 27310
– die **Wissenschaftsfreiheit** und ggf. die **Kunstfreiheit** für öffentliche Hochschulen (BVerfGE 15, 256, 262) und deren Teilkörperschaften (z. B. Fakultäten),
– die **Vereinigungsfreiheit** für bestimmte berufsständische Körperschaften, wenn diese die Interessen ihrer Mitglieder wahrnehmen (BVerfGE 70, 1, 21; BVerfG, NJW 2004, 3765 – Steuerberaterkammer; einschränkend BVerwG, NJW 2000, 3150 – kein Grundrechtsschutz bez. Aufgaben einer Landwirtschaftskammer).

Dagegen sollen sich Körperschaften und andere Rechtsträger des Öffentlichen Rechts grundsätzlich **nicht** auf ihr **Eigentum** (Art. 14 GG) oder andere Grundrechte berufen können. Begründet wird das mit dem Hinweis auf die Grundrechte als Abwehrrechte **gegen** den Staat, nicht **des** Staates gegen sich selbst sowie mit der These, geschützt sei durch Art. 14 GG nur das Eigentum Privater, nicht das Privateigentum als solches. Eigentumspositionen öffentlicher Körperschaften selbst im fiskalischen Bereich befänden sich in keiner grundrechtsspezifischen Gefährdungslage. Etwaige Enteignungsentschädigungen liefen nur auf die Verlagerung von Beträgen zwischen öffentlichen Kassen hinaus (BVerfGE 61, 82, 105; 68, 193; zur fehlenden Klagebefugnis bei Verletzung von Art. 3 GG s. auch BVerfG, Kammer, NVwZ 2005, 82, NVwZ 2007,

1420). Dieser Rechtsprechung des BVerfG hat sich auch das BVerwG angeschlossen (insbes. BVerwG, NVwZ 1989, 247 und NJW 1989, 3168). Diese Rechtsprechung und die Argumente der ihr zustimmenden Autoren können **nicht** überzeugen (Näheres bei *Hufen*, StaatsR II, § 6, Rn. 39 f.; krit. auch *Muckel*, VVDStRL 79 (2020), 245, 254). Sie beruhen auf abstrakten Prämissen über „spezifische Grundrechtsgefährdungen" und eine bipolare Sicht des Verhältnisses von Bürger und Staat. Sie lassen aber außer Acht, dass Selbstverwaltungskörperschaften historisch eben nicht „Teil des Staates", sondern mit eigener Rechtsfähigkeit und Selbstverwaltungskompetenz ausgestattete Rechtsträger sind. Das gilt erst recht für so genannte **gemischtwirtschaftliche Unternehmen**, an denen Staat oder Kommunen Anteile halten, wie etwa die Deutsche Bahn oder die Fraport AG. Hier läuft die Auffassung des *BVerfG* zur fehlenden Grundrechtsträgerschaft und fehlenden Klagebefugnis schlicht auf eine Enteignung privater Anteilseigentümer hinaus. Das ist auch insofern inkonsequent, als sich sowohl Kommunen als auch solche Unternehme sehr wohl im Rahmen der Klagebefugnis auf das private Eigentum nach § 903 BGB berufen können (Ansätze zu einer Differenzierung bei *Seidl*, FS für Zeidler (1987), II, 1459; kritisch zur h. L. auch *Knemeyer*, BayVBl. 1988, 129; *Mögele*, NJW 1983, 805; *Erlenkämper*, NVwZ 1991, 326; *Rüfner*, FS 50 Jahre BVerfG II (2001), 56, 72). Einem überwiegend von der öffentlichen Hand getragenen Arbeitgeberverband wurde die Koalitionsfreiheit abgesprochen (BVerwGE 167, 2020), womit auch die privaten Anteilseigner betroffen sind.

Literatur zu § 14 II 6 d: *Bethge*, Die Grundrechtsberechtigung juristischer Personen nach Art. 19 Abs. 3 GG (1985); *Goldhammer/Sieber*, Juristische Person und Grundrechtsschutz in Europa, JuS 2018, 22; *Mögele*, Grundrechtlicher Eigentumsschutz für Gemeinden, NJW 1983, 805; *Bethge*, Zur Grundrechtsträgerschaft gemischt–wirtschaftlicher Unternehmen, FS Schnapp (2008), 3; *Krausnick*, Grundfälle zu Art. 19 III GG, JuS 2008, 869, 965; *Hufen*, StaatsR II, § 6, Rn. 38; *Isensee*, Anwendung der Grundrechte auf juristische Personen, HdbStR IX, § 199; *Ludwigs/Friedmann*, Die Grundrechtsberechtigung staatlich beherrschter Unternehmen und juristischer Personen des öffentlichen Rechts, NVWZ 2018, 22; *Merten*, Mischunternehmen als Grundrechtsträger, FS Krejci (2001), 2003; *Schnapp*, Zur Grundrechtsberechtigung juristischer Personen des öffentlichen Rechts, HdbGr II, § 52; *Muckel/ Schönberger*, Wandel des Verhältnisses von Staat und Gesellschaft – Folgen für Grundrechtstheorie und Grundtrechtsdogmatik VVDStRL 79 (2020), 245, 291.

e) Selbstverwaltung und Planungshoheit der Kommunen. Das verfassungsrechtliche **Recht zur Selbstverwaltung** gewährleistet den Gemeinden und sonstigen kommunalen Gebietskörperschaften, nicht aber Untergliederungen des Staates und den Bezirken der Stadtstaaten (BVerwG, NVwZ 2013, 662) das Recht, alle Angelegenheiten der örtlichen Gemeinschaft im Rahmen der Gesetze in eigener Ver-

§ 14 Die Anfechtungsklage (§ 42 I 1. Alt. VwGO) 269

antwortung zu regeln. Selbst der Gesetzgeber darf den Kernbereich der so verstandenen Selbstverwaltung nicht aushöhlen (BVerfGE 79, 127, 143; 83, 363, 381), Selbstverwaltungsaufgaben nicht grundlos entziehen (BVerfGE 79, 127 – Rastede; BVerfGE 147, 185, 220 – Kinderbetreuung), aber auch die Gemeinden nicht mit neuen Aufgaben überfordern (BVerfG, NVwZ 2020, 1343 = NJW 2020, 3232 – „Bildungspaket").

(1) Für **Angelegenheiten der örtlichen Gemeinschaft** ist die Selbstverwaltungskompetenz zunächst umfassend. Es ist deshalb verfehlt, dieses Verfassungsgebot vorschnell auf die Planungshoheit zu reduzieren. Diese ist vielmehr nur ein Teil der kommunalen Selbstverwaltungsgarantie – wenn auch ein besonders wichtiger. Geschützt ist aber über die Planung hinaus die gesamte Selbstverwaltung. 99

Wichtige Komponenten der Selbstverwaltungsgarantie sind:

– Die umfassende Regelungskompetenz (**Allzuständigkeit**) für Angelegenheiten der örtlichen Gemeinschaft (BVerfGE 21, 117, 128; 79, 127, 147 – Rastede);
– die **Organisationshoheit** für die Gemeindeverwaltung und die innere Gemeindeverfassung (BVerfGE 83, 363, 382);
– die **Personalhoheit**, d. h. insbesondere die Auswahl und der Einsatz der Beamten und Angestellten (BVerfGE 17, 172, 182);
– die **Finanzhoheit**, d. h. die eigenverantwortliche Einnahmen- und Ausgabenwirtschaft (BVerfGE 26, 228, 247; 71, 25, 36).

(2) Ein wichtiger Anwendungsfall ist die **Anfechtung von Maßnahmen der Staatsaufsicht** im Selbstverwaltungsbereich, also im eigenen Wirkungskreis der Gemeinde. Hier ist die Staatsaufsicht auf Rechtsaufsichtsmaßnahmen beschränkt. Die Klagebefugnis beim Streit über die Rechtmäßigkeit und Reichweite von Aufsichtsmaßnahmen folgt unmittelbar – aber auch ausschließlich – aus Art. 28 II GG. Auch insofern kann die Gemeinde sich nach h. L. nicht auf Grundrechte oder auf öffentliche Belange berufen (BVerfG, Kammer, NVwZ 2007, 1176 – Waldschlößchenbrücke Dresden). Fachliche Weisungen bei Ermessensentscheidungen sind im Selbstverwaltungsbereich von vornherein rechtswidrig. Auch gegen sie hat die Gemeinde stets die Klagebefugnis. In gleicher Weise kann sie sich dagegen wehren, dass ihr ohne gesetzliche Grundlage staatliche Aufgaben übertragen oder eigene Aufgaben entzogen werden (BVerfGE 79, 127, 147 ff. – Rastede). Das gilt auch für mittelbar belastende Maßnahmen wie eine nicht zutreffende Feststellung der Einwohnerzahl (BVerfG, NVwZ 2015, 1524). Der Staatsaufsicht gleich steht die Be- 100

anstandung durch den Rechnungshof oder den Datenschutzbeauftragten (zu letzterem VGH Mannheim, DÖV 2020, 492).

101 (3) Sehr umstritten ist es, ob der Gemeinde die Klagebefugnis auch gegenüber **Fachaufsichtsmaßnamen** im übertragenen Wirkungskreis zukommt, in dem die Gemeinde Aufgaben im Auftrag des Staates erfüllt. Hier verneint die Rechtsprechung zum Teil schon die Statthaftigkeit der Klage (Nachw. oben, Rn. 40). Was die Klagebefugnis angeht, ist es richtig, dass übertragene Aufgaben nicht zum durch Art. 28 II GG geschützten Selbstverwaltungsbereich gehören. Unzutreffend ist aber, dass selbst überzogene Fachaufsichtsmaßnahmen grundsätzlich nicht den Selbstverwaltungsbereich tangieren können. So hat die Gemeinde gegenüber **Maßnahmen übergeordneter Straßenverkehrsbehörden** zwar kein Recht auf Anordnung oder Aufhebung von Geschwindigkeitsbegrenzungen. Sie kann sich aber sehr wohl auf § 45 Ib Nr. 5 StVO (Berücksichtigung städtebaulicher Gründe) berufen (BVerwG, NVwZ 1995, 165; NVwZ 1995, 1265; *B. J. Scholz*, Der Rechtsschutz der Gemeinden gegen fachaufsichtliche Weisungen [2002], S. 130 f.; *Geis*, Kommunalrecht, § 26).

Der Gemeinde steht ferner aus Art. 28 II GG i. V. m. dem Verhältnismäßigkeitsgrundsatz ein subjektives Recht gegen unnötig detaillierte oder überzogene Weisungen zu, weil sie auch in diesem Bereich nicht einfach Staatsbehörde ist (umstr.). Begrenzt schon die Gemeindeordnung die Fachaufsichtsmaßnahme auf das Notwendige, so kann hierin eine **Schutznorm** zugunsten der Gemeinde gesehen werden (so insbes. zu Art. 109 II 2 BayGO der VGH München, BayVBl. 1985, 368 – Klage gegen überzogene Fachaufsichtsweisung im Bereich der StVO).

Selbstverständlich ist die Gemeinde auch immer dann klagebefugt, wenn der Streit gerade darum geht, **ob** es sich um eine Angelegenheit des übertragenen Wirkungskreises handelt oder ob die staatliche Aufsichtsbehörde in unzulässiger Weise mit Fachaufsichtsmaßnahmen in den Selbstverwaltungsbereich „übergreift".

Beispiele: Staatliche Weisung gegen die Erklärung der Gemeinde zur atomwaffenfreien Zone; Streit um örtlichen Denkmalschutz; Streit um Abgrenzung von Straßenbaulast (eigener Wirkungskreis) und Straßenverkehrsrecht (übertragener Wirkungskreis).

102 (4) Teil der Selbstverwaltungsgarantie ist die **Planungshoheit**. Sie umfasst das Recht der Gemeinde, die städtebauliche Entwicklung im Rahmen der Gesetze eigenverantwortlich zu gestalten und zu planen (BVerfGE 56, 298, 312; BVerwGE 40, 323, 329; 79, 318, 325). Des-

halb kann diese sich gegen solche Vorhaben wehren, die die Planungshoheit tangieren, so insbes. gegen Fachplanungsmaßnahmen (BVerwG, NVwZ 1993, 894; VGH Kassel, NVwZ 2001, 826), aber auch Baugenehmigungen durch die staatliche Baubehörde (BVerwGE 31, 263, 264; BVerwG, NVwZ 1994, 265; BVerwG, NVwZ 2011, 681) und die Einrichtung und Änderung von Flugrouten (VGH Kassel, NVwZ 2001, 826; dazu *Bohl,* NVwZ 2001, 826). Nicht tangiert ist die Planungshoheit aber, wenn die Gemeinde ihre Vorhaben noch nicht konkretisiert hat (BVerwG, NVwZ 2017, 1309), oder wenn nicht sie, sondern Bürger oder staatliche Belange betroffen sind. – z. B. durch die Erlaubnis zur Freisetzung gentechnisch veränderter Pflanzen (OVG Berlin, DÖV 1998, 1018), die Vertiefung der Elbe (BVerwG, NVwZ Beilage 2018, 19), eine ICE – Neubaustrecke aus Gründen des Naturschutzes (BVerwG, DÖV 2018, 214) oder eine Liniengenehmigung, die das Gemeindegebiet berührt (OVG Greifswald, NVwZ – RR 2020, 120).

(5) Besonders wirksam wird die Planungshoheit durch das Erfordernis des **Einvernehmens** bei Bauvorhaben im Gemeindebereich (§ 36 BauGB) geschützt (*Schoch*, NVwZ 2012, 777). Wurde das Einvernehmen nicht erteilt oder die Weigerung der Gemeinde übergangen, so ist diese gegen eine entsprechende Genehmigungsentscheidung immer klagebefugt, und die Klage ist in der Regel auch begründet (BVerwG, NVwZ 2008, 1347). Dasselbe trifft zu, wenn die Gemeinde dadurch in ihrer Planungshoheit beeinträchtigt wird, dass die Baugenehmigung für ein nicht hinreichend erschlossenes Grundstück erteilt wird (OVG Koblenz, NVwZ 1983, 753) oder nicht in Übereinstimmung mit der Bauleitplanung der Gemeinde steht (BVerwG, NVwZ 2011, 681). Dies gilt allerdings nicht, wenn die Gemeinde (z. B. die kreisfreie Stadt) selbst Baugenehmigungsbehörde ist (BVerwG, NVwZ 2005, 83). 103

Zu beachten ist aber, dass mehrere Landesbauordnungen und § 36 II 3 BauGB die **Ersetzung des rechtswidrig verweigerten gemeindlichen Einvernehmens** ohne vorherige Beanstandung ermöglichen. Die erteilte Baugenehmigung gilt dann zugleich als Ersatzvornahme i. S. der jeweiligen GemO, stellt der Gemeinde (nicht aber dem Bauherrn und dem Nachbarn) gegenüber also einen VA dar. Nach § 71 V LBauO Rhl.-Pf. ist die Ersetzung des Einvernehmens sogar im Widerspruchsverfahren möglich. Umstritten ist dagegen, ob das Einvernehmen im Rahmen des Verpflichtungsurteils auf Erteilung der Baugenehmigung ersetzt werden kann (dazu BVerwG NVwZ-RR 2003, 719; krit. *Bickenbach*, BauR 2004, 428).

In allen Fällen reicht allerdings die bloße Abwehrhaltung der Gemeinde gegenüber fremden Vorhaben nicht aus. Schon die Klagebefugnis besteht vielmehr erst dann, wenn die Gemeinde ihrerseits eine **hinreichend konkretisierte planerische Absicht** vorweisen kann, die durch das angegriffene Vorhaben nachhaltig beeinträchtigt wird (BVerwGE 69, 256, 261; zuletzt BVerwG, NVwZ 2017, 1309). Hinreichend konkret ist eine Planung in diesem Sinne nur dann, wenn mindestens der Entwurf eines Flächennutzungsplanes mit bestimmtem Inhalt besteht (BVerwGE 74, 124; BVerwG, NVwZ 1996, 1021). Die bloße „Freihalte-" oder „Verhinderungsplanung" sowie die Darstellung einer Außenbereichsfläche lediglich als „Fläche für Landwirtschaft" reichen für die Klagebefugnis also nicht – eine solche „außenbereichstypische" Bezeichnung steht einem privilegierten Vorhaben nicht entgegen (BVerwG, NVwZ 1991, 161; anders aber BVerwG NVwZ 1999, 878 – Streuobstwiese). Auch die Sorge der Gemeinde um das allgemeine Orts- oder Landschaftsbild (VGH München, DÖV 1986, 208) oder eine Reduzierung des „Vorrats" an Wohnbauland (BVerwG, NVwZ 1997, 169 – Autobahnring München) gelten nicht als hinreichend konkretisierte planerische Belange der Gemeinde. Jenseits aller „Planungseuphorie" muss es der Gemeinde aber auch möglich sein, die Entwicklung ihres Gebiets offen zu halten.

104 (6) Umso wichtiger ist neben der „aktivistisch" interpretierten Planungshoheit ein **„Selbstgestaltungsrecht"**, das den Gemeinden die Möglichkeit zur Bewahrung und behutsamen Entwicklung ihrer kulturellen und städtegeographischen Identität gibt und ihnen auch ein eigenständiges Recht gegen Einzelvorhaben verleiht, die einen grundlegenden Strukturwandel bewirken (Ansätze hierzu BVerwGE 74, 84, 89; BVerwG, NJW 1976, 2175, 2176; VGH München, BayVBl. 1985, 628; BayVBl. 1988, 141; allgem. dazu auch *Blümel,* Das Selbstgestaltungsrecht der Städte und Gemeinden, FS Ule [1987], 19).

Beispiele: Bau eines staatlichen Behördengebäudes im Innenstadtbereich; wasserrechtliche Genehmigung für ein Flusskraftwerk in einem historischen Flusswehr, das das gesamte Ortsbild prägt (VGH München, BayVBl. 1990, 48 – Landsberger Lechwehr).

105 (7) Ausdruck der gegenseitigen Achtung der Planungshoheit ist die **Abstimmungspflicht benachbarter Gemeinden (§ 2 II BauGB)**. Die Planungshoheit verleiht der Gemeinde grundsätzlich die Befugnis, sich gegen Planungen und andere Maßnahmen zu wehren, wenn das Abwägungsgebot zu Lasten der klagenden Gemeinde vernachlässigt worden ist (BVerwGE 40, 323; 84, 210).

Beispiele aus der Rechtsprechung (Klagebefugnis bejaht): BVerwG, NVwZ 2019, 318 – Abwehranspruch gegen Bindung der Nachbargemeinde an einen Bauträger; VGH München, BayVBl. 1984, 303 – Klage gegen überörtliche Planung wegen eines geplanten Naherholungsgebietes; OVG Koblenz, NVwZ-RR 2001, 638; OVG Lüneburg; NVwZ-RR 2003, 486; BVerwG, NVwZ 2003, 86 – „Factory-Outlet-Center"; ausf. dazu *Krausnick*, VerwArch. 96 (2005), 191 ff.; allg. *Hug*, Gemeinde-Nachbarklagen im öffentlichen Baurecht (2008).

Gegenbeispiele: VGH Mannheim, NVwZ 1990, 390 – keine Klagebefugnis einer Gemeinde gegen Erweiterung des Friedhofs der Nachbargemeinde ohne eigene konkrete Planungsabsicht im fraglichen Bereich; BVerwGE 77, 47, 51 – keine Klagebefugnis gegen die Einführung des fernmelderechtlichen Nahdienstes durch die frühere Bundespost; BVerwG, NVwZ 1994, 285 – Einkaufszentrum in Nachbargemeinde; BVerwG, NVwZ 1996, 1021 – keine Abwehr von Bahnstromleitung.

f) Schutz der Gemeindeeinrichtungen und der Erfüllung von Gemeindeaufgaben. Im Verwaltungsprozess kann die Gemeinde auch geltend machen, ein konkretes Vorhaben gefährde vorhandene **Einrichtungen** der Gemeinde oder die **Erfüllung von Gemeindeaufgaben** im eigenen Wirkungskreis. Auch dieser Schutz geht letztlich auf die Selbstverwaltungsgarantie als Gewährleistung der Allzuständigkeit der Gemeinden im Bereich örtlicher Angelegenheiten zurück.

106

Fast alle bisher entschiedenen **Beispielsfälle** betreffen die Gefährdung der Trinkwasserversorgung oder gemeindeeigener Badeseen durch abfallrechtliche Genehmigungen und Planfeststellungsbeschlüsse oder Kernenergieanlagen (exempl. BVerwG, NVwZ 2000, 675 – Schutz einer Trinkwasserquelle; VGH München, BayVBl. 1979, 673 – KKW Grafenrheinfeld; zur Gefährdung eines kommunalen Schwimmbads an einem Kiessee: VGH Kassel, NVwZ 1987, 987). **Keine** Klagebefugnis besteht dagegen, wenn die Aufgabenerfüllung im Bereich des Straßenverkehrsrechts gefährdet ist (BVerwGE 52, 234 – übertragener Wirkungskreis) oder wenn eine Nachbargemeinde eine Schule errichtet und dadurch die Schule der Kl. möglicherweise in ihrem Bestand gefährdet wird (OVG Lüneburg, DVBl. 1985, 1074).

g) Die Klagebefugnis von Behörden. Behörden haben Kompetenzen, keine Rechte. Ihnen steht daher im Normalfall die Klagebefugnis nach § 42 II VwGO nicht zu. Können sie aber nach Landesrecht Beteiligte am Verwaltungsprozess sein (§ 61 Nr. 3 VwGO), dann haben sie unabhängig von der Verletzung eines eigenen Rechts ausnahmsweise die Klagebefugnis, soweit sie am VwVf. selbst beteiligt waren. Das ist z. B. nach § 15 I SaarlAGVwGO und § 17 Rh.-Pf. AGVwGO hinsichtlich der Aufsichts- oder Beanstandungsklage einer höheren Aufsichtsbehörde gegen den Widerspruchsbescheid eines Ausschusses der Fall.

107

Literatur zu § 14 II 6 e–g: *Bühler,* Die Rechte der Gemeinde gegenüber staatlicher Fachplanung, JuS 1999, 234; *Kopf,* Rechtsfragen bei der Ansiedlung von Einzelhandelsgroßprojekten (2002), 317 ff.; *Werres,* Kommunale Selbstverwaltung und denkmalrechtliche Anordnung, DÖV 2005, 18; *Bohl,* Zum Rechtsschutz der Gemeinden gegen Flugroutenfestlegung, NVwZ 2001, 826; *Kirchberg/Boll/Schütz,* Der Rechtsschutz von Gemeinden in der Fachplanung, NVwZ 2002, 550; *Krausnick,* Factory-Outlet-Center – Erfolgsmodell des Einzelhandels ohne bauplanungsrechtliche Zukunft?, VerwArch. 96 (2005), 191 ff.; *B. J. Scholz,* Der Rechtsschutz der Gemeinden gegen fachaufsichtliche Weisungen (2002), S. 130 f.; *Schoch,* Rechtsprechungsentwicklung. Schutz der gemeindlichen Planungshoheit durch das Einvernehmen nach § 36 BauGB, NVwZ 2012, 777; *Geis,* Kommunalrecht, § 26.

7. Möglichkeit der Rechtsverletzung

108 a) Nach dem Vorliegen eines Rechts und dessen Zuordnung zum Kläger ist als dritte Grundvoraussetzung der Klagebefugnis die **Möglichkeit der Rechtsverletzung** zu prüfen. Bei der Anfechtungsklage ist diese gegeben, wenn der Kläger hinreichend substantiiert Tatsachen vorträgt, aus denen sich ergibt, dass der angefochtene VA das dem Kläger zukommende Recht möglicherweise verletzt („Möglichkeitstheorie"). Gefordert ist also nur eine hinreichende Plausibilität; nicht dagegen eine Schlüssigkeitsprüfung (BVerwGE 28, 131). Die Schlüssigkeit ist vielmehr erst bei der Begründetheit zu prüfen.

109 b) Für den **Adressaten** des belastenden VA ist die Möglichkeit der Rechtsverletzung stets gegeben. Das gleiche gilt für denjenigen, dem ein Planfeststellungsbeschluss Pflichten auferlegt oder der zum (bestimmbaren) Adressatenkreis einer personenbezogenen Allgemeinverfügung gehört oder als Verkehrsteilnehmer mit einem Verkehrszeichen „konfrontiert" worden ist (BVerwG, NJW 2004, 698).

110 c) Probleme bestehen vor allem hinsichtlich des von einer Maßnahme tatsächlich betroffenen Dritten, des **„Nichtadressaten".** Dieser muss nicht nur ein eigenes Recht, sondern auch dessen mögliche Verletzung durch die nicht an ihn gerichtete Maßnahme darlegen (BVerwGE 61, 256, 262).

Ob ein Vorhaben im Falle seiner Realisierung über bloß allgemein hinzunehmende Erschwernisse hinaus den Einzelnen individuell und in qualifizierter Weise betrifft („Erheblichkeitsschwelle" – vgl. BVerwG, NJW 1983, 1507), kann nicht nach allgemeinen Kriterien beantwortet werden. Besonders im wichtigsten Problembereich, dem Immissionsschutzrecht, ist der „Nachbarbegriff" offen und die Möglichkeit der Rechtsverletzung letztlich Fallfrage (ausf. dazu *Steinberg/Berg/Wickel,* Fachplanung, § 1 Rn. 53 ff.). Eine Baugenehmi-

§ 14 Die Anfechtungsklage (§ 42 I 1. Alt. VwGO) 275

gung für ein Einfamilienhaus ist hier anders zu beurteilen als ein Vorhaben, dessen Gefahrenpotential über die unmittelbare Nachbarschaft hinausreicht. Ebenso ist derjenige eher in seinen Rechten verletzt, dessen Lebensmittelpunkt oder Arbeitsplatz in unmittelbarer Nähe zu dem Vorhaben liegt, als derjenige, der sich nur gelegentlich in diesem Bereich aufhält.

Beispiele (Klagebefugnis bejaht): BVerwG, DVBl. 1972, 678 – Klagebefugnis eines 4 km vom KKW Würgassen wohnenden Klägers; VGH Kassel, NJW 1990, 336 – Kläger wohnt 8,9 km entfernt von einer gentechnischen Produktionsanlage; VGH Mannheim, NVwZ 1989, 376 – Klagebefugnis hinsichtlich des einer Deponie zuzurechnenden Lastwagenverkehrs; OVG Lüneburg, DVBl. 1984, 890 – Klage gegen Flüssiggas-Terminal durch im Hafen beschäftigten Arbeitnehmer.

Beispiele (Klagebefugnis verneint): BVerwGE 61, 256, 261 – Klagebefugnis nur bei Darlegung einer Überschreitung der Dosisgrenzwerte aus § 45 Strahlenschutz-VO; BVerwG, NJW 1983, 1507 – nur gelegentlicher Aufenthalt im Gefahrenbereich; VG Wiesbaden, NJW 1997, 3042 – Passivrauchen im Gericht; BVerwG, NVwZ 1989, 1170 – keine Klagebefugnis unter Hinweis auf Katastrophe von Tschernobyl und Restrisiko einer Kernenergieanlage; OVG Berlin, NVwZ 1995, 1023 – Freisetzung gentechnisch veränderter Zuckerrüben; OVG Lüneburg, NVwZ 2001, 456; VGH Kassel, NVwZ 1997, 89; VGH Mannheim, NVwZ 1997, 704 – „Elektrosmog" durch Mobilfunkantenne. Lediglich hypothetische oder von einer deutlichen wissenschaftlichen Mindermeinung vertretene Gesundheitsgefährdungen führen also nicht zur Klagebefugnis (BVerfG, Kammer, NJW 2002, 1638).

Wichtig: Soweit der Kl. beim Planfeststellungsbeschluss nur die Verletzung einer (Lärm-) Schutznorm geltend macht, kann er nur entsprechende Lärmschutzmaßnahmen verlangen – für die Anfechtung des Vorhabens insgesamt fehlt es an der Möglichkeit der Rechtsverletzung (BVerwGE 56, 110, 133).

d) Problematisch ist die Möglichkeit der Rechtsverletzung auch bei **Vorab- und Teilgenehmigungen.** Gemeint sind hier nicht die einzelnen Stufen mehrstufiger Verwaltungsverfahren, bei denen es für die Anfechtung einzelner Stufen und Mitwirkungsakte schon an der Außenwirkung fehlt, die Klage also unstatthaft ist (dazu oben, § 14, Rn. 38). Bei Vorbescheiden und Teilgenehmigungen geht es vielmehr um echte Verwaltungsakte. Für die Klage eines Dritten gilt auch hier grundsätzlich, dass die Möglichkeit der Rechtsverletzung durch die konkrete Teilentscheidung gegeben sein muss. Das gleiche Problem stellt sich, wenn mehrere Planfeststellungsbeschlüsse (z. B. beim Bau einer Fernstraße hinsichtlich einzelner Abschnitte) oder Genehmigungen aufeinander folgen. 111

In diesen Fällen ist der Adressat von der ersten Teilgenehmigung möglicherweise (noch) nicht unmittelbar betroffen; die Entscheidung schafft aber vollendete Tatsachen, so dass der Kl. im weiteren Verlauf zwar möglicherweise klagebefugt ist, die dann zulässige Klage aber zu spät kommt.

In beiden Fallgruppen gewährt die Rechtsprechung zumindest dann bereits gegen die erste Entscheidung Rechtsschutz, wenn aus ihr mit rechtlicher, tatsächlicher oder geographischer Zwangsläufigkeit weitere Entscheidungen folgen, bei denen die Möglichkeit einer Rechtsverletzung des Kl. zu bejahen ist. Um den Drittschutz zu wahren, muss die Genehmigungsbehörde dann jeweils die Reichweite der Billigung des Gesamtkonzepts zum Ausdruck bringen (BVerwG, DÖV 1972, 757; BVerwG, NVwZ 1989, 1169; NVwZ 1993, 177; NVwZ 1999, 528).

Beziehen sich Genehmigungen oder Planfeststellungsbeschlüsse auf das Gesamtkonzept einer Fernstraße, so kann der im weiteren Verlauf betroffene Kläger gegen vorangehende Entscheidungen klagen, wenn diese bewirken, dass die festgestellte Linienführung mit Zwangsläufigkeit dazu führt, dass sein Grundstuck betroffen wird (sog. **"Zwangspunkt"** – BVerwGE 62, 342, 351; 72, 282, 288; BVerwG, NVwZ 1993, 887; NVwZ 2001, 800). Dabei kann er sich aber nur auf solche Rechtsfehler berufen, die für die Setzung des „Zwangspunkts" kausal sind (BVerwG, NVwZ 1997, 493). Dasselbe gilt, wenn die Planung auf eine nachfolgende Enteignung hinausläuft (sog. „enteignungsrelevante Vorwirkung" – BVerwG, NVwZ 2009, 1047).

Literatur zu § 14 II 7: *Schenke*, Rechtsprobleme gestufter Verwaltungsverfahren am Beispiel von Bauvorbescheid und Baugenehmigung, DÖV 1990, 489; *Salis*, Gestufte Verwaltungsverfahren im Umweltrecht. Eine neue Dogmatik gestufter Verwaltungsverfahren über raumbedeutsame Großvorhaben (1991).

112 e) Bei der **„negativen Konkurrentenklage"** ist hinsichtlich der Klagebefugnis zu prüfen, ob die den Konkurrenten begünstigende Entscheidung unmittelbar eine mögliche Rechtsverletzung des Klägers bewirkt (BVerfG, Kammer, NJW 2005, 273 – Ermächtigung von Krankenhausärzten zur vertragsärztlichen Versorgung; BVerwG, NVwZ 2009, 525 – Krankenhausbedarfsplan; OVG Bremen, NVwZ 2002, 873 – Sondergenehmigung nach LadenschlussG). Das ist im Beamtenrecht z. B. dann der Fall, wenn der Kl. substantiiert vortragen kann, die Ernennung des Konkurrenten verletze sein Recht auf Chancengleichheit (Art. 33 II GG ähnl. zum Berufungsverfahren für eine Professur (OVG Weimar, NVwZ-RR 2019, 1045 = JuS 2020, 476 [*Hufen*] – zum Problem des Rechtsschutzbedürfnisses in diesen Fällen unten, § 23, Rn. 14).

Ähnlich verhält es sich beim „Konkurrentenstreit" um eine nur einmal zur Verfügung stehende Begünstigung wie z. B. den Standplatz auf einem Jahrmarkt, einen Studienplatz usw. Schwierig ist die Frage der Möglichkeit der Rechtsverletzung bei der Begünstigung des Konkurrenten im Wirtschaftsverwaltungsrecht zu beantworten. Hier stellt bei weitem nicht jede Begünstigung eines Konkurrenten eine mögliche Rechtsverletzung des Wettbewerbers dar. Nur wenn der Wettbewerb unzumutzbar verfälscht oder die Existenzgrundlage des Kl. gefährdet wird, besteht die Möglichkeit der Rechtsverletzung im Sinne von § 42 II VwGO (BVerwG, DÖV 2012, 621- Arzneimittelversand als Konkurrenz für Apotheke).

Literatur: *R. Schmidt,* Die Stellung des Konkurrenten im Verwaltungsprozess, JuS 1999, 1107; *Frenz,* Verwaltungsgerichtlicher Rechtsschutz in Konkurrenzsituationen (1999); *V. Schmitz,* Konkurrentenklage und Ladenschluss, NVwZ 2002, 822; *Baumeister/Budroweit,* Konkurrentenschutz im Gesundheitsdienstleistungsrecht, WuV 2006, 1 ff.; *Rennert,* Konkurrentenklage bei begrenztem Kontingent, DVBl. 2009, 133; *Schenke,* Neuestes zur Konkurrentenklage, NvWZ 2011, 321; *Bergmann/Paehlke-Gärtner,* Zur Dogmatik des Konkurrentenstreits, NVwZ 2018, 110; *Weckmann,* Die Rolle staatlicher Auswahlentscheidungen im Rechtsschutzsystem der „Konkurrentenverdrängungsklage" (2019).

III. Sonstige besondere Zulässigkeitsvoraussetzungen

1. Widerspruchsverfahren

Zulässigkeitsvoraussetzung der Anfechtungsklage ist nach § 68 VwGO die Durchführung eines Widerspruchsverfahrens (Vorverfahrens). Soweit dieses **statthaft** ist, ist es damit auch erforderlich (zur Abschaffung in einigen Bundesländern oben, § 5, Rn. 5). Fehlt es, so muss das Gericht den Prozess aussetzen. Das gilt auch nach einer Verweisung an das VG nach § 17a GVG (*Schenke,* VwProzR, Rn. 159). Eine Nachholung ist zwar theoretisch bis zum Abschluss der mündlichen Verhandlung möglich. Ist das Widerspruchsverfahren aber wegen Fristversäumnis bereits nicht mehr durchführbar, so ist die Klage endgültig unzulässig.

Voraussetzungen und Statthaftigkeit des Widerspruchsverfahrens sind oben (§ 6, Rn. 10ff.) ausführlich dargestellt.

Das Widerspruchsverfahren muss **erfolglos** durchgeführt sein. Die Formulierung „ordnungsgemäßes Vorverfahren" ist missverständlich, denn nicht im Widerspruch selbst liegende Fehler des Widerspruchsverfahrens machen die Klage nicht etwa unzulässig, sondern führen unter den Voraussetzungen des § 79 VwGO sogar zur Begründetheit der Klage, wenn insofern eine zusätzliche selbständige Beschwer vorliegt. Wurde der VA im Widerspruchsverfahren ganz oder teilweise aufgehoben, so ist die Klage insoweit bereits unstatthaft.

Erfolglos durchgeführt ist das Widerspruchsverfahren grundsätzlich auch dann, wenn der Widerspruch als unzulässig zurückgewiesen wurde. Dann sind Statthaftigkeit und Klagebefugnis erst im Verwaltungsprozess zu prüfen. Umstritten ist die Behandlung des **bereits verfristeten oder formfehlerhaften Widerspruchs**. Ist der VA wegen Verfristung (§ 70 VwGO) bereits unanfechtbar und weist die Widerspruchsbehörde den Widerspruch deshalb als unzulässig zurück, so kann es im nachfolgenden Prozess nur noch um die Frage gehen, ob die Verfristung zu Recht angenommen wurde. Die Klage selbst ist als unzulässig durch Prozessurteil oder Gerichtsbescheid zurückzuweisen.

Entscheidet die Widerspruchsbehörde als „Herrin des Verfahrens" aber **zur Sache** oder lässt sie sich im Verwaltungsprozess auf die Klage ein, ohne die Unanfechtbarkeit geltend zu machen, dann ist nach der Rechtsprechung die nachfolgende Klage nur dann unzulässig, wenn bereits ein Dritter eine unanfechtbare Rechtsposition erlangt hat (dazu oben, § 6, Rn. 32).

2. Klagefrist – Rechtsmittelbelehrung – Wiedereinsetzung

114 a) **Klagefrist.** Die Anfechtungsklage muss innerhalb **eines Monats** nach Zustellung des Widerspruchsbescheids bzw. – wenn dieser nicht erforderlich ist – nach Bekanntgabe des VA erhoben werden (§ 74 I VwGO). Für den Drittbetroffenen (z. B. Nachbarn) beginnt die Frist nur, wenn diesem der Widerspruchsbescheid gleichfalls zugestellt wurde (BVerwG, NJW 2010, 1686). Erlangt er aber auf andere Weise Kenntnis von der im Widerspruchsbescheid enthaltenen Erlaubnis, dann kann das Klagerecht nach einem Jahr verwirkt sein (oben, § 9, Rn. 36). Für die Berechnung der Frist gelten § 57 II VwGO i. V. m. §§ 222 I ZPO, 188 II, 187 I BGB. Die Frist beginnt mit der Zustellung des Widerspruchsbescheids (dazu oben, § 9, Rn. 27 f.). Der Fristbeginn gilt auch für einen etwaigen Rechtsnachfolger (BVerwG, NVwZ 1989, 967; weitere Einzelh. b. *Schenke,* VwPr300zR, Rn. 700 ff.).

Die Frist ist erst mit der ordnungsgemäß erhobenen Klage gewahrt. Das ist gerade im Hinblick auf neue Kommunikationsformen praktisch besonders wichtig. So wirkt z. B. ein elektronisches Dokument, das entgegen § 55a I 3 VwGO nicht mit einer qualifizierten elektronischen Signatur versehen ist, nicht fristwahrend (OVG Koblenz, NVwZ-RR 2006, 519 – allgemein zur Form unten, § 23, Rn. 3). Die Klage muss spätestens am letzten Tag der Frist um 24.00 Uhr bei Gericht eingehen. Wird sie vor dem falschen, d. h. unzuständigen Gericht oder auf dem falschen Rechtsweg erhoben, ist die Sache nach § 17a GVG an das zuständige Gericht zu verweisen, die Klage also nicht unzulässig. Das gilt auch, wenn der Kl. die Klage selbst erhebt und beim eigentlich zuständigen Gericht Anwaltszwang besteht (BVerwG, NVwZ 2020, 1189; *Schenk*, NVwZ 2020, 1006). Nicht fristwahrend wirkt die „Klage" an die Ausgangs- oder Widerspruchsbehörde. Fehler des Bevollmächtigten muss sich der Kläger i. d. R. zurechnen lassen (BVerwG, NJW 1997, 2614). Bei einem Poststreik gilt eine gesteigerte Sorgfaltspflicht (BGH, NJW 2016, 3789). Die Angabe eines falschen Aktenzeichens in der Klageerwiderung kann aber nicht zur Fristversäumnis führen (BVerfG, Kammer, NVwZ 2013, 925).

Die nach Ablauf der Frist erhobene Klage ist **unzulässig**. Sie kann durch Gerichtsbescheid (§ 84 I VwGO) abgewiesen werden.

b) Rechtsmittelbelehrung. Nach § 58 I VwGO beginnt die Klagefrist des § 74 VwGO nur bei (zutreffender) Rechtsmittelbelehrung im Widerspruchsbescheid bzw. im Ausgangsbescheid, wenn ein Widerspruchsbescheid nicht erforderlich ist (zum notwendigen Inhalt oben, § 9, Rn. 26). Fehlt die Rechtsmittelbelehrung oder ist sie unzutreffend, so gilt die Jahresfrist des § 58 II VwGO. Die Behörde kann aber nach richtiger Auffassung mit der ordnungsgemäßen Nachholung der Rechtsbehelfsbelehrung die Frist des § 74 auch nachträglich in Gang setzen. 115

Wichtig: Wird der Widerspruchsbescheid nicht wirksam zugestellt, so ist dies kein Fall des § 58 VwGO. Die Frist des § 74 und auch die des § 58 II VwGO werden dann nicht in Gang gesetzt. Hätte aber der Adressat (z. B. der Nachbar) erkennen können, dass eine Genehmigung erteilt wurde, dann muss er sich nach der Rechtsprechung des BVerwG (vgl. BVerwGE 44, 294, 300; BVerwG, NJW 1988, 839) so behandeln lassen, als ob die Genehmigung (ohne Rechtsbehelfsbelehrung) an ihn zugestellt worden wäre. Die Rechtsprechung wendet in diesem Fall die Frist des § 58 II VwGO (Jahresfrist) an. Systematisch richtiger wäre es aber, diese Konstellation als Unterfall der Verwirkung unter dem Stichwort „Rechtsschutzinteresse" zu behandeln. Die Jahresfrist ist dann kein Fall des § 58 II VwGO, sondern ein „Richtwert" für die Unzulässigkeit der Rechtsausübung.

c) Wiedereinsetzung in den vorigen Stand. Gegen die Versäumung der Frist kann der Kl. Wiedereinsetzung in den vorigen Stand beantragen, wenn die Versäumung unverschuldet war. Die Wiedereinsetzungsgründe sind im Wesentlichen die gleichen wie beim Widerspruch (dazu oben, § 6, Rn. 33 ff.). 116

Übersicht 9: Sachentscheidungsvoraussetzungen der Anfechtungsklage

I. **Rechtsweg und zuständiges Gericht**
   1. *Deutsche Gerichtsbarkeit (§§ 18 ff. GVG)*
   2. Eröffnung des Verwaltungsrechtswegs (§ 40 I 1 VwGO)
      a) Aufdrängende Verweisung
      b) öffentlich-rechtliche Streitigkeit
      c) *Ausschluss von Streitigkeiten verfassungsrechtlicher Art*
      d) *keine abdrängende Verweisung*
   3. Zuständiges Verwaltungsgericht
      a) sachliche Zuständigkeit (§§ 45 ff. VwGO)
      b) örtliche Zuständigkeit (§ 52 VwGO)
II. **Zulässigkeit der Klage**
   1. Beteiligtenbezogene Zulässigkeitsvoraussetzungen
      a) Beteiligtenfähigkeit (§ 61 VwGO)
      b) *Prozessfähigkeit (§ 62 VwGO) und ordnungsgemäße Vertretung*
      c) *Prozessführungsbefugnis des Klägers*
      d) Richtiger Beklagter/passive Prozessführungsbefugnis (§ 78 VwGO)
   2. Statthaftigkeit: Aufhebung eines VA als Klageziel (§ 42 I 1 VwGO)
   3. Klagebefugnis (§ 42 II VwGO)
      a) Adressat des belastenden VA
      b) Probleme der Drittbetroffenheit – eigenes Recht/Schutznorm
      c) Möglichkeit der Rechtsverletzung
   4. Erfolglos durchgeführtes Widerspruchsverfahren (§ 68 VwGO)
   5. Frist (§ 74 VwGO)
   6. Ordnungsgemäße Klageerhebung (§ 81 VwGO)
   7. Allgemeines Rechtsschutzbedürfnis
      a) keine leichtere Möglichkeit des Rechtsschutzes
      b) *kein Missbrauch, keine Verwirkung*
      c) *Klage richtet sich nicht lediglich gegen Verfahrenshandlung (§ 44a VwGO)*

8. Sonstige Zulässigkeitsvoraussetzungen
   a) *keine anderweitige Rechtshängigkeit*
   b) keine rechtskräftige Entscheidung in gleicher Sache
   c) kein wirksamer Klageverzicht

§ 15 Die Verpflichtungsklage

I. Statthaftigkeit

Mit der Verpflichtungsklage kann die Verurteilung zum Erlass eines 1 abgelehnten oder unterlassenen VA begehrt werden. Vom Typus her ist die Verpflichtungsklage eine **Leistungsklage auf Erlass eines VA**, darf aber nicht mit der allgemeinen Leistungsklage verwechselt werden. Anders als bei der Anfechtungsklage gestaltet das Gericht mit dem Urteil nicht selbst die Rechtslage; der Träger der Behörde wird vielmehr zum Erlass eines VA und (erst) damit zur Einwirkung auf die materielle Rechtslage verurteilt, soweit die Klage begründet ist.

In der freiheitlich-rechtstaatlichen Ordnung des Grundgesetzes und auf der Grundlage der allgemeinen Handlungsfreiheit des Art. 2 I GG gilt das Prinzip der **Erlaubnis mit Verbotsvorbehalt**; d. h. Handlungen sind grundsätzlich erlaubt, es sei denn sie werden durch Gesetz oder aufgrund eines Gesetzes verboten. In einer Rechtsordnung, die auf die modernen Gefährdungs- und Konfliktpotentiale durch die starke Ausdehnung von generellen Genehmigungsvorbehalten reagiert hat, wurde aber das **präventive Verbot mit Erlaubnisvorbehalt** mehr und mehr zur Regel. In einer Vielzahl von Fällen ist daher nicht mehr die grundsätzliche Erlaubnis zum individuellen Tun der rechtliche Ausgangspunkt; der Einzelne muss vielmehr zunächst die Voraussetzungen einer Erlaubnis (Kontrollerlaubnis) erfüllen (allgem. dazu *Maurer/Waldhoff*, AVwR, § 9, Rn. 52). Bleibt die Erlaubnis aus oder wird sie rechtswidrig verweigert, dann kann er seine Handlungsfreiheit durch die **Verpflichtungsklage** durchsetzen. Diese Klageart ist daher im klassischen Bereich der Ordnungsverwaltung heute ebenso wichtig wie im Bereich der Leistungsverwaltung. Mittlerweile scheint sich erneut ein Wandel anzubahnen: Genehmigungsfiktion und Freistellung vom Erlaubniszwang sollen die Verwaltung entlasten, privatisieren dadurch aber zugleich das Risiko potentieller Gefahren. Hier erlangt die Verpflichtungsklage eine ganz neue Bedeutung, denn mit ihrer Hilfe müssen betroffene Dritte vielfach erst versuchen, den Staat zu Maßnahmen gegen objektiv belastende, aber erlaubnisfreie Betätigungen zu veranlassen (dazu Rn. 3 u.11).

1. Gegenstand und Arten der Verpflichtungsklage

2   Klageziel bei der Verpflichtungsklage ist der **Erlass eines VA**. Die Klage ist also nur statthaft, wenn die erstrebte Maßnahme die Definitionsmerkmale des VA nach § 35 VwVfG erfüllt. Auch muss es sich aus der Sicht des Klägers um einen begünstigenden VA handeln – unabhängig davon, ob dieser einen Dritten belastet (VA mit Drittwirkung). Exakter **Streitgegenstand** ist nach dem oben Gesagten (vgl. § 10) die aufgrund eines konkreten Sachverhalts erhobene Behauptung des Kl., durch die Verweigerung oder Unterlassung des VA in einem Recht verletzt zu sein. Ob die Behörde durch VA entscheiden darf oder ob für den beantragten VA eine Rechtsgrundlage vorliegt, ist keine Frage des Streitgegenstands, sondern der Begründetheit. So ist etwa auch die Klage auf einen zugesicherten oder durch ÖR-Vertrag zugesagten VA stets Verpflichtungsklage. Die Klage auf einen feststellenden VA ist gleichfalls Verpflichtungsklage, nicht etwa Feststellungsklage (BVerwG, NVwZ 1991, 267).

3   Ist ein Vorhaben **genehmigungsfrei** oder gilt die Genehmigung nach einer bestimmten Frist als erteilt (**Genehmigungsfiktion** – s. auch § 42a VwVfG; *Borscheit*, Rechtswirkungen von Genehmigungsfiktionen im Öffentlichen Recht (2016); *Kluth*, JuS 2011, 1078), so ist die Verpflichtungsklage aus Sicht des Begünstigten nicht (mehr) statthaft. Dagegen Die Bescheinigung über eine im vereinfachten Genehmigungsverfahren als erteilt geltende Baugenehmigung gilt als feststellender VA. Entsprechend statthaft ist die Anfechtungsklage des Nachbarn, bzw. die Verpflichtungsklage des potentiellen Bauherrn.
Gleiches gilt für die behördliche Bestätigung der Genehmigung bzw. Genehmigungsfreiheit, die weder selbständige Regelung noch feststellender VA, sondern nur Feststellung einer ohnehin bestehenden Rechtslage ist (anders aber OVG *Magdeburg*, NVwZ-RR 2020, 1114 – feststellender VA). Für **genehmigungsfreie** Vorhaben kommt auch die Klage auf Feststellung der Genehmigungsfreiheit in Betracht. Sehr wohl Verpflichtungsklage ist aber die Klage des Nachbarn auf ein bauaufsichtsrechtliches Einschreiten, wenn das (genehmigungsfreie) Vorhaben rechtswidrig ist und mangels VA eine Anfechtungsklage des Nachbarn ausscheidet (BVerwG, NJW 1997, 2063; NVwZ 1998, 395).

4   Hat die Behörde den VA bereits durch Versagungsbescheid abgelehnt, so wird von einer **Versagungsgegenklage** gesprochen. Auch

hier richtet sich die Klage aber genau genommen nicht **gegen** die Versagung, sondern **auf** die Verpflichtung zu einer Leistung. Die Versagungsgegenklage enthält also nicht etwa zum Teil eine Anfechtung (der Ablehnung), sondern sie ist ausschließlich Verpflichtungsklage, obwohl i. d. R. die Aufhebung des ablehnenden Bescheids und ggf. eines Widerspruchsbescheids im Verpflichtungsurteil ausgesprochen wird.

Hat die zuständige Behörde den VA weder abgelehnt noch erlassen, kann der Betroffene unter bestimmten Voraussetzungen (dazu Rn. 28) **Untätigkeitsklage** erheben. Diese ist nicht etwa eine eigene Klageart, sondern i. d. R. ein Unterfall der Verpflichtungsklage, für die § 75 VwGO Ausnahmen vom Erfordernis eines Widerspruchsverfahrens schafft. Allerdings kommt auch eine nur auf Erlass des Widerspruchsbescheids gerichtete Untätigkeitsklage in Betracht. Da sie sich grundsätzlich auf den Erlass eines begünstigenden VA richtet, stellen sich keine besonderen Probleme der Statthaftigkeit. Eine ohne vorherigen Antrag an die zuständige Behörde oder unmittelbar nach dem Antrag erhobene Verpflichtungsklage ist nicht unstatthaft, sondern wegen fehlenden Vorverfahrens bzw. mangelnden Rechtsschutzbedürfnisses unzulässig (BVerwGE 99, 158, 160).

5

2. Abgrenzung zur Anfechtungsklage

Der Kl. der Verpflichtungsklage will mit seinem Antrag eine Begünstigung, d. h. eine im Vergleich zur Ausgangslage verbesserte Situation, erreichen. Deshalb ficht er in der Regel nicht die Ablehnung des VA an (Ausnahmen: isolierte Anfechtungsklage [§ 14, Rn. 19] und Klage auf Aufhebung der Rücknahme oder des Widerrufs eines begünstigenden VA), sondern er will die Behörde zu einem ihn begünstigenden VA verpflichten lassen. Deshalb sollte man – schon um Fehler zu vermeiden – den ablehnenden VA grundsätzlich nicht als „belastenden" VA bezeichnen.

6

Verpflichtungsklage ist auch die sogenannte **positive Konkurrentenklage** („Mitbewerberklage"). Sie ist dadurch gekennzeichnet, dass der Kl. in einer Konkurrenzsituation nicht ausschließlich die Begünstigung des Konkurrenten verhindern, sondern selbst eine Begünstigung erreichen will. Hat die Behörde diese bereits an einen Dritten vergeben, dann ist diese Vergabeentscheidung für den Kl. zwar ein belastender VA, für den nicht Berücksichtigten reicht es aber in der Regel nicht aus, wenn die Begünstigung des Konkurrenten durch Anfechtungsklage aufgehoben wird. Will der Kl. die um-

7

strittene Position selbst erreichen, ist vielmehr grundsätzlich die Verpflichtungsklage in der Form der Bescheidungsklage (dazu Rn. 15) die statthafte Klageart (BVerwG, NJW 2011, 695; OVG Lüneburg, NVwZ 2011, 891). Die Anfechtung der Begünstigung des Konkurrenten ist in diesem Fall nicht **zusätzlich** erforderlich.

Beispiele: Klage auf Taxi- oder Güterfernverkehrkonzession (BVerwGE 80, 270, 271); Klage auf Zuteilung einer Emissionsberechtigung nach TEHG, dazu *Shirvani*, NVwZ 2005, 868; Klage auf Zuteilung eines Vertragsarztsitzes, dazu *Steinhilper*, MedR 2008, 498; Zulassung zum Jahrmarkt bei mehreren Plätzen (VGH München, NVwZ-RR 2016, 39).

Probleme werden gesehen, wenn der angestrebte Platz nur einmal zur Verfügung steht. Dann ist die Begünstigung nach verbreiteter Ansicht ggf. durch Anfechtungsklage „freizumachen" und (in objektiver Klagehäufung) erst danach Verpflichtungsklage zu erheben (BVerwGE, NVwZ 1995, 478 – Spielbankkonzession; VGH München, DVBl. 1993, 274 – Rezeptsammelstelle; OVG Magdeburg, NVwZ 1996, 815 – Güterfernverkehr; VGH Kassel, NVwZ – RR 2019, 376; grundsätzl. auch *Würtenberger/Heckmann*, VwProzR, Rn. 393). Da es aber auch hier um eine **einheitliche Verteilungsentscheidung** geht (so zu Recht BVerwGE 80, 271; *Böcker*, DÖV 2003, 193), läuft diese Auffassung auf einen überflüssigen Formalismus und eine unzumutbare Belastung des Kl. hinaus Zu beachten ist in jedem Fall, dass es in der Sache nur um die **Bescheidung des Kl.** geht, wenn der Behörde bei Rechtswidrigkeit der Begünstigung des Konkurrenten noch ein Auswahlermessen bleibt (dazu Rn. 15). Das ändert aber nichts an der Einordnung der positiven Konkurrentenklage als Verpflichtungsklage.

8 Verpflichtungsklage ist auch die **Klage auf Rücknahme oder Widerruf** des (einen Dritten) begünstigenden VA. Diese kommt wegen des Vorrangs der Anfechtungsklage aber nur nach der Bestandskraft des jeweiligen VA in Betracht (nicht überzeugend BVerwGE 49, 244 – Verpflichtungsklage auf Rücknahme eines vertragswidrigen VA). Dann dient die Verpflichtungsklage der Überprüfung des auch nach Eintritt der Bestandskraft bestehenden Ermessensanspruchs nach §§ 48/49 VwVfG (*Ludwigs*, DVBl. 2008, 1164).

9 Dasselbe gilt für die **Klage auf Belastung eines Dritten** durch VA. Hier kommt es jeweils auf den Entscheidungsstand und die Perspektive des Kl. an. Will dieser als Nachbar die Baugenehmigung (einschl. der fiktiven Baugenehmigung) als solche beseitigen, so erreicht er sein Ziel mit der Anfechtungsklage. Will er aber z. B. eine den Nachbarn belastende Schallschutzauflage oder eine bauaufsichtliche Maßnahme

erreichen, dann ist die Verpflichtungsklage statthaft (OVG Magdeburg, NVwZ-RR 2015, 611). In die gleiche Fallgruppe gehört die Klage auf Maßnahmen durch die Aufsichtsbehörde, wenn diese im Verhältnis zum Beaufsichtigten Verwaltungsakt sind (vgl. *BVerwG*, NVwZ 2018, 69 – Rückbau einer Eisenbahnstrecke, *OVG Bautzen*, NVwZ-RR 2019, 584 – Bauaufsichtliches Einschreiten bei Verstoß gegen Brandschutzvorschrift [zur Klagebefugnis in diesen Fällen unten, Rn. 23]).

Verpflichtungsklagen sind auch **Klagen auf Erfüllung einer umweltrechtlichen** oder sonstigen **Schutzpflicht**, wenn dies durch VA geschehen soll (z. B. Einzelmaßnahmen zur Bekämpfung der Feinstaubbelastung; – Klage auf behördliches Einschreiten gegen illegalen Radwegebau in FFH-Gebiet (BVerwG, DVBl. 2017, 1105). Geht es um abstrakt-generelle Regelungen wie z. B. den Aktionsplan, dann ist die Leistungsklage die richtige Klageart (VGH München, NVwZ 2007, 233; *Steenbuck*, NVwZ 2005, 770).

3. Abgrenzung zur allgemeinen Leistungsklage

Will der Kl. nur eine faktische Leistung ohne Regelung, z. B. eine schlichte Auskunft, Information, Beratung, Widerruf von Tatsachenbehauptungen usw., dann ist nicht die Verpflichtungs-, sondern die allgemeine Leistungsklage statthaft. Das gilt auch, wenn bereits ein Bescheid über tatsächliche Leistungen ergangen ist und es nur noch um deren Abwicklung geht.

Zu beachten ist aber, dass moderne **Informationsgesetze** wie UIG, IFG und VIG durchweg das Verfahren auf Erteilung einer Information als Verwaltungsverfahren ausgestalten. In diesen Fällen ist also die Verpflichtungsklage statthaft (ähnl. bereits BVerwGE 31, 301, 307; BVerwG, NVwZ 2000, 436; ebenso zur Herausgabe eines Mietspiegels VGH München, NJW 2020, 85). Die Klage ist auch unabhängig von einer etwaigen Klage gegen ein Vorhaben, zu dem Auskunft begehrt wird (BVerwG, NVwZ 2007, 1095). Im Gegensatz dazu ist die Umweltverträglichkeitsprüfung (UVP) unselbständiger Bestandteil eines Planfeststellungs- oder Genehmigungsverfahrens. Eine Verpflichtungsklage kommt insofern nicht in Betracht.

Bei der Klage gegen die Behörde auf Erfüllung eines **öffentlichrechtlichen Vertrags** kommt es auf die Rechtsnatur der erstrebten Vertragsleistung an: So ist die Klage auf ein vertraglich zugesagtes Verkehrszeichen Verpflichtungsklage (BVerwG, NJW 1995, 1977), die Klage auf Aufstellung eines Blumenkübels zur Verlangsamung des fließenden Verkehrs aber Leistungsklage – ebenso wie die Klage auf Änderung des Vertrags selbst (BVerwG, NVwZ 1996, 171).

Weitere Beispiele für Leistungsklage: Klage auf Aussagegenehmigung eines Beamten (BVerwGE 18, 58, 59; 34, 252, 254); Vernichtung einer Akte (VGH Kassel, NJW 1993, 3011); Fortsetzung eines beamtenrechtlichen Auswahlverfahrens (VGH Kassel, LKRZ 2013, 437)

4. Keine Verpflichtungsklage auf Maßnahmen ohne Außenwirkung

11 Maßnahmen, die im Innenbereich der Verwaltung verbleiben, also z. B. innerdienstliche Weisungen, Verwaltungsvorschriften, Sitzungsleitung im Gemeinderat sind nicht VA, können also nicht mit der Verpflichtungsklage erstritten werden. Richtet sich die Klage aber auf Regelungen gegenüber Dritten (auch z. B. auf Rechtsaufsichtsmaßnahmen gegenüber einer Gemeinde), dann ist sie als Verpflichtungsklage zwar möglicherweise statthaft, aber die Klagebefugnis stellt eine hohe Hürde dar (dazu unten, Rn. 23).

5. Klage auf Nebenbestimmung

12 Die Verpflichtungsklage kann sich auch auf eine **selbständige** Nebenbestimmung zum VA (Auflage und Auflagenvorbehalt) richten (dazu *Hufen/Bickenbach,* JuS 2004, 867, 873). Der häufigste Fall ist die Klage auf eine **nachbarschützende Auflage,** insbesondere auf Schallschutzauflagen zu Verkehrsprojekten (§ 74 II VwVfG). Diese sind für den Bauherrn belastend, für den Nachbarn begünstigend, also mit der Verpflichtungsklage zu verfolgen (BVerwGE 51, 15, 22; 80, 7, 12 – Klage durch „planbetroffene Gemeinde"; einprägsames Beispiel auch VGH München, NVwZ 1995, 1021 – Lärmschutzauflage für Biergarten).

13 Auch die **nachträgliche Ergänzung oder Verschärfung** einer solchen Auflage ist rechtlich eine neue Auflage oder ein (Teil-)Widerruf und kann durch die Verpflichtungsklage erstritten werden. Die Rechtsprechung geht sogar so weit, dass der Planfeststellungsbeschluss wegen befürchteter Lärmeinwirkungen als Ganzes nicht mehr durch die Anfechtungsklage angegriffen werden darf, die Klage sich also nur noch als Verpflichtungsklage auf klägerschützende Maßnahmen richten kann (BVerwGE 56, 110, 133; 71, 150, 161).

Schwieriger ist die Klageart bei **unselbständigen Nebenbestimmungen.** Da diese nicht selbst VA, sondern Teil eines VA sind, käme aus Sicht des Dritten allenfalls eine Leistungsklage auf Befristung oder auflösende Bedingung in Betracht, doch würde dies inhaltlich auf eine „VA-Abänderungsklage" hinauslaufen, die die VwGO nicht kennt. Deshalb bleibt nur die Anfechtung des gesamten („nebenbestimmungsfreien") VA.

6. Klage auf Teilregelung oder Widerspruchsbescheid

Keine Besonderheiten bietet die Verpflichtungsklage auf **Teilregelungen**, die selbst VA sind, also z. B. Bauvorbescheid, Standortgenehmigung, Betriebserlaubnis usw. Auch im Übrigen kann die Verpflichtungsklage auf **Teile eines begünstigenden VA** beschränkt werden, wenn diese auf eine teilbare Vergünstigung gerichtet ist (*Kopp/Schenke*, VwGO, § 42, Rn. 28; *Schenke*, VwProzR, Rn. 268). 14

Beispiele: Klage auf Leistungsbescheid über einen Teilbetrag; Klage auf zeitlich beschränkte Erlaubnis; Klage auf Leistungsbescheid dem Grunde nach. Dagegen ist die isolierte Klage auf Erlass eines Widerspruchsbescheids unstatthaft, weil dieser in der Regel nur dem Ausgangsbescheid seine rechtlichen Gestalt gibt (§ 79 I 1 VwGO – OVG Magdeburg, NVwZ-RR 2016, 717).

7. „Bescheidungsklage"

Mit der sogenannten „**Bescheidungsklage**" erstrebt der Kl. nicht die Verurteilung zur eigentlichen Begünstigung, sondern eine Bescheidung unter Beachtung der Rechtsauffassung des Gerichts gem. § 113 V 2 VwGO. **Streitgegenstand** ist der mit der Klage geltend gemachte und vom Gericht nach Maßgabe der bestehenden Rechtslage zu überprüfende Anspruch auf Neubescheidung (BVerwG, NVwZ 2007, 104). 15

Hierbei geht es nicht um eine eigene Klageart. Die Klage ist vielmehr Verpflichtungsklage und bedarf daher auch keiner besonderen gesetzlichen Grundlage. Gleiches gilt für die „Klage auf Ausübung des Ermessens". Schon aus Kostengründen (§ 155 I VwGO) ist es dem Kl. nicht zuzumuten, die Klage auf mehr zu erstrecken, als er erreichen kann (so implizit auch BVerwG, NVwZ 1991, 1181 – Güterfernverkehr; *Pietzner/Ronellenfitsch*, Assessorexamen, § 10, Rn. 321; *Würtenberger/Heckmann*, VwProzR, Rn. 383; *Sodan*, in: Sodan/Ziekow, VwGO, § 42, Rn. 34). Besonders häufig ist auch die Kombination von Bescheidungsklage und Untätigkeitsklage (BVerwG, BeckRS 2018, 19734).

Literatur zu § 15 I: *Frenz*, Verwaltungsgerichtlicher Rechtsschutz in Konkurrenzsituationen (1999); *Hödl-Adick*, Die Bescheidungsklage als Erfordernis eines interessengerechten Rechtsschutzes (2001); *Martini*, Baurechtsvereinfachung und Nachbarschutz, DVBl. 2001, 1488; *Seidel,* Bauordnungsrechtliche Verfahrensprivatisierung und Rechtsschutz des Nachbarn, NVwZ 2004, 139; *Böcker,* Das Verfahrensrecht wirtschaftsverwaltungsrechtlicher Verteilungsentscheidungen: Der einheitliche Verteilungsverwaltungsakt, DÖV 2003, 193; *Steenbuck,* Anspruch auf Verkehrsbeschränkungen zum Schutze vor Feinstaub?, NVwZ 2005, 770; *Ehlers,* Die verwaltungsgerichtliche Verpflichtungsklage, Jura 2004, 310; *Bickenbach,* Das Bescheidungsurteil als Ergebnis einer Verpflichtungsklage (2006); *Kluth,* Die Genehmigungsfiktion des § 42a VwVfG, JuS 2011, 1078; *Broscheit,* Rechtswirkungen von Genehmigungsfiktionen im Öffentlichen Recht (2016); *Pietzner/Ronellenfitsch,* Assessorexamen, § 10 Rn. 6 ff.; *Würtenberger/Heckmann,* VwProzR, Rn. 388 ff. *Schenke,* VwProzR, Rn. 256 ff.

II. Klagebefugnis

1. Allgemeines

16   Die Verpflichtungsklage ist nur zulässig, wenn der Kl. geltend macht, durch die Ablehnung oder Unterlassung des VA in seinen Rechten verletzt zu sein (§ 42 II VwGO). Die Klagebefugnis setzt also nicht beim (positiven) *Anspruch* auf den VA an, sondern bei der *Möglichkeit der Rechtsverletzung.* Damit gleichen die Voraussetzungen der Klagebefugnis denen der Verletztenklage. Die Prüfung der Klagebefugnis verläuft mithin ähnlich wie bei der Anfechtungsklage.

Voraussetzungen sind:
– ein **Recht,**
– dessen **Zuordnung zum Kläger,**
– die **Möglichkeit der Rechtsverletzung** durch Ablehnung oder Unterlassung des VA.

17   Zu beachten ist, dass bei der Verpflichtungsklage die **Adressatentheorie nicht gilt.** Insbesondere ist der Adressat eines Ablehnungsbescheids nicht etwa schon wegen dieser „Belastung" klagebefugt. Andernfalls würde es ausreichen, einen reinen Phantasieantrag an eine möglicherweise unzuständige Behörde zu stellen, um durch dessen zwangsläufige Ablehnung mit der Klagebefugnis „belohnt" zu werden. Hinzu kommt, dass Art. 2 I GG, die verfassungsrechtliche Basis der Adressatentheorie, keinen allgemeinen Leistungsanspruch gewährt.

2. Recht

Trotz der „negativen Fassung" der Klagebefugnis in § 42 II VwGO ist für die Klagebefugnis bei der Verpflichtungsklage zunächst erforderlich, dass sich der Kl. auf ein **Recht** (im Gegensatz zur bloßen Annehmlichkeit oder wirtschaftlichen Chance) beruft.

Beispiele für **Nichtvorliegen eines Rechts**: Keine Klage auf Abgabe einer behördlichen Zusicherung aus rein wirtschaftlichem Interesse (BVerwG, NVwZ 1986, 1011); kein Recht auf Einberufung einer Bürgerversammlung für den einzelnen Bürger (VGH München, BayVBl. 1990, 718); kein Recht auf Untersagung der Teilnahme von Soldaten an der Umbettung Friedrichs II. von Preußen (VG Köln, NVwZ 1992, 90); kein Recht des Bürgers auf Maßnahmen der Staatsaufsicht gegenüber seiner Gemeinde (BVerwG, DÖV 1972, 723).

3. Zuordnung zum Kläger

Auch bei der Verpflichtungsklage kann sich der Kl. nur auf ein **eigenes** Recht berufen. Nicht erforderlich für die Klagebefugnis ist eine Schlüssigkeitsprüfung. Die Zuordnung des Rechts zum Kl. darf lediglich **nicht offensichtlich und eindeutig ausgeschlossen** sein (BVerwGE 44, 1, 3; BVerwG, NVwZ 1995, 478).

Hinweis: In der Klausur empfiehlt es sich trotzdem, es nicht einfach bei dieser Leerformel zu belassen, sondern den möglichen Anspruch zumindest kurz zu benennen.

a) Ohne weiteres ist die Klagebefugnis gegeben, wenn sich der Kl. auf eine **gesetzliche Anspruchsnorm** berufen kann, die ihn als möglicherweise Begünstigten ausweist. Das ist z. B. für Informationsansprüche nach UIG, IFG und VIG auch hinsichtlich einer organisatorisch verfestigten Bürgerinitiative der Fall (BVerwG, NVwZ 2008, 791). Nach dem jeweiligen Tatsachenvortrag muss der Anspruch aber wenigstens in Betracht kommen. So schaffen die gesetzlichen Zulassungsansprüche für Anstalten und Einrichtungen von vornherein nur einen Anspruch auf widmungsgemäße Nutzung (BVerwGE 39, 235).
b) Die Klagebefugnis kann sich auch bei der Verpflichtungsklage aus einem **Grundrecht** ergeben. Auch eine objektivrechtliche Schutzpflicht (z. B. zugunsten Leben und Gesundheit i. S. v. Art. 2 II GG) vermittelt die Klagebefugnis. Die Verpflichtungsklage ist auch immer dann statthaft, wenn der Kl. Inhaber eines Grundrechts ist, von dem er erst Gebrauch machen kann, wenn die beantragte Genehmigung vorliegt (**präventives Verbot mit Erlaubnisvorbehalt**). Hier stellt die Genehmigung bei Vorliegen der tatbestandsmäßigen Voraussetzungen die grundrechtliche Freiheit wieder her, der Kl. hat aus dem jeweils einschlägigen Freiheitsrecht einen Anspruch auf die Erteilung der Genehmigung (exemplarisch: BVerfGE 20, 150 – SammlungsG).

Beim **repressiven Verbot mit Erlaubnisvorbehalt** (Dispens) hat der Gesetzgeber zwar eine grundsätzliche Vermutung für den Vorrang öffentlicher Interessen vor der individuellen Freiheit aufgestellt; der Kl. hat aber zumindest einen Anspruch auf Prüfung der Voraussetzungen einer Ausnahmegenehmigung. Ähnliches gilt für Ansprüche auf Sondernutzungen und widmungsüberschreitende Anstaltsnutzung (allg. zu diesen Entscheidungstypen *Maurer/Waldhoff*, AVwR, § 9, Rn. 52 ff.).

22   c) Geht es bei der Verpflichtungsklage allerdings nicht nur um die Befreiung von einem gesetzlichen Verbot, sondern um eine **zusätzliche Leistung,** dann reicht die Berufung auf ein Freiheitsrecht nicht aus. Das möglicherweise verletzte Recht liegt dann entweder in einer gesetzlichen Konkretisierung derartiger Ansprüche (**Beispiele:** Zugangsanspruch zu öffentlichen Einrichtungen der Gemeinde; Anspruch auf Auskunft über gespeicherte Daten) oder in einer Grundrechtsposition in Verbindung mit dem Gleichheitssatz (derivatives Teilhaberecht).

23   d) Will der Kl. durch die Verpflichtungsklage in Wirklichkeit keine Begünstigung für sich selbst erreichen, sondern die **Belastung eines Dritten** (z. B. durch Baueinstellung, Schutzauflage oder Rücknahme einer Begünstigung), dann geht es gleichsam spiegelbildlich um den Nachbarschutz. Die Voraussetzungen der Klagebefugnis richten sich nach den entsprechenden Regeln (Schutznorm, Rücksichtnahme, Grundrechtsbeeinträchtigung usw.) der Anfechtungsklage. Die in Betracht kommende gesetzliche Eingriffsgrundlage muss also zumindest **auch** dem Schutz des Kl. oder eines anerkannten Naturschutzvereins vertretenen Belang dienen (§ 2 I i.V. mit § 1 I UmwRG – BVerwG, DVBl 2017, 1105)

4. Möglichkeit der Rechtsverletzung

24   Bei der Verpflichtungsklage dürfen an die **Möglichkeit der Rechtsverletzung** nicht zu hohe Anforderungen gestellt werden. Andernfalls würden Fragen der Begründetheit vorweggenommen. Auch hier gilt die „**Evidenzformel**" (Ausschluss der Klagebefugnis nur, wenn die Verletzung des Rechts offensichtlich und eindeutig nach keiner Betrachtungsweise möglich ist – BVerwGE 44, 1, 3).

5. Klagebefugnis bei positiver Konkurrentenklage

25   Bei der **positiven Konkurrentenklage** reicht die Berufung auf die Verletzung von Art. 3 I GG bzw. eines der besonderen Gleichheits-

sätze der Verfassung oder deren beamtenrechtliche Ausformung oder das AGG in der Regel für die Klagebefugnis aus (BVerwGE 30, 191, 194). Ein Anspruch des Kl. auf die Zuteilung muss aber zumindest möglich sein (BVerwG, NVwZ 2011, 613). Steht die Begünstigung nicht mehr zur Verfügung oder ist sie schon unwiderruflich vergeben, fehlt es nicht an der Klagebefugnis, aber möglicherweise am Rechtsschutzbedürfnis (dazu unten, § 23, Rn. 13).

6. Selbständiger Anspruch auf fehlerfreie Ermessensentscheidung?

Geht es bei der beantragten oder unterlassenen Regelung um eine Ermessensentscheidung der Behörde und liegt eine andere Anspruchsnorm nicht vor, so gewinnt der „Anspruch auf fehlerfreie Ermessensentscheidung" Bedeutung. Rechtsprechung und Literatur bejahen vor allem im Polizei- und Sicherheitsrecht unter bestimmten Voraussetzungen die Klagebefugnis, wenn die Behörde bei ihrer Ermessensentscheidung nicht nur öffentliche Interessen, sondern auch Belange des Kl. zu berücksichtigen hat.

Beispiele: Anspruch auf ermessensfehlerfreie Entscheidung über Verkehrsbeschränkung (BVerwGE 74, 234, 238; BVerwG, NJW 2003, 601) oder Ampelanlage (VG Stade, NJW 2009, 693); Anspruch auf Maßnahmen der bauaufsichtliches Einschreiten (BVerwGE 37, 112, 113; OVG Magdeburg, NVwZ-RR 2015, 611).

Ein derartiger Anspruch darf aber nicht isoliert gesehen werden. So existiert **kein vom materiellen Recht unabhängiges subjektives Recht auf die Ermessensentscheidung,** weil das Ermessen **als solches** kein subjektives Recht und damit auch keine Klagebefugnis verschafft. Sieht man sich die Fälle der Rechtsprechung an, dann wird vielmehr deutlich, dass es entweder um ohnehin vorhandene gesetzliche Ansprüche oder um die Entscheidung über ein präventives Verbot mit Erlaubnisvorbehalt, um die Erfüllung einer grundrechtlichen Schutzpflicht oder um den Gleichheitssatz geht.

Literatur zu § 15 II: *Pietzcker,* Der Anspruch auf ermessensfehlerfreie Entscheidung, JuS 1992, 106; *Dietlein,* Der Anspruch auf polizei- oder ordnungsbehördliches Einschreiten, DVBl. 1991, 685; *Schenke,* Polizei- und Ordnungsrecht, 10. Aufl. (2018), Rn. 103 f.

III. Sonstige besondere Zulässigkeitsvoraussetzungen

1. Widerspruchsverfahren

Vor Erhebung der Verpflichtungsklage ist nach § 68 II VwGO i. d. R. ein Vorverfahren durchzuführen, wenn der Antrag auf Vornahme des VA abgelehnt worden ist. Das Widerspruchsverfahren ist also – sofern es statthaft ist – Zulässigkeitsvoraussetzung der **Versagungsgegenklage**. Das gilt auch dann, wenn die Behörde dem Antrag nur teilweise entsprochen oder eine inhaltlich „modifizierte" Genehmigung erteilt hat.

28 Die wichtigste Ausnahme besteht für den Fall der zulässigen „**Untätigkeitsklage**". Nach § 75 VwGO ist die Klage abweichend von § 68 VwGO zulässig, wenn über einen Widerspruch oder einen Antrag auf Vornahme eines VA ohne zureichenden Grund in angemessener Frist sachlich nicht entschieden worden ist (*Wittmann*, JuS 2017, 842). In diesem Sinne bezieht sich die Untätigkeitsklage ausschließlich auf die Untätigkeit von Behörden.

Die Untätigkeitsklage kommt naturgemäß fast ausschließlich bei der Verpflichtungsklage vor, ist aber auch bei der Anfechtungsklage denkbar. Dabei müssen Kläger und Antragsteller nicht identisch sein. So kann der Bauherr z. B. Untätigkeitsklage erheben, wenn die Behörde den Widerspruch des Nachbarn nicht bescheidet (VGH Mannheim, NVwZ 1995, 280; VGH Kassel, LKRZ 2009, 137 – Untätigkeitsklage auf Zurückweisung des Widerspruchs).

Einen Regelmaßstab für die „angemessene Frist" enthält § 75 S. 2 VwGO selbst: Die Klage kann **nicht vor Ablauf von 3 Monaten** seit Einlegung des Widerspruchs oder seit dem Antrag auf den VA erhoben werden, außer wenn wegen besonderer Umstände (z. B. Dringlichkeit bei einem Prüfungsfall, Hilfsbedürftigkeit, Zugang zu termingebundener Veranstaltung) eine kürzere Frist geboten ist. Eine Spezialvorschrift zur Dreimonatsfrist enthält § 14a BImSchG. Hier kann „wegen besonderer Umstände des Falles" die Dreimonatsfrist bei der immissionsschutzrechtlichen Genehmigung abgekürzt werden.

Nach Ablauf der Dreimonatsfrist – gerechnet ab Antrag bzw. Einlegung des Widerspruchs – ist die Klage ohne Vorverfahren zulässig. Das Gericht muss entscheiden, wenn die Behörde nicht ihrerseits zureichende Gründe für die Verzögerung geltend macht. Ein solcher Grund kann z. B. in der besonderen Schwierigkeit des Falles, in der Notwendigkeit der Beteiligung Dritter oder anderer Behörden, **nicht** aber in allgemeiner Arbeitsüberlastung der Behörde (OVG Hamburg, NJW 1990, 1379) oder in der fehlenden Vorauszahlung von Gebühren (VGH Mannheim, VBlBW 1988, 263) liegen. Kann die Behörde einen zureichenden Grund für die Verzögerung anführen, dann ist die Untätigkeitsklage deshalb nicht etwa unzulässig. Das Gericht muss vielmehr das Verfahren bis zum Ablauf einer von ihm bestimmten (angemessenen) Frist aussetzen. Wird dem Widerspruch innerhalb der vom Gericht gesetzten Frist in vollem Umfang stattgegeben oder der VA erlassen, so fehlt für eine Fortsetzung des Prozesses das Rechtsschutzbedürfnis.

Wird **der Antrag nach der Klageerhebung** abgelehnt, so kann der Kläger die Klage unter Einbeziehung der ergangenen Verwaltungsentscheidung ohne Nachholung des Widerspruchsverfahrens fortführen (BVerwGE 66, 342, 344). War vor der Entscheidung der Behörde die Dreimonatsfrist des § 75 S. 2 VwGO bereits abgelaufen oder hatte die Behörde nicht innerhalb der gerichtlichen Frist nach § 75 S. 3 VwGO entschieden, bedarf es ebenfalls keines Vorverfahrens. Das gilt erst recht, wenn das Gericht das Verfahren nicht ausgesetzt hat und die Sperrfrist bereits abgelaufen war (BVerwG, NVwZ 1992, 180).

2. Frist

Gerechnet ab der Bekanntgabe des ablehnenden VA bzw. der Zustellung des Widerspruchsbescheids, beträgt die Frist für die Erhebung der **Versagungsgegenklage** einen Monat (§ 74 II VwGO). Für die Rechtsmittelbelehrung, die verlängerte Frist des § 58 II VwGO und die Wiedereinsetzung gilt das gleiche wie für die Anfechtungsklage.

Die **Untätigkeitsklage** ist vor Ablauf der Dreimonatsfrist des § 75 VwGO unzulässig – allerdings nicht wegen einer nicht eingehaltenen Klagefrist, sondern wegen des noch fehlenden Widerspruchsverfahrens. Eine Klagefrist im eigentlichen Sinne besteht nicht, doch kommt nach einem Jahr die Verwirkung in Betracht (dazu *Kopp/Schenke*, VwGO, § 76, Rn. 2). Hat der Betroffene die an sich mögliche Untätigkeitsklage nicht erhoben und ergeht schließlich doch noch ein ablehnender Bescheid oder ein Widerspruchsbescheid, dann gelten die normalen Fristen der §§ 70/74 bzw. § 58 II VwGO.

3. Rechtsschutzbedürfnis

Wie bei jeder Klage fehlt das Rechtsschutzbedürfnis, wenn der Kl. auf **leichterem Weg** zum Erfolg kommen könnte, wenn die Klage **missbräuchlich** oder das Klagerecht **verwirkt** ist. Insbesondere setzt die Verpflichtungsklage voraus, dass der Kl. überhaupt einen Antrag auf den begünstigenden VA gestellt hat (BVerwG, DÖV 1996, 331). Wurde dieser abgelehnt, dann ist das eine Frage der Begründetheit, nicht der Zulässigkeit (BVerwG, NJW 2000, 3728 – Parteienfinanzierung). Für die Klage auf Aufsichtsmaßnahmen besteht ein Rechtsschutzbedürfnis nur, wenn die befürchtete Gefahr wirklich besteht (*BVerwG*, NVwZ 2018, 69).

Kann der Kl. mit seiner Verpflichtungsklage nicht zum Erfolg kommen, weil eine nur einmal vorhandene Begünstigung bereits unwiderruflich vergeben ist, so fehlt das Rechtsschutzbedürfnis. Zum früher wichtigsten Anwendungsfall dieser Regel, der beamtenrechtlichen Konkurrentenklage, hat es aber zwischenzeitlich einen entscheidenden Wandel der Rechtsprechung gegeben (dazu unten, § 23, Rn. 14).

Literatur zu § 15 III: *Weides/Bertrams*, Die nachträgliche Verwaltungsentscheidung im Verfahren der Untätigkeitsklage, NVwZ 1988, 673; *Wittmann*, Die verwaltungsgerichtliche Untätigkeitsklage in der gerichtlichen Praxis, JuS 2017, 842; *A. Leisner*, Die untätige Behörde – Zum „zureichenden Grund" der Entscheidungsverzögerung bei der Untätigkeitsklage, VerwArch. 91 (2000), 227; *Ehlers*, Die verwaltungsgerichtliche Verpflichtungsklage, Jura 2004, 310, 313; *Ziekow*, Rechtsschutzmöglichkeiten bei Untätigkeit des Verwaltungsgerichts (1998); *Ph. Reimer*, Wenn Behörden sich nicht trauen: Administrative Entscheidungsverweigerung als Rechtsproblem, DVBl. 2017, 333.

Übersicht 10: Sachentscheidungsvoraussetzungen der Verpflichtungsklage

I. Rechtsweg und zuständiges Gericht (Einzelheiten wie Übersicht 9)
II. Zulässigkeit
   1. Beteiligtenbezogene Voraussetzungen
   2. Statthaftigkeit: Begünstigender VA als Klageziel (§ 42 I, 2. Alt. VwGO)
      a) ablehnender VA = „Versagungsgegenklage"
      b) unterlassener VA = „Untätigkeitsklage"
   3. Klagebefugnis (§ 42 II, 2. Alt. VwGO)
   4. Widerspruchsverfahren (§ 68 II VwGO – entfällt bei zulässiger Untätigkeitsklage im Falle von § 75 VwGO)
   5. Frist (bei Versagungsgegenklage: § 74 II VwGO; bei Untätigkeitsklage nach § 75 VwGO: Keine Frist – Verwirkung beachten)
   6. Allgemeines Rechtsschutzbedürfnis
   7. Sonstige Zulässigkeitsvoraussetzungen

§ 16 Die Unterlassungsklage – allgemeine Abwehrklage

I. Allgemeines – Statthaftigkeit

1. Die Unterlassungsklage als „negative Leistungsklage"

Begehrt der Kl. die Unterlassung oder den Abbruch einer ihn belastenden hoheitlichen Handlung, so kommt hierfür die **Unterlassungsklage als Unterform der allgemeinen Leistungsklage** in Betracht. Der verfassungsrechtliche Hintergrund ist Art. 19 IV 1 GG, nach dem eine Abwehrklage gegen jedes hoheitliche Handeln – unabhängig von der Einordnung als VA – zur Verfügung stehen muss. Die Unterlassungsklage wird hier (wie die Anfechtungsklage vor der Verpflichtungsklage) vor der positiven Leistungsklage behandelt. 1

Die Zuordnung der Unterlassungsklage zur allgemeinen Leistungsklage ist unbestreitbar richtig, birgt aber auch Probleme: So kommt in der zivilrechtlichen Gleichsetzung von Tun und Unterlassen (§ 194; § 241 I 2 BGB) der grundsätzliche Unterschied von Belastung und Begünstigung durch hoheitliche Maßnahmen, wie dieser dem Öffentlichen Recht eigen ist, nicht angemessen zum Ausdruck. Der Kläger der Unterlassungsklage befindet sich in einer Lage, die derjenigen des Anfechtungsklägers weit näher steht als derjenigen des auf Begünstigung zielenden Klägers der allgemeinen Leistungs- oder der Verpflichtungsklage. Schon sprachlich scheint die Einordnung der Unterlassungsklage als allgemeine „Leistungsklage" schwer zu vermitteln. Sie wird daher hier gesondert behandelt, wenn auch klargestellt bleibt, dass es bei der Unterlassungsklage um eine Form der Leistungsklage geht. 2

Wie die allgemeine Leistungsklage auf positives Tun der Verwaltung wird auch die Unterlassungsklage als „negative Leistungsklage" in der VwGO nicht ausdrücklich geregelt, aber in mehreren Vorschriften anerkannt bzw. vorausgesetzt (insbesondere: § 43 II VwGO; BVerwGE 31, 301; 60, 144; *Steiner*, JuS 1984, 853). Die VwGO von 1960 hat sie als allgemeine Leistungsklage schon vorgefunden, und ihre Anerkennung ist heute so selbstverständlich, dass ihre Nichtregelung in der VwGO in der Klausur nicht mehr erwähnt werden muss. 3

Dabei ist es kaum noch angebracht, lediglich von einer „Auffangklageart" zu sprechen. Das ändert allerdings nichts daran, dass die praktische Bedeutung der Unterlassungs- wie auch der Leistungsklage durch die extensive Interpretation des VA-Begriffs ebenso eingeschränkt wird wie durch die mit § 43 II 1 VwGO unvereinbare Rechtsprechung des BVerwG, nach der die Feststellungsklage gegen einen öffentlichen Entscheidungsträger auch statthaft sein soll, wenn an sich eine Leistungsklage gegeben wäre (BVerwGE 36, 179, 181; 40, 323, 327; Einzelheiten dazu unten, § 18, Rn. 6).

2. Die Unterlassungsklage gegen schlichthoheitliches Verwaltungshandeln

4 **Streitgegenstand** der Unterlassungsklage ist die Behauptung des Klägers, er werde durch die bevorstehende bzw. andauernde hoheitliche Handlung in seinem Recht verletzt. In der Sache geht es um den **Anspruch auf Unterlassung oder Beendigung** einer Störung. Die wichtigsten Fallgruppen betreffen:
- Informationshandlungen, Warnungen,
- Emissionen, Lärm, Schatten, Licht, Gerüche,
- genehmigungsfrei errichtete oder unterhaltene öffentliche Anlagen,
- sonstige tatsächliche Handlungen.

5 Eine erste Fallgruppe der Unterlassungsklage betrifft „**Informationshandlungen**", also Behauptungen, Warnungen, Werturteile, Erhebung und Weitergabe von Daten, die Veröffentlichung eines Berichts oder einer Liste, die Nennung in einem durch den Staat oder im Auftrag des Staates betriebenen Internetportal usw. Da die Behörden vielfach statt zu förmlichen Entscheidungen zu informatorischen (und informellen) Lösungen bestehender Probleme greifen, ist diese Fallgruppe in der Praxis besonders wichtig (*Voßkuhle/Kaiser*, JuS 2018, 343).

Beispiele: Warnmitteilung im Lebensmittelrecht (BVerfG, NJW 2002, 2621 – Glykolwein; BVerfG, NJW 2018, 2109 -"Lebensmittelpranger"); Warnung vor Jugendsekten (BVerwGE 82, 76; BVerfG NJW 2002, 2626).; Auch im Übrigen ist das Spektrum weit gespannt: Es reicht von der Klage auf Unterlassung der Videoüberwachung und der „Gefährderansprache" im Polizeirecht sowie der Speicherung und Weitergabe von Informationen (OVG Bremen, NJW 1995, 1769), über die Klage gegen bestimmte Unterrichtsinhalte in der Schule (BVerwGE 57, 360, 370) bis zur Klage gegen die Beobachtung durch den Verfassungsschutz (BVerwG, NJW 2000, 824), die Aufnahme in den Verfassungsschutzbericht (BVerwG, NVwZ 2014, 233); parteipolitische Stellungnahmen von Amtsträgern (BVerwG, NVwZ 2018, 433; OVG Bremen, NJW 2016, 823) und allgemeinpolitische Äußerungen durch Zwangsverbände wie Kammern, Studentenschaften usw. (BVerwGE 64, 298, 300; 71, 183, 188).

6 Eine zweite wichtige Fallgruppe der Unterlassungsklage stellt die Klage gegen **Emissionen** dar, die von öffentlichen Einrichtungen aus-

gehen (Lärm, Geruchsbelästigung, Schatten, Helligkeit zur Nachtzeit) bzw. gegen eine **genehmigungsfrei errichtete Anlage** selbst **(Störungsabwehrklage).** Solche Störungen sind – rechtstechnisch gesehen – schlichtes Verwaltungshandeln; die Unterlassungsklage ist also die richtige Klageart.

Beispiele: Feuerwehrsirene (BVerwGE 68, 62; VGH München, NVwZ – RR 2018, 482.); Glockengeläut, soweit öff.-rechtl. (BVerwG, NJW 1992, 2779); Schullärm (OVG Koblenz, NVwZ 1990, 279); Lärm von öffentlichen Sport-, und Grillplätzen oder „Elektrosmog" (dazu BVerfG, Kammer, NJW 1997, 2501); Klage gegen öff. Lichtmast, Toilettenhäuschen oder Wertstoffhof (VGH München, NVwZ 1996, 1031; BVerwG NVwZ 1996, 1001); Tiefflug eines Tornado-Kampfflugzeugs über Demonstranten-Camp (BVerwG, NJW 2018, 716); „öffentliche" Wurzeln und Laub (OVG Münster, NJW 2000, 754); geräumter Altschnee (VGH München, NJW 2020, 3189).

Zu beachten ist, dass in diesen Fällen der Vorrang der Anfechtungsklage nicht unterlaufen werden darf. So muss der Nachbar bei genehmigungsbedürftigen Vorhaben Anfechtungsklage gegen die immissionsrechtliche Genehmigung erheben und kann nicht mit der Unterlassungsklage gegen die im Rahmen des Genehmigten liegende faktische Beeinträchtigung vorgehen. Geht es um die tatsächliche Beseitigung der Anlage, oder Schutzmaßnahmen, dann handelt es sich um eine (positive) Leistungsklage. 7

In Subsidiarität gegenüber der Anfechtungsklage kommt die Unterlassungsklage auch in Betracht, wenn sich das tatsächliche Handeln der Behörde nicht gegen den Kläger selbst, sondern an einen primär begünstigten „Adressaten" richtet und der Kl. dadurch belastet wird. Solche faktischen Störungen können dann mit der Unterlassungsklage abgewehrt werden.

Beispiel: Geldzahlungen an „Sektenwarnungs-Verein" (BVerwG, NJW 1992, 2497).

3. Weitere Fälle

Als statthafte Klageart wird die Unterlassungsklage auch in solchen Fällen angenommen, in denen es um Belastungen im **Innenrechtsverhältnis der Verwaltung** geht. Hier scheitert die Anfechtungsklage ggf. nicht nur an der fehlenden Regelung, sondern an der nicht vorhandenen Außenwirkung. Die wichtigsten Problemgruppen sind der Kommunalverfassungsstreit und ähnliche Organklagen (dazu unten, § 21), aber auch Unterlassungsklagen im Beamtenrecht, soweit die persönliche Rechtssphäre nicht betroffen ist und deshalb kein VA 8 vorliegt. In den genannten Fällen wird in der Praxis (systemwidrig) auch die vorbeugende Feststellungsklage angewandt (dazu unten, § 18, Rn. 21 ff.).

Beispiele: Abwehrklage gegen (drohende) Umsetzung eines Beamten (BVerwG, NVwZ 2012, 1481) oder Anordnung ärztlicher Untersuchung (BVerwG, NVwZ 2012, 1483); Klage gegen Eintragung in eine Personalakte; Klage gegen fürsorgewidrige Zuweisung unterwertiger Tätigkeit oder über normale Kritik an der Amtsführung hinausgehende missbilligende Äußerung durch Vorgesetzten (VGH Kassel, NJW 1989, 1753); Unterlassungsklage gegen fortwährende Missbilligungen durch den Vorsitzenden im Gemeinderat (lt. OVG Koblenz, NVwZ-RR 1996, 52: F.-Klage); Klage der AfD gegen Aufnahme der Beobachtung durch den Verfassungsschutz.

4. Die vorbeugende Unterlassungsklage gegen VA und Rechtsnorm

9   In den meisten Fällen ist die Unterlassungsklage „vorbeugend", d. h. sie ist auf die Abwehr einer erst noch bevorstehenden hoheitlichen Maßnahme gerichtet – unabhängig von deren Rechtsform. Allgemeine Voraussetzung ist nur, dass sich die drohende Handlung der Behörde jedenfalls so konkret abzeichnen muss, dass sie Gegenstand eines Unterlassungsurteils sein kann. Ein Problem der **Statthaftigkeit** stellen diejenigen Fälle dar, in denen es um den Rechtsschutz gegen solche bevorstehenden Maßnahmen geht, gegen die **nach ihrem Erlass** eine besondere Klageart gegeben wäre. Das ist insbesondere bei der vorbeugenden Klage gegen den **drohenden VA** und den **drohenden Normerlass** der Fall. In der Praxis scheint sich auch hier allerdings die vorbeugende Feststellungsklage– entgegen § 43 II VwGO – durchzusetzen (dazu unten, § 18, Rn. 23 f.).

10 **a) Vorbeugende Unterlassungsklage gegen VA.** Die Anfechtungsklage ist erst statthaft, wenn der VA erlassen, also bekanntgegeben worden ist. Da die rechtliche Wirksamkeit erst mit der Bekanntgabe eintritt (§ 43/41 VwVfG), reicht im Regelfall der auf Aufhebung gerichtete Rechtsschutz aus. Auch gegen faktische Auswirkungen des VA hilft nicht die Unterlassungsklage, sondern die Anfechtungsklage – verbunden mit der aufschiebenden Wirkung von § 80 I VwGO.

Die vorbeugende Unterlassungsklage gegen einen VA kann daher nur in **besonderen Ausnahmefällen** in Betracht kommen, insbesondere wenn die faktische Vorwirkung des VA schon so erheblich ist, dass ein Abwarten der eigentlichen Entscheidung für den Kl. unzu-

mutbar ist (BVerwGE 26, 25). Rechtsschutz kann hier nur die vorbeugende Unterlassungsklage bieten, denn eine „vorbeugende Anfechtungsklage" kommt nicht in Betracht, weil es noch keinen Gegenstand einer Anfechtung und möglichen Aufhebung gibt.
Die vorbeugende Unterlassungsklage gegen einen VA wird heute grundsätzlich für statthaft gehalten. In diesen Fällen geht es z. B. um sanktionsbewehrte, wegen Zeitablaufs kurzfristig erledigte oder mit besonders negativen Folgen behaftete Verwaltungsakte, bei denen eine nachträgliche Anfechtungsklage nicht ausreichen würde, um schwerwiegende Folgen für den Kläger auszuschließen.

Beispiele: Eine angekündigte Gewerbeuntersagung oder ein Beschäftigungsverbot bedroht die berufliche Existenz (VGH München, NJW 1986, 3221); mit einer Genehmigung droht die Rodung eines für Erholungszwecke wichtigen Waldes (OVG Berlin, DVBl. 1977, 901).

Grundsätzliche Bedenken gegen die Statthaftigkeit der vorbeugenden Unterlassungsklage gegen einen VA schlagen nicht durch (wie hier *Sodan*, in: Sodan/Ziekow, VwGO, § 42, Rn. 58; skeptisch *Würtenberger/Heckmann*, VwProzR, Rn. 450; 558; grundsätzl. abl. *Schenke*, VwProzR, Rn. 355). Insbesondere folgt aus dem Gewaltenteilungsgrundsatz nicht, dass der Rechtsschutz gegen konkrete Verwaltungsmaßnahmen stets nachträglich zu sein habe. Auch die Umgehung des Vorverfahrens ist keine Frage der Statthaftigkeit. Zuzugeben ist den Kritikern aber, dass der **vorbeugende** Rechtsschutz in dem Maße entbehrlich wird, wie der **vorläufige** Rechtsschutz zuverlässig vollendete Tatsachen zu Lasten des Kl. verhindert.

b) Vorbeugende Unterlassungsklage gegen drohende Rechtsnorm. Bei der vorbeugenden Unterlassungsklage gegen eine drohende untergesetzliche Rechtsnorm gilt grundsätzlich nichts anderes. Auch hier bestehen keine durchschlagenden Bedenken gegen die Statthaftigkeit einer vorbeugenden Unterlassungsklage (BVerwGE 40, 323, 326 – Krabbenkamp; *Karpen*, NJW 1986, 885; *Würtenberger/Heckmann*, VwProzR, Rn. 562). Die Rechtsprechung geht dabei allerdings eher von einer vorbeugenden Feststellungsklage aus. Insbesondere handelt es sich nicht um einen Eingriff in die Rechte der Legislative oder in das „freie Mandat", sondern es geht um abstrakt-generelles **Verwaltungs**handeln. Allerdings stellt der vorbeugende Rechtsschutz gegen eine Rechtsnorm besondere Anforderungen an das **Rechtsschutzbedürfnis** (dazu Rn. 17).

II. Klagebefugnis

12 Wie alle Leistungsklagen ist auch die Unterlassungsklage nur zulässig, wenn der Kläger geltend machen kann, die angegriffene Handlung verletze ihn möglicherweise in seinen Rechten (BVerwGE 99, 64). § 42 II VwGO ist also auf die Unterlassungsklage analog anzuwenden. Im Hinblick auf die Notwendigkeit des Ausschlusses der Popularklage und die Voraussetzungen der Verletztenklage macht es keinen Unterschied, ob der Kl. durch einen VA oder durch eine tatsächliche Handlung belastet ist. Bloße Annehmlichkeiten, Chancen oder Situationsvorteile kann der Kl. gegen Warnmitteilungen oder öffentliche Immissionen ebenso wenig ins Feld führen wie gegen einen VA. Auch muss – abgesehen von der auch hier möglichen Verbandsklage – das beeinträchtigte Recht dem Kl. zuzuordnen und möglicherweise verletzt sein.

Wie bei der Anfechtungsklage kann sich ein Recht in diesem Sinne aus einer **gesetzlichen Schutznorm** (einschließlich deren richterrechtlicher Fortentwicklung) und aus **Grundrechtspositionen** ergeben.

Besonders wichtig im Falle von Informationshandlungen sind in diesem Zusammenhang das **allgemeine Persönlichkeitsrecht,** das **Recht auf informationelle Selbstbestimmung** und das **Recht am eingerichteten und ausgeübten Gewerbebetrieb.** Bei Immissionen und dgl. kommt neben den klägerschützenden Gesetzen vor allem **Art. 2 II 1 GG** in Betracht.

Gemeinden und andere Körperschaften des Öffentlichen Rechts dürften kaum durch tatsächliches Verwaltungshandeln, möglicherweise aber durch drohende Verwaltungsakte oder Planungen (z. B. der Nachbargemeinde) in ihrer **Selbstverwaltung** verletzt sein. Auf Grundrechte kann sich die Gemeinde nach h. L. nicht berufen. Denkbar ist die Unterlassungsklage wegen Gefährdung öffentlicher Einrichtungen und Aufgaben. So ist die Gemeinde z. B. klagebefugt, wenn Lärm oder andere Immissionen den Betrieb eines städtischen Altenheimes gefährden.

III. Sonstige besondere Zulässigkeitsvoraussetzungen

1. Widerspruchsverfahren

Außer in gesetzlich besonders angeordneten Fällen (insbesondere 13
§ 54 BeamtStG; § 126 BBG) kommt vor der Unterlassungsklage ein
Widerspruchsverfahren nicht in Betracht.

2. Frist

Für die Unterlassungsklage gilt – außer in Fällen des § 54 Beamt- 14
StG, § 126 BBG keine explizite Klagefrist. Insbesondere sind § 74
und § 58 VwGO nicht anwendbar, doch kann das Klagerecht verwirkt sein, wenn der Kl. z. B. eine tatsächliche Beeinträchtigung
ohne Gegenwehr über einen längeren Zeitraum hinnimmt.

3. Rechtsschutzbedürfnis

Wird ein öffentlich-rechtlicher Unterlassungsanspruch geltend ge- 15
macht, der auf ein ungewisses künftiges Ereignis bezogen ist, dann
stellt das Rechtsschutzbedürfnis ein besonderes Problem dar
(BVerwGE 82, 76). Wichtige Fallgruppen bilden das **Rehabilitationsbedürfnis** (z. B. bei einer missbilligenden Äußerung oder einer
schlechten Benotung) sowie die **Wiederholungsgefahr**. Letztere
fehlt, wenn eine künftige Beeinträchtigung nicht zu besorgen ist
(BVerwGE 34, 69).Weitere Voraussetzung ist, dass der Kläger zuvor
die Abwendung einer bestehenden Belastung von der verantwortlichen Behörde selbst gefordert hat. Auch Fälle des Missbrauchs und
der Verwirkung der Unterlassungsklage sind denkbar.

Beispiel: Der Kläger verkauft der Gemeinde ein Grundstück für die Einrichtung eines Wertstoffhofs und klagt dann auf Unterlassung der damit zusammenhängenden Lärmbelastungen.

Wendet sich der Kl. gegen eine falsche Tatsachenbehauptung, 16
Warnmitteilung usw., so kann er **sowohl** für eine Klage auf Widerruf
einer vergangenen Behauptung (Leistungsklage) als auch für die
Klage auf Unterlassen der Behauptung für die Zukunft ein Rechtsschutzinteresse geltend machen. Der Widerruf schafft allein keine
Gewissheit darüber, dass die Behörde (z. B. durch einen anderen Bediensteten) für alle Zukunft die Wiederholung vermeiden wird.

Schließlich ist zu beachten, dass die Unterlassungsklage im Einzelfall auch die Klage eines **Hoheitsträgers** gegen einen **Privaten** sein kann. Kann in einem solchen Fall die Behörde durch VA eine einseitig verbindliche Regelung treffen, dann fehlt ihr für die Unterlassungsklage das Rechtsschutzbedürfnis (näher dazu unten, § 17, Rn. 11).

Beispiel: Kein Rechtsschutzbedürfnis für Unterlassungsklage einer Schulbehörde gegen eine Gewerkschaft wegen Aufrufs zum Lehrerstreik (OVG Hamburg, NJW 1989, 605).

4. Qualifiziertes Rechtsschutzbedürfnis beim vorbeugenden Rechtsschutz gegen VA oder Rechtsnorm

17 Richtet sich die Unterlassungsklage auf ein künftiges Tun der Verwaltung, dann gilt ganz allgemein, dass der Kl. das besondere Bedürfnis auf **vorbeugenden** Rechtsschutz darlegen muss („qualifiziertes Rechtsschutzbedürfnis" – BVerwGE 77, 207, 212). Die Voraussetzungen sind – schon aus Gründen der Gewaltenteilung – streng, weil die VwGO allgemein auf nachträglichen Rechtsschutz ausgerichtet ist. Das gilt zumal dann, wenn der vorbeugende Rechtsschutz gegen einen „drohenden" VA oder eine künftige Rechtsnorm zielt. Hier tritt die belastende Wirkung in der Regel erst mit der Bekanntgabe des VA bzw. dem Inkrafttreten der Norm ein. Überdies stellt die VwGO für den Adressaten und auch für Dritte mit dem *vorläufigen Rechtsschutz* ein hochdifferenziertes Instrumentarium der Risikoabgrenzung und des Schutzes vor vollendeten Tatsachen zur Verfügung, dessen Stellenwert und Vorrang durch § 80 I 2, § 80a VwGO, aber auch durch § 47 VI VwGO (vorläufiger Rechtsschutz im Normenkontrollverfahren) zusätzlich bestätigt und ausgebaut wurden. Deshalb kommt der vorbeugende Rechtsschutz **nur** in besonders gelagerten **schwerwiegenden Fällen** in Betracht.

Das ist nach der Rechtsprechung (vgl. BVerwGE 26, 23, 24; 40, 323, 326; 54, 211, 215 – jeweils zur vorbeugenden Feststellungsklage) dann der Fall, wenn

– schon im Vorfeld eines VA oder einer Rechtsnorm **gravierende Eingriffe** im Hinblick auf ein besonders schutzwürdiges Interesse des Kl. drohen oder durch die Behörde angedroht wurden **und**
– dem Betroffenen – auch unter Berücksichtigung der für die bevorstehende Entscheidung sprechenden Belange – das **Abwarten** der Regelung **nicht zumutbar** ist **und**

§ 16 Die Unterlassungsklage – allgemeine Abwehrklage   303

– wenn feststeht, dass dem Kl. durch nachträglichen Rechtsschutz (einschließlich des **vorläufigen Rechtsschutzes** nach §§ 80, 47 VI oder 123 VwGO) nicht geholfen werden kann.

Beispiele: Drohende Gewerbeuntersagung oder Gaststättenschließung (VGH München, NJW 1986, 3221); Pflicht zur Speicherung von Gesprächsdaten (OVG Münster, NVwZ – RR 2018, 54); Schließung einer Spielhalle (OVG Münster, NVwZ – RR 2018, 147); unmittelbar bevorstehende Ernennung eines Konkurrenten (OVG Münster, NVwZ 2016, 868).

Gegenbeispiel: OVG Münster, NVwZ 2003, 630, kein vorbeugender Konkurrenzschutz gegen Aufnahme eines Krankenhauses in Krankenhaus-Bedarfsplan, da der Aufnahmeanspruch eines konkurrierenden Krankenhauses dadurch nicht vereitelt wird; VGH, Mannheim, NVwZ – RR 2018, 354 – kein vorbeugender Rechtsschutz gegen künftige Auswahlentscheidung im Beamtenrecht.

Ein hinreichendes Rechtsschutzbedürfnis für die vorbeugende Unterlassungsklage gegen **Rechtsnormen** einschließlich Bebauungspläne ist heute kaum noch denkbar. Hier stammt der fast schon legendäre „Krabbenkamp-Fall" (BVerwGE 40, 323, 326) aus der Zeit vor der Einführung der einstweiligen Anordnung im Normenkontrollverfahren (§ 47 VI VwGO). Problemfälle sind heute durch einstweilige Anordnung lösbar, und es ist nicht mehr erforderlich, dass das Verwaltungsgericht dem Normgeber schon vor Erlass der Norm „in den Arm fällt". Das gilt auch für den vorbeugenden Rechtsschutz einer Gemeinde gegen die Planung einer Nachbargemeinde.

5. Passive Prozessführungsbefugnis – „richtiger Beklagter"

Auch die Klage auf Unterlassen von Informationen, diskriminierenden öffentlichen Äußerungen usw. richtet sich – außer beim Kommunalverfassungsstreit – **nicht** gegen den betreffenden Bediensteten, sondern gegen denjenigen Rechtsträger, für den er tätig geworden ist.

Beispiel: BVerwGE 75, 354 – Anspruch gegen ehrenrührige dienstliche Beanstandung nicht gegen den Vorgesetzten persönlich, sondern gegen den Dienstherrn.

Übersicht 11: Sachentscheidungsvoraussetzungen der Unterlassungsklage

I. **Rechtsweg und zuständiges Gericht (wie Übersicht 7)**
II. **Zulässigkeit**
  1. Beteiligtenbezogene Zulässigkeitsvoraussetzungen
  2. Statthaftigkeit
      a) Störungsabwehrklage gegen schlichthoheitliches Verwaltungshandeln (Realakt)
      b) vorbeugende Unterlassungsklage (unter besonderen Voraussetzungen) gegen drohenden VA oder drohende Rechtsnorm
  3. Klagebefugnis (§ 42 II VwGO analog)
  4. Kein Widerspruchsverfahren
  5. Keine Frist, ggf. Verwirkung
  6. Rechtsschutzbedürfnis: bei vorbeugender Unterlassungsklage gegen VA oder Rechtsnorm besonders strenge Voraussetzungen
  7. Sonstige Zulässigkeitsvoraussetzungen

Literatur zu § 16: *Peine,* Vorbeugender Rechtsschutz im Verwaltungsprozess, JURA 1983, 285; *Dreier,* Vorbeugender Verwaltungsrechtsschutz, JA 1987, 415; *Lapp,* Vorbeugender Rechtsschutz gegen Normen (1994); *M. Schulte,* Schlichtes Verwaltungshandeln (1995); *Ossenbühl,* Verbraucherschutz durch Information, NVwZ 2011, 1357; *Hebeler,* Die Gefährderansprache, NVwZ 2011, 1364; *Schoch,* Amtliche Publikumsinformation, NJW 2012, 2844; *Wollenschläger,* Staatliche Verbraucherinformationen als neues Instrument des Verbraucherschutzes, VerwArch 102 (2011), 20 ff.; *Möstl,* Information der Öffentlichkeit über Rechtsverstöße, ZLR 2019 343; *Geis/Meier,* Grundfälle zur Allgemeinen Leistungsklage, JuS 2013, 28 ff; *Voßkuhle/Kaiser,* Grundwissen – Öffentliches Recht: Informationshandeln des Staates, JuS 2018, 343; *Ehlers/Schoch,* Rechtsschutz im Öffentlichen Recht, § 24, Rn. 22 ff.; *Detterbeck*, AVwR, Rn. 1390 ff.

§ 17 Die allgemeine Leistungsklage

I. Die positive Leistungsklage im System der Klagearten – Statthaftigkeit

1. Allgemeines

Auch die „positive" allgemeine Leistungsklage wird in der VwGO nicht ausdrücklich geregelt, sondern in § 43 II VwGO vorausgesetzt (BVerwGE 31, 301; zur Geschichte auch *Ule,* FS Menger [1985], 95). Mit der allgemeinen Leistungsklage kann grundsätzlich **jede** Handlung der hoheitlichen Verwaltung begehrt werden, die nicht VA ist. In der Mehrzahl der Fälle dürfte es sich hierbei um tatsächliches hoheitliches Verwaltungshandeln (Realakt) handeln, doch kommen auch vielfältige andere Handlungsformen bis hin zur Leistungsklage auf Normerlass in Betracht. Auch muss der Klagegegner nicht immer auf der Seite der Behörden stehen. Leistungsklagen sind ebenso zwischen mehreren Trägern hoheitlicher Gewalt und zwischen Behörde und Bürger möglich. Selbst im „Innenrechtsstreit" wird – unter nicht immer hinreichender Klärung der dogmatischen Grundlagen – mit der allgemeinen Leistungsklage gearbeitet. Sie ist also immer mehr zur „prozessualen Mehrzweckwaffe" geworden (*Steiner,* JuS 1984, 853) – jedenfalls zu weit mehr als einer bloßen „Auffangklage".

2. Statthaftigkeit

Streitgegenstand der allgemeinen Leistungsklage ist in den meisten Fällen der **Anspruch des Klägers auf einen Realakt** (tatsächliches Verwaltungshandeln).
Die wichtigsten **Fallgruppen** wurden bereits erwähnt.
a) **Informationshandlungen**, soweit diese keinen VA voraussetzen, also beispielsweise

- Auskunft, Beratung (z. B. OVG Lüneburg, NJW 1994, 2634 – Kindesmutter nach Inkognito-Adoption),
- melderechtliche Auskunftssperre (VGH München, NVwZ-RR 2016, 543,
- Produktinformation (*Schucht,* NVwZ 2017, 434),
- Widerruf einer Tatsachenbehauptung (nicht jedoch „Widerruf" von Wertungen – hier nur Unterlassungsklage – VGH München, BayVBl. 1987, 401),

– Bekanntgabe eines Informanten oder öff. Gutachters (BVerwGE 31, 301 u. zuletzt OVG Münster, NJW 1999, 1802, gehen hier von Verpflichtungsklage aus; richtig dagegen VG Gießen, NVwZ 1992, 401 – Leistungsklage),
– Erfüllung des presserechtlichen Informationsanspruchs nach § 4 LPresseG (vgl. OVG Münster, NJW 1995, 2741),
– Versendung von Gerichtsentscheidungen an Fachverlage (BVerwG, NJW 1997, 2694).

3 b) Auch schlichte **Leistungen der Daseinsvorsorge und der Infrastruktur** können Gegenstand der Leistungsklage sein, z. B.

– Schulunterricht,
– Pflege und Betreuung,
– Reparatur einer Straße,
– Spielgeräte für Kinder.

4 c) Das gleiche gilt für **Geldzahlungen.** Hier ist aber der Vorrang der Verpflichtungsklage zu beachten, wenn der Zahlung ein Leistungsbescheid vorausgeht. Für die allgemeine Leistungsklage bleiben also z. B. Streitigkeiten

– über die Auszahlung oder Erstattung eines bereits bewilligten oder zugesicherten Betrags (BVerwGE 75, 72),
– um die Kostenerstattung zwischen öffentlichen Körperschaften (BVerwGE 98, 18),
– Schadensersatz- und Entschädigungsansprüche, soweit sie nicht vor der ordentlichen Gerichtsbarkeit zu verfolgen sind,
– Rückforderung einer zu viel gezahlten beamtenrechtlichen Beihilfe durch den Dienstherrn (dazu *M. Winkler,* LKRZ 2010, 315).

Die allgemeine Leistungsklage ist gegenüber der Verpflichtungsklage subsidiär. Sie wird daher verdrängt, wenn der tatsächlichen Handlung eine Regelung vorangeht. Zu einer übertriebenen Ausdehnung des VA-Begriffs besteht kein Anlass. Maßgebliche Kriterien **für** das Vorliegen eines VA sind dessen Anordnung durch Gesetz, bereichsspezifische Üblichkeit der Regelung durch VA, Prüfungsverfahren vor Leistung, Ermessensspielraum und Ermessensprüfung vor der eigentlichen Leistung (BVerwGE 31, 301, 307; *Steiner,* JuS 1984, 857).

5 d) In Einzelfällen „hilft" die allgemeine Leistungsklage auch, wenn es in der Sache um einen Akt der **Normsetzung** geht (dazu unten, § 20) und wenn es für die Statthaftigkeit der Verpflichtungsklage an der **Außenwirkung fehlt** (also z. B. im Kommunalverfassungsstreit [dazu unten, § 21] und bei bestimmten beamtenrechtlichen Streitigkeiten).

§ 17 Die allgemeine Leistungsklage

Beispiele: Klage auf Fortsetzung eines Auswahlverfahrens (VGH Kassel, LKRZ 2013, 437); Widerruf einer ehrenrührigen Behauptung durch Vorgesetzten (BVerwG, NJW 1996, 210); Entfernung eines Vorgangs aus der Personalakte; Eintragung einer Lebenspartnerschaft in die Personalakte (BVerwG, NVwZ 2004, 626); Rückgängigmachung einer Umsetzung (BVerwGE 75, 138, 140); Korrektur einer Beurteilung oder einer diskriminierenden Schulnote; Änderung einer Sprachenfolge im Schulunterricht; Änderung des Aufgabenbereichs eines Beamten (BVerwG, NVwZ 1997, 22).

e) Auch die **Klage auf Folgenbeseitigung** ist vom Typus her allgemeine Leistungsklage (grundlegend *Ossenbühl/Cornils*, StaatshaftungsR, 6. Aufl. 2013, S. 351 ff.; *Voßkuhle/Kaiser*, JuS 2012, 1079). Deren wichtigster Unterfall – Folgenbeseitigung nach Aufhebung eines angefochtenen VA – ist in § 113 I 2 VwGO geregelt. Ist die Sache noch nicht spruchreif, so kann auch in diesem Fall der Betroffene die Folgenbeseitigung mit der Leistungsklage getrennt verfolgen. Das gleiche gilt für den „allgemeinen Folgenbeseitigungsanspruch", der immer dann in Betracht kommt, wenn es um die Rückgängigmachung der noch andauernden Folgen einer rechtswidrigen Verwaltungshandlung geht (zur Begründetheit unten, § 28, Rn. 6).

Beispiele: Beseitigung einer Baugrube nach rechtswidriger Einbeziehung eines Grundstücks in einen Bebauungsplan (BVerwG, DÖV 1971, 857); zeitweise Sperrung eines Spielplatzes durch besondere Vorkehrungen (VGH München, NVwZ 1989, 269); Rückholung eines abgeschobenen Asylbewerbers – Fall Sami A. (OVG Münster, NVwZ 2018, 1493; NJW 2018, 3264); Vernichtung erkennungsdienstlicher Unterlagen (OVG Münster, OVGE 27, 314, 317).

f) Als echte Auffangklageart kommt die Leistungsklage für eine Vielzahl von **weiteren Handlungen** in Betracht:

- Für Verfahrenshandlungen (soweit die Klage nicht nach § 44a VwGO ausgeschlossen ist),
- für Klagen gegen Bürger aus öffentlich-rechtlichem Vertrag oder aus anderen Rechtsverhältnissen („Bürgerverurteilungsklage"), dazu unten, Rn. 11 und BVerwGE 50, 171; VGH München, BayVBl. 1986, 726,
- für die Klage auf Abgabe einer Zusage oder auf Abschluss oder Änderung eines öffentlich-rechtlichen Vertrags (zum Anpassungsverlangen BVerwG, NVwZ 1996, 171; BVerwG, NVwZ 2013, 209),
- für die Klage auf Korrektur der Schreibweise eines Namens in einem amtlichen Verzeichnis,
- für die Klage auf Durchsetzung eines kommunalen Bürgerbegehrens (dazu *Heimlich*, DÖV 1999, 1029),

- für die Klage auf Entfernung eines Kruzifixes aus einem Schulraum (VGH München, NVwZ 1991, 1099),
- für die Klage auf behördliche Bestätigung einer fiktiven Genehmigung nach § 42 a Abs. 3 VwVfG (*Broscheit*, DVBl. 2014, 342) oder der Genehmigungsfreiheit.

II. Klagebefugnis

8   Auch die Leistungsklage ist nur zulässig, wenn der Kl. **klagebefugt** ist. Das ist der Fall, wenn er geltend machen kann, durch die Verweigerung oder Unterlassung der Handlung möglicherweise in einem seiner Rechte verletzt zu sein. Die Struktur der Prüfung ist insofern die gleiche wie bei der Verpflichtungsklage. § 42 II VwGO ist auf die Leistungsklage analog anzuwenden (BVerwGE 36, 192, 199; 99, 64; *Schenke*, VwProzR, Rn. 492; *Steiner*, JuS 1984, 853, 856).

Zu beachten ist aber, dass – wie bei der Verpflichtungsklage – keine zu strengen Anforderungen an das Vorliegen eines subjektiven Rechts zu stellen sind. Die Klagebefugnis ist vielmehr nur zu verneinen, wenn der Anspruch auf die Leistung offensichtlich und eindeutig nach keiner Betrachtungsweise bestehen oder dem Kl. zustehen kann (BVerwGE 36, 192, 199; 44, 1, 3). Grundlagen können (gesetzliche) Schutz- bzw. Anspruchsnormen und Grundrechte – insbesondere des Gleichbehandlungsgrundsatzes – sein. Ein abstrakter Anspruch auf fehlerfreie Ermessensentscheidung reicht nicht aus – es muss vielmehr ein subjektives Recht hinter einem solchen Ermessensanspruch stehen (oben, § 15, Rn. 26).

III. Sonstige besondere Zulässigkeitsvoraussetzungen

9   1. Ein **Widerspruchsverfahren** kommt – abgesehen vom Sonderfall der beamtenrechtlichen Leistungsklage (§ 54 II BeamtStG, § 126 II BBG) – nicht in Betracht.

10 2. Eine **Klagefrist** ist (außer bei beamtenrechtlichen Klagen) nicht einzuhalten.

11 3. Das **Rechtsschutzbedürfnis** folgt im Allgemeinen schon daraus, dass der Kl. geltend macht, Inhaber der behaupteten Rechtsposition zu sein (BVerwG, DVBl. 1989, 718). Es besteht aber erst dann, wenn der Kl. die entsprechende Leistung bei der Behörde selbst beantragt hat (BVerwG, DVBl. 1978, 608; *Pietzcker*, in: Schoch/Schnei-

der, VwGO, § 42 I Rn. 156; anders aber BVerwG, NVwZ 2002, 97 – Nachzahlung im Beamtenrecht). Es besteht nicht mehr, wenn der Kl. über den Anspruch schon einen vollstreckbaren Titel besitzt.

Für die **Klage einer Behörde auf Leistungen des Bürgers** fehlt das Rechtsschutzbedürfnis, wenn die Behörde den Anspruch selbst durch einseitige Regelung, insbesondere durch Leistungsbescheid oder durch im öff.-rechtl. Vertrag vereinbarte sofortige Vollstreckung (§ 61 VwVfG) durchsetzen könnte (BVerwGE 21, 270; 25, 280).

Auch die Leistungsklage kann durch Zeitablauf **verwirkt** werden (BVerwGE 44, 294, 298) oder rechtsmissbräuchlich sein. Das gilt insbesondere, wenn die erstrebte Leistung keine rechtliche Bedeutung hat (so hinsichtlich einer Klage auf Notenverbesserung ohne Konsequenzen für die weitere Schullaufbahn VGH Mannheim, DÖV 1982, 164; BVerwG, DÖV 1983, 819), oder der Kl. sich mit seiner Klage in Widerspruch zu eigenem vorangegangenem Tun setzt.

Literatur zu § 17: *Steiner,* Die allgemeine Leistungsklage im Verwaltungsprozess, JuS 1984, 853; *Schulte,* Schlichtes Verwaltungshandeln (1995); *Gurlit,* Das Informationsverwaltungsrecht im Spiegel der Rechtsprechung. DV 44 (2011), 75; *Voßkuhle/Kaiser,* Grundwissen – Öffentliches Recht: Der Folgenbeseitigungsanspruch, JuS 2012, 1079; *Geis/Meier,* Grundfälle zur Allgemeinen Leistungsklage, JuS 2013, 28; *Schucht,* Produktsicherheit durch Information, NVwZ 2017, 434; *Schenke,* VwProzR, Rn. 343 ff.; *Martini,* VwProzR u. AVwR, 6. Aufl. 2017, 56 ff.; s. ferner die Lit. zu § 16; *Detterbeck,* AVwR, Rn. 1390 ff.

Übersicht 12: Sachentscheidungsvoraussetzungen der allgemeinen Leistungsklage

I. Rechtsweg und zuständiges Gericht
II. Zulässigkeit
   1. Beteiligtenbezogene Zulässigkeitsvoraussetzungen (§§ 61/62 VwGO)
   2. Statthaftigkeit: Tatsächliches Verwaltungshandeln oder sonstige Leistungen (außer VA) als Klageziel
   3. Klagebefugnis (§ 42 II VwGO analog)
   4. Kein Widerspruchsverfahren
   5. Keine Frist – ggf. Verwirkung
   6. Rechtsschutzbedürfnis
   7. Sonstige Zulässigkeitsvoraussetzungen.

§ 18 Feststellungsklagen

I. Feststellungsklagen im System der Klagearten

1   Von allen Klagearten gilt die Feststellungsklage nicht zu Unrecht als die schwierigste. Das liegt schon daran, dass sie (in Subsidiarität zu anderen Klagearten) zur Klärung höchst unterschiedlicher Probleme und Rechtsverhältnisse dient, weshalb der Begriff „Feststellungsklagen" auch hier im Plural gebraucht wird.
So sind zu unterscheiden:

- Die **allgemeine Feststellungsklage** zur Feststellung des Bestehens oder Nichtbestehens eines Rechtsverhältnisses (§ 43 I 1. Alt. VwGO),
- die **vorbeugende Feststellungsklage** – bezogen auf ein künftiges Handeln,
- die **Klage auf Feststellung der Nichtigkeit** eines VA (§ 43 I 2. Alt. VwGO),
- die **Fortsetzungsfeststellungsklage** auf Feststellung der Rechtswidrigkeit von erledigtem Verwaltungshandeln (§ 113 I 4 VwGO),
- die **Zwischenfeststellungsklage** zur Feststellung eines prozessualen Rechtsverhältnisses (§ 173 VwGO i. V. m. § 256 II ZPO).

Nur im ersten und im letzten Fall geht es vom Streitgegenstand her um „echte" Feststellungsklagen im Sinne der bloßen Feststellung eines Rechtsverhältnisses. Bei der „vorbeugenden" Feststellungsklage handelt es sich im Grunde um ein zukünftiges Rechtsverhältnis und damit um eine Unterlassungsklage. Bei der Nichtigkeitsfeststellungsklage und im Regelfall der Fortsetzungsfeststellungsklage steht (wie bei der Anfechtungsklage) ein VA im Mittelpunkt, und es kommt nur zur Feststellungsklage, weil der VA nicht oder nicht mehr wirksam, die Anfechtungsklage also unstatthaft ist.

2   Die zweite Schwierigkeit besteht in der Offenheit und Vielgestaltigkeit des **Begriffs des Rechtsverhältnisses**. Aus der Fülle abstrakter und konkreter, individueller und überindividueller, aktueller, vergangener und künftiger Rechtsbeziehungen müssen Kläger und Gericht diejenigen herausfiltern, die im Feststellungsurteil Gegenstand eines verbindlichen Ausspruchs über die bestehende Rechtslage sein können.

Dass die Feststellungsklage in der Praxis gleichwohl zunehmende Bedeutung erlangt, hat im Wesentlichen zwei Gründe: Zum einen bewirkt die Bindung der Verwaltung an Gesetz und Recht (Art. 20 III GG), dass ein Feststellungsurteil gegenüber der Verwaltung Bindungswirkung entfaltet (BVerwG, NVwZ 2000, 575), gleichwohl aber größere Spielräume belässt als konkrete Gestaltungs- oder Leistungsurteile. Zum anderen schaffen abstrakte rechtliche Verpflichtungen und Risikozuordnungen und die geringe Detailliertheit vieler technischer Regelungen auch unterhalb der Regelungsebene einen hohen „Konkretisierungsbedarf", den die Behörden in zu geringem Umfang durch feststellende Verwaltungsakte und sonstige Formen der Klarstellung erfüllen. Von den Verwaltungsgerichten wird dann die Klärung bestehender Pflichten und Risiken erwartet.

II. Die allgemeine Feststellungsklage (§ 43 I 1. Alt. VwGO)

1. Gegenstand/Beteiligte

Mit der allgemeinen Feststellungsklage kann die Feststellung des Bestehens (**positive Feststellungsklage**) oder Nichtbestehens (**negative Feststellungsklage**) eines Rechtsverhältnisses begehrt werden. Streitgegenstand ist also die auf einem konkreten Sachverhalt beruhende Behauptung des Kl., dass ein Rechtsverhältnis bestehe oder nicht bestehe (*Schmid*, in: Sodan/Ziekow, VwGO, § 88, Rn. 11). 3

Unter **Rechtsverhältnis** sind **die aus einem konkreten Sachverhalt aufgrund einer Rechtsnorm (des Öffentlichen Rechts) sich ergebenden rechtlichen Beziehungen einer Person zu einer anderen Person oder zu einer Sache** zu verstehen (BVerwGE 40, 323, 325; *Peine/Siegel*, AVwR, Rn. 251 ff.). Da dieser Begriff denkbar weit ist und auch einzelne Berechtigungen oder Verpflichtungen erfassen kann, fallen „eigentlich" auch Rechte und Pflichten aus dem VA sowie Ansprüche auf Leistung oder Unterlassung darunter, und jede öffentlich-rechtliche Streitigkeit könnte durch eine Feststellungsklage geklärt werden. Deshalb musste der Gesetzgeber den Vorrang von Gestaltungs- und Leistungsklage explizit regeln (§ 43 II 1 VwGO). 4

Die **Beteiligtenstellung** und die **passive Prozessführungsbefugnis** richten sich danach, zu welcher Behörde das Rechtsverhältnis besteht, bzw. bestehen würde. Das ist bei der Klage auf Feststellung des Nichtbestehens einer Genehmigungspflicht der Träger der potentiellen Genehmigungsbehörde (BVerwG, NJW 2018, 325).

2. Die Subsidiarität der Feststellungsklage

Nach § 43 II 1 VwGO kann die Feststellung nicht begehrt werden, *soweit der Kläger seine Rechte durch Gestaltungs- oder Leistungs-* 5 *klage verfolgen kann oder hätte verfolgen können.* Dieser Aspekt wird unter „Statthaftigkeit" geprüft, findet seinen eigentlichen Grund aber im allgemeinen Gedanken des Rechtsschutzbedürfnisses. Ein Rechtsbehelf ist unzulässig, wenn der Kläger auf andere Weise schneller oder besser zum Ziele kommen könnte. Die Verurteilung zu einer konkreten Leistung oder Unterlassung ist ein im Rechtsstreit entscheidbares (und damit auch zu entscheidendes) „Mehr" im Vergleich zur einfachen Feststellung, dass eine Pflicht zur Unterlassung oder zur Leistung besteht.

Es ist die **klare Aussage von § 43 II 1 VwGO**, dass das Verwaltungsgericht nur dann eine Rechtslage verbindlich feststellen soll, wenn gerade insoweit eine Gestaltungs- oder Leistungsklage nicht in Betracht kommt; genauer: Wenn der Kläger nicht durch eine andere Klageart Rechtsschutz im gleichen Umfang und mit derselben Wirkung erlangen kann oder erlangen konnte.

Für den **Fallaufbau** bedeutet dies, dass man zur Feststellungsklage erst kommt, wenn zuvor die übrigen Klagearten als unstatthaft abgelehnt wurden. Andernfalls ist über die Feststellungsklage und deren Subsidiarität kein Wort mehr zu verlieren. Nur wenn konkret nach der Zulässigkeit einer (bereits erhobenen) Feststellungsklage gefragt ist, ist unter dem Stichwort „statthafte Klageart" mit der Feststellungsklage zu beginnen, dann aber sogleich auf deren Subsidiarität einzugehen.

6 Der klare Vorrang der übrigen Klagearten wird in der Rechtsprechung aber dadurch unterlaufen, dass die Feststellungsklage bei an sich möglicher Leistungs- oder Unterlassungsklage gegen öffentliche Entscheidungsträger anerkannt wird, der Grundsatz der Subsidiarität also durchbrochen wird. Insbesondere das BVerwG wendet § 43 II 1 VwGO bei Klagen gegen Träger öffentlicher Gewalt grundsätzlich nicht an und übernimmt damit die ältere Rechtsprechung der Zivilgerichte zu § 256 ZPO (BVerwGE 36, 179, 181; 51, 69, 75; 77, 207, 211; BVerwG, NJW 1997, 2534; vgl. bereits RGZ 92, 376, 378).

Das wird wie folgt begründet:
– Es sei das klare Ziel von § 43 II 1 VwGO, dass durch die Feststellungsklage die besonderen Zulässigkeitsvoraussetzungen der Anfechtungs- und Verpflichtungsklage nicht unterlaufen werden sollen. Dieser Grund treffe für die Leistungsklage aber nicht zu.
– Es könne davon ausgegangen werden, dass Behörden sich angesichts der Rechtsbindung der Verwaltung in der Regel rechtstreu verhalten werden, sich also auch ohne Leistungsurteil an eine gerichtlich festgestellte Rechts-

lage halten. Ein Vollstreckungsdruck sei also nicht gegeben („Ehrenmanntheorie").
- Eine Feststellungsklage könne im Einzelfall eine Vielzahl von Leistungs- oder Unterlassungsklagen erübrigen.

Diese Begründung kann bis auf das letztgenannte „Entlastungsargument" **nicht** überzeugen. Sie unterläuft zum einen mit fragwürdigen Spekulationen über Ziele und Motive des Gesetzgebers und unter Anlehnung an eine unter gänzlich anderen Voraussetzungen ergangene zivilrechtliche Rechtsprechung den eindeutigen Gesetzeswortlaut, ist aber auch in der Sache unzutreffend. So ist es eben nicht nur Ziel der Subsidiaritätsklausel, Vorverfahren und Fristeinhaltung zu sichern, sondern der Kl. erreicht mit der Leistungsklage auch mehr, nämlich einen vollstreckbaren und auf eine konkrete Handlung bezogenen Titel. Das „Rechtstreueargument" ist so wenig überzeugend wie andere Varianten des „*da nicht sein kann, was nicht sein darf*".

Entgegen der Rechtsprechung des BVerwG ist also daran festzuhalten, dass die Feststellungsklage **auch gegenüber Unterlassungs- und Leistungsklagen** gegen öffentliche Entscheidungsträger **subsidiär** ist (so auch nahezu einhellig die Literatur, vgl. etwa *von Mutius,* Verw-Arch. 63 [1972], 229; *Grupp,* FS Lüke [1997], 221; *Kopp/Schenke,* VwGO, § 43, Rn. 28; *Schenke,* VwProzR, Rn. 420; *Würtenberger,* PdW, 181 ff.; jetzt auch OVG Koblenz, NVwZ – RR 2020, 903).

Ergibt sich die Statthaftigkeit einer vorrangigen Klageart erst nach Erhebung der Feststellungsklage – etwa dadurch, dass die Behörde nunmehr einen VA zum gleichen Streitgegenstand erlässt –, so bleibt die Feststellungsklage nicht etwa zulässig, sondern die Klage ist auf eine Anfechtungsklage umzustellen.

Umgekehrt kann eine Feststellungsklage, der ursprünglich der Grundsatz der Subsidiarität entgegenstand, zulässig werden, wenn sich ein VA erledigt hat oder eine Rechtsnorm außer Kraft getreten ist, die vorrangige Anfechtungs- oder Verpflichtungsklage bzw. die Normenkontrolle also nicht mehr statthaft ist (BVerwG, NVwZ 2007, 1311 – Einwegverpackung). In keinem Fall aber darf die Feststellungsklage andere Klagearten und deren Fristen und sonstigen Zulässigkeitsvoraussetzungen umgehen: So ist z.B. die Klage auf Feststellung der Unzulässigkeit der Nutzung eines Landeplatzes unzulässig, wenn die vorangehende luftverkehrsrechtliche Genehmigung nicht angefochten wurde (vgl. VGH Mannheim, NVwZ-RR 1989, 530). Entsprechendes gilt für den Vorrang der Normenkontrolle (vgl. aber VGH Kassel, LKRZ 2010, 193 – Rechtsschutz gegen Geschäftsverteilungsplan).

3. Die Feststellungsklage als „heimliche Normenkontrolle"

8 Trotz der auch gegenüber der Normenkontrolle (§ 47 VwGO) bestehenden Subsidiarität hat sich die Feststellungsklage in der Praxis als „heimliche Normenkontrolle" etabliert, und § 47 VwGO entfaltet – so paradox es klingt – keine Sperrwirkung gegenüber der incidenter-Prüfung selbst solcher Rechtsnormen, die gerade nicht Gegenstand der verwaltungsprozessualen Normenkontrolle sein können – bis hin zu Bundes-Rechtsverordnungen. So kann im Wege der Feststellungsklage geltend gemacht werden, dass sich aus einer bestimmten Rechtsnorm keine Rechte und Pflichten ergeben. Zu beachten ist dabei aber, dass die Feststellungsklage sich **nicht** auf die Feststellung der Nichtigkeit bzw. Unwirksamkeit **der Norm selbst** beziehen kann, sondern dass es immer nur um die Feststellung des Bestehens bzw. Nichtbestehens von sich aus der Norm für den Kläger ergebenden Rechten und Pflichten im konkreten Fall gehen kann (*Würtenberger/Heckmann*, VwProzR, Rn. 470).

Ausgangspunkt dieser bemerkenswerten Entwicklung war wohl das Bestreben des BVerfG, die Subsidiarität der gegen untergesetzliche Rechtsnormen gerichteten Verfassungsbeschwerden gegenüber der verwaltungsprozessualen Feststellungsklage durchzusetzen. Mit zunehmender Strenge ging das BVerfG davon aus, dass der Rechtsweg nicht erschöpft sei, wenn nicht zuvor im Wege der Feststellungsklage versucht wurde, die rechtswidrige Belastung durch eine untergesetzliche Norm festzustellen (exemplarisch BVerfGE 115, 81, 91; zuletzt BVerfG, Kammer, NVwZ 2020, 622 – Corona-VO). Bei diesen Entscheidungen ging es nahezu ausnahmslos um Bundesverordnungen, z. B. um die Verordnung zum Verbot der Frischzellentherapie, die VerpackungsVO und sogar Verordnungen nach dem LuftVG; zuletzt sogar gegenüber Landesgesetz BVerfG, Kammer, NVwZ-RR 2016, 1 – Pflichten aus Hess.SpielhallenG.

Aus dieser Rechtsprechung hat die Verwaltungsgerichtsbarkeit Konsequenzen gezogen. Nach einigen Grundlagenentscheidungen des BVerwG, NJW 2000, 3584 – Flugrouten; BVerwG, NVwZ 2007, 1311 – Einwegverpackung; BVerwG, NVwZ 2010, 1300 – Allgemeinverbindlicherklärung eines Tarifvertrags; dazu *Krumm*, DVBl. 2011, 1008; BVerwG, NVwZ 2018, 260 – teilweise Anrechnung einer Grundgehaltserhöhung auf Professorenbesoldung; BVerwG, NVwZ 2020, 554 – Verschreibungspflicht für Arzneimittel; OVG Münster, NVwZ-RR 2016, 868 – Ladenschluss-VO) gewährt sie Rechtsschutz gegen belastende Wirkungen von Verordnungen und betont dabei ausdrücklich, dass § 47 VwGO insofern keine Sperrwirkung entfaltet (dazu auch *Peters*, NVwZ 1999, 506; *Möstl*, in: *Posser/Wolff*, VwGO, § 43, Rn. 28 ff.). Dies soll selbst gegenüber EG-Verordnungen möglich sein (*Lenz/Staeglich*, NVwZ 2004, 1421). Voraussetzung ist allerdings dass der Kl. unmittelbar durch die Norm in seinen Rechten betroffen ist (BVerwG, NVwZ 2010, 1300).

Diese Rechtsprechung ist in einem Teil der Literatur auf ein geteiltes Echo gestoßen. Der Kritik (vgl. *Rupp,* NVwZ 2002, 286; *ders.* FS Isensee, 2007, 283; skeptisch auch *Schenke,* NVwZ 2016, 720) ist zuzugeben, dass das Stufenverhältnis von Feststellungsklage und Normenkontrolle und die klare Begrenzung der Normenkontrolle auf Landesrecht mit dieser Rechtsprechung unterlaufen werden. Auch kann die Passivlegitimation problematisch sein, wenn der Normgeber als „eigentlicher Beklagter" an dem konkreten Rechtsverhältnis nicht beteiligt ist. Das ist vor allem bei dem in der Regel durch Landesbehörden ausgeführtem Bundesrecht (Art. 83 GG) der Fall (*Fellenberg/Karpenstein,* NVwZ 2006, 113).

Nicht berechtigt ist die Kritik allerdings insofern, als sie grundsätzlich die Kompetenz der Verwaltungsgerichtsbarkeit zur Kontrolle des Normgebers bestreitet. Rechtsschutz gegen unmittelbar wirkende untergesetzliche Rechtsnormen ist vielmehr vor dem Hintergrund von Art. 19 IV GG unabdingbar. Die richtige Konsequenz wäre also nicht eine Änderung der zitierten Rechtsprechung, sondern die Ausdehnung der verwaltungsgerichtlichen Normenkontrolle auf alle untergesetzlichen Normen – bei Bundesrecht ggf. durch das Bundesverwaltungsgericht. Die „heimliche Normenkontrolle durch die Feststellungsklage" kann also nur eine behelfsmäßige Lösung sein (*Geis,* FS Schenke [2011], 709; *Hufen,* FS Schenke [2011], 803; *Schenke,* NJW 2017, 1062; *Seiler,* DVBl. 2007, 538).

4. Bestehen oder Nichtbestehen eines Rechtsverhältnisses

Voraussetzung der Statthaftigkeit der allgemeinen Feststellungsklage ist ein hinreichend konkretes Rechtsverhältnis. Folgt man der oben genannten Definition, so besteht ein Rechtsverhältnis aus drei Elementen: 9

- Eine sich aus einem **konkreten Sachverhalt** ergebende
- (öffentlich-)**rechtliche Beziehung**
- **von Person zu Person** oder **Person zu Sache.**

Auch **selbständige Teile eines Rechtsverhältnisses**, insbesondere einzelne Pflichten oder Berechtigungen, können Gegenstand der Feststellungsklage sein (soweit nicht Subsidiarität gegenüber Gestaltungs- und Leistungsklage besteht). 10

Nicht statthaft ist die Feststellungsklage dagegen:

- Wenn sich die Klage lediglich auf eine **abstrakte Rechtsfrage** oder den Inhalt eines Gesetzes bezieht (BVerwGE 14, 235, 236; BVerwG, NJW 1983, 2208);

– wenn es um **rein tatsächliche Belange**, um reine Vorfragen, Tatbestandsmerkmale oder unselbständige Teile eines Rechtsverhältnisses geht (BVerwGE 14, 235, 236); **Beispiel:** Unzuverlässigkeit i. S. v. § 35 GewO; Leistungsfähigkeit eines Busfahrers, Intensität des von einer Gaststätte ausgehenden Lärms; intimer Kontakt einer Polizistin als verdeckte Ermittlerin mit Zielperson (OVG Hamburg, NVwZ – RR 2018).

11 Rechtsnormen, Verträge und Einzelentscheidungen enthalten eine Fülle von Rechten und Pflichten, die „latent" zum Gegenstand eines Rechtsverhältnisses und damit einer Feststellungsklage werden können. Das reicht aber nicht aus, um die Möglichkeit der Feststellungsklage zu eröffnen. Insbesondere ist diese Klageart nicht eine allgemeine „Auskunftsklage" über die Rechtslage ohne konkreten Anlass. Notwendig ist immer ein „Auslöser", der die abstrakte Rechtsfrage so verdichtet, dass sie Gegenstand eines Rechtsverhältnisses ist. Diese Verdichtung kann durch tatsächliches Geschehen oder das Verhalten der Beteiligten, insbesondere durch Meinungsverschiedenheiten über den Inhalt von Rechten und Pflichten ausgelöst werden. Insofern sprechen wir von einem „**streitigen** Rechtsverhältnis".

Dieses ist z. B. dann gegeben, wenn die Behörde zwar keinen (anfechtbaren) VA erlässt, sich aber **berühmt**, den Kläger treffe eine bestimmte Pflicht, bzw. ein wahrgenommenes Recht sei nicht oder nicht erlaubnisfrei gegeben. Das kann durch eine Beanstandung, einen warnenden Hinweis, durch die Drohung mit einem Straf- oder Bußgeldverfahren (OVG Münster, ZLR 1995, 217), eine sog. „Gefährderansprache", durch eine Verwaltungspraxis oder die Regelung zu einem parallelen Sachverhalt geschehen. Ist die Behörde bereits mehrfach in diesem Sinne tätig geworden, dann reicht ihre Beteuerung, eine Sanktion sei nicht zu erwarten, nicht aus, um ein konkretes Rechtsverhältnis zu verneinen. Die Rechtspflicht muss dann auch nicht gegenwärtig oder unmittelbar bevorstehen; sie kann – bei gegenwärtigem Streit – auch erst in Zukunft entstehen (**Beispiele:** BVerwGE 38, 346, 347 – Witwengeldanspruch; BVerwGE 45, 224 – Recht auf Verstreuen von Totenasche auf eigenem Grundstück). Das gleiche gilt für ein „vergangenes" Rechtsverhältnis, wenn sich dieses noch auf die Gegenwart auswirkt. Ob die Behörde eine Rechtsgrundlage für die Maßnahme hätte, ist Frage der Begründetheit und für die Statthaftigkeit ohne Belang (das verkennt BVerwG, NVwZ 1993, 65 – Schluss aus fehlender Rechtsmacht der Behörde auf nicht bestehendes Rechtsverhältnis).

Beispiele für hinreichend konkrete Rechtsverhältnisse: Streit um gewerbliche und gaststättenrechtliche **Erlaubnispflicht**, z. B. Eintragungspflicht in Handwerksrolle (BVerwGE 16, 92, 93); Teppichhandel (BVerwGE 39, 247, 249); Mineralwasserausschank (VGH München, BayVBl. 1969, 436); Genehmigungspflicht für Tierversuche (BVerwG, NJW 1988, 1534); Abfallsammlung und -sortierung (BVerwG, NVwZ 1990, 467); Pflichten aus Eintragung in das Denkmalbuch (OVG Weimar, DÖV 2004, 491); Einsatz verdeckter Ermittler (BVerwG, NJW 1997, 2534); Streit um **Mitgliedschafts- und Statusrechte** in Körperschaften, Selbstverwaltungsorganen oder im Öffentlichen Dienst; Nichtmitgliedschaft in ÖR-Körperschaft (BVerwG, DÖV 1983, 548;

BVerfG, Kammer, NVwZ 1999, 867); Mitwirkungsrecht in Selbstverwaltungsgremium (OVG Münster, NVwZ 1986, 851); Streit um **Inhalt von Dienstpflichten** – Nichtbestehen einer Umzugspflicht (VGH Mannheim, NVwZ 1992, 595); Rechtspflicht zum Tragen einer Robe (BVerwG, DVBl. 1983, 1110); Amtsangemessenheit der Besoldung (OVG Münster, NWVBl. 2014, 262).

Beispiele für nicht hinreichend konkretisierte Rechtsverhältnisse: Allgemeiner Streit um Kompetenzen und Befugnisse von Behörden ohne Anlass; Streit über die Gültigkeit einer Rechtsnorm oder einer Verwaltungsvorschrift ohne konkrete Auswirkung auf die Beteiligten; abstrakter Streit um strategische Überwachung durch den BND (BVerwG, NVwZ 2014, 1666) oder über die Bebaubarkeit eines Grundstücks oder Genehmigungsfähigkeit eines Vorhabens ohne Maßnahmen der Bauaufsicht oder des Eigentümers (VGH München, NVwZ 1988, 944); Streit um die allgemeine Gültigkeit einer Frauenförderungsrichtlinie außerhalb eines konkreten Bewerbungsverfahrens (anders: VG Bremen, NJW 1988, 3224 – Zulässigkeit wurde in einem solchen Fall angenommen); Inhalt und Ausmaß künftiger beamtenrechtlicher Versorgung ohne konkreten Anlass (BVerwG, NJW 1990, 1866); Wirksamkeit eines städtischen Mietspiegels (BVerwG, NJW 1996, 2046); Hinweis einer Ärztekammer auf Strafbarkeit von Preisnachlässen (BVerwG, NVwZ 2009, 1170); Art und Umfang lebensmittelrechtlicher Verkehrs- und Untersuchungspflichten (BVerwGE 77, 207; BVerwG, NVwZ 1993, 65).

5. Feststellungsinteresse

a) Die Feststellung des Bestehens oder Nichtbestehens eines Rechtsverhältnisses kann nur begehrt werden, wenn der Kl. ein **berechtigtes Interesse** an der **baldigen** Feststellung hat. Die besondere „Leistung" des Gerichts, die verbindliche Feststellung eines Rechtsverhältnisses, kann also nur unter bestimmten Voraussetzungen beansprucht werden. Sie bestehen in einer **subjektiven** Komponente („berechtigtes Interesse") und einer **zeitlichen** Komponente („baldige Feststellung"). Ziel des Gesetzgebers ist es, zu verhindern, dass die Gerichte funktionswidrig zu Auskunfts- oder Gutachterstellen in Rechtsfragen werden. 12

b) Der Begriff des „berechtigten Interesses" ist unscharf und wandelbar. Einerseits ist er weiter als der Begriff des subjektiven Rechts i. S. von § 42 II VwGO und auch als der des „rechtlichen Interesses" in § 256 I ZPO. Andererseits reicht nicht jedes beliebige Interesse; es muss sich vielmehr um ein durch die Rechtsordnung geschütztes Interesse handeln. Wann dies der Fall ist, kommt auf den Einzelfall an. Gängige Definitionen nehmen auf **vernünftige Erwägungen**, auf **all**- 13 gemeine **Rechtsgrundsätze** und **konkrete Rechtsgrundlagen** sowie auf die **Schutzwürdigkeit** Bezug. Wichtig ist, dass auch **wirtschaftliche, persönliche, kulturelle** und **ideelle** Interessen gemeint sein können, wenn sie nur hinreichend dem Kl. zuzuordnen und durch die Rechtsordnung geschützt sind.

14 c) Das rechtlich geschützte Interesse muss gerade **gegenüber dem Beklagten** bestehen (BVerwG, NJW 1997, 3257) und durch die beantragte Feststellung des Gerichts gesichert oder gefördert werden. Nicht jede Unklarheit in Bezug auf das Rechtsgut reicht hierfür aus. Es kommt darauf an, dass ein **konkreter Klärungsbedarf** besteht, z. B. weil zwischen Kl. und Behörde eine Meinungsverschiedenheit in einer für den Kl. wichtigen Frage besteht, weil der Kl. sein Verhalten oder seine wirtschaftlichen Dispositionen auf die Rechtslage einstellen muss, oder weil er bevorstehende oder angedrohte Sanktionen – insbesondere ein Straf- oder Bußgeldverfahren – vermeiden will. Ein Feststellungsinteresse ist auch gegeben, wenn die Behörde behauptet, ein bestimmtes Verhalten sei rechtswidrig, werde aber geduldet (anders aber BVerwG, NVwZ 1986, 35).

Diese Fallgruppen sind nicht getrennt zu sehen; sie können sich auch überschneiden. Bestehen Meinungsverschiedenheiten über Rechte und Pflichten, dann besteht im Allgemeinen auch das Feststellungsinteresse, weil die **Dispositionsfreiheit** betroffen und weil dem Kl. nicht zuzumuten ist, die Klärung der Rechtsfrage gleichsam „auf der Anklagebank" zu erleben (BVerwG, Buchholz, 310, § 43, Nr. 31).

Diese „**Damokles-Definition**" des Feststellungsinteresses ist vor dem Hintergrund vielfältiger Handlungs-, Organisations- und Verkehrssicherungspflichten des Technik- und Umweltrechts von größter Bedeutung. Hier reichen schon die konkrete Gefahr der Ahndung oder die Drohung mit einer Strafanzeige oder einem Ordnungswidrigkeitenverfahren aus, um den Klärungsbedarf der Feststellungsklage auszulösen (BVerfG, Kammer, NVwZ 2003, 857). Das gleiche gilt, wenn es gerade um das Bestehen oder Nichtbestehen einer konkreten Erlaubnispflicht z. B. im Gewerbe-, Straßen- oder Beamtenrecht geht (instruktiv VGH Kassel, NVwZ 1988, 445 – Streit um die Zulässigkeit von Werbemaßnahmen; BVerwGE 39, 247, 249 – Versagung der Erlaubnis wegen Unzuverlässigkeit). Geht der Streit um die Übereinstimmung des nationalen Rechts mit EU-Recht, so kann dem Bürger gleichfalls nicht zugemutet werden, erst gegen das nationale Recht zu verstoßen, um dessen Verhältnis zum EU-Recht zu klären (so zu Recht *Stern,* JuS 1998, 769, 772; *Gundel,* VerwArch. 92 [2001], 81, 108).

15 d) Die **zeitliche Komponente** („baldige Feststellung") setzt voraus, dass das Feststellungsinteresse **gerade im Zeitpunkt des Urteils** besteht und dass die Feststellung keinen Aufschub duldet. Ist die

Frage gegenwärtig offen und klärungsbedürftig oder droht eine Verschlechterung oder Wiederholung (BVerwGE 80, 355, 365) in unmittelbarer Zukunft, dann werden in zeitlicher Hinsicht in der Regel keine Probleme bestehen. Kein Rechtsschutzbedürfnis besteht, wenn die befürchtete Maßnahme nicht mehr droht (BVerwG, NVwZ 2018, 69).

e) Die theoretisch mögliche, aber praktisch seltene **Feststellungs-** **klage der Behörde gegen den Bürger** scheidet aus, wenn die Behörde durch feststellenden Verwaltungsakt die angestrebte Klärung selbst erreichen kann. Feststellungsklagen **mehrerer Träger öffentlicher Verwaltung** gegeneinander sind mangels Feststellungsinteresse unzulässig, wenn die nächsthöhere Behörde als gemeinsame Entscheidungsspitze den Konflikt im Rahmen ihrer Aufsichtsbefugnisse ausräumen kann (BVerwG, NJW 1992, 927). 16

6. Klagebefugnis

Sind die Konkretheit des Rechtsverhältnisses und das qualifizierte 17 Rechtsschutzbedürfnis an der Feststellung bejaht worden, so besteht im Normalfall kein Anlass, **zusätzlich** die Klagebefugnis (§ 42 II VwGO analog) zu prüfen.

Die gleichwohl bestehende Tendenz in der Rechtsprechung, die Klagebefugnis in analoger Anwendung von § 42 II VwGO auf die Feststellungsklage auszudehnen (BVerwGE 74, 1, 4; 99, 64, 66; zust. *Brüning*, JuS 2004, 882) ist in dieser Allgemeinheit bedenklich. Es besteht hier bereits keine Lücke, denn die Popularklage wird bei konsequenter Anwendung des Merkmals „konkretes Rechtsverhältnis" und durch das Feststellungsinteresse zuverlässig ausgeschaltet (wie hier *Knöpfle*, FS Lerche [1993], 771; *Laubinger*, VerwArch. 82 [1991], 459; *Schenke*, VwProzR, Rn. 410).

So ist das Ergebnis im Fall des OVG Koblenz, NVwZ 1983, 303 (kein Recht des Gemeindeeinwohners auf Zugehörigkeit seines Wohnsitzes zu einer bestimmten Gemeinde) auch ohne Berufung auf die fehlende Klagebefugnis erreichbar, weil kein Rechtsverhältnis zwischen Einwohner und beklagtem Land bestand. Das gleiche gilt für den vom *BVerwG* entschiedenen Fall (NVwZ 1991, 470): Auch hier war die Klage von Bürgern auf Feststellung, dass eine Kirchenstiftung weiter von der Kirche und nicht von der Stadt verwaltet werde, bereits mangels Rechtsverhältnis zwischen dem Bürger und den übrigen Beteiligten unzulässig

Auch aus der Notwendigkeit der Klagebefugnis bei Nichtigkeitsfeststellungsklagen (BVerwG, NJW 1982, 2205) und bei Fortsetzungsfeststellungsklagen kann nicht für **alle** Feststellungsklagen abgeleitet werden, § 42 II VwGO müsse analog angewandt werden (so aber anscheinend BVerwG,

NVwZ 1991, 470), weil es hierbei gerade in der Sache um Klagen gegen einen (unwirksamen) VA geht und der Kl. insofern nicht anders gestellt ist als bei der Anfechtungsklage.

Dagegen ist im Bereich der verwaltungsprozessualen **Organklagen** die Anwendung von § 42 II VwGO unentbehrlich, wenn mangels Außenwirkung die Feststellungsklage zur Klärung von Organrechten und -pflichten eingesetzt wird. Hier muss der Kl. (z. B. das Mitglied eines Gemeinderats) geltend machen, im Rahmen des streitigen Rechtsverhältnisses gerade in **seinen** Organrechten verletzt zu sein (dazu *Ehlers*, NVwZ 1990, 105, 111 und unten, § 21). Dasselbe gilt für Feststellungsklagen im Beamtenrecht, für die vorbeugende Feststellungsklage gegen Verwaltungsakte und Rechtsnormen sowie für die Prüfung von unmittelbar wirkenden untergesetzlichen Normen (oben, Rn. 8).

7. Weitere Zulässigkeitsvoraussetzungen

18 Abgesehen vom Sonderfall des Beamtenrechts (§ 54 II BeamtStG, § 126 II BBG) ist vor Erhebung der allgemeinen Feststellungsklage **kein Widerspruchsverfahren** durchzuführen.

19 Desgleichen besteht **keine Klagefrist**. Die Klage kann aber verwirkt sein, wenn der Kl. die Erhebung unangemessen verzögert. Dies ist in der Regel aber bereits beim Stichwort „Interesse an *baldiger* Feststellung" zu prüfen und ggf. zu verneinen.

Literatur zu § 18 I und II: *Laubinger*, Feststellungsklage und Klagebefugnis (§ 42 II VwGO), VerwArch 82 (1991), 459; *Selb*, Die verwaltungsgerichtliche Feststellungsklage (1998); *H. H. Rupp*, Fluglärm: Rechtsstreit gegen die Festlegung von An- und Abflugwegen von und zu Flughäfen durch das Luftfahrt-Bundesamt, NVwZ 2002, 286; *Fellenberg/Karpenstein*, Feststellungsklagen gegen den Normgeber, NVwZ 2006, 1133; *Geis*, Die Feststellungsklage als Normenkontrolle zwischen suchender Dialektik und dogmatischer Konsistenz, FS Schenke (2011), 709; *Hufen*, Von der „heimlichen Normenkontrolle" zur umfassenden Gerichtskontrolle exekutiver Normsetzung, FS Schenke (2011), 803; *Geis/Schmidt*, Grundfälle zur verwaltungsprozessualen Feststellungsklage (§ 43 VwGO), JuS 2012, 599; *W.-R. Schenke,*, Rechtsschutz bei normativem Unrecht, NJW 2017, 1062; *Detterbeck*, AVwR, Rn. 1395 ff.

> **Übersicht 13: Sachentscheidungsvoraussetzungen der Allgemeinen Feststellungsklage (§ 43 I 1. Alt. VwGO)**
>
> I. Rechtsweg und zuständiges Gericht
> II. Zulässigkeit
>   1. Beteiligtenbezogene Zulässigkeitsvoraussetzungen
>   2. Statthaftigkeit
>   a) Ausschluss von Anfechtungs-, Verpflichtungs- und Leistungsklage – Subsidiarität (§ 43 II S. 1 VwGO)
>   b) Feststellung des Bestehens oder Nichtbestehens eines hinreichend konkreten Rechtsverhältnisses
>   3. Besonderes Feststellungsinteresse
>   4. *Klagebefugnis (umstritten – bei kommunalverfassungsrechtlichen Organklagen immer prüfen)*
>   5. Kein Widerspruchsverfahren
>   6. Keine Frist – ggf. Verwirkung
>   7. Sonstige Zulässigkeitsvoraussetzungen

III. Die vorbeugende Feststellungsklage

1. Allgemeines

Vorbeugender Rechtsschutz kommt in Betracht, wenn dem Kl. das Abwarten bis zum Eintritt einer Belastung nicht zugemutet werden kann, das Gericht also vorbeugend eine Handlung untersagen oder das Bestehen oder Nichtbestehen des entsprechenden Rechtsverhältnisses feststellen muss. Hierfür stehen die vorbeugende Unterlassungsklage und ggf. die vorbeugende Feststellungsklage zur Verfügung. Bei letzterer bezieht sich die Feststellung auf ein sich erst in Zukunft konkretisierendes Rechtsverhältnis.

2. Subsidiarität

Nach der hier vertretenen strengen Geltung der Subsidiarität (§ 43 II VwGO) bleibt für die Anwendung der vorbeugenden Feststellungsklage wenig Raum. Besteht das streitige Rechtsverhältnis in der Zulässigkeit einer bestimmten (künftigen) Handlung, dann geht es der Sache nach um deren (vorbeugende) Abwehr. Statthaft ist also die Unterlassungsklage, die als Unterform der Leistungsklage der Feststellungsklage vorgeht.

In der Praxis wird dieser Vorrang nicht beachtet und die vorbeugende Feststellungsklage dient ganz allgemein der Abwehr nahezu sämtlicher Handlungen, Veränderungen und Nachteile – unabhängig von deren Rechtsform (BVerwGE 40, 323, 327; OVG Münster, NVwZ – RR 2018, 54 – vorbeugende Feststellungsklage gegen Speicherpflicht von Vorratsdaten; zahlr. Beispiele bei *Kopp/Schenke*, VwGO, § 43, Rn. 29). Das führt u. a. dazu, dass vorbeugende Unterlassungsklage und vorbeugende Feststellungsklage in parallelen oder sogar exakt gleichen Fallgestaltungen ohne jede erkennbare Systematik angewandt werden – bei anscheinend wachsendem „Vorsprung" der vorbeugenden Feststellungsklage.

3. Vorbeugende Feststellungsklage gegen VA oder Rechtsnorm?

23 Die vorbeugende Feststellungsklage wird teilweise auch herangezogen, wenn es um die Abwehr eines drohenden VA (z. B. BVerwGE 26, 23, 24) oder einer drohenden Rechtsnorm (BVerwGE 40, 323, 326; BVerfG, Kammer, NVwZ 1997, 673; NJW 1999, 2031; VGH München, NVwZ-RR 2015, 648 – Bauleitplanung der Nachbargemeinde; zu den Voraussetzungen auch oben, § 16, Rn. 9.ff.) geht. Auch das verstößt gegen die Subsidiarität der Feststellungsklage, zumal der Kl. mit der Unterlassungsklage einen konkreten Titel gegen die Maßnahme erreichen würde, während er bei der Feststellungsklage auf die Rechtstreue der Behörde angewiesen bleibt.

24 Für die **Statthaftigkeit** der vorbeugenden Feststellungsklage ist es notwendig, dass sich das Rechtsverhältnis bereits hinreichend konkretisiert hat, so dass aufgrund eines bereits überschaubaren Sachverhalts mit negativen Folgen für den Kl. zu rechnen ist (BVerwG, NVwZ 1986, 35). Die Konkretheit des Rechtsverhältnisses ist also auch bei der vorbeugenden Feststellungsklage zu prüfen (BVerwGE 45, 224, 226; 51, 69, 74; *Mann/Wahrendorf*, VwProzR, § 19, Rn. 305).

Beispiel: Kein Rechtsschutz gegen einen beschlossenen, aber noch nicht bekannt gemachten Bebauungsplan – BVerwG, NVwZ-RR 2002, 256 – hier als „vorbeugende Normenkontrolle" abgelehnt; es käme aber ohnehin nur eine vorbeugende Feststellungsklage in Frage. Weiteres Beispiel: Eine vorbeugende Feststellungsklage gegen die Ernennung eines Konkurrenten kommt nur in Betracht, wenn bereits ein Verfahren zur Besetzung der entsprechenden Stelle läuft. Die vorbeugende Feststellungsklage wegen Bevorzugung einer bestimmten Gruppe ist dagegen unstatthaft. Weitere „Auslöser" sind auch hier die Androhung einer Maßnahme durch die Behörde oder konkrete Meinungsverschiedenheiten über ein Rechtsverhältnis (**„sich Berühmen"** der Behörde).

4. Feststellungsinteresse

Bei der vorbeugenden Feststellungsklage muss das Feststellungsinteresse gerade darin bestehen, schon jetzt das Bestehen oder Nichtbestehen eines **künftigen** Rechtsverhältnisses verbindlich festgestellt zu erhalten. Die Anforderungen hierfür sind streng. In der Regel ist dem Kl. zuzumuten, die anstehende Entscheidung abzuwarten. Vorbeugender Rechtsschutz kommt nur in Betracht, wenn dem Betroffenen **Rechtsnachteile drohen, die mit einer späteren Anfechtungs- oder Leistungsklage (einschließlich vorläufigem Rechtsschutz) nicht mehr ausgeräumt werden können, oder wenn ein sonst nicht wieder gutzumachender Schaden droht** (BVerwG, NVwZ 1986, 35; früher bereits BVerwGE 26, 23; 40, 326; 51, 74). 25

Beispiele: Vorbeugende Feststellungsklage gegen ein Verbot, das einen Gewerbetreibenden schon als solches in seiner Existenz bedroht (vgl. VGH München, NJW 1987, 2604 – Gebrauchtwagenmarkt); Klage gegen beamtenrechtliche Ernennung des Konkurrenten.

5. Klagebefugnis

Nach dem zuvor Gesagten ist für die Feststellungsklage im Allgemeinen die Klagebefugnis nicht erforderlich. Das gilt auch für die vorbeugende Feststellungsklage. Anders verhält es sich, wenn die Klage auf die Unterlassung eines VA oder eines Realaktes gerichtet ist. Dann muss der Kl. vorbeugend geltend machen, durch die Handlung möglicherweise in seinem Recht verletzt zu sein (VGH München, BayVBl. 1985, 84). Bei der strengen Interpretation des Feststellungsinteresses dürfte das aber immer der Fall sein. 26

IV. Die Klage auf Feststellung der Nichtigkeit eines VA (§ 43 I 2. Alt. VwGO)

1. Allgemeines

Mit der Feststellungsklage kann nach § 43 I 2. Alt. VwGO die **Feststellung der Nichtigkeit eines VA** begehrt werden. Die Feststellungsklage füllt hier eine Lücke: Der nichtige VA ist unwirksam und kann damit durch eine Gestaltungsklage eigentlich nicht angegriffen werden, weil es nichts zu gestalten gibt. Der Sache nach steht die Nichtigkeitsfeststellungsklage (wie die Fortsetzungsfeststellungs- 27 klage) aber der Anfechtungsklage näher als der allgemeinen Feststellungsklage, weil das Rechtsverhältnis ausschließlich im Streit um die Wirksamkeit des VA besteht. Im Interesse des Kl. wird eine Anfechtungsklage gegen den nichtigen VA daher nicht abgewiesen; sie ist vielmehr auf die Nichtigkeitsfeststellungsklage umzustellen (anders *Würtenberger/Heckmann*, VProzR, Rn. 471: beide Klagearten zulässig – kassatorisches Urteil); für Anfechtungsklage dagegen *Schenke*, VwProzR, Rn. 183.

2. Statthaftigkeit

28 **Streitgegenstand** der Nichtigkeitsfeststellungsklage ist wie bei der Anfechtungsklage die Behauptung des Kl., er werde durch einen (nichtigen) VA bzw. durch den von diesem ausgehenden Rechtsschein in einem seiner Rechte verletzt. Problematisch ist nur, dass oft zu Prozessbeginn nicht feststeht, ob der VA nichtig oder „nur" rechtswidrig ist. Das in dieser offenen Frage liegende Risiko darf dem Kl. nicht zugemutet werden. Deshalb ist nach richtiger Auffassung die Anfechtungsklage in solchen Fällen zunächst statthaft, auch wenn das Ergebnis die Feststellung der Nichtigkeit des VA ist. Die eigentliche Nichtigkeitsfeststellungsklage kommt daher in der Praxis hauptsächlich in Hilfsanträgen vor oder sie ist Ergebnis einer auf entsprechenden Hinweis des Vorsitzenden (§ 86 III VwGO) vorgenommenen Umstellung.

Voraussetzung der Statthaftigkeit ist, dass ein dem Kl. gegenüber bekanntgegebener VA vorliegt (BVerwGE 74, 1, 3). Die Feststellungsklage kann sich auch auf die Nichtigkeit einer Nebenbestimmung beziehen (*Hufen/Bickenbach*, JuS 2004, 966, 968). Daneben muss der Kl. Tatsachen vortragen, deren rechtliche Bewertung auf einen Nichtigkeitsgrund schließen lässt. Die Nichtigkeit **selbst** ist nicht Voraussetzung der Statthaftigkeit, sondern Begründetheitsfrage (ausf. zu den Gründen *Peine/Siegel*, AVwR, Rn. 560 ff.; *Schnapp*, DVBl. 2000, 247). Wurde Nichtigkeitsfeststellungsklage erhoben, erweist sich der VA aber als nicht nichtig (einschließlich „einfacher" Rechtswidrigkeit), dann muss der Kl. auf eine Anfechtungsklage umstellen, denn die Nichtigkeitsfeststellungsklage würde an der Subsidiarität (§ 43 II 1 VwGO) scheitern und wäre überdies unbegründet (a. A. *Würtenberger*, VwProzR, Rn. 324; *Schenke*, VwProzR, Rn. 183).

29 War die **Ablehnung** eines VA nichtig, so ist nicht die Feststellungsklage, sondern die Verpflichtungsklage statthaft. Die Subsidiaritäts-

schranke des § 43 II 1 VwGO ist in diesem Fall nicht durchbrochen. **Nicht statthaft** ist die Klage auf Feststellung der Nichtigkeit einer Rechtsnorm – auch wenn diese im Wege der Ersatzvornahme erlassen wurde (BVerwG, DÖV 1993, 1093). Hier kommt nur die Normenkontrolle (§ 47 VwGO) oder – nach der neueren Entwicklung der Rechtsprechung (vgl. oben, Rn. 8) – die Klage auf Feststellung des Nichtbestehens einzelner Rechte oder Pflichten aus der Norm in Betracht.

Die Klage auf **Feststellung der Wirksamkeit eines VA** ist nach richtiger 30 Auffassung allenfalls als allgemeine Feststellungsklage statthaft (*Schmitt Glaeser/Horn*, VwProzR, Rn. 336), soweit hierdurch die Anfechtungs- oder Verpflichtungsklage und deren besondere Voraussetzungen nicht unterlaufen werden.

3. Klagebefugnis (§ 42 II VwGO analog)

In der Sache richtet sich die Nichtigkeitsfeststellungsklage gegen 31 einen belastenden VA. Auch diese Klage ist keine Popularklage und eröffnet dem Kl. nicht die Möglichkeit der Rechtskontrolle unabhängig vom subjektiven Recht. So kann ein weit vom Geschehen lebender oder um eine schöne Aussicht bangender Kläger z. B. nicht die Nichtigkeit einer Baugenehmigung geltend machen. Das (ohnehin erforderliche) Feststellungsinteresse reicht nicht aus, und der Kl. muss die Möglichkeit der Rechtsverletzung durch den VA bzw. den von diesem ausgehenden Rechtsschein geltend machen (so zu Recht BVerwG, NJW 1982, 2205). Das ist beim „Adressaten" des nichtigen VA immer der Fall. Bei Klagen von Dritten gelten die allgemeinen Regeln der Klagebefugnis und die Schutznormtheorie.

4. Besonderes Feststellungsinteresse

Auch bei der Nichtigkeitsfeststellungsklage muss der Kl. ein be- 32 sonderes Interesse an der baldigen Feststellung des Rechtsverhältnisses haben. Dieses muss sich darauf richten, den auch von einem nichtigen VA ausgehenden **Rechtsschein** zu beseitigen. Das setzt voraus, dass der VA die Rechtsstellung des Kl. zumindest berühren kann und die begehrte Feststellung geeignet ist, die Position des Kl. in rechtlicher, wirtschaftlicher oder ideeller Hinsicht zu verbessern (BVerwGE 74, 1, 4; BVerwG, NJW 1990, 1804).

Das Feststellungsinteresse ist aber nur gegeben, wenn der Kl. zuvor bereits erfolglos einen Antrag nach § 44 V VwVfG auf Feststellung der Nichtigkeit durch die Behörde gestellt hat (a. A. *Schenke*, VwProzR, Rn. 576; *ders.*, JuS 2016, 97; *Lorenz*, VwProzR, § 22, Rn. 40; wie hier *Würtenberger/Heckmann*, VwProzR, Rn. 484). Hat diese dem Antrag entsprochen, dann fehlt das Feststellungsinteresse für die nachfolgende Nichtigkeitsfeststellungsklage, es sei denn, es besteht trotz der Feststellung noch eine Vollzugs- oder Wiederholungsgefahr.

5. Widerspruchsverfahren

33 Ein Widerspruchsverfahren kommt bei der Nichtigkeitsfeststellungsklage nicht in Betracht. Wie die Anfechtungsklage selbst ist der Widerspruch aber zunächst auch nicht unstatthaft, weil sich die Nichtigkeit erst im Widerspruchsverfahren herausstellen kann (*Pietzner/Ronellenfitsch*, Assessorexamen, § 31, Rn. 1087). Ist das der Fall, dann kann und muss die Widerspruchsbehörde durch Widerspruchsbescheid den (nicht wirksamen) VA nicht etwa aufheben, sondern die Nichtigkeit feststellen (anders *Schenke*, VwProzR, Rn. 686).

Auch hier darf aber die Nichtigkeitsfeststellungsklage nicht zum Unterlaufen des Widerspruchsverfahrens oder der Fristen der Anfechtungsklage führen. Erhebt der Kl. Nichtigkeitsfeststellungsklage ohne Widerspruchsverfahren und stellt sich im Prozess heraus, dass der VA nicht nichtig ist, dann ist das Verfahren auszusetzen und zunächst ein Widerspruchsverfahren durchzuführen. Dann muss die Erhebung der Nichtigkeitsfeststellungsklage als fristwahrend i. S. v. § 70 VwGO gelten. War die Widerspruchsfrist aber schon vor Erhebung der Nichtigkeitsfeststellungsklage abgelaufen, dann ist die Klage endgültig unzulässig.

6. Frist

34 Als Feststellungsklage kennt die Nichtigkeitsfeststellungsklage **keine Frist** im eigentlichen Sinne, doch kann das Rechtsschutzbedürfnis fehlen, wenn der Kl. die Möglichkeit der rechtlichen Klärung versäumt. In keinem Fall darf aber ein nichtiger VA durch Versäumen der Frist eine Art „Bestandskraft" erlangen.

7. Anwendbarkeit auf nicht wirksam bekanntgegebenen VA?

35 Ist der VA nicht wirksam bekanntgegeben, so ist er gleichfalls unwirksam („Nichtakt"). Hier liegt es nahe, die Nichtigkeitsfeststellungsklage anzunehmen, doch sieht das BVerwG (NVwZ 1987, 330) in diesen Fällen eine „einfache" Feststellungsklage als statthaft an. Das wird mit dem Unterschied zwischen dem erst gar nicht bekanntgegebenen und dem bekanntgegebenen, aber nichtigen VA im Hinblick auf das Feststellungsinteresse begründet.

Literatur zu § 18 IV: *Schenke*, Rechtsschutz gegen nichtige Verwaltungsakte, JuS 2016, 97; *Will/Rathgeber*, Die Nichtigkeit von Verwaltungsakten gemäß § 44 VwVfG, JuS 2012, 157.

V. Die Fortsetzungsfeststellungsklage (§ 113 I 4 VwGO)

1. Allgemeines

Nach § 113 I 4 VwGO spricht das Gericht auf Antrag durch Urteil 36 aus, dass der VA rechtswidrig gewesen ist, wenn der Kl. ein berechtigtes Interesse an dieser Feststellung hat. Die Fortsetzungsfeststellungsklage wird in § 43 VwGO **nicht** erwähnt. Sie ist auch keine eigenständige Klageart, denn in der Sache geht es wie bei der Nichtigkeitsfeststellungsklage um einen VA, von dem keine Wirksamkeit (mehr) ausgeht. Hier wäre eigentlich die Klage für erledigt zu erklären und über die Kosten zu entscheiden (§ 161 VwGO). Es wird aber eine Antragsart zur Verfügung gestellt, die bei einem besonderen Feststellungsinteresse die **Fortsetzung des Prozesses nach Erledigung** ermöglicht, um – wie es immer wieder heißt – dem Kl. die „Früchte des Prozesses" zu erhalten. Die Fortsetzungsfeststellungsklage ist im Hinblick auf Art. 19 IV GG unabdingbar (BVerfGE 96, 27; zuletzt etwa BVerfG, Kammer, NJW 2017, 1939; BVerwG, NVwZ 2015, 600) und ein mittlerweile fest etabliertes Institut im System des verwaltungsprozessualen Rechtsschutzes (vgl. auch § 100 I 4 FGO; § 131 I 3 SGG). Sie ist auch in der Praxis äußerst bedeutsam. Das liegt nicht nur an ihrer „Einsatzmöglichkeit" über die Anfechtungsklage hinaus und bei der Erledigung vor Klageerhebung, sondern auch schlicht daran, dass es immer häufiger vorkommt, dass sich Maßnahmen von Behörden vor Abschluss eines Rechtsstreits erledigen. Vor allem im Polizei- und Ordnungsrecht ist die Fortsetzungsfeststellungsklage oft die einzige mögliche Klageart, weil diese Maßnahmen ihrer Natur nach auf kurze Zeit angelegt und in der Regel längst beendet sind, wenn es zum Verwaltungsprozess kommt.

Bei der Prüfung der Zulässigkeitsvoraussetzungen ist zu beachten, 37 dass die Fortsetzungsfeststellungsklage die ursprüngliche Klage („Eingangsklage") fortsetzt. **Deren** Voraussetzungen sind grundsätzlich Maßstab für die Zulässigkeit, müssen im Moment der Erledigung also erfüllt sein. Deshalb darf es auch nicht offengelassen werden, ob es sich um eine einfache *Feststellungs-* oder um eine *Fortsetzungs*feststellungsklage handelt, und welche Klageart ursprünglich statthaft war (anders aber BVerwGE 83, 242, 244).

2. Statthaftigkeit

38 Die „Klagefortsetzung" setzt voraus, dass die ursprüngliche Klage vor der Erledigung **selbst statthaft** war, und dass sich der Verwaltungsakt **erledigt hat.**

39 **a) Ursprünglicher belastender VA (§ 113 I 4 VwGO).** Wörtlich gilt § 113 I 4 VwGO nur im Bereich der Anfechtungsklage. Unmittelbar anwendbar ist diese Vorschrift also nur beim erledigten **belastenden VA.** Deshalb kann die Art der erledigten Handlung **nicht** offenbleiben, sondern es ist stets zu klären, ob die Maßnahme ein VA war („kleine Statthaftigkeitsprüfung") und ob sie den Kl. belastete (Abgrenzung zur Verpflichtungsklage). Insbesondere sind die Abgrenzungsprobleme zwischen VA und Realakt festzuhalten.

Beispiel: Nach einer „erledigten" Räumung eines Platzes ist zu klären, ob es sich um tatsächliches Verwaltungshandeln oder um eine sofort vollzogene Polizeiverfügung handelt.

40 **b) Begriff und Arten der Erledigung.** Zulässig ist die Fortsetzungsfeststellungsklage nach § 113 I 4 VwGO, wenn sich der VA „vorher", d. h. vor dem für das Urteil maßgeblichen Zeitpunkt, erledigt hat. Dabei nennt das Gesetz selbst den Fall der **Erledigung durch Zurücknahme,** bezieht mit der Formulierung „oder anders" aber auch jede andere Form der Erledigung ein. Die Erledigung wird zumeist etwas oberflächlich mit dem „Wegfall der Beschwer" gleichgesetzt (BVerwGE 66, 75, 77), doch geht es genauer um den Fortfall des **Regelungsgehalts** gegenüber dem Adressaten bzw. der belastenden Wirkung gegenüber einem Dritten. Es kommt also stets auf den Inhalt des VA an. Ein VA ist erledigt, wenn er nicht mehr vollziehbar und auch eine Rücknahme mangels Gegenstandes sinnlos geworden ist. Hierfür kommen **rechtliche** oder **tatsächliche** Gründe in Betracht (ausführlich zur Erledigung *Deckenbrock/Dötsch,* JuS 2004, 589, 689).

Rechtlich erledigt ist ein VA z. B. durch Rücknahme, Widerruf oder eine andere Form der Aufhebung, nach Eintritt einer auflösenden Bedingung, durch gesetzliches Erlöschen, durch Ersetzung durch einen inhaltsgleichen anderen VA oder sonstige Maßnahmen (z. B. die Freilassung einer festgehaltenen Person; Aufhebung eines das Vorkaufsrecht der Gemeinde auslösenden Kaufvertrags – VGH Mannheim, NJW 1995, 2574). Auch ein VA, den alle Beteiligten für obsolet halten, kann in diesem Sinne „erledigt" sein (BVerwG, NVwZ 1998, 729; dazu *Winkler,* JA 1999, 194).

Eine Erledigung aus **tatsächlichen** Gründen tritt durch das faktische Ende einer Maßnahme, durch Zeitablauf, Verstreichen eines Ereignisses, Fortfall einer rechtlichen Beschwer (BVerwG, NVwZ 2012, 510) oder Ende einer Rechtspflicht, aber auch – bei einem höchstpersönlichen VA – durch Ableben eines Beteiligten, den Wegfall eines Regelungsobjekts (z. B. bei einer Beseitigungsverfügung) oder sonstige faktische Veränderungen, z. B. den Verkauf einer Gaststätte oder eines Gewerbes, ein.

Keine Erledigung liegt nach allgemeiner Auffassung dagegen vor, wenn der VA bereits **vollstreckt** ist (OVG Koblenz, NVwZ 1997, 100 – Beseitigungsanordnung) oder auch **freiwillig befolgt** wurde. Dann geht es in der Sache nicht um die Feststellung der Rechtswidrigkeit eines erledigten VA, sondern der VA wirkt sozusagen durch Befolgung fort. Auch ein Folgenbeseitigungsanspruch (vgl. § 113 I 2 VwGO) hat Vorrang. Das entspricht auch der Subsidiarität der Feststellungsklage gegenüber der Leistungsklage (vgl. § 43 II VwGO). Der Kl. hat also kein Wahlrecht zwischen dem Antrag auf Folgenbeseitigung und dem Fortsetzungsfeststellungsantrag (anders aber BVerwGE 54, 314, 316; wie hier *Kopp/Schenke*, VwGO, § 113, Rn. 85).

Die Fortsetzungsfeststellungsklage kommt auch in Betracht, wenn 41 sich der rechtswidrige VA zwar nicht erledigt hat, der Kl. aber aus anderen Gründen – z. B. wegen **Heilung** oder **Unbeachtlichkeit** eines Verfahrensfehlers (*Hufen/Siegel*, Fehler im Verwaltungsverfahren, Rn. 901; *Schenke*, VwProzR, Rn. 326) oder aufgrund einer zwischenzeitlich **geänderten Sach- oder Rechtslage** – mit der Anfechtungsklage nicht durchdringt. In beiden Fällen kann durchaus ein Interesse an der Feststellung der „ursprünglichen Rechtswidrigkeit" bestehen. Gegen den Wortlaut von § 113 I 4 VwGO und den Grundsatz ne ultra petita wird aber verstoßen, wenn dem **Beklagten** die Möglichkeit gegeben wird, die Feststellung zu verlangen, dass die Klage vor dem erledigenden Ereignis unbegründet war (so aber BVerwG, NVwZ 1989, 860; NVwZ 1992, 1092 – Klage einer Gemeinde nach Zurücknahme eines Baugesuchs). So erwägenswert es sein mag, dass auch eine beklagte Gemeinde oder ein Beigeladener nicht um die Früchte des bisherigen Prozesses gebracht werden dürfen, so deutlich ist doch schon nach dem Wortlaut von § 113 I 4 VwGO, dass die Fortsetzungsfeststellungsklage ein Instrument in der Hand des **Klägers** ist. Die Erweiterung auf andere Beteiligte wäre Sache des Gesetzgebers. Ebenso ausgeschlossen ist die Feststellung der Rechtswidrigkeit aus einem bestimmten Grund (VGH Kassel, LKRZ 2009, 457).

c) Die Erledigung vor Klageerhebung. § 113 I 4 VwGO selbst be- 42 trifft nur die Erledigung während des Prozesses, also **nach** Klageerhebung. In vielen Fällen tritt die Erledigung aber vor der Klageerhebung ein, so dass eine Gestaltungsklage nicht mehr statthaft ist. Hier bestünde offenkundig eine Rechtsschutzlücke, wenn keine gerichtliche Klärung mehr möglich wäre. Das würde insbesondere für die Vielzahl bereits abgeschlossener polizeilicher Maßnahmen gelten.

Deshalb hat die Rechtsprechung schon früh in analoger Anwendung von § 113 I 4 VwGO die Fortsetzungsfeststellungsklage auch dann zugelassen, wenn die Erledigung bereits **vor Klageerhebung** eingetreten war (BVerwGE 12, 87, 90; BVerwG, NJW 1991, 581; *Funke/Stocker,* JuS 2019, 979).

43   **d) Die Fortsetzungsfeststellungsklage nach erledigter Verpflichtungsklage.** Nicht nur ein belastender VA kann sich erledigen. Auch bei einer statthaften, aber erledigten Verpflichtungsklage kommt die Fortsetzung des Rechtsstreits in Betracht. Hier ist § 113 I 4 VwGO analog anwendbar, weil es keinen Unterschied ausmacht, ob eine Belastung durch einen erledigten VA oder durch eine zunächst versagte oder unterlassene Begünstigung vorliegt (BVerwGE 89, 354, 355; zuletzt NVwZ 1998, 1295).

Beispiele: Der Antrag auf Zulassung zu einem Jahrmarkt (OVG Lüneburg, NJW 2003, 531; VGH München, NVwZ-RR 2015, 929) oder die Sondernutzungserlaubnis werden durch Zeitablauf gegenstandslos; der Kl. hat sein Studium, für das er den Ersatz von Lernmitteln erstreiten will, zwischenzeitlich abgeschlossen (BVerwG, NJW 1997, 2465 – Instrumentenkoffer; ähnl. OVG Hamburg, NVwZ 2004, 117 – Teilnahme an einer Wahlsendung; OVG Münster, NVwZ 2004, 508 – Löschung von Daten).

In diesen Fällen ist die Verpflichtungsklage gegenstandslos, weil eine Erlaubnis zu spät kommt oder weil der Anspruch bereits erfüllt ist (zur „Erledigung" durch Erteilung einer Erlaubnis etwa BVerwGE 56, 31, 54). Auch hier kann der Kl. nach Umstellung der Verpflichtungsklage auf eine FF-Klage die Rechtswidrigkeit der ursprünglichen Ablehnung oder der Untätigkeit feststellen lassen, vorausgesetzt, er hatte einen Anspruch auf den VA und sein Feststellungsinteresse besteht (BVerwG, NVwZ 2015, 986; dazu *Koehl,* JuS 2016, 518). Kein Hindernis ist hier eine etwa noch fehlende **Spruchreife.** Diese kann und muss das Gericht ggf. selbst herstellen (BVerwG, NVwZ 1998, 1295). Erledigt sich der Verpflichtungsantrag auf Erteilung einer Baugenehmigung dadurch, dass die Gemeinde die Aufstellung eines Bebauungsplans beschließt und eine Veränderungssperre in Kraft setzt, so kann der Kläger im Wege der FF-Klage feststellen lassen, dass im Zeitpunkt des erledigenden Ereignisses ein Anspruch auf Erteilung der Baugenehmigung bestand (BVerwG, NVwZ 1999, 523). In solchen und ähnlichen Fällen kommt sogar eine Klageerweiterung im Hinblick auf den Zeitraum der Genehmigungsfähigkeit des Vorhabens in Betracht (BVerwG, NVwZ 1999, 1105). Die FF-Klage ist also in der Praxis ein wichtiges Instrument zur Feststellung der früheren Genehmigungsfähigkeit nach Inkrafttreten einer Veränderungssperre oder eines Bebauungsplans.

In der Entscheidung BVerwGE 109, 203 = NVwZ 2000, 63 hat der 6. Senat des BVerwG angedeutet, dass er der analogen Anwendung von § 113 I 4 VwGO neuerdings skeptisch gegenüberstehe. Daraus ist etwas voreilig auf eine grundsätzliche Wende in der Rechtsprechung zur analogen Anwendung der Fortsetzungsfeststellungsklage geschlossen worden (*R. P. Schenke*, NVwZ 2000, 1255; *R. Lange*, SächsVBl. 2002, 53). Es scheint aber wenig wahrscheinlich, dass das Gericht die vielfältigen Fälle künftig im Wege der sehr viel weniger präzisen Feststellungsklage lösen wird (so auch *Rozek*, JuS 2000, 1162). Auch ist der 4. Senat in einer neueren Entscheidung wieder wie selbstverständlich von der ananlogen Anwendung auf die Verpflichtungsklage ausgegangen (BVerwG, NVwZ 2015, 986).

e) Fortsetzungsfeststellungsklage nach Unterlassungs- oder Leistungsklage. Auch tatsächliche Verwaltungshandlungen können ihre rechtliche Bedeutung verlieren und sich „erledigen"; dies zwar nicht in dem Sinne, dass sie unwirksam werden, aber dadurch, dass die in ihnen liegende faktische Belastung endet oder dass eine tatsächliche Leistung wertlos oder gegenstandslos wird. Dann wäre eine Unterlassungs- oder Leistungsklage für erledigt zu erklären. Deshalb sind auch bei tatsächlichem Verwaltungshandeln Fälle denkbar, in denen Bedarf an einer gerichtlichen Feststellung der Rechtswidrigkeit des „erledigten" tatsächlichen Verwaltungshandelns oder dessen Verweigerung besteht. 44

Beispiele: Leistungsklage auf Benennung eines Informanten, die sich durch anderweitige Information des Kl. erledigt hat; Streichung eines Unternehmens von einer Internet-Plattform; Leistungsklage auf Beseitigung eines Müllcontainers, der inzwischen an eine andere Stelle verbracht wurde; Unterlassungsklage gegen eine lebensmittelrechtliche Warnmitteilung nach Rückzug des Lebensmittels vom Markt oder Widerruf durch die Behörde; Nachholung einer fehlerhaften Abstimmung im Gemeinderat.

In diesen Fällen kommt es nach h. L. **nicht** zur analogen Anwendung der Fortsetzungsfeststellungsklage. Deren Vertreter verneinen das Vorliegen einer Regelungslücke und wenden die allgemeine Feststellungsklage an (Feststellung des Vorliegens oder Nichtvorliegens eines vergangen Rechtsverhältnisses – so BVerwG, NJW 1997, 2534; *Schenke*, VwProzR, Rn. 337; *Würtenberger/Heckmann*, VwProzR, Rn. 729; *R.P. Schenke*, JuS 2007, 697; zuletzt auch *Ehlers/Schoch*, Rechtsschutz, § 26, Rn. 31; *Detterbeck*, AVwR, Rn. 1423; *Erbguth/Guckelberger*, AVwR § 20, Rn. 42). Übersehen wird dabei allerdings, 45 dass mit derselben Argumentation konsequenterweise auch die analoge Anwendung der Fortsetzungsfeststellungsklage bei der Verpflichtungsklage und bei der Erledigung vor Klageerhebung verneint werden müsste, und die Feststellungsklage bei abgeschlossenen Rechtsverhältnissen und Wiederholungsgefahr nicht passt.

46 Aus denselben Gründen kommt nach h. L. auch nach Erledigung einer Rechtsnorm z. B. durch Außerkrafttreten oder eines Anspruchs auf Normerlass nicht die Fortsetzungsfeststellungsklage, sondern nur die allgemeine Feststellungsklage zur Anwendung. Ein bereits gestellter Normenkontrollantrag soll aber statthaft bleiben (OVG Koblenz, LKRZ 2013, 149).

3. Besonderes Feststellungsinteresse

47 – Die Fortsetzungsfeststellungsklage ist wie jede Feststellungsklage nur zulässig, wenn der Kl. ein **besonderes Feststellungsinteresse** geltend machen kann. Wird das Feststellungsinteresse zu Unrecht verneint, so liegt hierin eine Verletzung des Rechts auf rechtliches Gehör (BVerwG, NVwZ 2015, 600).

Das Feststellungsinteresse wird insbesondere bejaht:
– Bei **Wiederholungsgefahr,**
– zur Beseitigung einer fortbestehenden Diskriminierung (**Rehabilitationsinteresse**),
– zur Klärung der Rechtswidrigkeit beim beabsichtigten **Amtshaftungs-** oder **Entschädigungsprozess,**
– bei Beeinträchtigung einer wesentlichen **Grundrechtsposition.**

48 a) **Wiederholungsgefahr.** Augenfällig besteht das Feststellungsinteresse, wenn eine **Wiederholung** der erledigten Maßnahme droht. Ohne die Fortsetzungsfeststellungsklage müsste der Kl. dann erneut eine entsprechende Maßnahme abwarten, die aber wieder erledigt sein könnte, bevor ihre Rechtmäßigkeit geklärt ist. Für das Feststellungsinteresse wegen Wiederholungsgefahr reicht die abstrakte Möglichkeit einer künftigen Handlung aber nicht aus. Es müssen vielmehr **konkrete Anhaltspunkte** für den Eintritt einer erneuten Belastung bei einem vergleichbaren und abzusehenden Sachverhalt vorgetragen werden (BVerwGE 42, 318, 326; 80, 355, 365).

Beispiele: Zu erwartendes Verbot bei Wiederaufnahme einer Tätigkeit; Ankündigung eines Versammlungsverbots für ähnliche Demonstrationen; Ankündigung der Beschlagnahme des Instruments eines Straßenmusikers, wenn dieser wieder in der gleichen Stadt spielen sollte; Wahlbeeinflussung bei erneuter Bewerbung des Kandidaten bei nächster Bürgermeisterwahl; drohender weiterer Leistungsbescheid bei angefochtenem Vorausbescheid (BVerwG, NVwZ-RR 2020, 331).

Bei der Fortsetzungsfeststellungsklage nach erledigter **Verpflichtungsklage** besteht die Wiederholungsgefahr dann, wenn aufgrund der Sachlage abzusehen ist, dass der Kl. einen entsprechenden Antrag wieder stellen und die Behörde unter den gleichen rechtlichen und tatsächlichen Verhältnissen den Antrag wieder ablehnen wird (BVerwG, DVBl. 1983, 850), z. B. weil sie nach bestimmten Vergaberichtlinien handelt (**Beispiel**: Zulassung von Schaustellern zum Volksfest – VGH München, NVwZ-RR 1991, 550).

Erklärt die Behörde ernsthaft, sie werde es von sich aus nicht zur Wiederholung kommen lassen, dann kann dies das Feststellungsinteresse ausschließen – es sei denn, es lägen Anhaltspunkte für ein widersprüchliches Verhalten und für eine Änderung der Verwaltungspraxis vor. Das Feststellungsinteresse fällt fort, wenn der Kl. sich selbst aus dem „Gefahrenbereich" einer Wiederholung begeben hat – z. B. ein Gewerbe aufgegeben hat, auf das sich die Maßnahme bezog (**Beispiel**: Aufgabe eines Mietwagenunternehmens und ungeklärte Absicht der Wiederaufnahme – VGH München, BayVBl. 1973, 383). Von Wiederholungsgefahr kann auch nicht die Rede sein, wenn die Entscheidung auf eine ganz bestimmte, der Natur nach einmalige Situation zugeschnitten war (**Beispiel**: Beamtenernennung hinsichtlich einer konkreten Stelle mit einem individuellen Anforderungsprofil), oder wenn der Kl. auf leichtere oder weitergehende Weise eine Wiederholung vermeiden kann (**Beispiel**: Klage wegen Rechtswidrigkeit der Entziehung eines Reisepasses, wenn jederzeit ein neuer Pass beantragt werden kann).

b) Rehabilitationsinteresse. Unter dem Stichwort „Rehabilitationsinteresse" werden Fälle zusammengefasst, in denen von der ursprünglichen Maßnahme eine diskriminierende Wirkung ausgeht, die auch nach der Erledigung fortwirkt.

Beispiele: Behandlung als Störer während einer Demonstration oder Beschlagnahme eines Films (BVerwGE 26, 168; BVerwG, NVwZ 2000, 63 f.); rechtswidriges Urteil über die berufliche Eignung eines Beamten; Überwachung des Post- und Fernmeldeverkehrs wegen Verdachts einer Straftat (BVerwG, NJW 1991, 581); Versagung einer Gaststättenerlaubnis wegen Unzuverlässigkeit (nicht aber wegen des schlechten baulichen Zustands des Gebäudes).

In diesen Fällen entfällt das Feststellungsinteresse grundsätzlich, wenn die „Rehabilitation" auf andere Weise erreicht oder (z. B. durch

Ausscheiden aus einem Beruf oder dem Gemeinderat) entbehrlich wurde (BVerwG, NVwZ 1991, 570 – kein Feststellungsinteresse nach Betriebseinstellung).

51   **c) Vorbereitung eines Amtshaftungs- oder Entschädigungsprozesses.** Lange Zeit umstritten war die dritte Fallgruppe. Geht es um eine rechtswidrige Maßnahme, die möglicherweise geeignet ist, **Entschädigungs- oder Amtshaftungsansprüche** auszulösen, so ist das Zivilgericht nach § 121 VwGO durch die Rechtskraft des Feststellungsurteils gebunden (BVerwGE 9, 196, 198). Dann soll dem Kl. nach Erledigung des VA nicht zugemutet werden, in einem entsprechenden Amtshaftungsprozess vor dem Zivilgericht „von vorn anzufangen" (BVerwGE 106, 295, 298).

Die Begründung, den Kl. nicht um die „Früchte" des bereits begonnenen Verwaltungsprozesses zu bringen, deutet aber auch schon auf die wichtigste Ausnahme: Hat sich die Maßnahme schon **vor** der Klageerhebung erledigt, dann besteht kein berechtigtes Interesse an der Durchführung eines Verwaltungsprozesses. Hier erreicht der Kl. eindeutig mehr, wenn er sogleich vor dem ordentlichen Gericht auf Schadensersatz klagt (BVerwGE 81, 226; OVG Koblenz, DVBl. 2009, 659). Ebenso fehlt das Feststellungsinteresse, wenn sich der Misserfolg des angestrebten Amtshaftungsprozesses bereits aufdrängt (BVerwG, NVwZ 1991, 568; NVwZ 1992, 1092).

52   **d) Grundrechtsbeeinträchtigung.** Fraglich ist, ob ein Fortsetzungsfeststellungsinteresse sich alleine aus einer **Grundrechtsbeeinträchtigung** durch die ursprüngliche Maßnahme ergibt. Das hat die Rechtsprechung – teilweise „in Kombination" mit anderen Gründen – z. B. bei Abhörmaßnahmen (BVerfGE 96, 27, 38; BVerwGE 87, 23); Freiheitsverlust durch Abschiebehaft (BVerfGE 104, 220, 231); Identitätsfeststellung wegen der Hautfarbe -"racial profiling" (OVG Münster, NVwZ 2018 1497) – sowie bei Eingriffen in die Versammlungsfreiheit (BVerfGE 110, 77, 85), die Religionsfreiheit (BVerwG, 12.11.2020 2 C 5.19 – Kopftuchverbot für Referendarin nach Ende des relevanter Ausbildungsabschnitts; die informationelle Selbstbestimmung (OVG Münster, NVwZ 2004, 508; nicht aber nach nur kurzfristiger Öffnung des Kofferraums bei nächtlicher Kontrolle (VGH München, NJW 2017, 2779) und die Chancengleichheit der politischen Parteien angenommen (BVerwG, NVwZ 2018, 433).

Bei näherem Hinsehen kann aber der Schluss auf das Feststellungsinteresse bei einem „besonders wichtigen Grundrecht" nicht überzeugen. In nahezu allen Fällen berührt erledigtes Verwaltungshandeln irgendein Grundrecht (so auch *Schenke,* FS Menger [1985], 472), und die Heraushebung besonders wichtiger Grundrechte würde hier zu einer unangemessenen Klassifizierung grundrechtlicher Schutzbereiche führen. Es erscheint deshalb besser, Wiederholungsgefahr, Rehabilitationsinteresse und Vorbereitung eines Amtshaftungsprozesses als wesentlich konkretere Fallgruppen zu benennen und die Berührung eines Grundrechts allenfalls als zusätzliches Indiz für das Feststellungsinteresse anzunehmen (in diesem Sinne wohl auch BVerwG, NVwZ 2013, 1481 – Untersagung von Sportwetten; dazu *Unterreitmeier,* NVwZ 2015, 25; krit. *Thiele,* DVBl 2015, 954; *Lindner,* NVwZ 2014, 180).

e) Sonstige Fälle. Die genannten typischen Fallgruppen sind keineswegs abschließend. Unabhängig von Wiederholungsgefahr, Rehabilitationsinteresse oder Amtshaftungsanspruch ist das Feststellungsinteresse stets zu bejahen, wenn für den Kläger aus dem erledigten Handeln (oder Nichthandeln) noch weiterhin Nachteile für geschützte Rechtsgüter erwachsen können. So hat die Nichtversetzung in der Schule nicht unbedingt mit „Rehabilitation" zu tun, kann sich aber auf die weitere schulische oder berufliche Laufbahn nachteilig auswirken. Solch ein Nachteil muss weder unmittelbar bevorstehen, noch sich konkret abzeichnen (BVerwGE 56, 155; BVerwG, NVwZ 2007, 227). Auch kann eine Gemeinde z. B. ein Interesse an der Feststellung der Bebaubarkeit eines Grundstücks haben oder die Klärung der Rechtswidrigkeit einer die Planungshoheit tangierenden oder zu Amtshaftungsansprüchen führenden Aufsichtsmaßnahme verlangen. 53

4. Klagebefugnis

Die Fortsetzungsfeststellungsklage setzt die Ausgangsklage lediglich fort. Deshalb müssen im Moment ihrer Erhebung deren Zulässigkeitsvoraussetzungen (außer der Wirksamkeit der ursprünglichen Entscheidung) vorliegen. Schon daraus wird deutlich, dass der Kl. über die **Klagebefugnis** verfügen muss, wenn diese für die ursprüngliche Klage erforderlich gewesen wäre (BVerwG, NJW 1982, 2513). Dafür reicht die Prüfung des Feststellungsinteresses nicht aus, denn dieses richtet sich nur auf die Feststellung als solche, nicht notwendigerweise auf die Möglichkeit der Rechtsverletzung durch die ursprüngliche Maßnahme oder deren Unterlassung (so *Knöpfle,* FS Lerche [1993], 774). 54

Die Fortsetzungsfeststellungsklage ist also nur zulässig, wenn der Kl. geltend machen kann, dass er selbst durch die ursprüngliche Maßnahme oder deren Unterlassung möglicherweise in seinen Rechten verletzt war.

5. Widerspruchsverfahren

55 Ist der Verwaltungsprozess bei Erledigung schon anhängig und wurde das Vorverfahren bereits erfolglos durchgeführt, stellt sich die Frage des Widerspruchsverfahrens für die Fortsetzungsfeststellungsklage naturgemäß nicht. Für den Fall der Erledigung **vor** Klageerhebung geht die Rechtsprechung durchweg davon aus, dass ein Widerspruchsverfahren nicht mehr durchzuführen sei, weil dieses gegenstandslos ist (BVerwGE 26, 161, 165; 56, 24, 26; 81, 226, 229). Dasselbe gilt, wenn im Moment der Erledigung bereits Widerspruch erhoben wurde. Dann ist dem Kl. nicht zuzumuten, einen gegenstandslosen Widerspruchsbescheid abzuwarten oder den Widerspruch zurückzunehmen, bevor er Fortsetzungsfeststellungsklage erheben kann. Wurde aber ein Widerspruchsverfahren nicht durchgeführt und war der VA im Moment der Erledigung schon bestandskräftig (unanfechtbar), dann ist auch die Fortsetzungsfeststellungsklage unzulässig.

In der Literatur wird allerdings vertreten, dass der Widerspruch sich nicht nur auf Aufhebung oder Erledigung richtet, sondern dass im Rahmen von § 68 VwGO auch die Feststellung der Rechtswidrigkeit möglich sei. Der Kl. müsse also in diesem Fall vor Überprüfung durch das VG Widerspruch einlegen, um der Verwaltung die Möglichkeit der Überprüfung des erledigten Verwaltungshandelns zu geben (so insbes. *Schenke*, FS Menger [1985], 467; *Pietzner/Ronellenfitsch*, Assessorexamen, § 31, Rn. 1102; *Schoch*, Jura 2003, 752).

Letztlich kann diese Auffassung aber nicht überzeugen. Nur die Feststellung durch das Gericht schafft eine verbindliche Klärung, und das Widerspruchsverfahren setzt den (noch) wirksamen VA voraus. Hat sich dieser schon erledigt, dann kann das Widerspruchsverfahren seine wesentliche Funktion nicht mehr erfüllen. Die Einführung eines „Fortsetzungsfeststellungswiderspruchs" wäre zudem – ähnlich wie der Antrag nach § 44 V VwVfG – Sache des Gesetzgebers (wie hier *Geis/Hinterseh*, JuS 2001, 1074, 1077).

6. Frist

56 Bei der Erledigung **nach** Klageerhebung stellt sich kein Fristproblem. Bei Erledigung **vor** Erhebung der Klage darf aber die Widerspruchsfrist nicht unterlaufen werden. Es besteht daher Einigkeit, dass der VA im Moment der Erledigung **noch anfechtbar** sein muss. Andernfalls ist die Klage unzulässig – dies aber nicht wegen Ablaufs der Klagefrist, sondern weil das Widerspruchsverfahren nicht mehr durchgeführt werden kann (BVerwGE 26, 161, 167). Wurde der Widerspruch ordnungsgemäß erhoben und trat die Erledigung wäh-

rend des Widerspruchsverfahrens ein, so gilt für die dann statthafte „nachgezogene" Fortsetzungsfeststellungsklage aber nicht die Monatsfrist des § 74 I 2 bzw. § 58 II VwGO (BVerwG, NVwZ 2000, 63).

7. Antrag

Für die Fortsetzungsfeststellungsklage ist nach § 113 I 4 VwGO ein besonderer **Antrag** erforderlich. Das Gericht darf also nicht etwa von Amts wegen die Rechtswidrigkeit der erledigten Maßnahme feststellen. Der Feststellungsantrag ist auch nicht im ursprünglichen Aufhebungsantrag enthalten (*Schenke*, FS Menger [1985], 463). Für den Antrag ist, da es sich nicht um eine Klageänderung handelt, keine Zustimmung der übrigen Beteiligten erforderlich.

Literatur zu § 18 V: *R. P. Schenke*, Der Erledigungsstreit im Verwaltungsprozess (1996); *ders.*, Die Neujustierung der Fortsetzungsfeststellungsklage, JuS 2007, 697; *Deckenbrock/Dötsch*, Die Erledigung der Hauptsache im Verwaltungsprozess, JuS 2004, 589; 689; *Westermeier*, Die Erledigung der Hauptsache im deutschen Verfahrensrecht (2005); *Glaser*, Die nachträgliche Feststellungsklage, NJW 2009, 1043; *Lindner*, Die Kompensationsfunktion der Fortsetzungsfeststellungsklage nach § 113 I 4 VwGO, NVwZ 2014, 180; *Unterreitmeier*, Grundrechtsverletzung und Feststellung der Rechtswidrigkeit – ein zwingendes Junktim? NVwZ 2015, 25; *Thiele*, Das Fortsetzungsfeststellungsinteresse bei Grundrechtseingriffen in der neueren Rechtsprechung des BVerwG, DVBl 2015, 954; *Koehl*, Aus der Praxis: Klageumstellung nach erledigter Verpflichtungsklage, JuS 2016, 518; *Funke/Stocker*, Die Statthaftigkeit der Fortsetzungsfeststellungsklage bei vorprozessualer Erledigung, JuS 2019, 979..

Übersicht 14: Sachentscheidungsvoraussetzungen der Fortsetzungsfeststellungsklage

I. Rechtsweg und zuständiges Gericht
II. Zulässigkeit
  1. Beteiligtenbezogene Zulässigkeitsvoraussetzungen
  2. Statthaftigkeit
     a) Ursprünglicher Klagegegenstand: VA
     b) Erledigung nach Klageerhebung (§ 113 I 4 VwGO)
        – *analoge Anwendung bei Erledigung vor Klageerhebung*
        – *analoge Anwendung bei Verpflichtungs- und Leistungsklage (für letztere umstritten)*

3. Klagebefugnis (bezogen auf die erledigte Maßnahme)
4. Besonderes Feststellungsinteresse
   a) Wiederholungsgefahr
   b) Rehabilitationsinteresse
   c) beabsichtigte Geltendmachung von Amtshaftungsansprüchen (nicht bei Erledigung vor Klageerhebung)
5. Kein Widerspruchsverfahren (umstritten); W.-Frist darf aber im Moment der Erledigung noch nicht abgelaufen sein
6. Keine Klagefrist – Verwirkung des Antragsrechts nach § 113 I 4 VwGO aber möglich.
7. Ordnungsgemäßer Antrag
8. Sonstige Zulässigkeitsvoraussetzungen

VI. Zwischenfeststellungsklage (§ 173 VwGO i. V. m. § 256 II ZPO) und sonstige Feststellungsklagen

1. Allgemeines

59 Nach § 256 II ZPO kann der Kläger bis zum Schluss der mündlichen Verhandlung durch Erweiterung des Klageantrags, der Beklagte durch Erhebung einer Widerklage beantragen, dass ein im Laufe des Prozesses streitig gewordenes Rechtsverhältnis, von dessen Bestehen oder Nichtbestehen die Entscheidung des Rechtsstreits ganz oder zum Teil abhängt, durch richterliche Entscheidung festgestellt werden.

Die Zwischenfeststellungsklage dient also der **Fixierung** eines im Verlauf des Rechtsstreits streitig gewordenen Rechtsverhältnisses, das für die Entscheidung in der Hauptsache entscheidend („vorgreiflich") ist. Ihr Zweck ist die Erstreckung der Rechtskraft auf dieses Rechtsverhältnis, das ja nicht unbedingt Gegenstand der Entscheidung in der Hauptsache ist (*Thomas/Putzo*, ZPO, § 256, Rn. 26).

2. Zulässigkeit

60 Nach allgemeiner Auffassung ist die Zwischenfeststellungsklage auch im Verwaltungsprozess nach § 173 VwGO statthaft (zur h. L. vgl. *Kopp/Schenke*, VwGO, § 43, Rn. 33 ff.; *Pietzner/Ronellenfitsch*, Assessorexamen, § 11 Rn. 341).

Voraussetzung ist, dass das streitig gewordene Rechtsverhältnis dem Öffentlichen Recht zugehört und über die Hauptsache hinausgeht. Die Zwischenfeststellungsklage ermöglicht keinen Vorgriff auf die eigentliche Hauptsache. Ein besonderes Feststellungsinteresse ist wegen der „Vorgreiflichkeit" des streitigen Rechtsverhältnisses für die Hauptsache nicht erforderlich (BVerwG, NVwZ 2011, 509).

3. Bestätigung eines Vereinsverbots

Ein Sonderfall des Feststellungsurteils ist die Bestätigung eines durch den Bundesminister des Inneren erlassenen Vereinsverbots nach § 3 II 2 VereinsG durch das BVerwG (BVerwG, NJW 1981, 1796). 61

§ 19 Die Normenkontrolle (§ 47 VwGO)

I. Allgemeines

1. Begriff

Normenkontrolle ist die Überprüfung von Rechtsnormen durch die Gerichtsbarkeit. Sie ist **abstrakt**, d. h. vom Einzelfall losgelöst, oder **konkret**, d. h. eingebettet in die Entscheidung eines bestimmen Falles. Normen können als solche unmittelbar kontrolliert werden (prinzipale Normenkontrolle) oder bei der gerichtlichen Entscheidung über eine auf ihrer Grundlage ergangene Einzelfallmaßnahme (konkrete Normenkontrolle/incidenter-Kontrolle). 1

Beispiele: Abstrakt ist die Normenkontrolle Art. 93 I Nr. 2 GG, die Verfassungsbeschwerde (Art. 93 I Nr. 4a GG), wenn sich diese gegen eine Rechtsnorm richtet, aber auch die sog. „Popularklage" nach Art. 98 S. 4 BayVerf. Die **konkrete** Normenkontrolle durch das BVerfG ist in Art. 100 GG geregelt. Sie wird durch Richtervorlage ausgelöst.

2. Verfassungsrechtlicher Hintergrund

Die genannten Beispiele für die Normenkontrolle betreffen nicht umsonst die *Verfassungsgerichtsbarkeit*. Dieser steht im Normalfall die Normenkontrolle zu. Eine Verwerfungskompetenz der Gerichte bezüglich formeller Gesetze würde der Gewaltenteilung und Art. 20 III GG widersprechen, denn der Richter steht nicht über dem Parlamentsgesetz. Das ist der Grund, warum auch § 47 VwGO die Normenkontrolle auf untergesetzliche Normen beschränkt. Gewaltenteilungsprobleme waren es auch, die den Bundesgesetzgeber davon abhielten, die Normenkontrolle „flächendeckend" einzuführen. Bis heute schreibt § 47 VwGO die Normenkontrolle nur für Satzungen und Rechtsverordnungen nach dem BauGB vor. Für die übrigen im 2

Range unter dem Landesgesetz stehenden Normen steht die Einführung den Ländern nach wie vor frei (dazu Übersicht, Rn. 16).

Bei näherem Hinsehen zeigt sich, dass die Argumente gegen eine durchgängige gerichtliche Normenkontrolle von untergesetzlichem Recht nicht tragfähig sind: Zumal aus Gründen von **Demokratie** und **Gewaltenteilung** lässt sich gegen die gerichtliche Kontrolle untergesetzlicher Normen nichts einwenden. So kann auch die historisch überholte und missverständliche Bezeichnung von Rechtsverordnungen und Satzungen als „Gesetze im materiellen Sinne" nicht darüber hinwegtäuschen, dass es sich bei diesen Normen eben nicht um Parlamentsgesetze, sondern nur um abstrakt-generelle Regelungen der **Exekutive** handelt. Sie können also voll auf ihre Gesetz- und Verfassungsmäßigkeit überprüft und ggf. verworfen werden.

Auch aus Gründen der **Selbstverwaltungsgarantie** (Art. 28 II GG) besteht kein Anlass zur Einschränkung der Normenkontrolle (*Oebbecke*, NVwZ 2003, 1313). Kommunale Satzungen sind nicht weniger überprüfbar als Rechtsverordnungen im übertragenen Wirkungskreis und vom Gemeinderat verabschiedete Einzelentscheidungen. Das Planungsermessen spricht nicht gegen eine grundsätzliche gerichtliche Überprüfung von Gemeindeplänen; es ist allenfalls – wie bei anderen Abwägungs- und Planungsentscheidungen – im Rahmen der Begründetheit zu beachten.

3   Aus **verfassungsrechtlicher Sicht** sind eher die noch bestehenden Einschränkungen der Normenkontrolle bedenklich. Wenn untergesetzliche Rechtsnormen wie Bebauungspläne, Prüfungsordnungen, Satzungen über die Nutzung öffentlicher Einrichtungen usw. unmittelbar in die Rechte von Bürgern eingreifen, handelt es sich um „öffentliche Gewalt" im Sinne von Art. 19 IV GG (BVerwGE 80, 355, 361), die nicht immer erst durch nachfolgende Vollzugsmaßnahmen konkretisiert wird. Demnach ist die Auffassung, Art. 19 IV GG und Art. 13 EMRK verlangten nicht zwingend die Einführung einer prinzipalen Normenkontrolle (BVerfGE 31, 364, 370; zuletzt BVerwG, NVwZ – RR 2020, 236) **nicht mehr haltbar**. Auch in denjenigen Bundesländern, die sich bis jetzt nicht zur Einführung der Normenkontrolle entschieden haben, muss daher die Möglichkeit der gerichtlichen Kontrolle den Bürger unmittelbar belastender, untergesetzlicher Rechtsnormen bestehen. Auch spräche nichts gegen die Einführung einer prinzipalen Normenkontrolle für untergesetzliche Normen des Bundes – dies selbstverständlich nur durch das BVerwG. Jedenfalls bildet die „heimliche Normenkontrolle" durch die einfache Feststellungsklage keinen Ausgleich für die hier bestehenden Rechtsschutzdefizite (*Hufen*, FS Schenke [2011], 803; *Schenke*, NVwZ 2016, 720).

3. Klage oder Antrag?

Die Normenkontrolle wird nach der strikten Sprachregelung in Literatur und Rechtsprechung durch einen **Antrag** eingeleitet, also nicht als „Klage" bezeichnet. Begründet wird das damit, es handle sich nicht primär um ein Verfahren des subjektiven Rechtsschutzes, sondern um ein **objektives Beanstandungsverfahren**. Zum anderen wird betont, dass sich Antragsteller und Normgeber nicht unmittelbar als Partei gegenüberstehen, das Urteil also nicht „inter partes" (zwischen den Beteiligten), sondern „inter omnes" (in der ganzen Rechtsgemeinschaft) wirke (BVerwGE 56, 172, 174).

Über diese Argumente ist die Entwicklung der Normenkontrolle aber längst hinweggegangen. Als einzige Verfahrensart der VwGO richtet sie sich zwar auf eine objektive Kontrolle; sie dient aber zumindest gleichgewichtig auch dem subjektiven Rechtsschutz (BVerwGE 68, 12, 14; 107, 215 ff.). Das subjektive Element kommt auch im Erfordernis der Antrags**befugnis** zum Ausdruck. Überdies stehen sich Antragsteller und Normgeber im Verfahren praktisch doch als Beteiligte gegenüber; die Klage gegen den „falschen Normgeber" ist unbegründet, wenn nicht bereits unzulässig. Zu Recht hat auch das BVerfG die Normenkontrolle als vor der Verfassungsbeschwerde zu erschöpfenden Rechtsweg im Sinne von § 90 II BVerfGG angesehen (BVerfGE 70, 35, 53). Es spricht also nichts dagegen, die alten Zöpfe abzuschneiden und das Verfahren als das zu behandeln, was es faktisch ohnehin längst ist: Die **Normenkontrollklage** der VwGO.

Literatur zu § 19 I: *Kamp,* Das Verhältnis von verfassungsgerichtlichen und verwaltungsgerichtlichen Normenkontrollverfahren (1995); *Hahn,* Verwaltungsgerichtlicher Schutz gegen Rechtsätze der Verwaltung (2004); *Schenke,* VwProzR, Rn. 871 ff.; *ders.,* Altes und Neues zum Rechtsschutz gegen untergesetzliche Normen, NVwZ 2016, 720; *Geis/Schmidt,* Grundfälle zur abstrakten und zur konkreten Normenkontrolle, JuS 2012, 121; *Hufen,* Von der „heimlichen Normenkontrolle" zur umfassenden Gerichtskontrolle exekutiver Normsetzung, FS Schenke (2011), 803.

II. Rechtsweg und zuständiges Gericht

1. Allgemeines

Nach § 47 I VwGO entscheidet das OVG (bzw. der VGH) **im Rahmen seiner Gerichtsbarkeit**. Das bedeutet, dass der **Verwaltungsrechtsweg** eröffnet sein muss. Das soll bereits dann der Fall sein, wenn sich aus der Norm verwaltungsgerichtliche Streitigkeiten ergeben können, in denen die angegriffene Norm inzident zu prüfen ist (so zu einer Satzung über die Höhe der zulässigen Mieten für öffentlich geförderte Wohnungen BVerwG, NVwZ 2013, 1298). Privatrechtliche Benutzungsordnungen, allgemeine Geschäftsbedingungen usw. können nicht Gegenstand der Normenkontrolle sein. Die Normenkontrolle nach § 47 VwGO ist nichts anderes als die gerichtliche Kontrolle gewöhnlicher (abstrakt-genereller) **Verwaltungshandlungen**. Sie ist daher auch **nicht verfassungsrechtliche Streitigkeit** i. S. v. § 40 I 1 VwGO (so im Ergebnis jetzt auch *Schenke*, VwProzR, seit 15. Aufl., Rn. 131).

Nicht zum Rahmen der Gerichtsbarkeit des OVG/VGH gehört die Kontrolle unmittelbar geltender Verordnungen der EU. Für natürliche und juristische Personen stellt Art. 263 IV AEUV die Möglichkeit bereit, gegen „Rechtsakte mit Verordnungscharakter, die sie unmittelbar betreffen und keine Durchführungsmaßnahmen nach sich ziehen", die Individualklage zum EuGH zu erheben (zum Problem *Hermann*, NVwZ 2011, 1352). Anders verhält es sich bei mitgliedstaatlichen Normen, die ihrerseits Richtlinien der EU umsetzen. Soweit dies im Wege untergesetzlicher Normen (also durch Rechtsverordnungen der Länder) geschieht, können diese zwar grundsätzlich Gegenstand der Normenkontrolle nach § 47 VwGO sein. Hinsichtlich der Verwerfungskompetenz der Landesgerichtsbarkeit gelten hier aber die allgemeinen Regeln (dazu unten, § 25, Rn. 17), d. h. das OVG/der VGH kann auch das durch untergesetzliche Normen umgesetzte Europarecht nicht einfach verwerfen oder gar indirekt für unwirksam erklären, es sei denn, das jeweilige Land habe eine europarechtlich nicht vorgegebenen eigene Regelung getroffen. Im Übrigen bleibt auch im Verfahren der Normenkontrolle nur die Vorlage nach Art. 267 AEUV an den EuGH.

2. Zuständigkeit

6 **Sachlich zuständig** ist immer das OVG bzw. der VGH. Abgrenzungsprobleme der örtlichen Zuständigkeit kann es nicht geben, da der Gegenstand immer untergesetzliches Landesrecht ist und in jedem Land nur ein zuständiges Gericht besteht. Als Ausnahmevorschrift ist die Zuständigkeitsregel des § 47 I VwGO restriktiv auszulegen. Eine analoge Anwendung – z. B. auf Klagen auf Erlass bzw. Feststellung der Nichtigkeit, Ergänzungsbedürftigkeit (BVerwG, NVwZ 2015, 984) oder auch der Wirksamkeit einer Norm – kommt nicht in Betracht.

3. Der Vorbehalt zugunsten der Landesverfassungsgerichtsbarkeit

Unsicherheit besteht über die exakte Einordnung der Vorbehaltsklausel des 7
§ 47 III VwGO. Nach dieser prüft das OVG die Vereinbarkeit der Rechtsvorschrift mit Landesrecht nicht, soweit gesetzlich vorgesehen ist, dass die Rechtsvorschrift **ausschließlich** durch das Verfassungsgericht eines Landes nachprüfbar ist. Der Vorbehalt besteht nur dann, wenn es in einem Prozess **nur** um die Vereinbarkeit einer Rechtsvorschrift mit Landesverfassungsrecht geht. Besteht inhaltsgleiches Bundesrecht oder sind in eine Abwägungsentscheidung nach bundesgesetzlichen Bestimmungen Aspekte der Landesverfassung einzubeziehen, so ergibt sich keine Einschränkung. Praktisch wichtig ist das Problem nur noch im Hinblick auf Art. 132 HessVerf und vor allem auf die Popularklage nach Art. 98 S. 4 BayVerf. Umstritten ist noch, ob es sich bei § 47 III VwGO um eine Zulässigkeitsvoraussetzung oder nur um eine Frage des Prüfungsmaßstabs (also ein Begründetheitsproblem) handelt. Beruft sich ein Antragsteller ausschließlich auf Landesverfassungsrecht, so kann in Bayern und Hessen der Antrag von vornherein keinen Erfolg haben. Dann liegt insofern **kein Rechtsschutzbedürfnis** vor. Im Übrigen ist auf die Frage allenfalls bei der Begründetheit einzugehen.

III. Beteiligte, Beteiligtenfähigkeit

1. Allgemeines

Beteiligtenfähigkeit und Prozessfähigkeit richten sich primär nach 8
§ 47 VwGO und erst subsidiär nach §§ 61/62 VwGO. Zu beachten ist, dass es sich nach der überkommenen Terminologie bei § 47 VwGO nicht um „Kläger" und „Beklagte", sondern um **Antragsteller** und **Antragsgegner** handelt. Da das Verfahren vor dem OVG stattfindet, muss sich jeder Beteiligte durch einen Rechtsanwalt oder Rechtslehrer an einer Hochschule mit Befähigung zum Richteramt als Bevollmächtigten vertreten lassen (§ 67 IV i. V. m. § 67 II 1 VwGO).

2. Antragsfähigkeit von Behörden

Unabhängig von § 61 Nr. 3 VwGO können Behörden den Antrag 9
nach § 47 VwGO stellen. Gemeinden und andere Körperschaften des Öffentlichen Rechts können also auf zwei Wegen Beteiligte sein: Als Betroffene (z. B. des Bebauungsplans einer Nachbargemeinde) und als Behörde, soweit sie eine Rechtsnorm anzuwenden haben (vgl. BVerwG, DVBl. 1989, 662). Nicht antragsfähig sind dagegen Gerichte. Das ist auch nicht erforderlich, weil sie zur Verwerfung (Nichtanwendung) untergesetzlicher Rechtsnormen befugt sind.

Antragsgegner ist nach § 47 II 2 VwGO die Körperschaft, Anstalt oder Stiftung, die die Rechtsvorschrift erlassen hat. Es gilt also das Rechtsträgerprinzip. Zu beachten ist, dass die Gemeinde auch Antragsgegner für die im übertragenen Wirkungskreis erlassenen Rechtsverordnungen ist.

3. Beiladung

10 Lange Zeit hat die Rechtsprechung die Möglichkeit der Beiladung im Verfahren nach § 47 VwGO verneint, da der Kreis der Beizuladenden nicht abzugrenzen sei und es der Rechtskrafterstreckung durch Beiladung nicht bedürfe, weil das Urteil ohnehin inter omnes (also zwischen allen am Rechtsleben Beteiligten) wirke (vgl. insbesondere BVerwGE 65, 131, 136).

Auf einen deutlichen „Fingerzeig" des BVerfG (BVerfG, Kammer, NVwZ 2000, 1283) erklärt § 47 II 4 VwGO seit 2001 die Bestimmungen der §§ 65 I und IV sowie § 66 VwGO im Normenkontrollverfahren für entsprechend anwendbar. Die Beiladung ist also möglich und – vor allem, wenn der Schutzbereich eines Grundrechts berührt ist – auch erforderlich. In jedem Fall handelt es sich aber um eine fakultative, keine notwendige Beiladung im Sinne von § 65 II VwGO (zum Ganzen *Bracher*, DVBl. 2002, 309; *Komorowski*, NVwZ 2003, 1458).

Nicht beteiligt werden diejenigen juristischen Personen des Öffentlichen Rechts, die nach § 47 II 3 VwGO Gelegenheit zur Äußerung erhalten können, wenn ihre Zuständigkeit durch die Rechtsvorschrift berührt wird und Umweltvereinigungen, die nach § 3 URG bei der Vorbereitung einer Landschaftsschutzgebietsverordnung beteiligt worden sind (OVG Lüneburg, NVwZ-RR 2016, 730).

Literatur zu § 19 II und III (s. auch § 12 nach Rn. 16): *Bracher*, Die Beiladung im Normenkontrollverfahren gegen Bebauungspläne, DVBl. 2002, 309; *Komorowski*, Beiladung im Normenkontrollverfahren. Der neue § 47 II 4 VwGO und seine grundgesetzliche Fundierung, NVwZ 2003, 1458.

IV. Statthaftigkeit

11 Der Antrag nach § 47 VwGO ist statthaft, wenn er sich bezieht auf:
  – Satzungen, die nach den Vorschriften des BauGB erlassen worden sind bzw. Rechtsverordnungen nach § 246 II BauGB (§ 47 I Nr. 1 VwGO),
  – andere im Range unter dem Landesgesetz stehende Rechtsvorschriften, sofern das Landesrecht dies bestimmt (§ 47 I Nr. 2 VwGO).

1. Rechtsvorschriften nach BauGB

Bundesweit können Satzungen nach dem BauGB (sowie die in Berlin und Hamburg an deren Stelle tretenden Rechtsverordnungen oder Gesetze nach § 246 II BauGB) zum Gegenstand der Normenkontrolle werden. Es handelt sich also um die kraft gemeindlicher Planungshoheit erlassenen bauplanerischen Normen.

Die wichtigsten **Beispiele** sind: Der **Bebauungsplan** (Satzung nach § 10 BauGB) einschließlich dessen Änderungen oder Ergänzungen, die Satzung über die **Veränderungssperre** nach §§ 16 I/§ 14 BauGB, die **Arrondierungssatzung** nach § 34 IV 1 Nr. 3 BauGB, die **Erschließungssatzung** nach § 132 BauGB, die **Sanierungssatzung** nach § 142 BauGB, die **Erhaltungssatzung** nach § 172 BauGB.

Beim **Flächennutzungsplan** hat die Rechtsprechung seit einiger Zeit einen bemerkenswerten Wandel vollzogen. Während dieser früher grundsätzlich als nur eine Form **vorbereitender** Bauleitplanung galt, und ihm bereits der Regelungscharakter, mindestens aber die Außenwirkung abgesprochen wurde (BVerwGE 68, 324) und nur im Falle des § 35 III 1 Nr. 1 (Abweichen eines Außenbereichsvorhabens vom Flächennutzungsplan) wenigstens einer Incidenter-Prüfung zugestanden wurde (BVerwG, NVwZ 2003, 733), geht die Rechtsprechung nunmehr davon aus, dass zumindest Darstellungen im Flächennutzungsplan mit den Rechtswirkungen des § 35 III 3 BauGB (Vorhaben, die den Darstellungen im Flächennutzungsplan widersprechen) – aber nur diese – in analoger Anwendung des § 47 I Nr. 1 VwGO der prinzipalen Normenkontrolle unterliegen (BVerwG, NVwZ 2007, 1081; NVwZ 2008, 549; zuletzt BVerwG, NVwZ 2013, 1011, 1017 – Ausweisung von Konzentrationszonen für Windenergieanlagen; dazu *Bringewat*, NVwZ 2013, 984; BVerwG, NVwZ 2019, 491). Diese Erweiterung durch Richterrecht ist im Hinblick auf das Gebot des gesetzlichen Richters nicht unbedenklich. Es wäre deshalb Sache des Gesetzgebers, die Regeln zur Normenkontrolle entsprechend zu ergänzen, und er sollte dabei auch den „gewöhnlichen" Flächennutzungsplan mit seinen gleichfalls erheblichen rechtlichen Wirkungen einbeziehen. (dazu *Schenke*, NVwZ 2007, 134; *Scheidler*, DÖV 2008, 766; *Herrmann*, NVwZ 2009, 1185). Ähnliches gilt für die als Rechtsnorm erlassenen Maßnahmen der Landesplanung und Raumordnung: Entfalten diese die Wirkung des § 35 III 2 HS 1 BauGB (z. B. Vorbehaltsgebiete für Landwirtschaft und Landschaftsentwicklung), dann sind sie sowohl für den Eigentümer des im räumlichen Geltungsbereich einer Zielfestlegung belegenen Grundstücks als auch für die betroffene Gemeinde Gegenstand einer möglichen Normenkontrolle nach § 47 VwGO. Beide sind dann auch antragsbefugt. Hier handelt es sich aber selbstverständlich nicht um Rechtsvorschriften nach BauGB, sondern um sonstige im Rahmen unter dem Landesrecht stehende Rechtsnormen gem. § 47 I Ziff. 2 VwGO (BVerwG, NVwZ 2015, 1540).

Abgesehen von § 246 II BauGB bezieht sich § 47 I Nr. 1 VwGO also ausschließlich auf Satzungen i. e. S. Nicht nach § 47 I Nr. 1, sondern nach § 47 I Nr. 2 VwGO sind **sonstige** Rechtsverordnungen nach dem BauGB zu prüfen, z. B. die Verordnung der Landesregierung über das Umlegungsverfahren nach § 46 II BauGB.

Wie bei allen übrigen Gegenständen der Normenkontrolle kommt es auch bei der Satzung auf die äußere Form, nicht auf die „an sich" gebotene Form an. So ist der Normenkontrollantrag gegen einen einfachen Beschluss des Gemeinderats unstatthaft, auch wenn in diesem die Nichtigkeit eines Bebauungsplanes festgestellt wird (VGH Kassel, NJW 1987, 1661).

2. Andere im Range unter dem Landesgesetz stehende Rechtsvorschriften

13   Nach § 47 I Nr. 2 VwGO ist der Normenkontrollantrag ferner gegen „andere im Range unter dem Landesgesetz stehende Rechtsvorschriften" statthaft, sofern das Landesrecht dies bestimmt.

Voraussetzungen sind also:

- Es muss sich um eine **Rechtsvorschrift** handeln,
- sie muss im Rang **unter dem Landesgesetz** stehen,
- das **Landesrecht** muss die Überprüfung durch das OVG vorsehen.

14   a) **Rechtsvorschriften** sind alle abstrakt-generellen Regelungen mit Außenwirkung. Es kommt auch hier nicht auf die Bezeichnung als Rechtsverordnung oder Satzung an. Das gilt auch für die auf Landesebene erfolgende **Allgemeinverbindlicherklärung** eines Tarifvertrags (BVerwGE 80, 355, 358). Keine **Rechtsvorschriften** sind Benutzungsordnungen, soweit sie in der Form der Allgemeinverfügung ergehen, Verträge usw. Nach richtiger Auffassung kommt auch Gewohnheitsrecht einschließlich sog. „Observanzen" (kommunales Gewohnheitsrecht) **nicht** als Gegenstand der Normenkontrolle in Betracht, da es sich nicht um **Rechtsvorschriften** handelt, die für unwirksam erklärt werden könnten. Hier bleibt allenfalls eine Feststellungsklage (wie hier *Kopp/Schenke*, VwGO, § 47, Rn. 28).

Keine **Rechtsvorschriften** sind Regelungen ohne Außenwirkung, die ausschließlich im Innenbereich der Verwaltung verbleiben und auch nicht die Stellung von Körperschaften und deren Organe berühren. Ausgeschlossen sind demnach von der Normenkontrolle alle **Verwaltungsvorschriften,** auch soweit sie normkonkretisierend wirken (so die nach wie vor h. L., vgl. BVerwGE 58, 45, 49, indirekt auch BVerwG, NVwZ 2007, 708 [fehlende Revisibilität mangels Rechtssatzqualität]); „Kruzifixerlass" an bayerische Behörden (*Friedrich*, NVwZ 2018, 1007), anders aber VGH Mannheim, NVwZ – RR 2020, 244 – technische Baubestimmung aufgrund LBO, die als Verwaltungsvorschrift erlassen wurde; zur **Gegenauffassung** s. insb. *Ossenbühl*, DVBl. 1969, 556; *Saurer*, VerwArch 97 (2006), 249; *Kiefer*, LKRZ 2007, 212; differenzierend *Wahl*, NVwZ 1991, 417). Keine Außenwirkung in Verhältnis zum Bürger hat auch der **Geschäftsverteilungsplan** eines Gerichts. Gleichwohl muss es schon wegen Art. 19 IV GG möglich sein, dass sich ein betroffener Richter im Wege der Feststellungsklage gegen eine indirekte „Kaltstellung" wenden kann (OVG Hamburg, NVwZ-RR 2018, 793; *Kopp/Schenke*, VwGO, § 4, Rn. 10).

Problemgruppen der Außenwirkung: Trotz eigentlich fehlender Außenwirkung hat die Rechtsprechung nach und nach **Rechtsnormen eigener Art** anerkannt, die zwar nicht dem Bürger gegenüber ergehen, aber eine körperschaftsinterne Rechtstellung begründen oder beeinflussen. Das ist etwa bei internen Geschäftsordnungen der Organe von Selbstverwaltungskörperschaften (also z. B. Senat und Fachbereichsrat einer Universität) oder auch Schul- und Studienordnungen ohne Satzungscharakter der Fall. Das praktisch wichtigste Beispiel ist die **Geschäftsordnung des Gemeinderats**, die Mitwirkungsrechte der Gemeinderatsmitglieder bestimmt und nach inzwischen gefestigter Rechtsprechung Gegenstand der prinzipalen Normenkontrolle sein kann (BVerwG, NVwZ 1988, 1119; VGH Mannheim, DÖV 2002, 912). Keine Außenwirkung haben rein vorbereitend wirkende Pläne, so etwa der sog. Schulnetzplan (BVerwG, NVwZ 2018, 340).

b) **Im Range unter dem Landesgesetz** stehen alle Rechtsnormen des Landesrechts, die nicht als förmliches Gesetz erlassen wurden. Entscheidend ist die äußere Form, nicht der Inhalt. Abzulehnen ist deshalb die Auffassung des BVerwG (NVwZ 2003, 730; auch VGH München, DÖV 2007, 79), nach der eine durch Gesetz geänderte Rechtsverordnung („Entsteinerungsklausel") Gegenstand der Normenkontrolle sein könne. Da hier das OVG den Gesetzgeber kontrolliert, verstößt diese Auffassung gegen den Grundsatz der Gewaltenteilung (so auch *Uhle*, DVBl. 2004, 1272; a. A. *Sendler*, DVBl. 2005, 423). Anders wäre es, wenn die Rechtsverordnung ein Gesetz nur wiedergibt. Dagegen kommt es auf die Ermächtigungsgrundlage

(Bundes- oder Landesrecht) nicht an. Gegenstand können nicht bundesrechtliche Normen, sehr wohl aber Rechtsverordnungen oder Satzungen auf bundesrechtlicher Ermächtigungsgrundlage sein, es sei denn, das Landesrecht gibt eine bundeseinheitliche Regelung nur wieder (so VGH München, BayVBl. 1985, 240 für die „Notenskala" in der Juristenausbildung). Rechtsnormen eines benachbarten Bundeslandes können nicht Gegenstand der Normenkontrolle sein, auch wenn sich ihre Geltung auf das jeweilige Bundesland erstreckt (BVerwG, NVwZ 2016, 938 – Wasserschutzgebiet).

Gegenstand der Normenkontrolle können nach § 47 I Nr. 2 VwGO sein (Unterschiede nach dem jeweiligen AGVwGO beachten!):

– **Rechtsverordnungen** der Landesregierung, eines Landesministers (außer in Rhl.-Pfalz und Sachsen-Anhalt) oder nachgeordneter Behörden, insbes. Gefahrenabwehrverordnungen und Verordnungen der Gemeinden im übertragenen Wirkungskreis;
– Satzungen der Gemeinden und sonstiger Körperschaften außerhalb des BauGB (Beispiel: Satzung über öffentliche Einrichtungen; Abgabensatzung; Satzung von Landesmedienanstalten [dazu *Vesting/Kremer*, AfP 2010, 9]; auch im Wege der Ersatzvornahme in Kraft gesetzte Satzungen – dazu BVerwG, DVBl. 1993, 886; bauordnungsrechtliche Gestaltungssatzungen und -verordnungen).

16 c) Die Normenkontrolle von „anderen im Rang unter dem Landesgesetz stehenden Rechtsvorschriften" ist nur statthaft, **sofern das Landesrecht dies bestimmt.** Die Bundesländer können also selbst entscheiden, ob sie bei diesen Normen die abstrakte Normenkontrolle nach § 47 VwGO einführen, und welche Normen überprüfbar sein sollen. Nachdem Nordrhein-Westfalen zum 1.1.2019 die Normenkontrolle über untergesetzliche Landesnormen eingeführt hat (dazu *Wedel/Klenke/Hollands*, NVwZ 2019, 125), bilden heute nur noch die Stadtstaaten Berlin und Hamburg eine Ausnahme. Erhebliche Einschränkungen gelten noch in Bayern und Rheinland-Pfalz Das ist angesichts der immer häufigeren unmittelbaren Wirkung von Rechtsnormen gegenüber potentiellen Antragsstellern im Hinblick auf Art. 19 IV GG und Art. 13 EMRK nicht unbedenklich Das wird besonders deutlich, wenn man bedenkt, dass die zahllosen „Corona-Verordnungen" in Bremen, Hamburg und Rheinland-Pfalz (OVG Koblenz, 16.4.2020, BeckRS 2020, 5952) nicht angefochten werden können und nur die Möglichkeit der „heimlichen Normenkontrolle" durch Feststellungsklage bleibt (dazu oben § 18 Rn. 8).

Zulassung der Normenkontrolle gem. Öffnungsklausel § 47 I Nr. 2 VwGO:

Übersicht 15: Normenkontrolle in den Bundesländern	
Land	Regelung
Baden-Württemberg	§ 4 AGVwGO BW
Bayern	Art. 5 S. 1 AGVwGO Bay (eingeschr. bei Bauordnungsvorschriften)
Brandenburg	§ 4 I BbgVwGG
Bremen	Art. 7 I AGVwGO Brem
Hessen	§ 15 I HessAGVwGO
Mecklenburg-Vorpommern	§ 13 GerStrukGAG MV
Niedersachsen	§ 7 Nds. AGVwGO
Nordrhein-Westfalen	§ 109a JustG
Rheinland-Pfalz	§ 4 I 1 AGVwGO (außer VOen der LandesReg)
Saarland	§ 18 SaarAGVwGO
Sachsen	§ 24 I SächsJG
Sachsen-Anhalt	§ 10 AGVwGO LSA
Schleswig-Holstein	§ 5 AGVwGO SH
Thüringen	§ 4 ThürAGVwGO

3. Erlassene Rechtsnorm

Die zu überprüfende Rechtsvorschrift muss bereits **erlassen** worden sein. „Erlassen" ist eine Norm, wenn über sie entschieden wurde und eine etwa notwendige Genehmigung erteilt worden ist. **Nicht** erforderlich ist also, dass die Norm bereits in Kraft getreten ist. Schwierig ist die Lage, wenn gerade die Wirksamkeit der Bekanntgabe streitig ist. Zwar gilt allgemein, dass die Normenkontrolle vor Bekanntgabe einer Rechtsnorm unstatthaft ist (BVerwG, NVwZ-RR 2002, 256 – beschlossener, aber nicht bekanntgegebener Bebauungsplan). Andererseits sieht das BVerwG (NVwZ 2004, 620) die Wirksamkeit der Bekanntmachung nicht als Frage der Zulässigkeit, sondern der Begründetheit (formelle Rechtmäßigkeit der Norm).

Ist die Norm bereits außer Kraft getreten, sei es durch Zeitablauf, sei es durch einen Aufhebungs- oder Änderungsbeschluss des Normgebers, so bleibt nach h. L. die Normenkontrolle jedenfalls dann statthaft, wenn von der Rechtsnorm noch Wirkungen ausgehen

(BVerwGE 56, 172; 68, 12, 14), der Antragsteller ein berechtigtes Interesse an der Erklärung der Unwirksamkeit (z. B. Wiederholungsgefahr) geltend machen kann (OVG Koblenz, LKRZ 2013, 149), und wenn der Antrag innerhalb der Jahresfrist des § 47 II 1 VwGO gestellt wird (BVerwG, NVwZ 2015, 1542).

Literatur zu § 19 II-IV: *Uhle,* Verwaltungsgerichtliche Normenkontrolle von Gesetzesrecht? DVBl. 2004, 1272; *Kment,* Die unmittelbare Auswirkung des Flächennutzungsplans, NVwZ 2004, 314; *Schenke,* Rechtsschutz gegen Flächennutzungspläne, NVwZ 2007, 134; *Saurer,* Die neueren Theorien zur Normkategorie der Verwaltungsvorschriften, VerwArch 97 (2006), 249; *Herrmann,* Rechtsschutz gegen Flächennutzungspläne im System des Verwaltungsprozessrechts, NVwZ 2009, 1185; *ders.,* Individualrechtsschutz gegen Rechtsakte der EU „mit Verordnungscharakter" nach dem Vertrag von Lissabon, NVwZ 2011, 1352; *Bringewat,* Normenkontrolle von Darstellungen eines Flächennutzungsplans im Anwendungsbereich von § 35 III 3 BauGB, NVwZ 2013, 984; *Voßkuhle/Wischmeyer,* Grundwissen – Öffentliches Recht: Die Rechtsverordnung, JuS 2015, 311; *Ellerbrok,* Die öffentlichrechtliche Satzung (2020), 387 ff.; *Wedel/Klenke/Hollands,* Erweiterung des Rechtsschutzes in NRW, NVwZ 2019, 125.

V. Antragsbefugnis

1. Begriff

19 Die Normenkontrolle nach § 47 VwGO ist trotz aller Annäherungen an die übrigen Klagearten nicht subjektives Rechtsverletzungsverfahren, sondern objektives Beanstandungsverfahren. Anders als bei § 113 VwGO prüft das Gericht im Rahmen der **Begründetheit** nicht, ob der Antragsteller durch eine Norm in seinen Rechten verletzt ist. Deshalb formulierte § 47 II 1 VwGO bis 1997 auch keine „Klagebefugnis", sondern eine spezielle Antragsbefugnis; der Antrag war zulässig, *„wenn der Antragsteller durch die Rechtsvorschrift oder deren Anwendung einen Nachteil erlitten oder in absehbarer Zeit zu erwarten hat."* Abgestellt wurde damit – wie im französischen Recht – nicht auf die Verletzung eines subjektiven Rechts, sondern auf den Nachteil in Bezug auf ein rechtlich geschütztes Interesse.

Durch das 6. VwGOÄndG (1997) wurde die Antragsbefugnis (scheinbar) der Klagebefugnis in § 42 II VwGO angepasst und setzt seither voraus:

– eine **Rechtsposition,**
– diese Rechtsposition muss dem **Antragsteller** zuzuordnen sein,

– durch die Rechtsvorschrift oder deren Anwendung muss die **Verletzung** jetzt oder in absehbarer Zeit **möglich** sein.

a) Für das **Recht** kann zunächst auf § 42 II VwGO (oben, § 14, Rn. 61 ff.) verwiesen werden, denn die Voraussetzungen der Antragsbefugnis nach § 47 II 1 VwGO dürfen jedenfalls nicht strenger sein als diejenigen von § 42 II VwGO (BVerwG, NJW 1999, 592). Antragsbefugt sind immer die unmittelbaren Adressaten eines durch die Norm ausgesprochenen Ge- oder Verbots. Daneben vermitteln konkret drittschützende Normen (Schutznormen) und ggf. Grundrechte auch die Antragsbefugnis nach § 47 II 1 VwGO.

Nichts geändert hat sich also im Hinblick auf solche Nachteile i. S. der alten Regelung, die sich schon immer auf Rechte i. S. von § 42 VwGO bezogen.

20

Beispiele: BVerwGE 64, 77, 80 – Antragsbefugnis eines Studienbewerbers gegen Kapazitätsverordnung; BVerwG, NVwZ 2000, 1296 – Reiten im Landschaftsschutzgebiet; VGH Mannheim, VBlBW 1998, 174 – Tauchverbot am „Teufelstisch" im Bodensee; BVerwG, NVwZ 2019, 1685 – Antragsbefugnis von Eltern gegen Kindergartengebührensatzung.

Gleichfalls nichts geändert hat sich umgekehrt im Hinblick auf bloße **Annehmlichkeiten, wirtschaftliche Chancen, Rechtsreflexe** usw. Sie vermittelten schon nach altem Recht kein geschütztes rechtliches Interesse und führen auch nach der neuen Rechtslage erst recht nicht zur Antragsbefugnis.

Beispiele für nicht geschützte rein ideelle oder wirtschaftliche Interessen: Verlust von Parkmöglichkeiten (VGH Mannheim, NVwZ 1995, 610); Konkurrenzschutz gegen Ausnahmeregelung zum LadenschlussG (OVG Bautzen, NJW 1999, 2539) oder gegen Ansiedlung eines neuen Wettbewerbers (BVerwG, NVwZ 1997, 683); Absatzchancen von Baustoffherstellern und Steimetzen in Bezug auf Wärmedämmungsvorschriften oder Gestaltungsvorschriften in Friedhofssatzung (VGH Kassel, DÖV 1989, 360; VGH Mannheim, NVwZ-RR 2016, 945).

Im Hinblick auf die **obligatorischen Rechte** (des Mieters, Pächters usw.) ist zu differenzieren: Einerseits gilt der Grundsatz einer einheitlichen Repräsentation von Grundstücken auch bei der Normenkontrolle. So kann sich der Inhaber eines nur gemieteten Blumengroßmarkts z. B. nicht gegen die Schulplanung auf dem Nachbargrundstück wenden (OVG Berlin, NVwZ 1989, 267). Unabhängig davon können Mieter oder Pächter von Grundstücken aber als Träger von Grundrechten wie Art. 2 II, Art. 4, Art. 5 III GG antragsbefugt sein. Wird aber das Grundstück selbst durch einen Bebauungsplan (BVerwG, NVwZ 1998, 504) oder durch eine Maßnahme der Flurbereinigung in An-

21

spruch genommen (BVerwG, NVwZ 2009, 1047), so ist der Pächter antragsbefugt (Einzelheiten oben, § 14 Rn. 67 – dazu *Clausing*, JuS 1999, 474). Voraussetzung ist allerdings, dass es sich um eine verfestigte Rechtsposition handelt, die derjenigen eines dinglich Berechtigten entspricht (VGH Kassel, LKRZ 2015, 284). Für die Kontrolle von Flächennutzungsplänen dürfte Entsprechendes gelten (dazu *Wollenteit*, NVwZ 2008, 1281, 1284).

22   b) Das Recht muss **dem Antragsteller zugeordnet** sein. So ist der Antrag nur zulässig, wenn die zu erwartende Beschwer gerade den Antragsteller betrifft. Dies ist der eigentliche Ausschluss der Popularklage. Der Antragsteller kann sich also nicht auf Belange eines Dritten, auf Belange der Allgemeinheit oder auf Rechte eines Verbandes, ein Verband nicht auf Rechte seiner Mitglieder berufen. Deshalb ist es höchst zweifelhaft, ob eine Gewerkschaft gegen eine Ausnahmeregelung zum Ladenschlussgesetz antragsbefugt ist (so aber BVerwG, NVwZ 2015, 590; NVwZ 2016, 689; zu Recht kritisch *Leisner*, NVwZ 2014, 921) und sich dabei sogar auf den Schutz der Sonn- und Feiertagsruhe nach Art. 139 WRV berufen kann. Eher nachvollziehbar: Die Antragsbefugnis von Dekanaten der EKD und der Bistümer gegen eine Ausnahmebestimmung zum Sonn- und Feiertagsschutz (VGH Kassel, NVwZ 2014, 380, aufgrund der Entscheidung des *BVerfG* zu den „Berliner Adventssonntagen" [BVerfGE 125, 39, 77; krit. *Fuerst*, JuS 2010, 876]).

Beispiel: Kein Nachteil eines Einzelnen in Bezug auf Landschaftsschutz (BVerwG, NVwZ 1988, 728), Denkmalschutz usw.

Trifft ein Nachteil aber sowohl den Einzelnen als auch die Körperschaft oder Gemeinschaft, der er angehört, sind beide antragsbefugt.

Beispiel: Benachteiligung einer Religionsgemeinschaft und ihrer Mitglieder durch restriktive Friedhofssatzung.

Der **Rechtsnachfolger** tritt auch in Bezug auf die Antragsbefugnis an die Stelle seines Vorgängers (OVG Berlin, NVwZ 1997, 506). Bestand die Antragsbefugnis bei Kauf des Grundstücks nicht oder nicht mehr, dann entsteht sie auch nicht neu durch die Rechtsnachfolge (BVerwG, NVwZ 1983, 617).

23   c) Die Antragsbefugnis ist zu bejahen, wenn der Antragssteller hinreichend substantiiert Tatsachen vorträgt, die es zumindest als **möglich** erscheinen lassen, dass er durch die angegriffene Rechtsvorschrift oder deren Anwendung in einer eigenen Rechtsposition verletzt wird (BVerwG, NVwZ-RR 2019, 1027 = JuS 2020, 383 (*Hufen*). Der Nachweis einer tatsächlichen Beeinträchtigung ist nicht erforderlich. Verletzung in diesem Sinne ist eine nicht unerhebliche Beeinträchtigung bzw. eine für den Antragsteller negative Veränderung eines Zustands. Eine nur geringfügige Beeinträchtigung oder die bloße Behauptung einer Verletzung reichen nicht.

24   d) Die mögliche Rechtsverletzung muss **gerade durch die Norm** oder deren Anwendung bewirkt werden (Kausalität). Mittelbare oder rein faktische

Auswirkungen kommen nicht in Betracht. „*Durch die Rechtsvorschrift oder deren Anwendung*" droht eine Verletzung auch dann, wenn sich diese erst in einer rechtlich und tatsächlich eigenständigen zusätzlichen Entscheidung äußert (BVerwG, NVwZ 1997, 682 – Aufhebung eines Zufahrtverbots nach Inkrafttreten eines Bebauungsplans). An diesem Zusammenhang fehlt es dagegen z. B. bei einer bloßen Zuständigkeitsregelung, die keinen direkten Nachteil begründen kann (VGH Mannheim, NVwZ 1988, 842); bei der Studien- oder Prüfungsordnung einer Hochschule im Hinblick auf die Wissenschaftsfreiheit eines einzelnen Hochschullehrers (BVerwG, NVwZ-RR 2006, 36); bei einer Gebührenordnung, die sich nur an den Eigentümer, nicht aber unmittelbar gegen den Mieter richtet (OVG Weimar, NVwZ-RR 2001, 186). Mit den Worten „*oder deren Anwendung*" ist aber weiterhin klargestellt, dass die Möglichkeit der Rechtsverletzung durch die Norm auch besteht, wenn die eigentliche Verletzung erst durch den Vollzug der Norm droht. Die Antragsbefugnis ist also weiter als z. B. bei der Verfassungsbeschwerde gegen ein Gesetz, bei der der „dazwischentretende Vollzugsakt" den unmittelbaren Grundrechtseingriff und damit die Beschwerdebefugnis ausschließt.

e) In **absehbarer Zeit zu erwarten** ist ein Nachteil dann, wenn er bei regulärem Ablauf der Entwicklungen mit großer Wahrscheinlichkeit eintreten wird bzw. vorauszusehen ist. Kein Nachteil droht z. B. von einer Baumschutzsatzung, wenn ein Eigentümer nicht über geschützte Bäume verfügt; umgekehrt ist nicht erforderlich, dass der Antragsteller gerade plant, einen bestimmten Baum zu fällen. 25

f) Geht der Nachteil nur von einem **Teil der Norm** aus (z. B. von einem abgrenzbaren Abschnitt eines Bebauungsplans, einer Einzelvorschrift einer Satzung usw.), so besteht die Antragsbefugnis auch nur insoweit. Der Antragsteller darf sich also nicht ausschließlich auf Teile der Norm beziehen, durch die er nicht benachteiligt ist (BVerwG, NVwZ 1990, 157). 26

2. Antragsbefugnis bei planerischen Abwägungsentscheidungen, insbesondere beim Bebauungsplan

Besonders schwierig und praktisch bedeutsam ist die Abgrenzung des Kreises der Antragsbefugten bei **planerischen Abwägungsentscheidungen** (ausf. dazu *Nicole Wolf*, Drittschutz im Bauplanungsrecht [2012]). Das typische Beispiel hierfür ist § 1 VI BauGB, der als „insbesondere" zu berücksichtigende Belange eine Vielzahl öffentlicher und privater, allgemeiner und konkreter Ziele und Belange formuliert und damit sowohl konkret Betroffene als auch einen höchst diffusen Kreis von nur allgemein „Interessierten" umreißt. 27

a) In seiner bekannten Entscheidung vom 9.11.1979 (BVerwGE 59, 87 ff.) stellte das BVerwG bei der Definition des Nachteils auf **die**

nach § 1 VI BauGB bei der Planung zu berücksichtigenden Belange ab.
Diese Definition der Antragsbefugnis löste auch nach altem Recht nicht alle Probleme. So führte nicht jeder in die Abwägung einzustellende Belang „automatisch" zur Antragsbefugnis. Nötig war zum einen immer schon das Vorliegen eines **rechtlich** geschützten Interesses (im Gegensatz zu bloßen Annehmlichkeiten, Chancen, Rechtsreflexen usw.). Nötig war zum anderen auch die **Zuordnung** gerade zum Antragsteller. Nichts anderes gilt für § 47 II 1 VwGO n. F. (BVerwG, NJW 1999, 592; NJW 2000, 1413).

Das Abwägungsgebot des § 1 VI BauGB hat demnach bei solchen privaten Belangen, die für die Abwägung erheblich sind, drittschützenden Charakter. Damit ist klar, dass es darauf ankommt, ob es sich um dem Antragsteller zuzuordnende Belange handelt. Unter diesen Voraussetzungen gibt es also ein „Recht auf Abwägung", das die Antragsbefugnis nach § 47 II 1 VwGO verleiht.

Nichts geändert hat sich im Hinblick auf solche abwägungserheblichen Belange, die schon nach der alten Rechtslage die Kriterien des durch den Bebauungsplan möglicherweise verletzten Rechts erfüllten.

Beispiele: Immer antragsbefugt ist der Eigentümer oder gleichrangig dinglich Berechtigte eines Grundstücks im Geltungsbereich eines Bebauungsplans, weil dieser immer das **Eigentum** betrifft. Antragsbefugt sind auch diejenigen, denen eine konkrete Schutznorm zur Seite stehen würde (z. B. § 34 BauGB gegen Änderung des Gebietscharakters; zur neueren Rechtsprechung hins. des Maßes der baulichen Nutzung: (BVerwG, NVwZ, 2018, 1808 = JuS 2019, 511 (*Hufen*) u. oben § 14, Rn. 75 ff.). Beides gilt nicht nur für die erstmalige Erstellung, sondern auch für die das Grundstück benachteiligende Änderung eines Bebauungsplans. Dann ist der unmittelbar „**Planbetroffene**" immer antragsbefugt (BVerwG, NVwZ 1993, 468; NVwZ 2000, 1413). Dagegen ist der nicht unmittelbar erfasste „**Plannachbar**" nur dann antragsbefugt, wenn der Bebauungsplan die Situation eines Grundstücks nachhaltig verändert (BVerwG, NVwZ 1991, 980; BVerwG, NVwZ 2020, 1533 – Nutzungsänderung unmittelbar an der Grundstücksgrenze; zur völligen Überlastung eines das Grundstück erschließenden Weges (BVerwG, NVwZ 2001, 431); zur Überflutungsgefahr führt (BVerwG, NVwZ 2002, 1509), die mikroklimatischen Bedingungen (VGH Kassel, NVwZ – RR 2019, 682) oder ein subjektives Recht gefährdet (OVG Münster, NVwZ 1997, 697). Das bloße Interesse des Eigentümers eines angrenzenden Grundstücks, in den Bebauungsplan einbezogen zu werden, schafft in der Regel keine Antragsbefugnis (BVerwG, NVwZ 2004, 1120). Anderes gilt wiederum, wenn die Gemeinde das Grundstück (wegen der fehlenden Verkaufsbereitschaft des Eigentümers) absichtlich in eine „Insellage" versetzt (BVerwG, NVwZ 1996, 888). Auch die **Grund-**

rechte aus Art. 4, 5 III und vor allem 2 II GG schaffen die Antragsbefugnis, wenn z. B. eine religiöse Begegnungsstätte bzw. ein Kunstwerk betroffen sind oder von der Bebauung Gesundheitsgefahren oder Störungen der Privatsphäre ausgehen können (OVG Münster, NVwZ 1997, 694).

Umgekehrt können und konnten sich Träger bloßer **wirtschaftlicher Interessen** und **Chancen, Annehmlichkeiten** und **Rechtsreflexe nicht** mit der Normenkontrolle gegen den Bebauungsplan wenden, auch wenn ihre Belange im Abwägungsvorgang berücksichtigt werden müssen.

Beispiele: Freihalten einer schönen Aussicht (BVerwGE 59, 91; BVerwG, NVwZ 1995, 895); Überbauung einer „Sichtschneise" in der Stadt (VGH Mannheim, VBlBW 1990, 428); verminderter Verkehrswert durch Nachbarbebauung (BVerwG, NVwZ 1995, 895); Verlust von Parkmöglichkeit (VGH Mannheim, NVwZ 1995, 610); erhöhte Verkehrsbelastung (VGH Mannheim, NVwZ 2000, 1187); Konkurrenz durch geplantes Einkaufszentrum (BVerwG, DÖV 1990, 479); keine Antragsbefugnis für Gastronom gegen benachbarten Friedhof in Gestalt eines „Ruheforstes" (BVerwG, NVwZ 2017, 563); keine Abwehr gegen behauptete Behelligung durch Unterbringung von Aussiedlern (VGH Mannheim, NVwZ 1992, 189).

Besondere Schwierigkeiten bestehen hinsichtlich **obligatorischer Rechte** des Mieters, Pächters usw. Diese vermitteln die Antragsbefugnis nur, wenn sie dem Antragsteller – wie ein langjähriger Pachtvertrag – eine Position verleihen, die derjenigen des Eigentümers gleichkommt. Folgerichtig entfällt die Antragsbefugnis aus der Stellung eines Pächters. dann, wenn diesem die Pacht gekündigt wurde (VGH Kassel, LKRZ 2015, 284). Die Entscheidungen BVerwG, NVwZ 1998, 504 und BVerwG, NVwZ 2009, 1047 bezogen sich ausdrücklich nur auf eine das Grundstück selbst in Anspruch nehmende Maßnahme und deren enteignungsrechtliche Vorwirkung, nicht aber auf den Mieter oder Pächter als „Plannachbarn". Auf gleicher Ebene liegen die Fälle eines gepachteten landwirtschaftlichen Betriebs, dessen Weide zu Gewerbegebiet werden soll und der Belastung des gepachteten Grundstücks durch zusätzlichen Verkehrslärm im Baugebiet selbst (BVerwG, NVwZ 2000, 806).

In vielen Fällen aber kommt es auf die Stellung des Mieters oder Pächters als solche nicht an, weil es im Einzelfall nicht **nur** um obligatorische Rechte geht. Oft sind die Antragsteller vielmehr bereits Inhaber einer sich verfestigenden dinglichen Position (Anwartschaft, Pfandrecht, Eigentum an Zubehör eines gepachteten Grundstücks – dazu z. B. BVerwG, NVwZ 1989, 553; NVwZ 1996, 887; OVG Koblenz, DÖV 2005, 483 – zur Rechtsstellung des

Käufers; **nicht** aber der Nacherbe vor Eintritt des Nacherbfalles – BVerwG, NJW 1998, 770), oder sie sind Träger weiterer eigenständig zu berücksichtigender und in die Abwägung einzustellender subjektiver Belange als Gewerbetreibende, gesundheitsgefährdete Anwohner, lärmbedrohte Klostergemeinschaft usw. Hier wird die Antragsbefugnis durch andere Schutznormen und Grundrechte vermittelt (ausführlich *Hüttenbrink*, DVBl. 1997, 1253).

29 b) Nicht antragsbefugt sind nach wie vor solche Antragsteller, denen ein geltend gemachtes Recht **nicht selbst zusteht** oder die sich auf Belange der Allgemeinheit berufen – auch wenn diese in § 1 VI BauGB genannt sind und dem Antragsteller reflexartig Vorteile verschaffen.

Beispiele: Denkmalschutz, Erhaltung eines Naturschutzgebiets, Einhaltung eines Regionalplans; soziale und kulturelle Bedürfnisse; Umweltschutzbelange i. S. von § 1a n. F. BauGB (zu europarechtlich bedingten verfahrensrechtlichen Ansprüchen s. aber oben, § 14, Rn. 90); kein Nachbarschutz aus Erhaltungssatzung – außer bei Verstoß gegen das Gebot der Rücksichtnahme (OVG Magedeburg, NVwZ – RR 2017, 284).

30 c) Wie bei der Antragsbefugnis im Allgemeinen muss auch bei der Normenkontrolle gegen einen Bebauungsplan die Rechtsverletzung **gerade durch den Bebauungsplan** oder seine Anwendung drohen. Geringfügige Änderungen und eine Beeinträchtigung durch rechtlich und tatsächlich selbständige Folgeentscheidungen (BVerwG, NVwZ 1997, 682) oder zu erwartenden Baulärm (VGH Kassel, NVwZ 2018. 596).

3. Antragsbefugnis von Gemeinden und anderen Körperschaften

31 Gemeinden und andere Körperschaften des Öffentlichen Rechts kommen sowohl als Träger eigener Rechte als auch als antragsfähige Behörden im Sinne von § 47 II 1 2. Alt. VwGO in Betracht.

Treten sie als Träger **eigener** Rechte auf, so sind nur solche Positionen zu berücksichtigen, die sich gerade den Gemeinden zurechnen lassen. In der Regel wird es hierbei entweder um die Planungshoheit, um die Erhaltung und Sicherung von Selbstverwaltungsaufgaben oder um den Schutz von Einrichtungen der Gemeinde gehen (dazu oben, § 14, Rn. 94 ff.). Auf Art. 14 GG können sich die Gemeinden dagegen auch in diesem Zusammenhang nicht berufen (BVerfGE 61, 62; anders zur Eigentümerstellung und zur Wahrnehmung öffentlicher Aufgaben aber BVerfG, Kammer, NVwZ 2008, 778, und zuvor bereits OVG Bautzen, NVwZ 2002, 110; interessant zur „Verteidigung" des Gemeindegebiets gegen eine naturschutzrechtliche VO auch BVerwG, NVwZ 2001, 1280). Dagegen droht Gemeinden und anderen Körperschaften und Vereinigungen **keine** Rechtsverletzung, wenn es um Rechte von Gemeindeeinwohnern, Auftragsangelegenheiten oder um allgemeine, nicht gerade der Gemeinde zugeordnete öffentliche Belange geht. Umgekehrt können sich auch Gemeindeorgane oder einzelne Bürger nicht auf Rechte der Gemeinde insgesamt berufen.

Beispiele: Keine Antragsbefugnis der Gemeinde gegen Festlegung von Flugrouten unter Berufung auf die Gesundheit der Bürger; keine Antragsbefugnis der Gemeinde im Hinblick auf den Landschaftsschutz. Dagegen kann die Gemeinde Schutz ihrer eigenen Planungshoheit gegen eine Abweichung vom Regionalplan (VGH Kassel, LKRZ 2010, 260) oder die unzumutbare Beeinträchtigung der Planungshoheit durch Einflugschneisen eines Flughafens beanspruchen (BVerwGE 90, 96; 111, 275; *Quaas*, NVwZ 2003, 649); dagegen keine Klagebefugnis einer Studentenschaft gegen universitäre Prüfungsordnung (BVerwG, NVwZ – RR 2017, 331).

Beim Normenkontrollantrag einer Gemeinde gegen die Planung 32 der Nachbargemeinde wird Art. 28 II GG durch das **Abstimmungsgebot** des § 2 II BauGB geschützt. Dieses ist Grundlage der „Gemeindenachbarklage" (z. B. OVG Koblenz, NVwZ-RR 2001, 638; BVerwG, NVwZ 2003, 86 – factory outlet center). Hier liegt die Antragsbefugnis aber nur vor, wenn die Planung der Nachbargemeinde gewichtige Auswirkungen auf die eigene städtebauliche Entwicklung hat (VGH Kassel, NVwZ-RR 2005, 307; OVG Lüneburg, NVwZ – RR 2017, 276 – Gewerbegebiet an der Gemeindegrenze).

Beruft sich die Gemeinde auf ihre **Planungshoheit,** so gilt wie bei § 42 II VwGO das Erfordernis, dass die eigene Planung bereits **hinreichend konkretisiert** sein muss. Das kann durch konkrete Festlegungen im Flächennutzungsplan oder in einem Bebauungsplan geschehen (BVerwGE 40, 323, 331; VGH Mannheim, NVwZ 1987, 1088).

4. Die Antragsbefugnis von Behörden

§ 47 II S. 1 2. Alt. VwGO verleiht Behörden sowohl die Antragsfä- 33 higkeit als auch die Antragsbefugnis, sagt aber über deren Voraussetzungen nichts aus. Klargestellt ist nur, dass Behörden (Umkehrschluss aus der 1. Alt.) **kein subjektives Recht** geltend machen müssen. Die Abgrenzung der Antragsbefugnis von Behörden ergibt sich aber aus dem Sinn der Bestimmung. Anders als die Gerichte haben die normanwendenden Behörden keine Verwerfungskompetenz. Auch eine Aufsichtsbehörde kann nicht einfach über die anzuwendende Rechtsnorm verfügen. Will man vermeiden, dass Behörden eine von ihnen für rechtswidrig gehaltene Norm anwenden müssen, hilft nur der Normenkontrollantrag nach § 47 VwGO, der insoweit Parallelen zur konkreten Normenkontrolle nach Art. 100 GG aufweist.

Daraus folgt, dass nicht etwa jede beliebige Behörde den Antrag nach § 47 VwGO stellen kann, sondern nur diejenige, die die **Rechtsvorschrift auszuführen** hat.

Beispiele: Die mit der Gemeinde nicht identische Bauaufsichtsbehörde beim Vollzug eines Bebauungsplanes (VGH München, BayVBl. 1982, 654), und zwar auch dann, wenn sie den Bebauungsplan zuvor genehmigt oder im Anzeigeverfahren nicht beanstandet hat (BVerwG, NVwZ 1990, 57; VGH München, BayVBl. 1983, 86); die Gemeinde, die einzelne Ziele eines Regionalplans auszuführen hat (BVerwG, NVwZ 1989, 654).

Die Rechtsprechung verleiht der Gemeinde also z.T. eine Doppelstellung als Behörde und als benachteiligte Körperschaft. Geht es der Gemeinde um einen Nachteil im Hinblick auf die Planungshoheit, so muss sie konkrete Planungsabsichten geltend machen; wendet sie dagegen den Regionalplan an, so ist dies nicht der Fall.

In keinem Fall ist die Gemeinde ausführende Behörde des Bebauungsplans der Nachbargemeinde. Hier bleibt nur der „normale", d. h. nachteilsbezogene Normenkontrollantrag (BVerwG, NVwZ 1989, 654).

5. Normenkontrolle als Verbandsklage

34 Auch im Rahmen der Normenkontrolle besteht – auch nach zwingendem Unionsrecht – die Antragsbefugnis für bestimmte anerkannte Umwelt- und Naturschutzverbände, allerdings nur in Bezug auf die jeweils von ihnen vertretenen Belange (vgl. § 2 URG; § 64 BNatSchG – Einzelheiten oben, § 14, Rn. 93 ff.). Bedenklich ist daher der Ausschluss der Verbandsklage für naturschutzrelevante Bebauungspläne (so aber OVG Greifswald, NVwZ-RR 2016, 94).

VI. Rechtsschutzbedürfnis

35 Als besondere Fallgruppen möglicherweise fehlenden Rechtsschutzbedürfnisses kann man unterscheiden:

- **Einfachere Möglichkeit** der Erreichung des Ziels,
- offenkundige **Aussichtslosigkeit** des Rechtsschutzbegehrens,
- **Missbrauch,** Verwirkung, Widerspruch zu vorangegangenem Tun.

1. Einfachere Möglichkeit des Rechtsschutzes; Aussichtslosigkeit

Normenkontrolle und Rechtsschutz gegen Vollzugsentscheidungen stehen in der Regel unabhängig nebeneinander. Der Antragsteller nach § 47 VwGO kann also grundsätzlich **nicht** auf die Anfechtungsklage gegen eine planverwirklichende Baugenehmigung verwiesen werden, auch wenn der Richter im Anfechtungsprozess den Bebauungsplan incidenter prüft. Das folgt schon daraus, dass die Wirkung des Anfechtungsurteils nur zwischen den Parteien (inter partes) besteht, die Normenkontrolle aber allgemeine Wirksamkeit erreicht (inter omnes-Wirkung – BVerwGE 68, 13). Umgekehrt beseitigt die Antragsbefugnis zur Normenkontrolle nicht etwa das Rechtsschutzbedürfnis für eine Anfechtungsklage gegen einen normvollziehenden VA, z. B. gegen die Baugenehmigung zugunsten des Nachbarn. 36

Umstritten ist, ob eine als solche **antragsbefugte Behörde** ein Rechtsschutzbedürfnis im Falle solcher Normen hat, über die sie entweder selbst verfügen oder die sie mit Hilfe einfacher Aufsichtsmaßnahmen beseitigen kann. Nach richtiger Auffassung führt nur die Normenkontrolle zur allgemeingültigen Klärung, das Rechtsschutzbedürfnis ist also auch in diesen Fällen nicht zu versagen (anders wohl BVerwG, NVwZ 1989, 654, 655).

Das Rechtsschutzbedürfnis soll aber fehlen, wenn der Antragsteller sein eigentliches **Ziel unter keinen Umständen erreichen** kann, z. B. weil der Plan bereits verwirklicht (anders für nur teilweise Verwirklichung BVerwG, NVwZ 2000, 194), eine Baugenehmigung oder deren Ablehnung unanfechtbar geworden ist, also auch die „erfolgreiche" Normenkontrolle nicht zur Verhinderung oder Verwirklichung eines Vorhabens führen kann (BVerwG, NVwZ 1990, 158; NVwZ 1998, 733). Das ist nicht unproblematisch, weil die Behörde durch die Unwirksamkeitserklärung eines Bebauungsplans möglicherweise veranlasst werden kann, auch bestandskräftige Baugenehmigungen zurückzunehmen oder zu widerrufen (richtig VGH Mannheim, NVwZ 1984, 44), bzw. eine bestandskräftig abgelehnte Genehmigung noch zu erteilen (BVerwG, NVwZ 1994, 268). Tritt bei Erklärung der Unwirksamkeit ein früherer Bebauungsplan in Kraft, besteht das Rechtsschutzbedürfnis gleichwohl, wenn die Entscheidung für den Antragsteller trotzdem von Vorteil ist (BVerwG, NVwZ 2002, 1126). Ein Fall der (faktischen) Aussichtslosigkeit liegt auch vor, wenn die untergesetzliche Norm lediglich ein Parlamentsgesetz wiedergibt, das auch nach Erklärung der Unwirksamkeit der untergesetzlichen Norm fortgelten würde (VerfGH Rhl.-Pf., NVwZ 2013, 1274) oder ein auf der Norm beruhender Beitragsbescheid bereits unanfechtbar ist (BVerwG, NVwZ-RR 2017, 2). 37

2. Missbrauch, Verwirkung

38 Zurückhaltung ist auch bei der zweiten Fallgruppe (Rechtsmissbrauch) angebracht. Insbesondere muss nicht jedes Einverständnis mit oder jedes Gebrauchmachen von der Norm, z. B. von den Festlegungen eines Bebauungsplanes, heißen, dass das Rechtsschutzbedürfnis für den Normenkontrollantrag entfällt.

Beispiele: Ein Bauherr, der von den Festlegungen eines Bebauungsplans Gebrauch gemacht hat, kann diesen als Ganzes zwar nicht angreifen, sehr wohl aber die unzureichende Erschließung seines Grundstücks im Bebauungsplan rügen (BVerwG, NVwZ 1992, 974). Hat der Bürger ein Grundstück mit dem Ziel der Bebauung verkauft oder erworben, oder hat sein Vorhaben Anlass für die später vorgenommene Planung geboten, kann dagegen im Einzelfall die Normenkontrolle als solche rechtsmissbräuchlich sein (OVG Koblenz, NJW 1984, 444; OVG Münster, NVwZ-RR 2006, 848; OVG Münster, DVBl. 2014, 869). Anders verhält es sich allerdings, wenn der Bebauungsplan anders ausfällt als bei Kauf oder Verkauf zu erwarten war (zum „Sperrgrundstück" s. oben, § 14, Rn. 84).

Neben der Jahresfrist des § 47 II 1 VwGO besteht weder Anlass noch Berechtigung zusätzlich die Möglichkeit einer **Verwirkung** anzunehmen, wenn der Berechtigte die Antragsstellung verzögert.

Sehr wohl mit dem Rechtsschutzbedürfnis zu tun hat aber die in § 47 IIa VwGO eingeführte **Präklusion**, wenn der Antragsteller die im Verfahren der Normsetzung eingeräumten Anhörungs- und Beteiligungsrechte nicht wahrgenommen hat (dazu *Ewer*, NJW 2007, 3171, 3172 – allg. zur Präklusion unten, § 23, Rn. 18).

VII. Sonstige Zulässigkeitsvoraussetzungen

1. Antrag

39 Selbstverständliche Zulässigkeitsvoraussetzung der Normenkontrolle ist der **ordnungsgemäße Antrag**. Dieser muss den Voraussetzungen des § 81 I 1 VwGO entsprechen, auch wenn es sich nach h. L. nicht um eine Klage handelt. Der Antrag ist auf Feststellung der Unwirksamkeit der Norm zu richten. Eine Erhebung durch Niederschrift des Urkundsbeamten der Geschäftsstelle kommt nicht in Betracht, da diese nach § 81 I 2 VwGO nur vor dem VG möglich ist.

2. Frist

Nach § 47 II 1 VwGO gilt für den Normenkontrollantrag seit 2007 eine Antragsfrist von **einem Jahr**, gerechnet ab Bekanntgabe. Das soll zumindest für Normenkontrollanträge nach § 47 I Nr. 2 VwGO selbst dann gelten, wenn die Rechtsvorschrift erst nach Ihrer Bekanntmachung in Folge einer Änderung der tatsächlichen oder rechtlichen Verhältnisse rechtswidrig geworden ist (BVerwG, NVwZ 2013, 1547; VGH München, NVwZ RR 2015, 11; krit. insofern auch *W.-R.Schenke*, NVwZ 2014, 341). Diese vergleichsweise kurze Frist ist nicht unbedenklich, weil gerade bei Rechtsnormen Fehler oft erst lange nach Inkrafttreten offenbar werden. Hier muss im Einzelfall durch Wiedereinsetzung nach § 60 VwGO geholfen werden. Zweifel an der Wirksamkeit der Bekanntgabe gehen insoweit zu Lasten des Normgebers (BVerwG, NVwZ 2004, 1122). Auch bleibt die Incidenter-Kontrolle möglich, wenn eine auf der Norm beruhende Einzelentscheidung angegriffen oder im Rahmen einer Feststellungsklage über einzelne Rechtsverhältnisse aus der Norm gestritten wird.

40

3. Widerspruchsverfahren

Ein Widerspruchsverfahren kommt bei der Normenkontrolle nicht in Betracht.

41

Literatur zu § 19 V–VII: *W-R. Schenke*, Rechtsschutz bei normativem Unrecht, NJW 2017, 1062; *ders.*, Antragsbefristung einer Normenkontrolle gemäß § 47 II 1 VwGO auch bei nachträglich eingetretener Rechtswidrigkeit der Norm, NVwZ 2014, 341; *Kment*, Unmittelbarer Rechtsschutz von Gemeinden gegen Raumordnungspläne, DÖV 2003, 349; *Hug*, Gemeinde-Nachbarklagen im öffentlichen Baurecht (2008); *Ehlers/Schoch*, Rechtsschutz, 725.

Übersicht 16: Sachentscheidungsvoraussetzungen der Normenkontrolle

42

I. **Rechtsweg und zuständiges Gericht**
  1. Verwaltungsrechtsweg
  2. Zuständigkeit: OVG/VGH (sollte nach Auffassung einiger Autoren erst nach der Statthaftigkeit geprüft werden, da von dieser abhängig)

II. **Zulässigkeit**
  1. Beteiligtenfähigkeit (§ 61 VwGO, zusätzlich: Behörden, die mit Ausführung der Norm befasst sind)

2. Statthaftigkeit
   a) Satzungen und Rechtsverordnungen nach BauGB
   b) andere im Rang unter dem Landesgesetz stehende Rechtsvorschriften
   c) Rechtsnorm bereits erlassen?
3. Antragsbefugnis
4. Rechtsschutzbedürfnis
5. Ordnungsgemäßer Antrag
6. Frist – 1 Jahr ab Bekanntmachung
7. Kein Widerspruchsverfahren
8. Sonstige Zulässigkeitsvoraussetzungen

§ 20 Die Normerlassklage

I. Allgemeines

1. Die Lücke im System der Klagearten

1 Im Klagesystem der VwGO steht für oder gegen jede hoheitliche Handlungsform je eine Abwehr- und eine Leistungsklage zur Verfügung. Nur in Bezug auf Rechtsnormen der Verwaltung konnte zunächst zwar die Unwirksamkeitserklärung, nicht aber der Erlass einer Norm begehrt werden. Eine Normerlassklage als solche sieht die VwGO nicht vor.

Diese Lücke ist – nicht zuletzt im Hinblick auf Art. 19 IV GG – bedenklich, weil Bürger und Körperschaften nicht nur von verweigerten Einzelentscheidungen, sondern zunehmend auch vom fehlenden Erlass von Rechtsnormen betroffen sind. Das Unterlassen einer den Bürger begünstigenden Norm kommt – zumal im grundrechtsgeschützten Bereich – nicht selten einem Eingriff gleich, der von hoheitlicher Gewalt im Sinne von Art. 19 IV GG ausgeht (*Würtenberger*, AöR 105 (1980), 370; *Hufen*, FS. Würtenberger [2013], 873).

Beispiele: Eine Gemeinde erlässt eine an sich mögliche Ausnahme-VO zum Ladenschlussgesetz nicht oder klammert einen Stadtteil aus (VGH Mannheim, GewArch. 1981, 204; OVG Koblenz, NJW 1988, 1684); an einer Universität fehlt die gesetzlich vorgeschriebene Änderung der Promotionsordnung; der zuständige Minister weigert sich, die Rechtsverordnung zur Allgemeinverbindlicherklärung eines Tarifvertrags zu erlassen (BVerwGE 80, 355, 361); die Anpassung einer Gebührenordnung unterbleibt (BVerwG, NVwZ 2002, 1505).

Seit langem werden deshalb die verwaltungsprozessuale **Normerlassklage** bzw. die Anwendung bestehender Klagearten auf den Normerlass diskutiert. Bei dieser Diskussion und auch in entsprechenden Falllösungen sind zu unterscheiden:

- Die (nur) rechtspolitische Frage der Einführung durch den Gesetzgeber,
- die Ermöglichung einer Normerlassklage als solcher durch richterliche Entscheidung,
- die Zuordnung zum Klagesystem der VwGO.

Ausgeklammert bleiben kann die sogenannte „**unechte Normerlassklage**" bei der der Antragssteller die Rechtswidrigkeit der Norm damit begründet, dass er zu Unrecht nicht begünstigt worden sei. Diese ist nichts anderes als ein Normenkontrollantrag mit der Begründung, der Normgeber habe einen bestimmten Sachverhalt gleichheitswidrig nicht erfasst. Will er dagegen die Ausdehnung der Norm erreichen, dann geht es um Norm**ergänzung**, also um eine echte Normerlassklage (*Würtenberger*, VwProzR, Rn. 690; klarstellend *Hufen*, FS Würtenberger (2013), 873, 878).

2. Bedenken

Allgemeine Bedenken gegen die Zulässigkeit einer verwaltungsgerichtlichen Normerlassklage lassen sich unter folgenden Stichworten zusammenfassen 2

- Aus § 47 VwGO lasse sich ableiten, dass außerhalb der dort eröffneten Normenkontrolle die Feststellung der Unwirksamkeit und erst recht der Pflicht zum Erlass einer Norm auszuschließen sei.
- Die **Einführung** einer Normerlassklage sei **Sache des Gesetzgebers**; durch Richterrecht könne es nicht zur Begründung einer neuen Klageart oder zur Erweiterung bestehender Klagearten über deren gesetzlich bestimmten Anwendungsbereich hinauskommen.
- Die „Verurteilung zum Normerlass" verstoße gegen die **Gewaltenteilung** und laufe auf eine Überschreitung der Befugnis der Gerichte zu Lasten des legitimierten Normgebers hinaus.
- Die Normerlassklage greife in die **Planungshoheit** und die **Satzungsautonomie** der Gemeinden ein.
- Von Ausnahmefällen abgesehen gebe es **keinen Anspruch** auf den Erlass von Rechtsnormen, die Normerlassklage sei daher entbehrlich.

– Nach § 47 VwGO sei die Einführung der Normenkontrolle – abgesehen von Satzungen des BauGB – in das **Ermessen der Länder** gestellt. Dies müsse erst recht für eine Normerlassklage gelten.

3   Diese Bedenken überzeugen letztlich **nicht**. Gewaltenteilungs- und Demokratieaspekte können nur hinsichtlich des „formellen" Parlamentsgesetzes geltend gemacht werden. Bei der Normerlassklage aber geht es ausschließlich um **exekutivisches Recht**. Auch der Gemeinderat ist nicht „Parlament" (BVerfGE 78, 344, 348). Es geht vielmehr um nichts anderes als den Erlass untergesetzlicher Normen vom Regeltypus Satzung oder Rechtsverordnung, deren Zuordnung zur Norm zudem oft zufällig ist. Deshalb wird auch die **Selbstverwaltungsgarantie** bei der Normerlassklage nicht mehr tangiert als bei der Verpflichtungsklage auf Erlass einer Allgemeinverfügung. Der bei Normerlass immer bestehende Ermessensspielraum kann auch durch die Feststellungsklage, ein Bescheidungsurteil oder die entsprechende Begrenzung des Leistungsurteils gesichert werden. Ob der Bürger einen Anspruch auf Normerlass hat, ist grundsätzlich Sache der **Begründetheit** und hat mit der Zulässigkeit nichts zu tun. Da es nicht um die Nichtigkeit einer bestehenden Norm, sondern im Gegenteil um die Pflicht zum Erlass einer noch nicht bestehenden Norm geht, kann auch § 47 VwGO keine Sperrwirkung entfalten (so im Ergebnis auch BVerwG, NVwZ 2002, 1505). Wie zu zeigen sein wird, läuft die Normerlassklage auch auf **keine neue Klageart** hinaus. Sie kann vielmehr in das bestehende System der Klagearten eingeordnet werden. Deshalb wird hier von der grundsätzlichen Notwendigkeit und Zulässigkeit einer Klage auf Erlass untergesetzlicher Normen ausgegangen. Deren Zulässigkeitsvoraussetzungen im Einzelnen werden in der Folge untersucht.

Entsprechend ist auch das BVerwG und ein Teil der übrigen Verwaltungsrechtsprechung ohne großes Aufhebens zur grundsätzlichen Zulässigkeit der Normerlassklage übergegangen (Beispiele: BVerwGE 80, 355, 361 – Allgemeinverbindlicherklärung von Tarifverträgen; BVerwG, NVwZ 1990, 163 – fehlende Satzung über Verdienstausfallentschädigung; BVerwG, NVwZ 2002, 1505 – Klage auf Anpassung einer Entschädigungsregelung).

II. Rechtsweg und zuständiges Gericht

1. Rechtsweg

4   Vor der Verwaltungsgerichtsbarkeit kann nur der Erlass einer Rechtsnorm begehrt werden, wenn diese auf dem Gebiet des **Öffentlichen Rechts** liegt. Bei einem Streit um untergesetzliche Normen handelt es sich – abgesehen vom Fall parlamentarischer Geschäftsordnungen – **nicht** um verfassungsrechtliche Streitigkeiten i. S. v. § 40 I 1 VwGO (BVerwGE 80, 355, 361; BVerwG, NVwZ 2002, 1505; *Wür-*

tenberger/Heckmann, VwProzR, Rn. 784; *Bethge*, JuS 2001, 1100, 1101; so im Ergebnis jetzt auch *Schenke*, VwProzR, Rn. 131).

2. Zuständiges Gericht

Ungeachtet der Klageart ist für die Normerlassklage stets das **Verwaltungsgericht** sachlich zuständig (§ 45 VwGO). Selbst wenn man sich für eine analoge Anwendung von § 47 VwGO entscheidet, kann jedenfalls die Zuständigkeit des OVG nicht angenommen werden, weil es sich bei § 47 VwGO um eine auf die Normenkontrolle beschränkte Ausnahmevorschrift handelt. Eine analoge Anwendung würde schon dem Gebot des gesetzlichen Richters widersprechen (so im Ergebnis auch *Würtenberger/Heckmann*, VwProzR, Rn. 792).

III. Statthafte Klageart

Mit der grundsätzlichen Zulässigkeit der Normerlassklage ist über die statthafte Klageart im Einzelnen noch nicht entschieden. Denkbar sind die Klage auf **Feststellung** der Verpflichtung zum Normerlass (§ 43 VwGO), die allgemeine **Leistungsklage** und eine **Klage eigener Art**. Eine Verpflichtungsklage kommt von vornherein nicht in Betracht, weil sie sich ausschließlich auf den Erlass eines VA richtet.

1. Feststellungsklage

Die Rechtsprechung behilft sich vorwiegend mit der **Feststellungsklage** (so BVerwGE 80, 355, 361; BVerwG, NVwZ 1990, 162; BVerwG, NVwZ 2002, 1506; VGH Mannheim, DVBl. 2014, 119; VGH München, BayVBl. 1981, 499; *Sodan*, NVwZ 2000, 601).

Wird im Einklang mit der Mehrzahl der angeführten Urteile die Feststellungsklage angenommen, so richten sich die weiteren Zulässigkeitsvoraussetzungen nach § 43 VwGO. Neben der Konkretheit des Rechtsverhältnisses muss also ein Feststellungsinteresse gegeben sein.

2. Allgemeine Leistungsklage

Letztlich überzeugend ist es, die Normerlassklage als **allgemeine Leistungsklage** einzustufen (wie hier VGH Mannheim, DÖV 2000, 784 – Klage einer Gemeinde auf RVO zum Ausscheiden aus einer Verwaltungsgemeinschaft; *Duken*, NVwZ 1993, 546, 548; *Pietzcker*, in: Schoch/Schneider, VwGO, § 42 I, Rn. 160; *Köller/Haller,* JuS 2004, 189, *Detterbeck,* AVwR, Rn. 1441; differenzierend *Geis/Meier,* JuS 2013, 28,31). Diese dient auch im Übrigen nicht nur zur Durchsetzung des Anspruchs auf tatsächliches Verwaltungshandeln im Einzelfall; sie ist vielmehr längst zur allgemeinen Auffangklage für alle Formen hoheitlichen Handelns geworden, die nicht VA sind. Dass sich die Leistungsklage nur auf Einzelentscheidungen richten könne, steht nirgends geschrieben. Überdies entspricht die Annahme der Leistungsklage nicht nur § 43 II VwGO; der Kläger erreicht mit der Verurteilung zum Normerlass auch mehr als bei der bloßen Feststellungsklage.

Als Leistungsklage ist die Normerlassklage nur statthaft, wenn sie sich auf den Erlass einer **untergesetzlichen Rechtsvorschrift** richtet. Die Leistungsklage auf ein Parlamentsgesetz ist in jedem Fall unstatthaft, soweit sie nicht ohnehin als verfassungsrechtliche Streitigkeit nach § 40 I 1 VwGO ausgeschlossen ist. Nach (nicht unbestrittener) Ansicht ist die Leistungsklage auf Handeln mit Außenwirkung oder wenigstens die Stellung eines Selbstverwaltungsorgans betreffende Normen beschränkt, sie kann sich also nicht auf Verwaltungsvorschriften, den Erlass technischer Anweisungen usw. richten. **Gegenstände** können sein: Rechtsverordnung, Satzung (einschl. Bebauungsplan), Rechtsnormen eigener Art wie Geschäftsverteilungsplan (nur durch unmittelbar Betroffene), Regionalplan, Geschäftsordnung eines Gemeinderats (zur Statthaftigkeit der Normenkontrolle bei Geschäftsordnungen oben, § 19, Rn. 14). Hierfür ist es belanglos, ob das jeweilige Bundesland die Normenkontrolle nach § 47 VwGO eingeführt hat, da es um diese nicht geht.

3. Eigene Klageart?

9   Um den Vorschlag einer **eigenständigen Normerlassklage nach § 47 VwGO analog** (angedeutet bei VGH München, BayVBl. 1980, 209, 211) ist es zu Recht still geworden. Mit der Einführung dieser besonderen Klageart würden die Grenzen des Richterrechts in der Tat überdehnt. § 47 VwGO ist überdies so stark auf die Normenkontrolle zugeschnitten, dass eine analoge Anwendung nicht möglich ist (*Lorenz,* VwProzR, § 26, Rn. 30; *Robbers,* JuS 1988, 949, 951). Wegen des Gebots des gesetzlichen Richters (Art. 101 GG) käme eine Analogie im Hinblick auf die Zuständigkeit des OVG/VGH ohnehin nicht in Betracht.

IV. Klagebefugnis

Da auch die Normerlassklage keine Popularklage und kein Normenkontrollantrag ist, ist § 42 II VwGO analog anzuwenden. Der Kläger muss also einen Anspruch auf Normerlass geltend machen. Dieser kann sich aus Gesetz, Zusage, Gleichheitssatz oder öffentlich-rechtlichem Vertrag ergeben (für den Bebauungsplan beachte aber § 1 III 2 BauGB – Verbot der Vorabfestlegung). Der Kläger muss dabei nicht Adressat, sondern nur Begünstigter der Norm sein.

V. Sonstige Zulässigkeitsvoraussetzungen

Wegen der Einordnung der Normerlassklage als Leistungs- oder als Feststellungsklage ist weder eine **Frist** einzuhalten noch ein **Widerspruchsverfahren** durchzuführen. Nicht anwendbar ist auch die Präklusionsregel des § 47 IIa VwGO. So kann dem Anspruch auf Normergänzung nicht entgegengehalten werden, der Kläger habe die Beteiligungsmöglichkeiten des Normerlassverfahrens nicht genutzt. Das **Rechtsschutzbedürfnis** kann allerdings fehlen, wenn der Anspruch auf andere Weise erfüllt werden kann oder von vornherein ausgeschlossen ist.

Als Feststellungsklage ist die Klage auf die Feststellung der Verpflichtung des Normgebers, als allgemeine Leistungsklage auf die Verurteilung zum Normerlass zu richten. Klagegegner ist in beiden Fällen der potentielle Normgeber bzw. dessen Rechtsträger. Als Leistungsklage kommen auch eine „Bescheidungsklage" auf grundsätzliche Verpflichtung zur Normsetzung oder eine Beschränkung auf eine Teilregelung in Betracht.

Literatur zu § 20: *Würtenberger,* Die Normerlassklage als funktionsgerechte Fortbildung verwaltungsprozessualen Rechtsschutzes, AöR 105 (1980), 370ff.; *Eisele,* Subjektive öffentliche Rechte auf Normerlass (1999); *Duken,* Normerlassklage und fortgesetzte Normerlassklage, NVwZ 1993, 546; *Gleixner,* Die Normerlassklage (1993); *Sodan,* Der Anspruch auf Rechtssetzung und seine prozessuale Durchsetzbarkeit, NVwZ 2000, 601; *Reidt,* Der Rechtsanspruch auf Erlass von untergesetzlichen Normen, DVBl. 2000, 602; *Köller/Haller,* Prozessuale Durchsetzbarkeit eines Anspruchs auf Rechtssetzung, JuS 2004, 189; *Rupp,* Bemerkungen zum Individualrechtsschutz gegen die Verfassungswidrigkeit von Rechtsnormen und unterlassenen Rechtsnormen, FS Isensee (2007), 283; *Hufen,* Eine Brücke über die Lücke: Die Normerlassklage im System verwaltungsgerichtlicher Klagearten, FS Würtenberger (2013), 873; *Geis/Meier*, Grundfälle zur Allgemeinen Leistungsklage, JuS 2013, 28, 31; *Ellerbrok*, Die öffentlichrechtliche Satzung (2020), 406 ff

12
> **Übersicht 17: Sachentscheidungsvoraussetzungen der Normerlassklage**
>
> I. Rechtsweg und zuständiges Gericht
> II. Zulässigkeit
> 1. Beteiligtenbezogene Zulässigkeitsvoraussetzungen
> 2. Statthafte Klageart – (Leistungs- oder Feststellungsklage, also keine eigene Klageart und nicht § 47 VwGO analog, ggf. kurz auf allgemeine Problematik der Normerlassklage eingehen)
> 3. Klagebefugnis: § 42 II VwGO analog (bei Leistungsklage)
> 4. Allgemeines Rechtsschutzbedürfnis
> 5. Sonstige Zulässigkeitsvoraussetzungen

§ 21 Verwaltungsgerichtliche Organklagen. Insbesondere: Der Kommunalverfassungsstreit

I. Allgemeines

1. Funktion und Stellenwert der Organklage

1   Von seiner Entstehung her ist der Verwaltungsprozess ein Rechtsstreit zwischen Bürger und Staat. Das entsprach auch dem Verständnis des Rechtsverhältnisses als Beziehung zwischen selbständigen natürlichen oder juristischen Personen.

Innerhalb einer Körperschaft oder sonstigen juristischen Person schienen lange Zeit Rechtsstreitigkeiten schon mangels (Außen-)Rechtsbeziehung ebenso wenig denkbar wie innerhalb des staatlichen Behördenaufbaus: Ein Verständnis, das in der Redeweise vom **verbotenen** (weil die Einheit der Verwaltung gefährdenden) **Insichprozess** zum Ausdruck kommt. Eine Person kann eben nicht gegen sich selbst prozessieren.

Zunächst auf der Ebene der obersten Staatsorgane, bei denen die Organstreitigkeit seit langem fester Bestandteil des Verfassungsprozessrechts ist, dann aber auch im Kommunalrecht und im Hochschulrecht wurde immer mehr deutlich, dass es auch **innerhalb** von Körperschaften zwischen deren verschiedenen Organen, ja sogar innerhalb eines Kollegialorgans zu Rechtsstreitigkeiten kommen kann, wobei nicht alle Kläger idealtypisch Rechte ein und derselben Person geltend machen, sondern eigene und ggf. durchaus konfligierende Positionen – ob man diese nun als „Rechte" oder nur als „Kompetenzen" bezeichnet.

Beispiele: Ein Stadtratsmitglied wendet sich gegen den Ordnungsruf des Oberbürgermeisters. Der Senat einer Hochschule weist die Berufungsliste eines Fachbereichs zurück. Ein Bürgermeister behandelt ein wichtiges Problem der Gemeinde als Angelegenheit der laufenden Verwaltung, ohne den Gemeinderat einzuschalten. In einer Handwerkskammer überzieht ein Gremium seine Kompetenzen („Kammerverfassungsstreit"). Rundfunkrat und Intendant einer Rundfunkanstalt geraten in Streit.

Solche Konflikte sind zumeist öffentlich-rechtlicher Natur, und sie verlangen nach gerichtlicher Klärung. Das wurde trotz aller Bedenken gegen den „Innenrechtsstreit" zunehmend anerkannt (zu den Anfängen OVG Lüneburg, OVGE 2, 225; *Roth,* Verwaltungsrechtliche Organstreitigkeiten [2001], 215 ff.; *Lerche,* FS Knöpfle [1996], 171).

Die Konsequenz ist die Statthaftigkeit verwaltungsprozessualer Organklagen innerhalb ein- und derselben juristischen Person, wobei die Bezeichnung „Innenrechtsstreit" missverständlich ist. Beteiligte sind entweder die Organe einer Juristischen Person (**inter**-organischer Rechtsstreit) oder einzelne Rechtsträger innerhalb desselben Organs (**intra**-organischer Rechtsstreit). Das verhält sich nicht anders als bei den „großen" Organklagen des Verfassungsrechts (vgl. Art. 93 I 1 GG; §§ 63 ff. BVerfGG).

2. Dogmatische Probleme des „Innenrechtsstreits"

Obwohl die Notwendigkeit der verwaltungsprozessualen Organklage heute nicht mehr geleugnet wird, werden aus dem überkommenen Verständnis des „Innenrechtsstreits" zahlreiche Probleme mitgeschleppt, die für eine moderne verwaltungsprozessuale Organklage eigentlich nicht bestehen müssten. Das beginnt schon mit der Frage, ob z. B. ein Gemeinderatsmitglied als „natürliche Person", als Teil einer juristischen Person oder als „sonstiger Rechtsträger" beteiligungsfähig ist. Das setzt sich fort in der Klageart und der grundsätzlichen Verneinung der Außenwirkung. Auch wird daran festgehalten, dass das Organ nicht etwa personenbezogene Rechte einschließlich von Grundrechten geltend machen kann, sondern sich auf Mitwirkungsrechte berufen muss. Schließlich würde die strikte Anwendung des Rechtsträgerprinzips bei den Stichwörtern „richtiger Beklagter" und „Passivlegitimation" verhindern, dass sich der verwaltungsprozessuale Streit zwischen den eigentlichen „Streitenden" abspielt.

II. Besondere Probleme des Rechtswegs

1. Allgemeines

3   Kommunalverfassungsrecht und vergleichbares Organisationsrecht der öffentlichen Körperschaften und Anstalten zählen zum spezifisch **Öffentlichen Recht**, denn sie betreffen als Sonderrecht die Struktur von Entscheidungsträgern, wie sie im Privatrecht gerade nicht vorkommen.

Organstreitigkeiten im Gemeindebereich sind **nicht verfassungsrechtliche Streitigkeiten** im Sinne von § 40 I 1 VwGO. Schon deshalb empfiehlt es sich, den Begriff des Kommunal*verfassungsstreits* nur zu benutzen, wenn man sich verdeutlicht, dass es nicht um „Parlamentsrecht", sondern um schlichtes Organisationsrecht im Bereich der (Selbst-) Verwaltung geht. Das gilt auch im Streit um ein Bürgerbegehren auf kommunaler Ebene (*Meyer*, NVwZ 2003, 183).

2. Besondere Fallgruppen

4   a) Bei **missbilligenden Äußerungen** im Gemeinderat stellt sich die Frage, ob es sich um eine private Auseinandersetzung oder um einen öffentlich-rechtlichen Streit der Organe handelt. Abzustellen ist auf die **wahrgenommene Funktion**. Äußerungen in Wahrnehmung der Leitungs- und Ordnungsfunktion des Vorsitzenden, aber auch in der eigentlichen Diskussion sind daher auch bei einem „Exzess" grundsätzlich **öffentlich-rechtlicher** Natur.

> **Beispiel:** Klage auf Widerruf der Behauptung des Bürgermeisters, ein Gemeinderatsmitglied sei von einem ortsansässigen Bauunternehmer „gekauft"; Unterlassungsklage gegen die Bemerkung, ein Gemeinderatsmitglied sei ein „notorischer Querulant".

Anders verhält es sich nur bei „gewöhnlichen" Beleidigungen zwischen Personen, die sich am Rande oder **bei Gelegenheit** einer Gemeinderatssitzung abspielen.

b) Umstritten war lange Zeit die Frage des Rechtswegs bei Streitig- 5
keiten um die Mitgliedschaft in einer **Fraktion** des Gemeinderats.
Das OVG Münster (zuletzt NVwZ 2018, 538 LS; NVwZ – RR 2018, 669),
das OVG Lüneburg (DÖV 1993, 1101), der VGH Mannheim (NVwZ – RR
2018, 358) und der VGH Kassel (NVwZ 1999, 1369) ordnen den Streit um die
Zugehörigkeit zu einer Gemeinderatsfraktion dem **Verwaltungsrechtsweg**
zu, da es sich um eine besondere öffentlichrechtliche Beziehung innerhalb einer ständigen Gliederungseinheit des Gemeinderats handle. Dagegen vertrat
der VGH München (NJW 1988, 2754) die Auffassung, die Klage gegen einen
Fraktionsausschluss sei eine bürgerliche Streitigkeit, die wie andere innerpar-
teiliche Streitigkeiten vor die ordentlichen Gerichte gehöre, weil zwischen
Fraktionsmitglied und Fraktion kein Sonderrecht und keine Subordination
bestehe.
Die Zuordnung zum Verwaltungsrechtsweg verdient den Vorzug: Das gilt
nicht nur wegen der Untrennbarkeit von Streitigkeiten um die Fraktionszu-
gehörigkeit und anderen intra-organischen Streitigkeiten, sondern auch wegen
des Funktionswandels der „Fraktion" im Gemeinderat. Diese ist heute kein
privater Zusammenschluss mehr, sondern ein in der Regel fest organisierter
und in den meisten Gemeindeordnungen erwähnter Funktionsträger im inner-
organischen Bereich. Rechte des Gemeinderatsmitglieds gegen die Fraktion
müssen daher auch verwaltungsprozessual zu klären sein (ähnlich *Ehlers*,
NVwZ 1990, 107). Ebenso wenig kommt es auf die Über- und Unterordnung
der Organe an. Streitigkeiten um die Mitgliedschaft in einer **politischen Partei
als solcher** bleiben allerdings privatrechtlicher Natur.

III. Beteiligte

1. Beteiligtenfähigkeit

Hinsichtlich der Begründung der Beteiligtenfähigkeit besteht Streit 6
darüber, welche der Alternativen des § 61 VwGO Anwendung findet.

In Betracht kommt die Beteiligtenfähigkeit
- als natürliche Person (§ 61 Nr. 1 1. Alt. VwGO),
- als juristische Person bzw. deren Teil (§ 61 Nr. 1 2. Alt. VwGO),
- als (sonstige) Vereinigung, der ein Recht zustehen kann bzw. deren Teil
(§ 61 Nr. 2 VwGO).

Klagt ein Gemeinderatsmitglied oder der Bürgermeister, so tut er
dies nach h. L. **nicht als natürliche Person,** weil diese Alternative
auf Außenrechtsbeziehungen beschränkt ist (vgl. etwa *Schoch*, JuS
1987, 786; VGH Kassel, DVBl. 1991, 777). Die Mehrheit der Autoren
wendet für die Beteiligungsfähigkeit **§ 61 Nr. 2 VwGO unmittelbar
oder analog** an und stellt damit darauf ab, ob dem jeweiligen Organ

ein Recht zustehen kann (*Czybulka*, in: Sodan/Ziekow, VwGO, § 61, Rn. 37 f.; *Bauer/Krause*, JuS 1996, 411, 512, 515; *Lorenz*, VwProzR, § 25, Rn. 21; grundsätzl. für nur analoge Anw. *Detterbeck*, AVwR, Rn. 1472). Es kann aber nur darum gehen, ob dem Organ überhaupt ein Recht zustehen kann. Das konkrete Recht im Einzelfall ist Sache der Prüfung der Klagebefugnis. Das verkennt OVG Lüneburg, NVwZ – RR 2019, 570 – keine Beteiligungsfähigkeit einer Ratsfraktion bei Normenkontrolle gegen Baumschutzsatzung.

2. Prozessfähigkeit

7   Die Prozessfähigkeit richtet sich nach § 62 I VwGO, soweit eine natürliche Person handelt; im Übrigen richtet sie sich nach § 62 III VwGO (Vereinigungen, für die der gesetzliche Vertreter, Vorstand usw. handelt). Für die Vertretungsbefugnis ist das jeweilige Organisationsrecht heranzuziehen. So wird im Kommunalverfassungsstreit der Gemeinderat durch den Vorsitzenden – bei Streit zwischen diesem und dem Gesamtorgan durch dessen Stellvertreter – vertreten. Handelt der Vorsitzende ohne Vertretungsbefugnis, so ist die Klage nicht wirksam erhoben; die Genehmigung kann aber innerhalb der Klagefrist wirksam nachgeholt werden (VG Gießen, LKRZ 2010, 299).

3. Passive Prozessführungsbefugnis – „richtiger Beklagter"

8   Umstritten ist auch, **gegen wen** die Klage zu richten ist. Im verwaltungsprozessualen Organstreit führt das Rechtsträgerprinzip zu Schwierigkeiten, da es in der Sache um einen Streit zwischen den Organen *eines* Rechtsträgers oder sogar innerhalb ein und desselben Organs geht.

Deshalb spricht im Organstreit alles für ein **Abweichen vom Rechtsträgerprinzip**. Danach ist die Klage gegen denjenigen Funktionsträger zu richten, dem gegenüber die mit der Organklage beanspruchte Innenrechtsposition bestehen soll. Diese Auffassung hat den Vorteil, dass nur dasjenige Organ bzw. derjenige Funktionsträger als Beklagter herangezogen wird, der über das streitige Rechtsverhältnis entscheiden kann (OVG Münster, NVwZ 1990, 188; VGH Mannheim, DÖV 1990, 627; OVG Lüneburg, DVBl. 2012, 972. *Bauer/Krause*, JuS 1996, 411, 512, 516).

Beispiel: Streit um ein Rauchverbot im Gemeinderat nicht gegen die Gemeinde, sondern gegen den Gemeinderat bzw. dessen Vorsitzenden; Streit um Äußerung des Vorsitzenden im Gemeinderat gegen diesen; Streit um Abwahl gegen Gemeindewahlausschuss (VG Leipzig, DÖV 1998, 1023); anders aber VGH Mannheim, NVwZ – RR 2018, 359 – Streit um Ordnungsgeld wegen Verletzung der Verschwiegenheitspflicht zu richten gegen die Gemeinde, nicht gegen das Organ).

IV. Klageart

1. Allgemeines

Besonders „problemträchtig" wirkt sich die alte Vorstellung vom „Innenrechtsstreit" bei der **Klageart** aus. Einigkeit besteht lediglich darin, dass Kommunalverfassungsstreit und Organstreitigkeit **keine eigene Klageart** sind. Sie sind vielmehr in das System der üblichen Klagearten einzuordnen. Nur in diesem Rahmen wird bei bestimmten Fallkonstellationen eine „Klage sui generis" diskutiert, z. B. wenn es um die Kassation eines Gemeinderatsbeschlusses geht (dazu Rn. 14).

2. Ausschluss der Anfechtungs- und Verpflichtungsklage

In der Rechtsprechung und im größten Teil der Literatur wird im Organstreit die Statthaftigkeit von Anfechtungs- und Verpflichtungsklagen **abgelehnt,** weil es hier mangels Außenwirkung keinen VA gebe. Das Außenrechtsverhältnis wird also dem Rechtsstreit Körperschaft – Bürger vorbehalten.

Beispiel: Ausschluss eines Gemeinderatsmitglieds aus der Sitzung: Kein VA (VGH München, BayVBl. 1988, 16; VGH Mannheim, NVwZ 1993, 396; *Ogorek*, JuS 2009, 512; *Würtenberger*, VwProzR, Rn. 756).

Diese Begrenzung des Außenrechtsverhältnisses ist nicht zwingend. Unter der Geltung des Enumerationsprinzips diente das Erfordernis der Außenwirkung dazu, den Innenbereich der Exekutive von Rechtsstreitigkeiten freizuhalten. Mit der Anerkennung von inter- und intraorganischen Streitigkeiten wird aber zugleich akzeptiert, dass hier Rechte und Rechtsbeziehungen möglich sind, in die eingegriffen werden kann. Es ist also durchaus denkbar, dass der organschaftliche „Rechtskreis" mit Außenwirkung gleichgesetzt wird. Die Konsequenz wäre die Statthaftigkeit von Anfechtungs- und Verpflichtungsklagen, aber auch die Notwendigkeit des Vorverfahrens im Kommunalverfassungsstreit (*Schenke*, VwProzR, Rn. 228). Wegen dieser Konsequenzen hat sich diese Auffassung nicht durchgesetzt. **mmer Außenwirkung** hat der Streit, wenn es um den **Grundstatus** des Organs geht. **Beispiele:** Abwahl des Bürgermeisters, dauerhafter Ausschluss des Mitglieds aus dem Gemeinderat

(VG Trier, LKRZ 2012, 331); ähnl. verhält es sich bei einem Streit um den Antrag, aus dem Gemeinderat auszuscheiden (*Martensen*, JuS 1995, 989, 992). Wird das Gemeinderatsmitglied wegen einer Störung zunächst von der Sitzung ausgeschlossen (nach h. L. kein VA), stört es dann gleichsam als „einfacher Bürger" auf der Besuchertribüne weiter und wird des Raumes verwiesen, so handelt es sich bei letztgenannter Entscheidung um einen VA wie gegenüber jedem anderen Bürger. Außenwirkung gegenüber dem Bürger hat auch die Entscheidung über die Zulässigkeit eines kommunalen Bürgerbegehrens (*Meier*, NVwZ 2003, 183; a. A. *Heimlich*, DÖV 1999, 1029 – Leistungsklage). In diesen Fällen handelt es sich also um „normale" Anfechtungs- oder Verpflichtungsklagen, nicht um Organstreitigkeiten.

3. Allgemeine Leistungs- und Unterlassungsklagen

11 Wegen der Ablehnung von Anfechtungs- und Verpflichtungsklagen wird in Rechtsprechung und Literatur vielfach auf die Unterlassungs- und die Leistungsklage ausgewichen.

Beispiele: Klage auf Unterlassung oder Widerruf einer missbilligenden Äußerung im Gemeinderat, Klage auf Zulassung zu einer Gemeinderats- oder Ausschusssitzung, Klage auf Aufnahme eines Gegenstandes in die Tagesordnung, Klage auf Rauchverbot im Gemeinderat, Klage auf Unterlassung einer Beanstandung.

Problematisch sind solche Fälle, in denen es um die **Rechtsgestaltung**, z. B. die Aufhebung eines Beschlusses, geht. Für diesen Fall hat der VGH München (etwa BayVBl. 1976, 753; BayVBl. 1985, 339) die „**kassatorische Leistungsklage**" entwickelt. Bei dieser Konstruktion wird aber verkannt, dass Kassation und Leistungsklage ein Widerspruch in sich sind, denn das Leistungsurteil „kassiert" nicht rechtsgestaltend, sondern verurteilt zu einer Leistung.

4. Feststellungsklage

12 Im Vordringen befindet sich wegen der mit den anderen Klagearten zusammenhängenden Probleme offensichtlich die Feststellungsklage. Man begnügt sich also mit dem Anspruch auf Feststellung des Bestehens oder Nichtbestehens eines Rechtsverhältnisses, z. B. der Berechtigung eines Ordnungsrufs (OVG Koblenz, NVwZ-RR 1996, 52), eines Sitzungsausschlusses, des Anspruchs auf ein Rauchverbot usw. und vertraut insofern auf die Rechtstreue des verklagten Organs. Wird die Feststellungsklage angenommen, so gilt § 43 VwGO unmittelbar, d. h. es muss ein **hinreichend konkretes Rechtsverhältnis** vorliegen, es darf nicht nur um abstrakte Rechtsfragen oder die Bewertung von Tatsachen gehen, und es ist das Feststellungsinteresse zu prüfen. Die Feststellungsklage ist nach h. L. auch anwendbar, wenn es um die Klärung eines erledigten Rechtsverhältnisses, z. B.

den zeitweiligen Ausschluss von einer inzwischen erfolgten Abstimmung, eine inzwischen „erledigte" Rüge des Vorsitzenden usw., geht (dazu oben, § 18, Rn. 44).

5. Normenkontrolle

Geht der Streit um die **Geschäftsordnung** des Gemeinderats oder eine vergleichbare Rechtsnorm, so kommt im Rahmen der Organklage unabhängig von der Frage der Außenwirkung auch die **Normenkontrolle** nach § 47 VwGO in Betracht (BVerwG, NVwZ 1988, 1119 dazu oben, § 19, Rn. 14). Nach dieser richten sich dann auch die Zulässigkeitsvoraussetzungen. 13

Die Klage auf Erlass oder Ergänzung der Geschäftsordnung, also ein Sonderfall der **Normerlassklage,** ist als allgemeine Leistungsklage oder ggf. als Feststellungsklage zu behandeln (§ 20).

6. Klage sui generis/Allgemeine Gestaltungsklage

Folgt man der Auffassung, dass die Anfechtungsklage im Organstreit grundsätzlich nicht in Betracht kommt, geht es aber um die unmittelbare Rechtsgestaltung, z. B. die Aufhebung eines Beschlusses, dann kann – abgesehen von der abzulehnenden „kassatorischen Leistungsklage" – nur eine (besondere) **Gestaltungsklage,** z. B. auf Aufhebung (Kassation) eines Beschlusses, helfen. 14

Grundsätzliche Bedenken dagegen bestehen **nicht.** Die Aufhebung eines Gemeinderatsbeschlusses im Organstreit greift nicht mehr in die Selbstverwaltung ein als jede andere gerichtliche Aufhebung von Gemeindeentscheidungen. Auch besteht durchaus ein Bedarf zur unmittelbaren Beseitigung der Rechtswirkung eines Beschlusses oder einer Einzelmaßnahme des Bürgermeisters.

Beispiel: Klage auf Aufhebung eines rechtswidrigen Befangenheitsbeschlusses des Gemeinderats; Klage auf Aufhebung einer rechtswidrigen Eilentscheidung des Bürgermeisters. Falsch ist es aber, eine „Klage sui generis" auch nur zu erwähnen, wenn es nichts zu gestalten gibt – also z. B. beim (Leistungs-) Anspruch gegen ein Organ.

Zur allg. Gestaltungsklage s. unten, § 22, Rn. 2; *Pietzner/Ronellenfitsch*, Assessorexamen, § 9, Rn. 268 und *Grupp*, FS Lüke (1997), 207, 214; *M. Fischer*, Die verwaltungsprozessuale Klage (2011), 199 ff.; *Würtenberger/Heckmann*, VwProzR, Rn. 763; ablehnend *Ehlers*, NVwZ 1990, 105; *Schmidt-Aßmann*, FS Menger (1985), 107; *Schoch*, JuS 1987, 789; *Pietzcker*, in: Schoch/Schneider, VwGO, vor § 42 I, Rn. 20.

V. Klagebefugnis

1. Allgemeines

15 Weitgehende Einigkeit besteht heute darüber, dass auch der Kläger im Organstreit klagebefugt sein muss. Die Stellung als Organ verleiht **kein** Recht zur Popularklage. Die Notwendigkeit der Klagebefugnis besteht unabhängig von der Klageart.

Wichtig: Auch bei der Organklage als **Feststellungsklage** muss nach der Rechtsprechung des BVerwG der Kläger geltend machen, er werde durch die Maßnahme oder das Unterlassen, deren Rechtswidrigkeit festgestellt werden soll, in seinen (Organ-)Rechten verletzt (BVerwG, NVwZ 1989, 470; NVwZ 1991, 470).

2. Recht

16 Wie in jedem anderen Fall ist das Vorliegen einer Rechtsposition von bloßen Rechtsreflexen, ideellen und wirtschaftlichen Interessen zu trennen.

Beispiel: Das Gemeinderatsmitglied kann sich nicht auf das Ansehen der Gemeinde oder des Rates bzw. auf bloße wirtschaftliche Interessen berufen.

3. Zuordnung zum Organ

17 Das Recht muss auch im Kommunalverfassungsstreit dem Kläger zuzuordnen sein, und zwar in seiner **Eigenschaft als Organ.**
a) Im Kommunalverfassungsstreit geht es – wie in jedem Organstreit – um **Mitwirkungsrechte.** Abzulehnen ist die ältere Auffassung, ein Organ habe überhaupt keine Rechte, sondern nur Kompetenzen oder eine aus der Stellung des Gesamtorgans abgeleitete Rechtsposition (ausf. begründet bei *Roth*, Verwaltungsrechtliche Organstreitigkeiten [2001], 324 ff.).

Anders als im Innenbereich der Behörden bestehen im Selbstverwaltungsbereich durchaus „wehrfähige", durch Wahl erworbene Mitwirkungsrechte, die den Organen und deren Mitgliedern durch Gesetz (z. B. Gemeindeordnung, Hochschulgesetz usw.) zugewiesen sind und bei einem Eingriff verteidigt werden können (BVerwGE 45, 207, 209 f.; *Schnapp*, VerwArch. 1987, 407, 415; *Kisker*, Insichprozess, S. 38 ff., der treffend von „Kontrastorganen" spricht). Das heißt: Das Gemeinderats- oder Fakultätsmitglied macht nicht etwa abgeleitete Rechte des Gesamtorgans oder des Gremiums geltend, sondern eine **eigene Mitwirkungsposition,** die es durch Wahl oder Bestellung erworben hat.

b) **Schutznormen** sind primär diejenigen Regelungen der Gemeindeordnung, des Hochschulrechts oder der Geschäftsordnung, die sich **gerade auf die Mitwirkung** des Organs beziehen und dieses schützen. Wichtigster Fall ist das in einigen Gemeindeordnungen nur andeutungsweise erwähnte bzw. aus den dort niedergelegten Pflichten abzuleitende **Mitwirkungsrecht.** 18

Dieses umfasst unabhängig von weiterer gesetzlicher Konkretisierung im Einzelnen:

- Das Recht auf ordnungsgemäße Ladung der Sitzung (VGH Kassel, LKRZ 2009, 22 u. 531; anders VGH Mannheim, NVwZ – RR 2018, 358),
- das Recht auf Teilnahme an Sitzungen einschließlich Rede-, Antrags- u. Abstimmungsrecht,
- das Recht auf Information über die Entscheidungsgrundlagen und gleiche Teilhabe an den Verwaltungsressourcen (Fraktionszimmer, Telefon usw.),
- das Recht auf Bildung und Mitgliedschaft in einer Fraktion (OVG Münster, NVwZ – RR 2018, 669).
- Es ist umstritten, ob eine Fraktion sich auf den Öffentlichkeitsgrundsatz berufen kann. Das dürfte zu bejahen sein, weil die Öffentlichkeit nicht nur den Gemeindebürgern, sondern auch dem Gemeinderat und seinen Fraktionen zugute kommt (*Suslin,* NVwZ 2020, 200).

c) Das Erfordernis der Geltendmachung **eigener** Rechte des jeweils klagenden Organs schließt es aus, dass dieses sich auf Rechte des Gesamtorgans oder der Gesamtkörperschaft berufen kann (vgl. allg. BVerfGE 88, 63, 67 f.). 19

Beispiel: Ein Gemeinderat kann nicht gegen Aufsichtsmaßnahmen gegen die Gemeinde als solche klagen (*Greim/Michl,* NVwZ 2013, 775) oder staatliche Einrichtungen im Gemeindegebiet kontrollieren (VG Köln, NVwZ 2017, 248 – kein individuelles Recht eines Stadtverordneten auf Besichtigung einer staatlichen Flüchtlingsunterkunft).
Das heißt aber nicht, dass die jeweilige Maßnahme direkt gegen das klagende Organ gerichtet sein muss. Möglicherweise wird ein einzelnes Mitglied auch durch die Verletzung der Rechte des Gemeinderats gleichzeitig in seinem Mitwirkungsrecht verletzt. Beruft etwa der Bürgermeister den Rat nicht ordnungsgemäß ein, setzt er rechtswidrig einen Tagesordnungspunkt ab oder wird gegen den Grundsatz der Öffentlichkeit verstoßen, so ist sowohl der Gemeinderat als Ganzer **als auch** jedes einzelne Mitglied verletzt (OVG Münster, DÖV 2001, 916; anders hins. rechtswidriger Eilentscheidung des Bürgermeisters aber VGH Mannheim, NVwZ 1993, 396; ähnl. zur Stellung der Fraktion OVG Münster NVwZ 1989, 989; krit. zu beiden J. *Müller,* NVwZ

1994, 120). Das gilt umso mehr, wenn Bürgermeister und Gemeinderatsmehrheit zum Schaden der Minderheit zusammenwirken.

20 d) Sehr umstritten ist die Frage, ob das einzelne Gemeinderatsmitglied sich im Kommunalverfassungsstreit auch auf **Grundrechte** wie die **Meinungsfreiheit** berufen kann, wenn z. B. der Bürgermeister ihm das Wort entzieht, es auffordert, eine überdimensionale Anti-Atomkraft-Plakette abzulegen. Fest steht nur, dass eine Berufung auf Art. 38 I GG (Rechte der Abgeordneten des Deutschen Bundestages) nicht in Betracht kommt (BVerfG, Kammer, NVwZ 2009, 776).

Der „reinen Lehre" des Organrechtsverhältnisses entspricht es, auch und gerade im Hinblick auf die Grundrechtsposition streng zwischen Außenrechtsbeziehungen und Innenrecht zu trennen. Deshalb beharrt die h. L. darauf, dass sich nur der Bürger, nicht aber das Organ im Kommunalverfassungsstreit auf Grundrechte, insbesondere die Meinungsfreiheit, berufen kann (BVerfGE 48, 344, 348; BVerwG, NVwZ 1997, 1220 – Wahlempfehlung des BM; *Bauer/Krause*, JuS 1996, 513).

Eine pragmatische Position scheint das BVerwG, NVwZ 1988, 837; 1989, 975 einzunehmen. Es sieht in den Vorschriften der Gemeindeordnungen Schranken der Meinungsfreiheit nach Art. 5 II GG, ohne die Frage einer Anwendbarkeit des Grundrechts näher zu erörtern (krit. *Geis*, BayVBl. 1992, 41 f.).

Die Frage der Grundrechtsträgerschaft darf aber nicht offenbleiben. Gemeinderatsmitglieder sind an den Rechtsverhältnissen im Kommunalverfassungsstreit in der Tat nicht als Bürger (und insoweit Grundrechtsträger) beteiligt; sie machen vielmehr grundsätzlich Mitwirkungsrechte **als Organ** geltend. Das schließt aber nicht aus, dass die Mitwirkungsrechte durch Grundrechtspositionen verstärkt werden.

Beispiel: Weist der Bürgermeister ein Gemeinderatsmitglied aus dem Raum, weil dieses sich weigert, eine Plakette abzulegen, so sind sowohl das Mitwirkungsrecht als auch die Meinungsfreiheit berührt. Verbietet er einem weiblichen Gemeinderatsmitglied das Tragen des muslimischen Kopftuchs, dann ist nicht nur das Mitwirkungsrecht, sondern auch die Religionsfreiheit berührt. Der Anspruch auf Erlass eines Rauchverbots folgt nicht nur aus dem Recht auf ungestörte Mitwirkung; er ist durch Art. 2 II GG zumindest überlagert und verstärkt. Das alles ist sehr umstritten. Jedenfalls muss der Unterschied von Außenrechts- und Innenrechtsposition, von individuellem bürgerlichem Grundrecht und Organrecht hervorgehoben und müssen Einwirkungen des einen auf den anderen Rechtskreis genau bezeichnet werden.

4. Möglichkeit der Rechtsverletzung

Das Organ muss geltend machen, dass es durch die streitige Maßnahme möglicherweise in seinen Organrechten verletzt ist. Es reicht die Plausibilität der Rechtsverletzung.

Beispiel: Die fehlende Tagesordnung bei der Ladung gefährdet das Mitwirkungsrecht.

Gegenbeispiele: Ein Überschreiten der Verbandskompetenz kann Rechte des einzelnen Ratsmitglieds nicht tangieren (VGH Kassel, NVwZ-RR 2015, 735); ebenso wenig ein Beschluss über den Ausschluss der Öffentlichkeit (*Schnapp,* VerwArch. 78 [1987], 407, 415).

VI. Sonstige Zulässigkeitsvoraussetzungen

1. Rechtsschutzbedürfnis

Unabhängig vom (besonderen) Feststellungsinteresse bei der kommunalen Feststellungsklage und der Klagebefugnis muss bei der Organklage das **allgemeine Rechtsschutzbedürfnis** gegeben sein. Das heißt: Das Organ muss auf den Rechtsschutz durch die Verwaltungsgerichtsbarkeit angewiesen sein, und es darf kein leichterer Weg zur Rechtsverfolgung zur Verfügung stehen. So fehlt das Rechtsschutzbedürfnis, wenn das Ziel durch einfachen Antrag im Gemeinderat oder einen Einspruch gegen dessen Entscheidung erreicht werden könnte. **Nicht** ausgeschlossen wird das Rechtsschutzbedürfnis aber durch die Möglichkeit der Anrufung der Rechtsaufsicht. Zwar kann ein Ratsmitglied die aufsichtliche Beanstandung eines Beschlusses anregen; die Rechtsaufsicht folgt aber grundsätzlich anderen Maßstäben, und es besteht überdies ein Ermessensspielraum auf Seiten der Aufsichtsbehörde.

Das Rechtsschutzbedürfnis fehlt, wenn die Organklage **missbraucht** wird, bereits **verwirkt** ist oder wenn das Organ die Verletzung seiner Rechte selbst herbeigeführt hat und sich in **Widerspruch zu vorangegangenem Tun** setzt.

2. Frist

Wird der Kommunalverfassungsstreit mit der h. L. als Leistungs- oder Feststellungsklage behandelt, dann ist eine Frist nicht einzuhalten. Der Klageanspruch kann aber verwirkt sein, wenn das Organ die

Entscheidung z. B. lange Zeit hinnimmt und erst in einem verspäteten Zeitpunkt rügt.

Literatur zu § 21: *Kisker,* Insichprozess und Einheit der Verwaltung (1968); *Ehlers,* Die Klagearten und besonderen Sachentscheidungsvoraussetzungen im Kommunalverfassungsstreitverfahren, NVwZ 1990, 105; *Martensen,* Grundfälle zum Kommunalverfassungsstreit, JuS 1995, 989; *P. Lerche,* Strukturfragen des verwaltungsgerichtlichen Organstreits, FS Knöpfle (1996), 171; *M. Bauer/B. Krause,* Innerorganisatorische Streitigkeiten im Verwaltungsprozess, JuS 1996, 411 u. 512 ff.; *Buchwald,* Der verwaltungsgerichtliche Organstreit (1998); *Roth,* Verwaltungsrechtliche Organstreitigkeiten (2001), 215 ff.; *Franz,* Der Kommunalverfassungsstreit, Jura 2005, 156; *M. Winkler,* Entwicklungsschwerpunkte im Kommunalrecht, JA 2007, 405 ff.; *Ogorek,* Der Kommunalverfassungsstreit im Verwaltungsprozess, JuS 2009, 511; *Greim/Michl,* Kommunalverfassungsrechtliche Drittanfechtung? NVwZ 2013, 775; *K. Lange,* Der Kommunalverfassungstreitt, FS Schenke (2011), 959; *Suslin,* Der Öffentlichkeitsgrundsatz als wehrfähige Innenrechtsposition für Mitglieder kommunaler Vertretungen, NVwZ 2020, 200; *Ehlers/Schoch,* Rechtsschutz, 745; *Geis,* Kommunalrecht, 5. Aufl (2019), § 25

24

> **Übersicht 18: Sachentscheidungsvoraussetzungen der verwaltungsgerichtlichen Organklage**
>
> I. **Rechtsweg und zuständiges Gericht**
>   1. Verwaltungsrechtsweg (Kommunal"verfassungs"streit ist keine verfassungsrechtliche Streitigkeit im Sinne von § 40 I 1 VwGO)
>   2. Zuständiges Gericht
> II. **Zulässigkeit**
>   1. Beteiligtenfähigkeit
>   2. Statthafte Klageart: Keine eigene Klageart, nach h. L. keine A- und V-Klage; nur F- oder L-Klage, *ggf. besondere Gestaltungsklage*
>   3. Klagebefugnis (Möglichkeit der Verletzung von Organrechten)
>   4. Rechtsschutzbedürfnis
>   5. Sonstige Zulässigkeitsvoraussetzungen

§ 22 Weitere Klagearten

I. Allgemeines

Die Klagearten der VwGO sind nicht abschließend. Auch gibt es 1 keine bundesstaatlichen oder rechtsstaatlichen Bedenken gegen eine richterrechtliche Fortentwicklung der Klagearten. Maßgeblich sind vielmehr Art. 19 IV GG und § 40 VwGO. Nach ihnen **muss** für **jede** öffentlich-rechtliche Streitigkeit nichtverfassungsrechtlicher Art eine Klageart zur Verfügung stehen, die den Rechtsschutz ermöglicht. Bei näherem Hinsehen erweisen sich aber die meisten Fälle der „Klage sui generis" oder ähnliche Fortentwicklungen als Varianten wohlbekannter Klagearten, also Leistungs-, Gestaltungs- oder Feststellungsklagen.

– So ist die **Untätigkeitsklage** i. d. R. Verpflichtungsklage,
– die **Bescheidungsklage** ist Verpflichtungs- oder Leistungsklage,
– die **Normerlassklage** ist allgemeine Leistungsklage oder Feststellungsklage,
– die **Organklage** bzw. der **Kommunalverfassungsstreit** spielen sich vorwiegend in den Formen der Leistungs- oder der Feststellungsklage ab.

Einzig bei bestimmten Innenrechtsstreitigkeiten kommt die besondere **Gestaltungsklage** zur Aufhebung von Entscheidungen in Betracht, die nach h. L. nicht Verwaltungsakt sind. Allgemeine Bedenken dagegen sind nicht berechtigt: Im Verwaltungsprozess gibt es keinen „numerus clausus" der Klagearten (*Grupp*, FS Lücke [1997], 207, 211; *Pietzner/Ronellenfitsch*, Assessorexamen, § 9 Rn. 274; zur Gegenauffassung *Hufeld*, JA 1998, 520). Neben dem Kommunalverfassungsstreit (dazu § 21, Rn. 14) kann das in bestimmten beamtenrechtlichen Streitigkeiten und bei Problemen der Geschäftsverteilung der Fall sein (Beispiele bei *Pietzner/Ronellenfitsch*, Assessorexamen, § 9, Rn. 275 ff.).

II. Prozessuale Gestaltungsklagen

Eine Sonderstellung nehmen die auch im Verwaltungsprozess vor- 2 kommenden prozessualen Gestaltungsklagen ein.

1. Abänderungsklage

Mit der **Abänderungsklage** (§ 173 VwGO i. V. m. § 323 ZPO) kann die 3 Änderung eines Urteils auf künftig wiederkehrende Leistungen, z. B. bestimmter Subventionsbeträge, öff. Stipendien usw. erreicht werden. Voraussetzung ist eine wesentliche Änderung derjenigen Verhältnisse, die für die Verurteilung zur Entrichtung der Leistung, für die Bestimmung der Höhe der Leistungen oder der Dauer ihrer Entrichtung maßgeblich waren (§ 323 I ZPO). Das ursprüngliche Urteil darf nur für die Zeit nach Erhebung der (Abänderungs-)Klage abgeändert werden.

2. Vollstreckungsabwehrklage

4   Die **Vollstreckungsabwehrklage** (Vollstreckungsgegenklage – § 167 VwGO i. V. m. § 767 ZPO) ist das prozessuale Mittel gegen die Zwangsvollstreckung. Sie kommt in Betracht, wenn der Verurteilte bestimmte Einwendungen geltend machen kann, die erst nach dem Schluss der mündlichen Verhandlung entstanden sind (§ 767 II ZPO). Die Vollstreckungsabwehrklage zielt auf die Beseitigung der Vollstreckbarkeit und insoweit auf die Gestaltung eines Vollstreckungstitels, nicht aber auf Zweifel an der Rechtmäßigkeit des unanfechtbaren VA (VGH Mannheim, NVwZ-RR 2016, 557). Mit ihr wird ein neuer Rechtsstreit eingeleitet, nicht etwa der ursprüngliche Rechtsstreit fortgesetzt.

3. Drittwiderspruchsklage

5   Die **Drittwiderspruchsklage** kann durch einen Dritten mit der Behauptung erhoben werden, dass ihm an dem Gegenstand der Zwangsvollstreckung ein die Veräußerung hinderndes Recht zustehe (§ 167 VwGO i. V. m. § 771 ZPO). Auch sie ist im Verwaltungsprozessrecht denkbar, aber äußerst selten.

Abänderungsklage, Vollstreckungsabwehrklage und Drittwiderspruchsklage kommen auch in Betracht, wenn die Vollstreckung aus einem Prozessvergleich (§ 106 VwGO) erfolgen soll, dessen Geschäftsgrundlage entfallen ist (*Pietzner/Ronellenfitsch*, Assessorexamen, § 9, Rn. 303).

Literatur: *Grupp*, Zur allgemeinen Gestaltungsklage im Verwaltungsprozessrecht, in: FS Lüke (1997), 207; *Schenke/Baumeister*, Probleme des Rechtsschutzes bei der Vollstreckung von Verwaltungsakten, NVwZ 1993, 1; *Hufeld*, Klagearten und Urteilstypik im Verwaltungsprozess, JA 1998, 520; *T. I. Schmidt*, Das System der verwaltungsgerichtlichen Klagearten. DÖV 2011, 169, 173; allg. zur Vollstreckung *Peine/Siegel*, AVwR, Rn. 676 ff.; *Würtenberger/Heckmann*, VwProzR, Rn. 828 ff.; *App*, Einführung in das Verwaltungsvollstreckungsrecht, JuS 2004, 786 ff.; *Gaentzsch*, Abwehr der Vollstreckung eines verwaltungsgerichtlichen Bescheidungsurteils bei nachträglicher Änderung der Sach- oder Rechtslage, NVwZ 2008, 950).

Zu den **Wiederaufnahmeklagen** s. unten, § 43.

§ 23 Weitere allgemeine Zulässigkeitsvoraussetzungen

I. Allgemeines

Neben den klageartbezogenen (besonderen) Zulässigkeitsvoraussetzungen sind – unabhängig von der Klageart – weitere allgemeine Voraussetzungen zu klären, die die Zulässigkeitsprüfung abschließen. Dazu gehören formelle Aspekte, wie die **ordnungsgemäße Klageerhebung**, das **Nichtvorliegen einer rechtskräftigen Entscheidung in gleicher Sache** oder eines bereits **anhängigen Rechtsstreits** sowie das **allgemeine Rechtsschutzbedürfnis**.

II. Ordnungsgemäße Klageerhebung, Form und Inhalt der Klage

Die Klage ist nur zulässig, wenn sie **ordnungsgemäß erhoben** worden ist (§ 81 VwGO) und wenn ihr Inhalt mindestens den zwingenden Bestimmungen von § 82 VwGO entspricht. Ob das der Fall ist, muss im Prozess von Amts wegen geprüft werden. In der Klausur ist aber darauf nur näher einzugehen, wenn Anlass dazu besteht.

1. Form

Wie § 253 ZPO schreibt auch § 81 I VwGO für die Klageerhebung im Regelfall die **Schriftform** vor. Das dient der Rechtssicherheit und ist im Verwaltungsprozess besonders wichtig, weil hier mit der Klageerhebung selbst bereits die Rechtshängigkeit eintritt (§ 90 VwGO), i. d. R. die aufschiebende Wirkung erreicht und das Eintreten der Bestandskraft verhindert wird.

Schriftliche Erhebung der Klage bedeutet nicht nur, dass diese als ganze in Schriftform und in **deutscher Sprache** verfasst (zum Erfordernis der deutschen Sprache BVerwG, NJW 1990, 3103), es bedeutet ursprünglich auch, dass die Klage mit einer **eigenhändigen Unterschrift** versehen sein muss, die den Kläger identifiziert (GSOGB, BVerwGE 58, 359, 365). Die Unterschrift muss zwar nicht unbedingt lesbar sein (BVerwGE 78, 123, 126), sie muss aber vom Kläger oder dessen Bevollmächtigten selbst stammen. Faksimile, Stempel, aufgeklebte Blanko-Unterschrift (BGH, NJW 2015, 3246) maschinenschriftliche oder gemailte Namenswiedergabe usw. reichen also nicht (BVerwG, BayVBl. 1984, 251).

Diese strengen Regeln werden aber in der Praxis mehr und mehr relativiert. So ist insbesondere die (fristwahrende) Erhebung der Klage durch Telefax inzwischen uneingeschränkt anerkannt, Ohne dass die besonderen Voraussetzungen der Klageerhebung nach § 55a VwGO gelten (OVG Bautzen, NVwZ – RR 2020, 92). Wichtig ist aber, dass auch das übermittelte Dokument (auch Computerfax) die wenigstens eingescannte Unterschrift des Ausstellers trägt (GSOBG, BVerwGE 111, 377; Einzelheiten bei *Riesenkampff*, NJW 2004, 3296) und der Originalschriftsatz anschließend unverzüglich zu den Akten gereicht wird (so zu Recht LG Berlin, NJW 2000, 3291). Nach den genannten Entscheidungen des BVerwG und OVG Koblenz, NVwZ 1997, 593, soll die Schriftlichkeit auch ohne eigenhändige Namenszeichnung gewahrt sein, wenn sich aus anderen Anhaltspunkten eine der Unterschrift vergleichbare Gewähr für die Urheberschaft und den Rechtsverkehrswillen ergeben (s. auch OVG Münster, NVwZ 2008, 344). Ordnungsgemäß erhoben ist die Klage ferner nur, wenn sie eine ladungsfähige Anschrift des Kl. aufweist. Ausnahmen – z. B. bei Obdachlosigkeit – sind möglich (BVerfG, NJW 2012, 1527). Die bloße Angabe eines Postfachs reicht nicht (BVerwG, NJW 1999, 2608).

Durch das **Justizkommunikationsgesetz** vom 22.3.2005 (BGBl. I, 837) ist die Übermittlung von elektronischen Dokumenten an die Verwaltungsgerichte – einheitlich und entsprechende Anhänge – in § 55a VwGO geregelt. Dieser hat den früheren § 86a VwGO ersetzt (*V. Schmid*, in: Sodan/Ziekow. VwGO § 55a; *Rudisile*, in: Schoch/Schneider, VwGO, Kommentierung zu § 55a; *Britz*, DVBl 2007, 993). Für Dokumente, die einem schriftlich zu unterzeichnenden Schriftstück gleichstehen, also auch für die Klage, ist zur Gewährleistung ihrer Authentizität eine elektronische Signatur nach § 55a I 3 VwGO oder ein anderes sicheres Verfahren vorgeschrieben (OVG Lüneburg, NVwZ 2005, 470). Eine nicht mit qualifizierter elektronischer Signatur versehene Klage, Berufung oder Beschwerde wirkt nicht fristwahrend (OVG Koblenz, NVwZ-RR 2006, 519; OVG Münster, DVBl. 2010, 724; BSG, NJW 2017, 1197; OVG Bautzen, NVwZ-RR 2016, 404). Dem Gericht zugegangen sind die Klage oder andere Dokumente erst, wenn die für den Empfang bestimmte Einrichtung es aufgezeichnet hat.

4   **Nur** bei dem Verwaltungsgericht, nicht also bei OVG/VGH oder BVerwG ist nach § 81 I VwGO ferner die **Klageerhebung zur Niederschrift des Urkundsbeamten** der Geschäftsstelle möglich. Dies setzt die wörtliche Niederschrift der Klage voraus; ein bloßer Aktenvermerk genügt nicht. Die Niederschrift muss nochmals vorgelesen und vom Kläger genehmigt werden. Nicht zuletzt wegen dieser komplizierten Voraussetzungen ist diese Form der Klageerhebung heute praktisch bedeutungslos.

Anders als bei § 82 VwGO (Ergänzung des Klageinhalts) ist eine Klage noch nicht erhoben, wenn sie die Voraussetzungen von § 81 VwGO nicht erfüllt. Eine Heilung ist daher nur innerhalb der Frist des § 74 VwGO möglich. Andernfalls ist die Klage – ungeachtet der Möglichkeit der Wiedereinsetzung – endgültig unzulässig (BVerwG, NVwZ 1985, 34).

Wie andere verfahrenseinleitende Anträge ist auch die verwaltungsprozessuale Klage grundsätzlich **bedingungsfeindlich** (BVerwGE 59, 302, 304). Weitere Anforderungen an die äußere Form kommen nicht in Betracht. Auch die grob unhöflich formulierte, nach Form oder Inhalt „beleidigende" Klage ist nicht deshalb unzulässig. § 81 VwGO ist eine Form- und keine „Benimmvorschrift". Zu beachten ist noch, dass die Voraussetzungen des § 81 VwGO auch auf andere prozesseinleitende Anträge anwendbar sind, insbesondere also für den Normenkontrollantrag nach § 47 VwGO.

2. Notwendiger Inhalt der Klage

Während § 81 VwGO nur die äußere Form betrifft, regelt § 82 VwGO bestimmte Mindestinhalte der Klage. Dabei sind **zwingende Anforderungen** (§ 82 I 1 VwGO) und **Sollbestimmungen** zu unterscheiden, von denen in (begründeten) Einzelfällen abgewichen werden kann (§ 82 I 2 VwGO).

Zwingend erforderlich sind nach § 82 I 1 VwGO die Bezeichnung des **Klägers**, des **Beklagten** und des **Gegenstandes** des Klagebegehrens. Fehlen sie, so ist die Klage unzulässig. „Entschärft" wird dies aber durch die **Hinweispflicht** des Vorsitzenden oder des Berichterstatters nach § 82 II VwGO sowie durch die Bestimmung des § 78 I Nr. 1, 2 VwGO, wonach zur Bezeichnung des Beklagten die Angabe der Behörde ausreicht. Für die Angabe des Streitgegenstandes kommt es nicht auf eine fachlich korrekte Bezeichnung in diesem umstrittenen Feld an; es geht vielmehr nur darum, dass die angefochtene oder erstrebte Entscheidung angegeben und die wichtigsten Elemente des Sachverhalts genannt werden (VGH München, BayVBl. 1992, 438). Auch ein falsch bezeichneter oder mehrdeutiger Schriftsatz kommt als Klageschrift in Betracht. Unklarheiten sind im Sinne von § 82 II VwGO zu bereinigen (BVerwG, NJW 1991, 508). Kommt der Kläger aber einer Aufforderung nach § 82 II VwGO nicht oder nicht rechtzeitig nach, so bleibt die Klage unzulässig. Für den Fall eines unverschuldeten Versäumnisses sieht § 82 II 3 VwGO die Möglichkeit der Wiedereinsetzung in den vorigen Stand vor. Zu den nicht unbedingt notwendigen Inhalten der Klageschrift rechnet die Sollvorschrift des § 82 I VwGO insbesondere die zur Begründung dienenden Tatsachen und Beweismittel (Musterschreiben und -schriftsätze z. B. bei *Kuhla/ Hüttenbrink*, VProz, Anhang I).

III. Fehlen anderweitiger Rechtshängigkeit

7   Die Klage ist nur zulässig, wenn sie nicht bereits anderweitig rechtshängig, also z. B. bei einem anderen Gericht anhängig ist. Das ist allgemein in § 17 I 2 GVG geregelt.

Anderweitig rechtshängig ist eine Klage dann, wenn sie zum gleichen Gegenstand durch die gleichen Beteiligten bei einem anderen Gericht (unter den entsprechenden Voraussetzungen) erhoben ist. Maßgeblich ist also auch hier der **Streitgegenstand**.

IV. Keine rechtskräftige Entscheidung in der gleichen Sache

8   Wie das anderweitig schwebende gerichtliche Verfahren schließt auch das bereits abgeschlossene Verfahren zu demselben Streitgegenstand die Zulässigkeit einer weiteren Klage aus. Maßgeblich ist auch insofern der Streitgegenstand. Ist über diesen entschieden (§ 121 VwGO), so hindert die materielle Rechtskraft des ersten Urteils nicht nur eine inhaltlich abweichende Entscheidung; sie bewirkt vielmehr bereits die Unzulässigkeit der Klage (BVerwG, NVwZ 1986, 293 m. w. N.). Das kann aber nicht uneingeschränkt gelten, wenn die Behörde selbst unter Verstoß gegen die materielle Rechtskraft eines Urteils einen erneuten inhaltsgleichen VA erlassen hat. Dann muss es dem Kläger möglich sein, sich durch eine Verwaltungsklage gegen diese neue Entscheidung zu wehren.

V. Kein Klageverzicht

9   Unzulässig ist die Klage, wenn der Kläger zuvor wirksam auf sein Klagerecht **zu diesem Streitgegenstand** verzichtet hat. Die Verzichtserklärung muss **freiwillig** und **eindeutig** und **unzweifelhaft** sein. Deshalb kann sie auch in der Regel erst nach dem Erlass des VA, aber im Hinblick auf eine etwaige Berufung auch schon im Vorfeld des Verwaltungsprozesses erklärt werden. Auf die Motive für den Klageverzicht kommt es nicht an; insbesondere ist auch der durch finanzielle Gegenleistungen eines Dritten bewirkte Verzicht wirksam (BGHZ 79, 131).

Vom Klageverzicht, der die Klage unzulässig macht, ist der Verzicht auf den materiellen Anspruch zu unterscheiden. Er betrifft – wie das Anerkenntnis des Beklagten – grundsätzlich die Begründetheit, kann im Einzelfall aber auch das Rechtsschutzbedürfnis ausschließen. Dasselbe gilt für das schriftlich vereinbarte Versprechen der Klagerücknahme (VGH München, NJW 2009, 247).

Literatur zu § 23 I–V: *Roßnagel,* Die elektronische Signatur in der öffentlichen Verwaltung (2002); *Riesenkampf,* Beweisbarkeit der form- und fristgemäßen Übermittlung durch Telefaxgeräte, NJW 2004, 3296; *Britz,* Von der elektronischen Verwaltung zur elektronischen Verwaltungsjustiz – Realisierungsbedingungen und Realisierungsrisiken im Vergleich, DVBl. 2007, 993; *Koehl,* Die Klageerhebung und -zustellung im Verwaltungsprozess, NVwZ 2017, 1089; *Schenke,* VwProzR, Rn. 69; *V. Schmid,* in: Sodan/Ziekow, VwGO, § 55a.

VI. Das allgemeine Rechtsschutzbedürfnis

1. Begriffsklärung, Funktion

Wie jeder Rechtsschutz besteht auch der Verwaltungsrechtsschutz nur dann, wenn der Kläger wirklich der Hilfe des Gerichts bedarf, um zu seinem Recht zu kommen, und wenn die Inanspruchnahme des Rechtsschutzes nicht missbräuchlich ist. Das folgt – auch ohne besondere gesetzliche Grundlage – schon aus der Reichweite der verfassungsrechtlichen Rechtsschutzgarantie (Art. 19 IV GG), ist umgekehrt aber auch im Lichte dieses Grundrechts zu interpretieren. Gleichwohl ist nicht unbestritten, ob es neben der Klagebefugnis und den besonderen Formen des Feststellungsinteresses der Prüfung eines „allgemeinen" Rechtsschutzbedürfnisses bedarf (skeptisch insbes. *Schumann,* Kein Bedürfnis für das Rechtsschutzbedürfnis, in: FS Firsching [1988], 439; *Christonakis,* Das verwaltungsprozessuale Rechtsschutzinteresse [2004]).

In der Tat werden viele Probleme bereits unter Stichworten wie „Beteiligungsfähigkeit", „Klagebefugnis", „Feststellungsinteresse", aber auch in klageartspezifischen Formen des Rechtsschutzbedürfnisses geprüft. Deshalb findet sich dieses Stichwort auch oben bei den jeweiligen Klagearten. Das „allgemeine Rechtsschutzbedürfnis" soll hier – wie auch im Klausuraufbau – nur noch als Auffangkategorie dienen, um Fälle überflüssiger oder missbräuchlicher Inanspruchnahme des Gerichts zu kennzeichnen.

Die wichtigsten Fallgruppen sind:

– Der Kläger kann auf **leichterem Wege** zum Erfolg kommen oder hat sein Ziel bereits erreicht;
– der Kläger kann auch mit Hilfe der Klage sein **Ziel nicht (mehr) erreichen**;
– die Inanspruchnahme des Gerichts ist **missbräuchlich**, z. B. wegen eigenen vorangegangenen Verhaltens oder Zeitablaufs.

Die Beispiele zeigen, dass es durchaus ein „Bedürfnis für ein allgemeines Rechtsschutzbedürfnis" gibt. So wird bei der **Klagebefugnis** nur die Möglichkeit der Rechtsverletzung, nicht gerade der Anspruch auf **gerichtliche** Klärung und deren Verhältnis zu anderen Möglichkeiten der Konfliktlösung geprüft. Auch das **besondere** Rechtsschutzinteresse bei der Feststellungsklage hebt nur einen Sonderfall hervor. Die genannten Fallgruppen dagegen werden nur erfasst, wenn nach Beteiligtenfähigkeit, Prozessführungsbefugnis, Klagebefugnis usw. beim Vorliegen entsprechender Anhaltspunkte das allgemeine Rechtsschutzbedürfnis geprüft wird (in diesem Sinne auch BVerwG, NVwZ 1989, 673).

2. Einfacheres Erreichen des Zieles

12 Ausgeschlossen ist das Rechtsschutzbedürfnis dann, wenn der Kläger sein Ziel anders als durch die Klage leichter erreichen kann oder bereits erreicht hat. So ist ihm zuzumuten, dass er vor Erhebung einer Leistungsklage zunächst einen entsprechenden Antrag stellt. Die Behörde muss vor einer Leistungsklage gegen den Bürger von der ihr zur Verfügung stehenden Möglichkeit einer Regelung durch VA Gebrauch machen (dazu oben, § 18, Rn. 11). Das Rechtsschutzbedürfnis fehlt auch, wenn der Kläger in der Sache bereits erreicht hat, was er mit der Klage anstrebt, oder dass die Möglichkeit des Eintritts eines befürchteten Ereignisses nicht mehr besteht (BVerwG, NVwZ 2018, 69).

Beispiele: Bestehen einer Prüfung – BVerwG, DVBl. 2001, 1680; faktischer Abschiebungsschutz durch gesicherte Duldung – BVerwG, NVwZ 2002, 101; Erlaubnis der Dienstbehörde an Lehrer zur Entfernung eines Kruzifixes für die Dauer des Unterrichts – VGH München, NVwZ 1998, 92.

Die „**leichtere Alternative**" muss aber gleichwertig sein und die Rechtsfrage wirklich klären. Die bloße Anerkennung der Rechtsmeinung des Klägers durch die Behörde reicht nicht, solange ein nicht zurückgenommener VA oder dessen nachteilige Folgen fortbestehen (BVerwGE 62, 18, 19; BVerwG, NVwZ 2013, 80) oder eine Wiederholungsgefahr zu besorgen ist. Als nachteilige Folge gilt z. B. auch der „Makel" des Nichtbestehens einer Prüfung (BVerwG, DVBl. 1991, 756). Die Klage darf ferner nicht wegen eines fehlenden Rechtsschutzbedürfnisses abgewiesen werden, weil noch ein **anderes** Genehmigungsverfahren ansteht oder bereits durchlaufen wurde.

Beispiele: Rechtsschutzbedürfnis für Klage auf Gaststättenerlaubnis auch dann, wenn die Baugenehmigung für die vorgesehene Nutzungsänderung bestandskräftig abgelehnt wurde (BVerwG, DVBl. 1990, 206); Rechtsschutzbedürfnis einer Klage auf Änderung der Beurteilung auch dann, wenn der Beamte inzwischen erneut durch dienstliche Beurteilung befördert worden ist (BVerwG, NVwZ 2003, 1398; BVerwG, NVwZ 2013, 80 – Rechtsschutzbedürfnis auf Feststellung der Verfassungswidrigkeit eines Mindestalters im öff. Dienst auch dann, wenn dieses zwischenzeitlich erreicht wurde).

3. Aussichtslosigkeit der Klage

Kein Rechtsschutzbedürfnis besteht auch im umgekehrten Fall, 13
d. h. wenn die Klage deshalb sinnlos ist, weil sie auch im Erfolgsfall den Kläger in der Sache seinem Ziel nicht näher bringt, weil dieses aus rechtlichen oder tatsächlichen Gründen nicht erreichbar ist oder weil der Erfolg einer Klage ohne jede praktische Bedeutung ist.

Beispiel: Keine Klage auf Notenverbesserung, die keinerlei praktische Bedeutung hat (BVerwG, DÖV 1983, 819); anders aber, wenn die Note in eine numerus clausus-Entscheidung eingeht (VGH Mannheim, DVBl. 1990, 533) oder das Stationszeugnis als Referendar nach bestandener 2. Staatsprüfung für das berufliche Fortkommen von Bedeutung ist (VGH München, BayVBl. 1996, 27). Keine negative Konkurrentenklage, wenn der Kl. nicht mindestens ein rechtliches Interesse an Freihalten der Position hat (BVerwG, NVwZ 2009, 525; *Rennert*, DVBl. 2009, 133). Keine Klage auf Baugenehmigung, wenn das Vorhaben aus anderen Gründen des öff. Rechts nicht verwirklicht werden kann (VGH Kassel, NVwZ – RR 2011, 227); kein Rechtsschutzbedürfnis eines „Reichsbürgers" auf Feststellung der Staatsangehörigkeit des „Reiches" (OVG Münster, NJW 2017, 424).

Der wichtigste Fall des fehlenden Rechtsschutzbedürfnisses wegen 14
Aussichtslosigkeit der Klage betraf früher den **beamtenrechtlichen Konkurrentenstreit.** Hier schien die Rechtsprechung lange Zeit unerschütterlich, wonach der Grundsatz der **Ämterstabilität** das Rechtsschutzbedürfnis für die Verpflichtungsklage des Konkurrenten auf beamtenrechtliche Ernennung ausschließt, sobald der Konkurrent wirksam ernannt worden war (BVerwGE 80, 127; best. durch BVerfG, Kammer, NJW 1990, 501; zuletzt BVerwG, NVwZ 1998, 1082). Das bedeutete nicht nur eine erhebliche Verkürzung des Rechtsschutzes des unterlegenen Bewerbers (Art. 19 IV GG i. V. m. Art 33 II GG), sondern führte auch dazu, dass beamtenrechtliche

Konkurrentenstreitigkeiten faktisch ausschließlich im Verfahren des vorläufigen Rechtsschutzes nach § 123 VwGO ausgetragen werden mussten. Wie so oft bedurfte es des „Winks aus Karlsruhe", um einen grundlegenden Wandel herbeizuführen. So betonte eine Kammer des BVerfG (BVerfG, Kammer, NVwZ 2008, 70) die Pflicht jedes Dienstherrn, bis zur Aushändigung der Ernennungsurkunde den Ausgang des Verfahrens der einstweiligen Anordnung vor dem BVerfG abzuwarten, installierte also für diese besonderen Fälle eine Art aufschiebender Wirkung der Verfassungsbeschwerde. In seiner Entscheidung vom 04.11.2010 revidierte dann auch das BVerwG seine bisherige Rechtsprechung (BVerwG 138, 102) = JuS 2011, 957 mit Anm. *Hufen*) und entschied, dass die Bescheidungsklage eines unterlegenen Bewerbers nicht nur zulässig, sondern auch begründet war, nachdem der Minister einen Gerichtspräsidenten nur wenige Stunden nach Zurückweisung der Beschwerde des unterlegenen Bewerbers ernannt hatte. Eine Klage auf Neubescheidung muss also künftig auch nach Ernennung zulässig und die Auswahlentscheidung rechtlich überprüfbar bleiben (OVG Lüneburg, NVwZ 2011, 891; *W.-R. Schenke*, NVwZ 2011, 321 ff.; *Munding*, DVBl. 2012, 1512; *Battis*, DVBl. 2013, 673). Da diese Klage als Verpflichtungsklage keine aufschiebende Wirkung hat, bleibt es aber bei der Notwendigkeit der Inanspruchnahme des vorläufigen Rechtsschutzes nach § 123 VwGO. Die Auswahl des Klägers im Falle eines ordnungsgemäßen Auswahlverfahrens darf nicht offenbar aussichtslos sein (BVerfG, Kammer, NJW 2016, 309; OVG Münster, NVwZ 2016, 868). Neben der an sich begrüßenswerten Stärkung des Rechtsschutzes durch die neue Entwicklung zeigen sich aber auch nicht unbedenkliche Folgen: So ist es in den vergangenen Jahren zu einer starken Steigerung der Zahl von Konkurrentenklagen und oft jahrelanger Vakanzen – auch und gerade bei der Besetzung hoher Richterämter – gekommen, und die einzelnen OVG/VGH gehen offenbar sehr verschiedene Wege in der Interpretation der „Aussichtslosigkeit" (*Bergmann/Paehlke-Gärtner*, NVwZ 2018, 110; krit auch *Herrmann*, NVwZ 2017, 105). Dem beugen weitsichtige Einstellungsbehörden dadurch vor, dass sie dem unterlegenen Mitbewerber rechtzeitig über den Ausgang des Verfahrens informieren. Diese Mitteilung ist dann ggf. selbst ein anfechtbarer VA, der nach einem Monat bestandskräftig werden kann. (VGH Kassel, NVwZ – RR 2019, 376).

Die Fallgruppe „Aussichtslosigkeit" darf auch im Übrigen nicht 15
dazu führen, schwierige oder mit geringen Erfolgsaussichten versehene Verwaltungsklagen schon sogleich für unzulässig zu erklären. So enthebt die Erschöpfung der Kapazität einer öffentlichen Einrichtung das Gericht nicht der Prüfung, ob die Verpflichtungsklage eines abgelehnten Bewerbers begründet ist (BVerfG, Kammer, NJW 2002, 3691). Der Grund für die Aussichtslosigkeit muss also außerhalb der Klagebegründung selbst liegen. Ein wirtschaftlich unsinniges Bauvorhaben beseitigt nicht das Rechtsschutzbedürfnis für die Nachbarklage (BVerwG, NVwZ 1995, 894; problematisch deshalb BVerwG, NVwZ 1994, 482 – fehlendes Rechtsschutzbedürfnis wegen nicht ausräumbarer zivilrechtlicher Hindernisse).

4. Missbrauch, Verwirkung

Die dritte und in sich gewiss vielfältigste Fallgruppe betrifft den 16
Missbrauch bzw. die **Verwirkung** des Klagerechts. So soll das Rechtsschutzbedürfnis entfallen, wenn es dem Kläger im Grunde nicht um die Durchsetzung seines Rechts, sondern nur auf die Schädigung des Gegners oder eines Dritten ankommt (Schikaneverbot).

Auch hier ist aber strikt darauf zu achten, dass unter Stichworten wie „Missbrauchsverbot" oder „Verbot querulatorischer Klagen" nicht voreilig der Rechtsschutz unbequemer Bürger eingeschränkt wird und diese damit nicht selten erst zu Querulanten gemacht werden. (so zu Recht VG Mainz, LKRZ 2013, 337 – Zugang zu Umweltinformationen; s. auch BVerwG, NVwZ 2016, 1814). Selbst Beleidigungen des Gerichts machen die Klage nicht unbedingt unzulässig, wenn diese gleichwohl ein sachliches Anliegen erkennen lässt (BVerfG, Kammer, NJW 2001, 3615). Das Rechtsschutzbedürfnis ist kein Anlass zu einer allgemeinen Motivforschung hinsichtlich der Beweggründe einer Klage. Auch erscheint es bedenklich, Prinzipien aus dem Privatrecht wie „Treu und Glauben" in das Verwaltungsprozessrecht zu übernehmen und zur Zulässigkeitsschranke zu erheben (so VerfGH NRW NVwZ-RR 2020, 377). Wurde die Klagebefugnis bejaht und ist die Klage für den Kläger nicht nutzlos, dann sind nur wenige Fälle denkbar, in denen das Rechtsschutzbedürfnis wegen Missbrauchs des Rechtsschutzes entfällt. So kann man von Missbrauch insbesondere dann sprechen, wenn sich der Kläger gegen eine Entscheidung wendet, die er selbst mit herbeigeführt hat oder von der er bereits selbst profitiert (**Verbot des venire contra factum proprium**).

Beispiele: Anfechtung eines selbst beantragten oder mit Zustimmung versehenen VA (BVerwGE 54, 278); der Kläger stimmt einer Grenzbebauung rechtswirksam zu, klagt dann aber gegen die Baugenehmigung, weil er sich zwischenzeitlich mit seinem Nachbarn verfeindet hat; Geltendmachung eines Verstoßes gegen eine denkmalschützende Regelung, die der Kläger selbst nicht einhält (OVG Münster, NVwZ-RR 2015, 14). Einen anderer Fall des Missbrauchs stellt die Klage des Eigentümers eines Schwarzbaus gegen eine Eisenbahntrasse dar (BVerwG, NVWZ 2019, 1348). Wer mit seinem Bauvorhaben selbst den Mindestabstand nicht einhält, kann sich nicht darauf berufen, dass auch der Nachbar den Grenzabstand nicht einhält (VGH Kassel, DÖV 2019, 841).

17 Das Klagerecht kann auch durch **Zeitablauf** und durch **Untätigkeit** verwirkt sein, wenn der Kläger eine Belastung, die er erkannt hatte oder hätte erkennen müssen, zunächst hinnimmt und zu einem sehr viel späteren Zeitpunkt klagt.

Wichtigste Beispielsfälle: Die Baugenehmigung wird einem Nachbarn des Bauherrn nicht oder fehlerhaft bekanntgegeben, so dass sie ihm gegenüber nicht wirksam wird. Trotz erkennbarer Bauabsicht unternimmt der Kläger zunächst nichts und erhebt Klage, nachdem das Bauvorhaben bereits fortgeschritten ist (BVerwGE 44, 294, 300; 44, 339, 343); ein Vorhaben war trotz gescheiterter Zustellung bekannt (BVerwG, NVwZ 2001, 206).

Hier muss sich der Kläger zwar nicht in vollem Umfang so behandeln lassen, als sei ihm die Baugenehmigung oder Planfeststellungsbeschluss rechtzeitig zugestellt worden. Auch gelten weder die Fristen der §§ 70, 74 VwGO, noch findet § 58 II VwGO Anwendung. Die Rechtslage ist vielmehr ähnlich wie bei § 58 II VwGO: Trotz fehlender Belehrung über die Rechtsschutzmöglichkeiten ist es dem Betroffenen zumutbar, seine Abwehrrechte in angemessener Zeit geltend zu machen. Das gilt nicht nur für den unmittelbaren Grenznachbarn und hat auch nichts mit einem „nachbarschaftlichen Treueverhältnis" oder dgl. zu tun: Es ist lediglich Ausdruck des allgemeinen Prinzips, dass der Rechtsschutz (Art. 19 IV GG) in einer für alle Beteiligten angemessenen Weise ausgeübt werden muss. Starre Fristen, insbesondere eine undifferenzierte Anwendung von § 58 II VwGO, sind für die vielfältigen Probleme dieser Fallgruppe ihrerseits unangemessen (zur Anwendung von § 58 II VwGO insbes. BVerwGE 78, 85, 91). In jedem Fall ist die „Verwirkungsfrist" länger zu bemessen als die Frist bei korrekter Bekanntgabe (BVerwG, NVwZ 1991, 1182). Auch kann ein verwirkter nachbarlicher Abwehranspruch ganz oder teilweise wiederaufleben, wenn mit einer Änderung der baulichen Anlage oder einer Änderung deren Nutzung eine intensivere oder neue Beeinträchtigung einhergeht (VGH München, NVwZ-RR 2020, 1004).

5. Präklusion

18 **Präklusion** (von lat.: praecludere = ausschließen) ist der Ausschluss eines Klägers oder seines Vorbringens wegen nicht rechtzeitiger oder nicht ausreichender Wahrnehmung seiner Rechte in einem vorhergehenden Verfahrensabschnitt. Zu unterscheiden sind die formelle und die materielle Präklusion.

Formelle Präklusion bedeutet den Ausschluss von einem bestimmten Rechtsbehelf. Sie betrifft die Zulässigkeit der Klage und kann nur gesetzlich angeordnet werden. Ein Beispiel hierfür ist § 47 IIa VwGO, der die Zulässigkeit der Normenkontrolle betrifft (*Ewer*, NJW 2007, 3171, 3172). Einen Fall formeller Präklusion regelt auch § 87b VwGO (Zurückweisung von Erklärungen und Beweismitteln). Sie wirkt nur für das jeweilige Verfahren, kann aber zur Unzulässigkeit der ganzen Klage führen, z. B. wenn der Kläger es versäumt, die Voraussetzungen der Klagebefugnis oder sein Feststellungsinteresse rechtzeitig darzulegen.

Materielle Präklusion bedeutet, dass der Kläger über den Zugang zu einem bestimmten Rechtsmittel hinaus auch **inhaltlich** mit seinem Vortrag nicht mehr gehört wird. Sie ist eine **Frage der Begründetheit** (s. deshalb unten, § 25, Rn. 44)

Literatur zu § 23 VI: *Schumann*, Kein Bedürfnis für das Rechtsschutzbedürfnis, FS Firsching (1988), 439; *Christonakis*, Das verwaltungsprozessuale Rechtsschutzinteresse (2004); *Troidl*, Verwirkung von Nachbarrechten im öffentlichen Baurecht, NVwZ 2004, 315; *Schenke,*, Neuestes zur Konkurrentenklage, NVwZ 2011, 321 ff.; *Munding*, Die beamtenrechtliche Konkurrentenklage im Wandel der Rechtsprechung von BVerwG und BVerfG, DVBl. 2012, 1512; *Battis*, Neukonzeption des beamtenrechtlichen Konkurrentenstreits (BVerwGE 138, 102), DVBl. 2013, 673; *Bergmann/Paehlke-Gärtner*, Zur Dogmatik des Konkurrentenstreits, NVwZ 2018, 110; *Herrmann*, Neue Ansätze bei der Dienstpostenkonkurrenz – und warum sie nicht funktionieren, NVwZ 2017, 105.

VII. Kein isolierter Rechtsschutz in Bezug auf Verfahrenshandlungen (§ 44a VwGO)

Der im Zusammenhang mit dem Erlass des VwVfG in die VwGO aufgenommene § 44a bestimmt, dass Rechtsbehelfe gegen behördliche Verfahrenshandlungen nur gleichzeitig mit den gegen die Sachentscheidung zulässigen Rechtsbehelfen geltend gemacht werden können. Diese kompliziert formulierte Vorschrift besagt: **Der Kläger kann die Einhaltung von Verfahrensbestimmungen in der Regel nicht gesondert erzwingen, ohne die Entscheidung als Ganzes anzugreifen.** Andernfalls ist die Klage nicht nur unbegründet, sondern unzulässig.

1. Bedeutung

20 Mit § 44a VwGO wollte der Gesetzgeber die Verfahrensherrschaft der Behörden vor Abschluss des Verfahrens sichern und die Mehrspurigkeit von Verwaltungsprozessen vermeiden. Die Vorschrift dient damit insgesamt der Verfahrenseffizienz. Ausgeschlossen wird nicht die Statthaftigkeit, denn § 44a VwGO gilt unabhängig von der Rechtsform der strittigen Verfahrenshandlung. Nach richtiger Auffassung geht es vielmehr um das **Rechtsschutzbedürfnis** (*Würtenberger/Heckmann*, VwProzR, Rn. 312; *Pietzner/Ronellenfitsch*, Assessorexamen, § 18, Rn. 654), nicht bereits die Statthaftigkeit oder eine Verfahrenskonkurrenz (so aber *Schenke*, VwProzR, Rn. 566).

Die allgemeinen Probleme dieser Vorschrift können hier nur angedeutet werden (ausführl.: *Hufen/Siegel*, Fehler im VwVf., 6. Aufl. 2018, Rn. 992 ff.) Abgesehen von der unklaren Formulierung und der schwierigen Abgrenzbarkeit von Verfahrenshandlungen und sonstigen Handlungen bestehen diese Probleme darin, dass die möglichst frühzeitige gerichtliche Klärung von Verfahrensfragen durchaus effizienzsichernd wirken kann, während § 44a VwGO geradezu dazu zwingt, Verfahrensfehler und deren Konsequenzen bis zum Verwaltungsprozess in der Hauptsache zu „speichern".

Auch aus verfassungsrechtlicher Sicht besonders problematisch ist der Fall der „Kombination" von § 44a VwGO und § 46 VwVfG (Unbeachtlichkeit von Verfahrensfehlern).

21 Weitere Einschränkungen dürften sich aus europarechtlicher und aus völkerrechtlicher Perspektive ergeben – und dies, obwohl das europa- und völkerrechtlich initiierte URG § 44a VwGO ausdrücklich unberührt lässt (*Ziekow*, NVwZ 2007, 259; *Allewelt*, DÖV 2006, 621, 627). So ist es unionsrechtlich unabdingbar, dass die sich aus Unionsrecht ergebenden Vorschriften über die UVP und die damit korrespondierenden Informations- und Beteiligungsrechte verwaltungsprozessual durchsetzbar sind (*Ziekow*, NVwZ 2007, 259; *Gärditz*, JuS 2009, 385, 390; *Siegel*, Europäisierung d. Öff. Rechts 2012, Rn. 437). Ähnliches gilt für die sich aus der sogenannten Aarhus-Konvention ergebenden völkerrechtlichen Verpflichtungen auf Information und Beteiligung im Umweltrecht (dazu *Seelig/Güntling*, NVwZ 2002, 1033, 1039). Über die verfassungsrechtlichen Bedenken ist die Praxis aber weitgehend hinweggegangen; auch scheint § 44a VwGO nur eine geringere praktische Rolle zu spielen (*Stelkens/Schenk*, in: Schoch/Schneider, VwGO, Rn. 5).

2. Anwendungsfälle

Ausgeschlossen ist durch § 44a VwGO nur die isolierte Klage auf 22 oder gegen bestimmte behördliche Verfahrenshandlungen, also nicht etwa die Berufung auf Verfahrensfehler im nachfolgenden Verwaltungsprozess gegen die Hauptentscheidung. Ausgeschlossen sind aber auch entsprechende Anträge im vorläufigen Rechtsschutzverfahren. Auf die Klageart der Hauptsache kommt es hierbei ebenso wenig an wie darauf, ob die Verfahrenshandlung selbst VA ist. § 44a VwGO erfasst sowohl Abwehrklagen gegen bestimmte Verfahrenshandlungen als auch Verpflichtungs- oder Leistungsklagen auf deren Vornahme. Auch die Klage auf Feststellung, die Behörde sei zu einer bestimmten Handlung verpflichtet, kann durch § 44a VwGO ausgeschlossen sein.

Beispiele: Klage gegen einzelne Verfahrenshandlungen in einem Erörterungstermin (BVerwG, DVBl. 2002, 1118); Klage auf Entgegennahme eines Antrags nach § 22 VwVfG; Klage auf Beteiligung am Verfahren; Klage auf Hinzuziehung zur Anhörung im Rahmen eines Genehmigungsverfahrens (OVG Koblenz, DVBl. 1987, 1027); Klage auf Unterlassen einer Maßnahme der Amtshilfe, auf Hinzuziehung oder Weitergabe von Akten; Klage gegen die Bestellung eines bestimmten Sachverständigen (VGH Kassel, NVwZ 1992, 391; OVG Münster, DVBl. 1996, 120); Feststellungsklage in Bezug auf die behauptete Befangenheit eines Amtsträgers; Klage gegen polizeiärztliche Untersuchung im Abschiebeverfahren (VG Berlin, NVwZ 2001, 232); Klage auf oder gegen Akteneinsicht oder Einsichtnahme in bestimmte sonstige Unterlagen (BVerwG, NVwZ 2017, 489; bedenklich: Klage gegen Untersuchungsanordnung zur Feststellung der Dienstfähigkeit eines Beamten (BVerwG, NVwZ 2020, 312; anders OVG Koblenz, 29.10.2020, 2B11161/20); zu den rechtsstaatlich erforderlichen Ausnahmen aber OVG Hamburg, NVwZ 2003, 1529).

§ 44a VwGO ist auch auf Handlungen mitwirkender oder in Amtshilfe tätiger Behörden anwendbar (VGH München, NVwZ 1988, 742). Als Spezialvorschrift der VwGO ist § 44a aber auf andere Gerichtsbarkeiten, z. B. die Sozialgerichtsbarkeit, nicht zu übertragen (BVerfG, Kammer, NJW 1991, 415).

3. Ausnahmen

Nicht vom Verbot des § 44a VwGO erfasst werden solche behörd- 23 lichen Verfahrenshandlungen, die (selbständig) vollstreckt werden können oder gegen einen Nichtbeteiligten ergehen. **Selbständig vollstreckbar** sind alle Verfahrenshandlungen, die die Behörde selbständig durchsetzen kann oder die sich auf unabhängig vom Verfahren bestehende Rechtspositionen beziehen. Die Betonung liegt also weniger auf „vollstreckbar" als auf „selbständig".

Beispiele: Anordnung einer Blutentnahme oder einer ärztlichen Untersuchung (OVG Lüneburg, NVwZ 1990, 1194); Probenahme von Lebensmitteln; Leibesvisitation eines Anwalts vor Anhörung (OVG Koblenz, NVwZ 1989, 1178); Anordnung, nach der ein amtlich bestellter Sachverständiger das Werksgelände eines Beteiligten betreten darf (VGH Kassel, NVwZ 1992, 391); Anspruch auf Umweltinformation nach §§ 4 u. 7 UIG (dazu *Kollmer,* NVwZ 1995, 862; VGH München, NVwZ 1999, 889 – Akteneinsicht außerhalb konkreten Verfahrens).

24 **Nichtbeteiligte** im Sinne von § 44a VwGO sind alle natürlichen und juristischen Personen, die nicht selbst im Sinne von § 13 I VwVfG mit eigenen Rechten am Verfahren beteiligt sind, also Zeugen, Sachverständige und Bevollmächtigte.

25 Die genannten Ausnahmebestimmungen dürfen nicht isoliert betrachtet werden. Sie zeigen, dass § 44a VwGO nur auf solche Fälle anwendbar ist, in denen der Streit über Verfahrensrechte im nachfolgenden Verwaltungsprozess über die Sache selbst ausgetragen werden kann. Kommt es dazu nicht mehr, so müssen schon im Hinblick auf die Rechtsschutzgarantie (Art. 19 IV GG) die Ausnahmebestimmungen analog auf alle Fälle angewandt werden, in denen es um unabhängige Rechtspositionen des Klägers geht und/oder in denen ein Verfahrensstreit im nachfolgenden Verfahren gegen die „Hauptsache" nicht mehr entschieden werden kann (OVG Hamburg, NVwZ 2003, 1529).

Beispiele: Klage auf Preisgabe eines Informanten (VG Gießen, NVwZ 1992, 401); Klage gegen die Weitergabe einer Information oder einer Führerscheinakte (OVG Koblenz, NJW 1997, 2342); Akteneinsicht (OVG Hamburg, NVwZ 2003, 1529); einstweilige Anordnung gegen die Durchsuchung einer Wohnung.

Literatur zu § 23 VII: *Stelkens,* Verfahrenshandlungen im Sinne des § 44a S. 1 VwGO, NJW 1982, 1137; *Hill,* Rechtsbehelfe gegen behördliche Verfahrenshandlungen (§ 44a VwGO), Jura 1985, 61; *Eichberger,* Die Einschränkung des Rechtsschutzes gegen behördliche Verfahrenshandlungen (1986); *Ziekow,* Das Umwelt-Rechtsbehelfsgesetz im System des deutschen Rechtsschutzes, NVwZ 2007, 259; *Appel,* Staat und Bürger im Umweltverwaltungsverfahren, NVwZ 2012, 1361; *Hufen/Siegel,* Fehler im VwVf. 6. Aufl. (2018), Rn. 992 ff.

4. Teil. Die Begründetheit der Klage

§ 24 Allgemeines zur Begründetheitsprüfung

I. Stellenwert und innere Struktur der Begründetheitsprüfung

In Darstellungen des Verwaltungsprozessrechts wird die Begründetheitsprüfung der Klage oft vernachlässigt, so als komme es vor allem auf die Zulässigkeit an. Auch verwaltungsrechtliche Klausuren zeigen oft ein unangemessenes Schwergewicht im Zulässigkeitsteil, während für die Begründetheitsprüfung – und damit für den Schwerpunkt der Falllösung – nicht mehr genügend Raum und Zeit (!) bleibt.

Diese Vernachlässigung der Begründetheitsprüfung scheint freilich in der VwGO schon angelegt. Diese enthält als Verfahrensgesetz kaum Aussagen über die Begründetheit. Im Teil II „*Verfahren*" finden sich lediglich im 10. Abschnitt Bestimmungen mit Bezug auf „*Urteile und Entscheidungen*", in deren Rahmen zugleich festgelegt wird, unter welchen Voraussetzungen das Gericht wie entscheidet. Dabei geben § 113 I 1 und § 113 V 1 VwGO an, wann das Gericht den VA aufhebt bzw. die Behörde verpflichtet, den VA zu erlassen. Diese beiden Normen definieren für Anfechtungs- und Verpflichtungsklage zugleich die Begründetheit der Klage im materiellen Sinne und damit die Voraussetzungen für eine stattgebende Entscheidung; sie sind also die **wichtigste Brücke vom Verwaltungsprozessrecht zum materiellen Verwaltungsrecht.**

Das lässt sich besonders plastisch an der Begründetheit der Anfechtungsklage verdeutlichen, für die § 113 I 1 VwGO zwei wesentliche Voraussetzungen (**Rechtswidrigkeit** und **Rechtsverletzung**) formuliert. Da aber selbst bei Vorliegen dieser Voraussetzungen die Klage von vornherein nicht begründet sein kann, wenn sie sich gegen einen Rechtsträger richtet, der nicht über die streitige Position verfügen kann, ist die **Passivlegitimation** des Beklagten vorab zu prüfen.

Für die **Anfechtungsklage** steht damit die Grundstruktur der Begründetheitsprüfung fest.

Sie lautet:
- **Passivlegitimation** des Beklagten,
- **Rechtswidrigkeit** des VA,
- dadurch **Rechtsverletzung** des Klägers.

Fehlt eine dieser Voraussetzungen, so ist die Klage unbegründet, und sie **muss** durch das Gericht abgewiesen werden. Liegen die drei Voraussetzungen vor, so ist die Anfechtungsklage immer begründet. Deshalb stellt hier die **Spruchreife** kein Problem dar, obwohl die Einschränkung der gerichtlichen Überprüfungskompetenz bei Ermessensentscheidungen (§ 114 VwGO) für Anfechtungs- und Verpflichtungsklagen in gleichem Maße gilt. Hat die Behörde ermessensfehlerfrei gehandelt, so ist der VA jedenfalls insoweit nicht rechtswidrig. Liegt dagegen ein Ermessensfehler vor, dann **muss** das Gericht bei der **Anfechtungsklage** in Bezug auf den rechtswidrigen VA stets „durchentscheiden" und diesen aufheben. Dann besteht kein Raum für ein Bescheidungsurteil, und zwar unabhängig davon, ob die Behörde möglicherweise eine andere Alternative gewählt hätte. Aus der Sicht des Klägers besteht hier ein prozessualer Anspruch auf Aufhebung (vgl. auch die Formulierung in § 46 VwVfG: *„kann nicht allein deshalb beansprucht werden ... "*).

4 Anders verhält es sich bei der **Verpflichtungsklage**. Hier bedeutet ein Ermessensfehler nicht immer, dass der Behörde keine **andere** Entscheidungsmöglichkeit mehr verbleibt, der Kläger also sogleich mit seinem Verpflichtungsantrag durchdringt. Deshalb sieht § 113 V 1 VwGO als zusätzliche Voraussetzung der Begründetheit der Klage die **Spruchreife** vor. Die Grundstruktur der Begründetheitsprüfung lautet hier also:

- **Passivlegitimation** des Beklagten,
- **Rechtswidrigkeit** der Ablehnung oder der Unterlassung des VA,
- dadurch **Rechtsverletzung** des Klägers,
- **Spruchreife**.

Einfacher sind die Voraussetzungen der **allgemeinen Leistungsklage** und der **Unterlassungsklage**. Hier ist die Klage immer begründet, wenn der Kläger einen **Anspruch** auf die Leistung oder die Unterlassung hat. Passivlegitimation und Rechtsverletzung sind also im Leistungs- und Unterlassungsanspruch bereits „mitgeprüft". Auch hier aber darf es nicht an der Spruchreife fehlen: Hat die Behörde hinsichtlich der Erbringung der Leistung einen Ermessensspielraum, so fehlt es – außer bei der Ermessensreduzierung auf Null – auch hier an der Spruchreife, und das Gericht kann nur ein eingeschränktes Leistungs- oder ein Bescheidungsurteil erlassen (dazu unten, § 28, Rn. 22).

II. Das Verhältnis zum materiellen Öffentlichen Recht

Die Begründetheitsprüfung stellt die Verbindung von Prozessrecht und materiellem Recht her. Auch dies ist ein Grund für die vergleichsweise kurze Behandlung, die sie in den meisten Darstellungen des Verwaltungsprozessrechts findet: Die Fallgestaltungen sind zu vielfältig. Auch hier muss insofern auf die Lehrbücher des Allgemeinen und Besonderen Verwaltungsrechts verwiesen werden.

Umso wichtiger ist es aber, sich zu verdeutlichen, dass der dargestellte Strukturrahmen der Begründetheitsprüfung zugleich den „roten Faden" für die Gliederung der öffentlich-rechtlichen Klausur bildet. In diesen Rahmen ist die materielle Problemlösung hineinzustellen.

Grundsätzlich ist für die Beurteilung der Rechtmäßigkeit und der Rechtsverletzung das gesamte Öffentliche Recht, soweit es Kläger und Beklagten berechtigen und verpflichten kann, heranzuziehen. Zur Aufhebung des VA führt nach § 113 VwGO aber nur ein Verstoß gegen solche Normen, auf die sich der Kläger berufen kann.

III. Maßgeblicher Zeitpunkt für die Beurteilung der Sach- und Rechtslage

1. Allgemeines

Im Verlauf eines Verwaltungsverfahrens und des anschließenden Verwaltungsprozesses kann sich die Sach- und Rechtslage entscheidend verändern. So kann eine andere Behörde zuständig sein, neue Rechtsgrundlagen können in Kraft getreten sein und alte nicht mehr gelten, neue Gesichtspunkte für oder gegen die Zuverlässigkeit eines Gewerbetreibenden (§ 35 GewO) können bekannt werden; der nach dem Stand von Wissenschaft und Technik verlangte Grad der Sicherheit ändert sich ständig; neue Auslegungsrichtlinien können die Verwaltungspraxis beeinflussen; die Genehmigungsfähigkeit eines Bauvorhabens kann durch das Inkrafttreten eines Bebauungsplanes positiv oder negativ beeinflusst werden. Daher ist die Beurteilung der Rechtmäßigkeit einer Behördenentscheidung immer nur eine „Momentaufnahme". Für die Begründetheit kommt es auf diesen **Zeitpunkt der Beurteilung der Sach- und Rechtslage** entscheidend an. Anders als im Zivilprozessrecht, wo dieser Zeitpunkt immer auf die letzte mündliche Verhandlung des Gerichts bezogen ist, gehört im Öffentlichen Recht die Frage des maßgeblichen Zeitpunkts für die Beurteilung der Sach- und Rechtslage zu den besonders schwierigen und zudem klageartabhängigen Problemen. Verständlich ist daher das Bestreben, zu einem einheitlichen maßgeblichen Zeitpunkt zu gelangen (*Baumeister,* Jura 2005, 685).

Wenig sinnvoll erscheint es dabei, die vertretenen Auffassungen (Übersicht bei *Schenke,* VwProzR, Rn. 783; krit. zu diesem wie hier *Lemke,* JA 1999, 240) nach „prozessrechtlichen" und „materiellrechtlichen" zu trennen. Enthält das materielle Recht selbst eine Aussage über den maßgeblichen Zeitpunkt, dann ist selbstverständlich, dass sich die Entscheidung danach richtet (BVerwG, NJW 1993, 1729, 1730; *Käß,* DVBl. 2009, 677; *Mann/Wahrendorf,* VwProzR, Rn. 211). Ergibt sich aber aus dem materiellen Recht gerade nichts zum maßgeblichen Zeitpunkt, dann kann sich die Frage auch nicht „ausschließlich" nach materiellem Recht richten. Dann bleibt es bei den im Zweifel geltenden prozessualen „Faustregeln", die in der Folge wiedergegeben werden (grundsätzlich für Bestimmung nach materiellem Recht dagegen *W.-R. Schenke,* FS Würtenberger (2013), 1185; *ders.,* VwProzR Rn. 783, 795; *ders.,* Der maßgebliche Zeitpunkt für die Beurteilung von Verwaltungsakten im Rahmen der Anfechtungsklage, JuS 2019, 833; wie hier *Wolff,* in: Sodan/Ziekow, VwGO, § 113 Rn. 90 ff.).

2. Anfechtungsklage

8   Die Anfechtungsklage hat eine bestimmte Entscheidung der Behörde zum Gegenstand. Daher kommt es grundsätzlich auf die Rechtmäßigkeit der Behördenentscheidung im Moment ihrer Fixierung durch die Behörde an. Maßgeblicher Zeitpunkt für die Beurteilung dieser Frage ist bei der Anfechtungsklage im Zweifel der **Moment der Bekanntgabe des VA bzw. des Widerspruchsbescheids**, der dem Verwaltungsakt die für den Prozess entscheidende Gestalt gibt (§ 79 I 1 VwGO – BVerwGE 34, 155, 158; 60, 133, 135; BVerwG, NJW 1993, 1729, 1730; allg. auch *Ehlers,* Jura 2004, 176, 179; *Polzin,* JuS 2004, 211).

Daran hat sich auch nach Inkrafttreten der §§ 45 II VwVfG n. F. bzw. 114 S. 2 VwGO, nach denen Behörden Verfahrensfehler noch während des Verwaltungsprozesses heilen oder ihre Ermessenserwägungen nachträglich ergänzen können, nichts geändert: Die Verfahrenshandlungen bzw. Ermessenserwägungen werden vielmehr nur nachgeholt und sind in den Entscheidungsablauf so einzustellen, wie dies bei ordnungsgemäßem Verfahren bzw. richtiger Ausübung des Ermessens der Fall gewesen wäre. **Beispiele:** OVG Lüneburg, NVwZ-RR 2016 – Flurbereinigung; OVG Lüneburg, NVwZ 2017, 1552 – Auswahlentscheidung zwischen konkurrierenden Spielhallen.

Ausnahmen können sich aber bei **Dauerverwaltungsakten ergeben**, z. B. Verkehrszeichen (BVerwGE 59, 148, 160; BVerwG, NJW 1993, 1729, 1730); Beschränkung des Geltungsbereichs eines Passes (BVerwG, NVwZ 2020, 167); Anordnung v. Anschluss- und Benutzungszwang (OVG Münster, NVwZ 1993, 1017); Sanierungspflicht nach BodenschutzG (VGH Kassel, DVBl. 2000, 210). Diese sind nicht nur einmalige, unveränderliche Entscheidungen der Behörde: Sie werden gleichsam laufend neu getroffen, können deshalb durch Änderungen der Sach- oder Rechtslage rechtswidrig werden und müssen daher auch nach der jeweils aktuellen Sach- und Rechtslage beurteilt und ggf. gemäß § 113 I 1 VwGO aufgehoben werden (a. A. *Würtenberger/Heckmann*, VwProzR, Rn. 697). Ob der Gesetzgeber aus sachlichen, verfassungsgemäßen Gründen die Rechtswidrigkeit solcher Dauerverwaltungsakte an das Vorliegen weiterer Voraussetzungen binden darf (so *Schenke*, FS. Hufen, 521, 533 ff.), ist zumindest fraglich. 9

In einer zweiten Fallgruppe muss sich die Beurteilung der Sach- und insbesondere der Rechtslage aus Gründen des **Vertrauensschutzes** und der **Billigkeit** nach dem gegenwärtigen Zeitpunkt – aus der Sicht des Gerichts also nach der letzten mündlichen Verhandlung – richten. Das gilt für alle noch nicht vollzogenen Verwaltungsakte, deren Vollstreckung billigerweise nicht mehr erfolgen kann, weil sie sogleich wieder zurückgenommen werden müssten bzw. weil eine entsprechende Erlaubnis sogleich wieder erteilt werden müsste. 10

Beispiele: Beseitigungsanordnung zu einem Haus, das durch einen zwischenzeitlich in Kraft getretenen Bebauungsplan genehmigungsfähig wäre (BVerwGE 5, 351, 353; BVerwG, NJW 1986, 1187); Ausweisung eines Ausländers, obwohl ihm zwischenzeitlich ein Aufenthaltsrecht zusteht (BVerwG, NVwZ 2008, 434).

Besonders umstritten ist der maßgebliche Zeitpunkt für die Beurteilung einer **Gewerbeuntersagung** nach § 35 GewO. Diese ist zwar ein VA mit Dauerwirkung, weshalb die Rechtsprechung zunächst davon ausging, dass bei der gerichtlichen Entscheidung nachträglich eingetretene positive wie negative Aspekte zu berücksichtigen seien (so die früher h. M. – BVerwGE 22, 11

16; 28, 202). An dieser Auffassung hat die Rechtsprechung nach Inkrafttreten von § 35 VI GewO nicht mehr festgehalten (BVerwGE 65, 1; BVerwG, NJW 2005, 3795), denn dieser ermöglicht eine Verpflichtungsklage auf Wiedergestattung, für die ohnehin der Zeitpunkt der mündlichen Verhandlung gilt (VGH München, NJW 2011, 2822).

12 Schwierig ist auch der maßgebliche Zeitpunkt für die Beurteilung der Sach- und Rechtslage bei Anfechtungsklagen eines Dritten gegen einen **VA mit Drittwirkung.** Hier kommt es nach einem Teil der Rspr. wie bei der Verpflichtungsklage darauf an, ob im Zeitpunkt der letzten mündlichen Verhandlung ein Anspruch auf die Begünstigung besteht (BVerwGE 4, 164; BVerwG, NVwZ-RR 1996, 628; ähnl. bei Belastung einer Gemeinde durch Verpflichtung zur Erteilung einer von ihr versagten Baugenehmigung BVerwG, NVwZ 2008, 437 anders aber BVerwG, NVwZ 2011, 613 – Anfechtungsklage gegen Frequenzzuteilung nach § 55 TKG). Das klingt einleuchtend, ist aber nicht sachgerecht. Auch bei der Anfechtungsklage des Dritten gegen einen VA mit Doppelwirkung kann das Gericht dessen Rechtmäßigkeit nur anhand der wirksamen Behördenentscheidung **dem Kläger gegenüber** beurteilen. Das gilt zumal bei Ermessensentscheidungen. Auch kann einem Begünstigten eine Rechtsposition nicht dadurch wieder entzogen werden, dass sich z. B. zwischen Genehmigungserteilung und letzter mündlicher Verhandlung technische Standards verändern (so zu Recht VGH Mannheim, VBlBW 1995, 481; VGH Mannheim, NVwZ-RR 2015, 18 – immissionsrechtliche Drittanfechtung). Es bleibt also bei der Regel (letzte Behördenentscheidung). Ein Interessenausgleich zwischen Betreiber und Nachbarn muss in diesen Fällen auf anderem Wege (z. B. durch nachträgliche Schutzauflagen usw.) gefunden werden (in diesem Sinne BVerwG, NVwZ-RR 1991, 236; OVG Münster, DVBl. 1984, 896).

13 Eine letzte Problemgruppe bildet die Beurteilung der Rechtmäßigkeit bestimmter **Abgabenentscheidungen,** wenn zwischen Bescheid und letzter mündlicher Verhandlung eine im Moment des Bescheids nicht vorhandene Rechtsgrundlage in Kraft getreten ist. Ein Abstellen allein auf den Zeitpunkt der Entscheidung würde hier bedeuten, dass die mit „heilender Wirkung" in Kraft getretene Gebührensatzung nicht mehr berücksichtigt werden könnte. Deshalb hat das BVerwG in solchen Fällen allein auf das (ggf. geänderte) materielle Recht abgestellt und Beitragsbescheide nicht aufgehoben (BVerwG, NVwZ 1984, 648; NVwZ 1990, 654). Der Fall zeigt, wie wichtig der maßgebliche Zeitpunkt der Beurteilung der Sach- und Rechtslage ist. Wird dieser Fall allein nach der Regel: „Anfechtungsklage = letzte behördliche Entscheidung" behandelt, so ist der Klage stattzugeben. Folgt man der Auffassung des BVerwG, so ist sie abzuweisen.

3. Verpflichtungsklage

14 Anders als bei der Anfechtungsklage sind bei der Verpflichtungsklage nicht der ablehnende VA und **dessen** Zeitpunkt maßgeblich. Es kommt vielmehr auf das „Verpflichtetsein" der Behörde an. Daher

kann auch das Gericht nicht für den vergangenen Zeitpunkt der ablehnenden Behördenentscheidung urteilen, sondern es muss klären, ob dem Kläger die angestrebte Begünstigung **jetzt, d. h. im Zeitpunkt der letzten mündlichen Verhandlung,** zusteht.

Bei der Verpflichtungsklage und auch bei anderen Leistungsklagen gilt also grundsätzlich die letzte mündliche Verhandlung als für die Beurteilung der Sach- und Rechtslage maßgeblicher Zeitpunkt (st. Rspr.: BVerwGE 1, 291, 294; 29, 304; 74, 115, 118). Das Gericht darf also die Behörde z. B. nicht zur Erteilung einer Genehmigung verurteilen, wenn auf diese im Moment der Behördenentscheidung, nicht aber im Zeitpunkt der letzten mündlichen Verhandlung ein Anspruch bestand.

Beispiel: War ein Vorhaben bei Antragstellung bzw. im Moment des Widerspruchsbescheids genehmigungsfähig, schließt aber ein zwischenzeitlich in Kraft getretener Bebauungsplan die Genehmigung aus, so bleibt die Verpflichtungsklage erfolglos. Weitere Beispiele: OVG Münster, NJW 1990, 2216 – Namensänderung; BVerwG, NVwZ 1990, 654 – Asylklage.

Ausnahmen von diesem Grundsatz ergeben sich, wenn das geltende Recht etwas anderes bestimmt (BVerwGE 65, 313, 315), insbesondere wenn das Gesetz für eine bestimmte Zeit eine Begünstigung anordnet oder ermöglicht („Zeitabschnittsgesetz" – BVerwGE 42, 296, 300).

Umstritten ist, ob der dargestellte Grundsatz bei **Wettbewerbs-** bzw. **Konkurrenzsituationen** gelten kann. So soll z. B. für eine Zulassung in einem numerus clausus-Fach der Zeitpunkt der behördlichen Entscheidung maßgeblich sein (BVerwGE 42, 296; 60, 25, 38). M. E. kann es aber auch hier nur auf den Zeitpunkt der letzten mündlichen Verhandlung ankommen, zumal sich auch die Kapazität der Hochschule und damit das „Freisein" der angestrebten Position auf diesen Zeitpunkt beziehen (so zu Recht BVerwGE 82, 260 = NJW 1989, 3233 – Zulassung eines Linienverkehrs).

Es gilt die (leicht zu merkende) Regel:

- „**Negative Konkurrentenklage**" = Anfechtungsklage = letzte Behördenentscheidung maßgeblich (so auch BVerwG, NVwZ 2001, 322 – Personenbeförderung BVerwG, NVwZ 2011, 613 – Frequenzzuteilung nach § 55 TKG);
- „**positive Konkurrentenklage**" = Verpflichtungsklage = letzte mündliche Verhandlung maßgeblich.

4. Feststellungsklage

16 Bei der **Feststellungsklage** ist zu unterscheiden: Richtet sich der Antrag auf die Feststellung des (gegenwärtigen) Bestehens oder Nichtbestehens eines Rechtsverhältnisses, dann ist auch selbstverständlich, dass es auf die Gegenwart, also den Zeitpunkt der letzten mündlichen Verhandlung, ankommt. Liegt das streitige Rechtsverhältnis aber in der Vergangenheit, so ist die Lage in diesem Zeitpunkt maßgeblich.

Anders verhält es sich bei den beiden Arten der Feststellungsklage, die der Anfechtungsklage nahestehen, also **Nichtigkeitsfeststellungsklage** und **Fortsetzungsfeststellungsklage**. Für die Feststellung der Nichtigkeit eines VA kommt es wie bei der Anfechtungsklage auf den Zeitpunkt der letzten Behördenentscheidung an, denn ein ursprünglich nichtiger VA kann auch durch Änderungen der Sach- und Rechtslage nicht etwa wirksam werden. Ebenso beurteilt sich die Sach- und Rechtslage der Fortsetzungsfeststellungsklage nach der Anfechtungsklage schon von der Struktur dieser Klageart her nach dem Zeitpunkt der letzten Behördenentscheidung. Bei analoger Anwendung auf andere Klagearten kommt nur der Zeitpunkt des erledigenden Ereignisses in Betracht (so zur Untätigkeitsklage BVerwG, NVwZ 1998, 1295).

5. Normenkontrolle

17 Bei der **Normenkontrolle** kann sich die Rechtswidrigkeit und damit Unwirksamkeit einer untergesetzlichen Rechtsnorm stets durch Erlass oder Änderung höherrangigen Rechts ergeben. Maßgeblich ist hier also immer der Zeitpunkt der letzten mündlichen Verhandlung bzw. des Beschlusses nach § 47 V 2 2. Alt. VwGO.

6. Zusammenfassung/Klausurtechnik

18 Das gefürchtete Problem des „maßgeblichen Zeitpunkts" bearbeitet man in der **Klausur** also zweckmäßigerweise in folgenden Denkschritten:
1. Maßgeblicher Zeitpunkt gesetzlich angeordnet (z. B. durch Rückwirkungsregel)?
2. Anfechtungsklage, anschließende FF-Klage, Nichtigkeitsfeststellungsklage – maßgeblicher Zeitpunkt: letzte Behördenentscheidung;

3. Anfechtungsklage gegen VA mit Dauerwirkung und Klage eines Dritten bei VA mit Drittwirkung (h. L.): letzte mündliche Verhandlung;
4. Auf Vergangenheit bezogene F-Klage: Zeitpunkt des streitigen Rechtsverhältnisses; FF-Klage nach erledigter Verpflichtungsklage: Zeitpunkt der Erledigung;
5. Alle übrigen Klagearten und Normenkontrolle: letzte mündliche Verhandlung.

Literatur zu § 24 I–III: *Mager,* Der maßgebliche Zeitpunkt für die Beurteilung der Rechtswidrigkeit von Verwaltungsakten (1994); *Polzin,* Der maßgebliche Zeitpunkt im Verwaltungsprozess, JuS 2004, 212; *Baumeister,* Der maßgebliche Zeitpunkt im Verwaltungsrecht und Verwaltungsprozessrecht, Jura 2005, 685; *Käß,* Die Änderung der Sach- und Rechtslage bei verwaltungsgerichtlichen Anfechtungsklagen, DVBl. 2009, 677; *Schenke,* Der maßgebliche Zeitpunkt für die Beurteilung von Verwaltungsakten im Rahmen der Anfechtungsklage, JuS 2019, 833; *ders.,* Die materiell-rechtliche Bedeutung einer nachträglichen Veränderung der Sach- oder Rechtslage bei belastenden Verwaltungsakten mit Dauerwirkung, FS Hufen (2015), 521; *Mann/Wahrendorf,* VwProzR, Rn. 211; *Schmitt Glaeser/Horn,* VwProzR, § 12; *Würtenberger,* VwProzR, Rn. 698 ff.; *Schenke,* VwProzR, Rn. 782 ff.

IV. Zu berücksichtigende Sach- und Rechtsaspekte. Insbesondere: Das „Nachschieben von Gründen"

1. Das Problem

Bei der Anfechtungsklage muss das Gericht – wie dargelegt – grundsätzlich die Sach- und Rechtslage im Moment der letzten behördlichen Entscheidung beurteilen. Bei der Verpflichtungsklage liegt dieser Zeitpunkt zwar später; das Gericht ist aber – unabhängig von der Geltung des Untersuchungsgrundsatzes – zumindest teilweise auf die Begründung der ablehnenden Entscheidung in den Darlegungen der Behörde angewiesen. In beiden Fällen stellt sich das Problem der Berücksichtigung „nachgeschobener Gründe", also solcher Sach- oder Rechtsaspekte, die – obwohl bei Erlass des VA objektiv schon vorhanden – durch die Behörde erst während des Prozesses eingebracht wurden. Das ist **kein Fall von § 39 VwVfG.** Dieser erfasst nur das völlige Fehlen oder eine völlig unzulängliche Begründung, während es hier um Verwaltungsakte geht, die zwar begründet worden sind, für die aber im Prozess neue Gründe vorgetragen werden.

19

Formelle Begründungsmängel nach § 39 VwVfG sind also strikt zu trennen von den materiellen Begründungsmängeln (*Lindner/Jahr*, JuS 2013, 673).

Die Probleme des „Nachschiebens von Gründen" erst im Prozess liegen auf der Hand. Zum einen wird der Bürger benachteiligt, wenn die Behörde erst im Prozess „neue Pfeile aus dem Köcher zieht". Zum anderen können nachgeschobene Gründe zeigen, dass die Behörde vor Erlass des VA den Sachverhalt nicht ordnungsgemäß ermittelt, dass sie wichtige Erwägungen nicht angestellt, dass sie wesentliche Belange nicht berücksichtigt hat. Gleichwohl hat die Rechtsprechung die Neuregelung hingenommen (BVerwG, NVwZ 1999, 425). Ungeachtet dessen ist das Nachschieben von Gründen oft ein Indiz für einen Ermessens- oder Abwägungsfehler. Da es sich überdies nur auf Tatsachen beziehen kann, kommt es auch nur in einer Tatsacheninstanz, also nicht mehr in der Revision in Betracht (zum Parallelproblem der Heilung von Verfahrensfehlern vgl. § 45 II VwVfG). Dagegen soll das Nachschieben von Gründen nach Erledigung des VA auch für die Fortsetzungsfeststellungsklage möglich sein (BVerwG, NVwZ 2000, 1186). Das ist abzulehnen, weil es bei der Fortsetzungsfeststellungsklage gerade auf den Zeitpunkt der letzten Behördenentscheidung, spätestens auf den Zeitpunkt der Erledigung des VA, ankommt.

2. Grundsätzliche Zulässigkeit

20 Trotz der bestehenden Bedenken wird das Nachschieben von Gründen im Verwaltungsprozess mit den unten genannten Ausnahmen grundsätzlich für zulässig gehalten. In § 114 S. 2 VwGO ist klargestellt, dass dies sogar bei **Ermessensentscheidungen** gilt (so z. B. OVG Magdeburg, NVwZ-RR 2015, 611 – Anspruch auf bauaufsichtliches Einschreiten).

Aus dem Untersuchungsgrundsatz und dem Grundsatz der Mündlichkeit folgt, dass auch die nachgeschobenen und in der mündlichen Verhandlung vorgetragenen Gründe der Behörde bei der Beurteilung der Rechtmäßigkeit einer Maßnahme zu berücksichtigen sind. Ist das Ermessen aber bereits auf Null reduziert, so nutzen auch nachgetragene Gründe nur dann, wenn sie der Behörde einen neuen Ermessensspielraum eröffnen.

Anders als § 45 II VwVfG – einschließlich des Nachholens der kompletten Begründung nach § 39 VwVfG – betrifft § 114 S. 2

§ 24 Allgemeines zur Begründetheitsprüfung

VwGO nicht das Verfahrens-, sondern das **materielle Recht** und schränkt den Anspruch des Klägers auf Rechtsschutz gegen den VA ein, so wie sich dieser im Prozess präsentiert (a. A. *Schenke*, DVBl. 2014, 285 – nur formelle Bedeutung). Vor dem Hintergrund von Art. 19 IV GG wird § 114 S. 2 VwGO also nur dann verfassungskonform angewendet, wenn die nachfolgend formulierten Ausnahmen beachtet werden.

3. Ausnahmen

Ein „Nachschieben" kommt **nicht** in Betracht: 21

– Wenn der VA **überhaupt keine Begründung** oder eine Begründung enthielt, die den Mindestanforderungen von § 39 VwVfG nicht entspricht. Dann ist er wegen Verstoßes gegen § 39 bereits formfehlerhaft und damit rechtswidrig, außer wenn der Begründungsmangel bereits nach § 45 II VwVfG geheilt wurde.
– Wenn der VA zwar eine Begründung, aber keine hinreichenden Ermessenserwägungen enthält. Die Behörde darf defizitäre Ermessenserwägungen aber **nur ergänzen**, nicht etwa ihr Ermessen erstmals ausüben (BVerwG, NVwZ 2007, 470. Letzteres soll allerdings nicht gelten, wenn sich die Notwendigkeit der Ermessensausübung aufgrund einer neuen Sachlage erst während des Prozesses ergibt (BVerwG, NVwZ 2012, 698)
– Grundsätzlich heikel ist das Nachschieben von Gründen bei **Ermessensentscheidungen**, wenn die Widerspruchsbehörde auf die Rechtskontrolle beschränkt war. In jedem Fall ist ein nachgeschobener Ermessensgrund ein Indiz für die Fehlerhaftigkeit des ursprünglichen VA.
– Ausgeschlossen ist das „Nachschieben", wenn sich dadurch das **Wesen des VA ändert** (vgl. BVerwGE 64, 356, 358; BVerwG, DVBl. 1983, 1105, 1107 – „Umstellung" einer disziplinarrechtlichen Entlassung auf eine Entlassung während der Probezeit).
– Wenn durch die nachgeschobenen Gründe die **Verfahrensstellung eines Beteiligten** so sehr **beeinträchtigt** wird, dass ihre Berücksichtigung das rechtliche Gehör oder den Grundsatz der Chancengleichheit im Prozess verletzen würde (Überraschungsentscheidungen).
– Wenn es sich um eine **Kollegialentscheidung** oder eine aus ähnlichen Gründen nicht reproduzierbare Entscheidung handelt.
– Im Verfahren des **vorläufigen Rechtsschutzes** (VGH Kassel, DÖV 2004, 625 – Sicherung eines noch im Verwaltungsverfahren anhängigen Anspruchs).

Sind die nachgeschobenen Gründe bzw. Ermessenserwägungen erst **während** des Verwaltungsprozesses entstanden, dann handelt es sich nicht um ein „Nachschieben von Gründen", sondern um eine Änderung des Sachstandes. Das Gericht muss dann selbständig prüfen, ob der geänderte Sachgrund noch zu berücksichtigen ist. Das ist bei der Anfechtungsklage i. d. R. nicht, bei der Verpflichtungsklage grundsätzlich immer der Fall (s. oben, Rn. 7 ff.).

Literatur zu § 24 IV: *R. P. Schenke,* Das Nachschieben von Gründen nach dem 6. VwGOÄndG, VerwArch. 90 (1999), 232 ff.; *Ehlers,* Die verwaltungsgerichtliche Anfechtungsklage, Jura 2004, 176; *Bader,* Ermessensergänzung im Verwaltungsprozess, JuS 2006, 199; *Pöcker/Barthelmann,* Der missglückte § 114 S. 2 VwGO, DVBl 2002, 668; *Lindner/Jahr,* Der unzureichend begründete Verwaltungsakt, JuS 2013, 673; *W.-R. Schenke,* Nachschieben von Ermessenserwägungen im verwaltungsgerichtlichen Verfahren, DVBl. 2014, 285; *Maurer/Waldhoff,* AVwR, § 10, Rn. 64.

§ 25 Begründetheit der Anfechtungsklage

1   Die Anfechtungsklage ist nach § 113 I 1 VwGO begründet, wenn der Beklagte **passivlegitimiert** ist, der VA **rechtswidrig** und der Kl. **dadurch** in seinen Rechten **verletzt** ist. Sie kann auch teilweise begründet sein, wenn der Verwaltungsakt nur teilweise rechtswidrig ist.

I. Passivlegitimation

2   Mit der **Passivlegitimation** wird das „materielle Gegenstück" zur passiven Prozessführungsbefugnis umschrieben. Sie kennzeichnet die Sachlegitimation desjenigen Trägers öffentlicher Verwaltung, dessen Behörde den angegriffenen VA erlassen hat und die insofern über den Streitgegenstand verfügen kann. Der Begriff der Passivlegitimation ist an sich nicht umstritten. Auch besteht Einigkeit darüber, dass diese bei der Begründetheit zu prüfen ist. Umstritten ist nur die Zuordnung von § 78 VwGO. Diese Bestimmung gehört nach Wortlaut, systematischem Zusammenhang und der Kompetenzordnung des GG zur **Zulässigkeitsprüfung** (zu den wichtigsten Problemen s. deshalb oben, § 12, Rn. 29 ff.).

Die Vertreter der Gegenauffassung lassen die Prüfung des richtigen Beklagten im Zulässigkeitsteil weg und prüfen diesen Gesichtspunkt nur bei der **Begründetheit.** Zwangsläufig sehen sie damit in § 78 VwGO die Regelung der Passivlegitimation (BVerwG NVwZ 2011, 1340; *Schmitt Glaeser/Horn,* VwProzR, Rn. 238; wie hier dagegen auch *Kopp/Schenke,* VwGO, § 78, Rn. 1). Unabhängig von diesem

Streit ist die Prüfung der Passivlegitimation für die Begründetheit der Klage unentbehrlich. Sie sollte auch dann zumindest kurz erwähnt werden, wenn die Prüfung des „richtigen Beklagten" bereits bei der Zulässigkeit erfolgte.

Dagegen empfiehlt es sich, den zivilprozessualen Begriff der „**Aktivlegitimation**" im Verwaltungsprozess **nicht** zu benutzen (a. A. *Schmitt Glaeser/ Horn*, VwProzR, Rn. 238). Dieser Begriff führt nicht nur zu Aufbauproblemen. Er ist auch sachlich ungenau, weil die Aktivlegitimation im Verwaltungsprozess im Merkmal des subjektiven Rechts aufgegangen ist und unter dem Stichwort „Rechtsverletzung" bzw. beim Leistungsanspruch geprüft wird.

II. Rechtswidrigkeit des angefochtenen VA

1. Aufbaufragen

Unterschieden wird im Allgemeinen zwischen „**formeller**" Rechtswidrigkeit (Zuständigkeit, Verfahren und Form) sowie „**materieller**" Rechtswidrigkeit (inhaltliche Rechtsverstöße; Überblick zu beiden bei *Maurer/Waldhoff*, AVwR, § 10, Rn. 37 ff.). In der ohnehin zumeist überfrachteten Gliederung des Begründetheitsteiles der Klausur ist letztgenannte Unterscheidung allerdings überflüssig.

3

Der einfache Satz: „*Rechtswidrigkeit = Verstoß gegen geltendes Recht*" bedarf für die **Anfechtungsklage** der Ergänzung. Hier bewirken der Gesetzesvorbehalt und die Schrankensystematik der Grundrechte, dass ein belastender VA nicht nur mit höherrangigem Recht vereinbar sein muss, sondern dass er **nur** dann rechtmäßig ist, wenn er seinerseits auf einer **Eingriffsgrundlage** im höherrangigen Recht beruht. Das gilt auch für einen feststellenden VA (a. A. *Jeremias*, DVBl 2014, 1047). Der Begriff „*Ermächtigungsgrundlage*" sollte dagegen der Ermächtigung zur Normsetzung (unten, § 30, Rn. 12 ff.) vorbehalten bleiben.

Die **Eingriffsgrundlage** steht also im Mittelpunkt der Begründetheitsprüfung und bestimmt überdies die nachfolgenden Fragen der **Zuständigkeit** und des **Verfahrens**. Deshalb ist sie am Anfang zumindest zu benennen (vgl. *Maurer/Waldhoff*, AVwR, § 10, Rn. 26; *Schmitt Glaeser/Horn*, VwProzR, Rn. 240; *Schenke*, VwProzR, Rn. 731). Es ergibt sich also folgender Regelaufbau:

1. Eingriffsgrundlage
2. Zuständigkeit der Behörde
3. Verfahren, Form des VA
4. Vereinbarkeit des VA mit der Eingriffsgrundlage (Subsumtion)
5. Verstoß gegen sonstiges Recht.

Wichtig: Wegen des Gesetzesvorbehalts und der Wesentlichkeitstheorie können Rechtsverordnungen nur unter den Voraussetzungen des Art. 80 GG und Satzungen nur bei Vorliegen einer hinreichend bestimmten gesetzlichen Ermächtigungsgrundlage einen Eingriff legitimieren (BVerfGE 33, 125, 155 – Facharzt). Keine hinreichende Eingriffsgrundlage ist die allgemeine Kompetenz der Gemeinde, die Nutzung ihrer Einrichtungen durch Satzung zu regeln. Hier muss vielmehr durch Gesetz bestimmt werden, welche Eingriffe im Einzelnen möglich sind (BVerwG, NVwZ 2014, 527 – Anforderungen an Grabsteine). In der Klausur ist deshalb als Eingriffsgrundlage für den belastenden VA stets neben der Rechtsverordnung oder Satzung auch die gesetzliche Grundlage anzugeben.

Für die **polizei- und sicherheitsrechtliche Klausur** hat sich folgendes Begründetheitsschema herausgebildet, dessen zusätzliche Elemente sich allerdings leicht der vorgenannten Gliederung zuordnen lassen (Einzelheiten z. B. bei *Schoch*, JuS 1995, 217; *Kingreen/Poscher*, Polizei- u. OrdnungsR, § 27):

1. Nennung der **Eingriffsgrundlage** (Befugnisnorm)
2. **Zuständigkeit** der Behörde
3. **Verfahren** und **Form**
4. Polizeiliche **Aufgabe** (wird nur teilweise getrennt von Zuständigkeit geprüft)
5. Vereinbarkeit der **Maßnahmen** mit der **Befugnisnorm** (Eingriffsgrundlage, Gefahr)
6. **Störer** (richtiger Adressat, Pflichtigkeit)
7. **Verhältnismäßigkeit** des Eingriffs
8. **Verstoß gegen sonstiges Recht.**

2. Zuständigkeitsmängel

4   Der Verwaltungsakt und der Widerspruchsbescheid sind rechtswidrig, wenn sie von der **sachlich, örtlich** oder **instanziell** unzuständigen Behörde bzw. Widerspruchsbehörde erlassen worden sind (ausführl. *Peine/Siegel*, AVwR, Rn. 470 ff.; *Ule/Laubinger*, VwVfR § 10), und zwar ohne Rücksicht darauf, ob die an sich zuständige Behörde anders entschieden hätte oder entscheiden konnte. Zuständigkeitsfehler sind auch **nicht nach § 45 VwVfG heilbar.** Nur bei der örtlichen Zuständigkeit führt ein Fehler im Anwendungsbereich von

§ 46 VwVfG nicht zur Aufhebung des VA. Wie bei § 46 VwVfG insgesamt, betrifft dies aber nicht die Rechtswidrigkeit, sondern nur den Aufhebungsanspruch. Bei einer Entscheidung durch die örtlich unzuständige Behörde zu unbeweglichem Vermögen (Grundstück oder ortsgebundenes Recht oder Rechtsverhältnis) ist der VA sogar nichtig (§ 44 III Nr. 1 i. V. m. § 3 I 1 VwVfG). Dagegen ist es kein Zuständigkeitsfehler, wenn nur die **interne** Geschäftsverteilung der Behörde nicht eingehalten wurde.

Literatur: *Collin/Fügemann*, Zuständigkeit – eine Einführung zu einem Grundelement des Verwaltungsorganisationsrechts, JuS 2005, 694.

3. Verfahrens- und Formfehler

Die Einordnung von Verfahrensfehlern in die Begründetheitsprüfung ist schwierig, weil das deutsche Verfahrensrecht von Stichworten wie „dienende Funktion des Verfahrens" und „Vorrang des materiellen Rechts" geprägt ist (s. oben, § 1, Rn. 38 ff.).

a) Regelfolge: Rechtswidrigkeit. Unabhängig vom letztlich durchsetzbaren Aufhebungsanspruch ist der unter Verstoß gegen Verfahrensvorschriften zustande gekommene VA **immer rechtswidrig** (BSG [GS], NJW 1992, 2444; *Pünder*, in: Erichsen/Ehlers, AVwR, § 14, Rn. 57; *Hufen/Siegel*, Fehler im VwVf., 6. Aufl. (2018), Rn. 792, 801). Der Fehler im Verwaltungsverfahren schlägt also insofern auf das Ergebnis durch. Es gibt keinen Unterschied zwischen „absoluten" Verfahrensfehlern, die immer die Rechtswidrigkeit herbeiführen, und nur relativen Verfahrensfehlern, bei denen dies nur unter zusätzlichen Voraussetzungen der Fall ist. Das folgt schon aus dem rechtsstaatlichen Grundsatz der Gesetzesbindung der Verwaltung (Art. 20 III GG), kann aber auch aus § 59 II 2 VwVfG geschlossen werden („*ein VA mit entsprechendem Inhalt nicht nur wegen eines Verfahrens- oder Formfehlers ... rechtswidrig wäre*").

Die wichtigsten Fälle sind:

- Die unterlassene Beteiligung eines Betroffenen und die fehlende Anhörung eines Beteiligten (§§ 13/28 VwVfG),
- die gesetzlich vorgeschriebene, aber unterbliebene Mitwirkung einer anderen Behörde,
- die Mitwirkung eines befangenen Beamten (§§ 20/21 VwVfG),
- die rechtswidrig verweigerte Beratung oder Akteneinsicht (§ 25, 29 VwVfG),
- der Verstoß gegen das Begründungsgebot (§ 39 VwVfG).

Ein weiterer Verfahrensfehler ist die **Wahl der falschen Verfahrensart**. Erlässt eine Gemeinde statt der notwendigen Satzung eine Allgemeinverfügung oder ergeht eine abfallrechtliche Genehmigung, obwohl ein Planfeststellungsbeschluss erforderlich wäre, so liegt – ungeachtet der Durchsetzbarkeit im Prozess (BVerwG, NVwZ 2014, 365 – kein Anspruch) – hierin ein Form- bzw. Verfahrensfehler. Auch die **fehlerhafte Sachaufklärung** (§§ 24/26 VwVfG) ist ein Verfahrensfehler, die den VA – ungeachtet der „Nachbesserung" durch die Sachaufklärung des Gerichts – zunächst rechtswidrig macht. In komplizierten Fällen hat das Gericht die Möglichkeit, ohne in der Sache selbst zu entscheiden, den VA und den Widerspruchsbescheid mit dem Ziel der weiteren Sachaufklärung durch die Behörde aufzuheben (§ 113 III VwGO – dazu § 38, Rn. 35). Die **fehlerhafte Bekanntgabe des VA** ist gleichfalls ein Verfahrensfehler. Sie führt nach § 41 VwVfG aber schon dazu, dass der VA erst gar nicht wirksam wird. **Kein Verfahrensfehler** folgt dagegen aus einem Verstoß gegen rein internes Verfahrensrecht, z. B. die Geschäftsordnung eines Gemeinderats oder eine Verwaltungsvorschrift (BVerwG, NVwZ 1988, 1119; OVG Münster, DÖV 1997, 344). Hinsichtlich **Begründungsfehlern** empfiehlt es sich, nur die gänzlich fehlende oder den Mindestvoraussetzungen des § 39 VwVfG nicht entsprechende Begründung (dazu *Lindner/Jahr*, JuS 2013, 673) als Formfehler im Sinne von § 39 VwVfG zu sehen und Begründungsmängel als (gemäß § 114 S. 2 VwGO korrigierbare) materielle Fehler zu behandeln (dazu § 24, Rn. 19).

7 **b) Heilung von Verfahrensfehlern.** Unter den Voraussetzungen von § 45 VwVfG kann der Fehler im Moment des verwaltungsgerichtlichen Urteils – und damit auch für die Begründetheitsprüfung in der Klausur – geheilt sein.

Praktisch und rechtlich bedeutsam ist vor allem die Heilung des Verfahrensfehlers im Widerspruchsverfahren (dazu oben, § 8, Rn. 25 ff.). Die seit 1996 mögliche Heilung bis zur letzten Tatsacheninstanz wurde zunächst zu Recht kritisiert, hat aber in der Praxis nur geringe Bedeutung erlangt (anders OVG Münster, NVwZ – RR 2018, 147 – Heilung im Verfahren des vorläufigen Rechtsschutzes). Bei verfassungskonformer Auslegung ist in jedem Fall zu beachten:

– Die Heilung erfolgt nicht „*vor Gericht*" und schon gar nicht *durch* das Gericht. Sie ist vielmehr Sache der (Widerspruchs)-behörde – ggf. im ergänzenden Verfahren nach dem UmwRG (*Seibert*, NVwZ 2018, 97).

- Der Fehler muss im Zeitpunkt dieser Entscheidung **noch wirklich heilbar** sein, d. h. der Kläger muss noch so gestellt werden können, wie er ohne den Fehler gestanden hätte (**reale Fehlerheilung**). Das ist bei personenbezogenen Entscheidungen (**Beispiel**: Persönliche Anhörung vor Anordnung einer Betreuung [BVerfG, Kammer, NJW 2016, 2559]), Gremienentscheidungen und bei solchen Entscheidungen nicht der Fall, bei denen es gerade auf die Gleichzeitigkeit und Konzentration der Verfahrenshandlungen ankommt.
- Die Heilung muss – auch wenn während des Prozesses durchgeführt – durch die **richtige Behörde**, im **richtigen Zeitpunkt** und in **wirksamer Weise** erfolgen. Wirksam ist sie nur, wenn der Kl. so gestellt wurde, wie er ohne den Anhörungsfehler gestanden hätte (VGH Kassel, NVwZ – RR 2012, 163). Bei Ermessensentscheidungen im Selbstverwaltungsbereich ist nur die Ausgangsbehörde in der Lage, den Fehler wirksam zu heilen (*Guckelberger*, JuS 2011, 577; *Hufen/Siegel*, Fehler im VwVf., 6. Aufl. 2018, Rn. 934 ff.; BVerwGE 66, 184, 187 ff.; BSG, NJW 2011, 1996.).

Mehr und mehr zu beachten ist auch die Notwendigkeit europarechtskonformer Auslegung (*Sydow*, JuS 2005, 97, 100; *Alleweldt*, DÖV 2006, 621; *Ziekow*, NVwZ 2005, 263; *Schwarze*, FS Würtenberger [2013], 1203). Unionsrechtlich eingeräumte Verfahrensrechte müssen effektiv und durchsetzbar sein. So können nach verbreiteter Auffassung Verfahrensfehler in Bezug auf europarechtliche Vorschriften (z. B. fehlende UVP) allenfalls bis zum Ende des Verwaltungsverfahrensbzw. im ergänzenden Verfahren nach § 75 Ia VwVfG geheilt werden (BVerwG, NVwZ-Beilage 2017, 101 – Ausbau Unterelbe; OVG Magdeburg, NVwZ-RR 2020, 157; VGH München, BeckRS 2018, 15273; *Külpmann*, NVwZ 2020, 1143). Das bedeutet, dass ggf. eine erneute Öffentlichkeitsbeteiligung nach § 9 I VGG erfolgen muss – BVerwG, NVwZ 2016, 1710; allg. dazu *Fehling*, In: Terhechte (Hg.), Verwaltungsrecht der Europäischen Union (2011), Rn. 81; *Ingold/Münkler*, EurUP 2018, 468).

In keinem Fall tritt die Heilung „automatisch" ein, das Gericht muss vielmehr prüfen, ob der Fehler **heilbar** war und ob er **wirksam** geheilt wurde. Ist das der Fall, so darf der Fehler nicht mehr berücksichtigt werden (Wirkung ex nunc – *Schenke*, VwProzR, Rn. 804a). Genauer: Der VA darf wegen **dieses** Fehlers nicht mehr aufgehoben werden, kann aber aus anderen (auch Verfahrens-)Gründen weiterhin rechtswidrig sein. Die Heilung ändert auch nichts daran, dass der VA bis zu diesem Zeitpunkt rechtswidrig war. Das ist bei der Kostenentscheidung (§ 161 II VwGO) ebenso zu berücksichtigen wie bei einer – bei Vorliegen der allgemeinen Voraussetzungen grundsätzlich statthaften – Fortsetzungsfeststellungsklage (§ 113 I 4 VwGO).

Das alles zeigt, dass es sich in der Regel für die Behörde nicht „lohnt", es auf die Heilbarkeit des Fehlers im Verwaltungsprozess ankommen zu lassen. Wirksamer und effizienter ist vielmehr auch künftig ein korrektes Verfahren und – wenn schon – die Heilung im Widerspruchsverfahren.

9 **c) Unbeachtlichkeit nach § 46 VwVfG.** Während die Heilung von Verfahrensfehlern nach § 45 VwVfG eine Frage der Rechtswidrigkeit ist, betrifft § 46 VwVfG den sich erst aufgrund festgestellter Rechtswidrigkeit und Rechtsverletzung ergebenden **Aufhebungsanspruch**, wird aber der besseren Übersichtlichkeit wegen hier in unmittelbarem Zusammenhang zu § 45 VwVfG behandelt.

Eine Heilung von Verfahrensfehlern ist nicht notwendig, wenn der Fehler schon als solcher unbeachtlich i. S. von § 46 VwVfG ist (a. A. *M. Martin*, Heilung von Verfahrensfehlern im Verwaltungsverfahren [2004], 271). Das schließt aber nicht aus, dass sich Behörde und Gericht um eine rechtzeitige und wirksame Heilung bemühen. Das gilt umso mehr, als die Voraussetzungen der Unbeachtlichkeit nach § 46 VwVfG alles andere als einfach sind.

Nach § 46 VwVfG ist der Aufhebungsanspruch ausgeschlossen, wenn *„offensichtlich ist, dass die Verletzung die Entscheidung in der Sache nicht beeinflusst hat"*. Auch dabei ist der Anwendungsspielraum bei verfassungs- und europarechtskonformer Auslegung eher gering und die Anwendung in der Praxis kompliziert:

- **Problemlos** ist nur die „Offensichtlichkeit" der Einflusslosigkeit des Fehlers bei **von vornherein** gebundenem Verwaltungshandeln (anfängliche Alternativlosigkeit).
- **Nicht anwendbar** ist § 46 VwVfG aber bei personenbezogenen Entscheidungen sowie bei komplizierten Abwägungs-, Beurteilungs- und Ermessensentscheidungen, weil bei diesen gerade nicht „offensichtlich" ist, wie das Ergebnis ausfällt. Fehler haben hier stets die Vermutung für sich, dass sie das Verfahrensergebnis beeinflussen. Dasselbe gilt für die gesetzlich vorgeschriebene Öffentlichkeitsbeteiligung (*Haug/Schadtle*, NVwZ 2014, 271) und das Verbot der Mitwirkung eines befangenen Amtsträgers (BVerwG, NVwZ 2018, 1570).
- Die „offensichtliche Nichtbeeinflussung" verweist in den **Innenbereich** des behördlichen Entscheidungsvorgangs, kann also durch das Gericht schwer überprüft werden. Jedenfalls kann es auf die bloße Behauptung der Einflusslosigkeit durch die Behörde nicht ankommen (skeptisch auch *Maurer/Waldhoff*, AVwR, § 10, Rn. 70; *Hatje*, DÖV 1997, 479; *Schöbener*, DV 33 [2000], 447, 483).

– Die Unbeachtlichkeit kann aus Grundrechtsgründen ausgeschlossen sein. Das ist bei Eingriffen in das Eigentum z. B. nur dann nicht der Fall, wenn konkrete Anhaltspunkte dafür vorliegen, dass die Behörde bei fehlerfreiem Verfahren dieselbe Entscheidung getroffen hätte (BVerfG, NVwZ 2016, 524; BVerwG, NVwZ 2014, 365).
– Wie bei § 45 II VwVfG besteht auch in den Fällen des § 46 VwVfG die Möglichkeit des „Durchschlagens" des Fehlers in das materielle Recht. So kann ein Verfahrensfehler ein Indiz für einen materiellen Ermessens- oder Abwägungsfehler sein.

Schließlich ist die Anwendbarkeit von § 46 VwVfG problematisch, wenn es um Verstöße gegen **europarechtlich** bedingtes Verfahrensrecht geht (EuGH, NVwZ 2011, 929; EuGH, NVwZ 2014, 49 – Altrip; dazu *Siegel*, NJW 2014, 973; EuGH, NVwZ 2015, 1665; *Hufen/Siegel*, Fehler im VwVf., Rn. 982a). Das gilt auch bei europarechtlich angeordneten besonderen Verfahrens**arten** (dazu *Breuer*, FS Sellner [2010], 493; *Ekardt*, NVwZ 2014, 393; *Ekardt/Schenderlein*, NVwZ 2008, 1059). Insbesondere sind die in § 4 I UmwRG genannten Verfahrensfehler (z. B. bei der UVP – EuGH, NVwZ 2017, 133) oder bei der (Nicht)Beteiligung anerkannter Naturschutzvereine immer beachtlich (so bereits BVerwG, NVwZ 1998, 395). So kann bei einem Verfahrensfehler im Zusammenhang mit einer UVP das Gericht eine Rechtsverletzung nur dann verneinen, wenn es anhand der vom Vorhabenträger oder der Behörde vorgelegten Beweise, Akten, Planunterlagen und der sonst erkennbaren Umstände feststellt, dass die angegriffene Entscheidung ohne den Verfahrensfehler nicht anders ausgefallen wäre (BVerwG, NVwZ 2014, 365; NVwZ 2016, 1257).

Liegen die Voraussetzungen von § 46 VwVfG vor, dann bleibt es zwar formal bei der Rechtswidrigkeit des VA, die Aufhebung kann aber nicht beansprucht werden, weil der Gesetzgeber unterstellt, dass der Fehler die Entscheidung in der Sache nicht beeinflusst hat.

d) Ausschluss der Rechtswidrigkeit aus anderen Gesetzen. Zu 10 beachten ist ferner, dass die Folgen von Verfahrensfehlern nicht nur im VwVfG relativiert werden. Ähnliche Regelungen finden sich auch in einigen Gemeindeordnungen, soweit der Fehler auf Abstimmungen im Gemeinderat beruht (vgl. § 50 NRWGO; § 4 IV Bad-WürttGO; Art. 49 III BayGO). Das ist rechtsstaatlich gesehen nicht unbedenklich, führt aber nach dem derzeitigen Stand dazu, dass der aufgrund eines fehlerhaften Beschlusses ergangene VA nicht rechtswidrig ist, es sei denn, der Fehler habe sich auch im Ergebnis niedergeschlagen.

e) Formfehler. Relativ selten sind schon wegen des Grundsatzes 11 der Formfreiheit des VA (§ 10 VwVfG) echte Formfehler. Ist die Schriftlichkeit vorgeschrieben, ergeht der VA aber mündlich, dann liegt ein solcher Fehler vor. Führt der Formfehler zur unwirksamen Bekanntgabe (§ 41 VwVfG), so ist der VA nicht nur rechtswidrig, sondern unwirksam.

Literatur zu § 25 II 3: *Kischel,* Folgen von Begründungsfehlern, Verwaltungsprozess, Zivilprozess, Verwaltungsverfahren (2004); *Schlecht,* Die Unbeachtlichkeit von Verfahrensfehlern im deutschen Umweltrecht (2010); *Bülow,* Die Relativierung von Verfahrensfehlern im europäischen Verwaltungsverfahren nach §§ 45, 46 VwVfG (2007); *Guckelberger,* Anhörungsfehler bei Verwaltungsakten, JuS 2011, 577; *Held,* Individualrechtsschutz bei fehlerhaftem Verwaltungsverfahren, NVwZ 2012, 461; *Schwarze,* Die Rechtsprechung des EuGH zur Relevanz von Fehlern im Verwaltungsverfahren, FS Würtenberger (2013), 1203; *Fehling,* Europäisches Verwaltungsrecht und Verwaltungsprozessrecht, in: Terhechte (Hg.), Verwaltungsrecht der Europäischen Union (2011), S. 399; *Ekardt,* Nach dem Altrip-Urteil: Von der Klagebefugnis zu Verfahrensfehlern, Abwägungsfehlern und Individualklage, NVwZ 2014, 393; *Haug/Schadtle,* Der Eigenwert der Öffentlichkeitsbeteiligung im Planungsrecht. Zugleich ein Beitrag zur Dogmatik des § 46 VwVfG, NVwZ 2014, 271; *Jarass,* Verfahrensfehler – Verfahrensverstöße im Genehmigungsverfahren, FS Battis 2014, 467; *Siegel,* Ausweitung und Eingrenzung der Klagerechte im Umweltrecht. NJW 2014, 973; *Burgi,* Die dienende Funktion des Verwaltungsverfahrens, DVBl. 2011, 1317; *Gurlit/Fehling,* Eigenwert des Verfahrens im Verwaltungsrecht, VVDSTRL 70 (2011), 227, 278; *Lindner/Jahr,* Der unzureichend begründete Verwaltungsakt. Das Verhältnis von § 39, 40, 45 VwVfG zu § 114 S. 2 VwGO, JuS 2013, 673; *Ludwigs,* Bausteine des Verwaltungsrechts auf dem Prüfstand des EuGH, NJW 2015, 3484; *Seibert,* Die Fehlerbehebung durch ergänzendes Verfahren nach dem UmwRG, NVwZ 2018, 97; *Külpmann,* Das ergänzende Verfahren im Zulassungsrecht aus richterlicher Sicht, NVwZ 2020, 1143; *Ingold/Münkler,* Fehlerfolgen und Verbandsklagesystematik im umweltbezogenen Rechtsschutz. EurUP 2018, 468; *Hufen/Siegel,* Fehler im Verwaltungsverfahren, 6. Aufl. (2018), Rn. 934 ff.

4. Anwendung der Eingriffsgrundlage

12 Nach den Grundsätzen des Gesetzesvorbehalts und nach Art. 2 I GG benötigt die Verwaltung für **Eingriffe** in die Rechte der Bürger grundsätzlich eine gesetzliche Grundlage, die ihrerseits der verfassungsmäßigen Ordnung entsprechen muss. Das Vorliegen einer **Eingriffsgrundlage** ist also Voraussetzung der Rechtmäßigkeit des belastenden VA. In der Eingriffsgrundlage selbst müssen die wesentlichen Voraussetzungen nach Gegenstand, Inhalt, Zweck und Ausmaß geregelt sein. Das gilt auch für Eingriffe im Bereich der sogenannten „Leistungsverwaltung". Die Rücknahme einer Subvention oder der Schulverweis bedürfen deshalb ebenso einer gesetzlichen Grundlage wie Maßnahmen der „Eingriffsverwaltung".

Für die Prüfung der inhaltlichen Rechtmäßigkeit des belastenden VAs ergibt sich damit folgendes Schema:

- Es muss eine (hinreichend bestimmte und ihrerseits rechtmäßige) Eingriffsgrundlage vorhanden sein;
- die konkrete Entscheidung muss durch die Eingriffsgrundlage gedeckt sein.

a) **Eingriffsgrundlage.** Die Eingriffsgrundlage ist zunächst in spezielleren, dann in allgemeineren Normen zu ermitteln. Spezialgesetzliche Eingriffsgrundlagen finden sich z. B. in nahezu allen **bereichsspezifischen** Sicherheitsgesetzen (z. B. StVG, LBauO, BImSchG). Kommt eine Spezialnorm nicht in Betracht, so ist auf **allgemeinere** Befugnisnormen, insbesondere des Polizei- und Sicherheitsrechts, zurückzugreifen. Letzte Stufe ist die **polizeirechtliche Generalklausel** als Befugnisnorm für die Abwehr von konkreten Gefahren für die öffentliche Sicherheit und Ordnung. 13

b) **Rechtmäßigkeit der Eingriffsgrundlage.** Liegt die Befugnis zum Eingriff im Gesetz, dann ist auf dessen Verfassungsmäßigkeit in der verwaltungsprozessualen Klausur in der Regel **nicht** einzugehen. Selbst bei einer Verfassungswidrigkeit des Gesetzes hätte die Verwaltungsklage nicht auf direktem Wege Erfolg, weil das Gericht **keine Verwerfungskompetenz** hinsichtlich förmlicher Gesetze besitzt. Allenfalls kommt eine Richtervorlage nach Art. 100 GG **(konkrete Normenkontrolle)** in Betracht. Deshalb ist es falsch, wenn ohne Anlass die Verfassungsmäßigkeit der gesetzlichen Grundlage geprüft oder gar die Klage wegen Verfassungswidrigkeit der Eingriffsgrundlage ohne Hinweis auf Art. 100 GG für begründet erklärt wird. 14

Anders verhält es sich, wenn das Gesetz nur eine Ermächtigungsgrundlage für **untergesetzliche Normen** (RVO oder Satzung) enthält, diese aber ihrerseits Rechtmäßigkeitsvoraussetzung des VA sind (**Beispiel:** Satzung über Anschluss- und Benutzungszwang; Bebauungsplan). Hier muss das Verwaltungsgericht die Rechtmäßigkeit der untergesetzlichen Norm incidenter überprüfen, und die Anfechtungsklage ist begründet, wenn die Rechtsgrundlage rechtswidrig und damit unwirksam ist. (BVerwG, NVwZ 2019, 1135 – StVO -"Bußgeldkatalog"). Anders als bei der Normenkontrolle wirkt das Urteil aber nur für die Beteiligten, nicht „inter omnes". Zu beachten ist insbesondere, dass Satzung und Rechtsverordnung ihrerseits einer hinreichend bestimmten Rechtsgrundlage bedürfen, die zu gerade diesem Eingriff ermächtigt. Unter dem Stichwort: „Eingriffsgrundlage 15 selbst rechtmäßig?" ist dann wie folgt vorzugehen ("Schachtelprüfung"):

(1) Zuständigkeit des Normgebers
(2) Verfahren beim Zustandekommen der Norm
(3) Ihrerseits verfassungsmäßige Ermächtigungsgrundlage für die Norm
(4) Anwendung der Ermächtigungsgrundlage
(5) Verstoß gegen höherrangiges Recht

Wichtig ist dabei, dass die Prüfung des Verwaltungsakts und der untergesetzlichen Ermächtigungsgrundlage nicht verwechselt werden. Entsprechendes gilt für die Verpflichtungsklage, wenn eine wirksame Satzung oder Rechtsverordnung Voraussetzung für den Anspruch auf Erlass eines VA ist.

16 c) **Anwendbarkeit auf den Fall.** Für die Rechtmäßigkeit reicht es nicht aus, dass irgendeine Eingriffsgrundlage "vorhanden" ist. Zu prüfen ist vielmehr, ob diese auf den Tatbestand des konkreten Falles anwendbar ist. Das ist die eigentliche **Subsumtion.** Diese ist der eigentliche Kern der meisten Klausuren, aber im Einzelnen so vielfältig wie die Rechtsgrundlagen und die Fälle.

5. Bedeutung des Unionsrechts

17 Wegen des Vorrangs unmittelbar anwendbaren Unionsrechts vor nationalem Recht muss in der Begründetheitsprüfung immer häufiger auch in gewöhnlichen öffentlich-rechtlichen Fällen auf europarechtliche Fragen eingegangen werden (s. BVerwGE 87, 154, 158 ff.). Dabei ist auf folgendes zu achten:

– In keinem Fall können **Rechtsakte der Europäischen Union** selbst von einem deutschen VG aufgehoben werden. Hierfür ist schon der Verwaltungsrechtsweg (oben, § 11) nicht eröffnet.
– **Unmittelbar anwendbare Normen des Unionsrechts** können eine Rechtsgrundlage für Eingriffe deutscher Behörden in Rechte der Bürger bilden, soweit sie vom deutschen Zustimmungsgesetz gedeckt sind (BVerfGE 89, 155, 175). Insofern (und **nur insofern**) kommt eine incidenter-Prüfung in Betracht. Das Gericht kann aber auch dann die betreffende Norm des sekundären Unionsrechts nicht einfach verwerfen (unangewendet lassen), sondern muss den Fall nach Art. 267 AEUV dem EuGH vorlegen. Dieser ist auch gesetzlicher Richter im Sinne von Art. 101 I 2 GG (BVerfGE 118, 79, 94; BVerwG, NVwZ 2001, 319; BVerfG, Kammer, NVwZ 2007, 197; *Huber*, Recht der europäischen Integration, § 21, Rn. 9;

Cremer, DV 37 [2004], 165; *Roth*, NVwZ 2009, 345; *Gärditz*, JuS 2009, 385). Angesichts immer weitergehender Rechtsetzungstätigkeit der EU selbst erlangt auch der Rechtsschutz Privater durch die Individualklage nach Art. 263 IV AEUV zum EuGH immer größere Bedeutung (Einzelheiten bei *D. König*, JuS 2003, 257; *Wölker*, DÖV 2003, 570; *Mayer*, DVBl. 2004, 606).

Verstößt **der VA selbst** gegen primäres oder sekundäres Unionsrecht, dann treten die gleichen Folgen ein wie bei einem Verstoß gegen (deutsches) höherrangiges Recht, d. h., die Entscheidung ist rechtswidrig und wird auf Anfechtungsklage des Betroffenen aufgehoben, wenn dieser in seinen Rechten verletzt ist. Das ist bei Verstößen gegen zwingendes Verfahrensrecht der Union (insbesondere im Zusammenhang mit der UVP) stets der Fall (EuGH, NVwZ 2017, 133), und die deutschen Heilungs-, Unbeachtlichkeits- und Präklusionsvorschriften gelten nur eingeschränkt (dazu oben, Rn. 7 und 9).

Dasselbe gilt entsprechend bei einem Verstoß gegen solche Richtlinien, denen nach Ablauf der Umsetzungsfrist unmittelbare Geltung zukommt, die also „unbedingt und hinreichend genau" sind (vgl. EuGH, NJW 1997, 3365; *Weis*, DVBl. 1998, 568 u. oben, § 3, Rn. 16 f.). Umgekehrt kann ein solcher VA zurückgenommen werden; ggf. **muss** die deutsche Behörde ihn sogar zurücknehmen (bedeutsam für Anfechtungsklage gegen die Rücknahme).

– Beruht der VA auf einer **deutschen gesetzlichen Grundlage**, die ihrerseits gegen unmittelbar geltendes Unionsrecht verstößt und nicht „europarechtskonform" ausgelegt werden kann (dazu *Huber*, Recht der Europäischen Integration, § 7, Rn. 8; *Jarass*, DVBl. 1995, 957), so verlangt der EuGH, dass nationale Gerichte und sogar deutsche Behörden bis hinunter zur Gemeindeebene diese gesetzliche Grundlage verwerfen, d. h. nicht anwenden (exemplarisch EuGH, NVwZ 1990, 649, 650; EuGH, NJW 1999, 2355 – Begrenzung von Bootsanlegeplätzen für EG-Ausländer). Die entsprechende Norm ist damit zwar nicht nichtig, aber auch nicht anwendbar. Anders als bei Nichtübereinstimmung mit nationalem Verfassungsrecht (Art. 100 I GG) kommt also auch für das Gericht nur in Zweifelsfällen, nicht aber bei einer eindeutigen Kollisionslage, die Vorlage einer unionsrechtlichen Auslegungsfrage im Vorabentscheidungsverfahren nach Art. 267 AEUV in Betracht (ausf. *Gärditz*, JuS 2009, 385; *Mächtle*, JuS 2015, 314). Die „Europarechtswidrigkeit" des deutschen Gesetzes führt – anders als die Verfassungswidrigkeit – daher unmittelbar zur Rechtswidrigkeit der Maßnahme und damit ggf. zur Begründetheit der Klage.

Besonders umstritten ist in diesem Zusammenhang die Rücknahme von gegen Art. 107 AEUV verstoßenden **Beihilfen**. Nicht nur aufgrund der sehr wirksamen Kontrolle durch die Kommission, sondern zunehmend auch aufgrund „normaler" Konkurrentenklagen (*Kilb*, JuS 2003, 1072) ist diese Fallkonstellation besonders in den Mittelpunkt des Interesses gerückt. **18**

Hier führt der Vorrang des Unionsrechts nach der Rechtsprechung des EuGH (vgl. EuGH, NVwZ 1990, 1161 u. insbes. NJW 1998, 47 – Alcan; EuGH, Kammer, NVwZ 2007, 64; s. auch BVerwG, NJW 1993, 2764; zurückhaltend aber BVerwG, NVwZ 2003, 1384) dazu, dass Behörden und Gerichte kein Ermessen bei der Rücknahme des begünstigenden VA haben, auch wenn die Voraussetzungen von § 48 VwVfG nicht erfüllt sind bzw. die Frist des § 48 IV VwVfG abgelaufen ist. Das Europarecht hat hier Vorrang auch gegenüber nationalem Verfassungsrecht (EuGH, NVwZ 2016, 600; BVerfG, Kammer, NJW 2000, 2015; *Voßkuhle/Schemmel,* JuS 2019, 347). Zu fragen bleibt aber auch für den EuGH, ob der rechtsstaatliche Vertrauensschutz nicht seinerseits Ausdruck zentraler rechtsstaatlicher Grundsätze des Unionsrechts ist. Immerhin hat auch der EuGH anerkannt, dass das Unionsrecht den nationalen Richter nicht dazu verpflichtet, von Amts wegen eine solche Vorschrift anzuwenden, wenn er damit den im einschlägigen nationalen Recht verankerten Grundsatz des Verbots der reformatio in peius durchbrechen müsste (EuGH, NVwZ 2009, 168). Das gilt auch in ähnlichen Fällen, in denen der Vorrang des Unionsrechts zu unzumutbaren Ergebnissen führen würde (*Haack,* Jura 2008, 739).

Auch im Übrigen muss sich das sekundäre Unionsrecht immer mehr an zentralen rechtsstaatlichen und demokratischen Grundsätzen sowie an einem durchaus europäischen Kern der Grundrechte messen lassen (BVerfGE 73, 339, 378; 89, 155, 175; BVerfG, NJW 2009, 2267 – Lissabon). Unabhängig davon, ob etwa Art. 79 III GG eine Grenze für die Übertragung nationaler Souveränitätsrechte auf die Union bildet (Art. 23 I 3 GG), dürften das Rechtsstaatsprinzip und der Kern grundrechtlicher Gewährleistungen heute auch bereits als gemeinsames „Europäisches Verfassungsrecht" anzusehen sein, gegen welches das sonstige Unionsrecht nicht verstoßen darf (grundlegend *J. Kokott,* AöR 121 (1996), 599; *Lenze,* VerwArch 97 [2006], 29; *Kremer,* EuR 2007, 470). Der richtige Weg zur Klärung besteht aber weder in der schlichten Nichtanwendung noch in nationalen Alleingängen, sondern in der Entscheidung des EuGH auf Vorlage nationaler Gerichte (BVerwG, NVwZ 1995, 703; *Kilb,* JuS 2003, 1072; *D. König,* JuS 2003, 257; *Wölker,* DÖV 2003, 570; Art. 267 II und III AEUV erweisen sich damit nicht nur als die entscheidende Schnittstelle zwischen nationalem und europäischem Recht, sondern auch als Mechanismus zur fortschreitenden Entwicklung eines allgemein anerkannten europäischen Verfassungsrechts.

19 Die von der Union abgeschlossenen **völkerrechtlichen Verträge** werden Bestandteil der Unionsrechtsordnung, stehen im Rang aber unter dem primären Unionsrecht. Unmittelbare Wirkung können sie nur entfalten, wenn sie inhaltlich unbedingt und hinreichend bestimmt sind (EuGH, JuS 1999, 698 mit Anm. v. *Streinz*). Das hat der EuGH hinsichtlich der Bestimmungen des GATT bzw. der WTO bisher verneint (Nachweise bei *Haratsch/Koenig/Pechstein,* Europarecht, 12. Aufl. [2020], Rn. 449). Dagegen verhilft der EuGH den gleichfalls dem Völkerrecht zugehörigen Grundsätzen der EMRK indirekt dadurch zur Geltung, dass er diese zu gemeinsamen Grundsätzen des europäischen Verfassungsrechts erklärt (EuGH, EuZW 2002,

603 – Carpenter; dazu *Britz*, NVwZ 2004, 173). Auch die Rechtsprechung des **EGMR** selbst entfaltet immer größere Wirkung (EGMR, NVwZ 2000, 810; dazu *Masuch*, NVwZ 2000, 1686; *Gundel*, DVBl. 2004, 17). Das BVerfG betont zwar die Zugehörigkeit der EMRK zur Ebene des (einfachen) Gesetzes, die der Richter aber im Rahmen seiner Bindung an Gesetz und Recht umzusetzen habe, dies aber nur unter Berücksichtigung der nationalen Rechtsordnung, insbesondere der Grundrechtspositionen des GG (BVerfGE 111, 304 – Görgülü; dazu *Meyer-Ladwig/Petzold*, NJW 2005, 15; – grundsätzlich zur Bedeutung der EMRK auch BAG, NJW 2016, 1034).

Literatur zu § 25 II 5: S. neben den in § 3, Rn. 15, und in diesem Kapitel, Rn. 18, genannten Beiträgen *König/Kühling*, Grundfragen des EG-Beihilfenrechts, NJW 2000, 1065; *Masuch*, Zur fallübergreifenden Bindungswirkung von Urteilen des EGMR, NVwZ 2000, 1686; *Kilb*, Subventionskontrolle durch europäisches Beihilferecht – eine Übersicht, JuS 2003, 1072; *Meyer-Ladewig/Petzold*, Die Bindung deutscher Gerichte an Urteile des EGMR, NJW 2005, 15; *Roth*, Verfassungsgerichtliche Kontrolle der Vorlagepflicht an den EuGH, NVwZ 2009, 345; *Gärditz*, Europäisches Verwaltungsprozessrecht, JuS 2009, 385; *Ziekow*, Europa und der deutsche Verwaltungsprozess – Schlaglichter auf eine unendliche Geschichte, NVwZ 2010, 793; *Siegel*, Europäisierung des öffentlichen Rechts (2012); *Leible/Terhechte*, Europäisches Rechtsschutz- und Verfahrensrecht (2014); *Broberg/Fänger*, Das Vorabentscheidungsverfahren vor dem Gerichtshof der Europäischen Union. Handbuch (2014); *Mächtle*, Das Vorabentscheidungsverfahren, JuS 2015, 314; *Voßkuhle/Schemmel*, Grundwissen – Öffentliches Recht: Die Europäisierung des Verwaltungsrechts, JuS 2019, 347; *Berkemann*, EuGH stärkt erneut Klagebefugnis im Umweltrecht, DVBl. 2021, 1 ff.; *Haratsch/Koenig/Pechstein*, EuropaR, 12. Aufl. (20206), Rn. 146 ff.; *Streinz*, Europarecht, Rn. 1252 ff.

6. Verfassungskonforme Auslegung – Grundrechtsprobleme

Alle bekannten Gliederungsschemata nennen zunächst die Eingriffsgrundlage und deren Voraussetzungen und kommen dann unter dem Stichwort: „Verstoß gegen sonstige Rechtsnormen" ggf. zu Grundrechtsproblemen. Dieser Aufbau empfiehlt sich in der Regel auch, denn es wirkt anfängerhaft, wenn die Prüfung der materiellen Rechtmäßigkeit im Sinne einer „kleinen Verfassungsklausur" begonnen wird. Anders als bei der Verfassungsbeschwerde prüft das Verwaltungsgericht die Rechtmäßigkeit im umfassenden Sinne, so dass die alleinige Prüfung auf einen Grundrechtsverstoß auf eine falsche Weichenstellung hinausläuft.

Andererseits gibt es Fälle, in denen die Nennung grundrechtlicher Schutzbereiche am Schluss der materiell-rechtlichen Prüfung schlicht „zu spät" kommt. Das folgt schon daraus, dass es sich – rechtstechnisch gesehen – bei der Eingriffsgrundlage um eine gesetzliche Schranke eines Grundrechts handelt, die nach der Rechtsprechung des BVerfG ihrerseits „im Lichte des jeweils betroffenen Grundrechts" auszulegen und anzuwenden ist (**Wechselwirkungstheorie,** vgl. insbes. BVerfGE 7, 198 ff.).

> **Beispiele:** Für ein Versammlungsverbot ist die Eingriffsgrundlage (§ 15 VersG) stets im Lichte von Art. 8 GG auszulegen; es ist also schon **vor** der Anwendung der Eingriffsgrundlage zu prüfen, ob Schutzbereich und Grundrechtsträgerschaft vorliegen. Für die Rücknahme der Sondernutzungserlaubnis eines Straßenkünstlers kommt es darauf an, ob seine Tätigkeit unter Art. 5 III GG fällt, usw. Nach einer umstrittenen (im Ergebnis aber richtigen) Entscheidung des *BVerwG* vom 02.03.2017 (NJW 2017, 2215) haben sterbewillige Patienten bei einer verfassungskonformen Auslegung von § 5 I Nr. 6 BtMG bei einer extremen Notlage Anspruch auf ein letal wirkendes Betäubungsmittel.

Das gilt umso mehr bei **Grundrechten ohne Schrankenvorbehalt** (Religionsfreiheit, Wissenschaftsfreiheit, Kunstfreiheit). Ist hier der Schutzbereich eröffnet, so kann eine Einschränkung nur aufgrund einer gesetzlichen Eingriffsgrundlage erfolgen, die ihrerseits ein gleichrangiges Rechtsgut, also Grundrechts- oder andere Verfassungsgüter, schützt („**verfassungsimmanente Schranke**"; dazu *Hufen,* StaatsR II. Grundrechte, § 9, Rn. 32).

> **Beispiel:** Für die Schließung einer Koranschule reicht, soweit Art. 4 GG einschlägig ist, nicht allein die Eingriffsgrundlage in § 35 GewO oder in den Privatschulgesetzen der Länder aus; diese ist vielmehr nur in Konkretisierung verfassungsimmanenter Schranken wie Sozialstaat, Elternrecht, Menschenwürde usw. und nach den Grundsätzen „praktischer Konkordanz" (Einzelh. bei *Hufen,* StaatsR. II, § 9, Rn. 31) anzuwenden.

7. Verstoß gegen sonstige Rechtsnormen

21   Für die Rechtmäßigkeit des belastenden VA ist die Eingriffsgrundlage notwendige, aber nicht hinreichende Bedingung. Die Maßnahme darf auch nicht gegen andere höherrangige Normen verstoßen. Hier kommen alle Gesetze und Grundrechte in Betracht. Insbesondere ist die **Verhältnismäßigkeit** des Eingriffs unter diesem Stichwort zu prüfen.

> **Beispiel:** Macht der Kläger geltend, ein gewerberechtliches Verbot greife in seine Berufsfreiheit ein, so ist an dieser Stelle zu klären, ob das Grundrecht grundsätzlich einschlägig ist **(Schutzbereich),** ob ein **Eingriff** in Berufsausübung oder Berufswahl vorliegt und ob dieser Eingriff nach der Rechtspre-

chung des BVerfG **verhältnismäßig** im Hinblick auf die jeweils angegebenen Ziele des Gemeinwohls ist (Näheres bei *Hufen*, StaatsR II, § 35, Rn. 26 ff.).

8. Ermessensentscheidungen (§ 114 S. 1 VwGO/§ 40 VwVfG)

a) **Allgemeines.** Die Rechtsbindung der Verwaltung (Art. 20 III GG) und die Rechtsschutzgarantie des Art. 19 IV GG fordern grundsätzlich, dass das Verwaltungsgericht die Rechtsanwendung der Behörde **in vollem Umfang** überprüft. Auch unbestimmte Rechtsbegriffe, die der Auslegung und ggf. auch der Wertung bedürfen, müssen in diesem Sinne durch das Gericht in vollem Umfang geprüft werden (*Maurer/Waldhoff*, AVwR, § 7, Rn. 27).

Von diesem umfassenden Grundsatz enthält § 114 S. 1 VwGO die wichtigste Ausnahme in Gestalt einer Regelung für **Ermessensentscheidungen.** Soweit hiernach die Verwaltungsbehörde ermächtigt ist, nach ihrem Ermessen zu handeln, *„prüft das Gericht auch, ob der Verwaltungsakt oder die Ablehnung oder Unterlassung des Verwaltungsakts rechtswidrig ist, weil die gesetzlichen Grenzen des Ermessens überschritten sind oder von dem Ermessen in einer dem Zweck der Ermächtigung nicht entsprechenden Weise Gebrauch gemacht ist".*

Diese Vorschrift schränkt die richterliche Kontrolldichte ein. Die Entscheidungskompetenz der Gerichte wird auf die **Rechtskontrolle** und damit auf Ermessensfehler reduziert, und das VG prüft – anders als die Widerspruchsbehörde – **nicht die Zweckmäßigkeit** des Verwaltungshandelns. Demnach ist § 114 S. 1 zu lesen: *„Soweit die Verwaltungsbehörde ermächtigt ist, nach ihrem Ermessen zu handeln, prüft das Gericht nur, ob der VA …"*

Wichtig: § 114 S. 1 VwGO und die Einschränkung der richterlichen Kontrolldichte gelten sowohl für die Anfechtungs- als auch für die Verpflichtungsklage. Unterschiedlich sind nur die Rechtsfolgen.

Letztlich wird nur derjenige eine Norm wie § 114 S. 1 VwGO und deren „Zusammenspiel" mit § 113 I und V VwGO richtig verstehen, der sich den historischen Hintergrund und die in § 114 VwGO zum Ausdruck kommenden Aspekte des Gewaltenteilungsprinzips vergegenwärtigt. Historisch waren Ermessensentscheidungen Vorbehaltsbereiche der Exekutive, die als „arcanum" der Verwaltung gerichtsfrei waren (dazu *Grawert*, FS Menger [1985], 51 und oben, § 2, Rn. 6 ff.). Heute bezeichnet das Ermessen nicht mehr den originären Vorbehaltsbereich der Exekutive, sondern eine durch den demokratischen Gesetzgeber der Exekutive legitimerweise zugewiesenen Entscheidungsspielraum. Das Ermessen ist also weder undemokratisch, noch bedeutet es eine grundsätzliche Freistellung von rechtsstaatlicher Bindung (BVerwGE

22

44, 159). Seine eigentliche Rechtfertigung findet es vielmehr in der Einzelfallgerechtigkeit und der notwendigen „Flexibilitätsreserve" der Verwaltung gegenüber der Vielfalt der Lebensverhältnisse. Das gilt besonders bei der Regulierung öffentlich beeinflusster Märkte (Energie, Telekommunikation). Hier setzt sich mehr und mehr der Begriff des „**Regulierungsermessens**" durch (erstmals BVerwGE 120, 263, 265; akzeptiert durch BVerfG, Kammer, NVwZ 2012, 694; *Wimmer,* JZ 2010, 433; *Ludwigs,* JZ 2009, 290; krit. *Gärditz,* NVwZ 2009, 1005; *Ludwigs,* JZ 2009, 290). In diesem Sinne hat die Exekutive und nicht die Verwaltungsgerichtsbarkeit die **Letztentscheidungskompetenz**. Unabdingbar bleibt aber auch in diesen Fällen die gerichtliche Kontrolle darauf, ob alle wesentlichen Belange mit dem ihnen zukommenden Gewicht in die Abwägung eingestellt und zu einem angemessenen Ausgleich gebracht worden sind (BVerwGE 131, 41; BVerwG, NVwZ 2010, 1357; *Sachs/Jasper,* NVwZ 2012, 649). Mindestvoraussetzung ist zudem, dass die verringerte gerichtliche Kontrolldichte durch eine umso größere Bedeutung des Verwaltungsverfahrens ausgeglichen wird (*Oster,* RdE 2009, 126 ff.). Auch muss die Behörde nach dem Grundsatz der Transparenz ggf. diejenigen Kriterien offenlegen, nach denen sie ihr Ermessen ausübt (OVG Bautzen, NVwZ-RR 2016, 545 – Aufnahme von Schülern in eine weiterführende Schule).

23 b) **Voraussetzungen.** Eine Ermessensentscheidung liegt vor, wenn die Behörde aufgrund einer Rechtsnorm tätig werden **kann,** aber nicht tätig werden **muss (Entschließungsermessen),** oder wenn sie unter verschiedenen Lösungsmöglichkeiten wählen kann (**Auswahlermessen**). Ob dies der Fall ist, ergibt sich aus dem Gesetz und wird dort in der Regel mit Formulierungen wie „kann", „darf" usw. ausgedrückt. Gelegentlich lässt sich die Ermessensnorm auch nur aus dem Zusammenhang ermitteln (Beispiele bei *Maurer/Waldhoff,* AVwR, § 7, Rn. 9).

Die „**Soll-Vorschrift**" kennzeichnet demgegenüber eine rechtliche Bindung, von der in zu begründenden Ausnahmefällen abgewichen werden kann. In diese Fallgruppe gehören auch Ansprüche eines Bürgers auf Aufsichtsmaßnahmen der Behörden gegen einen Nachbarn (Anspruch auf sachgerechte Ermessensausübung – *OVG Magdeburg,* NVwZ-RR 2015, 611). Ist die Anlage materiell rechtswidrig und wird der klagende Nachbarn in seinen Rechten verletzt, ist das Ermessen allerdings auf null reduziert und es besteht eine Verpflichtung zum Einschreiten (OVG Magdeburg, NVwZ-RR 2015, 611). Eine ähnliche Wirkung besteht nach BVerwGE 72, 1, 6; 91, 82, 90, wenn dem Ermessen durch das einschlägige Fachrecht bereits eine bestimmte Richtung vorgegeben ist, die Behörde also kraft der gesetzlichen Grundlage das Ermessen im Regelfall fehlerfrei nur durch eine bestimmte Entscheidung ausüben kann. Umgekehrt soll eine Begründung der Ermessensentscheidung nicht notwendig sein, wenn sich die Verwaltung an die Intention des Gesetzgebers hält (sogenanntes **intendiertes Ermessen** - zustimmend *Borowski,* DVBl. 2000, 149; krit. *Volkmann,* DÖV 1996, 282; *Erbguth,* JuS 2002, 333; *Maurer/ Waldhoff,* AVwR, § 7 Rn. 12; *Pabst,* VerwArch. 93 [2002], 540).

c) Folgen für die verwaltungsgerichtliche Kontrolle. Liegt eine Ermessensentscheidung vor, dann bedeutet dies zwar nicht, dass jede verwaltungsgerichtliche Kontrolle ausgeschlossen ist; die verwaltungsgerichtliche Überprüfung beschränkt sich aber auf **Ermessensfehler.** Erst ein solcher macht die Entscheidung rechtswidrig und eröffnet damit die gerichtliche Aufhebungskompetenz. Ermessensfehler sind Verstöße gegen die **rechtlichen** Bindungen, also Rechtsfehler im umfassenden Sinne. Unzweckmäßige Entscheidungen beruhen dagegen nicht auf einem Ermessensfehler. Sie können deshalb auch nicht gerichtlich gerügt werden. Insbesondere darf das Gericht nicht seine eigenen Erwägungen zu Zweck, Wirtschaftlichkeit, Billigkeit usw. an die Stelle derjenigen der Behörde setzen. 24

d) Ermessensfehler. Die **Fehlertypen** sind durch § 114 S. 1 VwGO und § 40 VwVfG vorgezeichnet: 25

- **Ermessensnichtgebrauch, Ermessensunterschreitung.** Die Behörde hält sich für rechtlich gebunden oder übt aus anderen Gründen das bestehende Ermessen nicht oder nicht in vollem Umfang aus.

Beispiel: Eine Baubehörde meint entgegen § 31 BauGB, Ausnahmen und Befreiungen vom Bebauungsplan seien grundsätzlich ausgeschlossen oder entgegen § 48 I 1 VwVfG, sie sei beim Vorliegen von Rücknahmegründen **immer** zur Rücknahme des VA verpflichtet (OVG Schleswig, NVwZ 1993, 911; gute Zusammenstellung der Ermessensfehler im Polizeirecht bei *Kingreen/Poscher* Polizei- u. OrdnungsR, § 10; *Schenke,* Polizei- u. OrdnungsR, Rn. 95 ff.).

- **Ermessensfehlgebrauch, Ermessensmissbrauch.** Die Behörde lässt sich nicht vom gesetzlichen Zweck der Ermessensvorschrift leiten, sondern verbindet in unzulässiger Weise verschiedene Verwaltungszwecke miteinander („Koppelungsverbot").

Beispiel: Auflage zu einer Gaststättenerlaubnis aus rein fiskalischen Gründen; Erlaubnis oder ÖR-Vertrag aufgrund gesetzeswidriger „Gegenleistung" (VGH München, NVwZ-RR 2005, 781).

- **Ermessensüberschreitung.** Die Behörde wählt eine Alternative, zu der sie nicht ermächtigt war, hält sich also nicht im durch die Norm eingeräumten Ermessensrahmen.

Beispiele: Vergabe von Hochschulräumen außerhalb des Widmungszwecks unter Missachtung des Gleichbehandlungsgebots (OVG Hamburg, NVwZ 2018, 1077); Nichtbeachtung von Unionsrecht durch fehlendes behördliches Einschreiten gegen illegalen Radwegbau in FFH-Gebiet (BVerwG, DVBl. 2017, 1105).

26 **e) Folgen.** Stellt das Gericht einen Ermessensfehler fest und wurde dieser auch nicht im Wege „nachgeschobener" Ermessenserwägungen gem. § 114 S. 2 VwGO (dazu oben, § 24, Rn. 19 f.) „geheilt", so ist die Entscheidung rechtswidrig. Das führt bei der **Anfechtungsklage** immer zur Aufhebung, sofern der Kläger in seinem Recht verletzt ist. Darauf, ob die Behörde andere (ggf. ermessensfehlerfreie) Entscheidungen treffen konnte, kommt es hier nicht an, da jedenfalls der zu prüfende VA rechtswidrig und unter den Voraussetzungen von § 113 I 1 VwGO aufzuheben ist. Eine besondere Prüfung der Spruchreife findet insofern nicht statt. Der maßgebliche Zeitpunkt für die Beurteilung folgt den oben entwickelten Regeln (grundsätzlich letzte behördliche Entscheidung bei der Anfechtungsklage; mündliche Verhandlung bei allen übrigen Klagearten – dazu § 25, Rn. 7 ff.).

Hinzuweisen ist noch auf folgenden Zusammenhang: Je weiter der Ermessensspielraum der Behörde ist, desto größer ist die **Bedeutung des Verwaltungsverfahrens.** Die geringere gesetzliche Steuerung durch die Ermessensnorm kann rechtsstaatlich und auch aus der Sicht des Grundrechtsschutzes nur hingenommen werden, wenn das Verwaltungsverfahren entsprechend aufwendig ausgestaltet ist. Verfahrensfehler sind bei Ermessensentscheidungen daher immer beachtlich: Das ist die Kernaussage von § 46 VwVfG (zur sog. „Ermessensreduzierung auf Null", s. unten, § 26, Rn. 20).

27 Besondere Fragen wirft die Begründetheit der Anfechtungsklage gegen **Nebenbestimmungen** auf (ausf. dazu *Hufen/Bickenbach*, JuS 2004, 966 ff.). Hier richtet sich die Beurteilung der Sach- und Rechtslage wie für die sonstigen Anfechtungsklagen nach dem Zeitpunkt der **letzten behördlichen Entscheidung** (zu den Ausnahmen § 24, Rn. 9). Auch Ermessensfragen sind hier nicht mehr bei der Zulässigkeit, sondern bei der Begründetheit zu prüfen (BVerwG, NVwZ 2001, 429; zuletzt etwa OVG Lüneburg, NVwZ-RR 2020, 519 – isolierte Anfechtung einer Befristung). Grundsätzlich ist die Anfechtungsklage gegen eine Nebenbestimmung nach § 113 I 1 VwGO ebenso wie beim VA selbst begründet, wenn der Beklagte **passivlegitimiert,** die Nebenbestimmung **rechtswidrig** und der Kläger dadurch

§ 25 Begründetheit der Anfechtungsklage

in seinen Rechten verletzt ist. Die wichtigste Eingriffsgrundlage für Nebenstimmungen ist **§ 36 VwVfG**.

Keine Besonderheiten ergeben sich bei gebundenen Verwaltungsakten: Hat der Kläger einen Anspruch auf Erlass des VA, dann darf eine Nebenbestimmung nur erlassen werden, wenn sie durch eine besondere Rechtsvorschrift zugelassen ist, oder sicherstellen soll, dass die gesetzlichen Voraussetzungen des Verwaltungsakts erfüllt werden (§ 36 I VwVfG).**Beispiel:** Kein Widerrufsvorbehalt, wenn die Voraussetzungen eines gebundenen, begünstigenden VA im Zeitpunkt seines Erlasses vorliegen (BVerwG, NVwZ 2016, 699).

Bestand hinsichtlich des „Haupt-Verwaltungsakts" aber ein Ermessensspielraum, dann richtet sich die Rechtmäßigkeitsprüfung nach § 36 II VwVfG, wonach ein VA nach pflichtgemäßem Ermessen mit Nebenbestimmungen erlassen oder verbunden werden darf. Ist die Nebenbestimmung selbst ermessensfehlerhaft erlassen worden, dann ergibt sich aus §§ 113 I 1, 114 S. 1 VwGO i. V. m. § 40 VwVfG, dass die Klage begründet ist. Hinsichtlich des Haupt-VA kommt auch eine Teilaufhebung in Frage (*Schenke*, VProzR., Rn. 807). Probleme entstehen aber dann, wenn das Verwaltungsgericht die Nebenbestimmung bei einer Ermessensentscheidung aufhebt und ein „Haupt-VA" bestehen bleibt, den die Behörde nicht oder nicht so wollte. In solchen Fällen hatte die Rechtsprechung früher die Klage sogar für unzulässig gehalten – dies insbesondere, wenn nach Aufhebung der (rechtswidrigen) Nebenbestimmung ein seinerseits rechtswidriger VA „übrigbleiben" würde (vgl. BVerwGE 81, 185, 186; BVerwG, NVwZ 2021, 163 = JuS 2020, 998 *[Hufen]*).

Auch besteht hier in der Tat ein Dilemma: Einerseits muss das Gericht nach § 113 I 1 VwGO eine rechtswidrige Nebenbestimmung aufheben. Andererseits aber darf es wegen der Rechtsbindung (Art. 20 III GG) auch selbst keinen rechtswidrigen Zustand herstellen.

Diese Bedenken schlagen aber bei der Begründetheitsfrage ebenso wenig durch wie früher bei der Zulässigkeitsfrage. Die Behörde kann nach der Aufhebung der rechtswidrigen Nebenbestimmung durch das Gericht mit dem Erlass einer nunmehr rechtmäßigen Nebenbestimmung oder mit Widerruf oder Rücknahme des VA reagieren und so eine ihrem Ermessen entsprechende rechtmäßige Gesamtlösung herbeiführen. Die Klage gegen eine rechtswidrige Nebenbestimmung ist also auch bei dieser Fallgruppe regelmäßig begründet.

§ 114 S. 1 VwGO bezieht sich wörtlich nur auf den VA, also auf Anfechtungs- und Verpflichtungsklage, ist aber ebenso auf andere Klagearten analog anwendbar. So darf die Behörde nicht zur Leistung verurteilt werden, wenn ihr – abgesehen von der ermessensfehlerhaften Ablehnungsentscheidung – noch andere Alternativen bleiben. Auch durch die Feststellung eines Rechtsverhältnisses darf das Gericht nicht an § 114 VwGO vorbei und auf Kosten der Behörde seinen eigenen Kontrollmaßstab erweitern (dazu unten, § 29, Rn. 9 u. 18).

Literatur zu § 25 II 8: *Bachof*, Beurteilungsspielraum, Ermessen und unbestimmter Rechtsbegriff, JZ 1955, 97; *Rupp*, Grundfragen der heutigen Verwaltungsrechtslehre, 2. Aufl. (1991), 177 ff.; *Volkmann*, Das „intendierte" Verwaltungsermessen, DÖV 1996, 282; *Borowski*, Intendiertes Ermessen, DVBl. 2000, 149 ff.; *Hufen/Bickenbach*, Der Rechtsschutz gegen Nebenbestimmungen zum Verwaltungsakt, JuS 2004, 966 ff.; *J. Beuermann*, Intendiertes Ermessen (2002); *Hain/Schlett/Schmitz*, Ermessen und Ermessensreduktion – ein Problem im Schnittpunkt von Verfassungs- und Verwaltungsrecht, AöR 122 (1997), 32; *Voßkuhle*, Grundwissen – Öffentliches Recht: Entscheidungsspielräume der Verwaltung, JuS 2008, 117; *Ludwigs*, Das Regulierungsermessen als Herausforderung für die Letztentscheidungsdogmatik im Verwaltungsrecht, JZ 2009, 290; *Gärditz*, „Regulierungsermessen" und verwaltungsgerichtliche Kontrolle, NVwZ 2009, 1005; *Sachs/Jasper*, Regulierungsermessen und Beurteilungsspielräume – Verfassungsrechtliche Grundlagen, NVwZ 2012, 649; *Kment/Vorwalter*, Beurteilungsspielraum und Ermessen, JuS 2015, 193; *Maurer/Waldhoff*, AVwR, § 7; *Schenke*, VwProzR, Rn. 735 ff.

9. Abwägungsentscheidungen

29 **a) Allgemeines.** Betrachtet man die Planungsnormen des modernen Bau-, Umwelt- und Verkehrsrechts, dann fällt schon auf den ersten Blick auf, dass sie vom gewöhnlichen Typus der verwaltungsrechtlichen Gebots- oder Verbotsnorm abweichen. Sie ordnen nicht mehr bestimmte Rechtsfolgen bestimmten Tatbeständen nach dem „wenn – dann – Schema" zu, sondern sie formulieren Ziele, die in den Planungs- und Entscheidungsprozessen der Verwaltung verwirklicht werden sollen. Die Normstruktur ist nicht mehr **konditional,** sondern **final** bzw. **steuernd.**

Das typische Beispiel hierfür ist nach wie vor § 1 VII BauGB: *„Bei der Aufstellung der Bauleitpläne sind die öffentlichen und privaten Belange gegeneinander und untereinander gerecht abzuwägen."*

30 **b) Probleme gerichtlicher Kontrolle.** Rechtstechnisch handelt es sich bei Planungsnormen mit ausformulierten Zielen und Belangen um **unbestimmte Rechtsbegriffe,** die aufeinander zu beziehen sind. Das bedeutet, dass wir es nicht mit Ermessensentscheidungen zu tun haben. Das Gericht muss also grundsätzlich prüfen, ob in der Pla-

nungsentscheidung die Abwägung unterschiedlicher Belange und Interessen im richtigen Verfahren und mit dem richtigen Ergebnis erfolgte.

Schon früh zeigte sich aber, dass diese Wertung den Erfordernissen moderner Planung nicht gerecht wird. Diese wird im Grunde kaum noch durch Gesetze gesteuert (*v. Danwitz*, DVBl. 1993, 425; *Hoppe*, HdbStR IV, § 77, Rn. 24), und es wurde längst erkannt, dass Planungs- und Abwägungsentscheidungen selbst idealtypisch nicht auf ein einzig richtiges Ergebnis festzulegen sind, dass es vielmehr um planerische Gestaltung und um die **Abwägung, Optimierung** und **Konfliktbewältigung** zwischen privaten und öffentlichen Belangen geht, die in konzentrierter Weise aufeinander zu beziehen sind und schon deshalb gerichtlich kaum voll nachvollziehbar sind (zum Optimierungsgebot s. etwa BVerwGE 71, 163, 165). Gerade in Konfliktfällen können auch Ergebnisse der Mediation in die Abwägung eingehen (*Mehler*, NVwZ 2012, 1288). Würde das Gericht hier auf die Klage eines Betroffenen einen einzelnen Belang herausheben, so würde es das gesamte komplexe System der aufeinander bezogenen Belange und Kompromisse im Nachhinein in Frage stellen. Abwägung geschieht also zwar „überall" (*Leisner*, NJW 1997, 636), aber sie ist keineswegs eine Gefahr für den Rechtsstaat. Sie ist in einer modernen Industriegesellschaft voller konfligierender Belange sogar unabdingbar.

c) **Abwägungsfehler.** Aus dieser Problemkonstellation hat die Rechtsprechung schon früh die Konsequenz gezogen, dass Abwägungsentscheidungen zwar grundsätzlich gerichtlicher Kontrolle unterliegen, dass das Verwaltungsgericht aber in der „Vollkontrolle" beschränkt und auf bestimmte Fehlertypen konzentriert ist. Es war dabei von Anfang an weniger die Rechtsform der Entscheidung (Bebauungsplan, Planfeststellungsbeschluss, Plangenehmigung, Anlagengenehmigung mit planerischem Einschlag usw.) als vielmehr die grundlegenden Probleme planerischer **Abwägung**, die den Anwendungsbereich dieser Fehlertypik bestimmten. Sie kommen daher sowohl bei der Normenkontrolle eines Bebauungsplanes als auch bei der Anfechtungsklage gegen einen Planfeststellungsbeschluss oder bei der Verpflichtungsklage auf Erteilung einer Anlagengenehmigung zur Anwendung Einzubeziehen sind alle relevanten öffentlichen und privaten Belange, insbesondere die Risiken einer Entscheidung (zur fehlenden Notwendigkeit der Einbeziehung von geringen Restrisiken aber BVerwG, NVwZ 2015, 220 – Flugzeugabsturz exakt auf kerntechnische Anlage). Die Rechtsprechung hat den Anwendungsbereich inzwischen auf nahezu alle entsprechenden Verfahren des Baurechts, Straßenrechts, Wasserrechts, Luftverkehrsrechts usw. ausgedehnt.

31

Gute Zusammenfassung bei *Leist/Tams*, JuS 2007, 995; *Martini/Finkenzeller*, JuS 2012, 126.; *Hoppe/Bönker/Grotefels*, ÖBauR, § 5; *Steinberg/Wickel/Müller*, Fachplanung, 4. Aufl. 2012, 276; *Hoppe*, DVBl. 2003, 701; *ders.*, NVwZ 2004, 903; exemplarische Fälle aus der Rechtsprechung: BVerwGE 34, 301, 309; 45, 309, 316; 47, 144, 146; 48, 56, 63; 56, 110, 116; 61, 295, 301; BVerwG, NVwZ 1999, 644; NVwZ 2002, 1235; NVwZ 2004, 1229; NVwZ 2005, 933 – jeweils zum LuftVG; zuletzt BVerwG, 03.11.2020, 9 A 6.19 – Abweisung der Klagen gegen Fehmarnbeltquerung.

32 Die einzelnen Fehlertypen seien hier nur zusammengefasst:
Wichtig ist zunächst, dass die Planung sich nicht aus sich selbst rechtfertigt, dass die Rechtsprechung vielmehr unter dem Stichwort **„Planrechtfertigung"** prüft, ob das geplante Vorhaben überhaupt erforderlich ist (exemplarisch BVerwGE 56, 110, 119; BVerwGE 72, 282 ff.; dazu *Steinberg*, NVwZ 1986, 812). Dabei darf die Planrechtfertigung sich nicht auf den konkreten Abschnitt beschränken, sondern muss das Gesamtvorhaben begründen (BVerwG, NVwZ 1991, 781).

Die eigentlichen **Abwägungsfehler** erinnern an die Typik der Ermessensfehler. Sie wurden in mehreren Leitentscheidungen entwickelt (vgl. vor allem BVerwGE 34, 301, 309; 45, 309, 316 – Flachglas; 56, 110, 119, 123; BVerwG, NVwZ 2005, 933 – Nachtflugregelung).

Im Einzelnen:

– Fehler im Abwägungs**verfahren**: Sie richten sich nach dem jeweils einschlägigen Gesetz, also insbesondere §§ 73, 74 VwVfG.
– **Abwägungsausfall**: Die Behörde hat überhaupt nicht abgewogen und schon dadurch den Auftrag zur planerischen Konfliktbewältigung und Optimierung privater und öffentlicher Belange verfehlt.
– **Abwägungsdefizit**: Eine Abwägung hat zwar stattgefunden. Die Behörde hat aber einen entscheidungserheblichen Belang nicht in diese Abwägung „eingestellt". **Beispiele:** Fehlende Würdigung von Wiederherstellungs- und Ausgleichsmaßnahmen vor einem wasserrechtlichen Planfeststellungsbeschluss (BVerwG, NVwZ 1991, 364), einer Naturschutz-Richtlinie der EU (BVerwG, NVwZ 1998, 961), der wirtschaftlichen Existenz eines von der Planung betroffenen Betriebs (BVerwG, NVwZ 1989, 245) oder des Abflusses des Verkehrs am Ende einer Schnellstraße (VGH Mannheim, DVBl. 1996, 270); Straßenbahn über Universitätsgelände ohne Beachtung der Folgen für die Forschung (VGH Mannheim, FuL 2017, 996).
– **Abwägungsfehleinschätzung/Abwägungsdisproportionalität**: Die Belange sind zwar ordnungsgemäß ermittelt und eingestellt worden, sie sind aber je für sich und in ihrem Verhältnis zueinander unverhältnismäßig und damit falsch gewichtet. **Beispiele:** Nichtbeachtung einer weniger einschneidenden Planungsvariante (BVerwG NVwZ 1993, 153; NVwZ 1995, 901); mangelnde Berücksichtigung von Lärmbelastung (BVerwG, NVwZ

1993, 266 u. 362; NVwZ 1999, 644). Da **alle Belange** unter Abwägungsvorbehalt stehen, begeht die Planungsbehörde einen Fehler, wenn sie bestimmten Belangen (auch denen des Naturschutzes) einen absoluten Vorrang einräumt (BVerwG, NVwZ 1997, 914).

Ähnlich wie bei den Ermessensentscheidungen ist es auch hier wichtig, dass das Gericht zwar bei der eigentlichen Abwägungskontrolle beschränkt ist, dass aber ebenso selbstverständlich sonstige Rechtsverstöße – sei es gegen Verfahrens-, sei es gegen materielles Recht – geahndet werden können.

d) Fehlerfolgen. Für Abwägungsmängel war schon immer schwer zu unterscheiden, ob es sich hierbei um Verfahrens- oder inhaltliche Fehler handelte. Für beide Kategorien hatten sich in der Rechtsprechung und dann auch im Gesetz die **Fehlerkausalität** (Aufhebung nur, wenn sich der Abwägungsmangel im Ergebnis niedergeschlagen hatte) sowie der **Grundsatz der Planerhaltung** (*Hoppe*, DVBl. 1996, 12 ff. § 214 ff. BauGB/2007) und der Satz: „Reparatur geht vor Kassation" durchgesetzt. Die Forderung nach Fehlerkausalität und der Vorrang von Ergänzungs- vor Aufhebungsansprüchen galten auch und gerade bei komplexen Planungsverfahren und wurden vom Gesetzgeber z. B. in § 17e VI FStrG übernommen. Stabilisierend soll auch § 45 II VwVfG durch die Möglichkeit der Fehlerheilung bis zur letzten Tatsacheninstanz im Verwaltungsprozess wirken. Da nach Abschluss eines Abwägungsvorgangs Fehler aber kaum noch wirksam zu heilen sind (oben, Rn. 11), dürfte diese Möglichkeit keine große praktische Bedeutung erlangen. Gemäß § 75 Ia VwVfG gilt allgemein, dass Abwägungsfehler im Planfeststellungsverfahren nur dann erheblich sind, wenn sie **offensichtlich** und **auf das Abwägungsergebnis von Einfluss gewesen** sind. Erhebliche Abwägungsmängel führen zudem nur dann zur Aufhebung des Planfeststellungsbeschlusses oder der Plangenehmigung, wenn sie nicht durch Planergänzung oder durch ein ergänzendes Verfahren behoben werden können (BVerwGE 71, 150). Insbesondere kommt eine Planaufhebung aus Lärmschutzgründen nur dann in Betracht, wenn das Fehlen einer Schallschutzauflage ausnahmsweise von so großem Gewicht ist, dass die Ausgewogenheit der Planung insgesamt in Frage gestellt wird (BVerwG, NVwZ 1993, 362; NVwZ 2005, 699 – auch bei Grundrechtsbelangen).

Das Dilemma – zumindest bei verfassungskonformer Auslegung – ist aber auch hier dasselbe wie bei §§ 45 und 46 VwVfG: Ändert die nachgeholte oder ergänzte Planung das Gesamtkonzept, dann liegt keine zulässige Heilung mehr vor. Hat sie aber keinen Einfluss auf das Planungsergebnis, so liegt die Vermutung nahe, dass die Heilung nur „aufgesetzt" ist und der zunächst nicht berücksichtigte oder faktisch gewichtete Belang nicht angemessen in die Abwägung eingestellt wurde. Auch im Übrigen geht die Kontrolle in einigen Fällen sogar weiter als bei der klassischen Einzelentscheidung: So liegt es an den Besonderheiten der Abwägungsentscheidung, dass der Enteignungsbetroffene auch die Verletzung solcher Belange geltend machen kann, die nicht unmittelbar **seinem** Schutz zu dienen bestimmt sind (BVerwG, NJW 1983, 2459; NJW

1986, 80; NVwZ 1999, 528), weil das Abwägungsergebnis auch durch solche Fehler beeinflusst sein kann. Dagegen ist es verfassungsrechtlich bedenklich, nur solche Interessen als abwägungserheblich zu berücksichtigen, wenn sich der Planfeststellungsbehörde aufdrängen muss, dass sich die wirtschaftliche Situation des Betroffenen trotz Entschädigung erheblich verschlechtern wird (BVerwG, NVwZ 2013, 649).

Die fehlende Reproduzierbarkeit der „Abwägungssituation" bewirkt ferner für das Gericht, dass dieses bei einer unzureichenden Sachaufklärung und Ermittlung des Abwägungsmaterials nicht seinerseits mit „heilender Wirkung" Aspekte des Abwägungsvorgangs nachholen kann (BVerwG, NVwZ 1989, 152; NVwZ-RR 1989, 619; NVwZ 1991, 364). Auch ergeben sich die gleichen Probleme wie bei Heilung und Unbeachtlichkeit im Hinblick auf das Europarecht (dazu *Kment*, DVBl. 2007, 1275).

Literatur zu § 25 II 9: *Leisner*, „Abwägung überall" – Gefahr für den Rechtsstaat, NJW 1997, 636; *Hoppe*, Entwicklung von Grundstrukturen des Planungsrechts durch das BVerwG – Hommage an die Leitentscheidung zum planungsrechtlichen Abwägungsgebot vom 12. Dezember 1969 (BVerwGE 34, 301), DVBl. 2003, 697; *ders.*, Die Abwägung im EAG Bau nach Maßgabe des § 1 VII BauGB – unter Berücksichtigung des § 2 III, IV BauGB 2004, NVwZ 2004, 903; *Stüer*, Planungshoheit und Planungspflicht in der Abwägungs- und Rechtsschutzpyramide, NVwZ 2004, 814; *Leist/Tams*, Schwerpunktbereich – Einführung in das Planfeststellungsrecht, JuS 2007, 995; *Kment*, Planerhaltung auf dem Prüfstand, DVBl. 2007, 1275; *Mehler*, Verknüpfung des Ergebnisses einer Mediation mit der fachplanerischen Abwägung, NVwZ 2012, 1288; *Martini/Finkenzeller*, Die Abwägungsfehlerlehre, JuS 2012, 126; *Steinberg/Wickel/Müller*, Fachplanung, 4. Aufl. 2012, 276ff..

10. Entscheidungen mit Beurteilungsspielraum

a) Allgemeines. Der **Beurteilungsspielraum** betrifft nicht – wie das Ermessen – die Rechtsfolgenseite der Entscheidung, sondern die Einstufung des gesetzlichen Tatbestands. Er bezieht sich auf **unbestimmte Rechtsbegriffe,** die aufgrund der Schwierigkeit ihres Nachvollzugs oder ihrer Wertungsabhängigkeit Probleme bei der gerichtlichen Kontrolle bereiten. Gründe sind die Abhängigkeit von **subjektiven Wertungen** des Entscheidenden, die **fehlende Nachvollziehbarkeit** oder Vorhersehbarkeit oder auch die besondere **Entscheidungssituation.**

Beispiele: Prüfungsleistungen, künstlerische Bewertungen, Eignung eines Beamten.

Bedenken gegen diese Argumentationsfigur sind in der Literatur nie verstummt (vgl. *Rupp*, FS Zeidler [1987], 455; skeptisch auch *Schenke*, VwProzR, Rn. 751 ff.). Auch die Rechtsprechung war nicht immer einheitlich: Nachdem

§ 25 Begründetheit der Anfechtungsklage 433

der Beurteilungsspielraum zunächst auf wenige Ausnahmefälle beschränkt war, schien es eine Zeitlang so, als eröffne er einen weiten Raum für eine Entscheidungsprärogative der Behörden in allen technisch, wirtschaftlich oder sozial schwierig zu überprüfenden Bereichen. Dann schlug das Pendel – wohl unter dem Einfluß des BVerfG – wieder zurück: Das zeigt sich sowohl in einer Einschränkung der Anwendungsbereiche als auch in einer Verschärfung der Prüfungsmaßstäbe (vgl. BVerfGE 83, 130, 146 ff. – Josefine Mutzenbacher und BVerfGE 84, 59 = NJW 1991, 2005, 2008 – multiple-choice-Prüfung; BVerfG, NVwZ 1993, 666 – Anerkennung des besonderen pädagogischen Interesses gemäß Art. 7 V GG, dazu *Geis*, DÖV 1993, 22; BVerfG, Kammer, NJW 2010, 1062 – Gerichtlich überprüfbare fachwissenschaftliche Frage; *Kopp/Ramsauer*, VwVfG, § 40, Rn. 99 ff.; *Beaucamp*, JA 2002, 214; krit auch *Hwang*, VerwArch 103 [2012], 356 ff.). Andere Entscheidungen zeigten dann wieder, dass die Figur des Beurteilungsspielraums in der Praxis unentbehrlich ist (BVerwG, NVwZ 1999, 74, 75, 187 – Prüfungsrecht; Entlassung eines Beamten auf Probe; VGH Kassel; NJW 1998, 1426 – Filmprädikat; OVG Münster, NVwZ-RR 2007, 30 – Prüfung der Schulfähigkeit vor Einschulung).

b) Fallgruppen. (1) Prüfungs- und prüfungsähnliche Entscheidungen. Bereits im Jahre 1959 erkannte das BVerwG an, dass der Nichtversetzung in der Schule pädagogische Wertungen zugrunde liegen, die vom Gericht nicht in vollem Umfang nachvollziehbar sind (BVerwGE 8, 272; 73, 376, 377; *Rux*, Schulrecht, 6. Aufl. 2018, Rn. 66, 489). Das gleiche gilt für die eigentlichen Bewertungen im Rahmen sonstiger Prüfungsentscheidungen, Notengebung, Abitur, Staatsexamen usw. Diese eingeschränkte Kontrolle von Prüfungsentscheidungen gilt ggf. sogar für die Widerspruchsbehörde (vgl. BVerwGE 70, 4, 9 und oben, § 7 Rn. 11). 36

Die Rechtsprechung hat die gerichtliche Kontrolle im Prüfungsbereich auf folgende Aspekte zurückgenommen:

– Auf die Einhaltung des Prüfungs**verfahrens** einschließlich der Unvoreingenommenheit der Prüfer,
– auf eine ordnungsgemäße Ermittlung der Voraussetzungen des **Sachverhalts**,
– auf die **Chancengleichheit** der Prüfung (vgl. hierzu insbesondere BVerwG, NJW 1991, 442 – Baulärm; BVerwGE 79, 211 – Stichtag; BVerwG, NJW 1996, 942 – „Sozialpunkte",
– auf die Einhaltung **allgemeiner Bewertungsgrundsätze** und die Ausrichtung des Inhalts am Zweck der Prüfung (BVerwGE 78, 55 = NVwZ 1987, 977 – Mali).

In diese Rechtsprechung schienen Entscheidungen des BVerfG (BVerfGE 84, 34 ff. u. 59 = NJW 1991, 2005, 2008) eine Wende zu bringen. Aus der Bedeutung bestimmter Prüfungen für den Berufszugang leitete das BVerfG ab, dass ein Beurteilungsspielraum nur bei wirklich prüfungsspezifischen Wertungen in Betracht kommt. Dagegen seien Sachfragen durchaus gerichtlich überprüfbar. Eine in der Literatur als richtig bezeichnete Entscheidung dürfe nicht als falsch gewertet werden.

Das BVerfG stellt damit den Beurteilungsspielraum zwar nicht vollends in Frage, lässt aber eine grundsätzliche Einschränkung erkennen und verankert die Rechtsfigur dort, wo sie ihren eigentlichen Grund findet: Im Grundsatz der Chancengleichheit. So bedeutet das Herausgreifen einer einzelnen Prüfungsentscheidung aus dem Gesamtzusammenhang stets, dass das Gericht in die Chancengleichheit der nicht klagenden sonstigen Prüfungsteilnehmer eingreift. **Beispiele** für eingeschränkten Beurteilungsspielraum: BVerwG, NVwZ 1993, 677 u. NJW 1996, 2670 – Begründungspflicht; BVerwG, NVwZ 1993, 681 – „Überdenken" der Bewertung; BVerwG, NVwZ 1993, 686 u. NJW 1997, 3104 sowie BVerwG, Kammer, NJW 2010, 1062 – keine Falschbewertung einer im Fachschrifttum vertretenen Meinung; BVerwG, NJW 2018, 2142 – am fachwissenschaftlichen Meinungsstand überprüfbare Äußerung eines Prüflings. **Weitere Fälle:** BVerwG, NVwZ 2001, 922 – Nachbesserung bei mehrdeutiger Einzelbewertung; BVerwG, NVwZ 2002, 1375 – Wiederholung nur eines Teils der Prüfung bei bestandenem anderen Teil; OVG Berlin-Brandenburg, NJW 2010, 1015 – Tod eines nahen Angehörigen als Grund für Nichtteilnahme an Prüfung).

Zweifel am Beurteilungsspielraum als solchen werden zumindest für den Bereich des Prüfungsrechts aber nicht erkennbar (vgl. BVerwG, NVwZ 1999, 74; NVwZ 1999, 187; zuletzt etwa NJW 2012, 2054).

37 **(2) Beamtenrechtliche Beurteilungen.** Auch beamtenrechtliche Beurteilungen sind prüfungsähnliche Entscheidungen, die sich auf einen zurückliegenden Sachverhalt beziehen, den das Gericht nicht in vollem Umfang nachvollziehen kann.

Deshalb hat die Rechtsprechung auch hier bereits früh einen Beurteilungsspielraum anerkannt (BVerwGE 21, 127, 129; 60, 245; BVerwG, DÖV 1987, 1074; BVerwG, NVwZ 1999, 75; BVerwG, NVwZ 2001, 200 BVerfG, Kammer, NVwZ 2002, 1368). Rechtswidrig ist allerdings die Beurteilung durch einen rangniedrigeren Beamten (OVG Münster, NVWZ 2017, 1558; OVG Saarlouis, NVwZ-RR 2018), oder einen nur abgeordneten internen Bewerber einem von außen kommenden Bewerber gleichzustellen (BVerfG, Kammer, NVwZ 2017, 46); bedenklich aber OVG Münster, NVwZ 2016, 868 – erzwungene Einbeziehung eines Praktikers in Auswahl für eine Professorenstelle.

38 **(3) Wissenschaftliche und künstlerische Wertungen durch fachlich weisungsfreie Gremien und Ausschüsse.** Gerichtlich nicht in vollem Umfang nachvollziehbar sind auch solche Entscheidungen,

die auf spezifisch wissenschaftlichen und/oder künstlerischen Wertungen beruhen, wie sie typischerweise in Gremien, Sachverständigenausschüssen oder einer Jury usw. gefällt werden.

Der bekannteste Fall betraf bisher die Entscheidung der Bundesprüfstelle bei der Indizierung jugendgefährdender Schriften (BVerwGE 39, 197; vgl. zuletzt BVerwG, NJW 1997, 602). In einer neuen Entscheidung hat das *BVerwG* dann für die wichtige Fallgruppe „Jugendschutz" den Beurteilungsspielraum stark eingeschränkt und – in nicht unbedenklicher Weise – den Verwaltungsgerichten die Entscheidung über künstlerische Fragen überantwortet (BVerwG, NVwZ 2020, 233, 238 – Bushido; dazu *Liesching* NJW 2020, 735; krit. *Hufen*, JuS 2020, 1094). Weitere **Beispiele**: Erteilung eines Prädikats durch die Filmbewertungsstelle (VGH Kassel, NJW 1998, 1426 – **nicht** aber im Hinblick auf Jugendgefährdung: VGH München, NJW 2011, 2678); Zulassung eines privaten Rundfunkveranstalters (VGH Mannheim, NJW 1990, 340); Beurteilung der künstlerischen Qualität und Arbeiten eines Kunsthandwerkers („Kunst am Bau-Liste" – OVG Lüneburg, NJW 1983, 1218); Erteilung des Gütezeugnisses „Guter Unterhaltungsfilm" nach § 7 FFG (OVG Berlin, NJW 1988, 365); Prüfung der Qualität des Weines (BVerwG, LKRZ 2007, 347).

Gegen die Zuerkennung eines Beurteilungsspielraums für solche Gremien bestehen weder rechtsstaatliche noch grundrechtliche Bedenken (skeptisch *Maurer/Waldhoff*, AVwR, § 7, Rn. 45). In ihrer Unabhängigkeit liegt zwar eine gewisse Durchbrechung der Weisungskompetenz der Exekutive, die mit einer Begrenzung der gerichtlichen Kontrolle gekoppelt ist. Legitimiert wird dies aber aus der besonderen wissenschaftlichen und/oder künstlerischen Beurteilungskompetenz, die ihrerseits in der Eigengesetzlichkeit von Wissenschaft und Kunst begründet ist (in diesem Sinne auch BVerwG, NJW 1993, 1491, 1493).

Es besteht aber kein Anlass, die Besonderheiten dieser Fallgruppe auf ohne weiteres nachvollziehbare Bewertungsentscheidungen allgemeiner Art zu übertragen – auch wenn diese besonderen Sachverstand erfordern. **Nicht anerkannt** wurde der Beurteilungsspielraum bei folgenden Fällen und Begriffen:

Deutscher Kulturbesitz und wesentlicher Verlust in § 1 KulturgutschutzG (VGH Mannheim, NJW 1987, 1440); Prüfung der Sachkunde für die öffentliche Bestellung eines Sachverständigen nach § 36 I GewO (BVerwG, NVwZ 1991, 268) oder eines Heilpraktikers (BVerwG, NVwZ 1997, 179); Körentscheidung nach TierzuchtG (BVerwG, NVwZ 1991, 568); wissenschaftliche Vertretbarkeit eines Pflanzenschutzmittels (BVerwG, NVwZ-RR 1990, 134); gesundheitlichen Eignung von Beamtenbewerbern (BVerwG, NVwZ 2014, 300); ethische Vertretbarkeit von Tierversuchen nach § 7 a II Nr 3 TierschutzG (BVerwG, NVwZ 2014, 450); Entscheidung der Ethikkommission für die Präimplantationsdiagnostik über schwere Erbkrankheit (BVerwG, 05.11.2020, 3 C 12.19).

39 **(4) Sonstige Wertungen und Prognosen.** Teilweise recht unsystematisch hat die Rechtsprechung einen Beurteilungsspielraum oder eine Einschätzungsprärogative der Verwaltung anerkannt, wenn es um **technische und wirtschaftliche Wertungen und Risikoprognosen** ging – so vor allem im Naturschutz- und Umweltrecht (*Jacob/Lau*, NVwZ 2015, 241).

Beispiel: Betriebsrisiko von Kernkraftwerken (BVerwGE 72, 300, 316); Anordnung sog. Tiefflugebiete (BVerwG, NJW 1994, 535); Sicherheitsprüfung bei gentechnischer Anlage (BVerwG, NVwZ 1999, 1232); Zuteilung von Emissionsberechtigungen durch Umweltbundesamt (BVerwGE 129, 328; BVerfG, Kammer, NVwZ 2010, 435); Naturschutzrechtliche Einschätzungsprärogative bei immissionsschutzrechtlicher Anlagengenehmigung (BVerwG, NVwZ 2014, 524).

Ähnlich wie bei der dogmatisch weitgehend ungeklärten Argumentationsfigur des „Regulierungsermessens" (oben, Rn. 22) ist die Ausweitung des Beurteilungsspielraums – oder auch einer Einschätzungsprärogative – auf andere Bereiche der Risikoeinschätzung und -prognose im Hinblick auf Art. 19 IV GG bedenklich (*Hwang*, VerwArch 103 (2012), 356 ff.). In der Beurteilung technikbezogener Entscheidungen ist die Prognose über ungewisse Entwicklungen nicht die Ausnahme, sondern die Regel. Behörden **und** Gerichte urteilen hier nicht lediglich retrospektiv, sondern zumeist auch prognostisch. Das Gericht kann sich mit Hilfe von Sachverständigen und normkonkretisierenden Verwaltungsvorschriften durchaus selbst ein Urteil über die Wahrscheinlichkeit bestimmter Entwicklungen bilden. Den Befürwortern eines erweiterten Prognosespielraums der Behörden geht es in der Sache auch weniger um die Entlastung der Verwaltungsgerichtsbarkeit bei der Beurteilung technischer Entwicklungen. Im Mittelpunkt steht vielmehr das Bestreben nach einer Erweiterung der Letztentscheidungskompetenz der Verwaltungsbehörden im technischen und wirtschaftlichen Bereich zu Lasten der Verwaltungsgerichte. Das gilt auch und gerade für den geradezu inflationär benutzten Begriff des **Risikos** (dazu *Brenner/Nehrig*, DÖV 2003, 1024; *Jaeckel*, Gefahrenabwehrrecht und Risikodogmatik. Moderne Technologien im Spiegel des Verwaltungsrechts [2009]). Es ist deshalb begrüßenswert, wenn die Rechtsprechung höchst unwahrscheinliche „Restrisiken" weder als Grund für ein Beurteilungsspielraum noch als maßgebliches Abwägungskriterium anerkennt (BVerfG, Kammer, NVwZ 2010, 114; BVerwG, NVwZ 2015, 220). Umstritten ist der Beurteilungsspielraum bei § 18a LuftVG (Gefährdung der Luftsicherheit durch Bauwerke, dazu *Fülbier*, NVwZ 2018, 453).

40 **c) Folgen für die Begründetheit der Anfechtungsklage.** Ist der Behörde ein Beurteilungsspielraum zuzugestehen, dann beschränkt sich die gerichtliche Kontrolle und damit auch die Begründetheitsprüfung auf **Verfahrensfehler**, Fehler in der Ermittlung des **Sachverhalts**, Einführung **sachfremder Erwägungen**, Verstöße gegen den

Gleichheitssatz und die Missachtung **allgemeiner Bewertungsgrundsätze**. Hält sich die Behörde an diesen Rahmen, so kann das Gericht die eigenen Sachwertungen nicht an die Stelle derjenigen der Behörde setzen. Überschreitet die Behörde aber den Beurteilungsspielraum oder unterläuft ihr einer der genannten Fehler, dann ist auch der auf einer Wertungsentscheidung beruhende VA rechtswidrig und – soweit der Kl. dadurch in seinen Rechten verletzt ist – aufzuheben. Verfahrensfehler sind hier immer beachtlich und schon aus Gründen der Chancengleichheit i. d. R. auch nicht heilbar. Die auf Aufhebung des Prüfungsergebnisses zielende Anfechtungsklage ist dann in jedem Fall begründet. Da dies dem Kläger aber in der Regel nicht reicht, kommt es in der Praxis zumeist zusätzlich zu einem Bescheidungsurteil und einer Verurteilung zur Einräumung einer Wiederholungschance.

Sehr umstritten ist es, ob der Prüfer bei der Neubewertung im Rahmen des verwaltungsinternen Kontrollverfahrens nach einem festgestellten Beurteilungsfehler das Ergebnis verschlechtern oder neue Bewertungsgründe „nachschieben" darf. Hier scheidet eine Änderung des Bewertungssystems aus Gründen der Chancengleichheit aus und § 114 S. 2 VwGO ist hinsichtlich „nachgeschobener Gründe" nicht anwendbar. Neu festgestellte Mängel sollen aber berücksichtigt werden dürfen. Ausgeschlossen ist nur das „Nachschieben beliebiger Gründe" (BVerwG, NVwZ 1993, 686; NVwZ 2000, 1055). In keinem Fall dürfen die Behörden oder Prüfer den Bewertungsmaßstab bei der Wiederholungsprüfung austauschen (zum Ganzen auch *Kingreen*, DÖV 2003, 1 ff.; *Schlette*, DÖV 2002, 816).

Literatur zu § 25 II 10: *Bachof,* Beurteilungsspielraum, Ermessen und unbestimmter Rechtsbegriff, JZ 1955, 97; *Ziekow* (Hrsg.), Handlungsspielräume der Verwaltung (1999); *Geis,* Josefine Mutzenbacher und die Kontrolle der Verwaltung, NVwZ 1992, 25; *Böhm,* Die gerichtliche Kontrolle von Verwaltungsentscheidungen in Deutschland, DÖV 2000, 990; *Schmidt-Aßmann,* Die Kontrolldichte der Verwaltungsgerichte: Verfassungsgerichtliche Vorgaben und Perspektiven, DVBl. 1997, 281; *Beaucamp,* Fallgruppen des Beurteilungsspielraums, JA 2002, 214; *Brenner/Nehrig,* Das Risiko im öffentlichen Recht, DÖV 2003, 1024; *Voßkuhle,* Grundwissen – öffentliches Recht: Entscheidungsspielräume der Verwaltung (Ermessen, Beurteilungsspielraum, planerische Gestaltungsfreiheit), JuS 2008, 118; *Hwang,* Beurteilungsspielraum zu Gunsten außerrechtlicher Bewertung? VerwArch 103 (2012), 356 ff.; *Jacob/Lau,* Beurteilungsspielraum und Einschätzungsprärogative, NVwZ 2015, 241; *Kment/Vorwalter,* Beurteilungsspielraum und Ermessen, JuS 2015, 193; *Peine/Siegel,* AVwR, Rn. 194 ff.; *Fülbier,* Der Beurteilungsspielraum in § 18a

LuftVG im Lichte des Windenergieausbaus – Voraussetzungen und Reichweite, NVwZ 2018, 453; *Liesching,* Jugendschutz versus Kunstfreiheit, NJW 2020, 735.

III. Rechtsverletzung und Aufhebungsanspruch

1. Allgemeines

41 Ist der Verwaltungsakt zwar objektiv rechtswidrig, wird der Kläger aber durch ihn nicht in **seinen** Rechten verletzt, dann ist die Klage unbegründet, weil es am subjektiven Aufhebungsanspruch fehlt. Die Rechtsverletzung nach § 113 I 1 und V 1 VwGO ist also das materielle Gegenstück zur Klagebefugnis nach § 42 II VwGO. Im Hinblick auf die wichtigsten Abgrenzungen (Recht/Chance, eigenes Recht/Recht der Allgemeinheit, Berührung/Eingriff) kann also auf die Ausführungen zur Klagebefugnis verwiesen werden. Der wichtigste **Unterschied:** Reicht für die Klagebefugnis noch der plausible Vortrag bzw. die **Möglichkeit** der Rechtsverletzung aus, so muss für die Begründetheit feststehen, dass der Kläger in einem seiner Rechte verletzt **ist.** Ist er das nicht, wird die materielle Rechtswidrigkeit im Übrigen nicht mehr geprüft.

2. Adressat des belastenden VA

42 Immer in seinen Rechten verletzt ist der **unmittelbare Adressat** des belastenden rechtswidrigen VA. Richtet die Behörde ein Gebot oder ein Verbot an den Bürger oder nimmt sie eine ihm zugekommene Begünstigung zurück, so bedarf sie hierfür der Eingriffsgrundlage und darf auch sonst nicht gegen das geltende Recht verstoßen. Andernfalls ist mindestens die allgemeine Handlungsfreiheit (Art. 2 I GG) verletzt. Man kann hier auch vom Eingriff in die **Freiheit von ungesetzlichem Zwang** sprechen.

3. Rechtsverletzung eines Dritten

43 Wie bei der Klagebefugnis stellen sich Probleme der Rechtsverletzung vor allem beim Drittbetroffenen. Dieser muss ein (öffentliches) **Recht** geltend machen, das ihm zuzuordnen ist **(Schutznorm)** und das durch den VA **verletzt** wird. Ist das nicht der Fall, so kann der VA rechtswidrig, die Anfechtungsklage gleichwohl aber **unbegründet** sein.

Beispiel: Objektive Rechtswidrigkeit einer Bauerlaubnis wegen Verletzung von Naturschutzrecht ohne nachbarschützende Wirkung; die Klage ist gleichwohl unbegründet (BVerwG, NVwZ 1995, 904).

Anders als von vielen erwartet, hat der *EuGH* diese materielle Seite der deutschen Schutznormtheorie nicht für unionsrechtswidrig erklärt (EuGH, NVwZ 2015, 1665 = JuS 2015, 1138 *(Ruffert);* dazu *Ludwigs,* NJW 2015, 3484).

4. Verfahrensrechte – Präklusion

a) Sehr umstritten ist nach wie vor, ob ein **Verfahrensfehler** zur 44 Rechtsverletzung und damit zur Begründetheit der Klage führen kann. Dem Schlagwort von der dienenden Funktion des Verfahrens folgend, nimmt die Rechtsprechung durchweg an, dass „allein" ein Verfahrensfehler nicht zur Aufhebung des VA führen könne, soweit kein Verstoß gegen ein sog. „absolutes Verfahrensrecht" vorliege, wenn der Kl. nicht **zugleich** in einer materiellen Rechtsposition verletzt ist. Andernfalls wird größtenteils schon die Klagebefugnis verneint (exemplarisch BVerwGE 61, 256, 271; 88, 286, 288). Insbesondere sei der Kl. durch die Wahl der falschen Verfahrensart (z. B. Genehmigung statt Planfeststellung) nicht in seinen Rechten verletzt (BVerwGE 70, 35, 56; BVerwG, NVwZ 1991, 369; DVBl. 1993, 1149; krit. *von Danwitz,* DVBl. 1993, 422).

Das klingt plausibel, ist aber rechtsstaatlich bedenklich, weil es dem Kläger die sanktionslose Hinnahme eines rechtswidrigen belastenden VA zumutet. Fest steht jedenfalls, dass ein rechtswidriger Eingriff in ein klägerschützendes materielles Recht immer zur Aufhebung führt, auch wenn die Rechtswidrigkeit auf einem (nicht unbeachtlichen und nicht geheilten) Verfahrensfehler beruht. Liegt ein solcher Fehler vor, so ist dies außerdem zumindest ein Indiz dafür, dass der nicht angehörte, zu Unrecht von der Akteneinsicht ausgeschlossene, durch die Befangenheit eines Amtsträgers benachteiligte Kläger auch in „dahinter stehenden" materiellen Rechten verletzt ist (Einzelheiten bei *Hufen/Siegel,* Fehler im Verwaltungsverfahren, 6. Aufl. (2018), Rn. 144 ff.; *Pitschas,* Verwaltungsverantwortung und Verwaltungsverfahren [1990], 295; zur Bedenklichkeit bei Verletzung von EU-bedingtem Verfahrensrecht oben, Rn. 9). Immer begründet ist die Klage einer Gemeinde, deren Einvernehmen vor Erteilung einer Baugenehmigung nicht eingeholt wurde (BVerwG, NVwZ 2008, 1347).

b) Hat der Kl. allerdings Verfahrensrechte nicht rechtzeitig geltend 45 gemacht oder einen Verfahrensfehler nicht rechtzeitig gerügt, dann droht ihm die **Präklusion** (Ausschluss). Das bedeutet – wenn gesetzlich angeordnet – nicht nur, dass er in **diesem** Verwaltungsverfahren nicht mehr beteiligt wird (**formelle Präklusion**), sondern auch, dass er mit seiner Rüge im nachfolgenden Verwaltungsprozess nicht mehr gehört wird (**materielle Präklusion** – z. B. § 73 IV 3 VwVfG zum Planfeststellungsverfahren). Die wichtigsten Beispiele sind § 73 IV 3 VwVfG, der die Präklusion im Verfahren der Planfeststellung und Plangenehmigung betrifft, sowie § 10 III 5 BImSchG. Materielle Präklusion ist trotz erheblicher Auswirkungen auf die Rechtsschutzgarantie verfassungsrechtlich nicht zu beanstanden (BVerfG, NVwZ 2004, 861; BVerwG, DÖV 2006, 433 – Festlegung eines Wasserschutzgebiets). Diese Form der Präklusion erstreckt sich auch auf das gerichtliche Verfahren (BVerwG, NVwZ 1997, 171 u. 489; NVwZ 1999, 70 – Eisenbahntrasse; *K. Brandt*, NVwZ 1997, 233; zu den Grundlagen oben, § 23, Rn. 18). Das sollte auch für Einwände von Umweltverbänden gelten (BVerwG, NVwZ 2013, 805). Die zugrunde liegenden Regelungen zur sog. „materiellen Präklusion", insbesondere § 2 III UmwRG iVm § 73 IV 3 VwVfG, wurden durch den EuGH (Entscheidung vom 15.10.2015 = NVwZ 2015, 1665) inzwischen aber für weitgehend unionsrechtswidrig erklärt. Europarechtlich mit Beteiligungsrechten ausgestattete Umweltvereine dürfen also mit ihren natur- und umweltschutzbezogenen Einwänden nicht präkludiert werden (*Siegel*, NVwZ 2016, 373; *Hildebrandt/Koch*, NVwZ 2017, 1099; *Berkemann*, DVBl. 2016, 205; *Franzius*, NVwZ 2018, 219; *Hofmann*, EuR 2016, 188; BVerfG, Kammer, NVwZ 2018, 406).

46 c) Ist ein Verfahrensfehler geheilt (§ 45 VwVfG), dann ist der VA insofern nicht mehr rechtswidrig. Zur Prüfung der Rechtsverletzung aus **diesem** Grund kann es nicht mehr kommen. Die Klage ist also unbegründet.

47 d) Unbegründet ist die Klage auch, wenn § 46 VwVfG (Unbeachtlichkeit von Verfahrensfehlern) zur Anwendung kommt. Dieser schließt – unabhängig davon, ob es sich um eine gebundene oder eine Ermessensentscheidung handelt – den Aufhebungsanspruch beim verfahrens- und formfehlerhaften VA aus, *„wenn offensichtlich ist, dass die Verletzung die Entscheidung in der Sache nicht beeinflusst hat"*. Diese „offensichtliche Nichtbeeinflussung" ist sowohl schwer nachprüfbar als auch insgesamt problematisch (s. oben, Rn. 9 ff.).

5. Rechtsverletzung gerade durch den VA

Das Recht des Kl. muss **durch den rechtswidrigen VA** verletzt sein (vgl. § 113 I 1 VwGO: „*dadurch*"). Das ist der Fall, wenn es im Vergleich zur Situation ohne den rechtswidrigen VA in nicht ganz unbeachtlicher Weise eingeschränkt, erschwert, belastet usw. ist. Ein gezielter Eingriff durch den VA muss nicht vorliegen. Die Rechtsverletzung kann vielmehr auch unbeabsichtigt sein. 48

Die Rechtsverletzung muss **durch** den VA erfolgen. Dieser muss also kausal für die dem Kl. zugefügte Belastung sein. Damit ist umgekehrt klargestellt, dass eine Rechtsverletzung nur durch eine objektiv rechtswidrige Entscheidung möglich ist. Die Bedeutung des Wortes „dadurch" in § 113 I 1 VwGO ist also eher banal.

Dagegen finden sich vor allem in der Rechtsprechung des BVerwG Entscheidungen, in denen von einer Kausalität zwischen Verfahrensverstoß und Rechtsverletzung, also nicht lediglich zwischen VA und Rechtsverletzung, ausgegangen wird (vgl. etwa BVerwGE 69, 256, 269; 75, 214, 228 = NVwZ 1987, 579). Diese Auffassung ist **abzulehnen**. Greift die Behörde in subjektive Rechte ein und begeht sie dabei einen Fehler, dann **ist** der Bürger durch diesen rechtswidrigen VA immer in seinen Rechten verletzt, auch wenn die Behörde beteuert – und das wird sie in der Regel tun –, sie hätte denselben VA auch bei korrektem Verfahren erlassen. Immerhin ist auch nach der geltenden Fassung von § 46 VwVfG der Fehler nur unbeachtlich, wenn die fehlende Kausalität von Fehler und Rechtsverletzung „offensichtlich" ist.

6. Verbandsklage

Eine Ausnahme vom Erfordernis subjektiver Rechtsverletzung besteht in Fällen der zugelassenen **Verbandsklage** (z. B. § 2 URG, § 64 BNatSchG). Die Klage ist dann – abweichend von § 113 I 1 VwGO – begründet, wenn der VA rechtswidrig ist und Belange verletzt, die durch den zugelassenen Verband vertreten werden (BVerwG, NVwZ 1991, 182; BVerwG, NVwZ 2007, 576; *Porsch*, NVwZ 2013, 1384). § 46 VwVfG ist in der Weise anwendbar, dass die Verletzung von Beteiligungsrechten oder Zuständigkeitsmängel (BVerwG, NVwZ – RR 2020, 772) nicht zum Erfolg der Klage führt, wenn der Fehler die Entscheidung in der Sache nicht beeinflusst haben kann (BVerwG, NVwZ 2003, 1120). Zu beachten ist aber auch insofern das Unionsrecht: So sind die in § 4 I UmwRG genannten Verfahrensfehler, insbesondere die Verfahrensbeteiligung von Verbänden und die Vorschriften über die UVP, stets beachtlich (dazu *Hufen/Siegel*, Fehler im VwVf, Rn. 982a und oben, Rn. 9). 49

Literatur zu § 25 III: *Weyreuther,* Die Rechtswidrigkeit eines Verwaltungsaktes und die „dadurch" bewirkte Verletzung „in… Rechten" (§ 113 Abs. 1 S. 1 und Abs. 4 S. 1 VwGO), FS Menger [1985], 681; *von Danwitz,* Zum Anspruch auf Durchführung des „richtigen" Verwaltungsverfahrens, DVBl. 1993, 422; *K. Brandt,* Präklusion im Verwaltungsverfahren, NVwZ 1997, 233; *Pitschas,* Verwaltungsverantwortung und Verwaltungsverfahren (1990); 982a; *Greim,* Rechtsschutz bei Verfahrensfehlern im Umweltrecht (2013); *Siegel,* Europäisierten Verwaltungsrecht, NVwZ 2016, 337; *Berkemann,* Querelle d'Allemand. Deutschland verliert die dritte Runde im Umweltverbandsrecht vor dem EuGH, DVBL 2016, 205; *E. Hofmann,* Der Abschied von der (ohnehin meist falsch verstandenen) Verfahrensautonomie der Mitgliedsstaaten, EuR 2016, 188; *Ludwigs,* Bausteine des Verwaltungsrechts auf dem Prüfstand des EuGH. Die Revolution ist ausgeblieben, NJW 2015, 3484; *Franzius,* Genügt die Novelle des Umwelt-Rechtsbehelfsgesetzes den unionsrechtlichen Vorgaben? NVwZ 2018, 219; *Niedzwicki,* Präklusionsvorschriften des öffentlichen Rechts im Spannungsfeld zwischen Verfahrensbeschleunigung, Einzelfallgerechtigkeit und Rechtstaatlichkeit (2007); *Ingold/Münkler,* Fehlerfolgen und Verbandsklagesystematik im umweltbezogenen Rechtsschutz, EurUP 2018, 468; *Bunge,* Die Verbandsklage im Umweltrecht. JuS 2020, 740; *Schlacke,* Aktuelles zum Umwelt-Rechtsbehelfsgesetz, NVwZ 2019, 1392; *Hufen/Siegel,* Fehler im VwVf., 6. Aufl. (2018), Rn. 411; 879ff..

50 | **Übersicht 19: Begründetheit der Anfechtungsklage**

1. Passivlegitimation
2. Rechtswidrigkeit des VA (§ 113 I 1 VwGO)
   a) Benennung der Eingriffsgrundlage
   b) Zuständigkeit der Behörde
   c) *Verfahrensfehler (evtl. Heilung oder Unbeachtlichkeit)*
   d) Anwendung der Eingriffsgrundlage
      aa) Eingriffsgrundlage anwendbar
      bb) Eingriffsgrundlage selbst rechtmäßig[1]
      cc) Eingriffsgrundlage richtig angewandt (Besonderheiten bei Ermessensentscheidung, Neubestimmung, Abwägungsentscheidung, Beurteilungsspielraum)
   e) Verstoß gegen sonstige Rechtsnormen
3. Rechtsverletzung durch den VA (§ 113 I 1 VwGO)

---

1 (Rechtswidrigkeit der Eingriffsgrundlage führt nur bei Satzung und Rechtsverordnung unmittelbar zur Begründetheit der Klage, bei Verfassungswidrigkeit des Gesetzes zur Vorlage nach Art. 100 GG).

§ 26 Begründetheit der Verpflichtungsklage

Nach § 113 V 1 VwGO ist die Verpflichtungsklage begründet, 1
wenn der Beklagte **passivlegitimiert** ist, die Ablehnung oder Unterlassung des VA **rechtswidrig**, der Kl. dadurch in seinen **Rechten verletzt und** die Sache **spruchreif** ist.
Die Begründetheitsvoraussetzungen der Verpflichtungsklage werden in der VwGO also in Anlehnung an die Anfechtungsklage formuliert. Einfacher hätte es auch heißen können: „*Soweit der Kl. einen Anspruch auf Erlass des beantragten VA hat, spricht das Gericht die Verpflichtung der Verwaltungsbehörde aus ...*". Die doppelte Negation im geltenden § 113 V 1 VwGO (Rechtswidrigkeit der Unterlassung) ist zwar eigentümlich, muss aber beim Aufbau der Begründetheitsprüfung beachtet werden.

I. Passivlegitimation

Die Begründetheit setzt voraus, dass die Klage sich gegen den 2
Rechtsträger derjenigen Behörde richtet, die den VA versagt hat und den unterlassenen VA erlassen müsste. Richtet sich die Verpflichtungsklage gegen eine sachlich unzuständige Behörde, dann ist sie i. d. R. mangels Passivlegitimation unbegründet.

II. Rechtswidrigkeit der Ablehnung oder des Unterlassens des VA

1. Anspruchsgrundlage

Auch bei der Verpflichtungsklage empfiehlt es sich, die streitent- 3
scheidende Rechtsnorm vorab zu benennen. Hier geht es nicht etwa um einen „Ablehnungsgrund" für die Behörde, sondern um eine **Anspruchsgrundlage** für den Kläger. Rechtswidrig ist die Ablehnung oder das Unterlassen des beantragten VA, wenn der Kl. einen **Anspruch** auf den begehrten VA hat.

2. Zuständigkeit

Hat die unzuständige Behörde den Erlass des VA abgelehnt, so ist 4
die Entscheidung schon deshalb rechtswidrig. Damit allein ist die

Klage aber nicht etwa begründet. Hier kann das Gericht nur die ablehnende Entscheidung aufheben, nicht aber die unzuständige Behörde zum Erlass des VA verurteilen. Hat der Kl. einen Antrag auf Erlass des VA an die unzuständige Behörde gestellt und diese den Antrag nicht beschieden, den beantragten VA also unterlassen, so ist diese Unterlassung als solche zwar nicht rechtswidrig. Da durch den Antrag aber ein Verwaltungsverfahren in Gang gekommen ist (§ 22 VwVfG), verletzt die Behörde ihre Beratungspflicht (§ 25 VwVfG), wenn sie den Antragsteller nicht auf den Fehler hinweist und die zuständige Behörde benennt. Eine trotzdem erhobene Klage ist dann aber mangels vorherigen Antrags an die zuständige Behörde unzulässig. Das gleiche gilt bei Anrufung der unzuständigen Widerspruchsbehörde, wenn hierdurch die Widerspruchsfrist versäumt wurde und keine Wiedereinsetzung gewährt wurde.

3. Verfahren

5   Verfahrensfehler sind bei der Verpflichtungsklage – vor allem wegen der nach h. L. bestehenden Unanwendbarkeit von § 28 VwVfG beim begünstigenden VA – selten, aber durchaus denkbar.

Beispiele: Ein befangener Beamter lehnt den Antrag auf eine Baugenehmigung ab. Die Behörde lehnt nach unzulänglicher Sachaufklärung eine Schallschutzauflage ab.

Auch hier führt der Verfahrensfehler zur Rechtswidrigkeit des ablehnenden Bescheides, wenn der Fehler nicht unbeachtlich ist oder nicht wirksam geheilt wurde. Hat der Kl. einen Anspruch auf den VA und kann die Behörde nicht anders entscheiden, dann ist der Klage aus materiellen Gründen stattzugeben. Bei Ermessensentscheidungen fehlt es aber an der Spruchreife, wenn der Behörde noch ein Ermessensspielraum verbleibt.

Klausurhinweis: Stellen Zuständigkeit und Verfahren bei der Verpflichtungsklage nach dem Sachverhalt keine besonderen Probleme, dann sollten sie unerwähnt bleiben.

4. Ablehnung trotz bestehenden Anspruchs

6   Ob der Kl. einen Anspruch auf den VA hat, richtet sich nach materiellem Recht. Ein solcher Anspruch kann sich ergeben aus einem **Gesetz** oder aufgrund eines Gesetzes, aus einem **Grundrecht,** aus einer **Zusicherung** (§ 38 VwVfG) und aus **öffentlich-rechtlichem Vertrag.**

a) **Gesetzlicher Anspruch.** Am einfachsten ist die Lösung, wenn das Gesetz (einschl. hinreichend bestimmten EU-Rechts) explizit einen Anspruch formuliert und der Betroffene die gesetzlichen Voraussetzungen des Anspruchs erfüllt. Dann ist die Ablehnung immer rechtswidrig.

Beispiel: Exakt bezifferter Anspruch auf eine bestimmte Geldleistung.

b) **Präventives Verbot mit Erlaubnisvorbehalt.** Besonders deutlich ist die Verbindung von Verwaltungsprozessrecht einerseits sowie materiellem Verwaltungsrecht und Verfassungsrecht andererseits beim **präventiven Verbot mit Erlaubnisvorbehalt.** Auf diese Fallkonstellation dürfte sich der größte Anteil aller Verpflichtungsklagen beziehen.

Beim präventiven Verbot mit Erlaubnisvorbehalt wird die grundsätzliche Handlungsfreiheit des Bürgers im Interesse des Gemeinwohls gesetzlich eingeschränkt, um (präventiv) überprüfen zu können, ob der Antragsteller die Voraussetzungen für eine bestimmte Tätigkeit erfüllt (Einzelheiten dazu bei *Maurer/Waldhoff*, AVwR, § 9, Rn. 52). Deshalb sprechen wir auch von „**Kontrollerlaubnis**". Erfüllt der Antragsteller exakt die gesetzlich bestimmten Voraussetzungen, dann hat er einen Anspruch auf Erteilung der Erlaubnis. Dieser Anspruch folgt nicht nur aus der gesetzlichen Bestimmung mit ihrer i. d. R. klar bezeichneten „wenn – dann" – Struktur, sondern auch aus dem „dahinter stehenden" Grundrecht (BVerfGE 20, 150, 155 – Sammlungsgesetz).

Beispiele: Anspruch auf Baugenehmigung nach LBauO (dazu *Anders*, JuS 2015, 604; *Lindner/Struzina*, JuS 2016, 226), Anspruch auf Gaststättenerlaubnis nach § 2 GastG; auf immissionsrechtliche Erlaubnis nach § 6 I BImSchG.

c) **Repressives Verbot (Ausnahmebewilligung, Dispens).** Anders verhält es sich beim **repressiven Verbot mit Dispensvorbehalt**. Hier steht die Schädlichkeit oder die Gefahr der Tätigkeit für das Gemeinwohl von vornherein fest, und das Gesetz will im Grunde die Tätigkeit als solche verhindern. Nur unter engen Voraussetzungen werden Ausnahmen zugelassen. Die Erfüllung der gesetzlichen Voraussetzungen ist hier notwendige, aber in der Regel nicht hinreichende Bedingung für den Anspruch und damit die Begründetheit der Verpflichtungsklage. Auch in dieser Fallgruppe kann sich allerdings ein Anspruch aus Grundrechten bei verfassungskonformer Interpretation des Verbots ergeben (meistdiskutiertes Beispiel aus jüngerer Zeit: *BVerwGE* 158, 142 = NJW 2017, 2215 – Ausnahmeerlaubnis nach §§ 3, 5 BtMG hinsichtlich eines tödlich wirkenden Betäubungsmittels für todkranke Patienten], dazu *Hufen*, NJW 2018, 1524).

Weitere Beispiele: Befreiung von an sich zwingenden Vorschriften des Bauplanungsrechts (§ 31 II BauGB); Verbot von Autorennen auf öffentlichen Straßen (§ 29 I StVO).

10 **d) Ermessensnorm als Anspruchsgrundlage.** Steht der Behörde nach der in Frage kommenden Anspruchsgrundlage ein Ermessen zu, so gilt § 114 VwGO. Demnach ist die Ablehnung oder Unterlassung nur dann rechtswidrig, wenn sie auf einem **Ermessensfehler** beruht. Die eingeschränkte gerichtliche Kontrollkompetenz bedeutet aber nicht etwa, dass die Klage von vornherein unbegründet ist. Der Kl. hat vielmehr auch subjektiv einen Anspruch auf rechtmäßige, dem gesetzlichen Zweck entsprechenden **Ermessensausübung**. Ein Ermessensfehler führt aber bei der Verpflichtungsklage allein in der Regel noch nicht zur Begründetheit der Klage. Diese ist vielmehr nur gegeben, wenn die Sache spruchreif ist (dazu unten, Rn. 16 ff.).

11 **e) Anspruch aus Grundrechten.** Die Begründetheit der Verpflichtungsklage kann sich ggf. auch unmittelbar aus einem Grundrecht ergeben, doch ist diese Fallkonstellation selten. Das liegt zum einen daran, dass Grundrechte als solche die erlaubnis- oder zulassungs**freie** Handlung ermöglichen. Dann bedarf es selbstverständlich auch keiner Verpflichtungsklage. In Betracht kommt nur eine Feststellungsklage auf Erlaubnisfreiheit der Tätigkeit.

Liegt aber eine gesetzliche Schranke der grundrechtlichen Betätigung vor, dann ergibt sich der unmittelbare Anspruch aus der gesetzlichen Norm selbst. So sind z. B. Entscheidungen, die eine Berufszulassungsregelung enthalten, stets durch Gesetz oder aufgrund eines Gesetzes zu treffen („Wesentlichkeitstheorie" – vgl. BVerfGE 33, 303, 347 – numerus clausus, st. Rspr.). Auch hier ergibt sich – aus der Sicht der Begründetheitsprüfung der Verpflichtungsklage – der Anspruch aus dem Gesetz (*„Die Erlaubnis ist zu erteilen ..."*), ohne dass es eines Rückgriffs auf das Grundrecht bedarf. „Klassisches" Beispiel sind die Vorschriften der Landesbauordnungen über die Baugenehmigung.

Geht es um den Zugang zu öffentlichen Einrichtungen, so verleihen die Grundrechte keinen originären Teilhabeanspruch, sondern nur einen (derivativen) Anspruch auf Teilhabe an den **vorhandenen** Kapazitäten. Auch dieser Anspruch ist in der Regel gesetzlich konkretisiert (Einzelheiten dazu bei *Hufen*, StaatsR II, § 5, Rn. 10).

Dagegen kann der **allgemeine Gleichheitssatz** durchaus einen subjektiven Anspruch auf Gleichbehandlung im Sinne des Erlasses eines begünstigenden VA vermitteln. So kann eine Verpflichtungsklage begründet sein, wenn die Behörde willkürlich von einer langjährigen Verwaltungspraxis abweicht oder sich selbst gebunden hat. Das gleiche gilt, wenn die Behörde gleichheitswidrig eine Verwaltungsvorschrift außer Acht läßt (*Kempny/ Ph. Reimer*, Die Gleichheitssätze (2012), 192).

Zu beachten ist aber: Beruft sich der Kläger allein darauf, die Behörde versage gleichheitswidrig die einem anderen zugebilligte Begünstigung, so kann diese Entscheidung zwar durchaus als solche rechtswidrig sein. Gleichwohl ist die Sache aber zumindest dann **nicht spruchreif**, wenn der Behörde eine andere Möglichkeit zur Behebung der Ungleichbehandlung bleibt (BVerwG, NJW 1997, 956 – gleichheitswidrige Verordnung; VGH Kassel NJW 1993, 2888 – Trennungsgeld). Diese kann auch in der Einziehung der gewährten Begünstigung zu Lasten des „Konkurrenten" bestehen. **Beispiel:** Erstreckung eines Verbots auf private Sportveranstaltungen nach Klage eines Fitness-Studios auf Gleichbehandlung während der Corona-Pandemie (VGH München, BayVBl. 2021, 55).

Immer häufiger stellt sich auch die Frage, ob Ansprüche unmittelbar aus dem EMRK folgen können. Die Pflicht der nationalen Gerichte zur Beachtung der EMRK und zur konventionsfreundlichen Auslegung führt aber nicht dazu, dass nationale Gerichte diese unabhängig von einem nationalen Gesetz als Anspruchsgrundlage auffassen dürfen (BAG, NJW 2016, 1034).

f) Zusicherung – öffentlich-rechtlicher Vertrag. Die Verpflichtungsklage ist auch begründet, wenn die Behörde den unterlassenen oder versagten VA wirksam **zugesichert** (§ 38 VwVfG) oder wenn sie sich in einem **öffentlichrechtlichen Vertrag** zum Erlass des VA verpflichtet hat (allg. zur Zusicherung *Guckelberger*, DÖV 2004, 357; *Kloepfer/Lenski*, NVwZ 2006, 501; *Kingler/Krebs*, Die Zusicherung, § 38 VwVfG, JuS 2010, 1059).

Wichtig: Für die Wirksamkeit der Zusicherung und des Vertrags ist **nicht** Voraussetzung, dass sie rechtmäßig sind. Voraussetzung für die Wirksamkeit der Zusicherung ist nur, dass die **zuständige** Behörde **schriftlich** entschieden hat und dass die Entscheidung **nicht nichtig** ist. Selbst bei einer rechtswidrigen Zusicherung besteht also ein Anspruch, und die Verpflichtungsklage ist begründet – es sei denn, die Behörde wäre wegen zwischenzeitlicher Änderung der Sach- oder Rechtslage an die Zusicherung nicht mehr gebunden (§ 38 III VwVfG; skeptisch zur Wirksamkeit *Groh*, DÖV 2012, 582).

14 Ähnliches gilt für den **öffentlich-rechtlichen Vertrag.** Auch dieser macht die Verpflichtungsklage auf den vertraglich zugesagten VA begründet, sofern der Vertrag selbst nicht nichtig ist (§§ 54/59 VwVfG – dazu *Voßkuhle/Kaiser,* JuS 2013, 687).

III. Rechtsverletzung

15 Anders als bei der Anfechtungsklage fallen objektive und subjektive Seite der Rechtswidrigkeit bei der Verpflichtungsklage in der Regel zusammen. Die Ablehnung des VA ist rechtswidrig, wenn sie gegen eine anspruchsvermittelnde Norm verstößt. Nur in Zweifelsfällen ist die Zuordnung des Rechts und der zu Unrecht verweigerten Begünstigung zum Kläger unter dem Stichwort „Rechtsverletzung" zu klären.

Beispiel: Anspruch einer Gemeinde oder des Nachbarn auf bauaufsichtliches Einschreiten bzw. einer Schutzauflage, wenn ein Bauvorhaben subjektive Rechte der Gemeinde oder des Nachbarn eingreift (OVG Bautzen, NVwZ – RR 2019, 584 – grober Verstoß gegen Brandschutzvorschrift – Einzelheiten oben, § 14, Rn. 94 ff.).

IV. Spruchreife

1. Allgemeines

16 Der wichtigste Unterschied in der Begründetheit der Anfechtungsklage einerseits und der Verpflichtungsklage andererseits besteht im Erfordernis der **Spruchreife** vor Erlass des Verpflichtungsurteils (§ 113 V 1 VwGO – die Nennung der Spruchreife innerhalb von Abs. 1 betrifft nur den Folgenbeseitigungsanspruch). **Spruchreife** bedeutet, dass alle tatsächlichen und rechtlichen Voraussetzungen für eine abschließende gerichtliche Entscheidung über das Klagebegehren gegeben sind. Der Begriff ist zwar an sich rein prozessualer Natur, hat aber auch materiellrechtliche Voraussetzungen. So ist bei fehlender Spruchreife die Klage unbegründet, soweit nicht das Gericht, sondern nur die Behörde befugt ist, die Spruchreife herzustellen.

2. „Herstellung" der Spruchreife durch das Gericht

17 Im Normalfall hat das Gericht alle sachlichen und rechtlichen Voraussetzungen zu prüfen und ggf. herzustellen, um eine Entscheidung

in der Sache zu ermöglichen. Es muss also die Streitigkeit „spruchreif machen" (BVerwGE 69, 198, 201; BVerwG, NVwZ 2009, 253). Insbesondere muss das Gericht die fehlende Sachaufklärung durch die Behörde nachholen, unklare Rechtsfragen selbständig entscheiden usw. Das gilt auch, wenn die Behörde überhaupt noch nicht entschieden hat, also im Anwendungsbereich von § 75 VwGO (teilweise a. A. *Kopp/Schenke*, VwGO, § 113, Rn. 197 ff.).

3. Ausnahmen

Die Spruchreife fehlt und kann aus rechtlichen Gründen **nicht** hergestellt werden, wenn der Behörde auch nach Feststellung von Rechtswidrigkeit und Rechtsverletzung noch ein selbständiger Entscheidungsspielraum verbleibt. Dann liefe es auf einen Verstoß gegen die Gewaltenteilung hinaus, wenn das Gericht der Klage in vollem Umfang stattgäbe. § 113 V VwGO formuliert hier also einen Kompromiss zwischen der Letztentscheidungskompetenz von Exekutive und Judikative. Etwas anderes soll bei einem missbräuchlichen Antrag auf Zugang zu Umweltinformationen gelten, wenn ein gesetzlich vorgesehenes Drittbeteiligungsverfahren noch aussteht. Hier hat das Gericht die Sache nicht spruchreif zu machen, sondern die Verwaltungsbehörde zur Neubescheidung zu verpflichten (BVerwG, NVwZ 2016, 1814). 18

a) Ermessensentscheidungen. Der wichtigste Anwendungsfall fehlender Spruchreife betrifft **Ermessensentscheidungen**. Liegt ein Ermessensfehler vor, dann ist die Ablehnung des VA zwar rechtswidrig und verletzt den Kläger auch in einem subjektiven Recht. Die Verpflichtungsklage ist gleichwohl nicht in vollem Umfang begründet, solange es noch weitere (rechtmäßige) Alternativen gibt, über die die Behörde im Rahmen ihres fortbestehenden Ermessensspielraums entscheiden kann. In diesen Fällen ergeht ein Bescheidungsurteil nach § 113 V VwGO, der Kläger dringt also nur teilweise mit seiner Klage durch. 19

Beispiel: Klage auf bestimmte Polizeimaßnahmen, um Störungen eines Anliegers zu verhindern. Hier kann das Gericht nur entscheiden, dass die Polizei überhaupt tätig werden muss, muss aber in der Regel die **Art und Weise** der Störungsbeseitigung der Polizei überlassen (ähnlich VG Berlin, NJW 1981, 1748 – Hausbesetzung; anders hins. Baueinstellung auf Klage eines in seinen Rechten verletzten Nachbarn OVG Magdeburg, NVwZ-RR 2015, 611).

20   Eine „Ausnahme von der Ausnahme" besteht aber im Fall der sogenannten **Ermessensreduzierung auf Null**. Diese liegt vor, wenn auch bei einer Ermessensentscheidung nur eine einzige Handlungsalternative in Betracht kommt, weil jede andere Entscheidung rechtswidrig wäre (BVerwGE 11, 95, 97; 16, 214, 218; 69, 94). Dann dringt der Kläger in vollem Umfang durch. So ist die Klage auf Rücknahme selbst eines bestandskräftigen rechtswidrigen VA dann begründet, wenn zum Zeitpunkt seines Ergehens an den Verstoß gegen formelles oder materielles Recht (einschließlich grundrechtlicher Gewährleistung) vernünftigerweise kein Zweifel bestand und sich deshalb die Rechtswidrigkeit aufdrängte (BVerwG, NVwZ 2007, 709; allg. dazu *Baumeister*, FS Schenke 2011, 601), bzw. andernfalls ein schlechthin unerträglicher Zustand entstünde (OVG Magdeburg, NVwZ-RR 2017, 804).

Eine Ermessensreduzierung auf Null kommt auch bei sogenannten „**Koppelungsvorschriften**" bzw. „**Mischtatbeständen**" in Betracht. Als solche bezeichnet man Rechtsnormen, die einen unbestimmten Rechtsbegriff enthalten und auf der Rechtsfolgenseite ein Ermessen einräumen. Hier kann der Tatbestand (z. B. „Vermeidung einer unbilligen Härte") bedingen, dass für die Behörde faktisch kein Ermessen auf der Rechtsfolgenseite bleibt (GSOGB, BVerwGE 39, 355).

21   **b) Unzuständige Ausgangsbehörde, komplexer Sachverhalt.** Die Spruchreife kann auch bei rechtlich gebundenen Entscheidungen fehlen. Das ist insbesondere dann der Fall, wenn die **unzuständige Behörde** entschieden hat, die zuständige Behörde also noch nicht mit der Sache befasst war oder die **Sachlage** so **kompliziert** oder von bestimmten fachlichen Ermittlungen abhängig ist, dass der Fehler in der Sachaufklärung nicht durch das Gericht selbst ausgeglichen werden kann. Auch bei einer erfolgreichen Untätigkeitsklage, bei der die Ausgangsbehörde mit der Sache selbst noch nicht befasst war, besteht in der Regel nur ein Rechtsschutzbedürfnis hinsichtlich der Bescheidung.

Beispiel: Risikoabschätzung hinsichtlich einer Atomanlage (BVerwGE 61, 256, 263; BVerwG, NVwZ 1986, 208, 212; (BVerwG, ZAR 2019, 82– Asylantrag).

Eine ähnliche Problematik regelt § 113 III VwGO, der aber laut BVerwG, NVwZ 1999, 65 auf die Verpflichtungsklage nicht anwendbar ist; dazu oben, § 25, Rn. 6.

c) **Abwägungsentscheidungen.** Begehrt der Kläger eine Entscheidung, die auf der Abwägung zwischen mehreren berührten Belangen beruht, so kann das Gericht zwar ggf. einen Abwägungsfehler der Behörde feststellen, in der Regel aber nicht „durchentscheiden", ohne die gesamte Abwägungsentscheidung im Nachhinein in ein Ungleichgewicht zu bringen. Deshalb liegt auch hier die Spruchreife nicht vor, wenn zunächst noch andere Belange geklärt werden müssen, und es ergeht ein Bescheidungsurteil. 22

d) **Entscheidungen mit Beurteilungsspielraum.** In Fällen des **Beurteilungsspielraums** (oben, § 25, Rn. 34) kann das Gericht die ablehnende Prüfungs- oder sonstige Wertungsentscheidung nur auf Verfahrensmängel und bestimmte grundlegende Bewertungsmängel prüfen, aber nicht die eigene fachliche Wertung an die Stelle derjenigen der Behörde setzen. Es kann also zwar eine fehlerhafte Prüfungsentscheidung ganz oder teilweise aufheben oder die Behörde verpflichten, den Kläger zu einer (ggf. teilweisen) Wiederholungsprüfung zuzulassen, es kann sich aber nicht selbst zur Prüfungskommission erheben und die Prüfung für bestanden erklären oder eine bessere Note vergeben. Auch hier kommt also nur ein **Bescheidungsurteil** in Betracht. Dasselbe gilt, wenn bei der positiven Konkurrentenklage die Entscheidung z. B. auf einer beamtenrechtlichen Beurteilung oder einem fehlerhaften Berufungsverfahren beruht (OVG Münster, NVwZ 2017, 1558; OVG Weimar, NVwZ-RR 2019, 1045). Eine „Reduzierung des Beurteilungsspielraums auf Null" ist allenfalls in Ausnahmefällen denkbar – z. B. bei Punktetabellen oder bei „Rangziffern" und feststehendem Ergebnis zugunsten des Klägers. 23

4. Bescheidungsurteil

Im Falle fehlender Spruchreife hat das Gericht nach § 113 V VwGO die Verpflichtung auszusprechen, den Kläger unter Beachtung der Rechtsauffassung des Gerichts zu bescheiden. Die Klage auf uneingeschränkte Begünstigung ist insofern (teilweise) unbegründet. Nur eine (zulässige) Bescheidungsklage würde in vollem Umfang durchdringen (dazu oben, § 15, Rn. 15). 24

Das Bescheidungsurteil hat die Bindung der Behörde an die im Urteil ausgesprochene Rechtsauffassung des Gerichts zur Folge. Die Rechtskraft eines Bescheidungsurteils umfasst dabei nicht nur die Verpflichtung der Behörde, überhaupt neu zu entscheiden, sondern auch die „Rechtsauffassung des Gerichts", die nicht nur aus dem Tenor der Entscheidung, sondern auch aus den tragenden Gründen zu ermitteln ist (BVerwG, DVBl. 1995, 925; ähnl. BVerwG, NVwZ 2007, 104). Kommt die Behörde der Verpflichtung zur Bescheidung nicht nach, kann sie der Kläger gem. § 172 VwGO dazu zwingen (zur – beschränkten – Vollstreckbarkeit von Bescheidungsurteilen s. VGH Kassel, NVwZ-RR 1999, 805).

5. Teilverpflichtung

25 Nur teilweise begründet ist die Klage auch, wenn die Ablehnung zwar rechtswidrig und insofern rechtsverletzend ist, der Kläger aber nur eine eingeschränkte Genehmigung oder sonstige Begünstigung verlangen kann. Die Klage ist dann nur teilweise begründet und die Verpflichtung wird auf denjenigen Teil der beantragten Begünstigung beschränkt, auf die der Kläger einen Anspruch hat. Ist die Entscheidung aber nicht teilbar (z. B. die Gesamtnote bei einer Prüfung), dann kommt wieder nur ein Bescheidungsurteil in Betracht.

Literatur zu § 26: *Laub,* Die Ermessensreduzierung in der verwaltungsgerichtlichen Rechtsprechung (2000); *Guckelberger,* Behördliche Zusicherungen und Zusagen, DÖV 2004, 357; *Hödl-Adick,* Die Bescheidungsklage als Erfordernis eines interessengerechten Rechtsschutzes (2000); *Bickenbach,* Das Bescheidungsurteil als Ergebnis einer Verpflichtungsklage (2006); *Frenz,* Der Baugenehmigungsanspruch, JuS 2009, 903; *Groh,* Die Zusicherung als sichere Handlungsform in der kooperierenden Verwaltung? DÖV 2012, 582; *Jacobj,* Spruchreife und Streitgegenstand im Verwaltungsprozess, 2001; *Anders,* Der Umfang der Rechtmäßigkeitsprüfung im Baugenehmigungsverfahren, JuS 2015, 604; *Lindner/Struzina,* Die Baugenehmigung; JuS 2016, 226.

26 **Übersicht 20: Begründetheit der Verpflichtungsklage**

1. Passivlegitimation
2. Rechtswidrigkeit der Ablehnung oder Unterlassung des VA (§ 113 V 1 VwGO)
    a) Zuständigkeit der Ausgangsbehörde
    b) Verfahren, Form
    c) Anspruchsgrundlage
3. Rechtsverletzung durch Ablehnung oder Untätigkeit
4. Spruchreife

§ 27 Begründetheit der Unterlassungsklage

Die Unterlassungs- oder allgemeine Abwehrklage ist vom Typ her eine „negative Leistungsklage". Sie ist also begründet, wenn der Kl. einen **Anspruch auf Unterlassung** hat. Anleihen bei der Anfechtungsklage (Rechtswidrigkeit und Rechtsverletzung durch die zu unterlassende Handlung) sind i. d. R. überflüssig.

I. Passivlegitimation

Obwohl bei der Unterlassungsklage wie bei jeder Leistungsklage der „richtige Anspruchsgegner" eigentlich als Teil der Anspruchsgrundlage zu prüfen ist, empfiehlt es sich, denjenigen Rechtsträger, der die (Unterlassungs-)Leistung zu erbringen hat, unter dem Stichwort „Passivlegitimation" am Beginn der Begründetheitsprüfung zu benennen. Das ist insbesondere im Organstreit und dann der Fall, wenn es unklar ist, wem eine Information, Warnung usw. zuzuordnen ist. Nach h. L. ist § 78 VwGO (Rechtsträgerprinzip) dabei analog anzuwenden (vgl. *Schenke,* VwProzR, Rn. 554/555).

Beispiel: Klage auf Unterlassung einer Warnmitteilung durch Bürgermeister: Passivlegitimiert ist nicht der BM. sondern die Gemeinde (oben, § 21, Rn. 8); Klage gegen Verwendung bestimmter Unterrichtsmaterialien in der Sexualkunde: Passivlegitimiert ist der Staat, nicht etwa der einzelne Lehrer; anders aber: Klage auf Unterlassung einer Äußerung gegen den Vorsitzenden im Gemeinderat (Organstreit – passiv legitimiert ist der Vorsitzende).

II. Die Anspruchsgrundlagen der Störungsabwehr

Für die Anspruchsgrundlage des Unterlassungsanspruchs haben sich in Rechtsprechung und Literatur erst in Ansätzen klare Konturen herausgebildet.

Als Lösungsansätze lassen sich erkennen:

– Der Abwehranspruch unmittelbar aus **Grundrechtspositionen,**
– gesetzlicher Abwehranspruch und analoge Anwendung von Gesetz,
– der **quasi-negatorische Abwehranspruch** aus § 1004 BGB, § 862 BGB usw. analog,

1. Abwehranspruch aus Grundrechten

4 Ohne „Einschaltung" von § 1004 BGB hat die Rechtsprechung vor allem bei Fällen herabsetzender hoheitlicher Äußerungen oder der Weitergabe von Daten Abwehransprüche unmittelbar aus Grundrechten, insbesondere dem allgemeinen Persönlichkeitsrecht, dem Recht auf informationelle Selbstbestimmung und dem Recht am eingerichteten und ausgeübten Gewerbebetrieb, abgeleitet. Ist der Staat an die Grundrechte kraft Art. 1 III GG gebunden, dann folgt für Vertreter dieser Auffassung daraus ein subjektiver Abwehranspruch gegen Eingriffe des Staates

Beispiele: Abwehr gegen die Herabsetzung eines Betriebs (VGH Mannheim, NJW 1986, 340); Abwehranspruch gegen Warnmitteilung vor Jugendsekten unmittelbar aus Art. 4 GG (BVerwGE 82, 76, 77).

Der unmittelbare Durchgriff auf Grundrechtspositionen ist in diesem Zusammenhang nicht unproblematisch, denn hier fehlt für die speziell verwaltungsprozessuale Störungsabwehr das dogmatische „Zwischenglied". Grundrechte begründen zwar subjektive Abwehrrechte und die Bindung der hoheitlichen Gewalt, sagen aber nichts über mögliche Rechtsgrundlagen für Unterlassungs- und Duldungspflichten (*Laubinger*, VerwArch. 80 [1989], 83).

2. Gesetzlicher Abwehranspruch und analoge Anwendung von Gesetzen

5 Gewährt ein Gesetz einen Abwehranspruch, so ist dieses selbstverständlich Anspruchsgrundlage der Unterlassungsklage. Erörtert wurde auch, ob bei Lärm und ähnlichen Belästigungen § 22 BImSchG analog ein subjektives Abwehrrecht des Bürgers gegen hoheitlich betriebene Anlagen gewährt. Auch das ist zu Recht abgelehnt worden (vgl. BVerwGE 79, 254, 257; *Sachs*, NVwZ 1988, 127; *Laubinger*, VerwArch. 80 [1989], 261, 265). § 22 BImSchG betrifft nur einen Spezialfall und regelt nur die Pflichten des Betreibers im Hinblick auf Gemeinwohlbelange, nicht aber Abwehrrechte und Duldungspflichten des „Nachbarn".

3. Quasi-negatorischer Abwehranspruch (§ 1004 BGB analog)

6 Es bleibt also mangels spezifisch öffentlich-rechtlicher Abwehransprüche nur die Analogie zu § 1004 BGB. Ursprüngliche Bedenken, dieser Anspruch sei zu sehr auf die Bedürfnisse privatrechtlicher Rechtsverhältnisse zugeschnitten, haben sich in der Praxis längst als unberechtigt erwiesen. Zwar stimmt es, dass normalerweise gegen Immissionen, die im Zusammenhang mit der Erfüllung öffentlicher

Aufgaben entstehen, kein „privatrechtliches Kraut" gewachsen ist (*Laubinger*, VerwArch. 80 [1989], 263), doch ist der Störungsabwehranspruch bei richtiger Beachtung der Besonderheiten des Öffentlichen Rechts eben nicht mehr „privatrechtliches Kraut", sondern genuin Öffentliches Recht.

Mittlerweile sind in Rechtsprechung und Literatur die wesentlichen dogmatischen Voraussetzungen des **quasi-negatorischen Abwehranspruchs** geklärt, die auch zur Lösung öffentlich-rechtlicher Klausuren geeignet sind.

Für den öffentlich-rechtlichen Abwehranspruch und damit für die Begründetheit der Unterlassungsklage ergibt sich in etwa folgender **Aufbau:**

- Es liegt ein geschütztes **Rechtsgut** des Klägers vor,
- dieses Rechtsgut wird durch **hoheitliche Einwirkungen** beeinträchtigt,
- diese Beeinträchtigung ist **rechtswidrig** und der Kläger ist **nicht zur Duldung** verpflichtet.

III. Anspruchsvoraussetzungen im Einzelnen

1. Geschütztes Rechtsgut

Dem Wortlaut nach schützt § 1004 BGB nur vor Eigentumsbeeinträchtigungen, § 862 BGB nur vor Besitzstörung. Diese Normen „passen" also zunächst nur auf Abwehransprüche aus **Eigentum** und **Besitz**.

Über das Eigentum hinaus wurde bereits von der zivilrechtlichen Rechtsprechung in entsprechender Anwendung des § 1004 BGB ein Abwehr- und Unterlassungsanspruch auch im Hinblick auf sonstige absolute Rechte wie **allgemeines Persönlichkeitsrecht** (vgl. etwa BGHZ 128, 1 – Caroline), **Gesundheit** usw. anerkannt.

2. Beeinträchtigung

Durch die hoheitliche Einwirkung muss das betroffene Rechtsgut **beeinträchtigt** sein. Diese Beeinträchtigung muss „wesentlich" sein, sie braucht aber nicht gezielt und auch nicht „schwer und unerträglich" zu sein (VGH Kassel, NuR 1988, 297). Die Beeinträchtigung muss unmittelbar bevorstehen, oder es muss ihre Wiederholung drohen.

3. Rechtswidrigkeit/Duldungspflicht

9 Die Unterlassungsklage ist nur begründet, wenn die Beeinträchtigung **rechtswidrig** ist.

a) Rechtswidrig ist der Eingriff bei **Unzuständigkeit** der beeinträchtigenden Behörde. Auch außerhalb des Anwendungsbereichs der Regeln zum VA darf schon aus rechtsstaatlichen Gründen keine Behörde ihren Kompetenzbereich für Informationen, Warnungen, Datenerhebungen und -weitergaben überschreiten.

Schon deshalb sind die „Warnmitteilungs-Entscheidungen" des BVerwG und des BVerfG bedenklich (BVerwGE 87, 37 – Glykolwein; bestätigt d. BVerfGE 105, 265; NJW 1989, 2272 – Jugendsekte; bestät. durch BVerfGE 105, 279, 292; teilw. korrigiert jetzt aber durch BVerfG, NJW 2018, 2109 – „Lebensmittelpranger"; dazu *Wollenschläger*, JZ 2018, 980).

10 b) Nach richtiger Auffassung sind Informationseingriffe auch rechtswidrig, wenn sie auf einem **fehlerhaften Verfahren** beruhen. Zwar ist das VwVfG nicht unmittelbar anwendbar (vgl. § 9 VwVfG), es ergibt sich aber aus rechtsstaatlichen Aspekten und ggf. aus dem Grundrechtsschutz durch Verfahren, dass die Behörde vor einer Warnmitteilung oder einem vergleichbaren Eingriff zu einer angemessenen Sachaufklärung (§§ 24–26 VwVfG analog), zur Beratung des potentiell Betroffenen bzw. zur Anhörung verpflichtet ist.

11 c) Gezielte Informationen und Warnungen, die einen bestimmten Bürger, ein Unternehmen usw. betreffen, sind – grundrechtsdogmatisch gesehen – Eingriffe. Schon daraus folgt, dass eine **Eingriffsgrundlage** erforderlich ist (so zu Recht BVerwG, NJW 1996, 3161 – Warentest; OVG Koblenz, NJW 1991, 2659 – Presseerklärung der Staatsanwaltschaft; jetzt auch BVerfG, NJW 2018, 2109).

Einer spezifischen gesetzlichen Eingriffsgrundlage bedarf auch die konkrete öffentliche Information im Internet, z. B. die Nennung von Restaurants in einer „Ekelliste". Hierfür bieten die personenbezogenen Informationsansprüche nach VIG und IFG **keine** hinreichende Rechtsgrundlage (dazu *Holzner*, NVwZ 2010, 489; *Ossenbühl*, NVwZ 2011, 1357; *Schoch*, NJW 2012, 2844; allg. *Wollenschläger*, DÖV 2013, 7).

Unabhängig vom Vorliegen der Eingriffsgrundlage ist die Information oder Warnmitteilung stets rechtswidrig, wenn sie **sachlich falsch** ist oder nicht wenigstens auf einer sachadäquaten Ermittlungsarbeit beruht. Auch eine wahrheitsgemäße Mitteilung an die Öffentlichkeit muss die Belange des Betroffenen beachten und darf im Vergleich von zu bekämpfender Gefahr und drohendem Nachteil für den Betroffenen nicht **unverhältnismäßig** und muss **zeitlich begrenzt** sein (BVerfGE 148, 40 – Lebensmittelpranger).12

d) Bei **faktischen Beeinträchtigungen**, z. B. durch öffentliche Immissionen, gibt es weder Zuständigkeit noch Verfahren. Auch eine „Eingriffsgrundlage" i. e. S. kommt nicht in Betracht. Die Prüfung der Rechtswidrigkeit einer festgestellten Beeinträchtigung entscheidet sich danach, ob der Einzelne zur **Duldung verpflichtet** ist. Diese Duldungspflicht kann sich aus Gesetz (z. B. hinsichtlich des „Kinderlärms" z. B. aus § 22 Ia BImSchG), aus einer öffentlich-rechtlichen Genehmigung oder aus Vertrag ergeben. Fehlt eine solche Grundlage, so ist über die Duldungspflicht wiederum nach allgemeinen Regeln (insbesondere § 1004 II und § 906 BGB jeweils analog) zu entscheiden. Dulden muss nach § 906 I BGB der Eigentümer solche Einwirkungen, die entweder nur unwesentlich sind oder die durch eine ortsübliche Benutzung verursacht sind. Neben diese „geographische Adäquanz" tritt bei öffentlichen Beeinträchtigungen aber auch die **Sozialadäquanz** der Einwirkung. Maßgeblich sind sowohl die Intensität der Beeinträchtigung, die situationsbedingte Vorbelastung des Grundstücks als auch die Gemeinwohlbelange, die mit der Beeinträchtigung zusammenhängen bzw. verfolgt werden. Hierbei geht es im Grunde um eine Art Verhältnismäßigkeitsprüfung zwischen öffentlichem Zweck und privatem Abwehranspruch.

Beispiele für als ortsüblich und sozialadäquat hinzunehmende Beeinträchtigungen: Ortsüblicher Schullärm (OVG Koblenz, NVwZ 1990, 279); Betrieb einer Telefonzelle (VGH Mannheim, DVBl. 1984, 881); Lärm von einem Kinderspielplatz (VGH Mannheim, NVwZ 1990, 988); Fastnachtsumzug (VG Frankfurt/M., NJW 1999, 1986); Wertstoffcontainer (VGH Kassel, NVwZ 1999, 1204; OVG Münster, NVwZ 2001, 1101; VG Saarlouis, LKRZ 2010, 230); Bolzplatz für Jugendliche (VGH München, BayVBl. 1987, 398); nur gelegentliche Ballflüge von einem Spiel- und Sportplatz auf Nachbargrundstück (VGH München, NJW 2005, 1882); Skateranlage (OVG Koblenz, NVwZ 2000, 1190); liturgisches Glockengeläut (BVerwGE 67, 62; BVerwG, NVwZ 1997, 390); Ruf des Muezzin (OVG Münster, 24.9.2020, Beck-RS 2020, 23983), Feuerwehrsirene (BVerwGE 79, 254); ausf. Darstellung bei *J. Wolf*, UmwR, Rn. 230.

Beispiele für nicht mehr hinzunehmende Beeinträchtigungen: Gesundheitsgefährdende Stärke einer Sirene (BVerwGE 79, 254, 258); lautstarkes nächtliches Schlagen einer Kirchturmuhr (BVerwG, NJW 1992, 2779); ständiges Hinüberfliegen von Bällen von einem öffentlichen Fußballplatz (OVG Lüneburg, NJW 1998, 2921); Ablagerung von großen Mengen Altschnee auf Privatgrundstück (VGH München, NJW 2020, 3189).

Bei der Bemessung des zu duldenden Lärms wendet die Rechtsprechung sowohl die sich auf der Grundlage der einschlägigen Normen des Immissionsschutzrechts (insbes. § 48 BImSchG) aus der TA-Luft und TA-Lärm ergebenden Grenzwerte als auch die Nutzungsmaßstäbe der BauNVO an. Aus dem Grundsatz der Verhältnismäßigkeit folgt, dass der Kläger keinen Unterlassungsanspruch auf Unterlassung der Nutzung der ganzen Anlage hat, wenn sich andere – mildere – Möglichkeiten der Behebung ergeben.

Beispiel: Vorkehrungen gegen vom Sportplatz hinüberfliegende Bälle statt Schließung der Anlage (BVerwG, NVwZ 1990, 858).

Kommt eine Unterlassung des Betriebs nicht in Betracht, weil der Kl. zwar beeinträchtigt ist, aber die Betriebseinstellung unangemessen wäre, so ist dem Kl. ggf. ein angemessener **Geldausgleich** zu gewähren (BVerwGE 79, 254, 262).

13 e) Mit der Unterlassungsklage zu verfolgen sind auch Ansprüche gegen die **wirtschaftliche Betätigung von Kommunen** (dazu *David*, NVwZ 2000, 738; *Antweiler*, NVwZ 2003, 1466). Diese Klage ist begründet, wenn ein Verstoß gegen die kommunalrechtlichen Betätigungsverbote vorliegt, also i. d. R., wenn eine nicht zum Bereich der Daseinsvorsorge gehörende wirtschaftliche Tätigkeit wahrgenommen wird, die ebenso gut und wirtschaftlich durch einen privaten Dritten wahrgenommen werden könnte (dazu *Jungkamp*, NVwZ 2010, 546).

4. Rechtsverletzung

14 Ist das Rechtsgut des Kl. rechtswidrig beeinträchtigt und braucht er dies nicht zu dulden, so kommt eine besondere Prüfung der Rechtsverletzung nicht mehr in Betracht. Die Unterlassungsklage ist dann vielmehr begründet.

IV. Vorbeugende Unterlassungsklage gegen VA oder Rechtsnorm

15 Im Falle der (nur im Fall eines besonderen Rechtsschutzbedürfnisses zulässigen) vorbeugenden Unterlassungsklage gegen einen **VA** besteht der Unterlassungsanspruch, wenn der drohende VA rechtswidrig und der Kl. durch ihn in seinem Recht verletzt wäre. Bei der vorbeugenden Unterlassungsklage gegen eine **Rechtsnorm** ist zu be-

achten, dass es sich um eine Leistungsklage handelt, nicht um einen Normenkontrollantrag. Es ist also zu prüfen, ob der Kl. ausnahmsweise einen Abwehranspruch gegen die „drohende" Rechtsnorm hat.

Literatur zu § 27: *Laubinger,* Der öffentlich-rechtliche Unterlassungsanspruch, VerwArch. 80 (1989), 261 ff.; *Köckerbauer/Büllesbach,* Der öffentlichrechtliche Unterlassungsanspruch, JuS 1991, 373; *David,* Wettbewerbsrechtliche Ansprüche gegen Betätigung von Kommunen und deren Gesellschaften, NVwZ 2000, 738; *Antweiler,* Öffentlich-rechtliche Unterlassungsansprüche gegen kommunale Wirtschaftstätigkeit, NVwZ 2003, 1466; *Jungkamp,* Rechtsschutz privater Konkurrenz gegen die wirtschaftliche Betätigung der Gemeinden, NVwZ 2010, 546; *Holzner,* Die „Pankower Ekelliste", NVwZ 2010, 489; *Ossenbühl,* Verbraucherschutz durch Information, NVwZ 2011, 1357; *Schoch,* Amtliche Publikumsinformation. Zwischen staatlichem Schutzauftrag und Staatshaftung, NJW 2012, 2844; *Wollenschläger,* Staatliche Verbraucherinformationen als neues Instrument des Verbraucherschutzes, VerwArch 102 (2011), 20 ff.; *ders.,* Die Verbraucherinformation vor dem BVerfG, JZ 2018, 953.

Übersicht 21: Begründetheit der Unterlassungsklage   16

1. *Passivlegitimation*
2. Abwehranspruch, z. B. § 1004 BGB analog i. V. m. Schutznorm (Allg. Persönlichkeitsrecht, Eigentum usw.)
   a) Geschütztes Rechtsgut
   b) Störung
   c) Rechtswidrigkeit, keine Rechtsgrundlage, keine Duldungspflicht

---

§ 28 Begründetheit der allgemeinen Leistungsklage

I. Allgemeines

Im modernen Rechtsstaat werden öffentliche Leistungen in aller Regel auf gesetzlicher Grundlage und nach vorherigem begünstigenden VA erbracht. Der Anwendungsbereich der (gegenüber der Verpflichtungsklage subsidiären) allgemeinen Leistungsklage ist also eher schmal. Als „Auffangklageart" kommt sie aber in vielen sehr unterschiedlichen Fällen in Betracht (Information, Widerruf, tatsäch-

II. Anspruchsgrundlagen

1. Obersatz

2   Im Prinzip ist die Begründetheitsprüfung bei der allgemeinen Leistungsklage einfach: *„Die Klage ist begründet, wenn der Kläger gegen den Rechtsträger der beklagten Behörde einen (öffentlich-rechtlich begründeten) Anspruch auf die Handlung hat".* „Anleihen" bei der Verpflichtungsklage sind also auch hier verfehlt (so auch *Würtenberger/Heckmann*, VwProzR, Rn. 458). Einer besonderen Prüfung der **Passivlegitimation** bedarf es bei der allgemeinen Leistungsklage i. d. R. nicht, da bei dieser ohnehin immer mitzuprüfen ist, gegen wen sich der Anspruch konkret richtet. Anderes kann aber gelten, wenn es im Organstreit um Leistungen zwischen Organen geht. Dann ist hier zu klären, ob sich der Anspruch z. B. gegen den Gemeinderat, den Bürgermeister oder gegen eine Fraktion richtet.

Ein Anspruch kann sich ergeben

– aus Unionsrecht,
– unmittelbar aus der Verfassung (einschließlich Art. 3 GG),
– aus Gesetz,
– aus Gewohnheitsrecht (hierhin ist der allgemeine Folgenbeseitigungsanspruch [FBA] zu rechnen – dazu Rn. 7),
– aus VA,
– aus Zusage,
– aus öffentlich-rechtlichem Vertrag.

2. Ansprüche aus Unionsrecht

3   Unmittelbare Leistungsansprüche können sich aus EU-Recht ergeben. Da das Europarecht „informationsfreudiger" als das deutsche Recht ist, gilt dies insbesondere im Hinblick auf **Informations- und Auskunftsrechte**. Der wichtigste Fall, der Umweltinformationsanspruch, ist allerdings durch das UIG in deutsches (Gesetzes-)Recht umgesetzt, das Informationsansprüche durch begünstigenden Verwaltungsakt realisiert und folglich zum Anwendungsbereich der Verpflichtungsklage gehört (§ 6 UIG). Erwähnt sei auch die Aarhus-Konvention, die die Bundesrepublik zur Einräumung von Informa-

tionsansprüchen verpflichtet. Rechtsgrundlage ist aber nicht diese völkerrechtliche Konvention, sondern das deutsche Umsetzungsgesetz. Bei dem aus der Luftqualitätsrahmenrichtlinie abgeleiteten Anspruch auf Aufstellung von Aktionsplänen zum Gesundheitsschutz dürfte es sich aber um einen unmittelbar aus dem Europarecht folgenden Leistungsanspruch handeln (EuGH, NVwZ 2008, 984; *Couzinet*, DVBl. 2008, 754; allg. zu Ansprüchen aus europäischem Recht, *Baldus/Grzeszick/Wienhues*, StaatshaftungsR, 71 ff.).

3. Ansprüche unmittelbar aus der Verfassung

Ohne nähere Klärung der dogmatischen Grundlagen werden teilweise Leistungsansprüche unmittelbar aus Grundrechten, einschließlich des allgemeinen Gleichheitssatzes, abgeleitet. 4

Beispiel: Anspruch auf Widerruf ehrenrühriger Behauptung unmittelbar aus Art. 2 I i. V. m. Art. 1 GG (BVerwGE 38, 336, 346); Anspruch auf Nichtraucherschutz oder Maßnahmen zur Feinstaubreduzierung aus Art. 2 II GG (BVerwG, NJW 2007, 3591).

Unbedenklich ist das nur, soweit das Grundrecht selbst wirklich einen subjektiven Leistungsanspruch gewährt, wie z. B. den Informationsanspruch aus Art. 5 I GG, oder soweit sich aus Art. 3 GG ein Recht auf derivative Teilhabe an zur Verfügung gestellten Leistungen ergibt. Auch hier verfolgt das BVerfG allerdings erkennbar die Tendenz, die Entscheidung über unmittelbare Leistungsansprüche dem Gesetzgeber vorzubehalten (vgl. BVerfGE 103, 44, 59 – n-tv). Auch den beamtenrechtlichen Fürsorgeanspruch mag man unmittelbar aus Art. 33 V GG ableiten; er folgt im konkreten Fall aber vorrangig aus den Beamtengesetzen.

4. Gesetzliche und gesetzesgleiche Ansprüche

Die meisten Leistungs- und Informationsansprüche des Öffentlichen Rechts werden heute durch VA zuerkannt, sind also kein Anwendungsfeld für die allgemeine Leistungsklage. Der größte Anwendungsbereich für einfachgesetzliche Leistungsansprüche sonstiger Art sind also **Entschädigungs-, Erstattungs- und Folgenbeseitigungsansprüche.** Auch hier folgt der Anspruch nicht unmittelbar aus einer kodifizierten Anspruchsgrundlage; er wird vielmehr aus analoger Anwendung zivilrechtlicher Normen oder auf gewohnheitsrechtlicher Basis gewonnen. Neben § 823 II oder § 826 BGB i. V. m. dem allgemeinen Persönlichkeitsrecht, Art. 14 GG usw. sind auch hier der Stö- 5 rungsabwehranspruch (§ 1004 BGB) in seiner Funktion als **Störungsbeseitigungs**anspruch sowie der Bereicherungsanspruch (allgemeiner Erstattungsanspruch – § 812 BGB analog; *Baldus/Grzeszick/Wienhues*, StaatshaftungsR, S. 126 ff.) sowie in Sonderfällen der Anspruch aus **Geschäftsführung ohne Auftrag** aktuell (*Berger*, DÖV 2014, 662).

Fallgruppen:
– Anspruch auf **Widerruf** geschäftsschädigender oder beleidigender Äußerungen aus § 823 II oder § 1004 BGB i. V. m. Art. 14 GG oder Art. 2 I GG;
– positiver **Störungsbeseitigungsanspruch** (§§ 823 II, 906 I BGB bzw. § 1004 BGB analog); **Beispiel:** Entfernung von Fußballtoren von öff. Bolzplatz (VGH München, NVwZ 1993, 1006); Rückgängigmachung einer rechtswidrigen beamtenrechtlichen Umsetzung (OVG Bautzen, DÖV 2002, 870);
– allgemeiner **Erstattungsanspruch** (ggf. auch zwischen mehreren Trägern öff. Gewalt – vgl. BVerwG, NVwZ 1996, 595 [Erstattungsanspruch Gemeinde gegen Land]; OVG Lüneburg, NVwZ 2004, 1514);
– Anspruch aus öffentlich-rechtlicher **Geschäftsführung ohne Auftrag** (§§ 677, 683 BGB analog –BGH, NVwZ 2008, 349 – Anspruch des technischen Hilfswerks bei der Katastrophenhilfe); nicht aber für eine Gemeinde gegen das Land, wenn es um eine Gemeindeaufgabe geht (BVerwG, NJW 2018, 3125; NJW 2020, 2487 – Unterbringung eines Tieres),
– **Schadensersatzanspruch** auf Naturalrestitution (§ 823 i. V. m. § 249 BGB) bzw. Herstellungsanspruch (BVerwG, NJW 1997, 2966).

5. Gesetzlicher Anspruch auf Folgenbeseitigung nach § 113 I 2 VwGO

6 Der Folgenbeseitigungsanspruch ist ein öffentlich-rechtlicher Schadensersatzanspruch. Er folgt dem Grundgedanken von § 249 BGB und richtet sich auf **Wiederherstellung eines durch hoheitliches Handeln rechtswidrig veränderten Zustands** (zu den Voraussetzungen *Bumke*, JuS 2005, 22; *Baldus/Grzeszick/Wienhues*, StaatshaftungsR, Rn. 12 ff.; *Detterbeck*, AVwR, Rn. 1201 ff.; *Ossenbühl/Cornils*, StaatshR, 6. Aufl. 2013, 358; *Voßkuhle/Kaiser*, JuS 2012, 1079).

Gesetzlich geregelt ist nur der Folgenbeseitigungsanspruch (FBA), über den nach erfolgreicher **Anfechtungsklage** mitentschieden wird. So kann nach § 113 I 2 VwGO das Gericht bei einem vollzogenen VA *auf Antrag auch aussprechen, dass und wie die Verwaltungsbehörde die Vollziehung rückgängig zu machen hat.* Es handelt sich hierbei um eine Spezialregelung, die dem allgemeinen Folgenbeseitigungsanspruch vorgeht (VGH München, NJW 1984, 2237).

§ 28 Begründetheit der allgemeinen Leistungsklage

Für den FBA regelt § 113 I 2 VwGO aber nur die prozessuale Seite, nicht die Anspruchsgrundlage. Diese ist vielmehr in der schadensersatzbegründenden Norm (z. B. § 823 II oder § 826 BGB analog), im Störungsbeseitigungsanspruch (§ 1004 oder § 862 BGB analog) jeweils i. V. m. § 249 BGB analog zu sehen.

Der Anspruch auf Beseitigung der Folgen eines bereits vollzogenen rechtswidrigen VA (§ 113 I 2 VwGO) hat folgende Voraussetzungen: 7

– **Zulässigkeit** und **Begründetheit** der **Anfechtungsklage** gegen den Ausgangs-VA; also kein FBA bei bereits unanfechtbarem VA (BVerwG, NVwZ 1987, 788);
– **Antrag** des Klägers auf Folgenbeseitigung;
– **Andauern** des durch den rechtswidrigen VA und dessen Vollziehung bzw. Befolgung entstandenen **Zustands;**
– Rechtliches und faktisches **Vermögen** der Behörde zur Folgenbeseitigung (keine Folgenbeseitigung, die ihrerseits rechtswidrigen Zustand schafft);
– das Geltendmachen des Anspruchs darf **nicht rechtsmißbräuchlich** oder aus der Sicht des Beklagten **unzumutbar** sein (BVerwGE 80, 178); zur Unzumutbarkeit BVerwGE 94, 100, 113; BVerwG, NVwZ 2004, 1511; makaber: OVG Münster, NVwZ 2000, 97 – Umbettung einer falsch bestatteten Leiche);
– **Spruchreife,** d. h. Ermessensreduzierung auf Null im Hinblick auf die Art und Weise der Folgenbeseitigung.

Liegen diese Voraussetzungen vor, so hat der Kläger einen Anspruch auf Wiederherstellung des vor dem Vollzug des VA bestehenden Zustands. 8

Beispiele: Rückgabe einer beschlagnahmten Sache; Wiederherstellung eines nach vorläufiger Besitzeinweisung schon veränderten Grundstücks (VGH Kassel, NVwZ 1982, 565); Rückholung eines abgeschobenen Asylbewerbers (OVG Münster, NVwZ 2018, 1493; NJW 2018, 3264); Beseitigung einer Kanalleitung (VGH München, NJW 1996, 3163); **dagegen kein Anspruch** bei Unzumutbarkeit wegen tief im Boden liegender Rohre, BVerwG, NVwZ 2004, 1511) oder einer Skateranlage (OVG Koblenz, NVwZ 2000, 1190); Räumung einer für Obdachlose beschlagnahmten Wohnung (VGH Mannheim, NJW 1990, 2770; NJW 1997, 2832); zum FBA im Polizeirecht instruktiv *Kingreen/Poscher,* Polizei- u. OrdnungsR, § 26, Rn. 3; *Schenke,* Polizei- u. OrdnungsR, 117.

Ist die Wiederherstellung **rechtlich oder faktisch unmöglich** oder nur mit gänzlich unverhältnismäßigem Aufwand zu bewerkstelligen, dann bleibt ggf. ein Anspruch auf Entschädigung in Geld (sog. *Folgenentschädigungsanspruch* – BVerwGE 69, 366; VGH München, 9

NVwZ 1999, 1237; *V. Franckenstein*, NVwZ 1999, 158; *Hain*, Folgenbeseitigung und Folgenentschädigung, VerwArch. 95 [2004, 498 ff.]). Das gleiche kann gelten, wenn der Betroffene für den Zustand mitverantwortlich ist (§ 254 BGB), die Wiederherstellung aber nur ungeteilt vorgenommen werden könnte (BVerwGE 82, 24). Der FBA als solches ist nicht Rechtsgrundlage für Eingriffe in Rechte Dritter, z. B. eines begünstigten Adressaten. Eine solche Grundlage muss sich vielmehr aus allgemeinem Recht ergeben und dem Dritten gegenüber durch VA usw. durchgesetzt werden.

10 Hat die Behörde mehrere Möglichkeiten zur Beseitigung der Folgen, so besteht insofern ein Ermessensspielraum, und die Klage auf Folgenbeseitigung ist **nicht spruchreif**. Dann kann das Gericht nicht exakt bestimmen, „auf welche Weise" der rechtswidrige Zustand zu beseitigen ist, und es ergeht ein Bescheidungsurteil (§ 113 V 2 VwGO analog).

6. Allgemeiner Folgenbeseitigungsanspruch

11 Ist der rechtswidrige Zustand **nicht durch einen bereits vollzogenen VA**, sondern durch eine andere Handlung der Behörde verursacht worden, so sprechen wir vom **allgemeinen** (oder auch erweiterten) **Folgenbeseitigungsanspruch**. Dieser kann nur durch allgemeine Leistungsklage verfolgt werden. Die Voraussetzungen sind (dazu BVerwGE 38, 336, 345; *Peine/Siegel*, AVwR, Rn. 896 ff.; *Stangl*, JA 1997, 138; *Bumke*, JuS 2005, 22 ff.; *Schoch*, DV 44 (2011), S. 397; *Voßkuhle/Kaiser*, JuS 2012, 1079):

- Hoheitlicher **Eingriff** in ein geschütztes Rechtsgut (anders als durch VA);
- **Andauern** des dadurch verursachten rechtswidrigen Zustands;
- rechtliche und faktische **Möglichkeit der Wiederherstellung**;
- **kein Rechtsmissbrauch**, keine überwiegende Eigenverantwortung;
- **Spruchreife.**

Beispiele: Widerruf einer Tatsachenbehauptung oder einer Warnmitteilung; Löschung einer Verbraucherinformation im Internet; Streichung einer negativen Aussage aus einer dienstlichen Beurteilung; Änderung einer numerus clausus-relevanten Schulnote; Beseitigung einer störenden Straßenleuchte (OVG Koblenz, NJW 1986, 953 – Anspruch verneint); Rückbau einer Straße (BVerwG, NVwZ 1994, 275).

In der Rechtsprechung werden diese Fälle allerdings auch oft ohne Erwähnung des Folgenbeseitigungsanspruchs unmittelbar aus §§ 823 II, 826 oder 1004 BGB – jeweils in Verbindung mit einem verletzten Rechtsgut – gelöst.

Kommt die Folgenbeseitigung aus rechtlichen oder tatsächlichen Gründen nicht in Betracht, so hat der Betroffene möglicherweise auch hier einen (Leistungs-)anspruch auf Entschädigung („Folgenentschädigungsanspruch" – dazu *Hain*, VerwArch.95 [2004], 498 ff. *Baldus/Grzeszick/Wienhues*, StaatshaftungsR, S. 12).

7. Anspruch aus VA

Gelegentlich kommt es vor, dass die Behörden einen VA erlässt, dann aber die im VA wirksam geregelte Leistung nicht erbringt. Ist hier der VA nicht vollstreckbar, bleibt dem Bürger nur die Möglichkeit der Leistungsklage. Diese ist begründet, wenn der VA im Hinblick auf die eingeklagte Leistung wirksam ist (§ 43 VwVfG).

8. Anspruch aus Zusage

Während die **Zusicherung,** also die Zusage auf Erlass eines VA, in § 38 VwVfG gesetzlich geregelt ist, wird die **„allgemeine" Zusage** auf hoheitliche Handlungen, die nicht VA sind, in § 38 VwVfG nicht erwähnt. Sie ist im Hinblick auf Rechtsnatur und dogmatische Struktur nach wie vor umstritten. Einigkeit besteht aber im Hinblick auf die Klageart: Da sich die Zusage nicht auf einen VA richtet, kommt insofern nicht die Verpflichtungsklage, sondern nur die **allgemeine Leistungsklage** in Betracht.

Beispiele: Zusage auf Erstattung von Auslagen; auf Preisgabe eines Informanten; auf Beseitigung eines öffentlichen Abfallbehälters; auf Abschluss eines ÖR-Vertrags (VGH Mannheim, NVwZ 2000, 1304); auf Besetzbarkeit einer Assistentenstelle (VGH München, DÖV 1997, 79; OVG Berlin, DÖV 1997, 879); nach BVerwG, NVwZ 1998, 971 ist der „Ruf" auf eine Professur aber keine Zusage (*Detmer*, FuL 2016, 218).

Die Beispiele zeigen bereits, dass – entsprechenden Bindungswillen der Behörde vorausgesetzt – die Zusage wie die Zusicherung wirkt. Das heißt, sie ist selbst Regelung und stellt nicht etwa nur eine künftige Handlung in Aussicht (*Bäcker*, VerwArch 104 (2012), 558; a. A. *Guckelberger*, DÖV 2004, 357 ff.; diff. *Maurer/Waldhoff*, AVwR, § 9, Rn. 62; allg. *Kahl*, Jura 2001, 505).

Die Leistungsklage auf Erfüllung einer Zusage ist unter folgenden Voraussetzungen begründet:

– Zuständige Behörde,
– Schriftform (§ 38 VwVfG analog),
– Erklärung der Behörde mit Bindungswillen für eigenes künftiges Handeln
– nicht bloße Auskunft, Hinweis o. ä.,

– keine Nichtigkeit (§ 38 II i. V. m. § 44 VwVfG analog),
– keine grundsätzliche Änderung der Sach- oder Rechtslage (§ 38 III VwVfG analog).

14 Da sich die Zusage in der Regel auf eine bestimmte Handlung richtet, der Behörde also kein Entscheidungsspielraum verbleibt, entfällt bei dieser Fallgruppe die Prüfung der **Spruchreife**.
Die Folgen einer rechtswidrigen (nicht nichtigen) Zusage ergeben sich aus ihrer Gleichstellung mit der Zusicherung. Auch die rechtswidrige Zusage ist wirksam (§ 43 VwVfG analog) und macht die Leistungsklage begründet, soweit sie nicht zurückgenommen oder anderweitig aufgehoben ist oder wegen Änderung der Sach- und Rechtslage die Bindungswirkung entfallen ist (§ 38 III VwVfG analog – a. A. *Erfmeyer*, DVBl. 1999, 1625; BFH, DB 2002, 1975 – kein Anspruch bei offensichtlicher Rechtswidrigkeit).

9. Öffentlichrechtlicher Vertrag

15 Die Leistungsklage ist auch begründet, wenn sich der Beklagte in einem öffentlichrechtlichen Vertrag wirksam zur Leistung verpflichtet hat.

Beispiel: Die Gemeinde verpflichtet sich in einem Ansiedlungs- oder Erschließungsvertrag zum Aufstellen von Straßenleuchten in einem bestimmten Abstand, der Bauträger zur Übernahme der Kosten.

Diese Verpflichtung besteht auch bei „einfacher" Rechtswidrigkeit des Vertrags. Das heißt, der ordnungsgemäß zustande gekommene und formgerechte öffentlich-rechtliche Vertrag ist wirksam, soweit kein Fall der Nichtigkeit nach § 59 VwVfG vorliegt und der Vertrag nicht nach § 60 VwVfG gekündigt wurde.

10. Leistungsklage des Staates gegen den Bürger

16 Ansprüche des Staates gegen den Bürger können in aller Regel durch einseitige Entscheidungen (VA usw.) und deren Vollstreckung durchgesetzt werden. Dann kommt eine Leistungsklage der Behörde schon mangels Rechtsschutzbedürfnis nicht in Betracht (oben, § 17, Rn. 11). Ist die einseitige Regelung aber ausgeschlossen oder hat sich die Behörde im Rahmen eines öffentlich-rechtlichen Vertrages zur gegenseitigen Erfüllung ohne einseitige Regelung verpflichtet, dann bleibt keine andere Möglichkeit als die Leistungsklage – es sei denn, der Bürger hätte sich der sofortigen Vollstreckung unterworfen. Leis-

tungsansprüche Staat – Bürger können sich vor allem aus öffentlich-rechtlichem Vertrag, aber auch aus dem allgemeinen Erstattungsanspruch und – in seltenen Ausnahmefällen – aus Geschäftsführung ohne Auftrag ergeben.

11. Besonderheiten bei der „Normerlassklage"

Soweit die Klage auf Normerlass als allgemeine Leistungsklage statthaft ist, ergeben sich für die Begründetheitsprüfung nur wenige Besonderheiten. Die **Anspruchsgrundlage** kann sich aus Grundrechten – insbesondere dem allgemeinen Gleichheitssatz –, aus einer gesetzlichen Verpflichtung, aus öffentlich-rechtlichem Vertrag oder aus einer wirksamen Zusage auf Normerlass ergeben. Verweigert die Behörde bei bestehendem Anspruch die Erfüllung, dann impliziert dies zugleich die Rechtsverletzung. Die Normerlassklage richtet sich in der Regel auf eine Normergänzung, selten auf einen Normsetzungsakt als solchen. Insbesondere folgt aus der grundsätzlichen Verpflichtung der Gemeinde zur Aufstellung von Bauleitplänen **kein subjektiver „Anspruch auf Bauleitplanung"**. Ein solcher kann auch nicht durch Vertrag begründet werden – vgl. § 1 III BauGB.

Denkbare Beispiele: Anspruch auf Ausnahmeregel nach Ladenschlussgesetz, wenn diese in vergleichbaren Fällen erlassen wurde; Anspruch auf Allgemeinverbindlicherklärung eines Tarifvertrags (BVerwGE 80, 355, 361); Anspruch auf Anpassung einer Entschädigungsregelung (BVerwG, NVwZ 2002, 1505).

Mit Rücksicht auf die Gestaltungsfreiheit des Normgebers ist aber zu beachten, dass Verstöße gegen den Gleichheitssatz auch durch Streichung der Begünstigung eines anderen Normadressaten beseitigt werden können und die Verpflichtung zum Normerlass nicht auf eine gerichtliche Ersetzung oder Verfälschung eines Abwägungsprozesses hinauslaufen darf. Die Leistungsklage kann daher in der Regel nur auf Normerlass oder -ergänzung als solche, nicht aber auf einen bestimmten Norminhalt gehen. In der Sache ergeht dann ein Bescheidungsurteil (§ 113 V 2 VwGO analog – so auch *Detterbeck*, AVwR, Rn. 1441).

III. Rechtsverletzung, Spruchreife

Besteht eine Anspruchsgrundlage, die der Behörde eine Leistung auferlegt, und erfüllt der Kläger deren Voraussetzungen, so stellt die rechtswidrige Verweigerung der Leistung immer eine Rechtsverletzung dar. Die Rechtsverletzung ist also bei der allgemeinen Leistungsklage nicht gesondert zu prüfen.

Dabei kann es bei der Leistungsklage aber durchaus an der **Spruchreife** fehlen, wenn der Sachverhalt noch nicht hinreichend geklärt ist, wenn die Rechtswidrigkeit der Versagung auf einem Abwägungsfehler beruht, der durch das Gericht nicht heilbar ist, wenn die Behörde einen Beurteilungsspielraum hat oder im Rahmen einer Ermessensentscheidung noch weitere Alternativen verbleiben.

Beispiele: Leistungsklage auf Neubewertung einer Klausur – das Gericht kann die Behörde zur Neubewertung verurteilen, das Ergebnis aber nicht selbst festsetzen; Klage auf Schutzmaßnahmen gegen Lärm von einem öffentlichen Sportplatz – die Behörde hat einen Ermessensspielraum, ob die Lärmquelle durch passive Maßnahmen, durch Aufsicht oder durch Schließung des Platzes bekämpft wird.

In diesen Fällen ergeht ein **Bescheidungsurteil**. Die Behörde wird zum Tätigwerden unter Beachtung der Rechtsauffassung des Gerichts verurteilt. In der Sache geht es aber nicht um „Bescheidung", sondern – wie bei der Leistungsklage überhaupt – um tatsächliches Handeln. Im Übrigen ist § 113 V 2 VwGO analog anzuwenden (*Würtenberger/Heckmann*, VwProzR, Rn. 403).

Literatur zu § 28: *Steiner*, Die allgemeine Leistungsklage im Verwaltungsprozess, JuS 1984, 853; *T. Schneider*, Folgenbeseitigung im Verwaltungsrecht (1994); *Berger*, Geschäftsführung ohne Auftrag zwischen Verwaltungsträgern, DÖV 2014, 662; *M. Faber*, Folgenbeseitigungsanspruch nach ehrverletzenden Meinungsäußerungen, NVwZ 2003, 159; *Hain*, Folgenbeseitigung und Folgenentschädigung, VerwArch. 95 (2004), 498 ff.; *Durner*, Grundfälle zum Staatshaftungsrecht, JuS 2005, 900 ff.; *Bumke*, Der Folgenbeseitigungsanspruch, JuS 2005, 22; *Voßkuhle/Kaiser*, Grundwissen – Öffentliches Recht: Der Folgenbeseitigungsanspruch, JuS 2012, 1079; *Erfmeyer*, Bindungswirkung rechtswidriger allgemeiner Zusagen in entsprechender Anwendung der §§ 38 Abs. 2, 48 VwVfG?, DVBl. 1999, 1625; *Berger*, Geschäftsführung ohne Auftrag zwischen Verwaltungsträgern, DÖV 2014, 662; *Ossenbühl/Cornils*, Staatshaftungsrecht, 6. Aufl. 2013, S. 353 ff.; *Baldus/Grzeszick/Winhues*, Staatshaftungsrecht 5. Aufl. (2018), 259 ff. (zum Folgenentschädigungsanspruch); *Maurer/Waldhoff*, AVwR, § 30; *Grzeszick*, Grundrechte und Staatshaftung, HdbGR III, § 75, Rn. 90 ff.

§ 29 Begründetheit der Feststellungsklagen

Die Prüfung der Begründetheit der Feststellungsklagen ist kompliziert – schon weil sich hinter dem Begriff unterschiedliche Klagetypen verbergen. Gemeinsam ist allen Feststellungsklagen, dass sie nur auf eine deklaratorische Entscheidung des Gerichts hinauslaufen. Das Gericht gestaltet nicht und verpflichtet nicht; es stellt nur verbindlich eine Rechtslage fest.

I. Die allgemeine Feststellungsklage

1. Passivlegitimation

Die Beteiligten eines Rechtsverhältnisses werden bei der allgemeinen Feststellungsklage immer durch die Bezeichnung des Rechtsverhältnisses selbst miterfasst, denn dieses kann nur zwischen bestimmten zu bezeichnenden Personen oder zwischen Person und Sache bestehen. Trotzdem empfiehlt es sich, den Träger derjenigen Behörde zu nennen, mit der das Rechtsverhältnis streitig ist. Das kann, muss aber nicht unbedingt diejenige Behörde sein, zu der das Rechtsverhältnis besteht, denn es kann auch um ein Rechtsverhältnis zwischen Dritten gehen. Bei der Organklage ist das Organ passivlegitimiert, das durch eine Handlung, Behauptung usw. das Rechtsverhältnis begründet hat oder das sich eines bestehenden Rechtsverhältnisses „berühmt" (Abweichung vom Rechtsträgerprinzip, dazu oben, § 21, Rn. 8).

2. Bestehen oder Nichtbestehen eines Rechtsverhältnisses

Die allgemeine Feststellungsklage ist **begründet,** wenn das vom Kläger geltend gemachte Rechtsverhältnis besteht (**positive** Feststellungsklage) oder wenn das durch den Kl. bestrittene Rechtsverhältnis nicht besteht (**negative** Feststellungsklage). Ob dies der Fall ist, richtet sich nach materiellem Recht, kann aber auch von Zuständigkeits- und Verfahrensfragen abhängen. So kann der Kläger z. B. durch die Feststellungsklage nicht eine unzuständige Behörde in das Rechtsverhältnis „hineinziehen" oder eine Rechtslage bestätigt erhalten, die erst noch eine umfangreiche Sachaufklärung durch die Behörde, die Beteiligung anderer Behörden oder die Anhörung Dritter voraussetzen würde.

Materiellrechtlich kann sich das Rechtsverhältnis aus **Gesetz**, aus **VA**, aus **Zusage** oder auch aus einem **öffentlich-rechtlichen Vertrag** ergeben. Ein Rechtsverhältnis besteht aber auch schon dann, wenn die Behörde in eine rechtliche Beziehung zu einem Bürger oder einem anderen Träger öffentlicher Verwaltung eintritt oder in dessen Rechtskreis eingreift. Auch die objektivrechtliche „Befindlichkeit" einer Sache (z. B. Widmung, Eigenschaft als öffentliche Sache als solche usw.) kann Gegenstand des Rechtsverhältnisses sein.

Beispiele: Nach der jeweiligen materiellrechtlichen Grundlage ist zu prüfen, ob ein Tierversuch unter die Genehmigungspflicht fällt, ob ein Straßenkünstler einer Sondernutzungserlaubnis bedarf, ob ein Weg über ein Grundstück ein öffentlicher Weg ist, ob einem Gebäude Denkmaleigenschaft zukommt.

3. Rechtsverletzung

4   Im Normalfall ist das subjektive Recht bei der Begründetheit der Feststellungsklage im Rahmen der Feststellung des Bestehens oder Nichtbestehens eines Rechtsverhältnisses mitzuprüfen. Bei **Organklagen** kommt es aber darauf an, dass das Organrecht des Kl. verletzt ist. Ob das der Fall ist, ist nach § 113 I bzw. V VwGO analog zu prüfen.

4. Spruchreife

5   Da das Rechtsverhältnis unabhängig von konkreten Verfahren, Ermessensentscheidungen usw. besteht, stellt die Spruchreife bei der Feststellungsklage i. d. R. kein Problem dar. Anders kann es sich aber verhalten, wenn die Feststellung eine Abwägung, eine Entscheidung mit Beurteilungsspielraum oder eine komplexe Sachverhaltsermittlung voraussetzt, die durch das Gericht nicht zu leisten ist. Soweit das Gericht hier nicht selbst eine Klärung herbeiführen kann, kommt nur eine **Teilfeststellung** in Betracht – verbunden mit der **Bescheidung** an die Behörde, die Klärung des Rechtsverhältnisses unter Beachtung der Rechtsauffassung des Gerichts vorzunehmen.

Besteht das Rechtsverhältnis nur **teilweise**, dann ist die Feststellungsklage nur insoweit begründet. Das Gericht stellt das Bestehen oder Nichtbestehen des Rechtsverhältnisses auch nur insoweit fest und weist die Klage im Übrigen ab.

II. Vorbeugende Feststellungsklage

1. Passivlegitimation

Passivlegitimiert ist bei der vorbeugenden Feststellungsklage der 6
Träger derjenigen Behörde, von der die Maßnahme auszugehen
droht. Da die vorbeugende Feststellungsklage aber auch allgemein
gegen die Veränderung eines bestehenden Rechtsverhältnisses statthaft ist, kann dies – wie bei der allgemeinen Feststellungsklage –
auch diejenige Behörde sein, die sich nur einer bestehenden Rechtsbeziehung „berühmt".

Beispiel: Passivlegitimiert bei der vorbeugenden Feststellungsklage gegen eine Änderung des Bebauungsplanes der Nachbargemeinde ist stets diese. Behauptet dagegen eine Behörde, ein bestimmtes Verhalten werde demnächst genehmigungspflichtig, so ist **ihr** Rechtsträger im Hinblick auf die vorbeugende Feststellungsklage immer passivlegitimiert – unabhängig davon, ob sie selbst die behauptete Rechtspflicht durchzusetzen befugt ist.

2. Rechtswidrigkeit der drohenden Maßnahme

Die vorbeugende Feststellungsklage ist eine Abwehrklage gegen 7
künftiges Tun. Sie ist also begründet, wenn die beabsichtigte Änderung des Rechtsverhältnisses oder eine bevorstehende Handlung
rechtswidrig und der Kläger dadurch in seinen Rechten **verletzt**
wäre. Die Rechtswidrigkeit muss schon im Moment der gerichtlichen
Entscheidung, spätestens aber im Moment des beabsichtigten Wirksamwerdens der Entscheidung bestehen.

3. Rechtsverletzung

Die vorbeugende Feststellungsklage ist eine subjektive Abwehr- 8
klage. Sie ist daher nur begründet, wenn die künftige Handlung den
Kläger – soweit jetzt bereits absehbar – in seinen Rechten verletzen
wird. § 113 I VwGO ist insoweit analog anzuwenden. Das gilt auch
bei der vorbeugenden Feststellungsklage gegen das Inkrafttreten einer
Rechtsnorm. Diese ist vom Typus her der Unterlassungsklage näher
als der Normenkontrolle. Dagegen ist die Zumutbarkeit des Abwartens der Entscheidung nur bei der Zulässigkeit zu prüfen (Frage des
Rechtsschutzbedürfnisses).

4. Spruchreife

9 Da bei der vorbeugenden Feststellungsklage die Behörde nicht zu einem bestimmten Tun verpflichtet wird, ist die Klage bei festgestellter Rechtswidrigkeit und Rechtsverletzung auch spruchreif. Bei Abwägungsentscheidungen, Entscheidungen mit Beurteilungsspielraum usw. darf die vorbeugende Feststellungsklage aber nicht zu inhaltlichen Festlegungen führen, die das Gericht nicht treffen kann. Hier kommt ggf. eine teilweise Feststellung mit „Bescheidung" in Betracht.

III. Nichtigkeitsfeststellungsklage (§ 43 I 2. Alt. VwGO)

1. Passivlegitimation

10 Die Nichtigkeitsfeststellungsklage ist gegen den Träger der Behörde zu richten, die den VA erlassen hat. Das gilt auch dann, wenn die Nichtigkeit gerade auf einem schwerwiegenden Zuständigkeitsfehler beruht.

2. Nichtigkeit

11 Die Nichtigkeitsfeststellungsklage ist begründet, wenn der VA nichtig ist. Das Urteil wirkt nur deklaratorisch, beseitigt aber den vom VA ausgehenden Rechtsschein. Ein Aufhebungsanspruch besteht nicht, da es nichts zum Aufheben gibt (a. A. *Schenke*, VProzR., Rn 183; *ders.* JuS 2016, 97). Bei „einfacher" Rechtswidrigkeit kommt nur ein Anfechtungsurteil in Betracht. Die Nichtigkeitsfeststellungsklage ist dann unbegründet, und der Kl. unterliegt, wenn er nicht auf einen entsprechenden Hinweis des Gerichts (§ 86 VwGO) hin auf die Anfechtungsklage übergeht.

Die Voraussetzungen der Nichtigkeit sind in **§ 44 VwVfG** geregelt (Einzelheiten dazu bei *Maurer/Waldhoff,* AVwR, § 10, Rn. 85 ff.).

Sehr wichtig: Beruht der Verwaltungsakt auf einer nichtigen oder unwirksamen Rechtsnorm, so heißt das keineswegs, dass er schon deshalb seinerseits nichtig ist. Er ist – wenn nicht besondere Gründe nach § 44 VwVfG hinzukommen – mangels Rechtsgrundlage allenfalls **rechtswidrig**. Auch der Verstoß gegen Europarecht führt nicht automatisch zur Nichtigkeit, sondern nur zur Rechtswidrigkeit. Für die Nichtigkeitsfolge bleibt es bei nationalem Recht, also bei § 44 VwVfG (BVerwG, NVwZ 2000, 1039).

3. Rechtsverletzung

Der nichtige VA ist unwirksam, es gibt daher auch keinen Adressaten, der verletzt sein könnte. Auch von einem nichtigen VA können aber sehr wohl tatsächliche Wirkungen auf subjektive Rechte des Adressaten oder Dritter ausgehen. Das ist für die Begründetheit auch nötig; denn auch die Nichtigkeitsfeststellungsklage ist **keine Popularklage**. Notwendig ist aber nicht, dass die Nichtigkeit gerade auf der Verletzung einer klägerschützenden Norm beruht. Es reicht, wenn der Kl. von dem nichtigen VA in einem subjektiven Recht betroffen ist. **Nur insoweit** gilt hier § 113 I 1 VwGO analog.

12

IV. Fortsetzungsfeststellungsklage (§ 113 I 4 VwGO)

Die Feststellungsklage nach § 113 I 4 VwGO setzt die (erledigte) Streitsache fort. Die Voraussetzungen der Begründetheit richten sich daher nach denjenigen der Anfechtungs- bzw. Verpflichtungsklage. Das Urteil ist nur im Tenor Feststellungsurteil; in der Sache geht es zumeist um eine Begründetheitsprüfung der (erledigten) Anfechtungs- oder der Verpflichtungsklage (BVerwGE 109, 203).

13

1. Passivlegitimation

Die Klage ist gegen den Rechtsträger der Behörde zu richten, die den erledigten VA erlassen bzw. den beantragten VA nicht erlassen hat. Geht man – anders als die h. L. – von der Zulässigkeit der Fortsetzungsfeststellungsklage nach Unterlassungs- oder allgemeiner Leistungsklage aus, dann richtet sich die Klage entsprechend gegen die Behörde, von der die Belastung ausging oder die die beantragte, jetzt aber gegenstandslose Leistung erbringen sollte.

14

2. Rechtswidrigkeit

Begründetheitsvoraussetzung der Fortsetzungsfeststellungsklage ist schon nach dem Wortlaut von § 113 I 4 VwGO die Rechtswidrigkeit des nach der Klageerhebung erledigten VA. Bei den anderen Klagearten und bei Erledigung vor Klageerhebung ist darauf zu achten, dass § 113 I 4 VwGO nur analog angewendet wird.

15

3. Rechtsverletzung

16 Das „subjektive Element" der Fortsetzungsfeststellungsklage folgt eigentlich bereits aus dem Feststellungsinteresse und der Klagebefugnis. Erledigtes Handeln kann dagegen nicht mehr zu einer Rechtsverletzung führen. Setzt man aber voraus, dass die Fortsetzungsfeststellungsklage nur einen einmal begonnenen Prozess fortführt, so ist es folgerichtig, **auf die Vergangenheit bezogen** zu prüfen, ob der rechtswidrige VA den Kläger auch in **seinen** Rechten verletzt **hat** (BVerwGE 65, 167, 170; 77, 70, 73; *Würtenberger,* PdW, 323). Auch die Fortsetzungsfeststellungsklage ist also **nicht** begründet, wenn das erledigte Handeln oder Unterlassen nur objektiv rechtswidrig war, den Kläger aber nicht gerade in **seinen** Rechten verletzt hat.

4. Spruchreife

17 War ein **belastender** VA rechtswidrig und wurde der Kläger durch diesen verletzt, so kann das Gericht dies stets feststellen (neues **Beispiel:** BVerwG, 12.11.2020 2 C 5.19 – Kopftuchverbot).. Das gilt auch bei Rechtswidrigkeit wegen Ermessens-, Abwägungs- oder Beurteilungsfehlern.

Die Frage der Spruchreife stellt sich nur, wenn bei analoger Anwendung von § 113 I 4 VwGO auf die **Verpflichtungsklage** die Feststellung beantragt wird, die Behörde sei zum Erlass eines bestimmten VA oder zu einer anderen Leistung verpflichtet gewesen. Hier bleibt die Fortsetzungsfeststellungsklage auch dann zulässig, wenn im Zeitpunkt des erledigenden Ereignisses keine Spruchreife bestand. Das VG hat grundsätzlich die Spruchreife herzustellen, um die begehrte Feststellung treffen zu können (BVerwG, NVwZ 1998, 1295). Es kommt also in der Regel nicht zu einem Bescheidungsurteil im Rahmen der Fortsetzungsfeststellungsklage. Anderes kann allenfalls gelten, wenn die Spruchreife nicht hergestellt werden kann, so z. B. wenn ein Bewerber die Feststellung begehrt, die Behörde hätte ihn in eine bestimmte Planstelle einweisen müssen (fortbestehender Beurteilungsspielraum – BVerwG, NVwZ 1987, 229).

V. Zwischenfeststellungsklage

18 Die sogenannte „Zwischenfeststellungsklage" nach § 173 VwGO i. V. m. 256 II ZPO ist vom Typ her eine allgemeine Feststellungs-

klage. Sie ist also begründet, wenn das für die Entscheidung in der Hauptsache „vorgreifliche" Rechtsverhältnis besteht oder nicht besteht. Voraussetzung ist aber, dass die Sache insoweit spruchreif ist.

Literatur: s. oben § 18 und ferner: *R. P. Schenke,* Die Neujustierung der Fortsetzungsfeststellungsklage, JuS 2007, 697; *Mehde,* Die Rechtsprechung zur Fortsetzungsfeststellungsklage – auf dem Weg zu einer kohärenten rechtsdogmatischen Struktur, VerwArch. 100 (2009), 432; *W.-R. Schenke,* Rechtsschutz gegen nichtige Verwaltungsakte, JuS 2016, 97.

§ 30 Begründetheit des Normenkontrollantrags

Ein Normenkontrollantrag ist begründet, wenn er sich gegen den **richtigen Normgeber** richtet und die **Norm rechtswidrig** ist. Es besteht also ein ausschließlich **objektiv-rechtlicher** Prüfungsmaßstab. Eine subjektive Rechtsverletzung ist **nicht** zu prüfen.

Maßgeblicher Zeitpunkt der Beurteilung der Sach- und Rechtslage ist nicht die Bekanntmachung, sondern, da die Norm auf Dauerwirkung angelegt ist, die Beurteilung durch das Gericht, also i. d. R. der Zeitpunkt der **mündlichen Verhandlung** bzw. der Beschluss nach § 47 V 2 VwGO. Jedes andere Ergebnis wäre mit Art. 20 III GG unvereinbar: Das OVG darf die zwischen Bekanntgabe und mündlicher Verhandlung rechtswidrig gewordene Norm nicht in ihrer Wirksamkeit unangetastet lassen (s. auch oben, § 24, Rn. 17).

I. Passivlegitimation

1. Allgemeines

Passivlegitimiert ist im Normenkontrollverfahren stets die Körperschaft, Anstalt oder Stiftung, die die angegriffene Rechtsnorm erlassen hat (vgl. § 47 II 2 VwGO). Bei Satzungen nach dem BauGB, sonstigen kommunalen Satzungen und auch bei Rechtsverordnungen im übertragenen Wirkungskreis ist das stets die Gemeinde, der Landkreis oder eine vergleichbare Körperschaft. Diese ist auch beim Normerlass im staatlichen Auftrag (z. B. bei Gefahrenabwehrverordnungen) **nicht** Teil des Staates.

Geht man davon aus, dass die Normenkontrolle auch bei körperschafsinternem Recht, also z. B. bei der **Geschäftsordnung** eines Gemeinderats, statthaft ist (oben, § 19, Rn. 19), dann kann dort das Rechtsträgerprinzip nicht gelten. Da hier nicht die Gemeinde selbst oder ein anderes Organ über die Norm verfügen kann und es in der Sache um einen Organstreit geht, ist hier der **Gemeinderat**, nicht die Gemeinde passivlegitimiert.

2. Untergesetzliche staatliche Normen

3   Im Übrigen ist bei untergesetzlichem Landesrecht i. d. R. das Bundesland passivlegitimiert, dessen Behörde die Rechtsnorm erlassen hat.

Beispiel: Polizeiverordnung durch Landratsamt oder Regierung als Staatsbehörde; Land als Träger eines als RVO verabschiedeten Landesentwicklungsplans oder Raumordnungsprogrammes. **Gegenbeispiel:** Satzung oder Rechtsverordnung der Kreisverwaltung/des Landratsamts als Behörde des Landkreises: Landkreis passivlegitimiert.

3. Ersatzvornahme

4   Erlässt die staatliche Aufsichtsbehörde eine Norm im Wege der Ersatzvornahme, so wird die Rechtsnorm zwar der beaufsichtigten Körperschaft zugerechnet und gilt als **deren** Satzung, RVO usw. Gleichwohl muss der eigentliche „Normgeber", die staatliche Aufsichtsbehörde, im Streit um die Norm passivlegitimiert sein (anders OVG Bremen, NVwZ 2000, 1435). Andernfalls würde die Gemeinde in einen Prozess hineingezogen, der ihr inhaltlich nicht zuzurechnen ist. Würde sie überdies selbst im Wege der Anfechtungsklage gegen die Ersatzvornahme (VA gegenüber der Gemeinde) klagen und ein Bürger gegen die Rechtsnorm einen Normenkontrollantrag stellen, so könnte die Gemeinde sich bei im Grunde identischem Streitgegenstand gleichsam auf Kläger- und Beklagtenseite wiederfinden. Deshalb ist in diesem Fall die Normenkontrolle gegen den **Träger der staatlichen Aufsichtsbehörde** zu richten.

Inhaltlich muss die „Ersatz"-Norm in jeder Beziehung rechtmäßig sein. Wurde sie unter Verstoß gegen das Selbstverwaltungsrecht erlassen, so ist sie unwirksam und der Normenkontrollantrag begründet, unabhängig davon, ob der Antragsteller gerade in **seinen** Rechten verletzt ist.

II. Rechtswidrigkeit

Rechtswidrig und damit unwirksam ist eine Rechtsnorm, wenn sie 5
- von der **unzuständigen** Stelle erlassen wurde;
- einen **Verfahrensfehler** aufweist;
- wenn eine notwendige **Ermächtigungsgrundlage** fehlt, nicht anwendbar oder ihrerseits rechtswidrig ist;
- wenn sie gegen sonstiges **höherrangiges Recht** verstößt.

1. Zuständigkeit

Die erlassende Behörde oder Körperschaft muss zum Normerlass 6
zuständig sein. Bei Gemeinden oder anderen Körperschaften ergibt sich die Zuständigkeit (nicht aber die Befugnis zu Eingriffen in Rechte des Bürgers) aus der Satzungsautonomie oder der gesetzlich übertragenen Wahrnehmung staatlicher Aufgaben. Gebietskörperschaften sind grundsätzlich nur zuständig für Regelungen für ihr Gebiet, soweit nicht ausnahmsweise die Möglichkeit für gemeinsame Rechtsnormen mehrerer Körperschaften besteht.

2. Verfahren

Verfahrensfehler machen – soweit sie nicht unbeachtlich sind – die 7
Norm rechtswidrig und damit unwirksam. Bisher fehlt es an allgemeinen gesetzlichen Bestimmungen zum Normsetzungsverfahren (dazu *Hufen/Siegel,* Fehler im VwVf., 6. Aufl. 2018, Rn. 801 ff.). Anzuwenden sind also neben Spezialnormen vor allem die Vorschriften der Gemeindeordnungen.

Es empfiehlt sich folgende Prüfungsreihenfolge:

- **Spezialgesetzliche** Normen, z. B. Verfahrensnormen des BauGB und (bei Gefahrenabwehrverordnungen) der Polizeigesetze (Prüfungsschema für Polizeiverordnungen bei *Kingreen/Poscher,* PolR § 27, Rn. 17; *Schenke,* Polizei- u. OrdnungsR, Rn. 619);
- die **Gemeindeordnung** bei Beschlüssen der Gemeinden; (wichtig insbesondere: Fragen zur Kompetenz des Gemeinderats, ordnungsgemäße Ladung, Verfahren bei der Abstimmung, Befangenheitsvorschriften usw.; ausf. dazu *Becker/Sichert,* JuS 2000, 144). **Kein** Verfahrensfehler ist der Verstoß gegen die nur intern wirkende Geschäftsordnung des Gemeinderats oder eines Ausschusses.

Da das Normsetzungs**verfahren** nicht unter § 9 VwVfG fällt, sind 8
die VwVfGe zwar nicht anwendbar. Die Geltung allgemeiner Verfah-

rensgrundsätze wie Pluralität, Chancengleichheit, Ausschluss befangener Amtsträger, angemessene Sachaufklärung usw. folgt aber bereits aus dem Rechtsstaatsgebot (Einzelheiten bei *Hufen/Siegel*, Fehler im VwVf, 6. Aufl. 2018, Rn. 726). Greift die Norm unmittelbar in Rechte eines Bürgers ein, so sind jedenfalls die unmittelbar Betroffenen vor dem Erlass **anzuhören** (umstr., ablehnend BVerwGE 59, 48, 55). Das gilt umso mehr, als § 47 II VwGO erkennbar davon ausgeht, dass es zur Verletzung individueller Rechte durch die Norm kommen kann.

9 Sieht ein Gesetz eine Pflicht zur **Genehmigung** der Rechtsnorm durch die staatliche Aufsichtsbehörde vor, so ist die Genehmigung zugleich Voraussetzung der Wirksamkeit. Ist die Norm nicht genehmigt oder war die Genehmigung fehlerhaft, so ist der Normenkontrollantrag begründet. Dasselbe gilt bei fehlerhafter **Bekanntgabe** (BVerwG, NVwZ 2004, 620).

10 Eine **Heilung** von Verfahrensfehlern im Sinne von § 45 VwVfG kommt nicht in Betracht, da dieser sich als Ausnahmevorschrift nur auf das Verwaltungsverfahren bezieht. Die Behörde kann die Norm im fehlerfreien Verfahren aber neu erlassen.

11 Auch § 46 VwVfG (**Unbeachtlichkeit** von Verfahrensfehlern) ist nicht anwendbar. Die Verfahrensfehler können aber in anderen Vorschriften (wichtigster Fall: § 214 BauGB) für unbeachtlich erklärt werden (dazu Rn. 22 ff.). Unbeachtlich können Fehler auch werden, wenn sie nicht innerhalb eines gesetzlich zu bestimmenden Zeitraumes geltend gemacht werden (s. § 215 BauGB). Das darf nicht mit der Antragsfrist des § 47 II 1 VwGO verwechselt werden.

3. Ermächtigungsgrundlage

12 a) Rechtsnormen mit belastender Wirkung gegenüber dem Bürger bedürfen grundsätzlich einer hinreichend bestimmten gesetzlichen Grundlage. Für **Rechtsverordnungen** folgt dies bereits aus Art. 80 I 2 GG und aus entsprechenden landesverfassungsrechtlichen Bestimmungen. Wichtig ist das sogenannte Zitiergebot, d. h. die gesetzliche Ermächtigungsgrundlage muss in der RVO angegeben sein (Art. 80 I 3 GG). **Beispiel:** Neufassung Fahrverbote (dazu *J. Ipsen*, Fahrverbot – verfassungswidrig? NVwZ 2020, 1326). Besteht ein Fall der sogenannten Subdelegation, d. h. der Ermächtigung zur Normsetzung durch eine andere untergesetzliche Norm, so muss nach Art. 80 I 4 GG die Ermächtigung selbst im Gesetz vorgesehen sein und durch RVO erfolgen.

Dagegen ist Art. 80 I 2 GG für **Satzungen** im Selbstverwaltungsbereich **nicht** anwendbar (BVerfGE 33, 125, 157 – Facharzt). Gleichwohl muss auch hier das für die Grundrechte Wesentliche („Wesentlichkeitstheorie") in der gesetzlichen Ermächtigungsgrundlage enthalten sein (BVerfGE 33, 125, 155). Deshalb reichen die allgemeinen Bestimmungen der Gemeindeordnungen zur Kompetenz der Gemeinden zur Regelung der Nutzung ihrer Einrichtungen als Rechtsgrundlage für Eingriffe in Einwohnerrechte (BVerwG, NVwZ 2014, 527) nicht aus, und Satzungen von Kammern sowie sonstiges Standesrecht dürfen ohne entsprechende gesetzliche Grundlage keine Berufszugangsregelungen enthalten (BVerfGE 76, 171, 196).

b) Die gesetzliche Ermächtigungsgrundlage muss **ihrerseits verfassungskonform** sein. Auch das OVG darf aber eine von ihm für verfassungswidrig gehaltene **gesetzliche** Ermächtigungsgrundlage nicht einfach verwerfen, sondern muss ggf. den Weg der konkreten Normenkontrolle (Art. 100 I GG) einschlagen.

c) Selbstverständlich muss die Ermächtigungsgrundlage die zu kontrollierende Norm abdecken, d. h. die Norm muss sich **im Rahmen der Ermächtigung** halten. Das gilt nicht nur für die Rechtsnorm als ganze, sondern auch für jede einzelne Bestimmung.

4. Kein Verstoß gegen höherrangiges Recht

Unabhängig von der Eingriffsgrundlage kann eine Rechtsnorm gegen sonstiges höherrangiges Recht verstoßen und damit unwirksam sein.

Beispiele: Eine kommunale Satzung schränkt gesetzeswidrig den Gemeingebrauch an einer öffentlichen Sache oder die Anliegerstellung ein; eine Anschluss- und Benutzungszwang-Satzung enthält eine enteignende Regelung ohne Entschädigung und Dispensmöglichkeit; die Promotionsordnung einer Fakultät greift unverhältnismäßig in die Freiheit eines Wissenschaftlers ein.

Die Begründetheit der Normenkontrolle folgt hier schon aus der allgemeinen rechtsstaatlichen „Normenhierarchie" und der Bindung der Verwaltung an das Gesetz. Das Normenkontrollgericht prüft also grundsätzlich am Maßstab **aller in Betracht kommenden Bundes- und Landesgesetze** einschließlich von unmittelbar geltendem **Europarecht** und **Verfassungsnormen**.

Die Zuständigkeit des BVerfG zur Normenkontrolle nach Art. 93 I Nr. 2 und 4a GG ist hierfür kein Hindernis. Zu beachten ist aber der Vorbehalt zugunsten der Landesverfassungsgerichtsbarkeit in § 47 III VwGO, der nach richtiger Auffassung eine Einschränkung des Prüfungsmaßstabs darstellt. Die **ausschließliche** Überprüfung am Maßstab landesverfassungsrechtlicher Normen ist aber nur in Art. 132 HessVerf und – bezüglich der Berufung auf Grundrechte der Bayerischen Verfassung – in Art. 98 Satz 4 BayVerf vorgesehen (dazu BayVerfGH, BayVBl. 1984, 460; BayVBl. 1986, 298).

16 Bisher kaum geklärt sind die Folgen eines **Verstoßes gegen EU-Recht**. Anders als beim europarechtswidrigen Parlamentsgesetz, das von einem deutschen Gericht nicht angewandt werden darf, aber nicht für unwirksam erklärt werden kann, führt der Verstoß einer im Rang unter dem Landesgesetz stehenden Rechtsnorm gegen unmittelbar geltendes oder durch Gesetz umgesetztes EU-Recht zwangsläufig zur Rechtswidrigkeit und damit Unwirksamkeit, die durch das OVG im Rahmen der Normenkontrolle nach § 47 VwGO festgestellt werden kann und muss (so im Wege der Analogie auch *Würtenberger/Heckmann*, VwProzR, 536; im Ergebnis ebenso *Ehlers*, DVBl. 2004, 1441, 1445; *Jeremias*, NVwZ 2014, 495).

17 Nicht vergessen werden darf, dass eine untergesetzliche Rechtsnorm auch in Kollision zu anderen untergesetzlichen Normen treten kann (**Beispiel:** Gemeindesatzung verstößt gegen staatliche Verordnung). Dieses Problem ist nach allgemeinen Kollisionsregeln zu behandeln:

– Verstößt eine Verordnung oder Satzung gegen eine von einer **höheren Instanz** erlassene Verordnung, so geht die Norm der „höherrangigen Instanz" vor. **Beispiel:** Verstoß eines Bebauungsplanes gegen eine staatliche Landschaftsschutz-VO; stellt sich bei diesem Konflikt aber heraus, dass die **höherrangige** Norm ihrerseits auf einem Eingriff in das Selbstverwaltungsrecht beruht, so darf sie nicht angewandt werden.
– Bei gleichrangigen Normen gilt der „lex posterior"-Grundsatz; d. h. die **jeweils spätere** Norm hebt die früher geltende auf.

18 Nicht zur Begründetheit der Normenkontrolle führt der Verstoß gegen eine **Verwaltungsvorschrift**. Dieser macht eine Rechtsnorm grundsätzlich nicht rechtswidrig, kann aber ein Indiz für einen Gleichheitsverstoß oder für die Verletzung eines durch die Verwaltungsvorschrift konkretisierten Gesetzes sein.

5. Einzelne Bestimmungen

19 Ist nur eine Einzelbestimmung einer Rechtsverordnung oder Satzung rechtswidrig und damit unwirksam, so ist die Normenkontrolle im Allgemeinen nur im Hinblick auf **diese** Einzelvorschrift begrün-

det. Die Rechtswidrigkeit der Einzelbestimmung kann aber die gesamte Norm „infizieren", wenn diese ohne den rechtswidrigen Teil keinen sinnvollen Regelungsgehalt mehr aufweist. Dann muss das Gericht sogar ggf. über den „beantragten Teil" hinausgehen und die Norm als ganze überprüfen, weil durch eine Teilunwirksamkeitserklärung andernfalls die Gesamtkonzeption des Normgebers verändert würde.

III. Insbesondere: Begründetheit der Normenkontrolle gegen einen Bebauungsplan

Den „Löwenanteil" aller Normenkontrollanträge machen nach wie vor Streitigkeiten über **Bebauungspläne** aus. Diese werden nach § 10 I BauGB als Satzung erlassen und unterliegen nach § 47 I Nr. 1 VwGO in allen Bundesländern der Normenkontrolle (zur Anwendbarkeit auf die in Gesetzesform erlassenen Bebauungspläne Hamburgs und Bremens BVerfGE 70, 35, 55). Besonderheiten ergeben sich aber daraus, dass es sich um eine planerische Abwägungsentscheidung handelt und das Gericht die im Rahmen der Selbstverwaltungskompetenz getroffenen planerischen Zweckmäßigkeitserwägungen und die Prognose des Normgebers nur in Grenzen nachvollziehen und kontrollieren kann (ausführl. oben, § 25, Rn. 29). 20

1. Zuständigkeit

Die **sachliche** Zuständigkeit für den Erlass von Bebauungsplänen folgt aus § 1 III und § 10 I BauGB sowie aus den Bestimmungen der Gemeindeordnungen zum eigenen Wirkungskreis (Selbstverwaltungsangelegenheiten). Die **örtliche** Zuständigkeit beschränkt sich selbstverständlich auf das Gemeindegebiet. 21

2. Verfahren

Auch für den Bebauungsplan gilt zunächst die Regel, dass eine Verletzung von Verfahrens- und Formvorschriften zur Rechtswidrigkeit und damit grundsätzlich zur Unwirksamkeit führt. Durch die Rechtsprechung und insbesondere durch den zur Maxime der gesetzlichen Fehlerfolgen gewordenen Grundsatz der „Planerhaltung" (§§ 214 bis 216 BauGB) ist die Regel aber nahezu zur Ausnahme geworden. Dennoch empfiehlt es sich, wie bei Verwaltungsverfahren 22 zunächst Fehler im Normsetzungsverfahren festzustellen und erst im zweiten Schritt auf die Fehlerfolgen und deren weitgehende Relativierung durch §§ 214/215 BauGB einzugehen.

Zur Geltendmachung von Verfahrens- und Abwägungsfehlern gilt die **Rügefrist** von einem Jahr (§ 215 I BauGB). Innerhalb dieser Frist müssen die Mängel schriftlich, konkret und substantiiert dargelegt werden (BVerwG, NVwZ 1996, 372). Diese Frist besteht parallel zur Antragsfrist nach § 47 II 1 VwGO, die schon zu den Zulässigkeitsvoraussetzungen gehört. Eine Frage der Zulässigkeit ist auch die Präklusion nach § 47 IIa VwGO. Hinsichtlich der zu spät geltend gemachten Belange kommt es dann nicht mehr zur Prüfung der Begründetheit (*Ewer*, NJW 2007, 3171).

23 Einige Besonderheiten gelten im Hinblick auf Verstöße gegen **Verfahrensnormen des Kommunalrechts**, also z. B. die Organkompetenz des Gemeinderats, ordnungsgemäße Ladung, Beschlussfähigkeit usw. Besonders wichtig sind naturgemäß Fragen der **Befangenheit**. Zu klären ist dann z. B., ob ein Mitglied des Gemeinderats befangen, d. h. individuell und unmittelbar durch den Bebauungsplan bevorzugt oder benachteiligt ist (Gegensatz: allgemeines Interesse, Interesse einer Gruppe). Das kann nicht nur beim Eigentümer, sondern auch beim Mieter oder Pächter eines Plangrundstücks der Fall sein (OVG Koblenz, DVBl. 2011, 696). Dann ist festzustellen, ob das Mitglied bei der Abstimmung über den Bebauungsplan mitgewirkt hat. Sodann ist auf die **Folgen** der Mitwirkung einzugehen. Diese sind in den Gemeindeordnungen der Länder unterschiedlich geregelt.

Wichtig: Die Unbeachtlichkeitsvorschriften der §§ 214/215 BauGB sind nur auf Verstöße gegen Verfahrensbestimmungen des BauGB, nicht also auf Verstöße gegen die Gemeindeordnungen anzuwenden (BVerwG, NVwZ 1988, 916). Dagegen spricht § 214 IV BauGB im Hinblick auf die rückwirkende (Wieder)Inkraftsetzung nur allgemein von „Behebung von Fehlern". Das ergänzende Verfahren und die rückwirkende Inkraftsetzung dürften also auch bei Verstößen gegen die Gemeindeordnungen oder andere Rechtsvorschriften anwendbar sein (so bereits zum früheren § 215a I BauGB: BVerwG, NVwZ 2000, 667). Verstößt die Rechtsnorm gegen europarechtlich begründetes Verfahrensrecht (UVP, FFH-Richtlinie usw.), dann bestehen dieselben Bedenken gegen die „Planerhaltung" wie bei der Heilung und der Unbeachtlichkeit (dazu § 25, Rn. 7 und 9 sowie *Kment*, DVBl. 2007, 1275; *Schnelle*, Eine Fehlerfolgenlehre für Rechtsverordnungen [2007]). Die Streichung der „Unbeachtlichkeitsklausel" im ehemaligen § 214 IIa Nr. 1 BauGB für Verfahrensfehler im beschleunigten Verfahren nach § 13a BauGB war deshalb nur konsequent.

3. Entwicklungsgebot (§ 8 II 1 BauGB)

Rechtswidrig sind grundsätzlich Bebauungspläne, die nicht aus dem Flächennutzungsplan entwickelt worden sind (§ 8 II 1 BauGB). Liegt kein Flächennutzungsplan vor oder ist dieser selbst unwirksam, dann ist der nachfolgende Bebauungsplan also grundsätzlich auch unwirksam (Ausnahme: § 8 II 2 BauGB). 24

Diese früher sehr häufige Fehlerquelle für Bebauungspläne ist heute aber durch § 8 III (Möglichkeit des Parallelverfahrens) und § 8 IV BauGB (vorzeitiger Bebauungsplan) wesentlich „entschärft". Auch dürften gerade beim Flächennutzungsplan Verfahrensfehler häufig nach § 214/215 BauGB unbeachtlich sein. Zudem macht nach der Rechtsprechung ein nichtiger Flächennutzungsplan den nachfolgenden Bebauungsplan nicht rechtswidrig, wenn für diesen die Voraussetzungen des vorzeitigen Bebauungsplanes im Sinne von § 8 IV BauGB vorliegen (BVerwG, NVwZ 1992, 882).

4. Planerforderlichkeit

Nach § 1 III BauGB ist ein Bebauungsplan nur rechtmäßig, sobald und soweit er für die städtebauliche Entwicklung **erforderlich** ist. Für die Reichweite der gerichtlichen Kontrolle ist zwar die Planungshoheit der Gemeinde zu beachten; andererseits erfordert Art. 19 IV GG, dass zumindest die konzeptionellen Grundzüge und Ziele der Planung gerichtlich überprüfbar sind (BVerfG, Kammer, NVwZ 2003, 726). 25

5. Zulässiger Planinhalt

Die Festsetzungen des Bebauungsplanes müssen sich im Rahmen von § 9 BauGB (Inhalt des Bebauungsplanes) halten. 26

Beispiele: Festlegung einer Mindestgröße (BVerwG, NVwZ 1994, 288); Begrenzung der höchstzulässigen Zahl von Wohnungen pro Wohngebäude (VGH Mannheim, NVwZ 1994, 698); Ausschluss von Spielhallen (BVerwG, DVBl. 1992, 32); Vorkehrungen gegen schädliche Umwelteinwirkungen (BVerwGE 80, 184).

Der in § 9 BauGB genannte Katalog ist abschließend, soweit nicht eine Erweiterung auf landesrechtliche Bestimmungen (§ 9 IV BauGB) in Betracht kommt, doch ermöglichen § 1 V, VI Nr. 7 BauGB und § 1a BauGB in immer stärkerem Umfang die Einbeziehung von Umweltbelangen.

6. Planklarheit, Bestimmtheit

27 Die nach § 9 I BauGB möglichen Inhalte des Bebauungsplanes müssen klar und inhaltlich hinreichend bestimmt sein. Insbesondere müssen sie die planerische Zweckbestimmung erkennen lassen (BVerwG NVwZ 1995, 692). Verstöße gegen das Bestimmtheitsgebot führen regelmäßig zur Unwirksamkeit des Bebauungsplanes (BVerwG, NVwZ 2002, 1385). Sie sind auch nicht nach § 214 BauGB unbeachtlich. Hier bleibt nur die Möglichkeit des ergänzenden Verfahrens nach § 214 IV BauGB mit der Möglichkeit der rückwirkenden Inkraftsetzung.

7. Abwägungsfehler

28 Aufgrund der planerischen **Gestaltungsfreiheit** und der Notwendigkeit planerischer **Konfliktaustragung** ist das Gericht im Hinblick auf die eigentliche Abwägungsentscheidung auf die am Vorbild der Ermessenslehre ausgerichtete „Typik" von Abwägungsfehlern angewiesen, wie sie auch für andere Planungsentscheidungen gilt (BVerwGE 34, 301, 304; st. Rspr. und oben, § 25, Rn. 31 f.).

Mängel im **Abwägungsergebnis** machen den Bebauungsplan grundsätzlich unwirksam. Schwerlich von diesen trennbar sind „Mängel im Abwägungsvorgang", die nach § 214 I 1 u. III 2, 2. Hs. BauGB nur erheblich sein sollen, wenn sie „offensichtlich und auf das Abwägungsergebnis von Einfluss gewesen sind". Reine Vermögensinteressen sollen nicht ausreichen (BVerwG, NVwZ 2015, 1457). Für Verfahrensfehler und Fehler bei der Abwägung gilt die Frist für die Geltendmachung von einem Jahr (§ 215 I BauGB).

8. Verstoß gegen sonstige höherrangige Rechtsvorschriften

29 Nicht zu vergessen ist, dass auch ein Bebauungsplan – unabhängig vom Abwägungsgebot – gegen sonstige gesetzliche Bestimmungen verstoßen kann, die zu seiner Unwirksamkeit führen. Solche Verstöße sind heikel, denn sie sind nicht unbeachtlich nach §§ 214/215 BauGB (so zur früheren Rechtslage BVerwG, NVwZ 1999, 1338).

Die wichtigsten zu beachtenden Bestimmungen sind:

- Die Anpassungspflicht hinsichtlich der **Ziele der Raumordnung** (§ 1 IV BauGB);
- das **Abstimmungsgebot** zugunsten benachbarter Gemeinden (§ 2 II BauGB);

– denkmal- naturschutz- und immissionsrechtliche Normen wie § 50 BImSchG, die grundsätzlich (auch abgesehen von der Abwägung) zu beachten sind (BVerwGE 45, 309, 327 – Immissionsrecht u. BVerwG, NVwZ 1997, 1213 – Naturschutz). Zu erwähnen sind hier auch europäische Umweltschutzbestimmungen wie die FFH-Richtlinie u. Verstöße gegen Rechte einzelner Planbetroffener, soweit sie nicht ohnehin in die Planung einzustellen sind.

Die Prüfung auf die Vereinbarkeit mit Art. 14 GG und die Verhältnismäßigkeit der Eigentumsbindung erfolgt nach BVerwGE 59, 253, 257 grundsätzlich im Rahmen der Abwägung und nicht unter dem Stichwort „höherrangiges Recht". Das ist konsequent, wenn man davon ausgeht, dass der Bebauungsplan grundsätzlich Inhaltsbestimmung bzw. Ausdruck der Sozialbindung, nicht Enteignung ist. Enthält der Bebauungsplan aber eine unverhältnismäßige entschädigungslose Sozialbindung des Eigentums, so kann er nach wie vor wegen Verstoßes gegen Art. 14 GG nichtig sein.

Kein Fall des „Verstoßes gegen höherrangiges Recht" ist § 38 BauGB. Kollidiert ein Bebauungsplan mit „privilegierter Fachplanung", so ist er nicht etwa unwirksam, aber insofern nicht anwendbar, als die Fachplanung Vorrang hat (Einzelheiten bei *Steinberg/Wickel/Müller*, Fachplanung, 4. Aufl. 2012, § 3 Rn. 151 ff.).

IV. Spruchreife

Bei der Normenkontrolle entfällt die gesonderte Prüfung der Spruchreife. Der Antrag ist also begründet, wenn ein Fehler festgestellt wurde, der im Rechtssinne beachtlich ist. Das Gericht kann weder Teile der Sachaufklärung oder der Abwägung selbst „nachholen", noch kann es ein „Bescheidungsurteil" erlassen.

Zu beachten ist aber § 47 IV VwGO. Danach kann das OVG bei Anhängigkeit eines für die Entscheidung maßgeblichen verfassungsgerichtlichen Verfahrens anordnen, dass die Verhandlung bis zur Erledigung des Verfahrens vor dem Verfassungsgericht auszusetzen ist.

Literatur zu § 30: *Heckmann,* Geltungskraft und Geltungsverlust von Rechtsnormen (1997); *Hoppe/Henke,* Der Grundsatz der Planerhaltung im neuen Städtebaurecht, DVBl. 1997, 1407; *Kintz,* Die Normenkontrolle nach § 47 VwGO, JuS 2000, 1099; *Kment,* Planerhaltung auf dem Prüfstand: Die Neuerungen der §§ 214, 215 BauGB 2007 europarechtlich betrachtet, DVBl. 2007, 1275; zu den Änderungen durch das EAG Bau: *Finkelnburg,* NVwZ 2004, 897 ff.; *Geis/Schmidt,* Grundfälle zur abstrakten und zur konkreten Normenkontrolle, JuS 2012, 121; *Jeremias,* Beachtlichkeit von Gemeinschaftsrecht im Rahmen der prinzipalen Normenkontrolle nach § 47 VwGO, NVwZ 2014, 495; *Ellerbrok,* Die öffentlichrechtliche Satzung (2020), 387; *Hufen/Sie-*

gel, Fehler im VwVf., 6. Aufl. (2018), Rn. 758 ff.; *Kintz*, ÖffR. i. Ass.Examen, Rn. 586 ff.;.

> **Übersicht 22: Begründetheit des Normenkontrollantrags**
>
> 1. Passivlegitimation: Normerlassende Körperschaft (§ 47 II 2 VwGO)
> 2. Objektive Rechtswidrigkeit der Norm
>   a) Fehlende Zuständigkeit des Normgebers
>   b) Verstoß gegen Verfahrensrecht – außer Unbeachtlichkeit, Heilung
>   c) fehlende oder ihrerseits rechtswidrige Ermächtigungsgrundlage
>   d) Überschreiten oder fehlerhafte Anwendung der Ermächtigungsgrundlage
>   e) Verstoß gegen höherrangiges Recht
> 3. *Ggf.: Prüfung einzelner Bestimmungen*
>
> **Achtung:** Verletzung eines subjektiven Rechts wird nicht geprüft!

5. Teil. Der vorläufige Rechtsschutz im Verwaltungsprozess

§ 31 Bedeutung und System des vorläufigen Rechtsschutzes

I. Verfassungsrechtlicher Rahmen

Vorläufiger Rechtsschutz bewirkt für die Dauer eines Verfahrens 1 den **Schutz** gegen den Vollzug einer Entscheidung oder deren Folgen oder er dient der **Sicherung** eines bestimmten Rechts oder tatsächlichen Zustands bis zum rechtskräftigen Abschluss eines Prozesses. Dieser Schutz hat verfassungsrechtlichen Stellenwert: So gewährleistet Art. 19 IV GG **umfassenden** und **wirksamen** Rechtsschutz gegen Maßnahmen der öffentlichen Gewalt, der nicht durch vollendete Tatsachen unterlaufen werden darf.

(BVerfGE 35, 382, 402 – Palästinenser; BVerfG, Kammer, NVwZ 2005, 927 – Grundsicherung für Arbeitsuchende; BVerfG, Kammer, NJW 2016, 309 – beamtenrechtlicher Konkurrentenstreit;; BVerfG, Kammer, NVwZ 2014, 1572 – Bankkonto für NPD im Wahlkampf; BVerfG, Kammer, NVwZ 2013, 570 – versammlungsrechtliche Auflage;; BVerfG, Kammer, NVwZ 2017, 149 – vorzeitige Besitzeinweisung; BVerfG, Kammer, NVwZ 2017, 1374 – G20-Protestcamp; BVerfG, Kammer, NVwZ-RR 2020, 713 – Untersuchung der Dienstfähigkeit eines Beamten).

Der vorläufige Rechtsschutz hat daneben aber auch eine **objektive** Funktion der Kontrolle der Rechtsbindung der Verwaltung insgesamt (Art. 20 III GG). Auch diese bedarf der wirksamen „Außenkontrolle" durch unabhängige Richter, damit nicht Unrecht vollzogen wird, bevor der Verwaltungsprozess abgeschlossen ist.

Beide rechtsstaatlichen Grundfunktionen stehen in keinem prinzipiellen 2 Gegensatz; sie ergänzen sich vielmehr gegenseitig und verlangen Effektivität des Rechtsschutzes. Effektivität aber heißt auch **Rechtzeitigkeit.** Kommt der Rechtsschutz zu spät – etwa weil die einseitig wirksame Regelung schon unumkehrbar vollzogen ist, oder weil die beantragte Erlaubnis keinen Sinn mehr macht –, dann läuft nicht nur die Garantie des Art. 19 IV GG leer, es liegt auch ein nicht mehr korrigierbarer Verstoß gegen Art. 20 III GG vor, und zwar auch dann, wenn im Nachhinein festgestellt wird, die Entscheidung sei rechtswidrig gewesen. Dies war auch der Hintergrund der „Wende" der Rechtsprechung des BVerwG zur beamtenrechtlichen Konkurrentenklage (BVerwG, NJW 2011, 695, dazu oben, § 23, Rn. 15). Das Problem des vorläufigen Rechtsschutzes ist aber – auch aus verfassungsrechtlicher Sicht – nicht eindimensional. Vielmehr stehen sich oft „auf **beiden** Seiten" verfassungsrechtlich geschützte Rechtspositionen gegenüber, die einander zugeordnet werden müssen. So sind z. B. die Baufreiheit (Art. 14 GG) und die Abwehrrechte des Nachbarn in Einklang zu bringen. Die unverzügliche Verwirklichung einer Umgehungsstraße kann die Gesundheit der Anlieger einer Ortsdurchfahrt schützen und gleichzeitig die berufliche Existenz von Bauern im Bereich der vorgesehenen Trasse gefährden. Vorläufiger Rechtsschutz für einen Konkurrenten kann die leistungsgerechte Beförderung eines Beamten verhindern. Es geht dann um **praktische Konkordanz durch Verfahren** (wichtig zum Verständnis BVerfGE 53, 30, 68 – Mülheim-Kärlich). Das bestimmt auch den Grad der angemessenen Aufklärung des Sachverhalts und der zu treffenden Prognosen (BVerfG, NVwZ 2018, 1467 – Sicherheit im Zielland einer Abschiebung).

3   Besondere Bedeutung kommt diesen Erwägungen zunächst bei der Interpretation von **§ 80 VwGO** zu. Den Ausgangspunkt bildet die der Verwaltung zur Verfügung stehende Möglichkeit zur einseitigen Regelung mit sofortiger Wirksamkeit dem Bürger gegenüber (§§ 41, 43 VwVfG), die aber durch die aufschiebende Wirkung von Widerspruch und Anfechtungsklage abgemildert wird. Der Rechtsbehelf hindert mindestens die Vollziehbarkeit so lange, bis gerichtlich über den Streitgegenstand entschieden ist. Das ist die verfassungsrechtlich gewollte **Regel** beim Rechtsschutz gegen den belastenden VA (ähnlich BVerfGE 35, 382, 402). Der Rechtsstaat hat das absolutistische *„dulde und liquidiere"* ersetzt durch das *„dulde erst, nachdem deine Bedenken gegen die Rechtmäßigkeit der Maßnahme durch unabhängige Richter ausgeräumt worden sind."*

Vorläufiger Rechtsschutz muss immer ausgewogener Rechtsschutz sein – **Risikoverteilung** durch Behörde und Gericht (grundlegend dazu *Schoch,* Vorläufiger Rechtsschutz und Risikoverteilung im Verwaltungsrecht [1988]).

Anders wirkt der vorläufige Rechtsschutz nach **§ 80 V VwGO** und **§ 123 VwGO**. Auch diese Anträge verhindern zwar im Ernstfall das Entstehen vollendeter Tatsachen. Verlangt wird aber, dass der Betroffene seinerseits das Gericht für den einstweiligen Schutz mobilisiert. Er selbst hat also die Darlegungs- und Argumentationslast dafür, dass dieser Schutz erforderlich ist.

Das schafft einen „Vorsprung" für die Wirksamkeit des Suspensiveffekts nach § 80 I VwGO. Liegt eine Belastung durch den Staat vor, so ist dieser Suspensiveffekt auch verfassungsrechtlich begründet (*Schoch*, BayVBl. 1983, 358).Demgegenüber betont das BVerfG die Gleichwertigkeit der beiden Alternativen des vorläufigen Rechtsschutzes (BVerfGE 51, 268, 283; BVerfG, Kammer, NVwZ 2009, 240). Das ist aber nur auf den ersten Blick einleuchtend. Für den von einer Erlaubnis an einen Dritten betroffenen Kläger ist der Suspensiveffekt nicht weniger bedeutsam als für den Kläger, der sich gegen den Vollzug einer **staatlichen** Maßnahme richtet, und nur der Suspensiveffekt schafft sofortigen Schutz gegen diesen Vollzug. Wichtig ist aber in jedem Fall die **Lückenlosigkeit** des vorläufigen Rechtsschutzes, die von beiden Verfahren zu gewährleisten ist.

Das muss letztlich auch die in jüngerer Zeit verstärkte Diskussion 5 um das Verhältnis von **Europarecht und vorläufigem Rechtsschutz** bestimmen. So richtig es ist, dass der vorläufige Rechtsschutz die Durchsetzung des Unionsrechts nicht behindern darf (EuGH, NVwZ 1991, 460), so verfehlt wäre es, die grundsätzliche aufschiebende Wirkung zu einer Art spezifisch deutscher Übertreibung zu stempeln (in diesem Sinne aber wohl *Classen*, NJW 1995, 2457, 2463). Im Gegenteil: Der vorläufige Rechtsschutz, insbesondere die aufschiebende Wirkung des § 80 I VwGO, dient immer der Durchsetzung des Rechts gegenüber voreiligem Vollzug – nicht zuletzt auch der Durchsetzung des Unionsrechts und der allgemeinen Rechtsgrundsätze, die Bestandteil des Unionsrechts sind (*Arnold*, FS Hufen [2015], 3 ff.; *Hummel*, JuS 2011, 704 ff.)

Wenn es ein eigenständiges Verfahren des einstweiligen Rechtsschutzes durch den EuGH oder EuG gibt, lässt der *EuGH* keinen eigenständigen vorläufigen Rechtsschutz der nationalen Gerichtsbarkeiten gegen Maßnahmen mit unionsrechtlichem Bezug zu (EuGH, NJW 1997, 1225 – T. Port [„Bananenmarktordnung"]; differenzierend EuGH, NJW 1996, 1333). Das ist aber aus rechtsstaatlicher Sicht nur dann hinnehmbar, wenn dieses Verfahren wirklich gleich wirksamen vorläufigen Rechtsschutz sicherstellt. Geklärt ist inzwischen, dass bestehende Zweifel an der Gültigkeit des Unionsrechts für die deutschen Gerichte auch im vorläufigen Rechtsschutz zur Vorlagepflicht nach Art. 267 AEUV führen, sofern der EuGH mit der Frage noch nicht befasst war (EuGH, NJW 1996, 1333; *Koch*, NJW 1995, 2331). Umgekehrt müssen deutsche Gerichte vorläufigen Rechtsschutz gewähren, wenn eine nationale Regelung mit hoher Wahrscheinlichkeit gegen die Grundfreiheiten des EU-Vertrags verstößt (OVG Saarlouis, NVwZ 2007, 717 – Sportwetten). So wird der vorläufige Rechtsschutz insgesamt zunehmend durch die Rechtsprechung des EuGH beeinflusst.

Literatur: *Buck*, Die Europäisierung des verwaltungsgerichtlichen vorläufigen Rechtsschutzes (2000); *Schoch*, Die Europäisierung des Verwaltungsprozessrechts, FG 50 Jahre BVerwG (2003), 507, 527; *Knoll*, Grundzüge eines europäischen Standards für den einstweiligen Rechtsschutz gegen Verwaltungsakte (2002); *Kwanka,* Die Einwirkung des Europarechts auf den vorläufigen Rechtsschutz im nationalen Verwaltungsprozess (2006); *Ekardt/Beckmann,* Vorläufiger Rechtsschutz zwischen Beschleunigungs- und Internationalisierungstendenzen im Verwaltungsrecht, DÖV 2006, 672; *Hummel,* Verfassungs- und europarechtliche Rahmenbedingungen der vorläufigen Rechtsschutzes im Verwaltungsprozess, JuS 2011, 704 ff.; *Arnold,* Substantielle und funktionelle Effizienz des Grundrechtsschutzes im Europäischen Konstitutionalismus, FS Hufen (2015), 3.

II. Zur Entwicklung des vorläufigen Rechtsschutzes

6   Historisch gesehen war der vorläufige Rechtsschutz – seinem Namen entsprechend – eine **vorübergehende** Sicherung bis zur Entscheidung in der Hauptsache, die dabei auch faktisch stets entscheidend blieb.

Das ist heute nicht nur in den vielzitierten Großverfahren die Ausnahme. Auch in den typischen Massenverfahren des Ausländer- und Asylrechts (vgl. dazu § 76 IV AsylVfG), nicht weniger aber auch im Bereich des Schul- und Hochschulrechts, verlagert sich der Verwaltungsprozess mehr und mehr in das Verfahren des vorläufigen Rechtsschutzes. So hat schon der Faktor Zeit für die Lösung der meisten öffentlich-rechtlichen Probleme heute dazu geführt, dass eine oder sogar mehrere gerichtliche Entscheidungen des vorläufigen Rechtsschutzes das Hauptsacheverfahren begleiten, wenn nicht ersetzen. Die „Hauptsache" wird dann nicht selten zur Nebensache, ja der Rechtsstreit wird in der Hauptsache oft nicht einmal zu Ende geführt.

Dies zeigt sich gegenwärtig exemplarisch in der „Corona-Pandemie", die zu großen Bewährungsprobe des verwaltungsprozessualen Rechtsschutzes wurde. In Tausenden von Verfahren, die sich entweder gemäß § 47 VI VwGO direkt gegen die Corona-Verordnungen der Länder richteten und damit von den OVG entschieden wurden, aber auch in zahllosen Einzelentscheidungen der VG, die zumeist in der Beschwerdeinstanz gleichfalls bei den OVG landeten, haben diese vor allem die Probleme der gesetzlichen Grundlage und der Verhältnismäßigkeit von Corona bedingten Beschränkungen persönlicher Freiheit überprüft und damit sichergestellt, dass es – entgegen mancherlei Kritik (exemplarisch: *Meinel/Möllers.* Das Recht des Ausnahmezustands ohne Krieg, FAZ 20.03.2020, 9)– eben nicht der Eindruck des Ausnahmezustands oder der Außerkraftsetzung grundrechtlicher Freiheiten entstehen konnte (*Kersten/Rixen* (Hg.), Der Verfassungsstaat in der Corona-Krise (2020); *Rebehan,* NVwZ 2020, 577; NJW-Aktuell 48/2020, S. 17; *Siegel,* Verwaltungsrecht im Krisenmodus, NVwZ 2020, 577).

Beispiele: Zu pauschale **Versammlungsverbote** OVG Münster, 11.11.2020, Rhein. Post 12.11.2020 u. 30.12.2020, 13 B 20/7/20, AZ 12.11.2020; **Beherbergungsverbote** (OVG Lüneburg, 15.10.2020, Beck RS 2020, 2667; **Quarantänepflichten nach der Rückkehr aus dem Ausland (OVG Münster, 20.11. 2020; VG Schleswig, Beck RS 2020, 8685 anders VGH Mannheim, NVWZ 2020, 1451. Das *OVG Lüneburg*, 14.5.2020, Beck-RS 2020, 8506, sah selbst die **Schließung von Tatoo-Studios** als nicht länger gerechtfertigt an. Als Pyrrhussieg erwies sich allerdings die Klage eines **Fitnessstudios** in München, die indirekt zur Gleichbehandlung, d. h. zusätzlicher Schließung privater Sportstätten führte (VGH München, 10.11. 2020); **Abstandsgebote** und die Verhängung der „**Maskenpflicht**" wurden durchweg im vorläufigen Rechtsschutz bestätigt (OVG Münster, 29.7.2020, Beck-RS 2020, 17088). Dasselbe galt für die meisten **Schließungen von Geschäften und Gaststätten** (VGH München, NJW 2020, 1240), die Beschränkung von **Familienfeiern** auf 50 Teilnehmer (OVG Lüneburg, 13.8.2020) und um die wieder geltenden Rechte von Geimpften geht.

III. Die beiden Wege des vorläufigen Rechtsschutzes (§ 80 und § 123 VwGO)

1. Allgemeines

Mit § 80 und § 123 VwGO hat der Gesetzgeber ein Regelungssystem des vorläufigen Rechtsschutzes geschaffen, das auf die Bedürfnisse des Öffentlichen Rechts zugeschnitten ist. Es unterscheidet sich schon wegen der fehlenden Gleichordnung der Beteiligten grundlegend von den Regeln des vorläufigen Rechtsschutzes in der ZPO. Das Zivilrecht kennt in der Regel keine einseitige Rechtsgestaltung, kann auf die aufschiebende Wirkung also verzichten. Dafür sind einstweilige Verfügungen nach §§ 935/940 ZPO gegen die Änderung eines bestehenden Zustands oder zur Abwehr drohender Nachteile um so wichtiger, während die VwGO dem Parallelinstitut der einstweiligen Anordnung erst den zweiten Rang zuweist. Der **Arrest** fehlt im Verwaltungsprozessrecht ganz und muss in den seltenen Fällen der Sicherung einer Geldforderung durch die Sicherungsanordnung nach § 123 VwGO ersetzt werden (VGH Mannheim, DÖV 1988, 976).

Das System des vorläufigen Rechtsschutzes der VwGO ist einfacher als es auf den ersten Blick den Anschein hat. Es beruht auf einer exakten Ausrichtung am Streitgegenstand und an der Klageart und läßt sich auf zwei Grundsätze zurückführen:

– Der vorläufige Rechtsschutz gegen **belastende Verwaltungsakte** wird – außer in gesetzlich vorgesehenen Ausnahmefällen – durch die aufschiebende Wirkung nach §§ 80/80a VwGO erreicht. Dieser kommt also zur

7

Anwendung, wenn die Klage in der Hauptsache eine **Anfechtungsklage** ist oder sein würde.
- In **allen übrigen** Problemkonstellationen und Klagearten kommt die einstweilige Anordnung nach § 123 VwGO zur Anwendung. Dies gilt bei allen Klagearten **außer** der Anfechtungsklage.

2. Einzelheiten zum Verhältnis von § 80 und § 123 VwGO

8   Die Verfahren nach § 80 und § 123 VwGO **schließen sich aus**, wobei § 80 VwGO im Fall seiner Anwendbarkeit § 123 VwGO verdrängt (vgl. § 123 V VwGO). Zwar verhindert das Gericht auch mit einer Entscheidung nach § 80 V VwGO die „Veränderung eines bestehenden Zustands" und wendet die Gefahr eines Nachteils durch Vollzug des VA ab. Die aufschiebende Wirkung des § 80 I VwGO bei **Anfechtungsklagen** selbst aber „greift" viel direkter. Hier **ist** die Veränderungsgefahr schon mit der Einlegung des Rechtsbehelfs vorläufig abgewendet, weil der status quo jedenfalls vorläufig erhalten bleibt. Anlass für weitergehenden Schutz besteht allenfalls, wenn sich der Prozessgegner nicht an die aufschiebende Wirkung hält. Sofern ein solches Bedürfnis besteht, kann das Gericht nach § 80a I Nr. 2 VwGO zusätzliche Maßnahmen zur Sicherung treffen.

9   Anders bei **Verpflichtungs- und anderen Klagen**: Hier würde die aufschiebende Wirkung nur die Ablehnung suspendieren, der Kläger wäre aber keinen Schritt weiter – und das, obwohl auch bei Ablehnung einer Zulassung bis zum Ende des Rechtsstreits schwerwiegende Folgen drohen. Deshalb muss hier eine **zusätzliche**, für den Kläger positive Entscheidung des Gerichts, die einstweilige Anordnung, eine Änderung oder jedenfalls zusätzliche Sicherung eines Rechtszustandes bringen.

Die Weichenstellung zwischen § 80 und § 123 VwGO richtet sich nach dem Streitgegenstand. Liegt ein **belastender VA** vor, so ist vorläufiger Rechtsschutz über § 80 VwGO zu gewähren. Das gilt auch, wenn die Belastung von einem VA mit Drittwirkung ausgeht (§ 80 I 2, § 80a, § 123 V VwGO). Auch wenn gesetzlich oder durch Behördenanordnung keine aufschiebende Wirkung besteht (§ 80 II VwGO), wird hier der vorläufige Rechtsschutz **nicht** etwa nach § 123 VwGO gewährt. Hier muss sich der Betroffene vielmehr nach § 80 V VwGO „wehren". Die Grenze ist also strikt formal. § 123 VwGO kommt nur in Betracht, wenn kein belastender VA vorliegt oder diesem die Wirksamkeit fehlt.

§ 31 Bedeutung und System des vorläufigen Rechtsschutzes 493

Die Abgrenzung ist eine Frage der **Statthaftigkeit**. Für sie kommt es daher z. B. auch auf die Abgrenzung von belastendem und begünstigendem VA sowie von Realakt und VA an.

Beispiele: Vorläufiger Rechtsschutz bei **negativer Konkurrentenklage** über § 80 VwGO (z. B. aufschiebende Wirkung des Widerspruchs gegen Vergabe einer Konzession an den Mitbewerber); vorl. Rechtsschutz bei **positiver** Konkurrentenklage dagegen nur über § 123 VwGO; vorläufiger Rechtsschutz gegen die Nichtversetzung in der Schule (Versetzung ist begünstigender VA) nach § 123 VwGO, nicht § 80 VwGO; vorläufige Abwehr eines Verkehrszeichens: § 80 VwGO; vorläufiger Rechtsschutz gegen „fingierte" Baugenehmigung: § 80 VwGO; vorläufiger Anspruch auf Bauaufsichtsmaßnahmen (bei genehmigungsfreiem Vorhaben): § 123 VwGO; Rechtsschutz gegen belastende Nebenbestimmung: § 80 VwGO, soweit es sich nicht um eine „modifizierende" Auflage = veränderte Genehmigung, handelt: dann § 123 VwGO; Rechtsschutz gegen beamtenrechtliche Umsetzung: § 123 VwGO (keine aufschiebende Wirkung, da nicht VA (OVG Münster, NVwZ – RR 2020, 117). Versetzung = VA = vorläufiger Rechtsschutz nach § 80 VwGO). Schwierig ist die Abgrenzung im Falle der Rücknahme oder des Widerrufs eines begünstigenden VA. Hier handelt es sich zwar um einen belastenden VA, die aufschiebende Wirkung stellt aber die Wirksamkeit der ursprünglichen Genehmigung bei konsequenter Anwendung der Vollziehbarkeitslehre nicht wieder her. Will der Betroffene hier vorläufigen Rechtsschutz im Hinblick auf die Genehmigung erlangen, bleibt nur die einstweilige Anordnung nach § 123 VwGO (*Gmeiner,* Die NVwZ 2020, 204).

Durch § 80 I 2 VwGO in der Fassung des 4. VwGO-ÄndG (1991) 10 wurde gesetzlich klargestellt: Widerspruch und aufschiebende Wirkung gelten auch gegenüber dem **Gebrauchmachen durch den begünstigten Adressaten**. Geradezu absurd mutet es daher an, wenn der Gesetzgeber in § 212a BauGB 1998 die endlich erreichte Klarstellung für den Hauptfall der Baunachbarklage wieder beseitigt hat. Auch das führt aber nicht zur Anwendbarkeit von § 123 VwGO; der vorläufige Rechtsschutz läuft jetzt vielmehr über § 80 V VwGO.

Geklärt ist auch, dass § 80 VwGO bei besonderen Formen des VA, 11 also **Allgemeinverfügung, feststellendem VA** usw., anzuwenden ist. Bei der Allgemeinverfügung tritt die aufschiebende Wirkung dann jeweils nur gegenüber dem Widerspruchsführer bzw. Kläger ein (OVG Greifswald, NVwZ 2000, 948). Beim feststellenden Verwaltungsakt suspendieren Widerspruch und Anfechtungsklage die Wirkungen, die von der Feststellung ausgehen (OVG Lüneburg, NJW 2010, 3674). Reicht dies nicht, um die Rechtsstellung zu sichern, so kommt ggf. gleichwohl eine Sicherungsanordnung nach § 123 VwGO in Betracht (**Beispiel:** Anordnung der vorläufigen Weiterführung der Amtsgeschäfte bei Feststellung der Abwahl eines Bürgermeisters).

Insgesamt bleibt es beim einfachen „Merksatz": Bei der Anfechtungsklage gilt § 80 VwGO, bei allen anderen Klagearten gilt § 123 VwGO, bei der Normenkontrolle § 47 VI VwGO. Es gibt also keine Lücken im vorläufigen Rechtsschutz.

Literatur zu § 31: *Schoch,* Vorläufiger Rechtsschutz und Risikoverteilung im Verwaltungsrecht (1988); *Finkelnburg/Dombert/Külpmann,* Vorläufiger Rechtsschutz im Verwaltungsstreitverfahren, 7. Aufl. (2017); *Windthorst,* Der verwaltungsgerichtliche einstweilige Rechtsschutz (2009); *Hummel,* Der vorläufige Rechtsschutz im Verwaltungsprozess, JuS 2011, 413, 502; *Voßkuhle/Wischmeyer,* Grundwissen – Öffentliches Recht: Vorläufiger Rechtsschutz im Verwaltungsprozess, JuS 2016, 1079; *Schenke,* VwProzR, Rn. 927 ff.; zum vorläufigen Rechtsschutz und EU-Recht s. Rn. 9; *Gmeiner,* Die Rechtsfolge der aufschiebenden Wirkung gegen den Aufhebungsbescheid einer Genehmigung, NVwZ 2020, 204.

§ 32 Der vorläufige Rechtsschutz gegen belastende Verwaltungsakte nach §§ 80/80a VwGO

I. Die Regel: Aufschiebende Wirkung von Widerspruch und Anfechtungsklage (§ 80 I VwGO)

1. Allgemeines

1 Anfechtungswiderspruch und Anfechtungsklage haben nach § 80 I 1 VwGO **aufschiebende Wirkung.** Für den Adressaten des VA ist vor allem von Interesse, dass der belastende VA nicht vollzogen werden kann, dass eine drohende Verschlechterung des status quo nicht eintritt, dass er eine untersagte Tätigkeit weiter ausüben kann usw. Die exakte „Wirkung der aufschiebenden Wirkung" oder die Frage: „Was suspendiert der Suspensiveffekt?" sind daher für den eigentlichen Betroffenen ohne Belang. Auch der verfassungsrechtliche Rang des vorläufigen Rechtsschutzes verlangt nur, dass der VA bei eingelegtem Rechtsbehelf nicht vollzogen wird, nicht aber, dass er als solcher (vorläufig) unwirksam ist.

2. Wirksamkeits- und Vollziehbarkeitstheorie

Der Streit um die exakte Bedeutung der aufschiebenden Wirkung 2
ist so alt wie § 80 VwGO selbst. Er konzentriert sich auf die Stichworte „**Wirksamkeitstheorie**" und „**Vollziehbarkeitstheorie**".

Nach der **Wirksamkeitstheorie** bezieht sich der vorläufige Rechtsschutz auf die Geltung (die Wirksamkeit) des VA **als solchem**. Mit der Einlegung des Rechtsbehelfs fehlt dem VA hier die zentrale Kraft und Bedeutung der Wirksamkeit im Sinne von § 43 VwVfG (Wirksamkeitshemmung – in diesem Sinne *Schoch*, Vorläufiger Rechtsschutz, 1165; *ders.*, JURA 2001, 670; vermittelnd – eingeschränkte Wirksamkeitstheorie –: *Schenke*, VwProzR, Rn. 948 ff.).

Als **Gründe** für diese Auffassung werden genannt:

– Nur mit der Wirksamkeitshemmung sei der Suspensiveffekt gegenüber dem begünstigten Adressaten beim VA mit Drittwirkung erklärbar;
– nur so lasse sich erklären, dass die aufschiebende Wirkung auch gegenüber dem unmittelbar rechtsgestaltenden, feststellenden oder sonstigen Verwaltungsakt gilt, der nicht i. e. S. vollstreckbar ist.

Demgegenüber vertritt das BVerwG seit langem die sogenannte 3
Vollziehbarkeitstheorie: Hemmung des Vollzugs, nicht der Wirksamkeit (BVerwGE 13, 1, 5; 66, 222).

Diese Auffassung hat die überzeugenderen Gründe für sich:

– Für sie sprechen vor allem Wortlaut und Bedeutung von § 43 VwVfG, der ausdrücklich die Wirksamkeit des VA bis zu dessen Aufhebung bestimmt und die aufschiebende Wirkung nicht erwähnt.
– Scheinbare dogmatische Widersprüche im Zusammenhang mit der „Vollziehbarkeitslehre" können vermieden werden, wenn nicht einseitig auf die Vollziehbarkeit abgestellt wird, sondern alle negativen Folgen der **Verwirklichung** des VA erfasst werden. Dann können auch der rechtsgestaltende oder feststellende VA sowie der VA mit Drittwirkung einbezogen werden: Suspendiert wird dann nicht allein die behördliche „Vollziehung"; aufgeschoben werden vielmehr die negativen Folgen der Feststellung bzw. des Gebrauchmachens durch einen Dritten.

Es ist also festzuhalten, dass bei der aufschiebenden Wirkung die 4
Wirksamkeit des VA als solche erhalten bleibt. Mit § 80 I VwGO wird vielmehr eine **Vollzugshemmung** unter Einschluss des „Gebrauchmachens" von einer Erlaubnis und negativer Folgen von Feststellungen und Rechtsgestaltungen erreicht. Der angefochtene VA ist und bleibt wirksam. Er darf aber nicht vollstreckt werden und von ihm darf auch durch Behörden oder Dritte nicht Gebrauch gemacht

werden. Auch eine Aufrechnung mit einer Gegenforderung ist ausgeschlossen (OVG Lüneburg, NVwZ-RR 2007, 293; BVerwG, NJW 2009, 1099). Auch dürfen keine sonstigen Folgen wie Strafen, Säumniszuschläge, Sanktionen usw. verhängt werden. Ein durch den VA Begünstigter handelt rechtswidrig, wenn er trotz aufschiebender Wirkung von einer Erlaubnis Gebrauch macht.

Bei Widerspruch und Anfechtungsklage gegen **Nebenbestimmungen** kann die nach § 80 I VwGO grundsätzlich eintretende aufschiebende Wirkung bewirken, dass der Betroffene vorübergehend von dem „nebenbestimmungsfreien" Verwaltungsakt Gebrauch machen kann. Deshalb muss das *VG* nicht nur bei der Entscheidung in der Hauptsache, sondern auch bereits im vorläufigen Rechtsschutz darauf achten, dass Wegfall der Nebenbestimmung kein rechtswidriger VA „übrigbleibt" (BVerwG, DÖV 2020, 495 = JuS 2020, 998 *[Hufen]*). Das gilt zumindest bei Auflage, Befristung und *auflösender* Bedingung. Dagegen bewirkt der Suspensiveffekt bei der *aufschiebenden* Bedingung noch nicht die Wirksamkeit des „Haupt-Verwaltungsakts". Bei der sogenannten „modifizierenden Auflage" ist der Rechtsschutz nur über die Verpflichtungsklage zu erlangen; der vorläufige Rechtsschutz richtet sich also nur nach § 123 VwGO (ausführlich zu diesen Problemen *Hufen/Bickenbach*, JuS 2004, 966, 968 ff.).

3. Aufschiebende Wirkung des unzulässigen Rechtsbehelfs?

5   Die Zulässigkeit des Widerspruchs oder der Anfechtungsklage ist grundsätzlich erst im Widerspruchsverfahren oder im Prozess selbst zu prüfen, und es dürfen keine vollendeten Tatsachen vor dieser Prüfung geschaffen werden. Deshalb hat auch der unzulässige Rechtsbehelf i. d. R. aufschiebende Wirkung (*Würtenberger/Heckmann*, VwProzR, Rn. 575; *Kopp/Schenke*, VwGO, § 80, Rn. 50; a. A. teilweise *Schoch* in: Schoch/Schneider, VwGO, § 80, Rn. 78 ff.). Auch der Ausschluss der aufschiebenden Wirkung beim „offensichtlich" unzulässigen Rechtsbehelf ist in dieser Allgemeinheit bedenklich, weil sich die Offensichtlichkeit erst im Laufe des Verfahrens herausstellen kann. Auch dem an sich unstatthaften Widerspruch (z. B. gegen den VA einer obersten Landesbehörde) kann daher aufschiebende Wirkung zukommen. Ungerechte Ergebnisse können zudem durch die Anordnung des sofortigen Vollzugs verhindert werden, ohne dass die Regel des § 80 I VwGO durchbrochen werden müsste (*Geis/Hinterseh*, JuS 2001, 1176, 1181).

6   Eine **Ausnahme** besteht nur im Fall der Unzulässigkeit durch Fristablauf, wenn der VA also schon bestandskräftig ist. Dann ist der Betroffene nicht schutzwürdig, und beim VA mit Drittwirkung

ist bereits eine gefestigte Rechtsposition des Begünstigten entstanden, die es rechtfertigt, die aufschiebende Wirkung grundsätzlich zu versagen (VGH Mannheim, NJW 2004, 2690). Geht der Streit aber gerade darum, **ob** der Widerspruch oder die Anfechtungsklage verfristet ist, muss zunächst die aufschiebende Wirkung eintreten (so zu Recht OVG Münster, NVwZ 1987, 334; VGH Kassel, DÖV 1989, 361).

Bei einem erheblichen **Formfehler** – z. B. Widerspruch ohne Unterschrift – kann der Widerspruch als solcher unwirksam sein, erzielt dann also auch keine aufschiebende Wirkung. Eine weitere Ausnahme gilt nach wohl richtiger Auffassung, wenn sich der Kläger auf eine Position beruft, die ihm unter **keinem** denkbaren Gesichtspunkt wirklich zustehen kann. 7

Beispiel: Klage eines in Norddeutschland Lebenden gegen den Planfeststellungsbeschluss über eine Autobahn im Allgäu mit der Begründung, die Alpen müssten vor weiteren Straßenbauprojekten geschützt werden; Klage eines „Spaßvogelbewerbers" gegen die Ernennung seines „Konkurrenten" im Beamtenrecht oder wenn die Voraussetzungen der Durchbrechung des Grundsatzes der Ämterstabilität auch nach der neueren Rspr. nicht vorliegen und die Klage deshalb aussichtslos ist (OVG Münster, NVwZ-RR 2016, 549).

4. Die Dauer der aufschiebenden Wirkung

Die aufschiebende Wirkung besteht nicht „automatisch" von der Bekanntgabe bis zum Eintritt der Bestandskraft; sie tritt vielmehr nach § 80 I VwGO erst mit der **Einlegung des Widerspruchs** bzw. mit der **Erhebung der Klage** ein. Dann wirkt sie aber auf den Erlass des VA zurück, d. h. ein zwischenzeitliches Verhalten gegen den VA war nicht etwa rechtswidrig. Etwaige Vollzugsmaßnahmen sind auszusetzen bzw. rückgängig zu machen. 8

Das früher umstrittene Problem der exakten Dauer der aufschiebenden Wirkung wurde durch den im 6. VwGOÄndG eingefügten § 80b VwGO geregelt. Dieser bestimmt neben der Selbstverständlichkeit, dass die aufschiebende Wirkung mit Eintritt der Unanfechtbarkeit (also auch mit Ablehnung des Berufungszulassungsantrags – § 124a V 4 VwGO) endet, aber auch einen Wegfall der aufschiebenden Wirkung drei Monate nach Ablauf der gesetzlichen Rechtsmittelbegründungsfrist, wenn die Anfechtungsklage im ersten Rechtszug abgewiesen worden ist (dazu OVG Bremen, NVwZ 2000, 942). Der Gesetzgeber will damit den Anreiz nehmen, Rechtsbehelfe allein wegen der Fortdauer der aufschiebenden Wirkung einzulegen. Nach § 80b II VwGO kann das OVG aber auf Antrag anordnen, dass die aufschiebende Wirkung fortdauert (so zu Recht klarstellend BVerwG, NVwZ 2007, 1097). Wie jede förmliche Entscheidung im vorläufigen Rechtsschutz endet auch die aufschiebende Wirkung selbst mit der Erledigung der Hauptsache (VGH München, NVwZ-RR 2007, 286).

Literatur zu § 32 I: *Schoch*, Der verwaltungsprozessuale vorläufige Rechtsschutz I, Jura 2001, 670; *Geis/Hinterseh*, Grundfälle zum Widerspruchsverfahren II, JuS 2001, 1176; *Finkelnburg/Dombert/Külpmann*, Vorläufiger Rechtsschutz im Verwaltungsstreitverfahren, 7. Aufl. (2017), 220 ff.; *Butroweit/Wuttke*, Der vorläufige Rechtsschutz bei Verwaltungsakten mit Drittwirkung (§§ 80, 80a VwGO), JuS 2006, 876; *Würtenberger/Heckmann*, VwProzR, Rn. 573.

II. Gesetzliche Ausnahmen vom Grundsatz der aufschiebenden Wirkung

1. Allgemeines

9   Vorläufiger Rechtsschutz ist immer Risikoverteilung und Kompromiss zwischen Vollzugsinteresse einerseits und „Aufschiebungsinteresse" andererseits. Deshalb ordnet § 80 I VwGO die aufschiebende Wirkung auch nur für den Regelfall an. Eine Umkehrung des Regel-Ausnahme-Verhältnisses kann **durch Gesetz** vorgenommen werden, wenn der Vorrang des öffentlichen oder privaten Vollzugsinteresses im allgemeinen unterstellt wird (§ 80 II 1 Nr. 1–3 VwGO); sie kann **durch die Behörde** angeordnet werden, wenn im begründungsbedürftigen Einzelfall ein solcher Vorrang besteht (§ 80 II 1 Nr. 4 VwGO).

2. Öffentliche Abgaben und Kosten (§ 80 II 1 Nr. 1 VwGO)

10   Die aufschiebende Wirkung entfällt bei der Anforderung von **öffentlichen Abgaben und Kosten**. Als Grund wird immer wieder lapidar genannt, dass die Finanzierung notwendiger öffentlicher Aufgaben nicht gefährdet werden soll. Der eigentliche Grund liegt aber in der Planbarkeit öffentlicher Mittel und darin, dass schon wegen des Zinsvorteils andernfalls gegen Abgaben- und Kostenbescheide Rechtsbehelfe besonders verlockend wären. Zu beachten ist aber § 80 IV 3 VwGO, wonach die Behörde den Vollzug des Abgabenbescheids aussetzen soll, wenn ernstliche Zweifel an seiner Rechtmäßigkeit bestehen oder *„wenn die Vollziehung für den Abgaben- oder Kostenpflichtigen eine unbillige, nicht durch überwiegende öffentliche Interessen gebotene Härte zur Folge hätte"*. (Dass hier anscheinend eine unbillige Härte durch überwiegende öffentliche Interessen „geboten" sein kann, sei nur am Rande erwähnt).

Abgaben sind hoheitliche Geldforderungen zur Deckung des Finanzbedarfs, also **Steuern, Gebühren und Beiträge**. Steuern dienen der allgemeinen Erzielung von Einnahmen des Staates. Beiträge und Gebühren sind „Gegenleistung" für eine Leistung. Beitrag in diesem Sinne und nicht Steuer ist auch der inzwischen mehrfach bestätigte „neue" Rundfunkbeitrag (BVerfG, NJW 2018, 3223; EuGH, BeckRS 2018, 31908; VerfGH Rhl.-Pf., NVwZ 2015, 64). Wichtig ist, dass der Ertragszweck und nicht ein weiterer Verwaltungszweck im Mittelpunkt steht. Erfasst werden deshalb **nicht** Lenkungs- und Ausgleichsabgaben.

Beispiele für nicht erfasste Ausgleichsabgaben: Geldleistung zur Ablösung der Stellplatzpflicht, Abgabe zum Abbau von Fehlsubventionierung (VGH München, BayVBl. 1992, 54). Auch der Widerruf einer Stundung ist **nicht** Anforderung von öffentlichen Abgaben im Sinne von § 80 II 1 Nr. 1 VwGO.

Kosten sind Gebühren und Auslagen für Verwaltungsleistungen, nicht aber Zwangsgelder, Säumniszuschläge usw., soweit diese sich auf einen seinerseits angefochtenen und damit nicht vollziehbaren VA beziehen (anders aber OVG Hamburg, NVwZ-RR 2006, 156; OVG Münster, DÖV 2003, 864). Es ist rechtsstaatlich höchst bedenklich, wenn zwar der Rechtsbehelf gegen den VA selbst aufschiebende Wirkung hat, der Betroffene aber die Kosten des angefochtenen VA schon vorlegen muss (ähnl. zu den Kosten einer Ersatzvornahme *Peter*, JuS 2008, 512).

3. Unaufschiebbare Anordnungen und Maßnahmen von Polizeivollzugsbeamten (§ 80 II 1 Nr. 2 VwGO)

Diese Ausnahmevorschrift hat zwei wesentliche Voraussetzungen: 11 Zum einen muss es sich um Maßnahmen von **Polizeivollzugsbeamten** handeln. Gemeint ist hier die Polizei im institutionellen Sinne, nicht also allgemeine Sicherheits- und Ordnungsbehörden, Beliehene oder Verwaltungshelfer; auch nicht die sogenannte „Sitzungspolizei", z. B. im Gemeinderat (für eine weite Auslegung *Ekardt/Beckmann*, VerwArch. 99 [2008], 241 ff.).

Zum anderen müssen die Anordnungen **unaufschiebbar**, d. h. ein sofortiges Eingreifen der Polizei muss erforderlich sein.

Beide Voraussetzungen werden auch für das Aufstellen und Entfernen von **Verkehrszeichen und Parkuhren** als sozusagen „automatischer Vollzugsbeamter" bejaht (BVerwG, NJW 1978, 656; BVerwG,

NVwZ 1988, 623 – Parkuhr als sofort vollziehbares Wegfahrgebot; VG Wiesbaden, LKRZ 2008, 336 – Sperrpfosten, sogar im Falle der Rechtswidrigkeit).

4. Andere durch Bundesgesetz oder für Landesrecht durch Landgesetz vorgeschriebene Fälle

12 Die aufschiebende Wirkung entfällt – nach dem Grundsatz der Spezialität **zuerst zu prüfen** – gemäß § 80 II 1 Nr. 3 VwGO in besonderen durch förmliches Bundesgesetz oder für „Landesrecht durch Landesgesetz" vorgeschriebenen Fällen, „insbesondere für Widersprüche und Klagen gegen Verwaltungsakte, die Investitionen oder die Schaffung von Arbeitsplätzen betreffen". Hierbei muss sich die Regelung ausdrücklich auf den Ausschluss oder die Einschränkung der aufschiebenden Wirkung bzw. auf den Eintritt der sofortigen Vollziehbarkeit beziehen.

Die wichtigsten **bundesgesetzlichen Fälle** sind:

- Durchsetzung der Ausreisepflicht §§ 58/58a AufenthaltsG und Maßnahmen im Asylverfahren (§ 75 AsylVfG),
- **besonders wichtig**: Nachbarwiderspruch und Nachbarklage im Baurecht (§ 212a BauGB),
- Vorhaben nach dem VerkPBG sowie nach § 17e II 1 FStrG und anderen Gesetzen der Verkehrsplanung,
- besondere Fälle der Gefahrenabwehr (§ 16 VIII IfSG; § 80 TierSG; § 23 III ChemG),
- beamtenrechtliche Versetzung und Abordnung (§ 54 IV BeamtStG, § 126 IV BBG).

Von der ihnen eingeräumten (schon der Formulierung nach völlig verunglückten Ermächtigung) zum landesrechtlichen Ausschluss der aufschiebenden Wirkung haben die Bundesländer bisher eher zurückhaltend Gebrauch gemacht. Allerdings sehen die Landesbauordnungen zahlreicher Bundesländer vor, dass beim Wegfall der aufschiebenden Wirkung nach § 80 II 1 Nr. 3 oder 4 VwGO auch Widerspruch und Anfechtungsklage von Gemeinden gegen die Ersetzung des Einvernehmens i. S. v. § 36 BauGB keine aufschiebende Wirkung haben (so in Bayern, Brandenburg, Mecklenburg-Vorpommern, Rheinland-Pfalz, Sachsen, Sachsen-Anhalt und Thüringen).

5. Maßnahmen der Verwaltungsvollstreckung (§ 80 II 2 VwGO)

13 § 80 II 2 VwGO räumt den Ländern die Möglichkeit ein, die aufschiebende Wirkung von Maßnahmen in der Verwaltungsvollstre-

ckung durch die Länder nach Bundesrecht auszuschließen. Davon haben die Bundesländer ausnahmslos Gebrauch gemacht. Soweit es sich um die „eigene" Verwaltungsvollstreckung handelt, liegt die Ermächtigung hierfür in § 80 II 1 Nr. 3 VwGO. Es geht hier aber selbstverständlich nicht um aufschiebende Wirkung des Grund-VA selbst, sondern nur um die Vollstreckungsmaßnahmen bei einem als solchen vollstreckbaren VA.

Literatur zu § 32 II: *Hummel*, Der vorläufige Rechtsschutz im Verwaltungsprozess, JuS 2011, 413; *Heckmann*, Der Sofortvollzug rechtswidriger polizeilicher Verfügungen, VBlBW 1993, 41; *N. Huber*, § 212a I BauGB und die Auswirkungen auf den einstweiligen Rechtsschutz nach § 80 V VwGO, NVwZ 2004, 915; *Ekardt/Beckmann*, Polizeivollzugsbeamte und aufschiebende Wirkung, VerwArch. 99 (2008), 241; *Beckmann*, Vorläufiger Rechtsschutz und aufschiebende Wirkung, 2008

III. Die Anordnung der sofortigen Vollziehung (§ 80 II 1 Nr. 4/§ 80a I Nr. 1 VwGO)

Liegt eine gesetzliche Ausnahme von der aufschiebenden Wirkung nicht vor, so können die Ausgangsbehörde und die Widerspruchsbehörde – sowie nach § 80a III 1 VwGO auch das Gericht – die sofortige Vollziehbarkeit im öffentlichen Interesse oder im überwiegenden Interesse eines Beteiligten **besonders anordnen.** Den Sonderfall der Anordnung des sofortigen Vollzugs beim Drittwiderspruch (und der Klage eines belasteten Dritten) regelt § 80a I Nr. 1 VwGO, der aber teilweise gegenüber § 80 VwGO nur klarstellende Funktion hat.

14

1. Zuständige Behörde

In § 80 II 1 Nr. 4 VwGO ist klargestellt, dass sowohl die Ausgangsbehörde als auch die Widerspruchsbehörde die Anordnung der sofortigen Vollziehung treffen können. Das heißt zum einen, dass die Ausgangsbehörde auch nach der Abgabe an die Widerspruchsbehörde zuständig bleibt; es heißt umgekehrt, dass die Widerspruchsbehörde selbst vor Einleitung des Widerspruchsverfahrens zuständig ist (VGH München, BayVBl. 1988, 152).

15

2. Form und Verfahren

Rechtlich ist die Anordnung der sofortigen Vollziehung kein eigener VA, sondern eine – nur explizit, nicht konkludent zu treffende

16

und gesondert begründungsbedürftige – **Nebenentscheidung zum VA**, die allerdings auch getrennt ergehen kann. Fallen beide Entscheidungen zusammen, so muss das Verwaltungsverfahren die Voraussetzungen der Anordnung mitgeklärt haben. Fallen sie auseinander, so müssen die entsprechenden Vorschriften des VwVfG zur Anhörung, Akteneinsicht, Sachaufklärung, Beratung usw. analog angewandt werden. So kann z. B. eine Vollzugsanordnung, die ausschließlich oder überwiegend im Interesse des von einem VA Begünstigten liegt, nur auf dessen Antrag (§ 22 VwVfG analog) ergehen (OVG Hamburg, NVwZ 2002, 356). Insbesondere muss der Betroffene zu den im Vergleich zum Ausgangsverfahren zusätzlichen Tatsachenaspekten angehört werden (*Grigoleit*, Die Anordnung der sof. Vollziehbarkeit gemäß § 80 II Nr. 4 VwGO als Verwaltungshandlung (1997), S. 122; diff. *Kopp/Schenke*, VwGO, § 80, Rn. 82; dagegen OVG Koblenz, NVwZ 1988, 748; OVG Schleswig, DÖV 1993, 169; *Kaltenborn*, DVBl. 1999, 828).

17 **Besonders wichtig** ist die schriftliche **Begründung** (§ 80 III 1 VwGO). Diese muss klar erkennen lassen, warum das besondere Interesse an der sofortigen Vollziehung besteht und warum es das Individualinteresse an der aufschiebenden Wirkung übersteigt. Die Begründung darf sich nicht in Formeln, der Wiedergabe des Gesetzeswortlauts oder einer Bezugnahme auf die eigentliche Entscheidung erschöpfen. Das gilt auch, wenn die Anordnung mit dem VA verbunden ist. Fehlt die Begründung oder ist sie unzureichend, dann ist die Anordnung der sofortigen Vollziehung jedenfalls rechtswidrig und die aufschiebende Wirkung ist in jedem Fall wiederherzustellen. § 45 VwVfG (Heilung von Verfahrensmängeln) und § 114 S. 2 VwGO („Nachschieben von Ermessenserwägungen") sind hier nicht anwendbar, da sich beide nur auf den VA als solchen beziehen (so zu Recht *Schenke*, VerwArch. 91 [2000], 587, 598).

3. Inhaltliche Voraussetzungen

18 Inhaltlich ist zu berücksichtigen, dass die aufschiebende Wirkung die verfassungsrechtlich gewollte Regel, die Anordnung des sofortigen Vollzugs die begründungsbedürftige Ausnahme ist (s. oben, Rn. 1). Das gilt auch und gerade für Großprojekte. Umgekehrt kann die Anordnung der sofortigen Vollziehung die Regel sein, wenn es um besonders wichtige Interessen, insbesondere den Schutz der Gesundheit, geht (VGH Mannheim, NVwZ 2010, 692 – Widerruf der

Approbation eines Arztes; OVG Lüneburg, NJW 2009, 3467 – unzuverlässiger Krankenpfleger).

Wenn das Gesetz von „öffentlichem Interesse" oder „überwiegendem Interesse eines Beteiligten" spricht, heißt dies im Übrigen **nicht**, dass das öffentliche Interesse gegenüber dem individuellen Rechtsschutz stets überwiegt und damit die Anordnung der sofortigen Vollziehung rechtfertigt. In **beiden** Fällen geht es vielmehr um eine Abwägungsentscheidung, in die alle für und gegen die sofortige Vollziehung sprechenden Gründe einzustellen sind. Ist die Entscheidung besonders schwerwiegend oder irreversibel, dann spricht das in der Regel gegen den Sofortvollzug (**Beispiel:** Abrissverfügung – OVG Münster, NVwZ 1998, 977).

Die **Erfolgsaussichten des Widerspruchs und der Klage** im Hauptsacheverfahren sollen zwar nur summarisch geprüft werden, sie spielen aber selbstverständlich bei der Interessenabwägung im vorläufigen Rechtsschutzverfahren eine Rolle (BVerfGE 69, 305, 363; BVerfG, Kammer, NVwZ 2005, 927). So hat die Anordnung der sofortigen Vollziehung eines schon nach oberflächlicher Betrachtung rechtswidrigen VA ihrerseits die Vermutung der Rechtswidrigkeit gegen sich. Umgekehrt kann die Behörde bei einer gebundenen Entscheidung, die nur dem Gesetzeswortlaut folgt, eher den Sofortvollzug anordnen als bei einer rechtlich wie faktisch besonders umstrittenen Entscheidung (Näheres unten, Rn. 37 ff.). In keinem Fall dürfen sich die Gerichte mit einer bloßen summarischen Prüfung der Sach- und Rechtslage begnügen, wenn eine endgültige Verletzung der Grundrechte eines Beteiligten droht.

4. Die Entscheidung und ihre Folgen

Ergeht die Entscheidung nach § 80 II 1 Nr. 4 VwGO, dann entfällt mit diesem Zeitpunkt für den Adressaten des begünstigenden VA – und **nur** für diesen – die aufschiebende Wirkung des Widerspruchs; d. h. der VA kann vollzogen werden, er muss beachtet werden, von einer Erlaubnis kann Gebrauch gemacht werden usw. Die Anordnung kann auch beschränkt, auf Zeit erteilt oder mit Auflagen versehen werden. Lehnt die Behörde einen Antrag auf Anordnung der sofortigen Vollziehbarkeit ab, so kann der Antragsteller gerichtliche Hilfe nach § 80a III VwGO in Anspruch nehmen. Das Gericht kann dann die Behörde zur Entscheidung zwingen. Das Verfahren richtet sich hierbei nach § 80 V VwGO. Nach § 80a III VwGO kann das Gericht auch die stattgebende Entscheidung ändern oder aufheben.

Auch die Behörde selbst kann nach § 80 IV VwGO die Vollziehung aussetzen.

21 Ist die Anordnung des Sofortvollzugs rechtswidrig, dann muss das Verwaltungsgericht die aufschiebende Wirkung nach § 80 V VwGO wiederherstellen. Eine erneute Anordnung kann dann – jedenfalls sofern sich die Voraussetzungen nicht grundsätzlich ändern – nicht ergehen (OVG Koblenz, DÖV 1987, 302). Wurde die aufschiebende Wirkung wegen eines Begründungsmangels wiederhergestellt, so ist es allerdings zulässig, dass die Behörde – nunmehr mit ausreichender Begründung – die Anordnung der sofortigen Vollziehung erneut erlässt.

Literatur zu § 32 III: *Schoch,* Vorläufiger Rechtsschutz und Risikoverteilung im Verwaltungsrecht (1988), 1234 ff.; *Grigoleit,* Die Anordnung der sofortigen Vollziehbarkeit gem. § 80 II Nr. 4 VwGO als Verwaltungshandlung (1997); *Kaltenborn,* Die formellen Anforderungen an eine Anordnung der sofortigen Vollziehbarkeit gemäß § 80 Abs. 2 Satz 1 Nr. 4, Abs. 3 VwGO, DVBl. 1999, 828; *Finkelnburg/Dombert/Külpmann,* Vorläufiger Rechtsschutz im Verwaltungsstreitverfahren,7. Aufl. (2017), 262 ff., *W.-R. Schenke,* Probleme der Vollziehungsanordnung gem. § 80 II S. 1 Nr. 4, § 80a I Nr. 1 und II VwGO, VerwArch. 91 (2000) 587; *Schoch,* Der verwaltungsprozessuale vorläufige Rechtsschutz I: Aufschiebende Wirkung und Anordnung der sofortigen Vollziehung, Jura 2001, 670.

IV. Die Aussetzung der Vollziehung (§ 80 IV VwGO)

22 Als „Gegenstück" zur Anordnung der sofortigen Vollziehung regelt § 80 IV VwGO die **Aussetzung** der Vollziehung. Diese läuft auf eine Negation der Negation, nämlich auf die Herstellung oder Wiederherstellung der aufschiebenden Wirkung **durch die Behörde** hinaus. Sie kann sich auf beide Fälle des Sofortvollzugs – durch Gesetz oder durch besondere Anordnung – beziehen.

1. Zuständigkeit

23 Wie bei der Anordnung der sofortigen Vollziehung sind ausdrücklich Ausgangsbehörde **und** Widerspruchsbehörde für die Aussetzung zuständig. Auch hier besteht also eine bewusste Zuständigkeitskonkurrenz, und die Widerspruchsbehörde kann sich bereits nach Ergehen des VA in das Verfahren einschalten – dies aber nur bis zum Abschluss des Widerspruchsverfahrens. Die Aussetzung des Sofortvollzugs **durch das Gericht** ist abschließend in § 80 V VwGO geregelt; § 80 IV VwGO ist insofern nicht anwendbar.

2. Form und Verfahren

Die Entscheidung kann von Amts wegen oder auf Antrag ergehen (vgl. auch § 80a I Nr. 2 VwGO). Liegt in ihr eine Begünstigung des Dritten und eine Belastung des begünstigten Adressaten, so wird man aus den gleichen Gründen wie bei der einstweiligen Anordnung einen entsprechenden Antrag, die Anhörung des Betroffenen und eine ausdrückliche Begründung der Aussetzung verlangen müssen. So muss die Behörde darstellen, warum sie nunmehr von der gesetzlichen oder behördlichen Entscheidung für den Sofortvollzug abweichen will.

24

3. Inhaltliche Voraussetzungen

So wie bei der Anordnung der sofortigen Vollziehung das Vollzugsinteresse Vorrang vor dem Interesse an der aufschiebenden Wirkung haben muss, kann die Entscheidung nach § 80 IV VwGO nur ergehen, wenn unter Berücksichtigung aller Belange – einschließlich der Erfolgsaussichten des Rechtsbehelfs – das Aussetzungsinteresse durchschlägt. Bestehen ernsthafte Zweifel an der Rechtmäßigkeit des VA, dann muss die Vollziehung ausgesetzt werden (VGH München, NVwZ 1992, 275). Umgekehrt darf die Aussetzung nicht angeordnet werden, wenn der VA offensichtlich rechtmäßig und die Anordnung der sofortigen Vollziehung ermessensfehlerfrei war. Auch die Aussetzungsentscheidung kann mit Sicherungsmaßnahmen und besonderen Auflagen verbunden werden. Das gilt insbesondere, wenn Rechte eines Drittbetroffenen gesichert werden müssen (§ 80a I Nr. 2 VwGO). Mit der Aussetzung kann die Behörde auch entscheiden, wie die Folgen bereits vorgenommener Vollstreckungsmaßnahmen zu beseitigen sind.

25

Tenor (Aussetzung der Vollziehung nach § 80 IV VwGO): „*Die Vollziehung der mit Bescheid vom ..., Az.: ..., erteilten (und für sofort vollziehbar erklärten) Erlaubnis ... wird bis zur Entscheidung über den Widerspruch des ... ausgesetzt.*"

4. Wirkung der Entscheidung

Die Wirkung der Aussetzung des Sofortvollzugs ist einfach: Die aufschiebende Wirkung des Rechtsbehelfs besteht wieder, bzw. sie tritt erstmals ein.

26

5. Besonderheiten bei Abgaben und Kosten

27 Für den Fall des § 80 II 1 Nr. 1 VwGO enthält das Gesetz eine Sonderregelung, die allerdings nur die allgemeinen Grundsätze konkretisiert. Hiernach soll die Aussetzung bei öffentlichen Abgaben und Kosten erfolgen, wenn ernstliche Zweifel an der Rechtmäßigkeit des angegriffenen VA bestehen oder wenn die Vollziehung für den Abgaben- oder Kostenpflichtigen eine unbillige, nicht durch überwiegende öffentliche Interessen „gebotene" Härte zur Folge hätte, z. B. dann, wenn eine in ihrer Rechtmäßigkeit zweifelhafte Abgabenentscheidung die berufliche Existenz bedroht.

Literatur zu § 32 IV: *Kopp/Schenke*, VwGO, § 80, Rn. 107 ff.; *Pietzner/Ronellenfitsch*, Assessorexamen, § 54.

V. Die Anordnung und die Wiederherstellung der aufschiebenden Wirkung durch das Gericht (§§ 80 V/80a I Nr. 2 VwGO)

1. Allgemeines

28 Kernstück im Regelungssystem des § 80 VwGO und praktisch bedeutsamstes Verfahren sind die **Anordnung** und die **Wiederherstellung der aufschiebenden Wirkung** nach § 80 V VwGO, also die Hemmung des gesetzlichen oder des behördlichen Sofortvollzugs durch das Gericht. Mit ihnen wird praktisch die Wirkung von § 80 I VwGO (wieder)hergestellt, wobei § 80a VwGO klarstellt, dass das Verfahren auch für VAe mit Drittwirkung gilt. Durch § 212a BauGB (keine aufschiebende Wirkung gegen Baugenehmigung) ist die Bedeutung von § 80 V VwGO noch erhöht worden, da die aufschiebende Wirkung von Widerspruch und Anfechtungsklage eines Dritten gegen die Baugenehmigung nur noch in diesem Verfahren – **nicht** etwa durch einstweilige Anordnung nach § 123 VwGO – erreichbar ist.

Zum Verständnis sollten folgende Begriffe unbedingt unterschieden werden:

– Die **Anordnung** bzw. **Herstellung** der aufschiebenden Wirkung, wenn diese kraft Gesetzes nicht besteht („Antwort" auf § 80 II 1 Nr. 1–3 VwGO);
– die **Wiederherstellung** der aufschiebenden Wirkung, wenn diese durch behördliche Entscheidung nach § 80 II 1 Nr. 4 VwGO beseitigt wurde;
– die **Aufhebung** des Vollzugs, wenn schon Vollstreckungsmaßnahmen vorliegen, die durch das Gericht rückgängig gemacht werden können.

Das Verfahren nach § 80 V VwGO ist ein **eigenständiges Rechts-** 29
schutzverfahren mit Zulässigkeits- und Begründetheitsprüfung. In
Fällen des behördlich oder gerichtlich angeordneten Sofortvollzugs
weist es auch Elemente eines Rechtsbehelfsverfahrens innerhalb des
vorläufigen Rechtsschutzes auf (Einzelh. b. *Proppe*, JA 2004, 324).

2. Sachentscheidungsvoraussetzungen

a) Selbstverständlich – und nur kurz zu erwähnen – ist, dass für 30
eine Entscheidung nach § 80 V VwGO der **Verwaltungsrechtsweg**
eröffnet sein muss (§ 40 I 1 VwGO). Andernfalls gilt die Verweisungspflicht nach § 17a II GVG analog (umstr.; wie hier OVG Münster, NJW 1998, 1578; OVG Koblenz, DVBl. 2005, 988; *Würtenberger/Heckmann*, VwProzR, Rn. 606; dagegen VGH Kassel, NJW 1994, 145; *Sennekamp*, NVwZ 1997, 642).

b) **Zuständig** ist nach § 80 V VwGO ausdrücklich das Gericht der 31
Hauptsache, d. h. dasjenige Gericht, bei dem die Sache schon anhängig ist bzw. anhängig zu machen wäre. Im Berufungsverfahren ist dies ab Anhängigkeit des Zulassungsantrags das Berufungsgericht (VGH München, NVwZ 2000, 210); in Revisionssachen kann es sogar das BVerwG sein, das dann insofern echte Tatsachenentscheidungen zu treffen hat (BVerwG, NVwZ 1988, 1023).

c) Die **beteiligtenbezogenen Zulässigkeitsvoraussetzungen** rich- 32
ten sich nach §§ 61 ff. VwGO. Da es um ein eigenständiges Verfahren geht, sprechen wir nicht vom „Kläger" und „Beklagten", sondern vom **Antragsteller** und **Antragsgegner**.

d) **Statthaft** ist der Antrag nur, wenn die Klage in der Hauptsache 33
Anfechtungsklage ist oder wäre, wenn der Antragsteller sich also gegen den Vollzug eines ihn belastenden VA (einschließlich Rücknahme und Widerruf) wendet. Bei Entscheidungen gegen Dritte ist der Antrag nicht statthaft (BVerwG, NVwZ 2018, 1485 – kein vorläufiger Rechtsschutz gegen ein einem anderen Verein gegenüber erteiltes Vereinsverbot). Es kommt ausschließlich darauf an, ob die Behörde durch einen VA entschieden **hat,** nicht ob sie so entscheiden **durfte**.

Als Entscheidung der Behörde gilt insofern auch die sogenannte „**fingierte Genehmigung**" (z. B. wenn eine Bauerlaubnis nach einer bestimmten Frist als erteilt gilt). Wenn ein VA lediglich „droht", bleibt nur die vorbeugende Feststellungs- oder Unterlassungsklage – ggf. verbunden mit einer einstweiligen Anordnung nach § 123 VwGO. Ein nicht statthafter Antrag nach § 123 VwGO kann aber in einen Antrag nach § 80 V VwGO umgedeutet werden (VGH Mannheim, DÖV 1989, 776) – wie auch umgekehrt. Bei **genehmi-**

gungsfreien Vorhaben (z. B. der Errichtung von baulichen Anlagen im Anzeige- oder Freistellungsverfahren) läuft der vorläufige Rechtsschutz ausschließlich über § 123 VwGO (OVG Bautzen, NVwZ 1997, 922; VGH München, NVwZ 1997, 923 – vorläufige Baueinstellung; *Bamberger,* NVwZ 2000, 983). Hat sich der VA erledigt, so ist der Antrag nach § 80 V VwGO unzulässig. Ein „Fortsetzungsfeststellungsantrag" bez. der rechtswidrigen Anordnung des Sofortvollzugs kommt nicht in Betracht (VGH Kassel, LKRZ 2012, 21).

34   e) Die **Antragsbefugnis** setzt voraus, dass durch den Vollzug des VA eine Rechtsverletzung auf Seiten des Antragstellers möglich ist. Eine Trennung der Rechtsverletzung durch den VA und derjenigen durch den Vollzug ist dabei aber logisch und faktisch kaum denkbar. Insofern kann die Antragsbefugnis beim Adressaten des belastenden und sofort vollziehbaren VA vorausgesetzt werden. Anders aber beim Antrag des Dritten nach § 80a I Nr. 2 VwGO: Wurde hier nicht bereits beim Widerspruch oder bei der Klage § 42 II VwGO ausführlich geprüft, dann ist unter dem Stichwort „Antragsbefugnis" eine vollständige Klärung der Voraussetzungen von § 42 II VwGO (analog) herbeizuführen. Diese können bei Familienangehörigen eines von einer Ausweisung Bedrohten vorausgesetzt werden (OVG Saarlouis, NVwZ-RR 2016, 793).

35   f) Eine **Frist** für den Antrag ist zwar nicht einzuhalten. Nach Ablauf der Widerspruchs- oder Klagefrist (§§ 70/74 VwGO) ist der VA aber bestandskräftig. Dann fehlt auch für den Aussetzungsantrag das Rechtsschutzbedürfnis.

g) Besondere Probleme wirft das **Rechtsschutzbedürfnis** auf. Insbesondere fragt sich, ob der Antragsteller gerichtlichen Vollstreckungsschutz beanspruchen kann, soweit er sich noch nicht mit dem gleichen Ziel an die beteiligten Behörden gewendet hat. Für diesen Problemkreis regelt § 80 VI 1 VwGO explizit **nur** den Vorrang der behördlichen Aussetzungsentscheidungen in Fällen des § 80 II Nr. 1 VwGO (öffentliche Abgaben und Kosten). Auf mehr kann sich also auch § 80a III 2 („§§ 80 V–VIII VwGO gilt entsprechend") nicht beziehen.

Es ist aber grundsätzlich sachgerecht, auch im Verfahren des vorläufigen Rechtsschutzes zunächst die Behörde einzuschalten, soweit diese noch nicht über den Vollzug entschieden hat. Das Rechtsschutzbedürfnis für einen Antrag nach § 80V VwGO liegt demnach erst dann vor, wenn die Behörde im Verfahren des vorläufigen Rechtsschutzes bereits selbst einmal tätig geworden ist, sei es, dass sie den Sofortvollzug schon mit dem VA oder später angeordnet hat, sei es, dass sie die aufschiebende Wirkung selbst hergestellt hat (so zu

Recht OVG Lüneburg, NVwZ 1994, 82; VGH Mannheim, NVwZ 1995, 292 und 1004). Das Rechtsschutzbedürfnis fehlt, wenn der Antrag wegen Bestandskraft oder Vollzugs der Ausgangsentscheidung bereits aussichtslos ist (OVG Greifswald, NVwZ 1995, 400 – kein Rechtsschutzbedürfnis für Antrag nach § 80 V VwGO, wenn Gebäude schon steht), oder wenn der Antragsteller auf andere Weise zuverlässigen Vollstreckungsschutz erreicht hat, nicht aber bereits wenn die Behörde zusichert, dass eine Vollstreckung unterbleibt.

Wichtig: Das Rechtsschutzbedürfnis für einen Antrag nach § 80 V VwGO besteht nur so lange, wie die aufschiebende Wirkung andauern kann. Liegt ein klageabweisendes Urteil vor, dann ist das Ende der aufschiebenden Wirkung nach § 80b VwGO auch das Ende des Rechtsschutzbedürfnisses für den Antrag nach § 80 V VwGO. In diesem Fall kann nur noch das OVG (bzw. im Ausnahmefall [oben Rn. 8] das BVerwG) die Fortdauer der aufschiebenden Wirkung anordnen (*Stüer,* DVBl. 1997, 334).

h) Das Verfahren setzt einen hinreichend bestimmten ordnungsgemäßen **Antrag** voraus (§ 80 I 1 i. V. m. §§ 81/82 VwGO analog). Das Gericht kann also nicht „von Amts wegen" entscheiden, auch wenn die Hauptsache schon bei ihm anhängig ist. Ein Antrag nach § 80 V VwGO ist auch schon vor Erhebung des Widerspruchs bzw. Erhebung der Klage möglich (*Kopp/Schenke,* VwGO, § 80, Rn. 139). Er kann jederzeit – auch ohne Zustimmung des „Gegners" – zurückgenommen werden.

3. Begründetheit

Begründet ist der Antrag nach § 80 V VwGO, wenn der Antragsgegner passivlegitimiert ist, und wenn die Abwägung zwischen Vollzugsinteresse und Suspensivinteresse zugunsten des Antragstellers ausfällt.

a) Für die **Passivlegitimation** gilt: Der Antrag muss grundsätzlich gegen den Rechtsträger derjenigen Behörde gerichtet sein, die über den Vollzug entschieden hat oder entscheidet. Das kann, muss aber nicht die Ausgangsbehörde sein. Hat z. B. die Widerspruchsbehörde den sofortigen Vollzug angeordnet, so ist der Antrag grundsätzlich gegen **deren** Rechtsträger zu richten (anders *Kopp/Schenke,* VwGO, § 80, Rn. 140). Die Ausgangsbehörde kann nicht in ein Verfahren „hineingezogen" werden, für das sie im Hinblick auf die Anordnung des Sofortvollzugs nicht verantwortlich ist. Niemals Antragsgegner ist der **begünstigte Dritte,** z. B. der Bauherr. Auch Maßnahmen des Gerichts nach § 80a III VwGO richten sich grundsätzlich nicht gegen ihn, sondern gegen diejenige Behörde, die über den Vollzug zu entscheiden hat (VGH Kassel, DÖV 1991, 745).

510   5. Teil. Der vorläufige Rechtsschutz im Verwaltungsprozess

38   b) Der Antrag ist stets begründet, und die aufschiebende Wirkung **muss** wiederhergestellt werden, wenn die Entscheidung über den Sofortvollzug **nicht oder nicht ausreichend begründet** ist (VGH Kassel, NJW 1983, 2404; oben, Rn. 18). Das nützt dem Antragsteller aber zumeist nicht viel, denn die Behörde kann – mit nunmehr ordnungsgemäßer Begründung – den Sofortvollzug erneut anordnen (OVG Schleswig, NVwZ 2002, 541).

39   c) Inhaltlich ist es ein Fehler, nach Begriffen wie „Rechtswidrigkeit" und „Rechtsverletzung" aufzubauen. Zulässigkeit der Klage in der Hauptsache, Rechtswidrigkeit und Rechtsverletzung sind vielmehr in eine **summarische Prüfung** einzubeziehen, die zweckmäßigerweise in folgenden Schritten verläuft (ausführlich *Schoch*, JURA 2002, 37):

– Ist die Klage **unzulässig** oder **offensichtlich unbegründet**, dann ist i. d. R. auch der Antrag nach § 80 V VwGO abzuweisen. Das gilt wohlgemerkt auch dann, wenn der VA zwar objektiv rechtswidrig ist, aber bereits erkennbar ist, dass der Kläger hierdurch nicht in **seinen** Rechten verletzt ist.

– Ist umgekehrt die Klage erkennbar **zulässig** und auch **begründet** oder bestehen **ernstliche Zweifel** an der Rechtmäßigkeit der Entscheidung, dann ist dem Antrag stattzugeben *(W.-R. Schenke,* JuS 2017, 1141).

– Ist der Rechtsbehelf – wie zumeist – weder offensichtlich aussichtslos noch offensichtlich begründet („non liquet"), dann kommt es zu einer **Abwägungsentscheidung** zwischen Vollzugsinteresse und Aufschiebungsinteresse. Im Wege der sog. „Doppelfiktion" ist hier zu fragen:

– *Was wäre, wenn die Entscheidung sofort vollzogen würde, die Klage letztlich aber erfolgreich bliebe?*
– *Was wäre, wenn die aufschiebende Wirkung wiederhergestellt würde, die Klage sich aber als erfolglos erwiese?*

Die Entscheidung muss dann zugunsten desjenigen ausgehen, dessen Belange härter berührt sind als die der übrigen Beteiligten. Das gilt insbesondere für grundrechtlich geschützte Belange (BVerfG, NVwZ 2005, 442; VGH Kassel, NVwZ 2011, 1530 – Nachtflugverbot; OVG Münster, NVwZ – RR 2018, 43 – Vorratsdatenspeicherung).

4. Verfahren des Gerichts

§ 80 V VwGO eröffnet ein selbständiges gerichtliches Verfahren, 40
das weder Verwaltungsverfahren noch Rechtsmittelverfahren ist. In
ihm gelten grundsätzlich die Verfahrensbestimmungen der VwGO
(erster Rechtszug). Das Gericht ist zu einer angemessenen Ermittlung
und Würdigung des Sachverhalts verpflichtet (BVerfG, NVwZ 2018,
1467). Der Grundsatz des rechtlichen Gehörs erfordert, dass Vollstreckungsmaßnahmen vor dem Abschluss des Verfahrens unterbleiben,
wenn der Antrag nach § 80 V VwGO nicht offensichtlich aussichtslos
oder missbräuchlich ist (BVerfG, Kammer, NVwZ 2014, 363). Zwischenentscheidungen des Gerichts wie die Aussetzung der Vollziehung nach § 173 S. 1 VwGO i. V. m. § 570 ZPO sind möglich und
ggf. erforderlich (*Koehl*, JuS 2017, 37).

5. Die Entscheidung

Die Entscheidung im Verfahren nach § 80 V VwGO wird **durch** 41
Beschluss getroffen, kann also ohne mündliche Verhandlung ergehen
(§ 101 III VwGO). In dringenden Fällen kann der Vorsitzende entscheiden.
Der Beschluss lautet auf Ablehnung des Antrags oder völlige bzw.
teilweise Anordnung oder Wiederherstellung der aufschiebenden
Wirkung. Genauer: Bis zum Erlass des Widerspruchsbescheids wird
die aufschiebende Wirkung des Widerspruchs, danach die aufschiebende Wirkung der Anfechtungsklage hergestellt. Nach einer stattgebenden Entscheidung darf der VA nicht vollzogen, von einer Begünstigung darf vorläufig nicht mehr Gebrauch gemacht werden.
Gegebenenfalls ist durch Maßnahmen nach § 80a III i. V. m. § 80a I
Nr. 2 VwGO sicherzustellen, dass der Begünstigte nicht von der Erlaubnis zu Lasten des Antragstellers Gebrauch macht. Daneben ist
für eine einstweilige Anordnung nach § 123 VwGO kein Raum
mehr. Die Behörde darf die Wirkung der Entscheidung auch nicht
dadurch unterlaufen, dass sie – abgesehen von Fällen fehlender Begründung – bei sonst völlig unveränderter Lage einen neuen VA mit
Sofortvollzug erlässt (VGH Kassel, NVwZ-RR 2007, 822).

Daneben gibt das Gesetz dem Gericht verschiedene Möglichkeiten zum Interessenausgleich; so durch die Beschränkung der aufschiebenden Wirkung,
durch Befristung und insbesondere durch „Auflagen" an den Antragsteller,
die aber **nicht** mit Nebenbestimmungen im Sinne von § 36 VwVfG verwechselt werden dürfen. Insbesondere handelt es sich nicht um getrennt anfecht-

bare oder vollziehbare Nebenbestimmungen; es geht vielmehr um gerichtlich angeordnete Sicherungsmaßnahmen.

42 **Tenor (Gerichtliche Anordnung oder Wiederherstellung der aufschiebenden Wirkung nach § 80 V VwGO):**
a) In Fällen des § 80 II 1 Nr. 1–3: *„Die aufschiebende Wirkung des Widerspruchs/der Klage gegen die Verfügung der Antragsgegnerin vom … (bzw. gegen den Widerspruchsbescheid) wird angeordnet".*
b) In Fällen des § 80 II 1 Nr. 4: *„Die aufschiebende Wirkung des Widerspruchs/der Klage gegen den Bescheid der Antragsgegnerin (gegen den Widerspruchsbescheid des …) wird wiederhergestellt."*

Die Entscheidung des Gerichts ist in jedem Fall zu **begründen** (§ 122 II VwGO), wobei das Gericht weder die Gründe der Behörde noch diejenigen des Antragstellers einfach übernehmen darf (Einzelheiten bei *Jansen/Wesseling*, JuS 2009, 322; *Kintz*, ÖffR. im Ass.Examen, Rn. 482ff.; zur Abänderung des Beschlusses s. unten, Rn. 52).

6. Schadensersatz für rechtswidrige Anordnung?

43 Ist durch die Anordnung oder die Wiederherstellung der aufschiebenden Wirkung auf Seiten des begünstigten Adressaten ein Schaden entstanden, so stellt sich die Frage, ob dies – ähnlich wie bei der einstweiligen Anordnung (§ 123 III VwGO i. V. m. § 945 ZPO) – zu einem Schadensersatzanspruch führt. Dies wurde in der Rechtsprechung teilweise angenommen (vgl. OVG Münster, JZ 1960, 544; BGHZ 78, 128) und damit begründet, § 945 ZPO formuliere einen allgemeinen Rechtsgedanken, wonach derjenige, der durch die unbegründete einstweilige Anordnung einen Vorteil erlange, dem Benachteiligten gegenüber zu einem Ausgleich verpflichtet sei.

Dem ist die übrige Rechtsprechung aber zu Recht nicht gefolgt (BVerwG, NVwZ 1991, 270 – zum Parallelproblem des Schadensersatzanspruchs gegen die anordnende Behörde). § 123 III VwGO betrifft eine Folge der einstweiligen Anordnung und ist eine restriktiv zu interpretierende Sondervorschrift, keinesfalls Ausdruck eines allgemeinen Grundsatzes. Auch ist die Interessenlage nicht die gleiche, weil bei § 123 VwGO die Änderung des status quo vom Antragsteller angestrebt wird, während bei § 80 VwGO der Begünstigte des VA gleichsam „angreift" und sich der betroffene Dritte nur wehrt. Vielmehr ist der Antrag nach § 80 V VwGO zu Recht als Teil der Verpflichtung zur Schadensminderung nach § 839 III BGB gesehen worden (OVG Koblenz, NVwZ-RR 2019, 92). Zweifel an einem angemessenen Interessenausgleich muss das Gericht im Rahmen der Entscheidung nach § 80 V VwGO berücksichtigen.

7. Die Feststellung der bestehenden aufschiebenden Wirkung durch das Gericht

Gelegentlich kommt es vor, dass bei eingelegtem Widerspruch oder 44
erhobener Anfechtungsklage Streit darüber entsteht, ob Widerspruch oder Anfechtungsklage als solche bereits aufschiebende Wirkung haben.

Beispiel: Die Behörde behauptet, der Widerspruch habe keine aufschiebende Wirkung, da es sich in der Ausgangssache um eine kraft Gesetzes sofort vollziehbare oder eine Polizeivollzugsmaßnahme handle bzw. der Widerspruch unzulässig sei (VGH Mannheim, NVwZ – RR 2017, 314). Sie ordnet daher auch nicht gesondert den Sofortvollzug an.

Für das Gericht ist dann nichts anzuordnen oder wiederherzustellen, der Betroffene hat aber in der Regel durchaus ein Interesse an der Klärung der Rechtslage. Hier kommt im Rahmen der Entscheidung nach § 80 V VwGO die **Feststellung des Bestehens der aufschiebenden Wirkung** in Betracht, wenn der Antragsteller ein entsprechendes Feststellungsinteresse geltend machen kann (vgl. VGH Mannheim, DVBl. 1999, 1733; VGH München, NVwZ 1999, 1363 – Bauvorbescheid; VGH Mannheim, NVwZ – RR 2017, 314 – falsche Rechtsbehelfsbelehrung). Das Feststellungsinteresse entfällt auch dann nicht, wenn der Betroffene – z. B. aus Angst vor Vollstreckung – dem VA bereits gefolgt ist (VGH München, NVwZ-RR 2020, 619).

Tenor: „*Es wird festgestellt, dass der Widerspruch/die Klage des Antragstellers gegen die Verfügung der Antragsgegnerin vom .../den Widerspruchsbescheid des ... vom ... aufschiebende Wirkung hat.*"

8. Rechtsbehelfe gegen Entscheidungen nach § 80 V VwGO

Wird ein Antrag nach § 80 V abgelehnt, so ist das Rechtsmittel der 45
Beschwerde nach § 146 VwGO statthaft (s. unten, § 42). Diese ist innerhalb eines Monats nach Bekanntgabe der Entscheidung zu begründen. Die Beschwerde darf nicht mit dem Änderungsantrag nach § 80 VII VwGO verwechselt werden.

Für die **Dauer** der aufschiebenden Wirkung gilt auch bei deren Anordnung oder Wiederherstellung durch das Gericht § 80b VwGO. Das OVG kann in einem – wiederum nach § 80 V–VIII und § 80a VwGO ausgestalteten – besonderen Verfahren auf Antrag anordnen, dass die aufschiebende Wirkung fortdauert (§ 80b II u. III VwGO).

Literatur zu § 32 V: *Proppe,* Die Methodik der gerichtlichen Entscheidung nach § 80 V VwGO, JA 2004, 324; *Jansen/Wesseling,* Der Beschluss nach § 80 V VwGO, JuS 2009, 322; *Hummel,* Der vorläufige Rechtsschutz im VwProz., JuS 2011, 413 ff.; *Koehl,* Aus der Praxis: Zwischenentscheidungen im Verfahren nach § 80 V VwGO, JuS 2017, 37; *W.-R. Schenke,* Verfassungsgerichtliche Verwerfungsmonopole und verwaltungsgerichtlicher vorläufiger Rechtsschutz, JuS 2017, 1141.

Übersicht 23: Zulässigkeit und Begründetheit eines Antrags nach § 80 V VwGO

I. Rechtsweg und zuständiges Gericht
II. Zulässigkeit
  1. Beteiligtenfähigkeit, Verfahrensfähigkeit
  2. Statthaftigkeit: Belastender VA in der Hauptsache
  3. Antragsbefugnis (Möglichkeit der Rechtsverletzung durch sofortigen Vollzug)
  4. Ordnungsgemäßer Antrag
  5. Keine besondere Frist; bei Bestandskraft des VA fehlt aber das Rechtsschutzbedürfnis
  6. Rechtsschutzbedürfnis
  7. Sonstige Zulässigkeitsvoraussetzungen
III. Begründetheit
  1. Passivlegitimation
  2. *Verfahrensfehler vor Anordnung d. Sofortvollzugs*
  3. Fehlende oder nicht ordnungsgemäße Begründung des Sofortvollzugs
  4. Summarische Prüfung:
    – Rechtsbehelf offensichtlich begründet: Anordnung muss ergehen
    – Rechtsbehelf offensichtlich unbegründet: Anordnung darf nicht ergehen
    – non liquet: Abwägung Vollzugsinteresse und Suspensivinteresse

VI. Die gerichtliche Anordnung des sofortigen Vollzugs

1. Allgemeines

Mit Hilfe einer komplizierten Verweisungstechnik stellt der Gesetzgeber klar (§ 80a III 1 i. V. m. § 80a I Nr. 1 VwGO), dass das Gericht nicht nur die aufschiebende Wirkung wiederherstellen, sondern – bei bestehender aufschiebender Wirkung – auch den **sofortigen Vollzug anordnen** kann.

47

Das Gesetz nennt hierfür zwei Fallgruppen:

- VA an einen Begünstigten, dieser stellt Antrag auf Sofortvollzug (**Beispiel:** immissionsschutzrechtliche Genehmigung – hier kann der Betreiber den Sofortvollzug beantragen);
- VA an den Kläger mit begünstigender Drittwirkung (**Beispiel:** Lärmschutzauflage – hier kann der begünstigte Dritte den Sofortvollzug beantragen).

In beiden Fällen können sowohl die Behörde als auch das Gericht die sofortige Vollziehung anordnen.

2. Zulässigkeit

Die Zulässigkeitsvoraussetzungen des Antrags sind im Wesentlichen die gleichen wie bei § 80 V VwGO. Der Antrag ist nur **statthaft**, wenn es sich um den Rechtsschutz gegen einen belastenden VA handelt und es in der Sache um die aufschiebende Wirkung des Widerspruchs oder der Anfechtungsklage geht. Auch hier ist die wichtigste Fallgruppe (Baunachbarstreit) durch § 212a BauGB weggefallen. **Antragsbefugt** ist derjenige, der geltend machen kann, er sei begünstigter Adressat eines vom Dritten angefochtenen VA, bzw. er sei begünstigter Dritter eines vom Adressaten angefochtenen VA und es drohe eine Rechtsverletzung durch die (fort)bestehende aufschiebende Wirkung.

48

Fehlen kann auch hier das **Rechtsschutzbedürfnis,** wenn die Behörde mit der Frage des Sofortvollzugs noch nicht befasst war (s. dazu oben, Rn. 36).

3. Begründetheit

Für die Begründetheit des Antrags auf Anordnung des Sofortvollzugs ist im Wesentlichen die gleiche Prüfung wie bei der Anordnung der aufschiebenden Wirkung vorzunehmen. Sind Widerspruch oder

49

Klage offenbar unzulässig oder unbegründet und besteht ein geschütztes Interesse am sofortigen Vollzug, dann **muss** die Entscheidung ergehen. Im umgekehrten Falle darf sie **nicht** ergehen. In unentschiedenen Fällen trifft das Gericht eine **Abwägungsentscheidung**, bei der die Erfolgsaussichten und die Folgen der Entscheidungen in der oben geschilderten Weise einander zuzuordnen und zu bewerten sind.

4. Verfahren

50   Für das gerichtliche Verfahren der Anordnung des Sofortvollzugs gelten nach § 80a III 2 VwGO die § 80 V–VIII VwGO entsprechend. Das heißt u. a.: Der betroffene Dritte muss angehört und die Entscheidung muss begründet werden. In dringenden Fällen kann der Vorsitzende entscheiden.

5. Die Entscheidung und ihre Folgen

51   Mit der stattgebenden Entscheidung entfällt die aufschiebende Wirkung. Der Begünstigte darf von der Erlaubnis usw. Gebrauch machen, muss dabei aber etwaige Auflagen beachten und ggf. Sicherheit leisten. Lehnt das Gericht einen Antrag auf Sofortvollzug ab, so wirkt die Entscheidung faktisch wie eine Aufhebung des Sofortvollzugs oder eine Wiederherstellung der aufschiebenden Wirkung. Nach richtiger Auffassung darf die Entscheidung dann bei unveränderten sachlichen und rechtlichen Voraussetzungen auch nicht dadurch ausgehöhlt werden, dass eine der beteiligten Behörden den vom Gericht abgelehnten Sofortvollzug anordnet (VGH Mannheim, NVwZ-RR 1989, 398).

Tenor: „Die sofortige Vollziehung der dem Antragsteller mit Bescheid vom ... erteilten Erlaubnis wird angeordnet".

VII. Die Änderung oder Aufhebung von Gerichtsbeschlüssen über die aufschiebende Wirkung und die sofortige Vollziehbarkeit

52   Das Gericht der Hauptsache kann nach § 80 VII VwGO Beschlüsse nach § 80 V VwGO und – über § 80a III VwGO – auch nach § 80a VwGO jederzeit ändern oder aufheben. Das kann auf Antrag eines Prozessbeteiligten – auch eines Beigeladenen (VGH Mün-

chen, NVwZ-RR 2007, 821) – oder von Amts wegen geschehen. Nach Inkrafttreten eines die Vollziehbarkeit beeinflussenden Gesetzes ist der Beschluss von Amts wegen abzuändern (VGH Mannheim, NVwZ-RR 2015, 637 – Inkrafttreten von § 246 X BauGB (Erleichterung der Unterbringung von Flüchtlingen)."Gericht der Hauptsache" ist das Gericht, bei dem der Rechtsstreit anhängig ist (OVG Lüneburg, NVWZ-RR 2018, 957). Hat das OVG die Hauptsache in der Berufungsinstanz zurückgewiesen und die Revision nicht zugelassen, so entscheidet das BVerwG über etwaige Änderungsanträge (BVerwG, NVwZ 2005, 1422; BVerwG, NVwZ 2011, 1342).

Der Antrag ist nicht etwa Einlegung eines Rechtsmittels; er leitet als eine Art „Wiederaufnahmeantrag" vielmehr ein selbständiges gerichtliches Verfahren ein (so zu Recht *Kopp/Schenke*, VwGO, § 80, Rn. 191). Trotzdem hat das *BVerfG* angenommen, dass ohne einen solchen Änderungsantrag der Rechtsweg vor Erhebung der Verfassungsbeschwerde nicht erschöpft sei (BVerfG, Kammer, NVwZ 2002, 848). Für die **Zulässigkeit** ist erforderlich, dass der Beteiligte veränderte oder im ursprünglichen Verfahren ohne Verschulden nicht geltend gemachte Umstände anführen kann, die für eine Abänderung des ursprünglichen Beschlusses sprechen. § 80 VII VwGO räumt zwar dem Gericht ein Ermessen ein; doch **muss** das Gericht entscheiden, wenn sich die tatsächlichen oder rechtlichen Voraussetzungen so verändert haben, dass die Ausgangsentscheidung nicht mehr ergehen würde. Die Änderung **von Amts wegen** kann zwar „jederzeit" erfolgen – doch auch dies nur, wenn gewichtige Gründe dafür sprechen (OVG Münster, NVwZ 1999, 894). Gegen die Ablehnung des Antrags sowie die Abänderung oder Aufhebung des Gerichtsbeschlusses ist die **Beschwerde** statthaft (§ 146 VwGO).

Literatur zu § 32 VI–VII: *Schoch*, Der verwaltungsprozessuale vorläufige Rechtsschutz. Das gerichtliche Aussetzungsverfahren, JURA 2002, 37; *Windoffer*, Die Klärungsbedürftigkeit und -fähigkeit von Rechtsfragen in verwaltungsgerichtlichen Verfahren des einstweiligen Rechtsschutzes (2005); *Reimer*, Zur Dogmatik des Abänderungsverfahrens nach § 80 Abs. 7 VwGO, DÖV 2010, 688; *Kment*, Grundfälle zur Tenorierung im verwaltungsgerichtlichen Verfahren, JuS 2005, 608; *Kintz*, ÖffR. i. Ass.Examen, Rn. 501 ff; *Stern/Blanke*, Verwaltungsprozessrecht in der Klausur, Rn. 594 ff.; *Pietzner/Ronellenfitsch*, Assessorexamen, § 56.

§ 33 Die einstweilige Anordnung nach § 123 VwGO

I. Allgemeines

1 Die einstweilige Anordnung nach § 123 VwGO ist die Form des vorläufigen Rechtsschutzes in **allen** Fällen, die nicht unter §§ 80/80a VwGO fallen, in denen es also nicht um einen belastenden VA und eine Anfechtungsklage in der Hauptsache geht. Es gibt keine rechtliche Lücke, aber auch keine Überschneidung zwischen beiden Verfahrensarten. Ist der Antrag nach § 80 V VwGO unstatthaft, oder ist vorläufiger Rechtsschutz gegen einen belastenden VA ausnahmsweise nicht zu erreichen (z. B. beim feststellenden VA), so muss bei Vorliegen der übrigen Zulässigkeitsvoraussetzungen vorläufiger Rechtsschutz nach § 123 VwGO gewährleistet werden.

Die **wichtigsten Kennzeichen** des vorläufigen Rechtsschutzes nach § 123 VwGO sind:

Während bei der aufschiebenden Wirkung von Widerspruch und Anfechtungsklage ein kompliziertes Wechselspiel von Behörde und Widerspruchsbehörde einerseits und Gericht andererseits besteht, entscheidet nach § 123 VwGO **allein das Gericht** auf Antrag eines Betroffenen. Während bei § 80 VwGO der vorläufige Rechtsschutz bereits mit dem Rechtsbehelf eintritt, muss er bei § 123 VwGO gesondert beantragt werden, denn **keine Klage außer der Anfechtungsklage** hat aufschiebende Wirkung.

Parallelen bestehen insoweit, als auch im Verfahren des § 123 VwGO das Gericht eine Sachlage offenhalten kann, um die Schaffung vollendeter Tatsachen zu verhindern und die Durchsetzung eines Anspruchs im Hauptsacheverfahren zu sichern (**„Sicherungsanordnung"**). **Beispiel:** Einer Behörde soll untersagt werden, eine lebensmittelrechtliche Warnmitteilung zu veröffentlichen.

Die einstweilige Anordnung kann aber noch mehr leisten als die Bewahrung des status quo: Sie vermag sogar Veränderungen des bestehenden Zustands in einer Interimszeit zu bewirken, um Nachteile durch eine verspätete Entscheidung zu vermeiden. Als **„Regelungsanordnung"** geht sie dann möglicherweise über den status quo hinaus. **Beispiel:** Antrag auf vorläufige Teilnahme am Unterricht der nächsthöheren Klasse.

In der Praxis überschneiden sich beide Grundtypen der einstweiligen Anordnung aber vielfach und sind oft nicht voneinander zu unterscheiden.

II. Sachentscheidungsvoraussetzungen

Im Verfahren nach § 123 VwGO wird das Gericht nur auf Antrag 2
tätig. Das Verfahren ist ein **eigenständiges Rechtsschutzverfahren**;
in der Klausur sind zumeist Zulässigkeit und Begründetheit des Antrags zu prüfen.

1. Deutsche Gerichtsbarkeit/Verwaltungsrechtsweg

Die einstweilige Anordnung nach § 123 VwGO kommt nur in Be- 3
tracht, wenn die Streitsache der deutschen Gerichtsbarkeit unterworfen ist (nur in Zweifelsfällen zu prüfen) und wenn die Streitigkeit in
der Hauptsache vor die Verwaltungsgerichtsbarkeit gehört (§ 40 I 1
VwGO). Da § 17a GVG auch hier anzuwenden ist, ist dies freilich
keine Frage der Zulässigkeit mehr (umstr., s. Nachw. oben, § 32,
Rn. 30). Die Eröffnung des Verwaltungsrechtswegs und die Zuständigkeit des Gerichts sind aber **Sachentscheidungsvoraussetzungen.**
Ist der Rechtsweg zu den Verwaltungsgerichten ausgeschlossen oder
beschränkt, so kommt auch kein vorläufiger Rechtsschutz nach § 123
VwGO in Betracht – z. B. bei Entscheidungen der EU-Kommission,
in innerkirchlichen Angelegenheiten oder in laufenden Wahlverfahren.

2. Zuständiges Gericht

Zuständig ist nach § 123 II VwGO das **Gericht der Hauptsache.** 4
Wie § 123 II VwGO ausdrücklich bestimmt, kann dies aber nur das
Gericht des ersten Rechtszuges und das Berufungsgericht sein.

Im Gegensatz zum Verfahren nach § 80 V VwGO kann das BVerwG (außer
im Rahmen seiner erstinstanzlichen Zuständigkeit) also **keine** einstweiligen
Anordnungen erlassen. Ob während des Revisionsverfahrens dann wieder
das erstinstanzliche Gericht oder das Berufungsgericht zuständig ist, ist umstritten. Richtig dürfte sein, dass dies das zuletzt befasste Tatsachengericht, in
der Regel also das Berufungsgericht, ist (a. A. [VG wieder zuständig]: *Kopp/
Schenke*, VwGO, § 123, Rn. 19; *Schoch*, Vorläufiger Rechtsschutz, 1543). Ist
die Sache noch nicht anhängig, dann ist das Gericht zuständig, das für die
Hauptsache zuständig wäre. Ist das falsche Gericht angerufen worden, so
muss nach § 83 VwGO i. V. m. §§ 17a und b GVG verwiesen werden (umstr.).

3. Beteiligtenbezogene Zulässigkeitsvoraussetzungen

Beteiligtenfähigkeit und Prozessfähigkeit richten sich nach §§ 61 5
und 62 VwGO. Insofern bestehen keine Besonderheiten. Zählt man

den „richtigen Antragsgegner" zu den Zulässigkeitsvoraussetzungen (passive Prozessführungsbefugnis), dann ist hier zu klären, gegen wen sich der Antrag richten muss (§ 78 VwGO analog). Es gilt i. d. R. das Rechtsträgerprinzip (außer im Organstreit).

4. Statthaftigkeit

6   Die Abgrenzungsprobleme zwischen § 123 und § 80 VwGO sind unter dem Stichwort „Statthaftigkeit" zu prüfen. Hier kommt es eigentlich nur darauf an, dass die Anfechtungsklage ausgeschlossen wird (§ 123 V VwGO), doch empfiehlt es sich, an dieser Stelle die in der Hauptsache statthafte Klageart zu benennen. Das gilt insbesondere dann, wenn die einstweilige Anordnung nicht nur als „Annex" zu einem Hauptsachefall erfragt wird. Die einfache Regel: **Einstweilige Anordnung bei allen Klagearten, außer bei der Anfechtungsklage** gilt immer. Fälle einer ergänzenden einstweiligen Anordnung zusätzlich zu § 80 I VwGO – etwa bei Nichtbeachtung der aufschiebenden Wirkung oder bei der Anfechtungsklage gegen den feststellenden Verwaltungsakt sind denkbar, doch können auch hier Gerichte und Behörden mit Maßnahmen nach § 80a I Nr. 2 VwGO helfen.

Abgrenzungsfragen zur Anfechtungsklage und damit zu § 80 VwGO ergeben sich in den bekannten Problemkreisen wie VA/Realakt; belastender/begünstigender VA; Nebenbestimmung/"modifizierende Auflage"; beamtenrechtlicher Grundstatus/innerdienstliche Weisung. Fälle der „Nichtzulassung" oder „Nichtversetzung" in der Schule sind nach § 123 VwGO, nicht etwa nach § 80 VwGO, zu lösen. Auch für die Untersagung einer tatsächlichen Handlung kommt nur § 123 VwGO in Betracht; ist eine Genehmigung erteilt, richtet sich der vorläufige Rechtsschutz dagegen nach §§ 80/80a VwGO. Beim **nichtigen VA** ist zu unterscheiden: Ist bereits Nichtigkeitsfeststellungsklage erhoben, so kommt § 123 VwGO zur Anwendung. Da hier aber auch die Anfechtungsklage zumindest bis zur Klärung der Nichtigkeit statthaft ist, haben Widerspruch und Anfechtungsklage auch in diesem Fall aufschiebende Wirkung in dem Sinne, dass von dem VA keine benachteiligende Wirkung ausgehen darf. Dagegen kann im Verfahren nach § 123 VwGO keine Feststellung der Rechtswidrigkeit eines erledigten VA (analog § 113 I 4 VwGO) getroffen werden (BVerwG, NVwZ 1995, 586; VGH Kassel, LKRZ 2012, 21).

7   Ist die allgemeine Statthaftigkeit des Antrags bejaht, so sollte nach dem Wortlaut des § 123 VwGO unter dem gleichen Gliederungspunkt geklärt werden, was der Antragsteller erreichen will: Eine **Sicherungsanordnung** in Bezug auf den Streitgegenstand oder die **Re-**

gelungsanordnung zur vorläufigen Wahrnehmung eines Rechts. Zwar muss **eine** Form des vorläufigen Rechtsschutzes in jedem Fall gegeben sein. Enthält der Sachverhalt aber einen bestimmten Antrag, so ist dessen Statthaftigkeit im Hinblick auf eine der beiden Alternativen gesondert zu prüfen.

Keine Voraussetzung der Statthaftigkeit des Antrags ist es, dass 8 schon eine Maßnahme der Behörde vorliegt oder dass Klage erhoben ist. Eine einstweilige Anordnung ist auch bei der Untätigkeitsklage möglich. Hat der Betroffene aber nicht einmal einen Antrag bei der Behörde gestellt, so fehlt es in der Regel am Rechtsschutzbedürfnis.

5. Antragsbefugnis

Auch der vorläufige Rechtsschutz eröffnet nicht die Möglichkeit 9 der Popularklage oder der Sicherung der Rechte eines anderen. Deshalb ist stets die Antragsbefugnis zu prüfen, für die grundsätzlich der Maßstab des § 42 II VwGO analog gilt. So muss der Antragsteller ein **Recht** geltend machen können, das **ihm** zukommt und das **möglicherweise verletzt** oder **gefährdet** ist. Bei der Sicherungsanordnung muss aus dem Antrag erkennbar sein, dass die Gefahr besteht, dass durch eine Veränderung des bestehenden Zustands die Verwirklichung eines Rechts des Antragstellers vereitelt oder wesentlich erschwert werden könnte (**Gegenbeispiel:** VGH Kassel, NJW 1997, 2970 – keine Antragsbefugnis, solange noch kein Unterricht nach „neuer Rechtschreibung" droht). Will der Antragsteller eine Regelungsanordnung erreichen, so muss er darlegen, dass diese erforderlich ist, um wesentliche Nachteile oder eine drohende Gefahr abzuwenden. Geht der Streit gerade darum, **ob** dem Kläger ein Recht zusteht oder ob eine der geschilderten Gefahren anzunehmen ist, dann muss der Antragsteller jedenfalls darlegen, dass ein ihm zustehendes Recht in Betracht kommt und gefährdet ist.

6. Rechtsschutzbedürfnis

Auch bei der einstweiligen Anordnung ist das allgemeine Rechts- 10 schutzbedürfnis zusätzlich zur Antragsbefugnis zu prüfen, d. h. der Antragsteller muss gerade die beantragte Anordnung benötigen, um sein Recht vorläufig zu sichern oder drohende Nachteile abzuwenden (BVerwG, NVwZ – RR 2017, 736). Das ist nicht der Fall, wenn der Antragsteller auf **leichtere Weise** zum Erfolg kommen kann oder wenn der Antrag von vornherein **aussichtslos** oder **missbräuchlich** ist. Auch eine **Verwirkung** wegen Zeitablaufs oder wegen Widerspruchs zu eigenem vorangegangenem Tun kommen als Gründe für den Ausschluss des Rechtsschutzbedürfnisses in Betracht.

Beispiele:
– Das Rechtsschutzbedürfnis fehlt, wenn der Antragsteller die Behörde noch nicht mit der Angelegenheit befasst hat (VGH Mannheim, DVBl. 1989, 1197; OVG Münster, OVGE 33, 208).
– Hat eine Behörde eine einstweilige Anordnung gegen den Bürger oder eine Vereinigung beantragt, so fehlt ihr das Rechtsschutzbedürfnis stets, wenn sie durch einseitige Regelung den gewünschten Zustand selbst herbeiführen bzw. eine drohende Gefahr selbst abwenden kann (**Beispiel:** Behördliches Verbot eines Lehrerstreiks durch VA statt Antrag auf einstweilige Anordnung – OVG Hamburg, DÖV 1989, 127).
– Wegen Unmöglichkeit der Erreichung des Zieles fehlt das Rechtsschutzbedürfnis, wenn über die Hauptsache bereits bestandskräftig entschieden ist, oder wenn ein bestehender Zustand auch durch einstweilige Anordnung nicht mehr rückgängig gemacht werden kann, oder auch, wenn dieser Zustand ohne Gerichtsentscheidung jederzeit wieder rückgängig gemacht werden kann (BVerwG, NVwZ 2001, 329).
– Umstritten ist, ob das Verbot der Vorwegnahme der Hauptsache bereits das Rechtsschutzbedürfnis ausschließen kann. Dieses Verbot spielt nach richtiger Ansicht aber erst bei der Begründetheit eine Rolle (*Schmitt Glaeser/Horn*, VwProzR, Rn. 318).
– Das Rechtsschutzbedürfnis kann auch fehlen, wenn der Antragsteller eine „prekäre Situation" selbst verursacht, einen zulässigen Rechtsbehelf nicht rechtzeitig eingelegt hat oder wegen verspäteten Vorbringens (§ 87b VwGO) oder „Nichtbetreibens des Rechtsstreits" (§ 92 II VwGO) präkludiert ist.

7. Ordnungsgemäßer Antrag

11   Für die einstweilige Anordnung muss ein ordnungsgemäßer, d. h. **schriftlicher Antrag** vorliegen, aus dem sich ergibt, in Bezug auf welchen Sachverhalt der Antragsteller welche Maßnahmen des Gerichts erreichen will.

Der Antrag muss Antragsteller und Antragsgegner bezeichnen. Anwendbar sind nach § 123 III VwGO die Voraussetzungen gem. § 920 ZPO im Hinblick auf die Pflichten zur Benennung eines Anordnungsgrundes und eines Anordnungsanspruchs, zur Glaubhaftmachung von Tatsachen usw. Auch hier müssen aber die Besonderheiten des Öffentlichen Rechts beachtet und die Voraussetzungen des Antrags im Lichte von Art. 19 IV GG ausgelegt werden. Damit ist nicht vereinbar, wenn der Antragsteller z. B. nicht nur die Fehlerhaftigkeit der Ausgangsentscheidung, sondern auch die Erfolgsaussichten einer eigenen Bewerbung glaubhaft machen muss (BVerfG, Kammer, NVwZ 2003, 200).

8. Sonstige Voraussetzungen

Auch bei der einstweiligen Anordnung gilt, dass der Streitgegenstand nicht bei einem anderen Gericht anhängig sein darf und dass über die Sache bei exakt gleichen Voraussetzungen nicht schon bestandskräftig entschieden wurde.

9. Einstweilige Anordnung in Bezug auf Verfahrenshandlungen

Wenn § 44a VwGO isolierten Rechtsschutz im Hinblick auf Verfahrenshandlungen ausschließt, so gilt das nach h. L. grundsätzlich auch für einstweilige Anordnungen nach § 123 VwGO. Diese Probleme sind in der Praxis äußerst **wichtig**.

Beispiele: Antrag auf einstweilige Anordnung, zu einem bestimmten Verfahren hinzugezogen zu werden oder den Zuhörerraum ohne Leibesvisitation betreten zu dürfen; Antrag gegen die Offenlegung von Geschäftsdaten in einem laufenden Planfeststellungsverfahren; Antrag auf Einbeziehung eines bestimmten Vorgangs in die Akteneinsicht.

Die Beispiele zeigen, dass die Gefahr vollendeter Tatsachen im laufenden Verfahren besonders groß ist. Andererseits ist auch hier zu vermeiden, dass es während eines laufenden Verwaltungsverfahrens zu einem gesonderten Verwaltungsprozess über Verfahrenshandlungen kommt.

Deshalb kommt eine einstweilige Anordnung nur dann in Betracht, wenn die Verfahrenshandlung **selbständig vollstreckbar** ist oder einen **unbeteiligten Dritten** trifft. Abgesehen davon muss aber eine einstweilige Anordnung immer dann möglich sein, wenn die Verfahrenshandlung gegenüber der Hauptsache eine eigenständige Bedeutung hat und wenn der Rechtsschutz des Klägers im Hauptsacheverfahren zu spät käme.

III. Begründetheit des Antrags

1. Sicherungsanordnung

Beim Antrag auf eine **Sicherungsanordnung** geht es darum, dass die Gefahr besteht, dass durch eine Veränderung des bestehenden Zustands die Verwirklichung eines Rechts des Antragstellers vereitelt oder wesentlich erschwert werden könnte (§ 123 I 1. Alt. VwGO). Die **Sicherungsanordnung** kommt also immer dann in Betracht, wenn es um die Wahrung des bestehenden tatsächlichen oder rechtlichen Zustands geht.

Beispiele: Verbot der Versteigerung einer Fundsache; Verbot der Schließung einer Schule bis zur gerichtlichen Entscheidung über eine Elternklage gegen die Neugliederung von Schulbezirken; „Arrest" in Vermögen zur Sicherung der Befriedigung einer Geldforderung; vorläufiges Verbot der Ernennung eines Konkurrenten.

2. Regelungsanordnung

15   Bei der **Regelungsanordnung** geht es primär nicht um die Bewahrung eines bestehenden Zustands, sondern um eine vorläufige **Veränderung** eines bestehenden Zustands zur Verhinderung von wesentlichen Nachteilen (§ 123 I 2. Alt. VwGO).

Beispiele: Zeitlich begrenztes Halteverbot zur Sicherung einer Zufahrt während eines Volksfestes; Zulassung zu einer Prüfung; Erlaubnis zur vorläufigen Teilnahme am Unterricht in der nächsthöheren Schulklasse; vorläufige Zahlung eines Stipendiums oder Weiterzahlung von Hilfe zum Lebensunterhalt („Überbrückungsanordnung"); vorläufige Zulassung der Vorbereitung eines Parteitags in einer Stadthalle.

3. Abwägungsentscheidung

16   Sowohl bei der Sicherungs- als auch bei der Regelungsanordnung muss der Antragsteller ein Recht geltend machen, das ihm zusteht **(Anordnungsanspruch)** und das durch eine Veränderung usw. gefährdet ist **(Anordnungsgrund)**. Die aus dem Zivilprozess stammende Unterscheidung von Anordnungsgrund und Anordnungsanspruch (vgl. § 123 III VwGO i. V. m. § 920 II ZPO) kann zwar grundsätzlich auf das Öffentliche Recht übertragen werden:

– **Anordnungsgrund** ist der Grund für den vorläufigen Rechtsschutz selbst, also die Gefahr vollendeter Tatsachen, die Eilbedürftigkeit usw.;
– **Anordnungsanspruch** ist das zu sichernde Recht „hinter" der einstweiligen Anordnung, also der materielle Anspruch.

Begründet ist die einstweilige Anordnung, wenn der Antragsteller beides – Anordnungsgrund und Anordnungsanspruch – glaubhaft gemacht hat.

Letztlich lassen sich aber in der Prüfung weder Anordnungsgrund und Anordnungsanspruch noch Sicherungs- und Regelungsanordnung stets exakt auseinanderhalten. Im Mittelpunkt stehen vielmehr die schon wohlbekannten Formeln:

So muss die einstweilige Anordnung ergehen, wenn die Klage nach summarischer Prüfung **offensichtlich zulässig und begründet** ist; sie darf nicht ergehen, wenn die Klage **offensichtlich unzulässig oder unbegründet** ist. Ist weder das eine noch das andere der Fall, dann muss abgewogen werden:
– Situation ohne eAO bei letztlich erfolgreicher Klage;
– Situation mit eAO bei letztlich erfolgloser Klage.

4. Das Verbot der Vorwegnahme der Hauptsache

Oft missverstanden wird im vorläufigen Rechtsschutz die Formel vom „**Verbot der Vorwegnahme der Hauptsache**". Zwar ist es grundsätzlich richtig, dass einem Antrag auf einstweilige Anordnung insoweit nicht stattgegeben werden darf, als sie dem Antragsteller etwas gibt, was er nur in der Hauptsache erreichen könnte. Diese Frage wird hier bei der Begründetheit behandelt. Es ist aber auch kein Fehler, sie schon als Problem des Rechtsschutzbedürfnisses, also als Zulässigkeitsfrage, zu stellen. 17

Beispiele: Baugenehmigung (VGH Kassel, NVwZ-RR 2003, 814); Erteilung eines Jagdscheins (VGH Mannheim, NVwZ 2004, 630); Informationszugang (OVG Berlin-Brandenburg, NVwZ-RR 2016, 943); Begutachtung einer Dissertation (VGH Kassel, NVwZ – RR 2017, 292); Erlaubnis zum Fällen eines Baumes; Auszahlung einer Geldleistung, die voraussichtlich nicht mehr zurückgezahlt werden kann; Verleihung der Staatsbürgerschaft.

Es ist aber inzwischen anerkannt, dass auch in Fällen der Vorwegnahme der Hauptsache dem Antrag stattzugeben ist, wenn das Abwarten der Entscheidung in der Hauptsache auch im Hinblick auf positive Erfolgsaussichten der Klage dem Antragsteller unzumutbare und schwerwiegende Nachteile bringen würde (BVerwG, NVwZ 1999, 650; NVwZ 2000, 160). Das ist im Hinblick auf Art. 19 IV GG auch geboten und war letztlich der Hintergrund der „Wende" der Rechtsprechung des Bundesverwaltungsgerichts zur beamtenrechtlichen Konkurrentenklage (BVerwG, NJW 2011, 695; dazu oben § 23, Rn. 14). 18

Insgesamt kann nur vor einer zu starren Verwendung der Formel vom Verbot der Vorwegnahme der Hauptsache gewarnt werden. Es kann sogar Fälle geben, in denen aus Gründen des Art. 19 IV GG jedenfalls vorläufig die Vorwegnahme der Hauptsache geboten ist (so zu Recht auch *Hong*, NVwZ 2012, 468; *Schrader*, JuS 2005, 37;

Hummel, JuS 2011, 504; zum Prüfungsrecht *Zimmerling/Brehm*, NVwZ 2004, 651; zum Bauvorbescheid *Weber*, DVBl 2010, 958).

Beispiele: Vorläufiges Abiturzeugnis (VGH München, NVwZ-RR 2005, 254); existenznotwendige Sozialleistung (dazu *Groth*, NJW 2007, 2294); vorläufige Erlaubnis bei Gefährdung der beruflichen Existenz (OVG Hamburg, NJW 1999, 2754 – Approbation als Psychotherapeutin); vorläufige Aufnahme in bestimmte Schule (OVG Münster, NVwZ – RR 2017, 417).

IV. Das Verfahren vor Gericht und die eigentliche Entscheidung

1. Verfahrensgrundsätze

19 Das Verfahren nach § 123 VwGO ist ein **selbständiges gerichtliches Verfahren.** Seine Regeln sind denen des Verfahrens der einstweiligen Verfügung nach der ZPO nachgebildet, auf die § 123 III VwGO in einem (allerdings immer mehr obsolet werdenden) Katalog verweist.

Es gelten insbesondere:

– Die Antragsvoraussetzungen nach § 936/920 ZPO;
– die Glaubhaftmachung von Anordnungsgrund und Anordnungsanspruch (§ 920 I und II ZPO);
– die Möglichkeit der Sicherungsleistung und die Abwendungsbefugnis nach § 921 ZPO;
– die Aufforderung zur Klageerhebung in der Hauptsache nach § 926 ZPO.

2. Keine mündliche Verhandlung

20 Ein Antrag auf mündliche Verhandlung kann im Verfahren nach § 123 VwGO nicht gestellt werden. § 921 ZPO ist insoweit für das Öffentliche Recht gesetzlich suspendiert, und § 924 ZPO gilt ausdrücklich nicht.

3. Die eigentliche Entscheidung

21 Die Entscheidung ergeht nach § 123 IV VwGO durch **Beschluss.** Eine besondere Form der Bekanntgabe ist nicht vorgesehen. In besonders eilbedürftigen Fällen kann die Entscheidung also auch durch Telefon oder Telefax und – unter den Voraussetzungen des § 55a VwGO – durch e-mail übermittelt werden. Sie lautet auf eine bestimmte Maßnahme oder die Ablehnung des Antrags. Das Gericht

hat nach § 123 III VwGO i. V. m. § 938 ZPO einen großen Spielraum zur Regelung und zur Berücksichtigung der Interessen der Beteiligten.

Der Beschluss ist nach § 123 IV i. V. m. § 122 II 2 VwGO stets zu begründen. In dringenden Fällen kann der Vorsitzende entscheiden. Die Entscheidung muss in jedem Fall eine Regelung enthalten – eine bloße Feststellung kann mit dem Antrag nicht begehrt werden (so OVG Koblenz, DVBl. 1986, 1215; zur Möglichkeit der Zurückverweisung gem. § 130 II Nr. 2 VwGO im beamtenrechtlichen Konkurrentenstreit: VGH Kassel, LKRZ 2013, 216 l). Ebenso wenig gibt es eine „Fortsetzungsfeststellungsanordnung" nach erledigtem Antrag (BVerwG, NVwZ 1995, 586).

Tenor: Der Antragsgegner wird (im Wege der einstweiligen Anordnung) verpflichtet, ... oder: Dem Antragsgegner wird vorläufig aufgegeben, ... (verboten, ..., untersagt ...).

Weigert sich eine Behörde, einer einstweiligen Anordnung zu folgen, so kann der effektive Rechtsschutz Zwangsmaßnahmen gegen die Behörde erfordern (BVerfG, Kammer, NVwZ 1999, 1330).

4. Abänderung nach § 80 VII VwGO analog?

Umstritten ist die Frage, ob das Gericht bei veränderten Umständen die einstweilige Anordnung im erleichterten Verfahren in ähnlicher Weise ändern kann wie dies bei § 80 VII VwGO oder § 927 ZPO möglich ist. Hierfür kann durchaus ein Bedarf bestehen; zumal die Ausgangslage oft nicht anders ist als bei den Entscheidungen nach § 80 VwGO.

Gleichwohl hat der Gesetzgeber auch bei zwischenzeitlichen Novellen keine Klarstellung geschaffen. § 123 III VwGO besagt eher das Gegenteil, weil § 927 ZPO gerade nicht einbezogen wird und auch die überfällige Verweisung auf § 80 VII VwGO bisher fehlt (kritisch dazu *Schoch*, NVwZ 1991, 1191). Wegen der offenkundigen Regelungslücke und der völlig identischen Problematik dürfte es aber richtig sein, das Problem durch analoge Anwendung von § 80 VII VwGO zu lösen (*Schlaeger*, JA 2005, 894).

Hinzuweisen ist noch auf die Möglichkeit nach § 123 III VwGO i. V. m. § 939 ZPO (Aufhebung einer einstweiligen Anordnung gegen Sicherheitsleistung in besonderen Ausnahmefällen).

5. Schadensersatz

23 Die „heikelste" Verweisung enthält § 123 III VwGO im Hinblick auf § 945 ZPO. Danach hat derjenige dem Gegner (nicht etwa einem nur mittelbar Betroffenen) den Schaden zu ersetzen, der diesem durch die einstweilige Anordnung entsteht, wenn sich diese Anordnung als von Anfang an ungerechtfertigt erweist oder die Aufforderung zur Erhebung der Klage in der Hauptsache nicht befolgt wird. Eine „von Anfang an ungerechtfertigte" einstweilige Anordnung liegt – unabhängig von irgendeinem Verschulden – vor, wenn kein Anordnungsanspruch gegeben war. Hierin liegt ein deutliches Risiko bei der Inanspruchnahme vorläufigen Rechtsschutzes, das es bei den Anträgen nach § 80 VwGO nicht gibt. Der Schadensersatz kann in der Regel erst nach der Entscheidung in der Hauptsache begehrt werden und ist ausnahmslos vor dem Zivilgericht geltend zu machen (BGHZ 78, 127).

V. Rechtsmittel

24 Gegen die Ablehnung des Antrags und gegen die einstweilige Anordnung selbst (nicht bei Entscheidungen des OVG) ist das Rechtsmittel der **Beschwerde** nach § 146 VwGO statthaft, da die Entscheidung stets als Beschluss ergeht (dazu unten, § 42).

Literatur zu § 33 IV und V: *Schrader,* Die Vorwegnahme der Hauptsache und das Ermessen im Rahmen des einstweiligen Rechtsschutzes, JuS 2005, 37; *Zimmerling/Brehm,* Der vorläufige Rechtsschutz im Prüfungsrecht, NVwZ 2004, 651; *Schlaeger,* Das Abänderungsverfahren wegen veränderter Umstände nach § 123 VwGO, JA 2005, 894; *Schoch,* Der verwaltungsprozessuale vorläufige Rechtsschutz (Teil III): Die einstweilige Anordnung, Jura 2002, 318; *Hong,* Verbot der endgültigen und Gebot der vorläufigen Vorwegnahme der Hauptsache im verwaltungsgerichtlichen Eilverfahren, NVwZ 2012, 468; *Hummel,* Der vorläufige Rechtsschutz im Verwaltungsprozess, Dritter Teil. JuS 2011, 502 ff.; *Würtenberger/Heckmann,* VwProzR, Rn. 619; *Kintz,* ÖffR. im AssEx. 510 und 540.

> **Übersicht 24: Zulässigkeit und Begründetheit des Antrags auf einstweilige Anordnung (§ 123 VwGO)**
>
> I. Rechtsweg und zuständiges Gericht
> II. Zulässigkeit
>   1. Beteiligtenfähigkeit und Prozessfähigkeit
>   2. Statthaftigkeit, insbesondere: Subsidiarität gegenüber § 80 VwGO
>   3. Antragsbefugnis
>   4. Rechtsschutzbedürfnis
>   5. Ordnungsgemäßer Antrag
>   6. Sonstige Voraussetzungen
> III. Begründetheit
>   Unterscheide: Sicherungsanordnung und Regelungsanordnung
>   1. Anordnungsanspruch
>   2. Anordnungsgrund – Abwägung
>   *3. Verbot der Vorwegnahme der Hauptsache*

25

§ 34 Vorläufiger Rechtsschutz im Normenkontrollverfahren (§ 47 VI VwGO)

I. Allgemeines

Auch bei der Normenkontrolle besteht die Notwendigkeit des vorläufigen Rechtsschutzes, weil von der Norm gravierende Wirkungen ausgehen können, gegen die ein nachträglicher Rechtsschutz zu spät käme. Konkret geht es um die Aussetzung des Vollzugs einer Norm und ggf. weitere Maßnahmen zur Verhinderung vollendeter Tatsachen.

1

Bedenken dagegen (auch unter Hinweis auf die Probleme einer einstweiligen Anordnung des BVerfG gegen das Inkrafttreten von Gesetzen) schlagen nicht durch: Gründe der parlamentarischen Legitimation und der Einschätzungsprärogative des Gesetzgebers passen für die gerichtliche Kontrolle von Rechtsnormen **der Verwaltung** gerade nicht.

II. Sachentscheidungsvoraussetzungen

2   Die einstweilige Anordnung nach § 47 VI VwGO ergeht nach einem eigenständigen gerichtlichen Verfahren. Diese Bestimmung regelt auch Antragsfähigkeit und Antragsbefugnis (Geltendmachung schwerer Nachteile oder anderer wichtiger Gründe). Im Übrigen gelten die Voraussetzungen von § 47 VwGO und ergänzend § 123 VwGO.

1. Rechtsweg

3   Wie bei der Normenkontrolle selbst entscheidet das Gericht auch bei der einstweiligen Anordnung nur „im Rahmen seiner Gerichtsbarkeit" (vgl. § 47 I VwGO). Der **Verwaltungsrechtsweg** muss also eröffnet sein.

2. Zuständiges Gericht

4   **Zuständig** für die Entscheidung nach § 47 VI VwGO ist das Gericht der Hauptsache, also das örtlich zuständige OVG und im Revisionsverfahren das BVerwG. Dieses ist dabei an die Tatsachenfeststellungen des OVG gebunden (BVerwG, NVwZ 1998, 1065).

3. Beteiligtenbezogene Zulässigkeitsvoraussetzungen

5   **Antragsfähigkeit** und **Verfahrensfähigkeit** richten sich zunächst nach § 47 VwGO, so dass auch eine mit dem Vollzug der Norm befasste Behörde den Antrag nach § 47 VI VwGO stellen kann. Daneben kommen §§ 61/62 VwGO zur Anwendung.

Antragsgegner ist stets der Hoheitsträger, der die Norm erlassen hat (§ 47 II 2 VwGO), nicht etwa derjenige, der sie zu vollziehen hat – auch wenn gerade davon ein Nachteil droht.

4. Statthaftigkeit

6   **Statthaft** ist der Antrag nach § 47 VI VwGO, wenn die Normenkontrolle ihrerseits statthaft ist. **Nicht** erforderlich ist es, dass schon ein Normenkontrollantrag in der Hauptsache gestellt wurde. Vor Erlass der Norm kommen nur die vorbeugende Unterlassungs- bzw. Feststellungsklage in Betracht. Die Anträge nach § 47 VI VwGO gegen die Norm selbst einerseits und des Individualrechtsschutzes nach

§ 123 bzw. § 80 V VwGO gegen Vollzugsmaßnahmen andererseits können grundsätzlich nebeneinander gestellt werden (VGH München, BayVBl. 2013, 403). Nicht statthaft ist aber ein Antrag nach § 123 VwGO mit dem Ziel, die Nichtanwendbarkeit einer untergesetzlichen Norm inzident festzustellen, wenn ein Antrag nach § 47 VI VwGO möglich ist (VGH München, NVwZ 2020, 1130).

5. Antragsbefugnis

Die notwendige **Antragsbefugnis** weist zwei Elemente auf: Sie richtet sich zum einen nach § 47 II 1 VwGO, also nach der Antragsbefugnis in der Hauptsache. Deshalb ist der Antrag unzulässig, wenn der Antragsteller keine schon eingetretene oder drohende Rechtsverletzung geltend machen kann. Zum anderen muss der Antragsteller nach § 47 VI VwGO vortragen, dass die einstweilige Anordnung **zur Abwehr schwerer Nachteile** oder aus **anderen wichtigen Gründen** dringend geboten ist. Dieses zweite Element betrifft also den Anordnungsgrund, wobei sich der schwere Nachteil auf das möglicherweise verletzte subjektive Recht – bei Verbandsklagen auf durch den Verband vertretene Belange – beziehen muss.

7

6. Rechtsschutzbedürfnis

Auch bei der einstweiligen Anordnung im Normenkontrollverfahren besteht ein **Rechtsschutzbedürfnis** nur dann, wenn der Antragsteller nicht gleichwertigen Schutz auf anderem, möglicherweise leichterem Wege erlangen kann. Letzteres ist insbesondere der Fall, wenn er sich gegen einen die Norm vollziehenden VA durch Widerspruch oder Anfechtungsklage wehren kann (umstr.).

8

Beispiel: Der Antragsteller kann sich gegen eine (vorzeitige) Baugenehmigung während des Planungsverfahrens einen gegen die Baugenehmigung gerichteten Antrag auf Herstellung der aufschiebenden Wirkung nach § 80 V VwGO wehren.

Das Rechtsschutzbedürfnis ist ferner ausgeschlossen, wenn der Antragsteller auch im Hauptsacheverfahren sein Ziel nicht oder nicht mehr erreichen kann, wenn das Antragsrecht verwirkt oder missbräuchlich eingesetzt wurde, wenn sich der Antrag ausschließlich auf eine Verfahrenshandlung im Sinne von § 44a VwGO richtet oder wenn ein den Antragsteller treffender und den Nachteil auslösender Vollzugsakt bereits unanfechtbar ist.

7. Antrag

9   Die einstweilige Anordnung kann nach § 47 VI VwGO nur auf **ordnungsgemäßen Antrag** hin ergehen, der in Form und Inhalt §§ 81/82 VwGO entsprechen muss. Da sich der Antrag auf eine einstweilige Anordnung richtet, sind subsidiär auch die Vorschriften der ZPO anzuwenden, auf die § 123 III VwGO verweist.

III. Begründetheit

10   Die Voraussetzungen einer einstweiligen Anordnung nach § 47 VI VwGO sind strenger gefasst als bei § 123 VwGO. Das ist sachgerecht, weil die Wirkung einer auf eine Rechtsnorm bezogenen einstweiligen Anordnung erheblich schwerer wiegt als im Normalfall des § 123 VwGO.

Ist der Normenkontrollantrag offensichtlich begründet **und** droht dem Antragsteller durch das Inkrafttreten und die Anwendung der Norm ein schwerer Nachteil, dann ist Abhilfe in der Regel dringend geboten und das Gericht hat keinen Ermessensspielraum. Dann kann auch die Vorwegnahme der Hauptsache kein Hindernis für vorläufigen Rechtsschutz bilden. Ist die Norm aber erkennbar rechtmäßig, dann muss der Einzelne i. d. R. auch den Normvollzug hinnehmen, und eine einstweilige Anordnung darf nicht ergehen (VGH Mannheim, NVwZ – RR 2017, 268 –Bebauungsplan; schönes Beispiel auch bei VGH Mannheim, NVwZ 2001, 827 – „Kampfhundeverordnung").

IV. Verfahren und Entscheidung

1. Verfahren

11   Das Verfahren nach § 47 VI VwGO ist ein **eigenständiges gerichtliches Verfahren,** für das die Grundsätze des § 123 VwGO gelten und (über § 123 III VwGO) bestimmte Vorschriften der ZPO heranzuziehen sind. Auch wenn keine mündliche Verhandlung stattfindet, ist dabei – soweit wie möglich – der Antragsgegner und (je nach Einzelfall) derjenige „Normbegünstigte" anzuhören, der durch die einstweilige Anordnung Nachteile erleiden würde.

2. Entscheidung

12   Die Entscheidung ergeht durch Beschluss (§ 123 IV VwGO) und ist zu begründen (§ 122 II VwGO). Eine Entscheidung analog § 123

II S. 3 VwGO durch den Vorsitzenden oder den Berichterstatter allein kommt nicht in Betracht.

Tenor: *Das Inkrafttreten der Satzung .../der Vollzug des Bebauungsplans Nr. ... der Gemeinde ... vom ... wird ausgesetzt.*

3. Inhalt

Dem Charakter des vorläufigen Rechtsschutzes entsprechend kann die Entscheidung nur auf vorläufigen Nichtvollzug, Nichtinkrafttreten bzw. vorläufige Nichtanwendung gehen. Eine Verpflichtung auf Änderung der Norm kommt nicht in Betracht (VGH Mannheim, DVBl. 1999, 1734). Das Gericht kann die Geltung der Norm auch teilweise aussetzen oder durch andere vorläufige Maßnahmen Nachteile verhindern. Ebenso ist es möglich, dass das Gericht Auflagen für die Anwendung der Norm macht. 13

4. Wirkung der Entscheidung

Hinsichtlich der Wirkung der einstweiligen Anordnung ist zu unterscheiden: Richtet sie sich auf die Geltung der Norm oder deren Teile als solche, dann wirkt sie auch allgemein und gegen alle („inter omnes"). Ergreift das Gericht aber Maßnahmen, die dazu bestimmt sind, Nachteile gerade für den Antragsteller zu verhindern, dann kann die Geltung der Rechtsnorm im Übrigen unberührt bleiben. Das Gericht muss aber sicherstellen, dass es auch andere Behörden, die mit dem Vollzug der Norm befaßt sind, in die Bindungswirkung der einstweiligen Anordnung einbeziet. 14

5. Rechtsmittel

Anders als eine einstweilige Anordnung nach § 123 VwGO ist die Entscheidung des OVG nach § 47 VI VwGO unanfechtbar (§ 146 VwGO). Das gilt auch im Fall einer (zugelassenen) Revision. Der Antrag kann aber bei einer Änderung der Sach- oder Rechtslage neu gestellt werden. Umgekehrt kann oder muss das Normenkontrollgericht ggf. von Amts wegen eine erlassene einstweilige Anordnung ändern (OVG Lüneburg, DÖV 1997, 923; *Kopp/Schenke*, VwGO, § 47, Rn. 173). 15

Literatur zu § 34: *Schenke*, VwProzR, Rn. 1042 ff.; *Schmitt Glaeser/Horn*, VwProzR, Rn. 451 ff.; *Pietzner/Ronellenfitsch*, Assessorexamen, § 58, Rn. 1672 ff.; *Kopp/Schenke*, VwGO, § 47, Rn. 148 ff.

6. Teil. Das Verfahren im ersten Rechtszug

§ 35 Verfahrensgrundsätze

I. Allgemeines

1   Schon am Anfang dieses Lehrbuchs (§ 1, Rn. 4 ff.) wurden die wichtigsten verfassungsrechtlichen Grundsätze dargestellt, die den Verwaltungsprozess bestimmen. Nunmehr geht es darum, die Grundsätze des eigentlichen Verfahrens vor dem Verwaltungsgericht zusammenzufassen. Auch diese gehören zum **Kern des Pflichtfachstoffes in beiden Staatsexamina**.
Genannt werden im Allgemeinen:
- Das **rechtliche Gehör** vor Gericht;
- der Grundsatz des **fairen Verfahrens** und die Verfahrensgleichheit;
- der **Untersuchungsgrundsatz**;
- der **Verfügungsgrundsatz**;
- **Amtsbetrieb/Konzentrationsmaxime**;
- **Mündlichkeit** und **Unmittelbarkeit**;
- der **Öffentlichkeitsgrundsatz**.

2   Diese Grundsätze sind zumindest teilweise im **Rechtsstaatsprinzip** verankert und insoweit unaufhebbar (Art. 79 III GG). Auch dürfen sie nicht isoliert gesehen werden, denn der Bezug zu einschlägigen Grundrechten wird in nahezu jedem Verwaltungsprozess deutlich. Bezugspunkt ist letztlich die **Menschenwürde**, die es unabdingbar macht, dass der immer stärker von der Verwaltung abhängige Bürger im Verwaltungsprozess vom bloßen „Adressaten" und Objekt staatlichen Entscheidens zum gleichberechtigten Beteiligten wird (BVerfGE 50, 166, 175).

II. Rechtliches Gehör (Art. 103 I GG)

3   Während Art. 19 IV GG den grundsätzlichen Anspruch **auf** gerichtliche Kontrolle hoheitlicher Gewalt gewährleistet, geht es bei Art. 103 I GG um das rechtliche Gehör **im** Gerichtsverfahren selbst (zu beiden auch oben, § 1, Rn. 18). Als solche enthält die Bestimmung

sowohl ein objektives Verfassungsprinzip (BVerfGE 55, 1, 6) als auch ein eigenständiges Grundrecht, dessen Verletzung Entscheidungen des Gerichts rechtswidrig macht und – wenn im Rechtsmittelverfahren unkorrigiert – mit der Verfassungsbeschwerde (Art. 93 I Nr. 4a GG) gerügt werden kann (und in der Praxis auch besonders häufig gerügt wird). Dieses Recht steht nach Maßgabe des Art. 19 III GG auch juristischen Personen zu (einschließlich juristischen Personen des öffentlichen Rechts – BVerfGE 61, 82, 104; BVerfG, Kammer, NVwZ 2007, 1420 – Gemeinde; *Hufen*, Staatsrecht II, § 21, Rn. 43; *Schlarmann/Couzinet*, FS. Dittmann (2015), S. 61). Die oft benutzte Bezeichnung „grundrechtsgleiches Recht" spielt nur auf die formale Stellung außerhalb des eigentlichen Grundrechtskatalogs an und ist für die verfassungsrechtliche Bedeutung ohne Belang. Immer mehr überlagert und verstärkt wird das Grundrecht auf rechtliches Gehör auch durch das Europarecht und durch Art. 6 EMRK (dazu *Pache*, NVwZ 2001, 1342; *Schmidt-Aßmann*, FS Schmitt Glaeser [2003], 317).

Konkretisiert wird das rechtliche Gehör in besonders wichtigen gesetzlichen Bestimmungen zum Verfahren (insbesondere §§ 86 II und III, 101 I und II, 104 I, 108 II VwGO) und richterrechtlichen Grundsätzen. Es wird aber auch als „Auffangrecht" für Verstöße gegen nicht kodifizierte oder richterrechtliche Verfahrensprinzipien immer wichtiger.

Im Grundsatz bestimmt Art. 103 GG, dass
- **vor Gericht**
- **jedermann**
- **Anspruch auf Gehör**

hat.

1. Vor Gericht

Art. 103 I GG gewährleistet das rechtliche Gehör vor Gericht und 4 damit im eigentlichen **Verwaltungsprozess**. Die Gerichte haben das Verfahrensrecht grundsätzlich so anzuwenden, dass den erkennbaren Interessen des rechtsschutzsuchenden Bürgers bestmöglich Rechnung getragen wird (BVerfG 96, 97; BVerfG, Kammer, NVwZ 2016, 238). Ausgangsbehörde und Widerspruchsbehörde sind zwar insoweit nicht „Gericht"; es besteht aber Einigkeit, dass auch sie – den Anforderungen der jeweiligen Verfahrensstufe entsprechend – an den Grundsatz des rechtlichen Gehörs gebunden sind. „Vor Gericht" heißt, – wie das Plenum des BVerfG eindeutig klargestellt hat (BVerfGE 107, 395, 401) – dass der Anspruch auf rechtliches Gehör auch **gegenüber** dem Gericht besteht. Wird das rechtliche Gehör durch ein Gericht verletzt, dann muss dagegen ein Rechtsbehelf zur Verfügung stehen (zur daraus folgenden Anhörungsrüge gem. § 152a VwGO unten, § 42, Rn. 10).

2. Jedermann

5   Die Formulierung „jedermann" scheint auf den ersten Blick weiter, als die Verfahrensordnungen dies bestimmen. Aus dem Gesamtzusammenhang zeigt sich aber, dass hier nicht etwa jeder beliebige Dritte, sondern nur der Rechtsuchende selbst und die übrigen Verfahrensbeteiligten, also die unmittelbar von einer Gerichtsentscheidung Betroffenen, gemeint sind, nicht aber Zeugen, Sachverständige usw.

3. Inhalt des rechtlichen Gehörs

6   „*Rechtliches Gehör*" ist eine traditionsreiche, aber im Grunde genommen nicht mehr das ganze Spektrum der Gewährleistung abdeckende Formulierung. So geht es nicht nur darum, dass das Gericht dem Bürger mehr oder weniger huldvoll „Gehör" schenkt, sondern darum, dass die Beteiligten vor Gericht mit allen ihnen zu Gebote stehenden Angriffs- und Verteidigungsmitteln zum Zuge kommen. Auch geht es nicht nur um „rechtliches", sondern durchaus auch um tatsachenbezogenes Gehör. Rechtliches Gehör bedeutet – heute immer wichtiger – **rechtzeitiger Rechtsschutz** (vgl. Art. 6 I EMRK) in **angemessener Verfahrensdauer** (dazu EGMR, NJW 2015, 3359). Das rechtliche Gehör setzt angemessene **Information** über das Verfahren und seine Grundlagen voraus; es enthält das Recht zur eigenen **Stellungnahme** in rechtlicher und tatsächlicher Hinsicht und es gewährleistet auch, dass die Stellungnahme insoweit **Wirkung** hat, dass sie in die gerichtliche Entscheidung Eingang findet (BVerfGE 28, 374, 384). Diesen drei Schritten sind auch die einzelnen Verfahrensnormen zugeordnet, die aus dem rechtlichen Gehör abzuleiten sind:

7   **Die Information:**

– Das Hinwirken des Gerichts auf sachdienliche Anträge und Beseitigung von Formfehlern (§ 86 III VwGO);
– das Recht auf ordnungsgemäße und rechtzeitige **Ladung** (§ 102 I VwGO);

– das Recht auf angemessener **Sachaufklärung** (BVerfG, Kammer, NVwZ 2016, 626);
– das Recht auf **Information** über Beweise und Beweisergebnisse (§ 97 VwGO);
– das Recht zur Kenntnis von **Stellungnahmen** der übrigen Beteiligten;
– das Recht auf **Akteneinsicht** (§ 100 VwGO).

Die Stellungnahme: 8

– Das Recht auf **Antragstellung** und **Begründung** in der mündlichen Verhandlung (§ 103 III VwGO) bzw. auf schriftliche Stellungnahme, soweit keine mündliche Verhandlung stattfindet;
– das Recht auf rechtzeitige **Äußerung** und **Gegenäußerung** zu Schriftsätzen und Anträgen der anderen Beteiligten (BVerfGE 83, 24, 35);
– das Recht auf eigene Beweis- und sonstige **Anträge** innerhalb und außerhalb der mündlichen Verhandlung;
– das Recht darauf, dass nur solche Tatsachen und Beweisergebnisse in das Urteil eingehen, zu denen sich die Beteiligten äußern konnten (§ 108 II VwGO).

Berücksichtigung heißt: 9

– Das Recht auf **Erörterung** in rechtlicher und tatsächlicher Hinsicht (§ 104 I VwGO);
– das Recht auf **Kenntnisnahme** und **Erwägung** des Vorbringens durch das Gericht;
– ein Recht darauf, dass die Stellungnahme in die Entscheidung und deren Begründung **eingeht**.

4. Schranken des rechtlichen Gehörs

An sich enthält Art. 103 I GG keinen Gesetzesvorbehalt. Er wird 10 aber durch die Prozessordnungen konkretisiert und ist insofern nur in diesem Rahmen gewährleistet. Deshalb besteht auch grundsätzlich kein „verfassungsfester" Anspruch auf eine mündliche Verhandlung in allen Verfahrensarten (BVerfGE 6, 19, 20; BVerwGE 57, 272) oder auf mehrere Tatsacheninstanzen (BVerfGE 74, 358, 377). Eröffnet das Gesetz aber eine weitere Instanz, dann gelten in dieser das rechtliche Gehör und das Gebot des effektiven Rechtsschutzes uneingeschränkt. Bei schwerwiegenden Eingriffen gilt das selbst nach einer etwaigen Erledigung (BVerfGE 96, 27, 38 [wichtig für die Fortsetzungsfeststellungsklage]). Gesetzliche Einschränkungen bestehen beim sogenannten „Massenverfahren" (§ 67a, § 93a VwGO). Wie jedes andere Grundrecht findet ferner auch der Grundsatz des rechtlichen Gehörs verfassungsimmanente Schranken in den durch Art. 3,

Art. 19 IV und Art. 103 I GG geschützten Verfahrensrechten der anderen Beteiligten sowie in den rechtsstaatlichen Prinzipien eines ordnungsgemäßen Verfahrens. Diese sind aber wie stets ihrerseits im Lichte der konstitutiven Bedeutung des Grundrechts auf rechtliches Gehör zu sehen und zu interpretieren Entsprechendes gilt für Art. 6 EMRK (EGMR, NVwZ 2019, 977). Rein ökonomische Erwägungen oder gar die Erschöpfung des „Budgets" eines Gerichts können das rechtliche Gehör nicht einschränken (dazu *Lindemann*, ZRP 1999, 200).

11 Allerdings ist das Grundrecht auf angemessene **Information** beschränkt durch den notwendigen Schutz öffentlicher oder privater **Geheimnisse;** das Recht zur **Stellungnahme** darf nicht zur Verletzung des Persönlichkeitsrechts des „Gegners" missbraucht werden, und das Recht auf Berücksichtigung der Stellungnahme heißt nicht, dass das Gericht langatmige Rechtsausführungen in jedem Fall wiedergeben und sich sodann damit auseinandersetzen müsste. Dem korrespondieren Pflichten der Beteiligten, deren Nichtbeachtung möglicherweise eine Einschränkung des rechtlichen Gehörs durch den Ausschluss (Präklusion) eines verspäteten Vorbringens, den Eintritt der Bestandskraft bei verschuldeter Fristversäumnis, die Fiktion der Klagerücknahme usw. bedingen können. Abgemildert werden diese Einschränkungen aber durch die – wiederum durch das rechtliche Gehör gewährleistete – Pflicht des Gerichts zur angemessenen „Warnung" vor den Folgen verspäteten Vorbringens (BVerfGE 69, 145, 149 – modifiziert für den Fall anwaltlicher Vertretung durch BVerfGE 75, 302, 318).

12 In einem Spannungsverhältnis zum Grundrecht auf rechtliches Gehör steht für sprachunkundige Ausländer auch die **Verfahrensführung in deutscher Sprache** (§ 184 GVG, § 55 VwGO). Deshalb muss das Gericht nach § 144 I ZPO i. V. m. § 96 I VwGO von wichtigen Schriftstücken Übersetzungen einholen (BVerwG, NJW 1996, 1553). Auch trifft den Vorsitzenden in einem solchen Fall eine besondere Hinweis- und Beratungspflicht (§ 86 III VwGO) (BVerfG, Kammer, NVwZ 1987, 785). In der mündlichen Verhandlung gehört ein Dolmetscher nicht nur zu dem völkergewohnheitsrechtlichen Mindeststandard (BVerfG, Kammer, NJW 1988, 1462) und den Verfahrensrechten nach Art. 6 EMRK, sondern ist nach richtiger Auffassung auch Voraussetzung des rechtlichen Gehörs (BVerfG, Kammer, NJW 2004, 50). Bei Versäumung einer Frist ist ggf. die Wiedereinsetzung in den vorigen Stand geboten (BVerfG, NVwZ 1992, 1080).

5. Einzelfälle

13 BVerfG und BVerwG haben Verstöße z. B. in folgenden Fällen angenommen: Nichtbeachtung der **Hinweis- und Aufklärungspflicht** des Vorsitzenden (§ 86 III VwGO – BVerfG, Kammer, NVwZ 2016,

238); Versagung von Akteneinsicht (BVerfG, Kammer, NJW 2018, 1077); **Ablehnung einer Terminverlegung** trotz wichtigen Grundes (BVerwG, NJW 1991, 2097; NJW 1993, 80; OVG Lüneburg, NJW 2011, 1987; OVG Münster, NJW 2018, 2814); Entscheidung nach einer **zu kurzen Frist** (BVerfGE 49, 212, 216; BGH, NJW 2018, 3316) oder vor Ende einer gerichtlich gesetzten Äußerungsfrist (BVerfGE 12, 110, 113; BVerwG, NJW 1991, 2037; NJW 1992, 327); Fortsetzung der mündlichen Verhandlung trotz aussichtsreichen Befangenheitsantrags (OVG Bremen, NJW 2011, 3259); Ablehnung eines **Wiedereinsetzungs**gesuchs bei unverschuldeter Nichteinhaltung einer Frist im Vertrauen auf die gewöhnliche Postlaufzeit (BVerfGE 42, 243, 246; BVerfG, Kammer, NJW 2001, 744) oder fehlerhafte Auskunft zu Telefax (BVerfGE 110, 339, 341); Ablehnung von Rechtsbehelfen ohne jede Begründung (BVerfG, Kammer, NJW 1997, 2167); Missachtung von zentralem Parteivortrag (BGH, NJW 2018, 2133); Verweigerung des **Fragerechts** gegenüber Sachverständigem (BGH, NJW 2018, 3097); Verweigerung der Ladung eines **wesentlichen Zeugen** (BVerfGE 69, 141, 145); Ablehnung eines für die Entscheidung wichtigen **Beweisantrags** (BVerwG, NJW 2009, 2614); Verweigerung des Rechts **auf Einsichts- und Stellungnahme** in Daten des Ermittlungsverfahrens (EGMR, NJW 2020, 3019). Verstoß gegen rechtliches Gehör bei der Annahme von gerichtskundigen Tatsachen ohne weitere Begründung (BVerfG, Kammer, NJW 2021, 50).

6. Folgen der Verletzung des rechtlichen Gehörs

Verletzungen des rechtlichen Gehörs sind immer beachtliche Verfahrensmängel, die die Anhörungsrüge nach § 152a VwGO begründen und zur Begründetheit der Revision führen können (§ 138 Nr. 3 VwGO). Auch eine Verfassungsbeschwerde ist erfolgreich, wenn das angefochtene Urteil auf der Verletzung des rechtlichen Gehörs beruht (BVerfGE 13, 132, 145; 28, 17, 19). Allerdings ist zu beachten, dass Verstöße grundsätzlich im weiteren Verfahren geheilt werden können, vorausgesetzt es wird erkennbar, dass das Gericht den Mangel wirklich behoben hat (BVerfG, Kammer, NJW 2009, 1584). Gravierende Organisationsmängel und Verfahrensverzögerungen können Amtshaftungsansprüche auslösen (BVerwG, NJW 2016, 3464 – Entschädigung wegen überlanger Verfahrensdauer; *Brüning*, NJW 2007, 1094). 14

Literatur zu § 35 II (s. auch § 1, nach Rn. 21): *Degenhart* in: Isensee/Kirchhof, HdbStR V, § 115, Rn. 18; *Pache,* Das europäische Grundrecht auf einen fairen Prozess, NVwZ 2001, 1342; *Germelmann,* Das rechtliche Gehör vor Gericht im Europäischen Recht (2014); *Maurer,* Rechtsstaatliches Prozessrecht, FS 50 Jahre BVerfG (2001) II, 467 ff.; *Schulze-Fielitz/Schütz* (Hg.), Justiz und Justizverwaltung zwischen Ökonomisierungsdruck und Unabhängigkeit, DV, Beiheft 5 (2002); *Voßkuhle,* Bruch mit einem Dogma: Die Verfassung garantiert Rechtsschutz gegen den Richter, NJW 2003, 2193; *Schmidt-Aßmann,* Neue Entwicklungen zu Art. 6 EMRK und ihr Einfluß auf die Rechtsschutzgarantie des Art. 19 IV GG, FS Schmitt Glaeser (2003), 317; *Bickenbach,* Grundfälle zu Art. 19 IV GG, 2. Teil, JuS 2007, 910; *Uhle,* Das Recht auf wirkungsvollen Rechtsschutz, FS Würtenberger (2013), 935; *Hufen,* Staatsrecht II, § 21.

III. Verfahrensgleichheit – Neutralität und Unbefangenheit

1. Allgemeines

15 Verfahrensfairness, Chancengleichheit der Beteiligten und rechtliches Gehör gehören untrennbar zusammen, so dass zumeist auf eine gesonderte Darstellung der Gleichheit als Verfahrensgrundsatz verzichtet wird. In der Tat bedeutet die Gewährleistung des rechtlichen Gehörs immer zugleich, dass Verfahrensgleichheit oder auch „Waffengleichheit" – wie in der Rechtsprechung etwas martialisch benannt – zuletzt z. B. BVerfG, NJW 2020, 2021) zwischen den Beteiligten im Hinblick auf Information, Gelegenheit zur Stellungnahme und Einwirkung auf das Gericht bestehen muss. Die Ungleichbehandlung eines Beteiligten im Verwaltungsprozess ist also nicht nur durch Art. 3 GG, sondern auch durch Art. 103 GG ausgeschlossen.

Wenn hier die **Verfahrensgleichheit** besonders genannt wird, dann vor allem wegen der steigenden Zahl von Verfahren, in denen es nicht mehr ausschließlich um das „bipolare" Verhältnis von Behörde und Bürger, sondern um polygonale, also mehrseitige Rechtsverhältnisse geht, in denen das Gericht faktisch eine Art „Schiedsrichterrolle" zwischen verschiedenen privaten und öffentlichen Belangen wahrzunehmen hat. Hier besteht die grundsätzliche Aufgabe des Verwaltungsgerichts, prozessuale Chancengleichheit zwischen den Beteiligten zu wahren – ein Prinzip, das nicht auf ein allgemeines „Willkürverbot" reduziert und damit verharmlost werden darf (*Höfling,* JZ 1991, 955).

2. Ausgleichende Verfahrensgerechtigkeit

16 Neben dieser eher formalen, auch mit „Neutralität" zu kennzeichnenden Verpflichtung des Gerichts besteht aber auch eine **Für-**

sorgepflicht im Hinblick auf die unterschiedliche Artikulationsfähigkeit der Beteiligten, die ungleich verteilten Chancen, sich Gehör zu verschaffen, und die bestehenden Informationsdefizite. Diese Pflicht ist auch in § 86 III VwGO angesprochen, denn die Beseitigung von Formfehlern, die Erläuterung unklarer Anträge, die Stellung sachdienlicher Anträge und die Ergänzung ungenügender tatsächlicher Angaben dienen der Verfahrensgleichheit. Der Gleichheitssatz wirkt hier **kompensatorisch** und ist zugleich ein wichtiger Ausdruck des Minderheitenschutzes.

Wichtigster Ausdruck kompensatorischer Verfahrensgleichheit ist die **Prozesskostenhilfe** gemäß § 166 VwGO i. V. m. §§ 114 ff./§ 569 III Nr. 2 ZPO, die es oft erst ermöglicht, dass sich rechtliches Gehör im Verwaltungsprozess verschafft. Deshalb hat die Rechtsprechung auch immer wieder betont, dass keine zu strengen Anforderungen an die Voraussetzungen der Prozesskostenhilfe im Verwaltungsprozess, insbes. die Erfolgsaussichten (dazu *Unger*, DVBl 2015, 1425) gestellt werden dürfen und einer armen Partei die Prozessführung nicht unmöglich gemacht werden darf (BVerfGE 78, 104, 120). Auch ist zu vermeiden, dass schwierige Rechts- und Tatfragen der Hauptsache praktisch in das Prozesskostenhilfeverfahren vorgezogen werden (BVerfG, Kammer, NJW 2008, 1060).

3. Neutralität und Unbefangenheit der Gerichtspersonen

In den Zusammenhang des rechtlichen Gehörs **und** der Verfahrensgleichheit gehören diejenigen Vorschriften, die die Neutralität und Unbefangenheit der Gerichtspersonen sichern sollen. Art. 101 I 2 GG gewährt nicht nur ein Recht auf den gesetzlichen Richter, sondern auch ein Recht auf den unparteilichen Richter (BVerfG, Kammer, NVwZ 1996, 885). Das folgt auch aus Art. 6 I EMRK (EGMR, NVwZ 2016, 1541; z. Verhältnis zur Meinungsfreiheit des Richters: EGMR, NVwZ-RR 2020, 1032).

Für das Verwaltungsprozessrecht soll dies in erster Linie § 54 VwGO (Ausschließung und Ablehnung von Gerichtspersonen) sicherstellen, der in seinem allgemeinen ersten Absatz auf die §§ 41–49 ZPO verweist und der nicht nur für Richter, sondern auch für sonstige „Gerichtspersonen" wie Sachverständige, Dolmetscher usw. gilt. Nach § 54 II und III VwGO ist von der Ausübung des Amtes als Richter oder ehrenamtlicher Richter ausgeschlossen, wer bei dem vorausgegangenen Verwaltungsverfahren mitgewirkt hat oder der Vertretung einer Körperschaft (z. B. dem Gemeinderat) angehört, deren Interessen durch das Verfahren berührt werden. **Beispiel:** Befangenheit eines ehrenamtlichen Richters als Kreistagsmitglied (BVerwG, NVwZ – RR 2017, 468). Ausgeschlossen (auch als ehrenamtlichen Richter) sind die am vorangegangenen Verwaltungsverfahren beteiligten Beamten, Prozessbevollmächtigte

(Rhl.-Pf-VerfGH, NJW 2015, 2104) ein an der Erteilung des Einvernehmens nach § 36 BauGB beteiligtes Gemeinderatsmitglied (BVerfG, Kammer, NVwZ 1996, 885). Ein besonderes Problem stellt die Mitwirkung von technischen Sachverständigen aus dem Behördenbereich dar. So wird sich nicht immer vermeiden lassen, dass Sachverständige aus staatlichen Untersuchungsämtern im Verwaltungsprozess mitwirken. Jedenfalls ist ein Sachverständiger befangen, wenn er der über den Streitgegenstand entscheidenden Behörde angehört (BVerwG, NVwZ 1999, 184).

19 Im Hinblick auf die übrigen Befangenheitsgründe sei hier nur auf §§ 41 ff. ZPO verwiesen. Misstrauen gegen die Unparteilichkeit eines Richters (§ 42 II ZPO) kann sich sowohl aus seinem Verhalten in der Öffentlichkeit als auch seiner Verfahrensführung ergeben (**Beispiel:** LSG NRW, NJW 2003, 2933 – Bezeichnung eines Sachvortrags als „Unsinn"). Auch disqualifiziert sich ein Richter, der deutliche Sympathie für rechtsextremistische Positionen äußert, für alle ausländerbezogenen Prozesse (so für entsprechende Strafverfahren OLG Karlsruhe, NJW 1995, 2503). Eine in der Fachliteratur oder einem Vortrag geäußerte wissenschaftliche Auffassung führt aber selbst dann nicht zur Befangenheit, wenn sie zweifelhaft und für den zu entscheidenden Rechtsstreit von Bedeutung ist (BVerfG, Kammer, NVwZ 2009, 581; BVerfG, Kammer, NJW 2011, 3637; BVerwG, NVwZ 2019, 653). Dasselbe gilt für eine politische Meinung oder für die bloße Zugehörigkeit zu einer politischen Partei oder Religionsgemeinschaft (BVerfG, Kammer, NVwZ 2013, 1335). Auch allgemeine, den Richter wie jeden anderen treffende Vor- oder Nachteile des Prozessgegenstands machen ihn nicht befangen (**Beispiel:** Grundbesitz in der Nähe eines geplanten Einkaufszentrums – OVG Berlin, NJW 2000, 2690). Richterliche Hinweise und Anregungen im Verfahren selbst sind grundsätzlich kein Grund für eine Befangenheit. Der Richter darf sich aber nicht zum Berater eines Beteiligten machen (BVerwG, NVwZ 2018, 181). Auch ist derjenige Vorsitzende nicht befangen, der die Parteien in einem Verfahren zur Eile treibt oder auf die Verjährung eines Anspruchs hinweist (BGH, NJW 1998, 612); anders kann es sich bei Spott eines Richters über Beruf einer Partei verhalten (BVerfG, BeckRs 2020, 27766); schöner Fall: OLG München, NJW 2000, 748 – keine Befangenheit wegen Terminierung zum Faschingsbeginn um 11.11 Uhr.

20 Liegt ein Ausschließungsfall vor, so bestimmt sich das Verfahren nach den §§ 44–48 ZPO. Es entscheidet – auch beim Antrag gegen einen Einzelrichter – der jeweilige Spruchkörper (BVerwG, NVwZ 2013, 225). Die Mitwirkung eines ausgeschlossenen Richters ist ein Revisionsgrund (§ 138 Nr. 2 VwGO).

Literatur zu § 35 III: *Dörr,* Faires Verfahren. Gewährleistung im Grundgesetz der Bundesrepublik Deutschland (1984); *Schmid,* in: Sodan/Ziekow, VwGO, § 173, Rn. 25; *Roth,* Richterliche Vorbefassung und das Konzept der objektiven Befangenheit, DÖV 1998, 916; *Berg,* Die Verwaltung und ihre Richter, FS Maurer (2001), 529; *Schenk,* Neue Rechtsprechung zum Verwaltungsprozessrecht, NVwZ 2017, 925.

IV. Untersuchungsgrundsatz

1. Allgemeines

Im Verwaltungsprozess gilt der **Untersuchungsgrundsatz**. Das heißt: Das Gericht erforscht den Sachverhalt **von Amts wegen** (§ 86 I VwGO). Es ist an das Vorbringen und an die Beweisanträge der Beteiligten nicht gebunden. Wie im Strafverfahren, im finanzgerichtlichen und sozialgerichtlichen Prozess, in weiten Bereichen der freiwilligen Gerichtsbarkeit und auch in bestimmten Feldern des Zivilprozesses wird unterstellt, dass das öffentliche Interesse an einer richtigen Entscheidung die Notwendigkeit einer objektiv richtigen und vollständigen Sachverhaltsermittlung voraussetzt. Die VwGO geht also davon aus, dass es einen gleichsam objektiv vorgegebenen Sachverhalt gibt, der ggf. auch unabhängig von den Parteien „erforscht" werden kann. Darin liegt eine Abkehr von dem im Zivilprozess in der Regel geltenden Beibringungsgrundsatz *(„da mihi factum – dabo tibi ius")*.

Der Untersuchungsgrundsatz steht in engem Zusammenhang zum Grundsatz des rechtlichen Gehörs und zur Verfahrensgleichheit (BVerfG, Kammer, NVwZ 2016, 626). Ein Verstoß gegen eine einfachgesetzlich vorgesehene Pflicht zur Sachverhaltsaufklärung bedeutet für sich genommen aber noch keinen Verfassungsverstoß. Verfassungswidrig ist eine Entscheidung jedoch, wenn aussichtsreiche Aufklärungsmöglichkeiten unterblieben sind oder spezifisch institutionalisierte Erleichterungen oder Unterstützungsmaßnahmen außer Acht gelassen wurden. Die eigentliche Bedeutung des Untersuchungsgrundsatzes liegt weniger im Erforschen eines „objektiv" richtigen Sachverhalts als in der Vollständigkeit, Offenheit und Neutralität der Sachaufklärung. Insofern ist das Gericht auch gehalten, Mängel in der Sachaufklärung durch die Behörde auszugleichen und den Fall „spruchreif zu machen". Der Umfang der Sachaufklärung wird dabei durch den Streitgegenstand und den Verfahrensstand bestimmt.

2. Mitwirkung der Beteiligten

In seiner „reinen Form" kann der Untersuchungsgrundsatz heute in keiner Prozessart mehr verwirklicht werden. Dazu fehlen dem Gericht oft schon die fachlichen und auch die finanziellen Mittel. Zwar gibt es keinen allgemeinen Vorbehalt der Wirtschaftlichkeit; faktisch aber ist das Gericht auch in der Sachaufklärung sehr häufig daran gehindert, z. B. kostspielige Analysen und Gutachten in Auftrag zu geben, so dass derjenige einen Vorteil hat, der in der Lage ist, solche Erkenntnisse selbst einzuführen.

Auch § 86 I VwGO selbst modifiziert die Geltung des Untersuchungsgrundsatzes bereits mit der Formulierung: *„Die Beteiligten sind dabei heranzuziehen".* Ihre Mitwirkung ist sowohl ein durch das rechtliche Gehör gewährleistetes Recht als auch eine im eigenen und im öffentlichen Interesse bestehende Pflicht. Die Beteiligten haben besonders bei offenen Fragen diejenigen Fakten beizubringen und zu belegen, die in ihrer Sphäre liegen. Insofern besteht eine echte Darlegungs- und Beweislast.

Insofern ist der Untersuchungsgrundsatz heute zumindest teilweise von Elementen des **Beibringungsgrundsatzes** und des **Kooperationsprinzips** überlagert – verbunden mit einem rechtlichen und faktischen Entscheidungs- und Bewertungsmonopol des Gerichts. Durchaus akzeptabel sind deshalb § 87b VwGO (Zurückweisung verspäteten Vorbringens) und § 92 II VwGO (Fiktion der Klagerücknahme bei „Nichtbetreiben" des Prozesses über länger als drei Monate – einschränkend dazu aber BVerwG, NVwZ 2000, 1297 und NVwZ 2001, 918; Bedenken bei *Schenke,* VwProzR, Rn. 24).

3. Verstöße gegen den Untersuchungsgrundsatz – Folgen von Fehlern

23 Unterläßt das Gericht eine sachlich gebotene und letztlich erhebliche Sachaufklärung, so stellt dies einen Verfahrensmangel dar. Das gleiche gilt, wenn es sich ohne Ausgleich auf Sachangaben einer Seite verlässt, obwohl der Streitgegenstand und die Sachlage eine Gegendarstellung der anderen Seite oder ein objektives Sachverständigen-Gutachten erforderlich machen. Setzt die tatsächliche Würdigung des Sachverhalts eine besondere Sachkunde voraus und beabsichtigt das Gericht, ohne Hinzuziehung eines Sachverständigen zu entscheiden, so muss es im Urteil seine besondere Sachkunde belegen (BVerwG, NVwZ 1987, 47).

Besonders wichtig ist es, dass sich das Gericht unabhängig von den Parteien „selbst ein Bild macht". Die kritiklose Übernahme von Daten oder sonstigen Angaben einer Behörde oder eines Antragstellers ist insofern ein Fehler, wie z. B. die ungeprüfte Übernahme von amtlichen Auskünften des Auswärtigen Amtes in einem so heiklen und umstrittenen Feld wie dem Asylrecht (dazu insbes. BVerwGE NVwZ 1990, 878; BVerfGE 63, 215, 225). Einen Fehler begeht das Gericht auch, wenn es die Mitwirkungspflicht überdehnt, z. B. vom Betroffenen die Beibringung von Fakten erwartet, die erkennbar nicht in dessen Sphäre oder Erkenntnisbereich fallen (BVerwG, NVwZ 1987, 407).

Literatur zu § 35 IV: *Marx,* Die Notwendigkeit und Tragweite der Untersuchungsmaxime in den Verwaltungsprozessgesetzen (VwGO, SGG, FGO) (1985); *Jacob,* Der Amtsermittlungsgrundsatz vor dem Verwaltungsgericht. JuS 2011, 510; *Müller,* Der Amtsermittlungsgrundsatz in der öffentlich-rechtlichen Gerichtsbarkeit, JuS 2014, 324; *Kaufmann,* Untersuchungsgrundsatz und Verwaltungsgerichtsbarkeit (2002).

V. Verfügungsgrundsatz

Im Hinblick auf die eigentlichen Klageanträge und damit auf den Streitgegenstand gilt im Verwaltungsprozess der **Verfügungsgrundsatz** (Dispositionsmaxime). Das heißt: Das Gericht ist im Hinblick auf den Streitgegenstand an die Anträge der Parteien gebunden. Diese können also über den Umfang des Verwaltungsprozesses sowie über Beginn und Ende des Rechtsstreits verfügen. Der Gegenbegriff ist die Offizialmaxime, d. h. die Bestimmung des Gerichts über den Streitgegenstand von Amts wegen. Diese herrscht z. B. im Strafprozess. 24

Die wichtigste Folge der Dispositionsmaxime ist: Das Gericht wird in der Regel **nur auf Antrag** tätig (vgl. §§ 42 I, 80 V, 123 VwGO) und es darf **nicht über die Klageanträge hinaus** entscheiden oder etwas zusprechen, was nicht beantragt wurde (**ne ultra petita** – vgl. § 88 VwGO). Der Kläger kann die Klage ändern (§ 91 VwGO) oder auch zurücknehmen (§ 92 I VwGO). Selbst nach Antragstellung in der mündlichen Verhandlung ist dies mit Einwilligung des Beklagten möglich. Ist die Klage zurückgenommen, so muss das Gericht das Verfahren durch Beschluss einstellen. Ausdruck des Verfügungsgrundsatzes sind auch der Vergleich (§ 106 VwGO) sowie Anerkenntnis und Klageverzicht. Die Bindung des Gerichts an den Klageantrag enthält zwangsläufig auch ein **Verbot der „reformatio in peius"** zwischen den Instanzen der Verwaltungsgerichtsbarkeit. Der Verfügungsgrundsatz geht im Verwaltungsprozess aber nicht so weit, dass das Gericht sich nur um die gestellten Anträge kümmern dürfte. So ist es an die **Fassung der Anträge nicht gebunden;** der Vorsitzende oder der Berichterstatter hat vielmehr auf die Ergänzung der Klage (§ 82 II VwGO) und auf die Beseitigung von Formfehlern, auf die Erläuterung und Ergänzung von Anträgen und tatsächlichen 25

Angaben hinzuwirken (§ 86 III VwGO). Auch an die **Beweis**anträge (nicht zu verwechseln mit dem eigentlichen Klageantrag) ist das Gericht nach § 86 I VwGO nicht gebunden. Untersuchungsgrundsatz und Dispositionsmaxime sind also kein Gegensatz – sie ergänzen sich vielmehr.

Verstößt das Gericht gegen den Verfügungsgrundsatz, indem es etwas nicht Beantragtes zuspricht oder den Prozess nach Erledigung oder Rücknahme der Klage fortsetzt, so liegt hierin ein Fehler und ein Revisionsgrund.

Literatur zu § 35 V: *Schenke,* VwProzR, Rn. 19; *Schmitt Glaeser/Horn,* VwProzR, Rn. 538; *Rossen-Stadtfeld,* Gesetzesvollzug durch Verhandlung. Kann der Verwaltungsrichter von der Verwaltung lernen?, NVwZ 2001, 361.

VI. Amtsbetrieb, Konzentrationsmaxime

26 Im Rahmen der gestellten Klageanträge wird der Verwaltungsprozess durch das Gericht bestimmt. Es herrscht also „**Amtsbetrieb**". Das Gericht selbst, nicht die Parteien, ist für die Zustellung der Klage und des Urteils, die Terminierung, die Sachaufklärung usw. verantwortlich.

Eng damit zusammen hängt die **Konzentrationsmaxime**, also die Aufgabe des Gerichts, das Verfahren so konzentriert und beschleunigt wie möglich zu führen. Das heißt z. B., dass die mündliche Verhandlung so vorbereitet sein muss, dass sie nicht nur in einem Zuge durchgeführt werden, sondern dass auch möglichst schnell entschieden werden kann. Verstöße gegen den Amtsbetrieb und die Konzentrationsmaxime sind naturgemäß schwierig festzustellen und zu ahnden. Deshalb ist die Konzentrationsmaxime im Zusammenhang mit der angestrebten Verfahrensbeschleunigung heute in Normen wie § 87 VwGO (vorbereitende Anordnungen), § 87a (vorbereitendes Verfahren), § 87b (Zurückweisung verspäteten Vorbringens) und § 92 II (Fiktion der Klagerücknahme) konkretisiert. Auch § 116 I 1 VwGO (Urteilsverkündung im Termin der letzten mündlichen Verhandlung) kann als Ausdruck der Konzentrationsmaxime gesehen werden.

Literatur zu § 35 VI: *Schenke,* VwProzR, Rn. 26/27

VII. Mündlichkeit, Unmittelbarkeit

Grundsätzlich entscheidet das Verwaltungsgericht **aufgrund mündlicher Verhandlung** (§ 101 I VwGO). Das Gegenteil wäre ein rein schriftliches Verfahren nach Lage der Akten. Der Grundsatz der Mündlichkeit bedeutet, dass die Streitsache in rechtlicher und tatsächlicher Hinsicht in der mündlichen Verhandlung erörtert wird (§ 104 I VwGO) und dass sich die Beteiligten dazu äußern können. 27

Der Grundsatz der Mündlichkeit gilt aber nur, soweit nichts anderes bestimmt ist (§ 101 I VwGO, zu den Ausnahmen unten § 37 Rn. 2). Nicht mehr haltbar – schon wegen Art. 6 I EMRK und des dort festgelegten Anspruchs auf **öffentliche Verhandlung** – ist die frühere Auffassung vom Fehlen eines subjektiven Anspruchs auf die Durchführung einer mündlichen Verhandlung (vgl. etwa BVerwGE 57, 272, 273). Dasselbe gilt im Grunde für § 47 V VwGO, wonach das OVG im Normenkontrollverfahren ohne mündliche Verhandlung durch Beschluss entscheiden kann, „wenn es diese für nicht erforderlich hält". Deshalb hat im Normenkontrollverfahren über einen Bebauungsplan jedenfalls der Eigentümer eines im Plangebiet liegenden oder eines zumindest unmittelbar beeinträchtigten Grundstücks einen Anspruch auf mündliche Verhandlung (so BVerwG, NVwZ 2000, 810 und BVerwG, NVwZ 2002, 87). Auch im Übrigen gilt: Wird im Urteilsverfahren trotz fehlenden Einverständnisses der Beteiligten ohne Durchführung einer mündlichen Verhandlung entschieden, so liegt darin ein Verstoß gegen das rechtliche Gehör und das Urteil ist fehlerhaft (BVerwG, NVwZ 2009, 59). Unter dem Einfluss des EGMR und des BVerfG ist hier die Rechtsprechung in den vergangenen Jahren erheblich strenger geworden (*Hufen*, JuS 2009, 1044). Vor allem vor dem Hintergrund der Corona-Pandemie erlangt aber (bei Einverständnis der Parteien) die Möglichkeit der Durchführung der mündlichen Verhandlung in Form einer **Videokonferenz** immer größere Bedeutung (Beispiel: BVerwG, 17.11. 2020 – 1 C 8.19 – Familienschutz; allg. *Greib*, JuS 2020, 521; *Windau*, NJW 2020, 2753, u. oben, § 3 Rn. 9).

In engem Zusammenhang mit dem Prinzip der Mündlichkeit steht das Prinzip der **Unmittelbarkeit.** Es bestimmt, dass das Verfahren einschließlich der Beweiserhebung nur vor dem Gericht als solchem zu erfolgen hat: „Das Gericht erhebt Beweis in der mündlichen Verhandlung" (§ 96 I VwGO). 28

Ausdruck der Unmittelbarkeit ist auch § 112 VwGO: Das Urteil kann nur von den Richtern und ehrenamtlichen Richtern gefällt werden, die an der dem Urteil zugrunde liegenden mündlichen Verhandlung teilgenommen haben. Überdies darf das VG nur solche Schriftsätze und andere Äußerungen berücksichtigen, die Gegenstand der mündlichen Verhandlung waren (vgl. § 108 II VwGO und dazu BVerwG, NVwZ 1990, 69; NJW 1995, 2303). Geht nach deren Ende ein weiterer Schriftsatz ein, so ist die Verwertung nur mit Einverständnis der Beteiligten möglich.

Der Grundsatz der Unmittelbarkeit ist verletzt, wenn das Gericht – abgesehen von den gesetzlich bestimmten Fällen – außerhalb der mündlichen Verhandlung Beweis erhebt oder Gesichtspunkte berücksichtigt, die in der mündlichen Verhandlung nicht erörtert wurden. Ein Fehler kann aber auch darin liegen, dass das Gericht oder ein einzelner Richter innerhalb der mündlichen Verhandlung durch erkennbare „innere Abwesenheit" die Angelegenheit nicht zur Kenntnis nimmt (vgl. die interessante Differenzierung in BVerwG, NJW 1986, 2721: Schließen der Augen kann auch der Konzentration dienen). In diesen Fällen ist dann auch die vorschriftsmäßige Besetzung der Richterbank gefährdet.

Literatur zu § 35 VII: *Berg,* Grundsätze des verwaltungsgerichtlichen Verfahrens, FS Menger (1985), 537; *Roth,* Der Anspruch auf öffentliche Verhandlung nach Art. 6 I EMRK im verwaltungsgerichtlichen Rechtsmittelverfahren, EuGRZ 1998, 495; *Lenz/Klose,* Der menschenrechtliche Anspruch auf mündliche Verhandlung über Normenkontrollanträge, NVwZ 2000, 1004; *Greib,* Mündliche Verhandlungen im Wege der Videokonferenz, JuS 2020, 521; *Windau,* Die Verhandlung im Wege der Bild- und Tonübertragung, NJW 2020, 2753. *Schenke,* VwProzR, Rn. 30 f.

VIII. Öffentlichkeit

29 Die Verhandlung vor dem Verwaltungsgericht ist nach § 55 VwGO i. V. m. § 169 GVG **öffentlich**.

Der Grundsatz der Öffentlichkeit stellt neben dem rechtlichen Gehör selbst das wohl traditionsreichste Prinzip des Verwaltungsprozesses und des gerichtlichen Verfahrens insgesamt dar. Obwohl im GG nicht ausdrücklich erwähnt (vgl. aber Art. 6 I EMRK), ist die Öffentlichkeit der mündlichen Verhandlung Grundprinzip des rechtlichen Gehörs und darüber hinaus des Rechtsstaats insgesamt. Ihre Bedeutung wird gerade im Verwaltungsprozess durch dessen Geschichte belegt, die immer auch eine Geschichte des Kampfes gegen die Geheimjustiz der Administrativgerichte war. Auch gegenwärtig dient die Öffentlichkeit der Kontrolle und Unabhängigkeit von Richtern und Verwaltung, daneben aber auch dem wirksamen Grundrechtsschutz.

In seiner heutigen Ausgestaltung heißt das Prinzip der Öffentlichkeit, dass die Verhandlung in einem Raum stattfindet, zu dem während ihrer Dauer grundsätzlich jedermann der Zutritt offensteht. Das heißt aber nicht, dass (außer Aufnahmen am Anfang und am Ende des Verfahrens – dazu BVerfG, NJW 2008, 977) grundsätzlich öffentliche Fernsehaufnahmen gestattet wären (zum Einfluss der Rundfunkfreiheit auf dieses Problem BVerfG, Kammer, NJW 1999, 1951 und NJW 2003, 2671; *Hufen*, StaatsR II, § 28, Rn. 33). Außerhalb der mündlichen Verhandlung, z. B. bei der Beweisaufnahme, gilt dagegen nur die sogenannte **Parteiöffentlichkeit**, d. h. der Zugang für die Beteiligten. Auch dieser Grundsatz ist allerdings streng. Eine ohne Kenntnis und Beteiligung der Parteien durchgeführte Ortsbesichtigung durch einen Sachverständigen führt z. B. zur Nichtverwertbarkeit des erstellten Gutachtens (BVerwG, NJW 2006, 2058).

Schranken für das Prinzip der Öffentlichkeit ergeben sich aus den 30 örtlichen Gegebenheiten, insbesondere der Raumkapazität des Gerichts, aber auch durch den Schutz öffentlicher oder privater Geheimnisse. Der Ausschluss aus diesen und ähnlichen Gründen ist in §§ 171a und b, 172 GVG geregelt (dazu *G. Müller*, NJW 2007, 1617). Allgemeine Rechtsgrundlage für die Einschränkung des Zugangs zum Gericht ist das Hausrecht (OVG Schleswig, NJW 2020, 3127).

Besondere Probleme im Hinblick auf die Öffentlichkeit stellen Groß- und Massenverfahren, in denen nicht selten die Prozessöffentlichkeit – statt die Unabhängigkeit des Gerichts zu fördern – massiv genutzt wird, um Druck auf das Gericht auszuüben. Das darf aber nicht zur grundsätzlichen Einschränkung der Öffentlichkeit führen. Das Gericht hat genügend Mittel, um auf Störungen angemessen zu reagieren (§§ 176–182 GVG). Im Übrigen muss das unabhängige Gericht dem geschilderten Druck standhalten, darf sich auch nicht durch „Tricks", wie die Wahl eines zu kleinen Sitzungssaales, der Öffentlichkeit entziehen. Die heute (leider) oft notwendigen Einlasskontrollen mit Sicherheitsüberprüfung sind allenfalls dann ein Verstoß gegen den Öffentlichkeitsgrundsatz, wenn sie dazu führen, dass die Teilnahme wesentlich erschwert oder unmöglich gemacht wird. Auch dann muss der Betroffene in der mündlichen Verhandlung auf den Verfahrensmangel hinweisen (OVG Berlin-Brandenburg, NJW 2010, 1620). Zulässig ist allerdings die Beschränkung der Öffentlichkeit, z. B. durch Abstandsgebote, zum Schutz der Beteiligten vor dem Hintergrund der „Corona-Krise". Rechtsgrundlage ist neben dem ISchG § 172 Ziffer 1a GVG (dazu *Kulhanek*, NJW 2020, 1183).

Verhandelt das Gericht – wie in Einzelfällen möglich – nicht im Gerichtsgebäude, so ist besonders darauf zu achten, dass diese Veränderung in geeigneter Form und rechtzeitig der Öffentlichkeit zur Kenntnis gebracht wird. Die Öffentlichkeit ist nur gewahrt, wenn das Gericht an einem allgemein zugänglichen Ort verhandelt. Das ist z. B. nicht der Fall im Dienstzimmer des vorsitzenden Richters (BAG, NJW 2016, 3611), am Rande der Autobahn oder in einer Strafanstalt. Bei Großverfahren trifft das Gericht aber keine Pflicht, die mündliche Verhandlung aus dem Gerichtsgebäude „auszulagern", um mehr Zuhörern Platz zu bieten (*Kopp/Schenke*, VwGO, § 55, Rn. 3).

Der Öffentlichkeitsgrundsatz ist verletzt, wenn das jeweilige Gebäude oder der Gerichtssaal während der mündlichen Verhandlung verschlossen sind. Das soll nach BVerwG, NVwZ 2000, 1299 aber nur gelten, wenn das Gericht dies bemerkt hat oder bei Anwendung der gebotenen Sorgfalt hätte bemerken können. Wichtig ist in jedem Fall aber, dass Zuhörer die Möglichkeit haben müssen, sich bemerkbar zu machen (so auch BVerwG, NJW 1990, 1249 – verschlossene Haupteingangstür; BGH, NJW 2011, 3800 – Schließung einer einzelnen Tür des Gerichtsgebäudes; OLG Zweibrücken, NJW 1995, 333 – Aushang: „*Das Gericht ist ab 13 Uhr geschlossen*").

Literatur zu § 35 VIII: *Strauch*, Die Öffentlichkeit und Mündlichkeit des Verwaltungsstreitverfahrens, FS Mallmann (1978), 345; *Berg*, FS Menger (1985), 537, 553; *Schenke*, VwProzR, Rn. 32; *Schmitt Glaeser/Horn*, VwProzR, Rn. 549 f.; *G. Müller*, Probleme der Gerichtsberichterstattung, NJW 2007, 1617; *Kulhanek*, Saalöffentlichkeit unter dem Infektionsschutzgesetz, NJW 2020, 1183.

§ 36 Das Verfahren bis zur mündlichen Verhandlung

I. Die Klageerhebung und ihre Wirkungen

1   Das Verfahren vor dem Verwaltungsgericht im ersten Rechtszug beginnt mit der **Erhebung der Klage** (§ 81 VwGO). Der dieses Verfahren im ersten Rechtszug betreffende 9. Abschnitt der VwGO enthält nicht nur Regelungen zum eigentlichen Verfahren, sondern in §§ 81/82 Formvorschriften und in § 84 (Gerichtsbescheid) bereits ein mögliches Verfahrensergebnis. Der Ablauf des eigentlichen Verfahrens ist in der VwGO nur in wenigen „Eckpunkten" geregelt und

wird zumeist auch in Studium und Examen nur an wenigen exemplarischen Problemen behandelt. Darauf soll sich auch die folgende Darstellung beschränken.

1. Die Rechtshängigkeit (§ 90 VwGO)

Im Verwaltungsprozess tritt die Rechtshängigkeit nicht erst mit der Zustellung der Klage an den „Gegner", sondern bereits mit deren **Eingang bei Gericht** ein (§ 90 VwGO). Das ist der wichtigste Unterschied zum Zivilprozess (§ 253 I ZPO). Rechtshängigkeit bedeutet die Anhängigkeit **dieses** Streits bei **diesem** Gericht. Der Umfang wird also durch den **Streitgegenstand** bestimmt. Erforderlich ist die Wirksamkeit der Klageerhebung (§ 81 VwGO), nicht dagegen die Zulässigkeit. Rechtshängig wird vielmehr auch die unzulässige Klage. Die Rechtshängigkeit und ihre Folgen gelten entsprechend auch für den Normenkontrollantrag und Anträge des vorläufigen Rechtsschutzes nach §§ 80 und 123 VwGO. Maßgeblich ist der Zeitpunkt des Eingangs der Klageschrift beim Gericht – auch bei einem unzuständigen Gericht. Das gilt auch, wenn beim eigentlich zuständigen Gericht Anwaltszwang besteht (BVerwG, NvWZ 2020, 1189).

Die Rechtshängigkeit endet mit der Rechtskraft des Urteils.

2. Die Unzulässigkeit eines weiteren Prozesses in gleicher Sache (§ 17 I 2 GVG)

Die Rechtshängigkeit bei dem Gericht hat eine **Sperrwirkung:** Während ihrer Dauer kann die Sache von keiner Partei anderweitig anhängig gemacht werden. Das ist für alle Gerichtszweige einheitlich in § 17 I 2 GVG geregelt. Die Rechtshängigkeit macht jede andere Klage zu demselben Streitgegenstand unzulässig (s. oben, § 23, Rn. 7).

3. Fortbestehende Zuständigkeit des Gerichts – „perpetuatio fori"

Die Rechtshängigkeit hat ferner die Wirkung, dass die einmal begründete Eröffnung des zu einem Gericht beschrittenen Rechtswegs und die Zuständigkeit des Gerichts bestehen bleiben, nachdem die Sache bei diesem durch Erhebung der Klage oder eines entsprechenden Antrags anhängig geworden ist – auch wenn die dafür ursprünglichen maßgeblichen Gründe nachträglich weggefallen sind (**perpetuatio fori**). Dieser Grundsatz ist hinsichtlich des Rechtswegs in § 17 I 1 GVG enthalten. Die perpetuatio fori hinsichtlich des zuständigen Gerichts ergibt sich aus § 83 S. 1 VwGO, der wiederum auf §§ 17a und b GVG verweist. Maßgebliche Gründe sind die rechtsstaatliche Verlässlichkeit und die Verfahrensökonomie. Das einmal angerufene und ursprünglich zuständige Gericht soll bei Eintritt der Rechtshängigkeit auch dann entscheiden, wenn sich die maßgeblichen rechtlichen und tatsächlichen Umstände – sogar einschließlich gesetzlicher Zuständigkeit (dazu BGH, NJW 2002, 1351) – zwischenzeitlich geändert haben.

II. Das Verfahren vor der mündlichen Verhandlung

5   Mit Eingang der Klage steht diese unter der Maxime des „**Amtsbetriebs**", d. h. in der Obhut des Gerichts, das von sich aus die notwendigen Schritte zur Förderung des Verfahrens und zur Vorbereitung der mündlichen Verhandlung ergreift. Diese Schritte werden hier in einer gedachten chronologischen Reihenfolge dargestellt, wobei zunächst die „Akteure" auf Seiten des Gerichts sowie die Formen prozessleitender Entscheidungen kurz vorgestellt werden sollen.

1. Die Aufgabenteilung im Gericht

6   Was die „Arbeitsteilung" des Gerichts beim Verfahren im ersten Rechtszug angeht, so gilt zwar grundsätzlich das **Kammerprinzip**, d. h. die Kammer muss handeln und entscheiden. Dieser Grundsatz ist aber zunehmend durchbrochen worden. Insbesondere weist die VwGO dem **Vorsitzenden**, dem **Berichterstatter** und dem **Einzelrichter** wichtige Aufgaben zu.

7   a) Der **Vorsitzende** der Kammer hat im Verwaltungsprozess eine doppelte Funktion: Zum einen muss er die Entscheidungen der Kammer selbst vorbereiten – er ist also immer gefragt, wenn es um die Vorbereitung solcher Entscheidungen und anderer Maßnahmen geht, die nach dem Gesetz „das Gericht" als solches zu treffen und vorzunehmen hat. Eine zu Unrecht angenommene (Eil)Zuständigkeit des Vorsitzenden bedeutet einen Verstoß gegen das Grundrecht auf den gesetzlichen Richter (BVerfG, Kammer, NJW 2018, 40).

Daneben hat der Vorsitzende als solcher eine wichtige Funktion bei der Leitung des Verfahrens: So hat er – sofern nicht bereits ein Berichterstatter bestellt ist – die Aufgabe, den Kläger zu der erforderlichen Ergänzung der Klage aufzufordern (§ 82 II 1 VwGO); er verfügt die Zustellung der Klage an den Beklagten (§ 85 VwGO); ihm obliegt primär die Erfüllung der Hinweispflicht nach § 86 III VwGO; er fordert die Beteiligten zur Einreichung von Schriftsätzen auf (§ 86 IV VwGO) und er trifft alle zur Vorbereitung der mündlichen Verhandlung notwendigen Anordnungen (§ 87 I VwGO). Der Vorsitzende kann auch über die Aussetzung und das Ruhen des Verfahrens, die Zurücknahme der Klage, die Erledigung des Rechtsstreits in der Hauptsache, den Streitwert, die Kosten und die Beiladung entscheiden. Im Einverständnis mit den Beteiligten kann er „auch sonst anstelle der *Kammer* und des *Senats*" entscheiden. An seine Stelle tritt der Berichterstatter, wenn dieser bestellt ist (§ 87a III VwGO).

b) Trotz des weitgespannten Verantwortungsbereichs des Vorsitzenden liegt der Fortgang des Verfahrens in der Praxis aber weit eher beim **Berichterstatter.** Dieser wird in § 82 II VwGO zwar einfach als ein vom Vorsitzenden bestimmter Richter bezeichnet; er ist aber – weit über die Funktion des „Berichtenden" hinaus – der eigentliche „Motor" des Verfahrens. Er prüft die Sach- und Rechtslage, bereitet die notwendigen Verfügungen und Beschlüsse des Gerichts vor, korrespondiert mit den Beteiligten und wertet deren Stellungnahmen als erster aus. Nach § 87 III VwGO kann er unter bestimmten Voraussetzungen einzelne Beweise erheben oder er kann durch das Gericht beauftragt werden, nach § 96 II VwGO Beweis zu erheben. 8

c) Strikt zu trennen vom (im Kammerprinzip tätigen) Berichterstatter ist der von der Kammer beauftragte **Einzelrichter.** Dieser unterscheidet sich vom Berichterstatter dadurch, dass er allein entscheidet und nicht nur die Entscheidung des Gerichts vorbereitet. Er ist von seiner Bestellung bis zum Ende des Verfahrens im ersten Rechtszug „das Prozessgericht" und gesetzlicher Richter i. S. von Art. 101 I GG. Auch ist er „Vorsitzender" i. S. von § 169 I S. 1 Hs. 2 VwGO bei der Vollstreckung (OVG Weimar, DVBl. 2010, 1110). 9

Nach § 6 VwGO (und zuvor bereits § 76 AsylVfG) **soll** die Kammer in der Regel den Rechtsstreit einem ihrer Mitglieder als **Einzelrichter** zur Entscheidung übertragen, wenn die Sache keine besonderen Schwierigkeiten tatsächlicher oder rechtlicher Art aufweist und die Rechtssache keine grundsätzliche Bedeutung hat. Ausnahmen gelten insoweit nur für den Richter auf Probe, der im ersten Jahr nach seiner Ernennung nicht zum Einzelrichter bestellt werden darf (§ 6 I 2 VwGO), und für Verfahren nach der mündlichen Verhandlung (§ 6 II VwGO).

Ziel dieser Vorschrift ist die Entlastung des Gerichts von Routineentscheidungen. Die Grenze des nach Art. 19 IV GG Zulässigen wird – ungeachtet der Rückübertragungsmöglichkeit auf die Kammer (§ 6 III VwGO) – überschritten, wenn die verschiedenen „Entlastungen" gemeinsam greifen: So etwa, wenn der Einzelrichter ohne mündliche Verhandlung durch Gerichtsbescheid entscheidet, Verfahrensfehler der Behörde nach § 46 VwVfG unbeachtlich sein sollen und gleichzeitig die Zulassungsberufung nach § 124 VwGO eingreift. Deshalb bleibt die Zulassung der Berufung durch den Einzelrichter wegen grundsätzlicher Bedeutung und Schwierigkeit der Rechtssache auch dann möglich, wenn die Kammer diesem die Sache mangels besonderer Schwierigkeiten und grundsätzlicher Bedeutung zugewiesen hat (BVerwG, NVwZ 2005, 98).

2. Anordnungen und Beschlüsse

10 Nach § 87 I VwGO hat der Vorsitzende oder der Berichterstatter schon vor der mündlichen Verhandlung alle Anordnungen zu treffen, die notwendig sind, um den Rechtsstreit möglichst in **einer** mündlichen Verhandlung zu erledigen. Beispiel für solche prozessleitenden Anordnungen gibt das Gesetz selbst: Ladung zur Erörterung, Aufforderung zu Ergänzung und Erläuterung vorbereitender Schriftsätze, Einholung von Auskünften, Anordnung zur Vorlage von Urkunden, Ladung von Zeugen und Sachverständigen usw.

In der Vorbereitungsphase des Verfahrens sind Entscheidungen möglich, die ihrer Rechtsnatur nach förmliche Beschlüsse sind, so z. B. die Beiladung (§ 65 I VwGO), die Entscheidung über die Prozesskostenhilfe (§ 166 VwGO i. V. m. § 144 ZPO) und die Wiedereinsetzung in den vorigen Stand (§ 60 VwGO), die Übertragung einer Angelegenheit auf den Einzelrichter (§ 6 VwGO), die Trennung und Verbindung von Verfahren (§ 93 VwGO) usw. (dazu *Jacob*, JuS 2012, 218).

3. Die Aufforderung zur Ergänzung der Klage (§ 82 II VwGO)

11 Nach § 82 II VwGO hat der Vorsitzende oder der Berichterstatter den Kläger zu der ggf. erforderlichen Ergänzung der Klage innerhalb einer bestimmten Frist aufzufordern. Das setzt eine erste Prüfung des Antrags und der zur Begründung dienenden Tatsachen und Beweismittel voraus. Die Klage wird aber nicht etwa „zurückgegeben", soweit sie diesen Anforderungen nicht entspricht. Sie bleibt vielmehr rechtshängig; die Frist des § 74 VwGO bleibt gewahrt. Versäumt der Kläger aber die Frist des § 82 II VwGO, dann ist die Klage in unzulänglicher Weise erhoben und damit möglicherweise unzulässig, wenn nicht die Frist verlängert oder Wiedereinsetzung nach § 60 VwGO gewährt wurde.

Die Pflicht des § 82 II VwGO betrifft die Klageanträge und deren Mindestanforderungen selbst, während sich die allgemeine Beratungspflicht aus § 86 III VwGO auf das gesamte Verfahren und alle Prozesshandlungen der Beteiligten bezieht. Ersteres ist deshalb besonders wichtig, weil die Mindestanforderungen nach § 82 VwGO schon zu Beginn des Verfahrens vorliegen müssen, während alle sonstigen Verfahrenshandlungen in der Regel bis zur mündlichen Verhandlung nachgeholt werden können.

4. Die Zustellung der Klage an den Beklagten und die Aufforderung zur Stellungnahme

Hat die Klage – ggf. nach Hinweis gem. § 82 II VwGO und Ergänzung – die nach § 82 I VwGO erforderliche Fassung erhalten, so verfügt der Vorsitzende die **Zustellung an den Beklagten**. Zugleich mit der Zustellung ist der Beklagte aufzufordern, sich schriftlich (oder zur Niederschrift des Urkundsbeamten der Geschäftsstelle) zur Klage zu äußern. Die Zustellung der Klage ist im Verwaltungsprozess **nicht maßgeblich für die Rechtshängigkeit (§ 90 VwGO)**, begründet aber die Beteiligtenstellung.

12

5. Die durchgängige Hinweispflicht (§ 86 III VwGO)

Der Vorsitzende hat nach § 86 III VwGO darauf hinzuwirken, dass Formfehler beseitigt, unklare Anträge erläutert, sachdienliche Anträge gestellt, ungenügende tatsächliche Angaben ergänzt, ferner alle für die Feststellung und Beurteilung des Sachverhalts wesentlichen Erklärungen abgegeben werden.

13

Diese Hinweispflicht gilt für das gesamte Verfahren, also nicht nur für die mündliche Verhandlung oder deren Vorbereitung. Sie ist Ausdruck der Offizialmaxime, darüber hinaus aber auch Merkmal des rechtlichen Gehörs und der Verfahrensgerechtigkeit. Sie gilt für alle Beteiligten, doch dient sie in der Praxis vor allem dem Ausgleich des in der Regel bestehenden Informationsvorsprungs der Behörden gegenüber dem Bürger. Im Prozess selbst hat § 86 III VwGO auch die Funktion der Verhinderung von Überraschungsverfügungen und -entscheidungen sowie der Präklusion nach § 87b VwGO (*Baudewin/Großkurth*, NVwZ 2019, 1674), darf aber nicht als allgemeine Pflicht zur Rechtsberatung durch das Gericht missverstanden werden. Die Grenzen sind hier oft fließend. An der durchgängigen Hinweispflicht des § 86 III VwGO hat sich auch durch die Einführung der §§ 87a und 87b VwGO nichts geändert. Auch den Einzelrichter nach § 6 VwGO trifft keine geringere Verpflichtung.

Hinweis: Studierende müssen § 86 III VwGO unbedingt kennen. Auch darf in der Klausur bei einem unklar gefassten oder unstatthaften Antrag der Satz nicht fehlen, dass der Vorsitzende die Beteiligten ggf. nach § 82 II oder 86 III VwGO zu einer entsprechenden Klärung auffordern muss.

Die Verletzung der Hinweispflicht ist ein wesentlicher Verfahrensmangel und darüber hinaus möglicherweise ein Verstoß gegen den Grundsatz des rechtlichen Gehörs (BVerfGE 42, 65, 72; exemplarisch BVerfG, Kammer, NVwZ 2016, 238).

Literatur: *Seibert,* Ermittlung der richtigen Klageart und richterliche Hinweispflicht im Verwaltungsprozess, JuS 2017, 122; *Baudewin/Großkurth,* Die Präklusion im Verwaltungsrecht, NVwZ 2019, 1674.

6. Die Sachaufklärung durch das Gericht

14 An den beiden zentralen Vorschriften zur Sachaufklärung und zur Beweiserhebung im Verwaltungsprozess lässt sich die Bedeutung der beiden wichtigen Verfahrensmaximen noch gut ablesen. So bestimmt § 86 I 1 VwGO: *„Das Gericht erforscht den Sachverhalt **von Amts wegen"*** und formuliert damit in klassischer Weise den **Untersuchungsgrundsatz** (dazu oben, § 35, Rn. 21 ff.). § 96 VwGO fasst Konzentrationsmaxime und Mündlichkeitsprinzip zusammen: *„Das Gericht erhebt Beweis **in der mündlichen Verhandlung".***

15 Zum Umfang der **Sachaufklärung vor der mündlichen Verhandlung** sind schon wegen der Vielfalt der Fälle kaum allgemeine Angaben zu machen. Der Sachverhalt eines modernen Verwaltungsprozesses wird in der Regel aus ggf. widersprüchlichen Angaben, Daten, Belangen und deren Bewertung bestehen. In ihm vereinigen sich empirische und normative Elemente, die nur selten als reiner „Tatbestand" zusammengefasst werden können, dem eine ebenso klar getrennte „Rechtsfolge" gegenübergestellt werden kann.

Das ändert nichts an der Bedeutung des Satzes, dass das Gericht von sich aus die je nach Einzelfall erforderlichen Elemente des Sachverhalts **von Amts wegen** erforschen muss. Das gilt besonders, wenn es um den Schutzbereich von Grundrechten geht (zum Asylrecht exemplarisch BVerfG, Kammer, 30.10.2020, NVwZ 2020, 147). Dem Gericht stehen dabei neben **Urkunden** auch **Zeugen, Sachverständige** und der **Augenschein** zur Verfügung (Einzelheiten b. *Vierhaus,* Beweisrecht im Verwaltungsprozess [2011]). An der Art der Wissensgenerierung wurde in jüngster Zeit zu Recht Kritik geübt (*Guckelberger,* DVBl. 2017, 222).

Bei der Sachaufklärung muss das Gericht alle angebotenen oder notwendigen Möglichkeiten ausschöpfen und hierbei auch Ermittlungsfehler der Behörden nach Möglichkeit korrigieren. Beweisanträge dürfen nur beim Vorliegen besonderer Ablehnungsgründe unberücksichtigt bleiben (*Vierhaus,* DVBl. 2009, 629). Der Verstoß gegen die Pflicht zur Sachverhaltsaufklärung bedeutet für sich genommen noch keinen Verfassungsverstoß. Verfassungswidrig ist eine Entscheidung jedoch, wenn aussichtsreiche Aufklärungsmöglichkeiten nicht wahrgenommen oder spezifisch institutionalisierte Erleichterungen oder Unterstützungsmaßnahmen außer Acht gelassen wurden (BVerfG, Kammer, NVwZ 2016, 626). Als ein besonderer Grund für die Nichtberücksichtigung gilt die (allerdings nachzuweisende) **Verschleppungsabsicht** (BGH, NJW 2009, 605; BVerfG, Kammer, NJW 2010, 592). Zu beachten sind die sich aus dem Geheimnisschutz und den Persönlichkeitsrechten ergebenden **Verwertungsverbote** (anders zur Verwertung von G-10 Protokollen im Prozess um Vereinsverbot OVG Bautzen, NVwZ-RR, 2016, 729).

Unter der reinen Geltung des Untersuchungsgrundsatzes hat der Kläger an sich nur Mitwirkungsrechte, aber keine Mitwirkungspflichten (vgl. auch § 103 III VwGO für die mündliche Verhandlung). In dessen eigenem Interesse kann das Gericht nach § 86 II 2. Hs. VwGO dem Kläger aber Mitwirkungspflichten bei der Sachaufklärung auferlegen – dies insbesondere bei solchen Aspekten, die in seiner eigenen Sphäre liegen. Im Normalfall muss der Betroffene selbst auf solche Tatsachenelemente hinweisen, andernfalls kann er mit diesem Vortrag präkludiert werden (*Hensel*, Substantiierungslasten im Verwaltungsprozess, NVwZ 2020, 1628). 16

Beispiele: Hinweispflicht auf Fehler im Prüfungsverfahren (BVerwG, NVwZ 1990, 65; dazu *Birnbaum*, NVwZ 2006, 286); Mitwirkung an ärztlicher Untersuchung (BVerwG, BayVBl. 1984, 87); besondere technische Aspekte eines Betriebs (BVerwG, NVwZ 2005, 218). Besondere Mitwirkungspflichten gelten im Asylprozess (§ 15 AsylVfG).

Unabhängig von dieser Mitwirkungspflicht kann das Gericht von sich aus ermitteln, Tatsachen bewerten, andere Beweise erheben usw. Auch im Übrigen ist es schon nach § 86 I 2 VwGO bei der Sachaufklärung nicht an das Vorbringen der Beteiligten gebunden. Es darf aber auch nicht ohne weiteres einen Vortrag als wahr unterstellen (BVerwGE 77, 150).

Eine **formelle Präklusion** hinsichtlich bestimmter Tatsachen ergibt sich aus § 87b III VwGO. Kommt ein Beteiligter demnach einer Aufforderung zur Angabe bestimmter, d. h. für **seine** Rechtsposition sprechender Tatsachen und Beweismittel oder zur Vorlage bestimmter Urkunden oder anderer beweglicher Sachen nicht nach, so kann das Gericht Erklärungen und Beweismittel, die erst nach Ablauf der gesetzten Frist vorgebracht werden, zurückweisen und ohne weitere Ermittlungen entscheiden, wenn ihre Zulassung nach seiner freien Überzeugung die Erledigung des Rechtsstreits verzögern würde **und** der Beteiligte die Verspätung nicht genügend entschuldigt **und** der Beteiligte über die Folgen einer Fristversäumung belehrt worden ist. Sonderbedingungen gelten wiederum im Asylprozess (§ 81 AsylVfG). (Einzelheiten zu den verschiedenen Beweisanträgen bei *Kuhla/Hüttenbrink*, VProz, S. 350 ff.). 17

18 Strikt zu unterscheiden von der formellen Präklusion nach § 87b III VwGO ist die **Fiktion der Klagerücknahme** nach § 92 II VwGO. Während erstere nur einzelne Aspekte betrifft und nicht nur beim Kläger, sondern auch beim Beklagten und anderen Beteiligten eingreift, erfasst § 92 II VwGO die Klage **als solche** und kann naturgemäß nur den Kläger betreffen: Hier gilt die Klage als zurückgenommen, wenn der Kläger das Verfahren trotz Aufforderung des Gerichts länger als zwei Monate nicht betreibt. Das stellt das Gericht durch Beschluss fest. Der Beschluss ist unanfechtbar. Zulässig ist jedoch ein Antrag auf Fortsetzung des Verfahrens (BVerfG, Kammer, NVwZ 1998, 1173; VGH München, NVwZ 1999, 896). Dann kommt es zum „Fortsetzungsstreit" (*Bühs*, NVwZ 2017, 1736). Wesentlich „entschärft" wurde die Fiktion der Klagerücknahme durch das BVerwG, das – systemgerecht – dieses Instrument der Verfahrensbeschleunigung nur dann akzeptiert, wenn die Gesamtbeurteilung des Falles auf den Wegfall des Rechtsschutzbedürfnisses schließen lässt (BVerwG, NVwZ 2000, 1297; NVwZ 2001, 918; OVG Bautzen, NVwZ-RR 2016, 199; allg. z. Fiktion der Klagerücknahme *Schifferdecker*, NVwZ 2003, 925).

19 Besondere Bedeutung hat in allen technisch oder sonst schwierigen Verfahren die Bestellung und Anhörung von **Sachverständigen** (§§ 402 ff. ZPO). Diese werden nicht wie die **Zeugen** zu einem bestimmten durch sie wahrgenommenen Vorgang des Sachverhalts befragt (Einzelheiten in §§ 373 ff. ZPO), sondern bringen ihre fachlichen Kenntnisse ein. Für ihre Tätigkeit bei Ortsterminen gilt der Grundsatz der (Partei-)Öffentlichkeit (BVerwG, NVwZ 2014, 744). Anders als die Zeugen und auch die „dazwischen stehende" Kategorie des **„sachverständigen Zeugen"** sind sie prinzipiell austauschbar (BVerwG, NJW 2011, 1983). Zur Bestellung eines Sachverständigen ist das Gericht stets verpflichtet, wenn ihm die eigene Sachkunde fehlt. Verfügt das Gericht aber schon über einen „Erfahrungsschatz" durch die häufige Begutachtung in immer wiederkehrenden ähnlichen Fragen, so kann es sich bei einem neuen Prozess darauf beziehen (BVerwG, NVwZ 1990, 571). Auch kann das Gericht Erfahrungsgrundsätze und offenkundige Tatsachen seiner Entscheidung zugrundelegen.

20 Ein wichtiges Problem stellt die Rolle von **technischen Anleitungen** (TA-Luft, TA-Lärm usw.) dar. Diese sind nicht nur im Umweltrecht heute unentbehrlich und kennzeichnen u. a. Grenzwerte, die nach dem Stand der Technik für den Grad zulässiger oder zumutbarer Immissionen stehen. Sie werden in der Praxis größtenteils von dem jeweils zuständigen Ministerium – zumeist unter Mitwirkung von ihrerseits plural besetzten Gremien von Sachverständigen – und durchaus in Kooperation mit Betroffenen (*Ladeur*, DÖV 2000, 217) formuliert (gute Übersicht bei *Wolf*, Umweltrecht, § 2, Rn. 189).

Diese technischen Anleitungen sind der Rechtsform nach Verwaltungsvorschriften, haben also keine Außenwirkung und können **als solche** im Verwaltungsprozess auch nicht überprüft werden. Andererseits sind sie aber auch nicht einfach „**antizipierte Sachverständigen-Gutachten**" (BVerwGE 55, 250, 255 – Voerde; aufgegeben in BVerwGE 72, 300, 320 – Wyhl), sondern höchst auswirkungsreiche **normkonkretisierende Verwaltungsvorschriften;** sie erreichen in der Praxis darüber hinaus eine Bindungswirkung, die ihnen eigentlich nicht zukommt. So sind sie weder eine Grundlage für Eingriffe in die Berufsfreiheit (BVerfG, Kammer, NVwZ 2007, 804) noch reichen sie für die Umsetzung von EU-Richtlinien aus (EuGH, NVwZ 1991, 866, 868). Auch betont das BVerfG (BVerfGE 78, 214, 226), dass solche technischen Anleitungen zwar eine Indizwirkung haben, dass das Gericht an sie aber keineswegs gebunden ist. Dem folgt auch die Rechtsprechung des BVerwG, die mehr auf den normativen Charakter der Anleitungen abstellt und damit die Entscheidung des Gerichts für neue oder andere Erkenntnisse offenhält (vgl. insbes. BVerwGE 72, 300, 320; BVerwG, NVwZ 1988, 825). Insbesondere ist das Gericht nicht gehindert, sondern ggf. sogar verpflichtet, sich z. B. durch eigene Ermittlungen ein Bild über die Zumutbarkeit einer bestimmten Belastung vor Ort zu verschaffen (BVerwG, NVwZ 1999, 63). Normkonkretisierende Verwaltungsvorschriften müssen jedenfalls in einem rechtlich geordneten Verfahren unter Einbeziehung aller wissenschaftlich und technisch vertretbaren Erkenntnisse ermittelt werden (*Ladeur*, DÖV 2000, 217). Das gleiche gilt für ähnliche Regelwerke, die oft den Charakter der „Quasi-Gesetzgebung" erreichen, in Wahrheit aber Produkte gesellschaftlicher Selbstnormierung sind, wie etwa DIN-Normen usw. Die fehlerhafte Anwendung technischer Richtlinien durch das VG stellt jedoch für sich genommen weder einen Verstoß gegen § 86 I noch gegen § 108 I 1 VwGO dar (BVerwG, NVwZ 1999, 64).

7. Akteneinsicht (§ 100 VwGO)

Das Verfahren vor dem VG ist beteiligtenöffentlich. Deshalb haben die Beteiligten (§ 63 VwGO) nach § 100 VwGO grundsätzlich das Recht, Gerichtsakten und die dem Gericht vorgelegten Akten einzusehen. Eine ungerechtfertigte Verweigerung dieses Rechts kann das rechtliche Gehör verletzen (BVerfG, Kammer, NJW 2018, 1077). Im Zeitalter der elektronischen Aktenführung muss den Berechtigten auch der elektronische Zugriff auf den Inhalt der Akten ermöglicht werden (§ 100 II 2 VwGO; dazu *Hähnchen*, NJW 2005, 2257). Das Akteneinsichtsrecht bezieht sich auf Gerichtsakten i. e. S. und vorgelegte Akten. Ausdruck des Akteneinsichtsrechts ist – wie in anderen Verfahrensordnungen – die Möglichkeit, sich durch die Geschäftsstelle Ausfertigungen, Auszüge und Abschriften – heute also Fotokopien oder Scans – erteilen zu lassen oder selbst zu fertigen (Einschränkung im Asylprozess – § 82 AsylVfG). Die Versendung der Akten an einen Bevollmächtigten darf jedenfalls nicht grundlos verweigert werden (BVerfG, Kammer, NJW 2012, 141). Obwohl sich die Akteneinsicht auf die eigentliche Verfahrensdauer bezieht, kann es ein berechtigtes Interesse zur Akteneinsicht auch nach Abschluss des Verfahrens geben.

Das Akteneinsichtsrecht erstreckt sich **nicht** auf Entwürfe zu Urteilen, Beschlüssen und Verfügungen sowie die Arbeiten zu ihrer Vorbereitung und auch nicht auf Schriftstücke, die Abstimmungen betreffen. Geschützte Rechtsgüter sind hier die Unabhängigkeit des Gerichts und das Beratungsgeheimnis.

Da in der VwGO eine Vorschrift wie § 30 VwVfG fehlt, besteht hinsichtlich des Geheimnisschutzes sonstiger Beteiligter eine Regelungslücke. Es folgt aber schon aus Art. 2 I i. V. m. Art. 1 GG, dass die Beteiligten auch vor dem Verwaltungsgericht einen Anspruch darauf haben, dass ihre persönlichen sowie die Betriebs- und Geschäftsgeheimnisse nicht an die Öffentlichkeit gelangen. Entschärft wird das Problem dadurch, dass die meisten derartigen Geheimnisse in Behördenvorgängen festgehalten sein dürften. Dann muss die Behörde nach § 99 I VwGO bei der Vorlage solcher Unterlagen neben staatlichen Geheimhaltungsbedürfnissen auch Grundrechte der übrigen Beteiligten berücksichtigen und ggf. die Vorlage von Urkunden oder Akten und die Erteilung von Auskünften verweigern (BVerfG, NVwZ 2006, 1041) – ggf. sogar über den Tod eines Informanten hinaus (BVerwG, NVwZ 2020 78). Auch muss im Moment einer behördlichen Freigabeentscheidung nach § 99 I VwGO feststehen, dass der Inhalt der Akte nach Rechtsauffassung des Hauptsachegerichts für die Entscheidung des Rechtsstreits erheblich ist (BVerwG, NVwZ 2006, 700).

Im Übrigen sind das Vorlageverfahren und die Verweigerung der Vorlage in § 99 II VwGO geregelt (lex specialis zu allen übrigen Geheimhaltungsvorschriften- BVerwG, NVwZ 2005, 334). Nachdem das BVerfG die begründungslose Verweigerung der Aktenvorlage für verfassungswidrig erklärt hatte (BVerfGE 101, 106, 121), sieht § 99 II VwGO ein sehr kompliziertes, vor dem OVG – bei obersten Bundesbehörden sogar vor dem BVerwG – durchzuführendes Prüfungsverfahren („**in camera-Verfahren**") zur Frage der Berechtigung der Verweigerung der Aktenvorlage vor (dazu *Redeker/Kothe*, NVwZ 2002, 313; *Bickenbach*, BayVBl 2003, 295). Voraussetzung ist die Feststellung der Entscheidungserheblichkeit der streitigen Unterlagen durch das Gericht der Hauptsache (BVerwG, NVwZ 2016, 467). Zum „in camera Verfahren" ist die oberste Aufsichtsbehörde stets beizuladen (BVerfG, NVwZ 2002, 1504). Eingebrachte Schriftsätze sind dem Prozessgegner vollständig und ohne Schwärzungen zugänglich zu machen (BVerwG, NVwZ 2004, 486). Über die Rechtserheblichkeit für die Hauptsache entscheidet das Gericht der Hauptsache, nicht das „in camera-Gericht" (BVerwG, NVwZ 2004, 485). Ob die innerhalb des in camera-Verfahrens selbst gewonnenen Informationen verwertet werden dürfen, ist umstritten (*Oster,* DÖV 2004, 916; *Mayen,* NVwZ 2003, 537). Klargestellt ist inzwischen auch, dass das Verfahren des § 99 II VwGO über die (ursprünglich erfaßte „Staatsschutzproblematik") hinaus auch dem Schutz privater Geheimnisse dient (BVerfG, NVwZ 2006, 1041; BVerwG, NVwZ 2004, 745; *Ohlenburg,* NVwZ 2005, 15).

Besondere Probleme bestehen, wenn sich der Rechtsstreit gerade um die Reichweite des Informationsanspruchs dreht. Das ist besonders praxisrelevant im Hinblick auf Ansprüche aus dem VIG und dem IFG. Hier darf das Akteneinsichtsrecht nicht dazu führen, dass der Kläger Kenntnisse erhält, um die es im Prozess geht, und dass er Geheimnisse erfährt, die geschützt sind. Deshalb muss auch in diesem Fall die Möglichkeit der Verweigerung der Akteneinsicht nach § 99 II VwGO und des in-camera-Verfahrens bestehen (OVG Koblenz, NVwZ 2009, 477; *Weber,* NVwZ 2008, 1284; *Schenke,* NVwZ 2008, 938; *Schoch,* FS Würtenberger 2013, 893 ff.; zurückhaltender BVerwG, NVwZ 2010, 194 – in-camera-Verfahren nur bei besonderem Geheimhaltungsbedarf). Das ist zwar aufwendig, angesichts der Bedeutung von persönlichen und geschäftlichen Geheimnissen aber unumgänglich (*Hufen,* in: Dicks, Informationsfreiheit und Informationsrecht, Jahrbuch 2008, S. 123 ff.; *Mühlbauer,* DVBl. 2009, 354). Im Ergebnis darf der Geheimnisschutz nur dann zurücktreten, wenn das Informationsinteresse des Klägers das Geheimhaltungsinteresse überwiegt (BVerwG, NVwZ 2008, 554 – Störfall in KKW). Dabei ist der Maßstab der Auswirkungen auf Belange der inneren und äußeren Sicherheit (§ 3 Nr. 1c. IFG) voll richterlich überprüfbar (BVerwG NVwZ 2018, 1229). Umgekehrt besteht kein schützenswertes Interesse an der Geheimhaltung, wenn die Offenlegung kein exklusives, die Wettbewerbssituation beeinflussendes Wissen betrifft (BVerwG, NVwZ 2009, 1113). Die Formulierungen zeigen, dass es hier stets um sehr komplexe Abwägungen geht, bei denen aber den Grundrechtspositionen der Betroffenen i.d.R der Vorrang vor allgemeinen Informationsinteressen gebührt.

Insgesamt kann gesagt werden, dass § 99 II VwGO nach wie vor zu den brisantesten (und damit prüfungsrelevanten) Verfahrensvorschriften der VwGO zählt.

Literatur zu § 36 II – Verfahren vor der mündlichen Verhandlung, Sachaufklärung, Akteneinsicht, in camera Verfahren: *Schifferdecker,* Einwilligungsfiktion zur Klagerücknahme im Verwaltungsprozess, NVwZ 2003, 925; *A. Schulz,* Die Verwendung von Sachverständigengutachten als Urkunden und das Fragerecht der Beteiligten im Verwaltungsprozess, NVwZ 2000, 1367; *Zimmer,* Gerichtliche Ermittlungspflicht und Mitwirkung der Beteiligten bei der Aufklärung naturwissenschaftlicher und technischer Fragen im Verwaltungsprozess, LKRZ 2009, 285; *Vierhaus,* Beweisantragsrecht im Verwaltungsprozess, DVBl. 2009, 629; *Jacob,* Verfügungstechnik im verwaltungsrichterlichen Dezernat, JuS 2012, 218; *Redeker/Kothe,* Die neue Regelung zur Überprüfung verweigerter Aktenvorlage im Verwaltungsprozess, NVwZ 2002, 313; *Bickenbach,* Das „in camera"-Verfahren, BayVBl 2003, 295; *Neumann,* In-camera-Verfahren vor den Verwaltungsgerichten, DVBl 2016, 473; *Mayen,* Verwertbarkeit von geheim gehaltenen Verwaltungsvorgängen im gerichtlichen Verfahren?, NVwZ 2003, 537; *Oster,* Die Verwertbarkeit in camera gewonnener Informationen, DÖV 2004, 916; *Ohlenburg,* Geheimnisschutz im Verwaltungsprozess, NVwZ 2005, 15 ff.; *Mühlbauer,* Rechtsschutz gegen behördliche Entscheidungen nach dem Verbraucherinformationsgesetz, DVBl. 2009, 354; *Weber,* Informationsfreiheitsgesetze und prozessuales Akteneinsichtsrecht, NVwZ 2008, 1284; *Schenke,* Der Geheimnisschutz Privater im verwaltungsgerichtlichen Verfahren, NVwZ 2008, 938; *Schüly,* Das „in-camera-Verfahren" der Verwaltungsgerichtsordnung (2006); *Hufen,* Offene Verfassungsfragen im Zusammenhang mit Informationsansprüchen nach dem VIG in: Dicks, Informationsfreiheit und Informationsrecht, Jahrbuch 2008, S. 123 ff.; *Schemmer,* Das in-camera-Verfahren nach § 99 Abs. 2 VwGO, DVBl. 2011, 323; *Hyckel,* Prozessökonomie. Theorie u. Methodik effizienter R-Erkenntnis im VProz (2019); *Vierhaus,* Beweisrecht im Verwaltungsprozess (2011); *Peters/Kukk/Ritgen,* Der Beweis im Verwaltungsrecht (2019); *Schmidt-Aßmann,* In-camera-Verfahren, FS Schenke (2011), 1147; *Schoch,* Verselbstständigung des „in-camera"-Verfahrens im Informationsfreiheitsrecht? NVwZ 2012, 85; *ders.* Das gerichtliche „in-camera"-Verfahren im Informationsfreiheitsrecht, FS Würtenberger (2013), 893; *Troidl,* Akteneinsicht im Verwaltungsrecht (2013); *Guckelberger,* Wissensgenerierung im Verwaltungsprozess, DVBl. 2017, 222.

III. Die Widerklage (§ 89 VwGO)

22   Lt. § 89 VwGO kann bei dem „Gericht der Klage" eine Widerklage erhoben werden, wenn der Gegenanspruch mit dem in der Klage geltend gemachten Anspruch oder mit den gegen ihn vorgebrachten Verteidigungsmitteln zusammenhängt.

Die Widerklage kommt – ohne dass es einer besonderen Erwähnung in § 89 II VwGO bedurft hätte – für Anfechtungs- und Verpflichtungsklagen und auch bei der Normenkontrolle nicht in Betracht. Ihr so gut wie einziges Anwendungsfeld ist die allgemeine Leistungsklage aus öffentlich-rechtlichem Vertrag, weil praktisch nur hier der für die Widerklage typische enge Sachzusammenhang denkbar ist, bei dessen Vorliegen verschiedene Rechtsbeziehungen in einem Rechtsstreit geklärt werden können. Insgesamt ist die Widerklage im Verwaltungsprozess möglich, aber selten. Ihre wesentlichen Voraussetzungen seien daher hier nur in aller Kürze zusammengefasst. Neben den sonstigen Zulässigkeitsvoraussetzungen sind dies:

– Antragsberechtigt ist **nur der Beklagte**, nicht etwa ein Beigeladener.
– Bei der „Ausgangsklage" darf es sich **nicht** um eine Anfechtungs- oder Verpflichtungsklage handeln. Auch bei der Normenkontrolle ist die Widerklage aus der Natur der Sache ausgeschlossen.
– Eine Klage muss **rechtshängig** sein (§ 90 VwGO).
– Die Widerklage muss bei dem für die Hauptklage **zuständigen Gericht** erhoben werden; in der Revisionsinstanz ist sie – von eng begrenzten Ausnahmen abgesehen – unzulässig (BVerwGE 44, 351, 360).
– Der Gegenanspruch muss mit dem in der (Ausgangs-)Klage geltend gemachten Anspruch oder mit den gegen ihn vorgebrachten Verteidigungsmitteln zusammenhängen (Konnexität).

IV. Verbindung und Trennung von Verfahren (§ 93 VwGO)

Nach § 93 VwGO kann das Gericht durch Beschluss mehrere bei ihm anhängige Verfahren über den **gleichen Gegenstand** (sprachlich richtig wäre: „über den**selben** Gegenstand") zu gemeinsamer Verhandlung und Entscheidung verbinden und wieder trennen. Es kann auch anordnen, dass über mehrere in einem Verfahren erhobene Ansprüche in getrennten Verfahren verhandelt und entschieden wird. Verbindung und Trennung liegen – sofern die Voraussetzungen gegeben sind – im Ermessen des Gerichts (OVG Münster, NJW 2011, 871). 23

Einen Sonderfall der Abtrennung regelt § 93a VwGO: Hier kann ein Verfahren bei mehr als 20 Klagen gegen das gleiche behördliche Vorhaben abgetrennt werden, um es als **Musterverfahren** vorab durchzuführen und die übrigen Verfahren zwischenzeitlich auszusetzen. Auch diese Entscheidung ergeht durch Beschluss. Da es sich um eine Zwischenentscheidung im Prozess handelt ist sie weder durch Beschwerde nach § 146 VwGO noch durch eine Verfassungsbeschwerde anfechtbar (BVerfG, Kammer, NVwZ 2011, 611).

V. Aussetzung, Unterbrechung und Ruhen des Verfahrens

24 Wenn es im laufenden Verfahren notwendig oder zweckmäßig ist, eine rechtliche oder tatsächliche Klärung abzuwarten, kann das Gericht die **Aussetzung**, die **Unterbrechung** und das **Ruhen** des Verfahrens anordnen.

1. Aussetzung

25 Von den verschiedenen Möglichkeiten der **Aussetzung** des Verfahrens regelt § 94 S. 1 VwGO nur den Fall, dass die Entscheidung des Rechtsstreits ganz oder zum Teil vom Bestehen oder Nichtbestehen eines Rechtsverhältnisses abhängt, das den Gegenstand eines **anderen anhängigen Rechtsstreits** bildet oder von einer Verwaltungsbehörde festzustellen ist (Vorgreiflichkeit).

Die Aussetzung kommt ferner in folgenden Fällen in Betracht:

– Wenn das Vorverfahren nachgeholt werden muss und diese Nachholung noch möglich ist;
– bei der als solcher zulässigen Untätigkeitsklage, wenn die Behörde einen zureichenden Grund für die Verzögerung geltend macht (§ 75 VwGO);
– wenn die Entscheidung von dem Ausgang eines anhängigen Normenkontrollverfahrens nach § 47 VwGO abhängt (OVG Magdeburg, NVwZ-RR 2016, 891);
– wenn das Gericht die Sache an einen Gemeinsamen Senat, an das BVerfG, ein Landesverfassungsgericht oder den EuGH vorgelegt hat und deren Entscheidung abgewartet werden soll (vgl. auch BVerwG, NVwZ 2001, 319 – Anhängigkeit eines Vertragsverletzungsverfahrens beim EuGH); **nicht** aber bei anhängiger Verfassungsbeschwerde oder einem Vorlagebeschluss in einer anderen Rechtssache,
– um der Behörde die Möglichkeit der Heilung von Verfahrensfehlern gemäß § 4 Ib 2 UmwRG zu geben (OVG Magdeburg, NVwZ 2018, 1331).

Die Aussetzung des Verfahrens ist **kein** Mittel, um bei Anhängigkeit gleichartiger Rechtsstreitigkeiten einem VG das Abwarten der Entscheidung eines anderen VG zu ermöglichen.

2. Unterbrechung des Verfahrens

26 Eine Unterbrechung des Verfahrens kann auch im Verwaltungsprozess durch den Tod einer Partei bis zur Aufnahme des Verfahrens durch den Rechtsnachfolger (§ 173 VwGO i. V. m. § 239 ZPO), im Falle der Insolvenz (§ 240 ZPO) oder bei Verlust der Prozessfähigkeit

(§ 241 ZPO) sowie bei Anwaltsverlust vor dem OVG oder dem BVerwG (§ 67 VwGO i. V. m. § 244 ZPO) eintreten. Die Aufnahme eines unterbrochenen oder ausgesetzten Verfahrens erfolgt dann durch einen bei Gericht einzureichenden Schriftsatz (§ 250 ZPO).

3. Ruhen des Verfahrens

Nach § 173 VwGO i. V. m. § 251 ZPO hat das Gericht das Ruhen des Verfahrens anzuordnen, wenn beide Parteien dies beantragen und anzunehmen ist, dass wegen Schwebens von Vergleichsverhandlungen oder aus sonstigen wichtigen Gründen diese Anordnung zweckmäßig ist (dazu *Bamberger*, NVwZ 2015, 942). Sonstige wichtige Gründe sind z. B. eine beabsichtigte Gesetzesänderung und eine bevorstehende Entscheidung des BVerfG in einem für die Entscheidung wichtigen Verfahren.

VI. Änderungen, die den Streitgegenstand oder die Parteien betreffen

Die Komplexität der verfahrensbestimmenden Verhältnisse, aber auch die Dauer des Verwaltungsprozesses bewirken, dass im Hinblick auf die Klage während des laufenden Prozesses erhebliche Änderungen eintreten können. Das führt zu zahlreichen, teilweise heftig umstrittenen Problemen, die hier nur in wenigen Grundzügen behandelt werden können.

1. Klageänderung (§ 91 VwGO)

Eine **Klageänderung** liegt vor, wenn der Streitgegenstand während eines anhängigen Verwaltungsprozesses durch Erklärung gegenüber dem Gericht geändert wird. Die Klageänderung bestimmt sich also nach dem **Streitgegenstand.** Keine Klageänderungen sind demnach die bloße Konkretisierung, Berichtigung oder Ergänzung des Antrags oder der Begründung, die Umstellung eines Klageantrags auf die richtige Klageart oder sonstige Klarstellungen ohne Änderung des eigentlichen Streitgegenstands. Ändert die Behörde während des Verwaltungsprozesses den Ausgangs-VA, so ist dies noch nicht selbst eine Klageänderung; der geänderte VA kann aber durch eine solche in den laufenden Prozess einbezogen werden. Die nachträgliche Einschränkung der Klage betrifft zwar auch den Streitgegenstand; in der Sache geht es hier aber nicht um eine Klageänderung, sondern um eine Teilrücknahme. Die **Klageerweiterung** kommt vor allem bei Leistungs- und Verpflichtungsklagen, aber auch bei entsprechenden Fortsetzungsfeststellungsklagen (BVerwG, DVBl. 1999, 1291) in Betracht.

Die Klageänderung stellt sowohl das Gericht als auch die übrigen Beteiligten vor eine neue Situation. Ihre Zulässigkeit ist daher an bestimmte Voraussetzungen gebunden:

– Wenn die übrigen Beteiligten (alle – einschließlich der Beigeladenen) **einwilligen.** Die Einwilligung des Beklagten wird dabei angenommen, wenn er sich auf die geänderte Klage eingelassen hat.
– **Oder** das Gericht die Klageänderung für **sachdienlich** hält. Eine Klageänderung ist nach § 125 I i. V. m. § 91 VwGO in der Berufung, nicht aber in der Revision zulässig (§ 142 I 1VwGO; dazu zuletzt BVerwG, NVwZ 2020, 1051).

Diese Voraussetzungen gelten **alternativ,** nicht kumulativ. Sind die Beteiligten mit der Klageänderung einverstanden, dann **muss** das Gericht das akzeptieren, auch wenn es dies nicht für sachdienlich hält. Umgekehrt kann ein einziger Beteiligter die Klageänderung nicht „blockieren", wenn das Gericht von der Sachdienlichkeit überzeugt ist.

2. Parteiwechsel

30 Auch der **Parteiwechsel** ist der Sache nach eine Klageänderung. Er kann sich auf den Kläger („Klägeränderung") oder auf die Beklagtenseite beziehen. Beides ist im Verwaltungsprozess selten. Kein Parteiwechsel ist die Berichtigung der falschen Bezeichnung eines Hauptbeteiligten. Im Übrigen gelten für den Parteiwechsel die gleichen Voraussetzungen wie für § 91 VwGO, d. h. ein neuer Beklagter kann über den Parteiwechsel in den Prozess „hineingezogen" werden, wenn er und die übrigen Beteiligten einverstanden sind, oder wenn das Gericht dies für sachdienlich hält. Durch den Parteiwechsel dürfen aber nicht die Frist des § 74 VwGO oder das Erfordernis eines Widerspruchsverfahrens unterlaufen werden.

3. Klagerücknahme (§ 92 VwGO)

31 Durch einseitige Erklärung des Klägers an das Gericht kann die Klage zurückgenommen werden (§ 92 I VwGO). Die Klagerück-

nahme enthält aber keinen materiellrechtlich wirkenden Verzicht. Sie kann also vor Fristablauf neu erhoben werden.

Die Klagerücknahme ist Ausdruck der Dispositionsmaxime; gleichwohl bestehen Einschränkungen: So kann die Klage grundsätzlich nur bis zum Eintritt der Rechtskraft, nach Stellung der Anträge in der mündlichen Verhandlung nur mit Einwilligung des Beklagten und ggf. des Vertreters des öffentlichen Interesses (wenn dieser an der mündlichen Verhandlung teilgenommen hat) zurückgenommen werden. Die Einwilligung gilt als erteilt, wenn ihr nicht innerhalb von zwei Wochen seit Zustellung des die Rücknahme enthaltenden Schriftsatzes widersprochen wird. Ein Beigeladener kann die Klagerücknahme dagegen nicht verhindern, auch wenn er am Ausgang des Prozesses interessiert ist.

Die Klagerücknahme ermöglicht die **Beendigung des Verfahrens.** Dieses ist durch Beschluss einzustellen, mit dem Beschluss ist über die Kosten des Rechtsstreits zu entscheiden. Die Kosten trägt derjenige, der die Klage zurückgenommen hat (§ 155 II VwGO; zur sog. „fiktiven Klagerücknahme" nach § 92 II VwGO oben, Rn. 18).

4. Die Erledigung der Hauptsache

Unabhängig von der Rücknahme kann sich der Prozess auch aus 32 rechtlichen oder tatsächlichen Gründen erledigen. Das spielt in der Praxis eine große Rolle, zumal aus Kostengründen ein Anlass besteht, einen Prozess für erledigt zu erklären, wenn sich ein Misserfolg abzeichnet (vgl. § 161 II VwGO – informativ zur Erledigung allg. *Exner,* JuS 2012, 607).

Erledigungsgründe sind z. B.:

– Der Tod des Klägers bei höchstpersönlichen Rechtsstreitigkeiten (**Beispiel:** Rechtsstreit um Staatsangehörigkeit – BVerwG, NVwZ 2001, 209),
– die Rücknahme eines angefochtenen VA,
– die Erfüllung oder Anerkenntnis des Anspruchs durch die Behörde,
– der Ablauf des Zeitpunkts, auf den sich eine Belastung oder eine beanspruchte Begünstigung bezog,
– die Veräußerung eines streitbefangenen Grundstücks.

Auch bei den genannten Gründen tritt die Erledigung nicht „von selbst" ein. Sie ist vielmehr durch das Gericht bzw. durch den Vorsitzenden (§ 87a I 3 VwGO) festzustellen.

Dagegen können die Parteien nur die Erledigung erklären (**Erklä-** 33 **rung der Erledigung**) und damit die entsprechende Feststellung durch das Gericht **beantragen.** Zu unterscheiden sind:

– Die übereinstimmende Erledigterklärung;
– die einseitige Erledigterklärung.

a) Anders als nach § 91a ZPO, der eine Pflicht des Gerichts zur Einstellung bei übereinstimmender Erledigterklärung der Parteien normiert, ist im Verwaltungsprozess nicht ausdrücklich geregelt, dass das Gericht bei **übereinstimmenden Erledigungserklärungen** den Prozess für erledigt erklären muss. Dass dies auch im Verwaltungsprozess nicht anders sein kann, folgt nicht nur aus der Dispositionsmaxime, sondern auch aus § 161 II 2 VwGO. Hiernach **ist** der Rechtsstreit in der Hauptsache erledigt, wenn der Beklagte der Erledigungserklärung des Klägers nicht innerhalb von zwei Wochen seit Zustellung des die Erledigungserklärung enthaltenen Schriftsatzes widerspricht. Dies muss erst recht so sein, wenn der Beklagte ausdrücklich zugestimmt hat. Das Verfahren ist in beiden Fällen durch Beschluss einzustellen (*Tenor: „Das Verfahren wird eingestellt"*).

34 b) Noch umstrittener ist die **einseitige Erledigungserklärung** des Klägers. Eine einseitige Erledigterklärung des Beklagten wäre in der Sache eine Anerkenntnis.

Dabei geht es vor allem um die Rechtsnatur der Erklärung und darum, ob und inwieweit das Gericht (noch) die Voraussetzungen der Erledigung prüfen kann. Obwohl nicht mit der Dispositionsmaxime vereinbar, wurde früher die „Flucht in die Erledigung" (BVerwGE 20, 146, 151) in eine „verschleierte Klagerücknahme" (BVerwGE 12, 256 f.) umgedeutet oder als privilegierter Klageverzicht gewertet. Inzwischen behandelt das BVerwG die streitige Erledigterklärung als eine nach § 173 VwGO i. V. m. § 264 Nr. 2 ZPO privilegierte Klageänderung (BVerwG, NVwZ 2001, 1268).

Für einen Widerspruch gegen die Erledigungserklärung bleiben dem Beklagten zwei Wochen. Danach gilt die Genehmigung als erteilt und der Rechtsstreit ist in der Hauptsache erledigt (§ 161 II 2 VwGO). Auch eine Berufung kommt nicht mehr in Betracht (VGH Kassel, NJW 2012, 2458).

Tenor: *„Es wird festgestellt, dass sich der Rechtsstreit in der Hauptsache erledigt hat."*

5. Aufrechnung

35 Auch die Aufrechnung (§§ 387 ff. BGB analog) betrifft als gestaltender Rechtsakt den Streitgegenstand selbst. Sie kommt im Verwaltungsprozess der Natur der Sache nach nur bei Leistungsklagen in

Betracht und ist hier deshalb selten anzutreffen (Beispiel: BVerwG, NJW 1983, 776 – Aufrechnung mit einem Anspruch auf Rückzahlung von Subventionen; nicht aber bei beamtenrechtlicher Beihilfe – BVerwG, NJW 1997, 3256; OVG Münster, NVwZ – RR 2019, 784).

Durch die Aufrechnung wird der materielle Anspruch beseitigt, und es tritt insoweit die Erledigung des Rechtsstreits ein. Grundsätzlich darf nur mit einer gleichartigen und fälligen Forderung gegen den gleichen Gegner aufgerechnet werden (VGH München, BayVBl. 1985, 119). Die Aufrechnung durch die Behörde ist eine öffentlich-rechtliche Willenserklärung eigener Art, nicht etwa ein VA (VGH München, NJW 1997, 3392). Darüber hinaus muss es sich um eine Forderung handeln, über die das VG entscheiden könnte. Eine „rechtswegübergreifende" Aufrechnung mit einer noch nicht bestandskräftig festgestellten privatrechtlichen Forderung oder einem Anspruch aus Staatshaftung kommt wegen der fehlenden Zuständigkeit des VG also nicht in Betracht (BVerwGE 77, 19; OVG Lüneburg, NVwZ 2004, 1514; für die Aufrechnung „über Rechtsweggrenzen hinweg" nach § 17 II 1 GVG aber *Schenke/Ruthig*, NVwZ 1992, 2502; *Gaa*, NJW 1997, 3343; auch VGH Kassel, DVBl. 1994, 806).

Wichtig: Die aufschiebende Wirkung von Widerspruch und Anfechtungsklage steht der Aufrechnung mit der durch diese Rechtsbehelfe angegriffenen Forderung entgegen (BVerwG, NJW 2009, 1099).

6. Umdeutung

Nach nicht unumstrittener Auffassung (gegen Umdeutung z. B. *Schenke*, VwProzR, Rn. 824) kann das Gericht – unter den Voraussetzungen des § 47 VwVfG – einen fehlerhaften VA in einen fehlerfreien umdeuten. Mit der Feststellung des Gerichts gilt dann der VA als mit der rechtmäßigen Regelung erlassen (BVerwG, NVwZ 2017, 1474). „Unter den Voraussetzungen von § 47 VwVfG" heißt u. a., dass ein gebundener VA nicht in eine Ermessensentscheidung umgedeutet werden darf. 36

Beispiele: Umdeutung des Widerrufs eines Abschiebehindernisses in neue Feststellung des Nichtvorliegens eines Abschiebehindernisses (BVerwG, NVwZ 2000, 575); Umdeutung eines Verbots in Rücknahme der Erlaubnis (VGH München, BayVBl. 1984, 304).

Umstritten ist, ob die Umdeutung eines fehlerhaften in einen fehlerfreien VA (§ 47 VwVfG) den Streitgegenstand selbst betrifft. Das ist der Fall, wenn man in der Umdeutung selbst einen VA oder eine eigenständige gerichtliche **Entscheidung** sieht. Anders verhält es sich, wenn die Umdeutung lediglich als **Erkenntnisvorgang** begriffen wird, der den VA bzw. die sonstige Entscheidung nicht berührt (BVerwG, NVwZ 1989, 645; *Maurer/Waldhoff*, AVwR, § 10 Rn. 95; *Hufen/Siegel*, Fehler im VwVf., 6. Aufl. 2018, Rn. 827). In jedem Fall ist die Umdeutung vom bloßen Nachschieben von Gründen oder dem Austausch der Begründung zu unterscheiden, die beide die eigentliche Entscheidung nicht betreffen.

Literatur zu § 36 V und VI: *Manssen*, Die einseitige Erledigungserklärung im Verwaltungsprozess, NVwZ 1990, 1018; *Exner*, Die Erledigungserklärung im Verwaltungsprozess, JuS 2012, 607; *R. P. Schenke*, Der Erledigungsrechtsstreit im Verwaltungsprozess (1996); *K. Hartmann*, Die Aufrechnung im Verwaltungsrecht (1996); *Gaa*, Die Aufrechnung mit einer rechtswegfremden Gegenforderung, NJW 1997, 3343; *Deckenbrock/Dötsch*, Die Erledigung in der Hauptsache im Verwaltungsprozess, JuS 2004, 489, 589, 689; *Kremer*, Die streitige Erledigung der Hauptsache im Verwaltungsprozess, NVwZ 2003, 797; *Beaucamp/Seifert*, Verwaltungsprozess und Insolvenz, NVwZ 2006, 258; *Westermeier*, Die Erledigung der Hauptsache im deutschen Verfahrensrecht (2005); *Bamberger*, Der ruhende Verwaltungsprozess, NVwZ 2015, 942; *Sandner/Wittmann*, Unstreitige Beendigung des verwaltungsgerichtlichen Verfahrens, JuS 2020, 225.

VII. Der Gerichtsvergleich (§ 106 VwGO)

1. Allgemeines

37 Das Öffentliche Recht kennt grundsätzlich zwei Arten von Vergleichsverträgen: Den „einfachen" Vergleichsvertrag nach § 55 VwVfG, durch den eine bei verständiger Würdigung des Sachverhalts oder der Rechtslage bestehende Ungewissheit durch gegenseitiges Nachgeben beseitigt wird. Dieser betrifft das materielle Recht und hat deshalb im Verwaltungsprozess allenfalls Auswirkungen auf die Begründetheit der Klage.

Demgegenüber wird der **gerichtliche Vergleich** (oder Prozessvergleich) nach § 106 VwGO geschlossen, um den Rechtsstreit (als solchen) vollständig oder zum Teil zu beenden. Der Prozessvergleich hat – über die materiellrechtliche Wirkung hinaus – **unmittelbare Wirkung auf den Verwaltungsprozess als solchen**, ist also zugleich materiellrechtlicher Vertrag und Prozesshandlung (*Schenke*, VwProzR, Rn. 1102). Durch ihn beenden die Beteiligten durch gegenseitiges Nachgeben die Rechtsstreitigkeit ganz oder teilweise.

2. Form

Anders als der „normale" Vergleichsvertrag kann der Prozessvergleich seinem Wesen nach nur vor dem mit der Sache befassten Gericht (einschließlich des beauftragten Richters nach § 96 II VwGO) und unter den Beteiligten eines anhängigen Rechtsstreits geschlossen werden. Nicht Voraussetzung ist dagegen die Zuständigkeit des Gerichts oder die Zulässigkeit der Klage. Nach Rechtskraft des Urteils ist der Prozessvergleich nicht mehr möglich. Der Abschluss erfolgt nach § 106 VwGO zur Niederschrift des Gerichts oder des beauftragten Richters.

Besondere Überzeugungskraft misst der Gesetzgeber einem in der Form eines Beschlusses ergangenen Vergleichsvorschlag des Gerichts zu. Nach § 106 S. 2 VwGO kann ein Vergleich durch übereinstimmende schriftliche Annahme eines solchen Vorschlags gegenüber dem Gericht geschlossen werden. Die Annahme kann aber nur uneingeschränkt und unverändert erfolgen; Änderungen gelten als neuer Vergleichsvorschlag – freilich nicht des Gerichts, sondern nur eines Beteiligten.

38

3. Inhalt

Der Vergleich enthält typischerweise eine (Teil-)Regelung, die sich auf den Streitgegenstand bezieht, kann aber auch Ansprüche erfassen, die nicht Gegenstand des Rechtsstreits sind – bis hin zu privatrechtlichen Forderungen. Üblicherweise enthält der Vergleich auch eine Einigung über die gerichtlichen und außergerichtlichen **Kosten**. Haben die Beteiligten keine Bestimmung über die Kosten getroffen, so fallen die Gerichtskosten nach § 160 VwGO jedem Teil zur Hälfte zur Last. Die außergerichtlichen Kosten trägt jeder Beteiligte selbst.

39

4. Grenzen

Grenzen der Wirksamkeit des Prozessvergleichs ergeben sich, da § 106 VwGO insofern keine Sonderregelung enthält, aus den allgemeinen Vorschriften zum öffentlich-rechtlichen Vertrag, insbesondere aus §§ 58/59 VwVfG. Ein Prozessvergleich „zulasten Dritter" kann nach § 58 I VwVfG erst mit deren schriftlicher Zustimmung wirksam werden. Ist der Dritte beigeladen, so ergibt sich das aus § 106 S. 2 VwGO. Ein solcher Prozessvergleich unter Einbeziehung eines Dritten kann nur auf Vorschlag des Gerichts zustande kommen.

40

Auch im Übrigen setzt die Wirksamkeit des Vergleichsvertrags die Verfügungsbefugnis der Partner über den Gegenstand voraus (§ 106 S. 1 2. Hs. VwGO). Deshalb kann nur ein rechtskundiger Vertreter der **zuständigen Behörde** den Prozessvergleich abschließen; die Vollstreckungsunterwerfung bedarf der Genehmigung durch die zuständige Aufsichtsbehörde (BVerwG, NJW 1996, 608). Eine Anfechtung ist z. B. wegen arglistiger Täuschung (OVG Hamburg, NJW 2004, 2111), nicht aber wegen eines Irrtums über die Prozesskostenhilfe (BVerwG, NJW 2010, 3048) möglich. Erweist sich der Vergleich als objektiv rechtswidrig, so ist er damit aber nicht ohne weiteres unwirksam. Das ist nur dann der Fall, wenn er nach § 59 VwVfG nichtig ist.

5. Folgen

41 Der wirksame Prozessvergleich steht einer entsprechenden Gerichtsentscheidung gleich. Aus ihm kann auch vollstreckt werden (§ 168 I Nr. 3 VwGO). Als zugleich materiellrechtlicher Vertrag zwischen den Beteiligten ist er Änderungen durch das Gericht entzogen (VGH Kassel, LKRZ 2015, 504). Änderungen können nur durch eine (Leistungs)klage erzwungen werden (BVerwG, NVwZ 2013, 209). Die Wirkung erstreckt sich allerdings nur auf den Vergleichspartner, nicht aber etwa auf einen Beigeladenen, soweit dieser nicht einem Vorschlag des Gerichts nach § 106 S. 2 VwGO zugestimmt hat. Ein Widerrufsvorbehalt bzw. eine aufschiebende Bedingung sind möglich und in der Praxis auch weitgehend üblich. Der Widerruf kann aber nur gegenüber dem Gericht, nicht dem „Partner" gegenüber, erklärt werden, soweit dies nicht anders vereinbart wurde (BVerwG, NJW 1993, 2193).

Literatur zu § 36 VII: *Eisenlohr,* Der Prozessvergleich in der Praxis der Verwaltungsgerichtsbarkeit (1998); *Dolderer,* Der Vergleich vor dem Verwaltungsgericht, FS Maurer (2001), 609; *Budach/Johlen,* Der Prozessvergleich im verwaltungsgerichtlichen Verfahren, JuS 2002, 371; *Schenke,* VwProzR, Rn. 1102 ff.

§ 37 Die mündliche Verhandlung

I. Auswirkungen der Grundsätze der Mündlichkeit und der Unmittelbarkeit

1. Entscheidung aufgrund mündlicher Verhandlung (§ 101 VwGO)

Soweit nichts anderes bestimmt ist, entscheidet das Gericht aufgrund mündlicher Verhandlung. Dies ist die gesetzliche Konkretisierung der **Grundsätze der Mündlichkeit und der Unmittelbarkeit,** die wiederum wesentliche Gewährleistungen des rechtlichen Gehörs (BVerfG, NJW 2015, 3771) und der Verfahrensgleichheit sind. Die frühere Auffassung vom Fehlen eines subjektiven Anspruchs auf Durchführung einer mündlichen Verhandlung (vgl. etwa BVerwGE 57, 272, 273) ist in dieser Allgemeinheit heute schon wegen Art. 6 EMRK nicht mehr haltbar (so zuletzt erneut EGMR, NJW 2017, 2331; allg. BVerwG, NVwZ 2019, 1854 – Erforderlichkeit mündlicher Verhandlung in der Berufung). 1

Auch im Zeichen weitgehender Vorklärungen im Verfahren, der Bedeutung des „Aktenbetriebs" und der Digitalisierung will das Gesetz die mündliche Verhandlung bewusst in den Mittelpunkt rücken. Das gilt auch für das Verfahren vor dem Einzelrichter (§ 6 VwGO) und für die mündliche Verhandlung als partielle Videokonferenz nach § 102a VwGO. Auf einem anderen Blatt steht es, dass durch beiderseitigen Verzicht in der Praxis das Verfahren ohne mündliche Verhandlung anscheinend immer häufiger wird.

2. Ausnahmen

Gesetzliche Ausnahmen vom Prinzip der Entscheidung aufgrund mündlicher Verhandlung sind: 2

- Die Entscheidung im schriftlichen Verfahren mit Einverständnis der Beteiligten (§ 101 II VwGO);
- Entscheidungen, die nicht Urteile sind, insbes. Beschlüsse (§ 101 III VwGO); das ist in der Praxis die wichtigste Ausnahme, weil insbesondere Beschlüsse nach § 80 V VwGO und § 123 VwGO ohne mündliche Verhandlung ergehen;
- die Entscheidung durch Gerichtsbescheid (§ 84 VwGO);
- die Entscheidung in den ausgesetzten Verfahren nach Durchführung eines Musterverfahrens nach § 93a II VwGO und der Revision nach § 144 VwGO.

– die Entscheidung über die Berufung durch einstimmigen Beschluss nach § 130a VwGO;
– bestimmte beamtenrechtliche Entscheidungen (OVG Schleswig, NVwZ – RR 2018, 779 – Verfahren über vorläufige Dienstenthebung.

3   a) Für den **Verzicht auf die mündliche Verhandlung** nach § 101 II VwGO ist das Einverständnis **sämtlicher** Beteiligter, also auch der Beigeladenen, erforderlich. Wegen der prozessgestaltenden Wirkung muss das Einverständnis eindeutig und unwiderruflich sein und schriftlich oder zur Niederschrift abgegeben werden. Ein Widerruf kommt nur bei wesentlicher Änderung der Prozesslage in Betracht (§ 173 VwGO i. V. m. § 128 II 1 ZPO).

4   b) Als Entscheidungen des Gerichts, die nicht Urteile sind, sind vor allem **Beschlüsse** zu nennen (ausf. unten, § 39, Rn. 2). Wichtigste Anwendungsfälle sind die Entscheidungen zum vorläufigen Rechtsschutz (§ 80 V, § 123 VwGO) und – nach Anhörung des Beteiligten (§ 125 II VwGO) – im Berufungsverfahren, wenn das Gericht eine mündliche Verhandlung nicht für erforderlich hält (§ 130a VwGO). Hat dagegen eine mündliche Verhandlung stattgefunden, dann kann die Entscheidung nur durch Urteil ergehen.

5   c) Auch der **Gerichtsbescheid** (§ 84 VwGO) wirkt zwar als Urteil (§ 84 III VwGO), ergeht aber ohne mündliche Verhandlung (Einzelheiten unten § 39, Rn. 3). Hier sind aber die Beteiligten vorher zu hören (§ 84 I 1 VwGO). Sie können zulässige Rechtsmittel einlegen oder – wenn diese nicht gegeben sind – die mündliche Verhandlung beantragen (§ 84 II 3 VwGO), mit der Folge, dass der Gerichtsbescheid als „nicht ergangen" gilt (§ 84 III 2. Hs. VwGO).

II. Die Vorbereitung der mündlichen Verhandlung

6   Vorbereitung auf die mündliche Verhandlung im weiteren Sinne ist das ganze Verfahren, besonders die nach §§ 87/87a und b VwGO notwendigen Maßnahmen und Entscheidungen. Zur Vorbereitung des eigentlichen Termins zur mündlichen Verhandlung sind durch den Vorsitzenden folgende Maßnahmen zu treffen:

– **Terminbestimmung,**
– **Ladung der Beteiligten,**
– **ggf. Anordnung des persönlichen Erscheinens,**
– **ggf. Bestimmung des Verhandlungsortes.**

1. Terminbestimmung

Für die Terminbestimmung gilt § 173 VwGO i. V. m. § 216 ZPO: 7
Der Termin zur mündlichen Verhandlung wird **von Amts wegen** bestimmt. Bei der Reihenfolge der Termine sind neben der zeitlichen Reihenfolge des Klageeingangs auch die Bedeutung und die Schwierigkeit der Sache zu berücksichtigen. Rechtliches Gehör, Gleichheitssatz und Verhältnismäßigkeit bilden die Grenzen für die Gestaltungsfreiheit des Gerichts.

Für die **Aufhebung** und **Verlegung** von Terminen gilt § 173 VwGO i. V. m. § 227 ZPO. Weigert sich das Gericht, einen Termin zu verlegen, obwohl ein Beteiligter dafür berechtigte Gründe vorgetragen hat, so kann das rechtliche Gehör verletzt sein (BVerwG, NJW 1991, 2097; OVG Münster, NJW 2018, 2814). Dasselbe gilt erst recht, wenn das Gericht nach Aufhebung eines Termins gleichwohl in die mündliche Verhandlung eintritt (BVerwG, NJW 1991, 583).

2. Ladung

Sobald der Termin zur mündlichen Verhandlung bestimmt ist, sind 8
die Beteiligten nach § 102 VwGO mit einer Ladungsfrist von mindestens 2 Wochen, bei dem BVerwG von mindestens 4 Wochen, zu laden. Die Frist kann durch den Vorsitzenden in dringenden Fällen abgekürzt werden. Die Ladung ist nach § 56 VwGO zuzustellen, und zwar ggf. an den Bevollmächtigten (§ 67 VI 5 VwGO). Bei der Ladung ist nach § 102 II VwGO darauf hinzuweisen, dass beim Ausbleiben eines Beteiligten auch ohne ihn verhandelt und entschieden werden kann – dies allerdings nur im Bezug auf einen unveränderten Streitgegenstand (BVerwG, NJW 2001, 1151). Jedoch gibt es im Verwaltungsprozess **kein Versäumnisurteil**; der säumige Beteiligte begibt sich lediglich seiner Mitwirkungsrechte in der mündlichen Verhandlung, wobei sich auch der der ohne ausreichende Ladungsfrist Geladene sich nicht einfach darauf verlassen kann, das Gericht werde den Fehler schon bemerken (VGH München, NJW 2016, 1899).

3. Die Anordnung des persönlichen Erscheinens

Das persönliche Erscheinen soll angeordnet werden, wenn dies zur 9
Aufklärung des Sachverhalts geboten erscheint (§ 173 VwGO i. V. m. § 141 ZPO), also wenn es z. B. auf den persönlichen Eindruck von einem Gewerbetreibenden ankommt. Die Sanktionen für das Aus-

bleiben richten sich gleichfalls nach § 141 ZPO; auch in diesem Fall kommt im Verwaltungsprozess aber kein Versäumnisurteil in Betracht.

4. Die Bestimmung des Ortes der mündlichen Verhandlung

10 Nach § 102 III VwGO können Sitzungen des VG auch außerhalb des Gerichtssitzes abgehalten werden, wenn dies zur sachdienlichen Erledigung notwendig ist. Das gilt vor allem in Fällen eines notwendigen Augenscheins – z. B. bei Bauprozessen –, wenn es zweckmäßig ist, die mündliche Verhandlung im Anschluss an eine Ortsbesichtigung durchzuführen. Dann ist es aber selbstverständlich notwendig, dass die Beteiligten mit der Ladung auf den Ort hingewiesen werden. Besondere Anforderungen stellt hier auch das Gebot der **Öffentlichkeit,** dem durch rechtzeitige Ankündigung Rechnung zu tragen ist. Auch bei einer Verhandlung im Gerichtsgebäude muss die Ladung Ort, Zeit, Räumlichkeit usw. bezeichnen (BAG, NJW 2016, 3611 – Verlegung der Verhandlung in das Dienstzimmer des Vorsitzenden; s. auch oben, § 35, Rn. 29).

III. Die Durchführung der mündlichen Verhandlung

1. Aufruf der Sache

11 Der eigentlichen mündlichen Verhandlung geht der Aufruf der Sache voraus (§ 103 II VwGO). Diese ist als Garantie der Öffentlichkeit und des rechtlichen Gehörs durchaus wörtlich zu nehmen, d. h. die Sache ist im Umfeld des Verhandlungsraumes einschließlich der Warteräume usw. **aufzurufen** (BVerfGE 42, 364, 369; BVerwGE 72, 28, 30), so dass die ordnungsgemäß anwesenden Beteiligten zuverlässig Kenntnis erlangen. Das Gericht darf nicht in die mündliche Verhandlung eintreten, wenn ein Beteiligter nur geringfügig verspätet oder im Gericht anwesend ist, ohne vom Aufruf der Sache Kenntnis erhalten zu haben.

2. Die Leitungskompetenz des Vorsitzenden

12 Der Vorsitzende – nicht etwa der Berichterstatter – bzw. der Einzelrichter eröffnet und leitet die mündliche Verhandlung. Seine Leitungskompetenz ist umfassend und kann nicht delegiert werden. Er

bestimmt im Rahmen von § 103 VwGO die Reihenfolge des Sachvortrags, die Beweisanträge usw.; er leitet die Erörterung der Streitsache und die Beweiserhebung. Ferner hat er die Aufgabe, die mündliche Verhandlung für geschlossen zu erklären (§ 104 III VwGO). Das ist wichtig, weil nach § 108 II VwGO das Urteil nur auf Tatsachen und Beweisergebnisse gestützt werden darf, zu denen die Beteiligten sich äußern konnten. Ferner darf das Urteil nach § 112 VwGO nur durch die an der mündlichen Verhandlung beteiligten Richter gefällt werden.

Der Vorsitzende hat auch die förmliche Befugnis zur Wahrung der **Ordnung im Gericht**, d. h. er übt das Hausrecht aus, und ihm obliegt es, für die Sicherheit und den ordnungsgemäßen Ablauf der mündlichen Verhandlung zu sorgen. Anwendbar sind insofern § 55 VwGO i. V. m. §§ 169 ff. GVG (s. insbes. die Ordnungsvorschrift des § 176 GVG einschließlich der ggf. einschlägigen Ordnungsmittel).

3. Vortrag durch den Vorsitzenden oder den Berichterstatter (§ 103 II VwGO)

Nach dem Aufruf der Sache trägt der Vorsitzende, in der Praxis aber zumeist der Berichterstatter, den wesentlichen Inhalt der Akten vor. Das geschieht im Verwaltungsprozess ausdrücklich **vor** der Antragstellung und dient nicht nur der Funktion der Unterrichtung des Gerichts und der übrigen Beteiligten, sondern es bewirkt auch, dass der Akteninhalt zum Gegenstand der Hauptverhandlung wird. Auf völlig unerörterte Gesichtspunkte darf nach § 108 II VwGO das Urteil nicht gestützt werden. Der Vortrag des Berichterstatters ist aber nicht lediglich „Aktenvortrag". Er enthält vielmehr alle Ergebnisse der Sachaufklärung, einzelner Beweiserhebungen usw. und faßt auch die rechtlichen Probleme zusammen.

13

4. Antragstellung und Begründung der Anträge durch die Beteiligten

Nach dem Vortrag des Vorsitzenden oder des Berichterstatters über den wesentlichen Inhalt der Akten erhalten die **Beteiligten** das Wort, um ihre Anträge zu stellen und zu begründen (§ 103 III VwGO). Die Hinweispflicht des Vorsitzenden (§ 86 III VwGO) gilt auch in der mündlichen Verhandlung; d. h. er hat darauf hinzuwirken, dass die in § 86 III VwGO angeführten Mängel spätestens in der mündlichen Verhandlung beseitigt werden. Die Reihenfolge von Antrag und Be-

14

gründung ist nicht zwingend; so können die Beteiligten auch erst zur Sache vortragen und im Anschluß ihre Anträge stellen. Dabei reicht die Bezugnahme auf die Schriftsätze. Die Chance zur eigenen Begründung der Anträge durch den Beteiligten ist Ausdruck des rechtlichen Gehörs. Nachteile sind – insbesondere bei einem anwaltlich nicht vertretenen Beteiligten – in angemessener Weise auszugleichen. In besonderen Fällen ist trotz § 184 GVG (Deutsch als Gerichtssprache) die Anwesenheit eines Dolmetschers unabdingbar – es sei denn, ein Beteiligter mit fremder Muttersprache verfügt über hinreichende Sprachkenntnisse, um der Verhandlung zu folgen (BVerwG, NJW 1990, 3102; allg. auch BVerfG, Kammer, NJW 2004, 50).

5. Erörterung der Streitsache

15   Nach § 104 VwGO hat der Vorsitzende die Streitsache mit den Beteiligten **tatsächlich und rechtlich zu erörtern.** Das soll den Beteiligten nicht nur Gelegenheit zur eigenen Stellungnahme, sondern auch zu einer angemessenen Reaktion auf die Auffassung und die Anträge der Gegenseite geben. Der Vorsitzende darf allerdings die Erörterung auf Schwerpunkte beschränken (BVerwG, NVwZ 2013, 1549). Entzieht er aber ohne hinreichenden Grund einem Beteiligten das Wort so kann hierin eine Verletzung des rechtlichen Gehörs liegen (BVerwGE 17, 170). Der Berichterstatter und die übrigen Richter haben ein förmliches Fragerecht (§ 104 II VwGO). Die Erörterung verlangt die ungeteilte Aufmerksamkeit des gesamten Gerichts. Insbesondere dürfen die Richter nicht abgelenkt sein oder gar schlafen. Erkennbar große Müdigkeit und geschlossene Augen sollen aber nicht immer fehlende Aufmerksamkeit signalisieren (BVerwG, NJW 1986, 2721; NJW 2006, 2648); tiefes Atmen oder gar Schnarchen aber mit Sicherheit (BSG, NJW 2017, 3183). Die Bedeutung einer umfassenden Erörterung bekräftigt § 108 II VwGO – unerwähnte und damit unerörterte Gesichtspunkte dürfen in das Urteil nicht eingehen.

6. Beweiserhebung, Beweislast

16   Nach § 96 I VwGO erhebt das Gericht Beweis **in der mündlichen Verhandlung.** Ungeachtet der möglichen Erhebung einzelner Beweise nach § 87 III 1 und § 96 II VwGO gibt das Gesetz damit den Grundsätzen der Unmittelbarkeit und Mündlichkeit sowie der Konzentrationsmaxime auch für die Beweisaufnahme Ausdruck.

§ 37 Die mündliche Verhandlung

Die praktisch wichtigste Folge ist die notwendige **Präsenz aller Beweise** in der Hauptverhandlung. Die Beweismittel werden in § 96 VwGO nur aufgezählt: **Augenschein, Zeugen, Sachverständige, Beteiligtenvernehmung** und **Urkunden**. Dazu gelten die jeweils einschlägigen Regeln der ZPO. Die Vereidigung von Zeugen steht im Verwaltungsprozess im Ermessen des Gerichts (BVerwG, NJW 1998, 3369).

Grenzen der umfassenden Aufklärungspflicht und des Untersuchungsgrundsatzes bilden Zumutbarkeit und Verhältnismäßigkeit. Stichworte sind: **Untauglichkeit, Unerreichbarkeit, Missbräuchlichkeit** eines Beweises oder auch die **Offensichtlichkeit** einer behaupteten Tatsache. Trägt der Beweisantrag erkennbar zur Klärung nichts bei oder ist das angebotene Beweismittel im geschilderten Sinne unverhältnismäßig, so kann der Beweisantrag abgelehnt werden. Für die mündliche Verhandlung schafft § 86 II VwGO aber eine formale Sicherung, weil die Ablehnung nur durch eigens begründeten Gerichtsbeschluss erfolgen darf. Eine Erleichterung bietet insofern die Einbeziehung von Beteiligten, Zeugen und Sachverständigen im Wege der sogenannten „Videokonferenz" (§ 102a VwGO) – dazu oben, § 3, Rn. 9.

7. Die Niederschrift

Nach § 105 VwGO, der seinerseits auf §§ 159–165 ZPO verweist, ist eine Verhandlungsniederschrift zwingend vorgeschrieben.

Der notwendige Inhalt ist in § 160 ZPO akribisch benannt. Wichtiger als die Details ist aber die Funktion der Niederschrift: Sie muss alles zuverlässig protokollieren, was Eingang in die Entscheidung findet und was – nicht zuletzt auch in einem Rechtsmittelverfahren – zur Überprüfung erforderlich ist. Förmlichkeiten des Verfahrens können nur durch die Niederschrift bewiesen werden. Beweisanträge, die nicht protokolliert sind, gelten auch als nicht gestellt (BVerwG, NVwZ 2012, 512).

8. Schließung der mündlichen Verhandlung

Nach § 104 III VwGO erklärt der Vorsitzende die mündliche Verhandlung nach Erörterung der Streitsache für geschlossen. Das Gericht kann die Wiedereröffnung beschließen. Es **muss** auf Antrag oder von Amts wegen die Wiedereröffnung beschließen, wenn noch nicht erörterte Sachaspekte bekannt werden, auf die es bei der Entscheidung ankommt (dazu *Dolderer*, DÖV 2000, 491). Das ist aber nur bis zur Übergabe der von den mitwirkenden Richtern unterschriebenen Urteilsformel an die Geschäftsstelle (§ 116 II VwGO) möglich. Die Verwendung von nachträglich vorgetragenen oder sonst bekannt gewordenen tatsächlichen oder rechtlichen Aspekten ohne die Wiedereröffnung der mündlichen Verhandlung stellt einen Verstoß gegen den Grundsatz der Mündlichkeit und das rechtliche Gehör dar.

IV. Beratung, Beweiswürdigung und Entscheidungsbildung

1. Beratung

19   Nach Abschluß der mündlichen Verhandlung tritt das Gericht in die Beratung ein und bereitet die eigentliche Entscheidung vor. Beratung und Abstimmung sind grundsätzlich geheim (vgl. § 193 GVG). Für das „interne Verfahren" gelten die §§ 192 ff. GVG.

2. Beweiswürdigung

20   Nach § 108 I VwGO entscheidet das Gericht nach seiner freien, aus dem Gesamtergebnis des Verfahrens gewonnenen Überzeugung. Es gilt der Grundsatz der **freien Beweiswürdigung,** der auf die aus dem Gesamtergebnis des Verfahrens gewonnenen Überzeugung des Gerichts, nicht etwa auf starre Beweisregeln und eine Hierarchie der Beweise abstellt. Allerdings darf das Gericht bei der Beweiswürdigung auch nicht allgemeine Denkgesetze verletzen (BVerwG, DVBl. 1990, 780; allg. *Schenke,* VwProzR, Rn. 25). In § 108 VwGO liegt aber auch eine Begrenzung der Beweiswürdigung: Das Gericht darf sich nur auf solche Ergebnisse des Verfahrens stützen, die Gegenstand der mündlichen Verhandlung waren und zu denen sich die Beteiligten äußern konnten.

3. Abstimmung und eigentliche Entscheidung

21   Die eigentliche Entscheidung erfolgt durch Abstimmung (§ 196 GVG). An ihr dürfen nach § 112 VwGO nur diejenigen Richter und ehrenamtlichen Richter beteiligt sein, die auch an der dem Urteil zugrunde liegenden Verhandlung teilgenommen haben.

§ 38 Das Urteil und seine Wirkungen

I. Allgemeines

Nach § 107 VwGO wird über die Klage, soweit nichts anderes bestimmt ist, durch Urteil entschieden. Das Urteil ist also die **Regelentscheidung des Verwaltungsprozesses.** Ausnahmen sind der Gerichtsbescheid (§ 84 VwGO), die Verwerfung der Berufung oder Revision bzw. der Nichtzulassungsbeschwerde durch Beschluss (§§ 125 II, 144, 133 V VwGO). Auch über die nicht als Musterprozess geführten Fälle bei § 93a VwGO wird nicht durch Urteil, sondern durch Beschluss entschieden (§ 93a II VwGO). Praktisch besonders wichtig ist die Beschlussform auch für Antragsverfahren nach § 80 V und § 123 VwGO. Durch Beschluss – nicht durch Urteil – wird der Prozess auch bei Erledigung des Verfahrens wegen Klagerücknahme, Vergleich, Erledigterklärung usw. entschieden (Einzelheiten zu den Entscheidungsformen, die nicht Urteil sind, unten, § 39).

II. Arten des Urteils

Stattgebende Urteile sind je nach ihrer Wirkung bzw. der Klageart **Gestaltungs-, Leistungs-** oder **Feststellungsurteile.** Es gibt je nach der Entscheidungssituation des Gerichts aber auch klageartunabhängige Urteilsarten, auf die zunächst einzugehen ist. Sie regelt die VwGO im Wesentlichen nach dem Modell der ZPO.

1. Endurteil

Im Normalfall ist das Urteil **Endurteil,** d. h. es beendet diesen Rechtsstreit vor diesem Gericht (§ 107 I VwGO). Seine Wirkung erstreckt sich i. d. R. auf den gesamten Streitgegenstand, bei einem Teilurteil nur auf einen Teil desselben. Wird die Klage wegen Fehlens einer Sachentscheidungsvoraussetzung abgewiesen, sprechen wir von einem **Prozessurteil,** das nur hinsichtlich der fehlenden Sachentscheidungsvoraussetzung, nicht aber im Hinblick auf den Inhalt (materiell) Rechtskraft entfaltet, aber Endurteil ist.

2. Zwischenurteil

4 Das **Zwischenurteil** erfasst nur einen bestimmten Streitpunkt, der gleichsam „abgeschichtet" wird. Zwischenurteile sind das Grundurteil bei Leistungsklagen (Rn. 7) und die positive Entscheidung über die Zulässigkeit der Klage (§ 109 VwGO), die in der VwGO gesondert erwähnt werden. Für andere Fälle eines „entscheidungsreifen Zwischenstreites" gilt über § 173 VwGO § 303 ZPO entsprechend. Das Zwischenurteil nach § 109 VwGO kann sich **nur** auf die Zulässigkeit und gerade nicht auf die Unzulässigkeit beziehen.

Die Entscheidung, ob ein Zwischenurteil ergeht, steht im **Ermessen** des Gerichts. Ein Antrag eines Beteiligten oder eine vorgezogene mündliche Verhandlung zur Zulässigkeit sind nicht erforderlich. Dem Wesen des Zwischenurteils entsprechend, bindet das Urteil aber auch nur hinsichtlich des entschiedenen Teils. Es ist insofern selbständig anfechtbar, doch kann das Gericht auch vor Rechtskraft des Zwischenurteils weiterverhandeln und entscheiden.

3. Teilurteil (§ 110 VwGO)

5 Ist nur ein Teil des Streitgegenstands „zur Entscheidung reif", so kann das Gericht nach § 110 VwGO ein **Teilurteil** erlassen. Voraussetzung ist die Teilbarkeit des Streitgegenstands (§ 93 VwGO).

Beispiele: Streit um mehrere Geldbeträge; Streit über verschiedene Nebenbestimmungen eines VA; Klage und Widerklage.

6 Auch beim Teilurteil ist das Gericht an einen entsprechenden Antrag der Beteiligten nicht gebunden. Anders als das Zwischenurteil ist das Teilurteil hinsichtlich des entschiedenen Teils ein Endurteil.

4. Grundurteil (§ 111 VwGO)

7 Ist bei einer Leistungsklage ein Anspruch nach Grund und Betrag streitig, so kann das Gericht nach § 111 VwGO durch ein besonderes Zwischenurteil über den Grund vorab entscheiden (Grundurteil). Über die Höhe des Betrags kann dann weiterverhandelt oder der Rechtsstreit durch Vergleich beendet werden.

Diese Möglichkeit ist ausdrücklich auf die Leistungsklage beschränkt; sie kommt also bei der Anfechtungsklage ebenso wenig in Betracht wie bei Feststellungsklagen und in Normenkontrollverfahren. Bei einer Verpflichtungsklage auf einen (Geld-)Leistungsbescheid (z. B. Wohngeldbewilligung) kommt ein Grundurteil nach § 111 S. 1 VwGO nicht in Betracht, da hier Grund und Leistung nicht trennbar sind.

Voraussetzung für das Grundurteil ist die **Entscheidungsreife hinsichtlich des Leistungsgrundes.** Der Leistungsanspruch muss als solcher bestehen und die Sache muss insoweit spruchreif sein. Die Bindungswirkung des Grundurteils ist auf den Anspruchsgrund beschränkt; d. h. mangels einer bestimmten Summe kann aus dem Grundurteil selbst nicht vollstreckt werden. Deshalb ist die in § 111 S. 2 VwGO vorgesehene Anordnung des Gerichts zur Verhandlung über den Betrag wichtig.

5. Weitere Urteilsarten

Neben den erwähnten Urteilsarten kommen auch im Verwaltungsprozess das **Vorbehaltsurteil** (§ 173 VwGO i. V. m. § 302 ZPO) und das **Abänderungsurteil** (§ 173 VwGO i.V. m. § 323 ZPO) in Betracht. Umstritten sind die Anwendbarkeit von § 306 ZPO **(Verzichtsurteil)** und § 307 ZPO **(Anerkenntnisurteil)** (bejahend BVerwG, NVwZ 1997, 576; dazu *Christonakis*, JA 2000, 498; *Schenke*, VwProzR, Rn. 19).

8

III. Form und Inhalt des Urteils

Wichtig für Form und Inhalt ist vor allem § 117 VwGO. Hier sollen nur die wichtigsten Teilaspekte und Beispiele zusammengefasst werden (ausführliche Beispiele bei *Pietzner/Ronellenfitsch*, Assessorexamen, § 24).

9

1. Form

Nach § 117 VwGO ist das Urteil **schriftlich** abzufassen. Es muss als Urteil bezeichnet sein. Auch die Formel: „Im Namen des Volkes" ist gesetzliches Formerfordernis. Sie muss dem eigentlichen Inhalt und auch dem Tenor vorausgehen. Urteile können auch elektronisch abgefasst werden; s. §§ 118 II 3 und 119 II 6 VwGO.

10

2. Inhalt

Das Urteil enthält nach § 117 II VwGO grundsätzlich folgende Bestandteile:

11

- **Rubrum,**
- **Urteilsformel,**

- Tatbestand,
- Entscheidungsgründe,
- Rechtsmittelbelehrung.

Weitere notwendige Bestandteile sind nach § 161 VwGO die **Kostenentscheidung** und nach §§ 167 I VwGO i. V. m. 708 ff. ZPO die Entscheidung über die **vorläufige Vollstreckbarkeit**.

12 a) Die Bezeichnung der Beteiligten, ihrer gesetzlichen Vertreter und der Bevollmächtigten nach Name, Beruf, Wohnort und ihrer Stellung im Verfahren **(Rubrum)** hat die wesentliche Funktion, Zweifel an der Identität der Beteiligten auszuschließen. Bestandteil des Rubrums sind auch die Bezeichnung des Gerichts und die Namen der Richter, die bei der Entscheidung mitgewirkt haben (zu unterscheiden von den notwendigen Unterschriften nach § 117 I VwGO).

13 b) Die **Urteilsformel** („Tenor" - § 117 II Nr. 3 VwGO) enthält die eigentliche Entscheidung in zusammengefasster Form. Ihr kommt für die Rechtsklarheit und damit für die Wirkung des Urteils maßgebliche Bedeutung zu. Ein Urteil ist unwirksam, wenn der Tenor unklar ist und auch unter Berücksichtigung der Entscheidungsgründe nicht in einem bestimmten Sinne zweifelsfrei ausgelegt werden kann. Während beim abweisenden Urteil die Formulierung: *„Die Klage wird abgewiesen"* in diesem Sinne eindeutig ist, darf der Tenor in der Hauptsache beim stattgebenden Urteil **nie** lauten: *„Der Klage wird stattgegeben"*. Auch die Kostenentscheidung und die Entscheidung über die vorläufige Vollstreckbarkeit sowie über die Zulassung eines Rechtsmittels werden in die Urteilsformel aufgenommen. Nicht zu verwechseln ist die Urteilsformel mit den „Leitsätzen" des Urteils, die eine Zusammenfassung der wichtigsten Entscheidungsgründe darstellen.

14 c) Der **Tatbestand** (§ 117 II Nr. 4 VwGO) ist die in strikter Berichtsform abgefasste gedrängte Darstellung des vollständigen Sach- und Streitstandes sowie – in der Regel am Schluss – der Anträge der Beteiligten. Seine Bedeutung besteht darin, dass hier die tatsächlichen Grundlagen der Entscheidung und die maßgeblichen Tatsachen und Beweisergebnisse nach § 108 VwGO zusammengefasst werden. Wichtig ist der Tatbestand auch wegen des Umfangs der Rechtskraft (§ 121 VwGO) und der Beweiswirkung nach § 173 VwGO i. V. m. § 314 ZPO. Er muss für die Beteiligten wie auch für Außenstehende verständlich abgefasst sein. Das völlige Fehlen des Tatbestands oder erkennbare Widersprüche bei entscheidungserheblichen Tatsachenan-

gaben stellen einen Mangel des Urteils dar, der zur Aufhebung führen kann (BVerwGE 165, 360).

d) Die **Entscheidungsgründe** sind nach § 117 II Nr. 5 VwGO gleichfalls notwendiger Bestandteil des Urteils. Sie sollen gewährleisten, dass das Gericht den nach § 108 I VwGO maßgeblichen Argumentations- und Begründungsgang darlegt („Urteilsstil") und sich somit den Zusammenhang von Entscheidung und Entscheidungsgrund selbst vergegenwärtigt. Für die Beteiligten ist die Begründung überdies wesentliches Mittel des rechtlichen Gehörs, weil sie nur so überprüfen können, ob die von ihnen vorgebrachten Gesichtspunkte in die Begründung eingegangen sind (BVerfGE 47, 182, 188). Schreibfehler, Rechenfehler und ähnliche offenbare Unrichtigkeiten können zwar jederzeit vom Gericht berichtigt werden (§ 118 I VwGO). Das gilt aber nicht, wenn das Gericht sein Urteil überhaupt nicht mit Gründen versehen hat (BVerwG, NVwZ 2010, 186). Auch wenn die Begründung nicht erkennen läßt, welche Überlegungen für die Entscheidung maßgebend waren, ist ein Urteil nicht im Sinne von § 138 Nr. 6 VwGO mit Gründen versehen (BVerwG, NJW 2003, 1753). Die Überprüfung auf die Erfolgsaussichten etwaiger Rechtsmittel stellt demgegenüber nur einen Teilaspekt dar. Auch bei nicht mehr „rechtsmittelfähigen" Entscheidungen kann daher nicht auf die Entscheidungsgründe verzichtet werden (teilweise anders BVerfGE 50, 287, 289 f.).

In der Praxis stellt sich immer wieder das Problem des **zeitlichen Zusammenhangs von Verkündung des Urteils und Abfassen der Entscheidungsgründe**. Ein Urteil gilt dann als nicht mit Gründen versehen (absoluter Revisionsgrund nach § 138 Nr. 6 VwGO), wenn zwischen Verkündung und Begründung mehr als 5 Monate liegen (GSOGB, NJW 1993, 2603; BVerwG, NJW 1994, 273; bestätigt durch BVerfG, Kammer, NJW 1996, 3203; NJW 2001, 2161; unverzichtbar für einen Mainzer Lehrbuchautor: BFH, NJW 1997, 416 – Fristablauf für eine Urteilsbegründung auch am Rosenmontag). Die Fünfmonats-Frist gilt auch, wenn das Urteil nach § 116 II VwGO nicht verkündet, sondern zugestellt wird (BVerwG, NVwZ 1999, 1334). Hinzuweisen ist auch auf Art. 6 EMRK, aus dem der EGMR eine sechsmonatige Begründungsfrist abgeleitet hat (EGMR, NVwZ 1999, 1325).

Nach § 117 V VwGO kann das Gericht von einer weiteren Darstellung der Entscheidungsgründe absehen, soweit es der Begründung des VA oder des Widerspruchsbescheids folgt und dies in seiner Entscheidung feststellt – eine wegen der Bedeutung der **eigenständigen** Entscheidungsbegründung des Gerichts nicht unbedenkliche „Prämie" auf eine der Argumentation der Verwaltung folgende Gerichtsbarkeit. Ähnliches gilt für das Berufungsurteil (§ 130b VwGO).

16 e) Die **Rechtsbehelfsbelehrung** ist zwar in § 117 II Nr. 6 VwGO als Bestandteil des Urteils genannt. Fehlt sie, ist sie fehlerhaft, unvollständig oder nicht von den mitwirkenden Richtern unterzeichnet (BVerwG, NVwZ 2000, 190), so beeinflusst das aber nur den Beginn der Rechtsmittelfrist (§ 58 I VwGO), nicht aber die Wirksamkeit des Urteils. Ein Fehler kann als „ähnliche offenbare Unrichtigkeit im Urteil" nach § 118 VwGO jederzeit vom Gericht berichtigt werden. Die Rechtsmittelfrist beginnt dann mit der Zustellung des korrekten Urteils. **Literatur:** *Kintz*, ÖffR. im Ass.Examen, Rn. 392.

3. Unterschriften der Richter

17 Nach § 117 I 2 VwGO ist das Urteil von den Richtern, die bei der Entscheidung mitgewirkt haben, zu unterzeichnen. Ist das Urteil elektronisch abgefasst (dazu oben, Rn. 10), so müssen gem. § 55a III VwGO die „verantwortenden Personen" am Ende des Dokuments ihren Namen hinzufügen und das Dokument mit einer qualifizierten elektronischen Signatur nach dem Signaturgesetz versehen. Ist ein Richter verhindert, seine Unterschrift beizufügen, so ist dies mit dem Hinderungsgrund vom Vorsitzenden oder – im Falle von dessen Verhinderung – vom dienstältesten beisitzenden Richter zu vermerken; das Urteil ist also nicht etwa „stellvertretend" zu unterschreiben. Der Unterschrift der (oft nach der mündlichen Verhandlung nicht mehr anwesenden) ehrenamtlichen Richter bedarf es nicht.

4. Kostenentscheidung und Streitwertfestsetzung

18 Durch die Kostenentscheidung bestimmt das Gericht im Urteil, wer die Kosten des Rechtsstreits zu tragen hat (§ 161 VwGO). Inhaltlich richtet sich die Entscheidung nach §§ 154 ff. VwGO, die sich nicht nur auf die Kosten für die Inanspruchnahme des Gerichts, sondern nur auf die Kosten der Beteiligten und deren Ausgleich beziehen.

Die Grundregel ist in § 154 I VwGO formuliert: Der unterliegende Teil trägt die Kosten des Verfahrens. Bei teilweisem Obsiegen sind die Kosten gegeneinander aufzuheben oder verhältnismäßig zu teilen (§ 155 I VwGO). Der Beklagte kann nach § 156 VwGO durch sofortiges Anerkenntnis eine nachteilige Kostenentscheidung vermeiden. Wichtig ist noch § 155 V VwGO, wonach Kosten, die durch Verschulden eines Beteiligten entstanden sind, diesem auferlegt werden können. Bei zulässiger Untätigkeitsklage (§ 75 VwGO) fallen die Kosten stets dem Beklagten zur Last, wenn der Kläger mit seiner Bescheidung vor Klageerhebung rechnen durfte (§ 161 III VwGO).

Die Kostenentscheidung kann nur zusammen mit der Entscheidung in der Hauptsache angefochten werden (§ 158 I VwGO). Ist eine solche nicht ergangen, so ist die Entscheidung über die Kosten unanfechtbar. Damit soll insbesondere im Fall der Kostenentscheidung bei erledigter Hauptsache (§ 161 II VwGO) verhindert werden, dass es zu einer Fortsetzung des Rechtsstreits anhand der hypothetischen Erfolgsaussichten des erledigten Prozesses kommt (dazu VGH Kassel, DÖV 1992, 40).

Von der Entscheidung des Gerichts über die Kostentragungspflicht als solche strikt zu unterscheiden ist die Festsetzung des zu erstattenden Betrages (**Kostenfestsetzungsbeschluss**), für die nach § 164 VwGO auf Antrag eines der Beteiligten der Urkundsbeamte des Gerichts des ersten Rechtszugs zuständig ist. Der Kostenfestsetzungsbeschluss stellt nach § 168 I 4 VwGO einen vollstreckbaren Titel dar. Die Entscheidung ist nach § 165 VwGO gesondert anfechtbar.

Wesentlicher Maßstab für die Kosten ist auch im Verwaltungsprozess der **Streitwert**, der nach §§ 24, 25 GKG stets **im Urteil** festzusetzen ist. (Dazu *M. Zimmer/T. Schmidt*, Der Streitwert im Verwaltungs- und Finanzprozess [1991]; *Kintz*, ÖffR. i. AssEx., Rn 395).

5. Vorläufige Vollstreckbarkeit

Nach § 167 VwGO gilt für die Vollstreckung das 8. Buch der ZPO entsprechend. Gemäß § 167 II VwGO können aber Urteile auf Anfechtungs- und Verpflichtungsklagen nur wegen der Kosten für vorläufig vollstreckbar erklärt werden. Über die vorläufige Vollstreckbarkeit muss in jedem Fall nach § 167 VwGO i. V. m. §§ 708 ff. ZPO **im Urteil** entschieden werden. Die **Regelformel** lautet: *„Das Urteil ist (wegen der Kosten) vorläufig vollstreckbar"*. Als Rechtsbehelf gegen die (vorläufige) Vollstreckbarkeit ist nach § 173 VwGO in Verbindung mit § 719 II ZPO der Antrag auf Einstellung der Zwangsvollstreckung beim Berufungs- bzw. Revisionsgericht statthaft.

IV. Verkündung und Zustellung des Urteils

1. Verkündung

Das Urteil wird in der Regel in dem Termin verkündet, in dem die mündliche Verhandlung geschlossen wird. In besonderen Fällen kann es in einem sofort anzuberaumenden Termin, der nicht über 2 Wochen hinaus angesetzt werden soll, verkündet werden. Verkündet werden nur Rubrum und Urteilsformel. Das vollständige Urteil muss den Beteiligten gesondert zugestellt werden (§ 116 I VwGO).

Entscheidet das Gericht ohne mündliche Verhandlung, dann wird das Urteil nicht verkündet, sondern nur zugestellt. Das gleiche ist nach § 116 II VwGO auch nach mündlicher Verhandlung möglich. Das ist wegen der Bindungswirkung und wegen Art. 6 I EMRK nicht unproblematisch.

Das Urteil ist erlassen und damit wirksam, wenn es das Gericht mit dessen Willen verlassen hat. Das ist mit der Verkündung bzw. mit der wirksamen Zustellung der Fall. Zuzustellen ist jeweils das ganze Urteil mit allen geschilderten Bestandteilen, nicht etwa nur Rubrum und Tenor. Wird das Urteil nach der mündlichen Verhandlung nach § 116 II VwGO zugestellt, dann ist es auch erst in diesem Moment wirksam und die Rechtsmittelfrist beginnt zu laufen (§ 57 VwGO). Für die Abfassung der Begründung gilt dieselbe 5-Monatsfrist wie beim mündlich verkündeten Urteil (BVerwG, NVwZ 2001, 1150 – oben, Rn. 15). Die Übermittlung der Urteilsgründe per Computerfax ist wirksam und setzt die Rechtsmittelfrist in Gang (OVG Münster, NVwZ – RR 2018, 789).

21 Für die sogenannten **Massenverfahren** sind folgende Besonderheiten zu beachten: Die Möglichkeit zur öffentlichen Bekanntmachung nach § 56a VwGO, die Begrenzung des Kreises der Beigeladenen (und damit der Empfänger des zuzustellenden Urteils) in § 65 III VwGO, die Möglichkeit der Zustellung an den gemeinsamen Bevollmächtigten nach § 67a VwGO sowie die Entscheidung durch Beschluss nach durchgeführtem Musterverfahren hinsichtlich der übrigen Verfahren.

V. Berichtigung und Ergänzung

22 Ab Erlass des Urteils durch Verkündung oder Zustellung ist das Gericht an die Entscheidung gebunden (§ 173 VwGO i. V. m. § 318 ZPO). Von diesem Grundsatz enthalten §§ 118 bis 120 VwGO strikt begrenzte Ausnahmen. So können Schreibfehler, Rechenfehler und ähnliche offenbare Unrichtigkeiten im Urteil jederzeit vom Gericht berichtigt werden – und dies ohne vorgängige mündliche Verhandlung oder Antrag (§ 118 VwGO). Der Tatbestand kann nach § 119 VwGO auf Antrag eines Beteiligten durch Beschluss ohne Beweisaufnahme berichtigt werden. Ähnlich verhält es sich bei erkennbaren Lücken im Tatbestand, die durch Ergänzung des Urteils auf Antrag geschlossen werden können (§ 120 VwGO).

VI. Die allgemeine Wirkung rechtskräftiger Urteile

1. Allgemeines

Die Wirkung des Urteils hängt vom Streitgegenstand und von der Klageart ab. Gemeinsam und klageartübergreifend besteht die wichtigste Wirkung darin, dass rechtskräftige Urteile, soweit über den Streitgegenstand entschieden worden ist, die Beteiligten und ihre Rechtsnachfolger binden. Das Urteil und seine tragenden Gründe haben insoweit **materielle Rechtskraft** (§ 121 VwGO).

2. Die Bindung der Beteiligten und deren Rechtsnachfolger

Die materielle Rechtskraft des § 121 VwGO ist von der (formellen) Rechtskraft des Urteils zu unterscheiden, wobei letztere nichts anderes als den Eintritt der Unanfechtbarkeit bedeutet (vgl. § 173 VwGO i. V. m. §§ 705 f. ZPO).

Materielle Rechtskraft dagegen bedeutet auch **inhaltliche** Festlegung. Sie soll verhindern, dass zwischen den Parteien zum gleichen festgestellten Sachverhalt ein erneuter Rechtsstreit entstehen kann. Maßgeblich ist also der **Streitgegenstand**. Das bedeutet nicht nur, dass ein neuer Verwaltungsprozess zum gleichen Streitgegenstand unzulässig ist, sondern auch, dass das Urteil in seinem wesentlichen Inhalt künftig allein für die Rechtsbeziehung zwischen den Beteiligten und deren Rechtsnachfolger maßgeblich ist, soweit der Streitgegenstand betroffen ist (zur Abgrenzung BVerwG, NVwZ 2010, 779).

Beispiel: Gründe in einem die Wegnahme eines Tieres nach § 16a S. 2 Nr. 2 TierSchG bestätigenden Urteils binden die Beteiligten im nachfolgenden Rechtstreit um die Kosten der Unterbringung des Tieres (BVerwG, NVwZ 2009, 120).

3. Bindungswirkung für Gerichte und Behörden

§ 121 VwGO spricht zwar nur von Bindung der Beteiligten und deren Nachfolger, schließt aber damit auch die Bindung des Gerichts selbst sowie anderer Gerichte und Behörden zwangsläufig ein (prozessrechtliche Rechtskraft). Soweit die materielle Rechtskraft reicht, sind andere Gerichte und Behörden nicht nur formell an einer Entscheidung über den gleichen Streitgegenstand gehindert; sie sind bei unveränderter Sach- und Rechtslage auch inhaltlich an die Entscheidung gebunden (res iudicata) – selbst wenn sie sich auf eine andere

Rechtsgrundlage stützen (OVG Koblenz, NVwZ 2010, 1109; *Pieroth/Hartmann*, DV 41 (2008), 465 ff.). Das gilt selbst dann, wenn die Entscheidung inhaltlich unrichtig war (BVerwGE 91, 256). Eine Ausnahme kann aber gelten, wenn das Urteil gegen vorrangiges Unionsrecht verstößt (EuGH, NVwZ 2016, 600 – Beihilfe).

Diese Bindungswirkung, zutreffend auch als **Abweichungsverbot** bezeichnet (*Bettermann*, FS Wolff [1973], 468), bindet auch Gerichte anderer Gerichtszweige (BGH NJW 1993, 530; NVwZ 1995, 412 – Bindung des Zivilgerichts an Unwirksamkeitserklärung eines Bebauungsplans). Sie gilt, wie die materielle und formelle Rechtskraft insgesamt, allerdings nur inter partes, d. h. zwischen den Beteiligten. Das **praktisch wichtigste Beispiel**: Im Amtshaftungsprozess ist die „vorgreifliche" Entscheidung des Verwaltungsgerichts für das nachfolgende Urteil des Zivilgerichts bindend. Das gilt aber nicht für Entscheidungen im vorläufigen Rechtsschutz (BGH, NVwZ 2001, 352).

26 Wichtig ist auch die „**erweiterte Tatbestandswirkung**" des Urteils. Sie besagt, dass bestimmte Rechtsvorschriften an das Urteil als solches materielle Rechtsfolgen knüpfen (**Beispiel**: Feststellung der Staatsangehörigkeit oder der Asylberechtigung). Auch die in den Urteilsgründen getroffenen **Tatsachenfeststellungen** können Bindungswirkung entfalten, wenn das gesetzlich angeordnet ist.

VII. Besonderheiten bei den einzelnen Klagearten

1. Anfechtungsklage

27 a) Soweit der VA rechtswidrig und der Kläger dadurch in seinen Rechten verletzt ist, hebt nach § 113 I 1 VwGO das Gericht den VA **und** – wenn vorhanden – den Widerspruchsbescheid auf. Das Gericht kann den VA ganz oder teilweise aufheben – aber nicht über den Antrag hinaus (ne ultra petita – § 88 VwGO).

Nicht um eine teilweise Aufhebung geht es, wenn eine **selbständige** Nebenbestimmung (z. B. eine Auflage) aufgehoben wird. Diese ist selbst VA und als solcher auf Rechtswidrigkeit und Rechtsverletzung zu prüfen. Um eine teilweise Aufhebung handelt es sich dagegen, wenn eine **unselbständige** Nebenbestimmung (z. B. Bedingung oder Befristung) aufgehoben wird. Dies kann aber nur geschehen, soweit sie jeweils vom „Haupt-VA" trennbar ist, also über einen selbständigen und rechtmäßigen Regelungsgehalt verfügt (BVerwG, NVwZ 2001, 429; *Hufen/Bickenbach*, JuS 2004, 867, 966 u. oben, § 25, Rn. 27).

Das auf die Anfechtungsklage ergehende, den VA aufhebende Urteil ist **Gestaltungsurteil**. Die Aufhebung durch das Gericht beseitigt im Moment der Rechtskraft unmittelbar die Wirksamkeit des VA (§ 113 I 1 VwGO/§ 43 II VwVfG). Es ist also **nicht** etwa so, dass die Behörde zur Aufhebung des VA verurteilt würde. Liegt ein Widerspruchsbescheid vor, so gibt dieser dem VA die Gestalt und ist mit diesem aufzuheben. Beschränkt sich der Klageantrag ausdrücklich auf den Widerspruchsbescheid (§§ 79 II, 115 VwGO), so wird nur der Widerspruchsbescheid aufgehoben.

b) Ist der VA **nichtig**, so ergeht ein Feststellungsurteil nach § 43 I 2. Alt. VwGO. Die Aufhebung eines „rechtlichen Nichts" ist ebenso wenig möglich wie diejenige eines „Rechtsscheins" (umstr., s. o., § 14, Rn. 11).

c) Unabhängig davon, ob die Klage aufschiebende Wirkung hatte, wirkt das aufhebende Urteil auf den **Zeitpunkt des Erlasses des VA** zurück. Der Kläger muss also nicht etwa bis zur Rechtskraft des Urteils den VA gegen sich gelten lassen. Ist die Rechtswidrigkeit aber erst später eingetreten, z. B. weil zwischenzeitlich eine Rechtsnorm in Kraft getreten ist, die den VA rechtswidrig macht, so tritt die Wirkung des Urteils erst ab diesem Zeitpunkt ein.

d) Obwohl das Urteil sich nur auf **diesen** VA bezieht, bindet es durch die in ihm liegende Feststellung der Rechtswidrigkeit des VA und hindert die Behörde daran, bei unveränderter Sach- und Rechtslage einen neuen VA gleichen Inhalts zu erlassen (BVerwGE 14, 359, 362; BVerwG, NVwZ 1993, 672). Ein solcher VA wäre aber nicht etwa nichtig oder durch das Urteil gleichsam mit aufgehoben. Er müsste erneut durch Widerspruch und Anfechtungsklage angegriffen werden. Wurde ein VA wegen eines Formfehlers oder (nicht geheilten) Verfahrensfehlers aufgehoben, so ist die Behörde nicht gehindert, nach nunmehr korrektem Verfahren erneut zu derselben Sache zu entscheiden.

e) Ist der VA **schon vollzogen**, so kann das Gericht auf Antrag auch aussprechen, dass und wie die Verwaltungsbehörde die Vollziehung rückgängig zu machen hat (§ 113 I 2 VwGO). Insoweit handelt es sich um ein Leistungsurteil (**Folgenbeseitigung** – dazu oben, § 28, Rn. 6 ff.), das der Vollziehung durch die Behörde und notfalls der Vollstreckung bedarf.

f) Nicht neben, sondern an die Stelle des Anfechtungsurteils tritt die Feststellung der Rechtswidrigkeit eines **erledigten VA** (§ 113 I 4 VwGO). Ein solches Urteil ist also Feststellungsurteil.

33 g) Begehrt der Kläger die Änderung eines VA, der einen **Geldbetrag** festsetzt oder eine darauf bezogene Feststellung trifft, kann das Gericht den Betrag in anderer Höhe festsetzen oder die Feststellung durch eine andere ersetzen (§ 113 II VwGO). Damit wird verhindert, dass sich das Gericht auf die Aufhebung des VA beschränkt, statt selbst den Betrag festzusetzen, wenn die Klage spruchreif ist und die Berechnung nicht von komplizierten, nur durch die Behörde feststellbaren Faktoren abhängt (BVerwG, NVwZ 2010, 1305). Hat der Kläger seinerseits bereits eine Geldleistung erbracht, so kann das Gericht auf Antrag mit der Aufhebung des belastenden VA auch über den entstandenen Erstattungsanspruch entscheiden (*Kopp/Schenke*, VwGO, § 113, Rn. 84; *Wolff*, in: Sodan/Ziekow, § 113, Rn. 198).

34 h) Auch § 113 IV VwGO dient der Verfahrensökonomie. Über den Folgenbeseitigungsanspruch hinaus kann das Gericht neben der Aufhebung eines VA auch ganz allgemein zu einer Leistung verurteilen (**Beispiel:** Aufhebung einer Entlassungsverfügung und Verurteilung zur Fortzahlung der Bezüge). Die Regelung erspart dem Kläger eine erneute Verpflichtungs- oder Leistungsklage nach Rechtskraft des Anfechtungsurteils.

35 i) Eine effizienzorientierte Ausnahme vom Untersuchungsgrundsatz stellt § 113 III VwGO dar. Dieser gibt z. B. bei komplexen Abwägungsentscheidungen dem Gericht die Möglichkeit, den VA und ggf. den Widerspruchsbescheid aufzuheben und den „Ball" zur Korrektur von Fehlern in der Sachaufklärung an die Ausgangsbehörde oder die Widerspruchsbehörde „zurückzuspielen". Nach Auffassung des BVerwG (NVwZ 2005, 826) gilt das bei einem VA, der einen Geldbetrag festsetzt aber nur hinsichtlich der Berechnung des Bescheids als solchen, nicht für andere wesentliche Tatsachenermittlungen, die dem Bescheid zu Grunde liegen. Letztere muss das Gericht selbst aufklären (allgemein zu § 113 III VwGO: *Demmel*, Das Verfahren nach § 113 III VwGO [1999]; *Schoch*, DV 25 [1992], 49).

36 j) Ist die Klage unzulässig oder unbegründet, so weist das Gericht sie ab. Dann bleibt es bei der Wirksamkeit des angefochtenen VA (§ 43 VwVfG). Wird kein Rechtsmittel eingelegt, so wird der VA unanfechtbar.

Tenor:
1. Bei abweisendem Urteil: *„Die Klage wird abgewiesen".*
2. Bei erfolgreicher Anfechtungsklage: *„Die Verfügung des ... vom ... – Az.: ... – und der Widerspruchsbescheid des ... vom – Az.: ... – werden aufgehoben"* bzw. (im Fall des § 79 I Nr. 1 VwGO): *„Die*

Verfügung des ... vom ... – Az.: ... – in der Gestalt des Widerspruchsbescheids des ... vom ... – Az.: ... – wird aufgehoben".

2. Verpflichtungsurteil (§ 113 V VwGO)

a) Ist die **Verpflichtungsklage** begründet, so spricht das Gericht die Verpflichtung der Verwaltungsbehörde aus, die beantragte Amtshandlung vorzunehmen. Die begünstigende Wirkung geht (noch) nicht vom Urteil selbst aus, das Gericht erteilt also nicht etwa die beantragte Baugenehmigung selbst. Vielmehr muss hier die Behörde tätig werden.

Tenor: *Der Beklagte wird verpflichtet, dem Kläger die Genehmigung ... zu erteilen.*

b) § 113 V VwGO beschränkt sich zu Recht auf die (positive) Verpflichtung der Verwaltungsbehörde zum Erlass des beantragten oder unterlassenen VA. Die Aufhebung des ablehnenden Bescheids und ggf. des Widerspruchsbescheids ist an sich entbehrlich, weil sie in der Verpflichtung zur Amtshandlung enthalten ist. Sie ist zur Klarstellung in der Praxis aber weitgehend üblich.

Tenor: *Der Beklagte wird unter Aufhebung seines Bescheids vom ... und des Widerspruchsbescheids der ... vom ... verpflichtet, dem Kläger die Genehmigung ... zu erteilen.*

Oder: *Die Verfügung des ... vom ... und der Widerspruchsbescheid der ... vom ... werden aufgehoben. Der Beklagte wird verpflichtet, dem Kläger die Genehmigung ... zu erteilen.*

c) Fehlt die Spruchreife, so ergeht ein **Bescheidungsurteil** (dazu *Bickenbach*, Das Bescheidungsurteil als Ergebnis einer Verpflichtungsklage [2006]). Dieses ist insoweit echtes Verpflichtungsurteil, als es zu einer Bescheidung des Klägers verpflichtet, also nicht etwa nur die Rechtswidrigkeit der ablehnenden Entscheidung feststellt. Die Rechtskraft eines Bescheidungsurteils umfasst nicht nur die Verpflichtung der Behörde zur Neubescheidung überhaupt, sondern auch die „Rechtsauffassung des Gerichts", so wie sie in den Entscheidungsgründen des Bescheidungsurteils niedergelegt ist. **Beispiele:** Unzureichende Begründung für Verbot des Erwerbs von Cannabis zu therapeutischen Zwecken; Bescheidungsurteil über Erlaubnis (BVerwG, NJW 2005, 3300); fehlerhaftes Berufungsverfahren zum Professor (OVG Weimar, NVwZ-RR 2019, 1045 = JuS 2020, 476 *(Hufen)*.

§ 113 III VwGO ist auf Verpflichtungsklagen nicht anwendbar. Hier muss das Gericht die Sache selbst spruchreif machen oder ein Bescheidungsurteil erlassen.
Tenor:
1. *Der Bescheid des ... vom ... und der Widerspruchsbescheid der ... vom ... werden aufgehoben.*
2. *Der Beklagte wird verpflichtet, über den Antrag des Klägers auf Ernennung zum Professor ... unter Beachtung der Rechtsauffassung des Gerichts erneut zu entscheiden.*
3. *Im Übrigen wird die Klage abgewiesen.*

40 d) Das Verpflichtungsurteil kann auch auf Erlass einer **selbständigen Nebenbestimmung** (z. B. einer Lärmschutzauflage) oder auf eine teilweise Begünstigung lauten. Ging der Klageantrag weiter, so wird die Klage im Übrigen abgewiesen.

3. Unterlassungsurteil

41 Ist die Unterlassungsklage begründet, so verbietet das Gericht durch Urteil die Vornahme oder Fortsetzung der Handlung. Das Urteil ist in der Sache **(negatives) Leistungsurteil**. Richtet sich die Klage ausnahmsweise gegen die Handlung eines Bürgers, so kann das Urteil mit der Androhung eines Zwangsgeldes verbunden werden (§ 169 I 1 VwGO, §§ 9 und 13 VwVfG).
Tenor:
„*Dem Beklagten wird untersagt zu behaupten ...* "
Oder:
„*Der Beklagte wird verurteilt, die (tatsächliche Handlung usw.) zu unterlassen*".

4. Leistungsurteil

42 Mit dem Leistungsurteil verurteilt das Gericht zu einer bestimmten Handlung oder Leistung, die nicht VA ist. Es ist insoweit Vollstreckungstitel, gestaltet aber nicht selbst die Rechtslage.
Tenor: *Die Beklagten werden verurteilt, ... nebst Zinsen in Höhe von 5 Prozentpunkten über dem Basiszinssatz daraus seit dem ... an den Kläger zu zahlen.*

Ist die Sache nicht spruchreif, so kann – wie bei der Verpflichtungsklage – nur ein Bescheidungsurteil ergehen. Auch das Urteil auf Folgenbeseitigung ist Leistungsurteil, ebenso wie die Verurteilung zur Leistung neben der Aufhebung des VA gemäß § 113 IV VwGO. Hält man eine Normerlassklage als allgemeine Leistungsklage für statthaft, so ergeht auch hier ein Leistungsurteil, das wegen des Ermessens des Normgebers in der Regel nur eine Art von Bescheidungsurteil sein kann.

5. Feststellungsurteil

Ist die (allgemeine) Feststellungsklage zulässig und begründet, so stellt das Gericht durch Urteil das Bestehen oder Nichtbestehen eines Rechtsverhältnisses verbindlich fest. Die Behörde darf dann das streitige Rechtsverhältnis nicht abweichend vom Urteil regeln bzw. eine Begünstigung widerrufen (BVerwG, NVwZ 2000, 575). Das Feststellungsurteil verleiht weder einen Titel noch gestaltet es die Rechtslage. Seine eigentliche Geltungskraft liegt – neben § 121 VwGO – in der Rechtsbindung der Verwaltung nach Art. 20 III GG und in der vermuteten Rechtstreue der Behörden. Deshalb wirkt es faktisch „inter omnes", obwohl unmittelbare Bindungswirkung nur zwischen den Beteiligten besteht. Wie oben dargelegt, kann sich die Feststellung auch auf das Bestehen oder Nichtbestehen einzelner Rechtsverhältnisse aus untergesetzlichen **Rechtsnormen** des Bundesrechts oder des Landesrechts in Ländern ohne „flächendeckende" Normenkontrolle erstrecken („heimliche Normenkontrolle" – dazu oben, § 18, Rn. 8). Das Urteil lautet hier aber nicht etwa auf Feststellung der Unwirksamkeit der Norm; es geht vielmehr nur um ein Rechtsverhältnis **aus** oder **auf Grund** der jeweiligen Norm.

43

6. Nichtigkeits- und Fortsetzungsfeststellungsurteil

Nach § 43 VwGO kann sich die Feststellung auch auf die **Nichtigkeit eines VA** beziehen (dazu *Schenke*, JZ 2003, 31). Beim Nichtigkeitsfeststellungsurteil ist es kaum vorstellbar, dass sich ein anderes Gericht oder eine andere Behörde auf die bloße „inter partes-Wirkung" beruft und denselben oder einen vergleichbaren VA erlässt, anwendet oder vollstreckt (dazu *Schnapp*, DVBl. 2000, 247).

44

Bei begründeter **Fortsetzungsfeststellungsklage** stellt das Gericht gemäß § 113 I 4 VwGO fest, dass der VA rechtswidrig war. Mit dem Urteil ist dann wieder die Rechtslage maßgeblich, die ohne Geltung des gerichtlich als rechtswidrig festgestellten VA bestand (BVerwG, NVwZ 1998, 734). Obwohl die Regelungswirkung hier eigentlich bereits mit der Erledigung entfallen ist, betont das BVerwG (NVwZ

2002, 853) den Wegfall der Regelungswirkung durch das Urteil. Nicht möglich ist aber die Feststellung der Rechtswidrigkeit eines erledigten VA aus einem bestimmten Grund (VGH Kassel, LKRZ 2009, 457).

Tenorierungsbeispiele: *Es wird festgestellt, dass das Vorhaben des Kl. ... genehmigungsfrei ist.*
Oder: *Es wird festgestellt, dass die Verfügung des ... vom ... – Az.: ... – nichtig ist.* bzw.:
Es wird festgestellt, dass der Bescheid des Beklagten vom ... – Az.: ... – und der Widerspruchsbescheid der ... – Az.: ... – vom ... rechtswidrig waren.

Oder: *Es wird festgestellt, dass die Beklagte verpflichtet war, dem Kläger die beantragte Genehmigung ... zu erteilen.*

7. Entscheidung im Normenkontrollverfahren

45   Zur Entscheidung im Normenkontrollverfahren regelt § 47 V VwGO nur die Form der Entscheidung (Urteil oder Beschluss). Nach § 47 I VwGO „entscheidet" das OVG bzw. der VGH „über die Gültigkeit" einer Norm. Diese Formulierung ist zumindest ungenau, denn das Gericht entscheidet nicht positiv „über die Gültigkeit der Norm"; es kann vielmehr nur verbindlich die Unwirksamkeit feststellen (§ 47 V 2 VwGO).

Auch im übrigen bestehen erhebliche Besonderheiten im Vergleich zu den übrigen Verfahrensarten. Sie seien hier zusammengefasst (Einzelheiten bei *Kintz*, ÖffR. i. AssEx., Rn 559 ff.):

46   a) Das OVG entscheidet nach § 47 V VwGO durch Urteil oder, wenn es eine mündliche Verhandlung auch im Lichte von Art. 6 EMKR nicht für erforderlich hält, durch Beschluss – beides aber stets in voller Besetzung. Die Entscheidung ohne mündliche Verhandlung und durch Beschluss muss gleichwohl als **strikte Ausnahme** gelten. Sie ist insbesondere ausgeschlossen, wenn von der Norm ein unmittelbarer Eingriff in das Eigentum oder ein anderes Grundrecht ausgeht (BVerwG, NVwZ 2000, 810).

47   b) Kommt das Gericht zu dem Ergebnis, dass die Rechtsnorm formell oder materiell rechtswidrig ist, so hat es die Norm für ungültig, d. h. **unwirksam zu erklären.** § 47 V 2 VwGO regelt diese Rechtsfolge einheitlich für alle der Normenkontrolle unterliegenden rechtswidrigen Normen. Für die Bebauungspläne und andere Satzungen nach dem BauGB (§ 47 I Nr. 1 VwGO) gilt dann § 214 IV BauGB.

Sie können durch ein ergänzendes Verfahren zur Behebung von Fehlern (nicht mehr ausschließlich Verfahrensfehlern) auch rückwirkend in Kraft gesetzt werden. Praktisch keine Änderung bringt die neue Rechtslage für die übrigen der Normenkontrolle unterliegenden Rechtsnormen (§ 47 I Nr. 2 VwGO). Auch sie werden nunmehr nach § 47 V VwGO „nur" für unwirksam erklärt, doch fehlt bisher ein dem § 214 IV BauGB entsprechendes einheitliches Verfahren der „Heilung" und nachträglichen Inkraftsetzung. Dessen Einführung wäre auch Sache des (Landes-)Gesetzgebers.

Ist die Norm nur teilweise rechtswidrig und kann der Regelungsgehalt in einen rechtmäßigen, für sich noch selbständig bestehenden und einen unwirksamen Teil aufgeteilt werden, so muss das Gericht die Teilunwirksamkeit aussprechen (BVerwGE 40, 268, 274; BVerwG, NVwZ 1990, 159). Erklärt das Gericht nur einen Teil des Bebauungsplans für unwirksam, so muss die Bezeichnung des verbleibenden Teils selbst so bestimmt sein, wie das planungsrechtliche Bestimmtheitsgebot es verlangt (BVerwG, NVwZ 1995, 692). Dieser Teil kann dann durchaus wirksam bleiben. 48

c) Die Unwirksamkeitserklärung wirkt grundsätzlich **inter omnes,** d. h. nicht nur zwischen Antragsteller und normerlassender Behörde, sondern **gegenüber jedermann** (§ 47 V 2, 2. Hs. VwGO). Alle Behörden und Gerichte sind gebunden, d. h. sie sind verpflichtet, die Norm nicht mehr anzuwenden und auch im Übrigen keine negativen Folgen an die Nichtbefolgung der Norm zu knüpfen. Die Entscheidung des Gerichts muss daher in gleicher Weise veröffentlicht werden wie die Norm selbst (§ 47 V 2 2. Hs. VwGO). 49

d) Von nur theoretischem Interesse ist weiterhin die Frage, wie sich die Begriffe „rechtswidrig" und die in § 47 V VwGO benutzten Begriffe „ungültig" und „unwirksam" verhalten. Die Antwort ist einfach: Sie sind gleichbedeutend. Anders als beim Verwaltungsakt (vgl. § 43 VwVfG) ist eine rechtswidrige Norm nämlich per definitionem ungültig und damit unwirksam. Die frühere „schwebende Nichtwirksamkeit" (§ 215a BauGB a. F., § 47 V 4 VwGO) ist entfallen und durch die grundsätzliche Behebbarkeit von Fehlern und rückwirkende Möglichkeit zur Inkraftsetzung in § 214 IV BauGB ersetzt worden. Da es eine entsprechende Vorschrift für andere Normen aber nicht gibt, bleibt es für diese zwar bei der Folge Unwirksamkeit. Die Wirkung des Urteils ist freilich dieselbe wie bei der Nichtigkeit, denn die Unwirksamkeit gilt weiterhin **von Anfang an (ex tunc).** Andernfalls würde die Verweisung auf § 183 VwGO (Fortgeltung rechtskräftiger Urteile) erkennbar keinen Sinn machen. 50

51 e) Die grundsätzliche Rechtswidrigkeit einer auf einer unwirksamen Norm beruhenden Entscheidung wird nach § 47 V 3 i. V. m. § 183 VwGO für **bereits rechtskräftige Gerichtsentscheidungen** durchbrochen. Diese bleiben unberührt. Allerdings darf aus einer solchen Entscheidung nicht mehr vollstreckt werden (§ 183 S. 2 VwGO).

52 f) Schwierig zu beurteilen und umstritten ist die Wirkung der Feststellung der Nichtigkeit der Norm auf bereits **bestandskräftige Verwaltungsakte**, also z. B. einen unanfechtbaren Gebührenbescheid, der auf einer unwirksamen Abgabensatzung beruht. Ein solcher VA ist keinesfalls schon wegen der ungültigen Rechtsgrundlage selbst nichtig; er ist allenfalls rechtswidrig – auch das aber nur, wenn er mit der Rechtsnorm seine Eingriffsgrundlage verloren hat. **Begünstigende** Verwaltungsakte bleiben – außer wenn die Norm die rechtsstaatliche Grundlage einer an den Gleichheitssatz gebundenen Verteilungsentscheidung war – von der Unwirksamkeitserklärung unberührt.

Es wird vertreten, dass bei **belastenden Verwaltungsakten** nach Eintritt der Bestandskraft das gleiche wie bei rechtskräftigen Gerichtsentscheidungen gelten soll. Das wird teilweise mit einer analogen Anwendung von § 183 VwGO (so BVerwGE 56, 172, 176), teilweise auch mit einer Berufung auf den Rechtsgedanken von § 79 BVerfGG (*Ziekow*, in: Sodan/Ziekow, VwGO, § 47, Rn. 380; *Gerhard*, Die Rechtsfolgen prinzipaler Normenkontrollen für Verwaltungsakte [2008]) begründet.

Beide Begründungsversuche überzeugen nicht: Sowohl § 183 VwGO als auch § 79 BVerfGG sind als Ausnahmevorschriften eng auszulegen. Die Frage bestandskräftiger auf einer für nichtig erklärten Norm beruhender Verwaltungsakte muss also durch den Gesetzgeber geklärt werden, wobei sich neben dem Modell des § 79 BVerfGG auch eine Bezugnahme auf die Rücknahmevorschriften anbietet. Zu beachten ist aber, dass auch schon jetzt nach § 183 S. 2 VwGO aus dem einen solchen VA bestätigenden Urteil nicht mehr vollstreckt werden darf (*Gerhard*, FS Schenke [2011], 721).

53 g) Wird die Norm für nichtig erklärt, dann darf die normerlassende Behörde bei unveränderter Rechts- und Sachlage eine inhaltsgleiche Norm **nicht mehr erlassen** (BVerfG, NVwZ 1985, 647, 648). Beruht die Rechtswidrigkeit aber auf einem Verfahrensfehler, so darf das Normsetzungsverfahren – nunmehr fehlerfrei – wiederholt werden. Für eine rückwirkende Inkraftsetzung ist dann eine gesetzliche Grundlage erforderlich (vgl. etwa § 214 IV BauGB), die ihrerseits aber dem rechtsstaatlichen Vertrauensschutz Rechnung tragen muss.

54 h) Anders als die Unwirksamkeitserklärung wirkt die **Ablehnung** des Normenkontrollantrags **nicht inter omnes**. Das Gericht hat also keine Möglichkeit, eine Rechtsnorm allgemeinverbindlich für gültig

zu erklären (*Panzer*, in: Schoch/Schneider, VwGO, § 47 Rn. 115). Deshalb bleibt der Normenkontrollantrag zu derselben Rechtsnorm durch einen anderen Kläger statthaft (BVerwGE 65, 131, 137).

Umstritten ist zweierlei: Zum einen, ob das Gericht erklären darf, die Norm sei **nur in einer bestimmten Auslegung** rechtswidrig bzw. rechtmäßig. Zum anderen, ob das Gericht sich auf die Feststellung der Rechtswidrigkeit beschränken, also **auf die Erklärung der Unwirksamkeit verzichten** darf (zu beiden Problemen: *Würtenberger*, PdW, 204). Beide Fragen werden in Anlehnung an die entsprechende Praxis des BVerfG teilweise für das „mildere Mittel" gegenüber der (damals geregelten) Nichtigerklärung gehalten (vgl. BVerfGE 58, 257, 280; 73, 280, 297). Sie widersprechen aber klar dem Wortlaut des zumindest insofern eindeutigen § 47 VwGO: „Das Gericht *entscheidet* über die Gültigkeit". Schon deshalb sind sie abzulehnen. Überdies hat der Verzicht auf die Nichtigerklärung in der Rechtsprechung des BVerfG mit dem Respekt gegenüber dem parlamentarischen Gesetzgeber zu tun – ein Aspekt, der bei der Normenkontrolle nach § 47 VwGO nicht in Betracht kommt. Eine Rechtsnorm kann nur rechtmäßig oder rechtswidrig sein. Dies schließt freilich Hinweise des OVG auf eine mögliche verfassungs- bzw. gesetzeskonforme Auslegung der kontrollierten Norm nicht aus.

Literatur zu § 38: Allgemein zum Urteil: *Demmel*, Das Verfahren nach § 113 III VwGO (1999); *Baumeister*, Der Beseitigungsanspruch als Fehlerfolge des rechtswidrigen VA (2006); *Bickenbach*, § 47 V 2 VwGO n. F. und die Unwirksamkeit von Rechtsvorschriften, NVwZ 2006, 178; ders., Das Bescheidungsurteil als Ergebnis einer Verpflichtungsklage (2006); *Pieroth/Hartmann*, Gewaltübergreifende Bindungswirkung. Zur Maßgeblichkeit von Gerichtsentscheidungen für Behörden, DV 41 (2008), 465 ff.; *Gerhard*, Das Verbot der Vollstreckung von Verwaltungsakten als Rechtsfolge prinzipaler Normenkontrollen, FS Schenke (2011), 721; zu **Aufbau** und **Inhalt** des Urteils: *Klein/Czajka*, Gutachten, S. 209; zur **Tenorierung:** *Lemke/Wahrendorf*, Die Urteils- bzw. Beschlussformel im Verwaltungsprozess, JA 1998, 72 ff.; *Kment*, Grundfälle zur Tenorierung im verwaltungsgerichtlichen Verfahren, JuS 2005, 420, 517, 608; *Jansen/Wesseling*, Das Urteil im Verwaltungsprozess, JuS 2009, 32; *Kintz*, ÖffR. i. Ass.Examen, Rn 562.

§ 39 Sonstige Entscheidungsformen des Gerichts

Auch wenn § 107 VwGO das Urteil als Regelentscheidung des VG vorgibt, entscheidet das Gericht nicht immer durch Urteil, sondern ggf. in vereinfachten Entscheidungsformen. Zu nennen sind: 1

– der **Beschluss** (§ 122 VwGO);
– der **Gerichtsbescheid** (§ 84 VwGO).

I. Beschlüsse (§ 122 VwGO)

2   Beschlüsse sind Entscheidungen des Gerichts, die i. d. R. ohne mündliche Verhandlung ergehen (§ 101 III VwGO). Obwohl sie in der Praxis in großer Vielfalt vorkommen und entsprechend bedeutsam sind, werden sie in der VwGO vernachlässigt. So ist nicht immer eindeutig geklärt, wann eine Entscheidung durch Beschluss ergeht; zum anderen besteht die zentrale Vorschrift des § 122 VwGO im Wesentlichen nur aus einer – zudem noch lückenhaften – Aufzählung entsprechend anwendbarer Normen aus anderen Bereichen: So der Bindung an den Grundsatz „ne ultra petita" (§ 88 VwGO), dem Grundsatz freier Beweiswürdigung (§ 108 I 1 VwGO), der Berichtigung von Fehlern und Unrichtigkeiten (§§ 118/119 VwGO). Daneben gelten für Beschlüsse aber auch alle sonstigen Vorschriften des 9. und 10. Abschnitts, soweit sie der Sache nach anwendbar, d. h. nicht erkennbar auf Urteile zugeschnitten sind.

Angesichts der erkennbaren Vielfalt sei hier nur auf die zwei grundlegenden Arten von Gerichtsbeschlüssen hingewiesen:

- **Verfahrensleitende Beschlüsse** dienen in der Regel der Entscheidung über prozessuale Fragen oder der Fortführung des Verfahrens und damit der Vorbereitung der eigentlichen Entscheidung. **Beispiele:** Beweisbeschluss, Ablehnung eines Beweisantrags (§ 86 II VwGO); Verweisung an ein anderes Gericht; Trennung oder Aussetzung des Verfahrens: Entscheidung über Musterverfahren nach § 93a VwGO oder Auswahl der Musterkläger; Festsetzung des Streitwerts. Sie sind **nicht** mit der Beschwerde angreifbar (§ 146 II VwGO).
- **Streitentscheidende Beschlüsse** schließen ein selbständiges Verfahren ab und müssen daher im Prinzip „rechtsmittelfähig" sein. **Beispiele:** Entscheidungen im Verfahren des vorläufigen Rechtsschutzes (§ 80 V, VII; § 80a III; § 123 VwGO). Auch über die Verwerfung von Berufung und Revision bzw. die Ablehnung einer Nichtvorlagebeschwerde kann nach §§ 125 II, 130a und § 144 I VwGO durch Beschluss entschieden werden. Für solche streitentscheidenden Beschlüsse sieht § 122 II VwGO folgerichtig eine besondere **Begründungspflicht** vor. Nach § 122 II 3 und § 130b VwGO kann sich das Gericht bei Zurückweisung des Rechtsmittels aber weitgehend auf die Begründung der angefochtenen Entscheidung beziehen. Solche Beschlüsse sind – wichtig für die Beschwerdefrist! – auch schon mit Zustellung des „begründungslosen" Tenors wirksam. Für sie gelten auch im Übrigen grundsätzlich alle Regeln über das Urteil, auch wenn Beschlüsse nicht „im Namen des Volkes" ergehen. Gegen sie ist das Rechtsmittel der **Beschwerde** statthaft (§ 146 I VwGO – dazu unten, § 42).

Literatur zu § 39 I: *Kintz*, ÖffR. i. Ass.Examen, Rn 402 ff.; *Pietzner/Ronellenfitsch*, Assessorexamen, § 25.

II. Der Gerichtsbescheid (§ 84 VwGO)

1. Allgemeines

Anders als die meisten Beschlüsse schließt der Gerichtsbescheid stets ein Verfahren ab und steht insofern dem Urteil gleich. Der Gerichtsbescheid ist **nicht nur klageabweisend** und an die Unzulässigkeit oder die offenbare Unbegründetheit gebunden; er knüpft vielmehr an das Nichtvorliegen von Schwierigkeiten tatsächlicher oder rechtlicher Art an. 3

2. Voraussetzungen

Ein Gerichtsbescheid kommt nach dem Gesetz nur in erster Instanz, also nicht im Berufungsverfahren, in Betracht (§ 125 I 2 VwGO). Die Sache darf ferner keine besonderen Schwierigkeiten tatsächlicher oder rechtlicher Art aufweisen. 4

Das darf nicht so interpretiert werden, als sei der Gerichtsbescheid die gewöhnliche Entscheidungsform für durchschnittlich schwierige Verwaltungsprozesse. Es ist vielmehr umgekehrt: Der Gerichtsbescheid kommt **nur bei besonders einfach gelagerten Fällen** in Betracht (bedenklich daher BVerwGE 84, 291 – Fehlerhaftigkeit des Gerichtsbescheides nur, wenn der Beurteilung sachfremde Erwägungen oder eine grobe Fehleinschätzung zugrundeliegen). Auch dürfte die Bedeutung des Gerichtsbescheids nach Einführung des § 6 VwGO (Übertragung auf den Einzelrichter) stark abgenommen haben.

3. Verfahren

Dem Gerichtsbescheid geht nach § 84 I 1 VwGO keine mündliche Verhandlung voraus. Voraussetzung ist allerdings, dass der Sachverhalt geklärt ist. Nach § 84 I 2 VwGO verlangt der Gerichtsbescheid eine vorherige **Anhörung zum Fall** – nicht etwa nur zur Möglichkeit des Gerichtsbescheids. Umgekehrt muss aber bei der Anhörung auf die bestehende Möglichkeit des Gerichtsbescheids und dessen Wirkung hingewiesen werden. Soweit nicht ohnehin der Einzelrichter handelt, entscheidet das Gericht ohne Mitwirkung der ehrenamtlichen Richter (§ 5 III 2 VwGO) mit einfacher Mehrheit der Richter. 5

Auf die Einstimmigkeit kommt es, anders als beim früheren Vorbescheid, nicht an.

4. Wirkung, Rechtsbehelfe

6   Der Gerichtsbescheid wirkt **als Urteil** (§ 84 III VwGO), d. h. er beendet den Rechtsstreit in dieser Instanz; er ist entsprechend zu tenorieren und zu begründen. Die Rechtsmittel sind in § 84 II VwGO besonders geregelt. So können die Beteiligten innerhalb eines Monats Berufung oder Revision einlegen, wenn diese zugelassen worden ist, die Zulassung der Berufung sowie eine mündliche Verhandlung beantragen – Letzteres nach § 84 II Nr. 5 VwGO dann, wenn ein Rechtsmittel nicht gegeben ist. Im Revisionsverfahren bei Ausschluss der Berufung (§ 135 VwGO) kann sich der Kläger dann nicht auf die Verletzung des rechtlichen Gehörs berufen, wenn er nicht zuvor die Möglichkeit wahrgenommen hat, nach § 84 II Nr. 5 VwGO die mündliche Verhandlung zu beantragen (BVerwG, NVwZ-RR 2003, 902).

Literatur zu § 39 II: *Fischer,* Der Gerichtsbescheid in der Finanz-, Sozial- und Verwaltungsgerichtsbarkeit, JuS 2013, 611; *Merold,* Rechtsmittel und Rechtsbehelfe gegen Entscheidungen durch Gerichtsbescheid, DVBl. 2017, 836; *Kintz,* ÖffR. i. AssExamen, Rn. 397; *Pietzner/Ronellenfitsch,* Assessorexamen, § 25

# 7. Teil. Rechtsmittel im Verwaltungsprozess – Berufung, Revision und Beschwerde; Anhörungsrüge; Wiederaufnahme des Verfahrens

§ 40 Die Berufung

I. Allgemeines

1. Gegenstand und Prüfungsumfang

Die Berufung hat das erstinstanzliche Urteil zum Gegenstand. Sie 1
ist daher das primäre Rechtsmittel im Verwaltungsprozess. Anders als die Revision ist sie volle rechtliche **und** tatsächliche Prüfung. Der Prozess wird also auf höherer Instanz umfassend erneut geführt. Auch Teil- und Zwischenurteile (§ 124 I VwGO) sowie der Gerichtsbescheid (§ 84 II 1 VwGO) können Gegenstand der Berufung sein, nicht aber allein die Entscheidungsgründe oder Teile daraus.

2. Zulassungsberufung und weitere Einschränkungen

Eine der wichtigsten (und umstrittensten) Neuerungen des 2
6. VwGOÄndG von 1996 war die „flächendeckende" Einführung der Zulassungsberufung, d. h. der Statthaftigkeit der Berufung nur auf besondere gerichtliche Zulassung. Ziel war die Verkürzung des Verwaltungsprozesses. Gerechtfertigt schien die Zulassungsberufung durch die Rechtsprechung des BVerfG zu Art. 19 IV GG (Anspruch nur auf eine Tatsacheninstanz – BVerfGE 4, 47, 95; 78, 88, 99).

Wie nicht anders zu erwarten, wurden die Zulassungsvoraussetzungen durch die seinerzeit stark überlasteten Gerichte zunächst sehr restriktiv gehandhabt. Erst ein „Fingerzeig aus Karlsruhe" gegen die deutlich überzogenen Anforderungen an die Berufungszulassung (BVerfG, Kammer, NVwZ 2001, 552), führten im Jahre 2001 dann zu einer erneuten Änderung der §§ 124/124a VwGO. So blieb es (anders als bei der Beschwerde) zwar bei der Zulassungsberufung, doch kann auch das Verwaltungsgericht bereits die Berufung zulassen (§ 124a I VwGO). Der in erster Instanz Unterlegene muss also nur dann selbst die Berufung beantragen, wenn diese nicht durch das VG zugelassen wurde. Geklärt ist inzwischen, dass **auch der Einzelrichter** „Verwaltungsgericht" i. S. v. § 124a I VwGO" ist (BVerwG, NVwZ 2005, 98). Das war im Falle der Berufungszulassungsgründe „grundsätzliche Bedeutung" und „Schwierigkeit der Rechtssache" umstritten, weil der Einzelrichter nach § 6 VwGO gerade nur tätig werden darf, wenn die Sache keine besonderen Schwierigkeiten aufweist und keine grundsätzliche Bedeutung hat (VGH Mannheim, NVwZ 2004, 893; dazu *Seibert*, NVwZ 2004, 821). Diese Bedenken trafen aber nicht zu, weil es sehr wohl möglich ist, dass sich Bedeutung und Schwierigkeit der Rechtssache erst im Prozess herausstellen. Der Einzelrichter kann dann die Sache auf die Kammer zurückübertragen (§ 6 III VwGO). Er kann aber auch die Berufung nach § 124 IV 2 VwGO zulassen.

II. Sachentscheidungsvoraussetzungen, Zulassungsverfahren

3   In Klausuren sind Fälle aus dem Bereich der Berufung zwar selten. Kommen sie aber doch einmal vor, so ist es zunächst wichtig, zu beachten, dass sich die Zulässigkeitsprüfung ausschließlich auf **die Berufung als solche** bezieht. Steht die Zulässigkeit der „Ausgangsklage" in Frage, so ist dies ein Problem der Begründetheit der Berufung.

1. Zuständiges Gericht

4   Während die Eröffnung des Verwaltungsrechtsweges durch das Berufungsgericht **nicht mehr** geprüft wird (§ 17a V GVG), ist die Zuständigkeit des Berufungsgerichtes nach wie vor Sachentscheidungsvoraussetzung der Berufung. Zuständig ist nach § 124 VwGO stets das OVG. Da es für jedes Bundesland nur ein OVG bzw. einen VGH gibt, stellt die örtliche Zuständigkeit kein Problem dar.

Wichtig: Trotz der Zuständigkeit des OVG für die Entscheidung sind die Berufung bzw. der Zulassungsantrag nach § 124a II u. IV VwGO ausnahmslos und schriftlich bei dem Verwaltungsgericht einzulegen bzw. zu stellen. Durch einen (fehlerhaften) Antrag zum OVG wird die Frist nicht eingehalten (OVG Münster, NVwZ 1997, 1235; OVG Hamburg, NJW 1998, 696).

2. Beteiligtenbezogene Zulässigkeitsvoraussetzungen

5   Neben den allgemeinen Voraussetzungen (Beteiligtenfähigkeit, Prozessfähigkeit) ist zu beachten, dass nur die **Beteiligten** des Verfah-

rens im ersten Rechtszug zur Berufung befähigt sind. Beteiligte sind neben Kläger und Beklagtem ggf. auch der Vertreter des öffentlichen Interesses und der Beigeladene – nicht aber ein bisher unbeteiligter Dritter, der sich durch das Urteil beschwert fühlt. Da Berufungszulassung und Berufung Verfahren vor dem Oberverwaltungsgericht sind, muss sich jeder Beteiligte durch einen Rechtsanwalt oder Rechtslehrer an einer Hochschule als Bevollmächtigten vertreten lassen (§ 67 VwGO).

3. Statthaftigkeit und Zulassung der Berufung

Statthaft ist die Berufung nur gegen bereits ergangene, d. h. verkündete erstinstanzliche Urteile des VG (§ 124 I VwGO), wenn sie von dem VG oder ggf. auf besonderen Antrag durch das OVG zugelassen wird. Der Gerichtsbescheid ist auch insofern dem Urteil gleichgestellt. Erstinstanzliche Urteile des OVG unterliegen nicht der Berufung. Ist das erstinstanzliche Urteil teilbar, so kann sich die Berufung auch gegen einen Teil des erstinstanzlichen Urteils richten.

Wichtig: Die Anforderungen an die Form des Zulassungsantrags sind äußerst streng. So kommt ein Antrag zur Niederschrift beim Gericht nicht in Betracht (OVG Greifswald, NVwZ – RR 2019, 791). Die Umdeutung einer nicht zugelassenen Berufung in einen Antrag auf Berufungszulassung ist allenfalls dann möglich, wenn der richtige Antrag noch innerhalb der Frist des § 124a IV S. 1 VwGO gestellt wird (BVerwG, NJW 2009, 162; zur Unzulässigkeit der Umdeutung im Übrigen: BVerwG, NVwZ 2016, 1187). Die Frist ist nicht verlängerbar (OVG Bremen, NJW 2015, 2678). Auch ein Wiedereinsetzungsantrag kommt i. d. R. nicht in Betracht (BVerwG, NVwZ 2016, 1187; OVG Münster, NVwZ 2014, 1256). Eine – aus menschlicher Sicht begrüßenswerte – Ausnahme macht das BVerwG im Falle der Fristversäumung durch eine Anwaltssekretärin, die von einem schweren Unfall ihrer Tochter erfährt (BVerwG, NJW 2015, 1976).

Nach § 124 II VwGO ist die Berufung nur zuzulassen (und damit statthaft),
1. wenn **ernstliche Zweifel** an der Richtigkeit des Urteils bestehen,
2. wenn die Rechtssache **besondere tatsächliche oder rechtliche Schwierigkeiten** aufweist,
3. wenn die Rechtssache **grundsätzliche Bedeutung** hat,
4. wenn das Urteil objektiv von einer Entscheidung des Oberverwaltungsgerichts, des Bundesverwaltungsgerichts, des gemeinsamen Senats der obersten Gerichtshöfe des Bundes oder des Bundesver-

fassungsgerichts **abweicht** und auf dieser Abweichung beruht (sog. **Divergenzberufung,** dazu VGH Mannheim, NVwZ – RR 2017, 756) oder

5. wenn ein der Beurteilung des Berufungsgerichts unterliegender **Verfahrensmangel** geltend gemacht wird und vorliegt, auf dem die Entscheidung beruhen kann.

Wann diese Voraussetzungen im Einzelnen vorliegen, ist Gegenstand einer kontroversen und teilweise überzogenen Rechtsprechung. Dabei gilt, dass aus Art. 19 IV GG zwar kein Anspruch auf einen Instanzenzug folgt, die Ansprüche bei **bestehendem** Instanzenzug aber nicht überspannt werden dürfen (BVerfG, Kammer, NVwZ 2000, 1163 u. NVwZ 2001, 552; NVwZ 2011, 546; *Gaier*, Verfassungsrechtliche Vorgaben für die Zulassung der Berufung im Verwaltungsstreitverfahren, NVwZ 2011, 385).

- Unabhängig von der „Divergenzberufung" in § 124 II Nr. 4 VwGO können auch Unterschiede in der Rechtsprechung zwischen einzelnen VG und OVG Zeichen für die Bedeutung i. S. v. Nr. 3 sein (zur Divergenz mit einer Entscheidung des EuGH s. OVG Lüneburg, NVwZ 2011, 572).
- Die erstinstanzliche Entscheidung durch die Kammer (statt durch den Einzelrichter i. S. v. § 6 VwGO) ist für das Vorliegen tatsächlicher oder rechtlicher Schwierigkeiten i. S. v. Nr. 2 allenfalls ein Indiz (OVG Lüneburg, NVwZ 1997, 1225). Umgekehrt kann eine Sache auch Schwierigkeiten aufweisen, wenn in erster Instanz der Einzelrichter entschieden hat. Ein „erheblich über dem Durchschnitt liegender Schwierigkeitsgrad der Rechtssache" ist nicht erforderlich (OVG Münster, NVwZ 2000, 86).
- Für das Merkmal „ernstliche Zweifel an der Richtigkeit des Urteils" wurde teilweise verlangt, dass die Wahrscheinlichkeit eines Obsiegens in der Berufungsinstanz besteht (exemplarisch VGH Mannheim, 14. Senat, NVwZ 1997, 1230; OVG Schleswig NVwZ 1999, 1354) oder diese Wahrscheinlichkeit größer ist als diejenige der Zurückweisung der Berufung. Das war vor dem Hintergrund von Art. 19 IV GG nicht haltbar. So muss es dem Bürger möglich sein, Berufung zu erheben, wenn ein tragender Rechtssatz des Urteils oder eine erhebliche Tatsachenfeststellung mit schlüssigen Gegenargumenten in Frage gestellt werden kann (BVerfG, Kammer, NVwZ 2000, 1163; NVwZ 2001, 552;; zuletzt BVerfG, Kammer, NVwZ 2020, 220 und NVwZ 2020, 1661).
- Einen erheblichen Verfahrensmangel stellen auch fehlerhafte oder fehlende Urteilsgründe dar (dazu BVerfG, Kammer, NJW 2008, 3275).

8   Wurde die Berufung durch das VG zugelassen, so beträgt die **Frist zur Einlegung der Berufung** einen Monat, die Frist zur Begründung der Berufung zwei Monate, jeweils gerechnet ab Zustellung des vollständigen Urteils.

Wurde die Berufung durch das VG nicht zugelassen, so bleibt die Möglichkeit des innerhalb eines Monats nach Zustellung des vollständigen Urteils zu stellenden gesonderten Zulassungsantrags an das VG (nicht an das OVG! – § 124a IV VwGO). Eine Erleichterung besteht hier nur hinsichtlich der auf 2 Monate erweiterten Begründungsfrist. Die Begründung ist in einem besonderen Schriftsatz (BVerwG, NJW 2008, 1014), soweit sie nicht mit dem Zulassungsantrag selbst verbunden ist, nicht mehr bei dem VG, sondern bei dem OVG einzureichen (§ 124a IV 5 VwGO).

Eine fehlerhaft ohne vorherigen Zulassungsantrag eingelegte Berufung kann nicht in einen Zulassungsantrag umgedeutet werden (BVerwG, NVwZ 2016, 1187). Ähnliches gilt, wenn der Antragsteller nicht nach § 67 VwGO ordnungsgemäß vertreten war (VGH Mannheim, DÖV 1999, 391). Die Berufung ist zuzulassen, „wenn einer der Gründe des § 124 II VwGO dargelegt ist und vorliegt" (§ 124a V 2 VwGO). Das Gericht kann also nicht etwa von sich aus nach Berufungsgründen Ausschau halten. Gleichwohl enthält § 124 V VwGO eine Akzentverschiebung gegenüber dem früheren eher abwehrenden *„die Berufung ist nur zuzulassen"*. Sehr umstritten ist das Problem des maßgeblichen Zeitpunkts für die Beurteilung der Zulassungsgründe. Hier dürfte die frühere Auffassung (z. B. VGH München, NVwZ-RR 2001, 117), wonach es auf den Schluss der mündlichen Verhandlung, auf die das anzufechtende Urteil ergangen ist, ankommt, nicht mehr haltbar sein, weil Zweifel an der Richtigkeit des Urteils sehr wohl auch nachträglich entstehen können (so zu Recht *Nidzwicki*, JuS 2010, 222).

Die Stellung des Zulassungsantrags hemmt die Rechtskraft des Urteils, bewirkt aber nach § 80b VwGO keine Aufrechterhaltung des Suspensiveffekts. Über den Zulassungsantrag entscheidet das OVG durch Beschluss. Der Beschluss soll „kurz begründet" werden (§ 124a V 3 VwGO) und muss eine Belehrung über die Notwendigkeit und Frist der Berufungsbegründung enthalten (BVerwG, DÖV 2000, 377). Lässt das OVG die Berufung zu, so wird das Antragsverfahren als Berufungsverfahren fortgesetzt. Kommt es später zur Revision, so ist das Revisionsgericht ist an die Zulassung der Berufung durch das Berufungsgericht gebunden, hat also nicht mehr nachzuprüfen, ob die Zulassung den Voraussetzungen des § 124 VwGO entsprach. **Literatur:** *Buchheister*, Das Berufungs-(Zulassungs-)verfahren – aktuelle Probleme aus richterlicher Sicht, DVBl 2016, 469.

Die (zugelassene) Berufung gilt als zurückgenommen, wenn der Berufungskläger das Verfahren trotz Aufforderung des Gerichts länger als drei Monate nicht betreibt (§ 126 II 1 VwGO).

Tenor der Zulassungsentscheidung: *Auf den Antrag des Beklagten wird die Berufung gegen das Urteil des VG ... vom ... – Az.: ... – zugelassen.*

4. Berufungsbefugnis – Beschwer

10   Die Berufung ist ferner nur zulässig, wenn der Berufungskläger geltend macht, durch das angefochtene Urteil **beschwert** zu sein. Das ist immer der Fall, wenn das VG ihm etwas ganz oder teilweise versagt hat, was er beantragt hatte bzw. wenn er zu etwas verurteilt wurde. Die Berufungsbefugnis darf nicht mit der Klagebefugnis verwechselt werden. Hat das VG letztere verneint, so ist der Kläger als Berufungskläger gerade hierdurch beschwert, die Berufung insoweit also zulässig. Probleme entstehen insoweit in der Regel nur beim Beigeladenen. Dieser ist nur beschwert, wenn das Urteil gerade sein Recht verletzt (BVerwG, NVwZ 1987, 970, 971; VGH Mannheim, NVwZ – RR 2017, 996). Die Beschwer muss vom Urteil selbst ausgehen; die Begründung reicht hierfür nicht aus (VGH Mannheim, DÖV 1988, 1019).

5. Rechtsschutzbedürfnis

11   Das Rechtsschutzbedürfnis setzt – wie in allen übrigen Fällen – voraus, dass der Berufungskläger keine leichtere Möglichkeit der Rechtsverwirklichung hat und dass das Rechtsmittel nicht missbräuchlich eingesetzt wird. Wegen der vorgeschalteten Zulassung und Eindeutigkeit der Fristen nach § 124a I u. III VwGO sind „Verwirkungsfälle" und Fälle der „offensichtlichen Aussichtslosigkeit" kaum denkbar.

6. Sonstige Zulässigkeitsvoraussetzungen

12   Die meisten sonstigen Zulässigkeitsvoraussetzungen sind schon durch das VG bzw. im Zulassungsverfahren zu prüfen. Im Einzelnen richten sich die Voraussetzungen nach § 124a VwGO.

13   Für die **Frist** gilt folgendes: Hat das VG die Berufung zugelassen, so ist die Berufung innerhalb eines Monats nach Zustellung des vollständigen Urteils bei dem VG einzulegen und innerhalb von zwei Monaten ab demselben Zeitpunkt zu begründen (§ 124a II und III VwGO). Andernfalls ist die Zulassung innerhalb eines Monats bei dem VG (und nur bei diesem!) zu beantragen, auch wenn hier das OVG über die Zulassung entscheidet (§ 124a IV VwGO). Für die Einlegung in elektronischer Form ist § 55a VwGO zu beachten: Ein

nicht mit qualifizierter elektronischer Signatur versehener Antrag, ebenso wie die Berufung selbst oder die Berufungsbegründung wirken nicht fristwahrend (OVG Koblenz, NVwZ-RR 2006, 519; OVG Münster, DVBl. 2010, 724; BSG, NJW 2017, 1197; OVG Bautzen, NVwZ-RR 2016, 404). Lässt das OVG die Berufung zu, so bedarf es nicht mehr der Einlegung der Berufung (§ 124a V 5 VwGO); diese ist aber innerhalb eines Monats ab Zustellung des Zulassungsbeschlusses nach wie vor mit einem besonderen Schriftsatz zu begründen (BVerwG, NJW 2003, 3288 u. NVwZ 2003, 868). Die Frist ist zwar verlängerbar, jedoch kann ein Rechtsmittelführer nicht darauf vertrauen, dass einem „in letzter Minute" gestellten Verlängerungsantrag auch stattgegeben wird (BVerwG, NJW 2008, 3303). Der Zulassungsbeschluss muss eine Rechtsmittelbelehrung über den Sitz des Gerichts enthalten, bei dem die Berufungsbegründung einzureichen ist (BVerwG, NJW 2009, 2322).

Für die Wiedereinsetzung in den vorigen Stand gilt § 60 VwGO, doch sind die Voraussetzungen strenger, da der Zulassungsantrag nur noch durch einen Rechtsanwalt gestellt werden kann, dem auch Organisationsfehler zugerechnet werden können (OVG Bautzen, NVwZ-RR 2017, 755). Das ist z. B. der Fall, wenn die von einem Rechtsanwalt 40 Minuten vor Fristablauf fertiggestellte Berufungsbegründungsfrist aufgrund einer technischen Störung in der EDV-Anlage des Büros nicht mehr rechtzeitig übermittelt werden kann (OVG Lüneburg, NvWZ-RR 2020, 811).

Die Anforderungen sind streng, dürfen aber nicht überzogen werden. So ist ein Anwalt, der unvorhersehbar am Tag vor dem Ablauf der Berufungsbegründungsfrist erkrankt, in der Regel nicht gehalten, einen vertretungsbereiten Kollegen mit der Anfertigung der Berufungsbegründung zu beauftragen (BGH, NJW 2020, 2413).

Auch für die Berufungsinstanz ist das Fehlen eines bestandskräftigen Urteils zu demselben Streitgegenstand bzw. einer anderweitigen Rechtshängigkeit Sachentscheidungsvoraussetzung. Auch wirksamer Rechtsmittelverzicht und Erledigungserklärung machen die Berufung unzulässig (VGH Kassel, NJW 2012, 2458). 14

III. Begründetheit

1. Überprüfung des erstinstanzlichen Urteils

15   Die Berufung ist begründet, wenn die Entscheidung des VG formell oder inhaltlich **rechtswidrig** ist und der Kläger dadurch in seinen Rechten verletzt ist. Das Berufungsgericht prüft dabei das erstinstanzliche Urteil grundsätzlich in rechtlicher und tatsächlicher Hinsicht. Die Begründetheitsprüfung muss also Zulässigkeit **und** Begründetheit der Ausgangsklage erfassen, denn die objektiv falsche Annahme der Zulässigkeit macht das erstinstanzliche Urteil inhaltlich fehlerhaft. Begründet ist die Berufung aber auch, wenn das den Berufungskläger beschwerende Urteil aus anderen Gründen fehlerhaft ist, insbesondere, wenn dem VG ein wesentlicher Verfahrensmangel unterlaufen ist. Im letztgenannten Fall kann das OVG/der VGH selbst entscheiden oder die Sache an das VG zurückverweisen, das insoweit an die Beurteilung durch das Berufungsgericht gebunden ist (§ 130 I Nr. 2 VwGO). Die Berufung soll aber unbegründet sein, wenn dem VG eine Verletzung des Verfahrensrechts unterlaufen ist, sich die Entscheidung aber als aus anderen Gründen richtig darstellt (§ 144 IV analog – *Kopp/Schenke*, VwGO, vor § 124, Rn. 60 und § 130, Rn. 9).

2. Rechtsverletzung

16   Wie für die Klage selbst reicht für die Begründetheit der Berufung nicht die (objektive) Rechtswidrigkeit des Urteils und auch nicht, dass der Berufungskläger die Rechtsverletzung nur behauptet. Der Berufungskläger muss vielmehr tatsächlich beschwert, d. h. in seinen Rechten verletzt sein. Probleme stellen sich insoweit aber nur für den Beigeladenen. Dieser muss nachweisen, dass er gerade durch das Urteil in einem seiner Rechte verletzt ist (derselbe Maßstab wie § 113 I VwGO – BVerwGE 64, 67, 68).

IV. Berufungsverfahren

1. Wirkungen der eingelegten Berufung

17   Hinsichtlich der Wirkungen der Berufung ist zu differenzieren:

– **Anhängig** wird das Berufungsverfahren mit der Einlegung der durch das VG zugelassenen Berufung (§ 124a II VwGO), bzw. mit der Zulassungsentscheidung des OVG (§ 124a V VwGO);

- der **Devolutiveffekt**, d. h. die „Höherstufung" im Instanzenzug, tritt noch nicht mit der Einlegung der Berufung oder der Stellung des Zulassungsantrags beim VG ein, sondern erst mit dessen Weiterleitung an das OVG;
- dagegen bewirkt schon der Zulassungsantrag eine **Hemmung der Rechtskraft** des Urteils (§ 124 IV 6 VwGO). Diese entfällt mit der Ablehnung des Antrags (§ 124a V 4 VwGO);
- für die **aufschiebende Wirkung** gilt § 80b VwGO, d. h. weder Zulassungsantrag noch Berufung als solche verlängern die aufschiebende Wirkung. Das kann (nur) das OVG auf besonderen Antrag (§ 80b II VwGO).

2. Grundsätzliche Anwendbarkeit der Vorschriften zum Verfahren im ersten Rechtszug

Nach § 125 I VwGO gelten für das Berufungsverfahren die Vorschriften des Teils II entsprechend, soweit sich aus §§ 124 ff. VwGO nichts Abweichendes ergibt. Das Verfahren läuft also grundsätzlich so wie das erstinstanzliche Verfahren ab, einschließlich des vorbereitenden Verfahrens nach § 87 VwGO und der mündlichen Verhandlung. Das Berufungsgericht muss das gesamte tatsächliche und rechtliche Vorbringen der ersten Instanz würdigen (BVerfG, Kammer, NJW 2015, 1746), berücksichtigt aber auch auch neu vorgebrachte Tatsachen und Beweismittel (§ 128 VwGO – BVerwG, NVwZ 1990, 878; zur Präklusion s. Rn. 19). Maßgeblicher Zeitpunkt der Beurteilung der Sach- und Rechtslage ist der Zeitpunkt der letzten mündlichen Verhandlung im Berufungsverfahren (*Schenke*, VwProzR, Rn. 1142). Ein Absehen von der mündlichen Verhandlung ist nur in Ausnahmefällen möglich (BVerwG, NVwZ 2015, 1299).

3. Präklusion von nicht rechtzeitig vorgebrachten Erklärungen und Beweismitteln

Hat der Kl. schon im Ausgangsverfahren entgegen einer nach § 87b I und II VwGO gesetzten Frist maßgebliche Erklärungen und Beweismittel nicht vorgebracht, dann werden diese gem. § 128a VwGO im Berufungsverfahren nur noch unter engen Voraussetzungen anerkannt. Erklärungen und Beweismittel, die das VG bereits zu Recht zurückgewiesen hat, bleiben auch im Berufungsverfahren ausgeschlossen (§ 128a II VwGO). Umgekehrt kann es eine Verletzung des rechtlichen Gehörs sein, wenn das Berufungsgericht nicht darauf hinweist, dass es der Tatsachenwertung der ersten Instanz nicht folgen will (BVerfG, Kammer, NJW 2017, 3218).

4. Anschlussberufung

20 Nach § 127 VwGO können sich der Berufungsbeklagte und die anderen Beteiligten der Berufung durch Antrag zum OVG anschließen. Die wichtigste Folge: Zu Lasten des Berufungsklägers wird eine reformatio in peius möglich, die sonst durch § 129 VwGO ausgeschlossen wäre. Die Anschlussberufung kann sich nur auf denselben Streitgegenstand wie die Berufung selbst beziehen (OVG Münster, NVwZ 2001, 1423).

5. Zurücknahme der Berufung, Erledigung

21 Für Erledigung, Klageänderung usw. gelten grundsätzlich die Vorschriften des Verfahrens im ersten Rechtszug. Eine Sondervorschrift (§ 126 VwGO) gilt nur für die Zurücknahme der Berufung. Zwar sind die Voraussetzungen die gleichen wie bei der Zurücknahme der Klage nach § 92 VwGO, doch bewirkt die Zurücknahme in jedem Fall den Verlust des Rechtsmittels für den Betroffenen und damit die Rechtskraft des Urteils. Die Zurücknahme ist endgültig und ihrerseits weder widerruf- noch anfechtbar (BVerwG, NJW 1997, 2897). Die Berufung gilt auch als zurückgenommen, wenn der Berufungskläger das Verfahren trotz Aufforderung des Gerichts länger als drei Monate nicht betreibt (Rücknahmefiktion – § 126 II VwGO). Erledigt sich der Rechtsstreit im Berufungsverfahren, so kann der Rechtsmittelführer in diesem Verfahren auf die Fortsetzungsfeststellungsklage übergehen. Ist die Berufung noch nicht zugelassen, so müssen allerdings die Voraussetzungen des § 124 II VwGO aus der Sicht der Fortsetzungsfeststellungsklage vorliegen (OVG Lüneburg, NVwZ-RR 2007, 67). Eine einseitige Erledigungserklärung zur Vermeidung von Kosten kommt nur in Betracht, wenn die Berufung zumindest statthaft war und ordnungsgemäß begründet wurde (OVG Saarlouis, NVwZ-RR 2016, 528).

V. Entscheidung im Berufungsverfahren

1. Verwerfung wegen Unzulässigkeit (§ 125 II VwGO)

22 Ist die Berufung unzulässig, so wird sie verworfen. Die Entscheidung kann durch Beschluss ergehen. Die Beteiligten sind aber vorher zu hören.

2. Entscheidung durch Beschluss (§ 130a VwGO)

Nach § 130a VwGO kann das OVG über die Berufung **durch Beschluss** entscheiden, wenn es sie einstimmig für begründet oder einstimmig für unbegründet und eine mündliche Verhandlung nicht für erforderlich hält. Möglich sind insofern sowohl die Zurückweisung als auch die Stattgabe. Das ist im Hinblick auf Art. 6 EMRK nur dann unbedenklich, wenn die beabsichtigte Entscheidung durch Beschluss den Beteiligten mitgeteilt und diesen Gelegenheit zur Stellungnahme gegeben wurde (*Burkiczak*, NVwZ 2016, 806), der Senat des OVG als Kollegialorgan entscheidet (BVerwGE, NVwZ 2000, 1040), und die Beweisaufnahme vor dem Plenum des Berufungsgerichts stattgefunden hat (BVerwG, NVwZ 1999, 763). Rechtsmittel gegen diesen Beschluss ist nicht etwa die Beschwerde nach § 146 VwGO, sondern die Prüfung erfolgt im etwaigen Revisionsverfahren (§ 130a II i. V. m. § 125 II 3–5 VwGO). Entscheidet das Berufungsgericht auf Grund einer Zurückverweisung durch die Revision erneut, so müssen die Voraussetzungen des § 130a VwGO auch in dem Verfahrensabschnitt nach der Zurückverweisung erfüllt sein. Es reicht also nicht, dass der *Senat* vor der Revision die Sache einstimmig für begründet oder einstimmig für unbegründet gehalten hat (BVerwG, NVwZ 2005, 336). 23

3. Kein Gerichtsbescheid

Nach § 125 I 2 VwGO kann im Berufungsverfahren kein Gerichtsbescheid ergehen. 24

4. Berufungsurteil

Soweit die Berufung nicht wegen Unzulässigkeit verworfen oder im Beschlussverfahren nach § 130a VwGO entschieden wird, findet eine mündliche Verhandlung statt, und der Rechtsstreit wird durch (End-)Urteil entschieden. Auch die übrigen Urteilsarten kommen in Betracht. Durch das Berufungsurteil kann das erstinstanzliche Urteil bestätigt, aufgehoben oder geändert werden, stets aber nur im Rahmen der Anträge. § 129 VwGO enthält also ein Verbot der reformatio in peius – außer, wenn auch der Beklagte Berufung oder Anschlussberufung eingelegt hat (Näheres dazu bei *Rudisile*, in: Schoch/Schneider, VwGO, § 129 – dort auch zu den Ausnahmen). 25

Tenor: *Unter Abänderung des Urteils des VG ... vom ... – Az.: ...*
– wird die Klage abgewiesen.

Oder: *Das Urteil des VG ... vom ... – Az.: ... –, der Bescheid des Beklagten vom ...– Az.: ... – und der Widerspruchsbescheid der ... – vom ... – Az.: ... – werden aufgehoben.*

Zu beachten ist § 130 VwGO: Danach hat das OVG grundsätzlich die notwendigen Beweise selbst zu erheben und in der Sache selbst zu entscheiden. Es kann aber auch bei bestimmten Mängeln die Sache unter Aufhebung des erstinstanzlichen Urteils an das Verwaltungsgericht zurückverweisen, wenn ein Beteiligter dies verlangt. Im Falle der Zurückverweisung ist das VG an die rechtliche Beurteilung des Berufungsgerichts gebunden. Für Verkündung und Zustellung gelten die auch für das Urteil in Erster Instanz bestehenden Vorschriften des Teiles II, also insbesondere §§ 113, 116, 117 VwGO.

Literatur zu § 40: *Siems,* Die selbständige Anschlussberufung im Verwaltungsprozess, NVwZ 2000, 160; *Buscher,* Die Zulassungsberufung im Verwaltungsprozess (2004); *Nidzwicki,* Aus der Praxis: Änderung der Sach- oder Rechtslage im Zulassungsverfahren der Berufung, JuS 2010, 222; *Gaier,* Verfassungsrechtliche Vorgaben für die Zulassung der Berufung im Verwaltungsstreitverfahren, NVwZ 2011, 385; *Rudisile,* Die Judikatur des BVerfG zum Berufungszulassungsrecht der VwGO, NVwZ 2012, 1425; *Geis/Thirmeyer,* Die Berufung im Verwaltungsprozess, JuS 2013, 517; *Buchheister,* Das Berufungs-(Zulassungs-)verfahren – aktuelle Probleme aus richterlicher Sicht, DVBl 2016, 469; *Burkiczak,* Die Anhörungsmitteilung vor der Entscheidung über eine Berufung durch Beschluss im verwaltungs- und sozialgerichtlichen Verfahren, NVwZ 2016, 806.

26

Übersicht 25: Zulässigkeit und Begründetheit der Berufung

I. Zulässigkeit
  1. *Keine Prüfung des Rechtswegs (§ 17a V GVG)*
  2. Zuständigkeit des Berufungsgerichts (§ 124 I VwGO)
  3. Beteiligtenbezogene Zulässigkeitsvoraussetzungen
  4. Statthaftigkeit der Berufung – Zulassung (§§ 124 II/124a VwGO)
  5. Berufungsbefugnis: Möglichkeit einer Beschwer
  6. Rechtsschutzbedürfnis
  7. Sonstige Zulässigkeitsvoraussetzungen

II. Begründetheit – Rechtswidrigkeit des Urteils des VG
  1. Verfahren des VG
  2. Zulässigkeit der Klage
  3. Begründetheit der Klage

4. Beschwer (Rechtsverletzung durch erstinstanzliches Urteil)
5. Konsequenzen im Falle des Erfolgs der Berufung/Zurückverweisung

§ 41 Die Revision

I. Allgemeines

1. Stellenwert und Prüfungsmaßstab

Die Revision ist die Überprüfung gerichtlicher Urteile der OVG (nur ausnahmsweise der VG) in (ausschließlich) rechtlicher Hinsicht. Sie bedarf im Verwaltungsprozess einer besonderen Zulassung. 1

Ziele der Revision sind neben dem individuellen Rechtsschutz und der Einzelfallgerechtigkeit die Wahrung der Rechtseinheit und die Fortbildung des Rechts (ähnl. *Schenke*, in Kopp/Schenke, VwGO § 132, Rn 1).

2. Reformüberlegungen

Während die Berufung in den vergangenen Jahrzehnten Gegenstand zahlreicher Änderungen und vor allem (trotz jüngster Korrekturen) Beschränkungen war, standen weitere Erschwerungen im Hinblick auf die Revision nicht zur Debatte. Schon das 4. VwGO-Änderungsgesetz hatte die bis dahin bestehende Möglichkeit der zulassungsfreien Revision bei bestimmten Verfahrensfehlern beseitigt, das Gesamtsystem im Übrigen aber unverändert gelassen. Faktisch war die Revision schon immer von einer besonderen Zulassung abhängig und auch an strenge inhaltliche Voraussetzungen gebunden. 2

II. Zulässigkeit

1. Zuständiges Gericht

Zuständig für die Revision ist stets das **Bundesverwaltungsgericht**. Die Nichtzulassungsbeschwerde ist aber zunächst beim OVG zu erheben (§ 133 II VwGO). 3

2. Beteiligtenbezogene Zulässigkeitsvoraussetzungen

4   Vor dem Bundesverwaltungsgericht und auch schon im Verfahren der Nichtzulassungsbeschwerde und der Einlegung der Revision muss sich jeder Beteiligte durch einen Rechtsanwalt oder einen Rechtslehrer an einer Hochschule als Bevollmächtigten vertreten lassen (§ 67 I VwGO). Im Übrigen gelten die allgemeinen Vorschriften über die Beteiligten- und die Prozessfähigkeit.

3. Statthaftigkeit

5   Statthaft ist die Revision grundsätzlich gegen „das Urteil des Oberverwaltungsgerichts" und gegen Beschlüsse gemäß § 130a VwGO – letzteres nach § 125 II 3 VwGO. Urteile des VG können Gegenstand der Revision nach § 134 VwGO sein (**„Sprungrevision"**), wenn Kläger und Beklagter schriftlich zustimmen und wenn die Revision von dem VG im Urteil oder auf besonderen Antrag durch Beschluss zugelassen wird. Eine Art „gesetzliche Sprungrevision" zum BVerwG sieht § 135 VwGO für die Fälle vor, in denen durch Bundesgesetz die Berufung ausgeschlossen ist. Auch hier ist allerdings die Zulassung durch das Verwaltungsgericht oder das BVerwG selbst erforderlich.

4. Zulassung und Nichtzulassungsbeschwerde

6   Die Revision ist grundsätzlich nur aufgrund besonderer Zulassung statthaft. Diese kann erreicht werden:
– Aufgrund einer Entscheidung des OVG (im Falle der Sprungrevision und des § 135 VwGO: des VG),
– aufgrund einer erfolgreichen Nichtzulassungsbeschwerde.

a) Als Gründe für die **Zulassung der Revision** (nicht zu verwechseln mit den Revisionsgründen nach § 137 VwGO) nennt das Gesetz in § 132 II VwGO die grundsätzliche Bedeutung (**Grundsatzrevision**), die Abweichung von einer Entscheidung des Bundesverwaltungsgerichts, des Gemeinsamen Senats der obersten Gerichtshöfe des Bundes bzw. des BVerfG (**Divergenzrevision**) sowie einen erheblichen Verfahrensmangel (**Verfahrensrevision**). Auch hier dürfen die Voraussetzungen wegen Art. 19 IV GG nicht überspannt werden (BVerfG, Kammer, NJW 2012, 1715).

Für die **grundsätzliche Bedeutung** im Sinne von § 132 II Nr. 1 VwGO sind Rechtssicherheit, Rechtsfortbildung, fehlende höchstrichterliche Klärung, praktische Bedeutung über den Einzelfall hinaus die wesentlichen Stichworte (dazu BVerwGE 13, 90, 91; 70, 24; BVerwG, NVwZ 2005, 709).

Die Divergenzrevision dient der Wahrung der **Rechtseinheit.** Sie ist gegeben, wenn das Urteil in seinem wesentlichen Inhalt, nicht also nur in der Begründung oder einem „obiter dictum", von einer Entscheidung des BVerwG, des GSOBG oder des BVerfG abweicht und auf dieser Abweichung beruht (§ 132 II Nr. 2 VwGO), nicht aber bei nachträglicher Änderung der Rechtslage (BVerwG, NVwZ 2019, 1771

§ 132 II Nr. 3 VwGO bezieht sich **nur auf Verfahrensmängel des Gerichts,** ggf. auch auf nicht „geheilte" Verfahrensmängel der ersten Instanz. Ihretwegen kann das Urteil nur aufgehoben werden, wenn es auf einem geltend gemachten und vorliegenden Fehler beruht, d. h. dass mindestens die Möglichkeit besteht, dass das Gericht ohne den Fehler zu einem anderen Ergebnis gekommen wäre. Die Rüge der überlangen Verfahrensdauer reicht als solche aber für die Zulassung der Revision nicht aus (BVerwG, NJW 2005, 2169).

Lässt das OVG die Revision zu, so ist das BVerwG an diese Entscheidung gebunden – außer bei einer offensichtlich rechtswidrigen Zulassung (BVerwGE 48, 372).

b) Verneint das OVG das Vorliegen der Voraussetzungen der Revision, dann bleibt dem Beteiligten des Berufungsverfahrens die Möglichkeit der **Nichtzulassungsbeschwerde** (§ 133 VwGO). Diese eröffnet ein selbständiges Verfahren und hemmt die Rechtskraft des Urteils (§ 133 IV VwGO). Das Verfahren ist zweistufig ausgestaltet; zunächst prüft das OVG selbst, ob der Beschwerde abgeholfen werden soll. In der Regel entscheidet aber das BVerwG, und zwar durch Beschluss (§ 133 V VwGO). Zulässigkeitsvoraussetzung der Beschwerde ist deren Erhebung innerhalb eines Monats bei dem Gericht, gegen dessen Urteil Revision eingelegt werden soll. Eine notwendige **Beiladung** kommt in diesem Verfahren nicht in Betracht (BVerwG, NVwZ 2001, 202). Auch wirkt die Zulassung **nur** zugunsten des Beschwerdeführers (BVerwG, NVwZ 2001, 201). Eine ohne Zulassung eingelegte Revision kann nicht in einen Zulassungsantrag umgedeutet werden (BVerwG, NVwZ 1998, 1297). Innerhalb von zwei Monaten nach Zustellung des Zulassungsbeschlusses ist die Beschwerde zu begründen (§ 133 III 1 VwGO; diese Frist kann nicht verlängert werden (BVerwG, NVwZ 2001, 799 – zu den inhaltlichen Anforderungen s. BVerwG, NJW 1996, 1554; NJW 1997, 3328).

Lässt das BVerwG die Revision zu, so wird nach § 139 II VwGO das Beschwerdeverfahren als Revisionsverfahren fortgesetzt. Das BVerwG kann aber nach § 133 VI VwGO in dem Beschluss das angefochtene Urteil auch sogleich aufheben und den Rechtsstreit zur anderweitigen Verhandlung und Entscheidung zurückverweisen.

Dann hat die Revision „ohne eigentliches Revisionsverfahren" bereits Erfolg. Wird die Nichtzulassungsbeschwerde abgelehnt, so ist der Verwaltungsrechtsweg beendet. Eine Gegenvorstellung kommt nicht in Betracht (BVerwG, NVwZ-RR 2016, 723). Das Urteil wird nach § 133 V VwGO rechtskräftig.
Tenor: *Die Revision des Klägers gegen das Urteil des OVG ... vom ... wird zugelassen.*
bzw. (im Fall des § 133 VI VwGO):
1. *Das Urteil des OVG ... vom ... wird aufgehoben.*
2. *Die Sache wird zur erneuten Verhandlung und Entscheidung an das OVG ... zurückverwiesen.*

5. Beschwer/Revisionsbefugnis

8   Wie der Berufungskläger muss auch der Revisionskläger eine Beschwer geltend machen. Das ist beim nicht (vollständig) erfolgreichen Kläger und beim ganz oder teilweise verurteilten Beklagten stets, beim Beigeladenen nur dann der Fall, wenn das Berufungsurteil gerade ihn in einem seiner Rechte verletzt.

6. Sonstige Zulässigkeitsvoraussetzungen

9   Die Revision ist nach § 139 VwGO bei dem Gericht, **dessen Urteil angefochten wird,** innerhalb eines Monats nach Zustellung des vollständigen Urteils oder des Zulassungsbeschlusses nach § 133 V VwGO schriftlich einzulegen. Eine Einlegung durch Erklärung zur Niederschrift des Urkundsbeamten der Geschäftsstelle scheidet in diesem Fall also aus. Die Frist wird auch durch Einlegung unmittelbar beim BVerwG gewahrt. Zulässigkeitsvoraussetzung der Sprungrevision ist allerdings die Zustimmung der Gegenpartei.

Besondere Anforderungen gelten für die **Revisionsbegründung.** Diese ist – soweit sie nicht schon mit der Einlegung der Revision verbunden ist – innerhalb von zwei Monaten beim BVerwG einzureichen (§ 139 III 2 VwGO).

Zum für die Zulässigkeit unabdingbaren (BVerwG, NVwZ 1998, 735) **Inhalt** siehe § 139 III 4 VwGO u. BVerfG, Kammer, NVwZ 2001, 425 – keine Verwendung von Textbausteinen.

III. Begründetheit

1. Allgemeines

Die Revision ist nach § 137 VwGO begründet, wenn das angefochtene Urteil auf der Verletzung von Bundesrecht oder einer mit dem (Bundes-)VwVfG dem Wortlaut nach übereinstimmenden Vorschrift eines Landes-VwVfG beruht. Zu prüfen ist also jeweils, ob das angefochtene Urteil einen derartigen Mangel enthält und ob es auf diesem Mangel beruht. Voraussetzung ist stets, dass es sich beim Prüfungsmaßstab um „revisibles Recht" handelt.

Revisibles Recht in diesem Sinne sind nicht nur einfache Bundesgesetze, sondern auch – unter den oben, § 25, Rn. 17, genannten Voraussetzungen – Normen des EU-Rechts, des GG sowie allgemeine Grundsätze wie das Verhältnismäßigkeitsprinzip und das Prinzip verfassungskonformer Auslegung sowie mit Bundesrecht übereinstimmende Vorschriften der LandesVwVfGe.

Nicht revisibel sind Verwaltungsvorschriften, denen nach h. L. schon der Rechtsnormcharakter fehlt (BVerwG, NVwZ 2007, 708), und alle sonstigen Bestimmungen des **Landesrechts** (BVerwG NVwZ 1993, 977 – auch im Rahmen der Ermessensprüfung kein Eingehen auf landesrechtliche Verwaltungsvorschriften). Letzteres erklärt die große Bedeutung der OVGe für die Auslegung von kommunalrechtlichen, schulrechtlichen und polizeirechtlichen Normen. Eine gewisse Einheitlichkeit wird hier aber durch die Ausrichtung am (Bundes-)Verfassungsrecht, insbesondere an den Grundrechten erlangt. Revisibel sind auch solche nach Art. 125a GG fortgeltende Normen des Landesrechts, mit denen das Land einem Rahmengesetz des Bundes (Art. 75 GG) folgt (BVerwG, NVwZ 1987, 976; BVerwG, NJW 2002, 2120 – kein Anspruch auf Diplom für Absolventen des jur. Staatsexamens).

2. Absolute Revisionsgründe

Als „**absolute Revisionsgründe**" hebt § 138 VwGO bestimmte Verfahrensfehler hervor. Diese führen zwar nicht mehr zur zulassungsfreien Revision; ihre Bedeutung liegt aber darin, dass das Urteil stets als „auf der Verletzung von Bundesrecht beruhend" anzusehen ist, wenn

- das erkennende Gericht nicht vorschriftsmäßig besetzt war,
- bei der Entscheidung ein Richter mitgewirkt hat, der von der Ausübung des Richteramtes kraft Gesetzes ausgeschlossen oder wegen Besorgnis der Befangenheit mit Erfolg abgelehnt war,
- einem Beteiligten das rechtliche Gehör versagt war (**Beispiel:** Verkennung der Klagebefugnis – BVerwG, NVwZ 2014, 1675),
- ein Beteiligter im Verfahren nicht nach der Vorschrift des Gesetzes vertreten war, außer wenn er der Prozessführung ausdrücklich oder stillschweigend zugestimmt hat,
- das Urteil auf eine mündliche Verhandlung ergangen ist, bei der die Vorschriften über die Öffentlichkeit des Verfahrens verletzt worden sind, oder
- die Entscheidung nicht mit Gründen versehen ist.

IV. Verfahren

12 Ähnlich wie bei der Berufung ist auch im Revisionsverfahren hinsichtlich der Wirkungen der Revisionseinlegung zu differenzieren:

- Schon die Einlegung der Nichtzulassungsbeschwerde hemmt die Rechtskraft des Urteils (§ 133 IV VwGO).
- Der Devolutiveffekt tritt mit der Weiterleitung der Nichtzulassungsbeschwerde bzw. der Revision vom OVG an das BVerwG ein.
- Für die aufschiebende Wirkung gilt wiederum § 80b VwGO. Im übrigen gelten die Vorschriften über das Berufungsverfahren entsprechend.

Sie verweisen teilweise ihrerseits auf das Verfahren Erster Instanz. Nicht anwendbar sind § 87a (Entscheidung des Vorsitzenden), § 130a (Zurückweisung durch Beschluss) und § 130b VwGO (verkürzte Urteilsbegründung). Die Heilung von Verfahrensfehlern kommt im Revisionsverfahren ebenso wenig in Betracht (§ 45 II VwVfG – BVerwG, NVwZ 2019, 410.) wie die Klageänderung (§ 142 I 1 VwGO). Obwohl § 114 S. 2 VwGO bei den jüngsten Gesetzesänderungen offenbar „vergessen" wurde, muss das auch für die Ergänzung tatsachenbezogener Ermessenserwägungen gelten (s. o., § 24, Rn. 23).

Nach § 141 i. V. m. § 127 VwGO kommt auch eine **Anschlussrevision** in Betracht (dazu BVerwGE 65, 27; *Kley*, Zur Akzessorietät der Anschlussrevision, DVBl. 2017, 282). Klageänderung und fakultative Beiladung sind im Revisionsverfahren nicht mehr zulässig (§ 142 VwGO).

Besonders geregelt ist auch die **Rücknahme** der Revision, obwohl § 140 VwGO bis auf die Nennung des Vertreters des Bundesinteresses exakt § 126 VwGO entspricht. Eine Zurücknahmefiktion durch „Nichtbetreiben" gibt es im Revisionsverfahren nicht.

V. Entscheidung im Revisionsverfahren

Für die Revisionsentscheidung selbst gilt folgendes (§ 144 VwGO): 13
- Die **unzulässige** Revision wird durch Beschluss verworfen. Das gilt z. B. bei Versäumung der Revisionsbegründungsfrist (BVerwGE 74, 289).
- Die **unbegründete** Revision wird durch Urteil zurückgewiesen (§ 144 II VwGO).
- Ist die Revision **begründet**, so kann das BVerwG nach § 144 III VwGO selbst in der Sache entscheiden, d. h. das Urteil aufheben oder (im Rahmen der Anträge) ändern. Es kann das angefochtene Urteil aber auch aufheben und die Sache zur anderweitigen Verhandlung und Entscheidung zurückverweisen. Das Gericht, an das zurückverwiesen wird, ist dann an die rechtliche Beurteilung des Revisionsgerichts gebunden (§ 144 VI VwGO). Die Selbstbindung des BVerwG nach 144 VI VwGO schließt die erneute Zulassung einer Divergenz- und Bedeutungsrevision in Bezug auf die entschiedenen Rechtsfragen aus). Im Falle der Sprungrevision (nicht jedoch in Fällen des § 135 VwGO) besteht nach § 144 V VwGO auch die Möglichkeit der Zurückverweisung an das „übersprungene" Berufungsgericht.

Tenor:
1. *Der Beschluss des OVG ... vom ... – Az ... – und das Urteil des VG ... vom ... werden geändert.*
2. *Die Klage wird abgewiesen.*

bzw.
Die Beklagte wird unter (entsprechender) Abänderung der Urteile des OVG ... vom ... – Az ... – und des VG ... vom ... – Az ... – verpflichtet, die beantragte Genehmigung ... zu erteilen.

bzw.
1. *Das Urteil des OVG ... vom ... – Az ... – wird geändert.*
2. *Die Sache wird zur anderweitigen Verhandlung und Entscheidung an das OVG ... zurückverwiesen.*

Besonders wichtig ist § 144 IV VwGO: Ergeben die Entschei- 14 dungsgründe zwar eine Verletzung des bestehenden Rechts, stellt sich die Entscheidung selbst aber **aus anderen Gründen** als richtig dar, so ist die Revision zurückzuweisen.

Diese Vorschrift mag der Prozessökonomie entsprechen. Der Sache nach mutet sie dem Bürger aber ggf. die endgültige Hinnahme einer rechtswidrigen Entscheidung zu, verleitet zum Überspielen geltenden Verfahrensrechts und zum „Nachkarten" bis jetzt nicht eingeführter Entscheidungsgründe. Schon gar nicht darf diese Ausnahmevorschrift als Ausdruck eines allgemeinen Prinzips betrachtet werden (für analoge Anwendung auf die Berufung aber *Kopp/ Schenke,* VwGO, vor § 124, Rn. 60 u. § 130, Rn. 9 a. E.).

Literatur zu § 41: *P. Kirchhof,* Revisibles Verwaltungsrecht, FS *Menger* (1985), 813; *A. May,* Die Revision in den zivil- und verwaltungsgerichtlichen Verfahren (ZPO, ArbGG, VwGO, SGG, FGO), 2. Aufl. (1998); *Geis/Thirmeyer,* Revision und Beschwerde im Verwaltungsprozess, JuS 2013, 799; *Nassall,* Nichtzulassungsbeschwerde und Revision (2018); *Kintz,* ÖffR. i. Ass.-Examen, Rn. 661 ff.

---

15 **Übersicht 26: Zulässigkeit und Begründetheit der Revision**

I. Zulässigkeit
1. Zuständigkeit (§ 132 VwGO)
2. Beteiligtenbezogene Zulässigkeitsvoraussetzungen
3. Statthaftigkeit (§ 132 I VwGO)
4. Zulassung durch Berufungsgericht oder BVerwG (§ 132 VwGO)
5. Antragsbefugnis
6. Form, Frist (§ 139 VwGO)
7. Sonstige Zulässigkeitsvoraussetzungen

II. Begründetheit
1. Absolute Revisionsgründe
2. Verletzung von Bundesrecht oder inhaltlich mit Bundesrecht übereinstimmendem Landes-VwVfG
3. Urteil aus anderen Gründen richtig (§ 144 IV VwGO)?

---

§ 42 Die Beschwerde (§ 146 VwGO) und die Anhörungsrüge (§ 152a VwGO)

I. Allgemeines

1 Die Beschwerde ist das Rechtsmittel gegen Entscheidungen des Gerichts, des Vorsitzenden oder des Berichterstatters, die nicht Urteile oder Gerichtsbescheide sind. Ihr Anwendungsfeld sind sog. **streitentscheidende Beschlüsse.** Bei prozessleitenden Verfügungen usw. kommt eine Beschwerde nicht in Betracht (§ 146 II VwGO – zu den Arten von Beschlüssen oben, § 37, Rn. 4).

Die **Anhörungsrüge** (§ 152a VwGO) bezieht sich dagegen auf alle Entscheidungsformen des Gerichts und gewährt Rechtsschutz gegen die Verletzung von Verfahrensrecht, wenn ein anderes Rechtsmittel oder ein Rechtsbehelf gegen die Entscheidung nicht (mehr) gegeben ist.

II. Zulässigkeit der Beschwerde

1. **Zuständig** für Beschwerden gegen Entscheidungen des VG ist stets das OVG (§ 146 I VwGO). Nur ausnahmsweise kommt eine Zuständigkeit des BVerwG für Beschwerden gegen bestimmte Entscheidungen des OVG in Betracht (§ 152 VwGO).

2. **Beschwerdefähig** sind grundsätzlich die Beteiligten und sonstige von der Entscheidung Betroffene. Bei Nichtzulassungsbeschwerden und sonstigen Beschwerden zum OVG und zum BVerwG muss sich der Beschwerdeführer durch einen Rechtsanwalt oder einen Rechtslehrer an einer Hochschule vertreten lassen (§ 147 I 2 i. V. m. § 67 I 2 VwGO).

3. **Statthaft** ist die Beschwerde gegen (streitentscheidende) Entscheidungen des Verwaltungsgerichts, des Vorsitzenden oder des Berichterstatters, die nicht Urteile oder Gerichtsbescheide sind, also vor allem die Entscheidungen im Verfahren des vorläufigen Rechtsschutzes (§ 80 V, VII, § 123 VwGO). Einer besonderen Zulassung bedarf es nicht (§ 146 VwGO).

Nicht statthaft ist die Beschwerde nach § 146 II VwGO gegen verfahrensleitende Verfügungen, Aufklärungsanordnungen, Beschlüsse über eine Vertagung oder die Bestimmung einer Frist, Beweisbeschlüsse, Beschlüsse über Ablehnung von Beweisanträgen, über Verbindung und Trennung von Verfahren und Ansprüchen. Damit soll einer unangemessenen Verzögerung des gerichtlichen Verfahrens entgegengewirkt werden.

§ 152 I VwGO schließt Beschwerden gegen **Entscheidungen der OVG** aus – mit Ausnahme der Beschwerde im sogenannten Aktenvorlagestreit (§ 99 II VwGO), der Nichtzulassungsbeschwerde nach § 133 I VwGO sowie der Beschwerde im Verfahren nach § 17a IV GVG (Verweisung des Rechtsstreits an einen anderen Rechtsweg oder Bestätigung des Rechtswegs). Unstatthaft ist die Beschwerde ferner gegen alle sonstigen Entscheidungen, die durch Gesetz für unanfechtbar erklärt werden, so z. B. den Beschluss über eine Beiladung

(§ 65 IV 3 VwGO), die Wiedereinsetzung in den vorigen Stand (§ 60 V VwGO) sowie die Verweisung an ein anderes VG (§ 83 S. 2 VwGO).

5   4. **Beschwerdebefugt** sind nur diejenigen Beteiligten und sonstigen Betroffenen, die geltend machen können, durch den angegriffenen Beschluss in einer eigenen Rechtsposition verletzt zu sein (OVG Magedeburg, NVwZ – RR 2018, 683 – Nachbarschutz Sportplatz).

6   5. Die Beschwerde ist nach § 147 I VwGO **schriftlich** oder **zur Niederschrift des Urkundsbeamten** der Geschäftsstelle bei dem Gericht einzulegen, dessen Entscheidung angefochten wird. Die Frist wird auch durch Einlegung beim Beschwerdegericht gewahrt (§ 147 II VwGO). Nach § 146 i. V. m. § 67 I 2 VwGO besteht praktisch für alle wichtigen Fälle (außer Beschwerden in Prozesskostenhilfesachen) **Anwaltszwang**. Die Beschwerde muss eine bestimmte Entscheidung nennen und einen Antrag enthalten. Im Vergleich zu Berufung und Revision ist die Frist zur Einlegung verkürzt; sie beträgt nur zwei Wochen nach Bekanntgabe der Entscheidung (§ 147 I VwGO). Eine Erleichterung besteht allerdings insofern, als bei Beschwerden gegen Beschlüsse im vorläufigen Rechtsschutzverfahren die Begründung erst innerhalb eines Monats ab Zustellung der Entscheidung erfolgen muss (§ 146 IV 1 VwGO).

III. Begründetheit

7   Begründet ist die Beschwerde, wenn die angegriffene Entscheidung rechtswidrig ist und der Beschwerdeführer dadurch in seinen Rechten verletzt ist. Das Gericht prüft in tatsächlicher und rechtlicher Hinsicht.

IV. Verfahren

8   Auch der Beschwerde kommt der Devolutiveffekt zu. Sie hindert ggf. die formelle Rechtskraft der angegriffenen Entscheidung. Aufschiebende Wirkung hat die Beschwerde aber nach § 149 VwGO nur, wenn sie die Festsetzung eines Ordnungs- oder Zwangsmittels zum Gegenstand hat. Das Gericht, der Vorsitzende oder der Berichterstatter, deren Entscheidung angefochten wird, können auch in sonstigen Fällen bestimmen, dass die Vollziehung der angegriffenen Entscheidung einstweilen auszusetzen ist (§ 149 I 2 VwGO).

Für das Verfahren enthalten §§ 146 ff. VwGO keine weiteren Sondervorschriften. Einigkeit besteht aber darin, dass – soweit passend – die sonstigen Vorschriften über die Rechtsmittel anzuwenden sind. Das gilt sowohl für die Rücknahme, die Änderung, die Ermöglichung eines neuen tatsächlichen und rechtlichen Vorbringens als auch für die „Anschlussbeschwerde" (§ 127 VwGO analog). Eine mündliche Verhandlung ist weder ausgeschlossen noch vorgeschrieben, doch dürfte sie in den meisten Fällen nicht in Betracht kommen. Auch hier sind allerdings die Anforderungen von Art. 6 I EMRK zu beachten (dazu oben, § 35, Rn. 27).

V. Entscheidung im Beschwerdeverfahren

Nach § 148 I VwGO kann der Beschwerde durch das VG selbst abgeholfen werden. Ansonsten wird sie dem OVG vorgelegt, das durch Beschluss entscheidet (§ 150 VwGO). Die Beschwerde wird verworfen, soweit sie unzulässig, sie wird zurückgewiesen, soweit sie unbegründet ist. Maßgeblicher Zeitpunkt für die Beurteilung der Sach- und Rechtslage kann – insbesondere bei Beschwerden gegen Beschlüsse nach § 80 V bzw. § 123 VwGO – nur der Zeitpunkt der Entscheidung des Beschwerdegerichts sein. Ist die Beschwerde zulässig und begründet, so gibt das OVG statt, d. h. es ändert die angegriffene Entscheidung und trifft selbst die erforderlichen Anordnungen. In entsprechender Anwendung von § 130 I und § 144 III S. 1 VwGO kann es aber auch die Entscheidung aufheben und die Sache an das VG zurückverweisen. In analoger Anwendung von § 144 IV VwGO ist die Beschwerde auch unbegründet, wenn die Entscheidung des VG zwar rechtswidrig ist, sich aber aus anderen Gründen als richtig erweist (VGH München, NVwZ 2004, 253). Das Verbot der reformatio in peius (§ 129 VwGO) gilt – außer bei vorliegender Anschlussbeschwerde – auch im Beschwerdeverfahren. Nach Inkrafttreten der ZPO-Reform hat das BVerwG (NJW 2002, 2557; NVwZ 2006, 1291) die Möglichkeit einer **weiteren Beschwerde** verneint.

Tenor: *Der Beschluss des ... vom ... – Az. ... – wird wie folgt geändert:*
bzw.
Die Sache wird zur anderweitigen Verhandlung und Entscheidung an das VG ... zurückverwiesen.

Literatur: *Rudisile*, Rechtsprechung zum Beschwerderecht der VwGO, NVwZ 2019, 1 ff.

VI. Die Anhörungsrüge

1. Zulässigkeit

10   Nachdem das BVerfG im Jahre 2003 (BVerfGE 107, 395) in einer Plenarentscheidung festgestellt hat, dass es gegen das Rechtsstaatsprinzip i. V. m. Art. 103 I GG verstößt, wenn eine Verfahrensordnung keine fachgerichtliche Abhilfemöglichkeit für den Fall einer Verletzung des rechtlichen Gehörs durch ein Gericht vorsieht, wurde als besondere Beschwerdeform in § 152a VwGO die **Anhörungsrüge** eingeführt. Diese ist Teil des vor Erhebung einer Verfassungsbeschwerde zu erschöpfenden Rechtswegs (BVerfG, Kammer, NJW 2016, 2943; BVerfG, Kammer, NJW 2020, 2391; VerfGH Rhl.–Pf., NJW 2018 845).

Rügeberechtigt sind die Beteiligten des jeweiligen Verfahrens einschließlich Vertreter des öffentlichen Interesses (*Reitmeir*, DÖV 2013, 343; a. A. *VGH München*, DÖV 2013, 353). Das ist konsequent, da die Verletzung des rechtlichen Gehörs auch von juristischen Personen des öffentlichen Rechts geltend gemacht werden kann, wenn diese ansonsten nicht Grundrechtsträger sind.

Die Anhörungsrüge ist **statthaft,** wenn ein Rechtsmittel oder ein anderer Rechtsbehelf gegen die Entscheidung nicht gegeben ist, und das Gericht den Anspruch auf rechtliches Gehör in entscheidungserheblicher Weise verletzt hat. Bei Anhängigkeit bei einem OVG besteht Anwaltszwang (OVG Saarlouis, NJW 2010, 3050). Wie bei anderen Rechtsbehelfen dürfen die Gerichte den Zugang zur Anhörungsrüge nicht unzumutbar erschweren. Auf die Bezeichnung als „Anhörungsrüge" kommt es nicht an (so zur „Gegenvorstellung" BVerfG, Kammer, NJW 2014, 991). Ggf. ist Prozesskostenhilfe zu gewähren (BVerfG, Kammer, NJW 2014, 681). Andernfalls kann die Entscheidung eine eigenständige verfassungsrechtliche Beschwer enthalten (BVerfG, Kammer, NJW 2008, 2167). Einigkeit besteht aber darüber, dass zur Zulässigkeit eine nähere Auseinandersetzung mit dem Verfahren des gerügten Gerichts und eine genaue Darlegung des übergangenen Vorbringens vorgetragen werden müssen (BVerwG, NVwZ 2009, 329). Gegenstand der Anhörungsrüge ist nur das Verfahren vor dem gerügten Gericht, nicht dessen Bewertung früherer Instanzen bzw. der Vorwurf, dass ein Instanzgericht lediglich den Rechtsfehler der ersten Instanz nicht geheilt hat (BVerwG,

NJW 2009, 457; BVerfG, Kammer, NJW 2008, 2635). Auch die Bewertung einer bereits unanfechtbaren Entscheidung kommt nicht in Betracht (OVG Lüneburg, NVwZ-RR 2006, 295). Die **Antragsbefugnis** setzt die Möglichkeit einer Verletzung von Art. 103 GG bzw. anderer spezifischer Prozessgrundrechte einschl. der **Verfahrensgleichheit** voraus; andere Rechtsverstöße und Fehler kommen nicht in Betracht. Wurde der Fehler bereits im weiteren Verfahrensverlauf geheilt, dann kann – vorausgesetzt das Gericht hat einen übergangenen Antrag wirklich angemessen gewürdigt – die Anhörungsrüge unbegründet sein (BVerfG, Kammer, NJW 2009, 1584).

2. Entscheidung

Ist die Rüge **zulässig** und **begründet**, so hilft das Gericht selbst ab, indem es das Verfahren fortführt, soweit dies auf Grund der Rüge geboten ist. Das Verfahren wird in die Lage zurückversetzt, in der es sich vor dem Schluss der mündlichen Verhandlung befand (dazu *M. Huber*, JuS 2005, 109).

3. Ersatz des Verzögerungsschadens – keine Verzögerungsrüge

In ihrer bisherigen Form bezieht sich die Anhörungsrüge ausschließlich auf ein durchgeführtes und möglicherweise fehlerhaftes Verfahren. Nachdem der EGMR (EGMR, NJW 2010, 3355) die Unangemessenheit der Verfahrensdauer in Deutschland gerügt und die Einführung eines diesbezüglichen Rechtsbehelfs gefordert hatte, ist der Gesetzgeber mittlerweile durch das Gesetz über den Rechtschutz bei überlangen Gerichtsverfahren in strafrechtlichen Ermittlungsverfahren (**§ 198 GVG n.F**) tätig geworden (dazu *W.-R. Schenke*, NVwZ 2012, 257; *Guckelberger*, DÖV 2012, 289 ff.). Das Gesetz gewährt aber lediglich einen verschuldensunabhängigen Entschädigungsanspruch und gerade nicht eine echte **Verzögerungsrüge**, die präventiv noch im laufenden Verfahren zum Tragen kommen könnte. Ob dies den Anforderungen des EGMR entspricht, ist zweifelhaft.

Literatur zu § 42: *Würtenberger/Heckmann*, VwProzR, Rn. 825; *Geis/Thirmeyer*, Revision und Beschwerde im Verwaltungsprozess, JuS 2013, 799; *M. Huber*, Anhörungsrüge bei Verletzung des Anspruchs auf rechtliches Gehör, JuS 2005, 109; *Guckelberger*, Die Anhörungsrüge nach § 152a VwGO n. F., NVwZ 2005, 11;;; *Steinbeiß-Winkelmann/Sporrer*, Rechtsschutz bei überlangen Gerichtsverfahren, NJW 2014, 177; *Link/van Dorp*, Rechtsschutz bei überlangen Gerichtsverfahren (2012); *Thimann*, Die Anhörungsrüge als Zulässigkeitsvoraussetzung der Verfassungsbeschwerde, DVBl. 2012, 1420.

Übersicht 27: Beschwerde

I. Zulässigkeit
1. Zuständiges Gericht (§ 146 VwGO)
2. Beteiligtenbezogene Zulässigkeitsvoraussetzungen
3. Statthaftigkeit: Entscheidungen des VG, die nicht Urteile oder Gerichtsbescheide bzw. bloße prozessleitende Verfügungen usw. (§ 146 II) sind und bei denen die Anfechtbarkeit nicht ausgeschlossen ist (§ 146 I 1 VwGO)
4. Beschwerdebefugnis
5. Form und Frist (§ 147 VwGO)
6. Sonstige Zulässigkeitsvoraussetzungen

II. Begründetheit
1. Rechtswidrigkeit der Entscheidung des VG
2. Rechtsverletzung des Antragstellers

§ 43 Die Wiederaufnahme des Verfahrens (§ 153 VwGO)

I. Allgemeines

1   Die Wiederaufnahme des Verfahrens gehört ihrer systematischen Stellung nach nicht unter die Überschrift „Rechtsmittel", weil es gegen rechtskräftig beendete Verfahren kein Rechtsmittel mehr gibt. Sie ist ein **außerordentlicher Rechtsbehelf** mit dem Ziel, eine rechtskräftige Entscheidung unter besonderen Voraussetzungen im Wege der **Nichtigkeitsklage** (§ 579 ZPO) oder der **Restitutionsklage** (§ 580 ZPO) aufzuheben und zu einem erneuten Verfahren zu gelangen. Nicht verwechselt werden darf sie auch mit dem Wiederaufgreifen des (Verwaltungs-)Verfahrens durch die Behörde selbst (§ 51 VwVfG). Zweifelhaft ist allerdings, ob ein entsprechender Antrag Voraussetzung der Erschöpfung des Rechtswegs vor der Erhebung einer Verfassungsbeschwerde ist (so aber BbgVerfG, NVwZ 2011, 997).

Die Wiederaufnahme des Verfahrens ist in der VwGO nicht besonders geregelt. § 153 VwGO verweist insoweit auf das Vierte Buch der ZPO. Die Nichtigkeitsklage kommt bei besonders schwerwiegenden

Verfahrensfehlern in Betracht. Praktisch bedeutsamer ist die Restitutionsklage (§ 580 ZPO), wenn sich nachträglich z. B. die Verletzung der Eidespflicht, eine Beamtenbestechung oder ähnlich gravierende Verstöße herausstellen oder wenn eine Urkunde, auf die das Urteil gegründet ist oder verfälscht war.

II. Zulässigkeit

Beide Klagearten setzen – neben den übrigen Bedingungen – voraus, dass die jeweilige Partei ohne ihr Verschulden außerstande war, den Wiederaufnahmegrund in dem früheren Verfahren durch Einspruch oder Berufung oder mittels Anschlusses an eine Berufung geltend zu machen. Man kann also von einer Subsidiarität des Wiederaufnahmeverfahrens sprechen. Zuständig ist nach § 584 ZPO bei der Restitutionsklage das Gericht, das jeweils zuletzt entschieden hat, also das VG, das Berufungsgericht oder das Bundesverwaltungsgericht. 2

Als Klagefrist gilt nach § 586 I ZPO ein Monat, gerechnet von Kenntnis des Anfechtungsgrundes an, nicht jedoch vor eingetretener Rechtskraft. Nach Ablauf von 5 Jahren, vom Tage der Rechtskraft des Urteils an gerechnet, ist die Klage „unstatthaft". Zu den sonstigen Zulässigkeitsvoraussetzungen wird auf §§ 581 ff. ZPO verwiesen.

III. Begründetheit

Die Klage ist begründet, wenn ein Grund für die Nichtigkeit (§ 579 ZPO) bzw. die Restitution (§ 580 ZPO) vorliegt und der Wiederaufnahmekläger durch das Urteil in seinen Rechten verletzt ist. Kein Grund für die Restitution ist die Änderung der Rechtsprechung (BVerwG, NVwZ 1995, 338 u. 1097); auch nicht ein Beschluss des BVerfG zum Prüfungsrecht (VGH München, BayVBl. 1992, 405) oder ein Urteil des EGMR in einer anderen Sache (BVerwG, NJW 1999, 1649 – DKP-Beamter). Sehr umstritten ist die Frage, ob die Wiederaufnahme aus Völkerrecht (insbesondere der EMRK) oder Unionsrecht geboten sein kann (die Frage verneinend BVerfG, Kammer, NJW 2013, 3714; OVG Lüneburg, NVwZ 2019, 1300). Jedenfalls entsprechen die Wiederaufnahmegründe nach § 153 VwGO nicht im vollen Umfang Art. 6 EMRK (*Kremer*, EuR 2007, 470; *Pache/Bielitz*, DVBl. 2006, 325). 3

IV. Entscheidung

4 Nach § 589 ZPO hat das Gericht zunächst von Amts wegen zu prüfen, ob die Klage an sich statthaft und ob sie in der gesetzlichen Form und Frist erhoben ist. Fehlt eines dieser Erfordernisse, so ist die Klage als unzulässig zu verwerfen.
Ist die Klage zulässig und begründet, so ergeht ein Zwischenurteil, in dem das angegriffene Urteil aufgehoben wird. Wird die Klage abgewiesen, so gilt für die Rechtsmittel § 591 ZPO, d. h. es kommen Berufung und ggf. Revision in Betracht. Ein besonderes Problem stellt auch insofern die reformatio in peius dar (VGH München, NVwZ 2017, 1147; *Struzina*, NVwZ 2017, 1751)

Literatur zu § 43: *Pache/Bielitz*, Verwaltungsprozessuale Wiederaufnahmepflicht kraft Völker- oder Gemeinschaftsrechts?, DVBl. 2006, 325 ff.; *Kremer*, Gemeinschaftsrechtliche Grenzen der Rechtskraft, EuR 2007, 470; *Struzina*, Nochmals: Verböserung bei Wiederaufgreifen des Baugenehmigungsverfahrens nach § 51 VwVfG. NVwZ 2017, 1751; *Würtenberger/Heckmann*, VwProzR, Rn. 827; *Kuhla/Hüttenbrink*, VwProz, S. 221.

Stichwortverzeichnis

(Die Zahlen verweisen auf die Paragraphen und Randnummern.
Hauptfundstellen fett).

Aarhus-Konvention 14, 57; 14, 82
Abänderungsklage 13, 12; 22, 3
Abänderungsurteil 38, 8
Abdrängende Verweisung 11, 53
Abgaben
- aufschiebende Wirkung 32, 10
- Aussetzung der sofortigen Vollziehung 32, 27

Abgabenrecht
- Rechtsweg 11, 20 f.

Abhilfebescheid
- als Klagegegenstand 14, 45

Abhilfeverfahren 8, 6 ff.
Abordnung 14, 42
- vorläufiger Rechtsschutz 32, 12

Abstimmung
- des Gerichts 37, 21

Abstimmungspflicht
- benachbarter Gemeinden 14, 105; 19, 32

Abwägung 25, 29 ff.
- Fehler 25, 31; 30, 28
- Normenkontrolle 30, 28
- Verpflichtungsklage 26, 22
- Widerspruchsverfahren 7, 12

Abweichungsverbot 38, 25
Administrativjustiz 2, 2
Adressat 25, 42
- beim Widerspruchsverfahren 7, 6

Adressatentheorie 6, 21; 14, 60
- Körperschaften 14, 95

Ämterstabilität 23, 13
Änderung
- Beschlüsse im vorläufigen Rechtsschutz (§ 80 VII VwGO) 32, 52

Akteneinsicht
- Klageart 14, 26
- im Prozess 36, 21

- Widerspruchsverfahren 8, 17

Aktionsplan (Emissionsschutz) 14, 37
Allgemeine Feststellungsklage 18, 1 ff. (siehe auch Feststellungsklage)
- Begründetheit 29, 2 ff.
- Passivlegitimation 29, 2
- Urteil 38, 43
- Zulässigkeit 18, 3 ff

Allgemeine Gestaltungsklage 21, 14; 22, 1
Allgemeine Handlungsfreiheit
- Klagebefugnis 14, 87

Allgemeine Leistungsklage 17, 1 ff.
- Begründetheit 27, 1
- Berufung 40, 13
- Bescheidungsurteil 28, 18
- Frist 17, 10
- Klagebefugnis 17, 8
- als Normerlassklage 20, 8
- als Organklage 21, 11
- Rechtsschutzbedürfnis 17, 11
- Rechtsverletzung 18, 18
- Spruchreife 28, 14
- Streitgegenstand 17, 2
- Übersicht Sachentscheidungsvoraussetzungen 17, 12
- Urteil 38, 42
- Widerspruchsverfahren 17, 8; 17, 9
- Zulässigkeit 17, 1 ff.

Allgemeiner Folgenbeseitigungsanspruch 28, 11
Allgemeines Rechtsschutzbedürfnis 23, 10
Allgemeine Verfahrensgrundsätze
- im Verwaltungsprozess 33, 19
- Widerspruchsverfahren 8, 11

Allgemeinverbindlicherklärung 19, 13
- Klageart 14, 32
- Rechtsweg 11, 43
Allgemeinverfügung 14, 6
- vorläufiger Rechtsschutz 31, 11
Amtsbetrieb 35, 26; 36, 5
Amtshaftung
- Rechtsweg 11, 48; 11, 71
Amtshaftungsprozess (Feststellungsinteresse) 18, 51
Amtssprache 6, 25
Anerkenntnisurteil 38, 8
Anfechtungsklage 14, 1 ff.
- Aufhebungsanspruch 25, 41
- aufschiebende Wirkung 32, 1
- Begründetheit 25, 1 ff.
- Begründetheit (Schema) 25, 50
- Klagebefugnis 14, 53
- maßgeblicher Zeitpunkt 24, 8
- Passivlegitimation 25, 2
- Rechtsverletzung 25, 41
- Tenor 38, 36
- Übersicht Sachentscheidungsvoraussetzungen 14, 117
- Urteil 38, 27
- Zulässigkeit 14, 1 ff.
Anhörung 8, 29
- Widerspruchsverfahren 8, 16
Anhörungsrüge 2, 27; 42, 10
Annehmlichkeit 14, 62
Anordnung
- des Gerichts 36, 10
Anordnung der aufschiebenden Wirkung (§ 80 V VwGO) 32, 28 ff.
- Änderung 32, 52
- Antrag 32, 36
- Antragsbefugnis 32, 34
- Begründetheit 32, 37
- Dauer 32, 45
- Entscheidung 32, 41
- Frist 32, 35
- Passivlegitimation 32, 37
- Prüfungsschema 32, 46
- Rechtsbehelf 32, 45

- Rechtsschutzbedürfnis 32, 36
- Schadensersatz 32, 43
- Statthaftigkeit 32, 33
- Tenor 32, 42
- Verfahren 32, 40
- Verwaltungsrechtsweg 32, 30
- Zulässigkeit 32, 30 ff.
- zuständiges Gericht 32, 31
Anordnung der sofortigen Vollziehung (Behörde) 32, 14 ff.
- Begründung 32, 17
- Entscheidung 32, 20
- inhaltliche Voraussetzungen 32, 18
- Verfahren 32, 16
- Zuständigkeit 32, 15
Anordnung des persönlichen Erscheinens 37, 9
Anordnung des sofortigen Vollzugs (Gericht) 32, 47 ff
- Begründetheit 32, 49
- Entscheidung 32, 51
- Zulässigkeit 32, 48
Anordnungsgrund 33, 16
Anordnungsanspruch 33, 16
Anschlussberufung 40, 20
Anschlussrevision 41, 12
Anspruchsgrundlage 26, 3
- allgemeine Leistungsklage 28, 2
Antizipiertes Sachverständigengutachten 36, 20
Antrag
- Feststellung der Erledigung 36, 34
- mündliche Verhandlung 37, 14
Antragsbefugnis
- einstweilige Anordnung (Normenkontrolle) 34, 7
- Normenkontrolle 19, 19
Antragsfähigkeit
- Normenkontrolle 19, 9
Anwartschaft
- Klagebefugnis 14, 68
Arrest 31, 8
Arrondierungssatzung 19, 12
Asyl
- vorläufiger Rechtsschutz 32, 12
Aufdrängende Verweisung 11, 9

Stichwortverzeichnis

Aufgeklärter Absolutismus 2, 4
Auflage 14, 50
- vorläufiger Rechtsschutz 32, 4
Auflagenvorbehalt 14, 50
Aufopferung
- Rechtsweg 11, 69
Aufrechnung 32, 4; 36, 35
Aufruf der Sache 37, 11
Aufschiebende Wirkung (§ 80 VwGO) 32, 1
- Anordnung und Wiederherstellung 32, 28
- Ausnahmen 32, 9
- Dauer 32, 8
- unzulässiger Rechtsbehelf 32, 5
- Verhältnis zur einstweiligen Anordnung (§ 123 VwGO) 31, 7
Aufsichtsbeschwerde 1, 47
Aufsichtsklage 8, 19
Aufsichtsmaßnahmen 14, 40
Aufträge, öffentliche
- Rechtsweg 11, 37
Auskunft 14, 27
Ausländer
- Klagebefugnis 14, 91
Ausländischer Verein
- Beteiligtenfähigkeit 12, 21
Ausschuss
- als Widerspruchsbehörde 6, 45
- Widerspruchsverfahren 8, 19
Aussetzung der Vollziehung (§ 80 IV VwGO) 32, 22
- inhaltliche Voraussetzungen 32, 25
- Verfahren 32, 24
- Zuständigkeit 32, 23
Aussetzung des Verfahrens 36, 25
Aussichtslosigkeit
- der Klage 23, 13
- der Normenkontrolle 19, 37
Außenbereich 1, 35
Außenwirkung 14, 8; 14, 35; 17, 5
- bei Verpflichtungsklage 15, 11
- Rechtsnorm 19, 14

Baugenehmigung 14, 38
Baulandsachen 11, 60
Bauordnungsrecht
- Klagebefugnis 14, 74
Bauplanungsrecht
- Klagebefugnis 14, 75
Beamtenrecht
- Widerspruchsverfahren 7, 14
Beamtenrechtliche Streitigkeiten 6, 18; 11, 11
- Rechtsnatur 14, 42
- Rechtsweg 11, 24; 11, 73
Bebauungsplan 19, 12
- Antragsbefugnis 19, 27
- Bestimmtheit 30, 27
- Inhalt 30, 26
- Normenkontrolle 30, 20
- Verfahren 30, 22
Bedingung 14, 49
- auflösend 14, 49
- aufschiebend 14, 49
- vorläufiger Rechtsschutz 32, 4
Beendigung des Verfahrens 36, 31
Befangenheit
- Bebauungsplan 30, 23
- im Prozess 35, 18
Befristung 14, 49
- Verpflichtungsklage 26, 1
Begründetheit (der Klage) 24, 1 ff.
Begründung
- des VA 24, 19
- der Anordnung der sofortigen Vollziehung 32, 17
- Widerspruchsbescheid 9, 3
Behörde
- Antragsbefugnis 19, 33
- Begriff 14, 7
- als Beteiligte im Verwaltungsprozess 19, 9
- Beteiligungsfähigkeit Widerspruchsverf. 6, 5
- Klagebefugnis 14, 107
Beibringungsgrundsatz 36, 14
Beihilfen (Europa) 25, 18; 31, 5
Beiladung 12, 3
- einfache 12, 7
- Normenkontrolle 12, 5; 19, 10
- notwendige 12, 8

– Revision 41, 7
Bekanntgabe
– Massenverfahren 3, 3
– Rechtsnorm 30, 9
– Widerspruchsbescheid 9, 27
Beklagter 12, 2
Beliehener
– als Behörde 14, 7
– richtiger Beklagter 12, 37
Beratung
– des Gerichts 36, 19
– Klageart 16, 26
– Widerspruchsverfahren 8, 17
Bericht
– Klageart 14, 29
Berichterstatter 36, 8; 37, 12
Berichtigung (des Urteils) 38, 22
Berufsgerichtsbarkeit 11, 66
Berufung
– Befugnis 40, 10
– Begründetheit 40, 15 ff.
– beteiligtenbezogene Zulässigkeitsvoraussetzungen 40, 5
– Entscheidung 40, 22
– Erledigung 40, 21
– Frist 40, 8
– Gründe 40, 7 ff.
– maßgeblicher Zeitpunkt 40, 8
– Prüfungsschema 40, 26
– Rechtsschutzbedürfnis 40, 11
– Sachentscheidungsvoraussetzung 40, 3
– Statthaftigkeit 40, 6
– Urteil 40, 25
– Verfahren 40, 17
– Wirkung der Einlegung 40, 17
– Zulassung 40, 6
– Zurücknahme 40, 21
– Zuständigkeit 40, 4
Bescheidung
– Widerspruchsverfahren 7, 13; 9, 12
Bescheidungsklage 15, 15
Bescheidungsurteil 26, 24; 38, 39
– bei der Leistungsklage 28, 18
– Tenor 38, 39
Beschleunigungsgesetzgebung 2, 27

Beschluss (allgemein) 37, 4
Beschluss (§ 122 VwGO) 39, 2
– im Verfahren 36, 10
Beschwer, zusätzliche 14, 45
Beschwerde (§ 146 VwGO) 42, 1 ff.
– Begründetheit 42, 7
– beteiligtenbezogene Zulässigkeitsvoraussetzungen 42, 3
– einstweilige Anordnung 33, 24
– Entscheidung 42, 9
– Form 42, 6
– Prüfungsschema 42, 11
– Statthaftigkeit 42, 4
– Verfahren 42, 8
– Zulässigkeit 42, 2 ff.
– zuständiges Gericht 42, 2
Besonderes Gewaltverhältnis 2, 16
Bestandskraft 38, 52
Beteiligte
– im Verfahren 35, 22
– Widerspruchsverfahren 8, 12
Beteiligtenfähigkeit 12, 18
– Behörden 12, 22
– juristische Personen 12, 20
– Natur 12, 23
– natürliche Personen 12, 19
– Normenkontrolle 19, 8
– Organklage 21, 6
– Vereinigungen 12, 21
Beteiligungsfähigkeit (Widerspruchsverfahren) 6, 3
– Behörde 6, 5
– Verein 6, 4
Betreuter
– Prozessfähigkeit 12, 25
Beurteilung 14, 25; 14, 42
– beamtenrechtliche 25, 37
Beurteilungsspielraum 25, 34
– Verpflichtungsklage 26, 23
– Widerspruchsverfahren 7, 11; 9, 12
Bevollmächtigte 12, 26
– Widerspruchsverfahren 8, 13
Beweiserhebung 36, 16
Beweislast 36, 16
Beweismittel 36, 16
Beweiswürdigung 36, 19

Stichwortverzeichnis

Bürgerbeauftragter, 1, 48
Bürgerinitiative
– Beteiligtenfähigkeit 12, 21
Bundesrechnungshof 11,7
Bundesstaat 1, 12
Bundesverwaltungsgericht 4,12
– Zuständigkeit 4, 12
Bußgeldbescheid
– Rechtsweg 11, 65

Chance 14, 63
Chancengleichheit 1, 3
– als Verfahrensgrundsatz 8, 11
– im Prozess 35, 15
compliance 1,40
Computerfax 23, 3
Corona-Pandemie Vorwort; 3,21
– mündl. Verhandlung 35,27
– Öffentlichkeit 36,30
– vorl. Rechtsschutz 31,6
culpa in contrahendo
– Rechtsweg 11, 72

Datenschutzbeauftragter 1, 48
Dauerverwaltungsakt
– maßgeblicher Zeitpunkt 24, 9
Demokratieprinzip 1, 11
Denkmalschutz
– Klagebefugnis 14, 77
Deutsch
– Gerichtssprache 37, 14
– Klageerhebung 23, 3
Deutsche Gerichtsbarkeit 11, 1 ff.
Devolutiveffekt 8, 4
Dienende Funktion des Verfahrens 1, 38
Dienstaufsichtsbeschwerde 1, 47
Digitalisierung 3, 9
Disziplinar- und Dienstgerichte 11, 66
Dolmetscher 37, 14
Dreistufiger Aufbau 10, 1 ff.
Drittwiderspruchsklage 22, 5
Drittwirkung 14, 15; 14, 110
– Grundrechte 1,40
Duldung 27, 12

Duldungspflicht 27, 9
Duldungsverfügung 14, 23

Effizienz 3, 6
Ehe und Familie
– Klagebefugnis 14, 86
Ehrenamtliche Richter 4, 26
Ehrung 11,8
Eigenes Recht 14, 71
Eigentum 30, 29
– Gemeinde 14, 97
– Klagebefugnis 14, 84
Eingerichteter und ausgeübter Gewerbebetrieb 14, 84
Eingriffsgrundlage 25, 3
– Anwendung, Subsumtion 25, 12
– Realakt 27, 11
Einstweilige Anordnung (§ 123 VwGO) 33, 1 ff.
– Abänderung (§ 80 VII VwGO analog) 33, 22
– Antrag 33, 11
– Antragsbefugnis 33, 9
– Begründetheit 33, 14
– Beteiligte 33, 5
– Entscheidung 33, 21
– Prüfungsschema 33, 25
– Rechtsmittel 33, 24
– Rechtsschutzbedürfnis 33, 10
– Sachentscheidungsvoraussetzungen 33, 2
– Schadensersatz 33, 23
– Statthaftigkeit 33, 6
– Tenor 33, 21
– Verfahren 33, 19
– Verfahrenshandlung (§ 44a VwGO) 33, 13
– Verwaltungsrechtsweg 33, 3
– Zuständigkeit 33, 4
Einstweilige Anordnung (Normenkotrolle) 34, 1 ff.
Einvernehmen
– Begründetheit der Klage bei Verletzung 25, 44
– Ersetzung 14, 103
– Klagebefugnis 14, 103

– vorläufiger Rechtsschutz 32, 12
– Widerspruchsverfahren 7, 10
Einwirken 11, 34
Einzelfall 14, 6
Einzelfallregelung 1, 34
Einzelrichter 36, 9
– Berufung 40, 2
Eisenbahn
– Rechtsweg 11, 43
Elektronische Akte 36, 21
Elektronische Aktenführung 3, 9
Elektronische Signatur 3, 9; 23, 3
Elternrecht
– Klagebefugnis 14, 86
E-Mail 6, 23; 23, 3
Emission
– Abwehranspruch 27, 5
– Klageart 16, 6
– Rechtsweg 11, 39
– Klagebefugnis 14, 76
EMRK 3, 20; 38, 46
– als Anspruchsgrundlage 26, 12a
– Klagebefugnis 14, 82
Endurteil 38, 3
Enteignung
– Rechtsweg 11, 56
Entlassung 14, 42
Entscheidungsgründe 38, 15
Entwicklungsgebot 30, 24
Enumerationsprinzip 2, 12; 11, 4; 13, 1
Ergänzung (der Klage) 36, 11
Ergänzung (des Urteils) 38, 22
Erhaltungssatzung 19, 12
Erlaubnis mit Verbotsvorbehalt 15, 1
Erledigung
– Anfechtungsklage 14, 12
– Berufung 40, 21
– Fortsetzungsfeststellungsklage 18, 40
– des Widerspruchs 8, 20
Erledigung der Hauptsache 36, 32
– Erklärung 36, 33
– Feststellung 36, 34
Ermächtigungsgrundlage 30, 12

Ermessen 25, 22
– Anspruch auf fehlerfreie Ausübung 15, 26
– Fehler 25, 24
– Geschichte 2, 15
– Intendiertes 25, 23
– Klagebefugnis 14, 70
– Nebenbestimmungen 14, 51
– Verpflichtungsklage 26, 10
– Verwaltungsverfahren 25, 26
– Widerspruchsverfahren 7, 7
Ermessensreduzierung auf Null 26, 20
Ernennung 14, 42
Erörterung der Streitsache 37, 15
Ersatzvorname
– Normenkontrolle 30, 4
– richtiger Beklagter 12, 34
Erschließungssatzung 19, 12
Erstattungsanspruch 28, 5
Europarecht 3, 16
– Anspruchsgrundlage 28, 3
– Klagebefugnis 14, 80
– Rechtsakte der Gemeinschaft 25, 17
– Rechtsweg 11, 3
– vorläufiger Rechtsschutz 31, 5
Europäische Menschenrechtskonvention 25, 19
Europäischer Gerichtshof für Menschenrechte (EGMR) 3, 20
Europäisches Gericht (EuG) 3, 19

Fachaufsicht
– Klagebefugnis 14, 101
– Statthaftigkeit 14, 40
Faktische Beeinträchtigung
– Unterlassungsanspruch 27, 12
Fax
– Einlegung des Widerspruchs 6, 23
Feinstaubbelastung 15, 9
Feststellung der aufschiebenden Wirkung 32, 44
Feststellung der Erledigung 36, 34
Feststellungsinteresse

- vorbeugende Feststellungsklage 18, 25
Feststellungsklage 18, 1 ff.
- Begründetheit 29, 1 ff.
- Frist 18, 19
- „heimliche Normenkontrolle" 18, 8
- Klagebefugnis 18, 17
- Nichtigkeit eines VA 18, 27
- als Normerlassklage 20, 7
- als Organklage 21, 12
- Rechtsverhältnis 18, 4
- Sachentscheidungsvoraussetzungen (Übersicht) 18, 20
- Streitgegenstand 10, 10; 18, 3
- Subsidiarität 18, 5
- Urteil 38, 43
- vorbeugende 18, 21
- Widerspruchsverfahren 18, 18
Feststellungsinteresse 18, 12
Fiktion der Klagerücknahme 36, 18
Fiktive Baugenehmigung 14, 38
Finanzgerichtsbarkeit 11, 66
Fingierte Genehmigung 14, 10
- vorläufiger Rechtsschutz 32, 33
Fiskalische Hilfsgeschäfte
- Rechtsweg 11, 28; 11, 37
Flächennutzungsplan 14, 37; 19, 12
Folgenbeseitigung 28, 7 ff.;
- Klageart 17, 6
- Prüfungsschema 28, 7
- Widerspruchsverfahren 9, 14
Form (der Klage) 23, 3
Formelle Rechtswidrigkeit 25, 3
Formfehler 25, 5; 25, 11
Formlose Rechtsbehelfe 1, 45
Fortsetzungsfeststellungsklage 18, 36 ff.
- Antrag 18, 57
- Begründetheit 29, 13
- Feststellungsinteresse 18, 47
- Frist 18, 56
- Klagebefugnis 18, 54
- nach Anfechtungsklage 18, 39 ff.
- nach Leistungsklage 18, 44
- nach Normerlass 18, 46

- als Organklage 21, 12
- Passivlegitimation 29, 14
- nach „Erledigung" einer Rechtsnorm 18, 45
- Rechtsverletzung 29, 16
- Sachentscheidungsvoraussetzungen (Übersicht) 18, 58
- Spruchreife 29, 17
- nach Verpflichtungsklage 18, 43
- Statthaftigkeit 18, 38
- Urteil 38, 44
- Widerspruchsverfahren 18, 55
Fraktion (des Gemeinderats) 21, 5
Fremdsprache 6, 25
Frist
- elektronische Klageerhebung 23, 3
- der Klage 14, 114
- Untätigkeitsklage 15, 28
- Widerspruch 6, 23; 6, 28
- Widerspruchsverfahren 8, 3

Gebietscharakter
- Klagebefugnis 14, 75
Gefährderansprache 14, 23
Gegenvorstellung 1, 46
Geheimnisschutz 36, 21
Geldbetrag
- Festsetzung im Urteil 38, 33
Gemeinde
- Antragsbefugnis Normenkontrolle 19, 31
- als Beklagte 12, 33
- Klagebefugnis 14, 94
- Rechtsweg 11, 41
- Selbstgestaltungsrecht 14, 104
- übertragender Wirkungskreis 14, 40
- wirtschaftliche Betätigung 14, 78; 27, 14
Gemeinsamer Senat der Obersten Gerichtshöfe des Bundes (GSOGB) 4, 19
Generalklausel (§ 40 I 1) 11, 4
Genehmigung
- Rechtsnormen der Gemeinde 14, 39

Genehmigungsfiktion 14, 15; 15, 3
Genehmigungsfreies Vorhaben
- vorläufiger Rechtsschutz 32, 33
Genehmigungsfreiheit 14, 10
Gericht der Hauptsache (§ 80 VII VwGO) 32, 52
Gerichtsbescheid (§ 84 VwGO) 39, 3
- Rechtsbehelf 39, 6
- Verfahren 38, 5
- Wirkung 39, 6
Gerichtsverfassungsrecht 1, 2
Gerichtsvergleich (§ 106 VwGO) 36, 38
- Folgen 36, 41
- Form 36, 38
- Grenzen 36, 40
- Inhalt 36, 39
Geschäftsführung ohne Auftrag 28, 5
- Rechtsweg 11, 72
Geschäftsgeheimnis 36, 21
Geschäftsordnung
- Normenkontrolle 19, 15
Geschäftsordnung (des Gemeinderats) 21, 14; 30, 2
Geschäftsstelle 4, 25
Geschäftsverteilung 4, 23 f.
Geschäftsverteilungsplan (als Gegenstand der Normenkontrolle) 19, 16
Gesellschaft bürgerlichen Rechts (GbR)
- Beteiligtenfähigkeit (Widerspruchsverfahren) 12, 21
Gesetzlicher Richter 4, 7; 4, 23
Gesetzlicher Vertreter (Widerspruchsverfahren) 6, 7
Gestaltungsklagen 13, 11
- prozessual 22, 2 ff.
Gestaltungsurteil 38, 27
Gewaltenteilung 1, 5
Gewerbeuntersagung
- maßgeblicher Zeitpunkt 24, 11
Gleichheit (im Verfahren) 35, 15
Gleichheitssatz 26, 12

- Klagebefugnis 14, 88
Gleichstellungsbeauftragte 1, 48
Gnadenakt 11, 8
Große Strukturreform 3, 5
Großer Senat (bei BVerwG, OVG/VGH) 4, 18
Grundfreiheiten 14, 39
Grundrechte
- allgemein 1, 16
- als Anspruchsgrundlage 26, 11; 28, 4
- als Verfahrensgarantie 2, 25
- Feststellungsinteresse 18, 52
- Klagebefugnis 14, 83
- juristische Personen des ÖR 14, 97
- Organstreit 21, 20
- Unterlassungsanspruch 27, 4
Grundsätzliche Bedeutung (als Revisionsgrund) 41, 6
Grundurteil 38, 7
Gutachten 14, 25

Handlungsfähigkeit
- Widerspruchsverfahren 6, 6
Handwerkskammer
- Klagebefugnis 14, 94
Hausrecht, Hausverbot
- Rechtsweg 11, 38
- des Vorsitzenden im Prozess 37, 12
Heilung (Verfahrensfehler) 8, 25; 25, 7
- Behörde 8, 31
- Folgen 8, 33
- Normenkontrolle 30, 10
- Zeitpunkt 8, 30
„Heimliche" Normenkontrolle 18, 8
Hilfsorgane der Staatsanwaltschaft 11, 63
Hinweis 14, 28
Hinweispflicht (§ 86 III VwGO) 23, 6; 36, 13
Hochschullehrer (als Prozessvertreter) 12, 27

Ideelle Interessen 14, 65
ImmissionsschutzG
- Klagebefugnis 14, 76
In camera-Verfahren 36, 21
incidenter-Prüfung
- Widerspruchsverfahren 7, 5
- Klage 25, 15
Indemnität 11, 2
Informationen
- Klageart 14, 26
- Klage auf 15, 10
- Rechtsweg 11, 40
Informationshandlungen 16, 5
Inhalt (der Klage) 23, 6
Innenbereich 1, 35
Insichprozess 21, 2
Intendiertes Ermessen 25, 23
Interessentheorie 11, 15
inter omnes-Wirkung 38, 54
Isolierte Anfechtung (von Verfahrenshandlungen) 33, 13
Isolierte Anfechtungsklage 14, 19
Isolierte Geltendmachung von Verfahrensfehlern 23, 19
ius de non appellandum 2, 3

Juristische Person
- Beteiligtenfähigkeit 12, 20
Justizfreie Hoheitsakte 11, 7
Justizkommunikationsgesetz 3, 9
Justizverwaltungsakt
- Rechtsweg 11, 61

Kameraljustiz 2, 2
Kammer für Baulandsachen 11, 60
Kammerprinzip 4, 14 f.; 36, 6
Kirchliche Angelegenheiten
- Rechtsweg 11, 46
Kläger 12, 2
Klageabweisung 38, 36
Klageänderung (§ 91 VwGO) 36, 29
Klageergänzung 36, 11
Klageart
- Bedeutung 10, 5
Klagebefugnis 14, 53 ff.
- analoge Anwendung 14, 57

- Anwartschaft 14, 68
- Ausländer 14, 91
- Europarecht 14, 80
- Geschichte 14, 54
- aus Grundrechten 14, 83
- Klimaschutz 14, 76
- Körperschaft des öffentlichen Rechts 14, 94
- Mieter 14, 67
- Miteigentümer 14, 69
- Normerlassklage 20, 10
- Organklage 21, 15 ff.
- Pächter 14, 67
- Rechtsnachfolger 14, 92
Klageerhebung 23, 2
Klageerweiterung 36, 29
Klagegegner
- reformatio in peius 9, 22
Klagehäufung 13, 13
Klagerücknahme
- Fiktion (§ 92 II VwGO) 36, 18
Klagerücknahme (§ 92 VwGO) 36, 31
Klage sui generis 21, 14
Klimaschutz 14, 76
Körperschaft des öffentlichen Rechts
- Klagebefugnis 14, 94; 14, 97
Kommunalrecht
- Rechtsweg 11, 23
Kommunalverfassungsstreit 21, 1 ff.
Komplexität 3, 8
Konkrete Normenkontrolle 25, 14; 30, 13
Konkurrentenklage
- Klagebefugnis 14, 66
- negative 14, 66
- positive 15, 7; 15, 25
- Rechtsschutzbedürfnis 23, 13
Kontrolle 1, 43
Konzentrationsmaxime 35, 26
Koppelungsvorschrift 26, 20
Kosten
- Widerspruchsbescheid 9, 23
- Urteil 38, 18

Kostenvorschuss 6, 41
Kreisrechtsausschuss 6, 65; 8, 19
Künstlerische Wertung 25, 38

Ladung 37, 8
Laienrichter 4, 31
Landesexekutive 4, 11
Landesrecht 41, 10
– Bestimmung des Rechtswegs 11, 10
Landesverfassung 14, 89
Landesverfassungsgerichtsbarkeit 19, 7
Landesverfassungsrecht
– Vorbehalt bei der Normenkontrolle 30, 15
Leben und körperliche Unversehrtheit (Grundrecht) 14, 85
Leistungsklage 17, 1 ff.
– Statthaftigkeit 17, 2
Linienführung 14, 37

Massenverfahren 3, 3; 5, 3; 35, 30; 38, 21
– Widerspruchsverfahren 8, 14
Maßgeblicher Zeitpunkt 24, 7
– Anfechtungsklage 24, 8
– Feststellungsklage 24, 16
– Konkurrentenklage 24, 14
– Normenkontrolle 24, 17
– Verpflichtungsklage 24, 14
– Widerspruch 7, 3
Maßnahmen der Landesplanung und Raumordnung 14, 37
Materielle Rechtswidrigkeit 25, 3
Mediation 3, 10
– Ergebnisse 3, 14
– gerichtliche 3, 11 f.
– Verfahren 3, 13
– vorgerichtliche 3, 11
Menschenwürde 1, 13
Milieuschutz 14, 75
Missbrauch (Rechtsbehelfe) 6, 39; 19, 38; 23, 16
Miteigentümer
– Klagebefugnis 14, 69

Mitwirkung anderer Behörden
– Widerspruchsverfahren 8, 18
Modifizierende Auflage 14, 48
– vorläufiger Rechtsschutz 32, 4
Möglichkeit der Rechtsverletzung 14, 108
Mündliche Verhandlung 37, 1 ff.
– Ablauf 37, 11
– Ausnahmen 37, 2
– Ort 37, 10
– Schließung 36, 18
– Verzicht 37, 3
– Vorbereitung 37, 6
Mündlichkeit 35, 27; 37, 1
Musterprozess 3, 4
Musterverfahren 36, 23

Nachbarschutz
– Allgemein 14, 72 ff.
– Bebauungsplan 19, 28
– vorläufiger Rechtsschutz 32, 12
Nachschieben von Gründen 24, 19 ff.
Nassauskiesungsentscheidung
– Rechtsweg 11, 56
Nationalsozialismus 2, 19
Naturschutzrecht
– Klagebefugnis 14, 77
Nebenbestimmungen, Klage gegen 14, 46
– aufschiebende Wirkung 31, 4
– Begründetheit 25, 27
Nebenbestimmung, Klage auf 15, 12 f.
Nebenentscheidungen
– Widerspruchsbescheid 9, 23
Nebenintervention 12, 3
Negative Konkurrentenklage 14, 66
– Klagebefugnis 14, 112
– vorläufiger Rechtsschutz 31, 9
Negative Leistungsklage 16, 3
ne ultra petita 35, 25
Neutralität 35, 18
Nichtadressat 14, 110
Nichtakt 18, 35

Nichtiger VA 14, 11
Nichtigkeit 29, 11
- Rechtsnorm 38, 44
Nichtigkeitsfeststellungsklage 18, 27
- Begründetheit 29, 10 ff.
- Feststellungsinteresse 18, 32
- Frist 18, 34
- Klagebefugnis 18, 31
- Rechtsverletzung 29, 12
- Statthaftigkeit 18, 28
- Urteil 38, 44
- vorläufiger Rechtsschutz 33, 6
- Widerspruchsverfahren 18, 33
Nicht rechtsfähiger Verein 6, 4
Nichtzulassungsbeschwerde
- Revision 41, 7
Niederschrift 36, 17
Norddeutsche und Süddeutsche Lösung 2, 14
Normkonkretisierende Verwaltungsvorschriften 36, 20
Normenkontrolle 19, 1
- Antrag 19, 39
- Antragsbefugnis 19, 19
- Antrag oder Klage 19, 4
- Bebauungsplan 19, 27; 30, 20
- Begründetheit 30, 1 ff.
- Begründetheit (Prüfungsschema) 30, 31
- Beiladung 12, 5; 19, 10
- Beteiligte 19, 8
- Frist 19, 40
- Gemeinde (Antragsbefugnis) 19, 31
- Grundrechte 30, 15
- konkret 25, 14
- Landesrecht 19, 16
- Landesverfassungsgerichtsbarkeit (Vorbehalt) 19, 7
- Passivlegitimation 30, 2
- Rechtsschutzbedürfnis 19, 35
- Rechtsweg 19, 5
- Sachentscheidungsvoraussetzungen 19, 42
- Spruchreife 30, 30

- Statthaftigkeit 19, 11 ff.
- Teilnichtigkeit 30, 19
- Urteil 38, 45
- Verfahrensfehler 30, 7 ff.
- verfassungsrechtlicher Hintergrund 19, 2 f.
vorläufiger Rechtsschutz 34, 1 ff.
- Zuständigkeit 19, 6
- Zuständigkeitsfehler 30, 6
Normerlassklage 20, 1 ff.
- Begründetheit 28, 17
- Geschäftsordnung 21, 13
- Klagebefugnis 20, 10
- Rechtsschutzbedürfnis 20, 11
- Rechtsweg 20, 4
- Sachentscheidungsvoraussetzungen 20, 16
- Statthaftigkeit 20, 6
- unechte 20, 1
- zuständiges Gericht 20, 5

Oberverwaltungsgerichte (Übersicht) 4, 10
Objektive Klagehäufung 13, 13
- Voraussetzung 13, 14
- Wirkung 13, 15
Objektives Recht 1, 36
Obligatorische Rechte 19, 21; 19, 28
- Klagebefugnis 14, 67
Öffentlicher Dienst – Angestellte
- Rechtsweg 11, 30
Öffentliche Einrichtungen
- Rechtsweg 11, 32
Öffentliches Recht
- Privatrecht 1, 33; 11, 14 ff.
Öffentliches Sachenrecht
- Rechtsweg 11, 26
Öffentlichkeit 37, 10
Öffentlichkeit (im Prozess) 35, 29
- Schranken 35, 30
Öffentlichrechtliche Streitigkeit 6, 2; 11,13
Öffentlichrechtlicher Vertrag 26, 14
- Anspruchsgrundlage 28, 15
- Klage auf 15, 10

- Rechtsweg 11, 11; 11, 72
Ökonomisierung 3, 6
Ombudsmann 1, 48
Ordnungswidrigkeit
- Rechtsweg 11, 65
Organisationsmaßnahmen 14, 36
Organklage 21, 1
- Beteiligtenfähigkeit 21, 6
- Klagebefugnis 18, 17; 21, 15
- Prozessfähigkeit 21, 7
- Rechtsschutzbedürfnis 21, 22
- Rechtsweg 21, 3
- richtiger Beklagter 21, 8
- Sachentscheidungsvoraussetzungen 21, 24
- statthafte Klageart 21, 9

Pächter
- Klagebefugnis 14, 67
- Normenkontrolle 19, 21
Pädagogische Maßnahmen 14, 41
Parteienrecht
- Rechtsweg 11, 45
Parteiwechsel 36, 30
Partizipation 3, 10; 35, 22
Passive Prozessführungsbefugnis 12, 30
Passivlegitimation
- Anfechtungsklage 25, 2
- Anordnung der aufschiebenden Wirkung 32, 37
- Feststellungsklage 29, 2
- Leistungsklage 28, 2
- Normenkontrolle 30, 2
- Unterlassungsklage 27, 2
- Verpflichtungsklage 26, 2
Paulskirchenverfassung 2, 5
perpetuatio fori 36, 4
Petition 1, 48
Planfeststellung 14, 6; 25, 29
Planerforderlichkeit 30, 25
Planerhaltung 30, 22
Planrechtfertigung 25, 32
Planungshoheit
- Klagebefugnis 14, 102
Planungsnachbar 19, 27

Polizei
- Klageart 14, 23
- Rechtsweg 11, 63
- richtiger Beklagter 12, 38
Polizeivollzugsbeamte
- vorläufiger Rechtsschutz 32, 11
Popularklage 14, 56
Popularwiderspruch 6, 20; 7, 7
Positive Konkurrentenklage 15, 7; 15, 25
Post
- Rechtsweg 11, 43
Postulationsfähigkeit 12, 27
Präklusion 2, 27; 19, 38; 23, 18; 25, 44; 30, 22; 36, 17
- Berufung 40, 19
Präventives Verbot mit Erlaubnisvorbehalt 15, 1; 26, 8
Presseerklärung
- Rechtsweg 11, 62
Private, als Träger öff. Einrichtungen
- Rechtsweg 11, 34
Privatrechtliches Handeln der Verwaltung 1, 28
Professoren des Rechts
- als Prozessbevollmächtigte 12, 27
- als Richter 4, 29
Prognose 25, 39
Prozessfähigkeit 12, 24; 21, 7
Prozessführungsbefugnis 12, 28
- Beklagter 12, 29
Prozesskostenhilfe 35, 17
Prozessstandschaft 12, 28
Prozessvergleich 36, 37 ff.
Prüfungsentscheidungen 7, 11; 25, 36

Qualifiziertes Rechtsschutzbedürfnis 16, 17
Qualitätssicherung 3, 7
Quasi-negatorischer Abwehranspruch 27, 6

Raumordnung
- Antragsbefugnis 19, 27

– Normenkontrolle 19, 12
– Rechtsweg 11, 22
Recht, subjektives
– als Grundlage für Klagebefugnis 14, 61
Rechtliches Gehör (Art. 103 I GG) 1, 18; 35, 3 ff.
– Einzelfälle 35, 13
– Schranken 34, 10
– Verletzung 35, 14
Rechtsbehelfsbelehrung 6, 30
– im Urteil 38, 16
– im Widerspruchsbescheid 9, 26
Rechtschreibreform 14, 36; 14, 41
Rechtshängigkeit 23, 7; 36, 2
Rechtskraft 10, 7; 23, 8
Rechtslehrer an deutscher Hochschule 12, 27
Rechtsmittel 40, 1 ff.
Rechtsnachfolger
– Klagebefugnis 14, 92
– Normenkontrolle 19, 22
Rechtsschutzbedürfnis, allgemeines 23, 10 ff.
– einstweilige Anordnung (Normenkontrolle) 34, 8
– Normenkontrolle 19, 35
– Organstreit 21, 22
– Widerspruchsverfahren 6, 38
Rechtsschutzgarantie (Art. 19 IV GG) 1, 18; 13, 3
Rechtsstaat 1, 5
Rechtsträgerprinzip 12, 32
Rechtsverhältnis 29, 3
– Bestehen oder Nichtbestehen 18, 9
Rechtsverletzung 25, 48
– Feststellungsklage 29, 4
– Leistungsklage 28, 18
– Verpflichtungsklage 26, 15
Rechtsverordnung 25, 15
– als Eingriffsgrundlage 25, 15
– Normenkontrolle 19, 15
Rechtsvorschrift (Begriff) 19, 14
Rechtsweg 11, 4 ff.
– Normenkontrolle 19, 5
– Organklage 21, 3

Rechtsweggarantie 1, 6
Rechtswegverweisung 11, 75
reformatio in peius 9, 15
– Abhilfeverfahren 8, 9
– im Prozess 35, 25
Regelung (Teil des VA-Begriffs) 14, 4
Regelungsanordnung 33, 1; 33, 15
Regulierungsermessen 25, 22
Rehabilitation 18, 50
Reichsgericht 2, 3
Reichskammergericht 2, 3
Religionsgemeinschaft
– Beteiligungsfähigkeit 6, 4
Repressives Verbot 26, 9
Revisibles Recht 41, 10
Revision 41, 1 ff.
– Befugnis 41, 8
– Begründetheit 41, 10
– Beiladung 41, 7
– beteiligtenbezogene Zulässigkeitsvoraussetzungen 41, 4
– Gründe 41, 11
– Prüfungsschema 41, 22
– Rücknahme 41, 12
– Statthaftigkeit 41, 5
– Tenor 41, 13
– Verfahren 41, 12
– Zulässigkeit 41, 3
– Zulassung 41, 6
– Zuständigkeit 41, 3
Richter
– auf Probe 4, 30
– auf Zeit 4, 30a
– Beurteilung 4, 5
– Dienstaufsicht 4, 5
– dienstrechtliche Stellung 4, 26
– ehrenamtliche 4, 31
– gesetzlicher 4, 7
– im Nebenamt 4, 26; 4, 29
– kraft Auftrags 4, 30
– Status 4, 5
– Unabhängigkeit 4, 6
Richterliche Selbstverwaltung 4, 23
Richtiger Beklagter 12, 33
Rubrum 38, 12

Rücknahme
- Klage gegen 14, 17
- Klage auf 15, 8
- Rechtsweg 11, 74
- Verpflichtungsklage 26, 20
- des Widerspruchs 6, 40; 8, 20

Rücksichtnahme, Gebot der 14, 79
Rüge (§ 215 I BauGB) 30, 22
Ruhen des Verfahrens 36, 27
Rundfunk
- Rechtsweg 11, 44

Rundfunkanstalt
- Klagebefugnis 14, 94

Sachaufklärung
- Gericht 36, 14
- Widerspruchsverfahren 8, 15

Sachaufklärung (Fehler) 25, 6
Sachentscheidungsvoraussetzungen 10, 1 ff.
Sachverhalt 36, 15
Sachverständiger 36, 19
Sachzusammenhang
- Rechtsweg 11, 76

Säumniszuschlag (vorläufiger Rechtsschutz) 32, 10
Sanierungssatzung 19, 12
Satzung
- als Eingriffsgrundlage 25, 15
- Normenkontrolle 19, 15

Schadensersatz
- Anordnung der aufschiebenden Wirkung 32, 43
- einstweilige Anordnung 33, 23

Scheinverwaltungsakt 14, 2
Schule
- pädagogische und organisatorische Maßnahmen 14, 41

Schutznorm
- Begründetheit 25, 42; 25, 43
- Klagebefugnis 14, 72
- Organklage 21, 18

Schutznormtheorie 14, 72
Schutzpflicht 15, 9
Selbstgestaltungsrecht 14, 104
Selbstverwaltung 1, 5

- Klagebefugnis 14, 98
- Widerspruchsverfahren 7, 9

Senate
- bei OVG, VGH, BVerwG 4, 16

Sicheinlassen (der Behörde) 6, 32
Sicherungsanordnung § 33, 1; 33, 14
Situationsvorteil 14, 64
Solange-Rechtsprechung 3, 18
Sollvorschrift 25, 23
Sonderrechtstheorie 11, 17
Sozialadäquanz 27, 12
Sozialgerichtsbarkeit 11, 66
Sozialhilfe
- Rechtsweg 11, 67

Sozialstaat 1, 13
Sozialversicherung
- Rechtsweg 11, 67

Sperrgrundstück 14, 84
Spruchkörper 4, 14
Spruchkörper, gesetzlicher 4, 7
Spruchreife 26, 16
- allgemeine Leistungsklage 28, 18
- Feststellungsklage 29, 5
- Leistungsklage 28, 10; 28, 14
- Normenkontrolle 30, 30

Sprungrevision 41, 5
Staatsanwaltschaft
- Rechtsweg 11, 63

Staatsaufsicht 14, 40
- Klagebefugnis 14, 100

Stadtrechtsausschuss 6, 45; 8, 19
Stand und Wissenschaft von Technik 3, 8
Statthaftigkeit
- Widerspruch 6, 10

Statthaftigkeit der Klage 13, 1 ff.
Störungsabwehr 27, 3
Störungsabwehrklage 16, 6
Strafvollzug
- Rechtsweg 11, 61

Streitgegenstand 10, 6
Streitgenossenschaft 12, 16
Streitwertfestsetzung 38, 18
Stufenklage 13, 13
Subjektives Recht 1, 36; 14, 71

Subjekttheorie 11, 17
Subordinationstheorie 11, 16
Subvention
– Rechtsweg 11, 35
Suspensiveffekt 8, 5; 40, 9

Tatbestand (des Urteils) 38, 14
Tatbestandwirkung 38, 26
Technische Anweisung 36, 20
Technisierung 3, 9
Teilanfechtung 14, 43
Teilfeststellung 29, 5
Teilgenehmigung 14, 4; 14, 44
– Klagebefugnis 14, 111
Teilregelung 15, 14
Teilunwirksamkeit 38, 47
Teilurteil 38, 5
Teilverpflichtung 26, 25
Teilweise Stattgabe
– Normenkontrolle 38, 47
– Widerspruch 9, 11
Teilzeitbeschäftigung
– Anordnung 14, 42
Terminbestimmung 37, 7
Trennung (von Verfahren) 36, 23

Umdeutung 36, 36
– Widerspruchsverfahren 9, 13
Umsetzung (Beamtenrecht)
– Rechtsnatur 14, 42
Umweltinformation
– Klageart 14, 26
Umweltrechtsbehelfsgesetz 14, 93
Unabhängigkeit der Richter
(Art. 97 GG) 4, 5
Unaufschiebbare Anordnungen
und Maßnahmen 32, 11
Unbeachtlichkeit 2, 26
– Normenkontrolle 30, 11
– von Verfahrensfehlern 25, 9
Unbestimmte Rechtsbegriffe 25, 30
Unmittelbarkeit 37, 1
Unmittelbarkeit (als Prozessmaxime) 35, 28
Untätigkeitsklage 15, 5; 15, 28
Untätigkeitsbeschwerde 15, 28

Unterbrechung des Verfahrens 36, 26
Unterlassungsklage 16, 1 ff.
– Begründetheit 27, 1 ff.
– Begründetheit (Prüfungsschema) 27, 18
– Frist 16, 14
– Klagebefugnis 16, 12
– Passivlegitimation 27, 2
– gegen Rechtsnorm 16, 11
– Rechtsschutzbedürfnis 16, 15
– richtiger Beklagter, 16, 19
– Sachentscheidungsvoraussetzungen (Prüfungsschema) 16, 20
– Streitgegenstand 16, 4
– Urteil 38, 41
– gegen VA 16, 10
– Widerspruchsverfahren 16, 13
Unterschrift
– als Formvoraussetzung der Klage 23, 3
– der Richter 38, 17
Untersuchungsausschuss 11, 2; 11, 7
– Rechtsweg 11, 52
Untersuchungsgrundsatz 35, 21; 36, 16
– Fehlerfolgen 35, 23
Unwirksamkeitserklärung 36, 47
Urkundsbeamter 23, 4
Urteil 38, 1
– Arten 38, 2
– automatisiertes 14, 9,
– Berichtigung 38, 22
– Bindungswirkung 38, 24
– Ergänzung 38, 22
– Form 38, 10
– Inhalt 38, 11
– Verkündung 38, 20
– Wirkung 38, 23 ff.
Urteilsformel 38, 13
Urteilsgründe 38, 15

venire contra factum proprium 6, 39; 23, 16
Veränderungssperre 19, 12

Verbandsklage
- Begründetheit 25, 49
- Normenkontrolle 19, 34
- Zulässigkeit 14, 93

Verbindung (von Verfahren) 36, 23
„Verböserung" (reformatio in peius) 9, 15
- Wiederaufgreifen 43, 4

Verbot der Vorwegnahme der Hauptsache 33, 17
Vereinigung
- Beteiligtenfähigkeit (Prozess) 12, 21
- Beteiligtenfähigkeit (Widerspruchsverf.) 6, 4

Vereinsverbot 18, 61
Verfahren
- dienende Funktion 1, 38

Verfahren (des Gerichts) § 36, 1 ff.
Verfahrensfehler 14, 90; 25, 5
- Begründetheit 25, 5; 25, 44
- Folgen 8, 34
- Klagebefugnis 14, 90
- Realakt 27, 10
- Widerspruchsverfahren 8, 34

Verfahrensgleichheit 35, 15
Verfahrensgrundsätze 30, 8; 35, 1 ff.
Verfahrenshandlung (§ 44a VwGO) 23, 19
- einstweilige Anordnung 33, 13

Verfahrensleitende Verfügungen 42, 4
Verfahrensnorm
- Klagebefugnis 14, 90

Verfassungskonforme Auslegung 25, 20
Verfassungsmäßigkeit
- des Gesetzes 1, 8

Verfassungsrecht 1, 4
Verfassungsrechtliche Streitigkeiten 11, 49
Verfügungsgrundsatz 35, 24
Vergabeentscheidungen
- Rechtsweg 11, 36

Vergleich
- Gericht 36, 37

- Widerspruchsverfahren 8, 23

Verhältnismäßigkeit 8, 90; 25, 21
- als Verfahrensgrundsatz 8, 11

Verkehrszeichen
- Bekanntgabe 6, 29
- Klageart 14, 34
- Klagebefugnis 14, 60
- Klagefrist 6, 29; 31, 11
- vorläufiger Rechtsschutz 32, 11

Verpflichtungsklage 15, 1 ff.
- Abgrenzung zur allgemeinen Leistungsklage 15, 10
- Abgrenzung zur Anfechtungsklage 15, 6
- Begründetheit 26, 1
- Begründetheit (Schema) 26, 26
- Frist 15, 29
- Klagebefugnis 15, 16
- Passivlegitimation 26, 2
- Rechtsschutzbedürfnis 15, 30
- Sachentscheidungsvoraussetzungen (Prüfungsschema) 15, 31
- Spruchreife 26, 16
- Streitgegenstand 15, 2
- Tenor 38, 38
- Urteil 38, 37
- Verfahrensfehler 26, 5
- Widerspruchsverfahren 15, 27
- zuständige Behörde 26, 4

Verpflichtungswiderspruch 6, 15
Versagungsgegenklage 15, 4
Versetzung 14, 42
- vorläufiger Rechtsschutz 32, 12

Vertrauensschutz 1, 10
Vertreter des Bundesinteresses beim BVerwG 4, 33
Vertreter des öffentlichen Interesses 4, 33; 12, 15
Vertretung 12, 26
Verwahrung
- Rechtsweg 11, 70

Verwaltung
- Privatrecht 1, 28

Verwaltungsakt
- als Anspruchsgrundlage 28, 12
- Begriff 1, 32

- Bekanntgabe 14, 10
- Dauerwirkung – maßgeblicher Zeitpunkt 24, 9
- Definition 14, 3
- Doppelwirkung 14, 4
- Drittwirkung 14, 15
- feststellender 14, 4; 31, 11
- mehrstufiger 14, 38
- richtiger Beklagter 12, 35
- Statthaftigkeit 14, 38
- nichtiger 6, 14; 14, 11
- vorläufiger 14, 4
- Wiederholungsverbot 38, 53

Verwaltungsgericht
- Zuständigkeit 11, 77 ff.

Verwaltungsgerichte
- als erste Instanz 4, 9

Verwaltungsgerichtsbarkeit
- Aufbau 4, 1; 4, 8
- innerer Aufbau 4, 13
- Gesetzgebungskompetenz 4, 3
- institutionelle Gewährleistung 4, 2

Verwaltungsgerichtshöfe (Übersicht) 4, 10

Verwaltungsprivatrecht
- Rechtsweg 11, 26; 11, 27

Verwaltungsprozess
- Begriff 1, 2
- Geschichte 2, 1 ff.

Verwaltungsrechtsweg 11, 1 ff.

Verwaltungsverfahren und Verwaltungsprozess 2, 25

Verwaltungsvollstreckung
- vorläufiger Rechtsschutz 32, 13

Verwaltungsvorschrift 14, 36; 19, 14; 36, 20
- Normenkontrolle 19, 14; 30, 18

Verwerfungskompetenz 7, 5; 25, 14; 25, 17

Verwirkung
- des Klagerechts 23, 16
- Normenkontrolle 19, 38
- Widerspruch 6, 39

Verzicht
- Klage 23, 9
- mündliche Verhandlung 37, 3
- Widerspruch 6, 40

Verzichtsurteil 38, 8
Verzögerungsrüge 42, 10
Videokonferenz 3, 9; 35, 27
Völkerrecht 25, 19
- Klagebefugnis 14, 81
- als Wiederaufnahmegrund 43, 3

Vollmacht
- Klage 12, 27
- Widerspruch 6, 9

Vollstreckungsabwehrklage 22, 4
Vollstreckungsgegenklage 13, 12
Vollziehbarkeitstheorie 32, 3
Vorabentscheidungsverfahren (EuGH) 25, 17
Vorabgenehmigung 14, 11
Vorbehaltsurteil 38, 8
Vorbereitende Maßnahmen
- Klageart 14, 24

Vorbereitende Planung 14, 37
Vorbereitendes Verfahren 36, 7
Vorbeugende Feststellungsklage 18, 21
- Begründetheit 29, 6
- Feststellungsinteresse 18, 25
- Klagebefugnis 18, 26
- Passivlegitimation 29, 6
- Rechtsverletzung 29, 8
- Spruchreife 29, 9

Vorbeugende Unterlassungsklage 16, 9
- Begründetheit 27, 15

Vorläufiger Rechtsschutz 31, 1 ff.
- Verfassungsrecht 31, 1 ff.

Vorläufige Vollstreckbarkeit 38, 19
Vorsitzender 36, 7; 37, 12
Vorwegnahme der Hauptsache 33, 17
Waffengleichheit 1, 21; 35, 15

Warnmitteilung 14, 29; 16, 5
Wechselwirkungstheorie 25, 20
Wehrpflicht
- vorläufiger Rechtsschutz 32, 12

Weimarer Republik 2, 17
Weisung (innerdienstliche) 14, 36

Weitere Beschwerde 42, 10
Wettbewerbsfreiheit 14, 66
Widerklage 36, 22
Widerruf
– Klageart 14, 15
– Klage auf 15, 8
– Verwaltungsakt 11, 11
Widerruf (begünstigender VA)
– Rechtsweg 11, 74
Widerspruch
– aufschiebende Wirkung 31, 1 ff.
– Begründetheit (Prüfungsschema) 7, 15
– Erledigung 8, 20
– Form 6, 23
– Frist 6, 28
– ordnungsgemäße Erhebung 6, 23
– Rücknahme 8, 20 f.
– Statthaftigkeit 6, 10
– Zweckmäßigkeit 6, 22
Widerspruchsbefugnis 6, 20
Widerspruchsbehörde 6, 42
Widerspruchsbescheid
– Anfechtung 14, 17
– Bekanntgabe 9, 27
– Begründung 9, 3
– Form 9, 1
– Inhalt 9, 6
– Klageart 14, 17
– Nebenentscheidungen 9, 23
– richtiger Beklagter 12, 40
– Teilanfechtung 14, 45
– Verpflichtungsklage auf 15, 14
Widerspruchsfrist 6, 23
– Berechnung 6, 28
Widerspruchsinteresse 6, 38 f.
Widerspruchsverfahren 1, 43
– Ablauf 8, 1 ff.; 8, 10
– Abschaffung 5, 4
– Akteneinsicht 8, 17
– Anhörung 8, 16
– anwendbares Recht 5, 12
– Ausnahmen 6, 17 f.
– Beratung 8, 17
– Beteiligte 8, 12
– Funktionen 5, 2 ff.

– Geschichte 5, 1
– Gesetzgebungskompetenz 5, 8
– Sachaufklärung 8, 15
– Sachentscheidungsvoraussetzungen 6, 1
– verfassungsrechtlicher Rahmen 5, 6
– Verpflichtungsklage 15, 27
– Verwaltungsprozess 5, 10 f.
– als Zulässigkeitsvoraussetzung 14, 113
Wiederaufnahme des Verfahrens (§ 153 VwGO) 43, 1 ff.
– Begründetheit 43, 3
– Entscheidung 43, 4
– Zulässigkeit 43, 2
Wiedereinsetzung in den vorigen Stand
– Berufungsverfahren 24, 13
– Verletzung der Hinweispflicht 23, 6
– Versäumung der Klagefrist 14, 116
– Widerspruchsverfahren 6, 33 ff.
Wiederherstellung der aufschiebenden Wirkung (§ 80 VwGO) 32, 28
Wiederholungsgefahr (Fortsetzungsfeststellungsklage) 18, 48
Wiederholungsverbot
– Verwaltungsakt 38, 30
Wirksamkeitstheorie 32, 2
Wirtschaftliche Betätigung (Gemeinde)
– Klagebefugnis 14, 78
– Rechtsweg 11, 41
– Unterlassungsklage 27, 13
WTO 14, 81; 25, 19

Zeuge 36, 15
Zivilprozessrecht 1, 2
Zulässigkeit
– Begriff 10, 3
Zulassung der Revision 41, 6
Zurücknahme
– Berufung 40, 21
Zusage 14, 27; 28, 13

Zusammenlegung der Gerichtsbarkeit 3, 5
Zusicherung 26, 13; 28, 13
Zuständiges Verwaltungsgericht 11, 77
– örtliche Zuständigkeit 11, 81
– sachliche Zuständigkeit 11, 78
– Verweisung 11, 87
Zuständigkeit
– Behörde 25, 4; 27, 9
– Berufung 40, 4
– Gericht 11, 77
– Normenerlass 30, 6
– Normenkontrolle 19, 6
Zustellung 36, 12
– Widerspruchsbescheid 9, 27
Zwangspunkt 14, 111
Zweckmäßigkeit 7, 2; 7, 7; 25, 22
– Widerspruchsverfahren 7, 7
Zweitbescheid 14, 27
Zweistufentheorie
– Rechtsweg 11, 32
Zweistufiger Aufbau 10, 1 ff.
Zwischenfeststellungsklagen 18, 59
– Begründetheit 29, 18
Zwischenurteil 38, 4